Vollständiges
Nürnbergisches Koch-Buch

Tafelfreuden vergangener Zeiten

1979
Olms Presse
Hildesheim · New York

Vollständiges Nürnbergisches Koch-Buch

Mit einem Nachwort
von Ingeborg Spriewald

1979
Olms Presse
Hildesheim · New York

Vollständiges
Nürnbergisches
Koch=Buch.

Erklärung deß Kupffer-Titel-Blats.

Die beste Speise ist das Brod/ so wir aus Ceres Schoos empfangen/
Und was uns deren Mutter-Hand von Aehren pfleget zu zu langen/
Ob schon nach Fleisch uns mehr gelust / und grossen Herren das behagt/
Was in dem düstern Wild-Geheg Dianen Garn und Pfeil erjagt.
Pomona schenckt uns ihre Frücht / Neptunus so viel tausend Fische/
Doch läst das wenigste davon sich tragen ungekocht zu Tische;
Wann nicht Neptunus Wasser-Krug und Bacchus holder Reben-Safft/
Durch das so angenehme Naß/ Geschmack und Krafft hierzu verschafft:
Doch muß auch aus dem grünen Wald ein schwartzer Pan das Holtz zutragen/
Damit deß Feuers heisse Flamm / mög ob den Topff zusammen schlagen;
Allein diß alles ist umsonst / wann man sich nicht dahin befleisst
Zu thun/ was hier in diesem Buch/ die Kunst-erfahrne Köchin weisst.

Der
aus dem Parnasso ehmals entlauffenen
vortrefflichen

Köchin/

Welche bey denen Göttinnen Ceres,
Diana und Pomona viel Jahre gedienet/
Hinterlassene und bißhero/
Bey unterschiedlichen der Löbl. Koch-Kunst beflissenen Frauen zu Nürnberg/ zerstreuet und in grosser Geheim gehalten gewesene

Gemerck-Zettul;

Woraus zu erlernen/
Wie man über anderthalb Tausend / so wol gemeine/
als rare Speisen; in Suppen/Musen/Pasteten/Brühen/Essigen/Salaten/Salsen/Sultzen/Vorrichten/Neben-Essen/
Eyern/gebraten-gebachen-gesotten-und gedämpfften Fischen/
Wildbrät/Geflügel/Fleisch/ auch eingemachten Sachen/
Dorten und Zuckerwerck bestehend;

Wohlgeschmack und Leckerhafft/nach eines jeden Beutel/zu zubereiten und zu kochen; auch zu welcher Zeit man alle Zugehörungen
einkauffen/ und bemeldte Speisen auftragen solle.

Mit unermüdetem Fleiß zusammen gesammlet/ und denen wohl-geübten
Künstlerinnen zu beliebiger Censur, denen unerfahrnen aber zur Lehr und Unterricht / durch öffentlichen Druck mitgetheilet.

Nürnberg/
In Verlegung Wolfgang Moritz Endters/ 1691.
Mit Keyserl. und Churfürstl. Sächs. Privilegio.

WIR LEOPOLD von GOttes Gnaden Erwehlter Römischer Kayser/ ꝛc. ꝛc. Bekennen offentlich mit diesem Brieff/ und thuen kundt allermänniglich/ daß Uns Unser und des Reichs lieber getreuer Wolfgang Moritz Endter/ Buchführer in Unserer und des Heyl. Reichs Stadt Nürnberg in Unterthänigkeit zu vernehmen geben/ was massen Er ein so genanntes vollständiges Nürnbergisches Kochbuch in Quarto mit schweren Unkosten in Druck gegeben/ auch seine Ehewirthin viel Mühe und Verehrungen gekostet/ biß sie die Recepta zusammen gebracht/ und alles ausgeforschet hatte; weylen aber Er sich zu beförchten habe/ daß solches kostbares Buch von in=oder ausländischen Buchführern nachgedrucket werden/ und Er hierdurch in grossen Schaden kommen möchte; Als hat Uns Er allerunterthänigst angeruffen und gebeten/ Wir über obgedachtes Buch Unser Kayserl. Privilegium impressorium auf Sechs Jahr zu verwilligen/ gnädigst geruheten. Wann wir dann gnädiglich angesehen jetzt angedeute gantz billiche Bitt; So haben Wir ihme Wolfgang Moritzen Endter die Gnad gethan und Freyheit gegeben/ thun das auch hiemit in Krafft dieses Brieffs/ also und dergestalt/ daß Er oberwehntes Buch in offenen Druck ausgehen/ hin=und wieder fail haben/ ausgeben/ und verkauffen lassen möge/ auch ihme dasselbe Niemand ohne seinen Consens und Wissen innerhalb Sechs Jahren von dato dieses Brieffs anzurechnen/ im Heyl. Römischen Reich/ und Unsern Erb=Königreichen/ Fürstenthumb und Landen/ weder in Quarto, noch kleiner/ oder grösserer Formb nachdrucken nnd verkauffen lassen solle. Und gebiethen darauff allen und jeden Unsern und deß Heyligen Römischen Reichs/ auch Unsere Erb=Königreichen/ Fürstenthumb und Landen Unterthanen und getreuen/ insonderheit aber allen Buchdruckern/ Buchführern/ Buchbindern/ und Buchverkauffern bey Vermeidung Vier Marck löthigen Golds/ die ein jeder/ so offt Er freventlich hierwider thäte/ Uns halb in Unsere Kayserliche Cammer/ und den andern halben Theil obbemeltem Wolfgang Moritzen Endter/ oder seinen Erben/ so hierwider beleidiget wurden/ unnachläßlich zu bezahlen verfallen seyn solle/ hiemit ernstlich befehlend/ und wollen/ daß ihr/ noch einiger aus Euch selbst/ oder jemand von Euertwegen obangeregtes Nürnbergisches Koch=Buch innerhalb der obbestimbten Sechs Jahren weder in Quarto noch kleiner=oder grösserer Formb nachdrucket/ noch auch also nachgedruckt/ distrahiret/ fail habet/ umbtraget/ oder verkauffet/ noch anderen zu thun gestattet/ in keine Weiß/ alles bey Vermeidung Unserer Kayserlichen Ungnad/ und Verlierung desselben Euers Drucks/ den vielgedachter Wolfgang Moritz Endter/ oder seine Erben/ auch deren Befehlshabere mit Hülff und Zuthun eines jeden Orts Obrigkeit/ wo sie dergleichen bey Euer jedem finden werden/ also gleich aus aigener Gewalt/ ohne Verhinderung männliches zu sich nehmen/ und damit nach ihrem Gefallen handlen und thun mögen. Jedoch solle oben offternannter Endter schuldig und verbunden seyn/ bey Verlust dieser Unserer Kayserlichen Freyheit/ die gewöhnliche fünff Exemplaria zu Unserer Kayserlichen Reichs=Hof=Cantzley auf seine Unkosten zu liefern/ und dieses Impressorium in dem Buch voran andern zur Nachricht und Warnung drucken zu lassen. Mit Urkundt dieses Brieffs/ besigelt mit Unserem Kayserlichen aufgedruckten Secret Insigel/ der geben ist in Unserer Stadt Wien den funffzehenden Tag Monats Decembris, nach Christi Unsers Lieben HErren und Seeligmachers gnadenreichen Geburt im Sechzehenhundert und Neunzigsten/ Unserer Reiche deß Römischen im Drey=und dreyssigsten/ deß Hungarischen im Sechs=und dreyssigsten/ und deß Böheimischen im Fünff=und dreyssigsten Jahre.

LEOPOLD.

Vt. Leopold Wilhelm
Graff zu Königsegg.

(L.S.)

Ad Mandatum Sacꝛ. Cæsꝛ.
Majestatis proprium.
Frantz Wilderich v. Menßhengen mppr.

Vor-Ansprach.

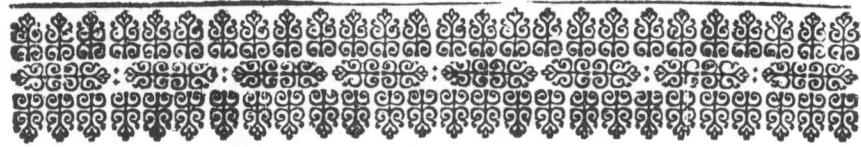Rfinden und beehren / waren in der zarten Kindheit der Zeit unzertrennliche Dinge / und zwar die Ehre durch die Erfindungen erworben/ die gemeinnützige Erfindungen aber in Hoffnung der dadurch zu erlangen-habenden Ehre / um so viel desto eyferiger befördert / und ohne Neid und Eigennutz gemein gemacht; daher beehrte man auch die Erfindere mit dem Namen der Unsterblichkeit/ von welcher dann nachmal die Vergötterung stammete: So wurde Ceres, weil sie in Sicilien und Egypten die Saat / samt dem Gebrauch der Feld-Früchte am ersten angewiesen/ in die Zahl der Götter eingerollet: Diana, nach dem sie denen auch schon dazumal verleckerten Mäulern / manches gutes Wild in die Küche gejaget / zur Jagd- und Wald-Göttin erwehlet / und Pomona in Ansehung / daß sie den Gebrauch deß niedlichen Obstes entdecket / denen Unsterblichen beygezählet.

Ob nun wol mit dem bereits ergraueten Zeit-Alter auch dieser Gebrauch veraltet / indeme nicht allein die neue Erfindungen heut zu Tag selten gemein

mein gemacht / vielmehr aber in höchster Geheim gehalten/ ja öffters mit ihren Erfindern begraben/ die Erfindere aber selbsten schlechten Nutzen haben/ und von wenigen geachtet werden; hat man jedoch dessen ungeachtet/ der (Poetischer Weise zu reden) aus der Küche vorgedachter Göttinnen entflohenen fürtrefflichen Köchin/ bey unterschiedlichen der Löblichen Koch-Kunst beflissenen Frauen zu Nürnberg/ biß anhero in grosser Geheim gehaltene Gemerck-Zettul/ dem Neid und Motten entrissen/ zu den gemeinen Nutzen nunmehr frey an den Tag/ und damit so vielerley Sinn- und Kunstreiche Erfindungen niedlicher Speisen/ zu jedermans beliebigen Gebrauch/ vor die Augen geleget.

Zwar die jenige so in Zusammentragung dieses Wercks beschäfftiget gewesen/ sind so ehr-geitzig nicht/ daß sie die/ bey dem Alterthum/ gewöhnliche Beehrungen verlangen solten/ anerwogen auch selbige zugleich mit der Flüchtigkeit der Zeit/ bereits verraucht; jedannoch aber versprechen sie sich durch dieses ihr dienliches Vorhaben/ und mühsames Unternehmen/ so sich nicht so wol auf Eigen-Ehre/ als den Dienst deß Nechsten gründet/ einen Danck und Belohnung verdienet zu haben; es wird ihnen aber selbige am besten und angenehmsten abgestattet werden können/ wann die Geneigte Leserinnen dieses gegenwärtige Werck mit ihrer Gunst-Gewogenheit bestrahlen; dann dieses ist ihr einiger Zweck/ und mehr verlangen sie nicht.

Vor-Ansprach.

Es gibt aber diese unsere Köchin durch ihre Leckerhaffte Speisen gantz keine Anleitung zu einigem Uberfluß und unnöthig-kostbaren-Gastereyen/ mit nichten! dann selbige sind leider schon eingerissen/ und nimmer zu ändern; die jenige Einfalt der Speisen/ mit welchen sich die Erste Welt gesättiget/ ist mit der Ersten Welt veraltet/ und würde jetzt niemand mehr seine Erste Geburt/ mit dem hungerigen Esau/ um ein Linsen-Gericht verkauffen; oder mit den Arcadiern an blossen Eicheln/ (welche sie/ ehe ihnen der Gebrauch der Früchte kundt worden/ an Speise statt genossen) abspeisen lassen: Unsere Köchin lehret nur/ wie das jenige/ was man zu speisen gewillet/ wohlgeschmack und Leckerhafft/ nach eines jeden Beutel zu zubereiten und zu kochen seye; und handelt daher auch neben denen kostbaren und niedlichen Speisen/ auch von geringen und schlechten.

Der kurtze Entwurff hievon ist gleich nach dieser Vor-Ansprach zu finden/ und darinnen das gantze Werck auf einmal/ ohne Umwendung vieler Blätter/ zu durchsehen; doch muß der Anhang nicht vorbey gegangen werden/ als welcher mit wenigen nach seinen Inhalt besagten kurtzen Entwurff/ und zwar jeglichen dessen Theilen/ nicht ohne Ursach mit angeschnüret worden: Fürnemlich aber darum/ damit denen Werthesten Leserinen alsobald das/ was darinnen enthalten/ in die Augen falle/ und gehöriger Orten theils angefüget/ theils mit ein- und unterge-

):():(

tergestecket werden könne; wiewol solches in denen dreyfachen Registern gleichfalls eingezeichnet/ gar leichtlich zu finden/ welche denen Nachsuchenden/ nicht allein das Blat oder die Seiten/ woselbst die verlangte Speise stehet/ sondern auch was/ und wie vielerley Speisen/ von diesem oder jenem Stuck zubereitet werden können/ und im gegenwärtigen Koch-Buch zu finden/ anweisen.

So ist es auch mit der Zugab beschaffen/ woselbst die in diesem Buch enthaltene Speisen/ wann und zu welcher Zeit sie gut zubekommen/ nach denen zwölff Monaten sehr mühsam eingetheilet worden/ damit man die Geneigte Leserinen deß verdrüßlichen Nachsinnens überheben/ und so dann in Verfertigung der Marckt- oder Einkauff-Zettul ihnen desto leichter an die Hand gehen möchte.

Die Formuln zu Gastereyen und Mahlzeiten/ sind einig und allein aus denen in dem Koch-Buch befindlichen Speisen zusammen gesetzet/ und durch die beygefügte Zahl das Blat/ wo jede Speise zu finden/ mit der grössern Schrifft aber die Haupt- oder grössere Schüsseln jedesmal angedeutet worden; jedoch nur denen ungeübten zur Anweisung/ keines wegs aber den hierinnen Erfahrnen und Geübten/ als welche von selbsten ihren Verstand/ und denen Lands-üblichen Gebräuchen nach (welche hier so/ dort aber anderst beliebet werden) sich bestens zu helffen/ und alles auf das schicklichste auszufinden

Vor-Anſprach.

den und anzuordnen wiſſen: Zu deme wird Jeden/ ſo ſich beſagter Formuln zu bedienen gedencket/ frey gelaſſen/ zu geben und zu nehmen/ davon und dazu zu thun/ was/ und wie es beliebig iſt/ weil man ſich/ wie gedacht/ allein an die in dem Koch-Buch befindliche Speiſen zu halten/ und keine andere ein- und unterzumiſchen/ vor dieſes mal beliebet.

Die Vorſtellung von Zertheilung eines Rindes/ und Kalbs/ iſt ebenfalls mit angehäfftet worden/ um weilen ein- und andere Stücke von ſelbigen der allhieſigen Benennung nach/ Meldung beſchehen/ die Fremde um ſo viel deſto leichter erſehen und verſtehen möchten/ was man damit gemeinet.

Wie aber keine Köchin in der gantzen weiten Welt zu finden/ welche ſo geſchickt/ daß ſie eine Speiſe alſo zurichten kan/ die jederman ſchmecket/ ſintemaln ſie dieſem zu ſüß/ jenem zu ſauer/ einem andern zu viel/ den Vierdten aber zu wenig geſaltzen ſeyn würde/ als wollen wir dieſe unſere Köchin ſolchem allgemeinen Fato und Schickſel nicht entreiſſen/ wol wiſſend/ daß auch ſie ihre Tadler finden/ und wie offt ein übler Schreiber der Feder die Schuld giebet/ alſo auch/ manche ungeübte oder nachläſſige Köchin/ ſo das Eſſen verderbet/ dieſe unſere unſchuldige Köchin mit ihrem Koch-Buch anklagen werde/ zumal ſie nicht zur Stelle/ daß ſie ſich verantworten könnte.

Vor-Ansprach.

Es werden aber die in der Koch-Kunst wohlgeübte Künstlerinen höchsten Fleisses ersucht / ein bescheidenes Urtheil von gegenwärtigen Werck zu fällen / und die jenige so selbiges gesammlet / mit Folge der Zeit / so sie einige Fehler gefunden / eines bessern freundlich zu belehren / welche dann nicht ermanglen werden / solche ihre Freund-günstige Erinnerung fleissigst anzumercken / und mit der Zeit / zu verbessern.

Mit heimlicher Nachrede hoffet man verschonet zu bleiben / weil selbige aufrichtig- und Tugendliebendem Frauenzimmer nicht zukommet.

Solte man verspüren daß besagtes Koch-Buch angenehm / und die deßwegen angewendete Mühe und Kosten nicht gantz vergeblich gewesen / wird man annoch ferner höchst-befliessen seyn / künfftighin mit einem Zweyten- und Neuen-Theil desselben aufzuwarten / und das / was sonsten einer Köchin und Tafeldeckerin ausser deme zu wissen nöthig ist / mit anzuhängen ; In welcher Hoffnung man sich zusamt diesem gegenwärtigen Werck / derer Huldgeneigten Leserinen beharrlichen Gunsten /
unterdienstlich ergiebet und
anbefiehlet.

Kurtzer

Kurtzer Entwurff deß gantzen Wercks.

	Pag.
Der 1. Theil handelt von Suppen.	1
Im Anhang von der Frantzösichen Suppe.	905
Zwiebel-Suppe.	905
Der 2. Theil von Musen und Breyen.	47
Im Anhang vom Weinbeer-Mus.	906
der Graupen.	906
den Panaden- und Brod-Mus.	906
Kraussen Schüssel-Kooch.	906
Der 3. Theil von Fischen/ Krebsen und Austern.	97
Im Anhang von dem gesottenen Aal.	907
gebratenen Aal.	907
Hecht in einer Sardelln-Brüh.	907
— — — Meerrettig-Brüh.	907
gebachenen Pirsingen in Krän.	908
Aal-Ruppen wie Aaal zu braten.	908
— — — gefüllt zu braten.	909
gesottenen Grundeln in einer Butter-Brüh.	909
gebachenen Grundeln.	910
frischen Salm so gesotten.	910
Halbfischen in frischen- oder Kies-Erbsen.	911
gesottenen Krebsen.	911
Der 4. Theil von Pasteten.	197
Im Anhang von dem Krebs-Pastetlein.	911
Der 5. Theil von Gebratens.	247
Im Anhang von Hasel- und Reb-Hünern.	912
Wald-Schnepffen.	912
Schlegeln oder Schöps-Keulen mit Sardelln zu braten.	912. 913
Schuncken oder Schwein-Schlegelein frisch zu braten.	914

Kurtzer Entwurff deß gantzen Wercks.

Im Anhang von gefüllten Kalbs-Brüsten. 915
Span-Ferckelein. 916
gebratenen Kalbs-Briesen. 916
wie lang ein jegliches in dem Koch-Buch enthaltenes Stuck zu braten habe? 916

Der 6. Theil von Brühen über das Gebratens. 291
Im Anhang von einer Brüh von Citronat über Wildpret. 917
— — — — — — — Rebhüner. 918
— — — — — Cappern über gebachene Fische. 918
— — — — — über Schlegel oder Prisilln. 918
— — — — Mandeln. 919
— — — — Weixeln über Wildpret. 919
— — — über Vorbratens. 920

Der 7. Theil von Essigen / Saläten und Salsen. 323
Im Anhang von Saläten von Sardelln. 921
Cappern. 921
Kardus. 922
Kräutern. 922
so gehauptet. 924

Der 8. Theil von Vor-Richten. 369
Im Anhang von einem Kalbskopff mit seiner Haut zu zurichten. 924
gefüllten Kalbs-Mägen. 925
einer gantz-gebratenen Kalbs-Leber. 925
besonders zu zurichtenden Kalbs-Niern. 926
gebachenen Bocks-Nierlein. 926
abzusiedenden Hammen oder Schuncken. 927
Bratwurst-Gehäck. 927
wie lang die Vor-Richten zu sieden haben? 928

Der 9. Theil von Geflüg / Wildpret und Fleisch. 417
Im Anhang von Hünern und Capaunen schön weiß zu sieden. 928
— — — — — so gedämpfft. 929
Riemen besonders zu zurichten. 929
Kalb- oder Lamms-Fleisch in einer Butter-Brüh. 929

Der

Kurtzer Entwurff deß gantzen Wercks.

Der 10. Theil von Neben=Essen. 485
   Im Anhang von gebratenen Schnecken in einer Sardelln=Brüh. 930
      gesottenen Schnecken in einer Sardelln=Brüh. 930
         Briesen in Oel gebachen. 931
         Eyerwürstlein. 931
         Klöslein oder Knötlein von Rindfleisch. 932
         — — — — — Eyern. 932
         — — — — — Hessen. 932
         — — — — — Semmeln. 933
         Weissen Ruben. 933
Der 11. Theil von Eyern. 593
Der 12. Theil von Früchten. 619
Der 13. Theil von Gebachenen. 639
   Im Anhang von einen Spanischen Niern. 934
      gebachenen Zibeben. 934
      gebrennten Küchlein. 935
      Mandel=Würstlein mit Rosinen. 935
      Wespen Nestern. 936
      klein gebachenen Gogelhöpfflein. 937
Der 14. Theil von Gallerten oder Sultzen. 729
   Im Anhang von der Rebhüner=Sultze. 937
      Hirschhorn=Sultze. 938
      Milch=Sultze. 938
Der 15. Theil von eingemachten Früchten und Wurtzeln. 763
   Im Anhang von Ribes= oder Johannes=Beerlein/ so trocken candiret. 939
Der 16. Theil von Dorten. 789
   Im Anhang von süssen Butter=Dorten. 939
     — — — Blättern oder Butter=Küchlein. 940
         Eyer=Dorten. 941
         schwartzen Mandel=Dorten. 941
         Mandel=Dorten. 941

Kurtzer Entwurff deß gantzen Wercks.

Im Anhang von Citronen-Dorten. 941
Kräuter-Dorten. 941
Der 17. Theil von Zucker- und Quitten-Werck. 825
Im Anhang von Krafft-Marzepanen. 942
gestürtzten Eyern. 942
Ulmer-Brod. 942
Zelten von Quitten und Parstörffer-Aepffeln. 9+3.944
Ollapotrid von Austern/ Schnecken und Tartuffoln. 944

Zugab.
Bestehend

1. In einem Unterricht/ zu welcher Zeit deß Jahrs allerley Arten der Fische/ deß Wildes ꝛc. und die in diesem Kochbuch befindliche Speisen am besten zubekommen/ als:

Im Jener. 947 Im August. 962
Hornung. 949 September. 965
Mertzen. 951 October. 968
April. 953 November. 971
Meyen. 655 December. 974
Junio. 957 Durchs gantze Jahr. 977
Julio. 959

2. Anweisungen zu Gastereyen. 985
3. Vorstellung der Aufhauung und Zertheilung eines Ochsen und Kalbs/ auf Nürnbergische Art. 1009

Erster

Erster Theil/
In sich haltend folgende
Suppen.

1. Ollapotrid-
2. Eine Frantzösische- } Suppe.
3. Suppe von Hüner = Beinen.
4. — — — gestoffenen Hünern mit Habermehl.
5. — — — Hüner = Leberlein.
6. Bries=
7. Gefüllte=
8. Bratwurst= } Suppe.
9. Speck=
10. Niern=
11. — Suppe auf andere Art.
12. Krebs = Suppe.
13. — — — auf andere Art.
14. — — — mit Milch und Mandeln.
15. — — — mit gestürtzt und verlohrnẽ Eyern/ wie auch gefüllten Krebs=Nasen.
16. Fischrogen=
17. Austern=
18. Sardelln= } Suppe.
19. Schnecken=
20. Suppe von Eyerdottern.
21. Andere Eyerdottern Suppe.
22. Hader=Suppe von Eyern.
23. Andere Hader=Suppe von Eyern.
24. Eyer = oder Töpfflein= Suppe.
25. Suppe von gebachenen Eyern.

26. Suppe von verlohrnen Eyern.
27. — — — gestürtzten — —
28. Gehackte Suppe.
29. Geriebene — —
30. Suppe vor Kindbetterinnen.
31. Choccolaten= Suppe.
32. Süsse Ram=oder Kern= Suppe.
33. — — — — auf andere Art.
34. Süsse Ram = oder Kern = Suppe mit Mandeln.
35. Kräfftige Geißmilch = Suppe für Schwindsüchtige.
36. Andere dergleichen Geißmilch= Suppe.
37. Oster = oder saure Milchram= Suppe.
38. Andere Milchram = Suppe.
39. Buttermilch = Suppe.
40. — — — — auf bessere Art.
41. Käs= Suppe.
42. — — — auf welsche Art.
43. Reinfal= Suppe.
44. Andere kräfftige Reinfal=Suppe.
45. Reinfal= Suppe mit der Mandel= Milch.
46. Noch andere Reinfal = Suppe.
47. Malvasier=
48. Meet= } Suppe.
49. Wein=
50. Wein = Suppe mit Mandeln.

A   51. Wein=

Inhalt der Suppen.

51. Wein-Suppe für Schwindsüchtige.
52. Weisse Bier-Suppe mit Kern oder süssen Raum.
53. Andere weisse Bier-Suppe.
54. Noch andere weisse Bier-Suppe für die/so mit der Huste behafftet.
55. Noch andere Bier-Suppe.
56. Roth oder braune Bier-Suppe.
57. Noch eine braune Bier-Suppe auf andere Art.
58. Citronen-Suppe.
59. — — — — auf andere Art.
60. Limonien-
61. Datteln- oder Ziweben- ⎫
62. Cappern- ⎬ Suppe.
63. Mandel ⎭
64. Mandel-Suppe auf andere Art.
65. Kräfftige Mandel-Suppe vor Krancke.
66. Suppe von Krafft- oder Pistacien-Nüßlein.
67. Apffel-
68. Nuß- ⎬ Suppe.
69. Weixel-
70. Weixel-Suppe auf andere Art.
71. Hüffen- oder Hagenbutten-Suppe.
72. Erdbeer-
73. Ribes- oder Johannes-Beer-
74. Weinbeerl/ kleine Rosin- oder Corinten- ⎬ Suppe.
75. Cucummern-Gurcken- oder Kimmerling-
76. Kürbis-
77. Morgeln- oder Mauracheu-
78. Majoran- oder Maseran-Suppe.
79. Körblein-Kraut-Suppe.
80. — — — — auf andere Art.
81. — — — — für Krancke.
82. Seller-Suppe.

83. Agrest-Suppe.
84. Borretsch- oder Borragen-Suppe.
85. Sauerampffer-Suppe.
86. — — — — auf andere Art.
87. — — — — auf Niederländisch.
88. Petersilien- oder Peterlein-
89. Ruben-
90. Hanff- ⎬ Suppe.
91. Brunnkreß-
92. Scorzoner-
93. Wegwarten- oder Cichorien-
94. Keimlein-Suppe von Cichorien- oder Wegwarten-Wurtzeln.
95. Spargel-
96. Kimmel- ⎫
97. Zwiebel- ⎬ Suppe.
98. Knoblauch- ⎭
99. Saure Kraut-
100. Suppe von Kief- oder frischen Erbsen.
101. Erbsen-Suppe.
102. — — — — auf andere Art.
103. — — — — vor Krancke.
104. Blinde Erbsen-Suppe.
105. Linsen-Suppe.
106. Haber- —
107. Andere Haber-Suppe.
108. Reis- ⎫
109. Gersten- ⎬ Suppe.
110. Mehl- ⎭
111. Gebrennte Wasser-Suppe.
112. — — Suppe mit Mehl.
113. — — — mit Mandeln uñ Weinbeerlein.
114. Semmel- oder Reckelein- ⎬ Suppe.
115. Bretzen-
116. — — Suppe auf andere Art.
117. Sträubelein-Suppe.

1. Eine

Erster Theil/ von unterschiedlichen Suppen.   3

1. Eine Ollapotrid-Suppe.

MAn nehme abgesottene Krebse/ schähle selbige aus/ und schneide sie gantz klein würfflicht; dergleichen thue man auch mit abgesottenen oder abgeschipfften Kälber-Briesen: dann nehmet dürre oder frische Morgeln/ brühet solche wohl/ oder siedets gar etwas wenigs im Wasser/ seihets ab/ und röstets in einer Butter/ alsdann kan mans auch in der Fleisch-Brüh sieden lassen daß sie weich werden/ nachmal aus der Brüh heraus nehmen/ und ebenfalls klein würfflicht schneiden; ist die Zeit/ da man frische/ oder bey uns so genannte Kief-Erbis haben kan/ so körlet solche aus/ siedet sie auch zuvor besonders ein wenig in einer Fleischbrüh/ seihet dann die Brüh davon herab/ und thut Krebse/ Morgeln/ Briese und die frische- oder Kief-Erbis alles zusammen in einen stollichten Hafen/ zuvor aber machet auch von denen gestossnen Krebsschalen/ mit guter Fleischbrüh durchgezwungen/ auf die in nachfolgender Suppe beschriebene Art/ eine gute Suppe oder Brüh zusammen/ würtzet sie wohl/ und giests dann auch in einen stollichten Hafen/ auf die letzt aber werfft ein Stück Butter dazu/ last alles ein wenig miteinander auffieden: indessen bachet drey oder vier Semmel-Schnitten hell aus dem Schmaltz/ thut solche in die Schüssel/ schöpffet die Krebs/ Morgeln/ Briese und Kief- oder frische Erbis fein mit einem grossen Löffel heraus/ leget solches auf die Schnitten/ richtet die Krebs-Brüh auch darüber an/ und tragts alsdann zu Tisch.

2. Eine Frantzösische Suppe.

MAn nehme junge gefüllte Hüner oder Tauben/ (so man nach Belieben auf die/ unter den Titel der gedämpfft- und gesottenen Speisen/ beschriebene Art füllen kan) lasse selbige besonders sieden/ alsdann thue man gefüllten Kohl oder Kraut/ Morgeln oder Maurachen/ kleine Stäudlein Endivien/

Käß-Kohl/ Spargel/ kleine Fleisch- oder Leber-Knödlein in einen Hafen oder Topff/ und lasse solches gleichfalls sieden: dann nehme man ferner ausgeschählte Krebse/ Artischocken-Kerne/ Nudeln und Raffiolen; bache solche aus Schmaltz heraus/ und röste zuletzt die Brüstlein von kleinen Vögelein darinnen. Von diesen jetzt-besagter Massen gesottenen Sachen kan man die abgegossene Brüh über zerstossene Krebs-Schalen schütten/ durchzwingen/ ein Stücklein Butter samt dem beliebigen Gewürtz darein werffen/ und also zusammen aufsieden lassen. Inzwischen pflegt man drey oder vier gebähete Semmelschnitten in die Schüssel zu legen/ und etwas von abgesottenen klein-zerhackten Briesen darüber zu streuen/ die gefüllte/ oder auch nach Gefallen ungefüllte/ junge abgesottene Hüner oder Tauben in die Mitten/ ringsherum aber die übrig-gesottene Sachen zu legen/ und die Brüh siedend darüber zu richten: die gebachene Sachen aber kan man um den Rand der Schüssel/ auch wol auf das gesottene so zierlich als es immer möglich/ legen/ und mit Muscaten-Blüh bestreuen: so es gefällig/ kan man kleine Bratwürst und Nierlein gleichfalls mit untermischen.

3. Eine Suppe von Hüner-Beinen.

Hacke das Fleisch von einer gesottenen Hennen klein/ stosse hernach die Gebeine und das gehackte Fleisch zusammen in einem Mörsel/ nimm dann einen Schnitten gebähetes weisses Brods/ und thue ihn samt dem Gestossenen in ein Töpfflein oder Häfelein/ giess hernach Hennen-Brüh daran/ und lasse es eine Weil sieden/ alsdann treibs durch ein Sieblein/ thue Muscaten-Blühe/ Cardamomen und Butter daran/ lasse es nochmal aufsieden/ und richts über weiß gebähetes Brod. *

4. Eine

* Dabey zu mercken/ daß ungefähr zu einem halbgestossenen Hünlein insgemein eine halbe Maas Fleischbrüh genommen werde.

Von unterschiedlichen Suppen.

4. Eine andere Suppe von gestossenen Hüner-Beinen mit Habermehl.

NEhmet die Bein samt ein wenig Fleisch von einer gesottenen Hennen/ wie auch eine kleine Hand voll abgezogener Mandel/ stosset alles miteinander in einem Mörsel klein/ röstet hernach einen Kochlöffel voll Habermehl in Schmaltz/ thut solches auch zu den Gestossenen/ giesst Hennenbrüh daran/ und laßt es einen guten Sud thun/ treibts nach diesem durch einen Seiher/ machts mit einer andern Hennenbrüh dinn zur Suppen/ würtzt es mit Cardamomen und Muscaten-Blüh/ und laßt es noch einmal aufsieden/ so ihr es aber anrichten wollet/ könnet ihr Butter darein thun/ und alsdann über gebähet oder ander weisses Brod anrichten.

5. Eine Suppe von Hüner-Leberlein.

NEhmet drey oder mehr Hüner-Leberlein/ nachdem ihr viel Suppen verlanget/ lasst dieselben nur einen Sud in einer Fleischbrühe thun/ denn sie müssen gantz weich bleiben/ zerrühret sie dann durch einen Seiher oder Durchschlag und zwingets ungefehr mit einer halben Maas Fleischbrühe durch/ lasst's wieder aufsieden/ und würtzt es mit Muscaten-Blühe und Cardamomen/ laßt auch kurtz zuvor/ ehe man es anrichtet/ ein Stück Butter nur einen einigen Sud mit aufthun/ und richtets dann über weiß gebähetes Brod.

6. Eine Bries-Suppe.

WAnn man eine Bries-Suppe zu machen gedencket/ muß man die Briese nur ein klein wenig abschipffen/ dann die lange oder Hals-Briese zu Plätzlein/ und die andern würfflicht schneiden: in dem machet einen Teig an von Eyern/ Mehl/ und ein wenig Milch/ dann ziehet diese Briese durch den Teig/ und bachets schön gelb heraus/ oder man kans auch nur in Mehl schwingen und bachen: alsdann thut die würfflicht geschnittene Briese in die

Schüssel/ und richtet eine gute Fleisch-Brüh/ mit Butter und Gewürtz zusammen gemacht/ darüber an/ zieret dann mit den gebachenen Plätzlein den Rand der Schüssel gebührend aus.

7. Eine gefüllte Suppe.

Nehmet kälberne abgeschipffte Briese/ hacket sie klein/ röstet dann ein wenig geriebenes Eyer-Brod in Butter/ und rühret es unter die gehackte Briese/ würtzet es mit Pfeffer/ Muscat-Blüh und Cardamomen/ schlaget Eyer daran/ zu zwey paar Briesen nehmet zwey Dötterlein und ein gantzes Ey/ und rühret das Gehäck mit an/ giesset ein wenig Fleischbrüh dazu/ doch nicht zu viel daß es nicht zu dünn wird/ thuts ferner auf diejenige Schüssel/ darinnen es zu Tisch getragen wird/ und lasst es auf einer Glut oder Kohlfeuer einen Sud aufthun/ daß es gleichsam nur ein wenig stockicht wird: indessen bähet Schnitten von einem Weck oder Semmel/ und röstet solche schön trocken in Schmaltz/ leget dann diese Schnitten auf das Gehäck in die Schüssel/ und lasset eine Fleisch-oder Hennen-Brüh siedend werden/ würtzet solche mit Cardamomen und Muscaten-Blüh/ thut auf die letzt auch ein gut Stücklein Butter hinzu/ und giesset solche über diese gefüllte Suppe. *

8. Eine

* Wanns beliebt/ kan man auch zuvor mit der siedenden Brüh ein oder zwey Eyer-Dottern verklopffen/ anrühren und über die Suppe richten: oder man kan auch an statt der Fleischbrüh ein Gestossenes von Hennen-Beinen dazu machen/ wie dergleichen Suppen bald hernach beschrieben werden: man mag auch solche gefüllte Suppen von ausgeschählten Krebsen machen/ dieselbe klein hacken/ und die Füll allerdings anmachen/ wie allbereit oben von den Briesen gemeldet worden: Oder man kan Krebs und Briese zur Füll unter einander nehmen/ dann von den gestossenen Krebsschalen eine Suppe darüber richten; wie selbige besser unten beschrieben zu finden.

8. Eine Bratwurst-Suppe.

Laß ein gebähet Brod in einer Fleischbrüh sieden/ wanns weich ist/ treibs durch einen Seiher/ würff Ingber/ Pfeffer/ Muscaten-Blüh/ und ein Stück Butter darein/ laß noch einmal auffsieden/ brate indessen Bratwürste ab/ schneide dieselbe zu kleinen Stücklein eines Glieds-lang/ lege sie auf gebähete Brod-schnitten/ richte die erst-besagte Brüh darüber/ reibe eine Muscat-Nuß darauf/ und trags zu Tisch.

9. Eine Speck-Suppe.

Nehmet Wasser/ saltzts und laßt es sieden/ richtets über auf-geschnittenes Rocken-Brod an/ setzt es auf die Kohlen/ laßts wol eintrocknen/ schneidet dann einen Speck würfflicht/ laßt ihn heiß werden/ biß er schön gelb ist/ brennt ihn hernach über die Suppen. *

10. Eine Niern-Suppe.

Wann man von einem Nier-Braten einen über-gebliebenen Niern hat/ so hacke man ihn klein/ samt etwas weniges von dem Fett desselben; lasset eine Brühe siedend werden/ und thut den gehackten Niern darein/ würtzet es mit Cardamo-men und Muscat-Blüh/ lasst es miteinander auffsieden: zu letzt thut ein Stück Butter hinein/ laßts noch einen Wall mit auff-thun/ dann richtets über weiß gebähete Schnitten an.

11. Noch eine Niern-Suppe/ auf an-dere Art.

Der Niern wird samt etwas wenigs von dem übergebliebe-nen Braten gehackt/ von einem Weck oder Semmel die Schnitten gebähet/ oder auch in Schmaltz geröstet/ in eine Schüs-

---

* Wanns beliebt/ kan man diese Suppe in eine andere Schüssel stür-tzen/ oben noch einmal Speck darüber brennen und Ingber darauf streuen.

Schüssel gelegt / und der gehackte Niern darauf gestreuet: indessen macht man eine Brüh siedend / welche man / wann zuvor etwas Butter darinnen zergangen / würtzet / und über das Brod und dem gehackten Niern ausgiesset / dann setzet man die Schüssel wol zugedeckt auf eine Glut oder Kohlfeuer / um noch einen Sud aufzuthun; ehe man diese Suppe zu Tisch trägt / kan man / auf zuvor schon beschriebene Art / Eyer darauf verlieren. *

12. Eine Krebs-Suppe.

Siede ein halb Pfund Krebs in Wasser / mit Saltz und ein wenig Pfeffer / wann sie nun gesotten sind / so thue das Bittere vornen in der Nasen davon / das andere stosse miteinander samt ein wenig Butter klein / bähe einen Schnitten weiß Brod / und thue dasselbe samt dem Gestossenen / in ein Häfelein / giesse ein wenig mehr als eine halbe Maas Fleischbrühe daran / und laß es sieden / hernach treibs durch einen Seiher / würtze es mit Cordamomen- und Muscaten-Blühe / und laß wieder aufsieden / alsdann thue Butter darein / und richts über weiß gebähtes Brod: Solls aber noch besser seyn / so kanst du im Anrichten Eyer-Dottern darein thun.

13. Noch eine Krebs-Suppe / auf andere Art.

Nimm Krebs / siede und schähle sie / wie oben gemeldet / stoß in einem Mörsel / und schlags mit Wein durch / nimm ein Mehl / röst in Schmaltz / und giesse die durchgeschlagene Krebsbrüh darein / mische Zimmet / Saffran und Zucker darunter / laß es sieden / richte es dann über weiß gebähtes Brod / und streue zuletzt Zucker und Trisanet auf / man kan auch / so man will / in dieser Brüh ausgeschählte Krebse sieden.

14. Ein

* Man mag auch unter den Niern ausgeschählte Krebse / oder an statt deß Niers lauter Krebse; ingleichen auch Briese hacken / und dann die Eyer darauf verlieren.

Von unterschiedlichen Suppen.

14. Eine andere Krebs-Suppe/ mit Milch und Mandeln.

Zerstosse eine Hand voll Mandel/ mit ein wenig Milch/ wol klein/ zwinge selbige alsdann durch/ indessen zerstosse etliche ohne Saltz abgesottene Krebse/ und zwinge sie ebenfalls mit obbesagter Mandel-Milch durch: wann man will/ kan man die Krebse auch in der Milch auffsieden/ durchzwingen/ und dann noch einen Wall aufthun lassen; zuvor aber muß man ein würfflicht geschnittenes weisses Brod in Schmaltz rösten/ und nachdeme man ein Stück Butter in vorbesagte Milch geworffen/ gar wenig und gelinde auffstrudeln lassen/ und dann zu Tisch tragen.

15. Noch eine andere Krebs-Suppe / mit gestürtzt- und verlohrnen Eyern/ und gefüllten Krebs-Nasen.

Es siedet zuvörderst Krebse auf die jederman bekannte allgemeine Art / schählet selbige aus und hacket sie klein/ alsdann bereitet die gestürtzte Eyer auf die jenige Weise / wie sie bald hernach Num. 27. bey der Suppe mit gestürtzten Eyern beschrieben werden: vermenget dann das/ so von denen geöffneten Eyern an Weissen und Dottern heraus gelauffen / mit Semmelmehl/ und denen geschählt- und gehackten Krebsen / würtzets / und füllet mit dieser Füll so wol die ledige Krebs-Nasen/ als auch halb zerschnittene Eyerschalen voll an / legt selbige in einen eisernen Faum- oder Schaum-Löffel/ haltet ihn in heisses Schmaltz/ und bachets also heraus; inzwischen röstet oder bähet Semmel- oder Wecken-Schnitten / legt sie in die Schüssel/ und dann auf dieselbige die gefüllt und gebachene Eyer und Krebs-Nasen/ jedesmal eines um das andere abwechsel-Weiß; zuletzt richtet die zuvor beschriebene Krebs-Suppe darüber.

B   16. Eine

16. Eine Fischrogen-Suppe.

Nehmet einen gesottenen Fischrogen/ zertreibet denselben/ und laſt ihn in einer Erbis-Brüh ſiedend werden/ thut gut und ſcharffes Gewürtz dazu/ werfft auch zuletzt ein Stück Butter hinein/ und richtet es über gebähtes Brod an.

17. Eine Auſtern-Suppe.

Nimm eine Maas Fleiſchbrüh/ laß ſie ſieden/ brenn ein wenig Mehl darein nur gantz liecht/ hacke zehen ſauber gereinigte Auſtern/ wirff ſie in die ſiedende Brüh/ würtze es mit Cardamomen/ Muſcatblüh und Pfeffer/ thue ein wenig Citronen-Safft/ und ein gut Stück Butter/ ſamt noch ſechs gantzen Auſtern/ darein: alsdann zwiere die ſiedende Brüh mit ein baar Eyer-Dottern an/ und richte es über etliche Schnitten gebähtes Brods/ lege die gantze Auſtern auf die Schnitte/ ſtreue würfflicht und klein zerſchnittene Citronen-Schelfen und Muſcatblüh darüber.

18. Eine Sardellen-Suppe.

Waſche Sardelln im Waſſer wol ab/ ſiede ſie/ mit einem Schnitten vom gebähten Brod/ in Wein/ zwinge es zuſammen in einem Seiher oder Durchſchlag durch/ gieß noch ein wenig Wein dazu/ würtze es mit Muſcaten-Blüh/ Cardamomen/ Ingber und Pfeffer zimlich wol/ würff ein Stück Butter hinein/ laß einen Sud aufthun/ zuckers und druck Citronen-Safft daran/ richts dann über gebäht oder würfflicht geſchnittenes/ in Butter geröſtetes/ Brod/ und ſtreue klein zerſchnittene Citronen-Schelfen darauf.

19. Eine Schnecken-Suppe.

Die Schnecken laſſe ſamt ihren Häuslein in Waſſer ſieden/ ſo lang als etwan harte Eyer/ darnach thue ſie heraus/ ziehe die

Von unterschiedlichen Suppen.

he die schwartze Haut herab / und schneide das hintere Theil davon / wasche sie mit heissen Wasser wol ab; und wann man will / kan mans auch zuvor mit Saltz reiben / allein sie bleiben krässtiger wann man nur mit warmen Wasser das Schlipfferige davon wol abwäscht: hierauf lasse sie in einer Fleischbrühe wieder sieden / daß sie weich werden / und hacks dann klein / biß auf etliche / so man gantz lässet; die Gehackte thu in ein Häfelein / giesse Fleischbrühe daran / würtze sie mit gutem Gewürtz als Muscatblühe / Pfeffer und Cardamomen laß auffsieden / darnach thue Butter daran / und wann sie noch einmal aufgestrudelt / richte sie über weiß gebähtes Brod. Darnach nimm die gantzen Schnecken / welche du noch übrig behalten / so nicht mitgehackt worden sind / und lege sie auf einen Schnitten gebähtes Brods in die Mitte der Suppen.

20. Eine Suppe von Eyerdottern.

Setz eine Fleischbrüh in einem Topf oder Hafen zum Feuer / lasst sie sieden / würtzet es mit Cardamomen und Muscatblüh / schneidet indessen von einem Eyer-Brod / es sey gleich von Eyerringlein / Grengeln oder Wecklein / kleine Plätzlein / röstet solche schön trocken in Schmaltz / legts in eine Schüssel / und feuchtets nur ein wenig mit der siedenden Fleischbrüh an / zerklopfft inzwischen ein oder zwey Eyerdottern in einem Häfelein / werfft ein Stücklein Butter hinein / und rührts mit der übrig-siedenden Brüh an / richtets dann über das angefeuchtete Brod; und so ihr wollet / könnt ihrs mit einem Citronen-Essig / oder auch ein wenig darein gedrucktem Citronen-Safft / nach eigenem Gefallen / säuerlicht machen.

21. Eine andere Eyerdottern-Suppe.

Mach eine gute halbe Maas Fleischbrüh siedend / zerklopffe indessen zwey Eyerdottern / und thue Muscaten-Blüh / ein wenig Cardamomen / Saffran / und ein Stück Butter darein / rührs mit der siedenden Brüh an / richts über weiß gewürffelt Brod:

Brod: wann man sie aber sauer verlangt / so rühret erstlich die Eyerdottern mit ein wenig Essig / oder auch mit ein wenig Wein / an / und giesset alsdann die siedende Brüh darüber. *

22. Eine Hader-Suppe von Eyern.

Zerklopff zwey Eyer / das Weisse zusamt denen Dottern / gieß eine halbe Maas Fleischbrüh / oder halb Wasser und halb Fleischbrüh / daran / wiewol mans auch von lautern Wasser machen kan / jedoch daß selbiges zuvor gesaltzen werde / darnach thue ein wenig frisches Schmaltz in eine Pfannen / laß es heiß werden / brenn einen Löffel voll Mehl darein; laß aber zuvor noch ein wenig erkalten / und gieß das Wasser oder die Brühe samt denen Eyern allgemach daran / lasse es mit stetem Rühren auffsieden; thue Cardamomen / Muscatblühe / Ingber / Saffran und ein Stück Butter dazu: indessen röste ein geschnitten weisses Brod schön trocken in Schmaltz / und richte die Suppen darüber: oder so du wilt / auch nur über trocken aufgeschnittenes weisses Brod. **

23. Noch eine Hader-Suppe von Eyern / auf andere Art.

Laß eine halbe Maas Wasser / oder halb Fleischbrüh und Wasser siedend werden / und wann es nöthig / so saltze es ein wenig; würtze es mit Saffran / Ingber / Pfeffer / und geriebner Muscat-Nuß: zerklopffe zwey Eyer mit einem Stuck Butter / rühre sie in die siedende Brühe / laß es noch einen Sud auffthun / und richte es dann über ein aufgeschnittenes weisses Brod.

24. Eine

---

* Man darff solche mit den Dottern nicht mehr sieden lassen / sondern nur gleich über das Brod anrichten.

** Man kan zwar / welches zu mercken / diese Suppe auch nur allein von Eyerdottern machen / doch muß man alsdann derselben eines mehr nehmen als hier von uns gemeldet worden.

24. Eine andere Eyer- oder Töpflein-Suppe.

NEhmet ein halbe Maas Wasser/ oder etwas mehr/ nachdem man viel haben will/ (und so es beliebt/ mischet ein wenig Fleischbrüh darunter) saltzet es/ und last sie siedend werden; zerklopfft zwey Eyer wohl/ und thut ein wenig Saffran dran/ indessen laßt ungefehr eines Hüner-Eyes groß/ frisches Schmaltz in einer Pfannen heiß werden; hernach thut es vom Feuer/ und laßt's ein wenig erkühlen: alsdann gießt das heisse Wasser oder Brühe mit den geklopfften Eyern darein/ (man muß sich aber in acht nehmen daß es nicht spritze/) setzt dann die Pfannen noch einmal über das Feuer/ laßts allgemach sieden so lang als weiche Eyer: rühret's nicht/ sondern treibt es nur mit einem Kochlöffel zusammen/ daß es auf ein Häufflein kommt; giesset dann die Brühe über ein würfflicht aufgeschnitten oder gebähtes weisses Brod: die Eyer aber hebt mit einem Löffel/ nur ein wenig auf einmal/ heraus/ und legt davon so Häufflein herum auf die Suppen/ streuet dann Muscaten-Blühe darauf/ so ist sie recht.

25. Eine Suppe von gebachenen Eyern.

SChlage ein Ey aus/ saltze selbiges/ und streue ein wenig Mehl darauf/ dann bache es in Schmaltz/ doch also/ daß der Dotter weich bleibe/ und hacks hernach gar klein/ indessen laß ein wenig Fleischbrüh/ ungefehr den vierdten Theil von einer Maas zu einem Ey gerechnet/ siedend werden/ thue das gehackte Ey darein/ und laß ein wenig mit aufsieden: hernach zwinge solches durch einen Seiher oder Durchschlag/ würtze es mit Cardamomen und Muscaten-Blühe/ laß es alsdann noch einmal aufsieden/ und wann mans anrichten soll/ so thue zuvor ein Stücklein Butter daran/ und richte es über weiß aufgeschnitten Brod. *

* Wann man sich dieser Suppe etwan zur Fasten-Zeit bedienen will/ kan man an statt der Fleischbrüh nur blosses Wasser gebrauchen/ welches auch bey andern dergleichen Suppen gar füglich kan beobachtet werden.

26. Eine Suppe von verlohrnen Eyern.

Renne ein heisses Schmaltz über aufgeschnittenes Rocken-Brod/ in einer Schüssel/ oder röste das Brod in Schmaltz/ gieß eine siedende Fleischbrühe/ oder so du wilt/ halb Wasser und halb Fleischbrüh/ daran/ decks darnach zu/ setze es auf eine Glut oder Kohlen/ und laß es sieden/ mache inzwischen ein Wasser in einem Pfännlein siedend/ saltze selbiges ein wenig/ und schlag ein Ey aus in ein Schüsselein/ daß der Dotter fein hübsch gantz bleibe/ schütte es dann in das Pfännlein/ ins siedende Wasser/ und klopff immerzu mit einem Löffel an das Pfännlein/ damit sich das Ey nicht anlege/ laß es auch so lang sieden/ biß du siehest/ daß sich der Dotter/ welcher weich bleiben muß/ mit dem Weissen überziehe/ alsdann hebe dasselbige mit einem flachen löcherichten Löffel/ damit das Wasser davon lauffen könne/ auf die Suppen heraus; und also mache es mit allen Eyern/ so viel du derselben haben wilt/ die Suppen aber hebe indessen von der Kohlen/ daß die beschriebener Massen darauf gethane Eyer nicht hart werden/ lasse sie aber noch ferner zugedeckt/ damit sie dabey warm bleibe; wann nun solches geschehen/ so streue Muscatblüh darauf/ und trage sie gleich zu Tisch: wilt du aber eine gestürtzte Suppe haben/ so decke nur eine Schüssel oben darüber/ und stürtze sie um/ daß die Eyer untersich auf den Boden kommen/ dann kan man wieder so viel Eyer/ als man will/ darauf verliehren.

27. Eine Suppe mit gestürtzten Eyern.

Zu dieser Suppen röstet oder bähet Semmel- oder Weck-Schnitten in Schmaltz schön gelb/ dann leget solche in eine Schüssel; indessen lasset eine Fleischbrühe siedend werden/ thut gutes Gewürtz darein: als ein wenig Muscatblüh und Cardamomen; zuvor aber muß man die gestürtzten Eyer also zusamm machen. Erstlich werden die gantzen Eyer/ wie sonst im Wasser/ so lang abgesotten/ biß sich das Weisse innwendig an der Schalen

nur

Von unterschiedlichen Suppen.

nur ein wenig anlegt: Dann kan man auf der einen Seite der Schalen ein Löchlein machen/ und den Dottern/ und was von dem Weissen mitgehet/ in einen Napff oder Schüsselein heraus lauffen lassen: Hierauf wird von dem leeren Ey/ die Helffte von der Schalen herab genommen / daß das andere halbe Theil derselben gantz bleibt/ und dieser Eyer kan man so viel machen als man will: dann muß man das/ was von den Eyern heraus gelauffen/ wohl zerrühren / und klein zerhacktes Peterlein- oder Petersilien-Kraut / samt e n wenig geriebenes Semmel-Mehl wohl darunter mischen; thut auch Gewürtz daran/ nemlich ein wenig Pfeffer/ Cardamomen und Muscatblühe: dann füllet diese Füll in die halbe Eyerschalen/ und macht ein Schmaltz in einer Pfannen heiß/ welche eben nicht gar zu groß seyn darff; dann thut ein solch gefülltes Ey in einen eisernen Löffel/ daß die Füll untersich/ und die Schalen übersich kommen: haltet es samt dem Löffel in das heisse Schmaltz/ und lassts also schön nacheinander heraus bachen; legt dann auf einen jeden gerösteten Semmel-Schnitten ein solch gebachnes Ey in die Schüssel / daß die Füll untersich/ und die Schalen übersich kommen: alsdann giesset die obgedachte siedende Fleischbrüh darüber/ und lassts nur ein klein wenig auf einer Glut oder Kohlen stehen. *

28. Eine gehackte Suppe.

Schlaget ein Ey in ein Näpflein / und zerklopfft es wohl/ rührt von dem schönsten Mehl darein/ oder/ welches besser/ nehmet halb schön Stärck- oder Krafft-Mehl/ und halb ander gemein Mehl / machet einen schönen vesten Teig daraus / legt ihn alsdann auf ein Brett/ und würcket solchen noch ferner vest zusammen: dann wälchert ihn zu Plätzen/ aber nicht gar dünn; wann diese Plätze ein wenig vertrocknet / hackt sie zimlich klein / lassts wohl dürr werden/ und zerreibet sie noch ein wenig mit den Händen: Wann

---

* Wanns beliebt/ kan man auch in die Fleischbrüh ein Stücklein Butter thun: man hält aber diese Suppe mit der lautern Fleischbrüh insgemein vor besser.

Wann mans nun kochen will/ so röstet diesen Teig in Butter/ (wiewol man ihn auch ungeröstet lassen kan/) setz eine Fleischbrüh/ oder auch nur Wasser/ zum Feuer/ lassts siedend werden/ saltz es/ thut den Teig hinein daß er darinnen wohl siede/ werfft ein wenig Muscatblüh dazu/ und auf die letzt ein Stücklein Butter.

29. Eine geriebene Suppe.

Zu dieser Suppen wird der Teig auf eben diese Art gemacht/ wie zu der vorigen: es muß nemlich der Teig von einem Ey und schönen Mehl wohl vest angemacht/ in einen runden Ballen zusammen gewürckt/ und an einen Reib-Eisen immer in die Runde herum gerieben werden; den Ballen aber muß man stets in die Runde vest zusammen drucken/ biß der Teig völlig herab gerieben ist/ alsdann läßt man ihn dürr werden/ und zerreibet solchen ein wenig mit den Händen: dann wird er geröstet/ so zwar zu eines jeden Belieben stehet/ und in einer Brühe oder Wasser aufgesotten/ und angerichtet.

30. Eine Suppe vor Kindbetterinnen.

Schlaget ein Ey aus/ streuet ein wenig Mehl darauf/ und bachets schön schnell heraus; dann schneidet oder hackets ein wenig und schüttets in eine siedende Fleischbrüh/ oder auch nur in ein siedend Wasser; zerrührt die Eyer/ und lassts sieden/ thut ein wenig Muscatblüh darein/ seihets durch einen Seiher/ und richtets über rocken- oder weisses Brod nach Belieben an.

31. Eine Choccolaten-Suppe.

Setz eine Milch in einem Topff oder Hafen zum Feuer/ thue sie/ so bald sie zu sieden anfängt/ hinweg/ nimm dann zu einer halben Maas oder Seidlein Milch zwey Eyerdottern/ klopffe sie wohl/ rührs darunter/ und thue zwey oder drey Löffel voll der zerriebenen Choccolata nach gefallen/ nachdem du sie dick oder dünn haben wilt / dazu / richts dann über gebähtes / und in Stücke zerbrochenes Brod.

32. Eine süsse Ram- oder Kern-Suppe.

ZU einer halben Maas Kern nehmt ein gantzes Ey/ verklopfft solches wohl/ dann rührts mit dem Kern oder süssen Ram an; thut ein wenig Zucker und Rosen-Wasser dazu/ giessts alsdann miteinander in eine Pfanne/ und rührets immer fleissig um/ biß man siht daß es anfangen will zu sieden: alsdann richtets gleich über klein gebröckeltes Eyer- oder nur über gebäht-zerbrochenes Brod an. *

33. Noch eine süsse Ram- oder Kern-Suppe.

ZErreibe zwey Eyerdottern / gieß eine Maas Kern oder süsse dick-abgenommene Milch daran / laß mit stetigem rühren auffsieden: alsdann saltze es ein klein wenig/ zuckers / und richte es über weisses würfflicht-geschnittenes oder gebähtes Brod an.

34. Eine andere süsse Ram- oder Kern-Suppe mit Mandeln.

NImm ein viertel Pfund abgezogener Mandeln/ schneide dieselbe länglicht/ so dünn als es seyn kann: alsdann klaube eine gute Hand voll Weinbeer schön aus / wasch sauber und trockne sie auf einem Tuch ab/ hernach laß eine Maas von dem besten süssen Ram / oder der abgenommenen dickesten Milch siedend werden/ und wann sie siedet/ thue die Mandeln und Weinbeere hinein/ laß einen Sud mit auffthun/ daß die Weinbeere ein wenig aufge-

C   schwel-

* Doch ist zu erinnern/ daß mans ja nicht gantz auffsieden lasse/ damit die Eyer nicht zusammen lauffen.

schwellen / zuckers dann nach belieben / und richts über weiß gebähtes Brod. *

35. Eine kräfftige Geißmilch-Suppe für Schwindsüchtige.

Nehmet gute gerechte Geißmilch / stosst Pistazien-Nüßlein mit einen Weinbeerlein-Wasser ab / zwingts hernach durch ein reines Tüchlein / giesst selbige unter die Geißmilch / macht sie geschwind siedend / und rühret ohne aufhören / so lang solche siedet / zerfreibt auch / von ein oder zweyen lind-gesottenen Eyern / die Dottern / rührt selbige mit der siedenden Suppen an / zuckerts / und richtets über schön gelb gebähtes Semmel-Brod.

36. Eine andere dergleichen Geißmilch-Suppe.

Nimm die Geißmilch / so bald sie gemolcken ist / thue Zucker darein / laß heiß werden / aber nicht sieden / und richts über weisses würfflicht-geschnittenes Brod.

37. Eine Oster- oder saure Milchram-Suppe.

Laß eine halbe Maas Fleischbrühe siedend werden / rühre halb so viel Milchram oder sauren Ram darein; thue Ingber / Saffran und ein wenig Essig dazu / laß noch einmal aufsieden / und richts über weisses würfflicht-geschnittenes Brod an. Wann man will / kan der Milchram auch nur mit kalter Fleischbrühe angerühret werden.

38. Eine

* So es beliebt / kan man / ehe es angerichtet wird / ein wenig Rosen-Wasser hinein giessen.

Von unterschiedlichen Suppen.

38. Eine andere Milchram-Suppe.

Nimm eine gantze oder halbe Maas Fleischbrüh / nachdem man viel verlangt / und rühre nicht gar als halb so viel sauren Milchram darein/ laß sieden; ist aber die Fleischbrüh nicht gar fett/ so gehört noch ein Stuck Butter dazu: wann es dann aufgesotten ist / kanst du selbige über weiß- oder rocken-aufgeschnittenes Brod anrichten.

39. Eine Buttermilch-Suppe.

Nehmt eine gantz frische Buttermilch / laßts mit stetigem rühren schnell aufsieden; werfft ein Stuck Butter darein: und richtets dann über rocken- oder weisses aufgeschnittenes Brod an.

40. Eine andere Buttermilch-Suppe/ auf bessere Art.

Nehmt halb gute frische Buttermilch/ und halb süssen Ram: Zuvor aber zertreibet etliche Eyerdottern in einer Pfannen; nemlich / zu einer Maas Milch fünff oder sechs derselben; wann solche zerrührt / giesst den Ram und Buttermilch daran/ laßts mit stetigem rühren aufsieden: Zuvor aber schneidet ein weisses Brod zimlich grob auf / oder brocket und zerbrecht solches nach gefallen. Und wann die Suppe wohl angefangen zu sieden/ so thut das Brod dazu in die Pfannen; laßts also miteinander nur einen Sud aufthun / und richtets dann in eine Schüssel.

41. Eine Käs-Suppe.

Reib oder schneide einen halben Vierding oder ein Achtel Pfund guten Käs/ gieß eine halbe Maas Fleischbrühe daran/ und ein wenig Wasser/ damit es nicht zugesaltzen werde; laß solches / so lang als harte Eyer sieden / treib es dann durch einen Durchschlag oder Seiher / daß das Käsigte davon bleibt/ thue alsdann

dann ein gut Theil Milchram/ wie auch ein wenig Muscaten-Blühe/ Ingber und Saffran darein/ und laß es noch einmal auffsieden: ehe du es aber anrichten wilt/ so leg ein Stück Butter dazu/ und richts dann über weiß gebähtes Brod/ oder über kleine gebachne Küchlein: wie selbige nachgehends/ unter dem Titel der gebachnen Küchlein/ beschrieben zu finden. Wanns beliebt/ kan man auch Eyer darauf verliern/ wie davon ebenfalls bey der verlohrnen Eyer-Suppe schon zuvor Num. 26. Bericht ertheilet worden. Wann aber eine solche Suppe für einen Krancken dienen solte/ müste der Ram davon gelassen/ an dessen statt aber Eyerdottern genommen werden; jedoch also/ daß selbige nur mit der siedenden Brüh/ mit obgemelter Butter und Gewürtz angerührt und angerichtet werden.

42. Eine welsche Suppe von Käs.

Bähe weisses Brod/ legs in eine Schüssel/ giesse eine gute siedende Hennen- oder Fleischbrüh darüber/ und streue dann geriebenen Parmasan-Käs darauf/ oder so du wilt/ lege das gebähte Brod in eine Torten-Pfanne oder Pasteten-Tiegel/ giesse die Brüh daran/ streue den Käs darauf/ und laß es in einer Röhre oder Bach-Oefelein einpregeln/ und trags dann zu Tisch

43. Eine Reinfal-Suppe.

Erklopffe zwey Eyerdottern in einem Pfännlein/ gieß nicht gar eine halbe Maas Reinfal daran/ würtze es mit ein wenig Cardamomen und Muscaten-Blüh/ zuckers und rühre es wohl miteinander ab: alsdann laß es auf einem gelinden Feuer/ mit stetem rühren/ gemach auffsieden: indessen röste weisses würfflicht-geschnittenes Brod in Schmaltz/ oder nimm weiß gebähte Schnitten/ und richte die siedende Suppe darüber.

44. Eine andere kräfftige Reinfal-Suppe.

Nimm halb Reinfal/ und halb ungesaltzne Capaunen- oder Hüner-Brühe/ zuckers/ laß es auffsieden; klopff einen
Eyer

Eyerdotter/ rühre ihn mit der siedenden Suppe an/ und giesse es über weisses würfflicht-geschnittenes Brod. *

45. Eine Reinfal-Suppe / mit der Mandel-Milch.

Zerklopffe zwey Eyerdottern/ thue wol Zucker dazu/ gieß halb Reinfal und halb Mandel-Milch daran; lasse es sieden/ und rühre immerfort / damit die Eyer nicht zusammen lauffen; richte sie hernach über weisses würfflicht-geschnittenes Brod an. Die Mandel-Milch aber kan man folgender Gestalt dazu machen: weichet die Mandeln in frisches oder laulichts Wasser/ biß sich die Schelfen herunter ziehen lassen; darnach stosset dieselbe in einem Mörsel oder Reib-Scherben/ mit frischem Wasser/ wohl klein ab/ daß sie Milch geben/ und zwingts hernach durch/ so ist sie bereitet.

46. Noch eine Reinfal-Suppe.

Man nehme ein gantze oder halbe Maas Reinfal/ lasse solchen sieden/ lege gebähte Semmelschnitten in die Schüssel/ und bestreue sie mit Zimet/ samt etwas wenigs gestossner Mandeln: wann der Reinfal aufgesotten/ richtet man solchen darüber: alsdann kan mans mit gebachnen Mandeln und gefüllt-gedünsten Zibeben neben herum um den Schüssel-Rand belegen/ und auszieren.

47. Eine gute Malvasier-Suppe.

Imm Malvasier/ nachdem man viel Suppen machen will; laß einen guten Lebkuchen darinnen sieden / treibe ihn glatt durch/ würtze es mit Muscaten-Blüh/ Cardamomen/ Zimmet und Zucker/ oder Trisanet: hernach hacke Mandeln gantz gröblicht; wie auch allerley eingemachte Waar: dünste Zibeben/ Datteln und Feigen/ so in süssen oder andern Wein mit Zucker/ so lang/ biß sie

C iij

* Wobey zu mercken / daß man jedesmal zu einem Eyerdottern/ ungefehr ein Achtel-Maas der Suppen nehmen müsse.

sie weich sind gesotten worden: thue sie alsdann zusamt den Mandeln in die obgemeldete durchgetriebene Suppe/ schneide Eyerbrod würfflicht/ röste es schön gelb in Schmaltz/ legs in die Schüssel/ und richte die Suppen darüber. *

48. Eine Meet-Suppe.

Zertreibe zwey Eyerdottern/ gieß Meet dazu/ zwiere oder rühre sie fein allgemach mit an/ laß aber nicht sieden/ sondern nur recht heiß werden/ und richt es über weiß Brod.

49. Eine Wein-Suppe.

Die Wein-Suppe macht man auf die Art der Num. 43. beschriebenen Reinfal-Suppen; nur nimmt man mehr Zucker/ Muscaten-Blüh/ und ein Stücklein Butter dazu: sonst wird selbige gleichfalls über weiß geröstes oder würfflicht-geschnittenes Brod gerichtet. Man kan auch/ wer nicht lauter Wein haben will/ den halben Theil von weissen Bier dazu nehmen.

50. Eine Wein-Suppe mit Mandeln.

Weiche ein viertel Pfund Mandeln in ein warmes Wasser/ ziehe die Schelfen herab/ stosse sie mit einem frischen Wasserklein/ daß sie nicht ölicht werden; treibs hernach mit Wein durch ein härines Sieblein oder Durchschlag/ thue Zucker und ein wenig Saffran/ wie auch ein Stücklein Butter daran; laß es alsdann aufsieden/ und rührs immerzu/ richte es dann über weiß gebähtes Brod.

51. Eine

---

* Wann man den Lebkuchen nicht gern hat/ so kan man an dessen statt harte Eyerdottern nehmen. Oder es kan auch/ wie sonst eine gemeine Wein-Suppe/ aus dem Malvasier gemacht/ und die Zibeben/ Datteln und Feigen/ so man den Kosten scheuet/ ebenfalls ausgelassen werden und davon bleiben.

Von unterschiedlichen Suppen.

51. Eine Wein-Suppe/ für Schwindsüchtige.

SJede ein neu-gelegtes Ey in Wein hart/ darnach nimm den Dottern davon heraus/ zertreib denselben/ und zwiere ihn mit etwas weniges Wein an/ thue Saltz dazu/ und so viel Saffran als zum gülben nöthig ist/ zuckers wohl/ laß sieden; rühre es aber immerzu um/ und richts hernach über weisses und würfflicht-geschnittenes Brod.

52. Eine weisse Bier-Suppe/ mit Kern oder süssen Ram.

NEhmet eine Maas Kern oder dick abgenommene Milch/und dann den vierdten Theil/ von einer Maas weiß Bier. Zerrühret zwey Eyerdottern in einer Pfannen/ und giesst den Kern zusamt dem Bier allgemach daran/thut ein Stücklein Butter dazu/ lasst es mit stetigem rühren aufsieden/ und richtets über würfflicht-geschnittenes Rocken-oder weisses Weitzen-Brod an.

53. Eine andere weisse Bier-Suppe.

NEhmet eine halbe Maas weiß Bier/ rühret nicht gar halb so viel sauren Milchram darein/ zuckerts nach belieben; und wanns gefällig/ könnt ihrs ein klein wenig saltzen/ wiewol es auch verbleiben kan; lassts aufsieden/ und richtets über würfflichtgeschnittenes Rocken-Brod.

54. Eine andere weisse Bier-Suppe/ für die/ so mit der Husten sehr behafftet sind/ dienlich.

LAß weisses Bier siedend werden/ zuckers nach belieben; zerklopffe Eyerdottern mit einem Stuck Butter/ rühre es mit dem siedenden Bier an/ und richts über würfflicht-geschnittenes weisses/ oder auch nur von Korn oder Rocken gebachenes Haus-

Hauß=Brod: Soll sie aber noch besser für die Husten dienen / so nehme man / an statt deß Koch=Zuckers / weissen Zucker=Candi / und trincke die Suppe lauter / ohne Brod / so heiß man immer kan.

55. Noch eine andere Bier=Suppe.

Man nehme ein halb Seidlein / oder den vierdten Theil einer Maas / von braun=oder weissen Bier / ist gleich viel / und ein Seidlein / oder den halben Theil der Maas / von süssen Ram; thue beedes zusammen in eine Pfannen / und rühre es wohl untereinander / lasse es also mit stetigem Rühren wohl aufsieden / und richte es über würfflicht=geschnitten und zuvor geröstetes Brod an. Diese Suppe kan man alsdann nach belieben und gefallen zuckern.

56. Eine rothe oder braune Bier=Suppe.

Nehmet eine gute halbe Maas braun Bier / und rühret nicht gar halb so viel sauren Milchram darein / thut ein Koch=Löffelein voll / in Schmaltz zuvor eingebrenntes / Mehl dazu; lasst solches in stetem Sud aufsieden / zuckerts ein klein wenig / und richtets über gewürffelt Rocken=Brod. Oder man kan auch den Milchram und das Mehl davon lassen / an deren statt aber zwey Eyerdottern mit einem Stück Butter verklopffen / mit dem siedenden Bier anrühren / zuckern / und dann besagter Massen über das Brod anrichten.

57. Noch eine braune Bier=Suppe / auf andere Art.

Lasst in einem Häfelein ein roth oder braunes Bier / samt ein wenig Kimmel / siedend werden; und thut zu letzt / ehe man sie anrichtet / ein gutes Stück Butter darein: dann schneidet ein Rocken=Brod würfflicht auf / thut ein wenig dinn geschnittene Butter darauf / und richtet die siedende Suppe darüber; setzt

es

Von unterschiedlichen Suppen. 25

es auf eine Gluth oder Kohlen/ und laßts samt dem Brod noch ein wenig auffsieden.

58. Eine Citronen-Suppe.

Nimm ein Seidlein oder eine halbe Maas Wein/ auch halb so viel Wasser/ zuckers wol nach deinem belieben; schneide eine halbe Citrone zu Plätzen/ und wirff selbige in den gezuckerten Wein/ wie auch eine gute Hand voll geriebenes Eyer-Brods: dieses alles lasse untereinander auffsieden/und richte es an.*

59. Eine andere Citronen-Suppe.

Man nehme ein oder zwey Citronen/ so viel man nemlich der Suppen machen will/ schneide selbige zu gantz dünnen Plätzen/ und dann wiederum in vier Theil; lasse sie etliche Stunden lang/ mit Zucker wol bestreuet/ in einer Schale ligen: indessen nehme man geriebenes Eyer-Brod/ röste solches schön resch und trocken in Schmaltz/ streue es unten in die Schüssel/ oben aber auf das Brod Cardamomen/ Muscatenblüh/ und nach belieben etwas wenigs Zimmet: dann setze man einen Wein in einem kleinen Topff oder Hafen zum Feuer/ lasse ihn sieden/ und werffe Zucker/ Cardamomen und Muscatenblüh darein: indessen nimmt man die vormal eingezuckerte Citronen-Plätze/ legt solche auf das geröstete Brod in die Schüssel zierlich herum; wann dann der Wein aufgesotten/ werden zwey Eyerdottern zerklopffet/ und mit demselbigen also siedend angerühret: alsdann ein wenig Butter darinnen zerlassen/ mit Saffran gelb gemacht/ und über die Citronen und Brod in die Schüssel angerichtet. **

60. Eine

* Dabey zu mercken/ daß man sie ja nicht lang sieden lasse/ weil sonst die Bitterkeit/ von denen Citronen/ allzu sehr ausgezogen würde: wem etwas von Gewürtz darunter zu thun beliebte/ der kan Zimmet/ Cardamomen und Muscaten-Nüsse/ oder auch nur ein Trisanet darauf streuen.

** Wann es beliebt/ kan man die gelbe äussere Schelffen von den Citronen klein würfflicht zerschneiden/ und auffstreuen.

60. Eine Limonien-Suppe.

Röste einen guten Koch-Löffel voll Weitzenmehl schön gelblicht/ thue es in eine siedende Fleischbrüh/ und wirff von Cardomomen und Muscatenblüh/ so viel als nöthig/ darein/ giesse etwas weniges Weinessig hinzu/ hacke Limonien klein/ wirff sie gleichfalls in die Brüh/ und laß also miteinander sieden; lege zuletzt ein Stück Butter darein/ und richts über würfflicht geschnittenes Rocken-Brod an. *

61. Eine Datteln-oder Cibeben-Suppe.

Hacke die Datteln oder Cibeben klein/ sieds in Wein ab; treibs durch einen Seiher oder reines Sieblein/ wirff ein klein Stück Butter hinein/ laß auffsieden; zuckers/ würtz es mit Zimmet/ Cardamomen und Muscatenblüh: richts dann über gebäht Brod/ und streue Zimmet oder Trisanet darauf.

62. Eine Cappern-Suppe.

Nehmet ein viertel Pfund kleine Essig-Cappern/ und wann selbige zuvor klein gehacket/ siedet sie mit einem einigen kleinen Schnitten gebähtes Brods/ in einer halben Maas weisses Weins; wozu man auch/ nach Belieben/ den halben Theil Fleischbrüh nehmen kan: treibt sie hernach durch einen Seiher/ schüttet die Brüh noch einmal in das Häfelein oder Töpflein/ zuckerts wol/ lassts ein wenig auffsieden/ thut Cardamomen und Muscatenblüh darein/ rührts mit Eyerdottern an/ und richtet es so dann über gebähte Semmelschnitten.

63. Eine Mandel-Suppe.

Laß ein frisches Wasser siedend werden/ wanns gesotten/ wirff eine Rinden von weissen Brod/ und etwas Zimmet/ darein/

* Wanns gefällig ist/ kan man auch das Brod in Schmaltz schön trocken rösten/ und so bald selbiges aus der Pfanne kommt/ die Suppe darüber anrichten.

Von unterschiedlichen Suppen.

darein/ laß es damit erkuhlen: alsdann ziehe die Mandeln ab/ stoße sie mit dem gesottenen Waßer klein; mit dem abgekühlten Waßer aber zwing es durch ein härines Sieb; thue Zucker darein/ und ein klein Körnlein Saltz/ (welches hält/ daß sie nicht zusammen lauffen/) laß es mit stetigem rühren aufsieden/ richts hernach über weiß gebähtes Brod: Oder nimm Eyerring oder Grengeln/ schneide runde Plätzlein daraus/ bähe sie auf einem Kohlfeuer/ richte die Suppe darüber/ und streue Zimmet darauf.

64. Eine Mandel-Suppe/ auf andere Art.

Ziehe ein viertel Pfund Mandel ab/ und stoße sie mit ein wenig frischen Waßer; zwinge dieselbe alsdann mit dem vierdten Theil von einer Maas frischen Waßer durch/ zuckers wohl/ laß aufsieden: indeßen bähe ein paar Semmelschnitten fein gelb/ richte die Mandel-Suppe darüber/ und streue ein wenig Zimmet darauf/ so ist sie gut.

65. Eine kräfftige Mandel-Suppe/ vor Krancke.

Weiche die Mandeln in kaltes Waßer/ laße sie stehen/ biß die Schelfen sich abziehen laßen; alsdann stoße dieselben/ samt weiß und grünen Krafft- oder Pinien- und Pistacien-Nüßlein/ wie auch Melonen- oder Pfeben-Kernen/ mit ein wenig frischen Waßer wohl klein: zwings mit Geis-Milch durch einen Durchschlag oder härines Sieblein; thue ein wenig Capaunen-Sultzen/ wie selbige nachfolgends/ unter den beschriebenen Sultzen zu finden/ dazu; laß es geschwind in einem Pfännlein sieden/ aber ja nicht lang/ klopffe und rühre weil es siedet: wann du es nun anrichten wilt/ zuckers nach belieben/ und nimm von einem lind-gesottenen Ey/ den Dottern/ rühr demselben mit der Mandel-Suppen an/ thue aber die Mandel-Suppen zuvor ein wenig vom Feuer/ daß sie nicht im Sud angerichtet wird/ sonst laufft sie zusammen/

men / darnach gieß sie über weiß gebähtes Brod / und trags dann auf.

66. Eine Suppe von Krafft-oder Pistacien-Nüßlein / für Krancke.

Erstoß die Pistacien-Nüßlein mit einem Tröpfflein frisches Wassers gar klein / mache in einem Pfännlein eine ungesaltz-ne Capaunen-Brühe / samt einem Löffelein voll dergleichen Sultzen siedend: wann sie siedet / rühre die gestossene Nüßlein darein / laß sie nur ein klein wenig aufwallen / dann treibs durch ein härines Sieblein oder Durchschlag in eine Schüssel / rühre klein-gestossene præparirte Perlein darein / wie auch ein wenig Muscaten-blühe / wirff etwas von weiß dinn-geschnittenen Brod dazu / und gibs zu essen. So aber der Krancke die Ruhr hätte / könnten auch rothe klein-gestossene Corallen / darunter gemischt / gar wol dienen.

67. Eine Apffel-Suppe.

Schählt säuerlichte Aepffel / und zerschneidet selbige / giesst Wein und Wasser daran / jedoch deß Wassers mehr als deß Weins / lasst sie dann so lang sieden biß sie weich werden; zwingts durch einen Seiher oder Durchschlag / streuet Zimmet / Muscaten-blüh und Saffran darein / lassts noch einen Sud aufthun; zerklopf-fet dann zwey Eyer / rührt selbige mit der Suppen an / und richtet sie über weisses würfflicht-geschnitten-und in Schmaltz geröstetes Brod.

68. Eine Nuß-Suppe.

Nimm die Kern aus sehr vielen Nüssen / hacke sie klein / und wann du sie in ein Töpflein oder Häfelein gethan / so schütte Milch daran / thu Zimmet / Zucker / und ein wenig Rosen-wasser hinzu / zerbrocke Semmeln / oder so du wilt / nimm an derer statt gebähete Schnitten / streue Weinbeerlein oder Corinthen darauf / und richte dann die Suppe darüber.

69. Eine

69. Eine Weixel-Suppe.

Siede die Weixeln in Wein / biß sie wol weich werden; hernach treibs durch ein härines Sieb oder Durchschlag / gieß ein wenig ausgepreßt- und mit Zucker gesottnen Weixel-Safft (wie man denselben zur Artzney gebrauchet) darein / zuckers wol / und laß sie auffsieden; mach indessen kleine runde Kügelein von gewollenen Küchleins-Teig / nur so groß als eine Erbis: wie solche folgends unter dem Titel der gebachnen Küchlein beschrieben werden: thue sie hernach in eine Schüssel / und richte die Weixel-brüh darüber; wiewol man sie auch über geröst- und würfflicht-geschnittenes weisses- oder auch über gebähtes Brod nach gefallen anrichten kan.

70. Eine andere Weixel-Suppe.

Nimm die von ihren stielen gereinigte und abgezupffte Weixeln / gieß Wein daran / zuckere dieselbe wol / und lasse sie etwas wenigs in Wein sieden / gieß aber nicht zu viel daran; dann sie geben selbst eine Brühe: darnach röste weiß würfflicht-geschnittenes Brod in Schmaltz / richte die Weixeln darüber / und streue Trisanet darauf. *

71. Eine Hüffen- oder Hagenbutten-Suppe.

Thu eine gute Hand voll ausgekörnte Hüffen oder Hagenbutten in eine halbe Maas Wein / zuckere dieselbe wol / und lasse sie eine gute weil miteinander auffsieden; hernach treibs durch einen Seiher / bähe drey oder vier Semmelschnitten / richte diese Brühe darüber; stelle es / in einer zugedeckten Schüssel / auf eine Glut oder Kohlfeuer / laß es noch einmal auffsieden / streue Zucker darauf / und trage sie also zu Tisch.

72. Eine

* Wanns beliebt / kan man das Brod / an statt deß röstens / bähen.

72. Eine Erdbeer-Suppe.

Durchklaube die Erdbeer/ und wasche sie schön/ zuckers nach genügen; giesse gemeinen/ oder so du wilt/ süssen Wein daran/ treibs durch/ und laß es nur einen Sud aufsieden: alsdann röste weisses und würfflicht-geschnittenes Brod in Schmaltz/ richte die Erdbeer darüber. Wann man will/ kan man ein wenig Trisanet darauf streuen.

73. Eine Ribes- oder Johannes-beerlein-Suppe.

Die Ribes oder Johannesbeerlein-Suppe kan auch gantz auf diese Weiß/ wie die jetzt-beschriebene Erdbeer-Suppe/ gemacht werden. Es müssen aber die Beerlein alle von den grünen Stielen zuvor herab geklaubt werden.

74. Eine Weinbeerl- kleine Rosin- oder Corinthen-Suppe.

Nimm eine Hand voll Weinbeer/ oder kleine Rosin/ klaube und wasche dieselbe/ stosse sie in einem Mörsel oder Reibtopf klein/ thue ein wenig abgeriebene Mandeln dazu/ oder an deren statt einen gebähten Semmelschnitten in Wein geweicht: treib alles hernach mit Wein durch einen Durchschlag oder Seiher; würtze es mit Zucker und Zimmet/ laß nur ein wenig sieden/ und richts über weiß gebähtes Brod.

75. Eine Cucummern-Gurcken- oder Kimmerling-Suppe.

Nimm vier oder fünff Kimmerlinge/ so man anderwerts Cucummern oder Gurcken nennet/ schabe sie wie man die Mehren oder gelbe Ruben schabet; setz dann in halb Wasser und halb Fleischbrüh zu/ treibs durch/ thue Butter darein und laß sieden/

zerklopffe zwey Eyer/ und rühre ein wenig Parmasan-Käs darunter/ kochs ein/ wie eine Eyer-Gersten; thus unter die Gurcken oder Kimmerlinge/ schneid weiß Brod auf/ und richte die Suppe darüber.

76. Eine Kürbis-Suppe.

Diese Suppe wird gantz auf die Art der jetzt-beschriebenen Kimmerling-Suppe gemacht: man schneidet sie nemlich in Stücklein/ setzet sie in einer Fleischbrüh zu/ thut Eyer/ Käs und Pfeffer daran/ und richtet sie über weisses Brod; dann wird ein wenig Peterlein oder Petersilien in Oel oder Butter geröstet/ und darauf gestreuet.

77. Eine Morgeln- oder Maurachen-Suppe.

Nimm gedörrte oder frische Morgeln/ so man an andern Orten Maurachen nennet/ nach gefallen: brühe sie ein oder zweymal mit siedenden Wasser an; dann lasse den vierdten Theil davon gantz/ und zerhacke die übrigen alle wol klein/ röste sie beederseits in Butter/ und schütte sie hernach in eine siedende Fleischbrüh; würtze es mit Pfeffer/ Muscatenblüh und Cardamomen/ laß zu letzt ein gut Stück Butter darinnen zerschleichen/ und richts über weiß-gebähtes Brod. *

78. Eine Majoran- oder Maseran-Suppe.

Laß eine Fleischbrüh sieden/ reibe ein wenig dürren Majoran klein/ und thue denselben in die siedende Brühe/ würtze sie mit Ingber und Muscatenblühe/ und brenn ein klein wenig Mehl darein/ darnach laß es sieden; lege einen guten Theil Butter in den Sud/ und richt es alsdann über gewürffelt weiß Brod.

79. Eine

* Wobey zu mercken/ daß die Morgeln nicht eben geröstet werden müssen/ sondern man könne sie auch nur so angebrühet und zuhacket aufsieden lassen/ nach eines jeden belieben.

79. Eine Körbleinkraut-Suppe.

Klaubet/ waschet und hacket ein gut Theil Körblein-Kraut; lasset eine Fleischbrüh siedend werden/ und thut das gehackte Körblein-Kraut darein; würtzet es mit Cardamomen und Muscatenblühe: dann zerklopffet etliche Eyerdottern in einer Schüssel/ darinn die Suppen angerichtet wird/ und rührets dann mit der siedenden Körbleinkraut-Brühe an/ thut ein Stücklein Butter darein/ und lasst es also auf der Kohlen nur ein klein wenig aufsieden. *

80. Eine Körbleinkraut-Suppe/ auf andere Art.

Klaub und wasche das Körblein-Kraut auf das schönste/ hacks hernach klein/ und streue ein wenig Weitzen-Mehl darauf/ daß es mit unter gehackt werde; thus so dann in eine siedende Fleischbrüh/ und würff Ingber/ Pfeffer/ und Muscatenblühe darein/ lasse es mit einem guten Stuck Butter sieden/ und richts nach dem über gebähtes weisses/ oder auch nur über rocken dinn-geschnittenes Brod. **

81. Eine Körbleinkraut-Suppe/ für Krancke.

Durchklaub und wasche das Kraut/ hacke und röste es hernach in frischer Butter; laß aber ein wenig von dem gehackten ungerösteten etwas übrig/ thue das geröstete in eine siedende Fleisch-

---

* In diese Suppe kommt kein Brod/ sondern sie muß also von Eyern nur etwas dicklicht seyn.

** Das Mehl kan/ wann es nicht beliebt/ gar wol davon bleiben/ und an dessen statt/ damit die Suppen gleichwol ein wenig dicklicht werde/ ein Schnitten weiß-gebähtes Brod in der Brüh/ ehe das Kraut darein kommt/ gesotten und durchgezwungen werden: wann man dann das Kraut darzu gethan/ kan man es/ wie oben gemeldet/ machen/ und zu einer halben Maas Fleischbrüh einen Kochlöffel voll gehacktes Körblein-Kraut nehmen.

Fleischbrühe; würtze dasselbe mit guter Gewürtz/ und laß es sieden: ehe man es aber anrichtet/ thue ein Stücklein Butter darein/ damit es zugleich auffsiede: indessen klopffe ein oder zwey Eyerdottern/ nach dem du viel Suppen verlangst/ und schneide von einem Grengel oder Eyerring runde Plätzlein/ bähe sie schön gelb/ und legs in eine Schüssel; wann du nun anrichten wilt/ so rühre zuvor die Eyerdottern mit der Suppen an/ und gieß solche über das gebähte Brod in die Schüssel: alsdann nimm das übrig gehackte ungeröstete Kraut/ röst es auch gar in Butter/ und brenns so fein warm über die Suppen/ nimm aber in acht/ daß es nicht zu schmaltzig werde. *

82. Eine Suppe von Seller.

Claube das grüne Kraut von dem Seller sauber ab/ wasch und hack es klein; laß eine Fleischbrüh siedend werden/ thue Citronen-Marck/ samt ein wenig/ im Schmaltz eingebrenntes Mehl/ darein/ und dann auch das gehackte Kraut/ daß es miteinander auffsiede: würtze es mit Muscatblühe und Cardamomen; laß auf die letzt ein gut Stück Butter mit auffsieden/ und richts dann über weiß-gebähtes Brod an. **

83. Eine Agrest-Suppe/ für Krancke.

Nimm einen Agrest oder unzeitigen Weintrauben/ zupffe die Beere herab in ein Häfelein/ thu ein wenig weiß Brod dazu/ gieß eine Fleischbrüh daran/ laß sieden biß weich wird/ treibs darnach durch einen Durchschlag/ thu ein Stücklein frische Butter und

---

* Man kan/ so man will/ das Kraut nur klein gehackt/ und ungeröst dazu nehmen. Ingleichen kan man auch/ auf eben diese Art/ eine Suppe von Schnittlingen oder jungen Aeschlauch machen.

** Man kan auch die Wurtzel sauber abschaben/ gar kleine dinne Plätzlein schneiden/ und samt dem gehackten grünen/ mit in der Fleischbrüh sieden lassen: ehe man sie aber anrichtet/ in der siedenden Brüh zwey Eyerdottern abrühren.

und Gewürtz darein / laß es noch ein wenig sieden / richts in ein Schüsselein an / und trags dem Krancken für. *

84. Eine Borretsch- oder Borragen-Suppe.

Nimm ein gut theil Borretsch oder Borragen / hacke ihn näklein/ laß ihn in einer siedenden Fleischbrüh / so lang als weiche Eyer sieden; würtze es mit Muscatnuß und Cardamomen: laß auch auf die letzt ein Stück Butter mit aufsieden / richt es über weiß-aufgeschnitten Brod/ und streue einen Käs darauf.

85. Eine Sauerampfer-Suppe.

Nimm ein gut theil Sauerampfer / stosse oder hacke ihn klein/ zwing den Safft heraus durch ein Tuch / gieß ein klein wenig Fleischbrühe daran / und rühre zimlich viel Milchram hinein ; würtze es mit Muscatenblüh / Ingber und Cardamomen / laß sieden : richte die Suppe über weisses aufgeschnittenes/ oder auch gebähtes Brod / und verliehre Eyer darauf.

86. Eine Sauerampfer-Suppe/ auf andere Art.

Wann der Sauerampfer klein zerstossen oder gehackt / kan man solchen alsobald mit einer warmen Fleischbrüh durchzwingen / gute Gewürtz darein thun / und auffsieden lassen: indessen zerklopffe ein paar Eyerdottern / und rühre sie mit der siedenden Brüh an / wirff ein Stücklein Butter dazu / und laß einen wall mit aufthun / richts dann über weiß-gebähtes Brod.

87. Noch

---

* So man will / kan mans auch über etliche Schnittlein gebähtes Brod richten.

Von unterschiedlichen Suppen. 35

87. Noch eine Ampfer-Suppe/ auf Niederländische Art.

DEn Ampfer soll man/ wie allbereit in denen beeden kurtz-vor-hergehenden Suppen gemeldet worden / stossen und durch-zwingen/ in ein Häfelein thun/ mit Jngber und Muscatblüh würtzen/ und ein wenig saltzen: alsdann mit einem Stücklein But-ter auffsieden lassen / in eine Schüssel anrichten/ auf Kohlen setzen/ und frische Eyer darein verliehren.   Es muß aber deß Ampfers viel seyn/ daß sie dick wird wie ein Brey oder Mus.

88. Eine Petersilien-oder Peterlein-Suppe/ auf Niederländisch.

DAs Peterlein-oder Petersilien-Kraut soll man sauber flau-ben/ klein hacken/ in einer Fleischbrüh sieden lassen/ und viel von einem siedenden Fleisch abgeschöpfftes Fett / oder auch nur Butter daran thun: alsdann Semmeln überzwerg dinn zer-schneiden; wie Num. 114. bey der Semmel-und Neckelein-Sup-pe beschrieben zu finden/ in eine Schüssel zwey Leg neben einander legen/ und die Suppen darüber giessen. *

89. Eine Ruben-Suppe.

SChneid grosse Ruben zu dinnen Schnitten/ wirff sie in siedend Wasser/ laß darinnen eine Stund sieden; treibs durch einen Seiher/ und so mans anrichten will/schneide die äussere Rinde von Semmeln in grosse Stück/ legs in eine Schüssel/ und gieß eine siedende Fleischbrüh darüber / laß auf einer Kohlen sieden biß es ein wenig weich wird : dann richte das durchgetriebene von den Ruben dazu/ saltz oben darauf ein wenig/ brenne wol heisses Schmaltz darü-ber; dann sie muß etwas fett seyn: und trags also zu Tisch.

E ij   90. Eine

---

* Man muß aber die blosse siedende Fleischbrühe / zwey-oder dreymal über das Brod giessen/ ehe man den Peterlein darein thut/ damit das Brod recht weich werde.

90. Eine Hanff=Suppe.

Siede Hanff=Körner in Wasser; dann stosse sie in einem Mörsel oder Reibscherben ab / streich oder zwings durch ein Tuch oder enges Sieblein / mit Fleischbrüh und Wein / thue klein gehackte Zwiebeln dazu; würtze und gilbs ein wenig / laß auffsieden / röste weisses Brod fein trocken im Schmaltz / und richte die Suppen darüber an.

91. Eine Brunnkreß=Suppe.

Klaube den Brunnkreß sauber / wasche und hacke ihn klein / laß eine Fleischbrüh siedend werden / thu auch ein wenig gebranntes Mehl darein; würtze es mit Cardamomen und Muscaten=Blüh: thue das gehackte Kraut samt einem Stuck Butter hinein / und richts dann über weiß=gebähtes oder würfflicht=geschnittenes Brod an. *

92. Eine Scorzonera=Suppe.

Ziehe von der Scorzonera die schwartze Schelffen herab / und laß die geschähte Wurtzeln eine gute Weil im Wasser ligen; wasche sie sauber / schneids klein / laß eine Fleischbrüh siedend werden / und thu ein Theil von der geschnittenen Wurtzel / samt einem Stücklein von weiß=gebähten Brod darein: nachdem es nun weich gesotten / so zwing es durch einen Seiher oder Durchschlag / und laß wieder sieden; würtze es mit guter Gewürtz / und thue die übrig=geschnittene ungesottene Scorzonera=Wurtzeln hinein: wann nun diese weich gesotten / lege zuletzt ein Stück Butter darein / und richts dann über weiß=gebähtes klein zerbrocktes Brod an.

93. Eine

---

* Auf diese Weiß kan auch von Gunreben/ und andern Kräutern / eine Suppe gemacht werden; nachdem nemlich selbige denen Krancken dienlich sind.

Von unterschiedlichen Suppen.

93. Eine Wegwarten- oder Cichorien-Suppe.

Eben auf diese Weiß kan auch von Wegwarten- oder Cichorien-Wurtzeln eine Suppe gemacht werden: es müssen aber die Wegwarten zuvor eine Stund im kalten Wasser ligen; und wann sie dann in Wasser abgesotten worden / noch eine Stunde in kaltes Wasser geleget werden / damit sich die Bittere wol heraus ziehe: Alsdann kan man diese Suppe ferner / wie bey der Scorzonera-Suppe beschrieben / verfertigen.

94. Eine Keimlein-Suppe / von denen ausgekeimten Cichorien- oder Wegwarten-Wurtzeln.

Klaube und schneide das Weisse von denen Wegwarten- oder Cichorien-Keimlein ab / und das gelblichte davon; zertheile und zerschneide wiederum zwey oder dreymal; laß alsdann zwey Stunden lang in Wasser ligen; und damit die Bitterkeit sich um so vielmehr heraus ziehe / brühe sie zum andern- oder drittenmal mit siedenden Wasser an/ seihe selbiges davon ab/ laß in einer Fleischbrüh sieden / würtze es / und richts dann / auf die in nachfolgender Spargel-Suppe beschriebene Art/ ferner zu.

95. Eine Spargel-Suppe.

Schneide das weisse von dem Spargel sauber ab / und zerbrich ihn noch ein oder zweymal von einander/ (wiewol man auch/ so es beliebt/ von dem grossen Spargel nur das beste/ als die Kolben/ dazu nehmen kan/) leg ihn in ein frisches Wasser; setze indessen ein ander Wasser in einem stollichten Hafen oder Pfannen zum Feuer/ saltze es/ und laß den Spargel darinnen sieden/ biß er nur ein
wenig

wenig weich wird: dann seihe das Wasser davon ab / mach eine Fleischbrüh siedend/ oder lasse sie auch nur warm werden/ thue den in Wasser bereits abgesottenen Spargel hinein / würtze ihn mit Pfeffer / Cardamomen und Muscatblüh / und laß ihn noch eine weil darinnen sieden/ doch also / daß er nicht zu weich werde; auf die letzt thu ein Stück Butter hinein / daß sie noch einen Wall mit aufthue: dann richts über weisses würfflicht-geschnittenes oder gebähtes Brod an. *

96. Eine Kümmel-Suppe.

Thue Kümmel und ein Stück rocken- oder auch gebäht-Brod in ein Wasser/ oder / so du wilt / in halb Wasser/ halb Fleischbrüh / saltze und lasse es sieden / zwings durch / wirff Bachschmaltz/Jngber/Pfeffer/ und geriebene Muscat-Nuß und Saffran darein/ laß es nochmal aufsieden/ und richts dann über aufgeschnittenes Rocken-Brod.

97. Eine Zwiebel-Suppe.

Schneide Rockenbrod in eine Schüssel/ streue Jngber und Pfeffer darauf; giesse alsdann eine siedende Fleischbrüh darüber/ schneide Zwiebeln länglicht/ röst schön gelb im Schmaltz/ und brenne sie auf die Suppen; setze selbige hernach auf eine Glut oder Kohlfeuer/ laß ein wenig darauf stehen/ und trags dann zu Tisch.

98. Eine

* Wann es beliebt/ können auch / ehe man die Suppen anrichtet/ ein oder zwey Eyerdötterlein zerklopffet / und mit der siedenden Suppen angerührt werden. Sie darff aber alsdann nicht mehr sieden / sondern wird alsobald über das Brod angerichtet. Man kan auch ein würfflicht- geschnittenes Eyerbrod dazu nehmen/ und solches in Schmaltz fein trocken rösten; absonderlich wann man die Brüh mit den Eyerdötterlein anrühret.

Auf diese weise kan auch von Hopffen eine Suppe gemacht werden.

Von unterschiedlichen Suppen.

98. Eine Knoblauch-Suppe.

Schälet den Knoblauch/ lasst ihn zugedeckt in Essig ligen/ stosset Mandeln klein / nehmet den Knoblauch aus dem Essig/ stosset ihn darunter/ giesset Fleischbrüh daran/ gilbts/ zuckerts/ und würtzet es mit Pfeffer; sauert es mit ein wenig Wein / lassts sieden / und richtets über geröstete Schnitten von einem Weck oder Semmel an.

99. Eine sauere Kraut-Suppe.

Nehmet ein gekocht und übrig-gebliebenes saures Kraut/ thuts in ein Häfelein/ giesset halb Wasser halb Fleischbrüh daran/ lasts aufsieden / und werfft zu letzt ein wenig Bachschmaltz hinein/ pfefferts/ und richtets über rocken Brod an.

100. Eine Suppe / von Kief- oder frischen Erbsen.

Körle ein gut Theil Kief- oder frische Erbsen aus ihren Hülsen / laß in einer Fleischbrüh sieden / biß sie weich werden/ brenne einen Löffel voll Weitzen-Mehl aus Schmaltz oder Butter daran/ damit die Suppe ein wenig dicklicht werde; würtze sie mit ein wenig Pfeffer / Muscaten-Blüh und Cardamomen: thue zuletzt ein Stück Butter darein/ lasse sie noch einen Sud aufthun/ und richts dann über weiß gebähtes/ oder auch im Schmaltz geröstetes Brod. *

101. Eine

---

* Wann man will/ so können zwey Eyerdottern verklopffet/ dann mit der siedenden Erbsen-Brüh angerühret/ und samt denen Erbsen über das Brod gerichtet werden: verlanget man sie aber noch kräfftiger/ so werden zwar die Erbsen/ auf die gleich Anfangs besagte Art/ in der Fleischbrüh gesotten/ allein es wird selbige bald abgeseihet/ und eine durchgezwungene Krebsbrüh vom neuen daran gegossen/ in welcher man sie recht weich sieden lässet: alsdann wann sie gewürtzet/ und etwas Butter darinnen zergangen/ wird sie auf obige Art verfertiget und angerichtet.

101. Eine Erbsen-Suppe.

Die Erbsen setze im Wasser zu / und mach dieselbe geschwind siedend / daß sie nicht erstarren / und zwar stets zugedeckt; dann man darff sie auch nicht rühren / weil sie sonst gerne hart bleiben: wann sie nun weich gesotten sind / so zwings durch einen Durchschlag oder Seiher / nur gantz lauter / röste ein wenig Weitzen-Mehl schön gelb im Schmaltz / und brenne es darein; würtze es hernach mit Muscaten-Blühe / Jngber und Saffran / saltze es recht / thue auch Bachschmaltz darein / und laß sieden: Inzwischen schneide runde Schnittlein von einer Semmel / bache dieselbe im Schmaltz / oder bähe sie / und richte die Suppe darüber an. Wanns gefällig / kanst du auch Weinbeer oder kleine Rosin drauf streuen.

102. Eine andere Erbsen-Suppe.

Setze die Erbsen in Wasser zu / lasse sie weich sieden / und schlags hernach durch / daß die Hülsen davon bleiben; thue hierauf Jngber / Pfeffer / geriebene Muscaten-Nuß / auch Saffran / Saltz und Bachschmaltz daran / laß es miteinander kochen / und richts über rocken dünn-geschnittenes / oder auch weisses / Brod an.

103. Noch eine Erbsen-Suppe / vor Krancke.

Seihe die lautere Brühe von den gesottnen Erbsen herab / thue Muscatenblühe / Cardamomen / Jngber / Saffran und Saltz darein / laß sie sieden. Wann du es nun wilt anrichten / so thue Butter dazu; zerklopffe Eyerdottern / und rührs mit der siedenden Brühe an / laß es aber nicht mehr sieden / sondern richte sie gleich über weisses dünn-geschnittenes Brod.

104. Eine

104. Eine blinde Erbsen-Suppe.

Machet ein Teiglein an wie zu Rastolen/ walchert selbiges aus/ aber nicht gar dinn; schneidet das unterste von einem Federkiel hinweg/ und stechet damit in den Teig/ so werden kleine runde Kügelein daraus wie die Erbsen/ bachet selbige schön hell aus Schmaltz/ und lasst sie darauf in einer Fleischbrüh wohl sieden/ weil sie sonst zu hart sind: werffet zu letzt Cardamomen/ Muscaten-Blüh und ein Stück Butter in die Suppe/ und richtets dann miteinander in eine Schüssel.

105. Eine Linsen-Suppe.

Setze die Linsen in Wasser zu/ laß weich sieden/ zwings dann durch einen Seiher oder Durchschlag/ und laß ferner sieden; brenn ein klein wenig Mehl darein/ und pfeffers: schneid indessen rocken Brod auf/ röst dasselbe in Schmaltz/ und richte die siedende Brüh darüber/ setz es auf die Kohlen/ laß sieden; und ehe sie zu Tisch getragen wird/ röst geschnittene Zwiebeln in Schmaltz/ und brenne sie darauf.

106. Eine Haber-Suppe.

Röste ein paar Löffel voll Haber-Mehl in Schmaltz/ biß es fein braun wird/ und giesse Fleischbrühe daran/ wie auch ein wenig Essig; würtze es mit Ingber/ Pfeffer und geriebener Muscaten-Nuß/ laß es sieden/ und richte es so dann über gewürffelt rocken Brod an. Wilt du aber das Mehl nicht mit essen/ so seihe es durch.

107. Eine

107. Eine Haber-Suppe/ auf andere Art.

Röste das Haber-Mehl schön licht im Schmaltz/ laß es dann in Wasser wohl aufsieden/ zwings durch/ lasse es ferner sieden/ und wirff Muscaten-Blüh darein: indessen zerklopffe einen Eyerdottern rühre selbigen mit der Brüh/ wann zuvor ein Stuck Butter darinnen zergangen/ an/ und richt es dann über würfflicht oder auch klein-aufgeschnittenes Brod.

108. Eine Reiß-Suppe.

Klaube und brühe den Reiß mit siedenden Wasser an/ als wie er sonst gekocht wird/ setze ihn in der Fleischbrüh zu/ doch daß er nicht so dick werde/ als man ihn sonst zu machen pfleget/ sondern nur also dinn/ wie man ihn über die Hüner richtet; würtze ihn mit Pfeffer und Muscat-Nuß: wann er nun weich gesotten/ so thue auf die letzt ein gut Stuck Butter hinein; und da er etwan zu dick wäre/ kanst du noch ein wenig Brühe/ oder so er zu gesaltzen/ ein wenig Wasser dazu giessen: indessen laß in einem Häfelein eine Fleischbrühe siedend werden/ zerklopffe drey oder mehr Eyer/ und schlag sie fein langsam in die siedende Brüh/ so werden die Eyer auf einen Klumpen zusammen lauffen/ dann man darff nicht darinn rühren; richte dann den Reiß in eine Schüssel/ nimm mit einem Löffel die Eyer aus der Brüh heraus/ und legs auf den Reiß: man kan auch/ wenn man will/ von dieser Brüh noch ein wenig daran giessen; drucke dann Citronen-Safft darein/ streue Muscatblüh und würfflicht geschnittene Citronen-Schalen darauf/ und trags alsdann zu Tisch.

109. Eine

Von unterschiedlichen Suppen.

109. Eine Gersten-Suppe.

Setze die Gersten in Fleischbrühe zu / und laß sie sieden biß sie weich wird / dann seihe das lautere oben herab in ein Töpflein oder Häfelein; würtze dasselbe mit Cardamomen und Muscatenblühe / thue Butter dazu / und lasse es aufsieden; ist es aber zu dick / so hilff ihm noch ein wenig mit Fleischbrühe / dann es muß gantz lind seyn / und so mans säuerlicht haben will / kan man Citronen darein drücken: alsdann über ein klein wenig dinn-geschnittenes weisses Brod anrichten / und würfflicht geschnittene Citronen-Schalen darauf streuen.

110. Eine Mehl-Suppe.

Mache eine Fleischbrühe / oder gesaltznes Wasser siedend / röste ein wenig Mehl im Schmaltz / und brenns darein; würtze es auch mit Ingber / Pfeffer / und geriebener Muscaten-Nuß / laß es sieden / und richte es darauf über gewürffelt rocken Brod: So du aber die Suppen gelb haben wilt / so kan man ein wenig Saffran dazu nehmen / und so dann über weiß-gebähtes Brod anrichten.

111. Eine gebrennte Wasser-Suppe.

Brenne heisses Schmaltz über rocken aufgeschnittenes Brod in einer Schüssel / streue Ingber und Pfeffer darauf: laß indessen ein Wasser siedend werden / saltze und giesse es über das Brod / decke es zu / und setz es auf eine Kohlen / laß eine gute Weil darauf sieden / und trags dann zu Tisch.

F ij   112. Eine

112. Eine gebrennte Suppe mit Mehl.

Man mache ein Schmaltz wohl heiß/ und brenne darinnen ein wenig Mehl schön licht gelb; zuvor aber laßt ein Waſſer siedend werden/ saltzets/ und schneidet rocken Brod auf nach gemeiner Art/ legt eine Leg von dieſem Brod in eine Schüſſel/ und brennet dann das jenige Schmaltz/ darinnen das Mehl geröſtet worden/ darüber; legt abermal Brod darüber/ und brennet auf jetzt besagte Art wiederum im Schmaltz geröſtes Mehl darauf/ gieſſet dann das siedende Waſſer darüber/ oder aber auf der Seite hinein; laſſts auf einer Glut oder Kohlfeuer aufsieden/ und streuet Pfeffer und Muscat-Nuß darauf. *

113. Noch eine andere gebrennte Suppe/ mit Mandeln und kleinen Rosinen.

Setze ein Waſſer zum Feuer/ saltz und würtze es/ schneide klares Haus- oder Rocken-Brod auf/ und alsdann in warmen Waſſer zuvor abgezogene Mandeln zu länglichten Stücklein; wasche Weinbeerl- oder kleine Rosinlein sauber/ streue dann etwas von dem aufgeschnittenen Brod in die Schüſſel/ darinn du die Suppe auftragen wilt/ und dann über das Brod ein theil obbesagter abgezogener Mandel und Weinbeerlein; dann abermal eine Leg Brod/ und wiederum Mandeln und Weinbeerlein/ so offt du wilt/ zu oberſt aber nochmalen aufgeschnittenes Brod: gieſſe folgends das siedende Waſſer darüber/ setze es mit einer andern Schüſſel zugedeckt auf eine Kohl-Pfanne/ brenn Schmaltz darüber/ wende die Schüſſeln um/ und brenne zu unterſt/ wie du oben gethan/ auch Schmaltz darauf/ thue geriebenes Brod in die Pfanne/ röſts in dem noch übrig-wenigen Schmaltz/ und richte es oben auf die Suppen.

114. Eine

* Wann man will/ kan man auch/ an ſtatt deß Mehls/ klein-geriebenes rocken Brod im Schmaltz röſten/ und über die Suppe anrichten.

114. Eine Semmel- oder Reckelein-Suppe.

Schneide Semmeln nach der Länge entzwey / und thue nochmal Schnitten über zwerch darein / doch also / daß die halbe Semmeln bey einander bleiben und nicht zerfallen / röst's hernach im Schmaltz / und legs in eine Schüssel; wilt du sie aber nicht rösten / so brenne nur ein heisses Schmaltz über die trockene Semmeln in der Schüssel/ gieß die siedende Fleischbrüh darüber / streue Jngber und Weinbeerlein oder Corinthen darauf / decks zu / setze es alsdann auf eine Glut oder Kohlfeuer / laß aufsieden/ und trags zu Tisch.

115. Eine Bretzen-Suppe.

Nimm Bretzen / schneide oder brocke sie zu Stücken / laß ein Schmaltz heiß werden/ und röste sie darinnen; thue es dann in eine Schüssel / mach eine Fleischbrüh oder halb Wasser und halb Brühe siedend/ versuchs ob es im Saltz recht ist; gieß dann über die geröstete Bretzen / decks mit einer Schüssel zu / und laß auf der Kohlen noch einen Sud aufthun / streu ein wenig Pfeffer und Jngber darauf/ und trags zu Tisch: oder man kan auch den Pfeffer und Jngber in der Brüh mit sieden lassen.

116. Eine Bretzen-Suppe/ auf andere Art.

Die Bretzen werden geröstet/ wie oben gemeldet; hernach an statt der Fleischbrüh die schon beschriebene Erbsen-Suppe darüber gerichtet/ und läst man sie alsdann noch einen Sud auf der Kohlen aufthun.

F iij   117. Eine

117. Eine Sträubelein-Suppe.

Wann man etwan über-gebliebene Sträubelein hat/ so schneide solche klein / gieß eine siedende Fleischbrüh daran/ würtze sie mit ein wenig Muscatblüh; wirff auf die letzt ein Stücklein Butter hinein/ laß einen Sud mit aufthun/ und richt es an: Oder giesse an statt der Fleischbrüh einen süssen Ram oder gute Milch daran/ und zuckers ein wenig. Man kan auch/ so es beliebt/ an statt der Milch oder Fleischbrüh / Wein dran giessen/ nach belieben zuckern/ und Trisanet darauf streuen.

Anderer Theil,
In sich haltend nach-beschriebene
Muse und Breye.

1. Malvasier-Mus.
2. — — — auf andere Art.
3. — — — noch auf andere Art.
4. Ein anderes Malvasier-Mus.
5. Reinfal-Mus.
6. — — — auf andere Art.
7. Wein-Mus.
8. — — — auf andere Art.
9. — — — von Eyerdottern.
10. Bier-Mus oder Bierbrey.
11. — — — auf andere Art.
12. Rosenwasser- ⎫
13. Hüner- oder gestoffenes ⎬ Mus.
14. Krebs- ⎬
15. Lungen- ⎬
16. Hirn- ⎭
17. Mayen-Mus.
18. — — — auf andere Art.
19. — — — noch auf andere Art.
20. — — — auf eine noch andere und bessere Weise.
21. Herbst-Mus.
22. Schüssel- — —
23. — — — mit Mandeln.
24. Eyerkäs- oder Maden- ⎫
25. Rachel- ⎬
26. Eyer- ⎬ Mus.
27. Dotter- ⎬
28. Hader- oder Nudel- ⎭
29. Hader- oder Nudel-Mus auf andere Art.
30. Eyer-Gerste.
31. — — — auf andere Art.
32. Gehackte Eyer-Gerste.
33. — — — auf andere Art.
34. — — — mit Mehl.
35. Sultzen-Mus.
36. Mehl-Brey.
37. Zucker-Mus.
38. — — — auf andere Art.
39. Mus von Pistacien, oder Krafft-Nüßlein.
40. — — — auf andere Art.
41. — — — auf noch andere Art.
42. Mandel-Mus.
43. — — — auf andere Art.
44. — — — noch auf andere Art.
45. Noch ein ander Mandel-Mus.
46. — — — — auf andere Weis.
47. Citronat- ⎫
48. Muscaten- ⎬ Mus.
49. Citronen- ⎭
50. Citronen-Mus auf andere Art.
51. — — — auf noch andere Art.
52. Quitten- ⎫
53. Dattel- ⎬ Mus.
54. Feigen- ⎭
55. Feigen-Mus auf andere Art.
56. Zibe-

Inhalt der Muſe und Breye.

56. Zibeben = oder Roſin = Mus.
57. Weinbeerl= oder Corinthen=Mus.
58. Aepffel-Mus.
59. — — — auf andere Art.
60. — — — noch auf andere Art.
61. — — — im Kern.
62. — — — von dürren Aepf=
feln.
63. Birn = Mus.
64. — — — auf andere Art.
65. — — — noch auf andere Art.
66. Nuß=⎫
67. Prinellen / Pflaumen=
oder Zwetſchgen=
68. Erdbeer=   ⎬Mus.
69. Hieffen= oder Hagenbut=
ten.
70. Weixel=⎭
71. Weixel=Mus auf andere Art.
72. Gurcken / Cucummern=⎫
oder Kimmerling=
73. Kirbis=
74. Melonen= oder Pfeben= ⎬Mus.
75. Grünes=
76. Blaues=
77. Braunes=⎭
78. Reiß in der Milch.
79. — — — — ſo ſüß / auf an=
dere Art.
80. — — — — in der Fleiſch=
brüh.

81. Reiß= Mus mit Mandeln.
82. — — — — auf andere Art.
83. Schwaden=Mus in Milch.
84. Hirs = Mus in Milch.
85. — — — — auf andere Art.
86. Gritz = oder Gries = Brey in der
Milch.
87. — — — in der Fleiſchbrüh.
88. Haber=Mus.
89. Ulmer=⎫
90. Andere gemeinere ⎬Gerſte.
91. Grobe ⎭
92. Gerſten = Mus oder Gerſten=
Schleim.
93. Buchweitzen= Mus oder Heydel=
Brey.
94. — — — — auf andere Art.
95. Gantze Erbſen zu kochen.
96. — — — — auf andere Art.
97. Gerendelte oder abgebalgte Erb=
ſen zu kochen.
98. Graupe oder Erbſen und Gerſten
unter einander.
99. Linſen zu kochen.
100. Semmel = Mus.
101. Panaden = oder Brod = Mus in
Oel.
102. Rockenbrod = Mus.
103. — — — — auf andere Art.
104. Strauben = Mus.

Hierauf folgen die in dieſem Theil mit=
begriffene Kooche.

1. Krebs = Kooch.
2. — — — auf andere Art.
3. — — — noch auf andere Art.
4. — — — auf noch beſſere Art.
5. Kooch von Hüner = Leberlein.
6. Niern=⎫
7. Gehacktes
8. Nudel= ⎬Kooch.
9. Milch=⎭
10. Kooch mit Mandeln.

11. Schmaltz = Kooch.
12. — — — — auf andere Art.
13. — — — — auf noch andere
Art / mit Gritz
oder Gries.
14. Schüſſel = Kooch.
15. Krauſes Schüſſel = Kooch.
16. Mandel = Kooch.
17. — — — auf andere Art.
18. — — — auf noch andere
Art.
19. Man=

Anderer Theil/von unterschiedl. Muß-u. Breyen.   49

19. Mandel-Kooch auf noch andere und bessere Weise.
20. Zibeben- ⎫
21. Feigen- ⎪
22. Quitten- ⎬ Kooch.
23. Aufgegangenes Quitten- ⎪
24. Aepffel- ⎭
25. Aepffel-Kooch auf andere Art.
26. Aepffel-Kooch auf noch andere Art.
27. — — — — noch auf eine andere Weise.
28. Grünes- ⎫
29. Reiß. ⎪
30. Gries, oder Gritz- ⎬ Kooch.
31. Eingebrenntes Gries- ⎭

1. Ein Malvasier-Muß.

Ziehet ein halb Pfund Mandeln ab/ gießt Malvasier daran/ und stoßt die Mandeln damit klein; darnach schneidet die Rinden von einer Semmel/ und reibet die Brosam an einem Reibeisen/ gießt auch Malvasier daran/ doch nicht zu viel/ damit sie nicht zu naß werde; laßts ein wenig weichen/ und rühret alsdann die gestoßene Mandeln samt einem Achtel Pfund gestoßenen Zucker darunter/ thut es in eine Schüssel oder Schalen/ und streichts gleich einem Berg in die Höhe/ nach diesem streuet klein gestoßnen und durch-gesiebten Zimmet darauf: dann kan man es mit länglicht-geschnittenen Mandeln/ woran die Spitzlein zu vergulden/ und oben auf dem Berg mit einer frischen oder seidenen Blumen oder Lorbeer-Zweiglein/ nach belieben/ bestecken.

2. Ein Malvasier-Muß/ auf andere Art.

Brocke/ von dreyen neugebacknen Semmeln/ die Brosamen in eine Schüssel/ giesse Malvasier daran/ so viel die Semmeln anziehen mögen/ stosse hernach ein halb Pfund abgezogner Mandel in einem Mörsel/ thue obgemeldtes Brod darein/ und stoß es wol durcheinander/ zuckers auch nach belieben; ists aber zu dick/ so gieß noch ein wenig Malvasier daran: alsdann thue es in eine Schalen oder Schüssel/ häuffs gleich einem Berg in die Höhe/ und besteck es mit/ in Zucker eingemachten/ geschnittenen Pomerantzen-

G   und

und Citronen-Schelfen: man kan auch die weissen Pistacien Nüßlein/ den Tag zuvor/ in ein Wasser legen: alsdann am andern darauf folgenden Tag subtil mit einem Messerlein in der Mitte aufschneiden/ das darinn ligende Körnlein heraus nehmen/ und wieder in ein frisches Wasser legen/ so wird ein Blümlein daraus/ welches man zwischen diese Citronat-Bögen zur Zierd auch mit aufstecken kan.

3. Noch ein Malvasier-Mus.

Nehmt sechs oder sieben Eyer/ siedet sie hart/ schneidets auf/ nehmt die Dottern heraus/ rühret sie glat mit Malvasier ab; weicht auch vorher ein wenig geriebenes Eyer-Brod/ oder die Brosamen von einer Semmel in Malvasier/ thuts unter die abgeriebene Dottern; ingleichen auch gehackte Mandeln/ Zimmet/ Cardamomen/ Muscat-Nuß oder Blühe/ und geriebene Citronen-Schelfen/ drucket etwas vom Safft darein/ und zuckerts nach belieben: ist es zu dick/ kan man noch ein wenig Malvasier daran giessen. *

4. Ein ander Malvasier-Mus.

Nimm ein Pfund Mandeln/ stosse sie mit Rosen- oder Zimmet-Wasser/ schneide von einem halben Weck die Rinden alle herab/ und die Brosamen fein dinn/ wie in eine Suppe/ gieß den achten Theil einer Maas Malvasier daran/ laß über Nacht stehen; nimm ferner ein halb Pfund Zucker/ mische es zusamt denen abgestossenen Mandeln und eingeweichten Semmel-Brosamen zusammen/ und reibs wohl untereinander ab/ legs so dann auf einem Teller in eine Schüssel/ formire es wie einen Igel oder Berg/ nach gefallen; leg ein Papier auf das Berglein/ und bestreue es also mit Zimmet/ daß ein Feldlein um das andere nur damit bestreuet werde/ und das/ wo das Papier gelegen/ weiß bleibe: ists aber ein Igel/ so muß er über und über mit Zimmet bestreuet werden/ und nichts

* Man kan/ so es beliebt/ an statt deß Malvasiers einen Reinfal nehmen.

Von unterschiedlichen Mus- und Breyen.

nichts als der Kopff weiß bleiben: dann bestecket man ihn mit Mandeln oder Nüßlein: die Berglein aber und Feldlein muß man mit Mandeln oder Nüßlein unterscheiden und mit Kräntzlein ummachen; der Bort oder Rand der Schüssel wird mit gewelcherten Mandel-Teig belegt / naß gemacht / mit gestossenen Zucker-Candi und gefärbten Blümlein bestreuet; darein man allerley Thierlein/ wie eine Jagt / setzen / und aussenher wiederum mit Mandeln belegen kan.

5. Ein Reinfal-Mus.

Nähe ein paar Schnitten weisses Brod / weichs in Reinfal/ und treibs durch einen Seiher oder Durchschlag / daß es seine rechte Dicke behalte; thue es in ein Häfelein / zuckers und laß kochen; siede indessen zwey Eyer weich/ und nimm die Dottern heraus; wann du nun das Mus anrichten wilt / so thue Trisanet darein / und rühre die Eyerdottern dazu / laß es aber nicht mehr sieden / dann es laufft sonst zusammen / sondern richt es nur gleich an.

6. Ein Reinfal-Mus / auf andere Art.

Nimm vier Eyerdottern / zerklopffe dieselbigen wohl / und gieß ein Achtel Maas Reinfal daran / laß es mit stetem rühren sieden / zuckere es / und richts so dann an.

7. Ein Wein-Mus.

Reibe Eyer-Brod / röste dasselbe in Butter / giesse Wein darein / und würtze es mit Cardamomen / Muscatblühe und Saffran; darnach zuckers / laß sieden / und richte es an. Will man es aber noch kräfftiger haben / so können abgezogene Mandeln und ausgekörnte Zibeben / beyde klein geschnitten / darein gethan / eine Weil damit gesotten / und so man es anrichtet / Zimmet darauf gestreuet werden.

8. Noch ein Wein-Mus / auf andere Art.

NImm die Brosamen von einem Weck oder Semmel / brocks hin ein sauber Häfelein / gieß ein halb Seidlein oder den vierdten Theil einer Maas Reinfal oder Malvasier / oder auch sonst einen guten Wein daran; laß einen Tag und Nacht darinnen weichen / treibs hernach durch einen Seiher oder Durchschlag / und wanns zu dick ist / giesse noch ein wenig Wein daran / treibe es durch / setz auf eine Kohlpfanne / thue Butter / Pfeffer / Saffran / Muscaten-Blüh und Zucker alles klein zerstossen dazu / laß ungefehr so lang als harte Eyer darauf sieden: nimm alsdann abgezogene Mandeln / hacke sie / aber nicht all zu klein / mische sie auch dazu / lasse alles zusammen noch einen Sud mit aufthun / richts an / streue Zimmet darauf.

9. Ein ander Wein-Mus von Eyerdottern.

HErklopffe vier Eyerdottern in einen Messingen Pfännlein / giesse ein viertel von einer Maas Wein daran / thue Zucker und Butter darein / und lasse es allgemach zu einem Mus aufsieden; indessen rühre es immer / daß es nicht zusammen lauffe / richts an / und streue Muscaten-Blüh darauf. *

10. Ein Bier-Mus oder Bier-Brey.

REibe ein Rocken-Brod nach belieben / röste dasselbe im Schmaltz / thue es in einen stollichten Hafen / giesse weisses Bier daran; wilt du es aber kräfftiger haben / so mische ein wenig

---

* Man kan auch die Dottern / wann man will / in einer Schüssel mit Wein anrühren / und auf der Kohlen aufsieden lassen / weil sie in der Pfannen leichtlich einen andern Geschmack an sich ziehen: wiewol auch dieses Mus blos ohne Butter gemacht werden kan.

Von unterschiedlichen Muß- und Breyen.

wenig Wein dazu / zuckers nach belieben / laß so dick einsieden als man es essen mag. *

11. Ein Bier-Mus oder Bier-Brey /
auf andere Art.

Schneide Rocken- oder Haus-Brod auf gemeine Art auf / wie zu einer Suppen / schütte in einem Töpfflein weiß oder braunes Bier daran / nach gefallen / wirff ein wenig Bach-schmaltz darein / und laß es sieden / biß es recht dick wird; thue zu letzt ein Stuck Butter dazu / laß damit noch einmal auffsieden / zuckers und trags zu Tisch. **

12. Ein Rosenwasser-Mus.

Nimm Eyerdötterlein / zerklopffe dieselbe / giesse Wein und Rosenwasser daran / klopffs untereinander / röste Semmel-Mehl im Schmaltz / schütte das angerührte daran; thue Zucker und Saffran dazu / und laß es mit stetigem aufrühren sieden.

13. Ein Hüner- oder gestossenes
Mus.

Hacke das Fleisch von einem gesottenen Capaunen oder alten Hun / bähe einen Semmelschnitten / und feuchte denselben mit einer Capaunen oder Hüner-Brüh an / daß er weich wird / stosse alsdann den Semmelschnitten mit dem gehackten Capaunen- oder Hüner-Fleisch ab; treib es mit obbesagter Brüh durch / und machs wohl dinn / zerklopffe zwey Eyerdottern / rührs mit den

G iij   durchge-

* Wann man dieses Mus von roth- oder braunen Bier machen will / kan es auch gar wol geschehen / aber den Wein darff man alsdann nicht darunter mischen.

** Wann dieser Brey im Einkochen etwan zu dick werden solte / kan man noch etwas Bier daran giessen; doch muß man denselben immerzu unrühren / damit er nicht brockicht werde.

durchgezwungenen an/ laß mit stetigem rühren sieden; würtze es mit Cardamomen und Muscaten-Blüh/ thu ein Stuck Butter darein/ und richts also an.

14. Ein Krebs-Mus.

Wann die Krebs in Wasser mit Saltz und Pfeffer abgesotten worden/ so nimm das Bittere aus der Nase heraus/ und stosse das andere miteinander klein; treibs mit einer Hüner-Brüh durch ein härines Sieblein; röste hernach geriebenes Eyer-Brod oder Semmelmehl in Butter/ rühre es mit dem durchgetriebenen ab/ würtze es mit gut und scharffen Gewürtz/ laß ein Stuck Butter darinnen auffsieden/ richte es an/ und trags zu Tisch.

15. Ein Lungen-Mus.

Erstlich wasche und butze die Lungen fein sauber/ schneide die Ohren/ so von dem Hertzen öffters daran zu hangen pflegen/ davon/ setze sie in Wasser zu/ saltz es/ und laß wohl sieden; wann sie dann weich ist/ hacke selbige klein/ röste ein Semmel-Mehl schön gelb im Schmaltz; thue die gehackte Lungen dazu/ röst ein wenig/ giesse dann eine Fleischbrüh/ wie auch Ingber/ Pfeffer und geriebene Muscat-Nuß/ samt ein wenig Essig daran/ laß sieden und richt es an. *

16. Ein Hirn-Mus.

Nimm ein Hirn von einem Kalb/ Schaf oder Rind/ laß es etwas wenigs in warmen Wasser ligen/ so gehet die Haut davon/ wasche es dann in einem andern warmen Wasser wohl ab/

* Wann man will/ kan man an statt der Butter einen Milchram dazu thun: oder so es auch nicht beliebte/ zwey Eyerdottern zerklopffen/ und im anrichten mit einrühren/ dann sie dürffen nicht mitgesotten werden: wiewol es auch andere mit gehackten Limonien und Butter machen; es stehet aber solches zu eines jeden belieben.

Von unterschiedlichen Mus= und Breyen.

ab/ und ädere es aus/ laß in einer Fleischbrüh sieden/ legs in eine Schüssel/ zerrühre es wohl/ schlage vier oder fünff Eyer daran/ schütte Fleischbrüh dazu/ würtze es mit Ingber/ Pfeffer/ Muscat=Nuß und ein wenig Saffran/ mische alles untereinander; mach dann ein Schmaltz in einer Pfannen heiß/ und schütte das zusammen gemachte Hirn hinein/ rühre es immerzu um/ gleich als ob du eingerührte Eyer im Schmaltz machen woltest; wie selbige auch unter dem Titel von Eyern beschrieben zu finden. *

17. Ein Mayen=Mus.

Reibe ein halb Pfund Mandeln mit Rosen=Wasser klein/ daß sie wohl und lieblich darnach riechen; laß dann die Brosamen von einer Semmel im süssen Ram oder Kern weich werden; treibs durch einen Seiher oder Durchschlag/ rührs unter die Mandeln/ thu es hernach in eine Schüssel/ streichs in die Höhe/ streue Zimmet darauf/ und bestecks mit Mandeln oder Blumen.

18. Ein Mayen=Mus/ auf andere Art.

Nehmet ein halb Pfund Mandel/ stosst sie mit Rosen=Wasser an/ doch nicht zu naß/ rühret ein viertel Pfund Zucker/ und den achten Theil eines Pfundes frischer Butter/ daran/ mischts wol untereinander; thuts ferner in eine Schüssel oder Schale/ streichts in die Höh/ wie einen Berg/ bestreut es mit Zimmet/ und bestecket mit Mandeln und Blumen: wiewol man auch nach gefallen einen Igel daraus formiren/ und selbigen also bestreuen und bestecken kan; wie bey Num. 4. in Beschreibung deß Malvasier=Muses bereits gedacht worden.

19. Noch ein Mayen=Mus.

Nimm eine halbe Maas Kern oder süssen Ram/ laß ihn in einer zienernen Schüssel/ auf einer Kohl=Pfannen/ sieden; nimm ferner

---

* Wem es gefällig/ der kan ein wenig Semmel-Mehl und gehackt Peterlein- oder Petersilien- Kraut mit darunter rühren.

ferner sechs Eyer/ schlags in ein Häfelein/ zwierls und schlags wohl ab/ gieß in den Kern hinein/ und laß zusammen gehen/ wann er nun zusammen gangen ist/ so schütte es in ein sauberes klares Tüchlein/ daß die Molcke dadurch heraus lauffe/ ja so gar/ biß keine Molcke mehr darinnen ist; thue hernach in einen saubern geglästen Hafen Zucker daran/ nach belieben/ und rührs mit einem Kochlöffel wacker ab/ daß es wird wie ein Schmaltz oder Butter: hierauf nimm ein viertel Pfund Mandeln/ ziehs ab/ und stoß mit Rosen=Wasser wohl an/ rührs auch darunter; thue es alles auf eine Schalen/ streichs schön hoch auf wie ein Berglein/ und belegs mit allerhand abgezupfften Blätlein von schönen Blümlein über und über/ daß es von allerhand Farben schön bund siehet; steck in die Mitte ein Sträuslein/ vergulde es/ und trags dann auf. *

20. Ein ander Mayen=Mus/ auf andere und noch bessere Art.

Man nehme einen Eyer=Käs/ wie man ihn sonst zu machen pflegt/ und rühre denselben gantz glatt mit Malvasier oder Peter=Simonis ab; mische klar gerieben Eyer=Brod und gehackte Mandeln darunter/ wie auch von etwas eingemachten Früchten/ als Citronat/ Citronen/ Pomerantzen=Schelfen/ und was man sonst nach Belieben darzu nehmen mag; nur daß alles klein geschnitten/ neben gestossenen Cardamomen/ Zimmet und Zucker nach belieben vermischt werde. Es kan in der dicken gemacht werden/ daß man ein Berglein oder einen Igel daraus formiren kan: beedes wird alsdann mit klar durch=gesiebten Zimmet bestreut/ und mit länglicht geschnittenen Mandeln besteckt. **

21. Ein

* Man kan es auch mit geschnittenen Mandeln/ oder weissen Pistacien-Nüßlein bestecken/ und dieselben vergulden.

** Wann man will/ können die Mandeln oben ein wenig verguldet/ und dem Igel zwey schwartze Baterlein oder Perlein an statt der Augen gemacht/ und also aufgetragen werden. Will man keinen Eyerkäs nehmen/ so kan es mit Brod und Mandeln auf jetzt besagte Art gemacht werden.

Von unterschiedlichen Muß- und Breyen.

21. Ein Herbst-Mus.

Nimm eine Hand voll Mandel / Weinbeerl oder Corinthen und Rosin / eines so viel als deß andern; ziehe die Mandeln ab / und nimm von denen Rosinen die Kern heraus / die Weinbeerl aber klaube und wasche / hacke es dann alles untereinander / doch nicht zu klein / röste ferner ein Semmelmehl im Schmaltz / gieß Wein oder Reinfal daran / zuckers und laß sieden; rühre hernach das gehackte darein / würtze es mit Zimmet und Cardamomen / laß noch einmal auffsieden / und richts dann an. *

22. Ein Schüssel-Mus.

Zerklopffe fünff oder sechs Eyer / gieß eine halbe Maas Kern / oder süssen Ram / und ein wenig Rosenwasser daran / zuckers nach belieben / und klopffe es wol: nimm hernach eine Schüssel oder Tiegel / bestreichs mit Butter / gieß den Ram mit den Eyern darein / setze selbige auf eine Glut / und lasse es gemach zusammen gehen / aber nicht lang sieden: alsdann decke es mit einer solchen Stürtze / die neben herum einen aufgebognen Rand hat / zu / thue glüende Kohlen darauf / damit es oben braun werde; wann du nun siehest / daß es gestanden / und seine rechte Dicke bekommen hat / auch oben schön braun ist / so hebs von der Glut wieder herab / streue Trisanet oder Zimmet und Zucker darauf / und trags zu Tisch.

23. Ein Schüssel-Mus mit Mandeln.

Ziehe eine Hand voll Mandeln ab / und stosse dieselbe mit ein wenig Rosenwasser klein / querle oder klopffe vier oder fünff Eyer / gieß eine halbe Maas süssen Ram oder Kern dazu / und rühre die Mandeln darunter; hernach zuckers und bestreich eine zienerne Schüssel mit Butter / gieß das abgerührte darein / setz es auf die Kohlen und laß sieden / biß es fast gestehet: alsdann streue Zimmet darauf / und gibs zu essen.

24. Ein

* Dieses Mus kan man / nach belieben / warm oder kalt essen.

24. Ein Eyer=Käs oder Maden=Mus.

Nehmet vier oder sechs Eyer/ eine halbe Maas Kern/ oder dicke Milch/ wie auch Zucker und Rosenwasser/ und machet einen Eyer=Käs (wie selbiger anderswo in diesem Buch zu finden ist/) lasset ihn auskühlen/ hernach rühret denselben mit einem viertel Pfund frischer Butter/ so noch unzerlassen/ ab/ thut ihn in einen Seiher oder Durchschlag/ und treibet es über einer Schüssel durch/ so wird es wie lauter Würmer/ bestreuet selbige mit kleinem gefärbten Confect/ oder bestecket es mit Blumen.

25. Ein Kachel=Mus.

Lasse einen Löffel voll Butter in einem Pasteten=Tiegel zergehen/ zerklopffe indessen zwey Eyer/ wirff einen Löffel voll weisses Mehl darein/ und thu eine halbe Maas süssen Ram oder Kern dazu/ klopffe und rühre alles nochmal wohl untereinander; giesse es hernach in den Tiegel/ setz es in eine Brod=röhre oder Bach=Oefelein/ und laß den Tiegel offen/ daß es oben auch braun werde: wann es dann ausgebachen/ so nimms heraus und legs auf eine Schüssel.

26. Ein Eyer=Mus oder Eyer=Brey.

Nimm zu einer Maas Ram oder Milch zehen Löffel voll Mehl/ wiewol man auch halb Milch und halb abgenommenen Ram nehmen kan/ röste das Mehl im Schmaltz/ schlag drey Eyer aus/ zwyre sie mit der Milch an/ daß Milch und Eyer untereinander kommen: alsdann nimm den mit Eyern angezwyrten Ram/ und mache das geröstete Mehl in der Pfannen gleichfalls mit an/ laß also kochen/ daß er nicht zu dick/ auch nicht zu dinn werde/ will man ihn oben abbräunen/ so mag mans auch thun/ und zwar auf die Art/ wie bey dem Schüssel=Mus Num. 22. bereits gelehret worden. *

27. Ein

* Die Eyer=Brey werden auch an statt deß Rams oder der Milch eben so mit Wasser gekocht; das Mehl dazu muß wol gelb geröstet werden: wann man will/ kan man ihn auch mit ein wenig Saffran gülben.

27. Ein Dotter-Mus.

Nimm einen Löffel voll schönes Mehls / röste dasselbe im Schmaltz / aber nicht braun / und laß es wieder erkühlen; darnach klopffe vier Eyerdottern / gieß eine kalte Fleischbrühe dazu / zwyre das Mehl damit an / und laß es mit stetem rühren gemach auffsieden; thue auch Butter darein/ und streue Muscatenblühe darauf.

28. Ein Hader-oder Nudel-Mus.

Mache mit schönen Mehl und Eyerdottern / einen Teig an/ und wann du ihn gesaltzen hast / wircke und wälgere dünne Plätze daraus / laß selbige ein wenig ertrocknen; alsdann wückle sie zusammen / und schneids / wie man das lange Kraut schneidet / auf das allerdinnste: mach indessen eine Fleischbrühe siedend / thue den geschnittenen Teig darein / und laß ihn darinnen sieden / darnach seihe die Brühe / welche mehlbig seyn wird / wieder davon / gieß eine frisch-siedende Fleischbrüh daran / würtze sie mit Muscatblüh und Cardamomen / thue auch Butter darein / und richts an: zuletzt streue Muscatblühe / und / so es beliebt / geriebenen Käs darauf / dann trags zu Tisch. *

29. Ein Hader-oder Nudel-Mus / auf andere Art.

Nehmt zwey Eyer und ein schönes Mehl / macht ein Teiglein an / wälgert es gleich den Plätzen / legt sechs oder sieben aufeinander / schneidet sie auf das allerdünnste wie die kleine Nudeln / und bachts schön hell aus dem Schmaltz: thuts ferner in eine siedende Milch / rührets daß es nicht anbrenne / lassts ein wenig sieden / richtets an / und streuet Zucker und Zimmet darauf.

H ij 30. Eine

* Wann man von diesem Teig zu viel / und übrig hat / kan man ihn aufdörren / und zu anderer Zeit verkochen.

30. Eine Eyer-Gerste.

Zerklopffe vier Eyer/ rühre eine Hand voll Semmelmehl oder Eyer-Brod/ und ein Stück Butter darein/ würtze es mit Muscaten-Blühe und Cardamomen/ gilbs ein wenig/ laß eine halbe Maas Fleischbrühe siedend werden/ gieß an die zerklopfften Eyer und rührs wol/ laß es auffsieden/ rühre aber immerzu/ daß es nicht knollicht werde: man darff es aber nicht lang sieden lassen/ weil sonst die Eyer nur hart werden. Wann du es anrichten wilt/ thue noch ein Stück Butter darein/ und streue Muscatblühe darauf.

31. Eine andere Eyer-Gerste.

Man zerklopffet/ ohngefehr zu einem halben Maas-Häfelein/ sechs Eyer/ würtzet selbige mit Cardamomen und Muscatblühe/ gilbts mit Saffran/ rührt auch ein Stuck Butter darein/ und giesst es alsdann in eine siedende Fleischbrühe/ rührts immer herum/ und löst es mit einem Kochlöffel vornen von dem Töpfflein ab/ daß es sich nicht anlege. Wann man nun mercket/ daß es dick werden will/ so wird es von fernen zum Feuer gesetzt/ damit es allgemach koche/ und daß ja die Eyer nicht hart werden/ sondern gantz lind bleiben: alsdann wird es angerichtet/ und Muscatblühe darauf gestreuet.

32. Eine gehackte Eyer-Gerste.

Schlaget ein Ey aus/ streuet schön Mehl darein/ und hackts durch einander biß es klein wird; dann schlaget wieder ein Ey dazu/ hackets noch mehr/ und also ferner so viel ihr wollt: röstet es im Schmaltz/ würtzets hernach mit guten Gewürtz/ gilbts ein wenig/ und rühret es mit einer siedenden Fleischbrühe an/ thut auch viel Butter darein/ und lasst sie mit auffsieden.

33. Eine

Von unterschiedlichen Muß- und Breyen.

33. Eine gehackte Eyer-Gerste/ auf andere Art.

Mache einen Teig an mit Eyern und Mehl/ würcke ihn zusammen/ behalte selbigen an einem warmen Ort auf/ daß er dürr werde; alsdann wird er gehacket/ oder an einem Reibeisen gerieben/ und in einer siedenden Fleischbrühe gekocht; dann thut man auch Cardamomen/ Muscatblühe und Butter darein/ lässt es sieden und richtets an. *

34. Eine Eyer-Gerste mit Mehl.

Nehmt ein Seidl- oder halbes Maas-Häfelein voll Fleischbrüh/ lasst selbige sieden/ schlagt drey Eyer aus/ zerklopffet sie wohl; thut in eine Schüssel einen Kochlöffel voll Mehl/ und zwyret es mit denen zuvor zerklopfften Eyern an/ werfft Pfeffer/ Ingber und ein wenig Saffran darein/ und wann die Fleischbrüh siedet/ so giesset dieselbige über die angezwyrte Eyer/ daß sie schön kraus werden/ rührets mit einem Kochlöffel um/ lassts noch ein wenig sieden/ werfft ein Stücklein Butter darein/ richtets dann an/ und streuet Muscaten-Blüh darauf.

35. Ein Sultzen-Mus.

Nimm zehen Eyer/ schlag selbige aus/ thue das Weisse besonders/ die Dottern aber klopffe wohl und zuckers; setze alsdann eine Milch zum Feuer in einer Pfannen/ und so bald sie zu sieden anfänget/ wirff das Gelbe von denen Eyern darein/ und gieß ein wenig kalt Wasser hinzu/ daß sie zusammen gehen/ seihe es durch einen Seiher/ thue es auf einen Teller oder in ein sauberes Tüchlein/ beschwers/ damit das Wasser davon ablauffe: schneide alsdann viereckichte Plätzlein daraus/ legs in eine Schüssel/ nimm hierauf das zuvor besonders gestellte Eyerweiß/ zerklopffe es wohl/ und zuckers:

H iij   indes-

---

* Wann man es säuerlich haben will/ so giesset man ein wenig Essig darein.

indessen laß eine gute dicke Milch siedend werden / gieß das Weisse von den Eyern in den Sud darein/ laß es mit stetem rühren so lang als harte Eyer sieden/ und gieß es über die gelbe Plätzlein in die Schüssel/ dann lässet mans gestehen/ und wird hernach zu Tisch getragen. *

36. Ein Mehl-Brey.

Zu einem Seidlein oder halben Maas süssen Ram oder Milch nimmt man fünff Löffelvoll Mehl/ röstet dasselbe im Schmaltz/ wiewol man es auch ungeröstet lassen kan; hernach zwieret man das Mehl mit der Milch oder Ram fein glatt an/ daß sie nicht butzicht oder knöckericht wird / und kochets alsdann über dem Feuer also / daß der Brey nicht zu dick oder zu dinn werde: wann er dann fertig/ dupffet man ihn oben mit einem Stuck Butter wohl an.

37. Ein Zucker-Mus.

Man zerklopffet das Weisse von zehen Eyern/ giest eine halbe Maas Kern oder süssen Ram und Rosen-Wasser dazu; dann zuckert mans und klopffet und quirlet es wol durcheinander/ giessts hernach in eine Pfanne/ und lässtes auf der Glut/ so lang als harte Eyer sieden: wann solches geschehen/ wird es durchgeseihet in eine Schüssel/ und so es erkaltet/ streuet man durch einen ausgeschnittenen Model Zimmet darauf.

38. Ein Zucker-Mus / auf andere Art.

Weiche ein paar Semmeln / daran zuvor die Rinden herab geschnitten worden/ in eine dick abgenommene Milch / stosse ein halb Pfund Zucker / treib die geweichte Semmeln durch/ und thue den Zucker darein/ gieß ein wenig Malvasier daran/ machs aber nicht zu dinn/ laß sieden/ setz in den Keller/ daß es erkuhle/ und giebs dann zu essen.

39. Ein

* Wann es beliebt / kan man kleine Weinbeerl oder Corinthen darauf streuen.

Von unterschiedlichen Muß- und Breyen.

39. Ein Mus von Pistacien- oder Krafft-Nüßlein.

Bähe einen Schnitten weisses Brod/ weiche dasselbe in eine Capaunen- oder Hüner-Brüh/ und thu ein wenig Capaunen-Sultzen dazu; dann stosse ein gut Theil weiß- und grüner Krafft-Nüßlein/ und einige Melonen-Kern/ mit Wasser ab/ zwinge sie dann mit zuvor eingeweichten Brod durch/ laß sieden/ und ehe du es anrichten wilt/ rühre zuvor zwey lind-gesottene Eyer-dottern darein/ und streue Muscatenblüh darauf. *

40. Ein Mus von Pistacien- oder Krafft-Nüßlein/ auf andere Art.

Stosse Mandeln/ auch weiß und grüne Nüßlein und Melonen-Kern/ mit ein wenig Rosen- oder frischen Wasser gar klein/ treibs mit einem dinnen schlipfferichten Gersten-Brühlein/ zu einer dicken Mandel-Milch durch; nimm ferner den halben Theil der Milch/ und weiche zwey Schnitten weiß-gebähtes Brod darein/ freibe selbige durch einen Durchschlag/ zerklopffe zwey ungesottene Eyerdottern in einem messingen Pfännlein/ und gieß den andern halben Theil Mandel-Milch daran/ wie auch die erste mit den durch-getriebenen Brod: alsdann rühre es glatt ab/ machs in rechter Dicken/ und siede es mit stetem klopffen und rühren/ zuckers/ und laß es mit dem Zucker nur noch einen Sud thun.   Wann du es nun anrichten wilt/ so rühre von einem lind-gesottenen Ey den Dotter darein/ richts an/ und streue kleine Rosinlein darauf. **

41. Noch

---

* Wann dieses Mus für einen Krancken/ so nicht schlaffen könnte/ dienen solte/ kan man mit obigen Nüßlein und Melonen-Kernen/ auch ein klein wenig weissen Mahen-Saamen anstossen.

** Man kan auch wol vor die Mandel-Milch Geiß-Milch/ und anstatt deß gebähten Brods geriebene Semmeln/ jedoch alles nach belieben und Gestalt der Sachen/ nehmen.

41. Noch ein kräfftiges Mus/ von Pistacien-Nüßlein.

Siede in einer halben Maas Wasser eine Hand voll Weinbeer/ oder kleine Rosin/ und ein Stücklein Galgant so lang als harte Eyer/ würff hernach ein zerbrocktes Zimmet-Röhrlein darein/ und laß es damit erkalten; alsdann nimm abgezogene Mandeln/ weisse und grüne Nüßlein/ wie auch ein wenig Melonen-Kern/ reibs mit dem abgesottenen Wasser in einem steinernen Mörsel oder Reibscherben/ zu einer dicken Milch ab/ dieselbe zwinge durch ein sauber Tuch/ zerstoß einen Löffel voll Krafft- oder Stärck-Mehl/ zwiers mit einem Eyerdottern in einem Pfännlein an/ und gieß die durchgezwungene Milch dazu. Hierauf kochs mit stetem rühren/ wie ein ander Mus/ zuckers zuletzt/ laß es aber mit dem Zucker nicht mehr sieden/ sondern richt es nur gleich an/ und so es annehmlich ist/ streue Zimmet oder Weinbeerlein darauf.

42. Ein Mandel-Mus.

Nehmet ein gantzes oder halbes Pfund Mandel/ nachdeme ihr viel machen wollet/ ziehet sie ab/ stoßts in einem Mörsel/ aber nicht gar zu klein/ thut sie in eine Schüssel; klaubet ferner einen Reiß/ waschet denselben mit einem laulichten Wasser/ und wann er wieder dürr und trocken worden/ stosset ihn zu einem gantz klaren Mehl/ rühret solches mit einer kalten dick abgenommenen Milch an/ daß es wohl glatt aber nicht zu dinn werde: laßt hierauf eine andere gute Milch sieden/ und werfft/ so bald sie zu sieden anfängt/ das mit der kalten Milch zuvor angerührte Reiß-Mehl/ zu samt denen Mandeln darein/ rührts fleissig um/ daß es nicht butzig werde/ und laßt es also eine weil sieden/ thut zu letzt Zucker darein/ und streuet/ wann ihr es anrichten wollet/ Zimmet und kleine Weinbeerl darauf. *

* Hiebey ist zu mercken/ daß man das Reißmehl zu erst allein mit der kalten Milch anrühre/ und alsdann erst die Mandeln darunter mische.

43. Ein Mandel-Mus / auf
andere Art.

Man nimmt ein Pfund Mandel / ziehet sie ab / und hacket acht hart gesottene Eyer wohl klein / stößt die Mandeln / aber nicht zu hart / thut solche in einen Reibscherben / würfft Zucker darein / und reibet alles unter einander / schüttets hernach in eine Schüssel / macht einen Löffel in Malvasier naß / streicht es mit selbigem übersich gleich einem Berg schön glatt in die Höh / und bestreuet es mit Zimmet.

44. Noch ein Mandel-Mus / auf
andere Art.

Stosset Mandeln / nehmet eine gute süsse Milch / und zu einer Maas derselben das Weisse von sechs Eyern / zerklopfft die Milch und Eyerweiß wohl zusammen / rührt die gestossene Mandeln / wie auch Zucker und Rosenwasser darunter / lasts einen Sud aufthun / und gebt es also kalt zu essen.

45. Ein Mandel-Mus / wiederum
auf andere Art.

Die Mandeln werden mit Rosenwasser angestossen / daß sie wohl nach selbigen riechen; dann weichet man die Brosamen von einer Semmel in Kern oder süssen Ram / wann sie nun weich sind / werden sie durch einen Seiher oder Durchschlag getrieben / und an die Mandeln gerühret: dann lässet mans einen Sud thun / und zuckerts; solte es aber zu dick worden seyn / giesst man noch mehr Rosenwasser zu / und richtets in eine Schüssel / streuet Zimmet darauf / und alsdann kan mans / nach gefallen / entweder kalt oder warm geben.

J   46. Noch

46. Noch ein Mandel-Mus.

NEhmt ein und ein viertel Pfund Mandeln/ stofft sie mit halb Zimmet halb Rosenwasser ab/ rühret fünff Achtel Pfund Zucker darunter/ formiret es wie einen Igel/ bestecket ihn mit länglicht-geschnittenen Mandeln/ so man nach belieben zierlich vergulden kan.

47. Citronat-Mus.

SChneide den Citronat/ welcher in Zucker eingemachet seyn muß/ gar klein/ deßgleichen hacke auch Pistacien-Nüßlein/ feuchte ein Semmel-Mehl mit süssem Wein/ oder sonst einem kräfftigen Wasser an/ und thue alles zusammen in ein Töpfflein; hernach zuckers und würtze es mit Zimmet/ Cardamomen und Muscatblühe/ und so es vonnöthen/ gieß noch mehr deß Weins dazu/ und laß es noch einmal auffsieden.

48. Muscaten-Mus.

LAsse ein Stuck Muscaten-Brod dürr werden/ stosse selbiges hernach klein/ röst es in ein wenig Butter/ und giesse Wein oder Reinfal daran/ alsdann drucke den Safft von Citronen darein/ oder nimm nur ein wenig Citronen-Safft mit Zucker gesotten dazu/ wie auch Zucker/ Zimmet und Muscatblühe und laß es auffsieden. *

49. Ein Citronen-Mus.

NEhmt Eyerdottern/ zerrühret sie mit einem Löffel wohl glatt/ darnach reibt von einer Citronen die Schelfen auf dem Reibeisen ab/ thuts zu denen Eyerdötterlein/ schneidet die Citronen

* Man kan auch an statt deß Muscaten-Brods ein Dotter-Brod nehmen/ selbiges mit roth gewachsenen Wein anzwyren/ und obgemeldeter Gewürtze würtzen: allein man darff es nicht im Schmaltz oder Butter rösten/ sondern lässt es nur blosser Dings auffsieden; so denen mit dem Durchlauff oder Ruhr salv. ven. behaffteten sehr dienlich ist.

Von unterschiedlichen Muß- und Breyen.

nen von einander/ trucket das Marck dazu/ nehmt Wein und Zucker/ doch daß es nicht zu dünn wird/ setzts auf Kohlen/ rührets mit einem Löffel so lang um/ biß es anfängt zu kochen/ laßts aber nicht lang sieden/ so ist es fertig.

50. Noch ein Citronen-Muß.

Reibt von der Citronen die Schelfen auf dem Reibeisen/ dann nehmt das Marck/ thut die weisse Haut gantz davon/ und die Kerne sauber heraus; zerreibt das Marck wohl in einem Häfelein/ schlaget Eyer daran/ nemlich drey Dottern und zwey gantze Eyer/ giesst auch zehen biß eilff Eyer-Schalen voll Wein daran/ und zuckerts nach belieben/ rührt alles wohl unter einander/ richtet es in eine zinnerne Schüssel/ und setzts auf ein Kohl-Feuer/ daß es ein wenig dicklicht wird: Es muß aber stets gerühret werden/ und nicht recht sieden/ sondern nur gleichsam quellen: dann tragt es auf/ und streuet zuvor ein wenig Zucker und Zimmet darauf.

51. Citronen-Muß/ auf andere Art.

Man nimmt eine Citrone/ und reibet die äussere gelbe Schelfen an einem Reibeisen gantz herab in ein Näpflein; dann thut man das Marck/ wann zuvor die Haut und Kern davon genommen worden/ besonders in ein Schüsselein/ und rührt dasselbe wohl mit Zucker ab; hernach wird ungefehr eine kleine Hand voll geriebenes Rocken-Brod genommen/ und in ein klein wenig Butter geröstet: (wem aber von Schmaltz zu essen nicht beliebet/ der kan halb so viel Zucker als deß Brods nehmen/ und den Zucker samt dem Brod in ein Pfännlein thun/ und beedes mit einander rösten lassen; aber man muß fleissig umrühren/ und acht haben daß es sich nicht anlege;) dann thut mans in ein Häfelein/ giesst einen Wein daran und läßts aufsieden: zuletzt wird das Citronen-Marck darunter gerührt; ist es dann zu sauer/ so zuckerts mans noch ein wenig/ doch daß es nicht zu süß werde/ und wann es zu dick/ so kan man ihm mit ein wenig Wein helffen/ und also läßt man es noch einen

Sud mit aufthun; endlich wird die geriebene Schelfe samt ein wenig geriebener Zimmet/ oder Trisanet darunter gerühret/ das Mus vom Feuer genommen und angerichtet.

52. Ein Quitten-Mus.

Nimm ein paar Spält oder Schnitten von einer Quitten-Latwerge oder Quitten-Brod/ giesse ein wenig roth- oder weissen Wein daran/ laß in einer Schüssel weichen/ röste dann ein geriebenes weisses- oder auch nur Rocken-Brod/ (so man vor kräfftiger hält/) im Schmaltz/ schütte die zuvor eingeweichte Quitten-Latwerge/ zusamt dem Wein/ auch darein; ist dessen nicht genug/ so giesse noch mehr dazu/ zuckers/ und laß ein wenig in einem Pfännlein aufsieden: schütte es alsdann in einen stollichten Hafen/ und laß es ferner wohl sieden/ daß es glatt werde/ wie das bald hernach beschriebene Weinbeer-Mus.

53. Ein Dattel-Mus.

Thue die Kern aus denen Datteln zusamt dem einwendigen weissen Häutlein heraus/ hacke sie klein/ und wann sie vier Stunden in Wein geweichet/ setze sie hernach zum Feuer/ und laß sieden; röste indessen ein weiß gerieben Brod im Schmaltz/ gieß den Wein zusamt denen Datteln darein/ würtze es mit Zimmet und Zucker/ laß sieden/ und trags alsdann auf. *

54. Ein Feigen-Mus.

Hacke die Feigen und siede sie im Wein; reibe alsdann Leb- oder Pfeffer-Kuchen und rocken Brod eines so viel als deß andern/ röste es zusammen in Butter/ und gieß den Wein zusamt denen Feigen darein/ kochs alsdann zu einem Mus/ streue Zimmet und Zucker darunter/ und richt es an.

55. Ein

* Wolte jemand der Wein nicht belieben/ absonderlich so es für Krancke dienen solte/ kan man an dessen Statt gar wol eine ungesaltzene Hüner-Brüh nehmen.

Von unterschiedlichen Muß- und Breyen.

55. Ein Feigen-Muß/ auf andere Art.

Nehmet Feigen/ klaubet sie schön/ sind sie aber alt/ so wascht selbige aus frischem Wasser/ schneidet sie alsdann klein/ thuts in ein Häfelein/ giesset Wein und ein wenig Wasser daran; weichet inzwischen ein Stücklein Leb- oder Pfeffer-Kuchen in Wein/ treibt ihn durch einen Seiher oder Durchschlag in das Töpflein an die Feigen/ thut Saffran/ oder auch ander gutes Gewürtz daran/ zuckerts/ setzt es auf ein Kohlfeuer und lasst es sieden biß es eine feine Dicke überkommt.

56. Ein Muß von Zibeben/ oder grossen Rosinen.

Nimm die Kern von denen Zibeben oder Rosinen heraus/ hacke dieselbige klein/ siede sie in Wein/ und treibs hernach durch/ reibe Eyerbrod/ röste es im Schmaltz/ und gieß das durchgezwungene daran/ thue Zucker und Trisanet dazu/ und laß es sieden.

57. Ein Muß von Weinbeeren/ Corinthen oder kleinen Rosinen.

Klaube zuvörderst die Weinbeerlein sauber/ daß keine Steinlein darunter bleiben/ wasch sauber und hacke sie klein/ laß im Wein sieden/ und wann sie wohl weich sind/ zwinge sie durch einen engen Seiher/ oder auch durch eine saubere Leinwad; reibe rocken Brod/ rösts im Schmaltz/ gieß das durchgezwungene von denen Weinbeeren darunter/ zuckers/ und laß in einem Pfännlein sieden/ schütte es alsdann in einen stollichten Hafen/ setze es zum Feuer/ damit es noch ferner einsiede und dicklicht werde; solte es zu dick seyn/ kan man nur ein wenig hinzu giessen.

58. Ein Aepffel-Muß.

Schähle süsse Aepffel/ und schneide sie dinn/ gieß ein wenig Wein daran/ und laß so lang sieden/ biß sie weich werden;

hernach

hernach reib oder rühre sie glatt ab / röste geriebenen weiß Brod im Schmaltz / und mische es darunter: alsdann zuckers und würtze es mit Trisanet / und laß noch ein wenig sieden.

59. Ein ander Aepffel-Mus.

SChähle Aepffel / schneide sie fein dinn / thue selbige in ein Töpflein / gieß einen guten Wein daran / laß sie so lang sieden biß sie weich werden / treibe sie durch / und schlage vier oder fünff Eyer dazu / rühre sie zusamt ein wenig geriebenen Eyer-Brod darunter / thue Zucker daran / schmiere eine zinnerne Schüssel mit Butter / und giesse dieses Aepffel-Mus darein / laß auf einer Kohlen / oder in einem Bach-Oefelein / worinnen es zwar schöner wird / aufsieden / streue dann ein Trisanet darauf / so ists fertig.

60. Noch ein Aepffel-Mus.

ERstlich thue ein wenig Bach-Schmaltz in einen stollichten Hafen / dann schähle die Aepffel / und schneide sie fein dünn / wie man die Quitten zu einer Latwergen zu zerschneiden pfleget / und zwar auf das Bachschmaltz in besagtem Hafen / gieß ein wenig Wasser daran / setz es in eine Glut und laß wacker sieden; wann sie nun gesotten haben / rührt man sie ab und zuckerts viel oder wenig / nachdeme mans süß oder zengericht haben will / und richtets also an: oben auf wird es noch einmal gezuckert / oder aber ein Trisanet darauf gestreuet.

61. Ein Aepffel-Mus in Kern.

DIe Aepffel müssen auf die bey vorhergehenden Mus beschriebene Art in einem Topff oder Hafen eingeschnitten werden; dann giesst man ein siedendes Wasser daran und läst sie wohl sieden / wie einen Brey; wann sie gesotten seyn / wird in einem Pfännlein ein Schmaltz heiß gemacht / dann thut man ein paar grosse Kochlöffel mit Mehl ins Schmaltz und röstets: ferner nimmt man
einen

Von unterschiedlichen Mus- und Breyen.

einen guten Kern / und zwyrt das geröstete Mehl mit an / daß es dünner ist als ein Sträubelein-Teig / rührts unter die Aepffel / läſſts also sieden / thut ein klein wenig Saffran darein / und wendet den Hafen fein offt herum / daß das Mus nicht stinckend werde: es muß aber in der Dicke seyn / wie sonst ein gemeiner Brey.

62. Ein dürres Aepffel-Mus.

Erstlich wasche die dürre Aepffel sauber / darnach thue sie in einen Hafen / gieß Wasser daran / laß sieden / wanns wacker eingesotten / so rührs wohl daß es dicklicht werde; darnach schneide rocken Brod / wie in eine Suppen / und röſts im Schmaltz daß das Brod fein rösch wird: und wann man das Aepffel-Muß anrichten will / so rühre das geröſtete Brod darunter / und richte es an.

63. Ein Birn-Mus.

Nehmet die Birn / schählet selbige / schneidet sie zu vier Theilen / und thut einwendig das Gehäus / mit denen Kernen heraus / darnach röstet die Birn im Schmaltz / daß sie braun werden; wann dieses geschehen / gießt Wein daran / und laſſt sie auf einer Kohlen dünsten oder sieden: so sie dann weich sind / treibt sie durch / thut Zimmet daran / und laſſt sie noch länger sieden: wann ihr es dann anrichten wolt / streuet zuvor Zucker darauf.

64. Ein Birn-Mus / auf andere Art.

Brate die Birnen auf einer Glut / daß sie braun werden / darnach thue sie in ein kaltes Wasser / ziehe die Haut ab / und laß mit einem gebähten weiſſen Brod im Wein sieden: alsdann treibs durch / zuckers / und wann es noch einmal gesotten hat / so richt es an.

65. Ein

65. Ein Birn-Mus/ auf noch andere Art.

Man nimmt Birn-Latwergen / und zwyrt selbige mit Wein an; dann reibt man weisses Brod/ röstet solches im Schmaltz/ und giesst es hernach in die Latwergen: dann thut man Zucker und Trisanet darein/ und läst es sieden.

66. Ein Nuß-Mus.

Stosset drey Knoblauch-Zehen / samt einer Hand voll welscher Nüß-Kern/ beedes unter einander gar klein; nehmet darnach eine Hand voll Brosamen von einem Weck oder Semmel/ thut sie in eine siedende Fleischbrühe / und lasts so lang sieden biß weich ist: thut es alsdann wieder heraus zu den gestossenen Nüssen / und treibts mit einander durch einen Durchschlag; darnach saltzt und pfeffert es wohl/ giesst besagte Fleischbrühe/ worinnen die Weck-Brosamen gewesen/ zu den durch-getriebenen/ biß es recht an der Dicken wird / wie ein Mus seyn solle/ und last es auf einer Kohlen sieden: wann es nun zu Tisch getragen werden solle/ streuet zuvor Pfeffer darauf.

67. Ein Prinellen-Pflaumen- oder Zwetschgen-Mus.

Wasche Prinelln oder geschählte Pflaumen / laß selbige im Wein sieden biß sie weich werden; treibs nachmal durch ein Sieblein / röste geriebenes rocken Brod im Schmaltz/ und gieß die durchgetriebene Pflaumen daran / zuckers / und laß noch einmal aufsieden.

68. Ein Erdbeer-Mus.

Wann die Erdbeer sauber gewaschen/ werden sie zusamt einem weissen Semmelschnitten im süssen oder andern Wein geweicht; dann durch einen Durchschlag oder Seiher zusamt

den

Von unterschiedlichen Mus- und Breyen.

den Wein durchgetrieben: dann thut Zucker und noch ein wenig Semmelmehl daran/ und laßt es ferner einen Sud aufthun/ so kan man es dann warm oder kalt nach belieben geniessen.

69. Ein Hieffen- oder Hagenbutten-Mus.

Die Kern werden zusamt dem Rauhen einwendig zuvörderst heraus genommen/ und die Hieffen in Wein gesotten; dann treibt man sie durch ein Sieblein in eine Schüssel/ setzt sie auf eine Glut oder Kohlfeuer/ zuckert das Mus/ und läst es aufsieden: zu letzt aber bestreuet man selbiges mit Zimmet.

70. Ein Weixel-Mus.

Dieses Mus wird fast eben auf diese Art gemacht/ wie das jenige so von denen Pflaumen bereits Num. 67. beschrieben worden: Man siedet nemlich die Weixeln im Wein/ zwingt selbige durch/ röstet ein geriebenes Rocken-Brod im Wein/ schüttet die durch-gezwungene Weixel-Brüh darüber/ zuckerts ein wenig/ und läßts noch einmal aufsieden/ richtets dann in eine Schüssel/ und streuet Zucker/ oder auch/ so man will/ Zimmet darauf.

71. Ein Weixel-Mus/ auf andere Art.

Man nimmt entweder frische oder auch nur eingemachte Weixeln/ läßt sie im Wein sieden/ und zuckerts nach gefallen: indessen röstet man ein würfflicht-geschnittenes Eyer- oder anderes weisses Brod fein trocken im Schmaltz/ thut es in eine Schüssel/ richtet dann die gedünstete Weixeln zusamt der Brüh darüber/ setzt es auf ein Kohlfeuer/ und läßt es noch einen Wall also zusammen aufthun. *

K　　72. Ein

* Es ist eben nicht nöthig/ daß man es/ nach deme die Brühe darüber gerichtet worden/ nochmal aufsieden lasse/ sondern man kan es alsobald zu Tisch tragen; dann auf solche Art bleibt das Brod etwas röscher: zu letzt aber streuet man Zucker und Zimmet darauf.

72. Ein Gurcken-Cucummern- oder Kimmerling-Mus.

Die frische Gurcken/ Cucummern oder Kimmerlinge schähle/ und schneide / zusamt ein wenig Zwiebeln/ zu dinnen Scheiben oder Plätzen/ mische klein-geschnitten Peterlein- oder Petersilien-Kraut darunter/ giesse einen guten Theil frisches Baum-Oel daran/ und thue alles zusammen in eine Pfannen/ röst's/ schütte es hernach wieder heraus in ein Töpfflein/ laß bey einem Kohlfeuer fein sittsam siedend werden; und wann sich nicht viel Feuchte aus denen Kimmerlingen heraus siedet/ so gieß ein wenig Wasser dazu/ und laß sie ferner wohl weich sieden: ungefehr eine viertel Stund zuvor aber/ ehe du sie anrichten wilt/ wirff eine gute Hand voll Agrest/ oder unzeitiger Trauben-Beer hinein/ und laß so lang mit auffkochen/ biß die Beer weich sind: darnach saltze es/ und richt's dann an.

73. Ein Kürbis Mus.

Nimm die Kürbis/ schähle sie/ und thue einwendig das Marck und Kern auf das schönste heraus; richt's hernach allerdings auf gleiche Weise zu / wie bey erst-gedachten Kimmerling-Mus bereits angezeiget worden.

74. Ein Melonen- oder Pfeben-Mus.

Dieses Mus wird auf die gleich jetzo beschriebene Art gemacht/ wie das Kürbis und Cucummern-Mus: daher es hier zu wiederholen unnöthig.

75. Ein Grünes-Mus.

Bähe ein weisses Brod/ weiche dasselbe im Wein/ und treibe es hernach durch ein enges Sieb in ein Töpfflein/ laß es eine gute weil sieden; inzwischen stosse Petersilien-Kraut/ zwing den

Von unterschiedlichen Muß- und Breyen.

den Safft heraus/ und thue denselben in das Meus/ laß es aber mit dem grünen Safft nicht mehr sieden/ damit es schön grün bleibe: alsdann streue Zucker und Ingber darauf.

76. Ein Blaues-Mus.

Nehmet blaue Korn-Blumen/ pflicket die Blätter davon/ darnach waschet und reibet sie in einem Reib-Topff klein/ gießet Rosen-Wasser daran/ und zwingts durch ein Tuch; nach dem zuckerts/ und rührets unter abgeriebene Mandeln: es darff aber nicht gesotten werden/ so bleibt es schön blau.

77. Ein Braunes-Mus.

Reibe Pfeffer-Kuchen und halb so viel Semmel-Mehl/ röste beedes/ oder nur zum wenigsten das Semmel-Mehl/ im heissen Schmaltz; darnach giesse Wein daran/ zuckere und würtze es mit Ingber/ Zimmet und Nägelein/ laß zu einer rechten Dicke einsieden/ und rühre es offt um/ damit es nicht anbrenne: wann mans nun anrichten will/ so streuet man klein- und würfflicht-geschnittene Citronen-Schelfen darauf.

78. Ein Reiß in der Milch.

Brühe ein viertel Pfund geklaubten Reiß mit siedendem Wasser an/ und wasche ihn hernach im kalten Wasser wieder aus; thue alsdann in einen reinen Topff oder Hafen ein wenig frisches Schmaltz/ laß es darinnen umlauffen/ schütte den Reiß dazu; mache in einer Pfanne eine Maas gantzer Milch/ von welcher der Ram noch nicht abgenommen worden/ siedend/ gieß dieselbe über den Reiß/ setze ihn von fernen zum Feuer/ und gib im Kochen gute achtung/ dann er legt sich gerne an: wann er nun die rechte Dicke erlanget/ so wirff ein Stück Butter dazu/ und laß es mit hinein sieden: zu letzt nimm ihn vom Feuer/ wirff ein wenig Saltz darein/ laß ihn aber alsdann nicht mehr sieden/ dann er laufft sonst zusammen/

men; wann er dann angerichtet worden / so bestreiche ihn oben mit Butter.

79. Ein Reiß in der Milch / so süß / auf andere Art.

Der Reiß wird auf die gleich jetzo Num. 78. beschriebene Art allerdings zugerichtet / wann er dann fertig / rühret man so viel Zucker darunter als man vor nöthig erachtet / und man denselben süß verlanget: alsdann richtet man ihn an / dupffet Butter oben darauf / und bestreuet ihn mit gestossener Zimmet.

80. Ein Reiß in der Fleisch-Brüh.

Nimm eine gute Fleischbrüh / laß sie sieden / brühe den Reiß zwey- oder dreymal mit siedenden Wasser an; nimm ein Häfelein / thue den Reiß darein / und schütte die Fleischbrüh / so bereits gesotten / darüber; wirff auch / wann selbige nicht fett ist / ein Stuck Butter hinein / würtze ihn mit Muscaten-Blüh und Pfeffer / laß alles zusammen ferner sieden daß es nicht zu dinn bleibe / jedoch aber auch nicht all zu dick werde / rühre es mit dem Kochlöffel um / aber nicht gar starck / daß der Reiß schön gantz bleibe / wirff auch ein Stuck Butter darein / richte ihn dann an / und streue oben Muscaten-Blüh darauf.

81. Ein Reiß-Mus mit Mandeln.

Klaube und wasche ein halb Pfund Reiß / lasse denselben wieder dürr und trocken werden / stosse ihn dann klein / und rühre ein wenig Rosenwasser darunter: nimm ferner anderthalb Maas Kern oder süssen Ram / laß ihn sieden / und rühre alsdann den angezwyrten Reiß darein / laß es also ein wenig kochen: hacke oder stosse indessen ein viertel Pfund abgezogener Mandel / mische sie auch darunter / zuckers nach deinen Geschmack und belieben / laß noch einen Sud zusammen aufthun / richte es in eine Schüssel / und streue durch einen zierlich ausgeschnittenen Model / Zimmet darauf.

82. Ein

82. Ein Reiß-Mus mit Mandeln/ auf andere Art.

Nimm einen guten Kern oder Ram von der Milch/ siede den zuvor angebrühten Reiß wohl dick darinnen ab/ thue ihn alsdann in einen Reibscherben/ und laß ihn glatt abreiben; mische gehackte Mandeln und Zucker darunter/ gieß ein wenig Rosen-Wasser hinzu/ und thue etwas frischer Butter darein/ reibe alles wohl durch einander/ und gibs also kalt zu essen.

83. Ein Schwaden-Mus in Milch.

Brühe den Schwaden mit heissen Wasser an/ und trockne ihn wieder ab; röste denselben hernach im Schmaltz/ (wiewol es auch verbleiben kan/ und er ungeröstet vor besser gehalten wird) gieß eine gute dicke Milch oder Kern daran/ laß ihn kochen; wann er nun soll angerichtet werden/ wirff zuvor ein wenig Saltz darein: richte ihn alsdann an/ und streue Zimmet und Zucker darauf. *

84. Ein Hirs-Mus in der Milch.

Erstlich brühe den Hirs an/ und trockne ihn wieder ab; röste denselben alsdann im Schmaltz/ (wiewol dieses eben nicht nöthig ist/) mach eine gute Milch in einer Pfannen siedend/ giesse selbige nach und nach an den Hirs/ und mache daß er ferner gantz gelind bey einem Kohlfeuer siede; gilbe ihn mit Saffran/ und gib fleissig achtung/ daß er nicht brandig und stinckend werde: zerklopffe indessen Eyer/ und rühre selbige zu letzt darein/ und richte ihn/ wann er zuvor gesaltzen worden/ in eine Schüssel. **

85. Ein

---

* Man kan den Schwaden auch in Fleischbrüh kochen/ und zwar eben auf die Art/ wie bey Num. 80. von dem Reiß in der Fleischbrüh gemeldet worden.

** Wann man will/ kan man unter dieses Mus auch klein gehackte Mandeln/ Zucker und Rosenwasser mischen: wie bereits Num. 81. und 82. bey Beschreibung deß Reiß-Muses gedacht worden.

85. Ein Hirs-Brey/ auf andere Art.

Zu einem Seidlein Hirs nimm vier Maas Milch/ (wiewol man auch nach belieben Kern darunter mischen kan/ dann so ist er besser/) brühe den Hirs mit siedenden Wasser an/ und wasche ihn nachmal noch aus etlichen Wassern heraus; thue denselben ferner in einen Hafen/ welcher zuvor mit Butter muß geschmieret werden/ damit sich der Hirs nicht anlege; laß die Milch siedend werden/ und giesse sie in den Hirs/ damit er also sieden und kochen könne biß er recht wird: würff/ wann er schier fertig/ ein Stück Butter hinein: so er gnug gekochet hat/ richte ihn an/ und bedupffe ihn obenher mit Butter.

86. Ein Gritz- oder Gries-Brey in der Milch.

Zu drey Maas Milch nehmt eine gute wohl-gemessene halbe Maas oder Seidlein Gritz oder Gries; (will man aber einen Kern unter die Milch nehmen/ ist es besser/) dann macht man in einer Pfannen ein frisches Schmaltz heiß/ röstet den Gries darinnen/ aber nicht zu lang/ daß er nicht bräunlicht wird/ sondern schön weiß bleibt: alsdann giesst man die Milch in den gerösteten Gries/ und rühret sie fein gemach über dem Feuer darunter; man darff sie aber gleich anfangs nicht alle hinein giessen/ sondern nur nach und nach/ also läst man ihn kochen: wann er nun schier fertig/ nimmt man das Feuer unter dem Hafen hinweg/ und läst es nur rings herum von weitem brennen/ biß der Brey zusammen bratzelt/ und seine rechte Dicke hat/ wann er dann fertig ist/ wird er oben her mit einem Stücklein Butter angedupffet. *

87. Ein

---

* Wann man will/ kan man an diesem Brey auch zerklopffte Eyer rühren/ und in einer Pfanne kochen/ auch so es beliebt oben her mit glüenden Kohlen auf einem aufgebogenen Blech oder Stürtze abbräunen.

87. Ein Gritz- oder Gries-Brey in der Fleischbrüh.

Erstlich nimm eine Pfanne und röste den Gries darinnen im Schmaltz/ daß er schön weiß bleibt; gieße alsdann eine Fleischbrüh/ oder auch ein wenig Wasser zusamt der Brüh daran/ laß ihn in besagter Pfanne anfänglich auffsieden: gieß es in einen Hafen/ würff Saltz und ein wenig Bachschmaltz/ oder auch nur Butter darein/ laß ferner sieden/ und richte so dann den Brey an.

88. Ein Haber-Mus.

Röste Habermehl in Butter/ daß es braun werde; gieß hernach eine gute Fleischbrüh/ wie auch ein wenig Rosen- oder andern Essig darein/ würtze es mit Ingber/ Pfeffer und Muscaten-Nüssen/ laß also sieden biß es dicklicht wird/ und trags dann auf.

89. Eine Ulmer-Gerste.

Klaube die Gersten auf das beste/ dann wasche sie im kalten Wasser/ setze es in zwey Drittel Wasser/ und einem Drittel Fleischbrühe/ zum Feuer; wann sie dann eingesotten/ gieß wiederum eine gute Fleischbrühe daran/ laß nochmal sieden/ doch nicht zu lang/ sonst wird sie gar roth: wann sie nun weich gesotten hat/ thue ein Stück Butter/ wie auch kleine würfflicht geschnittene Limonien/ ingleichen auch Pfeffer und Muscatblühe darein/ und laß es auffsieden/ so ist sie recht. *

90. Eine andre gemeinere Gerste.

Klaub und wasche die Gersten auf das fleissigste/ laß sie eine Stund im Wasser sieden; alsdann wasche es wieder sauber aus/

---

* Man kan/ so es beliebt/ Citronen dazu nehmen/ den Safft davon/ an statt deß Essigs/ darein drucken/ und die würfflicht-geschnittene Schelffen darauf streuen/ oder auch ein wenig sauern Milchram darein rühren.

aus/ daß der Schleim davon komme; gieſſe eine gute Fleiſchbrühe daran/ thue ein vom Fleiſch abgeſchöpfftes Fett/ oder Bachſchmaltz darein/ laß es noch ein paar Stunden ſieden/ würtz mit Ingber/ Pfeffer/ und einer Muſcat-Nuß: gieß zuletzt ein wenig Eſſig daran/ und laß ein Stücklein Butter mit aufſieden. *

91. Eine grobe Gerſte.

Nimm der Gerſten/ ſo viel als man zuſetzen mag/ waſch/ thue es in einen Hafen/ gieß Waſſer daran/ laß wohl ſieden/ daß das Waſſer gantz daran einſiede; wann aber die Gerſten noch gar zu hart wäre/ kan man noch einmal warm Waſſer daran gieſſen/ und zum andernmal einſieden laſſen: alsdann gieß gute warme Fleiſchbrühe darüber/ thue ein zimlich theil Bachſchmaltz/ oder vom Fleiſch abgeſchöpfftes Fett/ darein/ und pfeffers; laß wohl ſieden/ verſuchs wie es im Saltz iſt/ und würff deſſelben/ ſo es dich zu wenig geſaltzen dünckte/ noch mehr darein. **

92. Ein Gerſten-Mus oder Gerſten-Schleim.

Waſche und klaube die Gerſten/ laß ſelbige vier Stund in einer Fleiſchbrüh ſieden/ wiewol man auch ein wenig Waſſer darunter gieſſen kan/ und treibe ſie hernach durch einen Seiher oder Durchſchlag; iſt ſie zu dick/ ſo gieß noch ein wenig Fleiſchbrüh dazu/ würtze es mit guten Gewürtz/ würff ein Stuck Butter darein/ laß aufſieden: zerklopffe alsdann Eyerdottern/ rühre ſel-

* Wann man den Schleim nicht davon thun will/ wird die Gerſte nicht gewaſchen/ ſondern gleich in einer Fleiſchbrüh/ ſo mit Waſſer gebrochen/ zum Feuer geſetzt: man kan ſie auch ohne Eſſig mit Milchram oder Majoran/ oder auch mit gehacktem Peterſilien-Kraut/ nach belieben/ machen. Dieſe Stücke muß man aber nochmal mit aufſieden laſſen.

** Man kan auch Bratwürſt unter dieſe Gerſte legen/ zuvor aber waſchen; und alsdann mit ſieden laſſen/ ſo lang als man meint daß es genug ſey.

Von unterschiedlichen Muß- und Breyen.

re selbige in das Mus oder Schleim / drucke von einer Citronen den Safft darein / richte es an / und streue klein-geschnittene Citronen-Schelffen darauf.

93. Ein Heydel-Brey oder Buchweitzen-Mus.

DEr Heydel oder Buchweitzen muß erstlich mit einem siedenden Wasser wol fünffmal abgebrühet werden: alsdann seihet man das Wasser durch einen Seiher davon herab / thut ihn in einen Hafen / giesst eine gute Fleischbrühe daran / wie auch Pfeffer und ein Bach- oder Gans-Schmaltz / läst ihn wohl sieden /. daß er nicht zu dick / auch nicht zu dünn werde; würfft Saltz darein nach belieben / und richtet ihn an.

94. Ein Heydel-Brey oder Buchweitzen-Mus / auf andere Art.

BRühe den Heydel mit siedenden Wasser ab / oder röste denselben im Schmaltz / gieß Fleischbrühe daran / thue Ingber / Pfeffer / Majoran und Bach- oder Gans-Schmaltz / welches das allerbeste ist / darein / und laß ihn einsieden biß er recht ist.

95. Gantze Erbsen zu kochen.

NImm gantze Erbsen so viel du derselben kochen wilt / wasche und setze sie in kalt oder auch warmen Wasser (so besser) zum Feuer; schiere wohl zu / und bedecke den Hafen mit einer Stürze / damit sie nicht erstarren und hart werden / gib fleissig achtung / und nimm die in die Höhe schwimmende Bälge mit einem Kochlöffel herab / gieß noch mehr Wasser zu / damit die übrige Bälge gleichfalls in die Höhe getrieben werden und völlig davon kommen: wann nun die Erbsen weich gesotten / würfft man ein wenig Saltz / Pfeffer und Bachschmaltz darein / ziehet den Topff oder Hafen vom Feuer zuruck / und lässet sie also von fernen / damit sie nicht

L anbren-

anbrennen / fort sieden: wollen sie zu dick werden / kan man ein wenig warm Wasser zugiessen / und noch in etwas einsieden lassen.

96. Erbsen zu kochen auf andere Art.

Wann die Erbsen in Wasser zum Feuer gesetzet / bereits weich gesotten / muß man sie durch einen Seiher oder Durchschlag treiben / damit die Bälge davon kommen; dann auf diese Art werden sie wie gerendelte oder ausgebalgte Erbsen: alsdann wird ein gut Theil Mehl im frischen Schmaltz geröstet / daß es schön liecht bleibt / und unter die Erbsen gerühret / wie auch ein Stuck Bachschmaltz / Pfeffer / Muscat-Nuß / und so viel Saltz als nöthig / darein geworffen / und der Hafen von fernen zum Feuer gesetzt / damit die Erbsen nicht brandig werden; wann sie dann zu ihrer rechten Dicke eingesotten / richtet mans in eine Schüssel / und brennet klein und würfflicht-geschnittenen / im Schmaltz gerösteten Speck oder EyerBrod darauf.

97. Gerendelte- oder abgebalgte Erbsen zu kochen.

Die gerendelte oder abgebalgte Erbsen werden eben auf diese gleich vorhergehende Num. 95. beschriebene Art gekochet / nur daß sie nicht durch den Seiher getrieben werden / weil sie ohne dem keine Bälge mehr haben; sie sieden auch etwas eher / und dürffen / wann sie zumal geschlacht sind / nicht so lang bey dem Feuer gelassen werden: absonderlich aber ist zu erinnern / daß man sie / wie alle Erbsen / wohl schmaltze und recht abrühre / damit sie nicht rauh und ungeschmack bleiben.

98. Eine Graupe oder Erbsen und Gersten unter einander.

Nimm halb Erbsen und halb Gersten / wasche beedes sauber / setze es unter einander im Wasser zu / laß sieden; wann es nun

nun fast weich gesotten / mach in einem Pfännlein ein Bach= oder auch frisches Schmaltz heis / röste einen guten Löffel voll Mehl darinnen / und rühre es unter die Graupe / Pfeffer und saltze es auch / und würff ein Stuck Bachschmaltz darein / laß wohl gemach sieden / damit sie sich nicht anlege und stinckend werde; ist sie zu dick / giesse noch ein wenig Wasser oder auch eine Fleischbrüh zu / laß noch ein wenig sieden und richts dann an.

99. Linsen zu kochen.

Nimm Linsen nach deinem bedüncken / wasche und setze sie in warmen Wasser zu / mache daß sie nicht erstarren / sondern bald und wohl sieden biß sie weich werden / sollten sie aber annoch hart bleiben / und das Wasser meinst eingesotten seyn / kan man ihnen mit Zugiessung eines andern warmen Wassers helffen; wann sie dann weich sind / brenne ein gut Theil Mehl darein : beliebt es mit Zwiebeln zu machen / kan man / wann das Mehl halb eingebrennt / ein wenig dinn= und länglicht=geschnittene Zwiebeln dazu werffen / und schön liecht mit in dem Schmaltz rösten : dann rühret man beedes / das geröstete Mehl und Zwiebeln / unter die Linsen; würfft ein Stuck Bachschmaltz / Saltz / Pfeffer / und gar ein wenig Gewürtz=Negelein darein / und läst es nochmal wohl auffsieden : wird es zu dick / kan man warmes Wasser oder Fleischbrüh zugiessen / die Linsen mit ein wenig Essig (welches man aber / so es nicht beliebte / unterlassen kan) säuern / und dann in eine Schüssel anrichten.

100. Ein Semmel=Mus.

Reibe Semmeln oder Weck / an einem Reibeisen / röste sie im Schmaltz / giesse Fleischbrühe daran / laß sieden; darnach würtze es mit gutem Gewürtz / und thue ein Stuck Butter dazu : wilt du es aber gut haben / so klopffe Eyerdottern / und rührs darunter / laß es aber nicht mehr sieden / sondern richts gleich an / und streue Muscaten=Blühe darauf.

101. Ein Panaden- oder Brod-Muß/ mit Oel.

Schneide Semmeln auf/ wie zu einer Suppen/ thue sie in eine siedende Fleischbrühe; laß nicht lang sieden; darnach gieß frisch Baum-Oel darein/ und rührs gar gemach unter einander/ laß es aber mit dem Oel nicht mehr sieden/ dann es wird sonst bitter/ sondern richt es nur gleich an. *

102. Ein Rocken-Brod-Muß.

Reibe Rocken-Brod/ röste dasselbe hernach im Schmaltz/ gieß Wasser und Fleischbrühe daran/ würtze es mit Muscatnuß/ Ingber/ Pfeffer und Nägelein/ und laß es so lang sieden/ biß es dich genug dünckt; alsdann richts an.

103. Ein Rocken-Brod-Muß/ auf andere Art.

Das Brod wird aufgeschnitten wie in eine Suppen/ so viel/ und so dick/ als man es haben will; dann thut mans in einen Hafen/ giesst eine gute Fleischbrüh und wenig Wasser daran/ würfft ein Stück Bachschmaltz hinein/ und läst es wohl sieden/ rührt es auch fein offt/ daß es nicht brockicht ist/ auch nicht zu dick und zu dünn wird: beliebts/ so kan man dieses Mus ein wenig pfeffern/ und ehe man es anrichtet/ noch ein Stücklein Butter darein thun/ und aufsieden lassen.

104. Ein Strauben-Muß.

Mache die Strauben/ wie nachgehends in dem Theil von denen Küchlein und mancherley Gebachenen gelehret wird; hacke selbige klein und röste sie trocken/ dann sie geben selbsten Schmaltz: nach diesem giesse dicke Milch und Rosen-Wasser daran/

* An statt deß Oels kan man zu diesen Mus auch Butter nehmen.

Von unterschiedlichen Muß- und Breyen.

an/ und laß sie auf einer Kohl-Pfanne auffsieden/ so lang/ biß es dich dick genug zu seyn dünckset/ zuckers alsdann/ saltze es auch/ wann du es fast anrichten wilt/ und streue zu letzt Zimmet darein. *

Hierauf folgen die in diesem Theil mitbegriffene
Kooche.

1. Ein Krebs-Kooch.

Erstlich werden die Krebse mit heissen Wasser überbrennet und abgebrühet/ das Bittere in der Nase zu samt dem blauen Aederlein heraus genommen/ und die Krebse nachmals in einem Mörsel gestossen/ gute süsse Milch daran gegossen und durchgezwungen; dann vier oder fünff Eyer darein gerühret/ Butter in einer Schüssel zerlassen/ und alles zusammen darein gegossen: zu letzt gibt man oben und unten starck Feuer/ saltzt und pfeffert es/ und zuckerts/ so man will/ nach gefallen.

2. Ein Krebs-Kooch/ auf andere Art.

Nehmet Krebse so viel ihr wollet/ (wann sie viel Eyer haben sind sie am besten/) nehmet dieselbe/ und löset die Scheeren/ Schwäntze und das Gelbe davon heraus/ saltzet und pfeffert sie; siedet aber deß Tags zuvor einen gar guten Kern ab/ nehmet davon deß andern Tags/ wann ihr dieses Kooch machen wollet/ das beste oben herab/ schlagt vier Eyerdottern daran/ schüttet die Krebse/ nebst einem Achtel-Pfund Butter in eine Pfanne/ oder/ welches fast besser ist/ in ein Reindel oder stollichten Hafen/ last sie über einen Kohlfeuer darinnen rösten und kochen/ und richtets dann in eine Schüssel.

3. Noch

* Man kan auch dieses Muß/ an statt der Milch/ mit Wein oder Fleischbrühe machen/ und alsdann Zucker und Trisanet darein streuen.

3. Noch ein Krebs-Kooch / auf andere Art.

Schütte die lebendige Krebse in einen Hafen / gieß ein siedendes Wasser darüber / und seihe es von Stund an wieder herab; (dann solches geschiehet nur darum / daß sie gleich davon sterben / weil sie lebendig nicht so gut aus zu machen sind /) nimm alsdann die Scheeren / Schwäntze / und das beste davon heraus / legs in eine Schüssel / und würtze es nach belieben / thu einen frischen Butter dazu / setz es auf eine Kohl-Pfanne / gieß Fleischbrüh und Wein / beedes ein wenig daran / laß nicht lang sieden / so rinnt es wohl zusammen / und trags zu Tisch.

4. Ein noch besseres Krebs-Kooch.

Erstlich siede die Krebse auf die gemeine Art ab / schähle sie aus / stosse die Schalen klein / und gieß guten Kern daran / treibs durch einen Seiher / nimm den durchgetriebenen / nunmehr an der Farb röthlichten Kern / und weiche die Brosamen von einer Semmel darein; wann sie weich ist / drucks wohl aus / stosse die ausgeschählte Schwäntze und Scheeren in einem Mörsel / zusamt denen eingeweicht-und ausgedruckten Semmel-Brosamen / thue es in eine Schüssel / schlag etliche Eyer daran / mische alles wohl untereinander; würff Muscatblüh und Cardamomen / auch nach belieben / Zucker und Zimmet darein / und schütte es in eine Schüssel / so zuvor mit Butter geschmieret worden / setze es auf eine Kohl-Pfanne / und gib ihm auch von oben her / auf einem Blech oder Stürtze Feuer / laß also aufkochen.

5. Ein Kooch von Hüner-Leberlein.

Die Hüner-Leberlein muß man erstlich auswaschen / die gröste Adern davon thun / klein hacken / zwey oder mehr Eyer daran schlagen / süsse obere Milch dazu giessen / ein Stuck Butter / Muscaten-Blüh / Cardamomen / und ein klein wenig Saltz dazu

Von unterschiedlichen Muſ- und Breyen. 87

zu werffen/ und in einer Schüſſel oder Reindel ſo lang auffieden laſſen/ biß es zuſammen gehet.

6. Ein Niern-Kooch.

Man ſoll einen fetten Niern von einem Braten klein hacken/ drey Löffel voll geriebener Semmel dazu thun/ und vier Eyer darein ſchlagen; alsdann pfeffern/ in einem Reindel oder ſtollichten Hafen eine Fleiſchbrüh oder gute Milch darüber gieſſen/ und auf einer Glut oder Kohlfeuer ſieden laſſen. *

7. Ein gehacktes Kooch.

Zum vörderſten ſoll man aus Eyerdottern/ Milch und ſchönem Mehl einen Teig wie zu den Nudeln anmachen/ ſelbigen in dinne Blätlein walgern/ zu Stücken ſchneiden/ und wann ſie erſtarret/ auf das allerkleinſte hacken/ daß es wie ein Griß oder Gries wird: und alsdann auf den Ofen/ oder ſonſt nach gefallen/ aufdorren/ dann man kan es in Menge machen/ und im Vorrath aufbehalten: Wann man nun ein ſolch gehacktes Kooch zu machen gedencket/ wird eine gar gute Milch erſtlich mit Saffran ein wenig gegilbet/ und dann der vorbeſchriebene Teig darinnen abgeſotten und gekocht: eben auf die Art wie das bald hernach Num. 30. und 31. beſchriebene Griß- oder Gries-Kooch; doch muß man deß Teigs nicht zu viel nehmen/ dann er gibt gar wohl und quillet ſehr. **

8. Ein Nudel-Kooch.

Würff gute klein-geſchnittene Nudeln in heiſſes Schmaltz/ und nimm dieſelbe/ ehe ſie braun werden/ wieder heraus: gieß alsdann

* Wann man will/ kan man dieſen gehackten mit Eyern und geriebenen Semmeln vermiſchten Niern/ auch in einen Butter- oder nur von Mehl und Eyern zuſammen gemachten gemeinen Teig gleich einen Dorten/ oder auch in Schärtlein einfüllen/ und in einem Bachöfelein bachen laſſen.

** Dieſes Kooch kan man auch/ ſo es gefällig/ an ſtatt der Milch/ in Fleiſchbrüh kochen.

alsdann obere Milch daran / setz es zusammen auf eine Glut oder Kohlfeuer / laß sieden / und so es dir beliebt / streue ein wenig Zucker darein. *

9. Ein Milch-Kooch.

Nimm fünff Eyerdottern und fünff gantze Eyer / wie auch eine halbe Maas / oder ein Seidlein oberer Milch / rühre alles zusammen ab; mache dann ein viertel Pfund Schmaltz in einem Reindel oder stollichten Hafen wohl heiß / brenne drey Löffel voll schönes Mehl darein / gieß die Milch zusamt denen Eyern dazu / zuckere oder saltze es nach belieben / rühre es so lang um biß es siedet; decks dann zu / und laß immerfort sieden / biß es sich ablöset; seihe das Schmaltz herab / so geht es gantz heraus: legs dann auf eine Schüssel.

10. Ein Milch-Kooch mit Mandeln.

Man nimmt gar guten süssen Kern / oder Ram / schönes Mehl / fünff oder sechs Eyerdottern / und zerklopffet alles wohl untereinander / wie einen dinnen Mehl- oder Kinder-Brey; dann rühret man eine Hand voll klein-gestossener Mandel darunter / läst ein Schmaltz in einem Reindel oder stollichten Hafen wohl heiß werden; rührt alles darinnen zusammen / und zwar so lang / biß es zu sieden anfänget / und eine Rinden bekommen will: wanns beliebt / und man es gerne süß verlangt / thut man Zucker und Rosenwasser dazu / und legts (in dem es gerne aus der Reindel gehet /) auf eine Schüssel.

11. Ein Schmaltz-Kooch zu machen.

Erstlich wird mit Mehl und warmer Milch / (so eben nicht allzu fett seyn darff / es wäre dann daß das Mehl nicht gut wäre / und die Milch den Mangel ersetzen müste /) einen Teig anmachen / der um ein merckliches dicker ist / als ein Strauben-Teig:

nach

* Dergleichen Kooch kan man auch von gebachenen Strauben machen.

Von unterschiedlichen Muſ- und Breyen.

nach dieſem ſoll man ſo viel Eyer darein ſchlagen / als nöthig iſt / beſagten Teig zum eingieſſen recht / und dinner als einen Strauben-Teig / zu machen: dann läſt man eine Butter in einem Reindel oder ſtollichten Hafen wohl heiß werden / und gieſſet den Teig gantz gemach in den ſiedenden Butter / daß derſelbe in die Höhe ſchwimme: wann dann das Schmaltz lauter wird / muß man es abgieſſen / das Kooch oder den Teig in einen andern ſtollichten Hafen legen / darinnen abtrocknen laſſen / und alsdann in einer Schüſſel auftragen.

12. Ein Schmaltz-Kooch / auf andere Art.

Man ſoll vier Eyerdottern mit dem vierdten Theil einer Maas Milch / wohl gemeſſen / zerklopffen; mit dem Stärckmehl einen Teig davon anmachen / und in zerlaſſener Butter / ſo bald er zu ſieden anfänget / eintragen / und ſtetig dabey umrühren: wann dann das Schmaltz lauter wird / daſſelbige abſeihen / in einen andern Hafen oder Reindel legen / und abtrocknen laſſen.

13. Noch ein Schmaltz-Kooch / mit Gritz oder Gries.

Nimm eine gute obere ſüſſe Milch und einen Brocken Schmaltz / laß ſelbiges in der Milch zergehen; ſchütte dann zimlich viel von einem groben Gritz oder Gries darein / decke den ſtollichten Hafen zu / laß ſo lang dampffen / biß der Gries die Milch in ſich gezogen: dann muß mans mit einem flachen eiſernen Löffel aufrühren / und anrichten.

14. Ein Schüſſel-Kooch / von Mandeln.

Es werden zuvörderſt zwey Hände voll Mandeln klein gehackt oder zerſtoſſen / vier Eyer zerklopfft / die Mandeln darein gerührt / und ſo viel Kern oder Ram daran gegoſſen / daß es in der Dicke wird wie ein Strauben-Teig: schmiere alsdann eine Schüssel mit Schmaltz/ schütte den Teig darein/ und laß es zusammen auf einer Kohlpfanne auffsieden.

15. Ein krausses Schüssel-Kooch.

Nimm etliche Eyer/ nachdem du deß Koochs viel machen wilt/ zerklopffe dieselbige klein/ laß gar ein wenig Schmaltz in einer saubern Pfanne heiß werden und herum lauffen/ gieß einen Löffel voll der zerklopfften Eyer auch darein/ und laß sie ebenfalls auf dem Boden der Pfanne rings herum lauffen/ so bächt es sich zu einem Flädlein oder dinnen Eyer-Platz/ und derselbigen kanst du so viel machen als du wilt und nöthig hast; wickle sie hernach zusammen/ und schneid es schön dinn/ wie zu einem Eyer-Kraut/ oder Eyer-Wamme: weich ferner etliche gebähte Semmelschnitten in einer obern süssen Milch ein/ schmier eine Schüssel mit Schmaltz oder Butter/ lege die Schnitten darein/ und das zerschnittene Eyer-Kraut darüber/ und streue Zimmet und Zucker darauf: zerklopffe vom neuen vier Eyer in oberer süsser Milch/ gilbs mit Saffran/ zuckers/ und giesse sie daran/ laß alles zusammen in der Schüssel auf einer Glut auffkochen biß es zusammen gehet/ und streue dann gewaschene Weinbeerlein oder Corinthen darauf.

16. Ein Mandel-Kooch.

Man soll von vier Eyern und einer obern süssen Milch ein gar lindes Eingerührtes machen: alsdann ein viertel Pfund gar klein gestossene Mandeln unter das Eingerührte mischen; die Brosamen von einer Semmel im Kern oder Ram weichen/ zuckern/ und mit zwey oder drey Eyern auch etwas gemeiner/ oder aber einer Mandel-Milch/ obbesagtes Eingerührte zu einem dinnen Teig machen/ wie den Strauben-Teig; hernachmal in einer Schüssel einen

frischen

Von unterschiedlichen Muß- und Breyen. 91

frischen Butter zergehen lassen / den Teig darein giessen / und oben und unten Glut geben / so geht er schön auf. *

17. Ein Mandel-Kooch/ auf andere Art.

Nimm ein halb Pfund in Rosenwasser abgestossener Mandel/ und in Milch eingeweichte Semmeln / stoß selbige mit unter die Mandeln; laß ein groß Stuck Butter in einer weiten Schüssel zergehen / schütte die Mandeln zusamt den Semmeln darein; schlage zwey gantze Eyer/ und von sieben andern nur allein die Dottern daran / zuckers wohl / und rühre es lang untereinander/ aber nicht auf der Kohlen / so gehet es schön auf und wird weiß: brenne dann ein heisses Schmaltz daran/ und rühre es immerzu um: nim hernach eine andere Schüssel/ laß auch ein wenig Butter darinnen zergehen / schütte das Kooch darein / gib ihm oben eine Glut/ daß es fein braun werde.

18. Ein anders Mandel-Kooch.

Man nimmt klein-gestossene Mandeln und gute Milch / machet davon eine Mandel-Milch / rühret Krafft-Mehl darunter / lässts auf einem Kohlfeuer sieden / wie sonst einen gemeinen Mehl- oder Kinder-Brey / und streuet zuletzt Zucker darauf.

19. Noch ein Mandel-Kooch / auf andere und bessere Weise.

Nimm zu einer grossen Haupt-Schüssel ein Pfund Mandel/ ziehe sie im heissen Wasser ab/ laß im kalten Wasser kuhlen/ und stoß sie auf das kleinste mit Rosenwasser an; thue selbige ferner in eine tieffe Schüssel / und mische ein Pfund geriebenen Zu-

M ij   cker

---

* Wann man eine Mandel-Milch zum nachgiessen gebraucht/ darff man vorher nicht so viel/ oder gar keine gestossene Mandeln nehmen; doch muß man die Mandel-Milch desto dicker und kräfftiger machen.

cker darunter / rühre alles wohl untereinander / schlag zehen gantze Eyer und so viel Dottern daran / und nimm die Vögel davon / sind aber die Eyer klein / so nimm der gantzen Eyer zwölff / und der Dottern nur zehen Stück / rühre sie anderthalb Stunden lang / würff klein-geschnittene Citronen-Schelffen / oder an deren statt Citronat darein; schmiere dann eine andere Schüssel mit Butter / richte einen blechenen Reif auf die Schüssel / und vermache ihn einwendig mit Teig / daß das Kooch nicht ausrinne / schütte es in die Schüssel / und koche es in einem Pasteten-Oefelein / oder aber einer Dorten-Pfanne: wann es dann ausgebachen / so nimm den blechenen Reif von der Schüssel hinweg / und streue Zimmet darauf. *

20. Ein Zibeben-Kooch.

Nimm Zibeben so viel du wilt / thue in einem Töpfflein oder Häfelein drey oder vier gebähte Semmelschnitten daran / gieß einen Reinfal oder andern guten Wein darüber / und laß so lang sieden / biß sie weich sind: treibs alsdann durch / und thue das Durchgetriebene in einen Reindel oder stollichten Hafen / zuckers / würff Zimmet und Weinbeerlein darein / laß noch einen Sud aufthun / und streue zuletzt / wann du es angerichtet / Mandeln darauf.

21. Ein Feigen-Kooch.

Das Feigen-Kooch wird auf eben diese Art zubereitet / wie das Zibeben-Kooch / allein die Semmelschnitten werden nicht gebähet / sondern im Schmalz geröstet / und neben dem Zimmet auch Ingber darein gestreuet.

22. Ein

* Wann man dieses Mandel-Kooch in einer Dorten-Pfanne bachen will / muß man die Glut unten her nicht zu starck machen / daß die Schüssel nicht zerflüsse oder schmelze; zu Verhütung dessen / kan man auf das Blätlein der Dorten-Pfanne einen Sand streuen / oben her aber eine Glut geben / und das Kooch anderthalbe Stunden lang bachen lassen.

Von unterschiedlichen Muß- und Breyen. 93

22. Ein Quitten-Kooch.

Die Quitten soll man im süssen Wein sieden / durch einen Durchschlag oder Sieblein treiben; alsdann drey Eyerdottern/ und ein wenig süssen Ram oder Kern darunter rühren/ auch Zucker und Zimmet darein streuen / eine Butter in einer Schüssel zerlassen/ den Teig darein giessen / und auf einer Glut oder Kohl-Pfanne aufsieden lassen.

23. Ein aufgegangenes Quitten-Kooch.

Erstlich werden die Quitten im Wasser wohl weich gesotten/ und durch ein Sieblein in eine tiefe Schüssel getrieben / wohl gezuckert/ und alsdann damit lang umgerühret; hernach von zwey oder drey neu-gelegten oder sonst frischen Eyern das weisse und klare darein geschlagen/ und mit langem rühren gleichfalls darunter vermischt/ daß es zu einen Schaum oder Gest wird: diesen soll man mit stetigem rühren nach und nach in die Quitten eintragen/ je länger man rühret / je schöner es wird: zuletzt soll man ein wenig klein- und würfflicht-geschnittene Citronen-Schelffen darunter mischen / und wann man es gleich anrichten will / eine Schüssel mit Schmaltz oder Butter schmieren / und das Kooch fein hoch aufeinander darein richten/ wie eine Schnee-Milch oder ein Majen-Mus: alsdann in ein Pasteten-Oefelein oder Torten-Pfanne setzen / bachen lassen/ und zuletzt Zucker darauf streuen. *

24. Ein Aepffel-Kooch.

Schneide sauere Aepffel zu Spälten/ kehre sie in Mehl herum/ und bachs aus Schmaltz/ hacks nachmals klein/ rühre drey Eyer/ einen süssen Ram/ ein wenig geriebener Semmel/ auch

M iij   Zucker

* Dieses Kooch bächt sich gar bald/ und der Ofen hierzu darff nicht sonders heiß seyn; auch soll man es nicht wol ehender bachen/ als wann man es gleich anrichten will/ weil sichs sonsten gar bald wieder niedersetzet.

Zucker und Zimmet darein / laß in einem Reindel oder stollichten Hafen ein wenig Schmaltz heiß werden / schütte es darein / gib oben und unten Glut / und laß also kochen.

25. Ein anderes Aepffel-Kooch.

BRate säuerlichte Aepffel / nimm die Schelfen davon hinweg / und das Marck heraus / thue klein gestossene Mandeln / und in Milch geweichte Semmel-Brosamen darunter / stoß alles wohl durch einander ab / daß es fein glatt wird / streue Zucker und Zimmet darein / schütte es in einen Topff / darinnen zuvor ein Stuck Butter zergangen / mach oben und unten ein Kohlfeuer / so laufft es schön auf.

26. Ein Aepffel-Kooch / auf andere Art.

DJe Aepffel werden gesotten wie sonst zu einem gemeinen Aepffel-Mus / und durchgeschlagen; dann werden sechs Eyerdottern / ein Löffel voll Kern oder süssen Ram / und eine geriebene Semmel / auch Zucker und Weinbeerl darein gerühret / in einem Reindel ein Schmaltz heiß gemacht / jetzt-besagtes Eingerührtes darein gegossen / und oben und unten / damit es kochen könne und braun werde / Feuer gegeben / so geht es gantz heraus.

27. Ein Aepffel-Kooch / noch auf eine andere Weise.

SAuere Aepffel werden gleich anfangs abgeschählet / zu dünnen Blätlein oder Scheiben geschnitten / und in eine Schüssel gelegt; dann streuet man Zucker und Zimmet darauf / spritzt es auch mit ein wenig Wein an / deckt es zu / und läst also dampffen / biß die Schnitten oder Scheiben weich werden. *

28. Ein

* Wann man will / kan man / an statt deß Weins / oder auch unter den Wein Rosenwasser nehmen / und die Aepffel damit anspritzen.

Von unterschiedlichen Muß- und Breyen.

28. Ein Grünes-Kooch.

Man soll süssen Pertram und auch Petersilien sauber waschen/ in einem Mörsel stossen/ gute obere Milch daran giessen/ noch ein wenig mit anstossen und durchdrucken/ daß es schön grün wird; darnach vier oder fünff Eyer darein zerklopffen/ alles zusammen in ein Reindel/ darinnen zuvor ein wenig Schmaltz zergangen/ giessen/ oben und unten Glut geben/ und gantz heraus nehmen: will man es zuckern/ so stehet es zu eines jeden belieben.

29. Ein Reiß-Kooch.

Der Reiß wird sauber gewaschen/ wieder getrocknet/ und gestossen/ daß er wie ein grober Gries wird; dann siedet man denselben in einem süssen Ram oder Kern/ rührt klein gestossene Mandeln darein/ daß er eine rechte Dicke bekommt/ und läst ihn noch ein wenig sieden; dann wird er gezuckert/ und ein und anderer Löffel voll Zimmet- oder Rosenwasser darein gegossen.

30. Ein Gries- oder Gritz-Kooch.

Nimm einen Seiher oder Durchschlag/ fülle denselben über die Helfft mit Gries oder Gritz an/ setze ihn auf einen Topff oder Hafen mit siedenden Wasser/ so ebenfalls nur halb angefüllet ist/ doch muß der Durchschlag sich gantz recht und nett auf den Topff schicken / aber den Rand umher soll man mit groben Teig/ Leimen oder Dohn verkleben/ und den Seiher mit einem Deckel oder Stürtze zudecken/ damit kein Dunst davon gehe: der Hafen wird auf einen Dreyfuß gesetzt/ und kein gar starckes Feuer darunter geschieret/ damit derselbe nicht zerspringe/ oder das Wasser an den Gries spritze/ und das gantze Kooch verderbe; wann nun der Gries wohl gedampfft/ und über einander vest worden/ muß man ihn noch eine gantze Stund alsofort dampffen lassen: alsdann auf eine Schüssel thun/ frisches Schmaltz darunter mischen/ und lind darein reiben/

reiben/ so wird er schön gelb und etwas kraus: hierauf setzt man die Schüssel auf eine Glut/ und giesst eine wohl gegilbte Fleischbrüh daran/ und zwar zu unterschiedlichen malen/ weil sie der Gries gar bald in sich schlucket; wann er dann weich ist/ und die Brüh an sich zu ziehen aufhöret/ deckt man eine Schüssel darüber/ würfft wieder ein Stück Butter hinein/ und läst ihn noch ein wenig aufkochen.

31. Ein eingebrenntes Gries- oder Gritz-Kooch.

Man läst zimlich viel Schmaltz in einer Pfanne heiß werden/ schüttet den Gries hinein/ und röstet ihn wohl/ doch also/ daß er nicht braun wird: alsdann zerklopffet man sechs Eyerdottern in einen Ram oder Kern/ schüttet den gerösteten Gries darein/ und rühret ihn so lang um biß er siedet: dann gibt man ihm oben und unten Feuer/ daß er wohl braun werde.

Dritter Theil/
Lehrend die Zubereitung nachbenannter
Fische / Krebse und Austern.

1. Aal blau gesotten in einer Citronen-Brüh.
2. — — auf andere Art.
3. — — auf noch andere Art.
4. — — auf eine andere Weise.
5. — — noch anderst.
6. — — in einer Butter-Brüh.
7. — — — gelben Brüh.
8. — — gebraten.
9. — — gebachen.
10. Forelln blau gesotten.
11. — — in einer Citronen-Brüh.
12. — — — mit Eyerdottern.
13. — — oder Hecht in einer Austern-Brüh.
14. — — in einer Aepffel-Brüh.
15. — — — Knoblauch-Brüh.
16. — — wie einen Stockfisch zu blättern.
17. — — in einer Oliven-Brüh.
18. — — — Oel-Brüh.
19. — — in Oel zu bachen.
20. — — — zu braten.
21. — — in Essig wie Orade ein zu machen.
22. Barben zu sieden.
23. Hecht in einer Sardelln-Brüh.
24. — — — — auf andere Art.
25. — — — — noch auf andere Art.
26. Hecht mit Heringen.
27. — — wie einen Stockfisch zu zurichten.
28. — — mit Krebsen.
29. — — in einer Speck-Brüh.
30. — — — Butter-
31. — — in Oel gesotten.
32. — — — — auf andere Art.
33. — — — — auf welsche Art.
34. — — in einer Citronen-Brüh.
35. — — — — auf andere Art.
36. — — — — auf eine andere Weise.
37. — — in weisser Citronen-Brüh.
38. — — in weisser Limonien-Brüh.
39. — — in gelber — —
40. — — in einer Cappern-Brüh.
41. — — — — auf andere Art.
42. — — in einer Salbey-Brüh.
43. — — — Rosmarin — —
44. — — mit Petersilien-Wurtzeln zu sieden.
45. — — in Zwiebeln.
46. — — in brauner Zwiebel-Brüh.
47. — — in einer Zwiebel-Brüh auf andere Art
48. — — — Knoblauch-Brüh.
49. — — im sauern Kraut.
50. — — in Bäyerischen- oder Pfeffer-Süblein.

51. Hecht

Inhalt der Fische/ Krebse und Austern.

51. Hecht in einer Erbsen=Brüh.
52. — — — — — auf andere Art.
53. — — in Ungarischer= ⎫
54. — — — Böhmischer= ⎪
55. — — — Englischer= ⎬ Brüh.
56. — — — Frantzösischer= ⎪
57. — — — Polnischer= ⎭
58. — — — — auf andere Art.
59. — — — — auf andere Weise.
60. — — — — auf noch andere Art.
61. — — in weisser Oesterreichischer= Brüh.
62. — — Niederländischer=Brüh.
63. — — gehackt in einer Brüh.
64. — — gefüllt.
65. — — gesultzt.
66. — — gesultzt in Zwiebeln.
67. — — gedämpfft in einer Rosmarin=Brüh.
68. — — zerschnitten und gebraten.
69. — — gebraten in Oel.
70. — — — — auf andere Art.
71. — — gebraten in Oel in einer Cappern=Brüh.
72. — — — — auf andere Art.
73. — — gebraten in Butter.
74. — — gefüllt zu braten.
75. — — in einer Brüh/ kalt zu essen.
76. — — gebraten/ zum Salat.
77. — — in einer Pomerantzen= ⎫
78. — — — — grünen ⎬ Brüh.
79. — — gebachen.
80. — — — — in einer A=⎫
       grest= ⎪
81. — — — — in einer Lor=⎬ Brüh.
       beer= ⎪
82. — — — — in einer Rosmarin= ⎪
83. — — — — in einer Knoblauch=⎭
84. Kohl=Hechtlein zu zurichten.
85. Gesaltzener Hecht in Senff oder Mostart.
86. — — — — auf andere Art.
87. — — — — in Milchram.
88. — — — — in Pfetter=Ruben.
89. — — — — in Oel gebraten.
90. Hecht so übergeblieben zu zurichten.
91. Karpffen blau zu sieden.
92. — — — auf andere Art.
93. — — — noch auf andere Art.
94. — — in einer Citronen=Brüh.
95. — — — Limonien= ⎫
96. — — — Weixel= ⎬ Brüh.
97. — — — Rosmarin= ⎭
98. — — — — auf andere Art.
99. — — — Petersilien=Wurtzel=Brüh.
100. — — in einer Zwiebel=Brüh.
101. — — — auf andere Art.
102. — — — noch andere Art.
103. — — — noch anderst in Zwiebeln auf Ungarisch.
104. — — in einer Negelein=Brüh.
105. — — — süssen schwartzen Brüh.
106. — — — — auf andere Art.
107. — — — — noch andere Art.
108. — — in einer gelben Brüh.
109. — — gedämpfft.
110. — — — auf andere Art.
111. — — geschabt.
112. — — gespickt.
113. — — gebraten.
114. — — — auf andere Art.
115. — — gebachen im Oel.
116. — — — im Schmaltz.
117. Hausen in einer Polnischen=Brüh.
118. — — in Meerrettig.
119. Pärschen oder pirsinge zu sieden.
120. — — — — auf andere Art.

121. Pär=

Inhalt der Fische/ Krebse und Austern.

121. Pärschen oder Pirsinge in einer Citronat-Brüh.
122. — in einer Cappern-⎫
123. — — — Fenchel- ⎬ Brüh.
124. — — — anderer guter ⎭
125. — — gebraten im Oel.
126. — — — — auf andere Art.
127. — — — — noch auf andere Art.
128. — — gebachen.
129. — — in einer Brüh.
130. — — — — auf andere Weise.
131. — — in einer Polnischen-Brüh.
132. — — als Orade zu zurichten.
133. — — — auf andere Weise.
134. — — — auf noch andere Art.
135. Weißfische wie Orade zu zurichten.
136. — — zu sieden.
137. Tritsch oder Aal-Ruppen zu zurichten.
138. — — — auf andere Art.
139. — auf einer Schüssel zu zurichten.
140. — gedämpfft.
141. — in frischen oder Kief-Erbsen.
142. — im sauern Kraut.
143. — gebachen im Oel.
144. — — — in einer Brüh.
145. Schleyen gesotten
146 — — — auf andere Art.
147. — gebraten.
148. Grundeln oder Sengelein zu sieden.
149. — — — auf andere Art.
150. — zu füllen.
151. — zu bachen.
152. — — — auf andere Art.
153. Kressen zu sieden.
154 Erlitzen zu sieden.
155. Neunaugen zu sieden.

156. Neunaugen zu bachen.
157. — — — zu braten.
158. Brexen zu sieden
159. — — zu braten.
160. Frische Salmen zu sieden.
161. — — — auf andere Art.
162. — — — — auf andere weise/ so lang/ auf zubehalten.
163. — — — — noch auf andere Art.
164. Eingesaltzenen Lax zu sieden.
165. — — — — zu braten.
166. — — — kalt zu essen.
167. Gedörrten Lax zu braten.
168. Picklinge zu braten.
169. — der süssen Art/ zu braten.
170. Gangfisch zu zurichten.
171. — — — zum Salat.
172. — — — in Oel und Essig.
173. Sardelln zu zurichten.
174. Heringe in einer Butter-Brüh.
175. — — zu braten.
176. — — zu spicken.
177. — — zu bachen.
178. — — in Oel und Essig.
179. Frösch zu bachen.
180. Blateiß oder Halbfische zu wässern.
181. — zu kochen.
182. — in Erbsen.
183. — in einer Erbsen-Brüh.
184. — in Petersilien-Wurtzeln.
185. — in Petersilien-Kraut.
186. — in einer Polnischen-Brüh.
187. — gefüllt.
188. Laperdan zu zurichten.
189. — — — auf andere Art.
190. Stockfisch zu kochen.
191. — — — auf andere Art.
192. — — — noch andere Art.
193. — — — — auf eine andere Weise.
194. — — — — noch auf andere Manier.

195 Stock-

195. Stockfisch in Butter-Brüh mit Mostart oder Senff.	202. Stockfisch gefüllt.
196. — — im Kern oder süssen Ram.	203. Krebs zu sieden.
	204. — — zu bachen.
197. — — in frischen Erbsen.	205. Austern zu zurichten.
198. — — in Peterlein oder Petersilien.	206. — — in Fäßlein.
	207. — — — — auf andere Art.
199. — — — — auf andere Art.	208. — — von Krebsen.
200. — — — zu braten.	209. — — von Fischmilch.
201. — — — — auf andere Art.	

1. Ein blau-gesottener Aal/ in einer Citronen-Brüh.

Imm den Aal/ wickle ihn starck in ein Tuch/ damit du denselben desto besser halten könnest/ schlage solchen mit einem starcken Nagel oben durch den Kopff/ in einen Stock/ oder sonst festen höltzernen Ort; halte den Aal aber in dem Tuch wohl fest/ auf daß er dir nicht entschlupffe; ziehe die Haut nicht ab/ sondern nimm nur das Eingeweid heraus: alsdann schneide Stücke ungefähr drey Finger breit daraus/ würff den Kopff und Schwantz hinweg: ziehe hernach denen zerschnittenen Stucken ein subtiles Reis durch den Ruckgrad/ daß sich die weisse Adern oder das Ruck-marck heraus ziehe. Mach ferner halb Wein und Wein-Essig in einem stollichten Hafen siedend/ oder aber Essig/ Wein und Wasser eines jeden gleich viel: würff alsdann etliche Salbey-Rosmarin-Lorbeer-Blätter/ gantze Muscaten-Blumen/ und ein wenig Zimmet darein; lege den Fisch in den siedenden Essig/ decke selbigen geheb zu/ laß ihn eine halbe Stund gelind sieden/ damit er nicht aufbreche; dann saltze ihn wohl/ laß ihn noch ein wenig darüber sieden: nimm indessen zwey oder drey Citronen/ nachdem deß Aals viel ist/ schneide die Schelffen nach der Länge herab/ und einwendig das Weisse davon/ thue das Gelbe in ein Wasser/ laß sieden/ aber nicht lang/ daß es nicht zu weich werde; darnach schneide es länglicht fein dünne/ wie man das Kraut schneidet/

der Fische / Krebse und Austern.

det / thue es in ein klein Töpfflein / gieſſe Wein und ein wenig Waſſer daran / laß es noch ein wenig ſieden: lege alsdann ein zinnern Blat in eine Schüſſel / und den geſottenen Aal darauf in die Runde rings herum / belege denſelbigen über und über mit den Citronen-Kraut / und denen zuvor mit-geſottenen Muſcaten-Blumen / decke ihn auch mit einem Servier zu / und trag ihn fein warm zu Tiſch. *

2. Ein blau-geſottener Aal in einer Citronen-Brüh / auf andere Art.

Bereite und ſiede den Aal allerdings in Eſſig / Wein und Waſſer gleich viel / wie vor gemeldet / laß ihn gemach ſieden biß er ſchön mild wird; drucke aber auf die letzt Citronen-Safft hinein / und würff die gelbe Schelfen davon / klein- und länglicht-geſchnitten dazu / laß noch einen Sud mit aufthun: alsdann richte ihn an; lege Lorbeer-Blätter um die Schüſſel rings herum / und den Aal darauf / ſchneide von friſchen Citronen-Schelfen das weiſſe heraus / und dann das Gelbe länglicht wie ein Kraut / und ſtreue es auf den Aal / welches man für kräfftiger und beſſer hält / als wann die Schelffen zuvor nur allein mit geſotten werden. **

3. Ein blau-geſottener Aal / auf andere Art.

Wann der Aal / wie bereits geſagt / in Stücke zerſchnitten und geädert iſt / ſo lege denſelbigen in eine Schüſſel / gieß einen Wein-Eſſig darüber daß er blau wird / thue ihn hernach mit dem Eſſig in eine Pfannen / gieß Waſſer dazu / würff Saltz darein / bedecke ihn oben mit Blättern von Creutz-Salbey / laß ihn alſo gemach

* So man will / kan man das Citronen-Kraut in ein Tüchlein binden / einen Sud mit dem Aal thun laſſen / und hernach darüber ſtreuen; oder an deſſen ſtatt / nach ſelbſt eigenen freyen belieben / Peterſilien-Kraut nehmen.

** Den ſtollichten Hafen / darinnen der Aal geſotten worden / muß man fleiſſig zugedeckt laſſen / und denſelben ja nicht offt aufdecken / damit der Dunſt beyſamm bleibe.

gemach sieden daß er nicht sehr aufbricht/ und richte ihn dann in eine andere Schüssel/ streue Petersilien=oder Peterlein=Kraut darüber/ und trage ihn mit einem Serviet bedeckt zu Tisch.

4. Ein blau=gesottener Aal/ auf noch andere Weise.

Ziehe den Aal ab/ ädere und schneide ihn zu Stucken/ aber den Kopff und Schwantz davon würff jederzeit hinweg; lege ihn in eine Pfanne/ gieß Wasser daran: dann nimm ferner ungefehr eine viertel Maas Wein und ein Achtel Maas Malvasier/ wie auch Zucker/ Zimmet/ Muscatblühe/ Saffran und ein wenig Pfeffer dazu/ laß den Fisch einen Sud in dieser Brühe aufthun/ leg den Aal in eine Schüssel/ und gieß die Brühe darüber.

5. Noch ein blau=gesottener Aal.

Ziehe den Aal nicht ab/ sondern schneide ihn zu Stucken/ nimm mit einem zarten Stroh=Hälmlein das Ruckgrad=Marck fein gantz heraus/ laß in einer Pfannen ein Wasser aufsieden/ und lege darnach den Aal drein/ laß ihn aber nicht mehr dann etwan zwey oder drey Wäll ungesaltzen aufthun; wann er nun gesotten/ so seihe ihn ab/ und setz einen Essig in einer Pfannen über das Feuer/ saltz den Essig wohl/ und wann er aufsiedet/ leg den abgesottenen Aal wieder darein/ daß er siede biß er genug hat und mirb wird: darnach lege ihn in eine Schüssel/ streue Peterlein=oder Petersilien=Kraut darauf/ und trag ihn zu Tisch; setz aber in einer Schüssel einen Rosen=oder andern schönen Essig dazu.

6. Ein Aal in einer Butter=Brühe.

Siede den Aal im Saltzwasser/ wann er gesotten ist/ seihe das Wasser davon; gieß eine Erbis=Brühe daran/ laß ihn zimlich lang sieden/ und thue einen guten Theil Butter dazu/ inglei=

der Fische / Krebse und Austern.

ingleichen auch Ingber / Pfeffer / Cardamomen und Muscatblühe/ richte ihn an / und streue Muscatenblühe darauf.

7. Ein Aal in einer gelben Brühe.

Ziehe den Aal die Haut ab / zerschneide denselben in Stücke/ ädere und siede ihn im Saltzwasser; wann er gesotten ist/ giesse das Wasser wieder herab / und hingegen einen guten Wein daran; reibe auch einen Lebkuchen dazu / thue Ingber / Pfeffer / Zucker und Trisanet darein/ und lasse ihn sieden/ daß er ein dickes Süpplein gewinnet. ✶

8. Ein gebratener Aal.

Schlage den Aal mit einem Nagel fest an / fasse denselben mit gutem Vortheil in ein Tuch gewickelt; löse mit einem Messer die Haut rings um den Kopff ab; darnach nimm Saltz in beede Hände / und streiffe damit die Haut über den Fisch; thue das Eingeweid heraus / mache Stücke aus dem Fisch / und wann du ihn ädern wilt/ löse diese Stücke alle um und um / biß an den Grad; alsdann drehe dieselbe nacheinander herab / so gehet das Aederlein- oder Ruckgrad-Marck heraus; wann es aber nicht gehen wollte / hilff mit dem vördersten dinnen Theil von einem Strohalm / und lege die Stücke in eine Schüssel / misch Saltz / Pfeffer / Cardamomen und Muscaten-Blüh unter einander/ und würtze den Aal damit: Kan es seyn / und leidets die Zeit / so laß ihn also etliche Stunden lang in dem Saltz und Gewürtz ligen: binde ihn hernach in Lorbeer-Blätter und Rosmarin-Sträuslein ein / oder in Ermanglung der Lorbeer-Blätter / in breiten Salbey; stecke sie hierauf überzwerch an einen Spieß / und drehe denselben anfänglich gar gemach bey dem Feuer herum / daß der Aal nicht fallend werde; begiesse ihn nur ein einig mal mit Butter oder Oel / dann er treifft sich alsdann schon selbst

✶ Man kan die Brühe zuvor in ein Häfelein / welches besser ist / zusamm machen / besonders aufsieden / und dann über den Fisch gerichtet/ noch einen Sud thun lassen.

selbst mit seiner eigenen Fettigkeit/ laß ihn also braten/ biß er schön gelb wird: zuletzt kan er noch einmal mit Butter überschmieret/ und ein und andermal herum gebraten werden/ daß er wie gistig oder schäumend wird; lege in eine Schüssel rings herum Lorbeer-Blätter/ und in die Mitte eine mit einem Lorbeer-zweig besteckte Citronen/ alsdann die gebratene Aal-Stücke auf besagte Blätter/ und zwischen dieselbige abwechsels-Weiß die Viertel von zerschnittenen Citronen.

9. Ein gebachner Aal.

Man soll den abgezogenen Aal im Saltzwasser absieden/ biß er weich ist/ dann im Mehl umkehren/ im Schmaltz oder Oel bachen; in einer Schüssel mit Lorbeer-Blättern auf erst-besagte Art zieren/ und saure Pomerantzen oder Citronen in vier Theile zerschnitten/ dazwischen legen.

10. Blau-gesottene Forellen.

Mache die Forellen am Bauch auf/ nimm das Eingeweid heraus/ und wasche sie; setze dann eine Pfanne/ oder so derselben viel sind/ einen Kessel mit Wein-Essig über das Feuer; würff zu einem jeden Pfund Fisch eine Hand voll Saltz/ und wann er recht siedet/ lege die Fisch darein/ laß sieden/ versäume sie/ und versuchs/ ob sie recht im Saltz; dann das Saltz muß ein wenig vorschlagen: wann sie dann bald fertig sind/ so giesse ein Glas mit halb Wein halb Essig angefüllt darüber/ und schröcke sie also ab; laß nochmal aufsieden/ so werden sie schön blau: leg alsdann die Fische auf eine zinnerne Blatte in die Schüssel/ und rings herum einen Krantz von Peterlein- oder Petersilien-Kraut/ setze in die Mitte der Fische ein Schälein oder Schüsselein mit Rosen/ Violen- oder andren Essig/ streue Peterlein-Kraut darauf/ deck die Schüssel mit einem Serviet zu/ und trag sie zu Tisch. *

11. Forel-

* Die Forellen sollen auf diese Art noch besser seyn/ wann sie allerdings gesotten und abgeseihet/ mit einem Glas Wein übergossen/ und alsdann derselbige wiederum abgegossen wird: so wir zu eines jeden Urtheil stellen. Auf diese Art kan man auch Hechte/ und andere Fische blau sieden.

11. Forellen in einer Citronen-Brüh.

Nimm Citronen / marcke dieselbige aus / setze das Marck auf eine Glut- oder Kohl-Pfanne / und zuckers nach belieben; laß beedes zusammen aufsieden: richte es über blau-gesottene Forellen / und streue klein- und würfflicht-geschnittene Citronen-Schelfen darauf.

12. Forellen in einer Citronen-Brüh / mit Eyerdottern.

Laßt in einem Häfelein einen Wein siedend werden / giesst ein klein wenig Wein-Essig dazu / würtzet ihn mit Cardamomen / Muscatblüh / Muscatnuß / und ein wenig Pfeffer; druckt ein gut Theil Citronen-Safft darein / daß die Citronen vorschlage; (wer will kans auch ein wenig zuckern/) zuletzt thut kleine länglicht- oder würfflicht-geschnittene Citronen-Schelfen darein / und ein Stück Butter: indessen zerklopffet zwey oder drey Eyerdottern / und rühret sie mit der siedenden zusamm-gemachten Brüh geschwind an / die auf obbeschriebene Art blau-gesottene Fische aber leget / wann sie zuvor wohl abgeseihet sind / in eine Schüssel / und giesst die Brüh neben hinein / daß die Fische fein blau bleiben / streuet auch klein-zerschnittene Citronen-Schelfen darauf. *

13. Forellen- oder Hechte / in einer Austern-Brüh.

Wann die Fische / es seyen gleich Forellen oder Hechte / auf die theils schon beschriebene / theils bald zu beschreibende Art abgesotten

---

* Wann diese Fische lang auf der Tafel stehen solten / und zu befürchten wäre daß sie kalt werden möchten / kan man ein zierliches Becken von Silber oder Zinn mit siedenden Wasser anfüllen / und die Schüssel mit den Fischen darauf setzen / so bleiben sie zusamt der Brüh schön warm; wird sie aber auf eine Kohlen gesetzt / so lauffet die Eyerdotter-Brüh gar geschwind zusammen: Es seyen die gesottene Fische auf diese oder eine andere Art zugerichtet / so kan man sich doch deß Beckens mit heissen Wasser gar füglich bedienen / bey Tisch die Fische darauf stehen lassen / und also warm erhalten.

gesotten worden / nimm Austern in Schalen / reisse sie auf / thue das einwendige Wasser in ein kleines Töpfflein oder Häfelein / würff etliche gantze Austern dazu / und klopffe die Schalen einwendig wohl / so sollen sie mehr dergleichen Safft und Wasser von sich geben; gieß ein wenig süssen oder andern Wein dazu / würtze es mit Cardamomen / Muscaten-Blüh und Pfeffer / und drucke zimlich viel Citronen-Safft darein: nimmt man aber keinen süssen sondern nur andern gemeinen Wein / so muß man es ein klein wenig zuckern / doch nicht zu viel / damit die Säure von denen Citronen vorschlage; last es also zusammen auffsieden / und thut zuletzt würfflicht- und klein-geschnittene Citronen-Schelfen darein. *

14. Forellen in einer Aepffel-Brüh.

Siede die Forellen in Saltzwasser / oder aber in Essig / davon sie schöner werden / besagter massen / und mache indessen die Brüh auf folgende Art: Nimm Barstorffer Aepffel / schneide sie wie zu einem Apffel-Mus; laß in Malvasier mit ein wenig Zimmet / wohl weich sieden / zwings dann durch / würtze sie mit Muscaten-Blüh / Cardamomen und geriebener Citronen-Schelfen / zuckers / misch es mit Holbeer-Essig / und so es dir beliebt / mit etwas wenigs von Saurach oder Weinlegelein-Safft / damit die Brüh schön roth werde / gieß sie über die Forellen / würff ein Stuck Butter oder gutes Baum-Oel darein / und laß also in der Schüssel noch einen Wall aufthun: will man sie aber also kalt essen / wird die Brüh / wann sie darüber gerichtet / nicht mehr gesotten / auch weder Oel

---

* Wann man die Brüh gern etwas dicklicht haben will / können ein oder zwey Eyerdottern / mit Oel oder Butter wohl zerklopffet / mit der siedenden Brüh angerühret / und neben den Fischen in die Schüssel gerichtet / die Fische aber oben mit zierlich ausgeschnittenen Citronen-Plätzen belegt / und dergleichen würfflichten Schelfen überstreuet werden: will man aber die Eyerdottern davon lassen / kan nur zuletzt in die Brüh ein wenig Oel oder Butter gethan werden / und selbige also noch einen Sud damit aufthun.

Oel noch Butter darinnen zerlaſſen: den Schüſſel-Rand kan man mit eingemachten Weinlegelein oder Saurach/ und andern dergleichen Sachen zuſamt den Forellen belegen/ und ſelbige hier und dar mit Pinien-Nüßlein beſtecken.

15. Forellen in einer Knoblauch-Brüh.

Die Forellen werden in Eſſig/ wie bereits gedacht/ geſotten; dann macht man die Brüh zuſammen wie folgt: man läſt ein gut Stück Dotter-Brod in Wein/ und ein wenig Eſſig zuſamt einer klein-geſchnittenen Knoblauch-Zehen/ ſieden/ zwingt alles zuſammen durch einen Seiher oder Durchſchlag/ und würtzet es mit Cardamomen/ Muſcaten-Blüh/ und nur ſo viel Saffran/ daß man es kaum verſpühret/ und die Brüh ein wenig gelblicht davon wird; auch druckt man von Citronen und Pomerantzen den Safft darein/ legt die Fiſche in eine Schüſſel/ gieſſt die Brüh/ wann ſie aufgeſotten/ neben denenſelben hinein/ und beſtreuet ſie mit klein- und würfflicht-geſchnittenen Citronen-Schelfen. *

16. Forellen wie einen Stockfiſch zu blättern.

Reiſſe die Forellen auf die gleich anfangs Num. 10. beſchriebene Weiſe auf/ waſche ſie wohl aus und ſieds im Waſſer/ wann ſie dann genug geſotten/ zerblättere dieſelbige wie einen Stockfiſch/ thue die Gräte beſonders/ und lege die Blätter in eine Schüſſel/ drucke Citronen-Safft darein/ ſtreue Jngber/ Pfeffer/ Cardamomen und Muſcaten-Blüh darauf/ thue ein gut Stuck Butter dazu/ beſprengs ein klein wenig mit Saltz/ ſetze ſie auf ein Kohlfeuer und laß ſieden. **

O ij 17. Forel-

* Wann man will/ kan man an ſtatt deß Weins/ lauter ſüſſen Wein/ oder nur die Helfft deſſelben darunter nehmen/ ſo wird dieſe Brüh noch beſſer.

** Wem dieſe Brüh zu fett wäre/ der kan nur zwey oder drey Löffel voll Fleiſchbrüh mit dazu gieſſen.

17. Forellen / in einer Oliven-Brüh.

Wann die Forellen/ auf die schon bekannte Weise/ blau gesotten worden/ so nimm Oliven/ thue die Kern zuvörderst heraus/ und hacke sie dann klein/ bähe einen Schnitten Weck oder Semmel/ gieß süssen oder auch nur gemeinen Wein daran/ laß ihn zusamt denen gehackten Oliven sieden; zwinge es dann durch/ würtze das durch-gezwungene mit Zimmet/ Cardamomen/ und Muscaten-Blüh/ thue noch ein wenig klein-geschnittene frische Oliven dazu/ gieß einen Holler- oder Pomerantzen-Essig daran/ thue ein Stuck Butter dazu/ oder nach belieben ein gutes Baum-Oel/ laß auffsieden; drucke zu letzt Citronen-Safft darein/ gieß sie neben denen Fischen in die Schüssel/ bestreue sie mit klein-geschnittenen Citronen-Schalen/ und lege ausgekörnte/ und nach der Länge zerschnittene Oliven darauf. *

18. Forellen in einer Oel-Brüh.

Würff etliche Lorbeer-Blätter in Saltzwasser/ und laß die Forellen wohl darinnen sieden/ nimm dann die Blätter heraus/ und seihe das Saltzwasser herab/ biß auf ein weniges/ und etwan den achten Theil einer Maas; thue nochmal frische Lorbeer-Blätter daran/ würtze die Fische mit Cardamomen/ Muscaten-Blüh und ein wenig Pfeffer/ gieß ein gut Theil Oel dazu/ doch nicht zu viel/ damit es nicht widerwertig werde/ laß alles zusamemen einen Sud aufthun: drucke zuletzt einen Citronen-Safft darein/ lege die Fische in eine Schüssel/ bestecke sie/ wann du zuvor die Brüh darüber gerichtet/ mit Lorbeersträußlein/ und streue klein- und würfflicht-geschnittene Citronen-Schelfen darauf.

19. Forel-

---

* Wann man an statt deß süssen nur einen gemeinen Wein nimmt/ muß man diese Brüh ein wenig zuckern.

19. Forellen in Oel zu bachen.

Man macht die Forellen am Bauch auf / wie gebräuchlich / nimmt das Eingeweid heraus / wäscht sie mit kalten Wasser/ saltzt dieselbige und läst sie ein wenig im Saltz ligen; dann streifft man solches wieder davon ab / und würtzet sie mit scharffen Gewürtz: nechst diesem macht man ein Oel in einer Pfanne wohl heiß / legt die eingewürtzte Fische darein / (dann man darff sie nicht einmelben) und bächt sie also schön gelb heraus: hierauf setzt man eine Schüssel auf eine Glut-oder Kohl-Pfanne / giesst ein frisches Baum-Oel/ wie auch einen einigen Löffel voll Wein darein / würtzet es mit Cardamomen/ und Muscaten-Blüh / druckt den Safft von Citronen dazu / und läst es also aufsieden: dann werden die gebachene Forellen darein/ auch rings herum zur Zierde Lorbeer-Blätter gelegt / und oben klein-zerschnittene Citronen-Schelfen darauf gestreut. *

20. Forellen in Oel zu braten.

Mache die Forellen am Bauch auf / und thue das Eingeweid samt der Gall schön heraus; darnach mache hin und wieder kleine Creutzschnittlein darein/ bestreue selbige mit Saltz und Pfeffer / und laß sie also eine Weile ligen: indessen gieß frisches Baum-Oel in eine Pfanne / laß es mit einem Zwiebel-Häutlein wohl heiß werden / damit ihm der grobe Geschmack benommen werde / hebe die Pfanne vom Feuer / daß es ein wenig erkühle / und schröcke es dann mit etlichen Tropffen kaltes Wasser ab / giesse hernach Essig oder sauern Pomerantzen-Safft darein: brate hierauf die Forellen auf einen Rost über einer Glut / bestreiche sie offt mit diesem Oel giesse Wein dazu / zuckers ein wenig / doch also daß die Säure

---

* So es beliebig / kan man auch in dem Oel und Wein etliche zuvor gewässerte und klein-zerschnittene Sardelln mit auffsieden lassen / indeme sie gleich darinnen zersieden/ und der Brüh einen gar annehmlichen Geschmack geben.

Säure vorschlägt / und würtze es mit Cardamomen und Muscat-Blühe / laß es in einem Häfelein wohl miteinander auffochen / und richts endlich über die gebratene Forellen in eine Schüssel; streue klein-zerschnittene Citronen-Schelfen darüber / und belege sie mit Lorbeer-Blättern. *

21. Forellen in Essig / wie Orade, auf welsche Art einzumachen.

Nimm Forellen / mache sie am Bauch auf / thue das Eingeweid sauber heraus / saltze dieselbige / und laß sie ein wenig ligen / drucke sie dann mit einem reinen Tüchlein aus / daß das Blut davon kommt; streue Mehl auf die Forellen / bache sie aus frisch- und guten Baum-Oel allgemach schön gelb heraus / wiewol man sie auch ohne Mehl bachen kan / und laß dann auf einem Teller oder Bret wohl erkalten; thue indessen Weinessig / Salbey und Lorbeer-Blätter / wie auch Rosmarin-Zweiglein / gröblicht zerstossenen Pfeffer / ein wenig Saltz und Gewürtz-Negelein zusammen in einen Hafen oder Topff / setze es miteinander zum Feuer / und laß einen zimlich starcken Sud thun; gieß es dann in eine Schüssel oder Napff / damit der Essig erkuhle: lege in ein Fäßlein oder anderes hierzu dienliches Geschirr / frische Lorbeer-Blätter und Rosmarin-Sträußlein zu unterst auf den Boden / besprenge sie mit gröblicht-zerstossenen Pfeffer / Cardamomen / Muscaten-Blüh und ein wenig Saltz: dann lege etliche Fische oder gebachene Forellen darauf / bestreue sie gleichfalls mit besagtem Gewürtz / mach eine frische Lage von denen bereits gesottenen Salbey-Lorbeer- und Rosmarin-Blättern / bestreue sie mit Gewürtz / und lege dann wiederum andere Fische darauf / und so fort / immer eine Lage Blätter und Fische abwechsel-

---

* Man kan die Forellen in einer Brat-Pfannen braten / welches besser ist als auf dem Rost / weil man leichter damit umgehen kan / und sie auch nicht so bald zerfällen: man muß aber von dieser zusamm-gemachten Oel-Brüh ein wenig hinein giessen / und die Fische darinn braten lassen.

der Fische/ Krebse und Austern.

wechselweise: alsdann giesse den erkalteten Essig darein/ und bedecke die oberste Lage der Fische mit Blättern. *

22. Barben zu sieden.

Mache die Barben am Rucken auf/ thue das Eingeweid davon/ und zerschneide den Fisch in vier Stücke/ hernach wasche ihn aus frischem Wasser; setze einen Weinessig in einer Pfannen oder Kessel übers Feuer/ lasse ihn aber nicht sieden/ dann sonsten gehen die Schuppen vom Fisch alle ab/ sondern nur laulicht werden/ saltze ihn und lege die Fische darein/ würff auch oben darauf ein wenig Saltz/ und laß sie sieden; wann sie bald genug haben/ schröck es mit Wein oder Weinessig ab: wann du aber sihest daß sich die Gräte lösen/ so seihe die Brüh davon/ thue ein klein wenig von dem Essig aus der Pfannen in die Schüssel/ lege die Fische darein/ bestreue sie mit Peterlein= oder Petersilien= Kraut/ decks mit einem Serviet zu/ und trags zu Tisch; setze aber einen Rosen= oder andern Essig dazu/ und so es dir beliebt/ kanst du den Essig ein wenig mit Trisanet vermischen. **

23. Ein

---

* Hiebey ist zu erinnern/ daß man die Forellen auf diese Art nicht eben bachen müsse/ sondern auch in einer Brat=Pfanne/ und zwar wohl heissem Oel/ braten könne/ weil sich sonst die Haut gerne anzuhängen und abzureissen pfleget; doch muß der Essig allezeit über die Fische gehen/ damit dieselbige bedeckt bleiben/ und nicht anlauffen oder schimmlicht werden: zu solchem Ende kan man sie oben auf mit einem Bretlein bedecken/ und dasselbige mit einem leichten Gewicht oder Stein beschweren/ und niederdrucken; auf welche Weise man diese Fische sehr lang erhalten/ und dann und wann etliche derselben geniessen kan.

Mehrerley Fische auf solche und andere Arten/ gleich denen Oraden einzumachen/ besiehe in diesem Theil Num. 132. 133. 134. 135.

** Wann man diese Fische in einer Brühe haben will/ kan man eine von Butter darüber machen/ deren Zubereitung in dem Register angewiesen zu finden.

23. Ein Hecht in einer Sardelln-Brüh.

SChuppe den Hecht/ reisse ihn am Bauch auf/ und mache vier oder sechs Stück/ nach dem er groß ist/ daraus; darnach giesse Weinessig in eine Pfannen/ saltze den Essig wohl/ man rechnet aber insgemein zu einem Pfund Fisch eine Hand voll Saltz/ lege den Hecht darein/ und laß ihn sieden biß sich die Gräte lösen: alsdann seihe den Essig davon/ und giesse nachfolgende Brühe daran.

Erstlich nimm auf das Pfund Hecht sechs Sardellen/ wässere dieselbige/ klaube auf das schönste die Grät davon/ und wasche sie ein- oder zweymal sauber aus einem Wasser heraus; legs noch- mal ein paar Stunden in Wein/ und hacks hernach klein: thue sie dann in ein stollichtes Häfelein/ schiere ein klein wenig Kohlen dar- unter daß sie zerschmeltzen: gieß alsdann so viel Wein daran/ als dich gut dünckt; verlangest du aber die Brüh etwas dicklicht/ kan man auch zuvor einen Schnitten weiß-gebähtes Brod in dem Wein sieden lassen/ durchzwingen/ und in die zerschmeltzte Sardellen giessen; würtze es mit Pfeffer/ Muscatblühe und Cardamomen/ drucke Citronen-Marck darein/ zuckere es ein klein wenig und thue ein gut Stuck Butter oder Baum-Oel/ auch zuletzt ein wenig klein-zerschnittene Citronen-Schelfen dazu/ laß dieses alles einen Sud aufthun: dann leg den in Essig gesottenen Fisch in eine Schüs- sel/ richte die Brühe darüber/ setz die Schüssel samt dem Fisch auf eine Kohl-Pfanne/ und laß ihn in der Brühe noch ein wenig sieden/ begiesse den Fisch zum öfftern mit der Brüh/ und streue klein zer- schnittene Citronen-Schelfen darauf. *

24. Hecht in einer Sardelln-Brüh/ auf andere Art.

NAchdem die Sardelln sauber gewässert/ gebutzt/ und die Grä- te heraus gelöset worden/ so nehmet zu einem Dutzet derselben ein viertel Pfund Butter/ thut solche in ein Pfännlein/ gies- set nur

* So es beliebt/ kan man den Fisch auch mit ausgeschnittenen Citronen- Plätzen bezieren.

set nur ein klein wenig Wasser daran/ und legt die Sardelln gleich dazu hinein/ haltet sie über das Feuer/ und lassts also einen wall oder etliche miteinander aufthun/ dann es darff nicht zu lang sieden/ damit der Butter daran nicht lauter werde; würtzet es mit Ingber/ Muscatblüh und Cardamomen: wann dann die Hecht im Saltzwasser gesotten/ legt man selbige in eine Schüssel/ und richtet die vorbesagte Brüh/ durch einen Seiher getrieben/ darüber/ welche so sie recht gemacht wird/ etwas dicklicht seyn muß.

25. Noch ein Hecht in einer Sardelln-Brüh/ auf eine andere Weise.

Schuppe den Hecht/ mache denselben auf/ lasse ihn/ wann er zuvor in Stücke zerschnitten worden/ in halb Wasser halb Essig wohl gesaltzen/ sieden: dann nimm auf jedes Pfund Hecht/ sechs Sardelln/ wässere und wasche sie/ gieß Wein daran/ laß eine kleine Weile darinnen ligen/ hacks klein/ und setze sie dann samt einem Schnitten Brod und einen guten Löffel voll Oel/ in einem andern frischen Wein zum Feuer/ daß sie sieden; treibs dann durch einen Seiher oder Durchschlag/ drucke den Safft von Citronen/ oder würff auch deren Marck/ so zuvor mit einem Löffel wohl zerdruckt worden/ darein/ würtze es mit Pfeffer/ Cardamomen/ und Muscaten-Blüh/ und richte diese Brüh über den bereits gesottenen Hecht in eine Schüssel/ setze alles zusammen auf eine Kohl-Pfanne/ laß nochmal aufsieden/ und thue zuletzt ein Stück Butter oder ein wenig frisches Baum-Oel im Sud darein/ und streue klein-zerschnittene Citronen-Schelfen darauf. *

26. Ein

---

* Wer gerne von Cappern essen mag/ kan kleine Essig-Cappern in ein wenig Wein besonders absieden/ damit die Brüh nicht zu sauer werde: alsdann heraus nehmen/ in der Sardelln-Brüh nochmal sieden lassen/ und mit derselbigen über den Fisch richten/ mit welchem man sie nachmal noch einen Sud auf der Kohlen thun lässet; doch darff man/ wo die Brüh mit Cappern gemacht wird/ nicht das Citronen-Marck/ wie oben gedacht/ sondern nur den Citronen-Safft darein drucken.

26. Ein Hecht mit Heringen.

Wann der Hecht geschuppet/ und im Saltzwasser abgesotten/ blättere ihn wie einen Stockfisch/ auf die Num. 27. beschriebene Art; nimm alsdann ein oder zwey Heringe/ ziehe die Haut davon ab/ und gräte sie gantz aus/ laß ein oder zwey Stunden lang im Wasser ligen/ wasche sie wohl/ und schneids hernach klein und würfflicht/ thue sie/ zusamt dem geblätterten Hecht/ in einen erdenen Pasteten=Tiegel/ gieß halb Wein/ halb Fleischbrüh daran/ wie auch ein wenig Semmelmehl/ drucke Citronen=Safft darein/ laß alles zusammen/ und zuletzt ein Stuck Butter/ mit auffsieden/ würtze es auch mit Pfeffer/ Muscaten=Blüh und ein wenig Ingber.

27. Einen Hecht/ wie einen Stock=fisch zu zurichten.

Nimm einen übrig=gebliebenen/ oder aber im Saltzwasser frisch=gesottenen Hecht/ blättere ihn/ und lege ein Theil davon in eine Schüssel/ streue Muscatblüh/ Pfeffer und Ingber darauf/ thue Butter daran; mach abermal eine Lage von diesem geblätterten Hecht/ streue/ wie zuvor/ vom besagten Gewürtz darauf/ samt einem Stuck Butter/ und also immer fort/ drucke Citronen=Safft darein/ setze es auf eine Kohl=Pfanne/ und laß zusammen auffsieden.

28. Ein Hecht mit Krebsen.

Siede den zuvor geschuppten Hecht im Saltzwasser ab/ und blättere ihn alsdann: nimm ferner von lebendigen Krebsen die Scheeren und Schwäntze heraus/ und laß sie zusamt dem geblätterten Hecht/ in einer durchgezwungenen Erbis=Brüh sieden/ so werden beedes der Fisch und die Brüh schön roth; würtze es mit Cardamomen und Muscaten=Blüh/ und laß zuletzt noch ein Stuck Butter damit auffsieden.

29. Ein

29. Ein Hecht in einer Speck-Brüh.

DEn Hecht siede in Essig blau/ seihe den Essig wieder davon/ gieß Wein daran/ und würtze denselben mit Cardamomen und Muscaten-Blüh; röste hierauf einen klein- und würfflicht-geschnittenen Speck in einer Pfanne/ daß er wohl braun werde/ brenne das Fette davon in die Brüh am Hecht/ laß es miteinander aufkochen/ und richte alsdann den Hecht in eine Schüssel/ giesse die Brüh daran/ und brenne zuletzt den würfflicht-geschnitten und gerösteten Speck wohl heiß darüber.

30. Ein Hecht in einer Butter-Brüh.

ERstlich wird der Hecht im Wein-Essig/ wie bekannt/ abgesotten/ und der Essig biß auf ein weniges davon abgeseihet; dann thut man Cardamomen/ Muscaten-Blüh/ Pfeffer und Ingber darein/ wie auch ein gut Theil Butter und Limonien/ so theils zu Plätzen/ theils würfflicht-zerschnitten worden: hernach giesst man ein Gläslein Wein daran/ und läst alles zusammen in der Pfannen aufsieden/ seihet dann die Brüh davon/ übergiesst den Fisch damit/ und wiederholet solches zwey oder dreymal/ legt zuletzt den Fisch in eine Schüssel/ richtet die Brüh/ darein zuvor ein Löffelein zucker geworffen worden/ darüber/ und streuet Muscaten-Blüh und klein-zerschnittene Citronen-Schelfen/ so wohl auf den Fisch/ als auch um den Rand der Schüssel.

31. Ein Hecht im Oel gesotten.

NImm einen Hecht/ schneide ihn wie einen Aal überzwerch zu Stücken/ saltze und würtze selbige mit gutem Gewürtz; lege hierauf Lorbeer-Blätter und Rosmarin in einen stollichten Hafen/ und die Stücke vom Hecht darauf/ gieß Baum-Oel und Wein daran/ so viel als nöthig/ drucke Citronen-Safft oder ein wenig Essig darein/ laß sieden/ biß es fertig ist: dann legt man den

Fisch in eine Schüssel / richtet die Brüh darüber / und streuet klein-zerschnittene Citronen-Schelfen darauf.

32. Einen Hecht im Oel zu sieden / auf andere Art.

Man nimmt einen Hecht / schuppet ihn / nimmt das Eingeweid heraus / und zerschneidet denselben in vier oder sechs Stücke / nach gefallen: dann thut man ein Wasser in eine Pfanne / saltzt dasselbige wohl / und giesst drey biß vier Löffel voll Oel darein / würfft etwas Pfeffer dazu / und lässt es also aufsieden: hierauf legt man den Fisch darein / daß er so lang darinnen siedet / biß sich die Gräte lösen; dann seihet man den meinsten Theil deß Saltzwassers herab / jedoch / daß noch etwas in der Pfannen zurück bleibt / streuet Pfeffer und Muscaten-Blüh auf den Boden der Schüssel / legt den Fisch darauf / giesst ein wenig frisches Baum-Oel daran / wie auch etwas von der Brüh in der Pfanne / darinnen der Fisch gesotten worden / druckt Citronen-Marck darauf / und last es also auf einer Kohlpfanne noch einen Sud thun.

33. Hechte im Oel zu sieden / auf welsche Manier.

Die Hechte werden geschuppt / das Eingeweid heraus genommen / wann sie groß sind / in Stücke zerschnitten / und hernach eingesaltzen; dann läst man sie zwey Stunden lang im Saltz ligen: nach diesem legt man Lorbeer-Blätter / und dürren klein-zerschnittenen Rosmarin / in einen stollichten Hafen; diese werden mit Pfeffer und Muscaten-Blüh bestreuet: inzwischen läst man einen Schnitten gebähtes Brod im Wein sieden / zwingt es hernach durch / daß es ein dicklichtes Brühlein wird / selbiges wird neben ein wenig frischen Baum-Oel über die / auf das Gewürtz / in den Hafen gelegte Hechte gerichtet / und zu einem jeden Pfund Fisch das Marck von einer gantzen Citronen darein gethan / alsdann der Hafen wohl geheb

geheb zugedeckt/ und zum Feuer gesetzt: wann es nun alles auf das längste eine halbe Stund gesotten/ wird es in eine Schüssel gerichtet/ und würfflicht geschnittene Citronen-Schelfen darauf gestreuet.

34. Ein Hecht in einer Citronen-Brüh.

Bereite und siede den Hecht/ wie offt gemeldet/ in Essig/ seihe denselben/ wann er gnug gesotten hat/ wieder davon/ und mache folgende Brühe darüber: Nimm einen gebähten Schnitten von einer Semmel/ oder aber von einem Zucker-Zweyback und Ulmer-Brod/ thue denselben in ein Töpfflein oder Häfelein/ giesse Wein/ Fleischbrühe und ein wenig Essig dazu/ laß es miteinander sieden/ und treibe es hernach durch ein Sieblein oder Durchschlag; ist die Brüh aber zu dick/ so giesse noch mehr Wein daran/ würtze sie mit Cardamomen/ Muscatblühe und Pfeffer/ thue Citronen-Marck/ wie auch ein wenig klein-geschnittene Schelffen/ und einen guten Theil Butter darein/ zuckers auch/ doch nicht zu viel/ daß sie ein wenig säuerlicht bleibe: wer aber nicht gern süß essen mag/ der kan auch den Zucker davon lassen/ setze sie zum Feuer/ und mache/ daß sie einen Sud aufthut: lege den Fisch alsdann in eine Schüssel/ giess die Brühe dazu/ und laß sie auf einer Kohlpfanne noch einmal aufsieden; belege den Fisch mit dinn-geschnittenen Citronen-Plätzkein/ und streue dergleichen würfflichte Schelffen darauf. *

35. Ein Hecht in einer Citronen-Brüh/
auf eine andere Weise.

Erstlich schuppt man den Hecht/ und macht ihn an dem Bauch auf; dann nimmt man das Eingeweid heraus/ und siedet ihn im Saltzwasser/ wiewol auch etliche ein wenig Essig dazu nehmen: hierauf wird der Hecht in eine zinnerne Schüssel gelegt/ worein man ein wenig Wein und Baum-Oel giesst/ und mit Muscatblüh/ Cardamomen und Pfeffer würtzet: darnach wird eine

Citro-

* Diese Brüh kan man auch über Forellen und Karpffen machen.

Citrone also ausgemarcket/ daß die Viertel gantz bleiben: alsdann setzet man den Hecht in eine Schüssel/ ritzet ihn auf dem Rucken ein wenig auf/ doch daß er nicht zerfällt/ und stecket die Citronen-Viertel/ so lang der Fisch ist/ darein/ decket ihn darauf mit einer andern Schüssel zu/ setzet ihn auf die Glut oder Kohlen daß er aufsiedet/ und wann er gesotten/ übergiesset man denselben etlichmal mit der Brüh/ und streuet so wol auf die Fisch/ als um den gantzen Rand der Schüssel/ klein- und würfflicht-geschnittene Citronen-Schelffen. *

36. Ein Hecht in einer Citronen-Brüh/ auf noch andere Art.

Schuppet den Hecht/ schneidet denselben zu Stucken/ siedet ihn in Essig und Saltz ab/ seihet dieselbige Brühe herunter/ und machet diese nachfolgende zusammen: Nehmet Citronen und Limonien/ hacket sie klein/ laßts ein wenig weich sieden/ zwingets durch/ giesst Malvasier und Rosen-Essig daran/ thut Zucker/ Ingber/ Pfeffer/ Zimmet/ Cardamomen/ und ein klein wenig Saffran/ und Citronen-Plätze darein/ laßt den Fisch in dieser Brüh aufsieden/ richt ihn an/ und legt oben Citronen-Plätze darauf.

37. Ein Hecht in einer weissen Citronen-Brüh.

Schuppe und schneide den Hecht in Stucke/ siede ihn im Wein-Essig ab/ mach ein klein wenig Schmaltz heiß/ laß in etwas erkühlen/ und röste dann einen Löffel voll Mehl darinnen/ aber ja nicht lang/ dann es muß schön weiß bleiben/ zwyre es mit einen Wein an/ thue Gewürtz oder Trisanet darein/ und zuckers/ schneide Citronen theils zu Plätzen/ theils aber deren Schelffen gar klein und würfflicht/ und laß sie einen gantzen Tag in Zucker weichen/ so geben sie einen dicklichten Safft/ diesen mische zusamt denen würfflicht-geschnittenen Citronen-Schelffen in die Brüh/ laß auf-

* Zu einem zweypfündigen Hecht muß man drey Citronen haben/ so ist er recht.

aufsieden/ lege den bereits gesottenen Hecht in eine Schüssel/ gieß die Brüh darüber/ und lege die Plätze von Citronen oben darauf.

38. Ein Hecht in weisser Limonien-Brüh.

Mache und siede den Hecht blau/ wie bereits gelehret worden/ wann er gesotten hat/ seihe denselben ab/ darnach hacke Limonien klein/ giesse Wein daran/ thue Cardamomen Muscaten-Blühe und ein gut Stück Butter dazu/ laß es über den Hecht einen Sud thun/ und richte denselben zusamt der Brüh in eine Schüssel: alsdann streue Muscatblühe darauf/ und überlege ihn mit Limonien-Plätzlein: damit aber die Brühe etwas dicklicht werde/ kan man vorher im Wein einen Schnitten von gebähten weissen Brod sieden lassen/ durchzwingen/ und mit Gewürtz und andern gar verfertigen/ wie es bereit schon beschrieben worden.

39. Ein Hecht in gelber Limonien-Brüh.

Wann der Hecht blau gesotten ist/ leget ihn in eine Schüssel/ vorher aber machet folgende Brühe: Nehmet Wein/ Zucker/ Trisanet/ Ingber/ Pfeffer/ Saffran und Muscaten-Blühe/ thut solches zusammen in ein Töpfflein oder Häfelein/ schneidet dinne Limonien-Plätze darein/ und lasst es also mit einander kochen: wann nun der Hecht in eine Schüssel gerichtet/ und diese Brühe fertig ist/ so giesset selbige neben darein/ damit der Hecht in der Schüssel oben schön blau bleibe/ und leget die Limonien-Plätze oben darauf.

40. Ein Hecht in einer Cappern-Brüh.

Schuppe den Hecht/ mache denselben am Rucken auf/ schneide Stücke daraus/ und siede ihn im Wein-Essig und Saltz/ wie

wie schon offt gesagt: alsdann nimm einen gebähten Semmelschnitten und gehackte Essig-Cappern/ thue beedes zusammen in ein Töpfflein/ giesse Wein und ein wenig Fleischbrühe daran/ laß es kochen/ treibs hernach durch; ist es aber noch zu dick/ so hilff ihm mit ein wenig Wein/ würtze es mit Cardamomen und Muscaten-Blühe/ thue ein Stück Butter wie auch gantze Cappern dazu/ und giesse die Brühe über den Fisch/ wann der Essig zuvor davon abgeseihet worden/ in die Pfanne/ laß es miteinander also aufsieden/ richts dann an/ und streue würfflicht-geschnittene Citronen-Schelffen darauf.

41. Ein Hecht in einer Cappern-Brüh/ auf andere Art.

Wann der Hecht schön geschuppet oder zubereitet ist / so lege denselben eine weile in Saltzwasser; hernach laß ihn in halb Wein und halb Saltzwasser nur etliche Sud thun/ lege ihn darauf in einen stollichten Hafen/ gieß halb Wein und halb Erbis-Brühe daran / und wirff eine Hand voll kleine Essig-Cappern dazu/ alsdann thue ein wenig Oel in ein Pfännlein/ laß es heiß werden/ und schröck es mit einem Tröpfflein Wasser wieder ab: würff nach diesem so viel Schmaltz/ als deß Oels ist/ noch dazu/ und röste Zwiebeln schön gelb darinnen/ brenne es so dann an den Fisch/ würtze es mit Ingber/ Pfeffer und Muscatblühe/ und laß es also mit einander sieden.

42. Ein Hecht in einer Salbey-Brüh.

Schuppe den Hecht/ und bereite denselben zu/ wie bereits gemeldet; siede ihn hernach in halb Wasser halb Essig/ gieß ein Gläslein Wein dazu / und saltze ihn; wann er dann genug gesotten und abgeseihet worden/ wasche und schneide Salbey- und Rosmarin-Blätter/ aber nicht gar klein/ giesse Wein und ein wenig Fleischbrühe daran/ thue Cardamomen/ Muscatblühe und einen guten Theil Butter darein/ laß es lang mit einander sieden/ giesse alsdann

der Fische / Krebse und Austern.

dann diese Brüh über den Hecht / und wann sie noch einen Sud mit aufgethan / richte sie an.

43. Ein Hecht in einer Rosmarin-Brüh.

Mache den Hecht auf / schuppe ihn aber nicht / wasche denselben sauber / schneide Stücke daraus / oder laß ihn nach belieben gantz / wiewol er auch gekrümmt werden kan / wann er schon drey Pfund hätte / siede ihn schön blau in einem guten Essig / wann er genug gesotten / seihe den Essig davon ab; mache aber indessen folgende Brühe zusammen: Nimm einen gehackten oder zerschnittenen Rosmarin / thue ihn in ein Häfelein / gieß Wein und ein wenig Rosen-Essig / ingleichen auch gestossene Cardamomen / Muscaten-Blüh / und ein Stück Butter so groß als ein Gans-Ey / dazu / laß alles zusammen sieden; und wann der Hecht recht abgesotten ist / lege ihn in eine Schüssel / gieb auch wol acht daß er nicht zufalle; gieß die Brüh darüber / und streu ein wenig Muscat-Blüh / Cardamomen / und würfflicht-geschnittene Citronen-Schelffen / darauf.

44. Einen Hecht mit Peterlein- oder Petersilien-Wurtzeln zu sieden.

Schabe Peterlein- oder Petersilien-Wurtzeln schön ab / setze sie im Wasser zum Feuer / laß weich sieden / schuppe den Hecht / schneide ihn zu Stucken / oder man kan ihn auch / so es beliebig / krümmen; siede denselben im Saltzwasser / und seihe ihn / wann er gesotten / wieder ab: gieß alsdann die gesottenen Peterlein-Wurtzeln samt der Brühe darüber / thue ein Stuck Butter / geriebene Muscat-Nuß / Pfeffer und ein wenig Saltz daran / laß sieden / biß es ein dickes Brühlein wird: alsdann richts an / leg die Würtzelein auf den Hecht / und streue ein wenig Muscaten-Blühe darauf.

45. Ein

45. Ein Hecht in Zwiebeln.

Wann der Hecht auf die schon offt besagte Weise geschuppet/ und in Stücke zerschnitten worden/ so nimmt man ein gut theil Zwiebeln/ schählet und schneidet sie länglicht; dann wird in einem stollichten Hafen ein Schmaltz über das Feuer gesetzet/ wohl heiß gemacht/ die Zwiebeln samt einem Löffel voll Mehl darein geschüttet/ und schön licht geröstet: zuvor aber eine gute Hand voll Erbsen samt etlichen Petersilien-Wurtzeln in Wasser besonders abgesotten/ jedoch also/ daß die Brüh wol lauter verbleibt: nach diesem legt man den Hecht auf die geröstete Zwiebeln/ und würtzet ihn mit grob gestossenen Pfeffer/ Ingber/ Muscaten-Blüh/ Negelein und Zimmet: dann macht man wieder eine Lage von dem zerschnittenen Hecht/ und bestreuet sie mit jetz-erwehntem gröblicht zerstossenen Gewürtz/ und dieses also fort: alsdann giesst man die/ mit denen Erbsen und Petersilien-Wurtzeln abgesottene/ zuvor aber durchgeseihete Brüh darüber/ und läst es also zusammen aufsieden und dämpffen; jedoch muß der Brüh nicht gar zu viel seyn. *

46. Ein Hecht in einer braunen Zwiebel-Brüh.

Siede den in Stücke zerschnittenen Hecht auf die bekannte Art im Essig blau/ schneide alsdann eine Zwiebel und einen Apffel zu dinnen Schnitten/ thue ein Stuck vom gebähten Rocken-Brod dazu/ gieß Wein daran/ und laß es alles zusammen sieden; treibs dann durch ein Sieblein oder Seiher/ thue Zucker/ Trisanet/ Pfeffer und Negelein dazu/ laß ferner kochen: lege den bereits blau-gesottenen Hecht in die Schüssel/ gieß die Brüh neben herum darein/ daß der Fisch schön blau bleibt/ und bestreue ihn mit klein-zerschnittenen Citronen-Schelfen.

47. Ein

* Auf eben diese Art kan man auch einen gesaltzenen Hecht zurichten.

der Fische / Krebse und Austern.

47. Ein Hecht in einer Zwiebel-Brüh/ auf andere Art.

Nimm ein gut Theil Zwiebel/ schneide sie auf/ gieß eine viertel Maas Wasser daran / nach dem der Hecht groß oder klein ist / und lasse sie sieden; wann sie dann weich gesotten/ treibs durch einen Seiher oder Durchschlag: inzwischen schuppe und zerschneide den Hecht zu Stucken/ lege ihn in einen andern Topff oder Hafen / gieß die Zwiebel-Brüh darüber/ daß er so lang darinnen siede biß sich die Gräte lösen: alsdann seihe ein Theil der Brüh davon ab/ thue Pfeffer und ein Stuck Butter dazu/ wie auch Saltz nach gut bedüncken/ laß alles nochmal auffsieden / und richte es dann an.

48. Ein Hecht in einer Knoblauch-Brüh.

Mache den Hecht auf/ schneide Stücke daraus/ man darff ihn aber nicht schuppen; wann er dann sauber gewaschen/ laß ihn im Wein-Essig sieden/ daß er schön blau werde/ wann er gesotten/ und der Essig davon wohl trocken abgeseihet worden/ so thue ihn in einen weiten stollichten Hafen/ oder lege ihn gleich in eine zinnerne Schüssel; indessen mach diese Brüh darüber: stoß zwey oder drey Knoblauch-Zehen/ samt ein wenig Eyer-Brod/ in einem Mörsel/ treibs mit einem Wein und etwas Essig durch/ würtze sie mit Muscatblühe/ Cardamomen und ein wenig Pfeffer/ gieß diese Brüh neben den Hecht in den Hafen oder Schüssel/ lasse den Fisch darinen sieden so lang als weiche Eyer/ so ist er fertig.

49. Ein Hecht im sauern Kraut.

Schuppe den Hecht / siede ihn im Saltzwasser/ seihe selbiges/ wann er gesotten/ davon ab/ thue den Fisch auf einen Teller oder Schüssel/ zerblättere ihn und klaube die Gräte davon: indessen nimm saueres Kraut/ wasch es mit Wasser ein wenig aus/ gieß Wein daran/ (ist aber die Zeit/ daß man den neuen Wein oder

Most

Most haben kan / so bediene dich desselbigen / dann wird er davon noch besser /) und würff zu letzt ein gut Stuck Butter dazu / laß sieden biß weich ist / streue in eine zinnerne Schüssel am Boden Muscatblühe / Cardamomen / und klein-zerschnittene Citronen-Schelffen / thue Butter dazu / mach eine Lag sauers Kraut darauf / bestreue und belege solches mit dem gedachten Gewürtz und der Butter / und dieses mit dem ausgeblätterten Hecht: dann lege wieder Kraut / und also wechsel-Weiß eines um das andere biß die Schüssel voll ist / decke selbige zu / setz es auf eine Kohlen / und laß einen wall oder etliche aufthun. *

50. Ein Hecht in Bayerischen-oder Pfetter-Rüblein.

Schabe die Rüblein / schneide Plätzlein daraus / und wasche sie schön; darnach thue ein klein wenig Schmaltz in eine Pfannen / schütte die Rüblein darein / und laß so lang schweissen biß sie etwas weich werden; alsdann thue sie in einen Hafen / gieß warme Fleisch-Brühe daran / pfeffers / und laß sieden biß sie recht seyn; thue zuletzt ein wenig Butter mit hinein / den Hecht aber siede und blättere / wie oben gemeldet / lege dann auch eine Lag Rüblein in eine Schüssel / mache wieder eine andere Lage von dem Hecht: alsdann Muscatblühe und Butter / und so immer fort / gieß ein wenig Fleischbrühe daran / und laß es auf einer Kohlen aufsieden.

51. Ein Hecht in einer Erbsen-Brüh.

Der Hecht wird im Essig blau gesotten / der Essig ab / und eine durch-gezwungene Erbsen-Brüh daran gegossen; dann röstet man ein würfflicht-geschnittenes Brod im Schmaltz / und

* So es beliebt / kan man auch Citronen-Safft darein drucken / und dergleichen würfflicht-geschnittene Schelffen darauf streuen: wann man es nun zu Tisch tragen will / kan man den zuvor mit abgesottenen Hecht-Kopff in der Mitte darauf stecken / und die Leber davon ins Maul geben.

der Fische/ Krebse und Austern.

und brennet es über den Fisch/ würtzet ihn mit Jngber/ Pfeffer und Muscatblüh/ und läſt also alles zusammen noch einen Sud auf- thun.

52. Ein Hecht in einer Erbsen-Brüh/ auf andere Art.

SJede den Hecht im Saltzwaſſer und ein wenig Eſſig/ ſeihe alsdann die Brüh davon/ gieß Wein/ und von denen zuvor abgeſotten- und durchgezwungenen Erbſen/ die dickichte Brüh daran/ würff ein Stück Butter dazu/ würtz es mit guter Gewürtz/ und laß es wohl zuſammen ſieden.

53. Ein Hecht in Ungariſcher Brüh.

DEr Hecht muß allerdings geſchuppt/ in Stücke zerſchnitten/ gewaſchen und geſotten werden/ wie bereits offt gedacht; dann macht man folgende Brüh darüber: Man reibt einen Leb- oder Pfeffer-Kuchen/ ſchählet und zerhacket einen Apffel/ gießt Wein daran/ und läſt es alſo ſieden: hernach treibt man es durch einen Seiher/ und gibt ihm mit zugieſſung etwas Weins/ die rech- te Dicke einer Brüh/ ſtreuet Pfeffer/ Jngber/ Cardamomen/ Mu- ſcaten-Blüh und Zucker darein/ gießt die Brüh über den Fiſch/ und läſt es mit aufſieden: nach dieſem richtet man den Fiſch zuſamt der Brüh in eine Schüſſel/ und ſtreuet klein-zerſchnittene Citronen- Schelfen darauf.

54. Ein Hecht in Böhmiſcher-Brüh.

SJede den Hecht auf vielfältig beſagte Art blau/ ſchähle und ſchneide hernach ein gut theil Zwiebel/ gieß Waſſer und ein wenig Fleiſchbrüh daran/ laß ſieden/ biß ſie weich werden; zwings alsdann durch/ röſte ein Mehl im Schmaltz/ und brenne es an die Zwiebel-Brüh/ ſtreue Jngber und Pfeffer darein/ gieß ein wenig Eſſig dazu/ laß eine kleine weil ſieden/ richte ſie hernach über den Hecht/ und laß noch einen Sud aufthun.

Q iij   55. Ein

55. Ein Hecht in Englischer Brüh.

Wann der Hecht im Saltzwasser genug gesotten hat/ so blättere denselben / und thue die Gräte davon ; leg ihn in eine Schüssel/ gieß Wein und ein wenig Fleischbrüh daran/ drucke den Safft von Citronen darein/ thue ein Stuck Butter oder frisches Baum=Oel dazu / wie auch Pfeffer und Muscaten=Blüh/ laß auf einer Glut mit einander kochen/ und trags dann zu Tisch.

56. Ein Hecht in Frantzösischer Brüh.

Schuppe den Hecht/ mache ihn an dem Rucken auf / schneide Stücke daraus/ und siede selbige im Saltzwasser/ nur etwan so lang als harte Eyer ; seihe alsdann das Wasser genau davon / gieß hernach Erbsen=Brüh daran/ und laß so lang darinnen kochen biß sich die Gräte lösen ; seihe dann einen theil dieser Erbsen=Brüh wiederum davon/ und thue hingegen klein=zerhacktes Petersilien=Kraut/ einen guten theil Butter / Muscaten=Blüh/ Cardamomen/ Ingber und Pfeffer daran/ laß es mit einander aufsieden: leg einige vom weissen Brod gebähte Schnitten in die Schüssel/ und den Fisch darauf/ richte die Brüh darüber/ und streue Muscaten=Blüh darauf.

57. Ein Hecht in einer Polnischen Brüh.

Siede den bereits geschuppten Hecht im Essig mit Saltz/ seihe dann den Essig davon ; schähle eine Zwiebel und ein paar Aepffel/ schneide selbige klein/ thue sie zusamt einem Schnitten gebähten weissen Brod in ein Töpfflein oder Häfelein/ gieß Wein und ein klein wenig Wasser daran/ laß sieden/ zwings durch einen Seiher/ würtze es mit Cardamomen/ Muscaten=Blüh und etwas wenigs vom Saffran/ zuckers / und gieß es über den Fisch in eine Schüssel/ laß auf der Kohl=Pfanne noch einen Sud aufthun/ und streue würfflicht=geschnittene Citronen=Schelffen darauf.

58. Ein

der Fische/ Krebse und Austern.

58. Ein Hecht in einer Polnischen Brüh/ auf andere Art.

Nimm den Hecht/ schneide den Kopff gantz herab; wann er nun am Bauch aufgemacht/ das Eingeweid heraus genommen/ und der übrige Fisch in vier Stücke zerschnitten worden/ siede ihn in halb Essig und halb Wasser/ thue die Haut davon/ hacke die Leber/ ein wenig Fleisch vom Hecht/ und etwas Petersilien-Kraut klein/ thue es in ein Schüsselein/ und ein halbes Ey/ Muscatblühe/ Ingber/ Pfeffer/ Saffran/ und ein wenig Saltz dazu/ rühre es wohl untereinander; wende den Darm vom Hecht um/ schärffe ihn reinlich aus/ und fülle die Füll darein: nach diesem nimm einen oder mehr Aepffel und Zwiebeln/ schähle und schneide sie in ein Häfelein/ gieß guten Wein daran/ laß weich sieden/ zwings durch/ thue Zucker und Trisanet daran/ ingleichen auch den Safft von einer Citronen/ und dergleichen klein-zerschnittene Schelffen; lege den gefüllten Darm in die Brühe/ laß alles miteinander so lang als weiche Eyer sieden: darnach nimm den Kopff/ siede ihn besonders blau/ setz ihn in die Schüssel über sich/ und gieb ihm einen schönen Apffel in das Maul/ so du nach gefallen vergulden kanst/ und lege die Stücke vom Hecht in die Schüssel; das Würstlein aber nimm aus der Brühe/ schneide Pläßlein daraus/ und leg sie auf den Hecht/ versuche die Brühe ob sie nicht zu süß oder zu sauer ist/ und richte sie dann darüber.

59. Ein Hecht in einer Polnischen Brüh/ auf eine andere Weise.

Erstlich schähle und schneide ein oder zween Aepffel/ wie zu einem Apffel-Brey; ingleichen auch ein oder zwey Zwiebeln klein/ weniger nicht ein Stuck von einem Weck/ wie zu einer Suppen/ thue dieses alles zusammen in ein Koch-Häfelein/ und gieß einen Wein/ Fleischbrühe und ein wenig Essig daran/ laß es durch einander wohl sieden/ daß mans durchtreiben kan; wann es dann

dann durchgetrieben ist/ thue die Brüh in ein stollichtes Häfelein/ und so sie zu dick ist/ gieß noch ein wenig Wein/ Fleischbrühe und Essig dazu/ thue Pfeffer/ Jngber/ Muscatblüh und Cardamomen daran/ wie auch Zucker/ oder ein gut Trisanet so viel als nöthig/ doch daß es nicht zu süß auch nicht zu sauer seye: alsdann nimm den Hecht/ schuppe und mache ihn auf/ schneide so viel Stücke daraus als du wilt/ siede sie in Essig ab/ seihe die Fleischbrüh auf das genauste herunter; alsdann laß die zusammen gemachte Brühe einen Sud aufthun/ und versuchs ob sie lieblich ist und wohlgeschmack: alsdann gieß sie in die Pfannen über den Fisch/ und laß also nochmal aufsieden; seihe sie dann herab in ein Töpfflein oder Häfelein/ leg den Fisch in die Schüssel/ gieß die Brühe darüber/ und schneid Citronen-Schelffen theils würfflicht theils länglicht/ und streue sie auf den Fisch.

60. Ein Hecht in einer Polnischen Brüh/ noch auf andere Art.

NEhmet einen zimlich grossen Hecht/ reisset ihn auf/ machet Stücke daraus/ und lasset denselben nur so lang im Saltzwasser sieden/ biß man ihm die Haut abziehen kan; wann dann dieselbige abgezogen/ legt die Stücke in eine Schüssel oder Tiegel: indessen giesst ein Häfelein oder Töpfflein voll Wein/ thut etliche gehackte Petersilien-Wurzeln/ wie auch gebähte Semmelschnitten/ und etwan zwantzig Erbsen/ darein/ last es mit einander sieden/ biß die Petersilien-Wurtzeln weich werden; dann thut sie heraus/ und belegt damit den Fisch/ die Brüh aber zwinget durch einen Seiher/ streuet Jngber/ Muscaten-Blüh/ Zimmet/ Pfeffer/ und ein wenig Saffran darein/ zuckerts nach belieben; sollte die Brüh zu dünn seyn/ kan man nur ein Stäublein Mehl darein brennen/ richtet sie über den Fisch/ setzt die Schüssel auf ein Kohlfeuer/ und last es also noch einen Sud aufthun.

61. Ein

61. Ein Hecht in weisser Oesterreichischer Brüh.

Nimm einen grossen Hecht/ schuppe und siede ihn im Saltzwasser/ wie vor gemeldet; nimm Petersilien-Wurtzeln/ schab sie fleissig/ und schneids zu Plätzlein/ thu es in die Pfannen/ laß mit einander sieden: alsdann seihe die Brüh herab/ und säubere die Pfannen wohl aus/ daß sie nicht nach dem Saltz schmecke/ säume die Petersilien-Wurtzeln aus dem Wasser/ lege den Fisch wieder in die Pfannen/ und die Plätzlein von denen Wurtzeln dazu: indessen nimm beedes eine grosse Zwiebel und Apffel/ siede sie im Wasser und Wein/ zwings hernach durch einen Seiher/ gieß ein wenig Essig dazu/ thue ungefehr ein Achtel Pfund frischen Butter daran/ wie auch Pfeffer/ Cardamomen/ Zucker/ ein gut theil Zibeben und Weinbeer oder Corinthen; wann alles beysammen/ gieß es an den Fisch/ daß es noch einen Sud mit aufthue: zuletzt aber streue würfflicht-geschnittene Limonien darein.

62. Ein Hecht in Niederländischer Brüh.

Nimm einen Hecht/ schuppe denselben/ mache ihn am Bauch auf/ thue das Eingeweid heraus/ schneide ihn halb von einander in zwey Stücke: wann er nun ein paar Stunden im Saltz gelegen/ und in einem Saltzwasser abgesotten worden/ so leg ihn in eine Schüssel/ thue gesaltzene Butter daran/ setze die Schüssel auf eine Kohlen/ laß also zergehen und ein wenig bratzeln/ streue Muscatblüh darauf/ und giebs dann zu essen.

63. Ein gehackter Hecht in einer Brüh.

Nimm einen Hecht/ siede ihn in halb Essig/ Wasser und Saltz recht ab; wann er gesotten/ so laub die Gräte davon/ hacke den Fisch klein/ thue ihn in ein Häfelein/ gieß ein wenig Wein und Erbis-Brühe daran/ wie auch Ingber/ Pfeffer und ein

Stuck Butter dazu/ laß sieden/ siede auch Eyer so lang biß sie hart werden/ thue die Schalen davon/ und nimm die Dottern heraus/ lege sie also gantz in den gehackten Hecht/ und trags warm auf den Tisch.

64. Ein gefüllter Hecht.

Löse den Hecht oben um den Kopff/ und ziehe die Haut über das Fleisch desselben herab/ wie an einem Aal/ doch also/ daß sie nicht abgeschnitten werde/ sondern an dem Schwantz hangen/ und der Kopff gantz bleibe; thue alsdann die Gräte davon/ das Fleisch aber zusamt der Milch und den Rogen hacke/ schlag ein paar Eyer daran/ mische auch nach belieben/ Majoran und einen klein-geschnittenen Speck darunter/ wie auch Saltz und gutes Gewürtz/ fülle es in die abgezogene Haut/ und nehe hernach mit grober Seide den Kopff wieder an/ brate ihn also auf einem Rost/ oder aber/ welches fast besser/ in einer Brat-Pfanne mit Butter/ und ziehe zuletzt den Faden wieder heraus.

65. Ein gesultzter Hecht.

Schneidet zuvorderst dem Hecht den Kopff ab/ und laßt ihn/ wann er am Rucken aufgemacht und in Stücke zerschnitten worden/ schön blau sieden; setzet dann den Kopff in die Mitte der Pfannen/ daß er recht aussieden kan/ wann er gesotten ist/ streuet Rosin/ Weinbeer/ Cardamomen und wenig Zimmet in eine Schüssel/ legt den Hecht darauf herum/ stellet den Kopff in die Mitten/ gebt ihm die Lebern ins Maul: nehmt alsdann Wein-Essig und Zucker/ wie auch Ingber/ Pfeffer/ Saffran/ Muscatblüh und Zimmet/ thut ein Loth Hausenblasen dazu/ und alles dieses in einen Hafen zusammen/ lassts im steten Sud fort sieden/ werfft aber auch ein wenig gestossenen Alaun darein/ daß die Brüh fein hell werde; wann sie dann gnug gesotten/ so legt eine Baumwolle in ein Sieblein/ seihet die Brühe durch/ lassts ein weil stehen daß sie erkaltet/ hernach giessts in die Schüssel/ neben den Hecht/ hinein/ daß er

schön

der Fische / Krebse und Austern.

schön blau bleibt: bestecket sie dann mit abgezogenen und länglicht-geschnittenen Mandeln / so man vergulden kan / und setzt es also an einen kühlen Ort / daß es sich sultze.

66. Ein gesultzter Hecht in Zwiebeln.

Schuppet den Fisch / leget die Schuppen in Wein-Essig / so ziehet der Wein-Essig den Schleim heraus / und diesen Schleim nehmet zu der letzten Brüh; dann siedet den Fisch biß zu der helfft im Essig mit Saltz / seihet solchen ab / und giesst hernach die schleifferige Essigbrüh von denen Schuppen daran / thut Ingber / Pfeffer / und geschnittene Zwiebel / die zuvor weich im Wasser gesotten / dazu / gilbt auch die Brühe ein wenig / und lasst den Fisch also gar absieden: legt ihn dann in eine Schüssel / giesst die Brüh daran / und last es über Nacht also stehen.

67. Gedämpffte Hechtlein in Rosmarin.

Nimm halb-pfündige / oder auch nach belieben grössere Hecht-lein / schuppe selbige / und mache sie am Bauch auf / thue das Eingeweid heraus / wasche / saltze und würtze sie; legs hernach in einen stollichten Hafen oder Pasteten-Tiegel / laß ein frisches Baum-Oel heiß werden / brenn dasselbige über die Fische / gieß Wein / Fleischbrüh / und ein paar Löffel voll Essig dazu / thu etliche kleine Rosmarin-Sträußlein und ein klein wenig Semmel-Mehl daran / laß mit einander dampffen oder auffsieden / richts an / und bestreue es oben mit würfflicht- und klein-zerschnittenen Citronen-Schelffen. *

68. Ein zerschnitten- und gebratener Hecht.

Nimm einen grossen Hecht / schuppe und mache ihn am Bauch auf / biß an den Schwantz / fange dann bey dem Kopff an / und

---

* Diese Richt kan man / nach belieben / auch in einem Pasteten-Tiegel zu Tisch tragen.

und schneide ihn zu kleinen ungefehr zwey Finger breiten Stücken/ saltze und würtze dieselbige mit Pfeffer/ Cardamomen und Muscaten-Blüh/ laß sie eine kleine weile darinnen ligen/ lege dann Rosmarin-Zweiglein in eine Brat-Pfanne/ und die Stücke vom Fisch darauf/ gieß heißes Oel darein/ und laß sie also darinnen braten/ wende aber die Stücklein offt um/ damit sie sich nicht anlegen/ oder gar zu braun werden/ sondern schön licht bleiben: wann sich die Gräte lösen/ ist er fertig. *

69. Hechtlein im Oel gebraten.

Erstlich/ wann die Hechtlein geschuppt/ und am Bauch aufgeschnitten worden/ saltze dieselbige/ und laß sie ein wenig im Saltz ligen/ daß es durchkriecht: lege alsdann in einem stollichten Hafen lange Zweige von Rosmarin/ und die Fische darauf/ würtze sie mit Pfeffer und Cardamomen/ mache ein Oel heiß/ und brenne es über die Hechtlein; hernach schiere Kohlen um den Hafen/ gieß auch zwey oder drey Löffel voll Wein daran/ dann es darff nicht viel Brüh seyn/ und laß es also braten: legs hernach in eine Schüssel/ nimm andern frischen Rosmarin/ ziehe ihn durch ein Oel und lege es auf die Fische/ drucke Citronen-Safft daran/ und streue dergleichen würfflicht-geschnittene Schelffen darauf.

70. Hechtlein im Oel gebraten/ auf andere Art.

Nimm Hechtlein zu halben oder zu drey viertel Pfunden/ schuppe sie und schneids an dem Bauch auf/ thue das Eingeweid

* Diese also zerschnittene Hechte kan man auch/ wie andere Fische/ nach gefallen/ einmelben/ und im Oel aus einer Pfannen bachen; dann auf diese Art werden sie geschwinder fertig/ und hat man sich auch nicht zu besorgen/ daß sie sich so bald anlegen: zu letzt kan man entweder die bereits N. 23. &c. beschriebene Sardelln Brüh darüber machen/ oder aber nur etwas von dem in der Pfannen übrig-gebliebenen Oel in die Schüssel giessen/ den Safft von Citronen darein drucken/ und die Viertel von denenselbigen neben die Fisch-Stücke in die Schüssel legen.

geweid heraus/ wasche die Hechtlein sauber/ saltz und pfeffers/ laß eine weile stehen/ legs hernach auf einen Rost/ und brate sie wie einen Bratfisch/ wends offt um/ damit sie nicht nur in einem Ort braun werden/ begieß stetig mit guten Baum-Oel; wann sie nun genug gebraten seyn/ legs in eine Schüssel/ gieß ein klein wenig Oel unten dazu hinein/ und setz die Schüssel also auf eine Kohlen/ trags auf/ lege Citronen dazu/ oder drucke/ so du wilt/ den Safft darein. *

71. Ein Hecht im Oel gebraten mit Cappern.

Schuppe den Hecht/ mache denselben am Rucken also auf/ daß er am Bauch gantz bleibt/ setze und würtze ihn hernach mit Cardamomen/ Muscaten-Blüh und Pfeffer/ laß den Fisch also eine Stund darinnen ligen/ lege dann Strohhalmen auf einen Rost/ breite den Fisch aus einander/ und lege ihn darauf/ so henckt er sich nicht an den Rost/ zuvor aber stürtze den Hecht auf einen erdenen Teller/ und begiesse ihn mit heissem Oel/ und solches thue zum zweyten mal/ oder so offt du ihn betreiffen wilt; lege den Hecht alsdann wieder auf den Rost/ und wende ihn je zuweilen gemach um/ daß er nicht zerfalle/ und brate ihn also biß er fertig ist: indessen nimm Wein/ thue Semmelmehl oder weiß-gebähtes Brod/ und klein gehackte Essig-Cappern darein/ laß mit einander sieden/ schlags durch einen Seiher; gieß alsdann einen guten Theil Baum-Oel daran/ würtze es mit Cardamomen/ Muscaten-Blüh und Pfeffer/ drucke Citronen-Safft darein/ thue gantze Essig-Cappern dazu/ und laß es also zusammen sieden: zuletzt lege den Fisch in eine Schüssel/ richte die Brüh darüber/ und streue klein und würfflicht-geschnittene Citronen-Schelffen darauf.

* Auf eben dergleichen Art kan man diese Hecht in der Brat-Pfannen braten; wann man nemlich ein wenig Oel in die Brat-Pfanne thut/ selbige auf einen Rost über eine gute Kohlen setzet/ den Hecht/ welcher schon gesaltzen und eingepfeffert seyn muß/ darein leget/ und so lang bratzeln lässet biß er fertig ist.

72. Ein Hecht im Oel gebraten mit Cappern / auf andere Art.

Nimm einen Hecht oder Karpffen / kan man aber solchen nicht groß haben / so nimm zwey kleinere / schuppe und mache ihn am Bauch auf / aber also / daß das Loch nicht groß / sondern nur so weit werde / daß man mit einer Hand das Eingeweid heraus nehmen könne; dann thue die Gall davon / ritze das Gedärm auf / butze und reinige es wohl aus / stecke solches wieder in den Fisch / und wann er gesaltzen / so laß ihn ein wenig im Saltz ligen / biß du meinest daß das Saltz hinein gedrungen ist: alsdann lege denselben auf einen Rost / bestreiche ihn mit Oel / und mache daß er nur gleichsam auf dem Rost ertrockne: darnach nimm eine erdene Brat-Pfannen / so lang und groß der Fisch ist / gieß zimlich viel Oel darein / laß heiß werden / würff klein-geschnittene Zwiebeln zusamt ein wenig Mehl hinein / als wolst du selbiges einbrennen / und wann die Zwiebel in Oel weich werden wollen / gieß guten Wein dazu / so viel du vermeinest nöthig zu seyn / und so viel Brüh / daß der Fisch drinnen ligen könne / würtze es wol mit Pfeffer / Ingber und Muscatblühe / gieß dann diese Brühe über den Fisch in die Brat-Pfannen / und laß ihn also sieden; wann er eine weil gesotten / wende ihn um / eine viertel Stund aber / ehe du ihn anrichten wilt / würff ein gut theil Cappern darein / und etliche rund-geschnittene Citronen-Plätzlein / wie auch von einigen Rosmarin-Sträußlein oben die Sprößlinge oder Hertzlein / laß also noch einen Sud mit einander aufthun: alsdann lege den Fisch in eine Schüssel / wanns seyn kan / in der Krümm herum / wie auch die Cappern / Citronen-Plätzlein / und Rosmarin-Sprößlein oben darauf / und gieß die Brühe neben in die Schüssel hinein.

73. Ein gebratener Hecht im Butter.

Mache und brate den Hecht / wie schon berichtet / begieße denselben mit Butter / setze Wein und Essig zum Feuer / thue Pfeffer / Cardamomen / Muscaten-Blüh und Negelein / zusamt einem

der Fische / Krebse und Austern.

einem Stuck Butter darein / laß sieden / und richte die Brüh / wann der Fisch ausgebraten / darüber.

74. Ein gefüllt-gebratner Hecht.

Ziehe dem Hecht / wie einem Aal / die Haut ab / jedoch also daß der Kopff und Schwantz an der Haut verbleibe: nimm hernach das Fleisch vom Hecht / klaube die Gräte davon / und hacke das Fleisch klein / thue geröstet Semmelmehl und zerhacktes Peterlein-oder Petersilien-Kraut dazu / schlage ein paar Eyer darein / gieß gantze Milch darunter / saltz und würtze es mit Pfeffer / Cardamomen und Muscaten-Blüh / vermische alles wohl durch einander / und fülle es in die abgezogene Fischhaut / nehe selbige zu / bestreue sie auch auswendig mit Saltz und Gewürtz / brate den Fisch auf dem Rost / betreiffe ihn aber mit Butter / und wende ihn offt um / wann du dann vermeinest / daß er durchaus wohl gebraten und fertig seye / laß ihn auf eine Schüssel legen / und zu Tisch tragen.

75. Ein gebratner Hecht in einer Brüh / kalt zu essen.

Man schuppet den Fisch / und schneidet überzwerch kleine Schnittlein darein / würtzet und saltzet ihn hernach / dann wird er in einer Brat-Pfanne / oder aber auf dem Rost gebraten: zuletzt ein Trisanet / wie auch Jngber und Pfeffer darauf gestreuet / und also nach belieben kalt genossen.

76. Gebratene Hechtlein zum Salat.

Schuppe halb-pfündige Hechtlein / mache sie am Bauch auf / nimm das Eingeweid heraus / und schneide kleine Schnittlein überzwerch in die Fische / würtze / saltze und lege sie auf den Rost / bestreichs aber zuvor nur ein klein wenig mit Butter / damit sie sich nicht anhängen / im übrigen brate sie gantz trocken: wann sie dann fertig und erkaltet / streue Trisanet und ein wenig Pfeffer in einen

nen Rosen-Essig / richte ihn also über die Hechtlein / und gib selbige zum Salat.

77. Ein gebratener Hecht in einer Pomerantzen-Brüh.

Breite / würtze und brate den Hecht allerdings / wie bereits gemeldet worden / betreiffe ihn aber mit Butter / drucke saure Pomerantzen in ein klein Töpfflein oder Häfelein / gieß ein klein wenig von der Butter / damit der Fisch betreifft worden / zusamt einem paar Löffel voll Wein daran / streue Pfeffer / Cardamomen und Muscaten-Blüh darein / laß also aufsieden; lege dann den Hecht in eine Schüssel / gieß die Brüh darüber / streue klein-und würfflicht-geschnittene Citronen-Schelffen darauf.

78. Ein gebratener Hecht in einer grünen Brüh.

Nimm Petersilien-oder Peterlein-Kraut / stoß selbiges in einem Mörsel / gieß Wein und Fleischbrüh daran / treibs durch einen Seiher / thue Ingber / Pfeffer und Fleischbrüh darein / laß sieden / doch nicht lang / damit die Farb nicht bleich werde / und richte dann diese Brüh über den Hecht.

79. Ein gebachener Hecht.

Schuppe und bereite den Hecht / wie vielfaltig schon gelehret worden; bache ihn / wann er zuvor gesaltzen und eingemelbet / aus heissem Oel schön gelb heraus / und mache hernach die Num. 34. beschriebene Citronen-Brüh darüber.

80. Ein gebachener Hecht in einer Agrest-Brüh.

Wann der Hecht geschuppt / aufgemacht / und fleissig im Saltzwasser gewaschen / bache ihn schön gelb heraus /
nimm

nimm einen Agrest oder unzeitigen Weintrauben/ wie auch frisches Fenchel-Kraut/ zusamt den Brosamen von einem Weck/ thu es in ein Häfelein/ gieß Wein daran/ und würff ein wenig Zucker dazu/ laß sieden so lang biß mans zerrühren kan; zwings alsdann durch einen Seiher/ würtze es mit Muscatblüh/ Cardamomen/ Pfeffer/ und ein klein wenig Saffran/ laß auffsieden/ versuchs/ und so es zu sauer wäre/ kanst du es noch ein wenig süsser machen/ richte alsdann diese Brüh neben den gebachenen Hecht in die Schüssel.

81. Ein gebachener Hecht in einer Lorbeer-Brüh.

Nimm einen Hecht/ schuppe und schneide ihn zu vier oder fünff Stucken; wann er dann eingesaltzen/ und eine Stund im Saltz gelegen/ so trockne ihn mit einem Tuch ab/ daß das Schleifferige davon kommt/ schwinge den Hecht im Mehl/ und bache ihn schön licht-gelb aus Schmaltz; lege ihn dann in eine Schüssel/ und mach nachfolgende Brühe darüber: Nimm das Trübe oder Dicke aus der Pfannen/ daraus der Fisch gebachen ist/ gieß halb Wein und halb Essig daran/ schneide ein wenig Rosmarin/ Lorbeer und frischen Fenchel klein/ thue es in die Brühe/ zuckers nach belieben/ und gilbs ein wenig mit Saffran/ laß es also miteinander auffsieden/ giesse die Brühe in die Schüssel über die gebachenen Fisch/ und laß auf einer Kohlen noch einen wall mit aufthun.

82. Gebachene Hechtlein in einer Rosmarin-Brüh.

Man nimmt gemeiniglich nur pfündige Hechtlein/ und schneidet selbige/ wann sie zuvor geschuppt und aufgemacht/ zu vier Stücken/ saltzet und bächt sie aus frischem Schmaltz schön licht und gelb/ legts alsdann in eine Schüssel/ und macht folgende Brüh darüber: Man giesst ein wenig Wein und Fleischbrüh in ein Töpfflein oder Häfelein/ thut klein zeriebenen dürren Rosmarin daran/

an/ wie auch Muscaten-Blüh und Cardamomen/ läst es zusammen auffieden/ würfft zu letzt ein Stuck Butter darein/ richtet diese Brüh über die Hechtlein/ und macht sie auf der Kohlen noch einmal auf-siedend. *

83. Ein gebachener Hecht in einer Knob-lauch-Brüh.

Nimm einen zweypfündigen oder auch noch grössern Hecht/ schuppe ihn und schneide vier Stücke daraus; wann nun selbige drey Stunden lang im Saltz gelegen/ schwinge sie im Semmelmehl/ so mit Weitzenmehl vermischt ist/ und laß schön licht aus Schmaltz oder Oel in einer Pfannen bachen/ lege sie ferner in eine Schüssel/ gieß das dicke vom Schmaltz/ welches unten in der Pfannen geblieben/ darüber/ und so viel Wein-Essig als zur Brüh nöthig ist dazu: zerhacke alsdann eine Knoblauch-Zehen/ würff sie in den Essig/ streue Cardamomen/ Pfeffer/ etwas Saffran und Muscaten-Blüh darein/ zuckers wohl/ daß es recht lieblich wer-de/ laß auch gantze Lavendel- und Lorbeer-Blätter zugleich mit im gedachten Essig sieden; richts hernach über den Hecht/ decke ihn mit einer Schüssel zu/ daß er nochmal auffiede: nimm zuletzt die Lor-beer-Blätter hinweg/ belege den Hecht mit frischen dergleichen Blättern/ und trage ihn also zu Tisch.

84. Kohl-Hechtlein zu zurichten.

Es werden halbpfündige Hechtlein/ so viel man derselben ver-langet/ geschuppt/ am Rücken biß zu dem Schwantz aufge-macht/ der Kopff in der Mitten durchschnitten/ doch also/ daß sie unten beysammen bleiben; breite sie hernach aus/ saltze und wür-tze es/

---

* Zur Fasten-Zeit kan man die Fleischbrüh davon lassen/ auch muß das Semmelmehl nicht nothwendig mit dabey seyn/ sondern man kan nur gleich die Rosmarin-Sträußlein unten in den Topff/ und die Fische darauf legen: alsdann das Oel darüber brennen/ ein wenig Wein und Essig zugies-sen/ und zuletzt Citronen-Safft darein drucken.

der Fische / Krebse und Austern.

tze es/ legs hernach auf den Rost/ und laß über einer Glut oder Kohl-feuer ein wenig ertrocknen: begieße sie alsdann mit heissen Baum-Oel/ und bestreichs offt mit einem in dergleichen Oel eingedauchten Federlein/ damit sie sich nicht anhängen/ hacke hierauf Essig-Cappern klein/ röste selbige zusamt ein wenig Weitzen-Mehl im Schmaltz/ gieß Wein/ Fleischbrüh/ und Essig daran/ würtze sie mit Pfeffer/ Muscaten-Blüh und Cardamomen/ zuckers/ und thue gantze Essig-Cappern dazu/ laß alles zusammen nochmal auffsieden/ lege die Hechtlein in eine Schüssel/ gieß die Brüh darüber/ drucke den Safft von Citronen darein/ und streue die klein-und würfflicht geschnittene Schelffen davon oben darauf. *

85. Ein gesaltzener Hecht in Senff oder Mostart.

Der Hecht muß gewässert und zubereitet werden/ wie schon offt gedacht worden/ dann siedet man ihn im Wasser/ und nimmt die Haut oder Schuppen davon herab; rührt hierauf den Senff oder Mostart mit Wein an/ würtzet ihn mit Cardamo-men und Muscaten-Blüh/ thut ein wenig Essig und Zucker/ aber ein zimliches Stuck Butter dazu: alsdann legt man den Fisch in eine Schüssel/ richtet den also zugerichteten Senff oder Mostart dar-über/ läst es also zusammen auf einer Kohl-Pfanne auffsieden/ und streuet würfflicht-geschnittene Citronen-Schelffen darauf. **

S ij 86. Ein

---

* Wer diese Hechtlein im Oel gebraten nicht gerne essen wollte/ kan sich an statt deß Oels gar wol einer Butter bedienen; **auch mag die Fleisch-brüh zur Fasten-Zeit davon bleiben**: ingleichen/ an statt deß Weitzen-Mehls/ nur Semmel-Mehl genommen/ und die Fische mit Ros-marin-Sträußlein bestecket werden.

** Frische Hechte kan man zwar auch in dergleichen Senff-Brüh zu-richten/ sie müssen aber zuvor **im Essig und Wasser** abgesotten werden.

86. Ein gesaltzener Hecht in Senff oder Mostart/ auf andere Art.

Nimm einen bereits gesaltzenen oder aber frischen Hecht/ den du erst deß Tags zuvor eingesaltzen/ welches besser ist/ bereite ihn auf die gleich vorhergehends beschriebene Art/ lege ihn in eine Schüssel/ und mache folgende Brüh darüber: Nimm den achten Theil von einer Maas Wein/ und eben so viel Senff oder Mostart/ wie auch vier oder fünff Löffel voll mit Milchram/ würff ein gut Theil Zucker/ ein wenig Pfeffer/ Muscatblüh und Cardamomen darein/ und laß also diese Brüh einen guten Sud thun; thue zuletzt ein Stuck Butter darein/ richte sie über den Fisch in eine Schüssel/ und laß es nochmal auf der Glut oder Kohl-Pfanne aufsieden/ doch nicht zu lang/ damit die Butter nicht lauter werde.

87. Ein gesaltzener Hecht in Milchram.

Siede und bereite den Hecht/ als obgedacht/ thue einen guten Theil Milchram zusamt ein wenig Fleischbrüh daran/ wie auch Cardamomen/ Muscaten-Blüh und Ingber/ laß es mit einem Stuck Butter aufsieden: indessen bähe etliche Semmelschnitten/ lege selbige in eine Schüssel/ und den Fisch darauf/ richte die Brüh darüber/ und bestreue ihn oben mit Muscaten-Blüh. *

88. Ein gesaltzener Hecht in Bayrischen- oder Pfetter-Rüblein.

Die Rüblein werden eben auf diese Art zubereitet/ wie schon allbereit Num. 50. bey dem frischen Hecht gelehret worden; doch darff man selbige nicht allezeit im Butter oder Schmaltz schweissen/ sondern nur gleich alsobald in der Fleischbrüh zusetzen/ und mit Butter ferner aufkochen lassen/ der Hecht aber wird im Wasser

---

* Andere brennen ein Löffelein voll Mehl/ im Schmaltz geröstet/ darüber/ und lassen es im Milchram und Fleischbrüh aufsieden/ auch das geschnitene Brod nicht bähen/ sondern dafür im Schmaltz rösten.

der Fische / Krebse und Austern.

Wasser gesotten / die Rüblein darüber angerichtet / die Schüssel auf eine Glut gesetzet / damit es nochmal aufsiede / und dann also zu Tisch getragen.

89. Ein gesaltzener Hecht in Oel gebraten.

SChuppe den Hecht und mache ihn am Rucken auf / saltze selbigen / aber nicht gar viel; wann er zwey Tage im Saltz gelegen / wasche ihn zwey oder dreymal aus einem frischen Wasser / schneide ohngefehr drey Finger breite Stücke daraus / bestreue sie mit Cardamomen / Muscaten-Blüh und Pfeffer / thue auch frisches Baum-Oel in eine Brat-Pfanne / laß das Oel über einer Glut darinnen heiß werden / lege die Stücke vom Fisch darein / daß sie schön gelb braten; wann sie dann fertig sind / belege die Schüssel mit Lorbeer-Blättern und die Stücke vom Fisch darauf / gieß von dem Oel aus der Brat-Pfannen ein wenig darüber / drucke den Safft von Citronen daran / und streue die Schelffen davon klein-und würfflicht-geschnitten oben darauf.

90. Einen kalten oder übergebliebenen Hecht zu zurichten.

SJede den Hecht im Saltzwasser und ein wenig Essig ab / dann lege denselben in eine Schüssel / und laß ihn kalt werden; oder wann man auf solche weiß einen bereits abgesotten-und übergebliebenen Hecht hat / kan man ihn ferner also zurichten: Laß Mandeln im frischen Wasser weichen / biß die Schelffen herab gehen / darnach stosse sie / mische geriebenen Krän oder Meerrettig darunter / und stosse selbigen gleichfalls mit an / gieß essig oder Wein dazu / richte diese Brühe über den kalt-übergebliebenen Hecht / und trage ihn zu Tisch.

91. Einen Karpffen blau zu sieden.

Schneide den Karpffen am Rucken auf/ schuppe ihn aber nicht/ sondern nimm nur gleich das Eingeweid heraus/ und mache vier Stücke aus dem Fisch; hernach wann sie schön gewaschen/ legs in eine Schüssel/ gieß frischen Wein-Essig darüber/ daß er fein blau davon werde; alsdann laß andern Wein-Essig in einer Pfannen siedend werden/ und würff ungefehr auf das Pfund Fisch nur eine Hand voll Saltz darein/ lege den Fisch hinein/ nemlich die Kopff-Stücke zu erst/ daß die Schuppen obersich stehen/ alsdann die Schwantz-Stücke umgewendet/ daß die Grät an selbigen in die Höhe kommen/ und von allen Stücken die Schuppen auf einander ligen: hernach sprenge noch ein wenig Saltz darüber/ und laß den Fisch sieden/ biß sich die Gräte lösen/ seihe ihn gleich darauf ab/ hingegen giesse Rosen-Essig und ein wenig Wein daran/ laß noch einen Sud aufthun/ richts an/ streue Peterlein oder Petersilien-Kraut darauf/ und setze einen Rosen-Essig zugleich mit auf den Tisch.

92. Ein blau-gesottener Karpff auf andere Art.

Bereite den Karpffen zu/ wie erst gedacht/ und siede denselbigen mit Saltz in zwey Drittel Essig und einem Drittel Wasser/ wiewol man ihn auch allein im Saltzwasser sieden kan; wann er gnug gesotten hat/ so seihe die Brühe gantz rein davon ab/ zuvor aber mische ein klein wenig Essig unter einen Wein/ thue denselben in ein Häfelein/ würtze ihn mit guter Gewürtz/ laß ihn aufsieden/ lege dann die Fisch in eine Schüssel/ richte die Brüh darüber/ röste gewürffelt weiß Brod im Schmaltz/ und brenne es fein heiß darauf.

93. Ein blau-gesottener Karpff/ auf eine noch andere Weise.

Mache den Fisch auf/ wie vor gemeldet/ dann er darff nicht geschuppt werden/ gieß Essig und ein wenig Wasser in eine Pfan-

der Fische / Krebse und Austern.

Pfannen / saltz es wie schon zum öfftern vorher gedacht / und nimm zu einem Pfund Fisch eine Hand voll Saltz / laß auffsieden / lege den Fisch darein / und laß ihn gleichfalls so lang sieden / biß sich die Gräte lösen: alsdann seihe die Brüh davon / übergieß den Fisch noch einmal oder zwey damit / und seihe ihn wieder ab / gieß ein wenig frischen Essig / oder aber halb Wein und Essig über den Fisch / streue auch ein wenig Pfeffer / Cardamomen und Muscatblühe darein / schütte den Essig noch einmal darüber / lege den Fisch in eine Schüssel / und gieß das so in der Pfannen ist / über den Fisch / laß in einem Pfännlein ein Schmaltz wohl heiß werden / röst ein würfflicht-geschnittenes Eyer-Brod darinnen / und brenne es wohl heiß über den Fisch. *

94. Ein Karpff in einer Citronen-Brüh.

Schuppe und bereite den Karpffen / wie vorgemeldet / siede ihn auch im Essig samt ein wenig Wasser; indessen nimm das Weiche oder die Brosamen von einer Semmel oder Weck / siede sie im Wein / treibs durch / thue Pfeffer / Cardamomen / Muscatblühe / ein wenig Zucker und Butter / oder so es vielleicht mehr beliebte / etwas vom Oel und Citronen-Safft darein / laß auffsieden: Wann nun der Fisch gnug gesotten / richte denselben in eine Schüssel / gieß die Brühe neben dem Fisch hinein / damit er oben schön blau bleibe / bestreiche ihn mit klein-geschnittenen Citronen-Schelffen / und lege oben ebenfalls von Citronen dünn-geschnittene Plätzlein darauf / welche man nach belieben einen Sud zuvor damit kan aufthun lassen. **

95. Ein

---

* Wanns beliebt / kan man auch / an statt deß Schmaltzes / gutes Oel heiß machen / das Brod darinn rösten / und über den Fisch brennen.

** Hieher gehören auch die jenige Citronen-Brühen / so bereits N. 11. über die Forelln / und Num. 34. 35. 36. und 37. über einen Hecht zu machen / gelehret worden: welche der Geneigte Leser und Leserin daselbst aufschlagen / und nach belieben auch über einen Karpffen machen kan.

95. Ein Karpff in einer Limonien-Brüh.

Mache den Fisch/ zuvor geschuppt/ am Rucken auf/ und schneide vier Stück daraus; hernach siede denselben im Saltzwasser/ wiewol man auch/ nach belieben/ Essig darunter nehmen kan/ wann er gnug gesotten hat/ muß er auf das genauste abgeseihet werden/ hingegen giesset man Wein und ein wenig Essig darunter/ doch also daß der Brühe nicht zu viel werde; thue Muscatblühe und Cardamomen/ samt einem Stuck Butter/ theils klein- und würfflicht/ theils zu dinnen Plätzlein geschnittenen Limonien darein/ laß es miteinander aufsieden/ lege dann den Fisch in eine Schüssel/ und die dinnen Limonien-Plätzlein oben darauf/ richte die Brüh darüber/ und streue zuletzt noch ein wenig Muscatenblühe darauf.

96. Ein Karpff in einer Weixel-Brüh.

Wann der Karpff geschuppt/ zerschnitten/ gewaschen/ und von dem darüber gegossenen Essig schön blau worden/ so decket ihn mit einer Schüssel wiederum zu; setzet indessen einen Essig samt ein wenig Wasser in einer Pfannen zum Feuer/ leget die Stücke vom Fisch darein/ und siedet sie auf die bereits beschriebene Art/ reibet inzwischen einen Pfeffer-Kuchen oder Rümpffel-Käß/ thut selbigen/ wie auch ein gut theil Weixel-Latwergen/ oder Weixel-Mus/ (so man von Leipzig am besten bekommen kan/) in ein Häfelein/ giesst einen guten Wein und ein klein wenig Essig daran/ mischt klein-zerschnittene und im Schmaltz geröstete Zwiebeln darunter/ laßt es alles zusammen sieden/ zwingts durch einen Seiher/ würtzets mit Cardamomen/ Zimmet und Muscaten-Nüssen/ laßt diese also zusamm-gemachte Brüh noch einmal aufsieden: druckt zuletzt Citronen-Safft darein/ und zuckert sie nach belieben/ streuet würfflicht-geschnittene Schelffen von Citronen darunter; und wann der Fisch genug im Essig gesotten/ legt ihn in eine Schüssel/ giesst die Brüh darüber/ und bestreuet es noch mehr mit frisch-geschnittenen Citronen-Schelffen.

97. Ein

der Fische/ Krebse und Austern.

97. Ein Karpff in einer Rosmarin-Brüh.

Bereite den Karpffen wie vor gemeldet/ schneide denselbigen in vier Stucke/ und siede ihn mit Essig im Saltz recht ab/ wann er gnug gesotten/ wird die Brüh davon abgeseihet; dann nimmt man einen aufgedorrt-und geriebenen Rosmarin/ giesst ein wenig Wein/ Essig und Fleischbrühe/ oder an statt der Fleischbrühe/ zur Fasten-Zeit/ etwas Wasser daran/ thut Pfeffer/ Ingber/ Muscatblühe und Cardamomen dazu/ brennet hierauf ein frisches heisses Schmaltz oder Oel darüber/ läst alles miteinander einen Sud aufthun/ legt den Fisch in eine Schüssel/ und giesst die Brühe darüber.

98. Ein Karpff in einer Rosmarin-Brüh/ auf andere Art.

Wann der Karpff geschuppt/ zerschnitten/ und abgewaschen worden/ saltze und würtze denselben mit Pfeffer/ Cardamomen und Muscatenblüh/ lege ihn dann in einen Topff oder Pasteten-Tiegel/ daß die Köpffe zu unterst auf den Boden kommen/ giess Fleischbrüh/ Wein/ Essig und ein wenig Wasser daran; thue klein-zerschnittenen Rosmarin/ zusamt ein wenig im Schmaltz gebrenntes Mehl darein/ decke den Topff oder Tiegel fleissig zu/ laß es also dampffen/ und würff zuletzt ein Stuck Butter dazu. *

99. Ein Karpff in einer Petersilien- oder Peterlein-Brüh.

Nehmet einen zwey- oder dreypfündigen Karpffen/ schuppt und schneidet ihn auf und zu Stücken/ wascht ihn aber nicht aus/ sondern sprengt denselben also gleich mit Saltz ein/ wie einen Fisch den man bachen will; dann nehmet eine Pfanne/ thut ein wenig Wein und Essig darein : zuvor aber siedet ungefehr vier
oder

* An statt deß eingebrennten Mehls/ kan man zuvor ein wenig weisses Brod in besagter Brüh aufsieden lassen/ alsdann durchzwingen/ über den Fisch richten/ und also/ wie gedacht/ noch ferner dampffen lassen.

oder fünff Petersilien-Wurzeln/ zusamt ein klein wenig grünen Kraut derselben/ und etliche klein-geschählte Zwiebeln/ in einem Häfelein Fleischbrüh wohl weich ab/ dann giesset von dieser Fleischbrüh auch zu den Wein und Essig in die Pfannen; wann es nun anhebt zu sieden/ thut den Fisch darein: reibt indessen ein klein Händlein voll Haus-Brod/ würzets mit Pfeffer/Ingber/Muscatblühe/Negelein/ und druckt ein gut theil Citronen-Safft darein/ rührets mit noch ein wenig Essig an: wann dann der Fisch halb abgesotten/ giesst diese Brüh auch dazu hinein/ wie auch die andere Fleischbrüh samt den abgesottenen Petersilien und Zwiebeln/ last alles zusammen in stetem Sud fort sieden und dämpffen/ biß sich der Grat am Fisch löset. *

100. Ein Karpff in einer Zwiebel-Brüh.

Schuppe und bereite den Fisch allerdings/ wie vor gemeldt/ wasche denselben aber nur im Wasser aus/ darnach salze und würze ihn ein; schneide Zwiebeln länglicht/ reibe ein rocken Brod dazu/ und röste es ein wenig im Schmalz/ dann giesse Wein-Essig und Wasser daran/ so viel dich dunckt daß der Fisch darinn sieden kan/ laß es ein wenig auffsieden/ dann lege den Fisch auch hinein/ und begieß ihn im Sud/ biß er fertig ist/ etlich mal mit der Brühe/ richte ihn an/ und gieß von der Brühe/ so viel als nöthig/ darüber.

101. Ein Karpff in einer schwartzen Zwiebel-Brüh.

Schuppet den Karpffen/ und wann er am Bauch aufgemacht worden/ schneidet ihn zu Stucken; man darff ihn aber nicht waschen: wann er gesalzen/ läst man ihn eine weil im Saltz ligen/

* Hier muß man sich selbsten zu helffen wissen/ daß man der ersten und letzern Brüh nicht zu viel daran thue/ damit der Fisch nicht zu viel Brüh bekomme/ dann der Fisch muß der Brüh so viel haben/ daß man kan alles mit einander anrichten; aber die Zwiebel und Petersilien müssen auf die letzt daran kommen/ und mit angerichtet werden.

der Fische / Krebse und Austern.

ligen / reibt darnach ein rocken Brod thuts in die Pfannen / giesst halb Wein und halb Essig daran / so viel als vonnöthen / daß der Fisch darinn sieden kan; ferner thut man Pfeffer / Negelein / ein wenig Ingber / und eine Weinbeer-Latwergen / oder sonst von einem Safft darein / daß die Brüh schwartz wird: dann wird der Fisch hinein gelegt / und läst man ihn gemach sieden; wann er fast gantz gesotten / nehmet ein oder zwey grosse Zwiebeln / schneidet sie zu runden Plätzlein / röstet sie wohl im Schmaltz / gehet aber behutsam mit um / daß sie gantz bleiben / wann sie dann geröstet / legt sie auf den Fisch / und giest das Schmaltz darüber / lassts noch eine weil sieden / und richtets dann an.

102. Ein Karpff in einer Zwiebel-Brüh / auf andere Art.

MAn nimmt den Karpffen / schuppet ihn / schneidet kleine Schnitten hinein / wie sonst / wann man sie pflegt / in die Pasteten zu schlagen; dann wird er bey dem Leib etwas aufgeschnitten / die Gall heraus gethan / in die Pfannen / ein Seidlein Wein / samt etwas Essig gegossen / der Fisch darein gelegt / und nach belieben gesaltzen; hernach werden etlich geschählte Zwiebel / ein gut Stück Butter / und eine Citronen halb oder viertel weiß darein geschnitten / wie auch ein gerieben rocken Brod / oder nur ein gantzes Stuck mit samt der Rinden dazu gethan / etwas wenig gewürtzt / und mit dem Fisch gesotten / biß man selbst vermeint daß es genug seye; alsdann in die Schüssel gelegt / und zu Tisch getragen.

103. Ein Karpff in einer Ungarischen Zwiebel-Brüh.

DEr Karpff muß geschuppt und in vier oder fünff Stücke zerschnitten werden / dann saltzt man ihn ein / und läst ihn eine halbe Stund darinn ligen; indessen nimmt man zwey oder drey Aepffel und Zwiebeln / schählt und hackt sie klein / röstets in

T ij   Butter

Butter oder Schmaltz; dann legt man den Fisch in eine Pfannen/ zusamt den Zwiebeln und Aepffeln / giesst eine Erbsen-Brühe und guten Wein darüber / gilbt und zuckert sie / würtzets mit Ingber/ Pfeffer und Muscatnuß: man schneidet auch von einer Semmel die braune Rinden alle hinweg / weichet hernach die Brosamen in ein kaltes Wasser / und hackt sie nochmal mit ein oder zwey Limonien gar klein / läst selbige mit dem Fisch ferner aufsieden / biß sich die Gräte davon lösen / und das Brühlein dicklicht wird.

104. Ein Karpff in einer Negelein-Brüh.

Wann der Karpff geschuppt / wasche denselben schön ab / mache ihn am Rucken auf / und thue das Eingeweid samt der Gall heraus; nach diesem wasche ihn nochmal im Wein/ und behalte denselbigen Wein in einem Häfelein besonders auf/ schneide den Fisch in vier Stucke / siede ihn mit halb Wein / halb Essig / und so viel Saltz als nöthig ist / ab: wann dann der Fisch gnug gesotten / gieß diese Brühe gantz davon herab; hingegen seihe den Wein / daraus der Fisch gewaschen worden / durch ein reines Tüchlein in die Pfannen an den Fisch / brenne ein heisses Schmaltz darein/ würtz es mit Negelein / ein wenig Pfeffer und Muscaten-Blüh / und laß noch einen guten Sud mit einander aufthun. *

105. Ein Karpff in einer süssen schwartzen Brüh.

Schuppe den Karpffen / mache denselben auf / und zerschneide ihn zu Stucken / siede ihn im Essig / wie er sonsten abgesotten wird / aber nicht so lang / weil er in hernach beschriebener Brühe auch noch mehr sieden muß; diese Brühe seihe zuvor

* Beliebt es / so kan man auch ein wenig Zucker daran thun / daß die Brüh etwas annehmlicher werde; dann wird der Fisch in eine Schüssel gelegt / die Brühe darüber gegossen / und klein-geschnittene Citronen-Schelfflein darauf gestreuet.

der Fische/ Krebse und Austern.

vor gantz herab/ und gieß ein wenig Wasser daran/ seihe es nochmal davon: alsdann giesse einen Wein daran/ doch daß der Brüh nicht zu viel werde; hacke eine Zwiebel so klein als es immer seyn kan/ und röste sie samt ein wenig Mehl fein braun im Schmaltz/ brenne es darein/ zuckers wohl/ thue Negelein/ Zimmet/ Muscaten-Blühe/ Pfeffer und ein wenig Holler-Latwergen/ damit die Brühe fein schwartz werde/ daran: laß solches alles mit einander auffsieden/ und richte den Fisch samt der Brühe in eine Schüssel.

106. Ein Karpff in einer süssen schwartzen Brüh/ auf andere Art.

Erstlich schuppe den Fisch/ mache denselben auf/ und wasche ihn mit Wein aus/ wie von denen vorhergehenden bereits offt gedacht; schneide ihn in vier Stücke/ nimm halb Essig und halb Wasser in eine Pfannen/ saltze und laß ihn siedend werden/ dann lege den Fisch darein/ und laß ihn kochen oder sieden/ biß es nach gedunken genug ist: alsdann seihe diese erste Brüh ab/ und gieß den Wein/ daraus der Fisch gewaschen worden/ darein; wann aber desselbigen nicht genug wäre/ kan man noch mehr Wein und ein wenig Essig nachgiessen/ wie auch einen geriebenen Pfeffer-Kuchen/ Ingber/ Pfeffer/ Negelein und Zucker darunter mischen/ mit dem Fisch einen guten Sud aufthun lassen/ anrichten/ und würfflicht-geschnittene Citronen-Schelffen darauf streuen.

107. Ein Karpff in einer süssen schwartzen Brüh/ auf noch andere Art.

Laß den Karpffen im Wein-Essig absieden/ gleich einem andern; alsdann seihe ihn ab/ mache ein frisches Schmaltz heiß/ und brenne es über den Fisch: indessen reibe einen Rümpffel-Käß oder Pfeffer-Kuchen/ samt ein wenig rocken Brod/ laß dieses alles im Wein sieden/ und gieß eine Fleischbrühe daran/ zwings durch/ würtz es mit Pfeffer/ Ingber/ Muscatblühe/ Cardamomen

momen und ein wenig Negelein/ zuckers/ laß diese Brühe noch ein wenig auffsieden/ seihe die Brüh/ darinn der Fisch gesotten worden/ ab/ und gieß diese Brüh wieder darüber/ laß ihn noch einen Sud aufthun/ richte den Fisch in eine Schüssel/ gieß die Brüh darüber/ und streue würfflich-geschnittene Citronen-Schelffen darauf.

108. Ein Karpff in einer gelben Brüh.

Der Karpff muß geschuppt und zubereitet werden/ wie vorher gemeldt; dann schneide oder hacke zwey oder drey Limonien/ laß selbige samt einem schlechten Wein in einer Pfannen sieden/ lege den Fisch hinein/ saltze es aber nicht zu viel/ laß sieden biß sich die Gräte lösen: indessen bähe weisses Brod/ laß in ein wenig Wein und Essig/ so zuvor besonder daran gegossen wird/ sieden; wann es dann durchgezwungen/ und ein wenig Holler-Essig/ Cardamomen/ Ingber/ Pfeffer/ Saffran/ Limonien-Plätzlein/ und ein gut Stuck Butter daran gethan wordē/ laß es mit einander auffsieden/ seihe die erste Brüh von dem Fisch ab/ lege denselben in die Schüssel/ gieß diese Brühe wiederum darüber/ und lege die Limonien-Plätzlein oben darauf.

109. Ein Gedämpffter Karpff.

Den Karpffen bereite allerdings zu/ wie schon gemeldet/ saltze ihn ein/ aber nicht gar zu viel/ sondern nur gleichsam als wann er müste gebachen werden; laß ihn eine Stund im Saltz ligen/ dann streiffe den Fisch ab/ daß das Schleifferige hübsch davon komme/ und würtze ihn mit Pfeffer/ Cardamomen und Muscatblüh/ nimm einen Pasteten-Tiegel oder stollichten Hafen/ leg unten in den Boden etliche dürre Lorbeer-Blätlein/ (dann die frischen sind am Geschmack gar zu starck/ und wird die Brüh davon etwas bitterlich/) wie auch ein wenig klein-geschnittenen Rosmarin/ und lege den Fisch darauf/ gieß ein wenig frischen Essig darüber/ oder drucke an dessen statt Citronen-Safft hinein/ decke den Topff oder Tiegel zu/ und laß ihn noch eine weil also stehen/ biß du ihn zum Feuer setzest: thue indessen eine Semmel-Brosamen in ein

Häfe-

der Fische / Krebse und Austern.

Häfelein / gieß Wein / Essig / und ein wenig Wasser daran / laß sie wohl weich sieden / und zwings dann durch; ist es zu dick / gieß noch ein wenig Essig / Wein und Wasser dazu / schütte diese durchgezwungene Brühe / in den Tiegel oder Hafen / an den Fisch / doch nicht zu wenig / damit er recht darinn sieden könne; ehe du aber die Brühe an den Fisch giessest / laß zuvor in einem Pfännlein ein gutes Oel heiß werden / und brenne es über den Fisch / streue hernach noch ein wenig gutes Gewürtz darauf / und laß es also verdeckt wohl sieden und in einander dämpffen / schüttel aber bißweilen den Tiegel / damit sich der Fisch nicht anlege; wann er nun fast gantz gesotten / muß man noch ein gut theil Citronen-Marck / und dergleichen geschnittene Schelffen darein werffen / und noch einen Sud mit aufthun lassen: dann lege den Fisch in eine Schüssel / und gieß die Brüh darüber / belege die Schüssel rings herum mit frischen Lorbeer-Blättern / und streue ebenfalls frisch- und klein-geschnittenen Rosmarin und Citronen-Schelffen darauf. *

110. Ein Gedämpffter Karpff / auf andere Art.

Wann der Fisch geschuppt / aufgemacht / in Stücke zerschnitten / und sauber ausgewaschen ist / so saltze und würtze denselben / lege ihn in einen Pasteten-Tiegel zusamt dem Eingeweid / streue noch ein wenig Gewürtz darauf / nemlich Pfeffer / Ingber / Muscatblühe und Cardamomen; thue alsdann geriebenSemmelmehl in ein Häfelein / gieß ein wenig Fleischbrühe / Wein / Essig und Wasser daran / rührs wohl unter einander / und gieß es in den Tiegel über den Fisch / lege auch würfflicht- und zu Plätzlein geschnittene Limonien darauf / thue ein Stücklein Butter daran / setze den Tiegel auf einen Dreyfuß oder Rost über eine Glut oder Kohlen zum Feuer / laß ihn dämpffen / sihe aber bißweilen dazu / und schüttle ihn

---

* Die Lorbeer-Blätter die mit gesotten haben / dörffen nicht mit angericht werden: Wem nicht vom Oel beliebt / der kan an statt deß Oels eine Butter gebrauchen.

ihn daß er sich nicht anlege/ versuche die Brüh wie sie im Saltz und am Gewürtz ist/ dünckt sie dich zu gesaltzen seyn/ so hülff mit ein wenig Wasser; der Tiegel darff auch nicht offt aufgedeckt werden/ daß der Dampff recht beysammen bleibt/ biß der Fisch recht mild und fertig ist: zuletzt würff ein gut Stuck Butter darein/ damit die Brüh etwas dicklicht werde/ wie in einer Pasteten/ und streue/ ehe er zu Tisch getragen wird/ nochmal Cardamomen/ Muscatblühe/ und klein-geschnittene Citronen-Schelffen darauf.

111. Ein geschabter Karpff.

MAn nehme einen Karpffen/ kan man einen Spiegler haben/ ist es desto besser; schlaget den Fisch mit einem starcken Messer wohl auf den Kopff/ biß er fast todt ist; schuppt ihn alsdann/ und schabet mit einem scharffen Messer das Fleisch gantz von den Gräten ab/ so genau als es immer möglich ist; thut solches auf ein Bret/ besprenget es wohl mit Wasser/ und hacket es gantz klein/ biß es gleichsam von dem Bret ablauffen will/ thut es in einen Napff/ röstet ein wenig geriebenes Semmel-Mehl/ wie auch ein gehacktes Petersilien-Kraut und Zwiebeln im Schmaltz/ mischt es unter den gehackten Fisch/ schlaget Eyer daran/ und würtzet ihn mit Pfeffer/ Cardamomen/ Muscaten-Blüh und dergleichen/ rühret alles wohl unter einander; legt ein Papier auf ein Blech/ setzt einen blechern Model/ so wie ein Fisch formiret und inwendig hohl ist/ darauf/ oder auch etliche dergleichen kleine Mödel/ bestreicht das Papier zu erst ein wenig mit Butter/ wie auch neben her die Fugen deß Models; giesst das zusamm-gemachte vom Fisch hinein: schneidet alsdann abgezogene Mandeln klein und länglicht/ wann es halb gebachen/ so bestecket es oben überall damit/ und last es also ferner in dem Oefelein gar ausbachen/ so wird es schön auflauffen/ aber im heraus thun sich wieder etwas niedersetzen/ nehmt dann diese Füll aus dem Model/ und tragt sie zu Tisch.

112. Ein

112. Ein gespickter Karpff.

Schuppe den Karpffen/ mache denselben am Bauch auf/ nimm das Eingeweid heraus; ist der Fisch ein Rogner/ so nimm den Rogen/ ist er aber ein Leimer/ so reiß allein das Fette und andere so am Gedärm hänget/ davon ab/ hacks klein und würtze es wohl/ röste ein wenig geriebenes Eyer=Brod im Butter/ rühre es zusamt ein wenig klein=zerriebenen Rosmarin darunter/ schlag ein Ey daran/ und gieß ein paar Löffel voll Wein dazu/ mische alles wohl unter einander/ und fülle dann diese Füll wiederum in den Fisch; hierauf schneide einen frischen Speck klein/ und bespicke damit den Karpffen zu beeden Seiten/ saltze ihn von innen und aussen/ und würtze ihn/ absonderlich einwendig/ ehe du die Füll darein thust/ wohl: lege selbigen alsdann in eine länglichte Brat=Pfanne oder Fischreisten/ brenne ein heisses Schmaltz darüber/ und laß ihn also/ biß er fertig ist/ braten.

113. Einen Karpffen zu braten.

Nimm einen Karpffen der ein Rögner ist/ mache denselben am Rucken so lang auf/ daß du mit den Fingern das Eingeweid samt der Gallen heraus nehmen kanst/ wasche ihn sauber mit frischem Wasser/ saltze und würtze ihn/ so wol inn= als auswendig/ recht ein/ und laß ihn also eine halbe Stund darinnen ligen; indessen löse den Rogen von dem Eingeweid ab/ hacke denselben klein/ röst ein Semmelmehl im Schmaltz/ und mische/ wann es schier gelb werden will/ den gehackten Rogen darunter/ schlage Eyer daran/ und würtze es mit Ingber/ Pfeffer/ Cardamomen/ Muscatblüh/ und ein wenig dürr=zerriebenen Majoran/ oder zerhackten Rosmarin/ nach belieben: saltze es/ und laß in der Pfannen ein klein wenig über dem Feuer zusammen gehen/ dann es laufft auf diese Art nicht so gerne aus/ und läst sich der Fisch auch desto besser umwenden: alsdann mach ein frisches Schmaltz heiß/ und brenn es in den Fisch hinein/ damit ihm der mosichte Geschmack vergehe; laß es aber gleich wieder heraus lauffen/ und fülle dann die zusamm-gemachte Füll in den Fisch hinein/ lege denselben in eine dazu gehörige Reisten/ setze sie von fernen zum Feuer/ und laß den Fisch/ ehe du ihn betreifest/ gantz gemach ertrocknen/ betreiffe ihn nach diesem mit heissen Schmaltz/ brate und wende ihn fleissig um auf alle Seiten/ daß er überall schön braun und recht ausgebraten werde: will man eine Brüh darüber haben/ so bediene man sich der jenigen Cappern-Brühe/ so Num. 40. bey den Hechten beschrieben worden: lege dann den Fisch/ so er fertig ist/ in eine Schüssel/ giesse die Brüh neben hinein/ und bestreue ihn mit Cappern und frischen klein-geschnittenen Citronen-Schelffen. *

114. Ein gebratener Karpff/ auf andere Art.

Erstlich schuppt und machet den Karpffen an dem Rucken gantz auf/ daß er an dem Bauch beysamm bleibt/ waschet ihn sauber/ thut Saltz und Pfeffer unter einander/ würtzt den Fisch damit ein/ leget ihn gantz ausgebreitet auf dem Rost/ also daß das innere Theil obersich/ das äussere aber auf den Rost zu ligen komme; schmieret ihn wohl mit guten Baum-Oel/ und bratet ihn durch offtmaliges umwenden auf beyden Seiten schön; alsdann giesst/ nach gut beduncken/ einen Wein/ Essig und ein wenig Fleischbrüh in ein Häfelein/ thut ein wenig Semmelmehl/ Oel und Cappern/ Cardamomen/ Muscaten-Blüh/ Pfeffer/ ein wenig Saltz und würfflicht-geschnittene Citronen-Schelffen darein/ zuckerts/ last es wohl mit einander aufsieden/ und richtets über den Fisch. **

115. Ein

* Es stehet zu eines jeden belieben/ ob man den Fisch mit frischem Schmaltz oder Baum-Oel/ aussen her/ begiessen will; doch muß man sich darnach mit der Brühe richten: dann wann der Fisch mit Oel betreifft worden/ muß auch Oel zu der Brüh genommen werden; wird er aber mit Schmaltz betreifft/ so kan man zur Brüh auch Butter nehmen.

** An statt deß Oels kan man auch Butter nehmen/ so hiemit ein vor allemal erinnert wird. Auch kan man/ an statt deß Semmelmehls/ einen Löffel voll Weitzenmehl im Oel oder Schmaltz schön licht-braun rösten/ davon diese Brüh noch wohl-geschmacker wird.

115. Ein gebachener Karpff im Oel.

SChuppe den Karpffen/ und mache ihn am Bauch auf/ nimm das Eingeweid heraus/ wasche ihn/ und schneide drey oder vier Finger breite Stücklein überzwerch daraus/ auf die Art/ wie bey den zerschnitten- und gebratenen Hecht/ Num. 68. gelehret worden/ saltze und würtze ihn mit Pfeffer/ Cardamomen und Muscaten-Blühe/ streue ein wenig Weitzen-Mehl darauf/ laß ein gutes Baum-Oel in einer Pfannen heiß werden/ und bache den Fisch schön gelb heraus: alsdann leg ihn in eine Schüssel/ neben herum aber/ so wohl Lorbeer-Blätter als auch geviertelte Citronen/ und streue klein- und würfflicht-geschnittene Citronen-Scheliffen darauf.

116. Ein aus Schmaltz gebachener Karpff.

MAn schneide aus dem Karpffen/ wann er zuvor geschuppt worden/ so viel Stücke als man haben will; wasche ihn hernach sauber/ thue solchen in eine Schüssel/ saltz denselben/ und reibe das Saltz wohl hinein/ lasse ihn eine weile ligen/ und streiffe dann das Saltz zusamt dem Schleiffer ab; dann lege man den Fisch ferner auf ein Bretlein/ bestreue ihn dick mit Mehl/ so wol innen als aussen: Es wird auch der Karpff schön und gut/ wann man unter das Weitzen-Mehl ein wenig geriebenes Eyer-Brod mischet/ und mit den Fingern das geschuppte oben her auf den Fisch zuruck treibt/ dann dadurch wird er im Bachen alsdann krauß: man mache aber ferner ein Schmaltz heiß/ und bache die Fisch fein gemach und rösch heraus/ legs auf einen zinnernen breiten Teller/ der zuvor warm gemacht worden: wann dann alle Stuck zusamt dem Eingeweid heraus gebachen sind/ so giesse man nach belieben ein wenig von dem übrigen Schmaltz/ mit einem Löffel/ oben auf die Fisch/ so sehen sie schön und safftig aus/ will man sie aber nicht fett haben/ können sie auch trocken aufgetragen werden. *

U ij   117. Ein

* Man kan auch unter das Mehl einen Grieß nehmen/ und den Fisch damit bestreuen

117. Ein Hausen in einer Polnischen Brüh.

Laß den Fisch in halb Essig und halb Saltz eine gute Stund sieden/ alsdann seihe die Brüh ab/ nimm halb Fleischbrüh und halb Essig/ wie auch einen Löffel voll Honig/ ein viertel Pfund Rosin/ ein achtel Pfund länglicht-geschnittene Mandeln/ Pfeffer/ Ingber und Muscatblühe/ laß es über dem Fisch mit einander aufsieden/ lege ihn hernach in eine Schüssel/ gieß die Brüh darüber/ streue Zimmet darauf/ und trags zu Tisch.*

118. Ein Hausen in einer Meerrettig-Brüh.

Siede den Fisch/ wie erst gemeldet/ lege ihn hernach in eine Schüssel/ brenn ein heisses Schmaltz darüber/ und gieß ein wenig von der Brühe/ darinnen der Fisch gesotten worden/ in die Schüssel/ streue geriebenen Meerrettig auf/ und trage ihn also zugedeckt zu Tisch.

119. Pärschen oder Pirsinge zu sieden.

Man nehme die Pärschen oder Pirsinge/ schuppe sie/ mache unten am Kopff bey den Floß-Federn ein Schnittlein überzwerch/ und dann noch eines nach der Länge darein; nehme hierauf das Eingeweid samt der Gallen heraus/ wasche die Fische schön/ lasse einen Wein-Essig in einer Pfannen sieden/ werffe Saltz darein/ nemlich zu einem jeden Pfund Fisch/ eine Hand mit Saltz/ lege die Fisch dazu in die Pfannen/ und lasse sie nach gut bedüncken sieden; doch diene dieses zum Kennzeichen/ daß wann die Fische ein wenig aufspringen wollen/ sie alsdann genug gesotten haben: dann seihe man den Essig wieder herab in ein Häfelein/ übergiesse aber zuvor die Pirsinge einmal oder zwey mit diesem Essig/ und seihe ihn jedesmal wieder davon/ hingegen giesse man ein wenig Wein daran/ thue ein gut theil Butter/ wie auch Ingber/ Pfeffer/ Cardamomen/

* An statt deß Honigs/ welches vielen nicht beliebt/ kan man sich auch deß Zuckers bedienen.

momen/ Muscatblühe/ und theils würfflicht theils zu Plätzen geschnittene Limonien darein/ und lasse es mit einander auffieden; denn seihe die Brüh in ein Häfelein/ und giesse selbige über die Fisch in eine Schüssel/ belege dieselbige mit Limonien-Plätzlein/ und streue zuletzt ein wenig Muscatblühe und Cardamomen unter einander/ wie auch klein- und länglicht-geschnittene Citronen-Schelffen darauf. *

120. Pärschen oder Pirsinge zu sieden/ auf andere Art.

Schuppe und bereite die Pirsinge/ wie schon gemeldet/ siede sie im Saltzwasser/ und mache indessen diese folgende Brühe zusammen: Laß ein geriebenes weisses Brod in einer Fleischbrühe wohl sieden/ klaube ein wenig Petersilien-Kraut/ und hack es zusamt etlichen grünen Zwiebeln klein/ röste es im Butter/ thue es auch in die Fleischbrühe/ würtze es mit Cardamomen und Muscatblühe/ laß noch einmal mit einander auffieden; würff zu letzt ein Stück Butter hinein: und wann der Fisch im Saltzwasser genug gesotten/ seihe ihn gantz sauber ab/ lege den Fisch in eine Schüssel/ gieß die Brühe auch dazu hinein/ und streue noch ein wenig Muscatblühe und Cardamomen darauf.

121. Pärschen oder Pirsinge in einer Citronat-Brüh.

Bereite die Pirsinge auf die gemeine und bekandte Art/ saltz und gewürtze sie mit Pfeffer und anderer guter Gewürtz/ so innen als aussen/ lege sie auf einen Rost/ daß sie wohl abtrocknen/ und ein wenig gelblicht werden; mach indessen folgende Brüh zusammen: Nimm einen süssen Wein/ und ein klein wenig Essig/ schneide einen Citronat klein und würfflicht/ laß ihn in einem Häfelein ein wenig auffieden/ gieß die Brüh in eine Schüssel/ und

* Man kan auch/ nach belieben/ an statt dieser Brühe die Sardelln-Brühe/ so bey den Hechten Num. 23. 24. und 25. beschrieben worden/ darüber machen.

und streue ein Trisanet darein: wann die Fische nun schön abgetrocknet sind / lege sie in die Schüssel zu besagter Brüh / decke selbige mit einer andern Schüssel zu / setz es auf eine Kohlen / laß es miteinander einen Sud aufthun: dann streue nochmal einen frischen würfflicht-geschnittenen Citronat darauf / und trag es zu Tisch. *

122. Pärschen oder Pirsinge in einer Cappern-Brüh.

Wann die Pirsinge bereits besagter Weise zubereitet sind / laß Weinen Essig und ein wenig Wasser in einer Pfannen siedend werden / saltze ihn und lege die Fische hinein / laß sie sieden; setze indessen einen Wein samt ein wenig geriebenen Semmelmehl in einem Töpfflein oder Häfelein zum Feuer / thue Pfeffer / Cardamomen / Muscaten-Blüh und kleine Essig-Cappern darein / laß ferner sieden / würff zuletzt ein Stück Butter / oder aber / gieß an deren statt ein wenig Oel dazu / seihe die Brüh / wann der Fisch im Essig und Wasser genug gesotten / davon ab / und gieß die Cappern-Brüh darüber / laß selbige mit denen Fischen noch einen Sud aufthun / und gieß die Brüh darüber / lege die Cappern oben auf die Fische / und bestreue sie mit klein-geschnittenen Citronen-Schelffen.

123. Pärschen oder Pirsinge in einer Fenchel-Brüh.

Schuppet und bereitet die Fische wie sonsten / und siedet sie in halb Essig und Wasser; macht indessen diese Brüh zusammen / giesst einen Wein in ein Häfelein / wie auch ein klein wenig Essig / thut gute Gewürtz darein / als Pfeffer / Cardamomen / Muscatblüh oder Muscatnuß / last es miteinander auffsieden / zupffet von einem Fenchel das Krausse herab / thut ein wenig davon in die Brüh hinein / und last es mit auffsieden; druckt auch einen Citronen-

* Wann es beliebt / kan man zusamt den Citronat / auch ein wenig kleinzerschnittene Citronen Schelffen darauf streuen: Oder man kan diese Brüh über gebachene Pirsinge machen.

der Fische / Krebse und Austern.

nen=Safft darein / und zuckerts nur gar ein klein wenig; auf die letzt thut auch ein gut Stuck Butter dazu: wann nun der Fisch im Essig und Wasser gnug gesotten / leget ihn in eine Schüssel / und zerklopfft ein paar Eyerdötterlein in einem Häfelein / rühret es mit der siedenden zusamm=gemachten Brühe an / und richtets über den Fisch: zuletzt streuet den übrigen frischen Fenchel darauf.

124. Pärschen oder Pirsinge in einer andern guten Brüh.

Die Pirsinge richte auf die schon offt=besagte Weise erstlich zu / siede sie dann im lautern Saltzwasser / und mach indessen folgende Brüh an: Laß die Brosam oder das Weiche von Semmeln / oder auch weiß=gebähten Schnitten im Wein oder Fleischbrüh / welches gleich viel ist / wohl weich sieden / gieß auch ein klein wenig Essig dazu / zwinge es durch / und würtze es mit Pfeffer / Cardamomen und Muscaten=Blüh / gieß ein wenig gutes Oel daran / drucke Citronen=Safft darein / und laß es also noch einmal auffsieden: wann die Fische im Saltzwasser besagter massen genug gesotten / so seihe sie sauber ab / und gieß die obige Brüh daran / laß noch einen wall mit aufthun / drucke wieder wie zuvor Citronen=Safft darein / zuckers ein klein wenig / lege die Fische in eine Schüssel / und richte die Brüh darüber / (wer gerne von Oel essen mag / giesse noch ein wenig frisches Oel in die Brüh / ehe sie über den Fisch gerichtet wird /) streue klein=geschnittene Citronen=Schelffen darauf / stecke rings um die Schüssel grüne oder auch dürre Lorbeer=Blätter / und trags zu Tisch. *

125. Pär=

* Etliche lassen auch einige dürre Lorbeer=Blätter und Rosmarin=Sträußlein zugleich mit der Brüh / ehe sie über den Fisch gerichtet wird / sieden / und nehmen sie hernach mit einem Löffel wiederum heraus: man kan auch an statt der Semmel=Brosam ein geriebenes Semmelmehl nehmen / und vor die Fleischbrüh Wein oder Wasser gebrauchen / das Wasser aber muß man nothwendig etwas stärcker hierzu / als sonst gebräuchlich / saltzen.

125. Pärschen oder Pirsinge im Oel zu braten.

BEreite die Fisch / wie schon gedacht / brats in einer Bratpfan, nen im Oel / wie die Num. 72. beschriebene Hechtlein; sihe dann das lautere von dem Oel herab / und gieß zu dem Trüb-zuruck-gebliebenen ein wenig Wein / drucke Citronen darein / oder würff das gantze Marck zusamt ein wenig klein-geschnittenen Citronen-Schelffen dazu / laß mit einander aufsieden / und richte die Brüh über den Fisch.

126. Pärschen oder Pirsinge im Oel gebraten / auf andere Art.

DIe Pirsinge werden geschuppt und aufgemacht / und bleiben wann man sie gesaltzen / eine weile im Saltz ligen; dann trocknet man sie mit einem Tuch wohl ab / läst sie auf dem Rost braten / und bestreichts immerzu / vermittelst eines Federleins oder Pinsels / mit Oel: wann sie dann fertig / giesset man ein wenig Oel in ein Schüsselein / läst solches warm werden / leget die Fische darein / und streuet frisch abgeklaubtes Petersilien-Kraut darauf.

127. Pärschen oder Pirsinge / auf noch andere Art im Oel gebraten.

RIchte die Fische allerdings zu / und brate sie auf einem Rost / oder welches fast besser / in einer Bratpfanne / mit Oel oder Butter / auf die gleich vorhergehends beschriebene beyderley Arten / jedoch nach belieben; sihe dann daß Oel oder die Butter davon ab / lege den Hecht in eine Schüssel; laß indessen einen Wein / wann du zuvor ein klein wenig Zucker / Ingber / Pfeffer / und Cardamomen darein geworffen / in einem Häfelein besonders sieden / und richte diese Brüh über die Fische.

128. Ge-

der Fische / Krebse und Austern. 161

128. Gebachene Pirsinge.

Schuppe und bereite die Fische/ wie vorgemeldt/ wasche sie sauber aus / thue auf einer jeden Seiten überzwerch einen kleinen Schnitt hinein / saltze sie ein / und schwinge oder bestreue sie mit Erbis oder Weitzen=Mehl / bachs im Schmaltz oder Baum=Oel schön gelb; hebe die Pfanne bißweilen vom Feuer hinweg/ und halts dann wieder darüber/ damit sie fein gemach ausbachen: trags dann also trocken auf/ oder mach die Num. 34. und 94. bey den Hechten und Karpffen beschriebene Citronen=Brühe darüber.

129. Gebachene Pirsinge in einer Brüh/ auf andere Art.

Bache die Pirsinge allerdings / auf obige Art; indessen aber mache diese Brühe darüber / röste ein wenig Mehl im Schmaltz / und gieß halb Wein/ halb Rosen=Essig/ und ein wenig Fleischbrühe dazu/ (wiewol man auch die Fleischbrühe/ nach belieben/ davon lassen kan/) laß es miteinander aufsieden/ treibe das Mehl durch/ in ein Häfelein / thue ein wenig Ingber / Pfeffer/ Saffran/ Muscatblühe/ Cardamomen/ Zucker und Trisanet darein/ laß es sieden; lege alsdann die gebachene Fische in eine Schüssel/ und wann die Brüh wohl gesotten hat/ giesse sie/ neben herum/ darein/ damit die Fische obenher schön rösch bleiben / streue auch noch ein wenig Trisanet darauf/ und trag sie also zu Tisch.

130. Gebachene Pärschen oder Pirsinge in einer Brüh.

Wann die Pirsinge in der Butter gebachen/ laß ein wenig geriebenes Semmelmehl in einer andern Butter wol trocken rösten/ gieß einen Wein und ein wenig Fleischbrüh daran/ thue das geröstete Semmelmehl/ wie auch Pfeffer/ Ingber/ Muscatenblüh und Cardamomen darein/ laß sieden; würff zuletzt ein Stücklein Butter dazu/ lege die gebachene Pirsinge in eine Schüssel/

X   gieß

gieß die Brüh neben hinein / und bestreue die Fische obenher mit einem gleichfalls / schön licht-gelb / im Schmaltz gerösteten Semmel-Mehl.

131. Gebachene Pirsinge in einer Polnischen Brüh.

Nimm die Brosam von einem weissen Brod / thue sie in ein Häfelein / schähle eine Zwiebel und einen Apffel / schneide alles beeds würfflicht / thue es auch dazu / gieß einen Wein und Essig daran / würff ein klein wenig Zucker dazu; solte es zu sauer seyn / kan man mit ein wenig Wasser helffen: laß es in einem Häfelein sieden / wann es gesotten daß es sich zerrühren läßt / so zwing es durch einen Seiher / thue Muscaten-Blühe / Pfeffer / Cardamomen und ein klein wenig Saffran darein / zuckere es noch ein wenig doch nicht zu viel / daß das Gewürtz in etwas vorschlage; würff ein gutes Stücklein Butter dazu / wie auch / nach belieben / etliche Citronen oder Limonien-Plätzlein / und laß es zusammen auffsieden: lege dann die gebachnen Fische in die Schüssel / die Plätzlein oben darauf / und gieß die Brüh neben hinein.

132. Pirsinge und Forelln wie Orade einzumachen.

Schuppe nnd mache die Fische auf / wie schon erwehnt / saltze und würtze sie mit Cardamomen und Muscaten-Blüh; bachs hernach im frischen Baum-Oel schön gelb und gemach heraus / laß wol erkalten: nimm alsdann einen Tiegel oder Fäßlein / mache eine Lag von frischen Rosmarin / Pomerantzen-und Salbey-Blättern darein / streue Cardamomen und halb-gestossenen Pfeffer darauf / gieß ein wenig frisches Baum-Oel darüber / lege einwendig in jedem Fisch ein Rosmarin-Sträußlein / und mache so dann eine Lage davon in das Geschirr auf die Blätter / bestreue die Fisch mit Cardamomen / Muscatblühe / halb zerknirschten Pfeffer und Negelein / belege die Fische mit Rosmarin / Pomerantzen-und Salbey-Blättern /

der Fische / Krebse und Austern.

Blättern/ laß ein wenig Baum-Oel darüber lauffen; alsdann mach wieder eine Lage von Fischen/ und so fort/ biß das Geschirr voll wird: hernach gieße zwey Drittel Essig / und ein Drittel schlechten Wein darüber/ decke einen Teller darauf/ und beschwere ihn mit einem Gewicht/ oder aber/ man lasse die Fische immerzu/ so offt man davon brauchet/ von den Blättern und der Brühe bedeckt bleiben/ auch kan man die Brühe versuchen oder kosten / ist sie sauer / so gieße man mehr Wein zu/ oder ist sie zu süß/ so helffe man ihr mit ein wenig Essig: wann man sie aber zu Tisch tragen will / so gieße man frischen Essig und Baum-Oel darüber/ und bestreue sie mit würfflicht-geschnittenen Citronen-Schelffen.

133. Pirsinge oder Forellen wie Orade einzumachen/ auf andere Art.

Bereite und bache die Fische / wie gleich jetzo und Num. 21. bey den Forelln gedacht worden / allerdings zu/ laß sie auch gantz erkalten/ dann bestecke sie auf beyden Seiten mit klein- und länglicht-geschnittener Zimmet und Negelein; nimm alsdann ein Fäßlein oder anders Geschirr/ lege unten in den Boden Rosmarin und Lorbeer-Blätter/ bestreue sie mit Pfeffer / Cardamomen / ein wenig Muscatblüh/ Negelein und Saltz: dann mache eine Lag Fische/ bestreue sie wieder mit obigen Gewürtz/ und ein wenig klein-geschnittenen Citronen-Schelffen: mache abermal eine Lage Rosmarin und Lorbeer-Blätter / lege andere dergleichen Fische darauf und so fortan/ biß das Gefäß davon voll wird: dann gieß so viel gut- und scharffen Wein-Essig (man kan auch wohl ein wenig Wein dazu nehmen) daran/ daß er über die Fische gehe/ und beschwere sie mit einem leichten Gewicht oder Steinlein; doch muß die letzte Lag jedesmal aus Blättern bestehen.

134. Pirsinge oder Forellen wie Orade, auf eine noch andere Weise/ zu zurichten.

Die Pirsinge werden geschuppt/ aufgemacht/ gesaltzen/ und eingemelbet/ wie bekandt; dann setzt man in einer Pfannen zwey

X ij   Drittel

Drittel Oel und einen dritten theil Schmaltz über das Feuer/ bächt die Fische heraus/ seihet dann das Schmaltz und Oel / biß auf ein weniges/ ab/ giesst aber an dessen statt Essig und ein wenig Wein darein/ thut Pfeffer und Gewürtz-Negelein dazu/ und hält es über das Feuer; so bald nun diese Brüh zu sieden beginnet/ legt ein paar von denen zuvor gebachenen Fischen darein/ laßt sie so lang als weiche Eyer darinnen sieden/ nehmt selbige heraus/ und leget ein paar andere hinein / und dieses thut so lang biß alle Fische gesotten haben; wann sie dann fertig und erkaltet sind / kan man sie mit Rosmarin und Negelein bestecken/ und auf die schon in vorhergehenden Beschreibungen gelehrete Art / mit Lorbeer-Blättern / in einen Tiegel oder Fäßlein/ Lag-weiß schlichten/ die Brüh/ darinnen sie gesotten/ kalt darüber giessen / mit einem Steinlein beschweren/ und im Keller aufbehalten.

135. Weißfische wie Orade einzumachen.

Man nehme die Weißfische/ schuppe und mache sie am Bauch auf/ saltze sie ein/ und laß ein wenig im Saltz ligen; dann trockne mans wieder mit einem Tuch ab/ und bachs schön gelb aus dem Oel; laß es eine weile ligen/ biß sie erkalten/ oder aber bache sie deß Tags zuvor/ dann machet diese Brüh darüber: Nehmet von einem Agrest und unzeitigen Weintrauben/ oder an deren statt unzeitiger Stachelbeer ein gut theil/ siedet solche im Essig und Wasser; doch muß deß Wassers ein wenig mehr seyn dann deß Essigs/ sonst wird es zu sauer; stosset aber zuvor nur ein paar Knoblauch-Zehen/ und etwas weniges dürren Fenchel in einem Mörsel/ und laßt es mit dem Agrest oder Stachelbeeren sieden; zwinget es dann durch/ und thut nochmal gantze Stachelbeeren oder Agrest / wie auch ein wenig von dem Oel/ darinnen die Fisch gebachen/ darein/ laßt also die Brüh noch ferner also lang aufsieden / biß die Beer etwas weich werden/ jedoch aber dabey schön gantz bleiben; laßt hierauf die Brüh erkalten/ und giessets über die Fische/ setzt alles zusammen in Keller/ und speiset davon nach belieben.

der Fische / Krebse und Austern.

136. Weißfische zu sieden.

Mache die Weißfische am Bauch auf / nimm die Gall samt dem Eingeweid heraus / und siede sie dann im Essig mit Saltz ab; lege alsdann die Fisch in eine Schüssel / schneide etliche Zwiebeln klein- und würfflicht / röst's im Schmaltz / und brenne sie darüber: laß ferner einen mit Fleischbrüh vermischten Essig siedend werden / gieß ihn in die Schüssel an die Fische / und streue zuletzt einen Ingber darauf.

137. Gesottene Tritsch- oder Aal-Ruppen.

Nimm die Tritsch- oder Aal-Ruppen / stecke ihnen den Finger ins Maul / und biege den Kopff hinter sich / so bricht ihnen das Genick; hernach schneide sie am Bauch auf / und thue das Eingeweid alles heraus / biß auf die Lebern / die lasse allein darinn / und wasche sie schön; laß aber zuvor Erbsen weich sieden / zwings mit einem heissen Wasser durch / und mache von denen durchgezwungenen Erbsen das lautere nochmal aufsiedend; lege dann die Ruppen hinein / und lasse sie so lang darinnen sieden / als weiche Eyer / würff ein Händlein voll Saltz hinein / und laß noch einen Sud aufthun / aber doch nur so lang biß sie mild werden / dann sie werden sonsten nur zäh: seihe hierauf die Brühe gantz davon herab / und giesse eine andere frische / etwas dickere / Erbsen-Brühe / zusamt ein wenig Fleischbrühe daran / und würtze sie mit Ingber / Pfeffer / Muscatblühe und Cardamomen; laß mit einem guten theil Butter noch einen Sud thun / versuchs ob die Brühe nicht zu wenig oder zu viel gesaltzen: lege dann die Fische in eine Schüssel / gieß die Brühe darüber / streue Muscatblüh darauf / und trags zu Tisch.

138. Gesottene Tritsch- oder Aal-Ruppen / auf andere Art.

Mache die Ruppen auf / und bereite sie wie erst gedacht / wasche sie schön / gieß hernach heiß Wasser darüber / und ziehe die

Fische durch die Hand/ so gehet ein grosser Schleim herab; alsdann röste ein Erbis-Mehl in einer Pfannen im Schmaltz/ doch daß es nicht zu braun werde/ gieß Fleischbrühe und ein wenig Wasser daran/ saltze/ und laß es sieden; dann lege die Fische darein/ thue Ingber/ Pfeffer/ Cardamomen und Muscatblühe dazu/ laß mit einander auffsieden; würff zu letzt ein gut Stuck Butter darein/ richte sie an/ und trags zu Tisch.

139. Ruppen auf einer Schüssel zu kochen.

ES mögen die Ruppen gleich groß oder klein seyn/ so mache sie auf/ nimm das Eingeweid heraus/ biß auf die Leber/ wasche selbige aus/ saltze und lege sie auf eine Schüssel/ thue ein gut theil Butter/ und ein oder zwey Löffel voll Wasser/ wie auch gute Gewürtz dazu/ druck zimlich viel Citronen-Safft darein/ laß also zugedeckt miteinander dampffen/ und streue zuletzt klein-und würfflicht-geschnittene Citronen-Schelffen darauf.

140. Gedämpffte Ruppen.

NJmm die Ruppen und schärffe sie zu beeden Seiten neben dem Ruckgrad auf/ stich selbige in der mitten deß Ruckgrads zweymal ab; wann sie dann gewaschen und eingesaltzen worden/ auch eine weil im Saltz gelegen/ brühe mit heissem Wasser den Schleim davon/ legs auf einen Rost/ und laß sie auf einer gelinden Glut abbräunen/ thue sie in einen stollichten Hafen/ gieß eine gute/ aber nicht allzu dicke Erbsen-Brühe daran/ würtze sie mit Pfeffer/ Cardamomen und Muscaten-Blühe/ laß es mit einander auffsieden/ aber ja nicht zu lang: wann sie nun bald gesotten/ lege noch ein gut Stuck Butter darein/ und richte sie an.

❀ ❀ ❀

ANdere nehmen grün Petersilien-Kraut/ und zwey oder drey gantze Ruppen/ welche zubereitet und aufgemacht sind/ setzen selbige

der Fische/ Krebse und Austern.

selbige zusamt dem Kraut in einer Erbsen-Brühe zu/ und lassen sie wohl sieden; dann stösst man das Kraut zusamt einem gebähten Semmelschnitten in einem Mörsel/ zwingt selbiges zusamt der Brüh/ darinn die Fische und das Kraut gesotten/ durch einen Seiher oder Durchschlag/ doch also/ daß die Brüh etwas dicklicht werde; hernach giessen sie es in einen stollichten Hafen/ legen die frisch-aufgemachte Ruppen darein/ würtzen sie mit Pfeffer/ Cardamomen und Muscatblühe/ saltzens/ schneiden Petersilien-Wurtzeln klein darein/ und lassens mit einander sieden/ so wird es desto besser und wohlgeschmacker: zu letzt lassen sie ein gut Stuck Butter darinnen zergehen/ und richten es an.

141. Aal-Ruppen in frischen oder Kief-Erbsen.

BEreite die Ruppen wie bekandt/ wasche den Schleim mit einem Wasser sauber davon ab/ gieß eine durchgezwungene lautere Erbsen-Brüh in eine Pfannen/ und laß die Ruppen ein wenig darinnen sieden/ saltze und siede sie ferner mit ausgekörnten Kief-Erbsen in einer Fleischbrühe/ seihe selbige wieder aus der Pfannen von den Fischen ab/ schütte die ausgekörnte schon gesottene Kief-Erbsen darüber/ würtze sie mit Pfeffer/ Cardamomen und Muscaten-Blüh: laß auf die letzt ein gut Stuck Butter mit aufsieden/ richte sie an/ und streue hernach noch ein wenig Muscaten-Blühe darauf.

142. Aal-Ruppen unter sauern Kraut zu kochen.

NEhmet erstlich ein saueres Kraut/ setzt es zu wie man sonsten pflegt/ aber lasts nicht gar zu weich sieden; macht indessen die Ruppen auf/ waschets aus/ saltzet sie ein/ und lasts bey einer Stund lang im Saltz ligen/ hernach streifft den Schleiffer auswendig von denen Ruppen ab/ und leget auf eine Schüssel eine Lage sauer Kraut/ wie auch ein wenig Butter und Pfeffer/ dann die Ruppen

pen oben darauf / und dazwischen wiederum Kraut / Butter und Pfeffer / und so fort an: alsdann lasse man alles zugedeckt mit einander auf der Kohlen zur Genüge sieden.

143. Gebachene Ruppen im Oel.

Wann die Ruppen aufgemacht sind / brühe sie an / daß der Schleim davon gehet; oder reibe sie wol mit Saltz / und wasch dann nachmal schön mit Wasser ab / so gehet der Schleim auch herunter / und bleiben die Fische viel schöner als wann man sie anbrühet; darnach saltze sie ein / laß ein Baum-Oel heiß werden / schwing die Ruppen in Erbis-Mehl / und bachs im Oel; gieß hierauf einen Wein-Essig zusamt ein wenig Fleischbrüh in ein Häfelein / thue Saltz / Ingber / Pfeffer / Cardamomen und Muscaten-Blühe darein / laß es sieden / lege die gebachene Fische in eine Schüssel / und giesse diese Brühe neben darein / daß die Fische fein rösch bleiben. *

144. Gebachene Ruppen in einer Brüh.

Mache die Ruppen / wie erst gedacht / nimm dann einen guten Wein / thue Zucker / Pfeffer / Ingber / Saffran und Cardamomen daran / laß aufsieden / und richte diese Brüh über die gebachene Ruppen.

❊ ❊ ❊

Die Ruppen können auch / gleich denen Forellen und Pirsingen / wie Orade eingemacht werden. Besiehe hievon Num. 21. 132. 133. 134. Doch pflegt sich die Brüh bey diesen Fischen gemeiniglich zu sultzen.

145. Gesottene Schleyen.

Mache die Schleyen am Bauch auf / thue das Eingeweid alles heraus / wasche und brühe selbige mit heissen Wasser / oder reibe

* Wanns beliebt / kan man auch ein klein wenig Oel an die Brüh giessen.

der Fische/ Krebse und Austern. 169

reibe sie auch wie Num. 143. bey den Ruppen gedacht worden/ mit Saltz ab; hernach siede sie allerdings in der Erbsen-Brüh/ wie gleichfalls bey der Ruppen gelehret worden: nur ist zu erinnern/ daß die Schleyen etwas länger/ als jene/ sieden müssen.

146. Gesottene Schleyen/ auf andere Art.

Schneidet die Schleyen auf/ und nehmet das Eingeweid heraus/ reibt sie mit Saltz/ wie erst vermeldet worden/ damit das schlüpfferige herab komme/ und schneidet dann die Schleyen überzwerch von einander/ wascht und siedet sie im Saltzwasser/ so lang/ biß sie weich werden; alsdann seihet das Wasser wieder herab/ giesset Wein daran/ thut ein wenig Semmelmehl dazu/ würtzt und zuckerts ein wenig/ laßt es sieden/ und werfft zuletzt ein Stuck Butter hinein/ daß es ein dicklichtes Brühlein werde.

147. Gebratene Schleyen.

Ziehe denen Schleyen die Haut ab/ wie einem Aal/ mache sie am Bauch auf/ nimm das Eingeweid heraus/ wasche/ saltze und würtze es/ binde sie in Salbey-Blätter/ umwinds mit einem Zwirn-Faden/ daß sie nicht davon abfallen können; thue frisches Schmaltz oder Oel in ein Brat-Pfännlein/ lege die Fische darein/ und brate sie auf einer Glut schön ab.

148. Grundeln und Sengelein zu sieden.

Durchklaube und wasche die Grundeln und Sengelein rein/ lasse sie ungeöffnet/ mache alsobald einen Wein-Essig in einer Pfannen siedend/ saltz es ein wenig/ thue die Fischlein gantz und lebendig in einen Hafen/ gieß den siedenden Essig darüber/ decks geschwind zu/ daß sie bald sterben; denn schütte selbige zusamt dem Essig in eine Pfannen/ und laß sie ein klein wenig sieden/ hernach seihe sie wieder ab/ giesse ein wenig Wein und frischen Essig darüber/ thue Jngber/ Muscaten-Blühe und Cardamomen daran/ laß also mit einander noch

einen

einen Sud aufthun: indessen mache in einem Pfännlein ein Schmaltz heiß/ und brenne es darüber/ richte alles in eine Schüssel/ und streue Muscatenblüh und Ingber darauf. *

149. Grundeln blau zu sieden.

Laß einen Essig/ den du zuvor gesaltzen/ in einem Pfännlein siedend werden/ hebe es hernach vom Feuer/ wasche und durchklaube die Grundeln sauber/ schütte sie in die Pfannen/ decke selbige geschwind zu/ daß die Fischlein bald sterben; laß hernach so lang sieden/ biß du vermeinest daß es genug sey/ heb sie dann vom Feuer hinweg/ spritze noch ein wenig frischen Essig darüber/ und schrecke sie gleichsam damit ab/ so werden sie schön blau/ der Essig wird alsdann davon herab geseihet/ die Fischlein aber in eine Schüssel gerichtet/ der Essig darüber gegossen/ Muscaten-Blüh und Ingber darauf gestreuet/ und aufgetragen.

150. Gefüllte Grundeln.

Wasche die Grundeln/ thue sie in einen Durchschlag/ und laß das Wasser wieder verseihen; darnach klopffe Eyerdottern in eine tieffe Schüssel oder Hafen/ saltze es ein klein wenig/ und würff die Grundeln auch hinein/ so schluckern sie dieselbige aus/ und füllen sich selbsten damit: alsdann siede sie entweder blau oder in einer Butter-Brüh/ oder bachs aus Schmaltz nach eigenen belieben. **

151. Ge=

---

* Wer will/ kan an statt daß man heisses Schmaltz darüber brennt/ ein gut Stuck frische Butter zuletzt mit auffsieden lassen.

** Etliche pflegen ein wenig gehacktes Petersilien-Kraut unter die Eyerdottern zu rühren/ ehe man die Grundeln hinein thut; auch pflegen sie die gefüllte Grundeln/ wann sie selbige blau sieden wollen/ so bald sie aus der Füll heraus kommen/ zuvor durch ein Wasser zu ziehen.

151. Gebachene Grundeln.

Bereite die Grundeln wie schon gedacht/ saltze und schwinge sie im Mehl/ bache es dann schön gelb und rösch heraus/ so sind sie recht.

152. Gebachene Grundeln/ auf andere Art.

Die Grundeln müssen zuvor sauber gewaschen/ dann ein wenig mit einem Tuch abgetrocknet/ und auf einen grossen hölzernen Teller/ mit Mehl bestreuet/ gelegt/ und wohl darinnen geschwungen werden; indessen macht man ein Oel in einer Pfannen heiß/ und bäckt die Grundel schön gelb heraus: dann legt man sie in die Schüssel/ und streuet Saltz darauf: ehe man sie bäckt/ darff man sie nicht saltzen; dann auf diese Art bleiben sie röscher/ als wann man sie zuvor mit Saltz bestreuet. *

153. Kressen zu sieden.

Nehmet die Kressen/ schuppet und machet sie auf/ thut das Eingeweid heraus; laßt Essig und ein wenig Wasser/ so gesaltzen/ in einer Pfannen siedend werden/ thut alsdann die Fische hinein/ daß sie darinnen sieden; macht indessen ein Schmaltz in einem Pfännlein heiß/ und legt die Fisch/ wann sie gnug gesotten/ in eine Schüssel/ giesset den Essig/ darinnen sie gesotten/ darüber/ werffet ein wenig Kümmel in das heisse Schmaltz/ brennet es geschwind über die Fische/ und tragts zu Tisch. **

N ij   154. Er-

* Auf diese Art kan man auch Erlitzen und Sengelein bachen.

** Wann man will/ kan man über die Kressen/ so sie in Essig abgesotten sind/ die schon N. 6. und 30. beschriebene Butter-Brühe daran machen: auch pflegt man sie im Mehl zu schwingen/ und aus frischem Schmaltz/ wie die Grundeln zu bachen.

154. Erlitzen zu sieden.

Wasche und durchklaube die Erlitzen sauber/ oder galle sie aus/ (wo dich anderst der Zeit und Mühe nicht gereuet/) wiewol sie auf solche Weise vor delicater gehalten werden; dann siede sie wie Num. 148. und 149. von denen Sängelein oder Grundeln gedacht worden: oder aber bache sie auf die Num. 151. und 152. schon gleichfalls beschriebene Art.

155. Neunaugen zu sieden.

Lege die Neunaugen in eine Schüssel/ gieß ein- oder dreymal heiß-siedendes Wasser darüber/ und haue dieselbige mit einem Besenreisig/ daß der Schleim davon herab komme; würff sie hernach in ein kaltes Wasser/ und drucke sie vornher beym Kopff wohl/ so gehet jeden ein Bluts-Tröpfflein aus dem Maul/ (welches man vor ungesund halten will/) oder aber schneide und würff den Kopff/ und ein wenig vom Schwantz/ gar hinweg; laß alsdann diese Fische im Wasser/ welches ein wenig gesaltzen/ in einer Pfannen so lang als weiche Eyer sieden: nach diesem seihe das Wasser wieder herab/ und gieß eine Erbsen-Brühe daran/ würtze es mit Ingber/ Pfeffer/ Cardamomen und Muscatblüh/ laß sie mit einem guten theil Butter noch ein wenig sieden/ saltz es auch so viel als nöthig/ richts an/ und streue Muscaten-Blüh darauf.

156. Neunaugen zu bachen.

Brühet und bereitet die Fische/ wie oben gedacht/ saltzt und schwinget sie im Mehl/ und bachts aus Oel oder Schmaltz nach belieben/ doch also daß sie fein lind bleiben; druckt auch saure Pomerantzen aus/ und richtet selbige darüber/ oder aber schneidet die Pomerantzen in vier Theile/ und leget sie zwischen die Fische auf die Schüssel/ damit man bey Tisch/ nach eigenem gefallen/ den Safft darauf drucken könne.

157. Neunaugen zu braten.

Wann die Neunaugen auf die Num. 155. beschriebene Art zubereitet worden / so saltze und pfeffere sie / gieb ihnen den Schwantz ins Maul; legs hernach auf einen Rost / bestreiche sie offt mit Butter oder Oel / und wends zum öfftern um / daß sie nicht verbrennen: sind sie dann fertig / so trage sie zum Salat auf.

158. Brexen zu sieden.

Mache die Brexen am Bauch auf / nimm das Eingeweid heraus / wasche sie sauber / sieds entweder im Saltzwasser / oder auch wie andere im Gebrauch haben / im Wein und Essig; wann sie genug gesotten / legs in eine Schüssel / bestreue sie mit Petersilien-Kraut / trags zu Tisch / und setze Rosen-oder andern Essig dazu.

159. Brexen zu braten.

Die Brexen werden erstlich aufgemacht / wie kürtzlich gedacht / dann wascht / saltzt / und würtzt man sie; legts hernach in eine Fischreisten / begiesst sie mit heissen Schmaltz / und läst sie also braten: Oder aber wann sie allerdings auf besagte Weise aufgemacht / gewaschen / einwendig gesaltzen und gewürtzet sind / schneide auf beeden Seiten überzwerch etlich mal mit einem Messer subtile kleine Schnittlein hinein; würtze sie auch auswendig wohl / und bestecke die Schnittlein untersich hin mit kleinen Rosmarin-Sträußlein; bestreiche einen Rost mit Butter / lege die Brexen oben darauf / und lasse sie also gemach abbraten: man muß sie aber / vermittelst eines Pinsels / offt mit Oel oder Butter bestreichen / biß sie schön ausgebraten sind: alsdann werden sie in eine Schüssel gelegt / und zum Salat aufgetragen; über Essen kan man / nach belieben / von Citronen den Safft darauf drucken.

N iij   160. Fri-

160. Frische Salmen zu sieden.

Schuppe den Fisch / und zerschneide ihn zu Stucken / so aber nicht gar zu dick sind / und kan man sich / nach dem der Fisch groß ist / darnach richten / dann je dicker die Stücke / je länger muß man ihn sieden; diese Stücke nun lege eine weile in ein frisches Wasser / und wasche sie daraus rein ab; inzwischen laß Wasser / so man auch mit etwas Essig vermischen kan / in einen stollichten Topff / Pfannen oder Kessel siedend werden / saltze und lege sie darein / laß sieden biß dich bedunckt / daß sie durchaus gesotten seyn; es sind aber die frische Salmen am besten wann sie mild bleiben: alsdann hebe selbige heraus in eine Schüssel / setze in die Mitte der Schüssel / in einem Schällein / einen Rosen-Violen-Hohlbeer-oder Citronen-Essig / und streue auf den Fisch Petersilien-Kraut.

161. Frische Salmen zu sieden / auf andere Art.

Wann die Salmen / wie oben gedacht / abgesotten / und in eine Schüssel geleget worden / giesse einen Rosen-oder andern Essig darüber / und lasse ihn also / wann es die Zeit leidet / ein oder drey Stunden lang darinnen ligen; wann er nun zu Tisch getragen werden soll / gieß einen frischen Rosen-oder andern Essig in eine Schalen oder Schüsselein / lege den Fisch darein / drucke den Safft von Citronen auf die Salmen / und bestreue sie mit würfflicht-geschnittenen Citronen-Scheffen / wie auch / so man will / mit Petersilien-Kraut. *

162. Fri-

* Wann die Salmen im Saltz-Wasser gesotten und abgeseihet worden / kan man auch allerley warme Brühen / als von Butter / Oel / Citronen und Sardelln / welche schon bey den Hechten beschrieben worden / darüber machen; zudeme sind sie auch etliche Tag gut zu erhalten: dann wann man den Fisch nicht auf einmal geniessen will / kan er nur allerdings / wie oben stehet / im Saltz gesotten werden; hernach hebt man ihn heraus / und lässet ihn zusamt der Brüh erkuhlen: dann legt man den Fisch in einen Tiegel / und giesset die Brüh darüber / welche sich nachmal sultzet: nach diesem nimmt man den Fisch / so offt man davon geniessen will / heraus / und richtet denselben auf abgemeldte Weise mit Essig ferner zu.

162. Frische Salmen/ auf noch andere Weise zu sieden.

Schuppe und bereite die Salmen / wie vor gemeldt / laß den dritten Theil Wein / so viel Essig / und ein gleichmässiges Drittel Wasser siedend werden / saltze es / lege den Fisch darein / und laß ihn zusamt etlichen Salbey-Blättern und ein wenig Rosmarin sieden; dann der Fisch soll wohl-geschmack davon werden: wann er nun ausgesotten und mild ist / lege ihn in eine Schüssel / streue geschnittene Citronen-Schelffen und Petersilien-Kraut darauf / und setze in einem Schällein einen Citronen-Essig/ mit ein wenig Oel vermischt / in deroselben Mitte.

163. Frische Salmen/ auf andere Art zu zurichten/ so lang auf zu behalten.

Den frischen Salmen / so drey Finger breit zerschnitten / muß man an kleine hölzerne Spieslein stecken / damit er im sieden nicht zerfalle / darnach waschen / in eine tieffe Pfanne legen/ und in halb Wasser und Wein sieden ; man saltzt ihn wie einen Karpffen / läst das Wasser oder die Brüh warm werden / und legt den Salmen auf solche Art ✠ ✠ Creutzweiß / dann wird er so lang gesotten als ein Karpff: so man ihn will abnehmen / muß man / nach dem deß Salmens viel ist / eine halbe oder gantze Maas Wein darauf giessen/ und also abschrecken/ die Brüh wieder ausgiessen / und den Fisch kalt werden lassen: wann beedes recht erkaltet / muß der Salmen in etwas tieffes gelegt / und die Brüh darüber gegossen werden / und so kan man ihn acht oder mehr Tage gut behalten ; so man ihn aber zu essen beliebt/ kan man nur etwas weniges Rosen- oder gemeinen Essig darüber giessen/ und Petersilien- oder Peterlein-Kraut darauf streuen / den Salmen von einander legen/

gen / jedoch fleissig verhüten / daß keine Lufft dazu komme / weil er davon gar leichtlich schwartz wird.

❋ ❋ ❋

Man kan auch die frische Salmen im Oel oder Butter braten / anfänglich zu Stücklein schneiden / auf's beste einwürtzen; ein Papier / wie ein Brat-Pfännlein / formiren / selbiges auf einen Rost setzen / Oel oder Butter darinnen heiß werden lassen / den Fisch darein legen / und also abbraten; wann er fertig / legt man ihn in eine Schüssel / bestreuet ihn mit würfflicht-geschnittenen Citronen-Schelffen / und drucket den Safft darauf: Oder man kan auch halb-zerschnittene Citronen dazwischen legen.

164. Einen Lax zu sieden.

Wässere den Lax ein oder zwey Tage / nachdem er hart gesaltzen ist / gieb ihm aber deß Tages zweymal frisches Wasser; alsdann schuppe und schneide ihn zu Stucken / die aber nicht zu dick seyn müssen / und siede ihn im Wasser ab; wann er gesotten / gieß das Wasser herunter / und hingegen eine Fleischbrüh daran; thue ein gut theil Butter / wie auch Pfeffer / Ingber und Muscatblüh dazu / und laß es also zusammen aufsieden: damit aber die Brühe etwas dicklicht werde / kan man nur ein Löffelein voll im Schmaltz eingebrenntes Mehl daran thun; seihe die Brühe herab in ein Häfelein / lege den Lax in eine Schüssel / gieß die Brüh darüber / und streue Muscatblüh darauf. *

165. Einen Lax zu braten.

Bereite und wässere den Lax / wie erst gedacht / schneide ihn so dünn als möglich zu Stücken / streue Pfeffer darauf / bestreiche den Rost wohl mit Butter / und lege den Lax darauf / bedupffe

* Wanns beliebt / kan man auch die / bey den gesaltzenen Hechten / Num. 87. befindliche Milchram-Brüh über den Lax / oder aber auch die Sardelln-Brüh Num. 23. 24. 25. darüber machen.

der Fische / Krebse und Austern.

dupffe ihn offt / vermittelst eines Pinsels / mit Oel oder Butter / und wende ihn fleissig um: wann dann der Lax schön und safftig ausgebraten / lege ihn in eine Schüssel / drucke den Safft von Citronen darauf / und bestreue ihn mit würfflicht-geschnittenen Citronen-Schelffen; wiewol man auch gantze Citronen dazu auffsetzen kan.

166. Einen Lax kalt zu essen.

Wässere und bereite den Lax / wie schon gemeldet / siede ihn auch im Wasser ab / daß er fein mild bleibt; alsdann seihe das Wasser wieder herunter / lege den Lax in eine Schüssel / und giess einen kalten Hohlbeer- oder Rosen-Essig darüber / und streue klein-geschnittene Citronen-Schelffen und Petersilien-Kraut darauf: wann der Fisch erkaltet / kan man auch Oel und Essig darüber giessen / und ein wenig Pfeffer darauf streuen; doch muß der Lax / ehe man ihn zu Tisch trägt / nicht nur ein / sondern etliche mal mit dem Essig übergossen / und würfflicht-geschnittene Citronen-Schelffen darauf gestreuet werden. *

167. Einen dörren Lax zu braten.

Nehmet den Lax / thut die Schuppen davon herab; alsdann schneidet länglichte Stücklein / so dünn als es seyn kan / von demselben herunter / leget diese auf einen steinernen Teller / giesst ein weisses Bier darüber / lasst sie eine Stund lang darinnen ligen: alsdann schmieret einen Rost mit Butter / legt den eingeweichten Lax darauf / bestreichet selbigen auf beeden Seiten auch mit Butter / und bratet ihn

---

* Man kan auch den Lax / er werde gleich warm oder kalt zugerichtet / annoch im Wasser / darinnen er gesotten worden / versuchen / und wann er etwan noch zu hart gesaltzen / das erste Wasser davon herab seihen / ein ander heisses Wasser darüber giessen / und ihn also noch einen wall darinnen thun lassen; der Essig aber darff eher nicht darüber gegossen werden / biß man ihn zu Tisch tragen will / dann der Fisch wird sonst etwas zäh und härtlicht.

tet ihn auf der Kohlen / daß er schön warm und gistig werde: alsdann tragt ihn gleich auf den Tisch / und last ihn also heiß essen.

168. Picklinge zu braten.

Schneidet den Picklingen die Köpffe hinweg / und ziehet ihnen die Haut ab wie einem Hering; alsdann schneidet oben den Rucken entzwey / doch daß die zwey Theile noch an einander hangen / leget sie auf einen Rost / und schmierts mit Butter; last sie nur ein klein wenig braten / dann sonsten werden sie zu hart: tragt sie gleich auf / daß man sie also heiß esse / dann wann sie zu lang stehen / werden sie gar zu zähe. *

169. Süsse Picklinge zu braten.

Ziehe ihnen die Haut ab und legs auf den Rost / brate sie auch über einem gelinden Kohlfeuer / laß sie schwitzen / und bestreichs mit Butter: Oder aber mache ein Schärtlein aus Papier / gieß Baum-Oel oder Butter darein / und lege die Picklinge in selbiges: hernach setze es auf einen Rost über die Kohlen / laß also braten; leg dann die Fische in eine Schüssel / drucke Citronen-Safft darauf / und trage sie zum Salat auf.

170. Gang-Fischlein zu kochen.

Lege die Gang-Fische in ein frisches Wasser / und laß sie eine Stund oder länger wässern / nachdem nemlich die Fische gesalzen sind / wasche sie von aussen und innen einmal oder zwey aus einem frischen Wasser; laß ein ander frisches Wasser in einer Pfannen siedend werden / lege die Fische hinein / und laß ein klein wenig länger als weiche Eyer sieden; versuch die Brühe / wann sie nicht gnug gesalzen / salze noch mehr darein / sind sie aber allzusehr gesalzen / so seihe das erste Wasser herab / und gieß ein anderes heisses Wasser

* Etliche weichen die Picklinge anfänglich auch im weissen Bier ein / allein auf diese erst-beschriebene Art sollen sie besser seyn.

Waſſer darüber / laß es noch einen Sud aufthun / ſeihe das Waſſer wieder gantz herab / und gieſſe ein wenig Fleiſchbrühe daran / thue Ingber / Muſcatblüh / ein wenig Cardamomen / und ein gut Stuck Butter / oder auch nach belieben / einen Milchram daran / laß es ferner mit einander einen Sud aufthun; richte es dann in eine Schüſſel / gieß die Brüh darüber / und ſtreue Muſcaten-Blüh oben darauf. *

171. Gang-Fiſchlein zum Salat.

Wann die Gang-Fiſchlein gewäſſert und gewaſchen ſind / laſſe ſie ein wenig vertrocknen / ſchneide auſſen überzwerch kleine Schnittlein hinein / miſche Pfeffer / Muſcatblüh und Cardamomen unter einander / und würtze die Fiſchlein damit / innen und auſſen / wohl ein; laſſe hierauf Baum-Oel in einer Brat-Pfannen heiß werden / lege Roſmarin und Lorbeer-Blätter darein / brate die Gang-Fiſche darinnen / und drucke zuletzt den Safft von Citronen darein: Oder aber mache / wie Num. 169. gelehret worden / ein Schärtlein von Papier / gieß auch Baum-Oel oder Butter darein / ſetz es auf einen Roſt / leg die Fiſche hinein / laß ſie darinnen braten / legs in eine Schüſſel / gieß ein wenig von dem Oel oder Butter / darinnen ſie gebraten ſind / darüber; drucke Citronen-Safft / und ſtreue dergleichen Schelfflein darauf / und trags zu Tiſch.

172. Gang-Fiſchlein im Oel und Eſſig.

Wäſſere und ſaubere die Gang-Fiſche / wie geſagt / ſiede ſie im Waſſer aber nicht lang / und ſeihe es wieder davon ab / laß ſie ein wenig ertrocknen; alsdann legs auf einen Roſt / welcher vorher wohl mit Butter beſtrichen iſt / ſetze denſelben über eine gute Gluth / und heb die Fiſche zum öfftern / zuſamt dem Roſt / über eine breite Schüſſel / begieſſe ſie mit Eſſig und Butter / und trockne ſie wieder ab / jedoch nicht gar hart / damit ſie fein im Safft bleiben:

Z ij lege

* Man kan auch / ſo es gefällig / eine Sardelln-Brüh über die Gang-Fiſche machen.

lege sie hernach in eine Schüssel/ gieß Essig und Baum-Oel darüber/ bestreue sie mit klein-geschnittenen Schelffen von Citronen.

173. Sardellen zu zurichten.

Nimm die Sardellen/ wasche sie aus drey oder vier Wassern/ und gräte sie aus; jedoch also/ daß die Schwäntzlein gantz bleiben; laß sie alsdann in einem Wasser etwan eine Stund lang ligen/ nachdem sie nemlich hart gesaltzen sind: dann wasche sie aus dem Wasser nochmal heraus/ und lege sie etwan eine Stund in Wein/ hernach aber in eine Schüssel/ daß die Schwäntzlein auf den Rand heraus/ in die Runde herum zu ligen kommen/ mische auch Essig/ Pfeffer und Oel untereinander/ gieß es über die Sardellen in die Schüssel: streue von Citronen klein-geschnittene Schelffen darauf/ und druck auch von selbigen den Safft darein.

174. Heringe in einer Butter-Brüh.

Nimm Heringe/ wie sie aus der Tonnen kommen/ wässere sie zwey oder drey Tage ein/ nachdem sie hart gesaltzen sind; doch muß man ihnen alle Tage ein- oder zweymal ein frisches Wasser geben/ hänge sie dann bey den Schwäntzen auf/ und laß sie in der Lufft so lang ertrocknen/ biß kein Wasser mehr davon tropffet; schneide sie überzwerch von einander/ nimm das Eingeweid heraus/ mache Wasser in einer Pfannen siedend/ lege die Hering darein/ und laß sie so lang als harte Eyer sieden: alsdann seihe selbiges wieder ab/ thue einen guten Theil Milchram/ und ein klein wenig Fleischbrühe/ wie auch Butter/ Ingber/ Pfeffer/ Cardamomen und Muscaten-Blüh daran/ laß sie also auffsieden/ richts in eine Schüssel/ und streue Muscaten-Blüh darauf.

175. Heringe/ gebraten.

Bereite die Heringe zu/ wie kurtz zuvor gedacht/ schneide ein wenig von den Kopff herab/ und mache dann oben am Ruck-

grat

der Fische/ Krebse und Austern.

graf einen Schnitt eines halben Fingers lang/ stecke das abgeschnittene vom Kopff dazwischen hinein/ oder an statt dessen ein Rindlein rocken Brod/ und lege dann die Heringe auf den Rost/ schmiere aber zuvor den Rost wohl mit Butter/ und die Heringe laß über einem Kohlfeuer braten; bestreiche sie auch mit Butter auf beeden Seiten/ wende sie offt um/ biß sie schön rösch und licht-braun werden: alsdann legs auf einen zinnernen Teller/ nimm die Köpffe oder das Brod heraus/ und trage sie also bloß/ oder auch zum sauern Kraut/ zu Tisch. *

176. Gespickte Heringe.

Wässere und bereite die Heringe auf besagte weise zu/ wann sie nun gantz vertropfft/ und schön trocken sind/ so spicke sie mit einem Speck wohl klein/ schneids am Rucken auf/ stecke den Kopff/ oder auch ein Stücklein Brod dazwischen; brate sie auf dem Rost schön licht/ und betreiffe sie offt mit ein wenig Butter/ daß sie schön giftig werden.

177. Gebachene Heringe.

Wässere und trockne die Heringe/ schneide ihnen den Kopff ab/ und so dann in der Mitte überzwerch von einander/ schwinge sie im Mehl/ mache ein Schmaltz heiß/ bache sie schön licht heraus/ und trage sie zum sauern Kraut/ oder auch ohne dasselbige/ zu Tisch.

178. Heringe im Oel und Essig.

Nimm die Heringe/ laß sie etliche Stunden/ aber auch einen Tag im Wasser ligen/ biß du vermeinst/ daß sie nicht mehr so hart gesaltzen seyen; wasche es aus etlichen Wassern reinlich heraus/ schneide ihnen dann den Kopff ab / klopffe sie mit der

* An statt der Butter/ die Heringe damit zu bestreichen/ kan man auch Oel gebrauchen/ hernach/ wann sie gebraten/ wieder abkühlen lassen/ und dann in Essig legen / Oel darüber giessen / klein-geschnittene Citronen-Schelffen darauf streuen/ und also kalt geniessen.

Fläche eines Messers über und über / dann auf diese Art läst sich die Haut gar gerne abziehen; stich bey dem Schwantz die Haut ein wenig auf die Höhe / damit du sie anfassen könnest / ziehe sie alsdann herab / schneide vom Bauch ein schmales Stücklein hinweg / fasse die Heringe alsdann bey dem Schwantz / und reisse sie in der Mitte entzwey / nimm das Grät heraus / schneid die Helffte deß Herings / nach der Länge / wieder von einander; und alsdann das übrige nach gefallen zu Stücklein: lege selbige in eine Schüssel / gieß Oel und Essig daran / streue kleine Zwiebeln / Pfeffer und würfflicht-geschnittene Citronen-Schelffen darauf. *

179. Frösch zu bachen.

Schneide die hintere zwey Viertel so weit / als sie an einander bleiben können / von den Fröschen ab / und würff die vordere hinweg / ziehe jenen die Haut ab / wasche und saltze sie ein; schwings auch im Mehl / und bachs / wie bey denen Fischen gelehret worden.

180. Blateise oder Halbfische zu wässern.

Würff einen Aschen in ein Geschirr / schütte ein siedendes Wasser darüber / laß es stehen / so fällt der Aschen zu Boden / gieß das lautere davon ab in ein ander Geschirr; solte es aber gar zu herb seyn / so schütte noch ein wenig Wasser dazu / lege die Blateiß oder Halbfische hinein / und laß sie über Nacht darinnen ligen; deß andern Tages gieß dieses herbe Wasser / oder so genannten Kalches wieder herab / und ein ander frisches Röhren-Wasser daran / lasse sie vier oder fünff biß in sechs Tage wässern / nach dem die Zeit ist; dann im Winter müssen sie allezeit länger wässern / als im Sommer: doch muß man alle Tage das Wasser ab / und wieder ein frisches darüber giessen.

181. Blat-

* Etliche mischen auch unter die Zwiebeln klein- und würfflicht-geschnittene Parstörffer Aepffel.

181. Blateise oder Halbfische zu kochen im Kümmel.

Wann die Blateise gewässert und gewaschen worden/ schneide die Flossen herab/ und die Fische überzwerch entzwey/ lasse sie dann im Wasser sieden/ und würff gantz zuletzt ein wenig Saltz dazu; wann sie dann weich sind/ seihe das Wasser davon herunter/ gräte die Fische aus/ gieß eine Fleischbrüh daran/ brenne ein klein wenig Mehl darein/ würff Kümmel und Ingber dazu/ und lasse sie also noch ferner aufsieden: wann sie dann fertig/ legs in eine Schüssel/ brenne oben ein heisses Schmaltz darauf/ und bestreue sie mit Ingber.

182. Blateise oder Halbfische in einer Erbsen-Brüh.

Die Halbfische müssen vornemlich gewässert/ gewaschen/ im Wasser abgesotten und entgrätet seyn/ dann giesst man die bey dem Hecht Num. 51. und 52. beschriebene Erbsen-Brüh darüber/ würtzet sie mit Ingber/ Pfeffer/ Cardamomen und Muscaten-Blüh/ und läst es mit einem guten theil Butter noch einmal aufsieden.

183. Halbfische oder Blateise zu kochen/ in frischen oder so genannten Kief-Erbsen.

Wann die Halbfische gewässert sind/ schneide sie überzwerch von einander/ wasche sie/ weil sie bißweilen gar sandig zu seyn pflegen/ schneide die Flossen herab; laß ein Wasser in einer Pfannen oder stollichten Hafen siedend werden/ lege die Fische darein/ und laß sie sieden/ saltze es alsdann; wann sie nun gesotten/ weich und mild sind/ so seihe das Wasser davon herab/ lege die Halbfische auf einen saubern Teller oder Schüssel/ und löse die Gräte alle davon; man muß aber subtil mit umgehen/ daß die Stücke/ so viel möglich/ gantz bleiben/ und nicht sehr zufallen: indessen nimm ausgeförngekörnte frische oder Kief-Erbsen / laß sie in einer Fleischbrüh ein wenig auffsieden / aber nicht gar weich werden; thue nur gar ein wenig im Schmaltz gantz hell eingebrenntes Mehl darein / wie auch Pfeffer / Ingber und Muscatnuß oder Muscatblühe: lege alsdann die entgrätete Halbfische oder Blateise wieder in die Pfannen oder Hafen / gieß die Erbsen zusamt der Brüh daran / und laß es mit einem guten Stuck Butter auffsieden / daß ein dickes Brühlein daraus werde: richte dann die Fische in eine Schüssel / und die Erbsen oben darauf / und bestreue sie mit Muscaten-Blüh. *

184. Halbfische in Petersilien-Wurtzeln.

Schabe Petersilien-Wurtzeln / siede sie in einer guten Fleischbrüh / brenn oder röst ein wenig Mehl darein / würtze sie mit Ingber / Pfeffer und Muscatblüh; wann dann die Fische / wie vielmal gedacht / zubereitet / und im Wasser abgesotten worden / so seihe selbiges wieder davon ab / und giesse diese jetzt-besagter massen zusamm-gemachte Brüh darüber / lasse sie / zusamt einem guten Stuck Butter / eine weile sieden / daß ein dickes Brühlein daraus werde; richts hernach an / und lege die Petersilien-Wurtzeln oben darauf.

185. Blateise in Petersilien-Kraut.

Wann die Halbfische gewässert / und / wie sich gebühret / bereitet worden / so siede sie im Wasser ab / löse die Gräte davon aus; wasche und klaube indessen Petersilien-Kraut / hack es klein / laß in einem Pfännlein ein Schmaltz heiß werden / und röste das gehackte

* Etliche mischen zwey oder drey löffel voll Milchram unter die Brüh / und lassen sie mit auffsieden; es stehet aber zu eines jeden belieben / die Halbfische oder Blateise mit Milchram und Butter / oder aber mit Butter ohne Milchram allein zu machen / indeme sie auf beede Manier gut zu essen sind. Die Halbfische muß man nicht alsobald im anfang saltzen / auch nicht zu lang sieden lassen / dann sie werden sonst vom Saltz roth / und vom langen Sud hart.

der Fische / Krebse und Austern.

hackte Kraut mit ein wenig Mehl darinnen / gieß Fleischbrüh daran / streue Ingber / Pfeffer / Cardamomen / Muscatnuß oder Muscatblüh darein / und laß es also mit einander sieden; lege dann die ausgegräteten Fische wiederum in eine Pfannen oder stollichten Hafen / gieß die zusamm-gemachte Petersilien-Brüh darüber / laß sie mit einem guten Stuck Butter auffsieden / richts dann an / und bestreue sie mit Muscaten-Blüh.

186. Halbfische in einer Polnischen Brüh.

Diese Fische müssen auch zubereitet / und im Wasser abgesotten seyn / gleich wie die vorige; wann sie dann mild und weich sind / so seihet man das Wasser gantz herab: indessen werden ein oder zwey Limonien / und eben so viel Zwiebeln / aber jedes besonder gehackt / und die Zwiebel wohl weich im Schmaltz geröstet: hierauf gießt man ein gut theil Fleischbrüh daran / thut die gehackte Limonien / wie auch Ingber / Pfeffer / Muscatblüh / Cardamomen und ein wenig Saffran darein / giesst etwas Essig zu / und läst es also mit einander sieden: dann werden die gesottene Fische / so das Wasser zuvor davon abgeseihet worden / in eine Schüssel gelegt / diese Brüh darüber gegossen / und auf eine Kohlen gestellt / damit es alles in der Schüssel noch einmal auffsiede.

187. Einen gefüllten Halbfisch.

Man nehme einen gewässerten Halbfisch oder Blateis / welcher aber zweyhäutig seyn muß / denselbigen reinige man sauber aus / und greiffe oben bey denen Flossen hinein / biß an den Schwantz: dann mache man diese jetzt folgende Füll an: Man nehme gehackt Petersilien-Kraut / röste selbiges ein wenig im Schmaltz / reibe Semmelmehl / rühre das geröstete Kraut darunter / schlag ein oder zwey Eyer daran / streue Ingber / Pfeffer / ein wenig Saffran und Muscatblüh darein / und fülle dann diese Füll in den Fisch auf beeden Seiten: indessen mache man eine Erbis-Brühe zusamt ein wenig Fleischbrüh in einem stollichten Hafen siedend / lege die Fische darein /

darein / lasse sie auffsieden / würtze selbige mit Jngber / Pfeffer und Muscatnuß: zuletzt thue man ein Stuck gesaltzener oder anderer Butter darein / damit es ein dicklichts Brühlein bekomme / dann richte mans an / und trag es zu Tisch. *

188. Laperdan oder Chabliau zu zurichten.

Erstlich wann der Laperdan aus der Tonnen genommen wird / muß solcher drey oder viermal wohl ausgewaschen / hernach in ein frisches Wasser über Nacht gelegt / in einen Tiegel gethan / und mit Wasser so weit übergossen werden / daß es darüber zusammen gehet / darinnen muß er eine gute halbe Stund lang kochen; dann nimmt man ihn aus dem Tiegel / und legt ihn / wann das Wasser abgeseihet / in eine Schüssel / macht eine Butter warm / jedoch also daß sie nicht braun wird / sondern schön licht-gelb bleibt / und brennt sie darüber / streuet so dann Jngber darauf / und trägt ihn zu Tisch.

189. Laperdan oder Chabliau zu zurichten auf andere Art.

Erstlich soll und muß der Fisch gesäubert / gewässert / und auf oben besagte Art im Wasser abgekocht werden; dann thut man zerhackt Petersilien-Kraut in ein Häfelein / Milchram und Butter dazu / giesst ein wenig Fleischbrüh daran / läst also auffsieden / würtzt solches wol mit Jngber / und richtet es über den Fisch.

190. Einen Stockfisch zu wässern und zu zurichten.

Man nehme erstlich den Stockfisch / und klopffe oder zerbläue ihn wohl mit einem Hammer; man thut aber weit besser / wann man ihn auf eine Hammer-Mühl schicket / und allda densel-

* Die Halbfische werden auf diese Art noch besser seyn / wann man sie vorher nur mit einem einigen wall in einem Wasser absiedet; dann sie verlieren auf diese Art ihren Fisch Geschmack: alsdann kan man sie ferner / jetzt gelehrter massen / in einer Erbsen-Brüh sieden lassen.

denselben wohl zerklopffen lässet: dann wässere man ihn in einem Röhren oder sonst weichen Wasser/ sechs/ acht/ biß in zehen Tage/ nach gut befinden/ so lang es nemlich der Fisch/ (weil einer geschlachter ist/ als der andere/) vonnöthen hat; doch muß man ihm alle Tage fleissig ein frisches Wasser geben: zudeme kan man ihn auch anfänglich einen Tag und eine Nacht in einem Kalches oder Lauchen einweichen/ und dann erst in das Röhren-Wasser legen; dann beyderley Art ist durch langwierigen Gebrauch/ gut befunden/ und stehet es jeden frey/ diese oder jene/ nach belieben/ zu erkiesen: Wann dann der Stockfisch also gewässert worden/ so schuppe und wasche ihn aus einem frischen Wasser/ und ziehe selbigem die Haut ab/ darnach blättere den Fisch; doch darff man ihn von dem Wasser nicht all zu hart ausdrucken/ sondern man leget das eine Theil der Haut in einen stollichten Hafen/ streuet Muscaten-Blüh/ Cardamomen und Ingber/ wie auch kleine gantze Zwiebeln/ und etliche Bröcklein frisches Schmaltz oder Butter darauf: alsdann macht man eine Lage von dem geblätterten Stockfisch/ nach diesem wieder von Gewürtz und Schmaltz/ und so fort eines um das andere/ so viel deß Fisches ist: hernach wird die letzte Lage/ von dem andern Theil der Haut/ oben darauf gemacht/ der Topff zugedeckt/ und auf eine Glut gesetzt/ worauf man alles/ längstens eine halbe Stund/ dämpffen lässet; man darff aber nichts daran giessen/ dann der Fisch gibt von sich selbsten Brühe genug; solte aber der Brühe/ wider verhoffen/ gar zu wenig seyn/ so kan auch wol ein klein wenig Wasser zugegossen werden: wann der Fisch dann angerichtet werden soll/ so saltze ihn erst/ und ja nicht vorher/ weil er/ so er im Saltz siedet/ gar gerne hart wird.

191. Einen Stockfisch zu kochen/ auf andere Weise.

Wasche den Stockfisch schön/ schuppe und gräte ihn aus/ thue hernach in einen stollichten Hafen einen guten theil frisches Schmaltzes und klein-geschählte Zwiebeln/ lege den Stockfisch darauf/ und setze ihn zugedeckt auf eine gute Kohlen/ laß ihn eine halbe Stund fleissig also sieden; gibt er von ihm selbst nicht Brühe genug/ kanst du ihm auch mit etwas wenigs Wasser/ oder auch einem Löffel voll Milchram helffen: wann man ihn dann anrichten will/ so saltze darein/ übergiesse ihn offt mit der Brüh/ und streue Ingber darauf.

192. Einen Stockfisch zu zurichten/ auf andere Art.

Wann der Stockfisch sauber gewaschen/ und gebutzt/ so thue selbigen in einen Napff/ und brühe ihn ein oder zweymal mit einem siedenden Wasser an/ laß aber das Wasser allezeit ein wenig daran stehen; dann blättere den Stockfisch auf das schönste/ thue zu erst ein gut theil Butter in eine Schüssel/ wie auch Ingber und Saltz; alsdann lege eine Lage Stockfisch darauf: indessen röst schöne kleine Zwiebeln gelb/ und thue ein gut theil davon auf denselbigen: dann lege abermal ein gut theil Butter/ und ein wenig Semmelmehl/ nach diesem Saltz und Ingber/ und ferner eine Lag Stockfisch/ und so fort: zu oberst aber wieder die geröstete Zwiebeln/ laß alles zugedeckt mit einander dämpffen auf einer Kohlen.

193. Noch einen Stockfisch zu kochen/ auf andere Weise.

Wasche und bereite den Stockfisch auf die bereits bekandte Art/ drucke ihn aber aus dem letzten Wasser/ daraus er gewaschen worden/ nicht gar zu hart aus; thue alsdann ein gut theil frisches Schmaltz/ zusamt ein wenig Butter und Ingber/ in einen stollichten Hafen/ lege den Fisch darauf/ decke ihn mit einer Stürtzen zu/ und laß ihn also nicht gar eine halbe Stund dampffen: man muß aber je zuweilen den Hafen ein wenig schwingen/ daß sich der Fisch nicht anlegt; sehe nach diesem die Brühe herab in ein Häfeslein/ saltze sie/ würff ein Stücklein Butter darein/ und übergieß den Fisch

der Fische / Krebse und Austern.

Fisch einmal oder etliche mit dieser Brüh / laß den Hafen noch eine weil über einer Glut stehen / biß der Butter gar zugangen ist; dann seihe die Brüh wieder herab / richte den Fisch in eine Schüssel / gieß die Brüh darüber / streue Ingber darauf / und trage ihn zu Tisch. *

194. Noch ein auf andere Art zugerichteter Stockfisch.

Siede den gewässerten Stockfisch im Wasser ab / wann er aber mild bleiben soll / darff man ihn über eine viertel Stund nicht sieden lassen / gieß alsdann das Wasser wieder herab / richte ihn in eine Schüssel / mach eine Lag Fische / streue Kümmel / ein wenig Saltz und Ingber darauf / brenn ein heisses Schmaltz darüber / mach wiederum eine Lage vom Stockfisch / bestreue ihn wie zuvor mit Kümmel / Saltz und Ingber / brenn ebenfalls ein heisses Schmaltz darüber / und so fort; an statt deß frischen Schmaltzes aber / kan man auch gar füglich eine frische oder gesaltzene Butter nehmen / und wol heiß darüber brennen. Oder aber siede den Stockfisch im Wasser / saltze ihn zu letzt / und laß ihn also noch einen wall aufthun; lege ihn dann in eine Schüssel / gieß etwas von dem Wasser / darinnen er gesotten hat / darein / streue Ingber und Pfeffer darauf / brenne ein im Schmaltz geröstetes Semmelmehl darüber / und trag ihn also zugedeckt zu Tisch.

195. Ein Stockfisch in einer Butter-Brüh / mit Mostart oder Senff.

Man nehme einen schönen weissen Stockfisch / schuppe und wasche ihn aus zweyen Wassern / thue die Gräte heraus / damit er sich

---

* Etliche lassen den Stockfisch zuvor / ehe sie ihn zusamm machen / eine weile im Wasser absieden / welches aber sonderlich bey dem gedampfften unnöthig / und ist der Fisch auf vorbeschriebene Art mürber und wohl-geschmacker; die Brüh aber muß sein dicklicht seyn / dann so der Fisch etwan der Brühe zu viel hätte / kan man nur oben das Dickste davon nehmen / und ein Stuck Butter noch dazu thun / das lautere aber gar davon lassen.

er sich hübsch blättern lasse; lege ihn in einen stollichten Hafen/ gieß Wasser daran/ laß ihn ein wenig darinnen aufsieden: indessen mache man eine Butter in einem Häfelein zergehen/ thue Saltz/ Ingber/ ein wenig Muscatblüh/ ein paar Löffel voll Mostart oder Senff/ und gar ein klein wenig Wein daran; dann seihe man das Wasser von dem Fisch gantz sauber herab/ und lege ihn in eine Schüssel/ gieß die zusamm-gemachte Mostart-Brühe darüber/ decke ihn mit einer Schüssel zu/ und laß also den Stockfisch auf einer Kohlpfanne noch einen Sud aufthun: dann streue man zu letzt ein wenig Muscatblüh darauf. *

196. Ein Stockfisch im Kern oder süssen Ram.

Wasche und säubere den Fisch/ wie oben gemeldet/ brühe ihn mit einem siedenden Wasser an/ oder aber laß ihn einen einigen Sud im Wasser aufthun; dann seihe und drucke dasselbige wieder davon wohl ab: indessen röste gar kleine gantz- oder geschnittene Zwiebeln/ samt ein wenig Mehl im Schmaltz/ giesse auch einen guten Kern oder Ram daran/ würtze sie mit ein wenig Ingber und Saffran/ (so er anderst beliebt;) dann lasse es mit einander so lang sieden/ biß die Brüh ein wenig dicklicht wird/ gieß sie alsdann über den Stockfisch/ laß alles noch ein wenig mit aufsieden/ saltze es aber erst im anrichten/ und trags darauf zu Tisch.

197. Ein Stockfisch in frischen Erbsen.

Wann der Stockfisch gewaschen/ und zubereitet ist/ so siede denselben im Wasser nur mit einem Sud ab/ darnach seihe solches wieder rein davon; zuvor aber koche die frische Erbsen in einer Fleischbrühe weich/ würtze sie mit Ingber/ Pfeffer und ein wenig Muscatblüh/ brenne ein wenig Mehl darein/ daß sie dicklicht werden/ und giesse sie über den Fisch; schneide ein Stuck Butter dazu/

* Wann man will/ kan man auch ein paar Löffel voll Milchram beymischen/ und zu der Brüh nehmen.

dazu/ und laß es noch einen guten Sud mit einander thun: wann du nun den Fisch anrichten wilt/ so hilff ihm mit Saltz/ als welches/ wie gedacht/ gantz zu letzt daran gethan werden muß.

198. Ein Stockfisch im Peterlein oder Petersilien.

Laß den Stockfisch im Wasser absieden/ dann seihe dasselbe gantz rein ab/ und blättere ihn aus/ thue Butter in eine zinnerne Schüssel/ streue ein wenig Saltz/ Ingber/ Muscatblüh und gehackt Petersilien-Kraut darein; mach hernach eine Lag von dem geblätterten Stockfisch darüber/ streue wieder Saltz/ Ingber/ Muscatblüh und gehackt Petersilien-Kraut darauf/ thue aber allezeit eine Butter dazu/ dann wieder von dem Fisch/ und so fort an/ biß die Schüssel voll ist: alsdann decke sie zu/ setz es auf eine Kohlen/ und laß auffsieden.

199. Ein Stockfisch in Petersilien oder Peterlein/ auf andere Weise.

Schuppet und waschet den Fisch sauber/ wie schon gemeldet/ lasset ihn in einem Röhren-Wasser ein wenig absieden; dann schüttet ihn in ein Salat-Sieblein/ daß das Wasser wohl davon abseihen könne/ oder seihet es nur sonst sauber ab: klaubet hierauf die Gräte fleissig davon/ und blättert den Stockfisch in eine Schüssel/ bestreuet ihn mit Ingber/ macht eine Lag Stockfisch darauf/ bestreuet sie wiederum mit Ingber/ und so fort an; lasset dann eine Butter in einem Pfännlein heiß werden/ thut Saltz und Ingber dazu/ zerklopfft es wohl mit einem Löffel/ mischt ein gut theil gehackt Peterlein- oder Petersilien-Kraut darunter/ und röstet es damit/ aber nicht gar zu lang/ daß es wol grün bleibe/ giest solches über den geblätterten Stockfisch/ und setzt die Schüssel auf eine Kohlen; seihet dann diese/ mit dem gerösteten Petersilien-Kraut zerlassene Butter/ ein- zwey- oder dreymal ab/ und giesst sie wieder darüber/ last aber den Stockfisch nicht gar

gar lang auf der Kohlen stehen / weil er sonst gar hart und zähe wird. *

200. Einen Stockfisch zu braten.

Wasche den Stockfisch / und nimm die Gräth heraus / darnach brühe ihn einmal oder drey mit heissem Wasser / das wohl gesaltzen ist / ab / thue einwendig ein wenig Pfeffer / und ein gut theil Butter / zusamt ein klein wenig Saltz in den Fisch / nehe oder binde ihn wieder zu / drucke ihn aber zuvor wohl aus / daß das Wasser davon kommt / weil er in dem braten sonst gerne zerfällt / setze ihn mit einer Fisch=Reisten in einer Bratpfannen zum Feuer / daß die Butter aus dem Fisch darein lauffen könne; treiffe selbigen alsdann mit Butter / kehre ihn offt mit der Reisten um / daß er also schön abgebraten werde: wann er dann fertig ist / streue Ingber darauf; ist es beliebig / so mach zu letzt noch diese Brüh darüber: Nimm eine Erbis=Brühe / welche mit Fleisch=Brüh durchgezwungen / thue ein gut theil Butter / Pfeffer / Ingber und Muscatblüh daran / laß sie zu einem dicklichten Brühlein einsieden / und giesse es alsdann neben dem Fisch in die Schüssel / damit der Fisch oben rösch bleibe: wer gern von Petersilien=Kraut essen mag / kan von dergleichen gehackten Kraut in der Brüh ein wenig mit aufsieden lassen. **

201. Ei=

* Wanns beliebt / kan man auch / so der Fisch das letzere mal übergossen worden / ein paar Löffel voll Senff oder Mostart dazu thun / und zugleich mit aufsieden lassen.

** Andere machen einen Scharf von einem grossen weissen Bogen Papier / welches nicht gar zu klar ist / thun ein gut theil Butter darein / und setzen es auf einen Rost; wann dann die Butter heiß wird / legen sie den Fisch darein / lassen selbigen darinnen abbraten / und wenden ihn auch fleissig um; auf diese Weise wird er am allerschönsten: Man kan auch / an statt der Butter / den Fisch mit frischem heissen Schmaltz betreiffen / und bey Ermanglung der Reisten / auch nur auf einem mit Butter beschmierten Rost braten.

201. Einen Stockfisch zu braten/ auf andere Art.

Nimm den gantzen Fisch/ wasche und säubere denselbigen inn- und auswendig/ saltze ihn ein/ und lege ihn in eine Fisch-reisten/ setze dieselbige auf eine Glut- oder Kohlfeuer/ und betreiffe den Fisch offt mit heissem Schmaltz; die Reisten aber setze in eine Bratpfannen: wann er nun gnug gebraten ist/ lege ihn heraus/ in eine Schüssel/ und laß in dem Schmaltz/ damit er betreifft worden/ ein Rocken- oder auch ein Erbsen-Mehl einbrennen/ pfeffers wohl/ und gieß dasselbige zuletzt recht heiß über den Fisch.

202. Einen gefüllten Stockfisch.

Nimm ein Schwantz-Stück/ thue das Grät in der Mitte heraus/ schuppe und wasche dieselbige sauber/ brühe es mit einem warmen Wasser/ welches gesaltzen ist/ nur ein einig mal an; dann würtze es einwendig mit Jngber/ Pfeffer und Muscatblüh untereinander gemischt; nimm ferner Meyenkraut und Zwiebeln/ hacke sie wol klein/ reib ein Semmelmehl/ röst es zusamt dem zuvor gehackten Meyenkraut und Zwiebeln im Schmaltz; schütte es dann in ein Näpfflein oder Schüsselein/ würtze es/ schlag ein paar Eyer daran/ und rühr es alles wohl untereinander/ thue noch ein Stuck Butter darein: nimm alsdann den gewürtzten Stockfisch/ drucke das Wasser wohl heraus/ und fülle die Füll daselbst hinein/ wo du die Grät heraus gethan hast; binde ihn hierauf mit einem Bindfaden zu/ leg lange Späne oder Schleissen in eine Bratpfannen/ und den Stockfisch oben darauf/ brenne oder treiffe auf beyden Seiten ein heisses Schmaltz darüber/ wende ihn ein- oder zweymal um/ und laß ihn also in einem Bach-Oefelein/ oder auf einem Rost/ oder auch in einer Fisch-reisten/ nach belieben/ braten.

203. Krebse zu sieden.

Waschet die Krebse/ thut sie in eine Pfanne oder stollichten Hafen/ werfft Saltz/ Pfeffer und Kümmel darein/ giesst Wasser daran/

daran/ und lasst sie also zugedeckt so lang sieden/ biß sich die Schalen schön herab lösen: oder man kan auch/ wann sie halb gesotten seyn/ ein Gläslein Wein daran giessen/ damit sie/ wie etliche davor halten/ wohl-geschmacker werden sollen; wann sie nun gnug gesotten haben/ giesset das Wasser wieder davon/ und seihet es wohl ab; haltet dann die Pfannen mit den Krebsen nochmal über das Feuer/ und schwinget sie herum/ so werden sie schön trocken/ schüttets hernach auf ein sauber Tuch/ und trocknet sie noch besser ab; legts alsdann in eine Schüssel rund herum/ daß die Scheeren auf den Rand der Schüssel zu ligen kommen; streuet Petersilien-Kraut darauf/ decket sie mit einer Schüssel zu/ und bestreuet zuvor den Rand mit Pfeffer/ Saltz und Ingber. *

204. Gebachene Krebs in einer Brüh.

Siede die Krebse/ und löse die Scheeren und Schalen herab/ doch daß der Schwantz an dem Krebs bleibt/ schneide die Füsse hinweg/ bache den Krebs im Schmaltz; nimm die Scheeren und Füsse/ zerstosse sie in einem Mörsel wohl klein/ treibs mit Wein durch einen Seiher; thue Zucker/ Ingber/ Pfeffer und ein wenig Muscaten-Blüh daran/ laß sieden/ und giesse es über die zuvor gebachne Krebse.

205. Austern zu zurichten.

Erstlich reibet man die Austern von aussen sauber ab/ stiche oder löst mit einem Messer die Muschel oder Schalen von einander/ (man muß aber wol zusehen/ daß die Brüh nicht heraus lauffe/) hierauf schneidet oder löset man mit einem Messer die Austern in der Schalen gantz heraus/ reisset das hautichte samt dem harten Bützlein ab/ und leget die Austern in den tieffsten Theil der Muschel-Schalen/ und so selbige einwendig etwas unsauber

* Wann man die gesottene Krebse schön gläntzend haben will/ so würfft man/ nachdem das Wasser von denen Krebsen abgeseihet worden/ ein kleines Stücklein Butter darein/ und schwinget selbiges in der Pfannen herum; oder aber man giesst/ an statt der Butter/ ein wenig Oel daran/ davon sie sonderlich über aus wohl-geschmack und gut werden sollen.

der Fische/ Krebse und Austern. 195

sauber wäre/ wischet man sie mit einem reinen Tüchlein aus/ und legt die Austern zusamt der Brüh wieder in die Muschel/ pfeffert sie/ und giesst ein wenig gutes Oel oder Butter darauf: alsdann setzet man der Austern/ so viel man will/ zusamt der Muschel auf einen Rost/ und läst denselbigen auf einer starcken Glut oder Kohlen so lang stehen/ biß die Austern anfangen zu sieden oder zu pratzeln: dann wendet man sie in der Muschel-Schale einmal um/ hebt sie geschwind vom Rost/ setzets zusamt den Muscheln auf einen zinneren breiten Teller/ und trägt sie also geschwind zu Tisch/ damit sie nicht kalt werden. *

206. Austern so in Fäßlein verführet werden/ zu zurichten.

Nimm die Austern aus dem Fäßlein/ wilt du sie alle auf einmal zurichten/ so schütte sie zusamt der Brüh in eine Schüssel; wilt du aber etliche davon/ biß auf andre Zeit/ aufbehalten/ so lasse die übrigen im Fäßlein in der Brühe ligen/ und nimm allein so viel derselben/ als dir beliebt: Es haben aber die Austern auf der einen Seiten/ ein rundes zähes Plätzlein oder Blätlein/ welches man mit den Fingern leichtlich fühlet/ dasselbige brich oder schneide von denen Austern ab/ und würff es weg; wann sie nun alle abgebrochen und abgeschnitten sind/ lege sie in eine Schüssel/ gieß einen Wein daran/ und laß sie also eine weile stehen/ damit der Wein das Saltz heraus ziehe; dann wasche die Austern darinnen ab/ und lege sie hernach in eine Schüssel/ gieß Wein und ein gutes Oel daran; wann es vonnöthen ist/ streue ein klein wenig Pfeffer darein/ (dann biß-

Bb ij weilen

* Man leget auch gemeiniglich zwey oder drey Citronen zu den Austern auf den Tisch/ damit ein jeder der von den Austern isset/ selbige nach belieben selbst darein drucken könne; wiewol man auch die Citronen gleich bey Auftragung der Austern darein drucken kan/ und ist das fürnehmste daß sie geschwind und heiß gegessen werden: will man sie aber/ wie schon erwehnet/ mit Butter zugerichtet haben/ so nimmt man an statt deß Oels eine Butter/ und macht es eben damit wie mit dem Oel/ wiewol einige zu der Butter keine Citronen hinein drucken: doch stehet solches zu eines jeden belieben. Auch kan ein wenig Muscatblüh daran gethan werden.

weilen sind sie nur gar zu hart gepfeffert/) setze sie zusamt der Schüssel auf eine Kohlen/ laß auffsieden/ wende die Austern etlichmal um/ biß sie durch und durch heiß seyn/ drucke Citronen-Safft darein/ streue klein-und würfflicht-geschnittene dergleichen Schelffen darauf/ trags dann geschwind auf/ daß sie also wol heiß gegessen werden.

207. Austern so in Fäßlein verführet werden/ zu zurichten/ auf andere Art.

Wann die Austern noch recht schön frisch/ und nicht gar sehr gesaltzen sind/ so thue sie zusamt ein wenig Brühe aus dem Fäßlein in eine Schüssel/ streue halb gestossenen Pfeffer darein/ gieß ein klein wenig Wein daran/ thue Baum-Oel oder Butter dazu/ und laß sie also auffsieden; hernach drucke Citronen-Safft darein/ streue dergleichen klein-und würfflicht-geschnittene Schelffen/ wie auch/ nach belieben/ etwas von Muscaten-Blüh darauf/ und trage sie zu Tisch.

208. Austern von Krebsen.

Mache die Krebse lebendig auf/ nimm die Schwäntze heraus/ thue vornen das bittere und die Adern davon; darnach saltze und pfeffere sie ein wenig/ legs in Austern-Schalen/ oder in kleine Tiegelein/ thue Butter dazu/ setz sie auf einen Rost über die Kohlen/ und laß eine weile sieden/ biß sie braun werden wollen; wende inzwischen dieselbige offt mit einem Messer um/ daß sie sich nicht anlegen/ drucke nachmals Citronen darein/ und streue Muscatenblüh darauf.*

209. Austern von Fisch-Milch/ absonderlich von einem Karpffen.

Siede die Fisch-Milch im Weinessig ab/ saltze sie ein wenig/ schneids hernach zu kleinen Stücklein/ legs in die Austern-Schalen/ pfeffers und gieß Baum-Oel darüber/ laß sie auf einem Rost bratzeln oder sieden/ drucke Citronen-Safft darein/ streue auch klein-geschnittene dergleichen Schelffen darauf/ und trage sie zu Tisch.

* Man kan auch/ an statt der Butter/ Oel nehmen/ und sie damit braten lassen.

Vierdter

Vierdter Theil/
Bestehend aus einer gründlichen Anweisung unterschiedlicher Arten

Pasteten.

1. Ein Teig samt dem auf das deutlichste beschriebenen Handgriff / zu allerley starcken Wild = Fleisch = und Fisch=Pasteten/ wie auch einer dazu tauglichen Brüh.
2. Ein andrer Teig zu allerley schwartz und weissen pasteté samt der Brüh.
3. Ein Butter = Teig zu pasteten.
4. — — — — auf andere Art.
5. — — — — noch anderst.
6. — — — — auf eine noch andere Weise.
7. Mancherley Geflügel in Pasteten zu zurichten.
8. Hüner=Pasteten.
9. — — — — auf andere Art.
10. Welsche Hanen = und Capaunen=Pasteten/ samt einer hiezu dienlichen Brüh
11. Auerhanen=Pasteten.
12. Pfauen =und Fasanen=Pasteten.
13. Fasanen = Hasel = Reb = und Pirck=Hüner = Pasteten.
14. Schnepffen=Pasteten.
15. — — — auf andere Art.
16. Wilde Gäns=und Enten=Pasteten.
17. — — — — auf andere Art.
18. Wilde und einheimische Tauben=Pasteten.
19. Allerley Vögel=Pasteten.
20. Wildpret / wie es in eine Pasteten zu zurichten.
21. Hasen = Pasteten.
22. — — — auf andere Art.
23. Kälberne Schlegel=Pasteten.
24. — — — auf andere Art.
25. Brisilln = Pasteten.
26. — — — auf andere Art.
27. Rindfleisch/ wie selbiges in eine Pasteten zu zurichten.
28. Rindfleisch/ absonderlich aber eine so genannte Riemen = Pasteten.
29. — — — auf andere Art.
30. Fisch = Pasteten und was dabey in acht zu nehmen.
31. Aal = Pasteten.
32. — — — auf andere Art.
33. Hecht=Pasteten.
34. — — und Karpffen = Pasteten/ samt einer hierzu dienlichen Brüh.
35. Forelln = Pasteten.
36. Karpffen = Pasteten.
37. Forelln = und Karpffen= Pasteten/ darinnen man die Fische/ zusamt denen Gräten essen kan.
38. Gesalzene Hecht = Pasteten mit sauern Kraut.
39. Stockfisch Pasteten.
40. Schuncken=oder Hamen=Pasteten.

41. Olla-

41. Ollapotrid-Pasteten.	48. Krebs-Pastetlein.
42. — — — — von Krebs-Teig.	49. — — — — auf andere Art.
43. Kleine Pastetlein.	50. — — — — auf andere Weise.
44. — — — — auf andere Art.	51. — — — — noch anderst.
45. — — — — noch anderst.	52. Pastetlein mit Krafft-Zeug.
46. — — — — noch auf andere Weise.	53. Spanische Pasteten.
47. Männlein-Pasteten.	54. Butter-Schlangen.

1. Ein Teig/ samt denen auf das deutlichste beschriebenen Handgriffen/ zu allerley starcken Wild-Fleisch- und Fisch-Pasteten/ wie auch eine hiezu taugliche Brüh.

Man nehme erstlich das Mehl/ schütte selbiges auf ein schön rein und sauberes Bret/ mache einen Kreiß daraus/ und drucke es rings herum fest zusammen; in der Mitten aber mache man eine Lucken oder Grüblein/ thue ein gut theil Saltz und frisches Schmaltz hinein: hernach wird ein siedend Wasser oder Fleischbrüh sein gemach an das Schmaltz in das Mehl gegossen/ und mit einem Messer das Schmaltz so lang herum gerühret/ biß daß er zergehet; dann schlägt man Eyer dazu/ und zwar noch alles deutlicher zu machen/ und eine gewisse Maas zu haben; so werden gemeiniglich zu einem Diethäufflein/ oder den achten Theil eines Nürnbergischen Metzen Mehls/ zwölff Loth Schmaltz/ 2. oder 3. Eyer/ und deß Wassers oder der Fleischbrühe/ nach selbst gut bedüncken/ genommen/ und zwar so viel als man vermeint nöthig zu seyn/ daß man den Teig zusammen bringen könne/ dann er muß wol vest seyn/ absonderlich so was starckes darein geschlagen wird; solte er im zusammen wircken oder kneten gar zu trocken seyn/ kan man ihm allezeit noch mit ein wenig Wasser helffen; wann er nun zusamm gewircket ist/ werden zwey Plätze ausgewälchert/ und zwar der eine eines Fingers dick/ der andere Platz aber so zu dem Deckel gehöret/ muß etwas grösser und dinner seyn/ als der zu den Boden ge-

Von unterschiedlichen Pasteten.   199

den gewidmet ist: alsdann bestreichet man diese beede Plätze mit Eyer-
weiß/ und wälchert/ zumal so man grosse Stücke einschlagen will/
drey Würstlein von dem Teig/ legt sie nach der breiten/ oder auch
nach der länge auf den Boden/ und dann das was man einschlagen
will (so aber zuvor abgeschipfft/ wann es erkuhlet/ wohl gewürtzt/
auch mit Butter und Citronen belegt werden muß; wie künfftig deutlicher wird berichtet werden/) darauf/ damit es ein wenig hol/ und
nicht gleich auf den Boden auflige: ferner machet man noch ein kleines Würstlein/ und legt es rings herum; dann schläget man den
Deckel oben darüber/bestreicht ihn einwendig noch einmal mit Eyer-
weiß/ drucket ihn rings herum zu/ daß er nur ein gar klein weniges
offen bleibt/ damit die Pasteten könne aufgeblasen werden: dann man
muß alsobald hierauf darein blasen/ und den Teig/ wo er offen/ geschwind zudrucken: nechst dem schneidet man den Teig neben herab/daß
der Rannft eines Fingers breit bleibt/solchen drucket man um und um/
und bestreichet die Pasteten mit Eyerklar/ schlägt den abgeschnittenen
Ranfft an die Pasteten wieder um und um auf/ bestreicht so wol
dieses als auch die gantze Pasteten über und über mit einem abge-
klopfften Dottern; dann wälchert man einen andern zuvor übrig ge-
lassenen Teig aus/ so hoch als man den Model hat/ drucket ihn in
besagten Model/ machet zwey Theil daraus/ und schläget den also
abgedruckten Teig um die Pasteten herum/ bestreichet den Umschlag
ebenfalls mit einem Eyerdotter: Zuletzt macht man einen Schlot
folgender massen darauf; man nimt ein wenig Teig/ und treibt ihn
viereckigt aus/ jedoch also/ daß er oben etwas dicker ist als unten/
dann theilt man ihn in acht Theile/ und klebet selbige entweder zu-
sammen/ oder flicht sie etwas zierlicher unter einander/ und setzt also den Schlot oben auf die Pasteten.   Wann nun die Pasteten
verfertiget/ wird sie in den Ofen gesetzt/ und nach einer guten viertel
oder halben Stund nachgesehen/ ob der Teig erhärtet ist; wann er
sich nun also befindet/ machet man oben in dem Schlot mit etwas
spitziges nur ein kleines Löchlein/ daß der meinste Dampff dadurch
Lufft bekommt/ und zwar darum/ damit die Pasteten nicht so gern
und

und bald zerspringen oder reissen: wie lang aber diese und andere Pasteten bachen sollen/ wird zu End dieses Theils besondere Nachricht ertheilet werden. *

Folget die Brüh zu jetzt-beschriebener Pasteten.

BRenne ein wenig Mehl im Schmaltz ein/ daß es wohl braun werde/ gieß Essig/ Wein und Fleischbrüh daran/ laß es sieden/ thue wol viel Citronen-Safft/ dergleichen klein-geschnittene Schelffen und ein wenig Zucker darein: wann dann die Pasteten fertig/ und etwan nur noch eine viertel Stund im Ofen zu stehen hat/ so giesset die Brüh/ durch ein Triechterlein/ oben zu dem Schlot durchs Löchlein hinein/ und last also alles zusammen im Ofen noch eine viertel Stund dampffen. Diese Brüh kan an alle Pasteten gemacht/ und leichtlich verändert werden: will man sie zu weissen Geflügel gebrauchen/ so wird das Mehl nicht so gar braun/ sondern zimlich licht eingebrennet: soll sie über ein Wildpret dienen: kan man nur eine wenig Gewürtz-Negelein darunter mischen/ oder aber diese nachfolgende Brüh darüber zusammen machen: Man läst nemlich einen geriebenen Rümpffel-Käs/ oder dicken Pfeffer-Kuchen/ und gar ein wenig geriebenes Rocken-Brod/ im Schmaltz wol trocken rösten/ giesst Wein/ etwas Fleischbrüh und Essig daran/ thut Zucker und Citronen-Safft dazu/ läst dieses alles zusammen aufsieden/ und schüttet es dann durch ein Triechterlein in die Pasteten. Ist aber das Wildpret etwas starck/ so kan man/ wann die Pasteten etwan ohngefehr halb gebachen/ eine Fleischbrüh/ Wein und Essig unter einander aufsieden lassen/ in die Pasteten giessen/ und mit dem eingeschlagenen ferner dampffen und bachen lassen: zuletzt aber die kurtz zuvor beschriebene Rümpfel-Käs oder Pfefferkuchen-Brüh/ gleichfalls/ wie oben gedacht/ darein schütten.

* 2. Ein

---

* So wol bey dieser als andern Pasteten ist absonderlich zu erinnern/ daß man den Teig zu den Boden/ ehe man die Pasteten zusammen machet/ nicht so gleich auf das Blech/ sondern zuvor ein Papier unterlege/ weil sie sonst sehr beschwerlich/ und mit Gefahr daß der Teig reisse/ darauf zu bringen.

† 2. Ein anderer Teig zu allerley schwartz= und weissen gemeinen Pasteten / samt der dazu gehörigen Brüh.

DEr Teig zu dieser Pasteten wird auf diese Weise angemacht: Man nimmt zu einen Diethäufflein / oder achten Theil eines Metzen Mehls / ein halb Pfund Schmaltz / ein Händlein voll Saltz und ein Ey; oder aber wann der Teig mürb werden soll / kan man halb frisches Schmaltz und halb Butter nehmen; wird aber gar etwas starckes eingeschlagen / als etwan ein grosser Welscher Han oder Auerhannen / oder auch ein starcker Reh= oder Kalb=Schlegel / da muß der Teig nothwendig etwas stärcker seyn / und kan man in diesem Fall zu zwey Diethäufflein / oder den vierdten Theil eines Metzen Mehls / drey Viering Schmaltz nehmen / die Eyer aber und das Saltz bleiben wie oben gedacht; das Mehl wird auf ein Bret / auf einen Hauffen geschüttet / und in die Mitt eine Gruben oder Loch / wie auch neben heraus ein kleines Grüblein gemacht; in die grössere Gruben thut man das Schmaltz und das Saltz / und neben in das kleine Grüblein werden die Eyer geschlagen; dann giesset man ein siedendes Wasser an das Schmaltz / und zerrührt es zuvor zusamt dem Ey mit einem Messer: alsdann muß der Teig mit den Händen recht zusammen gewirckt und gearbeitet werden; wann er nun schön glatt und vest gewirckt und ausgearbeitet ist / muß man selbigen zuvor etwan eine viertel Stund ligen oder ruhen lassen / dann kan man ihn auswälchern / und darinnen einschlagen was man will / den Boden aber ein klein wenig dicker machen als den Deckel: Will man in diesem Teig etwas weisses einschlagen / kan es mit und ohne Gehäck geschehen; machet mans ohne Gehäck / muß man am Boden nichts als Gewürtz streuen / nemlichen / Pfeffer / Saltz und Ingber; machet mans dann mit einem Gehäck / kan man selbiges nur allerdings zusammen richten / wie bey dergleichen nachfolgenden Num. 3. beschriebenen Butter=Pasteten zu sehen / ausser daß man keine Pistacien=Nüßlein und Citronat darunter mischt. Diß Gehäck vertheilet man

man am Boden/ lässet aber rings herum ungefehr eine Hand breit vom Teig vorgehen; dann leget man auf das Gehäck was man will/ entweder einen Welschen Hanen/ Capaunen/ oder Hüner/ welche aber zuvor auf die Num. 7. befindliche Anweisung zubereitet werden müssen: alsdann kan man solches einzuschlagende Geflüg auf den Boden deß Teigs legen/ entweder auf das vorgedachte Gehäck/ oder nur auf den mit Gewürtz bestreuten Boden. Wer aber das Geflüg nicht gern gantz lassen will/ kan es auch zu Vierteln zerschneiden; darauf wieder mit vermischten Saltz und Pfeffer nach Nothdurfft bestreuen/ mit dinn-geschnittener Butter/ Citronen- und Limonien-Plätzen belegen/ und nachmal mit Cardamomen/ Muscatenblüh und klein-geschnittenen Citronen-Schelffen überstreuen. Nach diesem überstreichet man den leeren Boden mit einem siedenden Wasser/ und schlägt den Deckel mit gutem Vortheil geschwind darüber/ damit der Wind beysammen bleib; dann wann man also recht mit umgeht/ darff keine Pasteten aufgeblasen werden: nachmals wird der Teig neben rings herum wol zusamm gedruckt/ und das übrige in der Rundung/ biß auf einen guten Finger breit/ abgeschnitten; dann drucket man denselben Teig an der Pasteten wieder ein wenig dünner aus/ bestreichet die Pasteten zuvor unten herum mit einem zerklopfften Ey/ und wird so dann der Teig etwan eines guten Fingers breit um die Pasteten aufgeschlagen: dann kan man von den andern herab geschnittenen Teig/ das Band oder die Zierd herum machen/ und müssen aus solchem/ nachdem die Pasteten groß oder klein ist/ zwey Theil gewälchert/ auch in der Breite mit einem Rädlein abgerädelt werden: dieses Band kan man auf einen geschnittenen Model drucken/ oder aber mit einem Messer selbsten allerley Zierrathen darein schneiden; dann wird die Pasteten wieder rings herum mit einem zerklopfften Ey bestrichen/ und auf beyden Seiten ein jedes Band herum geleget: ferner drucket man unten den Teig ein wenig an der Pasteten herauswarts/ damit man denselbigen am Rand ein wenig aufwinden könne/ auf beyden Seiten aber/ wo die Band zusammen gehen/ legt man von dem Teig gemeiniglich eine ausgeschnittene Blumen/ so aber zuvor gleichfalls mit einem

Ey

Ey bestrichen werden muß / damit sie klebend bleibe / oben auf den Deckel kan man vom Teig / entweder von Blum- oder Laubwerck/ was ausgeschnittenes machen/ und ist es um so viel desto schöner/ wann mans aus einem Stück schneiden kan; doch kan man auch einige ausgeschnittene Blumen oder Laub darauf legen / wann nur zuvor der Deckel mit einem Ey/ wie schon gedacht/ bestrichen worden: wann nun also die Pasteten allerdings verfertigt/ muß selbige noch zweymal mit einem zerklopfften Ey überstrichen werden / ehe sie in den Ofen geschoben wird: dabey ist auch noch einmal zu erinnern / daß wann ein Pasteten eine halbe Stund im Ofen gestanden / man solche mit einem Hölzlein oben öffnen müsse/ damit sie Lufft bekomme; wann sie aber eine Stund gestanden oder gebachen/ kan man ihr eine Brüh geben. Ist es nun eine Pasteten mit einen Gehäck/ so macht man ungefehr zu fünff oder sechs Hünern / oder zu drey Capaunen / oder auch zu einem Welschen Hanen ein guts halbes Seidlein/ oder eine halbe Maas Brüh an/ man nimmt aber nichts dazu/ als halb Essig und halb Fleischbrüh/ und darff sie nicht nothwendig warm/ sondern auch wol nur kalt durch ein Triechterlein oben in die Pasteten gegossen werden / und lässet man dann die Pasteten samt der Brüh gar abbachen: ists aber eine Pasteten ohne Gehäck/ so macht man eben der Brühe so viel an/ wie vor gedacht; man pflegt aber dazu den halben theil Fleischbrüh/ und die ander helffte Wein und Essig/ das ist/ den achten Theil Fleischbrüh/ und den sechzehenden Theil von einer Maas / oder ein halbes Achtelein Essig und eben so viel Wein zu nehmen / und giesst es auch hinein/ wann die Pasteten eine Stund gebachen: Ist sie nun allerdings fertig/ muß man oben zwischen den Band und den Ausschnitt ein klein Löchlein in die Pasteten machen/ zuvor aber einen Eyerdottern wohl zerklopffen/ aus den Löchlein ein wenig Brüh heraus lauffen lassen / den Eyerdottern damit anrühren/ und dann oben durch ein Triechterlein in diese Brüh wieder hinein giessen / und darff die Pasteten nach diesen nicht mehr in den Ofen geschoben werden.

Cc ij   † 3. Ein

† 3. Ein Teig zu einer Butter-Pasteten.

Nimm zu einem Diethäufflein / oder den achten Theil eines Metzen Mehls / ein und ein halb Pfund Butter / saltze und mache den Teig zuvor mit frischem Wasser an / dann wälchere ihn länglicht / und wasche die Butter zuvor sauber aus / wälchere dieselbige auch etwas länglicht; lege sie auf den ausgewälcherten Wasser-Teig / drucke die Butter ein wenig auf den Teig / und schlage solchen auf beyden Seiten biß in die mitt zusammen / laß ihn eine weil im Keller / biß er gleichsam ruhet / ligen / darnach wälchere den Teig wieder etwas länglicht aus / und schlage selbigen nochmal zusammen / wie vor gemeldet; laß ihn abermal im Keller eine weile ruhen / dann wälchere ihn zum drittenmal aus einander / und lege ihn auf beyden Seiten biß in die Mitten zusamm; aber zum dritten und letzten mal muß man solchen noch einmal über einander schlagen / daß also der Teig vierfach auf einander kommt / und dann wieder im Keller ruhen lassen; Ist aber die Zeit zu kurtz / kan man solchen gleich auswälchern / und daraus eine Butter-Schlangen / Pasteten / oder auch Butter-Küchlein machen / und in solche Pasteten entweder ein Gehäck / oder auch Bries / Morgeln / Krebs und dergleichen füllen. Das Gehäck dazu kan auf diese weiß angemacht werden: Wann man eine Pasteten die nicht zu groß / und etwan nur von einem Diethäufflein Mehl machen will / so nimt man ein Pfund Knötlein-Fleisch / oder das fleischichte von dem kälbernen Schlegel herab gehaut / wäscht solches sauber / setzt es in einem Hafen im Wasser zum Feuer / und läst es nur gleichsam abschipffen / oder so lang sieden biß es verfaumt hat; dann wird es auf ein Bret gelegt / und gar klein samt einem halben Viering oder ein achtel Pfund rindern Marck zerhackt: hierauf thut mans in eine Schüssel / und rührt eine Hand voll geriebenes weisses Brods / wie auch Saltz / Pfeffer und Ingber / so viel als nöthig / samt einen paar Kochlöffel voll Milchram darunter / und streuet klein-geschnittene Citronen-Schelffen / gestossene Muscatblüh und Cardamomen darein: zu letzt aber feuchtet mans gleichsam nur mit ein wenig Fleischbrühe und Essig

Von unterschiedlichen Pasteten.

Essig an; und solches Gehäck kan man zu allen Pasteten auf diese Art machen und gebrauchen: Zu denen jetzt-gedachten Butter Pasteten aber/ kan auch unter dieses Gehäck/ wanns beliebt/ würfflicht-geschnittener Citronat/ und weisse gantze Pistacien-Nüßlein dienen: dann wälchert man aus dem Teig einen Platz/ gleich rund oder länglicht/ und legt entweder auf den Boden/ oder aber auf halben theil deß Teigs/ das Gehäck; doch also/ daß auf denen Seiten deß Teigs/ ungefehr drey Finger breit leer bleibe: zudeme kan man das Gehäck nur allein in dergleichen Pasteten machen/ oder auch etwas von zarten weissen Geflüg zugleich mit einschlagen; als etwan gar junge Hüner/ welche zu vier Theilen geschnitten/ in einer Schüssel mit Saltz/ Pfeffer/ Cardamomen und Muscatblüh eingewürtzt/ mit ein klein wenig Wein angefeuchtet/ wohl unter einander geschwungen/ und auf das Gehäck gelegt werden: beliebt es aber/ so kan man auch an statt der Hüner/ Briese/ Morgeln und Krebse nehmen/ die Brieß zuvor ein wenig abschipffen/ zu Plätzlein schneiden/ die Krebse ausschählen/ und die Morgeln zuvor im Wasser abbrühen/ oder wol gar ein wenig darinnen absieden: dann thut man alles zusammen in eine Schüssel/ würtzt es wohl ein/ und schwingt sie ein wenig im Wein/ legts dann auf das Gehäck/ und schneidet Butter darauf nach selbst eigenen belieben; dann schmieret man den Teig auf den Boden nur an dem/ was eingeschlagen ist/ mit einem zerklopfften Ey herum/ und darff man nicht weit auf den Teig mit dem Ey heraus fahren/ weil er sonst nicht aufgehen kan: nimm dann die ander Helfft deß Teigs/ schlag es mit Vortheil geschwind herüber/ und drucks an dem Gehäck/ wo es mit dem Ey bestrichen/ rings herum mit dem Finger ein wenig zusamm; dann der letzte Teig muß ungefehr drey Finger breit hervor gehen; schneide ihn in die Runde herum hübsch gleich ab/ und überstreiche ihn oben mit einem zerklopfften Ey; doch muß man wohl acht haben/ daß von dem Ey/ neben her der Schnitt nicht getroffen werde/ sonst gienge der Teig/ wie schon gedacht/ nicht auf: dann stellt man die Pasteten in einen Ofen/ und läst sie allgemach abbachen/ welches ungefehr in zweyen Stunden geschehen kan; wann aber die Pasteten eine halbe Stund im Ofen gestanden/ pflegt man selbige oben mit einem Höltzlein ein wenig zu öffnen/ damit sie Lufft bekommt/ und das muß bey allen Pasteten/ daß sie nicht zerspringen/ geschehen: wann sie dann eine Stund im Ofen gestanden/ muß man ihr eine Brüh geben/ so aus nichts als Wein und Fleischbrüh gemacht worden; und zwar zu einer Pasteten von einem Diethäufflein Mehl mehr nicht/ dann ungefehr ein Achtelein Brüh in allen/ wiewol auch etliche etwas Essig dazu nehmen/ es stehet aber solches in eines jeden selbst eigenen belieben: nach eingegossener Brüh läst man die Pasteten gar völlig/ biß zu bestimmter Zeit/ abbachen.

† 4. Ein Mürber Butter-Teig zu Pasteten auf andere Art.

Nehmet zu einem paar Hüner ein halb Pfund/ oder so man den Teig noch mürber verlanget/ drey viertel Pfund Butter/ schneidet solche unter ein wolgemessenes Diethäufflein/ oder den achten Theil eines Metzen Mehls/ reibet beedes/ das Mehl und die Butter/ zwischen den Händen wohl durch einander/ daß es wird wie ein geriebenes Brod/ feuchtet es mit einem süssen Ram oder Kern an/ schlaget hierauf sieben oder acht Eyer darein/ biß der Teig seine rechte Dicke hat; dann man kan die Eyer in diesem Stuck so eigentlich nicht benennen; wircket alles wohl untereinander/ saltzet es; und wann der Teig also allerdings beysammen ist/ lasset selbigen eine halbe Stund ligen oder ruhen; dann wälchert aus dem Teig einen Boden und Deckel/ schlaget etwas subtiles darein/ nach gefallen: als Hüner/ Prisillen/ auch wol einen jungen Capaun/ und verfertigt also die Pasteten allerdings auf diese Manier und Art/ wie Num. 2. und 3. solches bereits ausführlich beschrieben worden.

† 5. Einen weiß und mürben Butter-Teig zu Pasteten/ noch anderst zu machen.

Zu einem Diethäufflein/ oder den achten Theil eines Metzen/ Mehls/ muß man drey viertel Pfund Butter/ oder ein halb Pfund

Pfund frisches ausgelassenes Schmaltz nehmen/ das Mehl auf ein Bret heraus schütten/ in die mitte desselben eine Gruben machen/ das Schmaltz und Butter hinein thun/ neben her in dem Mehl noch ein besonders Grüblein machen/ ein Ey darein schlagen/ unter das Mehl ein wenig Saltz mischen/ das Schmaltz oder die Butter mit einem kalten Kern oder süssen Ram/ vermittelst eines Messers/ wohl anrühren/ und alsdann zusamen wircken/ wie den vorher beschriebenen gemeinen Pasteten Teig/ und dieses heist man den kalten Teig/ darein man allerley subtiles einschlagen kan/ als junge Hüner/ ein Gehäck/ oder auch Krebse/ Morgeln und Briese.

† 6. Noch einen mürben Butter-Teig/ welchen man zu den Schart-Pasteten gebrauchen kan.

Zu zwey Pfunden schönes Mehls nehmt ein Pfund Butter/ schüttet das Mehl auf ein Bret/ machet in der mitten deß Mehls eine Gruben/ schneidet die Butter zu dinnen Plätzlein darein; schlaget aber zuvor zwey Eyerdottern und ein gantzes Ey in das Mehl/ saltzt es/ reibt und wirckt die Butter und Eyer wohl darunter/ daß es wie ein geriebenes Brod werde; giesset ein wenig süssen Ram/ oder nur ein frisches Wasser darein/ und feuchtet es mit an/ wirckt oder arbeitet den Teig auf das schönste ab/ doch fein geschwind/ dann wann man damit lang umgehet/ wird er nur desto zäher: alsdann last diesen Teig eine gute weile an einem kühlen Ort stehen/ daß er gleichsam ein wenig ausruhe; dann schmiert den Schart wohl mit Butter/ schneidet den Teig in der mitten entzwey/ wälchert zwey Plätze daraus/ so nicht gar zu dinn sind/ den einen Platz richtet in den Schart hinein/ den andern aber gebraucht zu dem Deckel; in diese Pasteten kan man allerley einschlagen: als Hüner/ Tauben/ Prisillen/ Fische/ und was man selbst verlangt; allein die Hüner und Tauben/ wie auch die Prisillen/ müssen zuvor ein wenig abgeschipfft werden/ dann dieser Teig ist gar zu mürb/ also daß das eingeschlagene sonst nicht auskochet/ oder der Teig sich all zu hart verbächt/

Hüner

Hüner und Tauben thun am besten zu diesen Pasteten/ wann man sie zu Vierteln schneidet: die Hüner werden nur in halb Wasser und halb Fleischbrüh abgeschipfft / und die Brisillen mit lautern Essig eingebeitzt/ und auch zuvor ein wenig abgeschipfft; im übrigen mit Gewürtz/ Limonien und Citronen eingeschlagen/ wie die andern Pasteten. Wann man den Deckel zumacht/ muß man den Teig zuvor wohl mit Eyern verschmieren/ aber nicht aufblasen/ die Hitz ziehet es schon selbst auf; oben kan man den Deckel mit Eyer-klar bestreichen/ und mit einem Ausschnitt vom Teig belegen/ die Pasteten also in einen wohl erhitzten Ofen setzen/ und mit einem steten Feuer bachen lassen: wann sie eine viertel Stund im Ofen gestanden/ muß man oben in den Deckel ein Loch hinein stossen/ lufft machen/ und alsdann durch selbiges eine Brüh darein giessen; wie bey denen andern Pasteten bereits gelehret worden.

7. Wie man das Geflügel in eine Pasteten recht zubereiten solle.

Ein Welscher Han/ ingleichen auch die Capaunen/ wann sie sauber gebrühet und gewässert worden/ indem sie nemlich in einem reinen Wasser etliche Stunden gelegen/ sollen/ ehe man sie in die Pasteten schlägt/ in einem Wasser abgeschipffet werden/ oder nur durch ein heisses Wasser einmal oder drey gestossen und gezogen werden/ dann läst man selbige in einer erdenen Schüssel oder Teller wieder abtrocknen und erkalten/ weil man sie nicht warm oder naß auf den Teig legen darff: hierauf würtzet man sie mit Pfeffer/ Cardamomen und Muscatblüh wohl ein/ legts auf den ausgewälcherten Teig/ gleich als auf den Boden der Pasteten/ streuet aber zuvor unten auf besagten Boden allerley gute Gewürtz/ wie oben auf das Geflügel/ ingleichen auch/ so es beliebt/ ein wenig weißgeriebenes Brod; beleget es neben so wol als oben auf mit geschnittener Butter und Limonien-Plätzen: wann man auch ein Gehäck darein machen will/ so kan man ein Knödlein-Fleisch welches das dickeste und fleischichste ist von einem kälbernen Schlegel sauber waschen/ in einem Wasser ein wenig absieden lassen/ biß es verfaumt hat:

Von unterschiedlichen Pasteten.

hat: alsdann auf ein Bret legen / und gantz klein zerhacken lassen; hernach in einem Napff thun / und ein wenig Fleischbrüh / Wein und Essig daran giessen. Wiewol etliche das Gehäck in eine Pasteten am meisten mit Wein anfeuchten / und nur gar ein klein wenig Fleischbrüh dazu nehmen / absonderlich wanns zu gebeitzten Fleisch oder Geflügel dienen soll; wie ferner wird bericht werden: Auch kan man / nach belieben / Brod und allerley Gewürtz / als Pfeffer / Cardamomen und Muscatblüh / wie auch klein= und würfflicht=geschnittene Limonien und Citronen=Schelffen / samt gar ein wenig sauren Milchram darunter rühren / das Gehäck muß etwas feucht seyn / aber doch nicht gar zu naß: dann beleget man mit diesem Gehäck den Boden zu der Pasteten / so weit als man vermeint daß das Geflügel darauf zu ligen komme; schneidet auch ein wenig Butter auf das Gehäck / leget das Geflügel darauf / bestreuet es / wie oben schon gedacht / mit Gewürtz / belegt es mit Limonien und Butter / schlägt den Deckel darüber / und bereitet oder verfertiget die Pasteten ferner auf die bereits beschriebene Art. Wann sie dann fast abgebachen / kan die Num. 1. 2. und 3. beschriebene Brüh auch darein gegossen werden.

✝ Andere lassen die Welsche Hanen ein wenig zum Feuer legen / daß die Haut zuvor in etwas zusammen gehe / und schlagen sie dann auf besagte Art ein.

✝ Die Capaunen und Hüner müssen zuvörderst sauber gebrühet / und gewässert / auch einwendig mit Saltz und Pfeffer wohl eingewürtzet werden; dann pfleget man ihnen die Gemper oder Brust-Beiner wohl nieder zu drucken; ferner die Beine oben bey dem Schenckel / mit einem starcken Messer also abzuschlagen / daß sie sich gleichsam lösen / die Haut aber und das Fleisch gantz und unverletzt bleibe: dann stecket man die Füsse an den untern und vördern Theil deß Leibes / wo die Hüner aufgeschnitten / und das Gedärm heraus genommen worden hinein; macht aber in die Flügel an den Hals ein klein Schnittlein / daß sie ebenfalls sich in etwas lösen; ingleichen auch in den Hals so wol oben bey den Kopff / als unten zwischen denen Flügeln / doch muß der Hals nicht gantz durch geschnitten werden /

den / sondern hangen bleiben; auch soll man den Schnabel / der Gewonheit nach / beschneiden und abkürtzen.

Man kan auch / so es gefällig / die Viertel an dem Geflüg ein wenig zuvor mit einem Messer ablösen / damit sie in der Pasteten besser zu zerlegen seyn / oder auch selbige Viertel-weiß zerschneiden / und also in die Pasteten legen und einschlagen.

† Die Pirckhüner und Auerhannen pflegt man / ehe man sie in eine Pasteten schlägt / zuvor ein wenig im Essig zu beitzen / auch wol nur über Nacht im Essig ligen zu lassen; dann wann sie lang beitzen / werden sie gar ungeschmack: wann sie aus dem Essig kommen / muß man ihnen die Flügel / Füsse und Hals gar herab schneiden / die Gember oder Brustbein eindrucken / die Bein zerschlagen / auf einen Rost zum Feuer legen / damit die Haut ein wenig einschrumpffe: alsdann spicken / und einwendig mit vermischten Saltz / Ingber und Pfeffer würtzen / und so dann in den Teig einschlagen.

† Die Hasel-und Rebhüner werden ebenfalls ein wenig in Essig / oder in halb Wein und Essig / gelegt / und auf der Brust mit Zimmet und Negelein bestecket.

† Die wilde Gänse und Enten rupfft man fürnemlich rein und sauber / schneidet ihnen die Köpff und Fügel ab / läts im Essig ein wenig beitzen / legts dann auf einen Rost nur so lang biß die Haut einschrumpffet / spickt und würtzt sie ein / wie von den Pirckhünern bereits gesagt worden.

† Die kleinere Vögelein bleiben also wie sie sind / nur daß sie sauber gewaschen und ausgenommen werden.

8. Eine Hüner-Pasteten.

Die Hüner / deren man so viel als man will einschlagen kan / müssen zuvörderst gewürget oder abgestochen / hernach gebrühet / und sauber gewässert seyn: sie sollen auch am schönsten und besten werden / wann man sie zuvor / einmal oder zwey / durch ein heisses Wasser ziehet / und dann wieder vertrocknen lässet; wann es aber die Zeit nicht leidet / kan man sie auch nur so gleich einschlagen /

Von unterschiedlichen Pasteten.

gen / nach eines jeden belieben: nechst diesen werden sie eingewürtzt / und ferner allerdings zubereitet; wie bey der Beschreibung deß Teigs Num. 1. und 2. gedacht worden: Es stehet aber einem jeglichen frey / ob man die Hüner mit einem Gehäck oder ohne Gehäck machen / gantz oder Viertel weiß einschlagen will: nur ist noch dieses dabey zu erinnern / wann man sie Viertel-weiß einschlägt / daß man selbige mit Vortheil nach einander herum lege / damit die starcke Beine nicht zu hart in die höhe kommen / und nachgehends Löcher in den Deckel stossen: im übrigen kan man sich weitern Berichts / in dem oben gedachten / Num. 1. und 2. in diesem Theil erholen.

9. Eine Hüner-Pasteten / auf andere Art.

Bereite die Hüner allerdings auf vorgemeldte Weise / mache dann entweder den Num. 1. oder aber Num. 2. beschriebenen Teig / nach belieben / zusammen; wälchere den Boden aus / leg ein wenig Teig rings herum / streue weiß-geriebenes Brod / Muscaten-Blüh / Cardamomen / und etwas Pfeffer auf den Boden; laß einen Spargel gehöriger massen abbrechen / und zuvor ein klein wenig übersieden / gleich als ob man ihn kalt auftragen wolte / schähle auch ebenfalls zuvor gesottene Krebse aus / lege die Hüner auf den mit dem Brod und Gewürtz obbesagter massen bestreuten Boden / und dann den Spargel und die ausgeschählte Krebse neben herum / bestreue sie mit obernannten Gewürtz / leg ein gut theil dinn-zerschnittener Butter darauf / schlag dann den Deckel / wie schon gelehret worden / darüber / setze sie in Ofen / und stosse indessen die Krebs-Schalen mit einer Fleischbrüh ab / streue nur ein klein wenig Cardamomen und Muscaten-Blüh darein / weil die Pasteten schon bereits wohl gewürtzt worden / laß selbige mit einem Stuck Butter aufsieden / und giesse sie / wann die Pasteten fast ausgebachen / darein.

Dd ij   10. Eine

10. Eine Welsche Hanen- und Capaunen-Pasteten/ samt einer hiezu dienlichen Brüh.

Man richte den Welschen Hanen oder Hennen/ ingleichen auch die Capaunen zuvörderst also zu/ wie Num. 7. weitläufftig gemeldet worden; mache dann einen von denen Num. 1. und 2. schon vorbeschriebenen Teigen an/ wälchere den Boden aus/ lege den wohl eingewürtzten Welschen Han/ oder die Capaunen darauf/ beziere und bestreue selbigen mit theils Plätz=weiß/ theis würfflicht=geschnittenen Limonien/ schlage den Deckel darüber/ verfertige also die Pasteten auf die bereits vorhergehends angezeigte Weise/ und laß sie dann im Ofen bachen; mache aber indessen nachfolgende Brüh zusammen: Schneide etliche Limonien klein= und würfflicht/ siede sie ein wenig im Wein/ seihe selbigen ab/ und schütte ihn hinweg/ dann er ist gar gesaltzen; gieß einen andern frischen Wein darüber/ leg einen Schnitten gebähetes Brod dazu/ und laß auch diesen Wein also aufsieden/ treibe ihn zusamt dem Brod durch einen Seiher; streue Zucker/ Cardamomen und Muscaten=Blüh darein/ laß es alles zusammen noch einmal/ und zuletzt ein Stuck Butter/ mit aufsieden/ und gieß sie/ wann die Pasteten nur etwan noch eine gute viertel Stund zu bachen hat/ hinein.

11. Eine Auerhannen=Pasteten.

Wann der Auerhannen gebrüht/ gebeitzt/ gespickt/ und nur ein wenig auf dem Rost/ damit er nicht zu naß in die Pasteten komme/ abgetrocknet/ auch mit Pfeffer/ Cardamomen/ Muscaten=Blüh und Muscaten=Nüssen/ zusamt ein wenig Gewürtz=Negelein eingewürtzet worden; wälchere von dem obbeschriebenen Pasteten=Teig einen Boden aus/ bestreue selbigen mit obigen Gewürtz/ und ein klein wenig geriebenen Rocken=Brod/ lege den Auerhannen darauf/ und dann auf denselbigen/ wie auch neben herum zerschnittene Butter/ Citronen=und Limonien=Plätze/ und bestreue ihn

ihn mit klein= und würfflicht=geschnittenen Schelffen von Citronen/ schlage den Deckel darüber/ und mache die Pasteten/ nach der zu anfangs dieses Theils auf das deutlichste beschriebenen Art/ gantz fertig und zusammen. *

† 12. Eine Pfauen= und Fasan=Pasteten.

Die Pfauen und Fasan=Hüner werden in den zuvor beschriebenen Teig geschlagen/ und wie das weisse Geflüg zugerichtet; es werden ihnen nemlichen die Beiner und Flügel gelöst/ die Gemper zerdruckt/ und selbige so dann ferner/ wie die Welsche Hanen/ eingewürtzt: den Pfauen aber muß man zuvor ein wenig auf einem Rost/ bey einem kleinen Kohlfeuer die Haut überlauffen lassen: nechst deme ist fleissig zu beobachten/ daß man die Pfauen und Fasan=Hüner auf der Brust nur ein wenig mit klein= und länglicht=geschnittener Zimmet bestecke oder bespicke; es müssen aber/ dafern selbige mit keinem Gehäck eingeschlagen werden/ auch keine Limonien zu dieser Pasteten kommen / sondern man muß allein auf dem Boden deß Teigs etwas wenigs von vermischtem Saltz und Pfeffer streuen/ den Pfauen oder die Fasan=Hüner darauf legen/ und selbige oben wieder mit guter Gewürtz/ wie bey dem andern Geflüg gelehret worden / bestreuen. Man rechnet aber zu einem Pfauen oder zu drey Fasan=Hünern eine gantze Citronen/ und von deren halben oder auch wol gantzen Theil/ die Schelffen klein zerschnitten/ von dem innern aber/ als dem Marck/ kan man sechs oder acht viertel Stuck zertheilen/ und dann auf die Pfauen oder die Fasan=Hüner herum legen/ auch die geschnittene Citronen=Schelffen zusamt einer Handvoll geriebenen Zuckers darüber streuen/ zuvor aber auch ein wenig Butter darauf schneiden; es ist aber nicht so viel / als sonst zu einer andern

* Solte der Auerhannen etwan gar starck oder zäh seyn/ so ist es besser/ wann man selbigen/ an statt daß er auf dem Rost abgetrocknet werden solte/ in einem Wasser mit Essig vermischt/ zuvor ein wenig abschipffen oder sieden/ dann erkalten und vertrocknen lässet; und ist absonderlich zu mercken/ daß man ja nichts naß oder warm einschlage.

andern Pasteten erfordert wird / nöthig: alsdann wird eine solche Pastete ferner verfertigt / wie die schon vorher beschriebene; aber die Brüh dazu muß also angemacht werden: Man muß zwey Drittheil Wein / und auch ein Drittheil Essig / zu einem Pfauen nehmen / und der Brüh ungefehr ein halb Seidlein zu drey Fasan-Hünern; diese Brüh wird durch ein Triechterlein hinein gegossen: wann aber die Pasteten eine Stund im Ofen gestanden ist / und dann ferner also samt der Brüh bey dritthalbe Stund / auch wol drey Stund abgebachen hat / ist sie fertig.

13. Eine Fasan-Hasel-Reb- und Pirck-Hüner-Pasteten.

Wann die Fasan-Hasel-Reb-und Pirck-Hüner sauber gerupfft / ausgenommen / und mit Wein ausgewaschen worden / so würtzet sie mit Pfeffer / und ein wenig Negelein / giesset wiederum einen frischen Wein daran / und lasset sie darinnen so lang ligen oder beitzen etliche wenige Stunden / oder auch einen gantzen oder zwey Tage / nachdem man sie gerne lang gebeitzt haben will; man kan auch unter den Wein ein wenig Essig nehmen: doch sind die Fasan-und Reb-Hüner am besten / wann man sie nur etliche Stunden im Wein ligen lässet: nach diesen müssen sie klein und zierlich gespickt werden; wiewol man sie auch zuvor spicken / und dann wieder in Wein legen kan: wann sie nun in die Pasteten sollen eingeschlagen werden / so waschet sie zuvor aus dem Wein noch einmal sauber aus / und würtzet sie innen und aussen wohl ein / stellet sie in einer Schüssel / an einen warmen Ort / und lasset sie zuvor wohl vertrocknen: indessen bereitet den Teig / wie schon beschrieben / wälchert den Boden und einen Deckel so groß daraus / so viel ihr Stucke einzuschlagen gedencket / und muß man sich in diesem Fall darnach richten: auf den Boden streuet nur ein klein wenig geriebenes Rocken-Brod / und ein wenig Gewürtz; dann leget die Stücke darauf / bestreuet und beleget sie auch oben und neben herum mit klein-geschnittenen Limonien / und halb geschnittenen Citronen-Plätzlein/

Von unterschiedlichen Pasteten.

Plätzlein / und schneidet ein wenig Butter darein: alsdann kan man die Pasteten nach schon beschriebener Art / ferner gar verfertigen.

14. Eine Schnepffen-Pasteten.

Die Schnepffen werden auf gleiche Weiß / wie das obige Geflüg zubereitet / nur daß man das Eingeweid zum Schnepffen-Schweiß auch mit in die Pasteten zurichten muß / welches auf zweyerley Weiß zu geschehen pfleget: Man nimmt nemlich das Eingeweid / von welchem zuvor das harte oder der Magen hinweg gethan oder davon gelassen wird; Ist das Gedärm groß / so streiffet man das unsaubere einwendig davon / das andere aber alles wird klein gehackt; dann röstet man ein wenig geriebenes Rocken- oder nur ein weisses Brod gantz trocken im Butter / thut solches in eine Schüssel biß es gantz erkaltet ist; unter das gehackte vom Eingeweid deß Schnepffens / rührt allerley gute Gewürtz / als ein wenig Pfeffer / Negelein / Cardamomen / und Muscaten-Nuß darunter: wann nun der Teig zu der Pasteten zubereitet / und der Boden ausgewälchert ist / so wird das geröstete Brod darauf ausgebreitet / so weit als das Geflüg zu ligen kommt / dann der gehackte Schnepffen-Schweiß darauf / wie dann auch die gespickten zugerichteten Schnepffen selbst gelegt / oben darauf aber klein-geschnittene Citronen-Schelffen / Butter und Gewürtz gestreuet / und dann ferner auch die Pasteten / wie sonst / gar verfertiget: Oder man kan es auch auf diese Weiß machen / daß man den Schnepffen nur allein / ohne den Schnepffen-Schweiß / in den Pasteten-Teig schlägt; und wann die Pasteten halb abgebachen / kan man diese folgende Brüh darüber machen: Man nimmt ein wenig gerieben Brod / im Butter geröst / und läst das gehackte Eingeweid von Schnepffen / zu letzt auch in dem Pfännlein / zusamt den Brod ein wenig mit rösten: dann wird Wein und ein wenig Essig daran gegossen / auch wol Citronen-Sfft darein gedruckt; ferner Pfeffer / Negelein und Cardamomen / auch klein-geschnittene Citronen-Schelffen / und gar ein klein wenig Zucker / daß mans kaum spühret / darunter gestreuet. Dieses alles läst man

man mit einander auffieden / daß es wie eine andere Brüh in der dicken seye: wann sie nun also fertig / so gieset man sie durch einen Triechter in die Pasteten / und lässet es ferner mit einander bachen und dämpffen. *

† 15. Eine Schnepffen-Pasteten/ auf andere Art.

Die Schnepffen-Pasteten werden also zugerichtet / und zwar erstlich die Schnepffen sauber gerupfft und ausgenommen/ mit Essig und Wein / oder auch nur mit Wasser wohl gewaschen; etliche legen sie vor ein wenig in Wein / so aber verbleiben kan: dann werden die Schnepffen / ehe man sie einschlägt / ein wenig auf den Rost gelegt / daß sie in etwas vertrocknen / auch auf der Brust mit Zimmet und Gewürtz-Negelein besteckt und eingewürtzt / wie das ander Geflüg; doch muß man ihnen zuvor die Köpffe / Flügel und Füß abschneiden / die Bein hineinwärts stecken / den Schnepffen-Schweiß von dem Eingeweid klein zerhacken / zu sechs Schnepffen eine Hand voll gerieben Rocken-Brod / wie auch Saltz und Pfeffer / darunter rühren / ein wenig Schmaltz in einem Pfännlein / so viel dazu vonnöthen ist / heiß machen / und es ein wenig darinnen rösten / dann wieder heraus in ein Nepfflein thun / und noch eine Hand voll geriebenes Rocken-Brod darunter / damit es etwas dicklicht werde / wie auch eine Hand voll Zucker / klein-geschnittene Citronen-Schelffen / und vom Gewürtz / Cardamomen / Negelein und Muscatblüh darunter rühren / und alles wohl durch einander mischen: wann nun der Teig zu den Boden ausgewälchert / kan man diesen angemachten Schnepffen-Schweiß auf den Boden / und dann die Schnepffen darauf legen / mit Gewürtz und klein-geschnittenen Citronen-Schelffen bestreuen / mit Butter und Citronen-

* Auf diese Weiß soll sie noch besser werden / wann man den gehackten Schnepffen-Schweiß zu erst mit hinein thut / und zugleich mit bachen läst: wird auch denen Pasteten nützlicher seyn / weil sie sonst bißweilen am Boden gerne ausslauffen.

Von unterschiedlichen Pasteten. 217

nen Plätzlein belegen/ und ferner die Pasteten verfertigen wie die andern: zu letzt kan man ihr auch/ wann sie eine Stund im Ofen gestanden/ und zwar zu sechs Schnepffen ein halb Seidlein oder halbe Maas Brüh/ von halb Essig und Wein geben/ und also folgends gar abbachen lassen: diese Pasteten hat ungefehr zwey Stunden zu bachen nöthig/ und kan mit anderthalb Diethäufflein/ oder anderthalb Achtel Mehl verfertiget werden.

† 16. Eine wilde Gans=und Enten=Pasteten.

Wilde Gänse/ in eine Pasteten zu schlagen/ müssen sauber gerupfft/ und wann ihnen zuvor die Füsse und Flügel abgeschnitten worden/ in Essig gelegt/ auf einem Rost abgetrocknet/ nur so lang biß die Haut ein wenig zusammen laufft/ dann gespickt/ und wie das vor=beschriebene Geflügel eingewürtzet werden; dann streuet man auf den Boden deß ausgewälcherten Teigs/ Saltz/ Jngber und Pfeffer/ so zuvor untereinander gemischet worden/ legt die wilde Gans darauf/ bestreuet sie wiederum mit vermischtem Saltz/ Jngber und Pfeffer/ ingleichen auch mit Cardamomen/ Negelein/ Muscaten=Blüh/ und klein=zerschnittenen Citronen=Schelffen; man schneidet auch Butter darauf/ und belegt die Gans mit Plätzen von Citronen/ schlägt alsdann mit dem Deckel den Teig zu/ und verfertiget die Pasteten; wie gleich zu anfang dieses Theils gelehret worden: dann macht man/ wann die Gans nicht allzulang gebeitzt worden/ diese nachfolgende Brühen darüber; dann es müssen zu diesen und andern schwartzen Geflüg=und Wildpret=Pasteten/ so viel als zwey Brühen gemacht werden: Erstlich wann die Pasteten eine Stund im Ofen gestanden/ macht man ein halb Seidlein oder halbe Maas Brüh/ von halb Wein/ und gleich so viel Essig/ an/ und schüttet sie oben hinein; wann sie nun also noch eine Stunde gebachen/ muß man indessen in einem Pfännlein ein Schmaltz/ zwey welscher Nuß groß/ wohl heiß werden lassen/ ein paar Kochlöffel voll Mehl/ gantz schön und Castanien=braun/ darinnen rösten/ aber ja nicht anbrennen lassen; dann schüttet man ein wenig Essig daran/ und läst es noch ein wenig rösten; nach diesem gösset

Ee man

man noch ein wenig Wasser und Wein dazu/ und zuckerts nach belieben; läst es dann alles zusammen sieden / biß es zu einem dicklichten Brühlein wird / und richtets in die Pasteten: Ist aber die wilde Gans oder ein Wildpret (dann man kan diese Brüh auch dazu gebrauchen/) etwas lang gebeitzt worden/ darff man ihr die erste Brüh nicht/ sondern nur die letzte geben/weil es schon auf solche Weise eine Brüh von sich selbsten setzet.

✿ ✿ ✿

☩ Mit den wilden Enten ist es fast eben so beschaffen/ in deme sie ebenfalls eingebeitzet/ auf dem Rost abgetrocknet/ gespickt und eingewürtzt/ auch mit Citronen-Plätzen und Butter belegt/ ja allerdings eingeschlagen werden/ wie jetzt-beschriebener massen die wilden Gänse; wann man sie aber mit Cappern einschlagen will/ pflegt man eine Hand voll Cappern zugleich mit in die Pasteten zu thun/ und derer Citronen sich dannoch zugebrauchen/ nur daß man sie zuckert; und gibt man denen Enten-Pasteten gleichfalls eine zweyfache Brüh: als erstlich/ wann sie eine Stund im Ofen gestanden/ die erste von einer halben Maas/ halb Wein/ halb Essig/ nach zwey Stunden aber die kurtz zuvor/ mit dem gerösteten Mehl/ beschriebene andere Brüh/ oder aber die mit denen Cappern/ welche aber etwas dinner seyn muß als sonst zu andern schwartzen Pasteten/ und pflegt gemeiniglich eine solche Pastete/ von dreyen Enten/ drey Stunden zu bachen; auch rechnet man zwey Diethäufflein/ oder den vierdten Theil eines Metzens vom Mehl dazu.

17. Eine wilde Gans- und Enten-Pasteten/ auf andere Art.

Die wilden Gänse und Enten werden zu einer Pasteten zubereitet/ fast eben auf dergleichen Art/ wie das andere schon zuvor beschriebene wilde Gesiüg; dann wann selbiges sauber gerupfft und ausgenommen worden/ kan mans mit ein wenig Wein auswaschen; dann mit Pfeffer und Negelein einwürtzen/ in Essig legen/

Von unterschiedlichen Pasteten.

legen/ und darinnen beitzen lassen so lang als es selbsten beliebt/ ein/ zwey oder drey Tage; man kan sie auch spicken/ und eine weile im Essig ligen lassen/ oder aber erst hernach spicken/ wann mans gleich jetzo in die Pasteten schlagen will: Man pflegt auch die Enten/ ehe sie eingeschlagen werden/ oben auf der Brust mit klein geschnittener Zimmet und Negelein zu bestecken/ dann ferner einzuwürtzen/ mit Citronen zu belegen/ und in den Teig zu schlagen/ wie das vorige schon beschriebene wilde Geflüg.

18. Wilde und einheimische Tauben-Pasteten.

ES werden so wol die wild als einheimische Tauben/ wie anders Geflüg zubereitet/ gespickt/ und in Essig/ so lang man selbsten will/ gebeitzet/ zuvor aber ein wenig eingewürtzt/ ehe man sie noch in Essig legt; und welches wohl zu mercken/ an einen warmen Ort/ um zu ertrocknen/ gelegt: alsdann aber auf die schon bißhero beschriebene Art in einen Pasteten-Teig eingeschlagen.

† Man kan auch ein Gehäck darüber machen/ wie über die Hüner/ davon Num. 8. und 9. Bericht ertheilet worden; nur ist der Unterscheid zu beobachten/ daß man die Tauben gantz lässet/ und nicht zerschneidet/ auch nicht die Beine und Gelencke löset/ wie an denen Hünern. *

19. Kleine Vögel-Pasteten.

DJe Kramets-Vögel/ kleine Schnepfflein/ Troscheln/ Lerchen und andere Vögelein mehr/ können auch in Pasteten eingeschlagen werden; man bedient sich aber meistens hiezu eines Butter-Teigs/ und werden sie zuvor auf die Art zugerichtet/ wie selbige bey denen Schnepffen-Pasteten Num. 14. und 15. bereits gelehret worden.

Ee ij † 20. Ei-

* Man kan auch vom Rindfleisch ein Gehäck in diese Pasteten machen; wie sonst vom Kalbfleisch ist gemeldet worden.

† 20. Eine Wildpret-Pasteten.

Alles starcke Wildpret/ es seye gleich von einem Schwein/ Hirschen oder Rehe/ nachdem es gebeitzt worden/ muß alles/ ehe es eingeschlagen wird/ ein wenig/ um zu ertrocknen/ auf den Rost geleget werden; oder man kan es auch zuvor/ zu solchem Ende/ in ein Bach-Oefelein schieben: dann wird das vom Reh und Hirschen gespickt/ das Schweinene aber ungespickt gelassen; alsdann eingesaltzen und gewürtzt/ wie das schwartze zuvor besagte Geflüg: auf den ausgewälcherten Boden der Pasteten/ wird nichts als Pfeffer/ oder auch ein wenig geriebenes Rocken-Brod/ gestreuet/ das Wildpret darauf gelegt/ mit Pfeffer/ Ingber/ Negelein/ Muscaten-Blüh und würfflicht-geschnittenen Citronen-Schelffen wiederum überstreuet/ und mit dergleichen Plätzen/ wie auch dinn-geschnittener Butter belegt/ der Deckel darüber geschlagen/ und die Pasteten dem Gebrauch nach folgends verfertiget: Man muß aber allen diesen starcken Wildpret-Pasteten zweymal Brüh geben/ es wäre dann daß es sehr lang in der Beitz gelegen; die Brüh wird gemeiniglich auf ein halbes Seidlein gerichtet/ und von halb Wein/ halb Essig; die letzere aber noch dazu mit einem gerösteten Mehl an- und zusammen gemacht/ wie selbige bey der wilden Gans-Pasteten Num. 16. weitläufftiger beschrieben/ zu finden.

† 21. Eine Hasen-Pasteten.

Die Hasen werden zuvor gebeitzt und gespickt/ und ihnen das Ruckgrad/ an zwey oder dreyen Orten/ ein wenig gelöst/ die Beine abgeschlagen/ die Füsse biß an das Gelenck davon geschnitten; und alsdann/ wann sie gewürtzet worden/ in einen länglichten Teig oder Pasteten eingeschlagen.

† Wann man aber einen Hasen mit einem Gehäck einschlagen will/ so kan man das Gehäck zuvor auf diese Weiß zusamm machen: Das Vorhäs oder die vordere Lauffer vom Hasen/ siedet man im Wasser ab/ biß sie weich werden/ und das Fleisch sich gerne von den Beinen lösen lässet; dann hacket man selbiges samt einem Speck

wol

Von unterschiedlichen Pasteten.

wol klein / thut es in ein Nepfflein / und eine Hand voll gerieben Rocken-Brod / wie auch eben so viel Zucker daran / gieſſet ein wenig Eſſig / nach belieben / dazu / ſchläget ein paar Eyer darein / und rühret es alles wohl unter einander / würtzets dann mit Saltz / Pfeffer / Ingber / Negelein / Cardamomen und Muſcatblüh / rührt auch ein wenig klein-geſchnittene Citronen-Schelffen darunter; macht es alſo ferner zuſammen / wie ſchon gedacht: Dieſes Gehäck pflegt man auf den ausgewälcherten Teig deß Bodens / und den bereits gewürtzten Haſen zu legen / auf ſelbigen aber Citronen-Plätze und Butter / und ihn mit Gewürtz noch einmal zu beſtreuen / alsdann die Paſteten nach der Form deß Haſens gar zu verfertigen. Man darff aber dieſer Paſteten / weil ſie mit einem Gehäck gemacht iſt / nur eine einige Brüh geben; nemlich / wann ſie eine halbe Stund im Ofen geſtanden / ein halb Seidlein / halb Eſſig und Wein / und alsdann ſelbige ferner abbachen laſſen.

22. Eine Haſen-Paſteten / auf andere Art.

Ein Haas / wann er gebeitzt / geſpickt / und die Füſſe vom Hintertheil herab geſchnitten worden / ſoll man ihn zuvor ein wenig auf den Roſt legen und abtrocknen / damit er nur nicht ſo gar naß auf den Teig komme / alsdann wohl einwürtzen wie ein anders Wildpret / und den beſchriebenen Teig indeſſen zu den Boden nach dem Haſen formiren / würtzen; und / wann man will / auch ein wenig geriebenes Rocken-Brod darauf ſtreuen / den Haſen darauf legen / und mit Butter und Limonien / oder Citronen / wie das vorbeſchriebene Wildpret überlegen: Will man aber ein Gehäck darein machen / ſo nimmt man die vordern Theile oder das Vorhäs von den Haſen / läſt es mit Waſſer und ein wenig Eſſig abſieden / löſet das Fleiſchige von den Beinen herab / hacket es klein / feuchtet es mit ein wenig Eſſig und Wein an / rührt allerley gute Gewürtz / als Pfeffer / Cardamomen / Muſcatblüh / Muſcatnuß / und etwas von Negelein darunter / druckt Citronen-Safft darein / ſtreuet ein klein

wenig

wenig klein=geschnittene Citronen oder Limonien=Schelffen darauf/ mischt alles wohl unter einander / legt es auf den Boden der Pasteten/ und den Hasen oben darauf; dann wird die Pasteten ferner verfertiget und aufgesetzt: wie schon im Anfang dieses Theils zur Gnüge beschrieben worden.

† 23. Eine kälberne Schlegel=Kastran= oder Kalbs=Keul=Pasteten.

Wann man einen Kalb=Schlegel oder Kalbs=Keule in eine Pasteten einschlagen will/ ist selbiger am besten/ so man ihn zuvor zwey oder drey Tage im Essig beitzen lassen; auch muß daran/ ehe er eingeschlagen wird/ das grosse und so genannte Schaufel=Bein zuvor ausgelöset / und die Hexen abgeschnitten werden/ doch also / daß das Fleisch an dem Schlegel oder an der Keule hangen bleibe: dann wird er gespickt / mit vermischtem Saltz und Pfeffer eingewürtzet/ und wie das weisse Geflüg mit und ohne Gehäck/ nach belieben/ eingeschlagen; der Boden samt dem Deckel wird nach der Keule oder dem Schlegel formirt / und die Pasteten allerdings auf die Num. 1. und 2. beschriebene Art verfertiget/ auch der Schlegel mit Citronen= und Limonien=Plätzen beleget: Die Brüh dazu ist eben diese/ so Num. 2. bey denen Hünern und weissen Geflüg beschrieben worden: nur ist annoch diß zu beobachten/ daß/ so der Schlegel oder die Keule etwas lang im Essig gelegen und gebeitzet worden / er bereits von sich selbst eine Brüh gebe/ daher man nicht mehr als etwan den achten Theil einer Maas/ von einer andern Brüh darüber machen darff.

24. Eine kälberne Schlegel=Kastran= oder Kalbs=Keul=Pastete/ auf andere Art.

Man nehme von einem hintern Kalbs=Viertel den Schlegel oder die Keule / und haue/ so man will/ die Hexen davon- dann ziehet man dem Schlegel die äusserste Haut ab/und beitzet ihn acht Tage lang in Essig ein: wann man ihn dann in eine

Paste=

Von unterschiedlichen Pasteten.

Pasteten schlagen will / wird er zuvor auf beyden Seiten gespickt; dann stellt man ihn in einer Bratpfannen ein wenig in ein Bach-Oefelein/ daß er wol ertrocknet/ oder schipffet ihn auch nur / vermittelst ein und anderes walls/ im Wasser und Essig ab/ und läst ihn hernach wieder wohl ertrocknen; hierauf wird er mit Saltz / Pfeffer / Cardamomen und Muscatblüh eingewürtzet/ ein Pasteten-Teig/ wie gleich anfangs gelehret worden/ angemacht/ ausgewälchert/ der Boden nach den Schlegel daraus formiret / und derselbe darauf geleget: will man aber ein Gehäck darein machen / so kan man dasselbige auf die schon gleichfalls beschriebene Art verfertigen/ und selbiges zuvor auf den Boden/ und dann den Schlegel darauf legen/ mit Gewürtz bestreuen/ und mit Limonien/ auch / nach belieben / Citronen und Butter auszieren/ den Deckel darauf/ und die Pasteten auf gemeine Art zusammen machen/ und zuletzt wann sie fast ausgebachen/ die Brühe/ so gleichfalls Num. 1. und 2. bereits zu lesen/ darein giessen.

25. Eine Brisilln-Pasteten.

Man nehme einen kälbernen Schlegel/ und haue das fleischichste Stuck/ so groß als man es haben kan / herab; dann lasse man aus demselbigen Stuck wiederum zwey oder drey Theil nach der Länge hauen; löse oder ziehe selbigen mit einem Messer die obere zähe Haut ab/ leg diese Stücke in einen Essig/ und laß sie darinn/ so lang man will/ drey / vier / biß in sechs Tage beitzen: wann man sie nun in die Pasteten einschlagen soll / werden sie zuvor auf beyden Seiten gespickt/ und in einer Brat-Pfannen/ gleich wie eine Kalbs-Keule oder Schlegel zuvor etwas abgetrocknet; sie sollen aber am besten seyn/ wann man selbige ein klein wenig abschipffen oder absieden/ und dann aber wieder erkalten lässet: wann sie nun also erkaltet/ werden sie auch / gleich wie der zuvor beschriebene oder kälberne Schlegel gewürtzet/ und allerdings auf dieselbige Art und Weise mit Limonien und Butter in die Pasteten eingeschlagen: man kan sie auch mit einem Gehäck oder ohne dasselbige zusammen richten / auch den Teig/ nach selbst eigenen verlangen/ formiren;

formiren; und wann die Pasteten gebachen / die schon beschriebene Brüh darüber machen.

† 26. Eine Bristlln-Pasteten / auf andere Art.

Die Brisilln sind am besten / wann sie nur vier und zwantzig Stunden zuvor im Essig gelegen / gespickt / und mit gehöriger Gewürtz versehen werden: dann schlägt man sie in eine rundformirte Pasteten / und versiehet sie mit einer Brüh / wie selbige Num 1. und 2. gelehret worden / woselbst man sich Berichts erholen / und so dann diese und andere Fleisch-Pasteten darnach aufrichten / und zusammen machen kan.

† 27. Eine Rindfleisch-Pasteten.

Das Rindfleisch / als etwan einen Riemen oder ander fleischichtes Stuck / kan man auch gantz auf diese Weiß / wie das Wildpret in eine Pasteten schlagen / indem es gleichfalls zuvor eingebeitzt / auf einem Rost / oder in einem Ofen / ehe man es einschlägt / ein wenig abgetrocknet / gespickt / und ferner mit Gewürtz und Citronen belegt / und eingeschlagen werden muß: Ist das Fleisch nicht lang eingebeitzt gewesen / so kan man der Pasteten eben auch zwey Brühen geben / wie allen andern schwartzen Pasteten; als nemlich: die erste mit Essig und Wein / und die andere mit dem gerösteten Mehl; ist es aber lang gebeitzt / verbleibt es nur bey der einfachen.

† 28. Eine Rindfleisch-Pasteten / auf andere Art.

Zu einer Rindfleisch-Pasteten / muß ein Schalen-Stück genommen / und das Fette alles davon geschnitten werden / dieses fleischichte Stuck wird alsdann einen Tag oder viere / im Essig gebeitzet / und der Teig dazu also angemacht: Nimm zu einem Diethäufflein / oder den achten Theil eines Metzens / Mehl / nur ein
und

Von unterschiedlichen Pasteten.

und ein halben Vierding oder zwölff Loth Schmaltz/ und ein Ey; mach mit dem siedenden Wasser den Teig ferner an/ als wie den erst beschriebenen/ ausser daß nur etwas weniger Schmaltz dazu kommt; dann dieser Teig muß starck seyn/ und das obgemeldte Fleisch/ ehe solches eingeschlagen wird/ auch auf einem Rost oder im Ofen abgetrocknet/ und gespickt werden/ aber nicht so viel/ als etwan sonst ein Wildpret oder ander Fleisch: saltz und pfeffere es/ streue dergleichen Gewürtz auf den ausgewälcherten Boden/ leg etliche Lorbeer-Blätlein/ dann das Fleisch darauf/ und bestreue es nochmal mit Gewürtz-Negelein/ etwas von Muscatnüssen/ wie auch ein paar Hand voll geriebenen Rocken-Brod/ und klein-geschnittenen Citronen-Schelffen/ leg oben Citronen-Plätze/ Lorbeer-Blätlein/ und nur ein wenig/ ungefehr drey Plätzlein Butter darauf; dann diese Pasteten/ weil sie lang stehet/ darff nicht fett seyn: alsdann kan die Pasteten ferner wie die andern verfertigt werden; doch darff man ihr nur eine Brüh geben/ und wann sie eine Stund im Ofen gestanden/ drey Achtel-Maas/ nemlich halb Essig und halb Wein anmachen/ solches durch ein Triechterlein hinein giessen/ und dann die Pasteten gar abbachen lassen: diese Pasteten muß vierdthalbe/ oder auch wol vier Stund bachen/ und zu vier Pfund Fleisch ein paar Dict-häufflein Mehl genommen werden. *

29. Eine Rindfleisch-Pasteten/ auf andere Art.

MAn nehme den Riemen/ und lege ihn in einen Essig/ lasse ihn ungefehr acht Tage/ oder auch so lang man will/ beitzen; dann wird er gespicket/ und läst man ihn zuvor im Essig und Wasser/ zusamt ein wenig Saltz/ ungefehr eine Stund absieden; hat er im Essig lang gebeitzt/ so darff man nachmal nicht so viel Essig darunter nehmen zum absieden; ist er aber nicht lang im Essig gelegen/ kan man desto mehr Essig unter das Wasser zum absieden mischen: wann

nun

---

* Diese Pasteten kan man stehen lassen biß sie gantz erkaltet ist/ und wol acht Tage davon essen/ jedoch aber auch gleich also warm verspeisen.

nun das Fleisch eine Stund gesotten / nimmt man es heraus / lässet es wohl vertrocknen / und wieder gantz erkalten / würtzet es auch mit Pfeffer / Cardamomen und Muscatblüh; wann das Fleisch etwas zu leiß im Saltz wäre / kan man es auch noch ein wenig saltzen: wann nun der Pasteten-Teig schon beschriebener massen zubereitet worden / wälchert man einen Boden aus / leget den Riemen / oder das sonst beliebige Stuck Fleisch in die Runden herum / bestreuet und beleget es mit Limonien / Butter / und ein wenig klein-geschnittenen Citronen-Schelffen / druckt oben auf das Fleisch Citronen-Safft / und streuet Gewürtz darauf: wann nun der Deckel ausgewälchert ist / wird er darauf gelegt / und muß die Pasteten mit der Brüh ferner verfertiget werden / wie die andere schon beschriebene.

30. Allerley Fisch-Pasteten / und was dabey in acht zu nehmen.

Er Teig muß zu denen Fisch-Pasteten also angemacht werden: Zu einem Diethäufflein oder Achtel Mehl / nimmt man ein halb Pfund frisches Schmaltz / und einen halben Viering / oder Achtel Pfund Butter / ein einiges Ey / und macht solches mit siedenden Wasser an / als wie den andern gemeinen Teig; die Fische werden alle am Bauch aufgemacht / es sey gleich ein Hecht / Karpff / Forelln oder Aal: die Hecht und Karpffen schuppt man / aber dem Aal wird die Haut nicht herab gezogen / sondern nur der Kopff und Schwantz abgeschnitten; alsdann schneidet man ihn zu Stücken / und wird dann / so er ausgeädert / mit ein wenig Saltz abgerieben / und wieder ausgewaschen: den Hecht kan man in Stücke zerschneiden als wie den Aal / oder aber nach gefallen gantz lassen: wann er gantz bleibt / pflegt man oben auf den Rucken etliche Schnitt hinein zu thun / damit man ihn besser auf der Tafel zerschneiden möge / doch muß er / wie alle andere Fische / so in eine Pasteten geschlagen werden sollen / ohne den einigen Karpffen / weil er eine schwartze Brüh bekommt / (so wohl zu mercken) wann er aufgemacht worden / reinlich ausgewaschen werden.

31. Eine

Von unterschiedlichen Pasteten.

† 31. Eine Aal-Pasteten.

Wann der Teig/ wie oben gemeldet/ zusamm gearbeitet ist/ so wälchert solchen etwas länglicht zu einem Boden aus/ legt etliche Lorbeer-Blätter darauf/ bestreuet sie mit Pfeffer/ Saltz und Ingber; legt dann von dem Aal nach der Länge/ allezeit zwey Stuck neben einander/ auch darauf; streuet ein paar Hånd voll geriebenes weisses Brod/ gute Gewürtz/ als Pfeffer/ Cardamomen/ Muscatblüh und klein-geschnittene Citronen-Schelffen darüber/ zieret ihn mit Citronen- und Limonien-Plätzen/ und schneidet Butter daran/ wie bey denen andern Pasteten/ verfertiget sie allerdings/ wie bekandt/ bieget sie aber/ wann sie schon zugeschlagen/ ein wenig in die Krümme; gebt ihr/ wann sie eine Stund im Ofen gestanden und gebachen/ ein halb Seidlein Brüh/ aus halb Essig und Wein bestehend/ und last sie ferner abbachen. Ein dergleichen Aal-Pasteten hat wol zwey Stund zu bachen/ wann sie groß ist/ oder so sie etwas klein wäre/ sieben viertel Stund. *

32. Eine Aal-Pasteten/ auf andere Art.

Erstlich wird der Aal aufgemacht/ und in Stücke zerschnitten/ als wann man ihn blau sieden wolte/ und mit Cardamomen/ Muscatblüh/ und ein wenig Pfeffer gewürtzt; indessen machet man einen Pasteten-Teig an/ wälchert ihn aus/ formiret den Boden zu der Pasteten/ wie man sie selbsten/ rund oder etwas schmal und abländlicht verlanget; dann werden die Stucke nach einander darauf/ und auf dieselbige Butter und Citronen-Plätze gelegt: auch pflegt man auf den Aal/ wann er eingewürtzt ist/ Citronen-Safft zu drucken/ und wann er auf den Teig gelegt worden/ oben ein wenig mit geschnittenen Citronen-Schelffen und Gewürtz zu bestreuen; dann den Deckel darauf/ und die Pasteten folgends fertig zu machen. Es wird auch gemeiniglich die zuvor beschriebene Brühe/ gleich wie in die andern Pasteten/ oder aber eine Citronen-Brüh/ so noch besser

---

* Man kan auch nur etliche kleine Stücklein Zimmet/ und etwas weniges von Roßmarin dazu hinein thun.

beſſer iſt / darüber gemacht / auf dieſe Weiſe : Es wird ein weiſſes Brod im Wein geſotten / dann durchgezwungen / wohl gewürtzt / Citronen=Safft hinein gedruckt / und klein=geſchnittene Citronen-Schelffen darein geſtreuet; ſolches alles läſt man miteinander auffſieden / und würfft zu letzt ein gut Stuck Butter hinein : wann nun die Paſteten faſt gar gebachen / wird die Brüh / wie in eine andere Paſteten / durch einen Triechter hinein geſchütt : alsdann / gleich wie alle andere / ein wenig geſchüttelt / damit es alles wohl untereinander komme / worauf man ſie noch eine kleine weil in dem Ofen ſtehen läſſet / ſo iſt ſie fertig.

† 33. Eine Hecht=Paſteten.

Die Hechte werden eben auf dieſe Art / wie der Aal eingeſchlagen / nur daß keine Lorbeer=Blätter dazu kommen; Gewürtz / Citronen / Limonien / weiſſes Brod und Butter betreffend / iſt es alles einerley; das fürnehmſte aber / daß man dieſe Paſteten nicht in die Krümme / ſondern abländlicht mache; mit der Brüh iſt es auch eines / dann wann die Paſteten eine Stund im Ofen geſtanden / kan man ein halb Seidlein / halb Eſſig halb Wein / hinein gieſſen / und ſo dann / wie die Aal=Paſteten / zwey Stunden lang in allen bachen laſſen; iſt ſie aber klein / ſo wird ſie ſchon in ſieben viertel Stunden fertig ſeyn.

34. Eine Hecht= und Karpffen=Paſteten.

Die Hecht und Karpffen müſſen zuvor geſchuppt / und am Bauch aufgemacht werden; dann wird das Eingeweid heraus gethan / ſauber ausgewaſchen / in eine Schüſſel gelegt / und ein Eſſig darüber gegoſſen : wann er dann eine weil alſo gelegen / wird er eingeſaltzen / und bleibt alſo in etwas darinnen ligen; dann muß man den Fiſch abſtreiffen / damit das gröbſte und ſchleiffrichſte davon komme / hernach denſelbigen ſo innen als auſſen wohl würtzen / und Citronen=Safft darauf drucken; nachdem wird der Paſten-Teig zuſamm gemacht / wie vor gemeldet / ausgewälchert / und der
Boden

Von unterschiedlichen Pasteten.

Boden ein wenig in die Krümme herum / nach dem Fisch formiret: Wann man will / kan man unten zu erst auf dem Boden ein wenig weiß-geriebenes Brod streuen / und den Fisch darauf legen; es muß aber der Rucken desselben in der höhe stehen / gleich als wie er im Wasser zu schwimmen pflegt: dann ziert man ihn oben und neben herum mit Limonien- oder Citronen-Plätzlein / und streuet dergleichen würfflicht-geschnittene Schelffen / wie auch noch ein wenig Gewürtz und Butter darauf; dann wird der Deckel darüber / und die Pasteten ferner gar / wie ein Fisch geformet / und zusammen gemacht. Nur dieses ist noch zu erinnern / daß man die Hecht und Karpffen / ehe man sie in die Pasteten schlägt / mit einem Messer oben mit kleinen Schnittlein gleichsam zeichnen müsse / wie groß die Stücke daraus geschnitten werden sollen: dann also sind sie in der Pasteten desto besser zu zerlegen. Man kan zwar auch in diese beede Fisch-Pasteten die beschriebene Brühen / die in die andern Pasteten gemacht werden / gebrauchen; jedoch auch eine Cappern-Sardelln- oder Citronen-Brüh darein machen; auf gleiche Weiß / wie selbige in dem Theil von den Fischen / schon beschrieben zu finden; und wird selbige / nach dem die Pasteten fertig / nur hinein gegossen: Will man aber eine Cappern-Brüh darüber machen / so werden zu den Fischen / in die Pasteten / auch ein wenig kleine Cappern mit hinein gethan.

† 35. Eine Forelln-Pasteten.

ZU den Forelln wird der bereits bekannte Teig etwas länglicht ausgewälchert / dann auf den Boden Pfeffer / Saltz und Ingber gestreuet / und die Forelln / wann sie / wie bewust / am Bauch aufgemacht und sauber ausgewaschen seynd / darauf gelegt / dann wieder Saltz / Pfeffer / Cardamomen / Muscatblüh / weisses geriebenes Brod / wie auch ein Kochlöffel voll klein-gehacktes Petersilien-Kraut darauf gestreuet / und Butter daran geschnitten: man darff aber zu dieser Fisch-Pasteten keine Citronen und Limonien nehmen; jedoch im übrigen selbige ablänglicht formiren / und also

ferner

ferner verfertigen/ wie die andern bereits beschriebenen. Wann sie eine Stund im Ofen gestanden/ wird ihr ein halb Seidlein Brüh/ von halb Essig und Wein gemacht/ gegeben/ und läst man sie alsdann noch ferner ein paar Stunden bachen.

† 36. Eine Karpffen-Pasteten.

Die Karpffen/ wann sie in eine Pasteten eingeschlagen werden sollen/ müssen zuvor geschuppt/ und so man selbige gantz einschlagen will/ am Rucken nur so weit/ gegen den Schwantz zu/ aufgemacht werden/ als weit sich das Eingeweid erstrecket; der Kopff aber wird fällig durchschnitten; dann kan man den Fisch einwendig zuvor ein wenig mit Pfeffer/ Cardamomen und Muscaten-Blüh einwürtzen/ auch den Boden deß Teigs mit Saltz/ Pfeffer und Ingber bestreuen/ und den Fisch/ der Länge nach/ auf der Seiten darauf legen: wann man aber den Karpffen in Stücke zu zerschneiden beliebt/ wird er am Bauch aufgemacht/ und überzwerch/ wie an dem Aal und Hecht/ die Stucke geschnitten; dabey auch zu erinnern/ daß die Karpffen nicht dörffen ausgewaschen werden; ist es ein Milcher/ kan man die Milch auch dazu hinein thun/ aber von keinen Rogen wird nichts dazu gethan: wann nun also der Fisch/ und zwar der Kopff auf den Boden deß Teigs gelegt worden/ muß man gleichfalls Saltz/ Pfeffer/ Cardamomen/ Muscatblüh und Negelein/ wie auch klein-geschnittene Citronen-Schelffen/ und ein paar Händ voll von geriebenen schwartzen Rocken-Brod/ dieweil diese Brüh schwartz seyn muß/ darein streuen/ den Fisch mit Citronen-Limonien-Plätzen und Butter belegen/ dann den Deckel zuschlagen; die Pasteten abländlicht formen/ und ferner verfertigen/ wie bekandt: wann sie dann eine Stund im Ofen gestanden/ wird ihr ein halb Seidlein Brüh/ von halb Essig und Wein/ gegeben/ und ferner ein paar oder sieben viertel Stunden lang abgebachen.

37. Eine

37. Eine Forelln-und Karpffen-Pasteten/ darinnen man die Fische zusamt denen Gräten essen kan.

Schuppe den Fisch/ mache ihn am Bauch auf/ nimm die Blasen und das Eingeweid alles heraus/ saltze denselben/ und schneide überzwerch kleine Schnittlein darein/ gieß hernach drey Löffel voll gutes Brandweins darüber/ und laß ihn also drey Stunden lang in der Kühle ligen/ besprenge nach diesen den gantzen Fisch über und über mit Essig; mach einen andern Essig heiß/ rühre Pfeffer/ Ingber und Negelein darein/ und zwar so viel/ daß er davon dicklicht wird wie ein Müslein/ und bestreich damit/ weil es noch heiß ist/ den Fisch inn- und auswendig/ besprenge ihn hierauf nochmal mit Brandwein/ und laß ihn also zugedeckt übernacht stehen: Wann er dann in die Pasteten geschlagen werden soll/ so brenn zu vörderst auf beeden Seiten ein heisses Schmaltz darüber/ leg ihn auf den ausgewälcherten Boden vom Teig/ oben darauf aber viel Butter zusamt dem Gewürtz/ darinnen er gebeitzt worden/ und klein-geschnittene Citronen-Schelffen; mach alsdann die Pasteten zusammen/ setze sie in den Ofen/ und laß sie gantz langsam vier biß fünff Stunden bachen/ nach dem nemlich der Fisch klein oder groß ist: man muß aber alle Stund ein Pfännlein Butter durch ein Triechterlein darein giessen/ dann wird sie also warm/ oder auch/ nach belieben/ kalt gegessen.

38. Eine gesaltzene Hecht-Pasteten/ mit sauern Kraut.

Wann der Teig wohl mürb angemacht/ wie zu den Hüner-Pasteten/ so wälchere den Boden und Deckel aus/ und lege zu erst gebähte/ oder im Schmaltz schön trocken geröstete Weck- oder Semmel-Schnitten auf den Boden/ zuvor aber siede den eingesaltzenen Hecht im Wasser wohl körnicht ab/ und zerblättere ihn schön; siede oder koche auch ein gutes saures Kraut/ wie solches
in die

in diesem Buch anderswo zu finden / davon das Register Nachricht geben kan; es muß aber nicht gar suppicht / sondern etwas trocken seyn. Wann nun dieses alles fertig/ und beysammen / wird das Brod / wie schon gedacht / zu erst auf den Boden gelegt / hernach eine Lag Kraut darauf/ alsdann eine andere von dem geblätterten Hecht; dann nochmal eine Lag Brod/ und so fort; also daß man wechsel-weiß / eine Lag Kraut und Fisch allezeit auf einander leget; doch muß man jedesmal auch Butter und gutes Gewürtz dazwischen thun / als Pfeffer / Cardamomen und Muscatblüh / hernach die Pasteten / wie gebräuchlich / ferner verfertigen. Diese Pasteten kan man formen wie man will / rund / länglicht / viereckicht / oder auch wie ein Hertz: wann dann dieselbige fast gantz fertig und gebachen / kan man ihr noch ein wenig Brüh geben / und also zusammen machen: brenne ein Stäublein Mehl ein / gieß ein wenig Fleischbrüh / Wein und Essig / oder anstatt der Fleischbrüh nur etwas von der abgeseihten Kraut-Brüh daran / würtze sie mit Pfeffer und Muscatblüh / thue auch ein wenig Butter hinein / laß sieden / und gieß die Brüh schön siedend in die Pasteten / schwinge sie auf dem Blech nur ein klein wenig / laß alsdann noch eine weile im Ofen stehen / und trags also bald zu Tisch. *

† 39. Eine Stockfisch-Pasteten.

Der Stockfisch/ nach dem er gebutzt und gewässert worden/ wird nur ein wenig und zwar im Wasser abgesotten oder abgeschipfft / dann nimmt man die Gräte davon heraus / wälchert aus dem zuvor angemachten Pasteten-Teig einen runden Boden / bestreuet ihn mit Saltz und Ingber / legt den Fisch darauf / und würtzt denselben ebenfalls mit Saltz / Ingber und Muscatnüssen / legt Butter darauf / schlägt die Pasteten zu / und verfertiget sie auf die zuvor beschrie-

* So es beliebt/ kan man/ an statt deß gesaltzenen Hechts/ auch wol einen frischen dazu nehmen/ selbigen schön körnicht in einem Saltzwasser absieden/ und zerblättern/ auch das Brod/ so man will/ auf dem Boden einwendig gantz davon lassen/ und die Pasteten ohne dasselbe verfertigen: Oder aber unten am Boden/ nur aufs wenigste eine einige Lag Brod machen/ damit das Kraut nicht so bald den Boden durch weiche.

beschriebene schon bekandte Art: wann sie dann eine Stund im Ofen gestanden/ macht man diese Brüh zusammen/ und giesset sie darein; man rechnet aber zu einem grossen halben Stockfisch ein halb Seidlein oder halbe Maas derselben/ und bestehet aus einem dritten theil Fleischbrüh/ und zwey Drittheil deß jenigen Wassers/ darinn der Stockfisch das erstemal abgesotten worden; dann wird die Pasteten ferner abgebachen/ wozu gemeiniglich anderthalb Stunden erfordert werden.

40. Eine Schuncken- oder Hamen-Pasteten.

Wann der Schuncken oder Hamen auf die bekandte/ und anderswo in diesem Buch zu findende/ Art/ wohl weich abgesotten worden/ löset man ihm die Haut ab/ streuet Pfeffer auf das Fette/ belegt es mit Salbey-Blättern/ und beschwert den Schuncken mit einem Stein oder Gewicht/ daß er wohl zusamm gepresset wird: wann man ihn nun deß andern Tags einschlagen will/ macht man einen guten mürben Teig an/ (dann der Schuncken ist bereits abgesotten/) walchert ihn aus/ und bestreuet den Boden mit geriebenen Brod/ legt den Schuncken darauf/ jedoch ohne die Schwarten und Salbey/ welches beedes man zuvor hinweg nimmt/ an deren statt bestreuet man den Hamen oder Schuncken mit Muscaten-Blüh und Cardamomen/ belegt ihn mit Citronen-Plätzen und Sardelln/ schneidet ein wenig Butter darauf/ und verfertiget die Pasteten wie gebräuchlich/ bestreicht sie mit Eyern/ stellts im Ofen/ und läst schnell bachen: indessen macht eine gute Sardelln-Brüh zusammen/ und nehmet derselben ungefehr zu einer solchen Pasteten anderthalb Dutzent/ last selbige wohl wässern/ und in schlechten Wein absieden/ zwinget sie dann durch/ thut Butter und Gewürtz dazu/ und so es beliebt/ brennt ein klein wenig Mehl daran/ druckt Citronen-Safft und dergleichen klein-geschnittene Schelffen darein/ giesst die Brüh in die Pasteten/ und last sie eine halbe Stund in allem bachen.

† 41. Eine Ollapotrid-Pasteten.

Zu einer Ollapotrid-Pasteten von zweyen Hünern/ und zwey oder drey Tauben / wird der Teig von zwey Diethäufflein Mehl angemacht; wann dann die Hüner und Tauben sauber gebutzt oder gebrühet und gewässert sind / muß man selbige in vier Theile zerschneiden/ und dann mit vermischten Saltz/ Pfeffer/ Cardamomen und Muscatblüh / nach Nothdurfft einwürtzen/ ein klein wenig Wein daran giessen / wie bey der Butter-Pasteten Num. 3. beschrieben/ und also mit einander wohl schwingen; hiezu kan man auch zwey oder anderthalb Pfund Krebse absieden/ dieselbige ausschählen/ zwey paar kälberne Briese oder Halsdrüse ein wenig im Wasser abschipffen und zu Plätzlein schneiden; ingleichen auch eine gute Hand voll Morgeln oder Maurachen sauber brühen/ oder ein wenig im Wasser besonders absieden lassen/ und so dann ferner diese dreyerley Stücke in einer Schüssel besonders mit voriger Gewürtz und ein wenig Wein nochmal schwingen; wozu man auch ein paar Spißlein/ oder etwan zehen kleine Vögelein nehmen/ selbige sauber rupffen/ ausnehmen/ waschen/ und zusamt etlichen Leberlein und Mägenlein / von denen Hünern und Tauben/ so zuvor im Schmaltz geröstet worden; nicht weniger auch etwas von grüner Waar/ nach dem es die Zeit gibt/ als etwan einen Kees- oder Blumen-Kohl/ Spargel/ Kartes/ und frische oder aufgedörrte Artischocken-Kern/ welche zuvor sauber gebutzt/ und im Wasser nur ein wenig abgesotten werden/ darunter mischen : Dieses alles kan noch ferner mit kleinen Knötlein oder Knöpfflein von Kalbfleisch/ nur also frisch gemacht und ungesotten/ wie auch mit kleinen Bratwürsten/ und etwan sechs oder mehr Dottern von hart gesottenen Eyern/ nach selbst eignen belieben / hinzu gethan und vermehret werden. Wann nun solches alles beysammen/ und der Platz oder Boden vom Teig ausgewälchert ist / pflegt man auf besagten Boden ein wenig Saltz und Pfeffer zu streuen/ und die Hüner und Tauben zu unterst; dann die Krebse/ Briese und Morgeln/ auf solche die Vögel/ Mägen und Leberlein/ und dann die grüne Waar/ Knötlein / Würst und

Eyer-

Eyerdottern darauf zu legen. Dieses wird nun wiederum wohl mit Gewürtz bestreuet/ nemlich mit Saltz/ Pfeffer/ Cardamomen und Muscatblüh/ unter einander vermischt; dann kan man ungefehr anderthalb viertel Pfund Butter/ Plätz-weiß darauf schneiden/ und also die Pasteten allerdings gar verfertigen; wie solches ausführlich bey den vorigen beschrieben worden. Solche und andere dergleichen Ollapotrid-Pasteten/ müssen in allem wohl zwey oder dritthalbe Stunden bachen; wann sie dann eine Stund im Ofen gestanden/ pflegt man ein halb Seidlein gute Fleischbrüh/ oben durch ein Trichterlein hinein zu giessen/ und ist nichts daran gelegen/ ob sie kalt oder warm seye: wann dann die Pasteten gantz fertig und abgebachen/ muß man oben zwischen den Band und den Ausschnitt/ ein Löchlein machen/ ein wenig Brüh heraus lauffen lassen/ ein zerklopfftes Eyerdötterlein mit derselben anrühren/ und dann diese Brüh oben durch ein Trichterlein wiederum in die Pasteten hinein giessen.

† 42. Eine Ollapotrid-Pasteten/ von einem Krebs-Teig.

Nimm zu einem Diethäufflein oder achtel Mehl/ zwey Pfund ausgeschählte Krebse/ nemlich die Schwäntz und Scheeren/ stoß oder hack selbige so klein als es seyn kan; dann schütte das Mehl/ wie sonst zu einem andern Teig/ heraus auf ein Bret/ und mache in der Mitte ein Grüblein/ lege zu erst die gestossene Krebse/ alsdann ein halb Pfund frisches Schmaltz/ und einen halben Viering oder achtel Pfund Butter darauf; wiewol man auch lauter Butter nehmen kan; würff ein Händlein voll Saltz dazu/ schlag ein Ey daran/ und rühre es mit siedenden Wasser ferner unter einander/ wie bey den andern Teigen gleich anfangs beschrieben: wann nun solcher zusammen gewirckt/ muß man ihn ein wenig ligen oder ruhen lassen/

und alsdann eine Pasteten daraus verfertigen / wie die erst gleich vorhergehends beschriebene. *

† 43. Kleine Pastetlein.

ZU den kleinen Pastetlein / kan man den Teig eben auch anmachen / wie zu denen grossen gleich erst‑beschriebenen Pasteten: Es wird nemlich zu einem Diethäufflein Mehl / ein halb Pfund Schmaltz / ein Händlein voll Saltz / und ein einiges Ey genommen / alles mit siedenden Wasser angemacht / und zusammen gearbeitet; wann dann dieser Teig ein wenig geruhet hat / kan man kleine Pastetlein daraus machen / so groß man selber will; zu erst aber runde Plätzlein auswälchern / und rings herum den Teig mit der Hand drey Finger breit in die Höhe auffsetzen / dann ein Gehäck darein füllen / dessen Beschreibung man bey der Num. 3. beschriebenen Pasteten / nachschlagen kan: Wann nun diese Pastetlein mit dem Gehäck also gefüllt sind / kan man ein Limonien‑Plätzlein / zusamt ein wenig Butter darauf legen / den Teig einwendig mit einem Ey oder heissen Wasser / rings herum / bestreichen / Deckelein und kleine Schlötlein darauf machen; ein‑oder zweymal mit einem zerklopfften Ey bestreichen / und in einem Ofen eine halbe Stund lang bachen lassen: es muß aber der Ofen zuvor recht erhitzt seyn / und wann man solche hinein schiebt / das Feuer bey einer gleichen Hitz erhalten werden / welches allezeit bey allen Pasteten zu beobachten.

† 44. Klei‑

* Etliche zerstossen die Krebs‑Schalen klein / rösten sie in Butter / giessen Wasser daran / lassens ein wenig zusammen sieden / damit es schön roth wird / und zwingens dann durch: dieses durchgezwungene lassen sie mit einer siedenden Brüh wiederum sieden / und machen damit den Teig an; doch kan man auch / so es beliebt / gleich anfangs eine Fleischbrüh / anstatt deß Wassers / nehmen: Auch ist zu erinnern / daß wann die Schalen auf diese Weiß in Butter geröstet werden / man der andern Butter zum Teig etwas weniger vonnöthen habe.

44. Kleine Paſtetlein / auf andere Art.

Die kleine Paſtetlein kan man auch von dem mürben Teig / welcher mit Kern und Butter angemacht wird / und Num. 4. beſchrieben zu finden / machen; man muß aber ſelbige in kleine kupfferne Schärtlein richten / und alsdann entweder vorbemeldtes Gehäck / oder auch Brieſe / Morgeln und Krebſe darein füllen; welche aber zuvor alſo zugerichtet werden müſſen / wie bey der Ollapotrid-Paſteten bereits gelehret worden: man muß aber zuvörderſt die Schärtlein wohl mit Butter ſchmieren / dann von dem ausgewälcherten Teig / ſo viel man etwan dazu vonnöthen hat / in die Schärtlein hinein legen / und ſelbigen den Schärtlein gleich machen: alsdann das Gehäck / oder aber die Brieſe / Morcheln und Krebſe darein füllen / oben mit Butter belegen / und Gewürtz darauf ſtreuen / mit Deckeln bedecken / und ferner verfertigen wie die andern Paſtetlein; alsdann zuſamt denen Schärtlein auf einem Blech in Ofen ſetzen / und auch eine halbe Stund bachen laſſen: wann man ſie zu Tiſch trägt / wird ein wenig heiſſe gute Fleiſch-oder auch / ſo man will / durchgezwungene Krebs-Brüh / von den geſtoſſenen Krebs-Schalen zuſammen gemacht / und alſo ſiedend hinein gegoſſen.

45. Andere kleine Paſtetlein / ſo bald zu machen.

Der Teig wird mit Mehl und ſiedenden Waſſer angemacht / in das ſiedende Waſſer aber ein guter Brocken Schmaltz oder Butter geworffen; dann rühret man das Mehl damit an / ſaltzt es auch / und nimmt nach belieben ein Ey dazu: nach dem wircket und arbeitet man den Teig zuſammen / und wälchert denſelben etwas dünn aus; dann werden runde Plätzlein daraus geſchnitten: Oder man nimmt ein gemeines Trinck-Gläslein / auf einem Füßlein ſtehend / und drucket den Teig damit ab / ſo werden die Plätzlein in einer Runde und Gröſſe: indeſſen wird ein Gehäck / Num. 3. beſchrieben /

ben/ angemacht/ und auf jedem Platz/ so an statt deß Bodens dienet/ vertheilet / selbiger alsdann mit einem zerklopfften Eyerdottern bestrichen / und mit einem andern dergleichen Platz zugedeckt; letzlich rings herum artlich zusammen gemacht/ verzwickt/ und aus einem Schmaltz heraus gebachen.

46. Noch andere kleine Pastetlein.

NEhmet drey guter Hand voll deß schönsten Mehls/ und einen Viering oder Viertel Pfund Butter/ machet in der Mitte deß Mehls ein Grüblein/ schlaget zwey Eyerdötterlein daran/ und schneidet den Butter wohl dünn hinein / saltzet das Mehl nach gutduncken/ und wircket alles wohl darunter; alsdann feuchtet es/ mit ungefehr ein paar Eyerschalen/ oder halben Glas voll Wasser/ an/ damit man den Teig recht und noch besser zusammen wircken könne; doch muß absonderlich in acht genommen werden/ daß man nicht lang mit umgehe/ weil sonst dieser Teig gar zäh wird / hierzu aber schön lind bleiben muß: dabey dann nothwendig zu erinnern/ daß er sich nicht in der Wärm/ sondern weit besser an einem kühlen Ort machen lasse. Wann nun der Teig beysammen/ wälchert man einen Platz aus/ ungefehr in der Dicken eines Messer-Rucken; dann drehet man mit einem dazu gehörigen runden Pasteten-Holtz/ die Plätzlein nach einander heraus / oder aber man nimmt aus Mangel desselbigen nur von einem Papier die grösse/ und schneidet sie mit einem Messer aus dem Teig; die Deckelein werden eben so gemacht/ doch müssen sie dazu etwas kleiner seyn / und absonderlich diese Pastetlein nicht allzu groß gemacht werden/ dann wie kleiner wie besser sie sind; die grössere Plätzlein werden von freyer Hand aufgesetzt: indessen kan man das dazu gehörige Gehäck zusammen machen / bestehend aus Kalbfleisch/ welches zuvor abgeschipfft / und mit einem zimlichen Theil Rindfett und Marck gröblich zerhacket wird / jedoch also/ daß das Fett und Marck ungeschipfft bleibe/ und nicht zuvor abgesotten werde; dieses Gehäck mischt man in einer Schüssel wohl durch einander / thut allerley Gewürtz daran / als Pfeffer / Cardamomen/
Musca-

Muscaten-Blüh oder dergleichen Nüsse; auch Citronen-Marck/ und von demselben klein-geschnittene Schelffen; giesst auch ein wenig Essig und Fleischbrüh daran/ dann diß Gehäck muß etwas dinn seyn/ füllet alsdann die Pasteflein damit an/ bestreicht sie mit einem zerklopfften Ey/ macht die Deckelein darüber/ legts auf die Pasteflein/ und druckts rings herum wohl zusammen/ doch darff man sie eben nicht zwicken/ als wie die andere zuvor-gedachte: wann sie nun alle zusammen fertig/ so bestreicht man sie oben mit einem zerklopfften Ey/ und sticht auf alle Deckelein mit einem Messer ein kleines Löchlein/ und thut ein klein Bröcklein Butter darauf: dann legt man ein Papier auf ein Blech/ bestreuts ein wenig mit Mehl/ setzt die Pasteflein darauf/ schiebts in Ofen und bäckts geschwind ab; dann sie dörffen über eine gute viertel Stund nicht bachen.

47. Wännlein-Pasteten zu machen.

Nimm ein halb Pfund Butter/ drey viertel Pfund Mehl/ zerreibe es klein/ saltz/ thu drey Eyerdottern daran/ und so viel Kern als nöthig/ wircke es unter einander/ daß ein glattes Teiglein werde/ thue denselben in eine erdene Schüssel/ und decke ihn mit einer andern/ wann es so lang Zeit hat/ zu; hernach nimm Briese/ übersiede sie in einer Fleischbrüh/ schneide sie Plätzlein-weiß; ingleichen auch gespickt und gebratene Lamms-Nierlein/ gebratene Brat- oder Knack-Würste; thue die ausgeschählte Schwäntze von Krebsen und Schnecken/ welche vorhero eine weil in der Fleischbrüh gesotten haben/ ingleichen überbrüte gedörrte oder frische Morgeln/ klein-geschnittene Artischocken-Kern und frische Erbsen oder Spargel dazu/ laß in einem Häfelein eine gute Rind-Suppen sieden/ die nicht versaltzen ist/ brenn ein wenig Mehl darein/ würtze sie mit Pfeffer/ Muscatblüh/ und würfflicht-geschnittenen Citronen-Schalen/ laß sieden/ und gieß es über die oben-beschriebene Sachen in einen stollichten Hafen/ laß alles zusammen nochmal sieden/ daß es ein guten Geschmack bekommt/ seihe hernach die Brüh herab/ hebs auf/ und laß die obbesagte Stücke erkuhlen; hernach nimm den Teig/ überwircke ihn

noch

noch ein wenig/ und wälchere denselben/ daß er ungefehr zwey gute Messer-Rucken dick seye/ formire ihn in die Wännlein/ welche vorhero mit Butter geschmiert/ lege die oben-beschriebene Sachen unter einander hinein/ würtze es/ leg etliche Schnittlein Butter darauf/ gieß ein paar Löffel voll von der Brüh/ worinn die obige Sachen gesotten haben/ daran/ daß sie ein wenig safftig bleiben; mach einen glatten Deckel darüber/ bestreichs mit einem zerklopfften Ey/ setz in die Torten-Pfannen/ laß drey viertel Stund gemach bachen/ nim sie aus den küpffernen Wännlein heraus/ legs in eine Schüssel/ laß indessen die abgegossene Brüh mit einem guten Stuck Butter wieder aufsieden/ mach oben in den Deckel ein kleines Löchlein/ gieß durch ein Trichterlein etliche Löffel voll Brüh hinein/ trags gleich auf weils warm seyn. *

✝ 48. Kleine Krebs-Pastetlein/ zu machen.

Nehmet einen guten Theil Krebse/ schählet sie aus/ und machet davon ein Gehäck zusamen auf folgende Art: Hacket dieselbige klein/ röstet ein wenig Eyer-Brod im Butter/ und rühret es unter die gehackten Krebse: wem es beliebt/ der kan auch ein wenig frisches Marck mit unter die Krebse hacken: würtzet es mit Cardamomen und Muscatblüh/ oder auch einer Muscatnuß/ stosset die Krebsschalen/ samt etlichen gantzen Krebsen/ klein/ und röstets wohl im Butter/ wie bereits bey den grossen Pasteten gelehret worden: alsdann giesst auch gar ein wenig Fleischbrüh oder Wasser/ oder halb Brüh und Wasser daran/ last die gerösteten Schalen ein wenig sieden/ biß sie eine schöne rothe Brüh geben/ zwingts durch/ und macht von einem schönen Mehl/ mit dieser Krebs-Brüh/ ein Teiglein an/ welches lehn und lind ist/ wozu man auch ein gut theil Butter nehmen/ und entweder mit den Krebsschalen sieden/ oder

* Man kan zu diesen Pastetlein einen Teig nehmen/ welchen man will/ auch so gar einen blätterigten Butter-Teig/ da man sonst Torten daraus zu machen pfleget. Auch kan man/ wie in eine Ollapotrid-Pasteten/ junge Hüner darein füllen/ oder auch ein Gehäck vom Kalbfleisch/ nach eigenem belieben.

Von unterschiedlichen Pasteten.

oder aber in das Mehl schneiden / und mit dieser Brüh den Teig ferner anmachen kan; es werden aber auch ein oder zwey Eyerdötterlein / gleich zu erst / mit unter das Mehl gerühret: wann nun der Teig also beysammen / so wälchert man ihn hübsch aus / und formiret selbigen in artliche küpfferne Schärtlein/sie seyen gleich ablänglicht oder rund / schmiert aber dieselbe zuvor wohl mit Butter / und füllt hernach das Krebs-Gehäck hinein; von der Krebs-Brüh aber davon der Teig zusamm gemacht wird/ muß man sehen daß ein wenig übrig bleibt/ damit man auf das Gehäck in alle Pastetlein/wann sie eingefüllt worden/ ein wenig giessen könne/ damit sie auch einwendig schön roth und sässtig werden; dann aus ermanglung dieser rothen Brüh / müste man sonst ein wenig Fleischbrüh nehmen: nachmals kan man sie rings herum in etwas mit Eyern bestreichen/die Deckelein darauf machen/rings herum artlich bezwicken; und alsdann geschwind heraus bachen.

† 49. Noch andere Krebs-Pastetlein.

Man nimmt zehen oder zwölff lebendige Krebse / thut zuvor bey der Nasen das Bittere heraus / zerstösset sie in einem Mörselflein / und zwingts hernach mit einer kalten Fleischbrüh durch einen Seiher; dann lässet man die Brüh siedend werden/thut ein wenig Butter dazu hinein / und macht den Teig damit an; in welchen entweder drey Dötterlein und ein gantzes Ey / oder zwey Dötterlein und zwey gantze Eyer/ geschlagen werden: Selbigen formiret man nachmal in Schärtlein/ und füllt gemeiniglich ein Krebs-Gehäck / oder zuvor abgesottene gantz ausgeschählte Krebse hinein; würtzt sie mit scharffen Gewürtz / thut ein wenig Butter hinein/ giesst etwas von obiger/ oder nur gemeiner Fleischbrüh dazu/ und verfertiget sie / wie die bereits beschriebene.

Hh † 50. Krebs-

† 50. Krebs-Pastetlein/ auf andere Art.

Nimm ein Pfund Krebse/ schneide selbigen lebendig die Nasen herab/ daß das Bittere heraus komme/ und stosse sie alsdann/ legs in eine Pfanne oder stollichten Hafen; gieß einen Kern oder süssen Ram daran/ und laß sie sieden/ biß die Milch schön roth wird: alsdann zwings durch/ weich eine Semmel in den Kern/ druck sie wohl aus/ daß man sie kneten kan/ wircke etwas von Butter und Mehl darein/ daß der Teig nur ein klein wenig beysammen bleibe/ laß eine weil auf einem Bret im Keller stehen/ damit er etwas steiff werde/ schneid kleine Pläßlein daraus/ und setze davon Pastetlein auf/ fülle sie mit Krebs-Gehäck/ oder gantz ausgeschählten Krebsen; streue ein wenig klein-zerschnittene Citronen-Schelffen darein/ mache Deckel/ wie bey den vorigen/ darüber/ lege Papier auf ein Blech/ setze hernach die Pastetlein darauf/ und laß schön schnell bey einer viertel Stund bachen.

51. Krebs-Pastetlein/ noch auf andere Weise.

Machet einen Teig an/ wie zu den Rasiolen/ und setzt davon Pastetlein auf/ so groß ihr selbsten wollet; füllet eine Füll darein von gehackten Krebsen oder Briesen/ oder aber von Krebsen und Briesen unter einander; Ingleichen auch/ welches fast noch besser/ von Krebsen/ Morgeln und Artischocken-Kernen zusammen gehackt; würtzt es mit guten Gewürtz/ und feuchtets mit ein wenig Fleischbrüh an/ legt ein Stücklein Butter darauf/ macht Deckelein über die Pastetlein/ und bacht sie schön hell aus einem Schmaltz; zuvor aber stosset die Schalen/ von denen Krebsen/ auf das kleinste/ örstet ebenfalls solche im Butter/ so wird dieselbige gantz roth davon/ und zwingts dann durch; Oder man kans auf diese Weiß machen: Die Krebs-Schalen werden/ wie schon gedacht worden/ im Butter geröstet/

Von unterschiedlichen Pasteten.

geröstet / hernach ein wenig Wasser oder Fleischbrüh daran gegossen/ wohl gesotten / und alsdann durchgezwungen / so geben sie auch eine schöne rothe Brüh: Wann nun die Pastetlein gebachen / und wohl heiß seyn / muß man sie geschwind durch diese rothe Butter / oder obermeldete roth-gefärbte Brüh ziehen/ so werden sie schön roth und gut seyn.

† 52. Pastetlein mit Krafft-Zeug / oder süsser Brüh.

Nehmet ein viertel Pfund Butter / laßts zergehen / rührt drey gantze Eyer / acht Loth durch-gesiebten Zucker / und schönes Mehl darein / so viel dazu vonnöthen; wirckt daraus einen Teig zusammen / und wälchert ihn aus / formiret ihn rund / hertzweiß / oder viereckicht / nach gefallen; setzt sie auf / oder schlagt sie über / wie ihr wollet / und macht dann diese Füll darein: Nehmet gröblicht abgestossene Mandeln / würfflicht-geschnittenen Citronat / Citronen und eingemachte Pomerantzen-Schelffen / wie auch Zimmet / Zucker / Muscatblüh und Cardamomen / mischt alles wohl durch einander / und feuchtets mit einem süssen Wein an / füllts dann in die Pastetlein / belegt sie oben mit Citronat / oder bestecks mit ausgeschlagenen Citronen- und Pomerantzen-Bögen / macht artliche Deckelein darauf / bezwickt und bestreicht sie dann mit einem gantz zerklopfften Ey / und laßts geschwind abbachen. *

† 53. Spa=

* Wann man will / kan man es auch mit Johannes-Beerlein / Prinelln / oder Quitten füllen / und zu unterst die oben-beschriebene süsse Füll / das andere aber darauf legen; doch müssen die Johannes-Beere also frisch darein gelegt / die Prinelln aber zuvor im Wein / und die Quitten im Zucker und Wein etwas weich gesotten werden. Sollte es ausser der Zeit seyn / daß man solche nicht frisch haben könnte / kan man sie eingemacht nehmen / und oben darauf vom Teig ein Krönlein setzen / damit sie denen Pastetlein desto ähnlicher sehen.

† 53. Spanische-Pasteten.

Nimm ein gutes Mehl/ zehen Eyer-Dottern/ ein klein wenig Butter/ und etwas wenigs Wasser und Saltz/ mach den Teig an/ und aus demselbigen zwölff Stücklein/ eines so groß als das andere; dann wälchere diese zwölff Stücklein alle gar schön dinn und rund; nim ferner schön frisches schweinenes Schmaltz/ oder eine Butter/ bestreich damit die ausgewälcherte zwölff Blätter/ und lege dieselbige alle auf einander/ nimm das Walcher-Holtz/ und wälchere vom neuen ein schönes breites Blat daraus/ so ist der Teig gemacht: Nach diesem nimm Aepffel/ schähle und schneide Plätz daraus/ setze ein Schmaltz über das Feuer/ und bache die Aepffel heraus/ hacke solche klein/ thue Zucker/ Zimmet und kleine Weinbeerlein daran; lege solche gantz glatt auf den Teig/ schlag das Blat herüber/ schneide das ungleiche mit einem Messer hinweg/ und laß sie im Oefelein bachen.

† 54. Eine Butter-Schlangen.

Wann man aus dem Num. 3. oder auch folgenden Butter-Teigen/ eine Butter-Schlangen machen und bachen will/ muß man den Teig gantz in die Länge an einem Stuck/ und einer starcken Spannen breit/ auswalchern; das Gehäck dazu wird also gemacht: Erstlich werden abgezogene Mandeln gröblicht/ und ein Citronat würfflicht geschnitten/ ein wenig geriebenes weisses Brod im Schmaltz wol trocken geröstet/ und über einem Kohlfeuer/ daß es ein wenig erwarme/ darunter gemischt; alsdann Zucker/ Zimmet/ Cardamomen und Muscaten-Blüh darein gerühret/ und mit Rosen-Wasser angefeuchtet: Nun diese Füll oder dieses Gehäck wird auf den ausgewalcherten Teig/ so lang er ist/ ausgebreitet und vertheilet; zuvörderst aber der Teig also geschnitten/ daß er vornen her etwas dicker/ und zu End ein wenig schmäler oder zugespitzter seye; auch muß zuvor selbiger/ an dem Gehäck/ mit einem zer-

klopff-

Von unterschiedlichen Pasteten.

klopfften Ey bestrichen / die Helffte deß Teigs herüber geschlagen / und nur an der Füll herab ein wenig mit den Fingern zusamm gedrucket werden; der leere Teig aber ungefehr nicht gar drey quer Finger breit hervor gehen; welcher dann hernach wol gleich herabgeschnitten / und die Schlangen schön in der Krümme oder Rundung herum gebogen / und bey dem Maul zugespitzt wird; auch kan man von zweyen Wachholder-Beern zwey Augen hinein drucken: indessen zerklopffet man ein Ey / und bestreichet die Schlangen oben damit / der Schnitt aber darff nicht damit getroffen werden / damit der Teig aufgehen könne: dann setzt man sie auf einem Blech in den Ofen / und läßt eine Stund allgemach bachen. Will man solche hernach oben ein wenig übereisen / so nimt man einen schönen klaren gerädelten Zucker / thut solchen in ein Schällein oder Schüsselein / zwiert ihn mit Rosen-Wasser an / daß er gantz dick wird wie ein Brey: wann nun die Schlangen allerdings gebachen / und nur ein klein wenig ausser dem Ofen gestanden hat / so überstreichet man sie oben her über und über mit dem besagter massen angerührten Zucker; auch kan man / so man will / noch einen krausen Biesam-Zucker darauf streuen / und also von sich selbst ertrocknen lassen. Oder man kan auch / an statt dieses Eisses / nur ein wenig Wasser und Zucker in einem Pfännlein wohl aufsieden lassen / die Schlangen / nachdem sie gebachen worden / damit überstreichen / und nach belieben einen solchen krausen Zucker darauf streuen. *

* Auf eben diese Weise kan man auch die Butter-Küchlein verfertigen.

Kurtz

Kurtz- und Gründliche Anzeigung / wie lang die Pasteten bachen müssen / und wie viel Mehl man zu selbigen benöthiget seye.

	Diethäufflein Mehl. *		Stund.
Pfau / dazu wird erfordert	drey	Muß bachen	dritthalbe oder drey
Welscher-Han /	dritthalb	— — —	vierdthalbe
Welsche Hennen /	dritthalb	— — —	drey
Auerhannen /	dritthalb	— — —	vier
Zwey Pirckhüner /	Ein	— — —	zwey
Drey Fasanen /	zwey	— — —	dritthalbe
Drey Rebhüner /	anderthalb	— — —	zwey
Zwey Haselhüner /	Ein	— — —	dritthalbe
Drey Schnepffen /	Ein	— — —	dritthalbe
Drey Capaunen /	drey	— — —	drey
Sechs Junge Hüner /	drey	— — —	dritthalbe oder drey
Ein Haas /	zwey	— — —	dritthalbe
Reh-Schlegel /	zwey	— — —	drey
Wilde Gans /	zwey	— — —	vierdthalbe
Zwey Wilde Enten /	anderthalb	— — —	dritthalbe
Sechs Tauben /	anderthalb	— — —	dritthalbe
Zehen-pfündiger Schlegel / oder Kalbskeule /	drey	— — —	vierdthalbe
Zwey Prisilln /	Ein	— — —	dritthalbe
Zwey Pfund Aal /	anderthalb	— — —	dritthalbe
Drey Pfund Hecht /	zwey	— — —	zwey
Drey Pfund Karpffen /	zwey	— — —	zwey

* Ein Diethäusslein ist der achte Theil eines Metzens.

Fünffter

Fünffter Theil,
Handlend von mancherley
Gebratens.

1. Einen Gemsen-Schlegel oder Keule zu braten/und allerley Wildpret recht ein zu beitzen.
2. Hirsch-Keule oder Schlegel zu braten.
3. Reh-Schlegel oder Reh-Keule.
4. — — auf andere Art.
5. Vorlauffer von einem Reh.
6. Hirsch-Zehmer.
7. Reh-Zehmer.
8. Hasen
9. — — gefüllt } zu braten.
10. — — gehackt
11. Pfauen.
12. Indianische Hanen.
13. Auerhanen.
14. Auerhennen.
15. Wilde Gänse.
16. Einheimische Gänse.
17. Gänsbäuche gefüllt zu braten.
18. Einheimische Enten.
19. Capaunen.
20. — — mit Sardelln.
21. Hüner auf gemeine Art
22. — — wie Rebhüner } zu braten.
23. — — auf andere Art
24. gefüllt
25. Hasel- oder Rebhüner.
26. — — — auf andere Art.
27. Wilde Tauben.
28. Einheimische Tauben wie Rebhüner
29. — — auf gemeine Art } zu bratē.
30. — — gefüllt
31. Wasser-Taucherlein.
32. — Hünlein.
33. Wald-Schnepffen.
34. Wasser-Schnepffen.
35. Gefüllte Schnepffen.
36. Heber.
37. Krammets-Vögel.
38. Gespickte Troscheln.
39. Lerchen
40. — — gefüllt } zu braten.
41. — — mit Speck
42. — — gebraten in einer Brüh.
43. Fincken / Emmerlinge / Gegler / Meissen zu braten.
44. Gebratene oder geröstete kleine Vögelein in Weintrauben.
45. Kastran oder Kalb-Schlegel/ so gebeitzt/zu braten.
46. Schlegel oder Keule von einem Schöpsen
47. — — auf andere Art } zu bratē.
48. — — auf noch andere Weise
49. — — gebackt
50. Füll

50. Füll zu einer Kalb= oder Lamms=
 Brust.
51. — — — auf andere Art.
52. — — — noch auf andere Weise.
53. Prisilln zu braten.
54. Niern=Braten.
55. Kalbs=Ruck zu braten.
56. Gewickelte Brätlein von Kalb=
 fleisch.
57. Lamms=Viertel zu braten.
58. — — — mit Eyern.
59. Geiß= oder Ziegen=Viertel.
60. Vorderes Geiß=oder Ziegen=Vier=
 tel gefüllt.

61. Rieblein von einem Kalb.
62. — — — von einem Rind oder
 Ochsen.
63. Lendbraten.
64. — — — in einer Brüh.
65. Eingebeitzten Riemen zu braten.
66. Polnischer= ⎫
67. Schwäbischer= ⎬ Braten.
68. Schweinener= ⎭
69. Spanferckel ⎫
70. Schaaf=Nierlein ⎪
71. — — — auf andere Art ⎬ zu brat.
72. Schweinene Nierlein ⎪
73. Kälberne Briese ⎭

1. Einen Gemsen=Schlegel/ oder Gem=sen=Keule/ zu braten.

Man nehme den Schlegel oder die Keule/ und häute densel=bigen/ lasse den Fuß daran/ und spicke ihn entweder also frisch oder gebeitzt/ wie es beliebet; da dann abson=derlich/ als ein guter Vortheil/ wohl zu beobachten/ daß man alles/ was gespicket wird/ zuvor auf einem Rost ein wenig von fernen deß Feuers ertrocknen lasse/ daß die Haut an dem Geflüg/ das Fleisch aber an dem Wildpret/ ein wenig zusammen gehe und gleichsam einschrumpffe: dann würtzet man ihn mit Saltz/ Pfeffer/ Negelein/ ein wenig Muscatblüh und Cardamomen unter einander gemischt wohl ein/ und läst selbigen/ zwey oder drey Stunden/ auch noch länger/ im Gewürtz also ligen; stecket ihn hier=auf an einen Spieß/ und macht daß er/ vermittelst eines oben in der Dicken durchgestochenen höltzernen Zweckes/ desto vester an dem Spieß verbleibe; auch bindet man den Fuß in ein Papier oder feuch=tes Tüchlein/ daß er nicht verbrennt oder schmaltzig wird: nachdem nun der Schlegel oder die Keule an dem Spieß ein wenig vertrock=net/ wird er mit heissen Schmaltz betreifft; wiewol auch andere gantz kein gebratenes mit heissen Schmaltz betreiffen lassen/ sondern wann

sie

Von mancherley Gebratens.

sie sehen / daß es anfahen will zu braten / in einem Häfelein eine frische Butter in Bereitschafft stehen haben / selbige von fernen deß Feuers ein wenig zerschleichen lassen / einen Pinsel darein duncken / und das Gebratens immer damit bedupffen oder bestreichen / davon es schön giftig und safftiger werden soll: ein solcher Schlegel hat gemeiniglich vier Stunden zu braten / auch länger und weniger / nach dem er alt oder jung ist; will man ihn aber gleichwol / ob er schon nicht gebeitzt ist / etwas säuerlicht am Geschmack haben / so kan man ihn bald anfangs / wann er angesteckt wird / einmal zwey oder drey mit siedenden Essig begiessen / doch dannoch aber / eine weil hernach / mit einem heissen Schmaltz auch treiffen / oder an statt dessen / wie schon gedacht / immer mit frischer Butter fleissig bedupffen: wann man aber den Schlegel oder die Keule mit Essig betrifft / muß besagter Essig so davon abtropffet / in der Bratpfannen gelassen werden / damit man den Schlegel je zuweilen mit begiessen / und also schön gemach abbraten könne: will man aber einen solchen Schlegel zuvor einbeitzen / kan es auch auf unterschiedliche Weise geschehen / nach eines jeden belieben: nemlich entweder in gantz lautern Wein-Essig / oder in halb Wein und Essig / auch nur in halb Bier- und Wein-Essig / oder auch gar in bloß und lautern Bier-Essig / wozu der / von weissen Bier gemacht / am besten ist; etliche pflegen gar nichts im Essig ein zu beitzen / sondern legen es nur in jungen und geringen Wein / absonderlich aber die jenige so nicht gerne sauer essen / und kan man einen dergleichen Schlegel / so lang man selber will / ein / zwey / drey / auch wol biß in die acht Tage darinnen ligen lassen; man muß aber fleissig zusehen / daß er nicht anlauffe / welches auch / so er im Essig ligt / vonnöthen; daher man dann einen frischen Wein oder Essig nachgiessen / das eingebeitzte fleissig umwenden / und oben immerzu mit einem saubern Tüchlein / welches in Wein oder Essig gedaucht worden / bedecken muß. Alles Wildpret / so auf diese Weiß eingebeitzet / wird trefflich gut und wohlgeschmack; sonderlich wann es zuvor / ehe man selbiges in Essig oder Wein leget / ein wenig mit Saltz / Negelein und Pfeffer gewürtzet; auch / so man will / ein

Ji wenig

wenig Wachholder-Beer / entweder gantz / oder in einem Mörsel gröblicht zerstossen / mit beitzen lässet: wie dann zur Sommers-Zeit auf diese weise alles Wildpret am längsten gut aufbehalten werden kan: wanns aber gebraten und zugerichtet wird / pflegt man es zuvor mit ein wenig frischen Wein oder Essig abzuwaschen / zu spicken / wieder frisch zu saltzen und ein zu würtzen / (welches auch den Tag zuvor geschehen kan / ehe man solches verspeist;) dann ferner anstecken und braten / wie anfangs schon gedacht. Solch ein gebratenes Wildpret kan man gleich also trocken zu Tisch tragen; im Gegentheil folgende oder aber andere Brühen / die in einem besondern Theil dieses Buchs zu finden / darüber machen: Man läst nemlich in einem Pfännlein Wein / etwas wenigs Essig und Butter warm werden / und zwar so lang biß die Butter zergangen; dann wird es gewürtzet / und statt einer Brüh über alles schwartze Wildpret gerichtet.

2. Eine Hirsch-Keule oder Schlegel zu braten.

Etliche Köche und Köchinne halten sehr viel darauf / wenn man einen Hirsch-Schlegel oder Hirsch-Keule zuvor wacker bleuet / weil er davon mürb werden soll; dann häutet und richtet man ihn allerdings auf solche weise zu / wie gleich jetzo bey dem Gemsen-Schlegel gelehret worden / und kan man solchen eben auch frisch oder eingebeitzt braten / und sich nach vorhergehender Beschreibung allerdings richten / und entweder trocken gebraten / oder aber mit einer Brüh / und zwar / absonderlich so er trocken beliebt wird / mit Citronen-Plätzen belegt / und dergleichen klein-geschnittenen Schelffen bestreuet / mit Lorbeer-Sträußlein bestecket / oder auch mit Blumwerck ausgezieret / die Schüssel aber mit Lorbeer- und Pomerantzen-Blättern umlegt / zu Tische tragen.

3. Einen Reh-Schlegel oder Reh-Keule zu braten.

Häutet den Reh-Schlegel / spicket und bratet ihn frisch / oder beitzet ihn zuvor ein wenig ein / richtet selbigen dann allerdings zu / wie

Von mancherley Gebratens.

wie den/ in diesem Theil gleich zu anfangs beschriebenen Gemsen-Schlegel: Nur muß man sich sonderlich darnach richten/ ob es ein alt oder junges Reh seye/ und so dann drey/ vier/ biß in fünff Stunden braten lassen; alsdann trocken oder mit einer Brüh/ so wohl ausgezieret/ zu Tisch tragen.

4. Einen Reh-Schlegel oder Reh-Keule/ auf eine andere Weise zu braten.

Nehmet den Reh-Schlegel und häutet ihn/ lasset ihn eine Nacht und einen Tag im Wein-Essig ligen/ stopffet ihn hernach wohl mit einem Messer/ und nehmt denselbigen Essig/ darinnen er gelegen/ giesst ein wenig Wein dazu/ streuet Pfeffer/ Negelein und Saltz darein/ lasset alles miteinander sieden/ und giessets dann wieder über den Reh-Schlegel/ lasset ihn eine gute weil darinnen ligen/ wendet ihn um/ daß der Essig auf beyden Seiten wohl durchdringe; spicket und würtzet ihn wohl ein/ und bratet ihn allerdings auf die jenige Manier und Art/ wie die andern schon vorhergehends beschriebene.

5. Ein Vorlaufferlein von einem Reh zu braten.

Die Vorlaufferlein von einem Reh werden ebenfalls gehäutet/ gespickt/ gesaltzen und gewürtzt/ auch frisch/ oder im Wein oder Essig eingebeitzt/ gebraten/ und allerdings zugerichtet/ wie bey dem Reh-Hirsch- und Gemsen-Schlegel wiederholter massen bedeutet worden.

6. Einen Hirsch-Zehmer zu braten.

Der Hirsch-Zehmer muß gehäutet werden wie ein Haas/ und ist am besten zu braten/ wann man ihn halbiret/ oder entzwey schneidet/ wird auch am mürbsten/ so er entweder in lauter Wein- oder halb Bier- und Wein-Essig/ nach eines jeden belieben/

Ji ij zehen

zehen biß in vierzehen Tage eingebeitzet/ zuvor aber ein wenig einge=
würtzt wird: wann man ihn nun braten will/ wird zu erst mit einer
langen Spick=Nadel durch das fleischichte gestochen/ daß der Speck
wohl durch die Mitte desselben gezogen werde; dann spicket man ihn
auswendig/ würtzet ihn mit Saltz/ Pfeffer und Negelein wohl ein/
und lässet selbigen eine weil zuvor darinnen ligen/ und stecket ihn
dann an/ daß er/ wie obbeschriebene Hirsch= und Reh=Schlegel/ gantz
gemach/ jedoch mit stetem Feuer/ (weil sie bißweilen ein zimlich star=
ckes Fleisch haben/) braten könne: dann wird er auch trocken auf=
gesetzt/ oder aber eine Brüh darüber gemacht; imgleichen auch aus=
gezieret/ wie schon gedacht.

7. Einen Reh=Zehmer zu braten.

Ein Reh=Zehmer wird ebenfalls wie ein ander Wildpret/ ge=
häutet/ und nach dem er alt oder jung ist/ lang oder wenig
eingebeitzet; alsdann gespicket und mit Saltz/ Pfeffer und
Negelein/ wohl eingewürtzet: wann man den Zehmer anstecken will/
leget man das Einwendige auf den Spieß/ daß das gespickte über
sich kommet; dann stecket man zwey starcke Zwecke oben und unten
in das Ruckgrad/ und bindet sie dabey mit einem Bindfaden wohl
vest an den Spieß: hernach wird er noch ferner mit drey oder vier
höltzernen Spießlein in der Mitte wohl angezwecket/ und alsdann
fein gemach drey oder vier Stunden lang/ nachdem er starck ist/ ab=
gebraten/ in eine Schüssel gelegt/ mit Blumwerck und Citronen=
Plätzen ausgezieret/ und mit klein geschnittenen Citronen=Schelf=
fen überstreuet.

8. Einen Haasen zu braten.

Ziehet den Haasen ab/ und gebet wohl acht/ daß er nicht zer=
rissen werde/ schneidet oder stechet das Vorhäs davon ab/ doch
also/ daß der Haas nicht zu kurtz werde/ und waschet ihn
hernach aus Wasser/ Essig oder Wein wohl aus: alsdann wird er
gehäutet und gespicket/ mit Saltz/ Pfeffer/ Negelein und Muscat
blüh

Von mancherley Gebratens.

blüh eingewürtzt/ und entweder also frisch gebraten/ oder aber zuvor im Essig oder Wein gebeitzet; wann er nun soll gebraten werden/ wird er nochmal frisch eingewürtzet/ und an den Spieß gestecket; dann spannet man selbigen mit einem langen Zweck/ so bey den Beinen durchaus gehet/ von einander/ und verbindet die Füsse mit Papier/ oder aber einem feuchten Tüchlein/ und läst ihn dann wohl safftig und licht-braun abbraten/ daß die Specklein nicht schwartz werden: was aber sonsten das Treiffen und Braten anbelanget/ kan man sich auch hierinnen allerdings nach der/ bey dem Gembsen-Schlegel/ zu findenden Beschreibung richten. Will man eine Brüh darüber machen/ so wird Rosen-oder Holler-Essig in ein Pfännlein gegossen/ gestossene Zimmet/ Zucker/ ein wenig Pfeffer/ Negelein/ und Cardamomen darein gethan/ und mit einander aufgesotten/ dann giesset man die Brüh in eine Schüssel/ leget den Haasen darein/ zieret ihn mit Citronen-Plätzen aus/ und streuet dergleichen klein-geschnittene Schelffen darauf.

9. Junge Häslein gefüllt zu braten.

Das junge Häslein ziehet wie einen grossen ab/ schneidet aber den Bauch nicht gar zu weit auf/ nehmet das Eingeweid heraus/ waschet das Häslein mit Wasser/ und hernach/ so es beliebt/ auch mit Essig reinlich aus/ bereibet es mit seiner eigenen Leber; nehmet dann ausgekörnete Rosinen/ Weinbeere oder Corinthen/ abgezogene und geschnittene Mandeln/ und zwar eines so viel als deß andern/ ingleichen auch geriebenes Brod/ worunter einige ein gehacktes Gäns-Leberlein thun/ und zugleich mit im Butter oder Schmaltz rösten; solches wird mit obgemeldten Rosinen/ Weinbeeren und Mandeln vermischet/ alles zusammen mit Pfeffer/ Cardamomen/ Muscatnüssen/ und ein wenig Zimmet gewürtzet; dann Eyer daran geschlagen/ und diese Füll in das Häslein gefüllet/ nachmals der Bauch wiederum zugenehet; und nachdem das Häslein gehäutet worden/ mit klein-geschnittenen Speck gespickt/ eingesaltzen/ und mit Pfeffer/ Negelein/ auch anderer guter Gewürtz eingewürßet/ und dann an den Spieß gesteckt/ mit warmen Essig betreifft/ safftig abgebraten / und mit Citronen / wie gebräuchlich / ausgezieret.

10. Einen gehackten Hasen zu braten.

Nimm einen frischen Hasen so nicht gebeitzt worden/ löse das Fleisch gantz davon/ daß die Beine oben alle an einander bleiben; hacke dann das Fleisch vom Hasen / und den vierdten Theil so viel Speck/ wohl klein/ leg es in einen Napff/ schlag drey Eyer daran/ und würtze es mit Pfeffer/ Cardamomen/ Muscaten-Blüh und Negelein/ rühre alles wohl unter einander/ schlags dann an die Beine/ formire es also/ daß es einem Hasen gleichet/ winde einen Zwirnfaden darum / so bleibt es etwas vester und besser beysammen; thue alsdann Butter in eine Bratpfanne/ leg zwey dinn- und lang-gespaltene Hölzlein oder Schleissen darein/ und den gehackten Hasen darauf/ laß selbigen also in einem Bach-Oefelen braten/ übergieß ihn offt mit Butter/ und bestecke ihn dann/ wann er fertig ist/ mit Pinien- oder Krafft-Nüßlein.

11. Einen Pfauen zu braten.

Man nimmt ein halbes Seidlein oder halbe Maas Wein-Essig/ giesst selbigen dem Pfauen in den Hals daß er ersticket/ und rupffet dann selbigen biß an den Hals und Kopff/ welche befedert bleiben; nach diesem wird er vier Tage lang eingebeitzet/ dann so wol aus- als absonderlich einwendig mit Jngber/ Pfeffer/ Negelein/ Zimmet und Muscaten-Blüh wohl eingewürtzet/ und auf das fleissigste zugedeckt und verwahret; und über Nacht im Keller/ oder einem andern kühlen Ort aufbehalten: wann er nun gebraten werden soll / läst man ihn zwey Stunden lang im Saltz ligen/ und stecket ihn dann an/ verbindet den befederten Hals und Kopff mit einem Tüchlein oder Papier/ daß sie nicht verbrennen: Jndessen setzt man einen Wein zum Feuer/ würtzet ihn mit Jngber / Pfeffer und Negelein/

gelein/ thut ein wenig Bachschmalz darein/ macht es siedend/ betreifft den Pfauen damit/ und läst ihn also sechs Stunden lang braten. *

12. Einen Welschen Hanen zu braten.

Wann man einen Welschen Hanen abstechen will/ so nimmt man ein Messer/ und schneidet die Haut oben bey dem Hals von einander; wie man aber einem Hun über sich den Schlund und Lufft-röhre entzwey schneidet/ so werden selbige an dem Welschen Hanen untersich entzwey geschnitten/ und also kein grosses Loch am Hals gemacht; den Hanen muß man wol unter sich halten/ und das Blut aus dem Kopff abwärts streichen/ und heraus drucken/ dann rupffet man die Federn oben und unten bey dem Hals herab/ schneidet neben auf der Seiten deß Halses ein Loch hinein/ und nimmt den Kropff heraus/ damit der Han auf der Brust schön gantz bleibet; dieses Loch kan man alsdann wohl wieder zu machen: hernach wird der Han gebrühet/ und in ein kaltes Wasser gelegt; zuvor aber/ ehe er noch erkaltet oder gewässert wird/ spreusselt man ihm die Füsse mit einem hölzernen Spieß oder Zweck/ durch die Schenckel/ wohl hinauf/ dergleichen auch mit den Flügeln beschiehet. Zur Winters-Zeit kan man ihn wohl vier oder fünff Tage zuvor würgen/ so wird er nur desto mürber und besser werden: Man soll auch alles Geflügel auf diese Art gar schön und weiß etliche Tage erhalten können; wann selbiges allerdings auf obbeschriebene Art gewürget/ aber nicht im heissen Wasser gebrühet/ sondern die Federn nur wie einem Vogel ausgerupffet werden: dann wird der Han ausgenommen/ aber nicht gewaschen/ biß etwan einen Tag/ oder nur etliche Stunden vorher/ ehe man ihn speisen will; inzwischen muß er in einen Keller/ oder sonst kühles Ort/ gesetzt werden: wann er nun/ wie gedacht/ aus etlichen Wassern reinlich gewaschen/ wird er/ so es beliebt/ auf der Brust gespicket/ welches/ im fall der Noth/ auch einen Tag zuvor/ ehe man ihn verspeiset/ geschehen/ und er so dann über Nacht im Wasser liegend

* Es kan ein Pfau auch eben auf die Art/ gleich wie der hier nechst-beschriebene Welsche Hanen/ abgewürget und gebraten werden.

gend verbleiben kan: Nechst diesem saltzt man ihn ein- und auswendig/ und würtzet ihn allein von innen mit Pfeffer/ Ingber und Muscatblüh/ und lässet ihn eine weil in gedachtem Gewürtz ligen. Wann man dann hierauf den Hanen anstecket/ ist zu beobachten/ daß/ wie bey den Auerhannen gleich hernach beschrieben/ der Spieß einwendig bey dem untern Zweck hinein/ und über den obern Zweck bey dem Brust-Bein wieder heraus komme; wann er nun ein wenig bey dem Feuer vertrocknet oder erstarret/ betreifft man ihn ein- und auswendig mit heissem Schmaltz/ steckt dem Hanen ein Stuck Butter in den Hals/ und lässt ihn also fein gemach drey oder vier Stunden/ nach dem er groß ist/ abbraten/ daß er schön in Safft und licht bleibt; er wird aber noch schöner/ wann man ihm bißweilen mit einem Pinsel voll Butter bestreicht; wann er nun fertig/ wird er abgezogen/ in keine Schüssel gelegt/ und mit Citronen-Blättern und Blumwerck ausgezieret. *

13. Einen Auerhannen zu braten.

Wann man denselbigen noch frisch bekommt/ kan man ihn in Federn etliche Tage gar wol in einem Keller erhalten/ dann wird er gerupffet/ biß an den Kopff/ und/ so man will/ nur allein bey den Füssen ein wenig Federn daran gelassen; nach diesem schneidet man ihn unten auf/ nimmt das Eingeweid heraus/ wäschet ihn wohl mit Wein und Essig aus/ würtzet ihn einwendig mit Pfeffer/ Negelein und ein wenig Muscatblüh/ leget ihn in ein Geschirr/ giesset halb Wein/ halb Essig daran/ und lässet ihn darinnen/ oder auch nur in lautern Essig/ dieweil es ein starckes Geflüg ist/ beitzen; siedet unterdessen den Magen ab/ welcher/ nach dem der Hannen alt oder jung ist/ bald oder langsam weich wird/ wornach man sich
auch

* Hiebey ist zu sonderbarer Nachricht zu erinnern/ daß auf diese weiß alles Gebratens/ so wol weiß als wildes Geflügel und Wildpret gar mürb und wohlgeschmack werde/ wann man stets unter währendem Braten Citronen-Safft darauf druckt/ es seye gleich das Gebratene gebeitzt oder ungebeitzt; doch muß man selbiges je zu weilen auch mit Butter bedupffen.

auch mit dem Beitzen richten muß; doch muß er auf der Bruſt am längſten darinnen ligen: hierauf wird er wieder mit friſchem Wein oder Eſſig ausgewaſchen/ und einen halben Tag zuvor/ ehe er gebraten werden ſoll/ geſpicket/ auch etwan eine halbe Stund/ ehe man ihn anſtecket/ wieder friſch mit Pfeffer/ Negelein und Muſcatblüh/ abſonderlich aber einwendig wohl gewürtzet; dann nimmt man zwey höltzerne Zwecke/ und ſtecket mit dem einen die Füſſe bey den Schenckeln damit ſtarck hinauf/ den andern aber unter den beeden Flügeln hindurch/ und alsdann den Auerhannen an den Spieß; dabey abſonderlich in acht zu nehmen/ wann man mit dem Spieß zu erſt unten hinein kommt/ daß der untere Zweck ober den Spieß/ der obere aber unter den Spieß komme/ und der Han deſto veſter daran bleibe: man kan auch oben in dem Hals ein gut Stuck Butter thun/ davon alles gebratene Geflüg beſſer und mürber werden ſolle. Nechſt dem verbindet man den Kopff mit einem Papier oder feuchten Tüchlein/ daß er nicht fett oder ſchmaltzig werde/ oder aber garverbrenne; dann treifft man ihn einwendig nur allein/ auswendig aber gar mit keinem heiſſen Schmaltz/ weil ſonſten die Haut davon gar gern zuſammen gehet/ ſondern man muß das Schmaltz zuvor ein wenig erkuhlen laſſen/ oder an ſtatt deſſen ſich im betreiffen einer Butter gebrauchen/ wie bey den Gembſen-Schlegel gedacht worden/ und alſo den Auerhannen ſchön gemach abbraten. *

14. Eine Auerhennen zu braten.

Dieſe werden ebenfalls gerupfft/ geſpickt/ gebeitzt/ angeſteckt und gebraten/ auch alſo trocken/ oder in einer Brüh zu Tiſch getragen/ wie die Auerhannen/ nur daß dieſe/ die Hennen/
weil

---

* Wann man will/ kan man ihn auch/ ſo er nur halb abgebraten/ zwiſchen dem Speck/ mit ein wenig geſchnittener Zimmet und Negelein beſtecken/ und entweder trocken gebraten zu Tiſch tragen/ oder aber eine ſchon beſchriebene oder andere Brüh darüber machen/ und denſelben ſchön/ nach gefallen/ bezieren; kommt eine Brüh darüber/ muß man auch in dieſem Stuck ſich nach derſelbigen richten.

weil sie etwas mürber sind / an statt einer langwierigen Beitzung/ nur allein etliche Tage im Wein oder Wein-Essig geleget werden.

15. Eine wilde Gans zu braten.

ZU vörderst rupffet man die wilde Gänse / hauet ihnen so dann den Kopff und die Flügel ab / nimmt sie aus / und legts eine weile ins Wasser; hierauf werden sie in eben diesem Wasser wohl ausgewaschen / in Essig gelegt / und etliche Tage lang darinnen gebeitzet / nach deme man sie gerne sauer haben mag: ehe man sie aber noch in Essig leget / pflegt man selbige zuvor mit Negelein und Pfeffer ein wenig einzuwürtzen / auch so sie gebraten werden sollen / mit frischen Essig und schlechten Wein nochmal auszuwaschen / mit klein-geschnittenen Speck auf der Brust zierlich zu spicken / mit Saltz / Pfeffer / Negelein / auch / so es beliebt / Cardamomen und Muscaten-Blüh wiederum von neuen einzuwürtzen / und vermittelst eines besonders dazu gehörigen Eisens / mit einem Loch / wodurch der Spieß gehet / an zu stecken / wiewol man dieses Eisen nicht nothwendig hiezu haben muß / sondern / in Ermanglung dessen / sich zweyer höltzerner Zwecke / wie bey den Auerhannen gemeldet / bedienen kan: beedes aber / Eisen und Zwecke sind gar leichtlich zu entrathen: wann man den unten hinein gesteckten Bratspieß / oben bey dem Brust-Bein / mit Vortheil wieder heraus zu bringen weiß; dann wofern so dann die Gans am Hals und an dem Steiß mit einem starcken Faden angebunden wird / ist sie so sehr und wohl bevestiget / daß sie deren ferner nicht benöthiget: dann wird sie / wie bey den Auerhannen gedacht / betreifft / und drey biß vier Stunden lang allgemächlich abgebraten / und alsdann trocken / oder aber in einer Brüh / zu Tisch getragen.

16. Eine einheimische Gans zu braten.

WAnn die Gans gewürget ist / rupffe sie biß auf den Hals und Flügel / haue dann die Füsse und Flügel / zusamt dem Hals herunter / und schneide sie unten auf / nimm den Magen/

Von mancherley Gebratens.

gen/ die Leber/ das Hertz und Eingeweid heraus/ (dann der Magen/ die Leber/ das Hertz/ Flügel/ Füsse und der Hals gehören zusammen/ und werden hier zu Land die Junge Gans genennet;) wann nun die Gans besagter massen ausgenommen worden / so wasche selbige auf das aller reinlichste aus/ und lege sie etliche Stunden lang/ oder auch wol über Nacht/ in ein frisches Wasser/ wasche sie nochmal/ laß verseihen / saltz es dann innen und aussen / pfeffers einwendig wohl/ und fülle selbige/ so du wilt/ mit Castanien und Birnen/ oder auch mit darunter gemischten Quitten-Schnitzen / davon sie einen gar guten Geschmack bekommen. Wann man nun eine solche Gans anstecken will/ kan man den/ bey den wilden Gänsen schon allerdings kurtz vorher beschriebenen Vortheil beobachten/ und dann so sie an dem Spieß ein wenig erstarret ist / mit einem heissen Schmaltz betreiffen/ und schön abbraten lassen; ist nun dieser Gäns-Bauch von einer noch jungen Gans/ kan man ihn nur in der Hand abbraten/ aber inn-und auswendig einsaltzen/ auch einwendig wohl würtzen/ etliche Sträußlein Rosmarin hinein stecken/ und nachdem man ihn ansteckt/ nur mit Butter betreiffen/ und immerzu bedupffen/ so wird er gar schön und gut werden. *

17. Einen Gäns-Bauch gefüllt zu braten.

So der Gans-Bauch gewürtzt/ gewässert/ und allerdings zubereitet ist/ wie Num. 15. gedacht worden/ kan man ihn oben bey der Brust/ wie ein Hun ergreiffen/ eine Füll nach selbst eigenen belieben anmachen/ wie bey dem gebratenen Hun und Kalbs-Brüsten unterschiedliche bald hernach beschrieben werden sollen; jedoch allhie die Gäns-Leber mit darunter nehmen/ zwischen der Haut hinein füllen: alsdann den Gans-Bauch anstecken/ und wie bereits gelehret/ abbraten.

18. Wild-

---

* Man kan auch die einheimische Gänse im Essig beitzen/ und allerdings wie die wilden abbraten/ denen sie auch auf solche Weise am Geschmack gar ähnlich kommen.

18. Wild- und einheimische Enten zu braten.

Man rupffet dieselbige/ öffnet die Haut am Hals mit einem Messer/ nimmt den Kropff heraus/ hauet den Kopff und die Flügel ab/ und nimmt die Enten aus/ wäscht sie erstlich mit Wasser/ dann Wein und Essig/ würtzet sie einwendig mit Pfeffer und Negelein/ und läst sie also einen Tag und Nacht/ auch wol etliche Tage im Essig / oder halb Wein halb Essig / auch wol lauter schlechten Wein beitzen/ nachdeme sie nemlichen frisch oder alt sind/ und man selbige wenig oder hart gebeitzt zu essen beliebt; dann werden sie mit frischen Wein oder Essig nochmal ausgewaschen / gespickt/ (wiewol sie auch etliche zuvor spicken / und schon gespickter beitzen/ allein der Speck wird in dem braten/ so er nicht gebeitzt worden/ viel schöner) und wie die zuvor beschriebene Gänse angestecket/ betreifft und wohl gemach abgebraten: wann sie nun halb fertig/ pflegt man sie/ zwischen den Speck/ mit Zimmet und Negelein zu bestecken/ daher man sich im spicken darnach richten/ oder selbiges gar unterlassen kan: Will man eine Brüh darüber machen/ stehet es zu eines jeden belieben. Die einheimische Enten kan man entweder gebeitzt auf eben diese oder aber ungebeitzt auf die jenige Art abbraten / wie Num. 16. bey der einheimischen Gans genugsame Anweisung geschehen.

19. Capaunen zu braten.

Würget und brühet die Capaunen / lasset sie auch zimlich lang im kalten Wasser ligen/ daß sie schön weiß werden; spreisselt ihnen/ so ihr wollet/ die Füsse bey denen Schenckeln/ wie auch die Flügel mit einem Zweck hinauf/ wie den Welschen Hanen; wiewol man ihnen auch die Füsse gestreckt lassen kan/ so in eines jeden belieben stehet: spicket sie dann auf der Brust/ saltzet und würtzet sie einwendig mit guter Gewürtz/ und steckets also an den Spieß/ daß selbiger oben an dem Hals bey dem Brust-Bein wieder heraus komme/

Von mancherley Gebratens.

me/ welches bey allen Geflüg absonderlich wohl zu mercken/ weil es auf solche Weise sehr vest stecket; dann wird auch ein gut Stück Butter in den Hals gesteckt/ weil sie davon gar mürb und safftig im braten werden: nechst diesem betreifft man sie so inn= als auswendig mit heissem Schmaltz/ oder bedupffet sie nur auswendig allein mit Butter/ und lässt es allgemach abbraten; zuletzt betreifft oder bedupfft man sie nochmal mit Butter/ wie alles weiß=gebratenes/ weil es davon schön giftig auf den Tisch kommt; dann ziehet man die Capaunen ab/ leget sie in eine Schüssel/ bezierets mit Citronen=Plätzen/ und dergleichen klein=geschnittenen Schelffen. Will man aber eine Brüh darüber haben/ kan man selbige von Ribes=oder Johannes=Beerlein/ ingleichen auch von Saurach oder Wein=Negelein/ oder auch eine andere süsse Brüh darüber machen; dergleichen unterschiedliche/ nachgehends in einem besondern Theil/ beschrieben zu finden.

20. Einen Capaunen mit Sardelln zu braten.

BEreite den Capaunen allerdings/ wie gedacht; indessen wässere etliche Sardelln ein/ lege sie in Wein/ und richte sie zu/ wie man sonsten pflegt; ehe man nun den Capaunen/ so zuvor innen und aussen eingesaltzen und gewürtzet worden/ anstecken will/ so stecke unten/ wo der Capaunen aufgeschnitten wird/ die Sardelln/ wie auch ein gut Stück Butter/ hinein/ und nehe solchen mit weiten Stichen zu; oben in den Hals kanst du auch ein Stücklein Butter legen/ und so dann den Capaunen anstecken und braten wie den vorigen: will man ihn aber im Anfang mit heissem Schmaltz treiffen/ muß man dasselbige Schmaltz in der Bratpfannen nicht darunter stehen lassen/ sondern etwas anders unter setzen/ damit das was von dem Capaunen heraus gebraten/ nachmal in die Schüssel/ darein er geleget wird/ angerichtet/ und zugleich damit zu Tisch getragen werden könne; doch kan man ihn auch mit Butter immerzu fleissig bedupffen oder betropffen/ ingleichen auch eine Sardelln=Brüh darüber machen / und mit Citronen auszieren / wie selbige anderswo beschrieben zu finden.

21. Hüner gantz weiß zu braten.

Nach dem das Hun gewürgt worden / brühet und säubert es auf das allerschönste / wie schon zum öfftern bey andern Geflüg gedacht; dann nehmet ein viertel Pfund Butter / thut solches in eine Schüssel oder Näpfflein / werfft Saltz und Gewürtz darzu hinein / so viel zu einem Hun einwendig zum einsaltzen und würtzen vonnöthen / rühret und schlaget es wohl unter die Butter: wann nun das Hun sauber ausgewaschen / stecket man die mit Saltz und Gewürtz abgerührte Butter einwendig in das Hun hinein / saltzets auch auswendig / und stecket es an den Spieß / wie ein ander Hun / und die Füsse hinterwerts hinauf / wie an einem Rebhun; wann nun das Hun angesteckt / vernehet es auf das beste / damit die Butter nit heraus lauffen könne: dann nehmet ein kälbern Netz / oder aber zwey oder drey zusammen / nachdem das Hun groß ist / wickelt es über und über darein / und nehet es überal zusammen / daß nichts von dem Hun hervor siehet / es muß aber selbiges nicht drangs darüber seyn / sondern gleichsam nur schlottern / dann es schnorret im braten vorhin zusammen / und bratet also das Hun samt dem Netz schön allgemach ab; wann nun das Netz auswendig etwas braun wird / so ist das Hun fertig: dann schneidet das Netz herunter / so wird das Hun schön weiß / und doch auf das beste ausgebraten / und ein vortrefflich kräfftiges Essen seyn.

22. Ein junges Hun / wie ein Rebhun zu braten.

Nehmet ein junges Hun / erträncket’s mit Essig / wie die bald hernach beschriebene Tauben / hängets auf / und lassets verzappeln / rupffets / schneidets auf / nehmets aus / und waschets mit Wein / würtzets innen und aussen wohl ein / und setzets über Nacht in Keller: Wann man will / kan mans auch spicken / steckets dann

Von mancherley Gebratens. 263

dann an/ und bratets wie ein ander Hun/ und machet eine Brüh darüber nach belieben.

23. Hüner auf gemeine Art zu braten.

Würget die Hüner/ kröpffet sie sauber/ daß der Kropff nicht zerrissen werde/ brühet sie schön/ lasset selbige etwas lang im kalten Wasser ligen; dabey dann zu erinnern/ daß man ja mit keiner Hand viel in das Wasser greiffen solle/ weil sie sonst nicht so schön und weiß werden; auch kan man/ so es beliebt/ die Füsse hinauf spreussen/ wie bey denen Capaunen gedacht: wann nun die Hüner gebraten werden sollen/ kan man eine Stund zuvor selbige sauber auswaschen/ innen und aussen einsaltzen/ und einwendig mit guter Gewürtz wohl einwürtzen; auch werden sie gar wohlgeschmack/ wann man einwendig ein frisches Sträußlein Rosmarin/ und ein paar Stenglein frischen Majoran/ zusamt einigen Lorbeer-Blätlein hinein leget/ und also eine weile ligen lässet: dann stecket man sie an/ und schiebet oben/ wann man will/ die Mägenlein und Leberlein/ zusamt einem Stücklein Butter/ in den Hals hinein/ betreifft sie einwendig ein wenig mit heissem Schmaltz/ und aussen bedupfft mans immer mit Butter/ lästs bey einem hellen Feuer schön abbraten; auf die letzt/ nachdem sie nochmal mit Butter betreifft worden/ kan mans mit geriebenen Eyer- oder andern weissen Brod bestreuen/ und alsdann noch ein wenig herum braten/ daß sie schön gistig und lichtbraun werden: dann legts in eine Schüssel/ und zierets schön aus.*

24. Ein gefülltes Hun zu braten.

ERstlich muß man das Hun sauber brühen/ aber nicht gar zu heiß/ damit die Haut nicht zusammen schrumpffe; alsdann oben bey dem Hals mit einem Finger die Haut ablösen/ biß hinunter auf die Brust: Hierauf nimmt man ein wenig gerieben Eyer-

---

* Man kan auch die Hüner/ wann man will/ mit Sardelln braten/ wie die Capaunen/ auch allerley Brüh darüber machen/ wie selbige nachfolgends/ in einem besondern Theil/ beschrieben zu finden.

Eyer-Brod/hackt ein wenig Petersilien-Kraut/ röstets im Schmaltz/ richtets über das geriebene Brod/ schläget zwey Eyer daran/ mischt ein wenig Pfeffer/ Cardamomen/ Muscatblüh/ Ingber/ Saltz/ und so man will/ Weinbeerlein und abgezogene klein-geschnittene Mandeln darunter/ macht also eine linde Füll an/ so nicht all zu vest ist/ füllet sie oben bey dem Hals/ wo die Haut abgelöst worden/ hinein/ streichets fein auf der Brust aus einander/ nehet oder bindet es oben mit einem Faden zu/ saltzet und würtzet es/ wie gebräuchlich/ steckets an/ betreiffts mit Butter/ bratets fein schön ab/ betreiffts zuletzt nochmal mit einer Butter/ daß sie gisten/ und richtets dann an.

25. Hasel- und Reb-Hüner zu braten.

Rupffe die Hasel- und Reb-Hüner biß auf den Kopff/ nimm bey den Hals den Kropff heraus/ und schneide sie unten auf wie ein Hun/ nimm das Eingeweid alles heraus/ wasche die Reb- oder Hasel-Hüner sauber mit Wein oder Essig/ auch wol mit halb Wein und Essig/ und stecke die Füsse unter/ laß es im Wein/ wozu etliche ein wenig Essig mischen/ zwey biß drey Tage/ oder so lang du selber wilt/ ligen: wann sie nun gebraten werden sollen/ wasche sie nochmal mit einem frischen Wein aus; spicke entweder gleich jetzo/ oder auch deß Tags zuvor/ die Brust und Schenckel mit klein-geschnittenen Speck/ würtze sie mit Saltz/ Pfeffer/ Negelein/ Muscatblüh und Cardamomen innen und aussen wohl/ und laß eine weile also in dem Gewürtz ligen/ und stecke selbige an wie andere Hüner/ der Kopff aber muß mit einem Papier oder feuchten Tüchlein verbunden werden/ daß er nicht verbrenne oder schmaltzig werde; betreiffs alsdann mit Schmaltz/ oder bedupffe es mit Butter/ wie bey dem Auerhannen mit mehrern ist berichtet worde; doch müssen sie gleich anfangs ein wenig mit einem heissen Schmaltz einwendig betreiffet/ und also fein langsam/ daß sie fein safftig und licht-braun bleiben/ abgebraten werden: dann trägt man sie also trocken gebraten/ mit Citronen oder Blumwerck ausgezieret/ oder auch mit einer/ im nachfolgenden Theil/ beschriebener Brüh zu Tisch.

Von mancherley Gebratens.

26. Haſel= oder Rebhüner auf eine andere Art zu braten.

Wann die Rebhüner/ wie vor gedacht/ gebraten ſind/ löſet die Viertel auf/ beſteckets mit Zimmet und Negelein/ legts in eine Schüſſel/ und deckts zu/ daß ſie nicht erkalten/ nehmet ſauere Pomerantzen oder Citronen/ ſchneidet es von einander/ druckt den Safft über die Hüner/ und ſtreuet ein wenig Zucker/ Triſanet/ Zimmet und Pfeffer darauf/ gieſſet ein klein wenig ſüſſen oder andern guten Wein/ und etwas Roſen=Weirel=Holbeer= oder Citronen=Eſſig daran/ und laſt es zugedeckt/ auf einer Kohlen/ nur ein klein wenig aufſieden/ übergieſſets etlich mal mit der Brüh; dann kan mans wieder in eine andere reine Schüſſel richten/ mit Citronen=Plätzen auszieren/ und dergleichen klein=geſchnittene Schelffen darauf ſtreuen. *

27. Wilde Tauben zu braten.

Man nehme die Tauben/ rupffe/ kröpffe/ und nehme ſie aus/ wie die Hüner/ waſche ſie zu erſt von innen und auſſen mit Waſſer/ dann mit Wein und Eſſig; nechſt deme würtze man ſelbige/ und laſſe ſie vier biß fünff Tage lang im Eſſig ligen und beitzen: dann ſpicke und brate man ſie wie ein Rebhun/ jedoch etwas länger/ weil ſie zäher vom Fleiſch ſind: wann ſie dann fertig/ werden ſie in eine Schüſſel gelegt/ mit Blumwerck und Citronen ausgezieret/ oder aber eine Brüh/ wie über die Rebhüner/ im nachfolgenden Theil beſchrieben/ darüber gemacht.

28. Einheimiſche Tauben zu braten.

Würget die Tauben/ und reiſſet ihnen die Köpff ab/ kröpffet/ brühet oder rupffet ſie/ laſſts hernach eine weile im Waſſer ligen; nach dieſem ſaltzet/ würtzet/ und ſteckt ſie an/ treiffts mit heiſſem Schmaltz/ und ſtreuet/ wann ſie ſchier gebraten/ und

mit

* Auf dieſe Art kan man auch die Faſanen- und Pirckhüner braten.

mit zerlassener Butter noch einmal übertreifft worden / Semmel-Mehl darauf.

29. Einheimische Tauben wie Rebhüner zu braten.

Nehmet Tauben die (wo man sie haben kan/) rothe Füsse haben/ und zu einem paar derselben/ den achten Theil einer Maas Essig/ thut ein Gewürtz-Löffelein voll Pfeffer darein/ sperret denen Tauben die Schnäbelein mit einem Holtz auf/ oder aber/ welches besser/ stecket ihnen ein Triechterlein in den Hals/ und giesset von besagtem Essig jeder die helffte hinein; bindet dann den Hals mit einem Trümmlein Band oder Faden geschwind/ und wohl vest/ zu/ damit der Essig nicht wieder heraus lauffe/ dann hänget die Tauben bey dem Band oder Faden auf/ last sie also verzappeln und sterben/ rupffet sie dann wie die Rebhüner biß an den Kopff/ nehmt den Kropff heraus/ und stülpet oder stecket die Füsse unter; (etliche aber rupffen die Tauben / nach dem sie getränckt worden / und lassen sie also annoch den gantzen Tag hangen/) waschet sie dann mit Essig/ oder halb Wein/ halb Essig/ aus/ streuet ein wenig gestossene Negelein und Pfeffer in die Tauben/ legts in Essig/ oder halb Wein und Essig / nach dem man sie gerne sauer haben mag / last sie zwey oder drey Tage darinnen beitzen/ spickts fein klein auf der Brust/ wascht sie nochmal mit Wein oder Essig aus / saltzt und würtzt sie innen und aussen/ stecket sie an/ verbindet ihnen die Köpffe mit Papier/ oder einem feuchten Tuch/ daß sie nicht verbrennen/ und lasts dann safftig abbraten: Will man eine Brüh darüber machen/ kan man sich derselben so im nachfolgenden Theil über die Rebhüner zu machen gelehret wird / bedienen; so man sie aber trocken auf zu tragen beliebt/ mit Citronen / theils Pläß- oder Scheiben-weiß / theils was die Schelffen betrifft/ klein- und würfflicht geschnitten/ belegen und bestreuen.

30. Ge-

30. Gefüllte Tauben zu braten.

Würget/ kröpffet/ und rupffet die Tauben/ wie schon gedacht/ legt sie in kaltes Wasser/ und laßt eine Zeitlang darinnen ligen; indessen hackt die Leberlein davon/ oder aber Hüner-Leberlein/ welche fast besser hiezu dienen/ ingleichen auch Petersilien-Kraut/ und zwey kleine/ sonderlich aber/ so man sie haben kan/ frische oder grüne Zwiebeln/ röstet ein klein wenig geriebenes Brod im Schmaltz oder Butter/ schlagt ein Ey daran/ und würtzet es mit Pfeffer/ Cardamomen und Muscaten-Blüh/ rühret alles unter einander/ untergreiffet oder löset die Haut an der Brust ein wenig ab/ füllet diese Füll darein/ und laßt sie dann wie die andern Tauben abbraten.

31. Wasser-Taucherlein zu braten.

Nehmt die Taucherlein/ und rupffet sie biß an den Hals/ die Flügel und den Kopff hauet hernach ab/ wie an einer Enten/ nehmet sie aus/ waschet sie erstlich mit Wasser/ hernach mit halb Wein und Essig/ oder laßt sie an statt deß letztern waschens/ nur allein im Wein und Essig ligen/ so lang es euch selbst beliebt/ würtzet sie dann mit Negelein/ Pfeffer/ Cardamomen und Muscatblüh/ steckets an an einen Spieß/ wie ein Entlein/ betreifft sie ein- und auswendig mit heissem Schmaltz/ oder bedupfft es nur von aussen mit Butter/ und bratets ferner schön ab; legets hernach in eine Schüssel/ und zieret es mit Citronen aus/ wie schon beschrieben.

32. Wasser-Hünlein zu braten.

Rupffet die Hünlein wie andere Vögel/ ziehet ihnen die Haut über den Kopff ab/ nehmet das Eingeweid heraus/ leget sie eine weile in ein Wasser/ waschet/ saltzet und würtzet sie/ steckt die Füsse unter wie andern Vögeln/ und die Wasser-Hünlein an den Spieß/ wie andere gemeine Hüner/ brennet sie dann einwendig mit einem heissen Schmaltz ein/ und bratets schön ab; wann sie nun schier gebraten sind / betreiffet selbige mit Butter / und bestreuet sie mit geriebenen Brod / lassets dann fein schön licht-braun ausbraten / legets auch in eine Schüssel / und zieret sie aus / wie oben gedacht. *

33. Wald-Schnepffen zu braten.

Rupffet die Schnepffen / und ziehet selbige über den Kopff ab / nehmt sie aus / und so sie ein wenig alt sind / waschets zuvor mit Wasser / und alsdann mit Wein und Essig wohl aus; sältzet und würtzet sie hernach mit Negelein / Pfeffer / und nach belieben ein wenig Cardamomen und Muscatblüh; wiewol man sie auch gleich also frisch braten / oder über Nacht / und so lang man will / im Essig und Wein ligen lassen kan: dann werden sie gespicket / und wann man sie braten will / also überzwerch angestecket / daß der Schnabel durch die beyde Füsse gehe / wiewol auch manche solchen durch die Brust stecken; im übrigen werden diese ein wenig schlems an den Spieß gesteckt / also daß derselbige oben bey der Brust zwischen denen Flügeln heraus kommet: alsdann auch allerdings betreifft und abgebraten wie die Rebhüner. Indessen nehmet das Eingeweid von denen Schnepffen / ohne den Magen / schärffet das sandige zuvor mit einem Messerlein davon / und hacket dann selbiges gar klein; so ihr aber deß Schnepffen-Schweisses viel haben wollet / könnet ihr wol etliche Tauben- auch wol Hüner-Leberlein mit darunter hacken / welches man nicht viel spühren wird: nehmet dann ein wenig geriebenes rocken Brod / röstets im Schmaltz / druckt es aber wieder wohl heraus / daß nicht gar zu fett seye / mischt das gehackte Eingeweid auch darzu / und röstet es ebenfalls ein wenig mit / dann giesst etwas Wein daran / druckt Citronen Safft darein / würtzet es mit Saltz / Pfeffer / Negelein / Cardamomen und Muscatblüh / rührt es wohl unter einander / und last es aufsieden; etliche thun gar ein wenig

* Die Wasser-Hünlein kan man auch zurichten / wie ein Rebhun / und deßwegen an dem Kopff die federn lassen / selbige in Wein und Essig legen / wie bey Num. 25. zu ersehen.

nig gemeinen / oder welches besser / Rosen-Essig und so viel Zucker daran / daß mans kaum spührt / dann das säuerlichte muß vorschlagen; wann er nun im sieden zu dick wird / gießt man noch ein wenig Wein daran / aber ja nicht viel / damit er auch nicht zu dinn werde: wann er fertig und wohlgeschmack ist / so richtet ihn in eine Schüssel / und leget die Schnepffen darauf / bestreuet sie mit würfflicht-geschnittenen Citronen-Schelffen / und dergleichen Plätzlein; will man aber den Schnepffen-Schweiß auf einem Brod haben / so muß man selbigen ein wenig dicker machen; dann nimmt man Gogelhepfflein / oder ein ander weisses Brod / schneidet runde Plätzlein daraus / klopffet etliche Eyer in einer Schüssel / ziehet die Plätzlein dadurch / und bäcket sie schön hell aus dem Schmaltz heraus; wiewol man selbige auch ohne Eyer bachen kan: dann streichet man den Schnepffen-Schweiß darauf / streuet klein-geschnittene Citronen-Schelffen darüber / und leget sie um die Schüssel herum / und zwischen selbige entweder halb- oder Viertel-weiß geschnittene Citronen.

34. Wasser-Schnepfflein zu braten.

Die andere kleinere Schnepffen / können auch gantz auf diese weiß gebraten / und der Schweiß von selbigen also zusamm gerichtet werden; bereitet ihn allerdings / wie vor gedacht / röstet selbigen zusamt ein wenig geriebenen Brod wohl trocken im Schmaltz / giesset dann einen süssen Wein / und ein wenig Holbeer- oder Rosen-Essig daran / druckt Citronen-Safft darein / würtzet ihn mit Cardamomen / Muscatblüh / Negelein und Pfeffer / lasset alles in einem stollichten Häfelein aufsieden / rühret zuletzt klein-geschnittene Citronen-Schelffen darunter / richtet ihn in eine Schüssel / oder streicht ihn auch auf ein Brod / und zieret die Schnepffen mit Blumwerck und Citronen aus.

35. Gefüllte Schnepffen zu zu richten.

Rupffet die Schnepffen / untergreiffet sie wie ein Hun / waschets mit Wein aus / würtzet und saltzets einwendig / wiewol

sie auch etliche erst nach dem Füllen einwürtzen/ richtet den Schnepf=
fen=Schweiß zu/ wie schon gedacht; lasset aber den Schnepffen/ nach
belieben/ über Nacht im Wein ligen/ und machet die Füll den Tag
zuvor allerdings an/ füllet sie dann in den Schnepffen/ doch also/
daß die Füll überal auf der Brust biß an die Schenckelein recht zer=
theilet werde; nehet die Schnepffen fleissig zu/ würtzet sie auch aus=
wendig/ stecket sie an/ wie die vorher beschriebenen/ betreifft sie mit zer=
lassener Butter/ und lasts safftig abbraten: dabey dann zu mercken/
daß man die Füll zu den Schnepffen anfänglich nicht darff sieden
lassen/ auch nicht alle hinein füllen/ sondern etwas davon übrig las=
sen: diese übrige Füll nun thut man in eine Schüssel/ und giesst
noch ein wenig Wein und Citronen=Safft daran/ dann sie muß
dinner seyn/ als man sie sonsten zu den Schnepffen=Schweiß zu
machen pfleget/ und gleichsam eine dicklichte Brüh abgeben: wann
nun der Schnepff schön abgebraten/ legt man ihn darauf hinein in
diese Brüh/ und zieret ihn schön aus mit Citronen=Plätzen/ und
dergleichen klein=geschnittenen Schelffen.

36. Häher zu braten.

Füllet die Häher mit gutem Essig und Pfeffer/ bindet ihnen
den Hals zu/ schlaget ein saubers Tüchlein darum/ hanget sie
also einen Tag und eine Nacht in einen Keller; dann rupffet
und nehmet sie aus/ steckts an einen Spieß/ lasts gemach abbraten/
und tragt sie entweder trocken zu Tisch/ oder aber macht eine Brüh
darüber/ und zieret sie nach belieben.

37. Krammets=Vögel/ Mistler und
Troscheln zu braten.

Nehmet die Vögel/ rupfft und ziehet sie über den Kopff ab/
legts eine weil in ein Wasser/ dann saltzet und pfeffert sie/
lassets also im Saltz und Gewürtz ein wenig ligen/ steckts dar=
nach überzwerch an den Spieß/ steckt ihnen die Füsse fein übersich/
und betreiffts mit Butter oder heissem Schmaltz: wan sie nun schier
gebra=

gebraten sind / bestreuet sie mit geriebenen weissen oder rockenen Brod / und wann dieses ein wenig an ihnen ertrocknet ist / betropffet sie nochmal mit zerlassener Butter / damit sie fein licht-braun und gistig werden / ziehets dann ab / legts in eine Schüssel / und zieret sie aus nach gefallen.

38. Gespickte Troscheln oder Krammets-Vögel zu braten.

Rupffet die Troscheln oder Krammets-Vögel / nehmet sie aus / und spicket ihnen die Brüstlein mit klein-geschnittenen Speck / nehmet das Eingeweid heraus / waschet die Vögel ein wenig mit Wein / hacket das Eingeweid ohne den Magen / wie bey dem Schnepffen-Schweiß gedacht worden / zusamt etlichen Tauben-Leberlein / klein / röstet sie mit ein wenig geriebenen Brod im Schmaltz / doch also daß es nicht zu fett wird; giesset ein wenig Wein / oder auch / nach belieben / Rosen-Essig daran / thut allerley gute Gewürtz / oder auch ein wenig Trisanet darunter / lasset alles zusammen in einem stollichten Häfelein aufsieden / daß es ein wenig dicklicht werde; nehmet ein Eyerringlein / oder anderes klein- und weisses Brod / schneidet runde Plätzlein daraus / bacht es im Schmaltz / und streichet das gehackt und geröstete darauf: Indessen bereitet und stecket die Troscheln oder Krammets-Vögel an / wie die andern so schon beschrieben / bratet sie schön licht / legts in eine Schüssel / die Plätzlein aber neben herum / und streuet klein-geschnittene Citronen-Schelffen darauf.

39. Lerchen zu braten.

Die Lerchen werden gerupffet / und ihnen hernach die Haut über den Kopff abgezogen / gleich wie den andern: Lasset sie ein wenig im Wasser ligen / waschet / saltzet und pfeffert sie ein / stecktets überzwerch an / doch also daß der Kopff und die Füsse frey hangen / und nicht untergesteckt werden / treiffet sie mit heissem Schmaltz oder Butter / und bestreuts / wann sie schier gebraten sind / mit geriebenen

benen Brod / betreiffets nochmal ein wenig mit Butter / und legts dann wohl ausgezieret in eine Schüssel.

40. Gefüllte Lerchen zu braten.

Rupffet die Lerchen / doch daß keine kleine Löchlein darein fallen / blaset sie oben an dem Hals mit einem Feder=Kiel auf / nehmt Hüner=Leberlein / ein wenig Speck und Majoran/ hackts klein unter einander / röstets im Schmaltz / zerklopfft ein Ey/ giesst ein wenig Fleischbrüh daran / daß die Füll nicht zu dick sey/ thut Saltz / Ingber / Pfeffer und Muscatblüh dazu / und fülls oben zum Hals hinein / bindet die Lerchen in Lorbeer=Blätter / stecket an Spieß / betreifft sie mit zerlassener Butter / und bratets allgemach ab / daß sie nicht aufbrechen.

41. Lerchen mit Speck zu braten.

Wann die Lerchen gerupffet / stecket man ihnen die Füß nicht unter / wäschet aber / saltzet und würtzet sie wohl / stecket allezeit ein Stuck von einem Speck / welches ein wenig breitlicht geschnitten seyn muß / und alsdann die Vögelein / an einen Spieß / nemlich so viel Vögelein / so viel Stücklein Speck; sie sind auch gut / wann man überal ein Blätlein Salbey noch darzwischen mit anstecket / doch stehet es in eines jeden selbst eigenen belieben : wann man sie nun treiffen will / nimmt man ein Stuck Speck / wickelt es in ein Papier / und zündets an / daß der Speck zerschmiltzt / und läßt es auf die Vögel tropffen / daß sie davon getreifft werder : wann sie nun schön abgebraten / können sie in einer Schüssel / nach belieben / ausgezieret werden.

42. Gebratene Lerchen in einer Brüh.

Nehmet die Lerchen / nach dem sie / wie schon gedacht / zugerichtet / bratet sie schön safftig ab / bestreuet sie nicht mit Brod/ sondern macht folgende Brüh darüber: Nehmet süssen rothen Wein/

Von mancherley Gebratens.

Wein / schneidet Zibeben / Mandeln und Citronat klein / würtzet es mit Zimmet und Cardamomen / druckt Citronen-Safft darein / und laßt es zusammen in einem Häfelein auffsieden; zuletzt aber werffet ein wenig klein-geschnittene Citronen-Schelffen dazu: wann nun die Vögel abgebraten / legt sie in eine Schüssel / giesset die Brüh darüber / setzt sie auf eine Kohlen / deckts mit einer Schüssel zu / lassets noch eine weile sieden / und streuet zu letzt nochmal Zimmet und klein-geschnittene Citronen-Schelffen darauf.

43. Fincken / Emmerlinge / Gegler und Meisen ꝛc. zu braten.

Fincken / Emmerlinge / Gegler und Meisen ꝛc. kan man ebenfalls braten wie andere Vögel / ausser daß man die Köpffe und Füsse frey läst / und nicht mit an den Spieß steckt: Oder / wann man will / kan man sie nur im Schmaltz rösten.

44. Gebratene oder geröstete Vögel / in Weintrauben.

Rupffet die Vögel / nehmet das Gedärm heraus / bratets oder röstets im Schmaltz / legts in einen stollichten Hafen / giesst ein wenig Wein dazu / thut frische Beer von Weintrauben / wie auch Zucker und Trisanet daran; lasset die Vögelein einen Sud in der Brüh aufthun: dann leget sie in eine Schüssel / richtet die Brüh darüber / und streuet Zimmet und klein-geschnittene Citronen-Schelffen darauf.

45. Einen Kastran oder Kalb-Schlegel / so gebeitzt / zu braten.

Häutet den Schlegel oder Kastran fleissig ab / beitzet ihn acht oder zehen / oder auch vierzehen Tage lang / im Wein-Essig / solte er aber gar zu scharff seyn / kan man wohl ein wenig weissen Bier-Essig mit daran giessen / ein Tüchlein in besagten Essig duncken /

duncken/ und den Schlegel damit zudecken; spicket/ saltzet und würtzet ihn hernach mit Pfeffer und Negelein/ auch/ so es beliebt/ mit Cardamomen und Muscaten-Blüh; last den Schlegel oder Kastran eine weile in dem Gewürtz ligen; stecket selbigen nachmals an/ last ihn drey oder vier Stunden lang fein langsam abbraten/ und traget ihn also trocken zu Tisch: Oder aber macht eine Brüh darüber/ wie selbige/ im nachgehenden Theil/ ausführlich beschrieben zu finden. Es ist auch absonderlich allhier zu mercken/ daß wann man einen Schlegel schön licht braten will/daß man denselben nicht heiß/sondern nur mit einem zergangenen Bachschmaltz betreiffen müsse: solte der Schlegel nicht genug gebeitzt seyn/ wird er mit Essig/ so zuvor in die Bratpfannen gegossen worden/ offtermals begossen; im übrigen mit Citronen-Plätzen/ und dergleichen würfflicht-geschnittenen Schelffen/ wie bekandt/ ausgezieret. *

46. Einen Kastran oder Keule/ von einem Schöpsen zu braten.

Lasset den Schlegel im Wein-Essig/ und den dritten Theil Wasser/ sieden/ hat man eine Fleischbrüh in bereitschafft/ kan man selbige an statt deß Wassers gebrauchen; lasset ihn sieden so lang als harte Eyer: Nehmt ihn dann heraus/ saltzet und steckt selbigen an einen Spieß/ stechet ihn aber voll Löchlein/ und betreifft ihn mit der Brüh darinnen er gesotten/ zu welcher man ein wenig Bachschmaltz und Essig nehmen kan/ damit er wohl sauer werde; lasset ihn fein langsam ausbraten/ begiesset ihn aber immer aus der Bratpfannen mit dieser obigen Brüh: wann er nun schier abgebraten ist/ so bestecket ihn mit Knoblauch/ oder Salbey und Rosmarin; lasset ihn hernach noch eine weil braten/ und begiesset ihn noch einmal oder drey/ nach dem bestecken/ mit obiger Brüh: wann er nun mit

* Man kan auch einen kälbernen Schlegel frisch braten/ selbigen wässern/ schön waschen/ mit Pfeffer und Saltz wohl einwürtzen/ dann anstecken/ mit Schmaltz treiffen/ oder mit Butter bedupffen/ und also gantz gemach abbraten lassen: dann auch ohne Brüh/ oder mit einer Brüh zu Tisch tragen.

Von mancherley Gebratens.

mit Knoblauch gespicket wird/ und derselbige geschählet ist/ so röstet ihn ein wenig zuvor im Schmaltz/ doch muß das Schmaltz dazu wohl heiß gemacht werden/ aber wieder ein wenig erkalten/ ehe man den Knoblauch hinein thut.

47. Einen Kastran oder Keule/ von einem Schöpsen zu braten/ auf andere Art.

Ist der Kastran von einem starcken Lamm oder Schaaf/ so werden sie am mürbsten/ wann man sie zuvor mit einem Schlägel oder Holtz wohl bleuet; wird er auf einen Mittag gebraten/ so kan man selbigen deß Tags zuvor/ einen halben Tag im Wasser legen/ darnach heraus waschen/ einsaltzen/ und über Nacht also im Saltz ligen lassen: hierauf stecket man ihn an/ treiffet selbigen nur mit einem siedenden Wasser/ und läst ihn dann drey biß in vier Stunden braten. Auf diese weiß kan man ihn auch mit Knoblauch oder Schalotten spicken; wann er halb abgebraten/ mit einem Messer Löchlein hinein stechen/ den Knoblauch oder Schalotten ein wenig klein zuschneiden/ (und wann es die Zeit leidt/ denselben zuvor ein wenig im Essig absieden und saltzen/ damit ihm der gröbste Geschmack benommen werde:) stecket ihn dann in die Löchlein hinein/ und begiesset ihn etlich mal mit dem Schmaltz oder Brüh/ so aus dem Schlegel in die Bratpfannen von sich selbst heraus gebraten ist; auf die letzt aber doch auch mit Butter/ daß er schön gistig zu Tisch getragen werde: Wann man aber will/ kan man auch eine dergleichen Zwiebel- oder Knoblauch-Brüh darüber machen/ wie selbige nachgehends beschrieben: Will man aber den Schlegel/ nur wie er an sich selbst ist/ frisch gebraten/ und ohne Knoblauch gespicket/ zu Tisch tragen/ kan er/ wie oben gedacht/ ohne Brüh/ oder auch mit unterschiedlichen Brühen/ aufgetragen werden. *

M m ij   48. Noch

* Diese Kastran oder Schlegel sind auch gut/ wann sie allerdings abgebraten/ dann mit denen gar kleinen Sträußlein von Salbey bestecket/ und nur noch ein wenig mit herum gebraten werden/ wie im vorhergehenden Num. 46. schon gedacht worden.

48. Noch einen Schlegel oder Keule von einem Schöpsen zu braten / auf andere Weise.

Wässert und wascht den Schlegel oder Keule sauber / saltzt selbigen ein / und laßt ihn ein paar Stund im Saltz ligen / so wird er fein mürb; indessen giesst einen Essig in ein Häfelein / werfft ein wenig gestossene Wachholder-Beer / halb-gestossenen Pfeffer / frisch- oder dürren klein-zerschnittenen Rosmarin / und etliche Stücklein von Knoblauch-Zehen darein / laßts also mit einander aufsieden: alsdann gießt solches siedend über den Schlegel / und laßt ihn eine gute weil darinnen ligen; giesst diesen Essig weiter herab / macht ihn noch einmal siedend / und giesst ihn wieder sied-heiß über den Schlegel; laßt selbigen / wie zuvor / eine gute weil darinnen ligen / und übergiesset ihn je zuweilen damit: wann er also eine Stund oder zwey darinn gelegen / so steckt den Schlegel an / wie bekandt / betreifft ihn anfänglich mit sauren Milchram / zu letzt aber mit Butter / und bestreut ihn dann mit geriebenen rocken Brod / worunter man auch ein wenig dürr-gestossenen Rosmarin nehmen kan. *

49. Einen gehackten Kalb- oder Lamms-Schlegel zu braten.

Nehmt einen Kalb- oder Lamms-Schlegel / häutet denselben / und schneidet das Fleisch alles von den Beinen herab / daß die Gelenck und Beine / doch alle recht und vest an einander bleiben / hacket das Fleisch gantz klein / als wie zu Knötlein oder Knöpfflein / schlaget ungefehr 6. Eyer daran / mischt / so ihr wollet / ein wenig gehacktes und in Butter geröstes Petersilien-Kraut und Semmel-Mehl darunter / saltzet und würtzet es nach belieben; rührt alles untereinander / leget dieses gehackte Fleisch wieder um die Bein herum / und formiret solches auf einem Papier / damit man es zusamt densel-

---

* Alles schwartze Gebratens wird gar wohlgeschmack davon / wann man selbiges zu letzt mit einem mit Rosmarin vermischten Brod bestreuet / und zuvor mit Butter betreifft.

Von mancherley Gebratens.

denselbigen in eine Bratpfannen legen könne / wie einen Schlegel: dann macht eine Butter in der Bratpfannen heiß / leget den also formirten Schlegel darein / und lasset ihn schön abbraten: So es beliebt / kan man ihn auch mit Mänteln bestecken / und eine Butter-süsse oder andere Brüh darüber machen; man kan auch ausgeschählte Krebse / Morgeln / Spargel / Brieß / Leberlein und Mägenlein / durch einander klein zerschnitten / in einer durch-gezwungenen Krebs-Brühe sieden lassen; eine Ollapotrid machen / und den Braten gleichsam ein wenig / nach dem er schon fertig ist / damit bespicken / oder nur so darauf legen / und die Brüh / samt denen oberzehlten Sachen / darüber giessen.

50. Eine Füll zu einer Kalb- oder Lamms-Brust.

Hacke ein Meyen-Kraut / oder allerley Kräuter; ingleichen auch / wann du wilt ein wenig Zwiebeln unter einander / mach ein Schmaltz in einem Pfännlein heiß / und röste das grüne / wie auch ein wenig Semmel-Mehl / und etwas gehackten Speck / darinnen; schütte es dann alles in ein Näpfflein oder Schüsselein / schlage ein oder zwey Eyer daran / würtze es mit allerley guter Gewürtz / rühre es wohl unter einander / gieß auch ein wenig Milch daran / so wird die Füll schön mild und lucker; bereite die Brust / wie vor gedacht / fülle sie ein / und stecke selbige mit einem besondern Vortheil an / daß an der Haut / wegen der Füll / nichts zerrissen wird.

51. Eine Füll zu einer Kalb- oder Lamms-Brust / auf andere Art.

Schäle zwey oder drey Aepffel / hacke sie klein / rösts im Schmaltz mit ein wenig Semmel-Mehl / würtze sie mit Pfeffer / Muscatnuß / Cardamomen und ein wenig Saffran; rühre etwas von sauber geklaubt- und gewaschenen Weinbeerlein darunter / und fülls dann in die zubereitete Brust. *

* Mit dieser Füll kan man auch ein junges Hünlein füllen.

52. Eine Füll zu einer Kalb= oder Lamms=Brust/ noch auf andere Weise.

Nehmt Peterlein oder Petersilien=Kraut ein Händlein voll/ wie auch ein wenig Marck / und ein oder zwey zuvor abgeschipffte Hüner=Leberlein/ mischt ein wenig Zwiebeln darunter / und hacket es alles unter einander; zuvor aber macht von einem Ey / ein eingerührtes Eyer im Schmaltz/ zimlich dick / hackets auch mit den obgemeldten Stücken/ nehmet hernach ein klein Händlein voll gerieben Semmelmehl/ und röstet alles miteinander ein wenig im Schmaltz/ thuts dann wieder heraus in ein Näpfflein/ saltzet es/ rühret gute Gewürtz/ ein wenig Saffran / und / wann man will / etwas wenigs Weinbeerlein / darunter; schlaget noch zwey Eyer daran / rühret alles wohl durch einander / und füllet es in die ergriffene/ besagter massen/ zubereitete Brust.

❋ ❋ ❋

Oder:

Schüpffe ungefehr die Helfft von einer Kalbs=Lungen ab/ hacke sie klein / misch einen Speck so würfflicht/ und Zwiebeln die klein geschnitten worden / ingleichen ein gantz klares in Butter geröstetes Semmel=Mehl darunter/ rühre alles wohl durch einander/ mach die Füll mit Milch und Eyern an / würtze sie mit Pfeffer und Muscatnüssen / und fülle selbige in die Brust; die Brust aber läst sich alsdann nicht wohl am Spieß / sondern füglicher in einem Bach= oder Brat=Oefelein abbraten.

53. Prisilln zu braten.

Man lasse von einem kälbernen Schlegel/ neben an der Seiten/ das dickste und fleischichste Stuck nach der Länge herunter hauen / so dick man es / biß an das Bein / haben kan/ aus selbigen laß man nach der Länge nochmal zwey oder drey Stücke hauen: häute dasselbige schön / und beitze es acht oder zehen Tage

Von mancherley Gebratens.

in lauter Wein / oder auch in halb Wein = und Bier = Essig ein/ wie alles im vorhergehenden Theil / bey der Prisilln = Pasteten/ Num. 25. bereits gedacht worden. Wann man nun selbige zu speisen verlanget / spicket man sie zuvor mit geschnittenen Speck/ saltzet und würtzet sie mit Pfeffer / auch / nach belieben / mit ein wenig Negelein; dann stecket man die Prisilln nach der Länge an einen Spieß / und treiffet sie mit frischem = oder aber einem Bach= Schmaltz: Im fall der Noth/ wann sie nicht genug gebeitzet / kan mans zu erst ein oder zweymal mit siedenden Essig / hernach aber mit Schmaltz betreiffen; sie werden auch viel wohl = geschmacker / wann in der Bratpfannen zu dem Schmaltz auch ein wenig Essig gegossen/ und solche immer damit fleissig begossen werden; wiewol etliche noch mehr darauf halten/ wann man die Prisilln / nach dem sie / wie vor gedacht / eingebeitzt und gespickt seyn / zuvor ein wenig gesaltzen/ in halb Essig und halb Wasser abschipfft oder sieden läst / und als= dann aus der Brüh heraus nimmt / mit Pfeffer und Negelein wür= tzet / hernach anstecket / mit Schmaltz betreifft / oder nur mit Butter bedupffet/ und also schön licht und sasstig abbraten lässet: sie müs= sen aber immerzu fleissig begossen / und absonderlich zuletzt mit But= ter betreifft werden / daß sie schön gistig vom Spieß auf den Tisch kommen: Man kan auch nur / an statt der Brüh / unten das Dicke in der Bratpfannen darüber giessen / und die Prisilln mit Citronen= Plätzlein und geschnittenen Schelffen auszieren / oder aber eine Cap= pern oder andere Brüh darüber machen. *

54. Ei=

* Zur Winters = Zeit kan man die Prisilln nur in einer Bratpfannen in einem Bach = Oefelein braten / zuvor aber in die Bratpfannen ein wenig Essig und Wasser giessen / auch etwas Bachschmaltz darunter mischen / und so braten lassen; doch muß man es immerzu fleissig umwenden / daß sie fein schön gleich in einer Farb werden / und zuletzt in die Bratpfannen breitlichte Höltzlein legen / daß die Prisilln ein wenig in der Höh ligen / und sich kön= nen abbräunen; zu welchem Ende man sie auch mit Butter bedupffet: Auf solche Art kan man auch Schlegel / Brüste / Lendbraten / Riemen / und was man will / in einem Oefelein braten: was aber nicht gebeitzt ist / daran wird nur ein Wasser in die Bratpfannen gegossen.

54. Einen Niernbraten zu braten.

Wässert und waschet den Niernbraten/ saltzet ihn ein/ laßt selbigen eine Stund oder länger im Saltz ligen/ stecket ihn also an den Spieß/ daß das dickeste von dem Nieren oben hinauf komme; betreifft ihn mit Schmaltz/ oder aber bedupfft denselben mit Butter/ giesst ein wenig Wasser in die Bratpfannen/ und laßt ihn also allgemach drey Stunden lang braten/ nach dem er nemlich groß oder klein ist.

55. Einen Kalbs-Rücken zu braten.

Ein Kalbs-Rücken muß wohl gewässert und gewaschen/ dann gesaltzen/ gepfeffert/ und entweder an dem Spieß/ oder aber in einem Oefelein gebraten werden; dann kan man ihn entweder also trocken/ oder aber in einer Brüh zu Tisch tragen. *

56. Gewickelte Brätlein vom Kalbfleisch.

Nehmet von einem Kalbschlegel das fleischichte/ so man sonst/ wie vor gedacht/ das Knötlein-Fleisch hier zu Land nennet; häutet und schneidet es zu dinnen/ lang und breiten Schnitten/ klopffets auf einem Bret mit einem kleinen Schlegelein auf das dinneste; hacket dann einen Speck/ oder an statt desselben/ ein Rind-Marck/ zerreibet einen dürren Majoran/ und mischet ihn wohl darunter/ saltzet und würtzet hierauf das zerklopffte Fleisch/ und bestreuet es mit obgedachtem Speck und Majoran; wickelt es dann zusammen/ steckts an einen Vogel-Spieß/ treiffts mit Schmaltz/ und bratets ferner ab/ wie einen Vogel: Will man/ so kan auch das Fleisch zuvor ein wenig im Essig eingebeitzet/ und wie gedacht/ ferner zugerichtet/ dann also trocken/ oder aber in einer Brüh zu Tisch getragen werden. Auf eben diese weise pflegt man auch das Rindfleisch zu zurichten/ und ist ein so genanntes Schalen-Stück hiezu das

* Etliche pflegen ihn auch in Essig zu beitzen/ und dann erst abzubraten.

Von mancherley Gebratens.

das tauglichste/ in dem ebenfalls dünn- und lange Schnittlein/ oder länglichte Plätzlein daraus geschnitten/ und so dann/ wie die vom Kalbfleisch zuvor beschriebene/ allerdings zugerichtet und gebraten werden; nur ist zu erinnern/ daß sie auf diese Art/ niemaln ungebeitzt/ gut und mürb werden/ weil das Rindfleisch an sich selbst etwas starck ist/ und zuvor im Essig eingebeitzt zu werden höchst nöthig hat.

57. Ein Lamms-Viertel zu braten.

Wässert und waschet das Lamms-Viertel sauber/ saltzet und stecket es an/ wie einen Schlegel/ treiffet solches/ und lassets also schön gemach abbraten/ kurtz vorher aber/ ehe es fast fertig ist/ betreiffts mit Butter/ daß schön gistig wird; indessen schneidet Rosmarin-Sträußlein/ und waschet sie sauber; aber kurtz vorher/ ehe ihr das Lamms-Viertel vom Spieß herab nehmet/ thut dasselbige ein wenig vom Feuer hinweg/ und bestecket es über und über mit dem erst-besagten Rosmarin-Sträußlein: lasset es also nur noch ein wenig bey dem Feuer herum braten/ ziehets dann ab/ legets in eine Schüssel/ und tragts zu Tisch. *

58. Ein Lamms-Viertel zu braten/ mit Eyern.

Bereitet das Schlegelein/ wie oben gemeldt/ steckets an einen Spieß/ und bratets schön ab/ klopffet drey oder vier Eyer/ giesst ein Rosen-Wasser daran; so es aber nicht beliebt/ kan dieses auch davon bleiben/ und bindet ein Büschelein Stroh von den Stroh-Aehren zusammen: wann nun das Lamms-Viertel schier abgebraten/ duncket dieses Büschelein in die zerklopfften Eyer/ und bestreichet das Viertel über und über damit; lasset es dann folgends gar abbraten/ biß es schön rösch wird/ ziehets hierauf vom Spieß/ und tragets zu Tisch.

Nn   59. Ein

* Etliche bestecken das Lamms-Viertel/ wann es schon in der Schüssel liget/ oder sie schneiden einen Rosmarin/ wie auch Citronen-Schelfen/ klein würfflicht/ und wann der Schlegel oder Viertel schon allerdings in der Schüssel ligt/ bestreuen sie selbigen damit.

59. Ein hinteres Geiß= oder Ziegen= Viertel zu braten.

Wässert und waschet solches/ wie oben gemeldt/ saltzt solches ein/ und stecket es an wie ein Lamms=Viertel/ treiffts/ nach selbst belieben/ mit Schmaltz oder Butter/ und lassets also wohl geh abbraten: Wann man will/ kan mans auch mit Rosmarin bestecken/ und zu Tisch tragen. *

60. Ein vörderes Geiß= oder Ziegen= Viertel/ gefüllt zu braten.

Nehmet ein vörderes Geiß=Viertel/ ergreiffets wie eine Kalbs= Brust; man muß aber absonderlich in acht nehmen/ daß man kein zu grosses Loch mache/ und mit einem Kochlöffel die Haut allgemach ablediegen oder ablösen/ daß man die Füll in das gantze Brüstlein austheilen kan: alsdann reibet ein Pfenning=Eyerringlein/ aber nicht gantz/ nehmet ein Petersilien=Kraut/ hackets klein/ röstets im Schmaltz oder Butter/ giesset von dem heissen Schmaltz über das Brod/ ehe noch das Kraut geröstet wird/ schlaget zwey Eyer daran/ thut Pfeffer/ Ingber/ Cardamomen/ Saffran/ Muscatblüh/ und ein wenig Fleischbrüh daran/ rührt es unter einander/ füllt es in das Geiß=Viertel/ und nehet selbiges zu/ saltzets ein/ und bratets safftig ab: beliebts/ so könnet ihr auch Weinbeer und klein=geschnittene Mandeln unter die Füll mit einmischen. **

61. Käl=

---

* Etliche pflegen es kurtz vorher/ ehe mans vom Spieß abzieht/ mit länglich=geschnittenen Citronen=Schelffen zu spicken; hernach mit Butter zu betreiffen/ noch eine kleine weil in der Hand herum zu drehen/ und im währenden braten Citronen=Safft darauf zu drucken.

** Die Lams=Brüstlein kan man auf eben diese Art/ wie von den Ziegen oder Geißen/ füllen und braten.

61. Kälberne Rieblein zu braten.

Lasset von einem Kalbs-Rücken nur die Rieblein vornen herab hauen; beitzet selbige in Essig ein/ wiewol man sie auch ungebeitzt/ gantz frisch/ braten kan; saltzet und pfeffert sie wohl/ bratets in einer Bratpfannen/ oder auch auf einem Rost/ wiewol sie in der Bratpfannen mürber und safftiger werden; zudem/ wann man sie gleich auf dem Rost braten will/ muß man sie doch zuvor in eine Bratpfannen oder Schüssel legen/ und darinnen mit Schmaltz betreiffen/ hernach erst auf den Rost legen/ mit Butter bedupffen/ und also schön abbraten: Wann sie aber in der Bratpfannen gebraten werden/ kan man einen Essig/ und nur ein klein wenig Wasser/ damit sie nicht zu gesaltzen werden/ wie auch etwas Bachschmaltz in die Bratpfannen thun/ die Rieblein dazu hinein legen/ immerzu/ mit fleissigen umwenden/ braten lassen/ und zuletzt ein wenig mit Butter schmieren: So es beliebt/ kan man auch unten in die Bratpfannen gleich anfangs ein wenig Rosmarin und Lorbeer-Blätlein legen/ und zuletzt etwas von Rosen-Essig darein giessen/ so werden sie gar wohlgeschmack: wann nun die Rieblein schön licht abgebraten/ legt man sie in eine Schüssel/ und giesset etwas von der Brüh aus der Bratpfannen darüber/ oder man kan ein wenig Mehl im Schmaltz rösten/ eine Fleischbrüh/ Holler-oder Rosen-Essig daran giessen/ allerley gute Gewürtz darein streuen/ und solches zusammen auffsieden lassen; zu letzt ein Stücklein Butter hinein thun/ und dann diese Brüh über die Rieblein richten. *

62. Eine Rieb von einem Rind oder Ochsen zu braten.

Nehmet eine Rieb von einem Ochsen/ lasset drey oder vier derselben an einander hauen/ und beitzet sie drey biß vier Wochen im Essig ein; will man sie aber gleich frisch braten/ se-

---

* Man kan von einem Schweinenen Braten eben auch solche Rieblein hauen lassen/ und auf diese weise zurichten.

ķet man sie in halb Wasser halb Essig zu / salķt und läst sie eine gute weile sieden; nimmt sie dann heraus / streuet Pfeffer und Negelein darauf / steckts an den Spieß / und läst sie braten; man thut aber von der Brüh / darinnen sie gesotten / ein wenig in die Bratpfannen / und betreifft sie immerzu damit / zuleķt aber mit Butter: Ist sie gebeiķt worden / darff man sie nicht nothwendig absieden / weil sie ohne deme mürb worden: etliche sieden und beiķen sie nicht / sondern bratens gleich also frisch ab / wann sie selbige nur zuvor mit Pfeffer und anderer scharffer Gewürķ eingewürķet und gesalķen haben.

63. Einen Lendbraten zu braten.

Häutet den Lendbraten / schneidet das Fett / so dessen gar zu viel daran ist / davon / beiķet ihn in halb Wein= halb Bier= Essig / oder aber / welches besser / in lautern Wein= Essig / acht biß vierzehen Tage lang ein / spicket selbigen über und über mit geschnittenen Speck / salķt und würķet ihn mit Pfeffer und Negelein / steckt ihn / wann er eine weile darinnen gelegen / an den Spieß / betreifft ihn / wie bey dem Wildbret gedacht / mit Schmalķ oder Essig / und last ihn entweder also an dem Spieß / oder aber in einem Oefelein abbraten: traget ihn dann also trocken oder aber in einer Brüh / nach belieben / zu Tisch.

64. Ein Lendbraten in einer Brüh.

Laß zuvörderst den Lendbraten häuten / beiķe ihn dann mit gestossenen Wachholderbeeren und ein wenig Kümmel / im Wein= Essig / vier oder fünff Tage ein / laß ihn / wann er gespickt / so lang als ein paar Eyer in der Brüh / darinnen er gebeiķet worden / sieden; stecke solchen dann an den Spieß / und begieß ihn mit Milchram und vorbesagter Brüh / darinnen er gebeiķt und gesotten hat / gieb im anfang weniges / zu leķt aber wohl starckes / Feuer / damit er recht ausbrate und schön braun werde; lege ihn dann in die Schüssel / und

und richte von der Brüh aus der Bratpfannen / mit welcher ist getreifft worden / darüber.

65. Einen gebeitzten Riemen zu braten.

Beitzet den Riemen ein Tag acht / oder zehen / nach dem ihr gern gebeitzt esset / im Essig; dann spicket selbigen schön / saltzt und würtzt ihn wie den Lendbraten / stecket ihn an einen Spieß / betreiffet ihn / nach belieben / mit Schmaltz oder Essig / und laßt selbigen also vier Stunden lang braten / und immer begiessen / damit er fein mürb werde; er kan auch / ehe er angestecket wird / welches fast besser / in einem Hafen in halb Essig und Wasser zuvor ein wenig abgesotten / und nur gleichsam abgeschipfft werden / dann es wird das Fleisch davon etwas zweckicht und körnicht / läst sich auch besser anstecken. So es beliebig ist / kan man ihn auch in einem Oefelein in einer Bratpfannen braten; alsdann aber ein wenig Wasser zugiessen: Ist aber der Riemen nicht gar lang im Essig gelegen / so muß auch ein wenig Essig und Bachschmaltz in die Bratpfannen gethan werden: dann kan man unterschiedliche / im folgenden Theil beschriebene / Brühen darüber machen.

66. Einen Polnischen Braten zu machen.

Nehmet von Camstuck oder von der Rieb / und legets über Nacht in Wein-Essig / oder saltzets / und schlagt ein Tuch / ins Saltzwasser genetzt / darum / lassets über Nacht ligen / stecket sie an einen Spieß / thut ein Wasser in die Bratpfannen / betreiffts mit Schmaltz oder Essig / und laßts sechs oder sieben Stund braten / wiewol es in einem Oefelein besser und mürber zu braten ist; wird es aber am Spieß gesteckt / muß man sie immer fleissig begiessen / damit es wohl mürb werde / und dann unterschiedliche nachfolgends beschriebene Brühen darüber machen.

67. Ein Schwäbischer Braten.

Man nimmt ein dickes fleischichtes Stuck von einem Kalbs-Schlegel/ wie zu denen Prisilln/ so man insgemein ein Knötleinfleisch nennet/ und läst es unzerschnitten/ etliche nehmen einen Schloßbraten dazu/ oder auch einen schönen Kalbs-Rücken/ wiewol das erste fleischichte Stuck am besten dient; eines nun von diesen wässert und wäschet man sauber/ daß es fein weiß wird/ legts hernach in eine Bratpfannen/ saltzets zuvor ein wenig ein/ doch nicht so viel/ als sonsten ein ander Gebratens: Zu drey Pfunden Fleisch nimmt man ohngefehr nicht gar ein halb Pfund Speck/ und eine geschählte Zwiebel/ beede würfflicht geschnitten/ und thut sie in die Bratpfannen zu den Fleisch/ giesset ein gut Theil Wasser daran/ und läst es in einem Oefelein mit einander braten: wann es nun fast halb abgebraten/ kan mans fleissig umwenden/ die Brüh durch einen Seiher davon abseihen/ daß die Zwiebel und der Speck in dem Seiher bleiben/ dann die Brüh wieder daran giessen/ den Speck und die Zwiebel oben auf das Gebratens legen/ daß der Speck gleichsam mit abgebräunt werde/ und dieses muß ein oder zweymal beobachtet werden/ daß das bratene auf allen Seiten schön licht-gelb/ und absonderlich zu letzt der Speck so oben liget/ wohl mit abgebräunt werde: Von der Brüh in der Bratpfannen muß so viel darinnen bleiben/ daß/ wann das Gebratene in eine Schüssel gelegt wird/ man solche neben hinein dazu giessen/ oder aber darüber/ nach gefallen/ richten könne.

68. Ein Schweinener Braten.

Zu diesen Braten muß man ein langes Seiten-Stück/ wo die Rieb aneinander sind/ nehmen/ selbiges wässern/ waschen/ einsaltzen/ eine Zeitlang im Saltz ligen lassen/ und an einen Spieß stecken; ist aber der Braten zu lang und zu groß/ kan er gar füglich in der Mitten zertheilet/ und also verwendet werden/ daß die beede dickere Oerter/ in der Mitten deß Spiesses/ zusammen gestecket werden/

werden / weil daselbst die Hitze deß Feuers am besten hinzu kommen kan / und der Braten also eher und besser ausgebraten wird: betreifft ihn dann / mit dem / was in die Bratpfannen abgetropffet / und last ihn also abbraten; zuvor aber / etwan eine halbe Stund ehe er gantz fertig ist / bestreuet ihn mit Kümmel / und tragt ihn dann zu Tisch. *

69. Ein Span-Ferckelein zu braten.

Nehmt ein junges Schweinlein / davon die / so nicht über vier Wochen alt / die besten sind / weil sie von der Mutter getrunken haben / stechet es ab / machet aber kein grosses Loch; zuvor aber haltet ein sied-heisses Wasser bey dem Feuer / leget das Schweinlein in ein Mülterlein / bestreuet es allenthalben mit gestossenem Bech / giesset darnach mit einem Häfelein das heisse Wasser darüber / und brühet es sauber / daß die Borsten alle davon kommen; waschets darnach mit einem laulichten Wasser sauber ab / schneidet ein Loch mitten am Bauch darein / aber nur so groß / daß man kaum das Eingeweid heraus thun könne / waschets auf das schönste aus frischem Wasser / giesst dann wieder ein frisches Wasser daran / und lassets eine Stund oder auch länger darinnen ligen; bindet hernach die vier Füß mit Bindfaden zusammen / und zwar ein jedes Füßlein besonders hineinwarts / stellets dann auf ein Bret / oder in ein kleines Mülterlein / setzets in Keller / oder sonst an einen kühlen Ort / und last es über Nacht stehen: wann mans nun braten will / so saltzet und pfeffert es wohl / aber nur ein-keinesweges aber auswendig; man muß es aber zuvor noch einmal aus einem frischen Wasser heraus waschen / ehe man es einsaltzt / und nach etlicher Meynung wohl abtropffen und verseihen lassen: dann stecket das zugehörige runde Holtz in das Ferckelein / stecket es an / daß der Spieß durchs Loch deß Holtzes gehet; betreifft hernach das Loch am Hals fein heiß / und das einwendige deß Fercklens / wie auch den Hindern / wo es nicht gern braun wird /

* Die Schweinene Braten kan man auch gar wol in einem Bach- oder Brat-Oefelein braten / und vermeinen etliche / daß sie darinnen schöner und besser werden sollen / als an dem Spieß.

wird/ das auswendige aber an dem Fercklein begieſſet über und über mit kaltem Schmaltz oder Butter; bratets hernach am Spieß/ oder an der Hand/ doch werden ſie von dem letztern ſchöner: wann nun das Fercklein anfangen will/ bey dem Stich oder Bauch zu naſſen und zu tropffen/ ſo wiſchet es fleiſſig mit einem ſaubern Tüchlein ab/ dann es wird ſonſt weder ſchön noch röſch; man kan auch ein ſaubers Tüchlein in das Schweinlein ſtecken/ daß das Waſſer oder die Brüh darein läufft: Etliche ſchmieren das Fercklein auch mit Speck/ welches nicht unrecht/ doch iſt dieſer Vortheil dabey zu beobachten/ davon ſie überaus ſchön und röſch werden ſollen: daß wann das Fercklein wohl abgetrucknet iſt/ und man ſiht daß kein Waſſer mehr heraus ſchwitzt/ man eine Speckſchwarten in ein rothes Bier lege/ an ein Spißlein oder Fleiſchgabel ſtecke/ und das Schweinlein immerdar/ weil es im braten iſt/ beſtreiche; man muß aber ein Häfelein bey dem Feuer ſtehen laſſen/ und die Speckſchwarten je zuweilen wieder hinein tuncken: wann nun das Schweinlein gebraten iſt/ ſo ziehets herab auf einen groſſen Teller/ nehmet das Tüchlein heraus/ gebet dem Fercklein ein rothes Aepffelein in den Rüſſel/ und ſetzet ihm ein Blumen-Kräntzlein auf.   Man darff es aber ja nicht auswendig ſaltzen/ es wird ſonſt bläſſicht/ und wann mans anſteckt/ ſo muß man die Füßlein hinten und vornen mit einem Höltzlein von einander ſpreuſſen/ ſo es aber angerichtet wird/ den Bindfaden von den Füßlein herab ſchneiden. *

70. Schaafs-

* Man kan auch nur die einige Viertelein von dem Spanferckelein braten/ ſelbige ſauber wäſſern und waſchen/ oder in Saltzwaſſer legen/ zuvor aber/ ehe ſie angeſteckt werden/ ein wenig vertrocknen laſſen; dann an einen Spieß ſtecken/ und allerdings auf die Manier braten laſſen/ wie das gantze Span-Ferckelein/ und darff man ſie zu anfangs wohl mit einem heiſſen Schmaltz betreiffen; oder ſie werden auch auf die Manier gar ſchön/ wann man die hintern und vördern Viertelein/ ehe man ſolche anſteckt/ zuvor in einem Haſen Waſſer nur ein wenig abſieden oder abſchipffen/ dann aus der Brüh heraus nehmen/ und auf erſt-beſagte Art ſchön röſch an dem Spieß braten läſſet.

Von mancherley Gebratens.

70. Schaafs-Nierlein zu braten.

LEget die Nierlein ins Wasser/ thut lange Schnittlein darein/ ziehet die Häutlein davon ab/ spicket/ saltzet und pfeffert sie/ steckts an den Spieß/ und bratets schön ab; betreiffts zu erst mit heissem Schmaltz/ und dann zu letzt mit Butter/ streuet geriebenes rocken Brod darauf/ bratets noch etliche malen herum/ betreiffts/ wie gesagt/ mit Butter/ daß sie schön giftig werden/ giesst ein wenig von eben dieser Butter in die Schüssel/ und leget die Nierlein darein.

71. Nierlein zu braten/ auf andere Art.

BEreitet und spicket die Nierlein/ wie vor gemeldet/ saltzets / würtzet sie aber nicht ein/ steckets an/ betreiffets mit Schmaltz/ welches nicht gar zu heiß seyn darff/ übergiessets offt damit/ laßt sie braten; mischet indessen Saltz und Pfeffer unter einander/ und wann die Nierlein halb abgebraten / so überstreuet sie ein wenig damit/ absonderlich wo die Schnittlein hinein geschnitten sind: wann sie nun fast fertig/ bestreuet sie nochmal/ aber mit trocken geriebenen Brod/ betreifft es mit Butter/ bratets nach diesem noch ein wenig herum/ und legts in eine Schüssel.

72. Schweinene Nierlein zu braten.

LEget die Nierlein in ein Wasser / ziehet ihnen die Haut ab/ schneidet sie in der Mitte der Länge nach/ ein wenig von einander/ aber nicht gantz; saltzet und pfefferts ein/ schmierets mit Butter/ legets auf den Rost/ lassets nicht gar zu lang braten / und wendet sie offt um/ daß sie nicht hart werden.   So man will/ kan man sie auch spicken/ und wie die andern Nierlein am Spieß braten.

Oo 73. Kalbs-

73. Kalbs=Briese zu braten.

NEhmet schöne Briese oder Hals=Drüse von einem Kalb/ sie= det oder schipffet sie ein wenig in einer Fleischbrüh ab / neh= met sie dann heraus/ legts auf einen Teller/ ziehet das Häuf= lein überall sauber herab/ schneidet das harte und droßlichte davon/ und würtzet es mit Pfeffer / Cardamomen und Muscatblüh; neh= met dann ein schönes Kälber=Netz/ welches zuvor eine weil im Was= ser gelegen/ wickelt die Briese/ und zugleich mit selbigen zu jedem ein Plätzlein Butter darein / so werden sie schön safftig / bindet sie mit einem Zwirn oder Faden zu / saltzet und pfeffert sie auch von aussen ein; stecket sie an ein dinnes eisernes Spißlein / bratets fein schön safftig ab/ und betreiffet sie immerzu mit Butter.

Sechster

Sechster Theil/
Vorstellend unterschiedliche
Brühen über das Gebratens.

1. Eine Brüh von Sardelln über einen Schlegel.
2. — — — Citronat über schwartzes Gebratens.
3. — — — Citronat über Wildpret/ Pfauen und Auerhannen.
4. — — — — auf andere Art.
5. — — — Citronen über Wildpret / schwartzes Geflügel uñ Kalb-Schlegel.
6. — — — Citronen über weisses Gebratens.
7. — — — — auf andere Art.
8. — — braune Citronen-Brüh über Wildpret und schwartzes Gebratens.
9. Eine Brüh von Citronen über Wildpret und schwartzes Gebratens.
10. — — — — auf andere Art.
11. — — — von Citronen über Rebhüner und allerley Gebratens.
12. — — von Citronen über ein Vorbratens.
13. — — von Pomerantzen über Rebhüner uñ schwartzes Gebratens.
14. Eine Brüh von gehackten Limonien / über allerley Gebratens.
15. — — — von Granat-Aepffeln über Hüner oder Cappaunen.
16. — — — von Granat-Aepffeln über Hüner/Kastranen und Prisilln.
17. — — von Cappern über gebeizte Schlegel und Prisilln.
18. — — von Oliven über Reh- und Gemsen-Schlegel.
19. — — von Aepffeln über Rebhüner und andres Gebratens.
20. — — von Aepffeln über ein Vorbratens Gemsen-Schlegel und Wildpret.
21. — — — von Apffeln über allerley weiß Gebratens.
22. — — — von Aepffeln über gebeizt-und ungebeizte Schlegel.
23. — — — — auf andere Art.
24. — — von Saurach-oder Weinlägelein über Wildpret/schwartz- uñ weisses Geflügel.

Eine

25. Eine Brüh von Muscateller-
 Wein Trauben/
 über Auerhan-
 nen/Reh-Schle-
 gel / Rebhüner
 und Capaunen.
26. — — — — auf andere Art.
27. — — — von Zibeben über weiß
 Gebratens.
28. — — — von Zibeben über Hüner und weiß Ge-
 bratens.
29. — — — von Rosinen über gebratene Hüner.
30. — — — von Weixeln über
 schwartz Gebratens.
31. — — — von Weixeln über allerley Wildpret und
 schwartzes Geflügel.
32. — — — von Amarelln über allerhand weisses Ge-
 flügel.
33. — — — von Prinelln über weisses Gebratens.
34. — — — von Hagenbutten oder
 Hiefen über schwartz-
 un weisses Geflügel.
35. — — — von Erd-und Holbeeren
 über schwartz- und
 weisses Geflügel.
36. — — — von Agrest über allerley Gebratens.
37. — — — von Stachelbeeren ü-
 ber gebratene Hüner.
38. — — — — auf andere Art.
39. — — — — noch auf andere
 Art.
40. — — — von Rosmarin über Gebratens.
41. — — — von Rosmarin über ein
 Wildpret.
42. — — — von Wachholdern über
 Wildpret.
43. — — — von Wachholdern über
 Hüner.

44. Eine Brüh von Meerrettig über
 einen Lendbraten.
45. — — — von Schalotten über
 einen Schlegel.
46. — — — — auf andere Art.
47. — — — von Zwiebeln über alles Gebratens.
48. — — — von Zwiebeln über einen Lendbraten.
49. — — — von Zwiebeln über eine
 Rieb von einem Rind
 oder Ochsen.
50. — — — — auf andere Art.
51. — — — von Zwiebeln über einen Schlegel.
52. — — — von Knoblauch über einen Schlegel.
53. — — — von Rosen-Essig über
 allerley Gebratens.
54. — — — von Rosen-Essig über
 Rebhüner.
55. — — — von Holbeer-und Weixel-Essig über Reb-
 hüner und Capauné.
56. — — — Auf Spanische Art von
 Lebkuchen über Hü-
 ner und weiß Ge-
 bratens.
57. — — — von Lebkuchen über
 ein Wildpret und
 Gebratens.
58. — — — von Lebkuchen über einen Riemen oder
 Lendbraten.
59. — — — von Lebkuchen über
 Schlegel uñ Prisilln.
60. — — — — auf andere Art.
61. — — — — über allerley Wildpret.
62. — — — — einen Hasen.
63. — — — — Hüner.
64. — — — — einen Lendbraten.
65. — — — — Prisilln und einen
 gebeitzten Schle-
 gel.

I. Eine

Sechster Theil/von unterschiedl. Brühen über ꝛc.

1. Eine Brüh von Sardelln über einen Schlegel.

Nehmet die Sardelln / wässert und bereitet sie allerdings zu / wie solches in dem Dritten Theil Num. 23. am 112. Blat beschrieben zu finden / setzt selbige in einem Häfelein mit einem Stücklein von gebähten Rocken-Brod / daran ein Wein gegossen / zum Feuer; laßt sie so lang sieden / biß das Brod weich ist / zwingets dann durch / und würtzet es mit Pfeffer / Cardamomen / Muscatblüh und Negelein / giesst ein wenig Rosen-Essig daran / und nehmet die erste Bratpfannen / darinnen der Schlegel mit Wasser getreifft / und nun halb abgebraten worden / hinweg / setzet eine andere unter / giesset ein wenig von der Brüh / so alsdann aus dem Schlegel heraus gebraten / an die durch-gezwungene Sardelln-Brüh; drucket ein wenig Citronen-Safft darein / aber zuletzt / wann die Brüh zuvor ein wenig aufgesotten hat: Wann es beliebt / kan man auch klein-geschnittene Citronen-Schelffen darinnen / gegen das End / mit auffsieden lassen / und diese Brüh noch etwas zuckern / aber ja nicht viel / damit sie nicht unannemlich werde: wann nun der Schlegel gebraten ist / leget man ihn in eine Schüssel / belegt und bestreuet selbigen mit Plätzen von Citronen / wie auch dergleichen würfflicht-geschnittenen Schelffen / und richtet die Brüh darüber. *

2. Eine Citronat-Brüh über allerley schwartzes Gebratens.

Wann ihr die Citronat-Brüh etwas dicklicht haben wollet / so nehmet etwas von einem guten Lebkuchen / oder aber Wein-Latwerg / und lasset selbigen im starcken Wein sieden; zwingets

---

* Diese Brüh schicket sich über alle Schlegel / am besten aber über die / so mit Sardelln gespicket sind; deren Beschreibung in dem zu letzt mit beygefügten Anhang nachzusuchen und zu finden.

gets dann durch/ doch muß die Brüh dicklicht/ nicht aber gar zu dick seyn; zu welchem Ende man mehr Wein/ oder Malvasier/ nach belieben/ daran und nachgiessen kan; dann würtzets mit Cardamomen/ Zimmet/ Muscatblüh und Muscatnüssen/ thut auch ein gut theil Trisanet daran/ zuckerts nach gefallen/ schneidet einen Citronat klein würfflicht/ lasset ihn einen Sud mit aufthun/ und richtet dann solche Brüh über das Gebratens: will man sie aber ein wenig säuerlicht haben/ kan man einen Citronen-Essig darein giessen. Dergleichen Citronat-Brüh kan man auch über weiß Gebratens machen/ als über welsche Hanen und Capaunen/ aber an statt deß Lebkuchens/ lässet man ein Dotter- oder langes weisses Brod im Wein sieden/ zwinget solches durch/ und machet es allerdings mit Gewürtz/ Citronat und Trisanet auf die bereits beschriebene Art: Will man aber diese Citronat-Brüh machen/ daß sie nicht dicklicht seyn soll/ so giesset halb süssen- und halb andern Wein in eine Schüssel/ worein das Bratens geleget wird/ würtzet ihn mit obiger Gewürtz und Trisanet/ schneidet den Citronat klein würfflicht darein; lasset alles auf einer Kohlen nur einen Sud mit einander aufthun/ druckt nach belieben ein wenig saure Pomerantzen darein/ und legt das Gebratens darauf/ es sey gleich ein Reh- oder Gemsen-Schlegel/ oder Auerhannen. *

3. Eine Citronat-Brüh über Wildpret/ Auerhannen und Pfauen.

Nehmet einen Mandel-Lebkuchen/ reibet und thut ihn in ein Häfelein/ giesset Malvasier daran/ laßt es zusammen sieden/ zwingets durch; ist es zu dick/ so kan man noch mehr Malvasier daran giessen/ dann diese Brüh muß gar nicht dick seyn: marcket eine saubere Pomerantzen aus/ thut sie auch hinein/ schneidet Citronat klein würfflicht/ auch/ so es beliebt/ Pistacien-Nüßlein darein/ würtzets wohl mit Zimmet/ Cardamomen/ und

* Diese Brüh schicket sich über alles Wildpret/ und kan man selbige auch in einem Häfelein besonders aufsieden lassen.

und / wann ihr wollt / mit Trisanet / lasset alles durch einander aufsieden; zu letzt kan man ein wenig klein-geschnittene Citronen-
Schelffen dazu thun: dann richtet die Brüh in eine Schüssel / und
leget den Auerhannen / oder ein anders hieher gehöriges Gebratens
darauf/ und zierets ferner aus / wie schon beschrieben.

4. Eine Citronat-Brüh/ auf andere Art.

Nehmet Malvasier / klein-geschnittene Mandeln und Citronat / wie auch eingemachte Citronen- und Pomerantzen-
Schelffen / alles / wie gedacht / klein zerschnitten; thut viel von
gestossener Zimmet und Trisanet darein / lassets also aufsieden / und
werfft zu letzt noch ein wenig klein-geschnittene Citronen-Schelffen
dazu: richtet alsdann diese Brüh in eine Schüssel über das Gebratene / und bezieret es mit einigen zuvor über Nacht in Zucker gelegenen / oder aber in Trisanet eingeweichten Citronen-Plätzen.

5. Eine Citronen-Brüh über Wildpret und
schwartzes Geflügel/ wie auch über einen kälbernen Schlegel.

Man nehme einen Schnitten rocken Brod / und bähe ihn schön
licht-braun / brocke solchen in ein Häfelein / giesse einen Wein
daran / und lasse ihn eine gute weil sieden; dann zwinge
mans durch einen Seiher / daß die Brüh klar werde: giesse selbige
wieder in ein Häfelein / und ein wenig Spanischen oder sonst andern
guten Wein daran / streue Trisanet darein / und zuckers nach belieben / biß man selbst vermeinet / daß es süß genug ist / würtzet es auch
mit Pfeffer / Cardamomen / Muscatblüh / ein wenig Negelein / und
läst es also sieden; alsdann drucket man viel Citronen-Safft darein / oder marcket die Citronen aus / reibet solches in einem Mörßner
mit ein wenig Zucker wohl ab / daß es gantz klar und dinn werde;
dann mischt man es unter die Brüh / und richtet selbige über einen
Reh-Schlegel / Zehmer / und ander Wildpret / auch wol über einen

kälber-

kälbernen Schlegel: bestreuet hierauf das Gebratene mit würfflicht-geschnittenen Citronen-Schelffen / und belegets mit dergleichen Scheiben oder Plätzen / welche / so sie zuvor in Zucker geleget / oder in Trisanet geweichet worden / vor besser gehalten werden. *

6. Eine Citronen-Brüh zu machen über weiß Gebratens: als Welsche Hanen / Capaunen und Hüner / wie auch kälberne Schlegel und Prisilln.

Man nehme ein gutes Dotter- oder langes leichtes / auch / nach belieben / ein Ulmer-Brod / oder so mans noch wolfeiler verlanget / ein weiß-gebähtes Brod / dazu ein Weck am besten dienet; brocke solches in ein Häfelein / gieß einen guten Wein daran / und laß es so lang auffsieden / biß das Brod erweichet ist; zwinge dann solches durch / giesse Malvasier / oder andern Wein daran / würtze es wohl mit Zucker und Trisanet / wie auch Cardamomen / Muscatblüh und Zimmet / und lasse es noch ein wenig sieden; dann drucke man zimlich viel Citronen-Safft darein / oder thue ein wohl abgeriebenes Citronen-Marck dazu / wie bey der zuvor beschriebenen Citronen-Brüh: wann nun selbige aufgesotten / richtet mans neben das Gebratens in die Schüssel / bestreuet es auch mit würfflicht-geschnittenen Citronen-Schelffen / und belegets mit eben dergleichen Scheiben oder Plätzen / welche nur also frisch / oder aber in Zucker / oder Trisanet eingeduncket werden können / nach selbst eigenen belieben.

7. Eine Citronen-Brüh über weiß-gebratenes Geflügel: als über einen kälbernen Schlegel / Prisilln / oder Geiß- und Ziegen-Viertel.

Nehmet zwey oder drey Aepffel / schählet selbige / und reibet sie an einem Reibeisen gar klein / thut sie in ein Häfelein / giesset einen

* An statt deß gebähten Brods / kan man sie auch mit ein wenig im Schmaltz eingebrennten Mehl machen / und sonst allerdings verfertigen / wie oben gedacht.

einen guten Wein daran / und lassets ein wenig sieden / rühret die Brüh wohl glatt ab; marcket das Marck von einer gantzen Citronen aus / daß kein Häutlein oder Kern darinnen bleibet / rühret es unter die Brüh / würtzets mit Zucker / Zimmet / Cardamomen und Muscatblüh: wanns beliebt / kan man auch ein Trisanet darunter thun; ist die Brüh zu dick / giesset man noch ein wenig guten Wein daran / und lässet solches einen Wall mit auffsieden; zuvor aber / ehe man die Citronen ausmarckt / wird das gelbe von der Citronen herab gerieben / daß nichts von der weissen Schelffen darunter kommt / weil es die Brüh sonst bitter macht: Wann nun die Brüh / wie oben gedacht / allerdings fertig und aufgesotten hat / rühret man die geriebene Citronen-Schelffen darunter / und lässet sie also noch einen Wall aufthun: dann richtet mans über das Gebratene in die Schüssel / und bezieret es mit klein-geschnittenen Citronen-Schelffen und Plätzen / wie vor gedacht.

8. Eine braune Citronen-Brüh über Wildpret Schöps-und Kalb-Schlegel / wie auch über Prisilln zu machen.

Nehmet eine frische Butter / und zwar ohngefehr einen halben Vierding oder achtels Pfund / haltets in einem Pfännlein über das Feuer / biß der Gest vergehet; dann giesset ein halb Achtelein / oder den sechzehenden Theil einer Maas Wein-Essig / und ein Achtelein Wasser / (wiewol man auch deß Wassers nur eine / und die ander Helffte deß Weins nehmen kan /) daran; lassets also sieden / und streuet in dem Sud auch Zimmet oder Trisanet / Cardamomen / Negelein / Muscatblüh und Zucker nach belieben / wie auch ein gut theil Citronen-Marck / welches zuvor klein abgerieben worden / damit kein Kern oder Häutlein darinnen bleibet / und klein geschnittene Citronen-Schelffen darein / lasset alles noch einen Sud aufthun; richtets in die Schüssel zum Gebratens / und beziert mit Citronen-Plätzen und dergleichen klein-geschnittenen Schelffen.

9. Eine Citronen-Brüh über allerley Wildpret und schwartzes Gebratens.

Nehmet einen guten Lebkuchen/ so gut man selbigen haben kan/ siedet ihn im guten Rheinischen Wein ab/ er darff aber nicht durchgetrieben werden; giesset zu letzt/ wann der Lebkuchen schier zersotten ist/ nach belieben/ ein wenig Citronen- oder Rosen-Essig darein/ würtzet es mit Pfeffer/ ein wenig Negelein/ Zimmet/ Muscatblüh/ Cardamomen und Muscatnuß/ jedoch aber nicht sparsam/ dann es muß diese Brüh von der Gewürtz wohl scharff seyn/ sie darff aber nicht mehr sieden: indessen schneidet ein gut theil Citronen-Plätzlein/ werffet sie auch in die Brüh/ und bestreuet sie über und über wohl mit Trisanet: wann sie also erkaltet ist/ giesset selbige in einen Tiegel/ deckt es fleissig zu/ und setzet sie in einen Keller; wann man nun eine davon gebrauchen/ oder nehmen will/ so nimt man auch die Citronen-Plätzlein zugleich mit heraus/ wiewol man auch frische Citronen-Plätzlein darein thun kan/ lässet diese Brüh nur einen Wall aufthun/ und richtet es dann über das Gebratens: Wann man fleissig und recht mit dieser Brüh umgehet/ kan man sie sehr lang auf behalten.

10. Eine Citronen-Brüh über schwartzes Gebratens.

Bähet einen Schnitten rocken Brod/ giesst einen Wein daran/ und last es zusammen sieden; zwingts durch/ würtzets mit Muscaten-Blüh/ Pfeffer/ und ein wenig Cardamomen/ thut auch das Marck von einer Citronen dazu/ reibet aber solches zuvor ab/ daß kein Kern darinnen bleibt/ streuet einen Zucker und Trisanet darein/ last alles nochmal auffsieden; zu letzt werfft würfflicht-geschnittene Citronen-Schelffen hinein/ und richtets über das Gebratens. *

11. Eine

* In diese Brüh kan man auch ein wenig Triebes/ so in der Bratpfannen geblieben/ mit untermischen.

11. Eine noch andere Citronen-Brüh über ein Vorbratens.

NEhmet guten süssen Wein / giesst einen Holunder- oder Rosen-Essig dazu / zuckert ihn / streuet Pfeffer / Cardamomen / Muscaten-Blüh / Zimmet und Trisanet darein / ingleichen auch Citronen-Marck / last alles zusammen aufsieden / zuckerts nach belieben / und richtets über das Gebratens; belegt aber selbiges mit Citronen-Plätzen / so zuvor im Zucker gelegen / und streuet dergleichen klein- und würfflicht-geschnittene Schelffen darauf.

12. Eine Citronen-Brüh über Rebhüner und anders Gebratens.

GIesset guten starcken Wein / und ein klein wenig Fleischbrüh in ein Häfelein / legt einen gebähten Schnitten Rocken-Brod darein / last ihn weich sieden / treibet denselben durch / giesst noch mehr Wein zu; streuet Zucker / Pfeffer / Negelein / Muscaten-Blüh und Cardamomen darein / schneidet Citronen Plätz-weiß / legts einen Tag zuvor in Zucker / daß die Bitterkeit heraus gezogen werde; schählet die gelbe Schelffen von einer andern Citronen ab / schneidet sie klein- und würfflicht / legts gleich / wie erst-besagte Plätze oder Scheiben / in Zucker / last etliche von solchen in dieser Brüh mit aufsieden / und werfft Zimmet darein: Wann nun das Rebhun gebraten ist / löset ihm die Flügel und Brust / legts in eine Schüssel / giesst die Brüh darüber / deckts zu / und last es auf einer Kohlen nur ein wenig dampffen / aber ja nicht starck sieden; streuet dann Trisanet darauf / bezierets auch mit den übrigen Citronen-Plätzen / und traget es zu Tisch.

13. Eine Pomerantzen-Brüh über Rebhüner / oder schwartzes Gebratens.

NEhmet eine obere Rinden von Rocken-Brod / siedets in einer Fleischbrüh / daß sie weich wird; treibts dann durch ein Tuch / thuts in ein Häfelein oder Töpfflein / giesst Wein / Malvasier und etwas Rosen-Essig daran/ druckt einen Pomerantzen-Safft darauf/ schneidet Citronen zu Plätzen oder Scheiben/ und die Schelffen davon klein und würfflicht/ werfft sie auch darein/ würtzets mit geriebener Muscat/ Muscaten-Blüh/ Zimmet/ Cardamomen/ Ingber/ Pfeffer und Negelein/ streuet Zucker und Trisanet darauf/ laßt es zusammen sieden; legt das Rebhun in die Schüssel/ daß die Brust obersich und in die Höhe kommt/ löset die Flügel/ gebt ihm einen Creutzschnitt über die Brust/ giesset dann die Brüh darüber/ legt die Citronen Plätze oben auf das Hun/ bestreuet es mit Zimmet/ und klein-geschnittenen Citronen-Schelffen/ und leget/ so ihr wollet/ Viertel-weiß geschnittene Pomerantzen neben auf den Rand der Schüssel herum.

14. Eine Brüh von gehackten Limonien über allerley Gebratens.

Schneidet und hacket die Limonien/ wann ihr die Kerne zuvor heraus genommen/ klein/ thut sie in ein Häfelein/ giesst Wein und ein wenig Fleischbrüh/ wie auch Rosen-Holber- oder Holunder-Essig/ welcher beliebt/ daran; streuet Pfeffer/ Cardamomen/ Muscatnüsse/ und ein klein wenig Negelein darein/ zuckerts nach belieben/ laßt es auffsieden/ und richtets dann über das Gebratens. *

15. Eine Granat-Aepffel-Brüh über Hüner oder Capaunen.

Jeß einen Malvasier oder andern guten Wein in ein Häfelein/ drucke zimlich viel Citronen-Safft/ oder aber gieß an dessen statt ein wenig Citronen-Essig daran; streue Zucker und ein Trisanet/ wie auch die Kern aus einem Granat-Apffel/ darein/ laß es auffsieden: lege dann die schön safftig abgebratene Hüner oder Capaunen/ entweder gantz oder zerschnitten/ in eine Schüssel/ richte

* Diese Brüh ist sonderlich gut über einen Lendbraten zu machen.

über das Gebratens.

richte die Brüh darüber/ und ziere sie mit Citronen-Plätzen/ frischen Granat-Aepffel-Kernen und Saurach/ oder Wein-Lägelein/ aus.

16. Eine Granat-Apffel-Brüh über Hüner Kastranen und Prisilln/ auf andere Art.

Thut die Körner von einem Granat-Apffel in ein Häfelein/ giesst ein wenig Wein und Rosen-Essig daran/ streuet Pfeffer darein/ und lasts eine gute weile sieden; seihet dann die Brüh herab/ werfft Zucker/ Zimmet/ Cardamomen und Muscaten-Blüh darein/ körnet einen andern Granat-Apffel aus/ leget diese frische Körner in Zucker/ und streuet sie auf das Gebratene und den Rand der Schüssel.

17. Eine Cappern-Brüh über einen Schlegel und Prisilln.

Röstet ein wenig Mehl und gehackte Cappern im Schmaltz/ giesst Wein/ Fleischbrüh und Essig daran/ streuet Pfeffer/ Cardamomen und Muscatnüsse darein/ last es mit einander aufsieden/ und werfft zu letzt noch ein gut theil Cappern darein; will man es süß haben/ kan mans auch nach belieben zuckern; ein wenig Butter/ und trübes von dem Gebratenen aus der Bratpfannen darein thun: die Prisilln oder den Schlegel/ wann sie safftig abgebraten/ in eine Schüssel legen/ und dann diese Brüh darüber richten. *

18. Eine Oliven-Brüh über einen Reh- oder Gemsen-Schlegel.

Nehmet Oliven/ schneidet sie von dem Kern herab/ und zwar viel oder wenig/ nach dem ihr viel oder wenig Brüh brauchet/ hacket solche gantz klein/ bähet ein Stück rocken Brod schön

* Die Cappern-Brüh ist auch auf diese Art über aus gut/ wann man ein gebähtes rocken Brod im Wein und Fleischbrüh siedet/ durchzwinget/ und im übrigen mit Gewürz und allen verfertiget/ wie bereits gedacht.

schön licht/ brockets in ein Häfelein/ giesset einen süssen oder andern Wein/ ja auch/ so es beliebt/ halb süssen und halb andern Wein/ daran/ thut auch die gehackte Oliven dazu/ und lasset es eine gute weil mit einander sieden/ biß das Brod wohl weich ist; dann zwingets durch/ thut ein wenig Zimmet/ Muscatblüh/ Cardamomen und Zucker hinein/ hacket noch mehr frische Oliven/ und werffet sie darein/ giesset einen Citronen- oder Pomerantzen-Essig dazu/ oder aber an statt desselben/ mischet Citronen-Marck und ein wenig Trübes aus der Bratpfannen darunter/ last alles mit einander aufsieden: legt dann den Schlegel oder die Keule in eine Schüssel/ und giesset die Brüh neben dazu hinein/ schneidet frische Oliven halb von einander/ nehmet die Kern heraus/ und beleget so wol den Schlegel als auch den Rand der Schüssel damit; stecket aber in die Mitte der halben Oliven kleine/ theils verguldete/ Sträußlein von Rosmarin.

19. Eine Apffel-Brüh über Rebhüner und andres Gebratens.

Last eine gute Handvoll Mandeln klein stossen/ schneidet einen oder zwey Aepffel/ dazu die Parsdörffer am besten dienen/ gleichfalls klein/ stosst sie dann mit den Mandeln ab/ treibts mit Wein durch einen Durchschlag/ lasts ein wenig sieden/ giesst zu letzt etwas Essig daran/ würtzet es mit Cardamomen/ Muscaten-Blüh und vielen Zimmet/ zuckerts nach belieben/ und richtets dann über das Gebratens.

20. Eine Brüh von Aepffeln über ein Vorbratens/ Gemsen-Schlegel und Wildpret.

Nehmet ohngefehr ein viertel Pfund Mandeln/ ziehet sie ab/ schneidet sie länglicht und klein/ nehmet auch Parsdörffer-Aepffel/ schählet und schneidet sie ebenfalls klein und länglicht; dann röstet die Aepffel ein wenig im Schmaltz/ seihet es hernach

nach wieder davon herab; thut in ein ſtollichtes Häfelein beedes/ die Aepffel zuſamt den Mandeln/ miſcht ein wenig kleine ausgewaſchene Weinbeerlein darunter/ gieſſet einen guten ſüſſen Wein daran/ würtzets nach belieben/ mit Zimmet/ Cardamomen/ Muſcatblüh und Muſcatnüſſen/ reibet auch etwas Brod daran/ aber nicht zu viel/ damit die Brüh nicht zu dick werde/ wiewol man ihr allezeit mit dem Wein helffen kan: richtet dann das Gebratens in eine Schüſſel/ und gieſſet dieſe Brüh darüber.

21. Eine Brüh von Aepffeln über allerley weiß-Gebratens.

Schneidet zwey ſäuerlichte Aepffel/ wie zu einem Aepffel-Muß/ gieſſet einen Wein daran/ laſſets ſieden/ biß ſie weich werden; treibts durch einen Seiher oder Durchſchlag/ gieſſet einen Peter Simonis oder andern ſüſſen Wein/ wie auch einen Hollunder- oder Citronen-Eſſig daran/ ſtreuet ein Triſanet/ Zucker und anderes Gewürtz/ nach ſelbſt belieben/ darein; laſſet alſo dieſe Brüh ein wenig aufſieden/ richtets über das Gebratens/ und beſtreuet ſelbiges mit klein- und würfflicht-geſchnittenen Citronen-Schelffen.

22. Eine Aepffel-Brüh über gebeitzte und ungebeitzte Schlegel.

Nehmet ein oder zwey Aepffel/ ſchählet und ſchneidet ſie ein/ wie oben gedacht/ dann bähet ein Stücklein rocken Brod/ thut es zuſammen in ein Häfelein/ gieſſet halb Wein und halb Fleiſchbrüh daran/ laſſets ſieden/ biß das Brod und die Aepffel wol weich ſind; dann treibt es durch/ gieſſet noch mehr Wein/ wie auch ein wenig Eſſig/ es ſey gleich ein gemeiner/ oder aber ein Holler- Roſen- oder anderer Eſſig/ daran/ würtzet es mit Cardamomen/ Pfeffer/ Zimmet und Muſcatnüſſen/ nach ſelbſt eigenen belieben/ man kan auch einen Citronen-Safft darein drucken/ oder aber zuletzt ein wenig dergleichen Scheiben und Plätzlein in der Brüh mit aufſie-

aufsieden lassen/ die gelbe Schelffen/ klein-und würfflicht geschnitten/ darauf streuen / auch die Brüh/ so man sie süß verlangt/ zuckern/ und über das Gebratens richten.

23. Eine Aepffel-Brüh/ auf andere Art.

SChälet und schneidet Aepffel / wie gedacht / wie auch kleine Zwiebeln/ aber würfflicht/ laßt sie zusamt einem zerbrockten Stücklein Brod im Wein sieden/ biß es alles wohl weich ist; zwingets dann durch/ würtzets mit allerley guter Gewürtz; so ihr die Brüh süß haben wollet / zuckerts / wiewol es auch verbleiben kan; solte sie zu dick werden wollen / mag man mit Zugiessung eines Weins/ oder auch etwas wenigs Essig/ annoch helffen/ alles miteinander sieden lassen / und zuletzt ein oder zwey zerklopffte Eyerdötterlein mit dieser siedenden Brüh anrühren / und so dann über das Gebratens giessen.

24. Eine Saurach-oder Wein-Lägeleins-Brüh über Wildpret/ auch schwartz-und weisses Geflügel.

STrupffet die kleine rothe Beerlein von dem Saurach oder Wein-Lägelein ab/ und lasset sie nur einen einigen Sud / entweder in lauter süssen / oder aber in halb süssen und halb andern Wein thun / auch nur in der Schüssel/ allwo das Gebratens geleget wird / zusammen machen / und auf einer Kohlen auffsieden; würtzets mit Cardamomen/ Zimmet und Trisanet/ und so die Brüh schön roth verlanget wird/ kan man/ wann selbige annoch im auffsieden ist/ ein wenig Saurach-oder Wein-Legelein-Safft darein giessen/ alsdann aber/ so bald der Safft hinein kommt/ nicht mehr sieden lassen / dieweil sie sonst die Farb verliert. Diese Brüh mag über alles weiß-gebratene Geflügel/ über Reb-und Hasel-Hüner/ gemacht werden: wann sie über das weisse Geflügel dienen soll/ und man solche gern etwas dicklicht verlangt/ kan man nur in den ob-beschriebenen
Wein

über das Gebratens.

Wein ein Dotter- oder ein lang- und leichtes / auch nur ein weißgebähtes / Brod / zusamt dem Saurach- und Wein-Lägelein-Beerlein sieden lassen / durchzwingen / und ferner allerdings mit Gewürtz und Safft / wie zuvor beschrieben / verfertigen: alsdann diese Brüh in eine Schüssel giessen / das Gebratens darauf legen / und mit dergleichen eingemachten Wein-Lägelein- oder Saurach-Sträußlein auszieren. *

25. Eine Brüh von Muscateller-Wein-Beeren über Auerhannen / auch Reh-Schlegel / Rebhüner und Capaunen.

Nehmet schöne Muscateller-Wein-Beere / die gantz zeitig sind / blatet sie in eine Schüssel / lassets im guten Spanischen Wein sieden / und wann er ein wenig erkaltet ist / werfft zwey oder drey zimlich grosse Blumen Muscaten-Blüh / ein Stengelein langen Pfeffer / eine schöne Ingber-Zehen / und ein halb Loth der besten Zimmet darein; bindet gröblicht-zerstossene Cardamomen in ein weiß reines Tüchlein / legets in die Brüh zu der andern Specerey / lasts mit einander einen wall thun; wann es übersich siedet / schüttet drey oder vier Löffel voll deß schönsten Zuckers darein / rühret s unter einander / deckets mit einem schönen weissen Tüchlein zu / daß kein Dunst davon gehet / und setz es / so es erkaltet ist / in den Keller: dann mag mans also kalt zu einem Braten aufsetzen / oder aber in einem Häfelein aufsieden lassen / und über einen Auerhannen / Reh-Schlegel / Capaunen oder Rebhüner richten / auch so offt man davon nimmt / jedesmal einen oder zwey Löffel voll Weinbeer / jedoch daß dieselbige schön gantz bleiben / heraus nehmen.

Qq   26. Eine

* Auf diese Weise kan man auch allerdings von frischen oder eingemachten Riebes- oder Johannis-Beerlein eine dergleichen Brüh machen / welche man aber mehrentheils nur über das weisse Gebratens / als über welsche Hanen / Capaunen oder Hüner / zu machen pfleget.

26. Eine Brüh von Weintrauben/ auf andere Art.

NEhmet gute zeitige Weintrauben/ zuckert solche in einem Häfelein/ gießet ein wenig Wein darein / lassets sieden/ biß sie weich oder lind werden; zwingets dann durch / gießet nach belieben ein wenig Citronen oder andern Essig daran / thut Zucker/ Cardamomen/ Muscatblüh/ auch nach belieben ein wenig Zimmet/ und noch mehr gantze Weinbeer darein; ist die Brüh zu dick/ so gießet noch etwas guten Wein dazu/ lasset solches ein wenig mit einander auffsieden / und streuet noch zuletzt ein Trisanet darein. Diese Brüh kan man alsdann über ein Wildpret/ wie auch Reb=Hasel und andere Hüner richten.

27. Eine Zibeben=Brüh über allerley weiß Gebratens.

GIesset einen Wein in einen stollichten Hafen / werfft ein gut theil Zucker/ wie auch Pfeffer/ Ingber/ Cardamomen/ Muscaten=Blüh/ und in einem Säcklein ein wenig Saffran darein/ last alles in dem Wein sieden; leget indessen die allerschönste Zibeben oder Rosin in ein Wasser / lasset sie also aufquellen/ und nehmet die Kerne nicht heraus/ waschet sie so lang aus Wein/ biß nichts Trübes mehr davon gehet / seihet dann den Wein herab/ schüttet die Zibeben oder Rosin in ein Häfelein/ gießt Malvasier und den jenigen Wein/ darinnen zuvor das Gewürtz gesotten / und durch ein härines Tuch geseihet worden/ daran/ last es zusammen auffsieden: leget die gebratene Hüner / und zwar nach belieben / auf Rosmarin=Sträußlein in eine Schüssel/ gießet die Brüh zusamt denen Zibeben darüber/ und bestreuet den Bord oder Rand der Schüssel/ mit durchgesiebten Zimmet und Zucker.

28. Eine

28. Eine Zibeben-Brüh über Hüner und weiß Gebratens.

Lasset ein paar Schnitten wohl-gebähtes weisses Brod in halb Malvasier halb andern Wein sieden; zwinget es dann durch/ würtzets mit Pfeffer / Muscatenblüh/ Cardamomen / einem guten Theil Trisanct/ und etwas wenigs Saffran/ lasset alles mit einander ferner wohl sieden; thut zuletzt ein gut theil ausgekörnte Zibeben / und / so ihr wolt / ein wenig ausgewaschene Weinbeer oder Corinthen / und abgezogene länglicht-geschnittene Mandeln / wie auch klein-gestossene Zimmet darein/ giesst Essig dazu/ zuckerts nach belieben / leget dann das Hun in eine Schüssel / löset die Viertel ein wenig auf/ und richtet die Brüh darüber an.

29. Eine Rosin-Brüh über gebratene Hüner.

Man nimmt aus denen zuvor ausgewaschenen Rosinen / oder auch Weinbeeren/ die Kern heraus / stösset sie in einem Mörsel klein/ und zwingets mit einem Malvasier durch ein Tuch/ streuet Zucker/ Zimmet/ Muscatenblüh/ Muscatnüsse/ und Ingber darein/ giesst etwas Essig hinzu / und läst es mit einander sieden; zuletzt wird ein Rosenwasser in die Schüssel gegossen / das gebratene Hun darein gelegt/ und die Brüh darüber gerichtet: Wem aber das Rosenwasser nicht anständig/ der kan es auch gar wohl / und ohne einigen Fehler der Brüh/ davon lassen.

30. Eine Weixel-Brüh über schwartzes Gebratens.

Leget ein gut theil von ihren Stielen abgezupffete Weixeln in eine Pfannen/ giesset ein wenig Wein und Fleischbrüh daran/ lassets so lang sieden/ biß die Kern heraus fallen; dann treibts durch einen Durchschlag / thut Zucker und Gewürtz/ wie auch

Trisanet dazu / nach selbst eigenen belieben / lassets aber nicht auffsieden / sondern nur wohl warm werden: dann richtets über das Gebratens; ist die Brüh zu dinn / kan man ein wenig geriebenes Brod / und klein-geschnittene Citronen-Schelffen darein thun / und so dann absonderlich über Schweinen Wildpret gebrauchen; auch wann mans nicht will über das Gebratene richten / besonders in einer Schüssel / zum eindunken / auffsetzen.

31. Eine Weixel-Brüh über allerley Wildpret und Gebratens.

Reibet einen Lebkuchen / thut solchen in ein stollichtes Häfelein / giesset guten Wein daran / und lasset ihn sieden / nehmet eine Weixel-Sultzen / oder Latwergen / rühret sie ein wenig mit Wein ab / und so dann unter den Lebkuchen; streuet Pfeffer / Cardamomen / ein wenig Muscatnuß oder Muscatblüh / wie auch / nach belieben / Trisanet / ein gut theil Zimmet und Zucker darein / lasset es noch ein wenig mit einander auffsieden / und richtets dann über das Essen / oder auch / wie die obige Weixel-Brüh / besonder in eine Schüssel. Das Gebratens kan man mit Citronen-Plätzen belegen / und mit dergleichen Schelffen bestreuen.

32. Eine Brüh von Amarelln über allerley weisses Geflügel.

Hupffet die Amarelln von den Stielen / waschet sie sauber / giesset in einem stollichten Häfelein einen guten Wein daran / lassets sieden / biß sie ein wenig weich werden / thut Zucker und Trisanet darein / und richtets über das Gebratens; oder aber man kan auch diese Brüh etwas dicklicht machen / und ein gut theil Amarelln / mit einem Stuck Dotter-oder Zucker-Brod / im Wein sieden / biß sie gantz weich werden / dann durchzwingen / und wieder frische Amarelln in dieser Brüh auffsieden lassen / Zucker und Trisanet darein streuen / und über das Gebratene richten.

33. Eine

33. Eine Prinelln-Brüh über Hüner und weisses Gebratens.

Dünstet die Prinelln im rothen/ oder auch nur weissen Wein/ ein klein wenig in einem stollichten Hafen/ streuet Zucker/ Zimmet/ und so es beliebt/ Cardamomen und Muscatenblüh/ darein/ laßt es mit einander auffsieden; belegt inzwischen den Boden der Schüssel/ mit denen gedünsteten Prinelln/ das Huhn aber oder andere Gebratens auf selbige/ und richtet dann die Brüh darüber: Man kan auch den Rand der Schüssel/ mit einigen Tropffen/ von dem rothen Wein besprengen/ oder aber mit würfflicht-geschnittenen Citronen-Schelffen bestreuen.

34. Eine Hagenbutten- oder Hiefen-Brüh zu machen über Wildpret/ auch schwartz- und weisses Geflügel.

Nehmet ein gut theil Hagenbutten- oder Hiefen-Zucker/ rühret selbigen schön glatt mit gemeinen/ oder aber halb süssen und halb andern Wein/ ab/ giesset es zusammen in ein stollichtes Häfelein/ zuckerts nach belieben/ lassets nur einen wall aufthun/ und streuet ein gut theil Trisanet darein; richtets dann in die Schüssel/ leget das Gebratens darauf/ und bestreuet es mit kleingeschnittenen Citronen-Schelffen. Im fall der Noth/ so kein Hiefen-Zucker vorhanden wäre/ nehme man frisch-ausgekörnte Hagenbutten oder Hiefen/ und siede solche wohl weich mit Wein und Zucker ab: dann zwinge mans durch/ giesse noch ein wenig süssen oder andern Wein daran/ doch daß die Brüh ein wenig dicklicht seye/ und streue ein gut theil Trisanet darein.

35. Eine Erd- oder Holbeer-Brüh über schwartz- und weisses Geflügel.

Man nimmt entweder frische oder eingemachte Erd- oder Holbeere/ lässet sie im Wein sieden/ zwingets durch/ und machet diese Brüh allerdings zusammen/ wie vorbeschriebene Hiefen-Brüh. Oder man kan auch eine dergleichen Brüh von Hol- oder Erdbeer-Essig machen / dazu bald nachgehends ebenfalls Anleitung gegeben werden wird.

36. Eine Agrest-Brüh über allerley Gebratens.

Nehmet ein gut theil Agrest/ zwey Citronen oder unzeitige Weinbeer/ siedet solche in Malvasier oder andern süssen Wein/ biß sie weich werden; zwinget sie durch/ drucket zimlich viel sauern Pomerantzen- auch wol Citronen-Safft darein/ würtzet es mit Zucker/ Trisanet/ und anderer guter Gewürtz/ lassets noch ein wenig mit einander aufsieden / und richtets dann über das Gebratens.

37. Eine Stachel-Beerlein-Brüh über gebratene Hüner.

Siedet die Stachel-Beerlein in halb Fleischbrüh und halb Wein/ biß sie weich werden; zwingets dann durch/ giesset einen Reinfal oder Malvasier daran/ streuet Zucker/ Trisanet/ Pfeffer/ Cardamomen/ Muscatblüh/ und ein gut theil Zimmet darauf/ thut auch/ so ihr wollet/ eine Butter darein/ und lasset sie / zusamt ein wenig klein-geschnittenen Citronen-Schelffen/ zu letzt mit aufsieden: richtets dann über die gebratene Hüner in eine Schüssel/ giesset die Brüh darüber/ und streuet Trisanet darauf.

38. Eine Brüh von Stachelbeerlein/ auf andere Art.

Röstet die Stachelbeerlein im Schmaltz/ giesset hernach ein wenig Fleischbrüh/ Wein und Essig daran / würtzet es mit Pfeffer/ Muscatblüh und Cardamomen/ lassets mit einander aufsieden / zuckerts nach belieben: leget das gebratene Hun in eine Schüssel/ und giesset diese Brüh darüber.

39. Noch

über das Gebratens. 311

39. Noch eine Brüh von Stachelbeerlein über gebratene Hüner.

Jedet Stachelbeerlein in halb Wein und Fleischbrüh/ zwingets durch/ gießt noch mehr Wein und Malvasier daran/ würtzet es mit Pfeffer/ Muscaten-Blüh/ Zucker und Trisanet/ werfft ein wenig Butter darein/ lasst es mit einander auffsieden: richtet dann diese Brüh über das Gebratene/ und streuet Trisanet darauf.

40. Eine Rosmarin-Brüh über Gebratens.

Laß eine frische Butter oder Schmaltz in einer Pfannen zergehen/ jedoch aber nicht gar zu heiß werden; schneide ein wenig Zwiebeln gar klein/ wurff sie zusamt so viel Mehl/ als man zwischen zweyen Fingern halten kan/ in die Butter/ und laß es miteinander rösten; alsdann gieß eine Fleischbrüh und ein wenig Essig daran/ laß sieden/ streue auch Gewürtz/ als Pfeffer/ Muscatblüh/ Negelein/ Zimmet und Zucker darein: nimm indessen Citronen-Schelffen/ schneide von denselben einwendig das Weisse heraus/ und so dann das Gelbe länglicht wie ein Kraut; laß es im Wasser vor einen Sud thun/ aber ja nicht weich sieden: lege sie dann in ein frisches Wasser/ seihe selbiges wieder davon wohl ab/ und wann man dann diese Brüh schier anrichten will/ lege diese Citronen-Schelffen/ und etliche kleine Rosmarin-Zweiglein/ darein/ laß nochmal nur einen einigen Sud mit aufthun/ und giesse es alsdann über das Gebratens; belege aber selbiges mit runden ausgestochenen Citronen-Plätzlein.

41. Noch eine Rosmarin-Brüh über allerley Wildpret.

Zupffet oder pflicket einen Rosmarin ab / waschet und hacket ihn klein; nehmet ein Mandel-Lebküchlein/ reibet oder zerbrocket es cket es in ein Häfelein / thut den Rosmarin dazu / giesst einen Wein daran / und lasst es sieden; zwingts durch daß es fein dicklicht werde / streuet Pfeffer / Cardamomen / Muscatnüsse / auch / so ihr wollet / Muscatblüh und Zucker darein / lasts ferner sieden: werfft aber auch gantz zuletzt würfflicht-geschnittene Citronen-Schelffen / und klein-zerschnittenen Rosmarin darein / richtets über das Gebratene / druckt nach belieben Citronen-Safft darauf / und bestreuet es mit klein-geschnittenen Citronen-Schelffen.

42. Eine Wachholder-Brüh über Wildpret.

Nehmet gestossene Wachholdern / nach eigenen belieben / giesst in einem Töpfflein oder Häfelein eine gute Fleischbrüh daran / werfft ein wenig geriebenes Eyer-Brod darein / würtzet sie mit Pfeffer / Muscaten-Blüh / Negelein und Ingber / last es zusammen / und zwar zu letzt ein Stücklein Butter mit aufsieden: damit es aber desto wohlgeschmacker werde / giesset etwas Essig und Wein dazu hinein / last es ferner sieden; leget dann das allbereit abgebratene in eine Schüssel / zerschneidet es / und giesset diese Brüh darüber: setzet hierauf die Schüssel auf eine Kohlen / decket sie mit einer andern Schüssel zu / last selbige also noch einen wall aufthun / und traget sie dann zu Tisch.

43. Eine Wachholder-Brüh über Hüner / auf andere Art.

Schneidet Wachholder-Beere klein / thut sie zusamt ein wenig geriebenen Eyer-Brod in ein Häfelein / giesst Fleischbrüh und Holler-Essig darein / thut Pfeffer / Cardamomen und Muscaten-Blüh / wie auch ein wenig Butter / und klein-geschnittene Citronen-Schelffen dazu / zuckerts / last es zusammen aufsieden / und richtet also diese Brüh über die Hüner an. *

44. Eine

* Man kan auch / welches noch besser / an statt deß Eyer-Brods / ein Stücklein gebähtes Rocken-Brod im Wein und Fleischbrüh sieden lassen / dann durchzwingen / und die Brüh verfertigen / wie gemeldt; auch kan ein wenig Lebkuchen noch darzu genommen werden.

über das Gebratens.

44. Eine Brüh von Meerrettig über einen Lendbraten.

Reibet einen Meerrettig oder Kreen/ thut selbigen in ein Häfelein/ und etwas von der dicklichten Brüh aus der Bratpfannen dazu/ würtzet es mit Pfeffer/ lasts zusammen aufsieden/ und druckt zuletzt Citronen-Safft darein: leget dann den Lendbraten in eine Schüssel und giesset die Brüh darüber.   Oder aber: Last abgezogene Mandeln klein zerstossen/ mischet sie unter den geriebenen Kreen oder Meerrettig/ giesst ein wenig Fleischbrüh und etwas von der dicklichten Brüh aus der Bratpfannen dazu/ und verfertiget sie allerdings wie die zuvor beschriebene.

45. Eine Brüh von Schalotten über einen Schlegel oder Kastran.

Man nehme Schalotten (ist eine Art von Knoblauch oder Zwiebeln) schneide sie klein/ und setze sie in Wein zusamt einem Stücklein gebähten Brod/ und ein wenig klein-geschnittenen Rosmarin zum Feuer/ lasse alles mit einander so lang sieden/ biß das Brod wohl weich ist; dann wird es durchgezwungen/ und samt etwas weniges von der trüben Brüh/ aus der Bratpfannen in ein Häfelein/ auch wann es beliebt und nöthig ist/ Essig und noch ein wenig Wein/ (dann die Brüh muß etwas dicklicht seyn) daran gegossen/ auch mit Pfeffer/ Cardamomen und Muscaten-Blüh/ gewürtzet/ Citronen-Safft darein gedrucket/ und auf die letzt noch ein wenig gar klein-geschnittener Rosmarin und Citronen-Schelffen dazu gethan/ und so dann diese Brüh über den Schlegel gerichtet. *

Rr   46. Noch

* Hiebey ist zu erinnern/ daß zwar oben der Brüh aus der Bratpfannen gedacht worden: man muß aber das erste/ das in die Bratpfannen gelauffen/ und womit der Schlegel getreifft worden/ zusamt der Bratpfannen hinweg thun/ und dann eine andere gantz reine an deren Stelle untersetzen/ so dann dieses/ was von dem Schlegel selbsten durch das braten und Hitze deß Feuers heraus tropfft/ und den besten Geschmack zu dieser Brüh gibt/ nehmen/ und wie oben gemeldet anwenden und gebrauchen.

46. Noch eine Schalotten-Brüh/ auf andere Art.

Schneidet die Schalotten klein/ röstet sie samt ein wenig geriebenen Eyer-Brod schön licht im Schmaltz/ seihet selbiges davon ab/ giesset gute Fleischbrüh/ und ein wenig Holbeer- oder Rosen-Essig/ welcher letzere der beste ist/ daran/ würtzet sie mit guter Gewürtz/ last es aufsieden/ und richtet dann diese Brüh über den Schlegel/ oder aber setzt sie in einem besondern Schüsselein auf den Tisch.

47. Eine Brüh von Zwiebeln über alles Gebratens.

So bald ihr sehet daß das Gebratens/ es sey gleich schwartz oder weiß/ zu braten und zu tropffen beginnet/ nehmet die untergesetzte Bratpfannen alsobald hinweg/ und setzet an deren Stell eine andere unter; leget dürr oder frische Lorbeer-Blätter und Citronen-Schelffen darein/ wiewol die frische weit besser sind; ingleichen auch zwey oder drey geschählte kleine Zwiebeln/ und ein paar Löffel voll Brüh/ aus der zuvor hinweg genommenen Bratpfannen: will man die Brüh ein wenig säuerlicht haben/ kan man mit Citronen-Essig helffen/ oder aber den Safft von frischen Citronen darein drucken/ das Gebratens in die Schüssel legen/ und die Brüh darüber giessen.

48. Eine andere Zwiebel-Brüh über einen Lendbraten.

Hacket eine grosse Zwiebel klein/ röstet sie mit einem geriebenen Rocken-Brod wohl braun im Schmaltz; hacket dann ebenfalls einen bey uns so genannten Büra- oder sonst etwas säuerlichten Apffel/ röstet ihn aber nicht/ last alles zusammen im Wein und etwas Fleischbrüh/ so zuvor gezuckert und gewürtzet worden/

über das Gebratens.

den/ sieden/ giesst nach gefallen ein wenig Rosen-oder andern Essig daran/ und richtet dann diese Brüh über den Lendbraten.

49. Eine Zwiebel-Brüh über eine Rieb von einem Rind oder Ochsen/ auf andere und Polnische Art.

Nehmet zwey oder drey grosse Zwiebeln/ lasset sie sieden/ hacket es klein/ röstet selbige zimlich wohl im Schmaltz/ daß sie schön braun werden/ seihet dann das Fette davon herab/ giesset eine Fleischbrüh und ein wenig Essig/ auch/ wann es beliebt/ etwas Wein daran/ zuckert und würtzet es nach gefallen: wem aber die süssen Brühen nicht anständig sind/ der kan den Zucker gar wohl davon lassen.

50. Noch eine andere Brüh über eine Rieb von einem Rind oder Ochsen.

Bähet ein Stücklein rocken Brod fein braun/ brocket solches in ein Häfelein/ schneidet ein oder zwey Aepffel/ wie zu einem Aepffel-Mus/ und werffet selbige auch dazu hinein; giesset ein wenig Fleischbrüh und Wein daran/ laßt es zusammen sieden/ biß das Brod und die Aepffel weich werden: Indessen schählet zwey Zwiebeln/ giesset ein Wasser daran/ laßt selbige besonders sieden/ biß sie ebenfalls weich werden; zwingets dann durch einen Seiher/ daß das Wasser gantz davon kommt: alsdann thut das vorgedachte abgesottene Brod und die Aepffel alles zusammen in den Seiher zu den Zwiebeln/ zwinget sie mit einem Malvasier oder andern guten Wein durch/ streuet Trisanet/ Ingber/ Pfeffer/ ein wenig Negelein/ wie auch Cardamomen darein/ lasset es also einen Sud mit einander aufthun/ und richts dann über die Rieb. *

Rr ij   51. Eine

* Wer will/ kan auch einen Wein-Essig an diese Brüh giessen/ und den Wein davon lassen. Ingleichen auch/ nach belieben/ ein wenig kleine Zwiebeln zerschneiden/ solche schön braun im Schmaltz rösten/ und so dann entweder in der Brüh zu letzt einen Sud mit aufthun lassen/ oder aber/ wann die Rieb allerdings angerichtet worden/ oben darauf brennen.

51. Eine Zwiebel-Brüh über einen gebratenen Schöps-Schlegel oder Kastran.

Nehmet Zwiebeln/ hacket solche klein/ röstets/ und zugleich/ so es beliebt/ ein Stäublein Mehl im Schmaltz/ daß sie schön licht-braun werden; seihet das Schmaltz davon/ giesset eine gute Fleischbrüh und Essig daran/ dann diese Brüh muß ein wenig säuerlicht seyn/ streuet gute Gewürtz darein/ wiewol mans auch ohne Gewürtz geniessen kan/ giesst etwas von dem trübsten aus der Bratpfannen dazu/ und richtet dann diese Brüh über den Schlegel/ oder aber setzet selbige besonders auf.

52. Eine Knoblauch-Brüh über einen Schlegel.

Die Knoblauch-Brüh kan man auf gleiche Weiß machen/ wie diese beschriebene Zwiebel-Brüh; oder auch den Knoblauch/ welcher klein zertheilet worden/ zuvor in einem Essig absieden/ damit der gröbste Geschmack davon komme/ alsdann den Essig herab seihen/ an dessen statt aber ein wenig Fleischbrüh/ und ein gut theil von dem Trüben aus der Bratpfannen/ ingleichen auch ein wenig Essig daran giessen/ alles mit einander aufsieden lassen/ und über den Schlegel richten/ oder auch besonders aufsetzen.

53. Eine Brüh von Rosen-Essig über allerley Gebratens.

Nehmet Rosen-Essig/ Zucker/ Trisanet/ Zimmet und Citronat/ zerschneidet diesen würfflicht/ lasset ihn mit obgedachter Gewürtz in dem Essig aufsieden/ und richtet dann diese Brüh über das Gebratens. *

54. Eine

* An statt deß Rosen-Essigs/ kan man auch einen andern/ als etwan Holbeer- oder Weirel-Essig gebrauchen/ und die Brüh davon besagter Massen zusammen machen.

54. Eine Brüh von Rosen-Essig über Rebhüner/ auf andere Art.

Giesset ein wenig Rosen-Essig in Wein/ streuet Zucker/ Pfeffer/ Cardamomen/ Zimmet/ Muscatenblüh/ und ein Trisanet darein/ laßt es alles zusammen aufsieden; giesst zu letzt ein wenig braunen Negelein- oder Gras-Blumen-Safft dazu/ richtet sie dann über die Rebhüner/ und bezieret selbige mit eingemachten Saurach oder Wein-Lägelein.

55. Eine Brüh von Holbeer- und Weixel-Essig über Rebhüner und Capaunen.

Nehmet ein weisses Brod/ bähet und thut es in ein Häfelein/ giesset einen Wein daran/ lasset es sieden/ treibts hernach durch einen Durchschlag; giesset einen Holbeer- oder Weixel-Essig daran/ streuet Zucker/ Pfeffer/ Muscatblüh/ Cardamomen und Zimmet/ wie auch ein wenig Trisanet/ und zu letzt kleingeschnittene Citronen-Schelffen darein/ laßt es aufsieden: richtet dann diese Brüh über das Gebratens/ und zieret es/ nach belieben/ mit Citronen. *

56. Eine Spanische Brüh über Hüner/ von Lebkuchen.

Nehmet geriebene oder klein-zerbrockte Lebkuchen/ giesset einen Wein daran/ thut eine Limonien und kleine Citronen wohl zerhackt dazu/ laßt es also aufsieden/ zwingt es durch/ giessets in ein anderes Häfelein oder Töpfflein/ zuckerts und würtzets mit

---

* Wann man diese Brüh schwärtzlicht haben will/ kan man nur an statt deß weissen Brods rocken Brod nehmen/ auch nur in einer Fleischbrüh sieden/ und dann mit Wein durchzwingen; oder auch ein wenig Malvasier und andern süssen Wein darunter mischen/ welches in eines jeden belieben stehet.

Trisanet / Ingber / Pfeffer / Muscaten-Blüh und Cardamomen / setzt es zum Feuer / und gießet in dem Sud ein wenig Rosen-Essig darein / werfft eingemachte klein-zerschnittene Pomerantzen und Citronen Schelffen dazu / leget dann ein Muscaten- oder anderes Zucker-Brod Schnitten-weiß in eine Schüssel / das gebratene Hun darauf / und richtet die Brüh darüber: streuet aber zu letzt Trisanet und Zimmet darauf / und beleget das Gebratene in der Brüh / so es beliebig ist / rings um / mit gebachenen Datteln.

57. Eine Lebkuchen-Brüh über ein Wildpret und allerley schwartzes Gebratens.

Siedet einen Leb- oder Pfeffer-Kuchen in einem guten Rheinischen Wein / treibet ihn aber nicht durch / sondern würtzet selbigen mit Pfeffer / Zimmet / Cardamomen / und Muscaten-Blüh / gießt ein wenig Citronen- oder Rosen-Essig hinzu / und lasset also diese Brüh noch ferner sieden; schneidet indessen etliche Citronen-Plätzlein / dunckt selbige in ein Trisanet / und leget sie dann / wann die Brüh schon allerdings aufgesotten hat / darein / gießet jetzt besagte Brüh in einen Tiegel / und lasset sie also wohl zugedeckt in einem Keller oder sonst kühlen Ort / erkalten: wann man dann etwas von selbiger gebrauchen will / nimmt man so viel / als man benöthiget ist / zusamt etlichen Citronen-Plätzen heraus / läst es einen einigen wall aufthun / richtets über das Gebratens / beleget selbiges mit denen vorbesagten in der Brüh gelegenen Plätzen / und streuet frisch- und würfflicht-geschnittene Citronen-Schelffen darauf.

58. Eine Brüh über einen Riemen oder Lendbraten.

Giesset einen Wein in ein Häfelein / thut ein wenig Bachschmaltz / oder aber das Trübe aus der Pfannen / darein / wie auch Ingber / Pfeffer / Negelein / abgezogene länglicht-geschnit

über das Gebratens. 319

schnittene Mandeln/Weinbeer/Rosinen oder Zibeben/ röstet ein wenig rocken Brod im Schmaltz/ schüttet es zu jetzt=besagten Stücken in das Töpfflein oder Häfelein / laßt alles mit einander auffsieden/ und richtets dann über den Lendbraten an.

59. Eine Lebkuchen=Brüh über Schlegel und Prisilln.

Reibet einen so genannten Rümpfel=Käs oder dicken Lebkuchen/ gießet in einen stollichten Hafen Wein/ und ein klein wenig Essig daran/ würtzet ihn wohl mit Pfeffer/ Muscaten-Blüh und Cardamomen/ zuckerts nach belieben/ thut gar was weniges Saffran darein/ lasset es sieden; nehmet inzwischen die Kern aus Zibeben oder Rosinen/ und waschet sie reinlich aus/ schneidet abgezogene Mandeln länglicht / werffet sie in obige bereits siedende Brüh/ laßt alles zusammen noch einen wall aufthun / und richtets dann über das Gebratene.

60. Eine Lebkuchen=Brüh über gebeitzte Schlegel und Prisilln/ auf andere Art.

Lasset einen Lebkuchen im Wein sieden / rühret ihn schön glatt ab / schneidet ein gut theil Zwiebelein oder Schalotten wohl klein und würfflicht/ laßt selbige mit dem Lebkuchen ferner sieden / biß die Zwiebeln weich werden / streuet nach belieben allerley Gewürtz / und ein wenig Zucker darein/ gießt etwas Essig zu/ oder aber druckt den Safft von Citronen darein/ daß die Brüh davon säuerlicht werde / richtet sie dann über das Gebratens / und bezieret selbiges mit Citronen=Plätzen / und dergleichen klein=geschnittenen Schelffen.

61. Eine Brüh über allerley Wildpret.

Nehmet ein Stücklein frisches Rindfleisch von einer Schalen/ und schneidet solches gar klein zu Stücklein / röstets alsdann im Butter/ biß es gantz braun wird; thut hernach dieses also gerö=

geröstete Fleisch zusamt der Butter in ein Häfelein/ und ein Stücklein gebähtes rocken Brod dazu/ gießet eine gute Fleisch-Brüh und
etwas Essig daran/ lasset es sieden/ biß alles wohl weich wird/ zwingets dann durch/ und würtzet es mit Negelein/ Pfeffer/ Muscatblüh
und Cardamomen; solte sie nicht sauer genug seyn/ kan man noch
ein wenig Rosen-Holbeer-oder Weirel-Essig daran giessen/ und
also über das Gebratens in eine Schüssel richten: jedoch aber/
wann man will/ gantz zu letzt würfflicht-geschnittene Citronen-
Schelffen mit aufsieden lassen.

62. Eine Brüh über einen Hasen zu machen.

Machet ein wenig Schmaltz in einem Pfännlein heiß/ röstet ein
geriebenes weisses-oder Rocken-Brod schön braun darinnen/
giesset Wein und Essig daran/ würtzet es mit allerley guter
Gewürtz/ als: Pfeffer/ Cardamomen/ Negelein und Muscatblüh/
zuckerts nach belieben/ drucket auch ein wenig Citronen-Safft dar-
ein/ dann sie wird davon nur desto wohl-geschmacker/ und lasset zu
letzt ein wenig klein-geschnittene Citronen-Schelffen mit aufsieden;
giesset dann diese Brüh über den Hasen/ belegt denselbigen mit Ci-
tronen-Plätzen/ und bestreuet ihn mit dergleichen würfflicht-geschnittenen Schelffen.

63. Eine Brüh über Hüner.

Nehmet ein wenig Semmel-Mehl/ streuet ein gut theil Zimmet darein/ giesst in einem Töpfflein oder Häfelein einen
Wein daran/ zuckerts/ und laßt es mit einander sieden: marcket indessen eine Citronen aus/ zerrühret sie in einem Seiherlein
wohl/ daß der Safft heraus komme/ thut sie zu letzt zusamt ein wenig Holbeer-und Riebes-oder Johannes-Beerlein-Safft in obige
Brüh/ und laßt sie nur einen einigen wall mit aufthun; solte nun
diese also verfertigte Brüh zu sauer seyn/ streuet noch ein wenig Zucker

über das Gebratens.

cker oder Trisanet darein / und richtet dann selbige über das Gebratens / so man nach belieben mit Citronen bezieren kan.

64. Eine Brüh über einen Lendbraten/ oder gebratenen Riemen.

Reibet einen Pfeffer-Kuchen oder guten Rumpfel-Käs / röstet ihn ein wenig im Schmaltz / dann man darff desselben nicht gar zu viel dazu nehmen / damit der Rumpfel-Käs nicht zu schmaltzig werde: wer will/ kan ihn auch gantz trocken/ und ohne Schmaltz / rösten; giesset dann ein klein wenig Fleischbrüh/ Wein und Essig daran / würtzet es wol mit guter Gewürtz / als: Pfeffer/ Jngber/ Cardamomen/ ein wenig Negelein und Muscatnüssen / dann die Brüh muß von der Gewürtz wohl scharff seyn; man kan auch etwas Trübes aus der Bratpfannen dazu hinein giessen / und also alles mit einander auffsieden lassen: indessen aber reiniget einen guten Kreen oder Meerrettig von aussen ab / und zerschabet ihn mit einem Messer/ welches sonderlich zu mercken / dann er darff nicht an einem Reibeisen gerieben werden / weil er hiezu gleichsam wie gefaselt seyn muß: wann nun der Lendbraten gebraten / und in eine Schüssel angerichtet worden / giesset diese Brüh darüber / und leget/ oder streuet den geschabten Kreen und Meerrettig oben darauf.

65. Eine Brüh über Pristlln oder gebeitzte Schlegel.

Nehmet Butter/ und zwar nicht gar so viel/ als einer welschen Nuß groß/ thut solches in ein Pfännlein/ lassets heiß werden/ biß daß es braun wird; rühret dann ein wenig Semmel-Mehl daran / und giesset nach Gutdüncken ein wenig Wein und Essig daran/ würtzet es mit Cardamomen / Muscatblüh/ Pfeffer und Zucker/ thut alles in ein stollichtes Häfelein/ laßt es auffsieden: wann ihr es nun schier anrichten wollet / werfft ein wenig klein-

Ss geschnit-

geſchnittener Citronen-Schelffen darein / und richtet dann dieſe Brüh neben den Priſilln oder Schlegel in die Schüſſel / beſtreuet ſelbigen / wie auch den Rand der Schüſſel / mit Triſanet und würfflicht-geſchnittenen Citronen-Schelffen / und beleget das Gebratene mit dergleichen Plätzen.

Siebender Theil/
Zeigend die Zubereitung mancherley
Essige/ Saläte und Salsen.
Und zwar erstlich:
Der Essige.

1. Wie ein Haus=Essig anzustellen.
2. Ein Essig von Pomerantzen=Blüh.
3. Ein Essig von Rosmarin=Blüh.
4. — — — — blauen Violen.
5. — — — — auf andere Art.
6. — — — — blauen Kornblumē.
7. — — — — Rosen.
8. — — — — Negelein oder Gras=Blumen.
9. Ein Essig von Holler/ oder Hollunder.
10. — — — — Citronen.
11. — — — — Weinbeeren / oder Corinthen.
12. — — — — Holbeeren.
13. — — — — Erdbeeren.
14. — — — — Weixeln/oder Sauer=Kirschen.
15. — — — — auf andere Art.

Der Saläte.

1. Ein Salat von Granat=Aepffeln.
2. — — — — auf andere Art.
3. — — — — Citronat.
4. — — — — Citronen.
5. — — — — Pomerantzen.
6. — — — — Geschraubten Citronen und Pomerantzen.
7. — — — — auf andere Art.
8. — — — — Cappern.
9. — — — — Pfirsichen.
10. Ein Salat von Marillen oder Aprikosen.
11. — — — mit Fächern.
12. — — — von Artischocken.
13. — — — — auf andere Art.
14. Ein Salat von Kardus.
15. — — — — Seller.
16. Ein Kräuter Salat.
17. Ein Salat von Borragen oder Borretsch.
18. — — — Kreß=oder Blumen=Kohl.
19. — — — Welschen Kohl.
20. — — — Spargel.
21. — — — auf andere Art.
22. — — — Kleinen Spargel.
23. — — — Hopffen.
24. Ein Garten=Salat.
25. Lactuck=oder Lattich=Salat.
26. — — — auf andere Art.
27. — Salat von Endivien.
28. Ein

28. Ein Salat von Keimlein oder Wegwarten-Sprößlinge.
29. — — — Brunnkreß.
30. — — — Schaf-Mäulern oder Feld-Salat.
31. — — — — auf andere Art.
32. Ein Kraut-Salat.
33. Ein Salat von Zwiebeln.
34. — — — Wegwarten.
35. — — — bunten Wegwarte.
36. — — — Rothen Rüben.
37. — — — Gurcken oder Kimmerlingen.
38. — — — Rettig.
39. Ein Salat von Kürbissen.
40. — — — Bohnen.
41. Gurcken oder Kimmerlinge in Fenchel einzumachen.
42. — — — — auf andere Art.
43. — — — — noch auf andere Art.
44. — — — in Saltzwasser einzumachen.
45. Kühnschroten oder Ginester einzumachen.
46. Grosse Cappern einzumachen.
47. Stachel-Beer — — —
48. Spargel — — — —
49. Artischocken — — —

Der Salsen.

1. Niederländischer Mostart.
2. Welscher Mostart.
3. Gemeiner Senff oder Mostart.
4. Eine Salsen von Citronen.
5. — — — — Marilln.
6. — — — — Mandeln.
7. — — — — auf andere Art.
8. — — — — Weinbeern.
9. — — — — Weichseln.
10. — — — — auf andere Art.
11. — — — — Nüssen.
12. Eine Salsen von Saurach oder Wein-Lägelein.
13. — — — — Hiefen oder Hagenbutten.
14. — — — — Pertram.
15. — — — — auf andere Art.
16. — — — — Ampffer.
17. — — — — Löffelkraut.
18. — — — — Peterlein oder Petersilien.
19. — — — — Holler-Blüh.
20. Eine andere gute Salsen.

1. Einen Hauß-Essig anzustellen.

Nehmet einen Sauerteig / zerstosset ein wenig Mutter-Negelein und langen Pfeffer / mischt sie unter den Sauer-Teig / und wircket mit den Händen runde Kügelein / etwan so groß als ein Schusser / daraus / laßt sie zuvor in einem Oefelein gantz ertrocknen / oder gleichsam ein wenig abbachen; alsdann leget sieben neun oder eilff derselben in einen grossen Hafen oder Glas / und giesset entweder ein säuerlichtes Bier oder Wein

der Eſſige / Saláte und Salſen.

Wein daran / welcher nicht nothwendig von den beſten ſeyn muß; laſt es alſo an einem warmen Ort / oder ſo man ihn in einem Glas anmachet / in der Sonnen ſtehen / ſo lang biß er die rechte Säure bekommt / und auf dieſe Weiß kan man den beſten und ſchärffeſten Eſſig haben: Man muß aber / ſo offt man davon nimmt / das Gefäß allezeit wieder auffüllen / damit es immer voll bleibet. *

2. Ein Pomerantzen-Blüh-Eſſig.

Nehmet ſchöne trockene Pomerantzen-Blüh / welche aber noch nicht gantz offen iſt / brechet von ſelbiger die grüne Stielein auf das genauſte herab / doch daß die Blümlein gantz bleiben / thut ein gut theil davon in ein Glas / und gieſſt von dem ſchärffſten Wein-Eſſig daran: alsdann verbindet das Glas wohl / ſtellts an die Sonnen / und laſts vierzehen Tage oder drey Wochen lang darinnen ſtehen. **

3. Ein Roſmarin-Blüh-Eſſig.

Erſtlich thut eine gute Hand voll Roſmarin-Blühe / ohne einige grüne Blätlein / in ein Maas-Gläslein / werfft vier Loth groſſe ausgekörnte Zibeben / zwey Loth Weinbeerlein / drey Stengel langen Pfeffer / anderthalb Quintlein Zimmet / und ein klein wenig Galgant darein / gieſſt ein Seidlein deß beſten Malvaſiers dazu / und füllet hernach das Gläslein mit herben Wein-Eſſig voll an / ſetzt es an die Sonnen wie den Roſen-Eſſig / und kehret das Gläslein je zuweiln hin und her / das unterſte zu oberſt / und das oberſte zu unterſt / damit ſich obige Stücke wohl durch einander läutern /

* Etliche nehmen die Mutter von einem alten Eſſig / gieſſen ſie in ein Geſchirr / füllen ſelbiges mit einem ſäuerlichten Wein oder Bier an / und ſtellen es an einen warmen Ort / und auf dieſe Art wird der Eſſig auch gut und ſcharff / abſonderlich aber der Bier-Eſſig / mit Sauerteig auf obbeſchriebene Art gemacht / daß er dem Wein-Eſſig nicht viel bevor laſſen wird.

** Etliche pflegen auch / wann ſie dieſen Eſſig anſtellen / ein wenig Würtz-Negelein / und gebröckelte Zimmet darein zu thun.

tern; so offt ihr nun davon gebrauchet/ füllt jedesmal gleich wieder frischen Essig zu / so werdet ihr dann auf solche Weise diesen Essig viel Jahre gut behalten können / wann er nur fleissig verbunden wird.

4. Ein blauer Violen-Essig.

Rennet zuvörderst einen guten Wein-Essig aus in einem gläsernen Kolben / den Vorschuß thut hinweg / das saure aber so hernach gehet/ behalt; schneidet von den Violen-Blumen das Weisse ab/ daß nur das blaue bleibe/ stosst hernach dasselbige in einem steinern/ oder hölzernen Mörsel / doch nicht gar klein/ giesst von dem herüber gezogenen Essig etwas in eine zinnerne Schüssel / setzts auf eine Glut daß er wohl warm werde/ aber nicht siede/ oder gar zu heiß werde; werffet die gestossene Veil- oder Violen-Blumen hinein / und hebt ihn alsobald von der Glut herab / deckt ihn mit einer zinnernen Schüssel zu/ laßt ihn zwey Tag also stehen/ setzt ihn dann wieder auf eine Glut / und zwar nur so lang / biß die Schüssel recht warm / aber ja nicht zu heiß wird / sonst verliert er die Farbe; druckt ihn alsdann durch ein Tuch in eine andere Schüssel: könnet ihr noch mehr frischen Veil haben / so giesset den jetztbesagter massen verfertigten Essig noch einmal / wie zuvor / darüber/ doch daß er in der zinnernen Schüssel stehen bleibe / so wird er noch stärcker und blauer werden; schüttet ihn hernach in ein Glas/ und legt eine halbe Hand voll abgeschnittenen blau überdörrten Veil hinein/ so bleibt er ein gantzes Jahr schön und gut: Wann man nun von diesem Essig etwas in eine zinnerne Schüssel giesset/ und so viel man will / schönen weissen Zucker hinein legt / so kan man ihn auch zu einem annehmlichen Julep sieden.

5. Ein blauer Violen-Essig/ auf andere Art.

Nehmt schöne blaue Violen/ zupfft von solchen die Blätlein herab/ und schneidet das weisse von dem blauen unten auf das
genäu-

der Essige/ Saläte und Salsen.

genäuste hinweg; alsdann hacket ein gut theil dieser abgeschnittenen blauen Violen auf einem saubern zinnernen Teller/ damit deß gehackten ein paar Eß-Löffel voll bleibt/ dieses thut nun gleich in ein Glas/ und giesst ohngefehr ein Maas guten Wein-Essig daran/ bindet es geschwind zu/ und lasts etliche Stunden stehen; hernach schüttet diesen Essig zusamt den Violen in eine zinnerne Flaschen oder anderes Geschirr/ da nichts schmaltziges jemals darein kommen/ und woran man nicht scheu fräget/ wann selbiges einwendig den Glantz verliert/ welches von dem Essig gar gern zu geschehen pfleget: wann man nun den Essig samt den Violen hinein geschüttet hat/ so deckt und verbindet das Geschirr fleissig/ und lasst also den Essig in dem zinnern Geschirr/ ein paar Tag oder vier und zwantzig Stunden lang stehen/ weil er von dem Zinn die annemliche Farb bekommt; alsdann seihet ihn wieder in ein Glas/ und lasst ihn wohl verbunden an einem kühlen Ort stehen/ so wird er schön dunckel-blau werden. Wann man nun davon zum speisen aufsetzen will/ und er zu dunckel ist/ darff man nur ein oder zwey Löffel voll davon in ein Schällein thun/ und andern lautern Wein-Essig/ nach belieben/ daran giessen/ so hell man ihn an der Farb verlangt. Aber oben in das Glas auf dem Essig pflegt man ein wenig Baum-Oel zu thun/ so wird er allezeit schön und gut bleiben.

6. Ein blauer Korn-Blumen-Essig.

Nehmet schöne Korn-Blumen/ und zwar gleich anfangs/ wann sie zu blühen anfangen/ dann so haben sie die beste Krafft/ und das ist bey allen Blumen in acht zu nehmen/ zupffet sie ab/ und schneidet unten das Weisse davon/ überschwelcket sie ein wenig/ und thuts alsdann in ein Glas/ wiewol sie auch etliche frisch gebrauchen; alsdann giesst einen guten Essig daran/ und stellet ihn wohl verbunden in die Sonnen: wann nun die Blümlein weiß und fahl werden/ thut wieder frische Korn-Blumen in ein ander Glas/ und seihet diesen Essig von den Korn-Blumen aus dem ersten Glas wieder darüber/ und also verneuert ihn drey- oder viermal.
Wann

Wann man aber einen deſtillirten Eſſig haben kan/ und dieſe Korn-Blumen darein legt/ ſo wird er noch viel ſchöner an der Farb/ und darff man ſolchen über zweymal mit den Blumen nicht verneuern oder verſtärcken.

7. Ein Roſen-Eſſig.

Hebet den grünen Butzen oder Stiel an gefeinten Röslein/ wiewol auch einige ſo genannte Zucker-Roſen darunter miſchen/ heraus/ und ſchneidet das Gelbe unten davon hinweg/ ſetzet ſie auf einen ſaubern zinnernen Teller/ laſts ein wenig dürr werden/ thut ſie in ein Glas/ und fünff Stenglein langen Pfeffer/ Muſcat-blüh/ ſechs oder ſieben Mutter-Negelein/ nachdem man viel oder wenig machen will/ und drey Stengelein Zimmet dazu; gieſſt eine Maas oder drey Seidlein/ ſo viel man nemlich verlanget/ guten Eſſig daran/ vermacht und verwahrt es wohl/ daß die beſte Krafft nicht ausriechen könne/ und ſetzet ihn in die Sonnen: wann er nun einen Tag oder etliche geſtanden/ ſo wird er recht/ und kan nicht allein zum Gebratens aufgeſetzt/ ſondern auch an ſtatt einer Artzney in gewiſſen Fällen gebraucht werden. *

8 Ein Negelein-Eſſig.

Dieſer Eſſig wird allerdings angeſtellet/ wie der Roſen-Eſſig/ entweder mit oder ohne Gewürtz. Es iſt auch dieſer Eſſig gut und überaus annemlich/ wann man halb Negelein und halb Roſen-Eſſig unter einander miſchet/ und einen dergleichen Eſſig/ ſo wol mit als ohne Gewürtz/ anſtellet.

9. Ein Holler- oder Hollunder-Eſſig.

Nimm einen ſchönen Hollunder/ der nicht gantz offen iſt/ daß er nicht abfällt/ zupffe ihn ab/ lege ſelbigen in ein Glas/ gieſſe Eſſig

* Wer will/ kan einen dergleichen Roſen-Eſſig auch ohne Gewürtz anſtellen.

der Essige/ Saläte und Salsen.

Essig darüber/ laß ihn vierzehen Tag oder drey Wochen in der Sonne destillirn/ so zieht er den Holler-Geschmack gantz an sich.

10. Ein Citronen-Essig.

Nehmet aus den Citronen die Kern heraus/ dann sie sind sonst gar bitter/ schneidet die Schelffen davon/ thut das safftige Marck alsdann in ein Glas/ giesst den besten Wein-Essig daran/ und setzt ihn an die Sonnen wie einen andern Essig.

11. Ein Weinbeer-Essig.

Nehmt einen guten Essig/ thut klein Weinbeerlein oder Corinthen daran/ so wird er wohl sauer davon/ und ist zu unterschiedlichen Brühen zugebrauchen.

12. Ein Holbeer-Essig.

Thut schöne frische Holbeere/ die nicht zu weich sind/ in ein Glas/ giesst einen guten Wein-Essig daran/ und last ihn in der Sonnen destillirn. *

13. Ein Erdbeer-Essig.

Der Erdbeer-Essig wird gleichfalls in allen angestellt/ als wie der Holbeer-Essig.

14. Ein Weixel-Essig.

Nehmt schöne frische zeitige und trockne Weixeln/ zupffet von solchen die Stiele herab/ thut sie in ein weites Glas; streuet aber allezeit zwischen eine Lag Weixeln/ ein wenig klein-geschnittene Zimmet und Negelein/ und ein gut theil grob-gestossenen Zucker/ wie auch ein wenig langen Pfeffer/ oder/ etlicher Gebrauch

* Man kan auch diesen Essig mit Gewürtz anstellen/ wie solcher bey dem Rosen-Essig bereits beschrieben ist.

nach / ein wenig Muscat-Blumen darein; wann nun das Glas voll ist / giesst von dem besten Essig daran / biß er über die Weixeln gehet: alsdann verbindet und verwahret das Glas wohl / laßt es nur einen Tag an einem kühlen Ort stehen / setzs hernach an die Sonnen / und laßts alsdann ohngefehr drey Wochen lang darinnen stehen. Diesen Essig nun kan man auch zu vielen guten Brühen gebrauchen / und die Weixeln zum Gebratens auffsetzen.

15. Ein Weixel-Essig / auf andere Art.

Schlichte die Weixeln in ein Glas oder Tiegel / mit Negelein und Zimmet ein / lege ein Stuck Zucker in ein Pfännlein oder Kessel / so viel man vermeint daß über die Weixel gehet; gieß zu einem Pfund Zucker ein Achtelein Essig daran / oder nimm etliche von solchen frischen Weixeln / stoß solche / und zwinge sie durch / gieß ein Achtelein solches Saffts an statt deß Essigs daran / und laß den Zucker nur darinn zergehen / dann wieder erkalten / und gieß es an die Weixeln / laß es nachmal an einem kühlen Ort / wohl beschwehret stehen.

Allerley Saläte.

1. Ein Granat-Apffel-Salat.

Nehmet fünff oder sechs Granat-Aepffel / nach dem ihr wenig oder viel Salat zu machen gedencket / thut die Körner heraus; waschet hernach Weinbeerlein oder Corinthen so viel als der Granat-Aepffel-Körner / trocknet sie wohl ab / und rührts mit einem Löffel auf das beste unter einander / streuet Zucker / Zimmet und Trisanet darein / giesst einen Malvasier daran / und vermischt es alles zusammen / häufft es auf wie einen andern Salat / legt neben um den Rand weisse Pistacien-Nüßlein / oder länglichtgeschnittene Mandeln / ingleichen auch Corinthen oder Weinbeerlein / Wechsels-weiß / und zwar jedes besonders in einen Kreiß oder Zirckel herum /

der Essige/ Saláte und Salsen 331

herum / zu äusserst aber an den Bord ausgeschnittene Citronen-Plätzlein / und bezieret ihn hier und dar mit Wein-Lägelein oder Saurach: Machet ihn aber nicht lang vor den Essen an / dann er setzt sich sonst bald nieder. *

2. Ein Granat-Apffel-Salat/ auf andere Weiß.

Schneidet einen Granat-Apffel der rothe Kern hat / Creutz-weiß von einander/ nehmet die Kern heraus/ thut selbige in eine Schüssel; trocknet reinlich ausgewaschene Corinthen oder Weinbeer auf einem Tuch ab / mischet sie zusamt ein wenig klein-zerschnittenẽ Citronat darunter: giesst zuletzt Peter Siemonis daran/ doch/ daß er nicht viel Brüh bekommt/ streuet Zucker darein/ schneidet Pistacien-Nüßlein klein / legts neben den Salat herum / und beziert oder belegt solchen/ wie in vorhergehenden bereits gemeldet worden.

3. Ein Citronat-Salat.

Laßt einen Citronat fein zierlich/ wie man ihn in die Marcepan legt/ zerschneiden / schneidet auch Pomerantzen-Schelffen/ Pistacien- und Pinien-Nüßlein gröblicht untereinander/ mischt sie unter den Citronat / giesst einen Malvasier daran / thut Trisanet/ Zibeben und Cappern / eines so viel als deß andern/ dazu; giesset und drucket/ nach belieben / Citronen/ Wein-Lägelein/ oder Granaten-Safft darein / und häuffet ihn fein ordentlich/ wie einen andern Salat / in eine Schüssel/ bestreuet und beleget den Rand derselben mit Zucker und eingemachten Citronen-Plätzlein/ oder an statt derjenigen mit gleichfals eingemachten Citronat/ Pomerantzen- und Citronen-Schelffen/ daraus man schönes Blumwerck schneiden / oder auch sich der Granaten-Körner oder Wein-Lägelein/ und Saurach/ wie in vorigen gedacht/ bedienen kan.

Tt ij   4. Ein

* Diesen Salat kan man auch Fächer-weiß legen/ und selbige von ausgeschnittenen Citronat und eingemachten Pomerantzen- und Citronen-Schelffen verfertigen.

4. Ein Citronen-Salat.

Nimm Citronen/ schneide sie schön gleich zu Scheiben oder Plätzen/ hacks mit besonders dazu gemachten Eisenlein zierlich aus/ schneide die Plätzlein hernach halb von einander/ und legs in Zucker/ laß über Nacht darinnen ligen; nimm dann eine zinnerne Schüssel mit einen breiten Rand oder Bord/ lege eine Schalen darein/ und schlichte die Plätzlein rings herum darauf/ doch nicht zu weit auch nicht zu eng/ und zwar also nach einander/ biß sie oben aufgespitzt zusammen gehen/ lege dann das Deckelein von der Citronen zu oberst darauf/ oder besteck es mit einem Sträußlein von Seiden-Blumen/ oder einem Bild von Tragant-Arbeit; beziere den Schüssel-Rand mit Lorbeer-Blättern/ und dazwischen gelegten Citronen-Plätzlein: Etliche pflegen die Citronen schön zu schrauben/ in vier Theile zu zerschneiden/ oder auf andere weise/ nach belieben/ zu formiren: Insonderheit aber die Citronen-Schelffen/ die man von den geschraubten Citronen haben kan/ auf unterschiedene Arten in einander zu schlingen/ gedoppelte oder einfache Zweifels-Knöten daraus zu machen/ und den Rand der Schüssel/ wie auch den Salat selbst damit zu bezieren.

5. Ein Pomerantzen-Salat.

Nehmet zwölff oder mehr/ und zu einer Haupt-Schüssel fünff und zwantzig Pomerantzen/ worunter etliche einige Stucke Citronen mischen/ so zu eines jeden belieben stehet/ schählet die Schelffen schön Viertel-weiß herab/ löset das Marck heraus/ daß es nicht zerfalle; nehmet dann einen grossen Pasteten-Tiegel/ oder ein anders saubers Geschirr/ streuet unten in dem Boden ein wenig Zucker/ und schlichtet eine Lag der in vier Theile zerschnittenen Pomerantzen darein/ bestreuet solche nochmal wohl mit Zucker/ und leget wieder dergleichen gevierfelte Pomerantzen darauf/ und so kan man die Pomerantzen alle einzuckern; die Citronen/ so man welche darunter nehmen will/ können gleichfalls also ausgeviertelt/ und besonder

der Essige/ Saläte und Salsen.

sonder in einem Tiegel/ doch etwas stärcker/ eingezuckert werden; die Schelffen/ so wol von Pomerantzen als Citronen/ werden jede besonders gleich anfangs in frisches Röhren-Wasser geworffen: alsdann schneidet man das Weisse davon alles heraus/ und leget es wieder in ein frisches Wasser/ wickelt die Schelffen/ von ohngefehr zwölff oder dreyzehen Pomerantzen/ und sechs oder acht Citronen/ ein wenig in die Runden zusammen/ und schneidet sie klein wie einen Kraut-Salat: dieses geschnittene Kraut nun wirfft man wieder in ein frisches Wasser/ darein man aber mit keiner blossen Hand langen darff/ daß die Bittern sich wohl heraus ziehe: Indessen setzet ein Röhren-Wasser in einer Messingen Pfannen über das Feuer/ wann nun solches zu sieden beginnet/ seihet das kalte Wasser von den Schelffen ab/ und werffet selbige in das siedende Wasser/ läst sie so lang darinnen sieden/ biß die Schelffen zimlich weich werden/ seihets alsdann wieder herab/ und werffts sie nochmal in ein kaltes Wasser/ lasts ein wenig darinnen ligen biß sie recht erkalten/ seihets nochmal ab/ und suchet dann einen Tiegel oder ander Geschirr zur Hand/ bestreuet den Boden wohl starck mit Zucker/ leget ein gut theil von diesem abgesottenen Pomerantzen-Kraut darauf/streuet hernach wieder Zucker auf dasselbige/ macht ferner eine Lag Pomerantzen-Kraut/ und so fort: Wann es nun allerdings wohl eingezuckert ist/ kan man ein gutes Glas voll Peter Siemonis/ oder sonst andern guten süssen Wein daran giessen/ so wird er desto krafftiger; auf diese weise muß auch das Citronen-Kraut eingezuckert werden/ dann kan man beedes/ so wol das eingezuckerte Marck als das Kraut/ über Nacht in einen Keller/ oder sonst an ein kühles Ort stellen/ jedoch das Kraut bißweilen schwingen/ daß alles wohl unter einander komme: Man läutert auch bißweilen einen Zucker/ und giesset ihn/ wann er erkaltet ist/ über das Citronen- und Pomerantzen-Kraut/ an statt dessen/ daß er/ wie oben gedacht/ mit Zucker und süssen Wein angemacht wird: Etliche sieden auch wol gar dieses obgedachte Citronen- und Pomerantzen-Kraut/ an statt deß Wassers/ in Wein und Zucker ab/ es stehet aber solches in eines jeden belieben/

T t iij doch

doch wird das Kraut am schönsten und frischsten aussehen/ wann mans/ wie zum ersten gedacht/ im Wasser absiedet/ und in Zucker und süssen Wein einmacht. Wann nun dieser also zusamm=gerichtete Salat deß andern Tags gespeisst werden soll/ so nehmet eine grosse Schüssel/ leget eine Schalen oder Eß=Teller darein/ setzet in der Mitten eine schöne geschraubte Citronen oder Pomerantzen darauf/ bestecket ihn mit einem Strauß Pomerantzen=Blühe/ oder einem von Tragant gemachten zierlichen Bild; um diese Citronen oder Pomerantzen aber leget zu erst einen Kreiß von Citronen=oder Pomerantzen=Kraut/ oder auch von beeden zugleich unter einander: dann leget man zu nechst an das Kraut die im Zucker eingemachte gevierteltе Citronen/ gleich aber an diesen Kreiß die ausgeviertelte Pomerantzen/ und zwar/ wann man will/ jedwedes doppelt auf einander/ und dann wieder einen Kreiß von dem obbemeldten Kraut/ wiewol man der Pomerantzen allezeit mehr legen muß/ als der Citronen/ sonst wird es zu sauer/ und auf diese Art kan man die gantze Schüssel damit anfüllen.

❊ ❊ ❊

Wann man ihn aber Fächer=weiß legen will/ so siht er noch schöner und zierlicher/ und darff man also nur ein oder zwey Kreiß/ von dem Marck und Kraut herum legen/ und muß man sich hierinnen selbsten wissen zu helffen/ wie es am zierlichsten und besten sein kan; der Fächer macht man auch so viel als man sebir will/ vier/ fünff oder sechs/ nach dem die Schüssel groß ist: Diese Fächer nun werden von dem Citronen= und Pomerantzen=Kraut umlegt/ und so groß die Schüssel ist/ entweder eines um das andere vertheilet/ oder aber das Pomerantzen= und Citronen=Kraut unter einander gemenget/ und die Fächer also mit dem Pomerantzen= und Citronen=Marck ausgefüllet/ wiewol man auch bißweilen/ absonderlich in die Mitte der Fächer/ etwas vom Kraut legen kan: dann wird dieser Salat über und über mit Blümlein von Pistacien=Nüßlein bestecket/ und zwar die Nüßlein/ den Tag vorher/ in ein Wasser geleget/

der Essige/ Saláte und Salsen.

geleget/ wann sie nun eine Stund oder etliche darinnen gelegen und erweicht sind/ mit einem subtilen Messer von einander geschnitten/ die innere Körnlein heraus genommen/ und in ein frisches Wasser geworffen/ so werden deß andern Tags die obbemeldte Blümlein daraus/ damit der Salat besteckt wird; man kan auch von eingemachten Citronat-Citronen- und Pomerantzen-Schelffen zierliche breite Bögen machen/ mit Citronen-Eisenlein ausstechen/ und den Salat damit bestecken. Der Schüssel-Rand wird rings herum mit Pomerantzen-Blättern belegt oder bestecket/ absonderlich zwischen den Fächern/ und dann ferner mit dergleichen Zweiffels-Knoten/ wie bey vorgedachten Citronen-Salat beschrieben/ ingleichen auch mit trocken-candirten Johannis-Beerlein bezieret/ und aufgetragen.

✻ ✻ ✻

DErgleichen Salat kan man auch wie einen Berg aufschlichten/ entweder von lauter Pomerantzen/ oder auch von einer süssen kräfftigen Füll/ als von gehackten Mandeln und Pistacien-Nüßlein/ ferner ein wenig Eyer-Brod im Butter rösten/ (wiewol mans auch ohne Brod machen kan/) und samt klein- und würfflicht-geschnittenen Citronat/ und eingemachten Pomerantzen- und Citronen-Schelffen darunter rühren; dann feuchtet man diese Füll wohl mit einem guten süssen Wein an/ und streuet Zimmet/ Zucker/ Cardamomen und Muscatnuß/ oder aber ein gutes Trisanet darein: wann dann also der Berg von der Füll und Pomerantzen aufgeschlichtet/ kan man dannoch um den Berg noch Fächer von dem Kraut aufrichten/ solche mit dem andern übrigen Marck bedecken/ und ferner bezieren/ wie schon gedacht.

6. Geschraubte Citronen und Pomerantzen
in Zucker einzumachen/ und an statt deß Salats zugebrauchen.

NEhmet von den schönsten und frischsten Citronen/ schraubet selbige nach selbst eigenen belieben/ leget sie in ein Röhren-Wasser/

Wasser / in einen Napff oder verglasurten Hafen / laßts also vier und zwantzig Stunden im Wasser an einem warmen Ort stehen / es sey gleich auf einer Herdstätte / Ofen / oder auch in einer Stuben / wo nicht gar zu sehr eingeheitzt ist / dann es darff diesen Citronen und Pomerantzen nicht gar zu warm gehen / wiewol sie auch etliche nur an einem kalten Ort / dieses wenig achtend / stehen lassen: wann sie nun früh Morgens in das Wasser gelegt werden / müssen sie zu abends darinnen bleiben; dann wird ihnen wiederum frisches Wasser gegeben / und also nochmal über Nacht darinnen gelassen: deß andern Tags frühe macht man in einem reinen Hafen oder Topff ein frisches Röhr-Wasser siedend / legt die Citronen drein / und lässet sie so lang als harte Eyer sieden; solte aber die Schelffen oder Haut an den Citronen etwas dick seyn / mögen sie wol ein klein wenig länger im Sud verbleiben; alsdann legt man sie auf ein reines Tuch / daß das Wasser davon ein wenig verseihet oder vertrocknet: Indessen wird ein schöner Zucker / und ungefehr zu sechs Citronen anderthalb Pfund desselben genommen / drey Achtel Maas Wein daran gegossen / und selbiger also wohl geläutert / alsdann die Citronen oder Pomerantzen darein gelegt / und nochmal darinnen gesotten / biß sie wohl weich werden; hierauf nimmt man die Citronen heraus / legt sie in eine Schüssel / und läst den Zucker noch ferner sieden / biß er zu einem dicklichten Safft wird: wann er dann erkaltet / schlichtet man die Citronen in einen gläsernen Hafen oder Glas / giesst den Safft darüber / und läst sie also einen Tag oder zwey stehen; wolte man sie aber länger aufbehalten / muß man deß Saffts mehr machen / daß die Brühe darüber gehet / doch sind sie am schönsten / wann sie nur einen / oder auf das längste zwey Tag stehen; Indessen aber muß man sie offters verwenden / daß die untern zu oberst kommen / und also von allen die Krafft der Brühe eingesogen werde: wann man sie nun zu Tisch tragen will / werden sie in eine Schüssel gelegt / und diese ihre eigene Brüh darüber gegossen.

7. Citro-

der Essige / Saläte und Salsen.

7. Citronen und Pomerantzen einzumachen zum Salat / auf andere Art.

ES werden zu erst die Citronen und Pomerantzen auf beyden Seiten schön und zierlich von Blumwerck geschraubet / oder was man selbst verlangt / alsdann in ein frisches Wasser geworffen / und wann sie eine weil darinnen gelegen / in einem reinen Geschirr im Wasser gesotten / und zwar so lang / biß man fühlt / daß sie ein wenig weich oder lind werden wollen; alsdann nimmt man selbige heraus / und legt sie auf ein reines Tuch / daß sie erkühlen und wohl ertrocknen / nach diesem werden sie entzwey geschnitten / wohl eingezuckert / und etliche Stunde / oder wohl gar über Nacht darinnen ligen gelassen / hierauf wird ein schöner Zucker geläutert / und wol dick eingesotten: wann er nun erkaltet / kan man die eingezuckerten Citronen und Pomerantzen eine weil zuvor / ehe mans speisen will / und zwar eine um die andere in eine Schüssel legen / und hernach mit dem gesottenen Zucker übergiessen.

8. Ein Cappern-Salat.

NEhmt gesaltzene Cappern / zupfft die Stiel fein fleissig ab / und legts über Nacht in ein reines Wasser / alsdann seihet den andern Tag das Wasser alles herab / und giesst wieder ein frisches Wasser daran / waschts nochmal heraus / thut sie in einen geglästen Hafen / giesst ein wenig Essig dazu / und zuckerts nach belieben; nehmt und waschet ferner schöne Weinbeer oder Corinthen / und ein wenig ausgekörnte Rosin / thut sie auch darunter / ziehet Mandel-Kern in einem heissen Wasser zuvor ab / legts in ein frisches Wasser / so werden die Mandel-Kern schön weiß / nehmet sie wieder heraus / schneidets länglicht und mischt sie gleichfalls unter die Cappern / wie auch einen eingemachten und würfflicht-zerschnittenen Citronat / und ein wenig Baum-Oel; dieses alles schwinget in den Hafen unter einander / und versucht es obs recht im Zucker / und nicht zu süß / auch nicht zu sauer ist: alsdann richtets in eine

Uu Schüs-

Schüssel schön aufgehäufft / beleget den Rand derselben mit Citronen-Schelffen und Blättern / überstreuet sie mit Zucker / und
traget ihn alsdann zu Tisch. *

❋ ❋ ❋

Oder:

Nehmet kleine Cappern/ Weinbeerlein oder Corinthen/ jedes
acht Loth/ Wein-Lägelein/ Pistacien-Nüßlein oder Mandel-Kern / Pomerantzen- und Citronen-Schelffen jedes vier
Loth; dieses alles zerschneidet gröblich/ macht es mit Zucker und
süssen Wein an/ legt darnach in eine Schüssel einen Teller zu unterst hinein/ und diese zusamm-gemachte Sachen/ Hertz- oder Rauten-weiß zierlich darauf; bestecket es mit länglicht-geschnittenen Ci-
tronat/ Citronen- und Pomerantzen-Schelffen Bögen-weiß/ und
belegt ihn hin und wieder mit Cappern/ um den Schüssel-Rand
aber zieret ihn mit eingemachten Sachen / und ausgeschnittenen
Blumwerck/ so habt ihr einen schönen und kräfftigen Salat.

9. Ein Pfirsich-Salat.

Schählet die Pfirsiche/ schneidet sie von einander/ daß sie dannoch an einander hangen/ klopffet die Pfirsich-Kern auf/
schählet und stecket sie zwischen die Pfirsiche; oder an deren
statt geschählte Mandeln und Nußkerne/ und legts dann in eine
Schüssel/ daß der Salat ein wenig erhebt wird: Oder man macht
auch eine rechte gute kräfftige Füll an von Mandeln/ und eingemachten Citronen-Schelffen/ und legt die Pfirsiche darauf/ giesst Malvasier daran/ streuet Trisanet darauf/ und besteckt ihn entweder mit
Bögen/ wie den Cappern-Salat/ oder aber bezieret selbigen mit
eingemachten Sachen.

10. Ein

* Etliche machen ihn auch ohne Oel/ und seihen zuletzt den Essig davon/
giessen hingegen einen guten süssen Wein daran/ und machen den Salat
ferner damit an; man kan auch wol klein-geschnittene Citronen-Schelffen/
Pistacien-Nüßlein darunter rühren/ und auch mit eingemachter Pomerantzen-Blüh ferner bezieren.

10. Ein Marilln- oder Abrikosen-Salat.

Schählet die Marilln / schneidets von einander daß der Kern heraus kommt/ thut in ein jedes Marilln ein Pistacien-Nüßlein oder Mandel; schlichtets also in die Schüssel daß der Salat hoch wird/ giesset Peter Simonis daran/ und zuckerts/ nehmet einen grün- und frischen Citronat/ schneidet ihn klein- und würfflicht/ und streuet oben ein wenig Trisanet darauf.

11. Ein Salat mit Fächern.

Nimm drey Artischocken/ drey Stauden Lactucken und Endivien/ siede die Artischocken ab/ daß sie nicht zu weich werden/ zuvor aber butze/ dann halbire sie/ und nimm einwendig das Rauhe heraus/ schütte ein wenig Pfeffer und Essig daran/ laß eine gute weil darinnen ligen / schneide von den Lactucken-Stauden die grüne Blätter hinweg/ und die Hertzlein halben theils von einander/ leg ihn zuvor ein wenig in Essig / damit derselbige recht durch und durch eindringe/ die Endivien schneide gleichfalls klein/ und mache ihn wie sonst mit Oel und Essig an; lege ihn in eine Schüssel in der Mitten hoch auf/ stelle dann die halbirte Artischocken in die Schüssel neben den Salat herum/ hernach eine Stauden Lactucken überal darzwischen/ und solches ferner also Wechsel-weiß: Lege auch oben um die Spitzen auf den Salat einen runden Kreiß mit Wegwarten und Cappern/ an den kleinen Salat neben herum lang-geschnittene blaue Wegwarten/ auf den Rand der Schüssel aber von weissen/ rothen/ blauen Wegwarten/ jeder Farben zwey Fächer gegen einander/ lege in die zwey blauen Fächer Lactucken hinein/ und oben darauf Cappern/ und mach einen rothen Krantz von Wegwarten herum; in die rothen Fächer lege gleichfalls einen Lactucken / oder weissen Kraut-Salat hinein / und oben darauf Cappern oder Oliven/ in die weissen Fächer aber geschnittene rothe Ruben / oder einen schönen rothen Kraut-Salat/ und zwischen die Fächer ausgeschnittene Blumen von Citronen- und Pomerantzen-Schalen.

12. Ein Artischocken-Salat/ welchen man auch einen Körblein-Salat nennet.

NEhmet schöne grosse Artischocken / schneidet von solchen das spitzige an den Blätlein wohl herab / und legts erstlich in ein frisches / dann in ein siedendes Wasser / saltzt und last es sieden / biß sie wohl weich werden / und sich die Blätter heraus ziehen lassen / dann nehmet solche heraus / legts auf einen erdenen Teller / und ziehet die Blätter alle heraus/ biß auf die äussersten/ welche daran bleiben / das inwendige Rauhe muß gleichfalls auf das säuberste hinweg genommen werden ; alsdann kan man diese Artischocken-Kern oder Körblein in eine Schüssel setzen/ Oel / Essig und Pfeffer unter einander anmachen / darüber giessen/ und also eine weile daran stehen lassen / biß die Artischocken davon ein wenig die Krafft anziehen : alsdann kan man solche in eine reine zinnerne Schüssel thun/ und in diese Artischocken-Kern oder Körblein allerley / und zwar in jedes derselben einen andern Salat legen / welchen man selbsten verlangt/ als zum Exempel : allerley gemeine grüne / oder Kräuter-Salat / auch kleine Cappern / Oliven / oder was beliebt ; hernach wird nochmal Oel und Essig dazu hinein in die Schüssel gegossen/ und selbige mit klein-geschnittenen Citronen-Schelffen bestreuet.

❀ ❀ ❀

Oder:

MAn kan noch auf eine andere weise einen Salat von lauter Artischocken-Kernen machen/ dieselbe/ wie oben gemeldet/ zubereiten/ den Kern davon behalten/ und die Blätter gantz herab nehmen/ dann den Kern zuvor eine weil in Oel und Essig legen; indessen ein gut theil Sardelln wohl wässern / sauber waschen/ und wie bekandt / zurichten / oder auch zuvor etwas in Wein legen / davon sie allezeit besser und wohl-geschmacker werden/ und denn ferner mit Oel und Essig anmachen : wann sie nun also auf solche weise zubereitet worden/ leget die obgedachte Artischocken-Kerne in eine reine Schüssel/ und in jedem derselben so viel Sardelln als man immer kan / jedoch

der Essige/ Saläte und Salsen.

doch schön zierlich/ und bezieret den Schüssel-Rand schön mit Lorbeer-Blättern/ beleget selbige mit Hertz-weiß geschlossenen Sardelln/ leget auch überal halbe und gevierfelte Citronen-Plätzlein dazwischen; machet dann ein wenig Essig/ Oel und Pfeffer an/ und giessts in die Schüssel: Wann nun der Salat allerdings fertig/ kan man auf alle Sardelln/ die in den Artischocken-Kernen ligen/ Citronen-Safft drucken/ noch ein wenig Oel und Essig darauf giessen/ und die gantze Schüssel wohl mit klein-geschnittenen Citronen-Schelfen bestreuen.

13. Ein gemeiner Artischocken-Salat.

Nehmet die Artischocken/ schneidet unten die Stiel/ und oben von den Blättern das Spitzige wohl weit hinweg/ waschet sie sauber und lasts eine weil im Wasser ligen/ setzts in einem siedenden Wasser zu/ und saltzet darein/ lasts aber nur nicht versieden; die Prob ist diese/ daß/ wann sich ein Blat heraus ziehen läst/ so seynd sie genug gesotten/ nehmts so dann heraus/ legts in eine Schüssel/ lasts wohl abseihen/ schneidet sie in der Mitten von einander/ thut einwendig das Rauhe heraus/ leget sie in der Runden herum in eine Schüssel/ saltzts ein wenig/ streuet wohl Pfeffer darauf/ giesst Oel und Essig darüber/ so sind sie fertig: Man muß sie aber einmal oder etliche mit dem Oel und Essig übergiessen/ damit selbiger in die Artischocken recht eindringen könne.

14. Ein Kardus-Salat.

Den Kardus soll man sauber putzen und reinigen/ die Haut oder Adern herab ziehen/ und Stücklein daraus schneiden/ so groß man selber will/ hierauf in einem siedenden Wasser zusetzen/ ein wenig saltzen/ und sieden lassen biß er etwas weich wird; hernach seihet man das Wasser davon ab/ und würffet ihn in ein frisches Wasser/ nimmt ihn dann wieder heraus/ läst selbigen wohl abseihen/ giesst Oel und Essig daran/ wie an einen andern Salat/ und streuet Pfeffer darauf: Man muß aber einen solchen Salat eine geraume Zeit vor den Essen anmachen / damit solcher im Essig und Oel ein wenig ligen könne / und selbigen mit besagtem Oel und Essig zuvor einmal oder zwey übergiessen: Wann man will / kan man zu letzt ein wenig klein=geschnittene Citronen=Schelffen darauf streuen.

15. Ein Seller=Salat.

Nehmet eine grosse Stauden von einem Käs= oder Blumen=Kohl / siedet selbige im Wasser / aber nicht zu weich / legts über Nacht in rothe Ruben=Brühe / stellet sie dann aufgerichtet in die Schüssel wie einen Baum / neben herum lehnet den Seller genau auf wie einen Sparchel / derselbige muß aber zuvor abgeschabt und nach der längs von einander geschnitten / auch etwas weniges von dem Grünen oben daran gelassen / und mit dem Messer oder einer grossen Nadel zerreissen / und in ein frisches Wasser gelegt werden / daß es schön krauß wird; alsdann leget man von einem rothen Kraut=Salat / noch unten an den Seller / einen Krantz auf den Schüssel=Rand herum / machet drey blaue / oder so viel rothe / und drey weisse Fächer von Wegwarten; in die zwey Fächer / welche gerad gegen einander über zu stehen kommen / leget man einen Kräuter=Salat / in die andern zwey Fächer Olivien / und in die dritten zwey / Cappern: alsdann kan man den gantzen Salat über und über mit würfflicht=geschnittenen Citronen=Schelffen bestreuen; solches bestreuen kan bey allen grünen Salaten beobachtet werden / weil selbige nicht allein davon zierlich / sondern auch sehr wohl=geschmack werden.

16. Ein Kräuter=Salat.

Nehmt einen guten Theil Kräuter=Salat / welcher von unterschiedlichen frischen und gesunden Kräutern / nach Beschaffenheit der Zeit / zusammen getragen worden / durchflaubet und waschet selbigen / machet ihn mit Oel und Essig an / wie einen andern Salat; will man ihn aber gar gut machen / so kan man sich / an statt deß Wein=Essigs / eines Rosen=Essigs bedienen / und gar

ein

der Essige/ Saläte und Salsen.

ein wenig zuckern/ alsdann wird er in einer Schüssel schön hoch aufgehäuffet/ unten zu nechst an den Rand der Schüssel ein Krantz von weissen Wegwarten/ auf den Rand aber selbst/ Hertz-weiß geschlossene und bereits bekandter massen zugerichtete Sardelln/ und zwischen selbige ein Stücklein Schuncken/ und dann hier und dar Scheiben oder Plätzlein von Serbelaten oder Knackwürsten gelegt: Man pfleget aber auch gemeiniglich nechst dieser Schüssel vier kleine Schälllein gegen einander über zu stellen/ davon zwey mit Saltz/ und zwey mit Pfeffer gefüllet sind/ den Salat aber mit Sardelln und Rapuntzeln zu bestecken/ und auch mit würfflicht-geschnittenen Citronen-Schelffen zu überstreuen.

17. Ein Borragen oder Borretsch-Salat.

Richtet die Blümlein allerdings zu/ als ob ihr selbige zum aufdörren gebrauchen woltet/ mischt nach belieben Ochsen-Zungen-Blümlein darunter/ zupffet das Kraut von den Stielen/ waschts auf das schönste/ schwingets wohl aus/ saltzt und macht es mit Oel und Essig/ wie einen andern Salat; oder wann man ihn gar gut und kräfftig haben will/ kan man den einen halben Theil Malvasier/ und den andern Essig nehmen/ den Salat damit anmachen/ und mit würfflicht-geschnittenen Citronen Schelffen bestreuen.

18. Ein Käs- oder Blumen-Kohl-Salat.

Nehmt drey Stauden Käs- oder Blumen-Kohl/ reinigt solchen sauber ab/ und legt ihn in ein siedendes Wasser/ und zugleich auch etliche halbe Hertzlein von einem andern gemeinen Kohl/ last ihn sieden/ aber nicht zu weich/ und beitzet dann beedes etliche Stunden lang im Essig: dann nehmet roth und weissen Kraut-Salat/ macht selbigen in der Schüssel hoch auf wie einen Thurn; legt hernach die Käs- oder Blumen-Kohl-Stauden/ und gemeine

Kohl-

Kohl-Hertzlein um die Schüssel aufrecht stehend herum / und dann auf die Art / wie man den Fächer-Salat machet / oben auf den Salat von weissen Wegwarten einen Krantz / thut Oliven hinein / und neben um den Rand der Schüssel auch solche Fächer / füllet in eines derselbigen Schaf-Mäuler oder Feld-Salat / in das andere Cappern / und in das dritte Rapuntzeln ein / legt dann jedesmal zwischen die Fächer ein Stücklein Schuncken / und neben denselbigen ein Häufflein Pfeffer. *

19. Ein welscher Kohl-Salat.

Nehmet die einwendige schöne krause Häuptlein von welschen Kohl / wascht solchen sauber / und setzts also im siedenden Wasser / so zuvor gesaltzen worden / zu / laßt sie sieden / biß die Häuptlein weich werden / schüttet sie heraus in ein Salat-Sieblein / und giesst ein frisches Wasser darüber; legt ihn hernach / wann er wohl verseihet / in eine Schüssel / giesst Essig und Oel darüber / streuet Pfeffer darauf / und übergiesst ihn auch einmal oder etliche / daß es alles wohl durchdringe: solte der Essig zu scharff seyn / kan man auch ein wenig Wein daran giessen.

20. Ein Spargel-Salat.

Schneidet an dem Spargel das Weisse von den Stielen ein wenig herab / nehmt es aber wohl in obacht / daß er in einer Länge abgeschnitten werde / dann man kan ihn also desto zierlicher in die Schüssel legen; wann er nun abgeschnitten / legt ihn in ein frisches Wasser / machet hierauf ein ander Wasser in einer Pfan-

---

* Hiebey ist zu erinnern / daß / wann man einen Käs- oder Blumen-Kohl-Salat macht / und solchen zuvor absiedet / man das Wasser dazu erstlich wohl siedend werden lasse / alsdann die Blumen- oder Käß-Kohl-Stauden hinein lege / aber nicht gleich anfangs saltze / dann er wird sonst roth / sondern erst zu letzt / wann man siht oder merckt daß er weich werden will / so bleibt er schön weiß; auch ist eben nicht nöthig / daß man allezeit einige Hertzlein von gemeinen Kohl darunter nehme.

der Eſſige/ Saláte und Salſen.

Pfannen ſiedend/ waſchet den Spargel aus dem kalten Waſſer heraus/ und leget ſelbigen in das ſiedende hinein/ laſt ihn/ wann er ein wenig geſaltzen worden/ ſieden/ aber nicht zu weich; nehmt zu ſolchem Ende/ wann er eine weil geſotten/ einen Stengel zur Prob heraus/ wann er ſich nun ein klein wenig drucken läſſet/ ſo iſt er genug geſotten; darnach nehmt ein Beck voll kalt Waſſer vom Brunnen her/ ſeihet zuvor das ſiedende vom Spargel herab/ und leget ihn in das friſche hinein/ daß er etwas härtlicht werde/ ſolte er aber nicht ein wenig härtlicht werden wollen/ leget ihn nochmal in ein kaltes Brunnen-Waſſer/ ſeihet es wieder davon ab/ nehmt den Spargel heraus/ und leget ihn auf ein reines Tuch/ daß er in etwas vertrockne/ und ſo dann in eine Schüſſel/ daß die Kolben Mitten in der Schüſſel überſich auf/ in die Runden herum/ zuſammen kommen/ gieſſet Eſſig und Oel unter einander/ ſtreuet zuvor ein wenig Saltz und Pfeffer auf den Spargel/ und ſchüttet hernach das Oel und den Eſſig darüber/ übergieſſet ſolchen etlich mal/ damit das Oel und der Eſſig recht durchdringe: Ehe man nun den alſo zubereiteten Spargel zu Tiſch trägt/ kan man noch ein wenig friſches Oel darauf gieſſen/ und ſelbigen mit würfflicht-geſchnitenen Citronen-Schelffen überſtreuen. Und auf dieſe weiſe/ wann man ihn nur recht abſiedet/ wird er wohl am ſchönſten und grünſten bleiben.

21. Ein Spargel-Salat/ auf andere Art.

Wann der Spargel/ nach dem man zuvor das Weiſſe daran ein wenig abgeſchnitten/ auf die im vorhergehenden beſagte Art/ jedoch aber ohne alles Saltz/ abgeſotten worden/ und eine gute weil im kalten Waſſer gelegen/ ſo lege ihn auf ein reines Tuch/ damit er ein wenig vertrocknen könne/ und ſtreue dann Saltz und Pfeffer darauf/ gieß Eſſig und Oel daran/ laß ihn alſo eine weil an einem kühlen Ort ſtehen/ übergieß ihn einmal oder etliche/ und ſeihe dann den Eſſig davon; lege den Spargel/ wie vor gedacht/ ſchön aufgeſchlichtet in eine Schüſſel/ gieß wiederum Oel und Eſſig daran/

daran/ überstreue ihn aber nochmal mit ein wenig Saltz und Pfeffer/ und wann man selbigen jetzt gleich zu Tisch trägt/ mit klein=geschnittenen Citronen=Schelffen. Auf diese weise wird der Spargel zwar sehr gut und wohl=geschmack/ bleibet aber nicht so grün an der Farb als sonst.

❀ ❀ ❀

Oder:

Man macht ihn auch auf diese weise/ und schabt oben/ wo er sonst abgeschnitten wird/ nur ein wenig davon/ legt ihn in ein kaltes Wasser/ siedet selbigen ab/ wie sonsten/ nur daß er nicht gesaltzen werde; und wann man nun vermeint/ daß er gnug gesotten und abgeseihet worden/ legt man ihn alsobald in ein kaltes Wasser/ und läst ihn/ wann er gesaltzen/ eine weil darinnen ligen/ wiewol ihm auch einige zweymal ein frisches Wasser geben/ wie bey dem ersten gedacht/ aber allezeit darinnen saltzen: dann kan man solchen ferner mit Oel und Essig/ wie schon gedacht/ zurichten. *

22. Ein kleiner Spargel=Salat.

Hiezu dienet am besten der kleine Spargel/ so allhie zu Nürnberg/ in kleine Büschelein zusammen gebunden/ verkaufft wird/ welcher aber nicht gar zu klein ist/ brecht selbigen ab/ wie sonst; wann ihr ihn nun warm kochen wollet/ legt ihn zu erst in ein kaltes Wasser/ macht indessen ein ander Wasser siedend/ thut den Spargel/ wie auch ein wenig Saltz/ darein/ last ihn sieden/ aber nicht gar zu weich/ daß er fein hübsch zweckicht oder härtlicht bleibt/ seihet das warme Wasser davon ab/ und werffet ihn in ein frisches: wann er nun eine weil darinnen gelegen/ muß man ihn auf ein reines Tuch legen/ oder sonst wohl verseihen lassen; alsdann in einer Schüssel Oel und Essig daran giessen/ auch Saltz und Pfeffer darauf streuen/ also

* Etliche legen den Spargel/ wann er gesotten worden/ gar in kein frisches Wasser/ sondern wann man ihn abgeseihet/ nur allein auf ein reines Tuch/ an einem kühlen Ort/ und lassen ihn also ertrocknen und erkuhlen.

der Eſſige/ Saláte und Salſen.

also wohl darinnen öffters ſchwingen/ und dann aufgehäufft/ wie einen andern Salat/ in eine Schüſſel legen: Will man aber die Zeit und mehr Müh aufwenden/ kan man ihn auch ordentlich in eine Schüſſel ſchlichten wie den andern/ und nach belieben/ klein- und würfflicht-geſchnittene Citronen-Schelffen darauf ſtreuen.

23. Ein Hopffen-Salat.

DEn Hopffen kan man allerdings wie den kleinen Spargel-Salat zurichten/ nur daß er nicht abgebrochen/ ſondern oben/ wie bey dem groſſen Spargel/ ein wenig abgeſchnitten/ und die unſaubern Blätlein davon abgeſchabet werden. Zu dieſem Salat kan man auch ein Schaf-Mäuler- oder Feld-Salat anmachen/ und eine ſchöne groſſe Käs- oder Blumen-Kohl-Stauden in die Mitte der Schüſſel ſetzen/ alsdann den Schafmäuler- oder Feld-Salat um ſelbige/ gantz zu äuſſerſt aber den Hopffen-Salat/ wie einen Krantz/ in die Runde herum legen/ und zu letzt mit klein-geſchnittenen Citronen-Schelffen überſtreuen und bezieren.

24. Ein Garten-Salat.

NEhmt den Garten-Salat/ thut unten die Störtzlein mit den kleinen Blätlein davon/ klaubt und waſcht alsdann ſelbigen wohl aus/ ſchneidet kleine grüne Zwiebeln darunter; alsdann ſchwingt den Salat wohl aus dem Waſſer/ ſaltzt/ pfeffert/ und macht ihn dann aufs beſt mit Oel und Eſſig an/ häufft denſelben zierlich auf in eine Schüſſel: Indeſſen ſiedet etliche Eyer hart/ ſchählet ſie ab/ ſchneidets von einander/ entweder halb oder zu Vierteln/ ſtreuet ein wenig Saltz und Pfeffer darauf/ und beleget den Salat damit/ oder wann mans ein wenig zierlicher machen will/ ſo kan man die hart-geſottene Dottern/ wie auch das Weiſſe/ jedoch jedes allein klein zerhacken/ und ſo dann einen Krantz davon/ um den Schüſſel-Rand/ rings herum machen/ oder auch Hertze/ allerley Züge/ oder Blumwerck davon formiren/ welches ſchön und zierlich ſtehet: Wann man aber die hart-geſottene Eyer nur halb oder Viertel-weiß tel-weiß von einander schneidet / den Dottern auch hacket / und auf den Schüssel-Rand streuet / kan man das Weisse mit Citronen-Eisenlein ausstechen/ und dann auf das gelb-gehackte legen / so wird es ebenfalls nicht übel sehen; auch kan man / noch ausser dem / einen solchen Salat mit blauen Borretsch oder Borragen / und Ochsen-Zungen-Blümlein bestreuen.

25. Ein Lactuck- oder Lattich-Salat.

Laubet von dem Lactuck oder Lattich das schönste und gelbste heraus / schneidet dann die grossen Adern / ingleichen auch die grossen oder kleinen Blätlein / nach eigenen belieben / davon / leget selbige in ein frisches Wasser / und schwinget sie wohl aus / machts mit Oel und Essig an / saltzet und pfefferts; ist der Essig zu sauer / so kan man selbigen gantz herab seihen / und den Salat alsdann mit Wein / oder wie ein und andere pflegen / gar mit ein wenig Peter Simonis / oder andern süssen Wein besprengen / oder aber zuckern; nicht weniger mit Citronen- und Pomerantzen-Blühe/ oder auch mit Rosen- und blauen Violen-Essig besprengen / in einer Schüssel zierlich aufhäuffeln / mit blauen Borretsch oder Borragen-Blümlein / und klein-geschnittenen Citronen-Schelffen/ bestreuen.

26. Ein Lactuck- oder Lattich-Salat/ auf andere Art.

Diesen Salat desto zierlicher zu machen / pflegen etliche einwendig ein grosses Lattich- oder Lactucken-Stäudlein / oder auch etliche derselben theils von einander zu schneiden; wann sie nun zuvor eine weil im Wasser gelegen / und sauber gewaschen worden / legt man sie ein wenig in Essig / giesst aber kein Oel daran / dann sie batzen sich sonst gar sehr zusammen/ biß man den Salat anmacht: alsdann kan man ihn mit Oel übergiessen / und zugleich Saltz und Pfeffer darüber streuen/ auch das bereits daran zusammen vermischte Oel und Essig öffters ab- und aufgiessen/ daß die Krafft recht durchdringe / und ein wenig / nach belieben / mit Wein besprengen:

der Essige/Saláte und Salsen.

gen: Wann man nun den Salat in die Schüssel legen will/setzet in die Mitte derselben ein Stäudlein von den grösten/ und zwar das geschnittene fein zierlich in die Höh herum/ biß an den Rand heraus/ zu innerst aber an die zerschnittene Stäudlein/ kan man schöne rothgefärbte Wegwarten legen/ und so dann ferner bestreuen/ wie öffters gedacht.

27. Ein Endivien-Salat.

Der Endivien-Salat kan gantz auf diese Weise/ wie der von Lactucken oder Lattich/ zugerichtet werden/ er muß aber länger im Wasser ligen als der vorige/ damit es die Bittern heraus ziehe; sonsten kan er auf vorbesagte Art geschnitten/ und in die Schüssel gelegt werden: ingleichen können auch die einwendige Stäudlein gantz bleiben/ der Schüssel-Rand mit schön ausgestochenen Citronen-Plätzlein belegt/ und der Salat mit Granat-Apffel-Körnern bestreut und bezieret werden.

28. Ein Keimlein- oder Wegwarten-Sprößling-Salat.

Nehmet die Keimlein oder Sprößlein von Wegwarten/ schneidet das Weisse oben/ wie auch die Spitzlein ein wenig davon hinweg/ und das übrige in die Länge/ wie mans selbst verlangt; leget selbiges in ein frisches Wasser/ und lasset es wohl lang darinnen ligen/ biß die Bittern recht heraus gezogen ist: waschet und machet sie dann mit Oel und Essig an/ wie einen andern Salat; wiewol man sie auch klein schneiden kan/ wie einen Endivien-Salat.

❀ ❀ ❀

Oder:

Man kan auch die Stäudlein an einander/ und zuvor eine weil im Essig/ Saltz und Pfeffer ligen lassen/ und wohl darinnen schwingen; alsdann wann man sie fast zu Tisch tragen will/ mit Oel ferner zurichten wie einen andern Salat: Man kan auch
ein

ein wenig Wein und Zucker dazu nehmen / und diese Stäudlein also gantz in eine Schüssel in die Runde herum legen / wie den Spargel / und mit klein-geschnittenen Citronen-Schelffen überstreuen. *

29. Ein Brunnkreß-Salat.

Klaubet von dem Brunnkreß die grössesten Stiele herab / und waschet selbigen wohl; dann kan man ihn mit Oel und gemeinen / oder aber noch besser mit Rosen-Essig anmachen / und ein wenig zuckern: Wanns beliebt / kan man zu diesen Salat auch einen Kraut- und Wegwarten-Salat untermischen / und schön zierlich in eine Schüssel legen.

30. Ein Schafmäuler- oder Feld-Salat.

Nehmt die Schafmäuler oder den Feld-Salat / klaubet selbigen sauber / thut oben die kleinen Storzeln davon / waschet und macht ihn mit Oel und Essig an; schneidet oder hacket ein einigs Zwiebelein gar klein darunter / bezieret ihn mit halb ausgeschnittenen Citronen-Plätzen / und streuet würfflicht-geschnittene Citronen-Schelffen darauf: dann kan man auch den Schüssel-Rand mit Hertz-weiß geschlossenen Sardelln / und in vier Theile zerschnittenen Citronen / und zwar eines um das andere geleget / auszieren.

31. Ein Schafmäuler- oder Feld-Salat / auf andere Art.

Zur Abwechslung / kan man unter diesen Schafmäuler- oder Feld-Salat auch Rapuntzeln mengen / oder von selbigen nur das grüneste herab schneiden / und die grünen Hertzlein oben an

---

* Etliche pflegen diese Keimlein oder Wegwarten-Sprößlinge / wann sie selbige zu einem Salat gebrauchen wollen / zuvor wie einen Spargel abzubrühen.

der Essige/ Saláte und Salsen.

an dem weissen Würtzelein lassen / jedoch aber keine Zwiebeln und Citronen darunter mischen. *

32. Ein Kraut-Salat zu machen.

Nehmet zu einem Kraut-Salat schöne zarte / so roth- als weisse Kraut-Häuptlein / nach belieben / schneidet in der Mitten die grosse und starcke Adern heraus / wickelt selbigen vest zusam̃ / und schneidet ihn so klein als es seyn kan; giesst ein paar Stunden vor dem Essen einen Essig daran / dann es wird absonderlich der rothe eine weit schönere und höhere Farb überkommen / wann der Essig bey Zeit / auch wol einen halben Tag zuvor / daran gegossen wird: Wer will / kan den ersten Essig herab / und wieder einen frischen daran giessen / oder aber / wann der Essig zu scharff wäre / ein wenig Wein darunter mischen / man muß ihn aber absonderlich wohl Pfeffern / so ist er am gesündesten; und wer gern vom Kümmel isst / kan ebenfalls etwas davon darunter streuen / absonderlich unter den weissen Salat. Diesen Salat kan man zu allerley Salaten gebrauchen / und den Feld- oder Schafmäuler-Salat in die Mitt / wie Kleeblätter / oder auch an deren Stelle eine Käs- oder Blumen-Kohl-Stauden / neben herum aber den Kraut-Salat legen / oder von Schafmäulern Kleeblätter formiren / und dann dazwischen mit dem Kraut-Salat und welschen Würsten auszieren. Der Kraut-Salat / er sey gleich roth oder weiß / kan auch auf diese weise zugerichtet werden: Wann das Kraut geschnitten / kan man selbiges nur einen einigen Wall im Wasser absieden / alsdann abseihen und erkalten lassen / hernach mit Oel und Essig anmachen / wie den andern; es siehet zwar / dieser Salat / nicht so zierlich und frisch aus / wie der vorige / er ist aber um so viel desto verdaulicher.

❀ ❀ ❀

Oder:

Man kan auch das Kraut / wie schon gedacht / klein schneiden / hierauf ein Schmaltz heiß machen / und ein wenig erkühlen lassen /

* Wem es beliebt / der kan auch von lauter Rapuntzeln einen Salat machen / und neben herum andern grünen Salat / nach gefallen / legen.

lassen / nachmal frischen Essig daran giessen / daß es also noch einen
Sud thue; lasts nun / wie zuvor / nochmal ein wenig erkalten / und
giessts dann über das Kraut / seihets dann ab / machts wiederum
siedend / und giessts wie vormals darüber / saltzt und pfeffert es auch/
so ist der Salat recht auf diese Art zubereitet.

33. Einen Zwiebel-Salat zu machen.

Nehmet grosse Zwiebeln / bratet sie zusamt den Schelffen im heissen Aschen / fein langsam bey anderthalb Stunden; schählet hernach die äussersten zwey oder drey Schelffen herab / das andere aber zerschneidet ein wenig / legts in eine Schüssel rings herum / giesst Wein / daß er fast über die Zwiebel gehe / und ein gut theil Baum-Oel / daran / saltzt und zuckert sie auch wohl / streuet Weinbeerlein oder Corinthen darauf / last alles zusammen im steten Sud sieden / so lang als harte Eyer / und tragts dann warm zu Tisch.

34. Ein Wegwarten-Salat.

Nehmet schöne Wegwarten / und waschets aus einem Wasser reinlich heraus / setzets in einem siedenden Wasser / jedoch gantz ungesaltzen / zu / dann sie werden sonst gar roth / lasset also sieden biß sie weich werden / alsdann seihet das Wasser herab; leget die Wegwarten in ein kupffernes Beck oder steinerne Schüssel / und giest ein kaltes Wasser darüber / last sie also eine Stund stehen / seihets ab; legt dann selbige in einen andern Tiegel / streuet Saltz darein / giesst ein gut theil Essig daran / und schwingets untereinander: Hernach wann man davon auftragen will / legts in eine Schüssel / und giesst ein wenig Oel darüber / und streuet Pfeffer darauf / so sind sie recht. Auf diese weise kan man auch die Scorzonera kalt in Essig und Oel zurichten.

❀ ❀ ❀

Oder:

Man kan die Wegwarten auch mit Rosen-Essig ohne Oel anmachen / nach belieben zuckern / und ein gut theil kleine Weinbeerlein/

der Essige/ Saläte und Salsen.

beerlein oder Corinthen darein thun/ welche man aber zuvor sauber klauben und waschen/ und mit einem Tuch abtrocknen muß: Wer aber nicht gern lauter Essig/ wegen der Säuren/ haben wolte/ kan auch ein wenig Wein gar wol darunter giessen.

35. Ein bunter Wegwarten-Salat.

Die Wegwarten kan man unterschiedlich färben/ und entweder also gantz allein auf vorbesagte Art mit Oel und Essig anmachen/ und als einen Salat auffsetzen/ oder aber andere Arten der Saläte damit auszuzieren gebrauchen: Nemlich/ wann man sie will roth haben/ so lege selbige/ wann sie allerdings recht abgesotten/ und schon in einem andern Essig gelegen haben/ etliche Stund vor dem Speisen/ ehe sie aufgetragen werden sollen/ in einen rothen Ruben-Essig/ so werden sie an der Farb annemlich roth werden: Will man sie gelb haben/ kan man ein wenig gelbe Spän in einem Essig absieden/ biß er die Farb heraus zieht/ selbigen alsdann erkalten lassen/ und die Wegwarten darein legen/ oder man kan auch die Spän nur im Wasser/ und so dann im selbigen/ wann es durchgeseihet worden/ die Wegwarten absieden lassen/ dann nochmal seihen/ und einen Essig darüber giessen: Oder man mag auch nur ein wenig Safflor im Essig absieden/ diesen Essig durchseihen/ erkalten lassen/ und alsdann die Wegwarten darein legen/ so werden sie gleichfalls schön gelb werden. Blau werden sie auch gefärbt/ und zwar mit den blauen Violen- oder Korn-Blumen-Essig/ welcher bereits beschrieben worden ist: Man giesset nemlich von selbigen ein wenig in eine Schüssel/ und lässet die Wegwarten eine weile darinnen ligen: Oder man kan auch Korn-Blumen mit einem siedenden Wasser anbrühen/ und dann die Wegwarten/ wann sie zuvor nur im blossen Wasser/ wie sonst gebräuchlich/ abgesotten wordē/ und bald weich werden wollen/ abseihen/ das andere Wasser von Korn-Blumen (dessen wir zu erst gedacht) darüber giessen/ und nur einen Wall darinnen thun lassen/ alsdann wieder abseihen/ und einen Essig daran giessen: Oder man kan auch gar ein klein wenig von dem besten Indig nehmen / selbigen mit Essig anzwiren / und dann noch mehr desselben daran giessen / hernach durch ein reines Tüchlein zwingen/ und die Wegwarten darein legen / so werden sie auch an der Farb annemlich blau / doch aber von den Violen und Korn-Blumen am schönsten.

36. Ein rother Ruben-Salat.

Nimm die Ruben / schneid oben die Plätz ab / und wasche sie sauber / laß in einem Wasser starck sieden / biß sie weich sind / und darff man wol noch einmal inzwischen daran giessen; alsdann seihe die Brüh herab in eine erdene Schüssel / schähle und schneide die Ruben / Plätzlein-weiß / in einen Tiegel / und gieß einen Essig / oder auch ein wenig von dieser Brüh / darinnen die rothen Ruben abgesotten worden / daran / so zu deinen gefallen stehet / die Brühe aber muß allezeit darüber gehen: Schneide einen Kreen oder Meerrettig klein würfflicht / streue ihn zusamt ein wenig Anis / Fenchel / Coriander / und Kümmel daran / so in eines jeden belieben stehet / schwing alsdann alles wohl unter einander / laß es eine weile stehen / und trag sie / nach gefallen / zum Fleisch oder Gebratens auf.

37. Einen Gurcken- oder Kimmerling-Salat zu machen.

Schählet die Kimmerlinge / schneidet selbige zu Scheiben oder Plätzlein / streuet zimlich viel Saltz darein / und laßt sie zwey Stunden lang / auch wol länger / darinnen ligen; seihet dann dieses Wasser genau davon herab / und macht ihn mit Oel und Essig / wohl gepfeffert / an. *

38. Ein

* Etliche pflegen Ingber und Kümmel darein zu streuen: Man kan auch die im Saltzwasser eingemachte Gurcken und Kimmerlinge / so Num. 44. beschrieben zu finden / zu Scheiben und Plätzlein schneiden / mit Essig/ Oel und Pfeffer anmachen / und als einen Salat zu Tisch tragen.

der Eſſige/ Saläte und Salſen.

38. Ein Rettig-Salat.

Nehmt einen ſchönen Rettig/ der nicht angeſtoſſen iſt/ ſchabet ihn reinlich/ ſchneidet darnach Scheiben oder Plätzlein daraus/ gieſſt Oel und Eſſig daran/ und ſtreuet Pfeffer und Saltz darauf.

❊ ❊ ❊

Etliche pflegen den Rettig auch zuvor/ wie den Kimmerling-Salat/ wann er geſchnitten iſt/ einzuſaltzen/ und ſolchen im Saltz ein wenig ligen zu laſſen; alsdann ſelbiges Waſſer herab zu ſeihen/ und ferner/ wie oben gedacht/ mit Eſſig/ Oel und Pfeffer/ und etwas Kümmel/ anzumachen. *

39. Ein Kürbis-Salat.

Die Kürbis werden zerſchnitten/ im Waſſer abgeſotten/ auch wohl wieder abgeſeihet/ und wann ſie erkaltet/ geſaltzen und gepfeffert/ auch Eſſig und Oel daran gegoſſen/ und ferner angemacht wie der Gurcken- oder Kimmerling-Salat.

40. Ein Bohnen-Salat.

Man nimmt kleine junge Bohnen/ ziehet von ſelbigen die Adern auf beyden Seiten herab/ wäſcht und ſiedet ſie im Waſſer biß ſie weich werden/ nimmt ſie dann heraus/ und gieſſt ein kaltes Waſſer darüber/ legts auf ein reines Tuch/ um abzutrocknen/ und ſo dann in eine Schüſſel/ gieſſt Oel und Eſſig darüber/ und ſtreuet Pfeffer und Saltz darauf.

41. Gurcken oder Kimmerlinge in Fenchel einzumachen.

Waſchet der Kimmerlinge oder Gurcken ſo viel ihr wollet/ zwey- oder dreymal aus einem Waſſer/ legt ſie auf ein Tuch/ und

---

* Die ſchwartzen Rettig-Ruben können eben auch auf ſolche weiſe allerdings zugerichtet werden.

lasts wohl ertrocknen; löset auch einen frischen Fenchel aus den Hülsen / ziehet selbigen gleichfalls durch ein frisches Wasser: alsdann nehmet einen Tiegel oder Fäßlein / darinnen ihr die Kimmerlinge künfftig aufbehalten wollet / legt zu erst unten am Boden etwas weniges Fenchel=Kraut / thut drey biß vier gute Hand voll Gurcken oder Kimmerlinge / und eine Handvoll Fenchel darauf / dann wiederum drey biß vier Hand voll Kimmerlinge / und eine Hand voll Fenchel / und so fort / biß der Fenchel und die Kimmerlinge darinnen sind / alsdann legt oben darauf wieder etwas weniges Fenchel=Kraut; werfet hierauf in drey Seidlein / deß besten Wein=Essigs / zwey Hand voll Saltz / und ein Loth grob=gestossenen Pfeffer / rührt alles wohl unter einander / giesst es alsdann über die Kimmerlinge / breitet ein reines Tüchlein darüber / legt einen runden Schachtel=Deckel / oder sonst ein rundes Bretlein darauf / beschwehret es oben mit einem Steinlein / daß der Essig über die Kimmerling gehe / daher man / wie leicht zu erachten / zimlich viel daran giessen muß; laßt alles zusammen drey in vier Wochen stehen / so beginnen sie zu gieren / oder anzulauffen: Nehmt alsdann das Tüchlein zusamt dem Bretlein herab / waschet alles sauber aus / breitet es hernach wieder über die Kimmerlinge / so sind sie lange Zeit gut auf zu behalten / und nach belieben zum Essen tauglich.

42. Gurcken oder Kimmerlinge in Fenchel einzumachen / auf andere Art.

Die Kimmerlinge und der Fenchel werden allerdings zubereitet wie im vorhergehenden gedacht / alsdann in ein Fäßlein oder Tiegel eingemacht / zuvor aber Saltz und grob=gestossener Pfeffer in einer Schüssel wohl untereinander gemischt / der Boden zu erst mit einer Lag Fenchel=Kraut belegt / dann / nach gutduncken / Saltz und Pfeffer darauf gestreut / hierauf eine Lag Kimmerlinge gemacht / und wieder mit dem vermischten Saltz und Pfeffer / wie zuvor bestreuet / nochmal Fenchel darauf gelegt / und wieder Saltz und Pfeffer / und dieses so fort an / biß der Tiegel oder das Fäßlein voll ist; hernach

der Essige/ Saláte und Salsen.

hernach kan man selbiges zu oberst mit einem Fenchel-Kraut nochmal bedecken/ und so viel Essig darüber giessen/ biß selbiger die Kimmerlinge bedeckt: alsdann ein reines Tüchlein darüber/ und ein Bretlein darauf legen/ mit einem Stein beschwehren/ und also drey Wochen lang stehen lassen: Oder so die Gurcken in einem Fäßlein eingemachet sind/ kan man solches / wann es allerdings voll gefüllt / gar zuschlagen/ und also stehen lassen/ aber allezeit über den andern Tag fleissig umwenden/ so werden sie gleichfalls schön und gut bleiben: Wann man nun davon gebrauchen und speisen will / muß man das Fäßlein öffnen/ aber allezeit fleissig wiederum ein reines Tüchlein darauf breiten/ mit dem Bretlein bedecken/ und einem Steinlein beschwehren.

43. Gurcken oder Kimmerlinge in Fenchel/ auf noch eine andere Weise/ einzumachen.

Die Gurcken und Kimmerlinge werden fast wie im vorigen eingemacht/ ohne daß sie mit siedenden Essig übergossen werden; dann wird so wol an dem Boden als auch neben herum das Fäßlein oder der Tiegel/ in welchen sie aufbehalten werden/ überal mit schönen frischen Wein-Blättern/ unten aber auf dem Boden besagte Wein-Blätter ein wenig mit Fenchel-Kraut überlegt/ alsdann die Kimmerlinge und wieder Fenchel/ eine Lag um die andere/ biß der Tiegel oder das Fäßlein voll ist; hernach zu oberst nochmal Fenchel-Kraut und Weinblätter/ und zugedeckt: Inzwischen lässet man einen Essig siedend werden / so viel man nemlich meint / daß man dessen benöthiget seye / und selbiger darüber gehe / streuet auch zugleich zimlich viel Saltz und Pfeffer darein: man rechnet aber ins gemein zu drey Seidlein/ oder anderthalb Maas Essig/ zwey Hand voll Saltz und ein Loth Pfeffer; dieses alles/ Essig/ Pfeffer und Saltz/ läst man mit einander aufsieden/ und giessts dann über die Kimmerlinge und den Fenchel.

Ny iij   44. Gur-

44. Gurcken oder Kimmerlinge in Saltz-Wasser einzumachen.

Wasche die Kimmerlinge sauber/ thue sie in ein Schäfflein/ oder Fäßlein/ lege zu unterst das Kraut von Kimmerlingen/ alsdann ein Theil der Kimmerlinge darauf/ hernach wieder dergleichen Kraut/ und eine Lag Kimmerlinge/ dann abermal Kraut oben darauf/ und so fort/ biß das Geschirr voll/ und die Kimmerling alle seynd; alsdann nimm Wasser/ saltz es wohl/ so daß das Saltz vorschlägt; oder man kan folgende Prob nehmen: Man schüttet nemlich ein frisches Wasser in einen grossen saubern Hafen/ legt ein frisches Ey darein/ und rührt immer mit einem Löffel so lang Saltz darein/ biß das Ey in die Höhe übersich schwimmet/ so ist das Wasser genug gesaltzen/ und alsdann wird es über die Kimmerlinge oder Gurcken ausgegossen/ daß es darüber gehet; nachmals decke es mit einem Tüchlein zu/ leg ein rundes höltzernes Bretlein darauf/ beschwehrs mit Steinen/ und laß so lang stehen/ biß sie vergiert haben.

45. Kuhnschroten oder Genister einzumachen.

Jetzu muß man die jenige Kuhnschroten nehmen/ die noch nicht gantz offen/ sondern nur gelblichte Knöpfflein zu bekommen beginnen/ dann pflegt man selbige von den Sträußlein herab zu klauben/ und zu einer Maas solcher Kühnschroten/ ein Seidlein oder den halben Theil Saltz zu nehmen; hierauf mischet man das Saltz und die Kuhnschroten wohl unter einander/ thut sie zusammen in ein Fäßlein oder Tiegel/ giesset so viel Wasser daran/ biß selbiges darüber gehet: alsdann wird ein reines Tüchlein darüber gebreitet/ ein Bretlein darauf gelegt/ und mit einem Stein beschwehrt/ als wie die Kimmerlinge oder Gurcken/ und also bleiben sie vier Wochen lang stehen; wollen sie anlauffen/ muß man selbige fleissig abputzen oder säubern/ und oben immer fleissig dazu sehen/ daß sie nicht gar

der Essige/ Saläte und Salsen.

gar zu sehr anlauffen/ und so kan man sie wol über ein Jahr gut behalten. Will man nun davon speisen/ kan man nehmen so viel es beliebt/ dieselbige vier und zwantzig Stunden lang wässern/ und in währender solcher Zeit einmal oder zwey ihnen ein frisches Wasser geben/ alsdann heraus waschen/ in ein siedend Wasser legen/ und einen Wall oder etliche aufsieden lassen/ hernach abseihen/ wieder wie zuvor in ein frisches Wasser werffen/ aus selbigem auch heraus waschen/ wohl abseihen lassen/ und alsdann mit Oel und Essig/ wie einen Salat/ anmachen. *

46. Grosse Cappern einzumachen.

LEget die Cappern/ wann zuvor die Stiele abgeschnitten worden/ in ein frisches Wasser/ last sie einen Tag/ oder auch nur etliche Stunden darinnen ligen/ giesst dieses ein und andermal hinweg/ und gebt ihnen ein frisches; sehet es dann durch einen Seiher/ daß das Wasser davon lauffe/ und legt diese also gewässerte Cappern in ein Schällein oder Schüsselein/ macht sie mit Oel und Essig an/ wie einen andern Salat: Solte aber der Essig zu scharff seyn/ kan man etwas Wein darunter giessen/ und Weinbeerlein oder Corinthen oben darauf streuen.

47. Stachelbeer einzumachen.

NEhmet zu einer Maas Stachelbeer eine halbe Maas Saltz/ thut selbiges in einen Sack von ungebleichten Tuch/ der nicht zu klein ist/ sondern daß die Beer darinnen guten Raum haben/ und nicht hart zusamm getrucket werden; giesst in einen verglasurten Tiegel frisches Wasser/ werfft die obbesagte halbe Maas Saltz darein/ rührt es auf/ und last es so lang stehen/ biß das Saltz zergangen/ hänget dann den Sack mit den Stachelbeeren darein/ decket ein reines Tüchlein und kleines Bretlein darüber/ beschwehret es mit einem

* Etliche seihen den ersten Essig wieder davon/ und giessen/ wann man sie auftragen will/ einen andern frischen Essig und Oel darüber; solte der Essig zu scharff seyn/ kan man etwas Wein dazu giessen.

einem Steinlein / damit das Saltzwasser über den Sack gehe / und behaltet sie dann in einem Keller oder andern kühlen Ort zu beliebigem Gebrauch. *

48. Spargel ein zu machen.

NEhmet den Spargel / schneidet das harte davon / thuts in ein Geschirr / giesst einen Essig / so zuvor gesotten und dann wieder erkaltet / darüber / last selbigen eine weil daran stehen / darnach leget den Spargel auf ein reines Tuch / last ihn daselbst trocken werden; schlichtet ihn dann in einen grossen Tiegel oder Fäßlein / giesst ein frischen Essig darein / daß er wohl darüber geht / wie auch ein wenig Oel / und macht das Fäßlein oder den Tiegel gar wohl zu: Wann man davon gebrauchen will / nehmet / so viel als beliebt / heraus / siedet ihn im Wasser biß er lind wird / und macht ihn dann mit Oel und Essig an / wie sonsten den Spargel insgemein.

49. Artischocken ein zu machen / daß sie über Winter bleiben.

WAnn die Stiele von den Artischocken hinweg geschnitten worden / setze man solche auf den Kern / rings herum in ein Fäßlein / dessen Boden zuvor gesaltzen; alsdann setze man andere Artischocken wieder oben darauf / daß der Kern über sich kommt / dann wieder andere mit dem Kern unter sich / und dieses so lang biß das Fäßlein voll wird: Nimm hernach ein gut theil Wasser / saltz es wohl / laß zimlich lang sieden / und dann wieder kalt werden; gieß darnach das Saltzwasser auf die Artischocken / und schlage das Fäßlein vest zu / riffle es hin und wieder / daß die Brühe recht darüber gehe / und so kan man sie Jahr und Tag gut aufbehalten.

Mancher=

---

* Man kan sie auch in einem Glas machen / da man deß Sackes / Bret und Steinleins nicht benöthiget ist / sondern selbige nur bloß in das Saltzwasser werffen / und oben frisches Schmaltz darauf giessen kan: Dabey dann absonderlich zu erinnern / daß man diese Stachelbeere / wann man sie gebrauchen will / zuvor in ein frisches Wasser lege / damit das eingesogene Saltz ausgezogen werde.

der Essige/ Saläte und Salsen.

Mancherley Salsen.

1. Niederländischen Senff oder Mostart zu machen.

Nehmet Senff-Mehl / so viel beliebt / machet einen Wein-Essig siedend / giesst ihn auf das Mehl / und rührets also wohl ab; will man es herb haben / saltzt und pfeffert es noch ein wenig: oder man kan auch an statt deß Essigs einen Wein nehmen / alsdann aber das Saltz und den Pfeffer davon lassen / so in eines jeden belieben stehet / decket oder verbindet ihn aber wohl / damit er nicht ausrieche.

2. Welschen Mostart zu machen.

Schählet und schneidet zwantzig Quitten von einander / nehmet die Kerne heraus / und schneidet sie ferner / und zwar jede zu sechs oder acht Stücklein / nach dem sie dick seyn / legts in einen stollichten Hafen / schüttet so viel Wein daran / daß er darüber gehet / und last die Quitten / zu einem Mus oder Brey / sieden / zwingt sie dann durch einen Seiher; nehmet ferner drey viertel Pfund Senff-Mehl / giesst ein Seidlein guten Essig daran / last es drey Stunden an einander stehen / und rührets hernach unter die durch-getriebene Quitten / thut zwey Pfund Zucker / ein Loth Muscatnüsse / Negelein und Zimmet jedes ein Loth dazu / alles zerstossen / aber nicht gar klein / ingleichen auch vier Loth frische Citronen-Schelffen / schneidet sie würfflicht / rührt alles unter einander / und giesset / so er zu dick ist / noch mehr Wein daran.

Zz   3. Ei

3. Einen Senff oder Mostart zu machen/ auf andere Art.

Man nehme ein Pfund Senff/ zerstoſſe ſelbigen gantz klein zu Mehl/ gieß eine Maas gantz ſüſſen Moſt daran/ der noch nicht vergoren iſt/ laß ihn einen Tag und Nacht ſtehen; wann er zu dick ſeyn ſollte/ kan man noch ſo viel daran ſchütten/ biß daß er ſich gieſſen läſt; auch/ wann man will/ vier Loth klein geriebene Mandeln darunter miſchen.

4. Eine Citronen-Salſen.

Drucket von ſechs Citronen den Safft aus/ ſeihet ihn durch ein Tüchlein/ und gieſſt noch zweymal ſo viel Wein/ und eben ſo viel Waſſer daran/ als deß Citronen-Saffts geweſen; nehmet von ſechs friſchen Eyern die Dottern/ zerklopffet ſelbige/ und rühret ſie unter den Wein/ Waſſer und Citronen-Safft/ das Weiſſe aber muß man zuvor abſonderlich wohl rühren/ daß es zu einem lautern Schaum wird: dann läſt man es eine Stund lang ſtehen/ biß es ſich ſetzet/ nimmt das giftige oben herab/ miſcht es unter den Wein/ Citronen-Safft/ Waſſer und Dottern/ zuckerts nach belieben/ und thut ein wenig klein-geſchnittene Citronen-Schelffen darunter/ läſt es alſo alles bey dem Feuer in einem Töpfflein oder Häfelein zuſammen gehen/ und richtets dann an wie ein Eingerührtes.

5. Eine Marilln- oder Abricoſen-Salſen.

Zwinget oder freibet den Safft und das Marck durch/ miſchet ſo viel Zucker/ als deß Safftes iſt/ darunter/ laſt es zu gehöriger Dicken einſieden; nehmet aber den Schaum oben herab/ daß es ſchön lauter werde/ und ſetzets dann neben dem Gebratens auf.

6. Eine

6. Eine Mandel-Salsen.

Ziehet die Mandeln im warmen Wasser ab/ stosset sie klein/ treibts mit Essig oder Wein durch/ zuckerts ein wenig/ und tragt sie also zu Tisch.

7. Eine Mandel-Salsen/ auf
andere Art.

Schähle einen Kreen oder Meerrettich/ schneide ihn würfflicht/ stoß selbigen mit abgezogenen Mandeln an/ misch ein wenig Semmel-Mehl darunter/ und treibs mit einer Fleischbrüh durch.

8. Eine Weinbeer-Salsen.

Waschet gute schwartze Weinbeer aus einem Wasser/ trocknet sie auf einem Tuch wieder ab/ setzet sie mit ein wenig Wein in einem reinen Hafen zum Feuer / last selbige aber nicht sieden/ sondern nur allein auffspringen; schlagets dann durch ein Sieb/ last dieses durchgeschlagene ein klein wenig dünsten / und hebet es dann auf zu beliebigen Gebrauch / fürnemlich aber zu mancherley schwartzen Brühen; wie wol man sie auch an statt einer Salsen zum Gebratens auffsetzen kan.

9. Eine Weixel-Salsen.

Nehmet zeitige Weixeln/ oder saure Kirschen/ stosst sie zusamt den Kernen/ treibts durch; wann sie zu dick sind/ giesst einen guten Wein daran/ solte sie zu sauer seyn/ kan mans auch ein wenig zuckern.

Zz ij   10. Noch

10. Noch eine Weixel= oder Kirschen= Salsen.

Nischet / unter Weixel so viel ihr wollet / nach belieben / ein wenig schwartze Kirschen / zupffet sie von den Stielen ab / last sie in einem stollichten Hafen / oder auch in einer Pfannen / schweissen / daß sie wohl weich werden / und die Kern heraus fallen; treibet sie dann durch ein grob löcherichtes Sieblein / daß / so wol die Haut als das Marck durch gehen / und die Kerne nur allein davon kommen; thut dann dieses durch=gezwungene wieder in einen stollichten Hafen / und last es fein gemach auf einer Kohlen einsieden / biß es wohl dick wird: Rühret zu letzt Zucker und Gewürtz darunter/ als Zimmet/ Negelein / Muscatblumen / Muscaten=Nüsse / ein wenig Ingber und Cardamomen / jedoch nicht gar klein / sondern ein wenig gröblicht zerstossen. Diese Salsen oder Latwergen / wann sie recht gemacht wird / kan man Jahr und Tag in einem Tiegel aufbehalten / und zu unterschiedlichen Sachen gebrauchen: Will man davon eine Salsen machen / und selbige zum Gebratens aufsetzen / wird ein wenig Wein daran gegossen / damit angezwieret / und so dinn gemachet als es beliebt. Man kan auch von dieser Latwergen oder Saltzen eine gute Brüh über ein Wildpret / oder blau gesottenen Karpffen / wie schon mit mehrern bey den Fischen beschrieben ist / machen; ingleichen auch / statt einer Füll / zu Heffen=Küchlein oder andern Kräpfflein / nach gefallen / gebrauchen.

11. Eine Nuß=Salsen.

Nimm den Kern von welschen Nüssen / ein Semmel=Mehl oder geriebenes weisses Brod / und das Weisse von hart= gesottenen Eyern / stoß es unter einander / treibs mit guten Wein durch / saltze und würtze es nach belieben / und trags dann mit dem Gebratens zu Tisch.

12. Eine

der Essige/ Saläte und Salsen.

12. Eine Saurach- oder Wein-Läge-lein Salsen.

SChählet und schneidet etliche Quitten zu dinnen Plätzen oder Scheiben/ in ein frisches Wasser/ laßt sie zimlich weich sieden; druckts hernach durch ein Tuch/ nehmet dieses Saffts etwan eine halbe Maas/ auch mehr oder weniger/ nach belieben/ und ein Pfund Zucker/ siedet sie zu einem Juleb: gießet dann den ausgepreß-ten Safft von Saurach oder Wein-Lägelein darein/ so wird es schön roth/ und laßt es also noch einen einigen Sud thun.

13. Eine Hiefen- oder Hagenbutten-Salsen.

NEhmet die Hiefen oder Hagenbutten/ wann sie noch hart sind/ schneidet selbige von einander/ daß der Saame/ oder die einwendige rauhe Körnlein heraus kommen; wann ihr nun eine Schüssel voll derselbigen also verfertiget/ laßt sie drey Tage lang zugedeckt stehen/ daß sie weich werden; machet dann ein Wasser in einem Topff oder Hafen siedend/ und gießet es also sied-heiß an die Hiefen/ daß es drey Finger breit darüber gehe: Wann es nun eine viertel Stund also gestanden/ seihet es wieder davon ab/ treibet die Hiefen- oder Hagenbutten durch ein Sieb/ läutert dann ein Pfund Zucker/ mehr oder weniger/ nach dem der Hiefen viel oder wenig sind/ und laßt ihn zimlich dick sieden; dann gießt nach und nach/ und etwan auf einmal ein paar Löffel voll dieses zuvor geläuterten Zuckers/ an das durch-gesiebte Hiefen-Marck/ und treibt es damit schön glatt ab: Wann nun der Zucker aller eingetragen worden/ wird sie noch einmal aufgesotten/ und so ist sie fertig. *

14. Eine

* Hiebey ist absonderlich zu erinnern/ daß man ja den geläuterten Zu-cker nicht auf einmal an das Hiefen-Marck gieße/ weil die Salsen davon gantz grob und brockicht würde/ und sich so dann auf keine weise glatt ab-rühren liesse/ sondern allgemach/ wie oben zur Gnüge erinnert worden.

14. Eine Pertram-Salsen.

Hacket das Kraut klein/ beitzet es über Nacht im Essig/ legts dann in einen geläuterten Zucker/ und last es so lang sieden/ biß dick wird: Wiewol auch etliche/ an statt deß Zuckers/ ein geläutertes Honig gebrauchen/ zuvor aber das Kraut mit eingeweichter Semmel-Brosam vermischen/ und in einem Seiher oder Durchschlag durchtreiben.

15. Eine Pertram-Salsen/ auf andere Art.

Rühe die grüne Blätlein von Pertram ab/ hacke selbige klein/ stoß in einem steinernen Mörsel; nimm zu einem viertel Pfund desselben/ gleichfalls ein viertel Pfund Zucker/ oder drey achtel Maas schön geläutertes Honig; läutere den Zucker/ und laß ihn ein wenig dick sieden/ würff alsdann den Pertram darein/ daß er ein und andern Wall damit aufthue/ und die rechte Dicke einer Salsen bekomme: Eben so wird sie auch mit dem Honig gemacht/ und zu den Gebratens aufgesetzet.

16. Eine Ampffer-Salsen.

Stoß einen Ampffer und Petersilien-Kraut mit einander in einem Mörsel/ zwing es mit Wein durch/ gieß ein wenig Essig dazu/ streue Pfeffer und Zucker darein/ und trage sie dann neben dem Gebratens zu Tisch. *

17. Eine Löffelkraut-Salsen.

Brechet von dem Löffelkraut die Stiele herab/ waschet selbiges/ und last es wieder ein wenig ertrocknen; hackt es auf das aller-

* Wanns beliebt/ kan man den Ampffer nur allein nehmen/ und das Petersilien-Kraut davon lassen.

der Essige/ Saláte und Salsen. 367

allerkleinste/ thuts in ein Schüsselein oder Schällein/ gießt ein wenig Wein daran/ doch nicht zu viel/ daß es annoch dicklicht bleibt/ und zuckerts nach belieben.

18. Eine gute Peterlein- oder Petersilien-Salsen.

Nimm grünes Peterlein- oder Petersilien-Kraut/ stoß es in einem Mörsel/ und druck den Safft davon; lege darnach eine Semmel-Brosam in Essig/ biß sie weich wird/ laß ein Stuck Zucker darinn zergehen/ gieß den grünen Safft von Petersilien daran/ laß alles eine viertel Stund sieden/ treib es dann durch ein Sieb/ gieß es in eine Schüssel und laß kalt werden.

❀ ❀ ❀

Oder:

Man kan auch Semmel-Brosamen in Wein und etwas Essig weichen/ alsdann das Petersilien-Kraut auf das kleineste hacken/ und zusamt der eingeweichten Semmel durchzwingen/ mit Zucker vermischen/ auch harte Eyer klein hacken/ und darunter rühren. *

19. Eine Holler- oder Hollunder-Blüh-Salsen.

Man kan gar schöne wohl ausgeschlagene Hollerblüh abstreiffen/ durch einen Durchschlag oder Sieblein den gelben Staub davon fegen/ hernach mit heissem Wasser überbrennen/ und wohl austrocknen; alsdann im Hönig oder Zucker sieden / biß es dicklicht wird/ wie eine Salsen/ welche man zum Gebratens aufsetzen/ zuvor aber/ ehe man sie zu Tische trägt/ mit ein wenig Wein anrühren und dünner machen kan.

Oder:

* Auf diese Art kan man von Brunnkreß/ Salbey/ Melissen/ und allerley grünen Kräutern/ eine annemliche Salsen machen.

Oder:

Man treibet den zerstoßenen Holler mit Wein durch / und würtzet ihn / thut braunen Zucker daran / rührt alles wohl untereinander / und trägt es zu Tisch.

20. Eine andere gute Salsen.

Nehmet ein Pfund Zucker / wie auch Wasser / Wein und Essig / jedes ein viertel Pfund / laßt es so lang mit einander sieden / biß es zu einer Salsen wird / und drucket dann zu letzt den Safft von Citronen darauf.

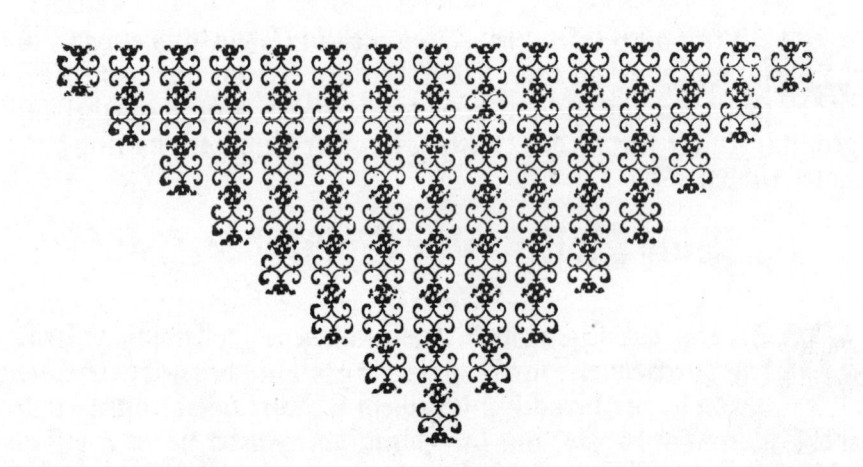

Achter Theil/
Weisend die Zubereitung der also genannten
Vor-Richten.

1. Einen wilden Schweinskopff zu zurichten.
2. — — — — auf andere Art.
3. — — — — noch anderst.
4. — — — — auf noch eine andere Weise.
5. Ein Schweins-Köpfflein zu zurichten.
6. Einen Kalbskopff zu kochen.
7. — — Lamms- und Ziegenköpfflein zu zurichten.
8. Eine Zunge zu rösten.
9. — — geröstete Zunge in Spanischer Brüh.
10. — — — — in einer Cappern-Brüh.
11. — — — — in Polnischer Brüh.
12. — — gebeitzte Zungen zu braten.
13. — — gebratene Zunge.
14. — — gesottene Zunge in Kreen oder Meerrettig.
15. — — geräucherte Zunge.
16. — — — — von Kälbern/ Lämmern/ Schafe oder Schweinen.
17. Ein Ochsen-Hirn zu zurichten.
18. — — — — auf andere Art.
19. — — — — noch auf eine andere Weise.
20. — — — — zu füllen.
21. Ein Ochsen-Hirn zu bachen.
22. Einen Ochsen-Magen zu zurichten.
23. — — — — zu füllen.
24. Eine Ochsen-Wamme mit Zwiebeln.
25. — — — — mit Petersilien-Kraut.
26. — — — — auf andere Art.
27. — — — — mit Limonien.
28. — — — — mit Aepffeln.
29. — — — — in einer andern Brüh.
30. Magenfalten oder Kuttelfleck zu kochen.
31. — — auf andere Art.
32. Schaf- oder Kalbs-Wänstlein zu füllen.
33. — — — — auf andere Art.
34. — — — — noch anderst.
35. — — — — auf eine noch andere Weise.
36. — — — Mägenlein zu zurichten.
37. Ein Kalbs-Kröß zu kochen.
38. — — — — in einer Milchram-Brüh.
39. — — — — in einer Majoran-Brüh.
40. — — — — in einer Zwiebel-Brüh.
41. Eine Lunge in einer Zwiebel-Brüh.

Aaa   42. Eine

42. Eine Lunge in einer Butter-Brüh.
43. — — — zu braten.
44. — — — auf andere Art.
45. — — — zu bachen.
46. — — — zu rösten.
47. Eine Leber zu dämpffen.
48. — — — auf andere Art.
49. — — — noch auf andere Weise.
50. — — — Plätzweiß zu zurichten.
51. — — — in einer Zwiebel-Brüh.
52. — — — zu füllen.
53. — — — von einem Kalb/ wie eine Hirsch-Leber zu zurichten.
54. — — — zu bachen.
55. — — — auf andere Art.
56. — — — noch anderst.
57. — — — zu braten.
58. — — — in einem Netz zu braten.
59. Eine Gäns-Leber zu zurichten.
60. — — — zu braten.
61. — — — auf andere Art.
62. — — — zu bachen.
63. Kalbs-Miltzlein zu kochen.
64. — — — zu füllen.
65. Schweinene Miltzlein zu braten.
66. Einen Rind- oder Ochsen-Niern zu zurichten.
67. Bocks-Nierlein in einer Brüh.
68. Kuh-Euter zu bachen.
69. — — — zu sieden.
70. — — — zu braten.
71. Vorhäs oder das vorder Theil võ einem Hasen zu zurichten.
72. — — in einer Negeleins-Brüh.
73. — — im Pfeffer.
74. — — auf andere Art.
75. Vorhäs in einer Limonien-Brüh.
76. — — — Zwiebel-Brüh.
77. Eine Junge Gans in einer Limonien-Brüh.
78. — — — in einer weissen Limonien-Brüh.
79. — — — in einer Zwiebel-Brüh.
80. — — — in einer Apffel-Brüh.
81. — — — in einer Polnischen-Brüh.
82. — — — im Pfeffer.
83. Einen Gänskragen zu füllen.
84. — — — auf andere Art.
85. — — — noch anderst.
86. — — — auf eine noch andere Weise.
87. Kalbs-Füsse in einer Milchram-Brüh.
88. — — in einer Petersilien- oder Majoran-Brüh.
89. — — in einer süssen Brüh.
90. — — in einer sauren Brüh.
91. Einen Ochsen- oder Rinds-Fuß kalt zu zurichtë.
92. — — — mit Mostart oder Senff.
93. — — — gesultzt.
94. Ein Rinds- oder Ochsen-Maul zu zurichten.
95. Eine Brisade zu machen.
96. Einen Schweins-Käs zu machen.
97. Westphalische Hamen oder Schuncken zu zurichten.
98. Bratwürst in Zwiebeln zu kochë.
99. Ein Fleisch recht einzusaltzen.
100. — — — auf andere Art.
101. — — — recht einzusaltzen und zu räuchern.

I. Einen

ND
Achter Theil / Von Zubereitung der also genannt. ꝛc.

1. Einen wilden Schweins-Kopff zu zurichten.

Eget den wilden Schweins-Kopff / wann er zuvor gesengt und abgeputzet ist / in ein frisches Wasser / reibet ihn hernach mit einem saubern Ziegelstein wohl ab / damit das Schwartze und Unreine davon komme; waschet selbigen in einem reinen Wasser aus / stecket ihm ein paar Hände voll Saltz ins Maul / und stopffet es wohl hinab; leget ihn alsdann in einen Hafen / giesset halb Wasser und halb Essig daran / werfft noch drey guter Händ voll Saltz / einen guten Theil gantzes Ingbers / Pfeffer-Körner / Muscaten-Blumen / auch Lorbeere / dergleichen Blätter und Roßmarin-Zweiglein darein; lasset ihn sechs oder sieben Stunden lang sieden / nach dem er starck ist: Wann er nun eingesotten / giesset rothen Wein daran / damit das Fleisch schön roth werde / drehet den Kopff offt mit einem Löffel herum / daß er sich nicht anlege / und lasset ihn also gemach sieden / er bricht sonst gerne auf. So er nun weich ist / und ihr selbigen heraus nehmen wollet / seihet zuvor die Brühe davon / und stürtzet ihn dann heraus auf einen grossen Teller; dabey aber wohl in acht zu nehmen / daß man ihn ja nicht bey dem Rüssel in die Höhe hebe / weil solcher Gestalt die beede Kiefer ausreissen: Wann er dann über Nacht erkaltet / leget ihn in eine Schüssel / und gebet ihm eine Citronen oder Pomerantzen ins Maul / streuet Blumwerck und Citronen-Plätze darauf / hänget an die beeden Ohren Kräntzlein / und setzet ihm einen etwas grössern Krantz oben auf.

2. Einen wilden Schweins-Kopff zu zurichten / auf andere Art.

Wann der Kopff noch nicht abgeputzet ist / und man keine Mühe damit haben mag / lässet man ihn absengen / abbrühen oder auch abscheeren; so aber noch etwas daran geblieben /

blieben/ senget man selbiges mit einem Wachslicht gar leichtlich ab; alsdann wird er geputzt/ abgewaschen/ und in einen Kessel oder grossen Hafen zum Feuer gesetzet/ halb Wein/ halb Essig und halb Wasser daran gegossen/ zuvor aber zimlich viel Saltz hinein gethan/ starck gepfeffert und gesotten: Wann er nun fast fertig/ würfft man einen Stengel Rosmarin/ drey Stengel Creutz-Salbey/ und zwey Viertel ausgeschählte Citronen-Schelffen/ dazu hinein/ und läst ihn ferner sieden/ biß er weich ist; dann nimmt man ihn heraus auf einen grossen Teller/ und putzet ihn sauber ab: Hierauf wird er in eine Schüssel gelegt/ und mit schönen Blumwerck hier und dar/ an den Ohren aber mit verguldeten Rosmarin-Kräntzlein/ ausgezieret/ ein Krantz auf den Kopff gesetzet/ die Schüssel mit Lorbeer-Blättern belegt/ und ihm eine Citronen ins Maul gestecket.

3. Einen wilden Schweins-Kopff/ noch anderst zu zurichten.

Erstlich wird der wilde Schweins-Kopff zwey Tag in ein frisches Wasser gelegt/ daß er wässere/ darnach schneidet man ihn hinten auf biß zu den Rüssel/ gleich wie einen Kalbs-Kopff/ wäschet ihn aus etlichen Wassern sauber heraus/ greifft mit der Hand fein wohl hinein/ daß nichts unreines in dem Maul stecken bleibt/ mischt Saltz und Pfeffer unter einander/ würtzet den Kopff damit/ so wol innen als aussen/ ein/ und läst ihn zwey Tag also im Saltz und Pfeffer ligen: Alsdann leget man den Kopff in einen Hafen/ giesst ein Maas Wein/ und anderthalb Maas Essig/ daran/ lässets halb einsieden/ verfaumt ihn aber zuvor fleissig/ und giesst dann wieder eine Maas Wein und eine halbe Maas Essig daran/ würfft Lorbeer/ nach belieben/ darein/ auch Ingber/ Pfeffer/ etliche Stengelein Rosmarin/ und frische Lorbeer-Blätter/ läst ihn weich sieden; wann er dann wohl gesotten/ wird er in eine Schüssel gelegt/ nach belieben/ mit Blumwerck bestecket/ und also zu Tisch getragen.

4. Ei-

4. Einen wilden Schweins-Kopff/ auf noch eine andere Art zu zurichten.

LEget den Kopff/ wann selbiger zuvor wohl abgeputzet worden/ in ein Wasser/ lasset ihn einen Tag und Nacht wässern/ und gebet ihm öffters ein frisches Wasser; nehmet ihn alsdann heraus/ schneidet selbigen hinten bey der Trossel auf/ waschet und putzet ihn sauber/ spreisselt das Maul mit einem Holtz von einander/ daß man nachgehends eine Citronen oder Pomerantzen hinein stecken könne/ setzet ihn in einen Kessel/ saltzt und pfeffert ihn fein wohl/ streuet Negelein/ Zimmet/ und zwar jedes ein Loth/ gröblicht zerschnitten darein/ werfft/ etlicher Gebrauch nach/ frische oder gedörrte Citronen-Schelffen/ ein wenig Wachholder-Beer/ wie auch Lorbeer und dergleichen Blätter/ etliche Stengel Rosmarin dazu/ giesst drey Seidlein Essig/ und so viel Wein/ das übrige aber Wasser daran/ daß der Kopff wohl in der Brühe lige/ deckt ihn fleissig zu/ daß er nicht ausriecht/ last ihn wacker sieden/ und schüret zu solchem Ende zimlich viel Kohlen unter den Kessel/ oder um den Hafen/ damit der Kopff recht über und über siede; solte nun das daran gegossene sehr eingesotten/ der Kopff aber noch nicht weich genug seyn/ giesst nochmal nach Proportion/ Wein/ Essig und Wasser daran / und last ihn also ferner sieden/ biß er recht weich ist/ auch wann er heraus genommen/ und in eine Multern oder anders raumliches Geschirr geleget worden/ zwey oder drey Stunden ligen/ damit er wohl verseihe/ bestecket ihn so dann über und über mit gantzen Negelein/ und länglicht-geschnittener Zimmet/ gantz tief in das Fleisch/ ingleichen auch mit abgezogenen und länglicht-geschnittenen Mandeln/ aber doch nicht so tief/ wie die Negelein und Zimmet/ weniger nicht/ nach dem Lauff der Zeit/ mit Blumen/ und von Citronen und Pomerantzen-Schelffen gemachten Bögen; auch kan man von Tragant allerley zierlich gemachte Thierlein dazwischen/ den Jäger aber oben auf die Blätter stecken/ und also eine Jägerey zugleich mit vorstellig machen: Dann gibt man dem Kopff eine Pomerantzen in das Maul / und trägt ihn auf einer Schüssel zu Tisch. *

5. Ein Schweins-Köpfflein zu zurichten.

Nutzet und waschet dasselbige / saltzet und siedet es aber nur ein wenig im Wasser ab / nehmet es dann aus der Brüh heraus / stecket es an einen Spieß / betreiffts mit Schmaltz / und laßt es also rösch abbraten.

6. Einen Kalbs-Kopff zu zurichten.

Schneidet am Hintertheil deß Kopffs die Trossel ab / daß man mit einem Kochlöffel durchaus greiffen könne / ziehet das Blut hinten und vornen wohl heraus / waschet ihn erst aus kalten / leget selbigen hernach eine Stund lang in ein laulichtes Wasser / so wird er schön weiß / dann schiebet eine Hand voll Saltz ins Maul / giesset ein siedend Wasser daran / stecket ihn in einen Topff oder Hafen / der zimlich groß ist / decket eine Stürtzen darüber / und lasset ihn drey Stunden / nach dem er groß ist / sieden: Wann er dann aus dem Hafen / heraus genommen worden / so waschet ihn mit einem saubern Tüchlein ab / stechet das Schwartze aus den Augen / nehmet das Haar vom Maul und Ohren hinweg / setzet ihn auf einen Rost / schmieret ihn mit Butter / und schaffet daß er bey einem hellen Feuerlein abbräune; streichet alsdann auf die Kienbacken Saltz und Ingber / öffnet oben den Hirn-Schedel ein wenig / streuet Ingber allein auf das Hirn / und traget ihn zu Tisch. Wer will / kan auch diese Brüh darüber machen: Schneidet einen Speck klein würfflicht / lasset ihn in einem Pfännlein zergehen / daß die Grieben fein gelb bleiben /

* Wann ein wilder Schweins-Kopff bereits abgesotten worden / muß man ihn nicht nothwendig alsobald verspeissen / sondern man kan ihn auch noch zimlich lang gut aufbehalten / wann selbiger / so bald er aus dem Kessel genommen / in ein höltzernes Wännlein geleget / die Brüh / darinnen er gesotten / darüber gegossen / fleissig zugedeckt / und öffters gute achtung gegeben wird / daß er nicht anlauffe.

der also genannten Vor-Richten.

bleiben / seihet das Fette davon / giesset hingegen ein wenig Essig und Fleischbrüh daran / streuet Ingber und Pfeffer darauf / und lasset es zusammen aufsieden: Oder man kan an statt deß Specks / ein geriebenes rocken-Brod im Schmaltz rösten / und mit Gewürtz in Fleischbrüh / Essig / und ein wenig Wein aufsieden lassen: Dann setzet man den Kopff in eine Schüssel / und richtet die Brüh darüber / oder giesst sie neben hinein. Ingleichen mag man auch eine Citronen-Brüh darüber machen / wie selbige in dem sechsten Theil Num. 6. und 7. am 396. Blat zu finden. Oder auch diese: Nehmet Zwiebel / hackt sie klein / röstets im Schmaltz / giesst Fleischbrüh und Essig daran / würtzets mit Ingber / Pfeffer / auch / nach belieben / Negelein / thut ein wenig geröstet Semmel-Mehl / und / so es gefällig / etwas klein-geschnittene Mandeln / Rosin und Weinbeer daran / laßt alles unter einander aufsieden / und richtets über den Kopff.

7. Ein Lamms-Geiß- oder Ziegen-Köpfflein zu braten und zu bachen.

Jn Lamms- Geiß- oder Ziegen-Köpfflein kan man auch gantz auf diese Manier zubereiten / sieden und abbräunen / wie den gleich jetzo beschriebenen Kalbs-Kopff / mit oder ohne Brüh; ingleichen auch die Geiß oder Ziegen-Köpfflein: Will man aber die Lamms- und Geiß-Köpfflein gebachen haben / kan man solche / nach dem sie abgesotten sind / gantz zerlegen / die Ohrbäcklein ablösen / die Zungen schählen / und das Hirn auch heraus thun / dann Eyer zerklopffen / solche Stücke / wie auch das Hirn dadurch ziehen / und heraus bachen: Oder man kan auch einen andern Teig von Mehl Wein und Eyern dazu anmachen / und besagter massen heraus bachen.

8. Eine Zungen zu rösten.

Nehmet eine Zungen von einem Ochsen / waschet / saltzet und siedet selbige / biß sie weich ist / legets hernach in eine Schüssel / ziehet sie ab / und schneidets halb entzwey / doch also / daß
sie

sie noch an einander hängt / werfft eine Butter in eine Pfannen / laſts darinnen zergehen / biß sie etwas braun wird / legt die Zungen darein / röſtet und leget sie hernach in eine Schüſſel / deckets zu / thut von der braunen Butter aus der Pfannen / darinn die Zungen geröſtet worden / darein / gieſſt ein wenig Citronen = Holler = oder Roſen = Eſſig dazu / ſtreuet Ingber und Pfeffer darein / laſſets aufſieden / gieſſets dann über die Zungen / und ſtreuet nochmal Ingber darauf.

9. Eine geröſtete Zunge in einer Spaniſchen Brüh.

Sjedet eine friſche Zunge weich ab / ziehet die äuſſere Haut davon / und röſtet die Zunge im Schmaltz / laſſet ſie dann in der Pfannen / wohl zugedeckt / von ferne beym Feuer ſtehen / daß ſie nicht erkalte / ſondern gantz lind dämpffe / und machet dann dieſe Brüh darüber: Hacket Citronen und Limonien klein / laſſets im Wein ſieden / treibets dann durch einen Seiher / thut die Brüh in ein Häfelein / ſtreuet Zucker / Triſanet / Pfeffer / Cardamomen und ein wenig Saffran darein / thut auch / nach belieben / einen Löffel voll Aepffel = oder Birn = Safft / ein wenig Roſen = Eſſig und Zwiebelein dazu / laſſet es alſo wohl zuſammen aufſieden: Schneidet inzwiſchen ein achtel Pfund abgezogener Mandel länglicht / und leget ſelbige zu unterſt in die Schüſſel / dann ſie dürffen nicht mit geſotten werden / und dann die Zungen darauf; macht ein wenig Malvaſier in einem beſondern Häfelein heiß / miſcht ein wenig Triſanet darunter / und richtet ihn über die Zungen / gieſſet dann die zuvor beſagte Brüh / von gehackten Citronen / auch darüber / und beſtreuet den Schüſſel = Rand mit Zucker und Triſanet / beleget die Zungen mit klein = geſchnittenen Citronen = Schelffen / und traget ſie zu Tiſch.

10. Eine geröſtete Zunge in einer Cappern = Brüh.

Laſſet die Zungen / es ſey gleich eine gantze oder halbe / zwey oder drey Tage im Saltz ligen / oder aber kochet ſie gleich friſch ab / und

der also genannten Vor-Richten.

und laßt sie wie ein Rindfleisch sieden; schählet dann/ wann sie weich ist/ die äusserste Haut davon ab/ macht ein viertel Pfund Schmaltz in einer Pfannen heiß/ und röstet die Zungen darinnen/ aber nicht gar hart/ wendet sie zum öfftern in der Pfannen um/ und leget sie dann in eine Schüssel: Nehmet alsdann ein anderes Pfännlein/ gießt eine gute Fleischbrüh darein/ thut etwas Pfeffer/ Ingber/ Muscaten-Blüh/ Zucker/ ein gut Stück Butter und Cappern dazu/ laßt alles einen Sud aufthun/ und gießt es über die Zungen. *

11. Eine geröstete Zunge in einer Polnischen-Brüh.

Die Zunge wird auf die zuvor besagte Art allerdings geröstet/ und dann diese nachfolgende Brüh darüber gemacht: Schneidet kleine Zwiebelein würfflicht/ röstet sie ein klein wenig im Schmaltz/ drucket selbige wohl heraus/ und werfft in eben dieses Schmaltz ein paar Löffel voll Mehl/ laßt es ebenfalls darinnen rösten/ gießt dann ein wenig Fleischbrüh darein/ laßt sie mit dem Mehl aufsieden/ werfft die geröstete Zwiebeln auch dazu/ streuet Pfeffer/ Muscaten-Blüh/ Ingber und etwas Saffran darein/ gießt ein klein wenig Essig dazu/ laßt es zusammen ferner sieden/ und gießet es über die im Schmaltz geröstete Zungen.

12. Eine eingebeitzte Zungen zu braten.

Lasset die Zungen etliche Tage / oder so lang im Essig beitzen/ biß sich die Haut von selbiger abziehen lässet; dann alsdann ist sie genug gebeitzt/ spicket/ saltzet und pfeffert sie hierauf ein

wenig

* Wer will/ kan ein wenig Mehl im Schmaltz rösten/ die Fleischbrüh daran gießen/ Cappern/ Gewürtz/ und ein Stück Butter darunter mischen/ und also zusammen aufsieden lassen: Oder man kan auch/ an statt deß gerösteten Mehls/ ein Stuck geröstetes rocken-Brod in der Brüh mit kleingehackten Cappern aufsieden lassen/ durchzwingen/ alsdann mit dem Gewürtz und noch mehr andern Cappern ferner sieden lassen/ und über die Zungen anrichten.

wenig / thut ein Schmaltz in eine Bratpfannen / und last sie also in einem Bach-Oefelein braten / drucket aber gezen die letze Citronen-Safft darein: Wann sie dann fertig / leget selbige in eine Schüssel / giesst die Brüh aus der Bratpfannen darüber / und bestreuet sie mit würfflicht-geschnittenen Citronen-Schelffen.

13. Eine gebratene Zunge / auf andere Art.

Siedet die Zungen weich / ziehet dann die äusserste Haut davon ab / und bräunet sie auf einem Rost; stosset indessen abgezogene Mandeln mit ein wenig Wein und Fleischbrüh ab / thut solches in ein Töpfflein oder Häfelein / giesst noch ein wenig Wein und etwas Essig hinzu / streuet Pfeffer / Zimmet / ein wenig Saffran und Zucker darein / mischt auch / nach belieben / etwas von kleinen Weinbeerlein oder Corinthen darunter / brennet / so ihr wollet / ein Stäublein Mehl darein / und last es alles zusammen wohl sieden / daß die Brüh nicht zu dick und nicht zu dünn werde: Legt dann die abgebräunte Zungen in eine Schüssel / und richtet die Brüh darüber.

14. Eine gesottene Zunge in Kreen oder Meerretig.

Ziehet Mandeln ab / stosset sie klein / reibet einen Kreen oder Meerrettig an einem Reibeisen / und mischet die gestossene Mandeln darunter; streuet / nach belieben / ein wenig Muscatblüh und Ingber darein / giesst eine halbe Maas Fleischbrüh daran / und lasset alles zusammen einen Wall aufthun: Wann dann die Zunge weich gesotten und die äusserste Haut abgezogen worden / leget selbige halb entzwey geschnitten in eine Schüssel / richtet obige Brüh mit dem Meerrettig darüber / und traget sie zu Tisch.

15. Eine

15. Eine geräucherte Zungen zu kochen.

Eine geräucherte Zunge wird fürnemlich mit warmen Waſſer wohl abgerieben/ gewaſchen/ und über Nacht darinnen ligend gelaſſen/ zumal ſo ſie was hart geſaltzen iſt; dann ſiedet man ſelbige ab / biß ſie weich wird/ und die grobe Haut ſich herabziehen läſſet: Schneidet ſie hierauf in der Mitte alſo von einander/ daß ſie an dem hintern drüſigten Theil gantz und an einander bleibe; dann legt man ſie entweder allein / oder aber zu einen Stuck Fleiſch / oder auch einigen Hünern und Capaunen/ welche/ wie auch das Fleiſch/ bereits zuvor abgeſotten worden / in eine Schüſſel / und richtet einen mit Fleiſchbrüh angemachten Kreen oder Meerrettig darüber: Wiewol man ſie auch alſo kalt zu einen Salat aufſetzen/ oben mit Peterſilien-Kraut / und den Rand der Schüſſel mit Blumen beſtreuen und auszieren kan.

16. Kalbs/ Lamms/ und Schwein-Zünglein zu zurichten.

Dieſe kleinere Zünglein werden ebenfalls abgeſotten / biß ſie weich ſind / und man die obere Haut davon abziehen kan; dann entweder auf einem Roſt abgebräunet / oder aber im Sehmaltz geröſtet / wie die zuvor beſchriebene Rinds- oder Ochſen-Zungen / auch eben dergleichen Brühen / nach belieben / darüber gemachet / oder auch kalt zum Salat zu Tiſch getragen.

17. Ein Ochſen-Hirn zu zurichten.

Nehmet ein Ochſen-Hirn / waſchet ſelbiges reinlich aus dem Waſſer/ legt es in eine Schüſſel/ gieſſet warmes Waſſer darüber / und putzets fleiſſig ab / damit das blutige Häutlein/ und die Aederlein/ davon kommen; legt es dann ferner in einen ſtollichten Hafen / gieſſet eine gute Fleiſchbrüh daran / ſtreuet Pfeffer und Ingber darein/ laſſets eine gute halbe Stund ſieden; wann es gesotten hat/ nehmt das Hirn aus der Brüh/ schneidet Plätzlein daraus/ wie von den Briesen oder Drüsen/ thut es nochmal in den stollichten Hafen/ und giesset ein wenig frische Fleischbrüh daran/ thut Pfeffer/ Jngber/ Muscatblüh/ Schmaltz oder Butter dazu/ lassts wohl aufsieden/ daß es ein dicklichtes Brühlein werde; richtets dann an/ und streuet zuletzt noch ein klein wenig Jngber oben darauf.

18. Ein Ochsen-Hirn zu kochen/ auf andere Art.

Bereitet das Ochsen-Hirn/ wie oben gedacht/ daß es nemlich fleissig geädert/ aus etlichen Wassern gewaschen/ und also schön weiß werde; giesset so viel Essig in eine Pfannen/ daß er im Sud über das Hirn gehe/ werffet ein Händlein voll Saltz in den Essig und lasset ihn sieden/ legt mitten in dem Sud das Hirn hinein/ daß es wohl über und über siede/ damit das Hirn was kernicht werde: Alsdann sehet den Essig herab/ doch nicht allen/ sondern lasset ein wenig in der Pfannen/ streuet Pfeffer/ Jngber/ Muscatblüh/ und ein wenig Cardamomen darein/ werfft ein gut Stück Butter dazu/ und lasts nochmal einen Sud aufthun/ schüttets dann in eine Schüssel/ schneidet ein Eyerringlein/ oder anderes Eyer-Brod würfflicht/ röstet es im Schmaltz/ und brennets auf das Hirn/ ist aber deß Schmaltzes zu viel daran/ so giessets herab/ damit es nicht zu fett werde/ und richtets dann an.

19. Ein Ochsen-Hirn/ noch auf eine andere Weise.

Wässert und putzet das Hirn/ wie vor gedacht/ daß es schön weiß wird/ legt selbiges in einen stollichten Hafen/ giesset Fleischbrüh und Essig daran/ brennet ein wenig Mehl darein/ streuet auch Negelein und Pfeffer darauf/ lasset solches wohl und zu letzt ein Stücklein Butter mit aufsieden: Oder man kan auch an statt der Negelein/ klein-geschnittene Zwiebeln samt dem Mehl rösten/

der also genannten Vor-Richten.

rösten/ in der Fleischbrüh und Essig mit sieden lassen/ ein wenig mit Saffran gilben/ und so dann in eine Schüssel anrichten.

20. Ein gefülltes Ochsen-Hirn.

Bereitet das Hirn/ wie schon zum öfftern erwehnt worden/ laßt selbiges in der Fleischbrüh abschüpffen/ hacket es gantz klein/ röstet ein Semmel-Mehl im Schmaltz/ mischet Weinbeer/ Rosin/ wie auch geschnittene und abgezogene Mandeln darunter/ saltzets ein wenig/ würtzets mit allerhand guter Gewürtz/ absonderlich mit Zimmet und Zucker/ schlaget Eyer/ so viel als nöthig/ daran/ dann diese Füll muß ein wenig dinn seyn/ wie zu einer gefüllten Leber/ rühret alles wohl durch einander/ füllets in ein Netz/ nehet solches zu/ und bachets in einer Bratpfannen/ wie die Num. 58. in diesem Theil beschriebene Leber.

21. Ein gebachenes Rinds- oder Ochsen-Hirn.

Säubert und bereitet das Hirn aufs schönste in halb Wein halb Wasser zu/ und laßt solches sieden/ biß es schön kernicht wird/ saltzts/ nehmet es aus der Brüh heraus/ schneidets zu Scheiben oder Plätzlein/ ziehets durch ein zerklopfftes Ey/ bachets aus einem Schmaltz/ machet eine gute süsse Brüh darüber von geschnittenen Mandeln/ Weinbeern oder Corinthen und Rosinen: Wiewol man auch eine Zimmet-Brüh darüber machen/ oder auch also trocken gebachen zu Tisch tragen kan.

22. Einen Ochsen-Magen zu kochen.

Schneidet den Magen/ neben wo er schmal ist/ auf/ reiniget/ waschet/ und setzet ihn im Wasser/ es sey gleich ein kaltes oder warmes/ deß Tags zuvor zum Feuer/ lasset ihn sieden biß er weich wird/ daß man ihn essen kan; seihet alsdann die Brüh davon herab/ leget ihn auf einen erdenen Teller/ streuet Saltz und Pfeffer darauf:

darauf: Dabey zu erinnern/ daß man die Wammen/ Wänste und Mägen von anfang nicht gleich/ sondern erst eine Stund vor dem Anrichten saltzen müsse/ weil sie sonst gar roth werden: Nehmet dann eine breite Pfannen/ machet darinnen ein frisches Schmaltz heiß/ leget den Magen hinein/ daß das Krause unter sich komme/ und röstet ihn also/ daß die Pfannen dabey immerzu herum geschwungen werde; auch muß man je zuweilen mit einem Gäbelein helffen/ damit sich selbiger nicht anlege: Wann er nun schön braun und rösch ist/ wird er in eine zuvor warm gemachte Schüssel gelegt/ damit er nicht bestehet/ zuvor aber ein wenig Schmaltz unten hinein gegossen/ und oben auf mit Saltz und Jngber bestreuet.

23. Ein gefüllter Ochsen-Magen.

Putzet und bereitet den Magen/ wie oben gedacht/ man muß aber/ so viel müglich/ sehen/ daß solcher nicht aufgeschnitten/ sondern mit Vortheil umgewendet/ und gleichwol einwendig/ der Gebühr nach/ ausgeputzt/ und so dann wieder umgekehret werde/ daß das rechte heraus kommt; hierauf muß man ihn im Wasser zusetzen/ und nur ein wenig abschüpffen lassen/ (wiewol er sich gleich frisch besser füllen lässt;) indessen machet man folgende Füll zusammen: Nehmet Petersilien-Kraut/ klaubet/ waschet und hacket solches/ zusamt ein wenig Marck oder Speck/ klein/ röstets mit einer geriebenen Semmel oder Weck im Schmaltz/ schlaget Eyer daran; ist die Füll zu dick/ kan man ein wenig Milch dazu giessen/ würtzets mit Jngber/ Pfeffer und Muscatnuß/ rührets unter einander/ thut/ nach belieben/ auch ein wenig Milchram daran/ oder an statt deß Petersilien-Krauts/ ein bey uns so genanntes Mayen-Kraut und Zwiebeln; füllet es dann in den Magen/ nehet ihn oben zu/ leget selbigen wieder in die Brüh/ und lasset ihn ferner sieden/ biß er gar weich wird: Lasset ihn alsdann/ wann er heraus genommen worden/ abseihen/ röstet solchen in einer Pfannen im Schmaltz/ daß er wohl rösch wird/ und traget ihn zu Tisch. Wer will/ kan auch eine Brüh darüber machen/ absonderlich über den ungefüllten nechst vorhergehenden Num. 22. beschriebenen: Nehmet nemli-

nemlichen ein oder zwey grosse Zwiebeln / hacket sie klein / und röstets im Schmaltz / biß sie braun werden / thut / so ihr wollet / nur ein klein Stäublein Mehl dazu / und brennet es mit ein; schüttet dann solches in ein Häfelein / giesset eine Fleischbrüh daran / würtzets mit Pfeffer / Ingber / und ein wenig Muscatnuß / giesset auch etwas Rosen=Essig dazu / damit sie etwas säuerlicht werde / lasset alles ein wenig mit einander sieden / und giesset solche Brüh über den / besagter massen / zubereiteten Ochsen=Magen.

24. Eine Rinds= oder Ochsen=Wamme in Zwiebeln.

Zu vörderst putzt die Wammen / und schneidet Stücklein daraus / legt sie in einen reinen Hafen / giesset Wasser daran / lassets deß Tags zuvor sieden / deckt es aber mit keiner eisernen / sondern nur erdenen / Stürtzen zu / dann sie wird sonst gar schwartz / und lasts also etliche Stunden sieden; hernach thuts vom Feuer hinweg / und lasts über Nacht stehen; deß andern Tags frühe / kan man wieder daran giessen / und es ferner sieden lassen / biß weich wird; eine Stund zuvor aber / ehe mans in die Brüh einmacht / kan mans erst saltzen / sonst wird sie gern roth: Wann solche nun recht weich gesotten / so seihet die Brüh herab / schneidet die Wammen zu klein=länglichten Stücklein / thut sie in einen stollichten Hafen / und machet ferner / in einer nicht gar zu grossen Pfanne / diese Brüh zusammen: Schneidet Zwiebeln klein / röstet solche samt einem paar Löffel voll Mehl / schön licht=gelb / im Schmaltz / giesset an die gerösteten Zwiebeln und Mehl eine gute Fleischbrüh / thut dann ein gut theil sauren Milchram darein / ein wenig Saffran / wie auch etwas Ingber und Pfeffer / giesset ein wenig Essig daran / last diese Brüh in der Pfannen ein wenig mit einander aufsieden / alsdann giessets über die eingeschnittene Wammen in dem stollichten Hafen / und lasts also noch eine gute halbe Stund mit einander sieden.

25. Eine

25. Eine Rinds- oder Ochsen-Wamme in Petersilien- oder Peterlein-Kraut.

BEreitet und putzet die Wammen/ wie vor gedacht/ schneidet es zu viereckichten Stücklein/ setzet solche im Wasser zu/ saltzets etwan eine Stund zuvor/ wann es schier gnug gesotten; ist sie nun gantz weich/ so legts auf einen erdenen Teller/ lassets zuvor verseihen/ nehmet einen stollichten Hafen/ thut ein gut Theil Milchram darein/ wie auch Pfeffer/ Jngber/ Muscatnuß/ und nur ein gar klein wenig Saffran; last ein frisches Schmaltz heiß werden/ und thut zwey Löffel voll Mehl darein/ welches aber nicht gar lang muß geröstet werden/ damit es licht und weiß bleibe: giesset dann eine gute Fleischbrüh in das Pfännlein/ wo das geröstete Mehl ist/ rührets unter einander/ und giessts/ zusamt ein wenig Essig/ in einen stollichten Hafen; thut etwas von zerschnittenen oder zerhackten Peterlein oder Petersilien-Kraut hinzu/ rührets unter einander/ leget die Wammen darein/ und lassets miteinander aufsieden: Es muß aber dißfalls nur etwan eine halbe Stund vor dem Essen diese Brüh daran gemacht/ und also gleich darüber gerichtet werden. Wer will/ kan wie zuvor noch ein wenig Petersilien-Kraut darauf streuen: Oder ein weiß-geriebenes/ auch würfflicht-geschnittenes Brod im Schmaltz rösten/ und darauf brennen.

26. Eine Wamme mit Petersilien-Kraut/ auf andere Art.

WAnn die Wamme allerdings abgesotten worden/ wie bereits gesagt/ gieß in einem stollichten Hafen eine Fleischbrüh daran/ klaube/ wasche/ und hacke dann einen Peterlein oder Petersilien-Kraut klein/ röste es/ vermittelst etwas wenig Schmaltz/ in einer Pfannen/ misch Semmel-Mehl darunter/ würtze es mit Jngber/ Pfeffer und etwas Muscatnuß/ thue es zu der Wammen in den stollichten Hafen/ laß alles zusammen sieden/ schwing es aber öffters unter einander/ damit es sich eines theils besser vermische/ anders theils

theils aber desto weniger anlege/ werffet zu letzt ein Stücklein Butter darein/ und brennet entweder würfflicht-geschnittenes/ oder aber nur geriebenes weisses/ jedoch aber geröstetes Brod darauf.

27. Eine Wamme in einer Limonien-Brüh.

Putzet und säubert die Wammen aufs schönste/ schneidet selbige Stücklein-weiß/ und siedet sie ab/ wie bekandt; wann sie weich gesotten hat/ und vorher gesaltzen ist/ nehmet selbige aus der Brüh heraus/ thuts in einen stollichten Hafen/ giesset Fleischbrüh daran/ mischt ein wenig geriebenes Semmel-Mehl darunter/ oder aber/ an dessen statt/ ein zuvor im Schmaltz eingebrenntes Mehl/ schneidet eine Limonien halb zu Plätzlein/ und halb klein und würfflicht/ werfft sie auch dazu hinein/ würtzet es mit Ingber/ Pfeffer und Muscatnuß/ und lasset alles noch eine halbe Stund an einander/ und zu letzt ein gut Stuck Butter mit auffsieden/ so gewinnet es eine dicklichte Brüh: Wobey dann noch einmal zu erinnern/ daß man sie erst etwan eine Stund zuvor/ ehe sie aus der Brüh kommt/ und ja nicht eher saltzen müsse.

28. Eine Wamme in einer Apffel-Brüh.

Wann die Wamme allerdings abgesotten/ und schön weiß ist; wird sie zu viereckichten Stücklein geschnitten/ im Schmaltz geröstet/ und in einen stollichten Hafen gelegt; dann nimmt man Pürg- oder andere säuerlichte Aepffel/ schählet/ und hacket sie klein/ mischt selbige unter die Wammen/ röstet auch ein geriebenes weisses Brod im Schmaltz/ und thuts auch daran/ giesset dann eine Fleischbrüh dazu/ würtzet und lasset es eine weil sieden: Dann richtet man die Wammen in eine Schüssel/ und giesset die Brüh darüber.

29. Eine Wamme in einer andern Brüh.

Die Wamme wird gesotten/ wie bekandt/ alsdann in Stücklein zerschnitten/ in einen stollichten Hafen gelegt/ warme Fleischbrüh daran gegossen/ mit Ingber/ Pfeffer und Muskatnüssen gewürtzet/ und ferner gesotten; auch/ wann sie fast fertig/ gesaltzen: Indessen reibet oder schneidet man ein weisses Brod würfflicht/ röstet es im Schmaltz/ richtet die Wammen in eine Schüssel/ giesst die Brüh darüber/ und brennet das geröstete Brod oben darauf.

30. Magenfalten oder Kuttelfleck zu kochen.

Waschet und putzet die Kuttelfleck auf das allerschönste/ absonderlich zwischen dem geblätterten/ daß nichts garstiges von der schwartzen Haut daran bleibe; selbige aber kan man mit laulichten Wasser gar wohl herab waschen/ so werden sie desto schöner und weisser/ dann nochmal aus einem frischen Wasser waschen; nach diesem in einem Hafen mit Wasser zusetzen/ und sieben Stunden lang sieden lassen/ biß sie weich sind/ man muß sie aber erst/ wie die Wammen/ etwan eine Stund zuvor/ ehe solche fertig sind/ saltzen/ so werden sie auch schöner und weisser/ auch wann sie eingesotten/ immer mit warmen Wasser zufüllen/ und etwan eine halbe Stund zuvor/ ehe man sie zu Tisch tragen will/ aus dieser Brüh heraus nehmen/ in eine Schüssel legen/ und wohl verseihen lassen/ dann zu kleinen länglichten Stücklein zerschneiden/ in einen stollichten Hafen legen/ Fleischbrüh daran giessen/ hernach geschählte und geschnittene Zwiebeln und Mehl im Schmaltz rösten/ und darunter mischen/ auch ein wenig Essig daran giessen/ mit Pfeffer/ Ingber/ und ein wenig Saffran würtzen/ auch/ wann man will/ einen Milchram daran thun/ wie solches allerdings bey denen vorhergehenden Wammen beschrieben worden/ auch also ferner sieden lassen/ und anrichten.

31. Ma=

31. Magenfalten zu kochen / auf andere Art.

Wann die Magenfalten allerdings abgesotten / schneidets zu Stücken / thuts in einen stollichten Hafen / gieſſet eine Fleiſchbrüh daran / nehmt ſauber gewaſchen und geklaubtes Peterſilien-Kraut / und geſchählte Zwiebeln / hacket ſie unter einander / und röſtets in einem Schmaltz / thut es zu denen Magenfalten in den Hafen / würtzet es auch mit Ingber / Pfeffer und Muſcatnuß / und laſſet es alſo ſieden; thut auch zu letzt ein gut Stuck Butter hinein / ſo wird ſie gut ſeyn: So es beliebt / kan man ein weiß-geriebenes Brod mit darunter miſchen / und ſieden laſſen.

32. Schaf- oder Kalbs-Wänſtlein zu füllen.

Putzt die Wänſte reinlich aus / ſetzts in einem Waſſer zu / und laſſet ſie weich ſieden / wann ſie bald weich ſind / ſo ſaltzets; indeſſen machet dieſe Füll zuſamen / nehmt ein geriebenes Eyer-Brod / thuts in eine Schüſſel / ſtreuet Pfeffer / Ingber / Muſcatnuß / und ein wenig Saffran daran / hacket ein Peterſilien-Kraut fein klein / und machet ein friſches Schmaltz in einem Pfännlein heiß / gieſſet davon an das geriebene Brod; in dem übrigen Schmaltz aber röſtet das Peterlein-oder Peterſilien-Kraut wohl / damit ihm der unannemliche Geſchmack vergehe; miſcht es gleichfalls unter das geriebene Brod / ſchlaget vier oder fünff Eyer / nach dem deß Brods viel iſt / daran / gieſſet ein wenig kalte Fleiſchbrüh oder Milch dazu / ſaltzts / und rühret alles wohl unter einander / (es muß aber dieſe Füll nicht zu dick / auch nicht zu dünn ſeyn /) füllt ſie dann in die Wänſte hinein / ſtecket es oben mit einem Höltzlein zu / und legts wieder in eben dieſe Brüh / darinnen die Wänſte geſotten haben / und laſſets wohl ſieden / biß ihr meinet daß ſie durchaus geſotten haben; dann gieſſet die Brüh herab / und leget die Wänſte in eine Schüſſel / machet in einem Pfännlein eine Fleiſchbrüh ſiedend / ſtreuet ein wenig

Pfeffer / Jngber und Muscatnuß darein / und gießet sie über die Wänste; röstet hernach ein würfflicht-geschnittenes Eyer-Brod/ in einem Schmaltz / und brennets wohl heiß darüber.

33. Schaaf- oder Kalbs-Wänstlein/ auf andere Art.

Nehmet fünff oder sechs Wänstlein / waschet und putzet sie/ lassets vier Stunden lang sieden; nehmet hernach zwey davon/ und hackets zusamt ein wenig Peterlein- oder Petersilien-Kraut wohl klein / röstets mit einem geriebenen weissen Brod im Schmaltz / thuts zu den gehackten Wänsten/ schlaget Eyer daran/ würtzet und saltzets; solte es zu dick seyn/ gießet Fleischbrüh/ und ein paar Löffel voll Milchram dazu: Wer will / kan auch etwas Speck oder Marck darunter hacken; machet aber die Füll nicht zu dick/ auch nicht zu dinn an / und füllets dann in die Wänste / lassets noch eine Stund sieden/ legts in einen stollichten Hafen/ gießet eine Fleischbrüh daran / würtzets / schmaltzets mit ein wenig Bachschmaltz/ oder lasset zu letzt ein gut Stuck Butter mit aufsieden.

34. Schaaf- oder Kalbs-Wänstlein/ noch anderst.

Nehmet Knötlein- oder Mayen-Kraut / ein wenig Fleisch/ Speck/ Majoran und Zwiebeln/ hackets klein / röstets im Schmaltz/ thuts in eine Schüssel/ schlaget Eyer daran/ würtzets mit Jngber / Pfeffer/ und ein wenig Saffran/ saltzet und rühret wohl unter einander / mischet/ nach belieben/ ein wenig Semmel-Mehl darein: Wann nun die Wänste halb abgesotten/ füllets mit diesem Gehäck / und steckets mit Hölzlein zu/ thuts in einen stollichten Hafen/ gießet eine Fleischbrüh daran/ lassets ferner sieden/ biß sie gar weich werden; gießet dann die Brüh herab/ lassets wohl verseihen / streuet Saltz und Jngber darauf / und röstets im Schmaltz/ daß sie schön gelb werden.

35. Schaaf-

35. Schaaf- oder Kalbs-Wänste/ auf eine noch andere Weise zu füllen.

Hacket von einem Kalb die Lung- und Leber wohl klein/ nehmet Semmel-Mehl/ gute Milch/ Eyer/ und klein-gehackte Zwiebeln/ röstet solche/ zusamt ein wenig gehackten Petersilien-Kraut/ im Schmaltz/ und rühret alles wohl unter einander/ würtzets mit Jngber/ Pfeffer/ Muscatnuß/ ein wenig Saffran und Saltz: Wann nun die Wänste halb abgesotten/ so füllet diese gleich jetzo-beschriebene/ oder aber bald hernach folgende Füll hinein/ und steckets mit Höltzlein zu/ legts dann wieder in die Brüh/ und lassets so lang sieden/ biß sie weich sind. Es kan aber eine andere Füll hiezu auch angemachet werden: Brühet ein weisses Kraut/ hackets klein/ mischet Semmel-Mehl und klein-geschnittene Zwiebeln darunter/ würtzets mit Jngber/ Pfeffer/ und ein wenig Saffran/ schlaget Eyer daran/ giesset Milch/ und ein wenig Fleischbrüh dazu/ rühret wohl durch einander/ und füllets in die Wänstlein/ wie oben gedacht.

36. Schaaf- und Kälber-Mägenlein zu kochen.

Schneidet die Mägenlein auf/ putzet/ waschet/ und setzet sie im Wasser zum Feuer/ lasset sieden/ biß weich werden; es dörffen aber die Schaf-Mägenlein bey fünff Stunden/ die von Kälbern aber über vier Stunden nicht sieden; wann sie nun fast weich gesotten/ saltzet und nehmet sie heraus/ legts in eine Schüssel/ und lassets zuvor wohl verseihen; indessen machet ein Schmaltz heiß in einer Pfannen/ und röstet die Mägenlein darinnen/ nehmet sie dann heraus/ legts in eine Schüssel/ streuet Jngber darauf/ und macht eine dergleichen Brüh darüber/ wie über die Ochsen-Mägen: Oder aber füllet sie auf eben diese Art/ wie bey denen Wänstlein kurtz vorher gedacht worden. Man darff sie aber nicht aufschneiden/ wann man sie füllen will / sondern nur allein mit Vortheil umgekehren / daß sie nicht zerreissen.

37. Ein Kalbs-Kröß zu kochen.

Nehmet das Kröß / waschet es sauber / thut die Drüse heraus / setzets im Wasser zu / und saltzet es eine Stund zuvor; wann es nun weich gesotten hat / richtets in eine Schüssel an / giesset von dieser Brüh / darinnen es gesotten hat / ein wenig darüber / und streuet Jngber darauf: Wer will / kan ein wenig heisses Schmaltz darüber brennen / oder einen Milchram mit einer Fleischbrüh anrühren / Essig und Saffran dazu thun / und wann gegen die letzt ein wenig Butter hinzu gethan worden / alles miteinander aufsieden lassen / und diese Brüh über das gesottene Kröß anrichten.

38. Ein Kälber-Kröß in einer Milchram-Brüh.

Wann das Kälber-Kröß gesotten / thut es in einen stollichten Hafen / nehmet ein gut theil Milchram / und ein wenig Semmel-Mehl / würtzet es mit Cardamomen und Pfeffer / giesset eine Fleischbrüh und ein wenig Essig daran / gilbet es auch; lasset es starck in einem Sud fort sieden / und werfft / kurtz vorher ehe ihr sie anrichten wollet / ein gut Stuck Butter hinein.

39. Ein Kälber-Kröß in einer Majoran-Brüh.

Nachdem das Kalbs-Kröß allerdings zubereitet / und fast weich gesotten ist / so leget es eine halbe Stund zuvor / ehe man selbiges anrichten will / in einen stollichten Hafen / giesset eine Fleischbrüh daran / thut ein wenig geriebenes Semmel-Mehl / und klein-zerriebenen drüren Majoran dazu / würtzets mit Pfeffer und einer Muscatnuß / und lassets zuletzt mit einem Stuck Butter aufsieden.

40. Ein

40. Ein Kalbs-Kröß in Zwiebeln.

Sjedet das Kalbs-Kröß weich / thut es in einen stellichten Hafen / schneidet eine grosse Zwiebel länglicht / machet ein Schmaltz in einem Pfännlein heiß / röstet die Zwiebeln schön licht darinnen / thut ein Stäublein Mehl dazu; giesset Fleischbrüh und ein wenig Essig daran / würtzets mit Pfeffer und Muscatnuß / gilbets ein wenig / lassets in dem Pfännlein auffsieden / und giessets dann über das Kröß in dem Hafen; machet / daß es ferner zusammen siede / und thut zu letzt eine Butter daran.

41. Eine Lunge in einer Zwiebel-Brüh.

Nehmet eine Kalbs-Lunge zusamt dem Hertz / waschet solche sauber / schneidet am Hertz die Ohren herab / saltzet und setzet sie im Wasser zu; wann nun die Lunge allerdings weich gesotten / giesset die Brüh davon / und schneidet selbige zu kleinen Stücklein / leget sie in einen stollichten Hafen / röstet eine grosse Zwiebel / länglicht zerschnitten / im Schmaltz / mischt sie unter die Lunge / ingleichen auch ein wenig geröstetes Mehl; streuet Pfeffer / Jngber / Muscatnuß und Saffran darein / giesset von der Lungen-Brüh / oder aber eine andere gute Fleischbrüh / und ein wenig Essig daran / lassets wohl sieden / und richtets dann an. *

42. Eine Lunge in einer Butter-Brüh.

Wann die Lunge weich gesotten hat / wie oben gedacht / schneidet sie zu kleinen Stücklein / legts in einen stollichten Hafen / giesset eine gute Fleischbrüh daran; nehmet ein Pfännlein / machet ein Schmaltz darinnen heiß / brennet drey Löffel voll Mehl darein / oder aber an statt deß Mehls ein geriebenes weisses Brod / thut Pfeffer / Jngber / Muscatblüh / ein gut Stuck Butter / und / nach belieben / gehacktes Petersilien-Kraut dazu / lasset alles mit einander

* Diese Brüh kan man auch in einem Pfännlein besonders sieden lassen / und so dann in den Hafen über die Lungen giessen.

ander in einer starcken Kohlen oder Glut auffsieden / daß es ein dick=
lichtes Brühlein wird / und tragt es dann zu Tisch.

43. Eine Lungen zu braten in einem Netz.

Nehmet eine Kalbs=Lunge/ siedet und hacket sie klein/ schüttets in eine Schüssel/ mischt eine Hand voll Weinbeer/ und läng= licht=geschnittene Mandeln / und so viel geriebenes Brod/ darunter/ schlaget fünff Eyer daran/ würtzet es mit allerhand guter Gewürtz / zuckerts; schlaget die Lunge in ein Netz / macht ein Schmaltz in einer Bratpfannen heiß/ thut die Lunge darein / und setzets über ein Kohlfeuer/ lasts langsam braten/ damit es nicht anbren= ne: Wann sie nun rösch ist / richtets an / und tragt sie entweder al= so / oder in einer Brüh zu Tisch.

44. Eine Lungen zu braten/ auf andere Art.

Schüpffet die Lungen von einem Kalb ab/ schneidet das Hertz und die Drossel davon/ hacket die Lungen auf das allerkleinste/ röstet ein klar=geriebenes weisses Brod schön gelb im Schmaltz/ mischet es unter die Lungen; schlaget fünff oder sechs Eyer daran/ giesst etwas Kern dazu/ würtzet es mit Pfeffer/ Ingber/ Muscaten=Blüh und etwas weniges Saltz/ mischet alles durch ein= ander/ schlagets in ein Netz/ nehet selbiges gehöriger Orten zu/ und bratets in einer Bratpfannen/ auf die gleich zuvor beschriebene Art.

45. Eine gebachene Lunge.

Siedet die Lungen ab/ wie schon gedacht/ schneidets zu Stück= lein/ ziehets durch zerklopffte Eyer/ und bachts wie Schnit= ten; tragts dann entweder also trocken zu Tisch/ oder macht eine süsse/ solte aber diese nicht belieben/ eine andere Brüh darüber/ nach gefallen.

❀ ❀ ❀

Auf eben diese Art kan man auch die Lamms=Lungen/ nach ge= fallen/ zurichten.

46. Eine

46. Eine geröstete Lunge.

Siedet eine Kalbs-Lungen in halb Wasser und halb Wein/ saltzets; wann sie weich gesotten/ nehmet sie heraus auf einen Teller/ schneidets zu Stücklein/ eines grösser als ein Finger; indessen machet in einer Pfannen ein Schmaltz heiß/ thut die geschnittene Lungen darein/ und lassets darinnen rösten/ doch nicht gar zu lang/ richtets dann in eine Schüssel/ und streuet Jngber darauf: Oder machet eine Brüh nach belieben darüber.

47. Eine Kalbs-Leber zu dämpffen.

Leget die Leber in ein frisches Wasser/ waschet/ häutets/ und spickets/ thuts in einen stollichten Hafen/ giesset Fleischbrüh und etwas Wasser daran/ saltzets ein klein wenig/ streuet Pfeffer/ Jngber und geriebenen Pfeffer-Kuchen darein/ lassets eine kleine weile sieden/ seihet die Brüh herab/ und lassets durch einen Seiher lauffen/ giessets nochmal an die Lebern/ brennt ein wenig Mehl an die Brüh/ thut Negelein/Muscatnuß/ und etwas wenigs Essig daran/ setzets auf eine Kohlen/ und lassets ferner sieden: Wann man will/ kan mans oben wie einen Zwiebel-Braten abbräunen.

48. Eine gedämpffte Leber/ auf andere Art.

Waschet und häutet die Lebern/ spicket und legt sie in einen stollichten Hafen/ giesset eine Fleischbrüh daran/ lassets sieden/ und verfaumets; wann nun die Lebern ein wenig gesotten hat/ seihet die Brüh davon herunter/ daß der Faum gantz davon herab komme; giesset dann die Brüh wieder über die Leber/ brennet ein wenig Mehl daran/ und giesset etwas Wein-Essig dazu/ würtzets mit Negelein und Pfeffer/ saltzets nach belieben/ und lasset solche noch ein wenig/ aber nicht gar zu lang/ sieden/ sie werden sonst hart; will man

man auch ein wenig Wein dazu giessen/ so ists desto besser/ doch stehet solches in eines jeden belieben.

49. Eine gedämpffte Leber/ noch auf eine andere Weise.

Die Leber waschet und häutet/ schneidet sie zu kleinen Plätzlein/ streuet ein wenig Mehl darauf/ röstets im Schmaltz/ seihet dann ein wenig Schmaltz davon herab/ giesset eine Fleischbrüh und etwas Essig daran/ würtzets mit Pfeffer/ Negelein und Saltz/ lassets also mit einander aufsieden/ doch nicht zu lang/ daß die Leber mild bleibet.

50. Eine Kalbs-Leber Plätz-weiß zu zurichten.

Waschet und häutet die Leber/ schneidet dinne Plätzlein daraus/ röstets im Schmaltz/ aber nicht lang/ damit sie nicht hart werde; giesset einen theil der Brüh herab/ (dann die Leber gibt derselben von sich selbsten viel/) und ein Gläslein Wein daran/ würtzets mit Negelein/ Pfeffer/ Ingber und Cardamomen/ schüttet sie zusamt der Leber in einen stollichten Hafen/ schneidet eine Limonie würfflicht daran/ machets/ mit Zugiessung ein wenig Essigs/ etwas säuerlich/ thut auch/ nach belieben/ eine Weinbeer-Latwerg dazu/ lassets in dem Hafen ein wenig zusammen sieden/ aber ja nicht zu lang/ damit sie mild bleibet/ und/ wie gedacht/ nicht hart wird; richtets dann an/ und tragets zu Tisch.

51. Eine Kalbs-Leber in einer Zwiebel-Brüh.

Schählet/ schneidet/ und röstet Zwiebeln im Schmaltz; zuvor aber waschet und häutet die Leber/ schneidet selbige ebenfalls dinn/ wie ein eingemachtes Fleisch/ mischt sie unter die geröstete Zwiebeln/ last sie noch in etwas mit rösten/ giesset ein wenig
Fleisch-

Fleiſchbrüh daran/ macht es/ wiewol nicht gar lang/ ferner ſiedend/ würtzets mit Pfeffer/ Ingber und ein wenig Negelein/ ſaltzets auch nach belieben/ gebt ihr/ mit hinzugieſſung etwas wenigs Eſſig/ eine angenehme Säure/ und richtets dann an.

52. Eine gefüllte Leber.

Waſchet/ ädert und häutet eine Kalbs-Leber auf das ſchönſte/ hackets klein; machet ein gut theil Schmaltz in einer Pfannen heiß/ röſtet ein Semmel-Mehl/ oder geriebenes Eyer-Brod darinnen/ miſchet es unter die gehackte Leber; ſolte es aber gar zu trocken ſeyn/ kan man noch ein wenig Schmaltz heiß machen/ wieder erkuhlen laſſen/ und ſo dann an die Leber gieſſen; ſchlaget vier oder fünff Eyer daran/ nach dem die Leber groß iſt; waſchet und klaubet ein gut theil Weinbeerlein oder Corinthen/ wie auch eine gute Hand voll ausgekörnter Roſin/ und zwey oder drey Handvoll abgezogen- und länglicht-geſchnittene Mandeln/ rühret alles unter die Leber/ würtzet ſie mit Ingber/ Pfeffer/ Muſcatblüh/ Cardamomen/ und ein wenig Saffran/ auch/ ſo es beliebt/ etwas von Zimet/ zuckerts nach gefallen/ ſaltzets auch/ aber nicht zu viel/ miſcht alles/ wie gedacht/ wohl unter einander/ thut ein paar Löffel voll Milchram darein/ dann die Leber wird gar mild davon; ſolte aber dieſe Füll etwan zu dick ſeyn/ kan man mit Zugieſſung einer Fleiſchbrüh/ oder auch ein wenig ſüſſen Weins helffen: Nehmet dann ein Schweins- oder Kalbs-Netz/ ziehet es durch ein laulicht Waſſer/ breitet es auf ein Bret/ thut die angemachte Füll darein/ wickelts mit dem Netz zu/ und formirets rund- oder länglicht/ nach gefallen/ nehets mit weiten Stichen zu/ doch muß das Netz zimlich lotter ſeyn/ dieweil es im Braten zuſammen ſchnurret; thut dann ein wenig friſches Schmaltz in eine Bratpfannen/ leget die Lebern darein/ ſchiebet ſie in ein Bach-Oeſelein/ wendets bißweilen um/ und laſſets eine Stund alſo ſchön licht-braun braten: Leget ſie dann in eine Schüſſel/ und beſteckets/ ſo ihr wollet/ mit abgezogenen länglicht-geſchnittenen Mandeln.

Ddd ij   53. Ei-

53. Eine Leber von einem Kalb/ wie von einem Hirschen zu zurichten.

Häufet und waschet eine Kalbs=Leber auf das reinlichste/ schneidet sie zu länglichten Stücklein/ saltzet/ pfeffert und schwinget selbige im Mehl/ legt sie in ein zuvor heiß=gemachtes Schmaltz/ bachts heraus/ legts auf eine Schüssel/ seihet das Schmaltz in der Pfannen von dem Trüben herab; solte aber jetzt=gedachten Schmaltzes nicht viel seyn/ kan es auch wohl daran verbleiben; giesset dann zu dem/ in der Bratpfannen zuruck gebliebenen/ Trüben ein halbes Gläslein Wein/ etwas Fleischbrüh/ und Holder= oder Rosen=Essig/ würtzets mit Pfeffer/ Cardamomen und Negelein/ streuet würfflicht=geschnittene Citronen=Schelffen darein/ last es also zusammen in der Pfannen sieden/ damit es ein dicklichtes Brühlein werde; richtet dann selbiges über die Leber in eine Schüssel/ last sie darinnen auf einer/ mit Glut=angefüllten Kohlpfanne/ noch einen Wall aufthun/ und drucket Citronen=Safft darein: Wem es beliebt/ und gerne süß essen mag/ der kan es auch ein wenig zuckern.

54. Eine gebachene Leber.

Wann die Leber reinlich gewaschen/ und gehäufet worden/ zerschneide selbige zu dinnen Stücklein/ saltze sie aber nicht/ sondern melbs alsobalden ein/ und bachs aus einer Butter oder Schmaltz schön licht heraus; legs dann in eine Schüssel/ bestreue es mit ein wenig Saltz/ und klein=geschnittenen Citronen=Schelfen; druck auch entweder alsobald/ oder aber erst bey Tisch/ den Safft von Citronen darauf/ nach deinem belieben.

55. Eine Kalbs= oder Lamms=Leber zu bachen/ auf andere Art.

Weget die Leber/ es sey gleich von einem Kalb oder Lamm/ in lein Wasser/ und häufet es/ waschet sie sauber heraus/ und schnei=

der also genannten Vor-Richten.

schneidets zu kleinen Stücklein / streuet Sältz und Pfeffer darauf / und schwingets wohl unter einander / lassets eine weil stehen / schüttet ein Mehl auf einen erdenen Teller oder Schüssel / und schwinget etliche Stücklein von der Leber wohl darinnen herum / daß sie fein dick mit Mehl überzogen sind: streuet auch / so es beliebt / ein wenig Grieß darauf / macht ein Schmaltz heiß / bachets gantz gemach heraus / daß fein rösch werden / und leget sie dann in eine Schüssel.

56. Eine Kalbs- oder Lamms-Leber zu bachen / auf noch andere Weise.

Waschet und häutet die Leber / schneidet breite Plätzlein daraus / legets dann auf ein so genanntes Fischbret / oder grossen höltzernen Teller / besprengets ein wenig mit Saltz / und streuet Mehl darauf / machet ein Schmaltz in einer Pfannen heiß / bachets heraus wie einen Fisch; legts hernach in eine Schüssel / seihet das Schmaltz aus der Pfannen / lasset das Trübe darinnen / giesset ein wenig Wein und Fleischbrüh daran / streuet / so es beliebt / einen Löffel voll Trisanet / oder andere gute Gewürtz darein / schneidet auch eine Limonien / und werfft sie dazu hinein / giesst Essig hinzu / last es also mit einander aufsieden / und richtets über die gebachene Leber: Wem aber diese Brüh nicht annemlich wäre / der kan auch eine Citronen-Brüh darüber machen / wie selbige anderswo beschrieben zu finden / davon das Register Bericht geben wird.

57. Eine gebratene Kalbs-Leber.

Schneidet eine Kalbs-Leber zu Stücken / saltzet und würtzets mit Pfeffer und Negelein / steckets an einen Spieß und bratets / jedoch nicht gantz völlig ab / sondern legt sie in eine Schüssel; hacket und röstet ein paar kleine Zwiebeln / und ein wenig Knoblauch im Schmaltz / seihet solches wieder herab / und giesset davor ein wenig Essig und Fleischbrüh daran / würtzets mit guter Gewürtz / schneidet Citronen / und etwas von Butter darein / richtet diese Brüh über die gebratene Leber/ laſts auf einer Kohlen noch in etwas aufdampffen/ doch nicht lang/ welches/ damit ſie nicht hart werde/ zum Uberfluß/ ungeachtet es im vorhergehenden öffters erinnert worden/ wiederholet wird. Wann man will/ kan man ſie auch ein wenig ſpicken.

58. Eine gebratene Leber in einem Netz.

Leget die Leber/ ſie ſey gleich von einem Kalb oder Lamm/ in ein Waſſer/ häutet und ſchneidet ſie zu Stücklein/ ſpickets/ nehmet ein Netz von einem Schwein oder Kalb/ iſt eben eines/ legt ſelbiges in ein Waſſer/ waſchet es reinlich aus/ breitet es auf ein Bretlein/ ſtreuet Saltz/ Pfeffer/ Ingber und Muscaten-Blüh darauf; wickelt dann ein jedes Stücklein Leber beſonders darein/ wie man ſonſt die Brieſe einzuwickeln pfleget/ umbindets mit einem Faden/ und laſt ſie dann allgemach an einem Spieß abbraten/ betreiffts zuletzt mit ein wenig Butter/ laſt ſelbige ferner braten/ daß ſie ſchön giſten: Ziehets dann vom Spieß herab/ und tragts in einer Schüſſel zu Tiſch. *

59. Gans-Lebern zu ſieden.

Wann die Gans-Lebern gewaſchen und abgehäutet ſind/ ſo ſpicket ſie klein und zierlich; legts dann in ein laulichtes Waſſer/ damit ſie ſchön weiß werden/ und ſo dann in einen ſtollichten Hafen/ gieſſet ein wenig Wein und Fleiſchbrüh daran/ würzets mit Pfeffer/ Negelein und Cardamomen/ ſchneidet Limonien hinein/ röſtet/ nachdem der Leberlein viel ſind/ ein halbes Koch-Löffelein voll Mehl wohl braun daran; gieſſet etwas von Holder- oder Roſen-Eſſig dazu/ und ſo es vonnöthen iſt/ ſaltzets ein wenig/ laſſets alſo mit einander aufſieden/ daß es ein dickes Brühlein gewin-

* Wer will/ kan ein wenig Butter in einer Bratpfannen zergehen laſſen/ die im Netz eingebundene Stücklein von der Leber darein legen/ und alſo in einem Bach-Oefelein abbraten laſſen.

der also genannten Vor-Richten.

gewinne / jedoch auch nicht zu lang / damit die Leberlein nicht hart werden: Richtets dann zusamt der Brüh in eine Schüssel / und leget Limonien-Plätzlein darauf.

60. Gebratene Gans-Leberlein.

Nehmet die Leberlein zusamt dem Hertzlein von einer Gans / waschet es / spickets fein klein und zierlich / saltzet und pfeffert; lasset dann ein Vogel-Spißlein warm werden / stecket es an / betreiffts ein oder zweymal mit heissem Schmaltz / und bratets wie die Vögel / darnach ziehets ab / und streuet Pfeffer darauf: Wann man aber eine Brüh darüber haben will / so nehmet ein rocken Brod eines Fingers lang / bähet selbiges / und lassets in einer Fleischbrüh sieden / treibts mit einem Citronen-Essig durch / thut mehr nicht / als zwey Löffelein voll Zucker / ein wenig Pfeffer / Ingber und Negelein dazu / richtets in die Schüssel / leget die Leberlein darein / und drucket den Safft von Citronen darauf.

61. Gebratene Gans-Leberlein / auf andere Art.

Wann die Gans-Leberlein gehäutet und gespickt sind / muß man sie einsaltzen und würtzen / dann an einem Spieß abbraten lassen; jedoch aber anfangs mit heissem Schmaltz / und zu letzt mit heisser Butter betreiffen / auch mit geriebenen rocken Brod überstreuen / und Fleiß anwenden / daß sie schön gistig zu Tisch getragen werden: Dann kan man etwas von der Butter in das Schüsselein giessen / und die Leberlein darein legen.

62. Gans-Leberlein zu bachen.

Man nehme die Gans-Leberlein / schneide selbige der Länge nach einmal von einander / besprenge sie mit Saltz und Pfeffer / und melbe sie ein / doch also daß sie nicht knöckerich werden; machet ein Schmaltz heiß / bachets schön licht-gelb heraus / legts in eine

eine Schüssel/ und traget sie also trocken zu Tisch. Oder aber machet diese Brüh darüber: giesset das lautere Schmaltz aus der Pfannen/ lasset das Trübe darinnen/ giesset ein wenig Fleischbrüh/ und Holder- oder Rosen-Essig daran/ würtzets mit Ingber/ Pfeffer/ und Cardamomen/ lasset es mit einander aufsieden/ richtets über die Leberlein/ und drucket den Safft von einer Citronen darauf.

63. Kalbs-Miltzlein zu kochen.

Wann die Kalbs-Miltzlein gewässert/ und sauber gewaschen sind/ setzet sie in halb Wasser und halb Fleischbrüh zu/ saltzets ein wenig/ lassets eine weile sieden; nehmet sie dann aus dieser Brüh heraus/ lassets entweder gantz/ oder schneidets zu Stücklein/ wie es euch beliebt/ thuts in einen stollichten Hafen/ und machet eine Negeleins- oder Limonien-Brüh darüber/ wie selbige anderswo/ und zwar die letzere/ in dem Theil von den Brühen Num. 14. bereits beschrieben zu finden.

64. Kalbs-Miltzlein zu füllen.

Nehmet die Miltzlein und ergreiffet sie; darnach machet folgende Füll zusammen: Hacket Petersilien-Kraut samt kleinen Zwiebeln/ röstets im Schmaltz/ thut Semmel-Mehl/ und das jenige/ was von dem Miltz durch das ergreiffen heraus kommen/ darein/ schlaget Eyer daran; ists zu dick/ so giesset Fleischbrüh daran/ füllets durch ein Trichterlein in das Miltz/ thuts in einen stollichten Hafen/ giesset ein wenig Fleischbrüh und Schmaltz darein/ und lassets auf einer Glut oder Kohlen genugsam braten.

65. Schweinene Miltzlein zu braten.

Waschet die Schweinene Miltzlein/ lasset sie im Wasser/ oder halb Wasser und Fleischbrüh/ nur ein wenig absieden oder schüpffen/ nehmets dann aus der Brüh wieder heraus/ saltzets ket und pfefferts / legets auf einen Rost / schmierets überal fein fleißig mit Butter / und bratet es also schön safftig ab.

66. Einen Rind- oder Ochsen-Niern zu zurichten.

NEhmet den Niern und waschet selbigen / ziehet die Haut herab / leget ihn auf ein Bret / schneidet breite Plätzlein daraus / bestreuet sie mit Saltz / aber nicht zu viel / lassets also eine weile im Saltz ligen / und trocknets dann mit einem reinen Tuch wieder ab / schwingets im Mehl / machet das Schmaltz heiß / bachets schön gelb heraus / legts in eine Schüssel / drucket Citronen darauf / bestreuet sie ein wenig mit Pfeffer / und tragets alsdann zu Tisch. Will man aber eine Brüh darüber haben / so seihet das Schmaltz aus der Pfannen / lasset das Dicke darinnen / gießet ein wenig Holder- oder Rosen-Essig / und etwas wenigs Fleischbrüh dazu / lassets also mit einander aufsieden; legt ein wenig klein-zerschnittenen Rosmarin darein / und richtets alsdann über den gebachenen Niern.   Diesen Niern kan man auch nur absieden / dann Plätz-weiß schneiden / und eine Butter-Brüh darüber machen.

67. Bocks-Nierlein in einer Brüh.

WAnn die Bocks-Nierlein gewaschen sind / siedet sie ein wenig in einer Fleischbrüh; ziehet die Haut herab / schneidets zu Plätzlein / legts in ein stollichtes Häfelein / gießet ein wenig Fleischbrüh daran / brennt ein klein Stäublein Mehl darauf / würtzets mit Pfeffer und Negelein / werfft ein gut theil Butter darein / setzets in eine Kohlen / lassets einpratzeln / biß es ein dicklichtes Brühlein gewinne / und richtets dann an.

68. Ein Kuh-Euter zu bachen.

NEhmet das Euter / waschet / und leget es in einen Hafen / setzets zu / wie ein Fleisch / saltzet darein / und lassets einen gantzen Tag / solte es aber noch nicht mild seyn / etwas länger sieden / zu diesem Ende kan man öffters nachsehen und fühlen /

biß

biß es wohl weich ist; nehmet es dann heraus/ legts auf ein Bret/ und schneidet das Schwartze und Fette/ so an unterschiedlichen Orten daran hängt/ herab; schneidet hierauf aus dem Euter/ so viel dünne Plätzlein/ als ihr auf einmal bachen wollet/ saltzets ein wenig/ schwingets im Mehl/ und bachet es schön gelb heraus/ legts in eine Schüssel und streuet ein klein wenig Pfeffer darauf/ so sind sie recht; das übrige aber von dem Euter kan man in der Brüh stehen lassen/ biß man es ebenfalls bachen mag: Alsdann wird es nochmal zugesetzt/ und wann es aufgesotten/ gebachen wie das vorige. *

69. Ein Küh-Euter zu sieden.

Wann das Küh-Euter abgesotten ist/ wie vor gedacht/ so schneidet es zu Plätzlein/ thuts in einen stollichten Hafen/ streuet geriebenes Semmel-Mehl und Majoran oder Maseran/ wie auch Cardamomen und Muscaten-Blüh darein/ giesset Fleischbrüh dazu/ lasset es sieden/ und richtets an.

70. Ein Küh-Euter zu braten oder abzutrocknen.

Siedet das Euter weich ab/ schneidet es zu Plätzlein/ bestreuets wohl mit Saltz und Pfeffer/ bestreichts mit Butter/ leget es auf den Rost/ bratet oder bräunet es schön ab/ und essets entweder also trocken/ oder aber macht nachfolgende Brüh darüber: Nehmet Wein/ thut ein Trisanet darein/ wann es nicht süß genug ist/ zuckerts noch ein wenig/ streuet noch mehr Zimmet daran/ giesets darüber/ und lassets noch einen Wall aufthun.

71. Das vorder Theil vom Hasen oder Vorhäs zu zurichten.

Nehmet die zwey vördern Viertel vom Hasen/ waschet sie mit Wein oder Essig wohl aus/ seyhet hernach denselben durch ein

* Wer will/ kan auch diese Plätzlein vom Küh-Euter/ ungebraten/ in eine dicklichte Butter-Brüh/ wie die Brüse oder Drüse/ einmachen.

der also genannten Vor-Richten. 403

ein Tuch/ und giesset ihn/ wann er gefallen/ nochmal über die Viertel vom Hasen/ daß die Brühe darüber gehe/ oder aber an dessen statt einen frischen/ worunter man auch ein wenig Wasser oder Fleischbrüh mischen kan/ werfft ein wenig Saltz darein/ und siedet es ab: Indessen schählet Zwiebeln und einen Apffel/ hacket beedes klein zusammen/ und röstets im Schmaltz; giesst die Brüh von dem Vorhäs daran/ streuet zerriebenen Lebkuchen darein/ würtzets mit Negelein und Zucker/ giesst sie über das Vorhäs/ und lasts also noch eine gute weile sieden; richtets dann in eine Schüssel/ und streuet würfflicht-geschnittene Citronen-Schelffen darauf.

72. Ein Vorhäs in einer Negelein-Brüh.

Nehmet die vördern Viertel von dem Hasen/ lasset sie etliche Tage im Essig ligen/ saltz und pfefferts/ last sie dann im frischen Essig und Fleischbrühe sieden; nach diesen streuet ein geriebenes rocken Brod/ ein wenig von einem dicken Pfefferkuchen und Negelein darein/ und lasset es also mit einander dämpffen: Werffet/ wann ihr es anrichten wollet/ ein Stücklein Butter dazu/ und tragets dann in einer Schüssel zu Tisch.

73. Ein Vorhäs im Pfeffer.

Siedet das Vorhäs/ wie allbereit gemeldet/ und machet den Pfeffer darüber/ wie selbiger bey dem Wildpret/ im gleich nachfolgenden Neundten Theil/ an seinem Ort beschrieben werden wird; davon so wol der daselbst vorangesetzte Inhalt/ als auch das zu End befindliche Register/ Nachricht geben kan.

74. Ein Vorhäs im Pfeffer/ auf andere Art.

Waschet es auf das schönste aus/ und setzets in einem schlechten Wein zum Feuer/ reibt einen Rümpffel-Käs oder Pfefferkuchen/ röstet ihn im Schmaltz; giesst dann die Brüh von dem Vorhäs in das Pfännlein/ würtzt es mit Ingber/ Pfeffer/ Negelein/

Eee ij

gelein und Zucker/ schneidet Limonien darein/ gebt ihm mit etwas weniges Essig eine angenehme Säure/ last es zusammen sieden/ seihet nachmals diese Brüh ab/ und giesst sie dann/ wann das Vorhäs in eine Schüssel geleget worden/ nochmal darüber.

75. Vorhäs in einer Limonien-Brüh.

Siedet das Vorhäs gleich den andern ab/ hernach machet die Limonien-Brüh/ mit dem eingebrennten Mehl/ darüber; wie bey dem Kalbfleisch/ im nechst hernachfolgenden Theil/ vermeldet werden wird.

76. Ein Vorhäs in einer Zwiebel-Brüh.

Zerleg die Viertelein/ zerschneide den Gemper/ oder das Brüstlein/ stich die Augen aus dem Kopff/ wasch es schön im Wasser/ oder auch in ein wenig Essig aus; dann setze es in einem schlechten Wein und Fleischbrüh zu/ thue ein gerieben Brod hinein/ laß sieden/ hack ein oder zwey Zwiebelein/ röste dieselbe im Schmaltz/ brenne sie daran/ streue Ingber/ Pfeffer und Negelein darein/ giesse ein wenig Essig dazu/ laß es sieden/ doch daß es nicht zu weich werde/ und ein dicklichtes Brühlein bekomme: Wann man es aber etwan von einem starcken Hasen bekommt/ muß mans zuvor im Essig und Wasser absieden/ hierauf wieder abseihen/ und dann auf obbeschriebene Art zurichten und einmachen.

77. Eine Junge Gans in einer Limonien-Brüh.

Man nehme den Kragen/ Flügel und Füß/ und brühe also zuerst/ in einem wohl heissen Wasser/ die Federn herab; dann lasse mans in einem kalten Wasser eine weile ligen/ und wasche es sauber/ samt dem Magen Hertz und Leber/ heraus/ setze solche in einem Wasser zu/ biß auf die Leber/ und saltze es auch; will man aber den Kragen füllen/ so darff man ihn nicht gleich mit zusetzen/ aber

der also genannten Vor-Richten.

aber das einwendige Halsbein muß zuvor/ samt dem Geblüt/ heraus genommen/ und so wol/ als der Hals und Kragen/ sauber ausgewaschen/ und so dann das Halsbein zugleich mit den andern Sachen zugesetzet werden; indessen aber kan man unterschiedliche Füllen anmachen/ um den Gäns-Kragen mit zu füllen/ wie selbige gleich jetzo im nachfolgenden beschrieben werden sollen: Wann er nun gefüllt/ kan man ihn auch zu oberst/ zu der Jungen Gans in den Hafen legen/ und also gar mit absieden lassen; so bald er aber weich gesotten/ nehme man einen stollichten Hafen/ giesse eine Fleischbrüh darein/ so viel man der Brüh haben will/ brenne dann im Schmaltz einen Löffel voll Mehl daran/ zwiers ein wenig mit einer Fleischbrüh an/ giesse es in die Brüh/ streue Pfeffer/ Muscatblüh/ Cardamomen und ein wenig Ingber/ auch wann man die Brüh gelb haben will/ etwas weniges Saffran daran/ schneide auch Limonien-Plätzlein halb entzwey/ und halb würfflicht darein: nehme dann die Gans aus dieser Brüh/ darinn sie gesotten hat/ heraus/ und lege sie in diese andere in den stollichten Hafen/ lasse es mit einander noch ein wenig auffsieden/ und wann mans schier anrichten will/ werffe man ein gut theil Butter darein/ lasse es einen Wall mit aufthun/ giesset die Brüh herab/ richte die Gans in eine Schüssel/ giesse die Brüh darüber/ und lege die halbirte Limonien-Plätzlein oben darauf.

78. Eine Junge Gans in einer weissen Limonien-Brüh.

Wann die Junge Gans schön gebrühet und gebutzet ist/ wie vor beschrieben/ setzet sie im Wasser zu/ saltzets wie ein Fleisch/ und damit sie recht wohl geschmack wird/ thut eine Blumen-Muscatblüh/ und eine Ingberzehen daran/ lassets mit sieden; wann es schier weich gesotten/ giesset in einen stollichten Hafen von der Gansbrüh/ so viel man haben will/ wie auch ein Löffelein voll geröstetes Mehl darein/ würtzets/ und machets allerdings zusammen/ wie die vorig-beschriebene Limonien-Brüh/ nur daß man keinen Saffran dazu thue/ und an statt deß gerösteten Mehls/ einen

Eee iij Weck/

Weck/ oder nur die Brosamen davon in einer Fleischbrüh weich sieden laſſe/ dann durch einen Seiher treibe/ mit Pfeffer/ Jngber und Muscatblüh würtze/ Limonien hinein ſchneide/ und ein wenig Eſſig daran gieſſe/ daß die Brüh etwas säuerlicht werde: Dann wird die Gans noch etwas in dieser Brüh/ zuletzt aber ein Stück Butter/ mit aufgeſotten/ und alſo zu Tiſch getragen. *

79. Eine Junge Gans in einer Zwiebel-Brüh.

Wann die Gans abgeſotten/ wie ſchon beſchrieben/ ſo ſchählet und hacket indeſſen ein paar kleine Zwiebeln/ röstet ſie im Schmaltz; gieſſet eine gute Fleischbrüh/ ein wenig Eſſig und Wein daran/ würtzets mit Pfeffer/ Muscatblüh/ Cardamomen/ und etwas Saffran/ ſchneidet auch eine Limonien daran/ und laſſets alſo in einem Pfännlein einen Wall mit einander aufſieden; wann nun die Gans bald weich geſotten/ thut ſolche in einen ſtollichten Hafen/ gieſſet dieſe Brüh darüber/ laſſets noch ein wenig mit einander aufſieden/ biß das Brühlein nur in etwas einſiedet und gut wird: Alsdann richtets an/ und gieſſet die Brüh darüber.

80. Eine Junge Gans in einer Apffel-Brüh.

Nehmet Aepffel/ ſchählet und ſchneidet ſie würfflicht/ röstets im Schmaltz/ gieſſet einen Wein daran/ thut Weinbeer/ oder Corinthen/ Zucker/ ein wenig Pfeffer/ Cardamomen und Saffran dazu/ laſſets eine weile ſieden: Wann dann die alſo genannte Junge Gans weich abgeſotten iſt/ wie zuvor gedacht/ leget ſie in eine Schüſſel/ und gieſſet dieſe jetzt-beschriebene Brüh darüber.

81. Eine

* An ſtatt der Limonien-Brüh/ kan man auch andere an eine Junge Gans machen/ als von Stachelbeern oder Agreſt/ ausgekörnten friſchen Erbſen/ Peterſilien-Kraut und dergleichen/ welche hier und dar in diesem Koch-Buch beſchrieben zu finden/ und in dem Haupt-Regiſter unbeſchwehrt nachzuſchlagen.

81. Eine Junge Gans in einer Polnischen-Brüh.

Nehmet einen Schnitten weisses Brod und bähets / schählet einen Apffel / schneidet solchen / wie auch eine Zwiebel / klein / thut alles zusammen in einen Hafen / giesset einen Wein daran / lassets sieden / biß es weich wird / dann treibets durch einen Seiher; ist die Brüh zu dick / kan man noch ein wenig Wein daran giessen: streuet dann Zucker / ein Trisanet / und andere gute Gewürtz darein / lassets also mit einander auffsieden / und richtets über die abgesottene Junge Gans.

82. Eine Junge Gans im Pfeffer.

Reibet ein rocken Brod / und einen Lebkuchen / röstet beydes im Schmaltz / giesset ein wenig Fleischbrüh / Essig / und so es beliebt / auch Wein daran / zuckerts nach belieben / und würtzets mit guter Gewürtz; wird die Brüh nicht braun genug / kan man etwas von einer Wein-Latwergen daran thun / alsdann ferner sieden lassen / und über die Gans in eine Schüssel anrichten.

83. Einen Gänskragen zu füllen.

Häutet und hacket das Leberlein von der Gans gar klein / und zugleich auch ein wenig Salbey / Majoran / Petersilien-Kraut / und Speck; reibet ein Eyerringlein / oder anders weisses Brod / röstets im Schmaltz / und schüttets über das gehackte Leberlein / zusamt dem gehackten grünen / welches man / so es beliebt / auch gleich ein klein wenig mit rösten kan / wiewol es eben nicht nothwendig ist / rühret dann alles wohl durch einander / schlaget so viel Eyer daran als vonnöthen / würtzets mit Ingber / Pfeffer / Muscatnuß / Cardamomen und ein wenig Saffran / und giesst eine Milch oder Fleischbrüh daran / wiewol die Füll von der Milch luckerer wird: Wann nun der Kragen zusamt dem Kopff reinlich gewaschen ist /

füllet

füllet diese Füll hinein/ bindet oder nehet ihn oben zu/ und lasset selbigen auf die im vorigen beschriebene Art ferner absieden.

84. Einen Gänskragen zu füllen/ auf andere Art.

Man kan auch von Peterlein- oder Petersilien-Kraut eine Füll zusammen machen/ auf folgende Art: Das Leberlein/ wie auch ein geklaubtes Petersilien-Kraut werden gehackt/ ein wenig Semmel-Mehl zusamt dem Peterlein-Kraut im Schmaltz geröstet/ und unter das Leberlein gerühret; dann schläget man Eyer daran/ würtzet und saltzets ein wenig/ giesst auch/ so man will/ ein klein wenig Milch dazu/ und füllets in den Kragen/ man muß aber den Kragen nicht zu voll füllen/ damit er nicht aufspringe; hernach wird er/ wie vor gedacht/ mit den andern Sachen/ so lang biß er fertig ist/ abgesotten.

85. Einen Gänskragen/ noch auf andere Art zu füllen.

Hacket das Leberlein von der Gans/ einen geschählten Apffel/ und ein wenig Zwiebelein/ alles zusammen klein; nehmet dann ein geriebenes Semmel-Mehl/ oder ein Eyerringlein/ röstet solches im Schmaltz/ mischt es auch darunter/ schlaget ein oder zwey Eyer daran/ rühret alles wohl durch einander/ würtzets nach belieben/ füllets in den Kragen/ und lasset es alsdann zur Genüge sieden.

86. Einen Gänskragen zu füllen/ auf eine noch andere Weise.

Wann man das Leberlein gern ersparen/ und solches etwan braten/ und den Kragen von der Gans doch gleichwol füllen will/ so nimmt man eine Bratwurst/ thut das Gehäck heraus/ hacket es ein wenig kleiner/ streuet Pfeffer/ Muscatblüh/ Ingber/

ber / und etwas von Cardamomen und Saffran darein / schläget auch Eyer daran / und giesset ein wenig Fleischbrüh hinzu: Wann man will / kan man auch ein wenig Semmel-Mehl rösten; rühret dann alles wohl unter einander / und füllet es in den Kragen / nehet solchen wohl zu / daß nichts von der Füll heraus fallen könne; wann nun das andere bereits gesotten / so leget den gefüllten Kragen oben darauf / doch also / daß er nicht vornen her an Sud komme / weil er sonst gerne aufspringet: Wann dann alles gesotten und weich ist / kan man eine Brüh / nach eigenen belieben / darüber machen.

❀ ❀ ❀

Man kan auch eine andere Füll / nur von lauter geriebenen Semmel-Mehl / und gehackten Peterlein-Kraut / anmachen: Das gehackte Peterlein- oder Petersilien-Kraut / wie auch die Helffte deß geriebenen weissen Brods im Schmaltz oder Butter rösten / dann Eyer daran schlagen / und allerley gute Gewürtz darein streuen.

87. Kalbs-Füsse in einer Milchram-Brüh.

Wann die Kalbs-Füsse reinlich geputzt / die Klauen herab gezogen / auch wann man will / die Füsse unten aufgeschnitten / und das lange Bein heraus genommen worden / leget sie in ein kaltes Wasser / waschet / und setzets darinnen zu / saltzets wie ein Kalbfleisch; wann sie nun bald weich gesotten sind / seihet diese Brüh davon herab / giesset in einen stollichten Hafen ein gut theil Milchram / und ein wenig Fleischbrüh / brennet etwas Mehl / schön lichtgelb / daran / streuet Pfeffer / Ingber / Muscatblüh / und ein wenig Saffran darein / gebt ihr / mit einem Essig / eine angenehme Säure / leget dann die Kälber-Füsse dazu hinein / und lassets auf einer Kohlen / auch / so es beliebt / ein Stücklein Butter / zuletzt mit aufsieden.

88. Kalbs-Füsse in einer Petersilien- oder Majoran-Brüh.

Wann die Füsse weich gesotten/ und halb von einander geschnitten worden / legt sie in einen stollichten Hafen / giesset eine gute Fleischbrüh daran; röstet ein wenig Mehl im Schmaltz/ zwieret es mit einer Fleischbrüh in dem Pfännlein zuvor an / und schüttets an die Füsse/ würtzets mit guter Gewürtz/ thut dann gehackten Peterlein oder Petersilien/ oder auch dürr-zerriebenen Majoran/ daran/ lasset es also eine weil mit einander sieden/ und werfet zuletzt ein gut Stuck Butter dazu hinein. *

89. Kalbs-Füsse in einer süssen Brüh.

Die Füsse/ wann sie/ jedoch nicht allzuweich/ abgesotten und halb entzwey geschnitten worden/ leget auf ein reines Tuch/ und trocknet sie wohl ab/ wiewol es auch verbleiben kan; röstet sie in einer Pfannen im Schmaltz/ seihet das Schmaltz zum theil davon herab/ giesset einen Wein und Fleischbrüh daran/ würtzets mit Ingber/ Pfeffer/ Saffran/ und ein klein wenig Muscatblüh/ zuckerts/ thut auch/ so ihr wollet/ ein wenig Trisanet/ oder gestossene Zimmet/ dazu / und lassets zusammen sieden.

90. Kalbs-Füsse in einer sauren Brüh.

So die Füsse allerdings im Schmaltz geröstet worden / wie vor gedacht/ legts in einen Pasteten-Tiegel oder stollichten Hafen/ giesset ein wenig Fleischbrüh und Rosen-Essig daran/ würtzets mit Pfeffer und Negelein/ brennt ein wenig Mehl darein/ lassets also mit einander aufsieden/ richtets an/ und tragets zu Tisch.

91. Ei-

---

* An statt deß gerösteten Mehls/ kan man auch ein weiß-geriebenes Brod nehmen/ oder auch die Kalbs-Füsse in einer Zwiebel- oder Limonien-Brüh einmachen/ wie selbige so wol bey dem eingemachten Fleisch/ als Jungen Gänsen beschrieben worden.

91. Einen Rind- oder Ochsen-Fuß kalt zu zurichten.

Ein Rind- oder Ochsen-Fuß muß reinlich geharet oder gebrühet / und so dann abgeputzet seyn / wie die Kalbs-Füsse; dann siedet man selbigen im Wasser / biß er fast weich ist / jedoch aber nicht zufällt / sondern schön gantz bleibet; hernach richtet man ihn mehrern theils kalt in Oel und Essig also zu: Man schneidet ihn nemlich in der Mitt entzwey / und so dann dinne Plätze oder Stücker daraus in eine Schüssel / welches / daß es desto leichter geschehen möge / werden die Beine heraus gelöset / Oel und Essig daran gegossen / auch Pfeffer / Saltz / und so es beliebt / klein- und würfflicht- geschnittene Zwiebeln darauf gestreuet: Will man sie aber warm zugerichtet haben / kan mans auf allerley Weise zurichten / als wie die schon beschriebene Kälber-Füsse.

92. Ein Ochsen-Fuß in Senff oder Mostart.

Man muß den Fuß fein weich sieden / und hernach entweder zerlegen / oder auch in Stücke zerschneiden; alsdann nach belieben kalt essen / einen Rosen-Essig und Mostart oder Senff dazu thun / oder aber dem Mostart in einer Schüssel mit dem Rosen-Essig / welches fast besser ist / anzwieren / den zerschnittenen Fuß darauf legen / und mit klein-geschnittenen Citronen-Schelffen überstreuen: Will man ihn aber warm geben / muß der Ochsen-Fuß ebenfalls zu Stücken zerschnitten / dann ein gut theil Butter in eine Schüssel gethan / und der Fuß darauf geleget werden; ferner giesset man einen Mostart oder Senff daran / setzet die Schüssel auf eine Kohlen / lässets also mit einander sieden / und streuet zuletzt Pfeffer darauf. *

93. Ein

* Wer will / kan ein wenig Muscatblüh und Cardamomen zugleich in der Brüh mit auffsieden lassen.

93. Ein gesultzter Ochsen-Fuß.

Setzet den Ochsen-Fuß im Wasser zu/ saltzet/ und lasset ihn wohl weich sieden/ daß die Beine sich gantz herab lösen; nehmet selbigen/ wann er weich gesotten/ aus der Brüh/ löset die Beine alle davon heraus/ und hacket den Fuß gantz klein; schneidet von einer Citronen die gelbe Schelffen auch gantz klein- und würfflicht/ oder hackets zugleich mit unter den Fuß: Bindet dann alles dieses gehackt und geschnittene in ein reines Tüchlein/ legts auf einen Teller oder Bretlein/ setzets in einen Keller/ und beschwehrets mit einem Gewicht-Stein: Deß andern Tags/ wann man den Ochsen-Fuß gesultzt verspeisen will/ nehmet ihn wieder aus dem Tüchlein heraus/ und schneidet solchen zu Plätzen/ leget ihn in eine Schüssel/ giesset Oel und Essig daran/ streuet ein wenig Pfeffer/ und klein-geschnittene Citronen-Schelffen darauf/ drucket auch/ nach belieben/ Citronen-Safft darein; und wann er etwan zu leiß im Saltz wäre/ saltzet noch etwas weniges nach.

94. Ein Rinds- oder Ochsen-Maul zu zurichten.

Wann das Ochsen-Maul reinlich abgehäret/ gebrühet und gewässert worden/ wird es im Wasser wie ein Ochsen-Fuß abgesotten/ und im Sud ein wenig gesaltzen; dann kan man es entweder kalt oder warm/ nach belieben/ verspeisen/ auch so es warm belieben solte/ eine Zwiebel-Negelein- oder andere beliebige Brüh darüber machen.

95. Eine Prisate zu machen.

Man nehme ein halbes Spanferckel/ schneide Kopff und Füß herab/ und löse die Beine alle auf das reinlichste heraus/ absonderlich von den Vierteln die Gelencke/ damit man sie schön heraus bringen könne/ daß kein Fleisch an den Beinen bleibt/ und

der also genannten Vor-Richten.

und selbiges doch nicht zerrissen werde / dann die Haut und das Fleisch muß unzerrissen an einander hangen: Hernach nehmet den breiten Theil einer Fleisch-Parten / damit sie nicht zu scharff schneidigt seye / und klopffet oder hacket das Fleisch an der Haut damit / doch also / daß es nicht durch die Haut gehe; es muß aber das Fleisch jedannoch ein wenig wie zerhackt aussehen; dann nehmet den halben Theil Coriander / und den andern Pfeffer und Saltz / bestreuet das Ferckelein einwendig auf das Fleisch über und über damit; nachmals fanget oben bey dem Hals an / und überwickelt oder überrollet solches gantz fest zusammen / so wird es rund wie eine Wurst / die Haut muß aber herauswärts kommen; dann nehmet ungefehr sechs kleine Bretlein / so dinn als etwan ein Schleißholtz / und leget solche / so lang das zusamm-gewickelte Fleisch ist / rings herum / bindet es mit einem Bindfaden fest zusammen / thut es in einen Hafen / und giesset ein frisches Wasser daran / leget auch Lorbeer-Blätter und Rosmarin-Sträußlein / etwan zusamm ein Händlein voll / wie auch eine geschählte Knoblauch-Zwiebel / und eine gute Hand voll Saltz darein / lasset es also drey Stund lang sieden; legts dann heraus auf ein Bret / und laßt es über Nacht im Keller stehen / damit es recht erkalte: Den andern Tag nehmet die Bretlein wieder herab / und zerschneidet das zusammen-gepreßte Plätz-weiß / legts schön artlich in eine Schüssel / und zierets mit verguldeten Rosmarin- und Lorbeer-Sträußlein aus. *

96. Einen Schweins-Käs zu machen.

Nehmet einen halb-gewachsenen Schweins-Kopff / der nicht gar fett ist / putzet solchen auf das reinlichste ab / saltzet / und setzt ihn im Wasser zu; wann er nun halb gesotten / nehmet ihn aus der Brüh heraus / löset das Fleisch auf das beste von den Beinen

---

* Wer diese Prisate noch besser haben will / kan solche mit Wein und Wasser / oder aber auf die jenige Art absieden / wie selbige in diesem Theil von dem Schweins-Kopff / Num. 1. 2. 3. 4. beschrieben zu finden.

Beinen herab; ist viel Fett dabey/ schneidet selbiges davon/ giesst auch das obere Fette von der Brüh/ darinnen er gesotten worden/ herab; leget das abgelöste Fleisch wieder darein/ und giesst eine Maas Wein daran/ werfft sechs oder acht Lorbeer-Blätter/ wie auch drey Stengel Rosmarin/ eben so viel Schnittlein Citronen- und Pomerantzen-Schelffen dazu/ und laßt es also mit einander im steten Sud fort sieden: Wann es nun zimlich weich gesotten/ nehmets heraus/ legt in die Mitte/ eines reinen Tüchleins/ etliche Lorbeer-Blätter/ und ein wenig Rosmarin/ streuet auch grob-gestossenen Pfeffer/ Muscatenblüh/ Cardamomen und würfflicht-geschnittene Citronen-Schelffen darauf: Alsdann macht eine Lag von dem abgesottenen Schweins-Kopff darauf/ und bestreuet selbigen ferner mit obgedachter Gewürtz und Citronen-Schelffen/ hernach legt ausgegrätete und mit Wein gewaschene Sardelln/ samt etwas von dem gesultzten Fleisch dazwischen/ überstreuet solches nochmal/ wie zuvor/ mit denen Blättern und Gewürtz; leget so dann wieder von dem abgesottenen Schweins-Kopff/ und auf denselbigen Sardelln/ zusamt dem gesultzten Fleisch/ und so fortan/ oben darauf aber Lorbeer-Blätter und Rosmarin-Sträußlein; decket das Tüchlein darüber/ und schlaget es zusammen/ daß es wie viereckicht wird; leget unten und oben einen Teller/ und beschwehrt den obern mit einem Stein/ und laßt es also ein oder zwey Tage lang pressen; es muß aber formiret werden/ wie ein viereckichter Käs: Wann man es dann verspeisen will/ schneidet man dinne Blätzlein davon/ giesst Oel und Essig darüber/ und streuet Pfeffer und würfflicht geschnittene Citronen Schelffen darauf.

97. Westphalische Hammen oder Schuncken zu zurichten.

Nimm einen Hammen oder Schuncken/ und wann du solchen in einem laulichten Wasser/ zwey oder drey mal abgerieben hast/ stercke ihn in einen grossen Hafen/ und ein wohl grosses Säcklein Heu-Blumen dazu/ geuß nochmal warm Wasser daran/ und

der also genannten Vor-Richten.

und lasse ihn so lang sieden / biß er weich wird; dann nimm selbigen aus dem Hafen heraus / löse die Haut rings herum ab / lege ihn in einen Keller / daß er daselbst wohl beschwehrt erkühle: Wann er erkaltet / bestreue ihn auf das Fett / unter der abgelösten Schwarten/ rings herum mit Ingber / Pfeffer und Negelein / lege Salbey und Majoran darauf / ziehe die Haut wiederum darüber / beschwehre ihn nochmal so lang/ biß er zu Tisch getragen wird.

98. Bratwürste in Zwiebeln zu kochen.

Ziehet frische Bratwürste durch ein Wasser / legts in einen stollichten Hafen/ giesset halb Wasser halb Fleischbrüh darüber / und laßt sie also sieden; wann sie dann eine viertel Stund gesotten haben / brennet ein Löffelein voll Mehl daran / giesst ein wenig Essig dazu / streuet Pfeffer / Ingber / ein gut theil länglicht-geschnittene oder gantze kleine Zwiebelein / und etwas klein-geriebenen Rimpffel-Käs oder Pfeffer-Kuchen darein/ laßt alles zusammen ferner sieden / daß es ein dicklichtes Brühlein wird.

99. Das Fleisch gut einzusaltzen.

Nachdem man viel Fleisch hat/ muß man viel Saltz nehmen/ und unter zwey Diethäufflein/ oder einen viertel Metzen Saltz/ zwey Loth klein-zerstossenen Salpeter mischen/ und das Fleisch damit wohl einreiben; hernach in ein Schaff oder Küfflein legen/ und auf eine jede Lag Fleisch /vom obigen Saltz darauf streuen/ oben ein Bret darauf legen / mit Steinen beschwehren/ zwey Tage lang stehen lassen/ und warten biß es ein wenig Brühe gibt: Dann macht man ein Saltzwasser an/ und schüttets über das Fleisch/ so wird dasselbige schön roth.

100. Fleisch

100. Fleisch gut einzusaltzen/ auf andere Art.

Fürnemlich wird ein reines Wasser in einen Topff oder Hafen gegossen/ hernach ein neu-gelegtes Ey samt der Schalen darein gelegt/ Saltz in das Wasser geworffen/ und stetig dazu umgerühret: Wann nun das Ey in die Höhe steiget/ und also schwimmend verbleibet/ so ist das Wasser gesaltzen genug. Alsdann kan man das Ey wieder heraus nehmen/ und das Wasser über das Fleisch giessen/ so wird es recht am Saltz seyn/ und das Fleisch auf diese Art schön roth werden.

101. Ein Fleisch recht einzusaltzen und aufzudörren.

Erstlich wird das Fleisch mit einem warmen Saltz wohl eingerieben/ alsdann in ein Fäßlein oder Schäfflein/ Lag-weiß eingeschlichtet/ jede Lag noch mehr mit Saltz bestreuet/ und das Fleisch hernach beschwehrt/ daß die Sultzen oder das Wasser darüber gehe: Wann nun keine Sultze oder Brüh mehr darüber gehen will/ kan man eine andere mit Saltz und Wasser anmachen/ darüber giessen/ und also zehen Tage daran stehen lassen; hernach das Fleisch mit der Sultze fein reinlich abwaschen/ aufhängen/ mit Wachholder-Stauden wohl durchrauchen/ und also ferner dorren lassen/ biß es recht ist.

Neundter

Neundter Theil/
begreiffend das gesotten- und gedämpffte
Gestüg/ Wildpret und Fleisch.

1. Hüner und Capaunen zu zurichten/daß sie schön weiß werden.
2. — — — — zu sieden.
3. — — — — wann sie alt sind/ zu sieden.
4. — — — — im Reinfal.
5. — — — — in einer Mandel-Brüh.
6. — — — — auf andere Art.
7. — — — — noch auf andere Weise.
8. — — — — in Mandeln uñ Meerrettig.
9. — — — — in einer Citronen- oder Pomerantzen-Brüh.
10. — — — — auf andere Art.
11. — — — — in einer Limonien-Brüh.
12. — — — — in einer Cappern-Brüh
13. — — — — in einer Agrest oder Stachelbeerlein-Brüh.
14. — — — — auf andere Art.
15. — — — — noch anderst.
16. — — — — in einer Petersilien-Brüh.
17. — — — — in einer Schnittlauch-Brüh.
18. Hüner und Capaunen im Reiß.
19. — — — — in Nudeln.
20. — — — — in Knötlein / oder Glößlein.
21. — — — — in Eyerdottern.
22. — — — — in einer Leber-Brüh.
23. — — — — in einem Gehäck.
24. — — — — in Speck.
25. — — — — in einer Böhmischen-Brüh.
26. — — — — süß eingebickt.
27. — — — — auf andere Art.
28. — — — — sauer eingebickt.
29. — — — — gedämpfft.
30. — — — — auf andere Art.
31. Hüner und Capaunen gefüllt.
32. — — — — auf andere Art.
33. — — — — daß man sie kalt essen könne.
34. Ein Garten-Hünlein.
35. Ein Fricassé.
36. — — auf andere Art.
37. Tauben zu dämpffen.
38. — — — — auf andere Art.
39. — — — — noch anderst.
40. — — — — auf eine noch andere Art.
41. — — — — auf Welsche Weise.
42. Rebhüner zu dämpffen.
43. — — — — auf andere Art.
44. Schnepffen zu dämpffen.
45. Wilde

45. Wilde Enten zu dämpffen.
46. Vögel zu dämpffen.
47. — — — auf andere Art.
48. — — in Weintrauben.
49. Einen Hasen zu dämpffen.
50. — — — — auf andere Art.
51. — — — in einer Böhmischen Brüh.
52. — — Rebschlegel zu dämpffen.
53. — — auf andere Art.
54. Schweinen Wildpret lang aufzubehalten.
55. Allerley Wildpret in einer süssen Brüh.
56. — — — — auf andere Art.
57. — — — — in einer Citronen-Brüh.
58. — — — — in einer Limonien-Brüh.
59. — — — — auf andere Art.
60. — — — — in einer Oliven-Brüh.
61. — — — — in einer Zwiebel-Brüh.
62. — — — — auf andere Art.
63. — — — — in einer schwartzen Brüh.
64. — — — — im Pfeffer.
65. — — — — auf andere Art.
66. — — — — noch anderst.
67. — — — — auf Wienerisch.
68. Rindfleisch in lauterer Brüh abzusieden.
69. — — — in einer Rosin-Brüh.
70. — — — in einer Limonien-Brüh.
71. — — — in einer eingesaltzenen Gurcken- oder Kimmerling-Brüh.
72. — — — in einer Petersilien-Brüh.
73. — — — in einer weissen Petersilien-Brüh.
74. — — — in einer Zwiebel-Brüh.
75. — — — — auf andere Art.

76. Rindfleisch in einer Knoblauch-Brüh.
77. — — — in einer Seller-Brüh.
78. — — — — Wachholder-Brüh.
79. — — — — Salbey-Brüh.
80. — — — — Majoran-Brüh.
81. — — — — Coriander-Brüh.
82. — — — im Pfeffer.
83. — — — abgetrocknet / in einer Brüh.
84. — — — — auf andere Art.
85. — — — so gesaltzen zu kochen.
86. — — — auf sonderliche Art zu zurichten.
87. — — — auf andere Weise besonder zu kochen.
88. — — — auf eine andere ungemeine Art.
89. — — — noch anderst zu zurichten.
90. Einen Riemen oder Lendbraten zu dämpffen.
91. — — — — auf andere Art.
92. — — Essig-Braten zu dämpffen.
93. — — Prisilln zu dämpffen.
94. — — Kalb-Schlegel oder Kalbs-Keule besonders zu zurichten.
95. Kalb- oder Lamms-Fleisch in einem Gebäck.
96. — — — auf besondere Art zu kochen.
97. — — — in einer Citronen-Brüh.
98. — — — in einer gelben Limonien-Brüh.
99. — — — in einer weissen Limonien-Brüh.
100. — — — auf andere Art.
101. — — — in einer Cappern-Brüh.

102. Kalb-

gedämpfften Geflügs/ Wildprets und Fleisch. 419

102. Kalb= oder Lamms=Fleisch in einer Agrest= oder Stachelbeerlein=Brüh.	122. Kalb= oder Lamms Fleisch in einer süssen Brüh
103. — — — — auf andere Art.	123. — — — — besonders zu zu= richten.
104. — — — — auf noch ande= re Weise.	124. — — — — noch auf eine un= gemeine Art zu zurichten/ein ge= marttert Fleisch genannt.
105. — — — — in einer Petersilien= Kraut= Brüh.	
106. — — — — auf andere Art.	
107. — — — — in einer Wurtzel= Brüh.	125. Ein Kalbs oder Schöps= Rücke.
108. — — — — in einer Rosmarin= Brüh.	126. — — — — in einer Kümmel Brüh.
109. — — — — auf andere Art.	127. — — — — in einer Agrest= Brüh.
110. — — — — in einer Majoran= oder Maseran= Brüh.	128. — — — Keule zu sieden.
111. — — — — auf andere Art.	129. Ein Zwiebel=Braten.
112. — — — — in einer Negelein= Brüh.	130. — — — — auf andere Art.
	131. — — — — auf polnisch.
113. — — — — auf andere Art.	132. Geiß=oder Ziegen= Fleisch einzu= bicken.
114. — — — — noch anderst.	133. — — — — zu dämpffen.
115. — — — — auf Niederlän= disch.	134. Ubergebliebenen Rindfleisch zu zu= richten.
116. — — — — noch anderst.	135. — — — — auf andere Art.
117. — — — — im Speck.	136. — — — — noch anderst.
118. — — — — auf andere Art.	137. — — — Schaf=oder Kalbs= Fleisch.
119. — — — — noch anderst.	138. Kalten Braten einzuschneiden.
120. — — — — geröstet in einer Brüh.	139. — — — — auf andere Art.
121. — — — — eingebickt.	140. — — — — auf eine noch andere Weise.

✻✻✻✻✻✻✻✻✻✻✻✻✻✻✻✻✻✻✻✻✻✻✻✻✻✻

1. Hüner oder Capaunen zu zurichten/ daß sie weiß und mild werden.

WAnn die Hüner oder Capaunen gewürgt sind / kröpfft und wascht sie schön aus/damit das Blut wohl heraus komme; werffet sie hernach wieder in ein frisches Was= ser/ und lasts darinnen ligen/ wo es anderst die Zeit lei= det/ biß sie genug erkaltet/ehe sie noch gebrühet worden/

Ggg ij   dann

dann am ersten erkalten ist am meinsten gelegen; hernach brühets/ aber nicht zu heiß/ dann das Wasser darff nicht sieden/ weil die Haut sonst davon zusammen schlupffet/ und daß Geflüg nicht schön weiß wird / man muß auch gemach mit umgehen / daß man die Haut nicht zerreisst: Wann nun die Federn alle herab gezupfft worden/ nehmet ein reines laulichtes Wasser/ waschet und reibet es schön darinnen ab/ damit die gelbe Haut gantz rein herunter komme/ vergesset auch nicht die Füsse abzuziehen/ und die Augen auszustechen/ ingleichen schneidet sie nicht zu weit auf/ ziehet die Gedärme fein gemach heraus/ greiffet nach dem Magen und der Lebern hinein/ daß ihr sie wohl ablöset/ und mit der Galle recht heraus bringen könnet/ und gleichwol das Hun oder den Capaun dabey nicht zu weit aufreisset; hernach waschet sie einwendig schön/ und stecket ihnen die Flügel unter/ ists dann ein gemeines Hun/ so stecket die Füsse einwendig hinein. Dem Capaunen aber lasset die Füsse gestreckt/ wann sie gesotten werden sollen; werden sie aber gebraten/ so sihet es zierlicher/ wann mans mit hölzernen Zwecklein neben hinauf steckt/ wiewol es manche zum Braten auch nur gestreckt lassen: Alsdann last sie noch länger im frischen Wasser ligen/ und so kan man folgends alle Hüner/ die zu kochen unter die Hand kommen / zubereiten; nehmet auch in acht/ wann man ein Hun abwürget/ daß es mit gelegener Zeit einen Tag vorhero gewürget werde/ so wird es nicht zähe. Ist aber eine grosse Hitz / daß man vermeinet/ und befürchtet / sie möchten über Nacht roth werden / so last es nur in einem hölzernen Schaff mit frischen Wasser/ darein man noch mit keiner blossen Hand kommen/ ligen/ bindet das Schaff mit einem Tuch zu/ damit kein Lufft darein gehe/ so bleiben sie biß auf den andern Tag schön und weiß.

2. Capaunen oder Hüner schön weiß zu sieden.

SEtze ein Rindern Schlößlein oder Wurtzel in einem Hafen zum Feuer / saltze es aber nicht/ und verfaume es schön rein mit einem hölzernen Löffel/ welcher mit einem reinen Tuch umbun-

gedämpfften Geflüg/ Wildpret und Fleisch.

umbunden ist / dann also läst sich der Faum auf das schönste mit abnehmen / und soll alles Fleisch schön weiß bleiben/ wann man es mit einem hölzernen Löffel verfaumet; salzet hernach den Capaunen oder das Hun/ wann es schön gebrühet und gewaschen; einwendig thut ganze Muscat-Blumen hinein / legts in die schon verfaumte Brühe / und laßt es gemach sieden / verfaumet es auch mit dem hölzernen Löffel/ und lasset den Capaun ungefehr eine oder anderthalb Stunden lang sieden / nachdem er alt ist / ein junges Hun aber nicht viel über eine halbe Stund ; wanns nun die Helfft gesotten hat/ nehmet es heraus/ legts in eine Schüssel mit kalten Wasser/ wischet mit einem reinen Tüchlein den Faum überall herab/ und seihet die Brühe/ darinnen sie gesotten haben/ durch ein häriges Sieblein/ wieder in einen andern reinen Hafen/ (welchen man zuvor mit Wasser bey dem Feuer stehend haben kan/ damit es hernach heiß seye/ und so dann gleich wieder zu sieden anfange/) leget den Capaun oder das Hun wieder darein/ und laßt es folgends gar sieden/ wanns gesotten ist / legts in eine Schüssel / zuvor aber ehe man es anrichten will / salzt es : damit aber auch die Brüh genug gesalzen werde/ gießet sie darüber/ und streuet Muscaten-Blühe darauf.

❀ ❀ ❀

Oder:

Man kan auch auf diese Weise / nachdem die Hüner und Capaunen reinlich gewaschen/ selbige mit einem siedenden Wasser/ innen und aussen/ anbrühen/ so wird das blutige alles davon kommen/ dann einwendig salzen/ auch Muscaten-Blumen dazu hinein thun/ hernach solche in einen schönen neuen Hafen legen/ halb siedend Röhren-Wasser und Fleischbrühe daran giessen/ und also sieden lassen/ oder aber in lauter siedenden Röhren-Wasser/ ohne Fleischbrühe / zusetzen. Wiewol manche Leute selbiges auch nur im blossen kalten Röhren-Wasser gleich zusetzen/ stehet also beedes in eines jeden belieben.

3. Alte Hüner zu sieden / davon man auch die Brühe trincken kan.

SEtze ein Stuck Rindfleisch / samt einem guten Schlößlein / zum Feuer / saltze es aber nicht hart / hingegen verfaume es schön / und seihe die Brüh durch ein reines Tüchlein; wann nun das alte Hun gebrühet / und erst=gedachter massen schön zubereitet ist / kan man selbiges / so es beliebt / mit einem siedenden Wasser anbrühen / daß das blutige schön rein davon komme / hernach einwendig saltzen / Muscat-Blumen darein stecken / zu dem Rindfleisch in die Brühe / welche schön rein abgeseihet und verfaumet ist / hinein legen / samt dem Fleisch sieden lassen / biß es weich wird / und alsdann mit demselben anrichten: Will man aber die Brühe davon trincken / so nehmet das Fette davon genau herab / und lasset es erkalten; solte sie aber vor eine Kindbetterin dienen / kan man eine Hand voll rother Kichern / und ein Stücklein von einem Rind= oder Ochsen-Niern zugleich mit sieden lassen.

4. Capaunen oder Hüner in Reinfal.

BEreite den Capaun oder die Hüner / wie oben gemeldt / sieds hernach in halb Wasser halb Wein / samt ein wenig Ochsen-Marck / oder einem guten so genannten Schlößlein / saltze sie einwendig; wann sie nun halb gesotten haben / nimm das Fette davon herab / und gieß einen Reinfal in die Brüh / würff auch ein wenig Ingber / Muscatblüh und Zimmet darein / und deck es fleissig zu / laß also bey dem Feuer gar gemach sieden: Lege dann gebähte Semmelschnitten in eine Schüssel / streue Trisanet darauf / richte ein theil der Brühe darüber / den Capaun aber / oder die Hüner / lege darauf / bestreue sie mit würfflicht=geschnittenen Citronen=Schelssen / und trags zu Tisch.

5. Hü=

gedämpfften Geflüg/ Wildpret und Fleisch.

5. Hüner oder Capaunen in einer Mandel-Brüh.

Lasset die Hüner in lauterer Brühe sieden / wann sie dann bald weich sind / stosset abgezogene Mandeln / hacket die Leber von dem Hun / rühret zwey Eyerdottern / wie auch ein wenig Semmel-Mehl daran; treibts samt den Mandeln mit der Hüner-Brühe durch einen Seiher oder Sieblein / und würtzt es mit Cardamomen und Muscaten-Blühe / seihet aber die lautere Brüh von dem Hun oder Capaun ab / legts in einen stollichten Hafen / und giesst die Brüh mit den Mandeln darüber; alsdann last es noch ein wenig / und zugleich / wann es beliebt / gegen die letze klein länglicht-geschnittene / oder klein gehackte Mandeln / mit aufsieden / werffet auch kurtz zuvor / ehe ihr es anrichtet / ein wenig Butter darein: alsdann leget die Hüner oder den Capaun in eine Schüssel / und richtet die Brüh darüber.

6. Hüner oder Capaunen in einer Mandel-Brüh/ auf andere Art.

Hacke das Fleisch von einem Hun oder Capaun / stosse abgezogene Mandeln / thue das Fleisch / wie auch ein Stücklein weiß-gebähtes Brod dazu / und stoß es ferner wohl unter einander; treibs mit der Hüner-Brühe durch / gieß hernach ein wenig Wein daran / würtz es mit Ingber / Pfeffer / Muscatblüh / und wenn du wilt / ein wenig Zimmet und Zucker; laß es also mit einander sieden / würff ein wenig Saltz darein / und wann die Hüner gesotten seyn / legs in eine Schüssel / und richte die Brüh darüber.

7. Hüner oder Capaunen in einer Mandel-Brüh / noch auf eine andere Weise.

Siedet das Hun oder den Capaun in halb Wein halb Fleisch-brühe / saltzet es auch vorhero etwas einwendig ein / und macht indessen nachfolgende Brüh zusammen: Erstlich nehmet einen Schnitten weiß-gebähtes Brod / stosset abgezogene Mandeln klein /

und

und siedet das gebähte Brod mit den gestossenen Mandeln in halb Wein halb Fleischbrühe/ treibts durch einen Seiher/ würtzet es mit Zucker/ Trisanet/ und wann man will/ ein klein wenig Saffran/ giesset auch etwas von süssen Wein daran/ laßt es aufsieden: Leget die abgesottene Hüner in eine Schüssel/ und richtet diese Brüh also siedend darüber an.

8. Hüner oder Capaunen in Mandeln und Krån oder Meerrettig.

BEreitet und siedet die Hüner oder Capaunen/ wie ein und andermal schon gedacht/ daß sie schön weiß werden; hernach reibet den Meerrettig/ stosset Mandeln klein/ und mischets darunter/ giesst auch Fleischbrüh oder dicke Milch daran/ laßt es einen Sud aufthun/ und richtet es über die gesottene Hüner oder Capaunen in eine Schüssel.

9. Hüner oder Capaunen in einer Citronen- oder Pomerantzen-Brüh.

BEreite und siede die Capaunen oder Hüner auf obangezeigte Weise; wann sie nun ein wenig in ihrer eigenen lautern Brühe gesotten haben/ seihe selbige ab/ lege die Hüner oder Capaunen in einen stollichten Hafen oder Pasteten-Tiegel/ gieß einen Wein daran/ schneide Citronen oder Pomerantzen/ welches von beeden beliebt/ zu dinnen und runden Plätzlein/ wann zuvor die äusserste Schelffen bereits davon geschnitten worden/ weil es sonst zu bitter wird/ oder man kan auch nur das Marck von Citronen und Pomerantzen dazu gebrauchen/ laß es mit einander sieden/ biß die Hüner weich werden; indessen bähe einen Semmel-Schnitten/ die Leber aber von den Hünern oder Capaunen hacke klein/ wie auch noch mehr Marck von Citronen oder Pomerantzen/ welche man von beeden erwehlet: Diese drey Stuck zerstosset durch einander/ seihet ein wenig von der Hüner-Brüh/ darinnen sie zuletzt gesotten haben/ herab/ treibet oder zwinget das zerstossene mit durch/ und giesset dann diese durch-gezwungene Brüh wieder an die Hüner oder Capaunen/ würtzet sie

gedämpfften Geflüg/ Wildpret und Fleisch. 425

ßet sie mit Ingber/ Pfeffer/ Muscatblüh und Cardamomen/ auch wann man will/ nur ein klein wenig Zucker/ lasset es also noch etwas zusammen auffsieden; werfft zuletzt ein Stücklein Butter darein/ legt die Hüner oder Capaunen in eine Schüssel/ richtet die Brüh darüber/ und bestreuet sie mit würfflicht-geschnittenen Citronen- oder Pomerantzen-Schelffen.

10. Capaunen oder Hüner in einer Citronen- oder Pomerantzen-Brüh/ auf andere Art.

Nehmet die Brosamen von einer Semmel/ oder aber gebähte Semmel-Schnitten/ siedet sie in guter Fleischbrüh und ein wenig Wein; treibts alsdann durch/ drucket den Safft von Citronen oder Pomerantzen daran/ thut auch Pfeffer/ Ingber/ Muscatblüh/ Cardamomen und Zucker daran/ legt die Hüner/ so zuvor in ihrer eigenen Brühe halb abgesotten worden/ in einen stollichten Hafen/ giesst die durch-gezwungene Brühe darüber/ und laßt es mit einander sieden/ biß sie wohl weich werden: Leget zuletzt dinn-geschnittene Citronen-Plätzlein/ und ein Stück Butter darein/ laßt es noch einen Sud aufthun/ und richtet es an/ giesst die Brüh darüber/ leget oben darauf die Plätze/ und bestreuets mit klein-geschnittenen Schelffen von Citronen oder Pomerantzen.

11. Hüner oder Capaunen in einer Limonien-Brüh.

Siedet die Hüner oder Capaunen/ wie bekandt/ leget selbige/ wann sie bald gesotten sind/ heraus in einen weiten stollichten Hafen; thut ein weiß-gebähtes Brod/ und etwas würfflicht-geschnittene Limonien in ein besonders Häfelein/ giesst halb Wein halb Fleischbrüh daran/ und laßt es sieden; treibts durch/ ist es aber zu dick/ so helfft ihr mit ein wenig Wein oder Fleischbrühe/ will mans aber säuerlicht haben/ kan man etwas Essig dazu giessen; alsdann schneidet man noch eine Limonien zu Plätzlein/ und legts auch dazu/ und dergleichen würfflicht-geschnittene/ würtzets mit Cardamomen und Muscatblüh; will man es aber gelb haben/ wird es ein wenig mit Saffran gegilbt/ wo nicht/ kan man es auch also weiß lassen/ und in dieser weissen Brühe nur ein klein Löffelein sauren Milchram zerflössen/ giesst sie über die Hüner oder Capaunen in den stollichten Hafen/ last es gar gemach damit ferner sieden/ und thut/ ehe es zusammen angerichtet wird/ ein wenig Butter darein. Auf diese weise kan man auch die Lebern=Brüh machen/ und nur an statt der Limonien/ die Leber nehmen.

12. Hüner oder Capaunen in einer Cappern=Brüh.

Wann das Hun gebührender massen zubereitet ist/ zerschneidet dasselbe in vier Theile/ saltzt es ein wenig ein/ und röstets wohl im heissen Schmaltz/ daß es schön gelb wird; legts hernach in einen stollichten Hafen oder Tiegel/ giesset Wein und Fleischbrühe/ wie auch ein klein Tröpfflein Essig daran/ würtzet es mit Cardamomen und Muscatblüh/ röstet kleine Essig=Cappern/ samt ein wenig Semmel=Mehl/ oder an statt deß Semmel=Mehls nur ein Löffelein voll Mehl/ welches noch besser/ schön licht=gelb im Schmaltz/ mischt es darunter/ und zuckerts nach belieben/ doch also/ daß die Brühe ein wenig zängerlicht bleibe.

13. Hüner oder Capaunen in einer Agrest oder unzeitigen grünen Weintrauben=Beer=Brüh.

Bereitet das Hun wie bekandt/ saltzet es einwendig etwas ein/ und setzets in einer kalten Fleischbrühe zum Feuer/ last es sieden biß weich ist; leget hernach das Hun in einen Tiegel oder Hafen/ giesset Wein und die jenige Brühe/ darinnen das Hun zuvor gesotten hat/ darein/ thut nach belieben Agrest/ oder unzeitige grüne Weinbeer/ und Limonien=Plätzlein dazu/ würtzets mit Pfeffer und Muscatblühe/ deckets zu/ und lasts also dünsten; wann man es dann anrichten will/ leget einen guten Theil Butter darein/ und richtet diese Brüh zusamt dem Hun in eine Schüssel/ den Agrest aber/ oder die unzeitige Trauben/ zierlich um die Hüner herum/ und die Limonien=

gedämpfften Geflüg/ Wildpret und Fleisch. 427

nien-Plätzlein oben darauf/ das Brühlein aber muß wohl gewürtzt seyn / man kan auch Trisanet an die Brühe thun / und die Hüner ebenfalls damit bestreuen/ oder aber auf die Art dieser gleich hernach folgenden Brüh von Stachel-Beerlein zusammen machen.

14. Hüner oder Capaunen in einer Agrest oder Stachel-Beerlein-Brüh / auf andere Art.

Sjedet das Hun wie man es sonsten zu sieden pflegt; indessen nehmet weiß-geriebenen Brod / oder eine Semmel-Brosam/ oder auch gebähte Semmelschnitten/ giesst in einem Häfelein eine Fleischbrüh und etwas wenigs Essig daran; nehmet auch ein wenig halb-zeitige Stachel- oder Agrest-Beerlein / putzet und waschet selbige/ lassets also mit einander sieden / biß das Brod und die Beerlein weich sind/ zwinget sie durch/ und thut ein paar Löffel voll sauren Milchram daran / würtzt es auch mit Cardamomen und Muscatblüh/ mischet noch mehr gantze Stachelbeerlein darunter/ lasst also diese Brühe noch einmal / zuletzt aber ein Stück Butter / mit auffsieden / und richtets dann über die Hüner oder Capaunen. *

15. Hüner oder Capaunen in einer Agrest oder Stachel-Beerlein-Brüh/ noch anderst.

Stoß Agrest- oder Stachel-Beerlein in einem Mörsel/ ingleichen hacke auch die Leberlein von Hünern oder Capaunen; treibe sie mit ein wenig Fleischbrüh durch/ würff ein Stücklein Butter/ und zuletzt etliche gantze Stachelbeerlein/ darein/ würtz es mit Ingber/ Pfeffer/ Muscaten-Blüh und Cardamomen/ laß die Brüh auffsieden / thu zu letzt ein Stuck Butter hinein ; siedet inzwischen

Hhh ij   Hüner

* Wer will/ kan das Hun aus seiner eigenen Brühe heraus nehmen/ in einen stollichten Hafen legen/ und mit Zugiessung dieser zusamm-gemachten Brüh/ entweder einen Sud aufthun lassen/ oder aber diese Brüh besonders in einem Häfelein sieden/ und alsdann über das Hun in der Schüssel anrichten ; doch muß man zu letzt/ so wol auf diese als jene Art/ in der Brühe ein Stück Butter mit auffsieden lassen.

Hüner oder Capaunen ab/ entweder in einer Fleischbrüh/ oder auch nur im Wasser/ seihet/ wann sie genug gesotten/ die Brüh davon ab/ legt die Hüner oder Capaunen in eine Schüssel/ und richtet die zuvor zusamm-gemachte/ und besonders gesottene/ Agrest-oder Stachelbeerlein-Brüh darüber.

16. Hüner oder Capaunen in einer Petersilien-Brüh.

Siedet die Hüner oder Capaunen/ aber nicht zu weich/ damit sie in nachfolgender Brüh noch einen Sud thun können; hacket hernach Petersilien-Kraut klein/ thut es zusamt einen Semmel-Mehl in einen stollichten Hafen/ giesset Fleischbrüh daran/ würtzets mit gut-und scharffer Gewürtz/ leget die Hüner darein/ und lassets ferner sieden/ biß sie weich werden: Oder aber machet die Brüh besonders zusammen/ leget die gesottene Hüner oder Capaunen in eine Schüssel/ und giesst dann die Brüh darüber/ last aber zuvor ein Stück Butter darinnen mit aussieden.

17. Hüner oder Capaunen in Schnittlauch oder Schnittlingen.

Wann die junge Hüner oder Capaunen auf offt-gemeldete Art zubereitet worden/ schneidet sie zu Vierteln/ waschet/ saltzet und würtzet sie/ thut auch/ nach belieben/ Kalbs-Briese dazu/ mischet sie in einen stollichten Hafen oder Tiegel zusammen/ giesset Wasser daran/ und last es wohl verfäumen und abschipffen; nehmet dann beedes heraus/ legts in eine Schüssel/ seihet das Wasser/ darinnen sie gesotten haben/ durch ein reines Tüchlein/ und wischet den stollichten Hafen oder Tiegel auf das reinlichste aus/ schlichtet dann die Briese/ und Viertel von denen Hünern oder Capaunen/ ordentlich wiederum hinein/ und würtzet jede Lag derselben mit Cardamomen/ Muscaten-Blüh/ Pfeffer/ und klein-geschnittenen/ zuvor gewaschenen Schnittlauch oder Schnittlingen/ und giesset dann die zuvor durchgeseihte Brüh darüber/ last alles zusammen sieden/

gedämpfften Geflüg/ Wildpret und Fleisch. 429

sieden/ biß die Hüner weich sind: Wann ihr sie nun anrichten wollet/ verklopffet zuvor etliche Eyerdottern/ rühret sie mit etwas lauterer Brüh/ darinnen die Hüner oder Capaunen gesotten/ wohl an/ und richtet sie dann darüber: Nehmet aber auch von zwey oder drey hart-gesottenen Eyern die Dottern heraus/ hacket selbige klein/ vermischet sie mit frischem klein-zerschnittenem Schnittlauch/ und streuet sie oben darauf/ auf den Rand der Schüssel aber gröblicht-zerstossene Muscaten-Blüh.

18. Hüner oder Capaunen im Reiß.

Kochet dem Reiß in einer Fleischbrühe auf eben solche Art/ wie selbiger im andern Theil Num. 80. zu finden/ jedoch nur biß auf die Helffte ab/ das Hun oder den Capaun aber siedet gleichfalls nur zur Helfft; legts alsdann unter den Reiß/ und lasts zusammen mit einander völlig abkochen/ doch also/ daß das Hun oder der Capaun nicht gar zu weich werde: Thut aber zuletzt ein gutes Stuck Butter und Muscatblühe daran/ und richtets in eine Schüssel.

❂ ❂ ❂

Oder:

Man siede das Hun oder den Capaun absonderlich und gantz allein schön weiß ab/ den Reiß aber brühe man auch besonders vier oder fünff mal mit siedenden Wasser an/ seihe dann solches wieder davon/ und setze ihn im siedenden Wasser zu/ biß er mehr als halb gesotten; hierauf seihet das Wasser ab/ giesset dagegen eine gute siedende Fleischbrüh daran/ lasset solchen gar sieden/ würtzet ihn auch wie sonsten/ laßt zuletzt ein gut Stuck Butter mit aufsieden: Leget das Hun in eine Schüssel/ und richtet den Reiß darüber an.

19. Hüner oder Capaunen in Nudeln.

Siedet das Hun oder Capaunen schön weiß/ indessen machet und kochet die Nudeln/ wie selbige im andern Theil Num. 28.

Hhh iij   bey

bey dem Hader- und Nudel-Mus beschrieben worden: Wann dann das Hun oder der Capaun genug gesotten sind/ legts in eine Schüssel/ richtet die Nudeln darüber/ streuet auch Muscaten-Blüh darauf/ und tragts zu Tisch.

20. Hüner oder Capaunen in Glößlein/ Knöpfflein oder Knötlein.

Die Hüner oder Capaunen werden nur im Wasser schön weiß abgesotten / ein wenig Muscaten-Blüh darein gethan und gesaltzen ; indessen macht man Glößlein oder Knötlein an/ entweder grüne/ rothe oder weisse ; man kan sie auch ein wenig länglicht/ wie Würstlein/ formiren: es werden aber die Grüne Knötlein von Petersilien-Kraut gemacht / und zwar dasselbige klein zerhackt/ und ein geriebenes Semmel-Mehl / zusamt dem gehackten Petersilien-Kraut/ in ein wenig zergangener Butter angerühret/ Eyer darein geschlagen / mit Pfeffer/ Cardamomen und Muscaten-Blüh gewürtzet/ Glößlein oder Knötlein daraus formiret / in eine siedende Brüh geleget / und also gesotten. Die Rothe Knötlein macht man von Krebsen also : Man siedet die Krebse/ schählet sie aus/ und hackets klein ; dann wird das Beste von den Schalen zerstossen / in Butter geröstet / und die Butter / welche davon gantz roth wird / durchgezwungen/ in einen Napff gethan/ ein wenig Semmel-Mehl und die gehackte Krebse darunter gerühret/ ein Ey darein geschlagen/ mit Cardamomen und Muscaten-Blüh gewürtzet / Knötlein oder Glößlein daraus gemacht/ und in einer siedenden Brüh gleich denen obigen abgesotten. Die Weisse Knötlein werden auf diese weise zubereitet : Nehmet von einem Hun das weisseste Fleisch fürnemlich von der Brust/ zerhacket selbiges klein/ rührt es zusamt einem geriebenen Semmel-Mehl in eine zerlassene Butter/ schlaget das Weisse von einem Ey daran/ würtzt es mit guter Gewürtz/ macht Knötlein daraus/ und siedet sie in einer Fleischbrüh wie die obigen. Wann nun diese dreyerley Arten der Knötlein / ingleichen auch die Hüner oder Capaunen gesotten haben/ leget diese letzere / nemlich die Hüner

gedämpfften Geflüg/ Wildpret und Fleisch. 431

ner oder Capaunen in eine Schüssel/ und selbige über und über/ ingleichen auch den Rand der Schüssel mit diesen drey=färbigen Knötlein/ giesst eine Fleisch= oder Knötlein=Brüh/ welche beliebt/ darüber/ und traget sie dann zu Tisch. *

21. Hüner in Eyerdottern.

NEhmet die reinlich abgebrüht und gepuzte Hüner/ schneidets zu Vierteln/ salzt und röstets im Schmalz/ daß sie schön gelb werden; giesst dann in einen stollichten Hafen ein wenig Fleischbrüh/ Wein und Essig daran/ zuckert und würzets nach belieben/ und last sie also sieden: Indessen zerklopffet zu zweyen Hünern zwey Eyerdottern/ giesset von der siedenden Hüner=Brüh daran/ und zerrühret sie wohl: Leget dann die Hüner in eine Schüssel/ giesst die Brüh darüber/ streuet Trisanet darauf/ und beleget sie mit Plätzen oder Scheiben von Citronen.

22. Hüner in einer Leber=Brüh.

WAschet und schneidet die Hüner in vier Theil/ salzet und röstet sie ein wenig im Schmalz/ übersiedet auch die Leberlein/ last sie nur ein und andern Wall thun/ und hackets hernach klein; siedet auch die Brosam von einem Weck oder Semmel in halb Wein/ halb Fleischbrüh/ treibet das gehackte damit durch/ giesst noch mehr Wein und Fleischbrüh hinzu/ würzet es mit Ingber/ Pfeffer/ Cardamomen und Muscaten=Blüh/ legt die geröstete Hüner in einen stollichten Hafen oder Pasteten=Tiegel/ giesst diese durchgezwungene Brüh daran/ last es ferner alles zusammen sieden; thut zuletzt ein Stuck Butter darein/ richtets dann an/ und bestreuets mit klein= und würfflicht=geschnittenen Citronen=Schelffen.

23. Hü=

* Wer die Müh mit diesen dreyerley Knötlein oder Glößlein nicht aufwenden will/ kan sich auch nur allein ein=oder anderer derselben Gattung bedienen.

23. Hüner oder Capaunen in einem Gehäck.

LAst ein Stuck Kalbfleisch / (wozu das jenige / so von einer Kalbs-Keule oder Schlegel herab gehauen worden / das beste ist/) eine viertel Stund lang sieden / hackt es dann zusamt ein wenig Marck wohl klein; thut es in einen Pasteten-Tiegel oder stollichten Hafen / streuet ein wenig Semmel-Mehl dazu hinein / wie auch klein-und würfflicht-geschnittene Limonien / Pfeffer / Cardamomen und Muscaten-Blüh / giesst eine Fleischbrüh / wie auch ein wenig Wein und Essig daran / legt die Hüner oder Capaunen / nach dem sie zuvor auf das schönste gebrühet und gewaschen / auch eingesaltzen und gewürtzet worden / darein / decket den Tiegel oder Hafen fleissig zu / und laßt es also mit einander eine Stund lang kochen und dampffen; zuletzt aber werfft mitten im Sud ein Stuck Butter darein: Wer aber das Gehäck gern süß haben wolte / kan es nach belieben zuckern; im anrichten aber pflegt man gemeiniglich klein-geschnittene Citronen-Schalen darauf zu streuen. *

24. Hüner oder Capaunen im Speck.

ZErschneide die Hüner oder Capaunen zu Stucken / wasche / saltze und röste sie im Schmaltz; legs in einen stollichten Hafen oder dreybeinichten Topff / gieß halb Wein halb Fleischbrüh daran / laß eine halbe Stund sieden / setze aber eine Semmel in einem andern Häfelein mit Fleischbrüh besonders zu / laß sieden / zwings durch / und gieß die Brüh zu den Hünern oder Capaunen / doch muß deß durchgezwungenen Brods nicht gar zu viel seyn / sondern daß die Brüh nur ein wenig davon dicklicht werde; streue allerley gute Gewürtz darein / schneide dann etwan ein viertel Pfund Speck würfflicht / laß ihn aus / doch also / daß die Grieben nicht gar zu dürr werden / sondern noch etwas safftig bleiben / gieß das Schmaltz davon

---

* Dieses Gehäck kan man auch / nach belieben / über Tauben / und allerley Fleisch machen; auch / nach gefallen / an und vor sich selbst auftragen und geniessen.

gedämpfften Geflüg/ Wildpret und Fleisch.

davon herab/ den Speck aber oder die Grieben brenne über die Hüner oder Capaunen in den Hafen / und laß also noch ein wenig sieden.

25. Hüner oder Capaunen in einer Böhmischen Brüh.

Erschneidet die Hüner oder Capaunen in vier Theile/ saltzets/ und laßt es in einer Fleischbrüh sieden/ stosset dann die Leber/ den Magen/ Füß und Hals/ wie auch einen Schnitten gebähtes Brod/ und so es beliebt/ ein und andere Petersilien-Wurtzeln; wann diese Stücke alle zuvor ein wenig abgesotten worden/ in einem Mörsel/ giesst die Brüh von dem gesottenen Hun darüber/ treibts durch ein Sieblein/ seihet das Hun ab/ und giesset diese durchgetriebene Brüh darüber/ würtzet sie mit Ingber/ Muscaten-Blüh und ein wenig Saffran/ werfft ein Stuck Butter dazu/ laßt es alles zusammen auffsieden/ und richtets denn an in eine Schüssel.

26. Süß eingebickte Hüner oder Capaunen.

Schneidet die Hüner oder Capaunen / wann sie bereitet sind/ in vier Theile/ saltzt sie hernach/ and röstets im Schmaltz biß sie wohl rösch werden; alsdann thut sie in einen Tiegel oder Hafen/ giesst halb Wein halb Fleischbrüh/ und ein wenig Rosen- oder Citronen-Essig daran/ laßt es also biß auf den halben Theil mit einander sieden; unterdessen siedet auch ein weiß-gebähtes Brod im Wein/ in einem besondern Töpfflein/ biß es weich wird/ treibts hernach durch an die Hüner/ daß die Brüh fein dicklicht wird/ (wiewol man auch an statt dieses durch-gezwungenen Brods/ ein im Schmaltz licht-eingebrenntes Mehl/ nehmen kan:) würtzet es mit Ingber/ Pfeffer/ Saffran/ Muscatblüh/ Cardamomen/ Trisanet/ und einem guten Theil Zucker/ drucket den Safft von Pomerantzen daran/ streuet auch klein- und würfflicht-geschnittene Schelffen von Citronen darein/ und lasset es mit einander sieden/ daß ein weniges

Brühlein verbleibe: Legts alsdann fein zierlich in eine Schüssel/ giesst die Brüh darüber/ und streuet Trisanet darauf; es muß aber die Brüh vom Gewürtz wohl scharff seyn.

27. Süß eingebickte Hüner oder Capaunen auf andere Art.

Röstet die Hüner oder Capaunen/ wie obgedacht/ zerviertheilet im Schmaltz/ giesset hernach Wein und Fleischbrühe daran/ reibet einen Lebkuchen/ thut ihn samt Zucker/ Trisanet/ Ingber/ Pfeffer/ Saffran und Cardamomen darein/ last alles mit einander sieden/ biß es recht ist: Alsdann richtets in eine Schüssel/ und streuet klein-und würfflicht-geschnittene Citronen-Schelffen darauf.

28. Sauer eingebickte Hüner oder Capaunen.

Zerviertheilet die Hüner oder Capaunen/ saltzt/ und röstet sie im Schmaltz; alsdann legts in einen Hafen/ giesset Wein/ Fleischbrüh und Essig daran/ streuet Semmel-Mehl/ Ingber/ Pfeffer/ Cardamomen/ Muscatblüh/ Saffran und Limonien/ theils klein- und würfflicht/ theils zu runden Plätzlein geschnitten/ darein/ last es gemach sieden/ richtets hernach an/ und die Brühe darüber/ die Limonien-Plätzlein aber leget oben darauf/ und tragts zu Tisch.

29. Gedämpffte Hüner oder Capaunen.

Brühet und richtet die Hüner oder Capaunen zu/ wie sie seyn sollen/ saltzt und würtzet sie einwendig/ thut solche in einen stollichten Hafen/ und ein wenig Semmel-Mehl darein/ giesset Wein/ Fleischbrüh/ etwas von Essig und Wasser daran/ deckets fleissig zu/ und last sie eine halbe Stund sieden; indessen schneidet Limonien halb klein- und würfflicht/ halb aber zu dinnen Plätzlein/ und thut sie gleichfalls dazu/ würtzets mit guter Gewürtz/ als Pfeffer/ Carda-

Cardamomen und Muscatblüh/ laßt sie noch eine gute weile mit einander sieden/ und druckt/ so es beliebt/ ein wenig Citronen-Safft daran; auf die letzt aber werfft ein gut theil Butter hinein: Richtet das Hun in eine Schüssel an/ gießt die Brüh darüber/ leget Limonien-Plätzlein darauf/ und bestreuet es mit dergleichen würfflicht-geschnittenen Schelffen.

30. Gedämpffte Hüner oder Capaunen/
auf andere Art.

Nehmet die bereitete Hüner oder Capaunen / bestecket sie mit Zimmet und Negelein/ saltzets einwendig/ thut auch eine gantze Muscaten-Blumen darein / legts in einen stollichten Hafen / gießet Wein daran / und laßt sie also eine viertel Stund lang dämpffen; reibet dann einen Lebkuchen/ gießet ein wenig Wein daran / daß er weiche / und treibt ihn hernach mit dem Wein durch/ darinnen das Hun gedämpffet hat / gießt es wieder an das Hun / thut Zucker und Trisanet dazu / druckt/ nach belieben / Citronen-Safft darein / und laßt selbiges noch eine viertel Stund dämpffen; alsdann richtets an / und streuet klein-geschnittene Citronen-Schelffen darauf.

31. Gefüllte Hüner oder Capaunen.

Wann die Hüner oder Capaunen gewürgt und geköpfft seyn/ so blaset oben am Hals hinein/ daß sich die Haut überal wohl ablöse; brühet sie hernach im heissen Wasser/ waschet und putzet sie/ so wol innen als aussen: hacket Petersilien-Kraut/ röstets im Butter/ mischet ein wenig Semmel-Mehl darunter/ schlaget Eyer daran/ daß die Füll schön lehn und dinnlicht bleibe/ würtzt es mit Ingber/ Pfeffer/ Cardamomen/ Muscatblüh und Saffran/ saltzts auch ein wenig/ und rührt alles wohl durch einander/ füllts hernach oben bey dem Hals in das Hun hinein / daß sie fein überal zwischen die Haut hin lauffe/ saltzet und würtzet alsdann auch die Hüner oder Capaunen einwendig / und nebet sie zu; legets hierauf in eine siedende Fleischbrüh/ laßts gemach/ und auf das längste/ eine gute halbe Stund be Stund sieden / daß sie nicht aufbrechen / klopffet endlich ein paar Eyerdötterlein / thut einen guten Theil Butter / wie auch Cardamomen und Muscatblüh daran: Leget letzlich die Hüner oder Capaunen in eine Schüssel / rühret die Eyerdottern mit der Brüh / worinnen die Hüner gesotten worden / an / und giesset sie darüber.

32. Gefüllte Hüner oder Capaunen / auf andere Art.

Erstlich muß man das Hun auf das schönste brühen / aber nicht gar zu heiß / damit die Haut nicht zusammen schrumpffe; hernach oben bey dem Hals mit einem Finger die Haut / biß hinunter auf die Brust / ablösen: dann hacket man das Leberlein / und röstets ein wenig in Butter samt etwas gehackten Petersilien-Kraut / und mischt beedes / zusamt einem geriebenen Eyerbrod / wohl untereinander / schlägt zwey Eyer daran / würtzets mit ein wenig Pfeffer / Cardamomen / Muscatblüh und Saltz: Wem es beliebt / der kan auch gewaschene Weinbeerlein oder Corinthen / und abgezogene klein-geschnittene Mandeln darunter nehmen / und so dann eine Füll anmachen / die nicht zu vest ist / selbige füllt man oben bey dem Hals / wo die Haut abgelöset worden / hinein / und streicht es auf der Brust wohl aus einander / nehet oder bindets mit einem Faden oben zu / saltzt und würtzt hernach die Hüner oder Capaunen / wie man sonsten pfleget; steckts dann an / und läst sie langsam abbraten / triefft sie auch zuletzt mit einer Butter / daß sie schön gisten / und legt sie dann in eine Schüssel: Will mans aber lieber gesotten haben / kan man selbige in einer Fleischbrüh / auf die kurtz vorher beschriebene Art / absieden / und eine Brüh von Eyerdottern darüber machen.

33. Hüner oder Capaunen zu zurichten / daß man sie kalt essen könne.

Siedet die Hüner in einer lautern Brüh ab / bähet Semmel-schnitten wohl braun / legts in eine Schüssel / giesst ein Glas Reinfal

Reinfal darüber / laſt es weichen / und treibts durch einen engen Durchſchlag oder Sieblein / thut es in ein Pfännlein oder Töpfflein/ würtzets mit Negelein/ Zimmet/ Ingber und Zucker/ laſt es alſo zuſammen ſieden / daß es ein dicklichtes Brühlein werde: Wann nun die Hüner genug geſotten / leget ſie in eine Schüſſel/ richtet die Brüh darüber/ laſt ſie kalt werden/ und ſtreuet dann/ wann man es auftragen oder genieſſen will/ Triſanet darauf.

34. Ein Garten-Hünlein.

Bereitet und putzt ein Hun wie es ſeyn ſoll/ ſaltzet es einwendig/ thut auch eine gantze Muſcaten-Blüh darein/ und legts in einen Tiegel / gieſſet eine kalte Fleiſchbrüh darüber/ ſetzet den Tiegel auf einen Roſt über eine Glut / und laſt es ſieden; inzwiſchen klopffet ungefehr ſechs Eyer/ nach dem der Tiegel groß iſt/ laſſet in einer beſondern Schüſſel ein Stücklein Butter zerſchleichen/ und rührts mit den Eyern an/ hacket auch Peterſilien-Kraut klein/ und rühret es mit ein wenig geriebenem Eyer-Brod darein/ daß es gantz lehn ſeye; und würtzet es mit Muſcaten-Blüh/ Cardamomen und Saltz: Wann nun das Hun eine halbe Stund in der lautern Brüh geſotten hat / gieſſet das angerührte um das Hun herum in den Tiegel/ und laſt es alſo noch eine viertel Stund mit demſelbigen ſieden: So man es aber zu Tiſch tragen will/ werffet noch ein Stücklein Butter darein/ ſtreuet Muſcaten-Blühe darauf/ und tragt es alſo in dem Tiegel zu Tiſch.

35. Eine Fricaſſé.

Man nimmt ein vörderes Viertel von einer Geiß oder Ziegen/ oder aber gar kleine junge Hüner; die Hüner ſchneidet man Viertel-weiß; ſind ſolche aber etwas groß/ ſo ſchneidet aus einem Viertel zwey Stücklein/ und zerklopffet die Beinlein wohl: Das Geiß- oder Ziegen-Viertel aber / wird ebenfalls in kleine Stücklein zerſchnitten: Wann es nun reinlich gewaſchen und zubereitet iſt/ ſo laſt in einem ſtollichten Hafen ungefehr zu einem Hun einen guten halben

halben Vierding oder achtel Pfund Butter zerschleichen/ jedoch also/ daß sie nicht lauter werde: Legt dann das Fleisch oder Hun/ welches zuvor ein wenig eingesaltzen werden muß/ hinein/ und schneidet ein einiges kleines Zwiebelein würfflicht/ werfft es auch dazu hinein in den Topff oder Hafen/ decket ihn gantz geheb mit einer Stürtzen zu/ und laßt es eine halbe Stund zusammen dämpffen; schwingts aber unterdessen ein mal oder etliche herum; solte der Brüh gar zu wenig daran seyn/ kan man noch etwas vom Wein und Wasser dazu giessen: indessen klopffet man ein oder zwey Eyerdottern/ schneidet ein gut theil Butter/ Stücklein-weiß/ darein/ würtzets auch mit Muscatblüh und Cardamomen/ klaubt und hacket dann ein wenig Petersilien-Kraut/ und rührt es zusamt der Butter und Gewürtz unter die Eyerdötterlein/ giesst die siedende Brüh von dem gedampfften Hun oder Fleisch geschwind daran/ richtet das Fleisch in eine Schüssel/ und giesst die Brüh darüber: Es muß aber wohl in acht genommen werden/ daß solches geschwind und bald geschehe/ damit es alles warm auf den Tisch komme/ dann es darff eine solche Fricassé auf kein Kohlfeuer gesetzt werden/ weil sonst die Eyer zusammen lauffen/ aber wol auf ein zinnenes mit siedenden Wasser angefülltes Becken/ wodurch man sie annoch in etwas gut und warm erhalten kan.

36. Eine Fricassé, auf andere Art.

Nehmet kleine junge Hüner/ welche schön gebrühet und gewässert seyn/ zerschneidet sie Viertel-weiß/ oder machet zwey Stuck aus einem Viertel/ saltzt und würtzet sie/ schneidet auch ein kleines Zwiebelein/ und ein einiges Zehlein von Knoblauch darein; laßt in einer Pfannen ein frisches Schmaltz oder Butter heiß werden/ und röstet die Hüner zusamt den Zwiebeln und Knoblauch darinnen/ biß die Hüner schön licht-gelb werden; dann giesst ein wenig Fleischbrüh und Wein daran/ druckt Citronen-Safft darauf/ würtzets mit allerley guter Gewürtz/ laßt alles mit einander sieden/ biß die Hüner wohl weich werden; indessen schwingt
es in

es in dem Topff etlich mal herum / daß alles recht unter einander komme/ werffet auch klein-geschnittene Citronen- und Pomerantzen-Schelffen darein / laßts zusamt ein wenig gehackten Petersilien-Kraut und Lorbeer-Blättern/ oder Rosmarin und Pertram-Kraut/ welches nemlich hievon beliebt/ auffsieden; drucket gegen die letzt noch ein wenig Citronen-Safft darein / welcher diese Fricasé gar annemlich macht: Indessen klopffet zu zweyen Hünern zwey oder drey Eyerdottern / schneidet ein wenig Butter darein / und giesset die siedende Brüh von den Hünern/ mit stetem Rühren/ an die Eyerdottern und Butter; richtet die Hüner in eine Schüssel/ giest die Brüh darüber/ und streuet klein-geschnittene Citronen-Schelffen darauf. *

37. Tauben zu dämpffen.

Wann die Tauben gerupfft / und allerdings zubereitet sind/ zerviertheilet dieselbige / saltzt und röstet sie hierauf im Schmaltz/ daß sie braun werden; legts hernach in einen Tiegel oder Hafen / giesset Wein und ein wenig Fleischbrüh daran/ schneidet auch abgezogene Mandeln/ Rosin und Weinbeerlein klein/ thut sie zu den Tauben in den Tiegel oder Hafen / und streuet Trisanet darauf/ laßt es dann alles eine halbe Stund wohl zugedeckt/ mit einander dämpffen: Alsdann richtets in eine Schüssel / und streuet würfflicht-geschnittene Citronen-Schelffen darauf.

38. Tauben zu dämpffen / auf andere Art.

Bereitet die Tauben allerdings zu/ wie bekandt/ schneidet selbige halb entzwey oder geviertelt / saltzet und röstet sie ein wenig im Schmaltz/ biß sie schön gelblicht werden; legts so dann in ei-

* Hiebey ist zu erinnern / daß wann die Hüner in der Pfannen im Schmaltz geröstet seyn/ man sie nur in einem stollichten Hafen oder Pasteten-Tiegel gar abkochen/ (da man zugleich / von welchen Kräutern es beliebt/ dazu thun mag/) oder auch wohl nur in einer Schüssel/ auf einem Kohlfeuer auffsieden lassen könne/ weil sie bißweilen einen Geschmack von der Pfannen an sich ziehen: So auch/ wann die Brüh mit den Eyerdottern angerührt worden/ darff man sie hernach nicht mehr auffsieden lassen.

in einen stollichten Hafen / röstet ein wenig gerieben rocken Brod gleichfalls in Schmaltz oder Butter schön trocken / brennet es dann an die Tauben / giesst ein wenig Fleischbrüh / Wein / und ein klein Löffelein voll Essig daran / würtzt es mit Pfeffer / Cardamomen / Muscatblüh / und ein wenig Negelein / druckt Citronen=Safft darein / und zuckerts nach belieben; zuletzt werfft ein wenig klein= und länglicht=geschnittene Citronen=Schelffen darein: Richtets dann in eine Schüssel / und bestreuets mit würfflicht=geschnittenen Schelffen von Citronen.

39. Tauben noch anderst zu dämpffen.

Rupffet und viertheilet die Tauben / wie bewust / saltzt und würtzet sie einwendig; legts in einen stollichten Hafen / giesset Fleischbrüh und ein wenig Essig daran / schneidet Limonien darein / würtzets mit Pfeffer / Cardamomen und Muscatblüh / und last sie dämpffen: Röstet indessen ein wenig Mehl im Schmaltz / und brennets in die Brüh / daß sie fein dicklicht wird; thut letzlich ein Stuck Butter darein / und richtets an.

40. Tauben zu dämpffen / auf eine noch andere Art.

Wann die Tauben gewürgt / gerupfft und gewaschen seyn / schneidet selbige zu Vierteln / und setzets in einem stollichten Hafen in halb Wein und Fleischbrüh zum Feuer; wann sie eine weil gesotten / thut ein wenig geriebenes Brod daran / druckt ein gut theil saure Pomerantzen darein / würtzt es mit Pfeffer / Muscatblüh / Cardamomen und Negelein / damit es ein dicklichtes braunes Brühlein werde / und last es also mit einander sieden / biß die Tauben recht weich werden; zuletzt / wann die Tauben halb abgekocht / thut ein gut Stuck Butter / auch / nach belieben / Morgeln / so sauber angebrühet / ingleichen auch geschippffte / und Plätzlein=weiß geschnittene Briese / zugleich mit darein / und last es ferner sieden: Wann

gedämpfften Geflüg/ Wildpret und Fleisch. 441

Wann mans nun zu Tisch trägt/ kan man/ nach belieben/ klein geschnittene Citronen-Schelffen darauf streuen.

41. Tauben zu dämpffen/ auf Welsche Weise.

Reisset denen Tauben die Köpffe ab/ kröpffet/ rupffet/ und nehmet sie aus/ waschet selbige/ salzet und pfefferts einwendig; thut dann eine gesalzene Butter in einen stollichten Hafen/ und zugleich auch ein wenig Rosmarin-Blätlein zusamt denen Tauben/ lasset sie über einer Glut oder Kohlfeuer gleichsam ein wenig rösten oder braten/ daß sie etwas gelblicht werden/ doch muß der Topff oder Hafen wohl zugedeckt bleiben: giesset dann eine gute Fleischbrüh daran/ drucket den Safft/ und werffet dann auch das Marck von Citronen/ wie auch würfflicht-geschnittene Limonien darein/ würzets mit Pfeffer/ Cardamomen und Muscaten-Blüh/ last alles zusammen kochen/ und tragets dann in einer Schüssel zu Tisch.

42. Rebhüner zu dämpffen.

Rupffet die Rebhüner schön/ und kröpffet sie/ nehmet die Gedärm/ Leber und Magen heraus/ waschets mit Wein rein aus/ wiewol mans auch im Wein ligend etliche Tage aufbehalten kan; spickets mit Speck/ salzets auch ein- und auswendig/ und würzt es nach belieben mit Pfeffer/ Negelein/ Cardamomen und Muscaten-Blüh/ legts in einen stollichten Hafen/ giesset Wein daran/ und last sie eine viertel Stund dämpffen: Indessen bähet einen Schnitten weisses Brod wohl braun/ giesset süssen Wein daran/ und last ihn sieden/ biß er weich wird/ dann treibet ihn durch einen Durchschlag; thut Trisanet/ und klein-würfflicht-geschnittenen eingemachten Citronat/ darein/ seihet den Wein von den Rebhünern/ worinnen sie gedämpffet haben/ ab/ giesst diese letzere Brüh darüber/ und last sie eine viertel Stund noch ferner dämpffen: Als-

Kkk dann

dann richtets an in eine Schüssel/ und streuet würfflicht-geschnittene Schelffen von Citronen darauf.

43. Rebhüner zu dämpffen/ auf andere Art.

BEreitet/ rupffet/ saltzet und würtzet die Rebhüner allerdings/ wie vor gemeldet/ legts wieder in einen stollichten Hafen/ giesset Wein und ein klein wenig Essig daran/ und last sie also eine viertel Stund dämpffen; reibet hernach ein rocken Brod/ thut es in die Brüh zu dem Hun/ würtzt es mit Pfeffer/ Cardamomen/ Muscatblüh und Negelein/ druckt Citronen-Safft darein/ zuckerts auch/ und last es also noch eine viertel Stund dämpffen: Alsdann thut ein Stücklein Butter darein/ richtets an/ und bestreuets mit würfflicht-geschnittenen Schelffen von Citronen.

44. Schnepffen zu dämpffen.

RAuffet oder rupffet an den Schnepffen die Federn auf das schönste heraus/ ziehet den Kopff ab/ nehmet das Gedärm samt der Leber und Magen heraus/ und behaltets in einem Schüsselein auf/ biß zu seiner zeit; waschet hernach den Schnepffen mit Wein aus/ saltzet und würtzet ihn/ wie das Rebhun/ und lasset ihn gleich besagtem Rebhun ein viertel Stündlein im Wein dämpffen; indessen nehmet das Gedärm/ so man aufbehalten hat/ thut nur allein den Magen davon hinweg/ waschet das Gedärm mit Wein aus/ damit das sandige und andere Unreinigkeit heraus komme/ hackets zusamt dem übrigen klein/ röstet ein gerieben rocken-Brod im Schmaltz/ thut das gehackte dazu/ und röstets zuletzt ein wenig mit; giesset die Brüh/ darinnen der Schnepff gedämpffet hat/ daran/ und rühret es glatt mit ab: ist es aber zu dick/ so giesset noch mehr Wein/ auch/ nach belieben/ etwas von Rosen-Essig hinzu/ und so dann wieder über den Schnepffen in den Hafen; würtzets mit Pfeffer/ Cardamomen/ Muscatblüh und Negelein/ zuckerts auch/ und drucket den Safft von Citronen darein/ last es noch eine viertel
Stund

Stund mit einander dämpffen: Richtets alsdann in eine Schüssel/ und streuet klein-geschnittene Schelffen von Citronen darauf.

45. Wilde Enten zu dämpffen.

Flicket oder rupffet denenselben die Federn rein aus/ hauet ihnen den Kopff und die Flügel ab/ nehmet das Gedärm heraus/ waschet sie mit Wein und Essig reinlich aus/ und legts einen Tag zwey oder drey in halb Wein und Essig/ oder auch/ nach belieben/ in lautern Essig/ und laßt es darinnen beitzen; saltzets hernach innen und aussen/ würtzet sie auch einwendig mit Pfeffer und Negelein/ auswendig aber bestecket die Brust mit Zimet und Negelein: Oder/ wann man will/ spicket beedes/ die Brust und Schenckel/ mit klein-geschnittenen Speck/ legts in einen stollichten Hafen/ giesset Wein/ ein wenig Wasser und Essig daran/ laßts eine gute weile/ nach dem sie starck sind/ auf einer Gluth dämpffen; hernach röstet ein Weitzen-Mehl im frischen Schmaltz wohl braun/ rührts mit der Brüh/ darinnen die Enten gedämpffet/ an/ würtzet es auch mit Cardamomen/ Muscatblüh und Negelein/ thut Plätz-oder Scheiben-weiß-geschnittene Limonien und Zucker darein/ und laßt es also mit einander sieden: Richtets alsdann an/ und leget die Limonien-Plätzlein darauf. So es beliebt/ kan man auch Citronen-Safft darein drucken/ und dergleichen klein-geschnittene Schelffen darauf streuen.

46. Gedämpffte Vögel.

Ziehet den Vögeln/ wann sie gerupffet sind/ die Gedärme heraus/ und waschet sie schön/ saltzet und röstets hernach ein wenig im frischen Schmaltz; alsdann legts in ein stollichtes Häfelein/ nehmet Zucker/ Trisanet/ und gebähtes rocken Brod/ so zuvor besonders im Wein abgesotten und durchgezwungen worden/ und richtet es über die Vögel in das Häfelein; ist die Brüh zu dick/ so giesset noch etwas Wein nach: auch kan man/ so es beliebt/ ein wenig kleine gantze Weinbeerlein darein thun/ wem aber dergleichen nicht gefällig/ kan sich an deren statt deß Citronen-Marcks/ und klein-geschnittenen Citronen-Schelffen/ oder auch eines Lebkuchen bedienen: Laßt es ferner eine viertel Stund mit einander dämpffen/ und richtets dann an.

47. Gedämpffte Vögel/ auf andere Art.

Wann die Vögel/ wie vor gedacht/ zubereitet und gesaltzen sind/ röste sie mit klein-geschnittenen Aepffeln und Weinbeerlein im Schmaltz; alsdann thue sie in ein Häfelein/ gieß Wein daran/ würtze es mit Zucker/ Zimet/ Cardamomen und Muscatblüh/ laß eine viertel Stund dämpffen/ richte sie an/ und trags zu Tisch.

48. Vögel in Weintrauben.

Bereite und röste die Vögel/ wie die obige vorher-beschriebene/ thue sie in ein Häfelein/ gieß Wein daran/ streue Zucker und Trisanet hinein/ wirff frische Beer von Weintrauben dazu/ und laß es alles mit einander dämpffen/ jedoch aber nicht zu lang/ damit die Beere nicht zu weich werden: Alsdann richts an/ und bestreue es nochmäl mit Trisanet. Man kan auch die Beere erst/ wann die Vögel schon ein wenig gesotten/ hinein thun/ damit selbige nicht zu weich werden.

49. Einen Hasen zu dämpffen.

Ziehet dem Hasen das Fell ab/ nehmet das Eingeweid von selbigen heraus/ und schneidet die vordere zwey Viertel/ samt dem Hals und Kopff/ biß an die Rieblein herab; hernach häutet und beitzet ihn etliche Tag im Wein-Essig/ und ein wenig Wein/ oder leget ihn nur in schlechten Wein; nach diesen spicket/ saltzet und würtzet ihn mit Pfeffer und Negelein/ zertheilet den Hasen in Stücken/ und laßt die vördern Viertel in halb Wasser halb Wein-Essig sieden; löset so dann das Fleisch von den Beinen herab/ hacket es klein/ und thut gerieben rocken Brod/ Pfeffer/ Negelein/ und Cardamomen dazu; thut es in einen stollichten Hafen/ (darunter man eine Glut schüren kan/) gießet den meinsten Theil Wein/

ein

gedämpfften Geflüg/ Wildpret und Fleisch.

ein wenig Eſſig und ein Tröpfflein Waſſer daran; wer will/ kan auch Citronen-Safft darein drucken / decket den Hafen zu / und laſt es dämpffen / biß euch genug zu ſeyn düncket/ und er weich iſt: Wann man ihn nun faſt anrichten will/ würfft man ein Stuck Butter darein / zuckert s / richtet ihn an / und ſtreuet klein-geſchnittene Citronen-Schelffen darauf.

50. Einen Haſen zu dämpffen/ auf andere Art.

Bereite/ beitze/ ſpicke und würtze den Haſen/ wie vor gemeldt/ brate den halben Theil deſſelben ab; hernach zerſchneide/ und lege ihn in einen Topff oder Hafen/ röſte ferner ein gerieben rocken Brod/ gieß Wein und Malvaſier daran/ miſche Weinbeer-Latwergen/ und den Safft von Citronen darunter/ würtze es mit Zucker/ Zimmet/ Cardamomen und Pfeffer/ gieß es über den Haſen in dem Topff oder Hafen/ und laß es alſo mit einander dämpffen; indeſſen ſiede die äuſſere gelbe Schelffen von Citronen im Waſſer/ daß das bittere davon komme/ ſchneide ſelbige hernach klein/ und würff ſie/ wann man den Haſen anrichten will/ theils darein/ laß es noch einen Sud mit aufthun; richte den Haſen zuſamt der Brüh an / und beſtreue ihn mit denen übrigen klein-geſchnittenen Schelffen von Citronen.

51. Ein Has in einer Böhmiſchen Brüh.

Saltzet/ würtzet/ ſpicket und bratet den Haſen/ biß auf die Hälffte; nach ſolchen ziehet denſelben wieder vom Spieß/ ſchneidet ihn in Stücken/ und gieſſt in einen Hafen Wein/ Eſſig/ und ein wenig Waſſer/ wie auch den Haſen-Schweiß daran/ thut geriebenen Pfeffer-Kuchen dazu/ rühret es glatt an/ daß es nicht zuſammen lauffe/ würtzets mit Ingber/ Pfeffer und Negelein; hacket geſchählte Zwiebeln gar klein/ thut ſie zuſamt einem klein-und würfflicht-geſchnittenen Speck in ein Pfännlein/ röſtets fein braun mit einander ab/ gieſſt das Schmaltz davon herab/ und brennet das übrige an den Hasen in dem Hafen / laßt ihn damit dämpffen / und richtet ihn alsdann an.

52. Einen Reh-Schlegel oder Reh-Keule zu dämpffen.

Häutet den Schlegel oder die Keule schön ab / beitzet selbigen hernach drey oder vier- ja auch wol acht Tag im Wein-Essig / spicket / saltzt und würtzt selbigen mit Negelein und Pfeffer; legt ihn in einen Hafen / giesset Essig und Wasser / auch ein wenig Wein daran / und laßt ihn sieden / biß er bald weich wird; indessen nehmt geschählte klein-geschnittene Aepffel / röstets im Schmaltz / thut gehackte Mandeln / Weinbeerlein oder Corinthen / und geriebenen Lebkuchen dazu / giesset süssen Wein daran / zuckert und würtzet es nach belieben: Alsdann seihet die Brüh von dem Schlegel / worinnen er gesotten hat / herab / und giesst erstermeldte Brüh darüber / laßt es also mit einander dämpffen; richtets in eine Schüssel / streuet Zimmet / und klein-geschnittene Citronen-Schelffen darauf / und giesset die Brüh darüber.

53. Einen Reh-Schlegel zu dämpffen / auf andere Art.

Bereitet / und siedet den Schlegel ab / wie oben vermeldt; darnach bähet ein Stuck rocken Brod wohl braun / laßt es im Wein sieden / daß es weich wird / treibts durch einen Seiher oder Durchschlag / giesset Malvasier daran / würtzet es mit Trisanet / Negelein / Pfeffer und Cardamomen; wann nun der Schlegel fast genug gesotten hat / so giesst die erste Brüh ab / und die jetzt-gelehrte darüber / und laßt ihn ferner dämpffen / biß er gar fertig ist: Alsdann richtet ihn an / und streuet würfflicht-geschnittene Schelffen von Citronen darauf.

54. Ein

gedämpfften Geflüg/ Wildpret und Fleisch.

54. Ein Schweinen Wildpret lang und gut aufzubehalten.

Man muß das Wildpret drey oder vier Stunden in ein frisches Wasser legen/ und hernach sauber heraus waschen/ in einen Hafen/ Essig/ Wein und Wasser/ und zwar jedes den dritten Theil daran giessen/ auch saltzen/ doch nicht zu viel; alsdann wie an einen Schweins-Kopff allerley gute Gewürtz/ als halb gestossenen Pfeffer/ Zimmet/ Cardamomen/ und etliche Muscaten-Blumen/ wie auch ein wenig Wachholder-Beere/ etliche Lorbeer-Blätter/ und klein-geschnittenen Rosmarin/ daran thun/ und ein wenig sieden oder abschipffen lassen; ist zu viel Fett darauf/ kan man ein wenig davon herab nehmen/ jedoch so viel darauf bleiben lassen/ daß/ wann es bestehet/ die Brüh und das Fleisch damit bedeckt sey: Wann es nun erkaltet/ und bestanden/ soll man den Hafen mit einem Tuch wohl zudecken/ und also in einen Keller setzen/ so bleibt das Wildpret lang/ auch wol bey kalter Zeit/ ein halb Jahr und noch länger/ gut: Will man dann etwas davon gebrauchen/ kan man so viel als nöthig ist/ heraus nehmen/ nochmal/ wie zuvor/ im frischen Wein-Essig und Wasser sieden/ biß es recht weich ist/ und eine von hiernechst folgenden Brühen darüber machen.

55. Allerley Wildpret in einer süssen Brüh.

Sitzet das Wildpret in Essig/ last es im Wasser und ein wenig Essig sieden/ werfft Saltz/ Pfeffer und Lorbeere darein; wann es weich genug gesotten hat/ nehmt es heraus/ legts in einen stollichten Hafen/ giesst rothen süssen Wein daran/ schneidet abgezogene Mandel-Kern/ und ausgekörnte Rosin/ wie auch in Zucker eingemachten Citronat/ Citronen- und Pomerantzen-Schelffen klein/ thut sie in die Brühe an das Wildpret/ und last es alles zusammen sieden: Alsdann richtets in eine Schüssel/ streuet Trisanet/ und würfflicht-geschnittene Citronen-Schelffen darauf.

56. Ein

56. Ein Wildpret in einer süssen Brüh/ auf andere Art.

Laßt das Wildpret / welches auch eingebeitzt worden / in halb Essig und halb Wasser / oder wann man es recht gut haben will / im Essig / Wein und Wasser / wie auch der Gebühr nach gesaltzen / sieden; wann es nun gesotten hat / nehmet es aus der Brüh / legts in einen stollichten Hafen / reibt einen Lebkuchen / röstet demselben schön trocken im Schmaltz / giesst Malvasier / und ein wenig gemeinen Wein daran / würtzets mit Jngber / Pfeffer / Negelein / Cardamomen und Zucker / laßt es über dem Wildpret sieden / thut auch gewaschene Weinbeerlein / oder Corinthen / ausgekernte grosse Rosin / und abgezogene klein= und länglicht=geschnittene Mandeln darein: Laßt es noch eine weile zusamt dem Wildpret sieden / und richtets in eine Schüssel.

57. Wildpret in einer Citronen=Brüh.

Bähet einen Schnitten rocken Brod fein licht / thut solchen in ein Häfelein / giesset Wein daran / und laßt es sieden; nach diesen / schlagt ihn durch einen Seiher / giesset nochmal Wein dazu / thut Zucker / Cardamomen und Rosen=Essig daran / oder drucket den Safft von Citronen darein / und laßt ihn über dem abgesottenen Wildpret einen Sud aufthun: Wann ihr es nun bald anrichten wolt / so legt etliche Citronen=Plätz darein / und laßt es noch ein wenig / aber nicht lang mehr / sieden; alsdann richtets an / und streuet von Citronen klein=zerschnittene Schelffen darauf.

58. Wildpret in einer Limonien=Brüh.

Legt das Wildpret in Essig / und laßt es acht Tage darinnen liegen; alsdann siedets in halb Essig / und halb Wasser / aber recht gesaltzen / ab / dann bähet ein gut Stuck rocken Brod / giesst Wein / Essig und Fleischbrüh daran / und laßt es sieden; hernach treibts durch einen Seiher; ists zu dick / so giesset Wein nach: schneidet alsdann

gedämpfften Geflüg/ Wildpret und Fleisch.

dann Limonien halb würfflicht und halb zu Plätzen / thut sie in die Brüh / würtzt selbige mit Pfeffer / Cardamomen und Muscatblüh / legt das abgesottene Wildpret in einen stollichten Hafen / gießt diese zusamm=gemachte Brüh darüber/ und laßt es wohl darinnen sieden/ werfft letzlich ein gut theil Butter darein / richtets nachmals in eine Schüssel / und streuet würfflicht=geschnittene Citronen=Schelffen darauf: Wer will / kan auch ein wenig Citronen=Safft darein drucken.

59. Wildpret in einer Limonien Brüh/ auf andere Weise.

Wann das Wildpret gebeitzt ist / so setz es in halb Fleischbrüh halb Wasser zu / thut Saltz und Pfeffer daran/ so es aber nicht gebeitzt worden / gießt nur allein ein wenig Essig und Fleischbrüh / oder nur Wasser daran / und laßt es sieden / biß weich ist; alsdann macht in einem Pfännlein ein Schmaltz heiß / röstet zwey guter Löffel voll Mehl darinnen / daß es fein bräunlicht werde / gießt ferner gute Fleischbrüh in ein stollichtes Häfelein / und thut das geröstete Mehl / ingleichen auch Pfeffer / Jngber / Muscatblüh und Cardamomen darein / schneidet zwey Limonien / die eine würfflicht/ die andere aber zu Plätzlein / daran / gießt ein wenig Essig dazu / setzt den Hafen in eine Kohlen oder Glut / laßt es sieden ; wann es nun eine weil gesotten hat / so werfft einen halben Vierding oder achtel Pfund Butter darein / laßt ihn zergehen / versucht ob es sauer und gesaltzen genug ist / solte es fehlen / kan man ihm noch helffen: Nehmet alsdann das Wildpret/ wanns weich gesotten hat / heraus / legts in eine Schüssel / gießt die Brüh darüber/ und legt die Limonien=Plätzlein oben auf das Fleisch.

60. Wildpret in einer Oliven=Brüh.

Nimm einen Schnitten gebähtes rocken Brods/ hacke Oliven/ gieß Wein daran / laß sieden / zwings durch / würtze es mit Cardamomen/ Muscaten=Blüh und Pfeffer/ gieß ein wenig Rosen=Essig hinzu/ zuckers/ misch noch mehr gehackte Oliven darunter/

unter/ laß auffieden/ und richte dann diese Brüh über das/ auf zuvor besagte Art/ gebeitzt-und abgesottene Wildpret.

61. Wildpret in einer Zwiebel-Brüh.

Siedet das Wildpret in Essig und Wasser weich/ hebt es nach dem Sud heraus/ legts in einen stollichten Hafen/ gießt Essig und Fleischbrüh daran/ schählet Zwiebeln/ schneidet sie klein und würfflicht; röstet geschnittene Zwiebeln/ und dann ein wenig Weitzen-Mehl im Schmaltz/ brennet es an die Brüh über das Wildpret/ streuet Ingber und Pfeffer darein/ laßt es sieden/ und richtets dann an in eine Schüssel.

62. Wildpret in einer Zwiebel-Brüh/ auf andere Art.

Beitze und siede das Wildpret ab/ wie vormals schon gedacht/ bähe ein- oder zwey Schnitten von einer Semmel; schneide hernach einen Apfel und eine Zwiebel/ beedes klein/ thu es zusammen/ und zwar das gebähte Brod klein zerbrockt/ in einen Hafen/ gieß Wein daran/ laß sieden: Wann nun alles weich ist/ treibs durch einen Seiher oder Durchschlag/ thue Zucker/ Trisanet/ Pfeffer/ Ingber/ Muscaten-Blüh/ Cardamomen und ein klein wenig Negelein darein/ laß ferner sieden/ und richte diese Brüh über das Wildpret an.

63. Wildpret in einer schwartzen Brüh.

Nehmet den vierdten Theil einer Maas vom Blut oder Schweiß eines Schweins/ gießt ein Tröpflein Essig darunter/ und laßt es durch einen Seiher lauffen; röstet dann ein Weitzen-Mehl im Schmaltz/ daß es schön braun werde/ laßt es noch ein wenig erkühlen/ gießt das Blut mit dem Essig/ und noch dazu ein Gläslein Wein daran/ streuet Pfeffer/ Cardamomen/ Negelein und Zucker darein/ laßt diese Brüh eine viertel Stund sieden/ gießt

sie/

gedämpfften Geflüg/ Wildpret und Fleisch.

sie / über das zuvor besagter massen abgesottene Wildpret / in einen stollichten Hafen / und laßt alles zusammen noch einen Sud thun.

64. Ein Wildpret im Pfeffer.

Reibet Lebkuchen und rocken Brod / eines so viel als deß andern / röstet das Brod zu erst / und dann den Lebkuchen im Schmaltz / giesset Fleischbrüh und ein wenig Essig daran / würtzets mit Ingber / Pfeffer / Negelein und Cardamomen / zuckerts auch so viel von nöthen ist / und lassets in einem Töpfflein mit einander / und / so es beliebt / mit ein wenig Wein / auffsieden; giessets hernach über ein abgesottenes Wildpret / schaffet daß es noch ferner damit siede; richtets alsdann in eine Schüssel / und tragets zu Tisch.

65. Ein Wildpret im Pfeffer / auf andere Art.

Röstet ein gerieben rocken Brod im Schmaltz / man kan auch ein wenig Lebkuchen dazu nehmen / giesset Malvasier / oder sonst süssen Wein daran / laßt es einen Sud aufthun / und treibts hernach durch einen Seiher; nach diesen nehmet geschählte Zwiebeln und Aepffel / hacket sie klein zusammen / und röstet es wohl im Schmaltz / thut das durch-getriebene daran / würtzt es mit Ingber / Pfeffer / Negelein / Cardamomen und Muscatblüh / zuckert es wohl / und giessets über ein abgesottenes Wildpret / laßt es noch einen Sud mit aufthun; richtet es hernach an / und streuet Trisanet darauf.

66. Ein Wildpret im Pfeffer / noch anderst.

Reib einen Lebkuchen / thue ihn in ein Häfelein / gieß Wein daran / mische Zucker / Zimmet / Ingber / Pfeffer und Saffran darein / ingleichen auch ausgekernte Rosin / und gewaschene Weinbeere oder Corinthen / gieß ein wenig Malvasier dazu / richte sie über das abgesottene Wildpret / und belege es mit abgezogenen Mandeln.

67. Ein Wildpret im Pfeffer / auf Wienerisch.

Nehmet ein Wildpret / welches im Essig mit Wachholderbeeren wohl gebeitzt ist / siedet solches in Wasser wohl-gesaltzen ab; indessen schneidet Zwiebel / Aepffel und Birn / (wann man sie haben kan) zu Plätzlein / röstets im Schmaltz zimlich braun / bähet auch ein paar Schnitten schwartzes Haus-Brod auf einem Rost wohl braun; solte es aber gar zu braun werden / kan man das schwartze ein wenig herab schaben: thut solches in ein Häfelein / giesst einen guten scharffen Essig / wie auch ein wenig von dieser Brüh / darinn das Wildpret gesotten / daran / last es also wohl mit einander sieden; treibts hernach durch einen Seiher oder Durchschlag / würtzt es starck mit allerley Gewürtz / jedoch ohne Saffran / zuckerts / und last die zusamm-gemachte Brüh im steten Sud fort sieden: Wann nun das Wildpret weich gesotten / richtet es an in eine Schüssel / und giesst die beschriebene Brüh darüber; dann kan man auch / nach belieben / würfflicht-geschnittene Schelffen von Citronen darauf streuen.

68. Rindfleisch in lauterer Brüh abzusieden.

Nimm ein schön Stuck Fleisch von einem Rind oder Ochsen / lege dasselbe in ein frisches Wasser / und laß es eine Zeitlang darinnen ligen; wasche selbiges schön heraus / saltze und setze es in einem Hafen zum Feuer / und verfaums auf das fleissigste: Will man es recht kräfftig haben / kan man gantze Gewürtz / Ingber und Muscaten-Blumen / oder an deren statt Lorbeere / oder aber dergleichen Blätter / alles aber drey oder vier Stunden lang sieden lassen / nachdem das Fleisch dick oder dinn gehauen: Wann es nun biß auf die Helffte abgesotten / nimm das Fette / so viel beliebt und vonnöthen / herab / giesse ferner Wasser zu / damit der Hafen stets voll bleibe / und nicht zerspringe / laß ferner sieden; richte es dann in eine

gedämpfften Geflüg/ Wildpret und Fleisch.

eine Schüssel/ und mach entweder eine von folgenden und andern beliebigen Brühen darüber/ oder trags also in seiner eigenen Brüh zu Tisch.

69. Rindfleisch in einer Rosin-Brüh.

Man nehme ein dickes Stuck Rindfleisch/ fürnemlich aber einen so genannten Riemen/ siede selbiges auf vorbeschriebene Art im Wasser ab; indessen kerne man ein gut theil grosse Rosin aus/ und bähe ein paar Stücklein rocken Brod schön licht-braun/ zerbreche und zerbrocke selbige in ein besonder Häfelein/ giess etwas von der Brüh/ darinnen das Fleisch gesotten hat/ daran/ lasse es darinnen weich sieden/ und zwings dann durch; ist es zu dick/ kan man mit Zugiessung mehrerer Brüh/ gar leichtlich helffen: Diese durchgezwungene Brüh wird etwan eine halbe Stund zuvor/ ehe man speisen will/ in einen stollichten Hafen gegossen/ halb-gestossene Gewürtz/ als Pfeffer/ Ingber/ und/ wanns beliebt/ ein wenig Muscatnuß/ zusamt denen ausgekernten Rosinen; ingleichen auch das bereits abgesottene Fleisch/ nach dem es zuvor wohl verseihet hat/ darein gelegt/ eine gute weile gesotten/ in eine Schüssel/ und die Rosin oben darauf gelegt/ und also zu Tisch auf-und vorgetragen.

70. Rindfleisch in einer Limonien-Brüh.

Bähe ein oder zwey Stücklein rocken Brod/ siede es in einer Fleischbrüh/ zwings durch; zerschneide ein oder zwey Limonien/ nach dem deß Fleisches wenig oder viel ist/ klein-und würfflicht/ und würff sie dazu; giess etwas Essig daran/ streue Pfeffer/ Ingber/ und Muscatennüsse darein/ laß es also zusammen/ zuletzt aber ein Stücklein Butter mit aufsieden/ und richte sie über das bereits abgesottene Fleisch: Oder man kan auch die Brüh annoch über das Fleisch in einem stollichten Hafen giessen/ ein wenig darinnen sieden lassen/ und so dann mit einander anrichten.

71. Rindfleisch in einer eingesaltzenen Gurcken- oder Kimmerling-Brüh.

Die Brüh von eingesaltzenen Gurcken oder Kimmerlingen wird eben auf diese Art gemacht / wie die gleich vorhergehende von den Limonien; indeme man nemlich / mit dem gebähten Brod etliche klein-zerschnittene Gurcken oder Kimmerlinge in der Fleischbrüh sieden lässet / durchzwinget / gewürtzet / und so dann über das Fleisch anrichtet. Nur ist noch dieses der einige Unterscheid / daß / wann man über ein Kalb- oder Lamms-Fleisch diese Brüh will machen / man ein weisses Brod dazu nimmt.

72. Rindfleisch in Peterlein oder Petersilien.

Wann man ein Fleisch in Peterlein oder Petersilien kochen will / wird dasselbe auf gemeine Art im Wasser abgesotten; alsdann das Petersilien-Kraut / so wol als die Wurtzeln / reinlich gewaschen / diese letzere aber abgeschabet / und so dann zu dem Fleisch in die Brüh gethan / ferner eine gute Stund damit gesotten / hernach angerichtet und aufgetragen.

73. Rindfleisch in weisser Petersilien-Brüh.

Siedet / wann das Rindfleisch abgesotten / auch die zuvor gewaschene und abgeschabte Peterlein- oder Petersilien-Wurtzeln / in einer Fleischbrüh wohl weich ab; treibt sie durch einen Seiher / last selbige in einem Häfelein / mit Hinzuthuung einer Butter / Cardamomen / Ingber und Pfeffer / sieden / und richtets dann über das abgesottene Fleisch.

74. Rindfleisch in einer Zwiebel-Brüh.

Siedet das Fleisch im Wasser ab / wie selbiges Num. 68. beschrieben worden; indessen schneidet Zwiebeln würfflicht / röstets

gedämpfften Geflüg/ Wildpret und Fleisch.

stets samt einem Löffelein voll Mehl schön licht-gelb im Schmaltz; giesst eine Fleischbrüh und ein wenig Essig daran / und streuet Pfeffer darein: Wann nun das Fleisch in seiner eigenen Brüh weich gesotten/ richtet es in eine Schüssel/ und diese jetzt-gedachte Brüh darüber: Will man es aber ein wenig in dieser Brüh sieden lassen / kan man das Fleisch / etwan eine halbe Stund vor dem speisen oder essen / in einen stollichten Hafen legen / die zusamm-gemachte Brüh darüber giessen / und mit einander einen Sud thun lassen.

75. Rindfleisch in einer Zwiebel-Brüh/ auf andere Art.

Wann das Fleisch abgesotten ist / legt es entweder also gantz/ oder auch zerschnitten/ nach belieben/ in einen stollichten Hafen; schneidet geschählte Zwiebeln länglicht / röstet sie samt ein wenig Weißen-Mehl im Schmaltz; giesset Fleischbrüh / und etwas Essig daran / würtzet es mit Jngber und Pfeffer; will man es gerne haben / so gilbts auch ein wenig mit Saffran / last diese Brüh ferner auffsieden / dann giesst sie an das Fleisch; hernach last es noch einmal einen Sud thun / und richtets an.

76. Rindfleisch in einer Knoblauch-Brüh.

Siedet das Fleisch ab/ legts auf einen Rost/ saltzt/ pfeffert/ und bräunet es ab; indessen schneidet ein paar kleine Zehen von Knoblauch klein würfflicht / röstet sie samt ein wenig Semmel-Mehl im Schmaltz / giesset Wein / Fleischbrüh und Essig daran/ würtzt es mit Jngber / Pfeffer / Cardamomen und Muscaten-Blüh/ last es in einem Häfelein zu einem dicken Brühlein sieden: Leget dann das abgebräunte Fleisch in eine Schüssel / giesst die Brüh darüber / und streuet noch ein wenig Jngber / Pfeffer und Muscaten-Blüh darauf.

77. Rind-

77. Rindfleisch in einer Seller=Brüh.

Das Fleisch muß abgesotten werden/ wie obgemeldt; indessen schabet und putzet den Seller auf das schönste/ klaubet das grüne gantz davon/ oder sonst nur kleine Stücklein/ die Wurtzel aber schneidet zu Plätzlein/ biß oben an die Hertzlein/ siedets in einer Fleischbrüh ab/ seihet dieselbige davon/ und giesset von dem Fleisch wieder eine andere daran/ thut Pfeffer/ und ein wenig Muscatnuß/ wie auch ein gut Stuck Butter dazu/ lasts also miteinander sieden; klopfft ein Eyerdötterlein/ rührt selbiges/ wann man das Fleisch anrichten will/ darein/ und tragt es dann zu Tisch.

78. Rindfleisch in einer Wachholder=Brüh.

Siedet das Fleisch ab/ doch nicht zu weich/ und legt es hernach in einen stollichten Hafen/ giesset Fleischbrüh dazu/ thut geriebenes Brod daran/ laßt es in einer Fleischbrüh sieden/ zwingets durch/ und machets noch ferner/ wie folget: Nehmt ein wenig gestossene Wachholderbeere/ würtzet sie mit Ingber und Pfeffer/ zuckerts/ macht selbige mit Essig ein wenig sauer/ mischt es unter das Fleisch im Hafen/ und laßt es noch ferner mit einander sieden.

79. Rindfleisch in einer Salbey=Brüh.

Leget das abgesottene Fleisch in einen stollichten Hafen/ giesset Fleischbrüh und Essig daran thut Salbey=Blätter und gerieben rocken Brod dazu/ würtzt es mit Ingber und Pfeffer/ und laßt es ferner sieden: Oder aber mischet an statt des geriebenen/ ein gebähtes/ oder im Schmaltz geröstetes Brod darunter.

80. Rindfleisch in einer Majoran=Brüh.

Kochet oder siedet das Fleisch in lauterer Brüh/ biß es weich ist; hebt es etwan eine halbe Stund zuvor heraus in einen stollich=

gedämpfften Geflüg/ Wildpret und Fleisch. 457

stollichten Hafen/ giesset Fleischbrüh daran; röstet hernach ein Weitzen-Mehl im Schmaltz schön licht/ brennet es in die Brüh/ thut ein wenig dürren zerriebenen Majoran darein/ würtzet es mit Ingber und Pfeffer/ und laßt es völlig/ zu letzt aber ein Stuck Butter/ mit aufsieden.

81. Rindfleisch in einer Coriander-Brüh.

Leget das abgesottene Fleisch in einen stollichten Hafen/ gießt Fleischbrüh daran / brennet ein Mehl / schön licht-gelb im Schmaltz geröstet/ darauf; thut gestoßenen Coriander dazu/ würtzets mit Ingber und Pfeffer / machts mit ein wenig Wein-Essig säuerlicht/ laßt es alles zusammen sieden/ und richtets dann an.

82. Rindfleisch im Pfeffer.

Machet den Pfeffer allerdings / wie selbiger bey den Wildpret Num. 64. 65. 66. und 67. zu finden ist; wann nun das Fleisch vorher in halb Essig und halb Wasser abgesotten worden/ seihet es herab/ richtet den Pfeffer darüber/ und laßt es noch einen guten Sud mit aufthun.

83. Ein abgetrocknetes Fleisch in einer Brüh.

Nehmet ein gutes Brust-Stuck oder dicke Rieb/ siedets in lauterer Brüh ab/ biß es weich ist; alsdann leget es auf einen Rost/ bestreichts mit Butter/ und bräunets schön ab; thut eine gesaltzene Butter in ein Pfännlein/ rührt es mit einem hölzernen Kochlöffel über einer Glut/ so lang biß es braun wird: Nehmets hernach vom Feuer hinweg/ gießt Fleischbrühe/ Wein/ und ein wenig Wein- oder Rosen-Essig daran/ würtzet es mit Ingber/ Pfeffer/ Cardamomen/ Muscatblüh und Negelein/ zuckerts/ welches das nothwendigste ist / jedoch muß zugleich das säuerlichte vorschlagen;

laſt es in einem Häfelein wohl mit einander ſieden: Alsdann legt das abgetrocknete Fleiſch in eine Schüſſel/ und richtet die Brüh darüber.

84. Ein abgetrocknetes Fleiſch in einer Brüh/ auf andere Art.

Siedet ein gutes Stuck Rindfleiſch ab/ hernach ſchneidets zu dinnen Stücklein/ legts auf einen Roſt/ beſtreichet es mit Butter/ und laſt es über einer Glut auf beyden Seiten fein bräunlicht werden; leget es hernach in eine Schüſſel/ gieſſt obbeſchriebene Brüh darüber/ und tragets auf einer Glut zugedeckt zu Tiſch.

85. Ein geſaltzen Fleiſch zu kochen.

Nehmet ein Rieb= Buch= Zwerg= oder Bruſtkern= Stuck/ Rindfleiſch von neun oder zehen Pfunden/ welches hiezu am beſten dienet; ſaltzt ſelbiges wohl ein/ und laſt es drey Wochen lang im Saltz/ mit einem Bretlein bedeckt/ und einem Gewicht beſchwehret ligen; doch muß man immerzu fleiſſig darnach ſehen/ und daſſelbige mit ſeiner eigenen Brüh/ ſo es bereits geſetzet/ übergieſſen; ſolte aber derſelbigen zu wenig daran ſeyn/ kan man etwas friſch=angemachtes Saltzwaſſer dazu ſchütten: Die dinneſte Stücke werden am füglichſten zu erſt verſpeiſet/ wohl gewäſſert/ gewaſchen/ und wie ein ander gemeines Rindfleiſch zugeſetzet/ und geſotten: Alsdann in eine Schüſſel gelegt/ friſches Peterſilien=Kraut darauf geſtreuet/ und in einem kleinern Schüſſelein ein Kreen oder Meerrettig/ mit Mandeln/ oder auch ein Senff und Moſtart dazu aufgeſetzet: So etwas davon übrig bleibt/ kan man es nachgehends nur alſo kalt ebenfalls mit Moſtart eſſen und genieſſen.

86. Rind=

gedämpfften Geflüg/ Wildpret und Fleisch.

86. Rindfleisch auf sonderliche Art zu zu richten.

Man lasse ein Schlößlein oder Schalen-Stuck von einem Rind oder Ochsen/ von einem Metzger oder Fleischhacker zu Plätzen/ etwan eines kleinen Fingers dick schneiden; wasche es nicht/ sondern spicke selbiges also gleich hin und her mit geschnittenen Speck/ und darzwischen mit Gewürtz-Negelein: Setzet dann eine erdene etwas tieffe Schüssel zur Hand/ beleget den Boden derselben mit Lorbeer-Blättern/ und oben auf dieselbige etliche Plätzlein von diesem Fleisch/ saltzet sie ein klein wenig/ und streuet gantzen Pfeffer darauf: macht eine neue Lag von Lorbeer-Blättern/ dann vom Fleisch/ mit Saltz und Pfeffer überstreuet/ und zwar so lang/ biß das Fleisch alles hinein gelegt worden/ und decket dann selbige mit einer andern Schüssel zu; giesset gantz nichts daran/ sondern verwahret und überbindet es mit einem starcken Tuch/ damit der Dampff nicht heraus gehe; dann setzet man diese Schüssel auf ein Kohlfeuer/ und lasset sie im steten Sud fort sieden und kochen/ so lang/ biß das Fleisch lind wird; doch muß man öffters dazu sehen/ damit es sich nicht anlege: solte das Fleisch gar zu wenig Brüh geben/ kan man es nur mit frischem Wasser ansprengen; ingleichen auch/ nach belieben/ wann das Fleisch halb abgesotten worden/ ein wenig gröblicht-zerstossene Cardamomen/ und Muscaten-Nüsse darein streuen: Wann es dann weich ist/ in eine Schüssel mit etlichen Lorbeer-Blättern legen/ und die Brüh/ welche etwas dicklicht seyn muß/ darüber richten.

87. Rindfleisch auf eine andere weise/ besonders zu kochen.

Nauffe einen guten ausgekernten Riemen/ von ungefehr sieben Pfunden/ hänge ihn/ wann er mit Saltz wohl eingerieben worden/ und acht Tage lang also gelegen/ nur etwan einen oder zwey Tage/ aber ja nicht länger/ in den Rauch; schneide zwey

Stücke daraus/ und laß sie/ wie ein ander Rindfleisch/ auf die gantz bekandte und gemeine Art / sieden; mach aber auch inzwischen diese nachfolgende Brüh darüber: Hacke ein gut theil Zwiebeln klein/ röste selbige schön gelb und trocken/ samt einem Löffelein voll Mehl/ im Schmaltz; hacke auch das grüne Kraut von Peterlein oder Petersilien/ gieß an die gerösteten Zwiebeln und Mehl/ so viel Fleischbrüh als nöthig ist / würtze sie mit Pfeffer / und laß also sieden: Würff dann gantz zuletzt das gehackte Petersilien-Kraut darein/ damit es schön grün bleibe/ laß noch ein klein wenig dünsten/ und trags dann in einer Schüssel zu Tisch.

88. Rindfleisch auf eine andere ungemeine Art.

Wann das Fleisch auf das reinlichste gewaschen worden / setzet es in einem Topff oder Hafen mit Wasser zum Feuer; man darff es aber weder saltzen/ noch auch ferner daran giessen/ biß das obige Wasser/ auf ohngefehr ein Seidlein oder halbe Maas/ eingesotten habe; doch würfft man alsobald/ wann es zum Feuer gesetzet wird/ ein wenig gantzen Ingber und Pfeffer darein: Wann es nun/ wie gedacht/ biß auf ein Seidlein eingesotten/ muß man das Fleisch zusamt der Brüh in einen andern und kleinern Hafen schütten/ damit es nicht nach der Lohe oder Brandt rieche/ und ferner sieden lassen; auch etwan eine Stund vor dem Essen/ in noch einen andern und zwar stollichten Hafen: Dann giesset man die Brüh/ darinnen das Fleisch bereits gesotten/ darüber/ würfft ein wenig Saltz und gerieben Eyer-Brod darein/ würtzt es mit Muscaten-Blüh und dergleichen Nüssen/ thut ein wenig Butter dazu/ last es noch einen Sud auffsieden/ und richtets dann an.

89. Rindfleisch noch anderst besonder zu zurichten.

Man nimmt ein groß Stuck Rindfleisch bey sechs auch mehr Pfunden/ solches wird wohl mit einer Keule geschlagen/ dann mit

gedämpfften Geflüg/ Wildpret und Fleisch. 461

mit grossen Stückern Speck gespickt / und etliche Tage in Wein-Essig eingebeitzt; hernach in einen stollichten Hafen gethan / mit etwas wenigs Pfeffer und Negelein gewürtzet und gesaltzen / aber nichts daran gegossen / dann es gibt selbsten Brühe; der Hafen muß mit Brod-Teig über der Stürtzen wohl vermachet / hernach unter eine geringe Kohlen gesetzt werden / und über Nacht also stehen bleiben: Zu frühe wird es wieder bey einem geringen Kohlfeuer allgemach ferner abgesotten / und nicht eher aufgemacht / biß man selbst vermeint / daß es fertig ist: Dann nimmt man die Stürtzen herab / richtet das Fleisch samt der Brüh in die Schüssel / und trägt es zu Tisch.

90. Einen Riemen oder Lendbraten zu dämpffen.

Häutet den Lendbraten / und schneidet das Fette ein wenig davon; leget ihn hernach in Wein-Essig / wiewol man auch halb Bier und halb Wein-Essig nehmen / oder auch nur lautern Bier-Essig gebrauchen kan / und läst sie also acht oder vierzehen Tage darinnen beitzen: Den Riemen aber darff man nicht häuten / sondern nur alsobald in Essig legen; dann spicket / saltzet / pfeffert / und leget sie in einen stollichten Hafen / giesset das dritte Theil Wein-Essig daran / und das andere Wasser / und laßt sie wohl verdeckt sieden / biß sie bald weich sind; inzwischen aber nehmet das Fette / so davon heraus siedet / oben herab / weil es sonsten / so es wieder hinein siedet / dem Riemen oder Lendbraten einen widrigen Geschmack / gleich dem Schmorgel / verursachet / darauf seihet ihn ab / und giesst folgende Brüh daran: Bähet einen Schnitten rocken Brod / siedet es in Fleischbrüh und Essig; will mans aber gut haben / kan man auch ein wenig Wein dazu giessen: Wann nun das Brod weich gesotten / treibt es durch einen Seiher; solte der Brüh an dem Brod etwan zu wenig seyn / kan man noch mehr Fleischbrüh und etwas Essig / auch / nach belieben / etwas Wein daran giessen / oder man kan auch ein wenig von der Brüh / darinn es gesotten / daran thun / und also das Brod mit durchzwingen: schneidet dann Limonien theils zu

Mmm iij   Plätz-

Plätzlein/ theils würfflicht/ mischt es samt Pfeffer/ Cardamomen/ Muscatblüh/ und ein wenig Zucker unter die Brüh/ richtet sie über den Lendbraten oder Riemen/ und laßt selbige damit noch eine halbe Stund sieden/ in den Sud aber leget ein Stuck Butter hinein; richtets hernach in eine Schüssel/ und streuet frisch-geschnittene Citronen-Schelffen darüber. *

91. Einen Riemen oder Lendbraten zu dämpffen/ auf andere Art.

Siede sie allerdings ab/ wie vorgemeldet/ seihe die Brüh hernach/ doch nicht alle/ ab/ sondern laß derselben so viel daran als vonnöthen/ und so sie zu gesaltzen wäre/ kan man ein wenig Wasser und frischen Essig zugiessen; alsdann thue gerieben rocken Brod darein/ würtze es mit Pfeffer/ Ingber/ und Muscaten-Nuß/ laß mit einander sieden/ und so du es anrichten wilt/ würff noch ein Stuck Butter/ auch/ nach belieben/ Plätzlein von Limonien darein/ laß noch ein und andern Sud aufthun/ und richt es dann in eine Schüssel.

92. Einen Essig-Braten zu dämpffen.

Nehmt von einem Rind ein Riemen-Stuck oder Lendbraten/ laßt denselben einen Tag zwey oder drey im Essig ligen; giesst hernach in einen stollichten Hafen Wasser daran/ saltzt es ein wenig/ bähet einen Schnitten rocken Brod/ zerbrockt es/ und thuts an das Fleisch/ laßt es mit sieden/ und wann dasselbige halb weich gesotten hat/ legt es heraus in eine Schüssel/ und zwingets mit der Brüh durch einen Seiher/ giesst solches durchgezwungene wieder an das Fleisch/ thut Pfeffer/ Ingber/ Muscaten-blüh/ Cardamomen/ und theils Plätz-weiß/ theils würfflicht-geschnittene Limonien darein; setzt es auf ein Kohlfeuer/ laßt es sieden/ biß ein dicklichtes Brühlein daraus wird/ und richtet es alsdann an.

Oder:

* An statt deß gebähten Brods/ kan man auch ein Weitzen-Mehl im Schmaltz braun darein brennen.

gedämpfften Geflüg/ Wildpret und Fleisch. 463

❊ ❊ ❊
Oder:

Waschet den Riemen oder Lendbraten auf das schönste / leget ihn in einen Hafen / giesst ein halbe Maas Wein=Essig daran / und das übrige Wasser / damit der Hafen voll werde; saltzt es aber nicht so viel / als ein ander Fleisch / thut auch Pfeffer / und ein wenig gestossene Negelein daran / last den dritten Theil einsieden: leget dann das Fleisch in einen stollichten Hafen/ giesset die Brüh darüber/ brennet ein wenig Mehl darein/ reibt einen Nimpffel=Käs oder Pfefferkuchen daran / thut etliche Blätlein Salbey/ wie auch mehrers Gewürtz dazu/ wann es nöthig ist; last es zuvor versuchen / und so dann ferner mit einander einsieden / biß die Brüh etwas dicklicht wird.

93. Pristlln zu dämpffen.

Last euch das fleischichte von einem Kalbs=Schlegel herab hauen / welches man sonsten das Knötlein=Fleisch nennet / theilet dasselbige in zwey oder drey Theile/ nachdem ihr es dinn oder dick verlanget/ die Haut aber schneidet von selbigen allenthalben schön herab; legets hernach in Wein=Essig / last es drey oder vier Tage lang darinnen beitzen; spickets alsdann mit Speck/ saltzet und pfefferts/ legets in einen stollichten Hafen/ giesset Wein=Essig/ Wasser/ ein wenig Fleischbrüh / oder an deren statt/ so man es gut haben will / ein wenig Wein daran; deckets zu / setzt es über eine Glut und lassets dämpffen / biß es bald weich werden will: thut dann gerieben Semmel=Mehl/ Cardamomen/ Muscatblüh/ auch so man es gern süß verlanget / ein wenig Zucker und geschnittene Limonien / und so es beliebt / etwas von Citronen=Plätzlein / dazu / man kan auch ein wenig Citronen=Safft darein drucken / last es also mit einander dämpffen / biß es recht ist; leget noch ein Stuck Butter dazu / richtet es in eine Schüssel / und streuet würfflicht=geschnittene Citronen=Schalen darauf. *

94. Ei=

* An statt der Limonien / kan man auch kleine Essig=Cappern zu dieser Brüh gebrauchen.

94. Einen Kalb-Schlegel oder Kalbs-Keule besonder zu zurichten.

Nehmet eine schöne frische Kalbs-Keule oder Kalbs-Schlegel/ häutet/ wässert/ waschet und spicket ihn mit einem wohl dicken Speck; man muß aber dazu eine absonderliche lange Spick-Nadel haben/ damit man den Schlegel recht durchaus spicken könne/ der Speck muß auch ungefehr eines kleinen Fingers dick geschnitten/ und die Hexen/ oder das hintere lange Bein/ davon abgehauen werden: dann salzet und leget ihn in einen stollichten Hafen/ streuet aber zuvor zu unterst am Boden ein wenig Rosmarin und Lorbeer-Blätter/ giesst zwey Drittheil Wein/ und ein Drittheil Wasser daran/ würzets mit allerley ganzer Gewürz/ als Pfeffer/ Ingber/ Cardamomen/ Muscatblüh und Negelein/ thut noch ein wenig Rosmarin und Lorbeer-Blätter dazu/ bedecket den Hafen mit einer Stürze/ und verklebet ihn wohl mit Dohn oder Leimen/ damit der Dampff bey einander bleibe; setzet den Hafen nur auf eine Kohlen oder Glut/ daß er nicht genau zum Feuer komme/ sondern nur von fernen gesetzet/ allgemach siede: Wann man nun vermeinet/ daß es genug gesotten/ wird der Dohn oder Leimen zusamt dem Deckel herab/ und die Keule oder der Schlegel heraus genommen/ in eine Schüssel geleget/ und die Brüh darüber gerichtet; man muß aber fleissig achtung geben/ daß sich der Schlegel nicht anlege/ und zu solchem Ende den Hafen öffters hin und herrucken. *

95. Kalb- oder Lamms-Fleisch/ in einem Gehäck.

Nehmet ein Stuck Kalbfleisch das mager ist/ leget selbiges in ein frisches Wasser/ und last es ein wenig darinnen ligen; darnach waschets wieder heraus/ und setzets in einem Hafen zum Feuer/ salzt es recht/ und last es ein wenig übersieden; inzwischen

* Auf diese weise kan man auch einen Welschen Hanen/ oder auch einen Gansbauch besonder zurichten.

gedämpfften Geflüg/ Wildpret und Fleisch. 465

schen aber versäumet es auf das schönste mit einem hölzernen Löffel/ dann von einem eisernen wird das Kalbfleisch gern schwarz: wann es nun erst besagter massen ein wenig gesotten hat/ so hacket dasselbe/ und zugleich auch / wann man will / ein wenig Rind- oder Ochsen-Marck; schneidet Limonien klein/ thut alles zusammen in einen stollichten Hafen/ und ein wenig gerieben Semmel-Mehl dazu/ giesset auch Fleischbrüh/ Essig/ und/ so es beliebt/ ein wenig Wein daran/ würzet es mit Ingber/ Pfeffer/ Cardamomen und Muscatblüh/ last es also mit einander kochen / biß es euch genug zu seyn dünckt; alsdann thut noch ein gut Stuck Butter und geschnittene Limonien-Plätzlein/ samt einem paar Löffel voll Milchram darein/ last es noch einen Sud aufthun: Leget dann ein Stuck Kalbfleisch/ welches zuvor in lauterer Brüh abgesotten worden/ in eine Schüssel/ richtet dieses Gehäck darüber/ und leget die Limonien-Plätzlein oben darauf/ oder tragt auch nur das Gehäck also allein auf/ nach jedes belieben.

96. Kalbfleisch auf besondere Art zu kochen.

Schneidet das fleischichte von einer Kalbs-Keule oder Schlegel / so man ein Knötlein-Fleisch nennet/ einmal von einander/ damit es allenthalben könne gehäutet werden / schneidets dann überzwerg zu dinnen Plätzlein/ und klopffet es mit einem hölzernen Hämmerlein gar wohl / so dinn als immer möglich; nehmet eine etwas tieffe zinnerne Schüssel / bestreuet gleich anfangs den Boden derselben mit Pfeffer / Cardamomen und Muscaten-Nüssen/ oder aber dergleichen Blüh und ein wenig Salz; leget von diesen zu dinnen Plätzen geschnittenen Fleisch eine Lage darauf/ salzt und würzet sie; legt wieder Fleisch darauf/ würzets wie zuvor/ und so dann ferner; so viel man von diesen Fleisch bey handen hat: giesset ein wenig Wein und Fleischbrüh daran / druckt zimlich viel Citronen-Safft darein / deckt dann diese Schüssel mit einer andern zu/ setzet sie auf ein Kohlfeuer/ last es also sieden/ biß weich wird/ und werffet zuletzt ein Stücklein Butter darein: Wolte man die Brüh etwas dicklicht haben / kan man ein wenig geriebenes Eyer-

Nnn oder

oder auch nur sonst weiß Brod dazu thun / und wann es aufgetragen wird/ mit klein-geschnittenen Citronen-Schelffen überstreuen.

97. Kalb- oder Lamms-Fleisch in einer Citronen-Brüh.

Röstet ein wenig Mehl schön gelb im Schmaltz / giesst Wein und ein wenig Fleischbrüh daran / streuet allerley gute Gewürtz darein / schneidet das gelbe von einer Citronen herab/ und das Marck zu Scheiben oder Plätzen; solte man aber nur ein wenig Brüh anmachen wollen / hat man keiner gantzen Citronen nöthig/ indem auch eine halbe genug ist: thut diese Citronen-Plätze / und etwan zween Schnitten von derselben gelben Schelffen zu dem gerösteten Mehl/ Wein und Fleischbrüh in den Hafen/zuckerts auch ein wenig/ laßt alles/ und zu letzt ein Stücklein Butter mit aufsieden / und richtet dann diese Brüh über das/ auf gemeine Art/ bereits abgesottene Fleisch; nehmet aber zuvor die Citronen-Plätze / als welche nicht mit aufgetragen werden / heraus; mit dem gelben aber/ von der äussersten Schelffen/ kan man oben das Fleisch in der Schüssel bezieren. Auch / wann es beliebt / das in seiner Brüh gesottene Fleisch etwan eine viertel Stund / ehe man es auftragen will / in diese Brüh legen / und noch was weniges darinnen sieden lassen. *

98. Kalb- oder Lamms-Fleisch/ in einer gelben Limonien-Brüh.

Wann das Fleisch gewässert und gewaschen worden / saltzet und setzet es im Wasser zu / verfaumts mit einem höltzernen Löffel/ giesst Essig und Fleischbrüh/ auch/ so es gefällig/ ein wenig Wein in ein stollichtes Häfelein/ brennet Weitzen-Mehl im Schmaltz fein gelb darein; würtzet es mit Cardamomen / Muscatblüh und Pfeffer/ macht es auch mit Zucker ein wenig süß/ und mit ein wenig Saffran gelb/ schneidet Limonien/ theils klein/ theils Plätzlein

* An statt deß Mehls / kan man auch ein weiß-gebähtes Brod in der Fleischbrüh sieden lassen / und durchzwingen; dann ferner die Brüh verfertigen/ wie oben gemeldt.

gedämpfften Geflüg/ Wildpret und Fleisch. 467

lein=weiß/ darein/ und laßt es mit einander sieden; letzlich legt ein Stück Butter dazu/ und richtet es hernach über das abgesottene Kalbfleisch/ die Limonien=Plätzlein aber leget oben darauf: Wanns beliebt/ kan das Fleisch auch vorhero einen Sud in der Limonien=Brüh mit aufthun.

99. Kalb= oder Lamms=Fleisch in einer weissen Limonien=Brüh.

Nehmet die Brosamen von einer Semmel oder Weck/ oder ein weiß gebähtes Brod/ thut sie in ein Töpfflein oder Häfelein/ giesset Fleischbrüh/ Essig/ und ein wenig Wasser daran/ und laßt es sieden; hernach zwingts durch einen Seiher oder Durchschlag/ giesset Wein daran/ thut auch Milchram und geschnittene Limonien dazu/ würtzet es mit Ingber/ Pfeffer/ Cardamomen und Muscatblüh/ und laßt es sieden; thut ein Stuck Butter darein/ und richtet es über das abgesottene Kalbfleisch/ oder laßt das Fleisch vorhero/ nach gefallen/ darinnen auffsieden.

100. Kalb= oder Lamms=Fleisch/ in einer weissen Limonien=Brüh/ auf andere Art.

Brennet ein Weitzen=Mehl fein licht im Schmaltz/ giesset Fleischbrüh und Essig daran/ würtzet es mit Ingber und Pfeffer/ schneidet auch Limonien darein/ laßt es mit einander sieden; und richtets hernach über das abgesottene Fleisch.

101. Ein Kalb= oder Lamms=Fleisch in einer Cappern=Brüh.

Bähet einen Schnitten weisses Brod/ thut selbiges in ein Häfelein/ giesset Wein und Fleischbrüh daran/ mischt auch kleine gehackte Essig=Cappern darunter/ und laßt es mit einander sieden; zwingts hernach durch einen Seiher/ und giesset noch etwas Wein nach/ würtzet es mit Pfeffer/ Cardamomen/ Muscatblüh und Zucker/ thut noch mehr gantze Essig=Cappern dazu/ laßt alles zusammen sieden / und so ihr es anrichten wollet / leget ein Stuck Butter darein; richtet sie über das abgesottene Fleisch / und streuet würfflicht-geschnittene Citronen-Schelffen darauf. *

102. Ein Kalb- oder Lamms-Fleisch / in einer Agrest- oder Stachelbeerlein-Brüh.

Nehmet gerieben Semmel-Mehl / oder weiß-gebähtes Brod und halbzeitige Agrest- oder Stachelbeerlein / thut sie zusammen in ein Häfelein / giesset Fleischbrüh und ein wenig Essig daran / und laßt sie sieden / biß die Beerlein weich sind; alsdann zwingt es durch einen Durchschlag und giesset wieder Fleischbrüh daran / würtzt es mit Ingber / Pfeffer / und geriebener Muscaten-Nuß / thut noch mehr Agrest oder Stachelbeerlein / wie auch etliche Löffel voll Milchram darein / und laßt es sieden / biß die Beerlein weich sind; hernach thut Butter dazu / und richtet es alsdann über das gesottene Fleisch. Will man aber die Brüh noch besser haben / so kan man sie / wie die Num. 98. 99. und 100. beschriebene Limonien-Brühen / zusammen machen.

103. Ein Kalb- oder Lamms-Fleisch / in einer Agrest- oder Stachelbeerlein-Brüh / auf andere Art.

Lasset das Fleisch eine Zeitlang im Wasser ligen / waschets aus zweyen Wassern schön heraus; brühets alsdann mit einem siedenden Wasser ab / (welches billich bey allem Kalb-Fleisch / so gesotten wird / geschehen solte / weil es davon weisser und schöner wird /) setzet es hernach in einem andern warmen Wasser in einem Hafen zu / werfft Saltz darein so viel vonnöthen / verfäumet es auf das beste / und laßt es weich sieden: Indessen nehmet gewaschene Agrest- oder Stachelbeerlein / giesst in einem besondern Häfelein eine Fleischbrüh daran /

* An statt deß gebähten Brods / kan auch ein weiß-geriebenes Brod genommen / oder auch diese Brüh nur mit gerösteten Mehl gemachet werden.

gedämpfften Geflüg/ Wildpret und Fleisch.

daran/ laßt sie weich sieden; zwingets hernach durch einen Seiher/ macht in einem Pfännlein ein Schmaltz heiß/ brennet vier Löffelein Mehl darein/ und röstets darinnen/ doch nicht lang/ damit es schön licht bleibe; giesst dieses Schmaltz und geröstete Mehl an die durchgezwungene Agrest- oder Stachelbeerlein/ thut ein gut theil Milchram/ wie auch Pfeffer/ Muscatenblüh/ Cardamomen/ und theils würfflicht/ theils Plätz-weiß geschnittene Limonien darein; giesst/ so es nöthig/ noch mehr Fleischbrüh dazu/ sonderlich so diese Brüh zu sauer seyn solte/ laßt es mit einander/ und zuletzt ein Stuck Butter darinnen aufsieden: Richtet dann das Fleisch in eine Schüssel/ und diese jetzt-beschriebene Brüh darüber.

104. Kalb- oder Lamms-Fleisch in einer Agrest- oder Stachelbeerlein-Brüh/ noch anderst.

Machet diese Brüh über das bereits abgesottene Kalb- oder Lamms-Fleisch/ wie die beede kurtz vorher beschriebene; lasset aber mit dem Brod die Agrest (welche von dem unzeitigen Weintrauben genommen werden) oder auch mit denen Stachelbeeren zugleich sieden/ und treibt es hernach mit durch: machet sie im übrigen allerdings zusammen/ wie die Limonien-Brüh Num. 99. nur daß ihr an statt der geschnittenen Limonien noch mehr gantze Agrest- oder Stachel-Beere in die durchgetriebene Brüh werffet/ und selbige ferner damit sieden lasset.

105. Ein Kalb- oder Lamms-Fleisch in einer Petersilien- oder Peterlein-Kraut-Brüh.

Bereitet das Peterlein- oder Petersilien-Kraut allerdings/ wie selbiges in diesem Theil/ bey den Hünern Num. 16. beschrieben worden/ und kochet das Fleisch ab/ wie gebräuchlich/ doch nicht gantz vollkommen/ sondern lasset es in der Peterlein- oder Petersilien-Brüh noch einen Sud/ zusamt einer Butter mit aufthun.

106. Ein Kalb- oder Lamms-Fleisch in einer Peterlein- oder Petersilien-Kraut-Brüh/ auf andere Art.

Sjedet das Fleisch/ und lassets verfaumen; leget es hernach in einen stollichten Hafen/ giesset gute warme Fleischbrüh daran/ streuet Jngber/ Pfeffer/ auch einen guten theil junges Petersilien-Kraut darein/ und last es sieden/ biß das Fleisch gar weich ist: Alsdann thut einen guten theil Butter dazu/ richtet es in eine Schüssel/ leget das Petersilien-Kraut oben darauf/ und tragt es zu Tisch. Oder man kan auch das Petersilien-Kraut hacken/ und auf die letzt darein thun/ und nur einen Sud mit thun lassen.

107. Ein Kalb- oder Lamms-Fleisch in einer Peterlein- oder Petersilien-Wurtzel-Brüh.

Lasset die Petersilien-Wurtzeln im Wasser sieden/ biß sie weich sind; alsdann treibet sie mit einer Fleischbrüh durch einen Seiher/ würtzts mit Jngber/ Pfeffer/ Cardamomen und Muscaten-Blüh; zuvor aber siedet das Fleisch ab/ und last hernach diese Brüh noch einen Sud darüber thun: Letzlich leget Butter darein/ und richtet es an.

108. Kalb- oder Lamms-Fleisch in einer Rosmarin-Buth.

Sjedet das Fleisch biß auf die Helfft ab/ und legts hernach in einen stollichten Hafen/ giesset Fleischbrüh daran/ thut geriebenes Semmel-Mehl/ und klein-geschnittenen Rosmarin darein/ würtzt es mit Jngber/ Pfeffer/ Muscatblüh/ und last das Fleisch ferner damit sieden/ thut Butter dazu/ und richtet es in eine Schüssel; röstet weiß würfflicht-geschnitten Brod im Schmaltz/ daß es schön gelb werde/ und brennet es also heiß über das Fleisch.

109. Kalb-

109. Kalb- oder Lamms-Fleisch in einer Rosmarin-Brüh/ auf andere Art.

Wann das Fleisch halb gesotten ist/ leget es in eine Brat-Pfannen/ und ein wenig Schmaltz dazu/ setzet es auf einen Rost über eine Glut/ und bratets/ daß es schön braun wird; leget es ferner in einen stollichten Hafen/ giesset Fleischbrüh und ein wenig Essig daran/ brennet ein wenig Mehl darein/ würtzets mit Ingber/ Pfeffer Muscatblüh/ thut klein-geschnittenen Rosmarin dazu/ und last es also mit einander sieden/ biß das Fleisch gar weich ist: Richtet es dann zusammen an/ und brennet geröstetes Brod darüber.

110. Ein Kalb- oder Lamms-Fleisch in einer Majoran- oder Maseran-Brüh.

Waschet und brühet das Kalb- oder Lamms-Fleisch an/ wie schon gedacht/ setzt selbiges in einem stollichten Hafen in halb Wasser halb Fleischbrüh zum Feuer/ saltzets ein wenig/ würtzets mit Pfeffer/ Ingber und Muscaten-Blüh/ lassets sieden/ biß es fast weich worden; thut dann ein gut theil Butter darein/ setz es in ein starckes Kohlfeuer/ daß es ferner siede/ und zu einem dicklichten Brühlein werde: Wann es nun bald fertig ist/ reibet ein wenig aufgedörrten Maseran daran/ leget das Fleisch in eine Schüssel/ und richtet die Brüh darüber an.

111. Ein Kalb- oder Lamms-Fleisch in einer Majoran- oder Maseran-Brüh/ auf andere Art.

Siedet das Fleisch so weit ab/ biß es bald weich werden will; alsdann machet die Majoran-Brüh/ wie selbige über das Rindfleisch Num. 80. zu machen gelehret worden; leget das Fleisch darein/ und last es ferner damit sieden/ biß es recht ist: Wer will/ kan auch ein wenig geröstetes Brod darüber brennen.

112. Ein

112. Ein Kalb= oder Lamms=Fleisch in einer Negelein=Brüh.

Nehmet ein Stuck Kalbfleisch / wässert und wascht es / saltzt / pfeffert / und röstets im Schmaltz; nach diesen legts in einen stollichten Hafen / giesset Fleischbrüh / Wein=Essig / und ein wenig Wasser daran / würtzt es mit Ingber / Pfeffer und Negelein / und laſt es dämpffen / biß es bald weich werden will: Alsdann röstet ein Weitzen=Mehl fein braun im Schmaltz / brennt es an die Brüh und Fleisch / und laſt es ferner sieden / biß es weich ist; darauf richtet es zusammen in eine Schüssel / und streuet klein= und würfflicht=geschnittene Citronen=Schelffen darauf.

113. Ein Kalb= oder Lamms=Fleisch in einer Negelein=Brüh / auf andere Art.

Das Kalb= oder Lamms=Fleisch waschet / überbrühet selbiges mit einem siedenden Wasser; giesst in einen stollichten Hafen halb Wasser / halb Fleischbrüh daran / thut ein wenig geriebenen Rimpffel=Käs oder Pfeffer=Kuchen darein / giesst etwas Essig hinzu / saltzets und laſt es sieden / biß es weich ist / brennet auch ein paar Löffelein voll Mehl darein / würtzets mit Pfeffer / Ingber / Muscaten=Blüh und Negelein wohl starck / daß das Gewürtz in etwas vorschläget; laſt alles zusammen ferner sieden / biß es ein dicklichtes Brühlein gewinnet / und richtets dann an. *

114. Ein

---

* Man kan auch einen Niernbraten in dieser Brüh zurichten / und zu letzt / wann alles fertig / erst=besagten Niernbraten in einen stollichten Hafen legen / daß der Niern über sich kommet; alsdann den Topff mit einer flachen Stürtzen bedecken / glüende Kohlen darauf legen / und so dann den Braten abbräunen / allerdings / wie bey den Zwiebelbraten Num. 129. und 130. mit mehrern wird gesagt werden.

114 Ein Kalb= oder Lamms=Fleisch in einer Negelein=Brüh / noch anderst.

Nehmet geriebenRocken=Brod / oder ein wenig im Schmaltz eingebrenntes Mehl; thut es in ein Häfelein / giesset Fleischbrüh / ein wenig Essig / auch / so es beliebt / würfflicht=geschnittene Limonien darein / würtzet es mit Ingber / Pfeffer und Negelein / last es sieden / thut auch ein Stuck Butter dazu: Richtets hernach über das abgesottene Kalbfleisch / und tragt es zu Tisch.

115. Ein Kalb= oder Lamms=Fleisch / auf Niederländisch.

Siedet das Kalbfleisch halb ab; hernach hebt es aus einer Brüh in einen stollichten Hafen / und machet nachfolgende Brüh darüber: Nehmet Zwiebeln / schählet und schneidet sie / lasts im Wasser weich sieden; hernach treibts mit Fleischbrüh durch einen Seiher / und giesst es an das Fleisch / machet es mit Essig ein wenig sauer / würtzets mit Ingber / Pfeffer und Muscatblüh / schneidet auch Limonien dazu / und last es sieden: Indessen röstet würfflicht=geschnittenen Speck in einem Pfännlein / last aber die Grieben nicht gar zu braun werden; säumets alsdann mit einem Löffel heraus / in ein Schüsselein / decket es zu / und behaltets also / daß sie wohl warm bleiben / das Schmaltz von den Grieben aber brennet fein heiß an das Fleisch im Hafen / und last es ferner damit kochen / biß es recht ist: Richtet es dann in eine Schüssel / streuet die Grieben vom Speck darüber / und traget es zugedeckt auf einer Glut zu Tisch.

116. Ein Kalb= oder Lamms=Fleisch / auf Niederländisch / noch anderer Art.

Nehmet ein Kalb= oder Lamms=Fleisch / absonderlich ein so genanntes Schlößlein / so von dem Schlegel oder Keule abgehauen wird / und nechst an den Niernbraten stehet / und eine

Hexen dazu/ davon die Brüh ein wenig gesultzet wird; waschet es/ giesst in einem stollichten Hafen Fleischbrüh und Wasser daran/ laßt es sieden/ und verfaumets; nehmet dann das Fleisch heraus/ seihet die Brüh durch ein reines Tüchlein/ reiniget den Hafen auf das schönste aus/ legt das Fleisch wiederum darein/ und giesset die Brüh darüber; würtzets mit Cardamomen/ Pfeffer/ Jngber/ ein wenig Muscaten-Blüh und Saffran: giesset auch etwan eine halbe Stund zuvor/ ehe ihr es anrichten wollet/ ein wenig Essig dazu/ und lasset dann die Brüh alle einsieden/ daß nur etwas weniges davon an dem Fleisch bleibet/ und zugleich mit angerichtet werden kan.

117. Ein Kalb- oder Lamms-Fleisch im Speck.

Waschet das Fleisch/ und wann es eingesaltzen/ würtzets mit Jngber und Pfeffer; legts hernach in einen stollichten Hafen/ giesst Wasser und Essig daran/ und lassets im steten Sud fort sieden; werfft alsdann Semmel-Mehl/ würfflicht-geschnittenen Speck/ und ebenfalls klein-geschnittene Zwiebeln darein/ würtzets mit Jngber/ Pfeffer/ und geriebenen Muscaten-Nüssen/ laßt es sieden; bräunets/ wann es fast fertig ist/ mit einer Glut auf einer flachen Stürtzen ab/ legt im anrichten ein Stuck Butter darein/ und tragt es in einer Schüssel zu Tisch.

118. Ein Kalb- oder Lamms-Fleisch im Speck/ auf andere Art.

Hauet einen Kalbs-Rucken in Stücken/ oder lasset ihn nach belieben gantz/ jedoch aber nicht all zu weich sieden; schneidet inzwischen ein gut theil frischen Speck und Majoran darunter; hebet das Fleisch aus seiner eigenen Brüh heraus/ in einen stollichten Hafen/ thut das geschnittene vom Speck und Majoran dazu/ würtzet es wohl mit Jngber/ Pfeffer und Muscatnüssen/ laßt es ferner sieden/ jedoch nicht gar zu lang/ damit der Speck nicht all zu

sehr

gedämpfften Geflüg/ Wildpret und Fleisch.

sehr zergehe: Richtet es dann in eine Schüssel / und tragets zu Tisch.

119. Ein Kalb- oder Lamms-Fleisch im Speck / noch auf eine andere Weise

SEtzet einen gantzen Kalbs-Rucken in Wasser zu / wie gebräuchlich; wann er nun ein wenig abgeschipffet / und verfaumet worden/ leget ihn in einen andern reinen und stollichten Hafen/ giesset etwas von seiner eigenen Brüh daran / schneidet ein gut theil Speck würfflicht darein/ würtzets mit Pfeffer / Cardamomen und Muscaten-Blüh / laßt alles zusammen ferner sieden/ biß die Brüh ein wenig dicklicht wird / und richtet sie dann/ zusamt dem Fleisch an.

120. Ein Kalb- oder Lamms-Fleisch geröstet in einer Brüh.

SChneide einen Kalbs-Rucken in Stucken/ wasche und brühe ihn mit siedendem Wasser an / trockne selbigen mit einem reinen Tuch ab / laß ihn in einer Pfannen schön licht-gelb im Schmaltz rösten; nimm selbigen dann wieder heraus / und lege ihn in einen stollichten Hafen; röste dann in eben diesem zuruck-gebliebenen Schmaltz einen geriebenen Pfeffer-Kuchen oder Rümpffel-Käß/ samt ein wenig geriebenen Brod: giesse dann ein wenig Fleisch-brüh daran / laß es in einer Pfannen einen Sud thun / gieß in den stollichten Hafen über das Fleisch/ laß es noch ferner wohl mit einander sieden / biß das Fleisch weich wird / versuchs/ und so es von dem Pfeffer-Kuchen nicht genug gewürtzet worden / streue einige scharffe Gewürtz darein: Sollte man aber diese Brüh säuerlicht verlangen/ kan man ein wenig Essig daran giessen / oder aber Citronen-

Ooo ij   Safft

Safft darein drucken / und die Schelffen derselben klein geschnitten darauf streuen.

121. Ein eingebicktes Kalb- oder Lamms-Fleisch.

Das Fleisch / wozu das Stuck / so hier zu Land das Grätlein genennet wird / am besten dienet / setzet man in einem siedenden Wasser zu / wie ein ander Fleisch: wann es nun fast weich ist / etwan eine Stund vor dem Essen / giest in einen stollichten Hafen eine gute Fleischbrüh / ohngefehr den achten theil einer Maas Wein / und ein wenig Essig / wie auch zwey oder drey Löffel voll Pfeffer-Kuchen oder Rümpffel-Käß; zuckerts nach belieben / streuet auch so viel Trisanet darein / als man vermeinet genug zu seyn / würtzets mit Pfeffer / Muscaten-Nuß / Cardamomen / auch etwas wenigs Zimmet und Saffran / setzt es in eine Glut und last es sieden: Richtet dann das Fleisch zusamt der Brüh an / in eine Schüssel / schneidet aber zuvor eine Citronen zu Plätzen / leget sie in ein Trisanet / und so dann auf das Fleisch / bestreuet es auch mit der auswendigen gelben und würfflicht-geschnittenen Schelffen / den Rand aber der Schüssel ebenfalls mit Trisanet.

122. Ein eingebicktes Kalb- oder Lamms-Fleisch / in einer süssen Brüh.

Wähet ein weisses Brod / last es im Wein sieden / zwingets durch / zuckerts / streuet Trisanet darauf / lassets mit Wein sieden / und gilbt es mit ein wenig Saffran; richtets dann an / belegt und bestreuet es mit Plätzen oder Scheiben / und klein-geschnittenen Schelffen von Citronen / und traget es zu Tisch.

123. Ein

123. Ein Kalbfleisch besonder zu zurichten.

Nehmet einen Kalbs-Rucken oder so genanntes Schlößlein/ wann es gewaschen/ setzets in Wasser zu/ salzets/ last es sieden/ verfaumet es/ streuet gröblicht-zerstossenen Pfeffer/ Muscaten-Blüh/ Cardamomen/ auch/ so es beliebt/ ein wenig Saffran darein; last es ferner wohl einsieden/ daß nicht viel Brüh an dem Fleisch verbleibt; beliebts/ so kan man zuletzt ein wenig Wein daran giessen/ und den Safft von Citronen darauf drucken: Zuletzt wird ein würfflicht-geschnittenes im Schmaltz geröstetes Brod/ wann es angerichtet worden/ darauf gebrennet.

124. Ein Kalb-Fleisch/ auf eine andere Art/ besonder zu zurichten.

Nehmt ein Stuck Kalbfleisch das mager ist/ und lasset dasselbe zur Winters-Zeit wohl gefrühren/ damit es sich desto besser schneiden lasse; schneidet dann/ so dinn ihr könnt/ Plätzlein davon/ saltzet und würtzet es; machet hernach in einem Tiegel oder stollichten Hafen eine Lag Butter/ dann eine Lag deß geschnittenen Fleisches/ ferner wieder eine Lag Butter/ und so fortan: giesset nach diesen ein wenig Essig darüber/ und lassets auf einer Glut/ oder in einem Bach-Oefelein/ also mit einander bregeln oder sieden; und richtet es an. Wer will/ kan auch an statt der Butter frisches Baum-Oel nehmen/ und Citronen darein drucken. *

125. Einen Kalbs- oder Schöps-Rucken einzumachen.

Nehmet den Rucken wo er am grösten ist/ und lasset ihn zwischen allen Rieben zerbicken/ damit man selbige desto leichter von einander schneiden könne; alsdann waschet und siedet ihn/ aber

* So es beliebt/ kan man auch ein wenig klein-zerschnittenen Rosmarin dazwischen streuen.

aber nicht zu lang: schneidet hernach die Rieblein von einander/ und
duncket sie in die Brüh/ daß sie wohl naß werden; bestreuet selbige
auf beyden Seiten mit Saltz/ Pfeffer/ und geriebenen rocken Brod/
leget sie auf einen/ oben mit Butter bestrichenen/ Rost/ und laßt selbige über einer Glut abtrocknen/ daß sie fein braun werden/ begiesset
mit zerschlichener Butter; nachgehends röstet ein wenig Weitzen=
Mehl im Schmaltz/ giesset Fleischbrüh und Essig daran/ legt das
abgebräunte Fleisch in einen stollichten Hafen/ und giesset die Brüh
darüber/ würtzets mit Ingber/ Pfeffer/ Muscaten=Blüh und Carda-
momen/ lasset es eine gute weile mit einander sieden; hernach thut
Butter daran/ richtet das Fleisch in eine Schüssel/ giesset die Brüh
darüber/ und tragts auf einer Glut zu Tisch.

126. Ein Kalb=oder Schöps=Fleisch in einer Kümmel=Brüh.

Siedet das Fleisch biß es bald weich ist; hernach legts in einen
stollichten Hafen/ giesset Fleischbrüh daran/ röstet ein Wei-
tzen=Mehl im Schmaltz fein braun/ und brennet es an die
Brüh zum Fleisch; thut Kümmel darein/ würtzet es mit Ingber und
Pfeffer/ und lasset es sieden/ biß es gar fertig ist. Oder man kan
auch/ an statt deß Mehls/ ein gerieben rocken Brod nehmen.

127. Ein Kastran=oder Schöps=Keule in Agrest.

Bläuet oder schlaget den Schlegel oder die Keule wohl/ daß er
fein lind und mürb wird/ siedet ihn hernach in Essig und
Wasser/ wohl gesaltzen ab/ biß er weich ist; alsdann machet
diese Brüh darüber: Röstet Weitzen=Mehl im Schmaltz/ daß es
braun wird/ thut es hernach in ein Töpfflein/ giesset Fleischbrüh und
ein wenig Essig daran/ streuet Ingber/ Pfeffer/ Cardamomen und
Agrest darein/ und lasset es zusammen sieden/ biß die Beere weich
sind:

gedämpfften Geflüg/ Wildpret und Fleisch. 479

sind: Leget dann den Schlegel in eine Schüssel/ zerschneidet ihn/ und richtet die Brüh darüber.

128. Ein Kastran/ Schöps-Keule oder Schlegel/ auf eine andere Weise.

Man nimmt einen Schöps-Schlegel oder Keule/ bläuet/ saltzet/ und lässet ihn zehen biß in vierzehen Tage/ oder drey Wochen lang/ im Saltz ligen/ legt ihn aber in ein Geschirr/ daß er recht nach der Länge darinn ligen könne/ decket auch ein Bretlein samt einem Gewicht-Stein darauf/ daß er wohl gepreßt werde; indessen muß er aber auch fleissig umgewendet werden/ und durch und durch recht im Saltz seyn; dann waschet/ wässert/ und setzet ihn im Wasser zum Feuer: Wann er nun weich gesotten/ richtet ihn an in eine Schüssel/ streuet ein frisch geklaubt- und gewaschenes Petersilien-Kraut darauf/ und last dann einen Mostart oder Rosen-Essig zugleich mit auftragen.

129. Ein Zwiebel-Braten.

Nehmet einen Schöps-Keul oder Schlegel/ lasset ihn auflösen/ wässert/ waschet/ und siedet ihn so lang biß euch bedunket/ daß er bald weich werden will; alsdann hebet ihn heraus in einen stollichten Hafen/ thut aber zuvor geriebenen Lebkuchen und rocken Brod/ ingleichen auch kleine geschählte Zwiebeln/ und Birn dazu/ (wann aber die Birn groß sind/ müssen sie ein wenig vorher gesotten werden) giesset Fleischbrüh/ Wasser und Essig daran/ und lassets dann alles zusamm ferner mit einander kochen: Wann es nun fertig/ und man selbiges bald anrichten will/ so thut ein wenig Birn-Safft/ oder Holder-Latwergen/ auch wohl ein Stücklein Zucker darein; will mans aber nicht süß haben/ so lasset beedes davon/ bräunts oben mit einer Glut auf einer flachen Stürtzen schön ab/ und richtet es alsdann in eine Schüssel/ giesset die Brüh samt den Birnen und Zwiebeln

neben

neben herum/ und tragets zu Tisch. Wer will/ kan auch oben absonderlich kleine gantze Zwiebeln / schön braun geröstet / darauf brennen. Man streuet auch oben bißweilen / vor dem abbräunen/ Kümmel darauf.

130. Ein Zwiebel-Braten/ auf andere Art.

Erstlich muß man einen aufgelösten Kastran- oder Schöps-Schlegel waschen/ und also in einen stollichten Hafen legen/ daß das oberste untersich komme; gießet darnach Wasser und ein achtel Maas Wein-Essig/ auch so viel Kümmel/ daran/ als man zwischen zweyen Fingern halten kan ; brocket einen Schnitten gebähtes rocken Brod darein / werffet eine halbe Hand voll Saltz dazu/ und last alles über und über sieden: Alsdann reibet ein wenig Rumpffel-Käß oder Pfefferkuchen / thut Honig / oder auch einen guten Birn-Safft (wiewol etliche dieses nur auf die letzt dazu zu thun pflegen) samt einigen guten Birnen darein/ gießt Fleischbrüh und Essig dazu/ last es wacker sieden ; eine Stund aber vor dem Essen/ muß man den Schlegel zusamt der Brüh/ und kleinen Zwiebeln/ in einen stollichten Hafen schütten/ mit einer flachen Stürtzen zudecken/ Kohlen darauf thun/ und auf den stollichten Hafen setzen/ daß sich der Schlegel schön abbräunt : man muß es auch wohl sieden lassen/ daß es ein dicklichtes Brühlein bekommt/ das Feuer aber nicht unter den Hafen schüren / sondern neben herum viele Kohlen legen/ damit es recht sieden könne.

131. Ein Polnischer Zwiebel-Braten.

Nehmet einen guten Kastran- oder Kalb-Schlegel/ so groß ihr selbigen haben wolt/ waschet/ saltzet und pfeffert ihn wohl/ steckt ihn an einen Spieß/ und bratet ihn; schählet indessen kleine Zwiebeln / und hackets auf das kleinste / thut sie in eine
Schüssel/

gedämpfften Geflüg/ Wildpret und Fleisch.

Schüssel/ gießet ein wenig Fleischbrüh/ Rosen-Essig/ und etwas von der Brüh aus der Bratpfannen daran: Wann nun der Schlegel gebraten ist/ leget ihn in die Schüssel zu der Brüh/ setzet es auf eine Glut-Pfannen/ und lassets auffsieden; streuet hernach Pfeffer darauf/ und tragets zu Tisch.

132. Ziegen-Geiß- oder Lamms-Fleisch einzubicken.

Nehmet das Fleisch/ zerschneidet es in Stücken/ waschet/ salzet/ und würtzet es mit Ingber und Pfeffer/ und röstets im Schmaltz daß es schön gelb wird; hernach thut es in einen stollichten Hafen/ gießt halb Wein halb Fleischbrüh/ und ein wenig Essig daran/ thut Muscatblüh/ Cardamomen/ Saffran/ Zucker/ Semmel-Mehl/ und geschnittene Limonien dazu/ und lasset es miteinander sieden; es muß aber die Brüh fein dicklicht seyn/ und das säuerlichte vorschlagen: Wann es nun weich gesotten ist/ richtets an/ und streuet klein-geschnittene Schelffen von Citronen darauf.

133. Geiß- oder Ziegen-Fleisch zu dämpffen.

Waschet und saltzet das Fleisch/ würtzets mit Ingber und Pfeffer/ und legets in einen stollichten Hafen/ gießet Wasser daran/ und lasset es sieden/ biß es verschäumt; alsdann thut gerieben Semmel-Mehl/ klein-gehacktes Körfel- oder Körblein-Kraut/ oder an statt dessen ein wenig Petersilien-Kraut/ Cardamomen und Muscatblüh darein/ und lasset es ferner kochen/ biß es weich ist: So mans nun anrichten soll/ leget noch ein Stuck Butter dazu/ richtet es in eine Schüssel/ und tragets zu Tisch. *

134. Uber-

---

* Man kan auch/ so es beliebt/ vor das Semmel-Mehl geröstetes weisses Mehl in die Brüh brennen/ auch/ so die Brüh weiß bleiben soll/ das Körblein-Kraut gar davon lassen; doch alles nach selbst eigenen belieben.

134. Ubergebliebenes Rindfleisch zu kochen.

Nehmet das Magere von übergebliebenen Rindfleisch/ schneidets zu dinnen Plätzlein; legts in eine Schüssel/ giesst Essig und Fleischbrüh daran/ streuet Ingber und Pfeffer darein/ thut ein wenig Butter dazu/ deckt eine andere Schüssel oben darauf/ setzet es also auf eine Glut/ lassets sieden/ und übergiessets offt/ biß es ein dickes Brühlein bekommet.

135. Ubergebliebenes Rindfleisch/ auf andere Art zu kochen.

Schneidet das Fleisch klein- und würfflicht/ röstet es im Schmaltz/ giesset Essig und Fleischbrüh daran/ drucket Citronen darein/ würtzet es mit Ingber/ Pfeffer und Muscaten-Blüh/ last es sieden/ und richtets dann an.

136. Ubergebliebenes Rindfleisch noch anderst zu zurichten.

Aus dem übergebliebenen Rindfleisch schneidet man dinne Plätzlein/ saltzt und pfeffert sie hernach ein wenig; schneidet kleine Zwiebeln würfflicht daran/ giesst frisches Baum-Oel und Wein-Essig darüber/ und gibt es also kalt zu essen.

137. Ubergeblieben Kalb- oder Schaf-Fleisch zu zurichten.

Schneidet das Fleisch zu Stücklein/ legt es in eine Schüssel/ bestreuets mit Ingber/ Pfeffer und Zucker; giesset Wein- und
Rosen-

gedämpfften Geflüg/ Wildpret und Fleisch.

Rosen-Essig daran/ laßt es auf einer Kohlen zugedeckt sieden/ und tragt es dann zu Tisch. *

138. Einen kalten Braten einzuschneiden.

DEn Braten schneidet entweder in kleine Stücklein/ oder aber würfflicht/ thut selbige in einen stollichten Hafen oder Tiegel/ giesset Fleischbrüh/ Essig/ und ein wenig Wasser daran; würtzet es mit Ingber/ Pfeffer/ und geriebener Muscaten-Nuß/ brennet ein wenig Weitzen-Mehl daran/ laßt es sieden/ daß das Brühlein dicklicht wird: werfft zuletzt ein Stuck Butter hinein/ und richtets dann an. **

139. Einen kalten Braten einzuschneiden/ auf andere Art.

LAsset zuvörderst den kalten Braten zu kleinen dinnen Schnittlein oder Plätzlein zerschneiden/ giesset Fleischbrüh und entweder einen Holbeer-oder aber nur gemeinen Essig daran; mischet gerieben rocken Brod/ oder auch ein wenig eingebrenntes Mehl/ und zu letzt das Marck von einer Citronen/ und etwan dergleichen würfflicht-geschnittene Schelffen darunter: mischets mit Ingber/ Pfeffer/ Cardamomen und Muscaten-Blüh/ laßt es sieden; werfft aber zu letzt ein Stuck Butter darein/ daß es zu einem dicken Brühlein werde/ und tragets dann zu Tisch.

*Auf solche Weise kan man auch einen kalten Braten einschneiden/ wie hiernechst folgen wird.

** Wer diesen eingeschnittenen Braten besser haben will/ kan kleine Essig-Cappern/ Limonien/ und etwas Zucker dazu thun/ selbige mit auffsieden lassen/ und letzlich würfflicht-geschnittene Citronen-Schalen darauf streuen.

140. Einen kalten Braten / noch auf eine andere Weise einzumachen.

Schneidet den kalten Braten zu dünn= und breiten Plätzen; giesst einen Senff oder Mostart in eine Schüssel/ thut ein gut theil Butter daran / giesst Fleischbrüh / oder ein klein wenig Wein dazu/ legt den geschnittenen Braten hinein/ setzet die Schüssel wohl zugedeckt auf eine Kohl=Pfanne/ und laßt es mit einander aufsieden; drucket Citronen=Safft darein / zuckerts auch / so es beliebt/ und bestreuet es mit würfflicht=geschnittenen Schelffen von Citronen.

Zehender

Zehender Theil,
Entwerffend die Zubereitung derer so genannten
Neben-Essen.

1. Eine Ollapotrid.
2. — — — — auf andere und kürtzere Art.
3. Ein Strudel von Krebsen.
4. — — — — auf andere Art.
5. — — — — noch anderst.
6. — — — — noch auf eine andere Art.
7. — — — — von einer Kalb- oder Lamms-Lungen/ ingleichen auch einem Niern.
8. — — — — von Spinat/ grünen Kraut/ Pertram oder Petersilien-Kraut.
9. Krebs-Euter.
10. — — — auf andere Art.
11. — — Dorten.
12. — — — auf andere Art.
13. — — — noch anderst.
14. — — zu füllen.
15. — — — auf andere Art.
16. — — — noch anderst.
17. — — zu bachen.
18. — — zu sieden.
19. Schnecken gespickt zu braten.
20. — — — — auf andere Art.
21. — — — — noch anderst.
22. — — in einer Butter-Brüh.
23. — — — — auf andere Art.
24. — — — — noch anderst.
25. — — in einer Knoblauch-Brüh.
26. Schnecken in Oel.
27. — — — — auf andere Art.
28. — — — — noch anderst.
29. — — — — auf eine andere Weise.
30. — — — — noch auf eine andere Art.
31. — — — zu bachen.
32. — — — mit Eyern zu zurichten.
33. Eine Lunge/ wie daraus Morgeln oder Maurachen zu machen.
34. Leber- und Mägenlein zu zurichten.
35. — — — — auf andere Art.
36. Briese zu sieden.
37. — — — in einer Butter-Brüh.
38. — — — in einer Sardelln-Brüh.
39. — — — in einer Agrest-Brüh.
40. — — zu bachen.
41. — — zu füllen.
42. — — — auf andere Art.
43. Ravioln von Briesen oder Driesen.
44. — — — Hüner-Fleisch.
45. — — — Gäns- und Hüner-Leberlein.
46. — — — Käh-Euter.
47. — — — Bratwurst-Gebäck.
48. — — — Hechten.
49. Ravioln

Inhalt/ derer so genannten Neben-Essen.

49. Ravioln von Krebsen.
50. — — — — auf andere Art.
51. Würstlein von Briesen.
52. — — — — mit Cappern.
53. — — — — auf andere Art.
54. — — — — noch auf andere Art.
55. — — von Hüner-Leberlein.
56. — — — Kalb- und andern Fleisch.
57. — — — kalten Gebratens.
58. — — auf Welsche Art.
59. — — noch anderst.
60. — — auf eine andere Manier.
61. — — auf eine noch andere Weise.
62. — — noch auf andere Art.
63. Klöslein oder Knötlein võ Karpfen oder Hechten.
64. — — — auf andere Art.
65. — — — von Krebsen.
66. — — — auf andere Weise.
67. — — — von Schnecken.
68. — — — Hünern oder Cappaunen.
69. — — — — auf andere Art.
70. — — — — noch anderst.
71. — — — Briesen oder Driesen.
72. — — — Hirn.
73. — — — Lebern.
74. — — — auf andere Art.
75. — — — einem Niernbratē.
76. — — — vom Kalbfleisch.
77. — — — auf andere Art.
78. — — — mit Limonien.
79. — — — von Rindfleisch.
80. — — — Bratwürsten.
81. — — — Marck.
82. — — — Kalbfett.
83. — — — Eyern.
84. — — — auf andere Art.
85. — — — Butter.
86. — — — auf andere Art.
87. — — — noch auf eine andere Weise.
88. Klöslein oder Knötlein von Käs.
89. — — von Aepffeln.
90. — — — Birnen.
91. — — — Weinbeern.
92. — — — Mandeln.
93. — — — Petersilien- oder Mayen-Kraut.
94. — — — Körblein-Kraut.
95. — — — Semmeln.
96. — — — auf andere Art.
97. — — — noch anderst.
98. — — — auf eine noch andere Art.
99. — — — Gritz oder Grieß.
100. — — — Mehl.
101. — — — auf andere Art.
102. Bauern-Knötlein.
103. — — — auf andere Art.
104. — — — noch anderst.
105. — — — auf eine andere Weise.
106. — — — noch auf eine andere Art zu machen.
107. Gebachene Knötlein oder Klöslein.
108. — — — auf andere Art.
109. — — — noch anderst.
110. Heffen- oder Ofen-Klöslein.
111. — — — auf andere Art.
112. — — — noch auf eine andere Weise.
113. Krause Semmeln.
114. Semmeln besonders zu zurichtē.
115. Semmel und Würst.
116. Gefüllte Semmeln.
117. — — — auf andere Art.
118. — — — noch anderst.
119. — — — mit Vögeln.
120. — — — mit Vögeln und Aepffeln.
121. — — — mit Weixeln oder Aepffeln.
122. — — — auf andere Art.
123. — — — mit Krebsen.
124. Ein Brosen-Kopff.
125. Einen Kardus zu kochen.

126. Kühn-

Inhalt/ derer so genannten Neben-Essen.

126. Kühnschroten oder Genister zu kochen.
127. Bohnen zu kochen.
128. — — — — auf andere Art.
129. — — — — noch anderst.
130. Frische Erbsen.
131. — — — zusamt der Schale.
132. Kürbisse zu zurichten.
133. Wegwarten
134. — — Sprößlinge oder Keimlein.
135. Scorzonera — — — —
136. Lactuck/Endivien/und Salat-Häupter warm zu kochen.
137. Spargel warm zu zurichten.
138. — — — auf andere Art.
139. — — — noch anderst.
140. — — in Oel zu braten.
141. — — — auf andere Art.
142. — — auf dem Rost zu braten.
143. — — — auf andere Art.
144. — — zu bachen.
145. Kleinen Spargel warm zu zurichten.
146. Hopffen warm zu kochen.
147. Artischocken zu bachen.
148. — — — auf andere Art.
149. — — — noch anderst.
150. — — in Oel zu braten.
151. — — zu füllen.
152. — — — auf andere Weise.
153. — — — noch anderst.
154. — — in einer Butter-Brüh.
155. — — so gedörrt/ zu kochen.
156. Käß- oder Blumen-Kohl zu zurichten.
157. — — — in Oel.
158. Welschen Kohl gefüllt zu kochen.
159. — — — auf andere Art.
160. — — — mit Käß.
161. — — — Knoblauch.
162. — — — Oel.
163. Gemeinen Kohl zu kochen.
164. — — auf andere Art.
165. Dorsch- oder Hertzlein-Kohl.

166. Dorsch- oder Hertzlein-Kohl in Oel.
167. Garten-Kohl zu kochen.
168. Mangolt zu kochen.
169. Spinat oder grün Kraut.
170. — — — auf andere Art.
171. — — — noch anderst.
172. — — in Zwiebeln.
173. Weisses Kraut gefüllt.
174. — — — auf andere Art.
175. — — — noch anderst.
176. — — — auf eine andere Weise.
177. — — — noch auf eine andere Weise.
178. — — — im Kern.
179. — — — auf andere Art.
180. — — — auf gemeine Weise zu kochen.
181. Kumpus-Kraut.
182. Sauer Kraut zu kochen.
183. — — — auf andere Art.
184. — — — in Oel.
185. — — — und Schweinen-Fleisch.
186. Räblein-Kraut zu kochen.
187. Kohl-Ruben oder Ruben-Kohl zu kochen.
188. Bäyerische oder pfetter-Ruben.
189. — — — auf andere Art.
190. Gemeine weisse Ruben zu kochen.
191. — — — auf andere Art.
192. — — — noch anderst.
193. Möhren oder gelbe Ruben.
194. — — — mit Mandeln.
195. — — — Weixeln.
196. Erdäpffel zu zurichten.
197. — — — auf andere Art.
198. Welschen Petersil zu kochen.
199. Morgeln oder Maurachen zu sieden.
200. — — — zu füllen.
201. — — — auf andere Art.
202. — — — noch anderst.
203. Stockmorgeln zu kochen.

204. Brät-

204. Brätlinge zu zurichten. 207. Weiſſe Pfifferlinge zu kochen.
205. — — — — auf andere Art. 208. Gelbe — — — — —
206. — — — — noch anderſt.

1. Eine Ollapotrid zu machen.

Nehmet Käß-Kohl / Artiſchocken-Kern / Lactuck / Kardus / Spargel / und einen gefüllten Kohl / wie ſelbiger Num. 158. und 159. mit mehrern beſchrieben zu finden; brühet alles andere / den gefüllten Kohl allein ausgenommen / an / doch alſo / daß es nicht zu weich wird; nehmet auch ein junges Hun / und eine Tauben / oder auch zwey / und mehr derſelben / nach dem ihr der Ollapotriden viel oder wenig anzumachen gedencket; ingleichen auch Brieſe / Bratwürſte / Nierlein / Mägenlein / und Morgeln: überſchüpfft es alles ein wenig / die Leberlein aber leget nur friſch dazu / die Brieſe überſchüpfft und zerſchneidet zu Plätzlein / die Nierlein aber ſpicket und röſtet mit etlichen Vögelein im Schmaltz / oder aber bratet und legts alsdann / benebenſt den andern Sachen / um den Rand der Schüſſel; die Hüner und Tauben aber zerſchneidet / doch nicht zu klein; putzet auch Schnecken / laſt ſie ein wenig abſieden / ingleichen die Krebſe / ſchählet ſie aus / daß unten die rothen Spitzen von der Schalen annoch an den Scheeren bleiben / daß man ſelbige ſtecken könne; an den Schwäntzen muß auch hinten das Krauſe daran gelaſſen werden: Hacket hernach ein Kalbfleiſch klein / röſtet ein gerieben Eyerbrod in einer Butter / thut es zuſamt ein wenig Weinbeerlein / Cardamommen und Muſcatblüh unter das Gehäck / gilbts mit Saffran / ſchlagt ein paar Eyer daran / rühret es unter einander / machet kleine Knötlein davon / etwas gröſſer als die Schuſſer / legts in eine ſiedende Fleiſchbrüh / und laſt ſie darinnen ſieden: Oder man kan / an ſtatt dieſer Fleiſch-Knötlein / von Hüner oder Gäns-Leberlein kleine Knötlein machen; die Leberlein klein zerhacken / dann ein wenig weiß geriebenes Brod im Schmaltz röſten / und wann das Brod etwas

derer so genannten Neben-Essen.

was gelblicht werden will/ die gehackten Leberlein dazu hinein thun/ und ein wenig mit rösten; dann heraus in eine Schüssel legen/ ein Ey daran schlagen/ würtzen/ Knötlein daraus formiren/ und in einer Fleischbrüh sieden. Streuet hernach in einen stollichten Hafen ein wenig geriebenes Eyerbrod/ Cardamomen/ Muscatblüh und Pfeffer; macht eine Lage von obigen allerley Sachen darauf/ dann wieder Gewürtz; giesst eine gute Fleischbrüh/ oder aber durchgezwungene Krebsbrüh/ daran/ und lasts also ein wenig darinnen sieden; thut zuletzt einen guten Theil Butter darein/ daß es davon wohlgeschmack wird; aber die Krebs-Scheeren und Schwäntze/ muß man zum theil in einem besondern Häfelein sieden lassen/ und hernach zum bestecken gebrauchen: Wann nun dieses geschehen/ leget es in eine etwas flache Schüssel/ mit einem breiten Bort/ schön zierlich erhebt/ und so dann hin und wieder die kleine Knötlein; steckt überal zwischen dieselbige Krebs-Schwäntze und dergleichen Scheeren/ und um die Schüssel zum auszieren/ machet folgendes Gebach: Bereitet ein Teiglein/ wie zu den Schneeballen/ und wälchert ihn gar dinn aus; hernach formiret davon Kräpfflein/ Ravioln/ oder was beliebt/ machet etliche die hol sind/ in etliche aber füllet ein wenig gestossene Mandeln/ oder auch eine Füll von Citronat/ Zibeben und Mandeln/ und bachet es schön aus Schmaltz/ daß fein licht sind/ und wohl auflauffen; hacket hernach ein Kalb-Fleisch klein/ rührt ein wenig gerieben Eyerbrod darunter/ und würtzets/ schlagt ein paar Eyer daran/ rührets unter einander/ macht länglichte Stritzelein/ eines Fingers lang/ davon/ überwalchert sie noch ein wenig in Mehl/ und bachets fein hell im Schmaltz. Wann dann die Olla potrid in der Schüssel ligt/ so leget um den Rand je ein solches gebachenes/ und einen Krebsschwantz/ umwechsels-weise/ und so fort an/ daß eines um das andere zu ligen kommt. So es gefällig/ kan man auch gebratene Nierlein/ oder aber zur Abwechslung auf einer Schüssel den Rand mit eben jetzt-erwehnten gebratenen Nierlein/ und gebachenen Grundeln/ die andere hingegen gleichwol mit gebachenen Krebsen und Würstlein/ wie oben gedacht/ belegen; jedoch aber alles nach selbst eigenen belieben und gefallen.

2. Eine

2. Eine Ollapotrid, auf andere und kürtzere Art.

Eine Ollapotrid kan man auch auf diese weise kürtzer und geringer machen: Erstlich nehmet Schnecken/ siedet sie im Wasser ab/ thut selbige aus denen Häuslein heraus/ putzets/ schüttets in ein Häfelein/ giesst eine Fleischbrüh daran/ streuet Pfeffer/ auch ein wenig Ingber und Muscatblüh darein/ lassets wohl einsieden; alsdann seihet die Brüh herab: brühet Morgeln oder Maurachen/ laßt sie ebenfalls in einer Fleischbrüh zuvor besonder sieden; hernach seihet diese Brüh auch herab/ und thut die Morgeln oder Maurachen unter die Schnecken/ nehmet ferner gesottene Krebse/ schählet die Schwäntze und die Scheeren aus/ mischet sie/ samt einen paar abgeschipfften/ und zuvor Plätzlein-weiß geschnittenen Briesen/ auch dazu: ebenmässig siedet Artischocken im Wasser; nehmet/ wann sie weich sind/ die Blätter zusamt dem Rauhen davon/ die Kern aber thut/ nebenst allen zuvor erzehlten Sachen/ in einen stollichten Hafen/ worunter man die Leberlein und Mägenlein auch mischen kan; giesset eine gute Fleisch- oder Krebs-Brüh daran/ würtzets mit Pfeffer/ Ingber/ und Muscaten-Blüh/ schneidet ein gut theil Butter darein/ und laßt es wohl sieden/ daß die Brüh dicklicht werde; giesset sie ein und andermal davon ab/ und so dann wieder darüber/ versuchets ob sie recht im Saltz ist/ solte sie zuviel gesaltzen seyn/ giesset ein wenig Wasser zu/ lassets noch ein und andern Wall aufthun: Richtets dann an/ und streuet Muscaten-Blüh darauf.

3. Ein Krebs-Strudel.

Schähle gesottene Krebse aus/ hacke selbige/ zusamt ein wenig Rind- oder Ochsen-Marck wohl klein; mische nicht gar so viel geröstetes Eyerbrod/ als deß Gehäckes ist/ darunter/ und würtze es nach belieben: schlag auch ein oder mehr Eyerdötterlein daran/ nach dem deß gehackten viel oder wenig ist/ und rühre es damit an/ rühre auch Eyer-weiß unter ein Mehl/ saltze und wircke es zu einem

nem Teig/ walchere selbigen recht dinn aus/ und zwar wie dinner/ je besser; überschmiere den Teig mit einer zerlassenen Butter/ und selbige wiederum mit einem Milchram/ oder dicken sauern Ram/ gantz dinn: dann lege das Gehäck oben zimlich dick darauf; wälchere dann den Teig länglicht wie eine Wurst/ lege ihn also rund herum in eine Schüssel/ gieß ein Seidlein Kern oder süssen Ram darein/ laß es also eine Stund lang sieden/ und trags dann zu Tisch.

4. Ein Krebs-Strudel/ auf andere Art.

Lasset ein Wasser wohl warm werden/ und ein wenig Schmaltz darinnen zerschleichen; machet dann mit einem schönen Mehl/ und einem einigen Ey/ einen Teig an/ walchert einen grossen Platz daraus/ leget ihn auf ein reines Tuch auf einen Tisch/ und ziehet ihn darauf so dinn als ein Papier: Oder aber machet den Teig von schönen Mehl/ einen oder zweyen Eyern/ und etwas Wasser zusammen/ würcket ihn/ wie gebräuchlich/ aus/ und bläuet oder schlaget denselben alsdann wohl mit einem Walcher-Holtz/ lasset ihn hernach ein wenig ruhen/ walchert einen Platz davon/ und ziehet ihn wie den zuvor beschriebenen Teig auf das dinneste aus: alsdann machet eine gute Füll von einer Eyermilch oder Eyerkäs/ welche aber nicht süß seyn darff/ zusammen/ sondern man läßt nur gantz allein Milch und Eyer mit einander sieden/ biß sie zusammen gehen/ und die Milch wird alsdann davon abgeseihet: Hierauf hacket und röstet man ein Petersilien-Kraut oder Pertram/ samt etwas Semmelmehl im Schmaltz/ und rühret es unter die Eyer-Milch oder Eyerkäs/ wie auch ein gut theil ausgeschählt- und klein-gehackte Krebse/ thut ein wenig süssen Milchram und Gewürtz dazu/ und macht es also an/ daß sich diese Füll auffstreichen lässet; überstreichet alsdann das Blat mit einer Butter/ und die Füll oben glatt darauf/ wickelt hernach den Teig über einander/ aber nicht gar fest/ und zwar etwas breitlicht/ damit man Stücker/ etwan eines Fingers lang/ auch wol länger daraus schneiden könne; solche lasse man in einem gesaltzenen Wasser ein wenig absieden/ seihe sie hernach ab/

legs in eine Schüssel / streue Semmelmehl darauf / und brenne ein wenig Schmaltz darüber.

5. Ein Krebs-Strudel / noch anderst.

Nehmet abgesottene Krebse / schählet sie aus / und hackets klein; mischet in Milch eingeweichte Semmel-Brosam / und gehacktes Petersilien-Kraut darunter / schlaget zwey oder drey Eyerdottern daran / würtzets mit Pfeffer / Muscaten-Blüh und Cardamomen / rühret alles wohl unter einander / und machet also diese Füll gantz lehn an / streicht sie dann auf einen Teich / und macht es allerdings / wie die andere Krebs-Strudel / so Num. 3. und 4. so wol dem Teig als die Art belangend / bereits beschrieben worden.

6. Ein Krebs-Strudel / noch auf eine andere Art.

Kochet einen Reis fein dick in einer Milch / übersiedet Krebse / schählet / hacket / und mischet sie mit ein wenig Semmelmehl unter den gekochten Reis / schlaget zwey Eyerdötterlein daran / streuet Cardamomen und Muscaten-Blüh darein; stosset auch die übergebliebene Schalen von denen gesottenen Krebsen / röstet sie in Butter / zwingets durch einen Seiher / und mischet diese durchgezwungene schöne rothe Butter unter die Füll / streicht dann selbige auf den in vorigen angezeigten Teig; legt selbigen entweder zusammen geschlagen wie eine Wurst / oder in Stücke zerschnitten / in die Schüssel / thut etwas von obiger Krebs-Butter / so ihr zuruck behalten / dazu hinein / giesst ein wenig süssen Ram oder Fleischbrüh dazu / und last es mit einander sieden.

7. Ein Strudel von einer Kalb- oder Lamms-Lungen / ingleichen auch einem Niern.

Man kan auch / so es beliebig / auf eben dergleichen Art einen Strudel von einer Kalb- oder Lamms-Lungen / ingleichen auch

derer so genannten Neben-Essen.

auch von einem Niern machen; und wird fürnemlich der Niern/ so wol als die Lunge/ und mit derselben etwas Kalb- Rind- oder Lamms-Fett/ so bey den Niern nicht nöthig ist/ klein gehacket/ Semmelmehl darunter gemischt/ etwas von oberer Milch oder Kern dazu gegossen/ zwey Eyerdottern daran geschlagen/ mit Pfeffer und Muscaten-Blüh gewürtzet/ auch klein gehacktes Petersilien-Kraut darunter gerühret/ alsdann einen Teig auf vorbeschriebene Art zusammen gemachet/ jetzt-gedachte Füll darauf gestrichen/ und ferner wie die andere vorhergehende Strudeln verfertiget. *

8. Ein Strudel von Spinat/ grünen Kraut/ Pertram- oder Petersilien-Kraut.

Den Spinat oder das grüne Kraut überbrühet/ und drucket es wohl aus/ hackets klein/ und röstets im Schmaltz; mischet ein wenig Kalbfett/ geriebene Semmel/ wie auch etwas von Pertram und Majoran darunter/ schlaget zwey oder drey Eyer daran/ würtzets mit Pfeffer/ Ingber und Muscaten-Blüh/ thut ein wenig Milchram dazu/ rühret alles wohl durcheinander/ streicht diese Füll auf den Teig/ und bereitet es dann ferner wie die bereits vorher beschriebene Strudeln.

9. Ein Krebs-Euter.

Nimm zehen oder zwölff schöne grosse ungesottene Krebse/ schneide ihnen oben an der Nasen ein Plätzlein hinweg/ und thue das bittere/ zusamt der schwartzen Adern oder Gedärm aus dem Schwantz heraus/ zerstosse sie also roh und ungekocht mit einem Seidlein oder halben Maas Kern oder süssen Ram/ zwings durch einen Seiher/ und laß dann nochmal durch ein Tüchlein laufsen/ zerklopffe vier Eyer wohl/ schütte sie in eine Pfannen/ und das durchgeseihete von den Krebsen auch dazu/ würtz es nach belieben/ und laß so lang sieden/ biß es wie ein Eyerkäß/ oder Eyermilch/ zusam-

* Wann unter diese Füll kein Milchram gemischet wird/ muß man den Teig/ ehe die Füll darauf geleget wird/ mit Milchram überstreichen.

zusammen gehet / gieß es dann in einen Seiher / laß ein wenig ertrocknen / und schneide Stücklein daraus / schwinge sie dann in Mehl / bachs aus einem Schmaltz / und trage sie entweder also zu Tisch / oder aber mach eine Butter = ingleichen auch eine süsse= Brüh von Reinfal oder Malvasier / mit Zucker darüber / nach deinem belieben.

10. Ein Krebs=Euter / auf andere Art.

Schneidet an lebendigen Krebsen die Nasen herab / nehmet das bittere und unreine heraus / ziehet auch die schwartze Ader oder Gedärm bey dem Schwantz aus / und lasset also die Krebse ein wenig ertrocknen / stosset sie dann also ungesotten / in einem Mörsel / auf das kleinste; zerklopffet ferner acht Eyer / giesset zu einem Pfund Krebs ein Seidlein oder halbe Maas Kern daran / mischet die zerstossene Krebse auch dazu / rühret alles wohl durch einander / daß die Krafft von denen Krebsen recht heraus komme / zwingets dann durch einen Seiher / und zuckert das durchgeseihete nach belieben: schmieret ferner ein Pfännlein mit Butter / giesset das durchgezwungene darein / laßt es sieden / biß es wie ein Eyerkäß oder Käß=Milch zusammen gehet / und wohl lind bleibet; giesst es dann in einen Seiher / und lassets eine weile / oder auch über Nacht / im Keller stehen / schneidet dann eines kleinen Fingers dicke Stücklein daraus / besprützet sie gantz dinn mit Mehl / und bachets aus einem Schmaltz schön gelb heraus / legts in eine Schüssel / giesst einen siedenden Malvasier darüber / deckets mit einer andern Schüssel zu / laßt es auf einer Kohlen oder Glut ein wenig aufsieden / und giesst ein wenig braunen=Negelein= oder Gras=Blumen=Safft daran / so wird die Brüh schön roth: Wann ihr es dann auftragen wollet / streuet klar=gestossene Zimmet darauf / und besteckets mit länglicht=geschnittenen Pistacien=Nüßlein oder Mandeln.

11. Ein

derer so genannten Neben-Essen.

11. Ein Krebs-Dorten.

Nimm die ausgeschählte Krebs-Scheeren und Schwäntze/ zerhacke sie klein/ weich eine Brosam von einem weissen Brod in Milch/ Kern oder süssen Ram/ und rühr sie unter die zerhackten Krebse; hacke auch ein Rinds-Marck/ und ein wenig Petersilien-Kraut/ darunter/ würtz es mit Pfeffer/ Muscatblüh/ Cardamomen/ schlage zwey oder drey Eyer daran/ hernach nimm das beste von den Krebs-Schalen/ röfts in einer Butter/ biß dieselbige ein wenig roth wird/ zwings durch ein Tuch/ und rühr es an das zusamm-gemachte Gehäck; hernach schmier eine Schüssel mit Butter/ und schütte das Gehäck darein; zwing dann auch die andere Butter/ mit den übrigen gerösteten Krebs-Schalen gar durch ein Tuch/ und gieß noch ein wenig darauf/ setze die Schüssel auf eine Kohlen/ leg ein Dorten-Blech/ oder eiserne Stürtzen/ auf die Schüssel/ und oben eine Kohlen darauf/ laß es also ungefehr eine halbe Stund bachen; doch muß es nicht eher/ als eine halbe Stund vor dem Essen/ auf die Kohlen gesetzt werden/ damit man es gleich warm auf den Tisch tragen könne.

12. Ein Krebs-Dörtlein zu machen/ auf andere Art.

Siedet ein gut theil Krebse/ so nicht gar klein sind/ im Wasser und Saltz ab/ schählet sie aus/ nehmet die Hälslein samt den Scheeren heraus/ hacket sie gar klein; hernach treibet ein viertel Pfund Butter bey einer halben Stund wohl ab/ schlagt drey Eyer/ und zwar eines um das andere/ und einen einigen Dottern daran/ streuet Pfeffer/ Ingber/ Muscatblüh/ ein wenig Muscatnuß/ und Cardamomen darein/ dann rühret die gehackten Krebse auch wohl unter die Butter/ und schmieret eine Schüssel ebenfalls mit Butter/ schüttet das abgerührte Gehäck darein/ setzets auf eine Kohlen/ thut ein Dorten-Blech oder Stürtzen darauf/ und bachets ab/ wie vor gedacht.

13. Ein

13. Ein Krebs-Dorten/ auf eine noch andere Art.

Man nehme die eine helfft Krebse / und die andere Briese oder Drüse / und zwar jene die Krebse müssen bereits gesotten und ausgeschählet / diese aber geschipffet / und die Drossel oder die Lufft-Röhre davon hinweg geschnitten seyn; dann hacke man beedes die Krebse und Briese / zusamt ein wenig Rind- oder Ochsen-Marck / wohl klein / thue solches in ein Näpfflein / schlage ungefehr zwey oder auch mehr Eyer daran / nach deme man deß Gehäckes wenig oder viel anzumachen beliebet; würtze es mit Pfeffer / Cardamomen und Muscaten-Blüh / und feuchte es mit ein wenig Wein an; dann schmiere man eine zinnerne Schüssel mit Butter / giesse das angemachte Gehäck und etwas Fleischbrüh daran / setze sie auf eine Glut oder Kohlfeuer / deck es mit einer andern Schüssel zu / und lasse es also sieden. Wann es beliebt / kan man solches / ehe es aufgetragen wird / mit Mandeln oder Pistacien-Nüßlein bestecken.

14. Gefüllte Krebse.

Nehmet schöne grosse Krebse / siedet sie im Saltzwasser ab / wie man insgemein pflegt; wann sie nun gesotten / abgeseihet / und ein wenig erkaltet sind / so schneidet die Füsse und Nasen / wie auch die Schalen von dem Schwäntzlein hinweg / die Scheeren aber müssen an dem Krebs gelassen / und die Schalen doch davon abgelöset werden / so viel es seyn kan; nehmet den Magen / oder das bittere / wie auch neben das unsaubere von dem Geripp fleissig heraus: Indessen schählet ein gut theil kleine abgesottene Krebse aus / und hacket das beste davon gar klein; röstet ein weisses geriebenes Semmel-Mehl oder Eyerbrod / welches noch besser ist / in Butter / und rühret's unter die gehackten Krebse; Wer will / kan auch ein wenig gehackt Petersilien-Kraut im Butter rösten / und selbiges zugleich mit darunter rühren: dann schlaget Eyer daran / und machet die Füll damit zusammen / würtzets mit Muscatblüh oder Muscat-Nuß /

Nuß / Cardamomen und ein wenig Pfeffer / füllet diese Füll in die besagter massen zugerichteten Krebse / und formt es artlich / als wann die Schalen oder die Nasen wieder darauf gesetzet wären / schwinget dann diese Krebse ein wenig in Mehl / und bachets aus einem Schmaltz in einer Pfannen ; legts denn in eine Schüssel fein ordentlich / daß die Scheeren herauswarts kommen / und machet diese Krebs-Brüh darüber: Nehmet das säuberste von den Schalen / dieser zugerichteten Krebse / stosst sie gar klein / thut solches in ein Häfelein / giesset eine gute Fleischbrüh daran / und lasst es wohl sieden; zwingets durch / werfft oder schneidet ein gut theil Butter / Plätzleinweiß / auf die gefüllten Krebse in die Schüssel / und giesset diese durchgezwungene Krebs-Brüh daran / würtzets mit Cardamomen und Muscatblüh / setzet dann die Schüssel auf die Kohlen / und deckets mit einer andern Schüssel zu / last es also mit einander ein wenig aufsieden / und tragets zu Tisch.

15. Gefüllte Krebse / auf andere Art.

Siedet die Krebse ab / wie oben gedacht / und schählet sie aus / thut die Nasen und Schalen herab / daß sie schön gantz bleiben ; dann hacket das beste von denen ausgeschählten Krebsen gar klein / und ein wenig rein gewaschenes Petersilien-Kraut besonders / röstet es ein wenig mit geriebenen Semmel-Mehl oder Eyer-Brod in Butter ; welches man auch an statt deß Röstens / in einem süssen Ram oder Kern weichen / unter die gehackte Krebse / samt dem Petersilien-Kraut rühren und ferner würtzen kan / wie die obgedachte vorhergehende Füll: Indessen putzet und reiniget die Schalen oder Krebs-Nasen sauber aus / und füllet diese Füll ein wenig erhöhet darein; wer will / kan auch ausgeschählte Krebs-Schwäntzlein zuvor in die Schalen legen / doch also / daß sie etwas vor der Schalen vorgehen und gesehen werden / dann wird die Füll / wie oben gedacht / darauf gefüllet : Oder man kan auch zwey Krebs-Nasen zusammen stecken / und die Füll erhöhet darauf füllen ; bachet dann solche aus einer Pfannen im Schmaltz / und tragt sie entweder also trocken zu Tisch; oder macht eine Butter- oder Krebs-Brüh wie die vorige/ auch wol eine süsse Brüh mit Wein / Zucker und Trisanet / nach belieben/ darüber.

16. Gefüllte Krebse/ noch auf eine andere Art.

Wann die Krebse gesotten sind/ schählet sie aus/ thut das beste davon/ und hackets gar klein/ hacket auch abgezogene Mandeln besonders / mischt sie mit Semmel-Mehl darunter/ schlagt Eyer daran / oder weichet an statt deß Semmel-Mehls ein wenig Brod in Kern oder süssen Ram/ zuckert und würtzets nach belieben; füllet es dann auf die im vorhergehenden beschriebene weise in die Krebs-Schalen/ bachets auch aus einem Schmaltz schön heraus/ und tragt es also trocken auf; oder machet eine Brüh darüber/ mit Malvasier oder andern guten Wein; wer will/ kan Zucker und Trisanet darauf streuen: Oder man kan auch ein wenig Saurach- oder Wein-Legelein-Safft/ jedoch gantz zuletzt / darunter giessen/ daß die Brüh davon schön roth werde: Wann ihr es nun anrichten wollet/ legt das gefüllte übersich/ bestecket es mit Pistacien-Nüßlein oder geschnittenen Mandeln/ und streuet würfflicht-geschnittene Citronen-Schelffen darauf.

17. Gebachene Krebse.

Nimm die Krebse und siede sie ab/ wie gebräuchlich; ziehe dann die Schalen herab / schneide die Füsse davon / und thue das bittere heraus; wer will/ kan die Scheeren daran lassen/ die Schalen aber auf das schönste ablösen/ damit alles an einander bleibe; oder man kan auch die Scheeren davon abnehmen/ und besonders ausschählen/ nach eigenen gefallen. Hernach mach einen Teig an von schönen Mehl und Wein/ saltz ihn ein klein wenig/ ziehe die ausgeschählte Krebse durch den Teig/ und bache sie aus einem Schmaltz schön hell heraus; gibs also trocken/ oder mach eine süsse

derer so genannten Neben-Essen.

ke süsse / oder auch eine Krebs-Brüh darüber / nach deinen gefallen. *

18. Krebse zu sieden.

Erstlich waschet die Krebse aus einem Wasser / thut selbige in eine Pfanne / giesst Wasser daran / werfft eine gute Hand voll Saltz darein / nach dem der Krebse viel oder wenig sind / ingleichen auch Kümmel und Pfeffer / setzet sie geschwind über das Feuer / deckets mit einer Stürtzen zu / und lassets sieden; wann sie nun zu sieden angefangen / nehmet die Stürtzen hinweg / und verfaumets: so man nun sihet / daß sich die Schwäntze oder Scheeren gerne lösen / so haben sie genug gesotten; dann schwingets in der Brüh wohl herum / oder übergiesset sie ein oder zweymal damit / seihet dann selbige davon wohl ab / werffet ein klein Stücklein Butter darein / und schwingets in der Pfannen ob dem Feuer noch ein und ander mal herum / so werden sie schön gläntzend; schüttets dann auf ein Tuch / und legts fein ordentlich in eine Schüssel / daß die Scheeren herauswarts kommen; streuet Petersilien-Kraut / auch / so es beliebt / abgezupffte blaue Borretsch oder Borragen / ingleichen auch andere Blümlein / unter einander gemenget / darauf / auf den Rand der Schüssel aber / Pfeffer / Ingber und Saltz: oder leget auf die vier Ecken der Schüssel nur kleine Häufflein von diesem Gewürtz / decket diese Schüssel mit einer andern zu / und tragets auf den Tisch.

❋ ❋ ❋

Oder:

Man kan es auch auf diese weise machen: Wann nemlich die Krebse allerdings abgesotten worden / wie vor gedacht / so seihet das Wasser davon ab / und giest ein halbes Gläslein oder mehr

---

* Zu diesen gebachenen Krebsen kan man auch einen andern Teig anmachen / von Mehl / Eyern und ein wenig Kern oder süssen Ram; oder auch von schönen Mehl und lauter Milchram / welcher Teig aber sehr lang gerührt werden / und der Milchram nicht zu sauer / doch auch nicht zu süß seyn muß. Besihe den dritten Theil / Num. 204.

mehr Wein darüber / nach dem der Krebse viel seynd; schwingets ob dem Feuer herum / und seihet den Wein wieder herab: schüttet die Krebse auf ein Tuch / und legets auf eine Schüssel / wie vor gedacht.

Oder: Wann die Krebse allerdings abgesotten / etliche mal mit dieser Brüh übergossen / und reinlich abgeseihet seyn / kan man an statt deß vorgedachten Weins / ein wenig gutes Oel über die Krebse in der Pfannen giessen / und solche über den Feuer herum schwingen; dann in die Schüssel legen / und entweder also auf- und vortragen: Oder auch eine Brüh mit Oel / Pfeffer und Wein / welches in eines jeden belieben stehet / darüber machen.

Besihe den dritten Theil / Num. 203.

19. Schnecken gespickt zu braten.

Die Schnecken werden erstlich mit einem sied-heissen Wasser / und ja mit keinem kalten übergossen / weil sie sonst gerne auszukriechen pflegen; alsdann zusamt ihren Häuslein so lang gesotten / biß sich die Deckelein oben lösen und aufspringen wollen / etliche pflegen in dem Sud ein Händlein voll Saltz / oder reine Asche / so nicht mit Kohlen vermischet ist / darein zu werffen; in solchem Fall aber muß man die Häuslein nach dem Sud wohl abwaschen / damit nichts von der Aschen daran hangend verbleibe: dann werden die Schnecken aus denen Häuslein heraus genommen / die Haut samt denen Schwäntzlein herab gezogen / das harte vornen an dem Kopff hinweg geschnitten / das übrige aber mit Saltz gerieben / und in einem heissen Wasser noch ein- oder zweymal auf das reinlichste abgewaschen; wiewol sie einige nicht mit Saltz reiben / sondern nur allein waschen / vermeinend / daß sie auf solche Art kräfftiger und wolgeschmacker verbleiben sollen / stehet demnach beedes zu eines jeden belieben: Wann nun die Schnecken solcher gestalt auf das reinlichste geputzet sind / lasset sie in einer Fleischbrüh eine gute Stund lang sieden / streuet Ingber / Pfeffer und Muscaten-Blüh darein / laßt die Gewürtz mit sieden / und wann die Schnecken gebührender massen gesotten haben / macht / daß sie in einer Schüssel wohl abgeseihet erkalten / spicket

spicket sie dann/ vermittelst einer subtilen Spicknadel/ mit dinn-geschnittenen Speck/ so klein als immer möglich: Bratets hernach an einem subtilen Spießlein/ machet ein wenig Baum-Oel oder Butter in einem Pfännlein heiß/ und betreifft sie damit/ bratets so lang/ biß der Speck braun wird: Ziehets hernach vom Spießlein/ legets in eine Schüssel/ gießt ein wenig warmes Baum-Oel oder Butter/ und etwan ein oder zwey Löffel voll/ von der obigen Schnecken-Brüh/ darinnen sie anfangs gesotten haben/ daran/ setzet die Schüssel auf eine Glut- oder Kohl-Pfanne/ lasset die Schnecken darinnen noch einen Wall aufthun/ und traget sie zu Tisch; Leget aber eine oder mehr Citronen dazu auf/ damit man den Safft von selbigen/ nach belieben/ darein drucken könne.

20. Schnecken zu braten/ auf andere Art.

Putzet/ siedet/ und bereitet die Schnecken/ wie vorgedacht/ saltzet und würtzet sie mit Pfeffer/ ein wenig Cardamomen und Muscaten-Blüh; schlaget dann jeden Schnecken besonders in ein Netz/ steckets an ein Spießlein/ und bratets bey einem gähen Feuer ab/ oder man kan sie auch zusamt dem Spießlein auf einen Rost legen und braten; zum öfftern aber/ (man bediene sich gleich dieser oder jener Art/) mit Butter offt betreiffen/ in eine Schüssel legen/ und entweder Citronen oder sauern Pomerantzen-Safft darauf drucken.

21. Schnecken zu braten/ noch anderst.

Nimm frische Schnecken/ reibe die Häuslein mit einem trockenen Tuch ab/ setze sie auf einen Rost über glüende Kohlen; wann dann die Deckel abspringen/ so thue die Schnecken heraus/ und lege sie in eine Schüssel/ schneide aber zuvor die Schwäntzlein/ zusamt dem harten Theil am Kopff davon/ und ziehe die Haut ab/ oder aber laß es alles/ einig anderer Gebrauch nach/ beysammen: gieß dann ein gutes Baum-Oel daran/ saltz/ pfeffers/ und laß sie eine gute weile darinnen ligen: Indessen putze die Häuslein auf das schönste/ reibe solche wohl mit Saltz ab/ und wasche sie aus etlichen Wassern wohl aus/ damit sie schön weiß werden; gieß dann von dem Oel/ darinnen die Schnecken gelegen sind/ etwas weniges in ein jedes Häuslein/ und stecke einen Schnecken darein: setze dann besagte Häuslein auf den Rost über ein Kohlfeuer/ laß allgemach pratzeln/ gieß noch mehr Oel dazu/ streue Pfeffer und Saltz darein/ und erhalte die Häuslein stetig voll; druck zu letzt/ nach belieben/ Citronen-Safft darein/ und trags zu Tisch.

22. Schnecken in einer Butter-Brüh zu zurichten.

Wann die Schnecken allerdings/ samt denen Häuslein abgesotten/ und sauber geputzt worden/ wie zu erst gedacht/ kan man sie in ein Häfelein thun/ Pfeffer darauf streuen/ ein wenig mit einander schwingen/ und in einen Keller setzen/ so bleiben sie gut biß den andern Tag: Wann man sie nun speisen will/ giesset eine Fleischbrüh daran/ und last sie eine gute Stund/ oder auch wol zwey oder dritthalbe Stunden/ sieden/ wiewol sie offt/ von so langem sieden/ zäher und härter werden; wann sie nun fast halb abgesotten sind/ brennet ein in Butter geröstetes Mehl daran/ würtzet es mit Cardamomen und Muscaten-Blüh; zuletzt thut ein gut theil Butter daran/ damit es ein dicklichtes Brühlein werde/ oder mischet an statt deß Mehls/ gleich zu anfangs/ ein wenig geriebene Semmel oder Eyerbrod darunter/ und lasset es mit sieden; wer will/ kan auch Citronen-Safft darein drucken: Wann sie nun in eine Schüssel angericht sind/ bestreuet sie mit würfflicht-geschnittenen Citronen-Schelffen: Oder man kan auch einen dürren kleingeriebenen Maseran in diese Brüh thun/ aber nicht gar viel/ damit sie nicht unannehmlich werde/ und muß man den Maseran erst/ wann die Schnecken fast fertig sind/ hinein thun/ alsdann aber keine Citronen darein drucken: Will man aber die Schnecken in dem Häuslein anrichten/ muß man solche Häuslein zuvor gantz sauber putzen/ wie gedacht; dann in jedes derselben ein wenig Butter stecken/ die

die Schnecken dazu hinein schieben/ und allesamt in einen stellichten Hafen schütten/ die Brüh/ darinnen sie gesotten haben/ darüber giessen/ und samt denen Häuslein einen Wall thun lassen; oder man kan sie auch/ indem die Häuslein gefüllt seyn/ gleich in die Schüssel setzen/ alsdann diese Brüh/ darinnen sie gesetten haben/ darüber giessen/ und nur einen einigen Wall in der Schüssel aufthun lassen: Dabey dann zu erinnern/ daß man die Häuslein/ nachdem sie sauber geputzt seyn/ an einen warmen Ort stehen/ und recht austrocknen lasse/ und so dann die Schnecken wohl heiß wiederum in dieselbige hinein fülle.

23. Schnecken in einer Butter-Brüh/ auf andere Art.

Richte und bereite die Schnecken zu/ wie oben gedacht/ setze sie auch in einer Fleischbrüh zum Feuer; indessen stoß eine Knoblauch-Zehen/ oder kleine Schaloten-Zwiebeln; wann nun die Schnecken in der Brüh eine weile gesotten/ würtze sie mit Pfeffer und Cardamomen; hernach thue von den gestossenen Knoblauch/ in jedes Häuslein derselben/ welche zuvor wohl geputzt seyn müssen/ ein wenig Butter/ und einen einigen Schnecken/ setze solche auf einen Rost über Kohlen; wann sie anheben zu bratzeln/ hebe sie nach einander herab in eine Schüssel: Indessen laß die Brüh/ darinnen sie gesotten/ samt einem guten Stuck Butter aufsieden/ damit es ein dicklichtes Brühlein werde/ und richte solches in die Schüssel über die Schnecken an.

24. Schnecken in einer Butter-Brüh/ noch anderst.

Lasset die Schnecken samt denen Häuslein anderthalbe Stunden lang sieden; nehmet sie aus denselben heraus/ legets in ein siedheisses Wasser/ waschet sie schön heraus/ putzets und ziehet ihnen die Haut ab/ wie schon gedacht/ schneidet auch das harte davon/ werffets wieder in ein heisses Wasser/ und waschet sie nochmal reinlich

lich aus; indessen mischet Pfeffer und Saltz in einer Schüssel unter einander/ und schwinget die Schnecken darinnen/ waschet und putzet die Häuslein auf das schönste/ die Schnecken aber thut in einen Hafen/ giesset Fleischbrüh daran/ mischet ein gehacktes Petersilien-Kraut darunter/ würtzt es mit Pfeffer/ Cardamomen und Muscatblüh/ werfft ein Stuck Butter darein/ und last es wohl sieden: Zu letzt wann man es fast anrichten will/ thut zimlich viel Butter darein/ und last sie noch ein wenig aufsieden; füllet sie dann wohl heiß in die Häuslein/ legets in eine Schüssel/ und giesst die siedende Brüh darüber/ jedoch also/ daß die Häuslein damit recht angefüllet werden/ und traget sie dann zu Tisch.

25. Schnecken in einer Knoblauch-Brüh.

Wann die Schnecken mit denen Häuslein besagter massen abgesotten worden/ nehmet sie heraus/ reibets mit Saltz und Wasser ab/ schneidets in vier Theile/ doch daß an einander hangen bleibt/ werfft sie in einen Topff oder Hafen/ giesset Oel und etwas Fleischbrüh daran; hacket auch ein wenig Petersilien-Kraut/ und eine einige Knoblauch-Zehen/ mischet es unter die Schnecken in den Hafen/ streuet Pfeffer/ Cardamomen und Muscaten-Blüh darein/ und last es alles zusammen über einen Kohlfeuer pratzeln/ biß die Schnecken schön gelblicht werden/ dann sie müssen in dieser Brüh gleichsam braten/ und richtet sie zusamt derselbigen an.

26. Schnecken in Oel zu kochen.

Die Schnecken müssen zusamt denen Häuslein im Wasser gesotten/ und sauber abgeputzet werden/ wie schon zum öfftern gedacht: Setze sie in einer Fleischbrüh zu/ würtz es auch mit Pfeffer/ Cardamomen und Muscatblüh/ und koche sie allerdings wie die Schnecken in der Butter-Brüh/ Num. 23. und 24. nur daß/ an statt der Butter/ ein gutes Baum-Oel/ und zwar nur eine kleine weil/ ehe mans anrichten will/ wie auch zu letzt ein klein Stücklein Butter daran gethan werde/ jedoch nach gefallen: Man muß

muß auch ein gut theil Citronen=Safft darein drucken/ und gegen das Ende klein=geschnittene Citronen=Schelffen mit sieden lassen: dann kan man alles zusammen in eine Schüssel anrichten/ und mit andern frischen Citronen=Schelffen überstreuen; will man aber die Schnecken in die Häuslein füllen/ steht es in eines jeden belieben.

27. Schnecken in Oel/ auf andere Art.

An richtet die Schnecken allerdings zu/ wie oben gedacht/ setzet sie in der Fleischbrüh zu/ und wann sie eine weile in derselben gesotten haben/ giesst man ein wenig Wein dazu; oder man kan auch die erste Brüh gar herab seihen/ und wieder eine frische Fleischbrüh/ samt ein wenig Wein/ daran giessen/ und so dann würtzen/ wie in vorhergehenden gedacht/ auch zugleich ein wenig Oel mit sieden lassen: Zu letzt kan man noch mehr frisches Oel daran giessen/ auch wohl ein gut theil Citronen=Safft darein drucken/ etliche dergleichen würfflicht=geschnittene Schelffen/ samt einem Stücklein Butter/ mit auffsieden lassen/ und entweder die Schnecken in die Häuslein füllen/ oder aber also zusamt der Brüh anrichten.

28. Schnecken in Oel/ noch anderst.

Siedet und putzet die Schnecken/ wie bekandt/ und in vorigen bereits gelehret worden/ giesst in einem Häfelein Fleischbrüh daran/ würtzets mit Pfeffer und Muscaten=Blüh/ und last es sieden: hacket inzwischen ein einiges kleines Zwiebelein/ röstet es in Oel/ und zu letzt ein wenig Mehl damit/ giesst es an die Schnecken in dem Häfelein/ und last sie dann mit sieden: Wer will/ kan auch ein wenig klein=gehacktes Petersilien=Kraut mit bey mischen: Solte deß Oels zu wenig seyn/ kan man zu letzt noch etwas zugiessen/ und dann die Schnecken entweder in die Häuslein füllen/ und zusamt der Brüh/ oder auch ohne dieselben/ also bloß anrichten und mit der Brüh doch gleichwol auftragen.

29. Schnecken in Oel/ auf eine andere Weise.

Lasset die Schnecken zusamt denen Häuslein in warmen Wasser sieden; nehmet oben die Deckelein davon herab/ ziehet die Schnecken aus dem Häuslein ein wenig/ aber doch nicht gantz heraus/ schneidet das vörderste vom Kopff/ und etwas von der schwartzen Haut hinweg; putzet die Häuslein auf das reinlichste von aussenher ab/ setzet sie zusamt denen Schnecken nach und nach auf den Rost/ streuet in jedes derselben ein wenig Saltz und Pfeffer/ giesst Oel darein/ schüret Kohlen unter/ und last sie sieden/ aber nicht zu lang/ damit sie nicht zu zäh werden: Wann die Häuslein leer werden/ giesset noch mehr Oel hinein/ setzet sie nach einander in eine Schüssel/ und tragts/ weil sie noch warm sind/ zu Tisch.

30. Schnecken in Oel/ noch auf eine andere Art.

Siedet die Schnecken in Wasser und Saltz/ biß die Blätlein oder Deckelein herab gehen; nehmet sie mit samt den Schwäntzen aus denen Häuslein/ lasset die Schwäntze und Schnäbel daran/ und schneidet nichts hinweg; beliebt es aber/ so kan man das harte am Kopff davon schneiden/ und die Haut abziehen: dann waschet sie ein wenig/ legts in eine Schüssel/ giesst lauter Essig und Oel daran/ streuet Pfeffer und andere beliebige Gewürtz darein/ setzets auf ein Kohlfeuer/ deckets zu/ last sie auf der Kohlen sieden/ und tragets auf.

31. Schnecken zu bachen.

Wann die Schnecken samt denen Häuslein abgesotten/ und reinlich geputzt seyn/ saltzets ein wenig/ und schwingets in Mehl/ bachets im Schmaltz wie ein anderes gebachens; tragets dann entweder also trocken zu Tisch/ oder aber macht eine Butter-Brüh darüber; wiewol man auch/ an statt der Butter/ Oel dazu gebrauchen kan: Oder man kan die Schnecken auch in einem

Erbsen-

Erbsen-Mehl schwingen/ wie gedacht/ bachen/ und eine süsse Brüh darüber machen. *

32. Schnecken mit Eyern zu zurichten.

Siedet und putzet die Schnecken wie gebräuchlich/ hacket sie darnach fein klein; siedet zwey Eyer hart/ und hacket das gelbe allein unter die Schnecken/ thut Butter daran/ pfefferts/ füllt sie wieder in die Häuslein/ so zuvor fleissig geputzt seyn müssen/ setzet sie auf einen Rost/ lassets braten/ so gisten sie schön; setzets in eine Schüssel/ und tragets zu Tisch. Oder aber machet indessen eine Butter-Brüh zusammen/ und giesset sie also siedend darüber: Oder man kan auch von den Schnecken selbst eine Brüh darüber machen; indem nemlich selbige/ wann sie/ wie gebräulich/ abgesotten worden/ gar klein gehackt/ in einer Fleischbrüh gesotten/ hernach durchgezwungen/ und mit allerley guter Gewürtz gewürtzet werden; auch thut man ein gut theil Butter daran/ damit es ein dicklichtes Brühlein gebe/ und giesset es also siedend über die Schnecken.

33. Eine Lunge/ wie daraus Morgeln oder Maurachen zu machen.

Nimm eine Kalb-Schaf-Geiß- oder Ziegen-Lunge/ wiewol die vom Schaf am besten hiezu dienen soll: wasche und siede sie ab/ thue die Lungen-Blätlein davon heraus/ hacke die Lungen wohl klein/ misch ein wenig Semmel-Mehl darunter/ schlag Eyer daran/ würtze es mit Pfeffer/ Muscaten-Blüh und Cardamonen/ rühr alles wohl durch einander/ und formire Morgeln daraus/ mach sie aber fein förmlich/ daß sie oben ein wenig zugespitzt/ nicht gar zu lang/ und unten ein wenig dicklicht seyn: Mach ferner einen Teig an/ von ein wenig Mehl und einem Eyerdötterlein/ wie einen Ravioln-Teig/ er muß aber etwas gesaltzen werden; alsdann wälchere denselben/ daß er etwan eines Messerrucken

---

* Solche Schnecken müssen aber in dem Häuslein etwas länger sieden/ als andere: Oder man kans/ nach dem sie geputzt seyn/ zuvor wohl ein wenig in einer Fleischbrüh absieden/ ehe sie gebachen werden/ damit sie etwas verdaulicher seyn.

cken dick verbleibet; schneide dann kleine Stücklein daraus/ wälchere oder winde sie über einen Pfriemen oder Spindel/ daß sie wie ein Morgenstiel anzusehen/ stecke selbige fein gemach in die bereits formirte Morgeln/ siehe aber wohl zu/ daß er nicht zerfället; mach in einem Pfännlein ein Schmaltz heiß/ lege diese gemachte Morgeln hinein/ und bache sie nach und nach schön gelblicht heraus: Schlichte sie dann in eine Schüssel/ mach eine gute Fleischbrüh siedend/ thue Gewürtz und Butter daran/ giesse sie über die Morgeln/ und laß also in der Schüssel auf einer Kohlpfannen aufsieden.

34. Leber- und Mägenlein zu kochen.

Wann die Leber- und Mägenlein reinlich geputzt/ und ausgewaschen seyn/ so thut erstlich die Mägenlein in ein Häfelein/ giesst eine gute Fleischbrüh daran/ welche/ so sie wohl gesaltzen wäre/ kan man ein klein wenig Wasser dazu giessen/ und laß dieselbe eine weile sieden/ biß sie halb weich sind; alsdann leget die Leberlein auch dazu hinein/ und last sie ferner sieden/ biß alles wohl weich ist: hernach seihet die Brüh davon herab/ schneidet die Mägen- und Leberlein halb von einander/ thut sie in ein stollichtes Häfelein/ giesst nochmal von dieser Brüh/ darinnen sie gesotten haben/ etwas daran/ oder auch/ so man will/ ein wenig frische Brüh; wann sie etwan noch zu hart gesaltzen wäre: thut Pfeffer/ Muscatblüh/ Ingber/ und ein gut theil Butter daran/ last auch etwas von gehackten Petersilien-Kraut mit darinnen sieden/ setzets in eine gute Glut oder Kohlfeuer/ und lasts wohl aufsieden/ daß es ein dickes Brühlein werde: Richtets dann an/ streuet wieder ein wenig frisch-gehacktes Petersilien-Kraut darauf/ und traget zu Tisch.

35. Leber- und Mägenlein zu zurichten/ auf andere Art.

Lasset die Mägenlein allein zuvor in einer Fleischbrüh absieden/ biß sie ein wenig weich werden; dann thut die Leber- und Mägenlein zusammen/ in ein anders stollichtes Häfelein/ und macht

derer so genannten Neben-Essen.   509

macht eine Cappern-Brüh darüber / wie selbige bey den Kalb- oder Lamms-Fleisch / im Neundten Theil / Num. 101. beschrieben / zu finden / laßt es also mit einander sieden / und richtets dann in eine Schüssel.

36. Briese zu sieden.

NEhmet die Briese / wascht sie sauber / schneidet die Ohren ab / und werfft dieselbe hinweg / laßt ein wenig von der Drossel daran / und so dann alles in einer Fleischbrüh eine halbe Stund lang sieden; nehmets dann heraus / schneidet sie Plätzlein-weiß / thut es in ein stollichtes Häfelein / giesst ein wenig Fleischbrüh daran / würtzets mit Pfeffer / Ingber / Muscatblüh / laßt sie noch eine viertel Stund sieden: Alsdann / wann man es schier anrichten will / thut eine halben Vierding / oder achtel Pfund / Butter daran / laßt sie noch ein und andern Sud thun / daß es ein dickes Brühlein werde: Oder man kan auch wohl ein wenig klar geriebenes weisses Brod anfänglich gleich mit sieden; oder auch ein Stäublein Mehl in Butter rösten und sieden lassen; hernach aber darff man zuletzt nicht gar zu viel Butter dazu nehmen: Wann sie nun angerichtet werden / druckt eine Citronen darauf / und bestreuet sie mit dergleichen klein- und würfflicht-geschnittenen Schelffen.

37. Briese in einer Butter-Brüh.

WAnn die Briese gesotten / schneidet die Drossel herab / und die Briese zu Plätzen; thuts in einen stollichten Hafen / giesst Wein und Fleischbrüh daran / würtzets mit Ingber / Pfeffer / Muscatblüh / thut zimlich viel Butter daran / und laßt sie sieden. *

38. Briese in einer Sardelln-Brüh.

SJedet die Briese ab / wie vorgemeldt / schneidet solche auch Plätzlein-weiß; indessen wässert etliche Sardelln / grädelt sie aus /

Sss iij

* Diese Butter-Brüh kan man auch ohne Wein machen.

aus / und machets in einer Fleischbrüh siedend / biß sie weich werden; dann zwingets durch / und giesset diese Brüh an die geschnittene Briese / würtzet es auch mit Pfeffer / Cardamomen und Muscaten-Blüh / giesst / nach belieben / auch ein wenig Wein daran / lassets also mit einander sieden; thut ein Stuck Butter oder Oel daran / und laßt es noch einen Wall darinnen aufthun: drucket zu letzt Citronen-Safft darein; und wann sie in eine Schüssel gelegt seynd / bestreuet sie mit würfflicht-geschnittenen Schelffen von Citronen.

39. Briese in einer Agrest-Brüh.

NEhmet vier oder fünff Briese / laßt sie in der Fleischbrüh sieden; schneidets hernach zu Schnitzlein / röstets ein wenig im Schmaltz / und legt sie in ein stollichtes Häfelein; machet eine Agrest-Brüh darüber / wie selbige bey den Kalb- und Lams-Fleisch / im Neundten Theil Num. 102. zu finden ist.

Oder: Man kan es auch auf dergleichen Manier / wie die Fricassé, welche / im obgedachten Theil / Num. 36. beschrieben ist / zu letzt mit Eyerdottern anrühren und verfertigen.

40. Gebachene Briese.

NEhmt gesottene Briese / und wohl weich-gesottene Hüner- oder Capaunen-Mägenlein / schneidet die Briese so groß als die Mägenlein / steckt ein Stücklein Bries und ein Mägenlein / jedesmal eines um das andere / an ein Spießlein; ziehet es alsdann durch einen Teig / der von Mehl und Wein fest / wie ein Aepffel-Teig / angemachet ist; bachets also im Schmaltz schön gelb heraus: So es gebachen / ziehet das Spießlein wieder heraus / schneidet die Brieslein nach der Länge von einander / so sieht es grau und weiß / und ist sehr gut zu essen.

41. Briese zu füllen.

SIedet oder schöpffet die Briese in einer Fleischbrüh ab / hackets zusamt ein wenig Speck und Marck wohl klein / thut das gehackte

hackte zusammen in eine Schüssel / schlaget Eyer daran / mischet ein wenig Semmel-Mehl / Weinbeere oder Corinthen / ausgekernete Rosinen / und abgezogene länglicht-geschnittene Mandeln darunter / würtzets mit ein wenig Jngber / Pfeffer / Saffran / Cardamomen und Muscaten-Blüh; Schlaget dann diese Füll in ein Kalbs-Netz / wälchert es rund und ablänglicht wie ein Würstlein / legt es in ein stollichtes Brat-Pfännlein / thut Schmaltz oder Butter dazu / und last es darinnen braten.

42. Briese zu füllen / auf andere Art.

Hacket die geschipfften Briese klein / röstet das Semmel-Mehl im Schmaltz / mischt es unter die gehackten Briese; thut länglicht-geschnittene / zuvor abgezogene / Mandeln / Rosinen / Weinbeere oder Corinthen darein / saltzt und würtzt es mit Jngber / Pfeffer / Cardamomen / Muscatenblüh / und ein wenig Saffran / schlagt ein oder zwey Eyer daran / und rührt es alles wohl durch einander: Schlagets in ein Netz / und bratets in einer Bratpfannen in Schmaltz oder Butter ab.

43. Ravioln von Briesen oder Driesen.

Waschet und schipffet ein paar Briese oder Driese / wie gebräuchlich / im Wasser ab / hacket selbige klein; machet auch ein wenig Schmaltz in einem Pfännlein heiß / und giesset etwas wenigs davon an ein geriebenes Eyerbrod; in dem übrigen aber röstet etwas von geriebenen Petersilien-Kraut / damit es seinen unangenehmen Kräuter-Geschmack verliere; thut die gehackte Briese samt dem Petersilien-Kraut unter das geriebene Brod / und reibet / so es beliebet / ein klein wenig Edamer- oder Parmasan-Käs darunter / würtzets mit Pfeffer / Jngber / Cardamomen und Muscaten-Blüh / saltzt es nach gefallen / schlaget Eyer daran / rührt alles wohl unter einander; thut dann ein wenig schönes Mehl in ein Schüssel-lein / last in einem kleinen Häfelein ein Wasser laulicht werden / und ein gut theil Mäyenschmaltz oder Butter darinnen zergehen; rühret
es wohl

es wohl unter einander / saltzets / und giessets hernach in das Mehl / rühret es an / schlaget auch / nach belieben / ein Ey daran / und machet den Teig damit zusammen; wiewol er ohne Eyer weit mürber werden soll. Wann aber die Ravioln gebachen werden / muß man nothwendig ein Ey dazu nehmen / weil sie sonst im Schmaltz nicht gerne beysammen bleiben: Diesen Teig nun wircket auf einem Bretlein / daß man ihn wohl dinn walchern könne; dann nehmt ein wenig von der angemachten Füll / so groß als man die Raviolen haben will / und schlagets in den gewalcherten Teig / drucket selbigen neben herum wohl zu / und rädelt es mit einem Küchlein-Eisen neben herum ab: Wann sie nun alle so gemacht sind / kan man so viel davon kochen / als es gefällig: Nehmet dann ein weites stollichtes Häfelein / giesst eine gute Fleischbrüh daran / und laßt dieselbe zuvor aufsieden; dann leget die Ravioln / so viel man haben will / darein / die übrigen aber kan man wol noch ein oder zwey Tage ungekocht aufheben / wann sie nur in einem kühlen Ort stehen: Die obige hingegen / wie vorgedacht / lasset in der Fleischbrüh sieden / biß sie mild werden; alsdann giesset in eine reine Schüssel ein wenig siedende Fleischbrüh / würtzt selbige mit Cardamomen / Pfeffer und Muscaten-Blüh / schneidet ein gut theil Butter darein; langet dann die Ravioln mit einem Löffel aus dem stollichten Hafen heraus / und legets in die Schüssel; streuet ein wenig gute Gewürtz darauf / deckets mit einer andern Schüssel zu / setzets auf eine Kohlpfannen / und lassets wohl aufsieden / schüttelt aber die Schüssel etlich mal herum / damit die Butter und alles wohl an einander sieden könne / und eine dicklichte Brüh überkomme: Wann man aber unter das Ravioln-Gehäck einen geriebenen Käß gemischet / kan man auch / ehe sie zu Tisch getragen werdē / noch ein wenig geriebenen Käß darauf streuen. Man kan auch diese und andere Ravioln / wie bereits oben erwehnet / wann sie allerdings verfertigt / und in den Teig eingeschlagen sind / in einer Pfannen aus Schmaltz schön gäh und licht heraus bachen / und gleichwol in eine Schüssel eine siedende Fleischbrüh giessen / Butter und gute Gewürtz darein streuen / und die gebachene Ravioln hinein legen /

dann

dann auf einer Kohlpfannen / mit einer Schüssel zugedeckt / wohl
aufsieden lassen / und / wie die obbeschriebenen / je zuweiln herum
wenden/ daß die Butter und alles andere wohl unter einander komme:
Ehe sie auf den Tisch getragen werden / kan man noch ein wenig
Muscatblüh darauf streuen.

44. Ravioln von Hünerfleisch.

NEhmet das Fleisch von einer Hennen / oder aber ein übergebliebenes von einer Hennen oder Hun / wiewol es besser ist/
wann das frisch-abgestochene Hun zuvor abgeschipffet / als
wann es gantz abgesotten ist; dann hacket das Fleisch an dem Hun/
samt einem Rind-Marck gar klein/ röstet auch ein gehacktes Petersilien-Kraut/ oder auch einen Mangolt/ Spinat oder grünes Kraut
und Semmel-Mehl daran; und wann der Käß anständig ist/ kan
man ebenmässig ein gut theil reiben/ und darunter rühren/ wie auch
gute Gewürtz/ wie bey den vorigen gedacht/ darein streuen; schlaget
ferner ein paar Eyer daran/ und rührets wohl unter einander: Indessen macht einen Teig an/ wie in dem vorhergehenden gedacht/ oder
auch einen andern/ entweder von gantzen Eyern/ oder nur von blossen Eyerdötterlein; dieser Teig muß so dinn ausgewälchert werden
als es seyn kan: Die Ravioln kan man/ so groß als man will/ einschlagen/ und ferner verfertigen / wie bereits im vorhergehenden gelehrt worden/ und alsdann/ nach belieben/ gebachen oder gesotten
auftragen.

45. Ravioln von Gans-und Hüner-Leberlein/ wie auch einem Kalbs-Niern.

AUf diese weise kan man auch dergleichen Ravioln/ nemlich von
Hüner-oder Gäns-Leberlein/ machen/ als welche man zuvor
ein wenig in einer Fleischbrüh abschipffen muß; ingleichen
auch von einem Kalbs-Niern/ und selbigen entweder also frisch aus
dem Niern-Braten heraus schneiden / und abschipffen / oder aber

von einem bereits gebratenen Niern=Braten auslösen / und zusamt dem Fetten aufheben: Beedes nun / welches beliebt / man nehme gleich zu denen Ravioln die Leberlein oder den Niern / muß klein gehackt / und dann das Gehäck ferner allerdings angemacht werden / wie in den obigen ist gemeldet worden.

46. Ravioln vom Küh=Euter.

Siedet ein Küh=Euter gantz weich ab / hacket es zusamt einen Rind= oder Ochsen=Marck wohl klein; hacket auch ein Petersilien=Kraut / oder an dessen statt einen Mangolt / Spinat / oder grünes Kraut / röstet solches mit ein wenig geriebenen weissen Brod in Butter / mischt es unter das gehackte Euter und Marck / und rühret alles wohl durch einander / würtzets mit Jngber / Pfeffer / und Muscaten=Blüh; schlagets dann in den Num. 43. beschriebenen Teig / siedets oder bachets nach belieben / und macht eine Brüh darüber / wie gebräuchlich.

47. Ravioln von Bratwurst=Gehäck.

Nehmet ein Bratwurst=Gehäck / oder aber leeret dasselbe aus dem Gedärm / darein es bereits gefüllet worden; reibet ein weisses Brod / und rühret es darunter / würtzets mit Cardamomen und Muscaten=Blüh / schlaget ein oder zwey Eyer daran / und rühret alles wohl unter einander: Machet auch einen Teig an / wie zu denen andern gemeinen Ravioln / schlagt es dann ein / bachets oder siedets nach belieben / und machet dann eine Brüh darüber / nach gefallen.

48. Ravioln von einem Hecht.

Nehmet einen blau=gesottenen übergebliebenen / oder auch / nach belieben / frisch=gekochten Hecht / siedet ihn im Saltzwasser ab / und hacket selbigen klein; indessen klaubet / waschet / und brühet ein wenig Mangolt / Spinat oder grünes Kraut / hacket solches auch klein / druckt es aber aus dem Wasser zuvor wohl aus:
dann

dann nehmet das gehackte Kraut und den gehackten Hecht/ und röstet beydes im Schmaltz/ doch nehmet solches nicht gar zu viel/ damit es nicht zu fett werde; streuet dann in einer Schüssel gute Gewürtz daran/ rühret auch ein wenig Semmel-Mehl/ oder Eyer-Brod darunter/ schlaget Eyer darein/ so viel vonnöthen: Machet dann einen Teig mit Eyerdötterlein/ oder wie den schon beschriebenen Butter-Teig mit Mehl/ Wasser und Butter/ und machet ferner Ravioln daraus/ wie Num. 43. gelehret worden; siedet oder bachets/ wie es gefällig ist: Man darff aber diese Ravioln/ welches wohl zu mercken/ in allen nicht länger sieden lassen/ als harte Eyer.

49. Ravioln von Krebsen.

Schählet bereits an abgesottenen Krebsen die Schwäntze und Scheeren aus/ und hacket solche gar klein; dann reibet ein wenig Eyerbrod/ röstets in Butter/ rühret unter die Krebse/ würtzets mit Pfeffer/ Cardamomen und Muscaten-Blüh/ und schlaget Eyer daran/ so viel derselben hiezu vonnöthen/ daß die Füll nicht zu dick auch nicht zu dinn werde: will man sie aber grün haben/ kan man ein wenig gehacktes Petersilien-Kraut/ mit dem Brod/ in der Butter rösten: Machet dann einen Teig an/ entweder mit Eyern oder Butter/ und wälchert ihn auf das allerdinnste aus; verfertigt also die Ravioln/ wie bereits aus obigen bekandt. Nun kan man zwar diese Ravioln auch wie die andern sieden; sie sind aber am besten/ wann sie gebachen werden/ und dann machet man eine Krebs-Brüh darüber/ wie selbige bey den gefüllten Krebsen Num. 14. beschrieben worden: Dann leget die Ravioln in eine Schüssel/ schneidet aber zuvor ein gut theil Butter darein/ setzets auf eine Kohl-Pfannen/ und giesset die Brüh sied-heiß darüber; deckt diese Schüssel mit einer andern zu/ und lasset es alles zusammen noch einen Wall thun/ nur daß die Butter nicht lauter/ sondern die Brüh davon wohl dicklicht werde.

50. Ravioln von Krebsen / auf andere Art.

Die Krebse werden auf gemeine Art gesotten / hernach ausgeschählt und klein gehackt / und von dreyen Eyern zu einem Pfund Krebs / ein gelindes so genanntes Eyer im Schmaltz gemacht; ein wenig Eyerbrod / Petersilien-Kraut / Muscatblüh / Saffran / Cardamomen / alles / nach belieben / unter einander wohl gerühret / und dann / wie sonst der Teig zu Ravioln / angemacht / die Füll hinein geschlagen / und entweder gebachen oder gesotten / wie man will: Nimm dann die Schalen von Krebsen / stoß selbige klein / thue es in ein Seidlein Kern oder süssen Ram / laß sieden / biß er roth wird; zwings hernach durch ein Tuch / wirff ein gut Stuck Butter darein / gieß diese Brüh über die Ravioln in die Schüssel / und laß ein wenig sieden. *

51. Würstlein von Briesen.

Siedet die Briese / thut Hüner-Leberlein / Maseran und Marck dazu / und hackets unter einander; wanns gehackt ist / thuts in eine Schüssel / schlaget Eyer daran / würtzets mit Muscatblüh / Ingber / Pfeffer / und Cardamomen / schlagt es in ein Kalbs-Netz / und formirt es länglicht / wie andere Würste: Legets in ein wenig Schmaltz in eine Bratpfannen / laßt sie darinnen braten / und tragets hernach zu Tisch.

52. Würstlein von Briesen / auf andere Art.

Nehmet abgeschipffte Brieslein / ingleichen auch Capaunen- und Hüner-Leberlein / hackets / und ein gut theil Marck darunter; ziehet Mandeln ab / schneidet nach der Länge dinne Stücklein daraus / waschet Weinbeerlein; thut dieses Gehäck in eine

* Wem es beliebt / der kan die Krebs-Schalen auch mit der Fleischbrüh durchzwingen / und ferner darinnen sieden lassen.

eine Schüssel / würtzets mit Jngber / Pfeffer / Muscaten-Blüh / Cardamomen und Saffran / schlaget Eyer daran / mischt ein Semmel-Mehl darunter; macht ein frisches Schmaltz in einem Pfännlein heiß / brennet es darüber / rührt alles unter einander: Leget indessen ein Kalbs-Netz in ein laulicht Wasser / breitet es nachmal aus / und schlaget das gehackte darein / so groß als man die Würstlein haben will; nehet sie zu / legts in eine Bratpfannen / setzts in ein Bach-Oefelein / oder auf eine Kohl-Pfanne / wendet es offt um / und bratets allgemach ab / biß sie genug haben.

53. Würstlein von Briesen / noch anderst.

Schipffet zwey paar Briese / und Capaunen- oder Hüner-Leberlein ab; (kan man diese letzere nicht haben / so nehmet ein Kalb-Fleisch / und laßt es ein wenig sieden;) hacket dann die Briese zusamt den Fleisch oder Leberlein / mit ein wenig Fett von Capaunen / oder aber etwas Marck oder Speck / ingleichen auch etlichen Salbey-Blätlein wohl klein; mischet ein wenig Semmel-Mehl darunter / schlagt zwey oder drey Eyer daran / streuet Saffran / Jngber / Pfeffer / Cardamomen / Muscatblüh / Corinthen oder Weinbeerlein / und ein wenig Saltz darein / rührt alles unter einander: Schneidet ein Kalbs-Netz länglicht / füllt das Gehäck darein / und formiret Würstlein daraus / in der dicken wie die Leberwürste; legts in eine Bratpfannen in heisses Schmaltz / und laßt sie bey einem Kohlfeuer langsam braten.

54. Würstlein von Briesen / noch auf eine andere Art.

Hacket zwey Briese / wann sie geschipfft seyn / klein / nehmet ein wenig geriebenes Eyerbrod / und zuvor gewaschen und gehacktes Petersilien-Kraut; machet etwas frisches Schmaltz in einem Pfännlein heiß / giesst ein wenig davon über das geriebene Brod / und in dem übrigen röstet das Petersilien-Kraut; mischt alles hernach unter einander / würtzets mit Pfeffer / Jngber / Muscatblüh /

Cardamomen/ ein wenig Saffran uud Saltz/ schlaget ein/ zwey oder drey Eyer daran/ nach befinden/ dann es darff diese Füll nicht gar zu lehn oder naß seyn/ daher man mit den Eyern geben und nehmen kan: Leget hiernechst ein schweinenes Netzlein ins Wasser/ wascht es fleissig heraus/ breitets auf ein Bretlein/ legt mit einem Löffel ein wenig von der Füll darauf/ und schlagt/ oder wickelt und formiret sie wie Würstlein machet derselben/ so viel als möglich und beliebig; legt sie in ein Brat-Pfännlein/ thut ein wenig frisches Schmaltz darein/ und lassets darinnen entweder auf einer Kohlen/ oder in einem Bach-Oefelein also braten/ daß sie schön lichtbraun werden: Wer will/ kan auch ein wenig Weinbeerlein oder Corinthen in die Füll mit untermischen.

55. Würstlein von Hüner-Leberlein.

Nimm einen Speck und Hüner-Leberlein/ und hacke sie klein/ reibe einen Eyerring/ und mische ihn samt ein wenig Corinthen oder Weinbeerlein/ Rosinen/ Pfeffer/ Ingber/ Negelein/ Saffran/ Cardamomen und Muscaten darunter/ rühr alles wohl durch einander/ und so dann mit einem Kern oder süssen Ram an; schneide ein Netz zu Stücklein/ fülle die Füll darein/ mach Würstlein daraus/ und nehe sie zu/ thue ein Bachschmaltz in einen Tiegel der Stollen oder Füsse hat/ lege die Würstlein darein/ setz selbigen auf Kohlen/ und laß sie darinnen braten biß sie fertig sind.

56. Würstlein von Kalb- und andern Fleisch.

Uberschipffet ein Kalb- oder ander Fleisch im siedenden Wasser; hackets hernach klein/ und ein gut theil Speck darunter/ wie auch dürr- oder grünen Majoran und Salbey/ würtzt es mit Ingber/ Pfeffer und Saltz; füll dann diese Füll in ein Kalb-Netzlein/ so man länglicht dazu schneiden muß/ und machet Würstlein daraus: Oder man kan sie auch in einen reinen Darm füllen/ an beyden Seiten zu binden/ und auf einem Rost/ oder auch am Spieß/ braten;

braten; betreifft sie offt mit Butter/ und lassets wohl braun werden: Richtet sie dann an / und giesst eine braune Butter darüber / oder macht/ nach belieben/ ein Pfeffer-Brühlein daran: Will man aber diese Würstlein gerne süß haben / so rühre man unter das gehackte kleine Rosinlein/ ein gut theil Zimmet/ Zucker und Saffran; füll es/ wie oben gemeldet/ darein/ brate und koche sie hernach in einem gelben Brühlein von Mandeln.

57. Würstlein vom kalten Gebratens.

Hacke das kalte Gebratens zusamt dem Fett/ thue drey Löffel voll Milchram dazu/ rühre etwas von geriebenen Salbey oder Majoran darunter; schlage Eyer/ so viel als nöthig/ daran/ röste geriebenes Semmel-Mehl in Butter oder Schmaltz/ mische es/ zusamt ein wenig Weinbeerlein oder Corinthen/ auch unter diese Füll; fülle selbige in ein Kalbs-Netz / und brats/ wie die vorher-beschriebene in einer Bratpfannen.

58. Würstlein auf Welsche Art.

Nehmet fünff Pfund mageres Rindfleisch/ anderthalb Pfund Schweinen Fleisch / ein viertel Pfund Speck / zwey Loth Saltz/ ein halb Loth Pfeffer/ Coriander/ Rosmarin/ hackt alles klein/ füllt es in das Gedärm/ und henckets alsdann in Rauch.

59. Würste auf Welsche Art/ noch anderst.

Schneidet von fünff Pfunden Rindfleisch die Haut und das äderige hinweg; nehmet auch zwey Pfund Schweinen Fleisch/ hacket beedes klein/ schneidet ein Pfund Speck würfflicht/ und mischet ihn/ zusamt einem Loth gestossenen/ und eben so viel/ nur ein wenig in einem Mörsel zerknirschten gröbern Pfeffer/ wie auch Rosmarin/ Majeran und Saltz/ nach gutduncken/ darunter/ füllets aufs härteste in den Darm/ und last sie hernach in Rauch aufhencken.

60. Wel-

60. Welsche Würste / auf eine andere Manier.

LAß funfftzehen Pfund Schweinen Fleisch / das nicht zäh / ädericht / oder fett ist / hacken / doch nicht zu klein; nimm zehen Loth gröblicht-zerstossenen Pfeffer / zwey Loth Muscatblüh / dreyviertel-Pfund Saltz / und vier Loth Kümmel: misch jetzt-besagtes Saltz/Kümmel und Gewürtz zusammen / und streue es unter das gehackte Fleisch; säubere dann den Darm von einem Rind oder Ochsen wohl aus / trockne ihn mit einem Tuch sauber ab / und fülle das Fleisch darein / und zwar je härter es eingefasset wird / je besser ist es; nimm aber auch im einfüllen eine Nadel / und stich den Darm offt damit / daß die Würste Lufft bekommen: Dann hencke sie in Schlot/ Camin oder Rauchfang / daß der Rauch zimlich wol daran schlagen könne / und laß sie sechs Tage hangen.   Dabey zu mercken / daß diese und andere dergleichen Würste am besten im Winter zu machen.

61. Welsche Würste / auf eine noch andere Weise.

NEhmt halb Rindern und halb Schweinen Fleisch / jedes gleich viel / hackets unter einander / saltzets / und mischet halb gestossenen und halb ungestossenen Pfeffer / und klein geschnittenen Speck / doch nicht zu viel / darunter; füllt dieses Gehäck in einen Darm / und leget dann die Würste in ein Saltz-Wasser / last sie eine Nacht darinnen ligen; henckets hernach auf / räuchert sie ein wenig / und lassets etliche Tage im Rauch hencken: Hänget selbige alsdann im Lufft auf. Wann man sie nun verspeisen will / darff mans über eine Stund nicht viel sieden lassen.   Zur Sommers-Zeit kan man diese Würste / im ungekneiten Hirse / etwas länger aufbehalten.

62. Wel-

62. Welsche Würste/ noch auf eine andere Art.

NEhmt zehen Pfund Rindfleisch/ schneidet die Haut und das Nädrige davon; ingleichen auch vier Pfund Schweinen Fleisch/ und zwey Pfund Speck/ den Speck schneidet klein und würfflicht/ oder aber mischet ihn unter das Fleisch/ und hacket ihn zusamt demselbigen wohl klein; darnach nehmt ungefehr ein halb Pfund Saltz/ ein Loth gestossenen/ und drey Loth gantzen Pfeffer/ und zerknirscht ihn nur ein wenig/ hacket oder zerschneidet auch ein wenig Maseran und Rosmarin/ mischt ihn ebenfalls darunter: dann fasst es auf das vesteste in die Gedärme/ und lassets zwey Tage lang ligen/ hängets für den Ofen/ doch daß die Hitz nicht zu hart daran gehe/ und last sie ein wenig ertrocknen: Hernach hänget sie einen Tag oder etliche in Rauch/ alsdann in Lufft/ da keine Sonne hin scheinet/ so werden sie recht/ und gut.

63. Klößlein oder Knötlein von Karpffen oder Hechten.

NEhmet einen Karpffen/ oder Hecht/ machet ihn auf/ siedet selbigen ein klein wenig im Saltzwasser ab; hernach grätet ihn aus/ daß die Gräte alle davon kommen/ und hacket ihn klein; nehmet ein Eyerbrod/ reibt und röstets im Butter/ thut ein wenig ungeröstetes Brod dazu/ schlagt vier oder fünff Eyer daran/ nachdem man der Fische viel hat/ würtzets wohl mit Cardamomen und Muscatblüh/ und/ so man will/ auch mit ein wenig Saffran; rührt es unter einander/ legets in eine Fleischbrüh/ lassets sieden/ daß sie aber nicht zerfahren/ jedoch auch nicht zu vest bleiben/ so lang als harte Eyer: Oder man kan auch dergleichen Fisch-Knötlein/ wann sie allerdings verfertigt sind/ wie erst gedacht/ im Mehl umkehren/ bachen/ und eine süsse/ oder auch eine Butter-Brüh/ dazu man auch ein klein wenig Wein nehmen mag/ darüber machen.

64. Klößlein oder Knötlein von Karpffen oder Hechten/ auf andere Art.

Hacket einen blau-gesottenen Hecht/ der übergeblieben und kalt ist/ auf das kleinest; reibt ein wenig Eyer-Brod/ röstets im Schmaltz/ reibt auch ein wenig dürren Majoran daran/ würtzets mit gestossener Muscatblüh/ Jngber/ Cardamomen/ machets ferner mit Eyern an/ gilbets ein wenig/ legets in eine Fleischbrüh/ und lasset so lang sieden als weiche Eyer.

65. Klößlein oder Knötlein von Krebsen.

Nimm der Krebse so viel du wilt/ siede sie ab/ wie sonsten/ schähle die Schwäntze und Scheeren heraus/ hacke sie klein/ röste ein Eyerbrod in Butter/ mische es zusamt ein wenig ungeröstetes Brod auch darunter/ schlage Eyer daran/ würtze es mit Cardamomen und Muscaten-Blüh/ rühre es unter einander/ formire kleine Knötlein daraus/ legs auch in eine Fleischbrüh/ und siede sie wie die obigen.

66. Klößlein oder Knötlein von Krebsen/ auf andere Art.

Schählet Krebse aus; indessen weichet die Brosam von einer Semmel in ein wenig Fleischbrüh oder gute Milch/ druckt sie zuvor wohl aus; dann hacket diese eingeweichte Semmel-Brosamen/ samt denen ausgeschählten Krebsen wohl klein/ thut es zusamm in ein Näpfflein oder Schüsselein/ würtzets mit Pfeffer/ Cardamomen und Muscatblüh/ schlaget Eyer daran/ und rühret wohl untereinander/ machet kleine Knötlein daraus/ und bachets im Schmaltz: Indessen machet eine rothe Krebs-Brühe/ von durchgezwungenen Krebsen/ zusammen/ wie selbige schon zum öfftern beschrieben worden/ und lasset diese Knötlein nur einen Wall darinnen aufthun; dann richtets an/ und tragets zu Tisch.

67. Schne-

67. Schnecken-Knötlein.

Die Schnecken werden zusamt denen Häuslein/ wie gebräuchlich/ abgesotten/ und fleissig gebutzt/ mit Saltz wohl abgerieben/ nachmal schön gewaschen und klein gehackt; dann röstet man ein wenig geriebenes Eyerbrod/ auch/ so es beliebt/ etwas vom gehackten Petersilien-Kraut in Butter/ und rühret es darunter/ würtzets dann mit Pfeffer/ Cardamomen und Muscaten-Blüh/ schlägt Eyer daran/ so viel derselben vonnöthen/ formiret kleine Knötlein daraus/ legt solche in eine siedende Fleischbrüh/ und läst sie/ jedoch nicht allzu lang/ damit sie nicht zerfahren/ sieden.

68. Capaunen-oder Hüner-Knötlein.

Nehmet gesottenes/ oder nur abgeschipfftes/ Capaunen- oder Hüner-Fleisch/ thut zimlich viel Marck darunter/ hackt es klein/ und reibt ein wenig Semmel-Mehl/ und einen guten theil Weinbeerlein oder Corinthen darein/ würtzets mit Ingber/ Pfeffer/ Muscaten-Blüh und Saffran; schlaget zwey oder drey Eyer daran/ rührt es untereinander/ legets in eine gute Fleischbrüh/ und lassets so lang als harte Eyer sieden.

69. Hüner-Knötlein/ auf andere Art.

Wann von einer Hennen das Fleisch ein wenig gesotten ist/ hacke es klein/ nimm ein wenig Eyerbrod/ reibe und röste es ein wenig in einer Butter; mische es zu dem gehackten Fleisch/ oder aber weiche/ anstatt deß gerösteten Brods/ eine Semmel-Brosam in Milch oder Fleischbrühe ein/ wie bey denen Krebs-Knötlein/ drucks wohl aus/ und rühre es darunter/ schlage Eyer daran/ so viel dazu vonnöthen/ würtze es auch mit Muscatblüh/ Cardamomen und Saffran/ rühr alles untereinander/ mach kleine Knötlein daraus/ und legs in eine siedende Fleischbrüh/ laß aber nicht zu lang sieden: Oder wann man diese Knötlein mit dem gerösteten Brod macht/ und der Teig dazu etwan zu trocken ist/ kan man sie mit ein wenig guter Milch anfeuchten / und wohl damit abrühren; dann ferner verfertigen/ wie ob gedacht.

70. Hüner-Knötlein / noch anderst.

Nehmet das Fleisch von einem Hun/ auch nur ungesotten/ so werden sie kräfftiger und milder/ hacket es klein; röstet ein wenig geriebenes Semmel-Mehl in Butter/ würtzets mit Muscaten-Blüh/ Cardamomen und etwas Saffran/ thut ein gut theil klein-und würfflicht-geschnittene Citronen-Schelffen darein/ schlaget so viel Eyer daran als nöthig ist; mischet alles zusammen / und formiret Glöslein oder Knötlein daraus/ legts in eine gute Fleischbrüh / und lasset sie sieden; machet aber indessen nachfolgende Brüh zusammen: Brennet ein Stäublein Mehl im Schmaltz/ giesst eine gute Fleischbrüh daran/ würtzets mit Muscaten-Blüh und Cardamomen / und last sie sieden; werfft zuletzt ein Stuck Butter/ und würfflicht-geschnittene Citronen darein / druckt auch etwas vom Safft daran/ und richtet dann diese Brüh/ wann die Knötlein oder Klöslein fertig sind/ darüber.

71. Bries-Knötlein von Kalbs-Briesen.

Nehmet ein paar Kälbern Briese / siedet sie ab/ lasts nicht zu weich werden; hacket/ doch nicht zu klein/ ein wenig Marck darunter / reibt ein Eyerringlein / röstets in ein wenig Schmaltz oder Butter / thut es unter die gehackten Briese / rührets unter einander/ giesst ein wenig Wein dazu/ und schlagt Eyer daran/ würtzet es mit Ingber/ Pfeffer/ Cardamomen/ Muscaten/ einem guten theil Weinbeerlein und Zucker; thut ein Schmaltz in ein Pfännlein / machet runde Kügelein / bachets fein schön licht/ legts in ein Schüsselein/ und machet entweder eine süsse-oder Butter-Brüh darüber.

72. Hirn-

72. Hirn-Knötlein.

Siedet das Hirn zuvörderst ab/ und hacket es/ nehmet ein wenig geriebenes Semmelmehl oder Eyerbrod/ röstets in Butter/ und rührt es darunter/ schlaget auch ein paar Eyer daran/ würtzets mit Cardamomen und Muscaten-Blüh: wann es beliebt/ kan man auch Weinbeerlein oder Corinthen/ ingleichen auch gehacktes und zuvor im Butter geröstetes Petersilien-Kraut/ darunter mischen: Wann nun alles wohl unter einander gerühret worden/ formiret kleine Klöslein oder Knötlein daraus/ macht ein Schmaltz in einer Pfannen heiß/ leget die Knötlein darein/ und bachets schön hell und schnell heraus; tragets dann also gebachen und trocken zu Tisch/ oder aber machet eine Butter-Brüh darüber. *

73. Leber-Knötlein.

Löset oder äderet die gröste Adern an einer Kalbs-Leber fleissig aus/ hacket die Leber wohl klein/ und etwas frischen Speck oder Rinds-Marck darunter; thut gerieben- und geröstetes Semmelmehl und etwas Weinbeerlein oder Corinthen dazu/ schlaget zwey oder drey Eyer daran/ würtzets und saltzets nach Nothdurfft; wer es süß verlangt/ kan etwas Zucker darein streuen: formiret dann Knötlein daraus/ die nicht gar zu groß sind/ legets in eine siedende Fleischbrüh/ und lassets sieden/ doch nicht zu lang/ damit sie nicht zu hart werden. **

* Wer will/ kan auch aus diesem Knötlein-Gehäck/ länglichte Würstlein auf einem Teller formiren/ und aus Schmaltz heraus bachen.

** Bey diesen Knötlein kan man zwar so wol das Marck als den Speck gantz davon lassen/ jedoch werden sie vom Marck etwas milder: Absonderlich aber ist zu erinnern/ daß/ wann das geröstete Brod unter die Füll gemischet wird/ man selbige nicht alsobald zusammen mache/ und Knötlein daraus formire/ sondern etwas stehen und ruhen lasse/ weil sie sonst gerne zerfahren. Man kan auch nur von Lamms- Geiß- oder Gans-Leberlein solche Knötlein machen; und/ an statt deß Speck und Marcks/ ein wenig gehacktes Petersilien-Kraut im Schmaltz rösten/ und darunter rühren.

74. Leber-Knötlein/ auf andere Art.

Lasset eine Kalbs-Leber im Wasser/ der Gebühr nach gesaltzen/ gantz hart sieden/ und wann sie heraus genommen/ wohl erkalten; reibet sie an einen Reibeisen/ röstet ein wenig weiß-geriebenes Brod in Butter/ und rühret es unter die Leber/ würtzets mit Pfeffer/ Cardamomen und Muscaten-Blüh/ schlaget ein paar Eyer daran/ rühret Corinthen oder Weinbeerlein/ ingleichen auch Pinien- und Pistacien-Nüßlein darunter/ schlaget oder wickelt diese Füll in ein Netz/ machet also etliche dergleichen eingeschlagene Knötlein daraus/ und lasset sie in einer Pfannen mit Butter bachen.

75. Knötlein von einem Niernbraten.

Hacket einen Kalbs-Niern zusamt ein wenig Fleisch/ röstet eine geriebene Semmel oder Eyerbrod im Schmaltz/ oder aber weichet die Brosamen von einer Semmel in süssen Ram oder Kern/ und mischt es unter das gehackte/ saltzet und würtzets/ schlaget Eyer daran/ rühret alles unter einander/ formiret runde kleine Knötlein daraus/ leget in eine siedende Fleischbrüh/ und lassets länger nicht/ als etwan eine viertel Stund/ sieden.

76. Knötlein vom Kalbfleisch.

Hacket/ oder welches noch besser ist/ schabet erstlich mit einem Messer das Kalbfleisch/ und hacket es erst hernach mit einem guten theil Marck/ und einem kleinen Zwiebelein einer Haselnuß groß/ wohl klein/ thut es zusammen in einen Napff/ und rühret alles wohl unter einander/ würtzets mit Pfeffer/ Muscatnuß/ und ein wenig Saffran; mischt Semmel-Mehl/ und zwey oder drey Löffel voll guten süssen Ram darunter/ brennet ein wenig heisses Schmaltz darüber/ schlaget zwey oder drey Eyer daran/ legets in eine siedende Brüh/ und last sie eine gute Stund sieden.

77. Knöt-

77. Knötlein vom Kalbfleisch/ auf andere Art.

Nimm ein Kalbfleisch / schabe und hacke es auf das kleinste / und zugleich ein gut theil Marck darunter; thue gerieben Semmel-Mehl daran/ oder röste es ein wenig im Schmaltz/ thue ein wenig Milchram und Eyer darein/ würtze es mit Pfeffer/ Ingber/ Muscatenblüh/ ein wenig Cardamomen und Saffran/ rührs wohl unter einander / formire in einem Pfännlein runde Knötlein daraus / legs in eine siedende Brüh / oder auch in halb Wasser/ halb Fleischbrüh/ und laß sie also sieden. *

78. Knötlein vom Kalbfleisch mit Limonien.

Diese Knötlein werden allerdings / wie die schon obgedachte Fleisch-Knötlein zusammen gemacht / ausgenommen / daß man ein gut theil klein-gehackte Limonien darunter mischet/ mit etwas Saffran gilbet / und dann selbige in eine Fleischbrüh leget / wie sonsten; indessen nehmt ein wenig von dieser Brüh/ darinn die Knötlein gesotten/ brennt ein klein wenig Mehl darein/ daß die Brüh etwas dicklicht wird/ gilbet sie / werfft klein-geschnittene Limonien darein / würtzets mit Muscatblüh und Cardamomen/ machts ein wenig säuerlich / thut zuletzt ein wenig Butter daran: Wann dann die Knötlein allerdings recht gesotten/ richtet sie in eine Schüssel/ und die Brüh darüber.

79. Knöt-

---

* An statt deß obbeschriebenen Semmel-Mehls/ kan man auch ein geriebenes Eyerbrod nehmen/ und wann man das Brod nicht im Schmaltz rösten will/ nur allein ein heisses Schmaltz auf dasselbe/ und zugleich auf das gehackte Fleisch/ brennen.   Es werden aber die Fleisch-Knötlein sonderlich gut und mild/ wann man das gehackte Fleisch zu allererst / ehe etwas anders darunter gerühret wird/ mit ein wenig guter Milch oder süssen Ram anrühret.

79. Knötlein vom Rindfleisch.

Die Knötlein vom Rindfleisch werden allerdings gemacht wie die vom Kalbfleisch; dazu kan man nehmen ein magers Stuck Rindfleisch von einer Schalen/ hackt es/ samt einem guten theil Marck/ und etwas Speck/ klein/ davon sie dann gar gut werden; im übrigen kan man sie verfertigen/ wie die zuvor beschriebene Fleisch-Knötlein; das geriebene Brod dazu/ kan man entweder auch im Schmaltz rösten/ oder nur das Schmaltz aufs Fleisch und geriebene Brod brennen: man nimmt auch bißweilen Semmelbrod/ und weichts in eine Milch/ dann drucket mans wohl aus/ und rührets unter das Fleisch: Wann aber das Fleisch mit Milch angerühret wird/ so darff man kein eingeweichtes Brod dazu nehmen/ sondern nur allein mit dem geriebenen Brod verfertigen. Wem es beliebt/ der kan auch ein wenig Maseran unter diese Fleisch-Knötlein mischen/ und wie gedacht/ ferner verfertigen.

80. Bratwurst-Knötlein.

Nehmet ein Bratwurst-Gehäck/ oder leeret etliche Bratwürste aus/ hacket solches noch ein wenig kleiner/ rühret etwas von geriebenen Semmelmehl darunter/ schlaget Eyer daran/ und rühret also alles wohl durch einander; formiret alsdann die Knötlein daraus/ und legts in eine siedende Fleischbrüh; dann zu diesen Knötlein darff man kein Schmaltz oder Butter nehmen/ weil sie der Speck ohne dem schon fett genug machet; man darff sie auch nicht mehrers würtzen: Wann man aber will/ kan man ein wenig klein-geschnittene Citronen-Schelffen darunter mischen.

81. Marck-Knötlein.

Nehmet ein gut theil Rinds- oder Ochsen-Marck/ rühret ein paar Löffel voll schönes Mehl darunter/ streuet Ingber/ Pfeffer/ Muscatenblüh und Saffran darein/ schlaget zwey- oder drey Eyer daran; rühret die Füll wohl durch einander/ und formiret

miret Knötlein daraus / in der grösse wie Tauben Eyer / legets in eine Brüh / lasset allgemach / und etwan eine viertel Stund lang/ sieden.

82. Kalbfett-Knötlein.

Hacket das Fette vom Nierbraten von einem Kalb / legt es in eine reine Schüssel / schlaget vier Eyer daran / rührt geriebenes Semmel-Mehl oder Eyerbrod / und ein wenig gemeines Mehl darunter / dann sie fallen und zerfahren sonst gern von einander; saltzt und würtzet es mit Pfeffer / oder etwas von einer Muscatnuß / macht sie zusammen / legets in eine Fleischbrüh / und lasset sie / aber doch nicht allzu lange / sieden / damit sie nicht zerfallen.

83. Eyer-Knötlein.

Schlaget etliche Eyer aus / und zerklopffts wohl / machet ein wenig Schmaltz heiß / lasts wieder ein wenig erkuhlen / und schüttet diese zerklopffte Eyer darein; machet dann ein eingerührtes Eyer im Schmaltz daraus / richtets in eine Schüssel / und rührt einen Löffel voll schönes Mehl darein / würtzets auch mit Pfeffer / Jngber / ein wenig Saffran / und Muscatblüh; indessen lasset eine Fleischbrüh siedend werden / und machet also von diesem Gehäck kleine Knötlein / legets in eine siedende Brüh / und lassets so lange sieden als harte Eyer / so sind sie fertig: Wann man aber will / kan man noch ein wenig Weinbeerlein darunter mischen.

84. Eyer-Knötlein / auf andere Art.

Zerrühret ungefehr acht oder neun ausgeschlagene Eyer in einer Schüssel wohl / lasset ungefehr nicht gar einen gantzen Vierding oder viertel Pfund Butter zerschleichen / und schüttets unter die zerklopffte Eyer; rührt ein klar geriebenes weisses Brod / so viel dazu vonnöthen ist / darein / und saltzt es auch ein wenig: Es muß aber dieser Teig oder dieses Gehäck zu diesen

Knötlein nicht gar dick / sondern etwas lehn seyn; dann machet ein Schmaltz in einer Pfannen heiß / legt von diesem Teig mit einem Löffel kleine Knötlein ein / und bachets schön licht-gelb heraus: Wann sie nun alle gebachen / leget sie in einen stollichten Hafen / oder Pasteten-Tiegel / giesset Wein daran / zuckerts / und laßt sie einen Sud darinnen aufthun.

85. Gehackte Butter-Knötlein.

Nehmet eine frische Butter / setzet sie zur Sommers-Zeit ein wenig im Keller / daß sie hart wird; hacket selbige hernach auf einem Bret klein / schlaget Eyer aus / klopffet sie wohl / und rühret schönes Mehl darunter / daß es in der dicke wird wie ein Mehl- oder Kinder-Brey; rühret so dann dieses Mehl unter die gehackte Butter / thut / so es beliebt / ein wenig klein gehacktes Petersilien-Kraut darunter / saltzt es auch ein wenig / und würtzets mit Pfeffer und Muscatblüh: Zuletzt rührt ein weiß-geriebenes Brod darunter / daß es die rechte Dicke bekommt / legts in eine siedende Fleischbrüh ein / und laßt sie sieden.

86. Butter-Knötlein / auf andere Art.

Rühret einen Vierding oder viertel Pfund Butter / welcher ein wenig weich ist / in einer Schüssel wohl und lang ab / so wird er schön weiß werden; dann würtzet solchen und streuet Pfeffer / Muscatblüh / Cardamomen / Jngber / Saltz / und ein wenig Saffran darein / reibet ein Spitzwecklein oder anderes Eyerbrod darunter / schlaget etliche Eyer dazu / rühret alles untereinander; machet Knötlein / die nicht groß seyn / daraus / laßt eine Fleischbrüh sieden / legt die Knötlein darein / und hernach nur eine kleine weile darinnen sieden / sonst zerfahren sie / und richtets dann an.

87. But-

87. Butter- oder Schmaltz-Knötlein/ auf eine noch andere Weise.

Nehmet ein Stuck Schmaltz so groß als ein Ey / oder auch wohl mehr / nach dem man viel machen will; waschet es mit kaltem Wasser aus / daß schön weiß wird / rühret das schönste Mehl / oder von dem schönsten Gries / unter das Schmaltz / daß ein vester Teig wird / mischet zwey Löffel voll süssen Ram oder Kern darunter / schlaget zwey gantze Eyer und zwey Dottern daran / rühret alles wohl unter den Teig / biß er in der dicken wird wie ein gemeiner Knötleins-Teig; von diesem leget nun Knötlein / so groß als ihr selber wollet / in ein gesaltzen siedend Wasser; man darff sie aber nicht lang sieden lassen / weil sonsten sich dis Fettigkeit alle heraus siedet: Wann mans nun anrichtet / giesset ein wenig von der Brüh / darinnen sie gesotten / darüber / und brennet ein wenig heisses Schmaltz darauf. Nur dieses ist noch zu erinnern / daß diese Knötlein gar schön und groß auflauffen / daher man sie nicht gar zu groß einlegen müsse.

88. Käß-Knötlein zu machen.

Man nehme eine gute Hand voll geriebenen Parmasan-Käß / und so viel gerieben weisses Brod / brenne ein wenig heisses Schmaltz darüber / rühre alles wohl durch einander; schlage zwey oder drey Eyer daran / mische einen Löffel voll süssen Ram oder Kern darunter / und rühre alles nochmal / wie zuvor / untereinander / würtze es auch mit Pfeffer / und Muscaten-Blüh: Indessen lasse man ein wenig geriebenen Käß in einer Fleischbrüh / mit ein wenig Wasser vermischt / sieden / damit er nicht zu gesaltzen werde; zwing es dann / wie sonst zu einer Käß-Suppe / durch einen Seiher / und lasse die Brüh wiederum aufsieden / formire dann Knötlein daraus / lege sie in besagte Brüh / und laß es sieden; zuletzt giesse man ein wenig Milchram dazu / und richte dann beedes zusammen an.

89. Aepffel-Knötlein.

Hacket die Aepffel klein/ röstets im Schmaltz/ thut halb so viel geriebener Semmel dazu / wie auch Weinbeerlein oder Corinthen/ und klein gestossenen Zucker und Zimmet/ schlagt Eyer daran so viel vonnöthen; formiret Knötlein daraus/ walzet sie im Mehl ein und andermal herum / bachets aus Schmaltz/ und macht dann/ nach belieben/ eine süsse Brüh darüber.

90. Birn-Knötlein zu machen.

Schählet und schneidet von denen bey uns also genannten Königs-Birnen das gute herab/hacket sie klein/ röstet ein geriebenes Semmel-Mehl im Schmaltz / und rühretes darunter/ lasts aber zuvor ein wenig wieder kalt werden; darnach nehmet so viel gestossene Mandeln/ als der Birnen gewesen sind/ und rühretes auch darunter/ zuckerts ein wenig/ und schlaget zu sechs Birnen ein Ey / sind die Birne aber groß/ so müssens zwey Eyer seyn; nach diesem streuet ein wenig geriebenes Semmel-Mehl in die Hand/ und machet oder formet die Knötlein daraus / so groß ihr selber wollet/ bachets aus einem heissen Schmaltz heraus/ und machet vom Wein/ Zucker und Trisanet eine süsse Brüh darüber: Will man aber Birnen daraus formen/ kan man von den Birnen / gleich anfangs/ das gute also herab schneiden/ wie oben gedacht/ jedoch den Butzen und Stiel an einander lassen/ und das bereits zusamm gemachte Gehäck daran formen / daß es die Gestalt einer Birn bekommet; alsdann mit Semmel-Mehl bestreuen/ und aus einem heissen Schmaltz heraus bachen.

91. Weinbeerlein-oder Corinthen-Knötlein.

Nehmet schöne Weinbeerlein oder Corinthen / waschet und klaubet sie auf das schönste/ stosset auch abgezogene Mandeln ein wenig mit Zucker ab/ oder feuchtet sie mit süssem Wein

im

derer so genannten Neben-Essen.

im stossen an/ mischt sie unter die Weinbeerlein; dann reibet ein wenig weisses- oder Eyer-Brod/ röstets wohl trocken im Schmaltz/ und rührt es auch darunter/ thut Zimmet/ Zucker/ und ein wenig Muscatblüh dazu/ schlagt ein Ey daran/ macht artiche Knötlein daraus/ laßt alsdann in einem Pfännlein ein Schmaltz heiß werden/ und bacht dieselbe schön schnell heraus: Legets hernach in eine Schüssel/ giesset guten Wein daran/ streuet ein wenig Zucker und Zimmet darein/ und lassets also auf einer Kohlen noch eine weile aufsieden.

92. Mandel-Knötlein.

Mischet klein abgestossene Mandeln/ und geriebene/ oder in Milch-geweichte Semmeln/ unter einander/ schlaget zwey Eyerdottern daran; thut zwey Löffel voll oberer süsser Milch oder Ram dazu/ zuckerts/ rührt alles durch einander: formiret Knötlein oder Klößlein daraus/ bachet sie wohl kühl aus Schmaltz/ und machet/ nach belieben/ ein süsses Brühlein darüber.

93. Knötlein von Petersilien- oder Mayen-Kraut.

Reibe einen Weck/ oder nimm bereits geriebenes Semmel-Mehl/ hacke ein so genanntes Mayen-Kraut/ mische es unter das Semmel-Mehl; gieß heisses Schmaltz daran/ thue einen Löffel voll Mehl dazu/ schlag Eyer darein/ saltze und würtze es mit ein wenig Muscaten-Blüh und Pfeffer/ rühr alles durch einander/ machs aber nicht zu fest; formire Knötlein daraus/ lege sie in eine Fleischbrüh/ laß aber nicht lang sieden/ damit sie nicht zerfahren: Hacke inzwischen oder stosse Petersilien-Kraut klein/ gieß Fleischbrüh daran/ streue Pfeffer und Muscaten-Blüh darein/ laß nur ein wenig aufwallen/ damit die Brüh schön grün verbleibe/ und richte sie dann über die Knötlein/ welche/ so wol als die Brüh/ schön grün werden.

Xxx iij   94. Knöt-

94. Knötlein vom Körfel- oder Körblein-Kraut.

Der Körfel oder das Körblein-Kraut wird auf das fleissigste durchklaubet/ gewaschen/ und klein gehackt; dann lässet man eine Butter zergehen/ röstet ein wenig geriebenes weisses- oder Eyer-Brod darinnen/ und mischet es unter das gehackte Kraut/ würtzets mit Pfeffer/ Cardamomen und Muscaten-Blüh/ schlägt ein Ey daran/ rührt alles wohl durcheinander; machet kleine Knötlein daraus/ legets in eine gute Fleischbrüh/ und laßt sie sieden/ aber nicht lang.

95. Semmel-Knötlein.

Nimm alt-gebachen Eyerbrod/ reibs/ mach ein Schmaltz heiß/ brenn es auf das geriebene Brod/ schlag fünff oder sechs Eyer daran/ würtz es mit Pfeffer/ Ingber/ Muscatblüh/ Cardamomen/ Saffran und ein wenig Saltz; mach alsdann in dem Pfännlein/ darinnen das Schmaltz heiß gemacht worden/ die Knötlein fein rund mit dem Koch-Löffel/ legs hernach nach einander in die siedende Fleischbrüh/ und laß wohl durchaus sieden/ so sind sie recht: Wer will/ kan auch Weinbeerlein oder Corinthen darunter mischen.

96. Semmel-Knötlein/ auf andere Art.

Mache geriebenes Semmel- oder Weck-Mehl mit Eyern zu einer rechten Dicken an/ streue Muscatblüh/ Saffran/ Pfeffer/ Ingber/ und ein wenig Saltz darein; man kan auch/ nach belieben/ Weinbeerlein/ oder etwas grünes/ als entweder ein gehacktes Petersilien- oder Mäyen-Kraut/ darunter rühren/ und wohl lehn anmachen: Darnach laß ein Schmaltz heiß werden/ und leg ein Knötlein nach dem andern darein/ drehe es in der Pfannen herum/ so werden sie rund/ laß aber nicht zu braun werden; dann kan man sie in einer siedenden Fleischbrüh/ oder mit einem Fleisch/ oder auch in einer Erbsen-Brüh/ sieden lassen/ so werden sie groß und gut.

97. Sen-

97. Semmel-Knötlein / noch anderst.

Röste ein Semmel-Mehl im Schmaltz / hacke Petersilien-Kraut fein klein / röste es besonder im Schmaltz; thue es zusammen in ein Schüsselein / streue Ingber / Pfeffer / Muscaten-Blüh und Saffran darein / schlag Eyer daran / rührs wohl unter einander; setz eine Fleischbrüh zum Feuer / wann sie nun siedet / gilbs ein wenig / leg dann die Knötlein ein / und laß sie so lang sieden / als harte Eyer.

98. Semmel-Knötlein / auf eine noch andere Art.

Weicht einen Wecken im siedenden Wasser ein / druckt es hernach zwischen zweyen Dellern aus; röstet ferner ein geriebenes würfflicht-geschnittenes weisses Brod im Schmaltz / rührt alles unter das eingeweichte Brod: nehmt allerley annehmliche grüne Kräuter / samt ein wenig Schnittlauch / klaubet / waschet und hacket sie klein / röstet sie ebenfalls im Schmaltz / und mischt sie unter das obige / schlagt drey oder vier Eyer daran / rührt ein wenig schönes Mehl darein / machets mit Zugiessung einer kalten Fleischbrüh zusammen / daß es die rechte Dicke bekommet; formiret Knötlein oder Klöslein daraus / legt sie in eine siedende Brüh / und laßt sie ferner sieden. *

99. Gries- oder Gritz-Knötlein.

Man nehme ohngefehr ein viertel Pfund frisches Schmaltz / rühre selbiges schön ab / biß es wohl weiß wird; dann schlage man zwey oder drey Eyer daran / und rühre sie darunter: nach diesen rühre man ferner so viel Gries oder Gritz darein / biß der Teig seine rechte Dicke bekommet / und formire Knötlein daraus; solche
lege

---

* Wem die grüne Kräuter darunter nicht anständig / der kan / an statt derselbigen / nur ein paar Zwiebeln hacken / und darunter rösten.

lege man in ein siedend=gesaltzenes Wasser / und lasse sie sieden wie die vorigen. *

100. Mehl=Knötlein.

Claube / wasche und hacke ein gut theil grünes Mäyen= oder Knötlein=Kraut / und röste es wohl im Schmaltz / ingleichen auch ein wenig würfflicht=geschnittenes weisses Brod / rühre es alles zusammen unter zimlich viel Mehl / gieß ein wenig frisches Wasser / Milch / oder aber Kern und süssen Ram daran / und feuchte es gleichsam damit an / dann dieser Teig muß etwas lehn und lind seyn / saltze ihn / und schlage drey oder vier Eyer daran / nach dem desselben wenig oder viel ist ; mache dann selbigen zusammen / und formire die Knötlein daraus / wie bekandt / lege sie in ein siedend=gesaltzenes Wasser / laß länger nicht als eine gute halbe Stund sieden / und wann sie dann angerichtet / brenne ein wenig Schmaltz darauf.

101. Mehl=Knötlein / auf andere Art.

Schneidet einen Weck oder Semmel auf / wie zu einer Suppen / giesst gute siedende Milch daran / deckets zu / und lassets wohl weichen: wann sie nun ein wenig erkaltet / seihet die Milch von dem Brod ab / rühret ein gut theil schönes Mehl darunter / wie auch würfflicht=geschnittenes / zuvor im Schmaltz geröstetes Brod / und eben dergleichen kleine Zwiebelein / schlaget drey oder vier Eyer daran / und machet den Teig etwas lehn zusammen: formiret dann Knötlein daraus / lassets in einem gesaltzenen Wasser / so bereits / ehe sie eingelegt werden / gesotten hat / ferner sieden / und überbrennet sie zu letzt in der Schüssel mit Schmaltz.

102. Bau=

* Wem es beliebt / der kan auch den Teig etwas saltzen / und wann diese Knötlein angerichtet worden / ein wenig Schmaltz darauf brennen.

102. Bauern-Knötlein zu machen.

Erstlich reibt einen alt-gebachenen Weck / und etwas Eyer-Brod darunter / nehmet eine gute Schüssel mit Gries / jedoch etwas weniger als deß geriebenen Brods gewesen; machet indessen zimlich viel Schmaltz in einem Pfännlein wohl heiß / giesst es halb über das geriebene Brod und Grieß / zuvor aber klaubet / waschet und hacket ein gut theil Mäyen-Kraut / oder allerley grüne Kräuter unter einander / so viel als selbsten beliebt / und nach dem man die Knötlein grün haben will / auch etwan ein oder zwey Zwiebeln / röstet solches alles miteinander in dem vorgedachten übrigen Schmaltz wohl / alsdann rühret es auch unter das Brod und Gries; thut eine gute Hand voll / oder auch ein wenig mehr / von dem schönsten Mehl darunter / saltzets / schlaget zwey oder drey Eyer darein / und feuchtets gar mit Milch / Fleischbrüh / oder Wasser an / wiewol sie von der Milch viel milder und luckerer werden / doch muß der Teig auch nicht zu lehn seyn: Wann nun also alles recht beysammen / daß sich die Knötlein zusammen machen lassen / so setzet einen grossen Hafen Wasser zum Feuer / werfft Saltz darein; hat man aber eine übrige Fleischbrüh / so kan man ein wenig darunter nehmen; wo aber lauter Wasser genommen wird / mag man / so es gefällig / einen guten Löffel voll Bachschmaltz mit auffsieden lassen: Alsdann nehmet das Pfännlein / darinnen das grüne Kraut geröstet worden / machet die Knötlein fein rund in demselben zusammen / legets alsdann nach einander in die siedende Brüh hinein / und laßt selbige sieden / biß sie in die höhe steigen: man muß aber den Hafen bey dem Feuer je zu weilen herum rucken / damit sich die Knötlein nicht anlegen; wann sie nun / wie gedacht / in die höhe steigen / so sind sie fertig.

103. Bauern-Knötlein / auf andere Art.

Nehmet die eine Helfft Gries / und die andere geriebenes Semmel-Mehl / saltzet und rührets wohl unter einander; indessen klaubet

klaubet und hacket allerley gute Kräuter / oder das / bey uns also genannte / Mäyen-Kraut / zusamt ein paar Zwiebeln / röstet solches wohl im Schmaltz / und brennets also hernach zu den Gries und Brod hinein: Wer will / kan auch weiß Brod würfflicht schneiden / im Schmaltz rösten / und also mit darunter rühren; würtzets auch mit Pfeffer / giesst kaltes Wasser daran / so viel als ihr meint zum anfeuchten nöthig zu seyn / dann vom siedenden Wasser zerfahren sie gern; schlagt etwan drey oder vier Eyer daran / nach dem deß Teigs wenig oder viel ist: Machet dann die Knötlein zusammen / wie schon gedacht; lassets in einer siedenden Brüh oder Wasser sieden / und wann man sie angerichtet hat / brennet auch ein wenig Schmaltz darauf.

104. Bauern-Knötlein / noch anderst.

Klaubet ein dazu gehöriges Mäyen-Kraut / oder allerley grüne Kräutlein / waschet und hackets / samt ein paar geschählten Zwiebeln / und ein wenig Marck oder Speck / klein / thut es zusammen in einen Napff oder Schüssel; lasset indessen ein Schmaltz / oder auch / nach belieben / ein vom Fleisch abgeschöpfftes Fett / und zwar dieses recht wohl heiß werden: Wann man aber ein Brat-Schmaltz gebrauchet / last es nur zergehen / biß es aufhört zu zischen; dann thut ungefehr zwey gute Hand voll kleines Gries- und drey gute Hand voll Semmel-Mehl unter das Schmaltz / und röstet es alles zusammen in einer Pfannen / daß es schön licht und gelblicht wird; hernach thut ohngefehr zwey Hand voll Weitzen-Mehl in die Schüssel / dann wann man desselben zu viel nimmt / so werden die Knötlein gar vest: schüttet das geröstete zu dem Mehl / rühret alles wohl durch einander / schlaget zwey oder drey Eyer daran / giesset eine gute warme Milch oder Fleischbrüh dazu / daß der Teig die rechte Dicke bekommt / und nicht zu lehn auch nicht zu vest wird / saltzets / streuet / so es beliebt / auch Ingber / und ein wenig Pfeffer darunter: Dann machet die Knötlein zusammen / wie oben gedacht / und leget solche gemächlich in eine siedende Brüh oder
Wasser

derer so genannten Neben-Essen.

Wasser / und wann sie nicht über sich wollen / so fahret mit dem Koch-Löffel fornen in den Hafen in Sud hinab / biß auf den Boden / so steigen sie übersich / lasst sie langsam / und in allen nicht wol über eine halbe Stund sieden / sonderlich wann kein Speck dabey ist / sie zerfahren sonst / drehet auch und verwendet den Hafen offt bey dem Feuer: Wer will / kan diese Knötlein zuvor / ehe man sie anrichtet / im Schmaltz rösten / und dann die Brüh / darinnen sie gesotten / darüber anrichten. *

105. Bauern-Knötlein / auf eine andere Weise.

SChneid ein gut theil Zwiebeln klein und würfflicht / röst solche im Schmaltz / daß sie fein weich werden; darnach gieß eine gute Milch / Kern oder Ram daran / laß sieden / schütte im Sud so viel Gries oder Gritz hinein / als darinnen sieden kan / und ein dicker Brey oder Mus daraus wird; saltze es / und laß ein Schmaltz in einem Pfännlein zergehen / dunck einen eisernen Löffel hinein / und hebe mit selbigen jedesmals / nach und nach / etliche Knötlein heraus in eine Schüssel / setze sie auf eine Kohlpfanne / und laß dann noch ein wenig pratzeln.

106. Bauern-Knötlein / noch auf eine andere Art zu machen.

NEhmet halb Gries / und halb Weitzen-Mehl in einen Napff / zuvor aber klaubet / waschet und hacket allerley grüne gesunde Kräutlein / und ein gut Theil Schnittlauch / oder / an deren statt Zwiebeln darunter / vermischt sie mit dem Grieß und Mehl / schneidet auch ein gut theil weisses Brod würfflicht / röstet solches / wie

auch /

---

* Diese Knötlein / so etwan einige derselben übergeblieben / kan man auch halb- oder Viertel-weiß zerschneiden / und in einem heissen Schmaltz schön heraus bachen; sie sind aber noch besser / wann man sie zuvor durch zerklopffte Eyer ziehet / und dann heraus bächt.

auch / so es beliebt / das Grüne im Schmaltz / und schüttets zu dem andern auf das Grüne hinein / rührt alles wohl untereinander / saltzets / schlaget zwey oder drey Eyer daran / und machets ferner gar mit einer Fleischbrüh oder Wasser an / daß der Teig die rechte Dicke bekommt / und nicht zu lehn / auch nicht zu vest seye: Alsdann formiret Knötlein daraus / leget solche in ein siedend Wasser / und lasset sie bey anderthalb Stunden sieden; dann richtets in eine Schüssel / schneidet sie halb entzwey / giesset von der Brüh / darinnen sie gesotten haben / etwas darüber / und brennet ein gut theil heisses Schmaltz darauf.

107. Gebachene Knötlein.

Weiche weisses Brod von einer Semmel oder Wecken in Kern oder süssen Ram / schneide aber die Rinden zuvor herab / damit die Knötlein gut und lucker werden; wann das Brod nun etwas weich in der Milch worden / drucke es zwischen zweyen Dellern wohl aus / und thue es wieder in einen Napff oder Schüssel / rühre ein geriebenes Semmel-Mehl darunter / schlage Eyer daran / so viel dazu vonnöthen / und rühre alles nochmal wohl untereinander; es müssen aber diese Knötlein etwas lehners seyn / als sonst die andern: Indessen machet ein Schmaltz heiß / und leget die von diesem Teig formirte Knötlein mit einem Löffel in das Schmaltz / bachets schön gäh heraus / legets in eine siedende Fleischbrüh / und last sie nur ein wenig auffsieden.

108. Gebachene Knötlein / auf andere Art.

Diese Knötlein werden allerdings verfertigt / wie oben gemeldt / nur daß man Schnittlauch / klein gehackt oder geschnitten / darunter rühret / und die Knötlein ebenfalls aus dem Schmaltz heraus bächt.

109. Ge-

109. Gebachene Knötlein/ noch anderst.

Die Semmel oder der Weck wird in so viel süssen Ram oder Kern eingeweichet/ als das Brod in sich schlucket; man darff es aber nicht mit dem süssen Ram also hart anfeuchten/ wie bey den vorigen/ sondern man rühret dieses eingeweichte Brod wohl glatt ab/ mischt ein geriebenes weisses Brod darunter/ und schneidet von einem andern weissen Brod kleine würfflichte Bröcklein/ röstet selbige im Schmaltz/ und rühret samt dem Schmaltz/ darinnen es geröstet worden auch darunter; dann werden drey oder vier Eyer daran geschlagen/ und samt einem Händlein voll schönes Mehl ebenfalls darunter gemischet: Wann nun der Teig in seiner rechten Dicken ist/ formiret man die Knötlein daraus/ aber nicht zu groß/ leget sie in ein gesaltzen-siedendes Wasser/ und läst sie sieden/ aber auch nicht gar zu lang: Wann sie nun angerichtet sind/ kan man/ wie bey vorgemeldeten/ ein heisses Schmaltz darüber brennen.

110. Heffen- oder Ofen-Knötlein.

Nehmet drey Seidl-Becher mit schönen Mehl/ (ein Seidlein aber ist eine halbe Maas) dann sechs guter Löffel voll weisser Bier-Heffen/ drey Achtel-Maas Milch/ vier Eyer/ einen guten Vierding oder viertel Pfund Schmaltz/ lassets zergehen/ aber nicht heiß werden; dann nehmet die Heffen und Milch/ rühret beedes unter das Mehl/ saltzets wie es recht ist/ und schlaget die vier Eyer daran/ giesst ferner/ von dem zerlassenen Schmaltz/ die Helfft in den Teig/ rühret alles wohl unter einander/ und werfft ein klein wenig Mehl oben darauf/ dann setzets zum Ofen/ und laßt also den Teig gehen: Wann er nun gegangen ist/ nehmet noch mehr Mehl/ leget den Teig auf ein Bret/ und walchert ihn noch ein wenig im besagten Mehl herum/ formiret dann runde oder länglichte Laiblein daraus/ giesst die andere übrige Helfft Schmaltz in eine Bratpfannen/ laßt überal das Schmaltz herum lauffen/ daß sich nichts anlegen könne/ darnach setzet die Laiblein an einander in das

Schmaltz/ biß die Bratpfanne voll ist/ und so dann selbige in das Bach-Oefelein/ und last sie schön licht bachen.

111. Heffen- oder Ofen-Knötlein/ auf andere Art.

DEr Teig muß erstlich angemacht werden/ wie der zuvor beschriebene/ und alsdann in der Wärme auf einem Bret wohl gehen; dann werden Stücklein daraus geschnitten/ in der größ wie eine Semmel/ und ein wenig im Mehl gewircket: Indessen lässet man einen guten Kern oder Ram in einer Bratpfannen siedheiß werden/ legt ein gut Stuck Butter oder frisches Schmaltz darein; alsdann formiret man von diesem Teig Knötlein/ setzet sie nach einander hinein/ biß die Pfannen voll ist/ schiebt sie dann in den Ofen/ und lässets also stehen und kochen/ biß sie schön gelblicht werden: Wann nun die Milch daran wohl eingekocht/ muß man mehr Ram daran schütten/ biß man meint daß sie fertig seyn; dann richtet sie in eine Schüssel/ und giesset nochmal einen siedenden Ram darüber/ ingleichen auch den übrigen Ram/ so in der Pfannen/ darinnen sie gekocht/ geblieben. *

112. Heffen- oder Ofen-Knötlein/ noch auf eine andere Weise.

MAn nehme zwey Maas Mehl/ sechs Löffel voll guter Heffen/ und etwan ein halb Seidlein oder halbe Maas Milch/ solche wird zuvor ein wenig warm gemacht/ dann giesset man die Heffen darein/ und seihet beedes durch einen Seiher oder Durchschlag an das Mehl/ und rührets wohl darunter/ saltzets auch gleich/

* Zur Sommers-Zeit kan man diese Knötlein nur bey einem gemeinen Feuer/ in einer gewöhnlichen Pfannen/ und nicht in einem Oefelein zurichten/ den Ram samt dem Schmaltz darinnen sieden lassen/ den Teig nach einander darein setzen/ die Pfanne mit einer flachen Stürtzen bedecken/ so wol oben als unten ein Kohlfeuer geben/ und also auf das schönste abbräunen und kochen lassen.

gleich / so viel vonnöthen: nach diesen lässet man ohngefehr ein wenig mehr als einen halben Vierding oder viertel Pfund frisches Schmaltz zergehen / schläget vier oder fünff Eyer daran / und rühret alles wohl unter einander / auf die Art / als wann man einen Gogelhopffen machen wolte / nur daß der Teig hiezu etwas vester seyn muß; dann läst man besagtem Teig in der Wärme ein wenig gehen: schüttet ihn dann heraus auf ein Bret / reisset oder schneidet etliche Stücklein davon herab / so groß als es beliebt / wirckets ein wenig im Mehl herum / lasset aber zuvor ein gut theil Schmaltz in einer Bratpfannen zergehen / und setzt also diese Teig-Knötlein nach einander in selbiger herum / biß die Pfannen voll wird; dann lassets ein wenig in der Wärme stehen / daß sie gleichsam noch ein wenig gehen: setzets hernach in Ofen und lassets bachen.

113. Krauße Semmeln.

Man schneide die Rinden / von einer schönen grossen Semmel / auf das dinnste herab / und die Semmel ferner gewürffelt / aber doch nicht gar durchaus / sondern nur allein auf die Art / wie man sonst pflegt ein gantzes Laiblein zum Trunck zu zerschneiden; zuckert dann eine obere süsse Milch oder Ram / giesst ein wenig Rosen- oder Zimmet-Wasser daran / und last sie sied-heiß werden / schüttets über die Semmel / und lassets also eine weile stehen / biß wohl weich wird; schmieret dann ein tieffes Näpfflein mit ein wenig Butter / leget die Semmel darein / und lässt sie also in einem Bach-Oefelein schön licht und gelb bachen: Wann mans nun anrichten will / soll man ein so genanntes Eys von Eyer-klar und Zucker anmachen / die Semmel oben auf über und über bestreichen / und ferner in das Oefelein oder Torten-Pfannen setzen / und oben her eine Glut geben / so laufft das Eys schön auf; solte es zum ersten mal nicht schön werden / so überstreicht mans noch einmal / und setzt es / wie zuvor / in den Ofen.

114. Sem-

114. Semmeln besonders zu zurichten.

Die Rinden wird von einer Semmel erstlich herab / und dann solche Semmel zu sechs länglichten Stücklein zerschnitten; hernach nimmt man einen guten süssen Ram / klopfft zwey Eyer-klar daran / und zuckerts wohl; hierauf wird die Semmel darein gelegt / daß sie wohl weiche: dann thut man ein wenig frischen Butter in eine Schüssel / und leget die Semmel Creuß-weiß über einander darein / und wieder Butter darauf; ferner giesst man die übrige Milch daran / setzet einen Ring auf die Schüssel / und eine eiserne flache Stürßen mit einer Glut darauf / und lässet also die Semmeln in der Schüssel / auf einer Kohlpfannen / noch eine weile sieden.

115. Semmeln und Würste.

Bratet so viel Würste als man verlangt / nehmt auch so viel Semmeln als der Würste seyn / schneidet unten den Boden fein dinn hinweg / und an der Seiten auf; röstet sie im Schmalß / legts in eine Schüssel / steckt die gebratene Würste in die Semmeln / thut eine gute Fleischbrüh in ein Häfelein / streuet Muscaten-Blüh / Pfeffer und Ingber darein / last sie aufsieden / giessets in die Schüssel neben den Semmeln hinein / setzet die Schüssel auf eine Kohlen / und lassets dann noch ein wenig aufsieden.

116. Gefüllte Semmeln.

Reibet die obere Rinden von einer Semmel herab / schneidet oben / eines halben Thalers groß / in der mitten heraus / nehmet aus derselben die Brosam / weichet sie im Wein ein / und ziehet die Semmel / und das abgeschnittene Plätzlein durchs heisse Schmalß; unter die eingeweichte Brosamen aber / rühret Zucker / Zimmet / Cardamomen / gewaschene Weinbeer oder Corinthen / Rosinen / und abgeschählte geschnittene Mandeln; schneidet einen abgeschählten Apffel zu Stücklein / und röstet selbigen ein wenig im Schmalß/

derer so genannten Neben-Essen.

Schmaltz/ dann rühret ihn auch unter die Brosam/ und füllets hernach alles zusammen in die Semmel/ thut das Deckelein wieder darauf / und setzet sie also in ein erdenes Brat-Pfännlein/ macht aber zuvor ein wenig Schmaltz darinnen heiß/ und laßts eine halbe Stund in einem Brat-Oefelein stehen: dann machet oben in die Füll ein Löchlein/ gießt gezuckerten Wein/ und wann mans zu Tisch tragen will/ eine süsse Brüh darüber.   Die Brüh aber wird also gemacht: Nehmet einen guten Wein/ streuet Zucker/ Zimmet/ Rosinen und Weinbeere darein/ gilbt ihn auch ein wenig mit Saffran/ und lassets alles mit einander aufsieden: Alsdann richtets über die Semmel/ und streuet abgezogene länglicht-geschnittene Mandeln darauf.

117. Gefüllte Semmeln/ auf andere Art.

Schneidet von einer Semmel oben oder unten ein Plätzlein herab/ nehmet die Brosamen/ so viel es seyn kan/ auf das genaueste heraus; giesset dann an diese Brosamen süssen Wein/ daß sie wohl weich werden: hacket indessen abgezogene Mandeln und süsse Aepffel klein/ thut einer welschen Nuß groß Butter in eine Pfannen/ und röstet die Mandeln und Aepffel nur ein klein wenig darinnen/ drucket dann die im süssen Wein geweichte Brosamen wohl aus/ und füllet die Semmeln also damit an/ daß ihr eine Lag von denen Semmel-Brosamen/ und dann eine andere von den gehackten Aepffeln und Mandeln/ abwechsels-weiß machet/ dazwischen aber jedesmal Zimmet/ Zucker/ Weinbeerlein oder Corinthen streuet/ biß die Semmeln voll werden / zu oberst und unterst aber/ muß man ein Bröcklein Butter darein thun/ und dann das abgeschnittene Plätzlein mit etwas Teig wiederum darauf kleben/ und die Semmeln in einem Brat-oder Bach-Oefelein etwan eine halbe Stund lang bachen lassen: Doch kan man auch diese gefüllte Semmeln/ so es beliebt/ aus einem Schmaltz heraus bachen/ zuvor aber/ entweder in Eyern/ oder einem andern beliebigen Teig/ herum wenden

Zzz　　　　118. Ge-

118. Gefüllte Semmeln / noch anderst.

Nehmet so viel Semmeln als ihr wollet / schneidet ein Plätzlein herab / thut die Brosamen heraus / doch also / daß die Semmeln an den untern Theil kein Loch bekommen; last die Brosamen in der Milch wohl weichen / giesst auch ein wenig Milch in die Semmeln / und last sie darinnen geschwind herum lauffen / daß sie einwendig wohl naß werden / jedoch aber aussenher trocken bleiben: hacket auch ein Mäyen=Kraut / oder andere gesunde grüne Kräuter / und ein paar Zwiebelein wohl klein / röstets im Schmaltz / bachet ein so genanntes Ochsen=Aug / von zweyen Eyern / ein wenig hart; drucket die Brosamen aus der Milch wohl aus / hacket sie samt dem Ochsen=Aug klein / thuts in eine Schüssel / zu dem Mäyen=Kraut / oder andern Kräutern / rührt alles wohl durch einander / schlagt so viel Eyer daran / so viel der Semmeln sind / streuet Pfeffer / Ingber / Saltz und Muscatnuß darein / röstet die hole Semmeln / zusamt ihrem Deckelein / eine nach der andern / im Schmaltz / füllet erst besagte Füll darein / decket die Plätzlein wieder darauf / bindet sie mit einem Faden Creutz=weiß zusammen / setzets in einen stollichten Hafen / giesst gute Fleischbrüh darüber / und last sie sieden: Wann sie nun weich sind / welches gar bald geschiehet / so richtets an / hebt sie mit einem flachen Bach=Löffel heraus / setzets in eine Schüssel / ziehet die Fäden heraus / und giesset ein wenig Fleischbrüh darüber.

119. Gefüllte Semmeln mit Vögeln.

Rupffet und bratet zu erst kleine Vögelein / so zuvor sauber ausgenommen / und die Schnäbelein und Füßlein herab geschnitten worden / oder aber röstets im Schmaltz / reibet dann von weissen Leiblein / oder schönen grossen Semmeln / rings herum ein wenig die Rinden herab / schneidet oben oder unten ein rundes Plätzlein davon / und nehmet die Brosamen heraus; füllet Zibeben / Weinbeere oder Corinthen / und geschnittene Mandeln darein / leget die Vögel darauf; und dann das heraus geschnittene Plätz=

derer so genannten Neben-Essen.

Plätzlein wieder oben darauf/ und verstreichets mit einem von Wein angemachten Teiglein; macht hierauf ein Schmaltz heiß/ und backt die Leiblein oder Semmeln schön heraus/ doch daß sie nicht zu braun werden: Indessen kan man in einem Häfelein eine gute Brüh vom Wein/ Zucker= und Trisanet zusammen machen/ einen Wall auf= thun lassen/ die gefüllte Semmeln in einer Schüssel auf eine Kohlen stellen/ und alsdann besagte Brüh darüber giessen/ daß die Sem= meln wohl weich werden/ deckets mit einer Schüssel zu/ daß die Brüh nicht ausraucht/ und dabey schön warm verbleibet. Wanns beliebt/ kan man einen Sträubelein=Teig anmachen/ die gefüllte Semmel zuvor darein legen/ darinnen umkehren/ dann aus dem Schmaltz heraus bachen/ und hernach die Brüh durch ein Triech= terlein hinein giessen.

❊ ❊ ❊

Oder:

Nehmet kleine Vögelein/ wann sie gerupffet sind/ aus/ wie vor gemeldet/ verschipffets in halb Wein halb Wasser/ und röstets im Schmaltz; siedet auch ausgekernte Rosin/ Wein= beere/ und länglicht=geschnittene abgezogene Mandeln/ ein wenig im Wein ab/ wozu man auch/ nach belieben/ etwas geriebene Lebzelten oder Pfefferkuchen mischen kan; zuckerts dann/ und streuet Trisanet/ Pfeffer und Cardamomen darein: nehmet hierauf eine Semmel oder Laiblein/ schneidet unten auf dem Boden ein Plätzlein hinweg/ und holet also die Brosam wohl heraus/ röstet hernach die ausgeholte Semmeln oder Laiblein schön licht=gelb aus einem Schmaltz/ und füllt sie mit denen Vögelein/ und andern Sachen/ dergestalt an/ daß ihr Wechsel=weiß eine Lag von Weinbeern/ Rosinen und Mandeln/ und dann dazwischen eine andere von denen Vögelein machet/ biß die Semmeln oder das Laiblein voll wird/ dann wird das Plätzlein wieder darauf/ und die Semmel in eine Schüssel gelegt; obbemeldte süsse Brüh aber/ darinn die Rosin/ Mandeln und Wein= beern/ abgesotten worden/ darüber gegossen/ wohl zugedeckt/ auf ei= ne Kohlen gesetzet/ und so lang gesotten/ biß die Semmeln ein we=

nig weich werden : Man muß sie aber öffters umwenden / und zuletzt/ wann sie zu Tisch getragen werden/ mit Trisanet überstreuen.

120. Gefüllte Semmeln mit Vögeln und Aepffeln.

BEreitet die Vögelein/ wie gedacht/ waschet und schipffet sie im Saltzwasser ab/ röstets im Schmaltz; schählet auch indessen Aepffel / hacket das beste davon klein / und röstets ebenfalls / jedoch besonders / im Schmaltz / giesst guten Wein daran/ streuet Zucker / ein wenig Trisanet / Zimmet / und / nach belieben/ etwas von Saffran darein/ leget dann auch die Vögelein dazu/ und lasts ein wenig mit einander sieden : füllet hernach in eine ausgehölerte Semmel / auf die im vorhergehenden angezeigte Art / diese Aepffel und Vögel / klebet das Plätzlein wieder darauf; macht einen Strauben=Teig an / gilbt ihn ein wenig / und leget die Semmeln darein / giesst den Teig allenthalben wohl darauf / und legts also in das heisse Schmaltz / bachets schön langsam heraus / und tragt sie entweder also trocken gebachen / oder aber mit einer darüber gemachten süssen Brüh zu Tisch.

121. Gefüllte Semmeln mit Weixeln.

SChneidet an einer schönen grossen Semmel den Anschuß ein wenig herab / holet dann die Brosam auf das genauste heraus / nehmet ein theil davon / und zerbröselt oder zerreibet es auf daß kleinste / röstets dann so trocken als es seyn kan im Schmaltz; indessen dünstet schöne dürre oder frische Weixeln zuvor in Wein und Zucker wohl weich / in welchen man die Kern entweder lassen oder heraus nehmen kan ; mischet sie / wann das Brod fast abgeröstet ist / darunter / und lasst sie noch ein wenig mit rösten / streuet noch mehr Zucker und Zimmet darein/ und füllet solches in die Semmeln/ bindet den abgeschnittenen Anschuß wieder mit einem Faden darauf/ bachet also die Semmel aus einem heissen Schmaltz heraus / und machet / nach belieben / ein gute Weixel=Brüh darüber / oder auch

diese

derer so genannten Neben-Essen.

diese Brüh/ darinnen die Weixeln gedünstet worden; laßt aber einen gebähten Semmel-Schnitten zuvor darinnen aufsieden/ und zwingt ihn samt den gedünsteten Weixeln durch/ streuet auch Zimmet und Zucker darein; legt die gebachene Semmel in eine Schüssel/ richtet die Brüh darüber/ lassets auf einer Kohlen/ zugedeckt/ einen Sud aufthun/ und wann mans nun zu Tisch trägt/ streuet nochmal Zucker und Zimmet darauf. *

122. Gefüllte Semmeln mit Weixeln oder Aepffeln/ auf andere Art.

Nehmet eine gute Weixel-Sultzen/ oder in Ermanglung derselben/ dünstet dürre Weixeln/ und schlaget sie durch/ oder aber machet ein gutes abgebräuntes Aepffel-Kooch mit Zucker und Zimmet an; schneidet dann von einer schönen grossen Semmel etliche Schnitten/ als wann man sie bachen wollte/ und legt sie fein auf einander / wie sie herab geschnitten worden: Hernach streichet den angemachten Teig zimlich dick darauf/ legt die Schnitten also wieder auf einander/ wie die Semmel an sich selbst gewesen ist/ und bindets mit einem Faden zusammen: Alsdann machet ein Teiglein vom schönen Mehl und Wein/ ein wenig dicker als einen Strauben-Teig/ an/ und wendet die Semmel wohl darinnen um; bachets hierauf aus einem Schmaltz schön hell heraus/ ziehet den Faden wieder herunter/ und schneidets nach der Länge eines halben Fingers dick/ traget dann also trocken zu Tisch/ und streuet Zucker darauf.

123. Gefüllte Semmeln von Krebsen.

Bereitet die Semmeln zu/ wie offt gedacht/ schählet abgesottene Krebse aus/ und hacket sie klein; hacket auch ein wenig ab-

gezoge-

* Auf diese Art kan mans auch mit Aepffeln machen/ die Aepffel samt der Semmel-Brosam rösten/ Weinbeerlein oder Corinthen/ und klein-geschnittene Mandeln darunter mischen/ und die Brüh von Aepffeln/ und einen Brodschnitten im Wein sieden; dann durchschlagen/ Zucker und Zimmet darein streuen/ und also über die Semmeln giessen.

gezogene Mandeln darunter/ schlaget Eyerdottern daran/ so viel dazu vonnöthen/ rühret auch ein paar Löffel voll süssen Milchram darein/ röstet ein wenig geriebene Semmel/ und etwas vom gehackten Petersilien-Kraut/ jedoch nach belieben/ in Butter/ und mischet es alles wohl durch einander/ würtzets mit Pfeffer/ Cardamomen und Muscatblüh/ die ausgeschählte Semmel aber röstet ebenfalls zuvor in Butter; füllet dann diese Füll hinein/ und machet eine gute Brüh von Erbsen/ oder gestossenen Krebs-Schalen/ mit guter Gewürtz und Butter daran: Oder man kan von etlichen lebendigen Krebsen/ den Magen und Aederlein heraus thun/ die Krebse stossen/ eine gute süsse obere Milch daran giessen/ und fest durch ein Tuch zwingen/ vier Eyer daran schlagen/ und wohl miteinander abklopffen/ die Semmeln auf eine Schüssel legen/ dieses durch-gezwungene darüber giessen/ und auf einer Glut/ zugedeckt/ sieden lassen/ so wird es etwas dick/ wie ein Schüssel-Koch: Dann kan man etliche recht gesottene ausgeschählte Krebsschwäntze nehmen/ und die Semmeln überal damit bestecken.

124. Ein Brosen-Kopff.

Schneidet von vier grossen Semmeln die Rinden schön dinn herab; weicht hernach die Semmeln einen halben Tag in anderthalb Seidlein oder drey viertel Maas Kern ein: Wann sie nun weich sind/ zerstopffet und zerstossets mit einem Kochlöffel wohl/ daß sie schön glatt wird/ schlagt drey Eyer daran/ zuckerts nach belieben/ rührt alles wohl unter einander; schmieret eine zinnerne Schüssel mit Butter/ schüttet den Teig darein/ gebt ihm unten und oben Kohlen/ lasts also eine weile kochen/ und abbräunen/ und streuet zuletzt Trisanet darauf.

Von allerley grüner Waar.

125. Einen Kardus zu kochen.

Schählet an dem Kardus die Schelffen herab/ schneidet einen jeden Stengel in zwey oder drey Stück/ darnach er lang ist; legt ihn eine Stund lang in ein frisches Wasser/ daß es die

Bittern

derer so genannten Neben-Essen.   551

Bittern heraus ziehe: nach diesen brühet denselben mit heissem Wasser an/ oder laſt ihn im Wasser eine weile sieden; wann er dann wieder abgeseihet / gießt Fleischbrühe daran / streuet Ingber / Pfeffer / Muscatblüh und Cardamomen darauf/ und laſt ihn ferner sieden/ aber nicht gar zu weich; thut Butter darein/ richtets an/ und streuet einen geriebenen Käß oben darauf. Wer will/ kan/ wann man die Fleischbrüh dazu gießt/ zugleich ein wenig Mehl im Schmaltz oder Butter daran rösten / damit er ein dicklichts Brühlein bekomme; doch darff man alsdann zuletzt nicht so viel Butter daran thun. Wer aber nicht gern von Käß essen mag/ kan an dessen statt Muscatblüh darauf streuen.

※ ※ ※

DEn Kardus kan man auch kalt im Oel und Essig zurichten/ und allerdings in Stücklein zerschneiden / wässern und putzen / wie oben gemeldt; dann siedet man ihn ab / wie einen Spargel / und machet ihn ferner mit Oel und Essig an.

126. Kuhnschroten oder Geniſter zu kochen.

NEhmet die Knöpfflein von den Kuhnschroten oder Geniſtern/ ehe sie aufgehen/ waschets aus einem reinen Wasser; laſſets darnach in einem andern Wasser eine weile sieden / gieſſet es davon ab/ und eine Fleischbrüh daran/ würtzets mit Saltz/ Ingber/ Pfeffer/ laſt sie ferner sieden/ und thut ein gut Stuck Butter dazu.

127. Bohnen zu kochen.

LEget die Bohnen in ein Wasser / so gehet die Haut herab; macht hernach eine Butter heiß/ und röſtets darinnen eine gute weile/ schüttets in einen ſtollichten Hafen/ gießt Fleischbrüh daran/ pfefferts/ laſt es sieden / daß die Brüh etwas dicklicht wird/ und die Bohnen weich werden: Alsdann kan mans in eine Schüſſel richten. Wanns aber beliebt/ mag man auch zuletzt ein wenig gehackt-

gehacktes Petersilien-Kraut daran thun/ und also noch einen Sud mit aufthun lassen.

128. Bohnen zu kochen/ auf andere Art.

Ziehet denen Bohnen die Haut ab/ lassets entweder gantz/ oder schneidets einmal oder zwey von einander; dann waschets/ und setzet es in einem siedenden Wasser zum Feuer/ lassets ein wenig sieden daß sie weich werden; seihets ab/ thut sie in einen stollichten Hafen/ giesset eine Fleischbrüh daran/ röstet auch ein klein wenig Mehl darein/ würtzets mit Pfeffer und Muscatnuß/ lassets über einer Kohlen nochmal aufsieden/ und werfft/ wann ihr es bald anrichten wollet/ ein gut theil Butter darein.

129. Bohnen zu kochen/ noch anderst.

Bereitet und brühet die Bohnen/ wie erst gedacht/ seihet das Wasser davon ab/ röstets ein wenig in Butter; giesst einen süssen Ram daran/ würtzets mit Pfeffer und Muscatblüh/ und last es mit einander/ und zuletzt ein wenig Butter darinnen aufsieden.

130. Frische- oder Kief-Erbsen zu kochen.

Nehmet junge/ süsse/ frische Erbsen/ so wir Kief-Erbsen nennen/ körnet sie aus/ waschets/ und thuts in ein Häfelein/ giesst eine Fleischbrüh daran/ würtzets mit Pfeffer und Muscatblüh/ thut auch ein gut theil Butter dazu/ röstet nach belieben ein Stäublein Mehl/ und brennet es ebenfalls darein/ so wird die Brüh etwas dicklicht und darff man alsdann nicht so viel Butter/ sondern nur zuletzt ein Stücklein daran thun: Wann aber die Erbsen schon etwas starck sind/ kan man sie zuvor im Wasser/ oder einer schlechten Fleischbrüh absieden/ hernach absetzen/ und wieder eine gute Fleischbrüh vom neuen daran giessen/ alsdann ferner mit Gewürtz und Butter gar verfertigen/ wie erst gedacht.

131. Fri-

131. Frische Erbsen zusamt denen Schalen oder Schelffen zu kochen.

Ziehet von denen Erbsen die starcke Zäserlein an der Schelffen herab / wie bey den Bohnen Num. 127. gedacht / waschet sie alsdann sauber/ und brühet oder siedets in einem Wasser oder schlechten Fleischbrüh zuvor ab; seihet alsdann das Wasser oder die Brüh davon / giesst wieder eine gute Fleischbrüh daran / würtzet es mit Pfeffer / Muscatnuß / Cardamomen und Muscatblüh / brennet auch ein Stäublein Mehl / entweder in Schmaltz oder Butter daran / damit die Brüh etwas dicklicht werde: Zuletzt kan man ein Stücklein Butter dazu thun/ und noch einmal mit auffsieden lassen.

132. Kürbisse zu kochen.

Schneidet an den Kürbissen die Schelffen herab / und das andere wie die Aepffel/ nehmet die Kern davon; thut die Kürbisse in einen stollichten Hafen / giesst Wasser daran / lassets sieden biß sie weich werden ; alsdann seihet das Wasser herab / und zerrührts wie Aepffel; ferner giesst einen Kern oder Ram darein / lassets noch eine weile sieden: Wann man sie nun anrichten will / thut Butter dazu/ saltzets ein wenig / und traget dann zu Tisch. *

133. Wegwarten oder Cichorien zu zurichten.

Wann von denen Cichorien und Wegwarten die schwartze Schelffen reinlich abgeschählt / und selbige ferner zubereitet seyn/ kan man sie drey oder vier Stunden lang im Röhrenwasser ligen lassen; alsdann in einem Hafen ein Wasser siedend machen/ die Wegwarten hinein legen / und eine gute weile sieden lassen ; etliche saltzen sie auch alsobald im zusetzen / allein sie werden davon gar

* Etliche pflegen die Kürbisse/ wann man das Wasser davon geseihet/ auch zu rösten/ aber alsdann keine Butter daran thun.

roth/ bleiben also viel schöner und weisser/ wann mans nicht saltzet: Wann sie nun im Wasser so lang/ biß sie etwas weich werden wollen/ abgesotten sind/ so seihet das Wasser wohl davon ab; sind sie alsdann noch etwas bitter/ und es leidets die Zeit/ kan mans noch ein wenig in ein kaltes Wasser legen/ hernach wohl abseihen/ und in einen stollichten Hafen eine gute siedende Fleischbrüh daran giessen/ mit Pfeffer/ Cardamomen und Muscaten-Blüh würtzen/ auch zugleich/ oder auf die letzt/ ein Stücklein Butter daran thun/ und ferner sieden lassen; oder aber gleich anfangs/ an deren statt/ ein Mehl darein brennen.

134. Wegwarten-Sprößlinge oder Keimlein zu kochen.

Von denen Wegwarten Sprößlingen oder Keimlein / muß man unten das harte und weisse hinweg / das andere linde und gelblichte aber annoch zweymal von einander schneiden/ und zwar dieses eine gute weile im kalten Wasser ligen lassen/ damit es die Bittern wohl heraus ziehe; dann wäscht man sie reintlich heraus/ thuts in einen stollichten Hafen / giesst ein siedend Wasser daran / und läst es eine gute weile darinnen sieden: Wann man aber der Fleischbrüh viel hat/ kan man an statt deß Wassers lauter Fleischbrüh nehmen/ so werden diese Keimlein oder Sprößlinge desto wohlgeschmacker: Dafern sie nun also abgesotten worden/ seihet das Wasser oder die Brüh wohl herab/ und giesset alsdann eine andere gute siedende Fleischbrüh daran/ würtzets mit Pfeffer/ Cardamomen/ Muscatblüh oder Muscatnuß/ und thut zugleich ein Stücklein Butter dazu/ oder aber brennet ein Stäublein Mehl darein/ wie bey denen Wegwarten kurtz vor diesem gedacht worden; doch kan man zuletzt noch allezeit ein Stücklein Butter dazu thun/ und noch ein und andern Sud mit aufthun lassen.

135. Scorzonera zu zurichten.

Die Scorzonera-Wurtzeln werden allerdings/ wie die Num. 133. beschriebene Wegwarten/ in Röhrenwasser gelegt/ im Wasser

Waſſer ein wenig weich geſotten / daß ſich die äuſſere ſchwartze Schelffen abziehen läſſet/ und wann ſie abgeſchählet/ in Fingers lange Stücklein zerſchnitten / nochmal in ein Waſſer gelegt / alsdann in einer Fleiſchbrüh wohlgewürtzt abgeſotten / und zuletzt ein Stuck Butter darein gethan.

136. Lactuck / Endivien / und Salat-Häupter warm zu kochen.

Den Lactuck / die Endivien und Salat-Häupter muß man reinlich klauben / doch etwas gröber oder gröſſer/ als ſonſt einen kalten Salat; alsdann wird er gewaſchen / in einen Hafen ein ſiedendes Waſſer daran gegoſſen / und wohlgebrühet/ biß er zimlich lind und weich wird; hierauf pflegt man ihn wohl abzuſeihen/ das Waſſer davon abzudrucken /wieder in einen ſtollichten Hafen zu thun / eine ſiedende Fleiſchbrüh daran zu gieſſen / auch mit Pfeffer/ Muſcatnuß / Cardamomen und Muſcatblüh zu würtzen/ und zuletzt eine Butter / oder ein wenig eingebrenntes Mehl/ wie vor gedacht/daran zu thun/ alsdann ferner ſieden zu laſſen/ und entweder alſo aufzutragen / oder aber über geſottenes Kalb-und Lamms-Fleiſch/ Hüner oder Tauben / nach belieben / anzurichten.

137. Spargel warm zu zurichten.

Schneidet einen ſchönen groſſen Spargel in einer gleichen ab/ und ſiedet ſolchen in Waſſer / als wann man ihn kalt geben wolte / dann er muß etwas hartlicht bleiben; indeſſen ſetzet eine zinnerne Schüſſel auf eine Kohlpfanne / thut ein gut theil Butter darein / und wann ſie anfangen will zu zergehen / oder zu zerſchleichen / ſo nehmet ein Rindlein von einem rocken Brod / ſpiſſet ſolches an eine Gabel/ und rühret die Butter ein wenig damit ab / dann ſie muß recht dicklicht werden; zu letzt druckt ein gut theil Citronen-Safft darein / und rührets noch in etwas mit dem Rindlein Brod untereinander: Wann dann der Spargel geſotten hat / wie oben gedacht / sehet ihn ab / und schlichtet solchen in eine warme Schüssel auf / wie den kalten / schüttet diese abgerührte Butter mit dem Citronen-Safft darüber / streuet Pfeffer und Muscatblüh darauf / setzet die Schüssel auf ein Becken mit warmen Wasser / damit es schön warm bleibe / und tragts also zusamt dem Becken zu Tisch. Dabey dann zu beobachten / daß der Butter wohl viel seyn müsse / daß sie über den Spargel gehe.

138. Warmer Spargel / auf andere Art.

Nehmet einen schönen Spargel der lang und dick ist / schneidet hinten das Weisse ein wenig davon / und leget solchen in ein frisches Wasser / lasset ihn eine weile darinnen ligen; dann machet ein Wasser in einer Pfannen siedend / salzets / und thut den Spargel / jedoch allezeit den grösten zu erst / hinein / lasset ihn darinnen sieden / aber nicht zu weich / dann er muß fein härtlicht seyn; nehmet ihn dann heraus / und schlichtet selbigen in eine Schüssel: Indessen macht eine Brüh in einem Häfelein von Fleischbrüh / Pfeffer / Muscatblüh / und zimlich viel Butter / zusammen / lasset sie sieden / giessets über den Spargel / und setzt die Schüssel auf eine Kohlpfanne / damit er schön warm zu Tisch getragen werde.

139. Warmer Spargel noch anderst.

Wann der Spargel allerdings im Wasser abgebrühet / und dann in einer Fleischbrüh gesotten worden / jedoch also / daß er etwas härtlicht bleibet / so thut Pfeffer und Muscatblüh daran; indessen klopffet ein paar Eyerdottern wohl in einem Häfelein / druckt ein gut theil Citronen-Safft darein; rühret sie mit obbemeldter Brüh / darinnen der Spargel gesotten worden / an / und richtets über den Spargel; setzet die Schüssel auf eine Kohlpfanne / und last sie eine weil darauf stehen / damit die Brüh ein wenig dicklicht und stockicht werde / dann tragets zu Tisch. Wann es beliebt / kan man auch würfflicht-geschnittene Schelffen von Citronen darauf streuen.

140. Spar-

140. Spargel in Oel zu braten.

Schneidet an einem dicken langen Spargel das Weiſſe von den Stielen ein wenig ab / legt ihn eine Stund in ein friſches Waſſer / waſchet denſelben und ſchwinget das Waſſer wohl davon; thut ein Oel in ein Bratpfännlein / machet es warm / legt den Spargel hinein / und laſt ihn braten daß er fein härtlicht bleibe: dann ſeihet das Oel herab / und beſprenget den Spargel mit Saltz und Pfeffer / ſchwinget ihn ein wenig darinnen herum / und ſchlichtet ſelbigen in eine Schüſſel / gieſſet von dem Oel / darinnen er gebraten / etwas darüber; ſetzet ihn auf eine Kohlen / daß er noch ein wenig aufpratzele / und traget ihn dann ſchön warm zu Tiſch.

141. Spargel in Oel zu braten / auf andere Art.

Der Spargel / nach dem er abgeſchnitten / wird reinlich gewaſchen / und in eine Schüſſel gelegt / wohl eingeſaltzen und gepfeffert / dann ein Oel in einem Bratpfännlein gantz heiß gemacht / der Spargel darein gelegt / und ſchön abgebraten / biß die Kolben gantz röſch werden; hernach in eine Schüſſel gelegt / und ein wenig von dem Oel / darinnen er gebraten / daran gegoſſen.

142. Spargel auf dem Roſt zu braten.

Nehmet ſchönen dicken Spargel / legt ſelbigen in zwey oder drey friſche Waſſer / brechet aber hinten nichts davon; nehmet ihn hernach aus dem Waſſer / und ſchwinget ihn in einem Mülterlein in Oel / Pfeffer / und zimlich viel Saltz / welches alles zuvor in einem Schüſſelein wohl unter einander gerühret / und nicht zum Feuer kommen iſt / fein offt herum / man darff ihn aber nicht lang darinnen ligen laſſen / ſondern ſchüret indeſſen eine gute Glut unter einen Roſt / legt den Spargel darauf / laſt ihn braten / wendet ihn wiederum ſehr offt um: wann er ſich nun ein wenig gebräunet / nimmt man ſelbigen vom Roſt herab / und trägt ihn zu Tiſch.

143. Spargel auf dem Roſt zu braten/ auf andere Art.

Wann der Spargel in einem kalten Waſſer gelegen/ ſchwinget man ihn wohl aus/ leget ſelbigen auf einen Roſt/ ſchürt eine kleine Glut darunter: Machet in einem Pfännlein Oel/ Pfeffer und Saltz zuſammen/ laſſets heiß werden/ und rührets wohl unter einander; bindet etliche Federlein zuſammen/ dauchts ſie in das Oel/ doch alſo daß das Gewürtz zuvor wohl darinnen aufgerühret ſey; mit dieſen ſchmieret den Spargel auf beeden Seiten/ wendet ihn offt um/ laſt aber das Oel nicht gar zu heiß werden/ ſondern den Spargel allgemach abbraten/ biß er ſich ein wenig bräunet: darnach richtet das übrige Oel mit dem Gewürtz/ wann es zuvor wohl unter einander gerühret iſt/ darüber; ſchüret aber ja nicht zu viel Kohlen unter den Roſt.

144. Gebachener Spargel.

Nehmet ſchönen groſſen Spargel/ ſchneidet das Weiſſe ab/ biß auf das Grüne/ waſchet und ſiedet ihn fein körnicht; darnach macht einen Teig an/ mit Mehl/ Eyern und Milch/ oder aber an ſtatt der Milch mit Wein; ziehet den Spargel dadurch/ und bachet ihn aus Schmaltz oder Oel heraus.

145. Kleinen Spargel warm zu kochen.

Schneidet oder brechet den kleinen Spargel biß auf das grüne ab/ wo er nicht mehr zäh iſt/ leget ſelbigen in ein kaltes Waſſer und laſſet ihn wie den gröſſern auf vorbeſchriebene Art ſieden; ſeihet dann das Waſſer davon ab/ gieſſt in einen ſtollichten Hafen oder Reindel eine ſiedende Fleiſchbrüh daran/ ſtreuet Pfeffer/ Muſcaten-Blüh und Cardamomen darein/ werfft zuletzt ein Stuck Butter dazu/ und richtet ihn/ wann er eine weile geſotten/ entweder alſo bloß in eine Schüſſel/ oder aber über geſottene Hüner/ Tauben/ ein Kalb-Ziegen-Geiß-oder Lamms-Fleiſch: Wer die Brüh an dieſen klei-

derer so genannten Neben-Essen.

sen kleinern Spargel etwas dicklicht verlanget/ kan ein wenig Mehl in Butter rösten/ oder aber an statt deß gerösteten Mehls/ Eyerdottern nehmen/ und welches von beeden beliebt/ mit der siedenden Brüh anrühren/ und darüber giessen.

146. Hopffen warm zu kochen.

Nehmet den Hopffen/ schneidet ihn ab/ wie den Spargel/ siedet selbigen in einem Wasser ein wenig ab; giesset in einem stollichten Häfelein eine Fleischbrüh daran/ würtzets mit Pfeffer und Muscatnuß/ lasset ein wenig aufsieden/ und wann ihr es schier anrichten wollet/ werfft ein gut Stück Butter darein.

147. Artischocken in Oel oder Butter zu bachen.

Die Stiele werden ab/ und wann die Artischocken groß sind/ Viertel-weiß/ sind sie aber klein/ nur halb von einander geschnitten/ gepuzt/ das härichte zuvor reinlich heraus genommen/ gewässert/ gesaltzen/ und wohl eingepfeffert; dann machet man ein Oel in einer Pfannen heiß/ und bachet sie allgemach heraus/ doch muß man die Pfannen mit den Artischocken nicht immerzu ob dem Feuer halten/ damit sie nur allgemach abbachen/ und schön weich werden. Auf diese weise kan mans auch in der Butter bachen/ doch muß man die Butter im Anfang/ wie gedacht/ nicht gar zu heiß werden lassen/ damit die Artischocken nicht gar zu bald rösch/ und nicht weich werden; ingleichen auch/ darff man sie in das Oel anfangs nicht gar zu heiß einlegen: Wann man sie zu Tisch trägt/ muß man Citronen-Safft darauf drucken/ und mit würfflicht-geschnittenen Schelffen von Citronen überstreuen.

148. Artischocken-Kern in Oel zu bachen/ auf andere Art.

Nehmet die frischen Artischocken/ ziehet die Blätter alle herab/ daß der Boden oder Kern gantz bleibt; putzet auch das einwendige

wendige Rauhe reinlich davon / und waschet sie aus einem kalten
Wasser heraus/ dann sie dürffen nicht gebrühet / sondern müssen al=
so frisch gebachen werden: wann sie nun aus dem Wasser heraus
genommen worden/ saltzt und pfeffert sie wohl ein/ und bachets dann
in einem heissen Oel/ oder auch halb Oel und halb frischen Schmaltz
heraus: Dabey dann absonderlich zu beobachten / daß man ja solche
gemach bachen lasse/ damit sie etwas weich werden: Wann sie nun
heraus gebachen / leget selbige in eine Schüssel; klaubet indessen ein
Petersilien=Kraut / waschet und last es wieder vertrocknen: dann
machet in einem Pfännlein nochmal / wie zuvor/ ein frisches Oel
heiß/ thut dieses Petersilien=Kraut darein/ und haltet es nur gar ein
klein wenig ob dem Feuer; nehmt es dann geschwind heraus/ streuets
auf die gebachene Artischocken=Kern/ und traget alsdann fein warm
zu Tisch.

149. Artischocken=Kern in Oel zu
bachen/ noch anderst.

Nehmet die kleinsten Artischocken/ schneidet oben von den Blät=
tern das Spitzige biß über die Helfft herab/ und die Schocken
alsdann mitten von einander/ nehmet das Rauhe fleissig her=
aus/ legts eine weil in ein frisches Wasser; dann setzets in einem sie=
denden Wasser zum Feuer/ lassets ein wenig absieden/ legts hernach
in eine Schüssel oder Napff/ saltzet und pfefferts wohl ein/ bestreuet
den Kern oder den Boden der Artischocken ein wenig mit Mehl/ und
bachets aus einem Schmaltz oder Oel nach belieben.

150. Artischocken in Oel zu braten.

Schneidet oben an den gantzen Artischocken die stechende Spi=
tzen zusamt den Stielen herab / wässert sie ein paar Stunden
in einem kalten Wasser; setzets in einem siedenden Wasser zu/
und saltzets/ lassets sieden/ biß sich die Blätter etwas gern herab zie=
hen lassen; dann nehmet sie heraus/ legts in eine Schüssel/ oder auf
einen erdenen Teller/ und last es ein wenig verseihen; thut dann die
Blätter

derer so genannten Neben-Essen.

Blätter ein wenig von einander / streuet Pfeffer darein / und giesst ein gut theil frisches Baum-Oel dazu / setzet es dann auf einen Rost / oder in ein Bratpfännlein / lassets auf einer Kohlen ein wenig pratzeln; darnach tragets auf / und streuet / so es beliebt / noch ein wenig Pfeffer darauf.

151. Gefüllte Artischocken.

Nehmet die Artischocken und putzet sie fleissig / wie vor gemeldt / schneidet das stechende zusamt dem Stiel herab / lassets eine weile in kaltem Wasser ligen / und siedet sie dann / so lang / biß ihr vermeint / daß man die innerste zusamm geschlossene Blätlein heraus nehmen könne; leget sie alsdann wieder ein wenig in ein kaltes Wasser / und nach diesem in eine Schüssel / oder auf einen erdenen Teller / und ziehet mit Vortheil die innern zusam-geschlossene Blätlein zusamt dem einwendigen Rauhen oder Haarichten heraus; (dabey man dann fleissig in acht nehmen muß / daß die Artischocken schön gantz bleiben/) zuvor aber / ehe dieses geschiehet / lasset Krebse absieden / schählet dieselbige aus / leget davon nur die Schwäntze einwendig in die Artischocken / und streuet in ein jedwedere derselben etwas Pfeffer / Cardamomen und Muscaten-Blüh; setzet hernach die zusamm-geschlossene / zuvor heraus genommene / Blätlein wieder darauf / und drucket die Artischocken ein wenig zusammen / daß sie wie zuvor aussehen; bestecket auch / zwischen denen Blätlein / die Artischocken rings herum / mit denen ausgeschählten Krebsscheeren; dann setzet selbige in einen Pasteten-Scharf / oder stollichten Hafen / und machet eine Krebs-Brüh auf folgende Art darüber: Stosset die Krebsschalen samt einem Stuck Butter / so wird die Brüh schön roth / lasset selbige samt einer Brosam von weissen Brod / oder aber mit einen Schnitten von gebähten Brod in einer Fleischbrüh sieden / zwingets dann durch / thut Pfeffer / Cardamomen und Muscatblüh daran / giessets an die zusamm-gemachte Artischocken / und lassets also mit einander sieden; zuletzt thut ein gut theil Butter daran: Wann ihr sie nun anrichten wollet / hebet sie in eine Schüssel gantz

Bbbb gemach

gemach mit einem flachen Löffel / damit sie nicht zerfallen / heraus / und giesset die Brüh darüber: hat man noch mehr übrige ausgeschählte Krebse / kan man solche gleichfalls in dieser Brüh mit sieden lassen / und die Artischocken in der Schüssel rings herum damit belegen und auszieren.

152. Gefüllte Artischocken / auf eine andere Weise.

Nutzet und wässert die Artischocken / wie gebräuchlich / siedet sie auch im Wasser ab / saltzets ein wenig / und lassets nicht zu weich sieden; dann seihets ab / lasts ein wenig erkühlen / schneidet dann am Boden ein Plätzlein herab / holets subtil aus / und nehmet das Einwendige hinweg / doch also daß die Artischocken schön gantz bleiben: dann nehmet nur von kleinen Artischocken die Kerne / wie auch abgesottene und ausgeschählte Krebse und Briese; weichet aber zuvor eine Semel-Brosam in einen Kern oder süssen Ram / druckets alsdann wieder wohl aus / und hacket sie / samt den obbemeldten Krebsen / Briesen und Artischocken-Kernen wohl klein / thuts in eine Schüssel / schlaget ein paar Eyer daran / würtzets mit Pfeffer / Cardamomen und Muscatblüh / rühret alles wohl unter einander / füllet solches in die Artischocken hinein / und thut das herab-geschnittene Plätzlein wieder darauf; setzet die also gefüllte Artischocken in eine zinnerne Schüssel / giesset eine siedende Fleischbrüh daran / thut auch viel Butter / oder an statt derselben / Oel daran / würtzet die Brüh mit Pfeffer / Cardamomen und Muscatblüh / decket diese Schüssel mit einer andern zu / setzets auf eine Kohlen / und lasset es also wohl mit einander aufsieden. Wanns beliebt / kan man auch die gleich vorhergehende beschriebene Krebs-Brüh darüber machen / und so man unter die Füll nicht gerne so vielerley nehmen mag / entweder die Briese oder die Krebse davon lassen / nach eines jeden gefallen.

153. Gefüllte Artischocken / noch anderst.

Fürnemlich putzet und wässert die Artischocken / siedet sie auch / und bereitets auf die gleich jetzo beschriebene Art; dann hacket etliche

etliche andere Artischocken-Kerne klein / stosst abgezogene Mandeln in einem Mörsner / und mischt sie unter die gehackten Artischocken-Kerne / würtzets auch mit Pfeffer / Cardamomen und Muscatblüh / thut ein wenig Butter dazu; machet also diese Füll ferner mit einem süssen Ram oder Kern an / füllt sie in die Artischocken / und bindets mit einem Faden ein wenig zusammen / damit sie besser beysammen bleiben; setzets in einem stollichten Hafen zum Feuer / giesst Fleisch-brüh daran / thut auch Butter / Pfeffer / Cardamomen und Muscat-blüh darein / läst es mit einander so lang als weiche Eyer sieden / und tragets dann zu Tisch.

154. Artischocken in einer Butter-Brüh.

Wann an denen Artischocken das Spitzige zusamt denen Stielen wohl abgeschnitten ist / und selbige reinlich abgeputzt sind / lassets eine weile in einem kalten Wasser ligen / siedets im Wasser ab / saltzets aber auch / wie schon bey denen vorhergehenden erinnert worden / biß sich die Blätter davon ein wenig ablösen lassen; dann seihet das Wasser ab / thut die Artischocken in einen stollichten Hafen / giesst eine siedende Fleischbrüh daran / würtzets mit Pfeffer / Cardamomen und Muscatblüh / und läst zugleich ein wenig Butter im anfang mit aufsieden: Zuletzt aber kan man / dessen ungeachtet / auch ein gut theil Butter daran thun / damit die Brüh etwas dicklicht werde / unterdessen aber etlichmal übergiessen / damit sie recht wohl-geschmack seye; etliche essen nicht gern von so vieler Butter: Wann aber die Brüh dannoch ein wenig dicklicht werden soll / kan man gleich anfangs nur ein klein wenig Semmel-Mehl / oder die Brosam von einem Wecken / mit sieden lassen / oder auch etwas von schönen Mehl in Butter rösten / mit der siedenden Brüh von den Artischocken zuvor anzwieren / dann daran giessen / ferner auch mit vorermeldeter guter Gewürtz würtzen / und zuletzt ein gut Stuck Butter mit aufsieden lassen.

155. Ge-

155. Geschwelckte oder gedörrte Artischocken-Kerne.

Waschet die gedörrte oder geschwelckte Kerne von Artischocken-Böden / so viel man derer benöthiget / brühet sie hernach mit siedenden Wasser an / laßt sie ein wenig darinnen ligen / so lauffen sie schön auf; siedets alsdann in einer Fleischbrüh / würtzets mit Pfeffer und Muscatblüh: und wann man vermeint / daß die Kern ein wenig weich werden / giesst etwas von der Brüh / so zu viel ist / davon herab / und thut ein gut theil Butter daran / laßt sie wieder auffsieden / damit es ein dickes Brühlein werde / versucht es / obs recht im Saltz ist / und richtets dann an.

156. Käß- oder Blumen-Kohl zu kochen.

Nehmet den Käß- oder Blumen-Köhl / putzet und lasset ihn eine weile im Wasser ligen / setzet selbigen im siedenden Wasser zu / und saltzt ihn / nach belieben / er wird aber schöner und weisser bleiben / wann man ihn nicht so bald / sondern gantz auf die letzt ein wenig saltzet; und laßt ihn also eine weile sieden / biß er ein wenig weich werden will; dann seihet das Wasser herab / legt ihn in einen stollichten Hafen / giesset eine siedende Fleischbrüh daran / streuet auch Pfeffer / Cardamomen und Muscatblüh darein / und laßt ihn eine weile sieden; zuletzt thut ein gut theil Butter dazu / damit es ein dicklichtes Brühlein werde: Oder man kan auch die Brühe / so es beliebt / wie bey den vorher-beschriebenen Artischocken / mit ein wenig klar-geriebenen Semmel-Mehl / etwas dicklicht / oder aber mit einer Brosam von einer Semmel oder Wecken / so zuvor in einer Fleischbrüh gesotten / und dann durchgezwungen worden / oder auch mit einem in Butter eingebrennten Mehl machen; und dann folgends gar verfertigen / wie oben beschrieben. Etliche sieden ihn zu erst / an statt deß Wassers / in einer siedenden Fleischbrüh ab / und zwar nicht unbillig / dann er wird davon wohlgeschmacker / bleibet

aber

aber nicht so schön weiß/ als wann er zu erst im Wasser abgebrühet/ oder abgesotten wird; doch stehet es beedes in eines jeden belieben/ diese oder jene Art zu erkiesen.

157. Käß- oder Blumen-Kohl in Oel.

Auf diese erst-besagte weise/ kan man auch den Käß-Kohl/ Cariviol oder Blumen-Kohl in Oel zurichten; wann er nemlich im Wasser oder Fleischbrüh zu erst abgesotten/ oder abgebrühet ist/ seihet man ihn ab/ und legt selbigen in einen stolichten Hafen/ streuet auch obbemeldete Gewürtz darein/ giesset so dann Oel/ und eine siedende Fleischbrüh dazu/ und läst es mit einander sieden/ doch darff man der Brüh nicht zu viel daran giessen/ damit die Brüh nicht zu dinn / sondern etwas dicklicht werde: Oder man kan auch wohl ein Stäublein Meehl daran brennen.

158. Einen Welschen Kohl gefüllt zu kochen.

Nehmet die innern Dörschlein oder Hertzlein von einem Welschen Kohl/ schneidet sie halb entzwey/ und das Krause von denen Hertzlein heraus/ dann waschet alles sauber; setzet indessen eine Fleischbrüh zum Feuer/ und lassets sieden/ hernach thut diese Hertzlein zusamt dem Krausen in die Fleischbrüh/ und last selbige ebenfalls ein wenig darinnen sieden; nehmets alsdann heraus/ und leget die Hertzlein in eine Schüssel/ lassets ein wenig verseihen/ das Krause aber ballet oder drucket wohl aus: dann hacket es samt etlichen abgesottenen ausgeschählten Krebsen/ und/ so es beliebt/ auch ein wenig Petersilien-Kraut darunter klein/ thut es zusammen in eine Schüssel/ würtzets mit Pfeffer/ Cardamomen/ Muscatblüh/ und ein wenig Saltz; ist es gefällig/ kan man auch an diese Füll ein Ey schlagen/ und darunter rühren/ füllet so dann die Dörschlein oder Hertzlein mit dieser Füll/ und überstreichets fein glatt: dann schmieret eine Schüssel mit Butter/ streuet auch gute Gewürtz auf den

Boden / und leget diese gefüllte Hertzlein darein; streuet wieder Gewürtz und Butter darauf / leget und bestecket ferner diesen Kohl überal mit mehr ausgeschählten Krebsschwäntzen und Scheeren / giesset eine siedende Fleischbrüh darüber / deckets mit angebrühten Kohl-Blätlein und einer Schüssel zu / und lassets also mit einander aufsieden: Indessen übergiessets einmal oder zwey mit dieser Brüh / darinnen es gesotten / und tragets alsdann zu Tisch; zuletzt aber thut noch ein wenig Butter daran. *

159. Ein gefüllter Kohl / auf andere Art.

Waschet schöne grosse Blätter von dem Welschen Kohl / so nicht gar zu grün sind; alsdann brühet oder siedet sie nur ein wenig im Wasser / oder aber einer Fleischbrüh ab / so wird er besser und wohlgeschmacker; indessen nehmet den Niern von einem Kalbs-Braten / welchen man sonst zu weilen übrig hat / und hacket solchen / zusamt dem daran hangenden Fett / und etwas von dem Braten selbst / so es beliebt / klein / thut solches in einen Napff / röstet die eine Helfft von einem geriebenen weissen Brod ein wenig in Schmaltz oder Butter / und rühret solches / samt der andern Helfft / also ungeröstet unter das gehackte / thut auch gute Gewürtz dazu / als Pfeffer / Cardamomen und Muscatblüh oder Muscatnuß: Alsdann schlaget ein oder zwey Eyer daran / ist die Füll zu dick / kan man eine kalte Fleischbrüh / oder auch ein wenig Milch / daran giessen / hernach die obgedachte gebrühte Kohlblätter auf einem Deller ausbreiten / und von dieser Füll zusamt ein wenig Butter / so viel beliebig / darauf legen; formirets länglicht / und überwälcherts oder überwickelts mit den Kohlblätlein / und wann ihr solche alle fertig habt / so schmiret eine Schüssel mit Butter / und leget diesen zusamm-gerollten Kohl darein; dann giesset eine siedende Fleischbrüh dazu / streuet auch überal gute Gewürtz darauf / thut Butter daran / deckets mit einer

Schüssel

* An statt der Krebse kan man auch diese Füll mit Briesen machen / oder auch Krebse und Briese unter einander nehmen.

derer so genannten Neben-Essen.

Schüssel zu / und lassets also wohl auf einer Kohlen mit einander aufsieden / sehet aber bißweilen dazu / und wendet selbige um / damit sie überal recht aussieden: Wann man aber dieses Kohls viel macht / kan man ihn auch wohl in einem stollichten Hafen absieden / und dann erst in eine Schüssel richten; ehe er aber angerichtet wird / muß man allezeit noch ein wenig Butter zuletzt mit aufsieden lassen. *

160. Einen Welschen Kohl mit Käß zu kochen.

Rühet und bereitet die Dorschen oder Hertzlein allerdings / wie bey dem nachfolgenden Num. 165. beschriebenen Hertzlein-Köhl zu ersehen; schneidet aber die Dorschen oder Hertzlein nicht in zwey / sondern in vier Theile: Wann er nun allerdings in der Butter abgekochet ist / und man selbigen anrichten will / so streuet zuvor in eine Schüssel ein gut theil geriebenen Parmasan-Käß / leget den Kohl darauf / und giesset die Brüh / darinnen er gesotten hat / darüber; streuet wieder dergleichen Käß darauf: ist aber deß Kohls viel / kan man dazwischen auf jede Lag Kohl / einen Käß streuen / auch / nach belieben / an statt der Butter / mit Oel zusammen machen / und den Käß doch gleichwol / wie gedacht / darauf streuen.

161. Einen Welschen Kohl mit Knoblauch zu zurichten.

Schneidet die Häuptlein von einander / jedoch daß etwas von den grünen Blättern daran bleibe / waschet und setzet selbigen in einer Fleischbrüh / oder auch nur im Wasser / zum Feuer; aber von der Brüh wird er viel wohl-geschmacker: wann es nun aufsiedet / thut ein gut theil Bachschmaltz oder Butter dazu / und laßt es noch ein wenig sieden; hernach thut den Kohl darein / würtzet ihn mit Pfeffer

* Von eben dieser Niern-Füll / kan auch der vorher-beschriebene Hertzleins-Kohl gefüllt / und das / was man von den Hertzlein oder Dörschlein heraus schneidet / ebenfalls wie bey den vorigen gebrauchet werden.

Pfeffer und Muscatnuß / und laßt ihn sieden biß er recht / aber doch nicht gar zu weich ist: thut ihn hernach in eine Schüssel / leget die Häuptlein neben einander in die Runde herum / machet ein Schmaltz wohl heiß / und werfft ein oder drey Knoblauch-Zehen darein / zerschneidet sie aber zuvor ein wenig / und brennets über den Kohl.

❊ ❊ ❊

Oder:

Man kan ihn auch mit Knoblauch und Speck kochen / und selbiges auf das kleineste hacken oder stossen; wann nun der Kohl allerdings zubereitet ist / und biß zur Helffte abgesotten hat / so thut den Knoblauch und Speck dazu hinein / würtzets mit Pfeffer und Muscatnuß / und lassets ferner mit einander sieden. *

162. Einen Welschen Kohl mit Knoblauch und Oel zu zurichten.

Nehmet die Häuptlein annoch ungebrühet / oder laßt sie nur ein wenig zuvor überbrühen / schneidet sie von einander / thuts in einen stollichten Hafen / giesst ein wenig Fleischbrüh daran / setzet sie dann auf eine Glut oder Kohlen / und lasset sie sieden / doch also / daß sie nicht anbrennen; schählet dann einen Knoblauch / schneidet solchen würfflicht / streuet ihn zwischen die Häuptlein / giesset Oel daran / saltzt und pfeffert sie / setzt es hernach nochmal auf die Kohlen / um gantz gemach zu sieden / damit sie nicht zu weich werden.

163. Einen gemeinen Kohl zu kochen.

Claubet die Kohl-Blätter auf das säuberste heraus / und waschet sie etliche mal; indessen lasset ein Wasser siedend werden / thut die Blätter hinein / damit sie wohl abbrühen: Wann sie nun weich / so seihet sie ab / man kan auch wol durch ein Salat-Sieblein ein kaltes Wasser darüber schütten / daß sie bald erkalten; dann ballet

* Wanns beliebt / kan man auch den kleinen Garten-Kohl auf diese weise zurichten.

derer so genannten Neben-Essen.

ballet oder drucket den Kohl wohl aus/ schneidet ihn klein/ und röstet selbigen ein wenig im Schmaltz/ leget ihn hernach in einen stollichten Hafen / und streuet allezeit zwischen einer Lag Kohl/ Pfeffer/ Muscatnuß/ und nach belieben ein wenig Muscaten-Blüh; giesset eine siedende Fleischbrüh daran/ lassets also auf einer Kohlen mit einander sieden/ und thut zuletzt ein gut Stuck Butter dazu hinein.

✻ ✻ ✻

Etliche rösten den Kohl gar nicht in Schmaltz/ sondern wann er gebrühet/ klein geschnitten/ und in stollichten Hafen gethan wird/ leget man allezeit zwischen eine Lag Kohl/ zum Gewürtz ein gut theil Bach- oder Brat-Schmaltz/ giesset eine siedende Fleischbrüh daran / und läst es mit einander sieden; zuletzt kan man dannoch ein gut Stuck Butter dazu hinein thun/ und den Kohl so dann über Lamms-Kalb- und Schweinen-Fleisch anrichten: Etliche legen auch wol das Fleisch etwan eine halbe Stund zuvor unter den Kohl/ und lassen es ein wenig mit sieden.

164. Gemeinen Kohl zu kochen/ auf andere Art.

Laubet den Kohl/ und waschet ihn/ thut selbigen in eine trockene Pfannen / geust nichts daran / und laßt ihn eine weile schweissen/ so gibt er von sich selbst ein bitteres Wasser; leget selbigen in ein frisches Brunnen-Wasser/ und ballet ihn aus/ drucket ihn aber wohl zusammen / damit das bittere Wasser gantz heraus komme/ schneidet selbigen auf einem Deller/ und röstet ihn im Schmaltz; giesst dann eine gemeine Fleisch- oder Erbsen-Brüh daran/ würtzet ihn/ thut auf die letzt ein gut Stuck Butter dazu/ und laßt ihn ferner sieden.

165. Einen Dorsch- oder Hertzlein-Kohl zu zurichten.

Nehmet nur die Dorschen oder Hertzlein von dem Welschen Kohl/ waschet und brühets mit einer siedenden Fleischbrüh an / dann sie soll davon weit wohl-geschmacker werden; nehmets dann heraus/ daß sie ein wenig verseihe; streuet hernach in einen stollichten Hafen gute Gewürtz auf den Boden / als Pfeffer / Cardamomen / Muscatnuß und Muscaten-Blüh / macht eine Lag Kohl / bestreuet ihn mit obigem Gewürtz / leget ein Stücklein Bachschmaltz darauf; macht eine neue Lag vom Kohl/ bestreuet ihn wie zuvor mit Gewürtz/ und also immerzu Wechsel-weiß / biß der Hafen voll ist: Dann giesset wiederum eine frische siedende Fleischbrüh daran / und laßt es also mit einander sieden : Etwan eine halbe Stund vor dem anrichten / kan man / nach belieben / nur ein Stäublein Mehl daran brennen / und kurtz vorher / ehe er gantz fertig ist / auch ein wenig Butter darein gethan / und mit aufgesotten werden.

❀ ❀ ❀

Oder:

Waschet die Dorschen und Hertzlein von dem Kohl / setzet ein Wasser/ vermittelst einer Pfannen / zum Feuer / saltzets / und thut ein Bachschmaltz daran / lassets sieden / leget dann die Hertzlein oder Dorschen von dem Kohl darein / und laßt es alles zusammen schwaissen / biß der Kohl weich ist; seihet dann das Wasser herab / giesst ein klein wenig Fleischbrüh daran / thut etwas Butter dazu / würtzets mit Pfeffer und Muscatenblüh / lassets noch ein wenig sieden : Richtets an / und streuet nochmal Pfeffer darauf.

166. Dorsch- oder Hertzlein-Kohl in Oel.

Wann die Dorschen oder Hertzlein reinlich gewaschen / gebrühet / und in dem stollichten Hafen / wie Num. 165. zu finden / gewürtzet / und Lagweise zusammen geschlichtet worden / so lasset das Oel in einem Pfännlein zuvor wohl heiß werden / giesset etwas davon zwischen eine jede Lage deß Kohls / biß derselbige aller in dem Hafen ist; giesset alsdann auch so viel siedender Fleischbrüh daran / als man meinet genug zu seyn / daß der Kohl recht darinnen sieden könne : dann es muß diese Brüh also einsieden / daß derselben gar

derer so genannten Neben-Essen.

gar wenig an dem Kohl verbleibt/ und selbiger etwas einpratzelt und gelblicht wird; wiewol auch andere die Brüh nicht allzu sehr einsieden lassen/ welches zu eines jeden belieben frey anheim gestellet wird.

167. Einen kleinen Garten-Kohl zu kochen.

Laubet den Kohl auf das fleissigste von den Stielen ab/ daß nichts unreines daran bleibe/ waschet und brühet ihn in einem siedenden Wasser/ wie den zuvor beschriebenen; dann schüttet selbigen heraus/ und lasset ihn durch einen Seiher oder Durchschlag wohl verseihen; giesst frisches Wasser darüber/ ballet ihn aus/ und druckt das Wasser davon/ und wann er fein klein geschnitten/ schwaist oder röstet ihn im Schmaltz: giesset dann in einen stollichten Hafen eine siedende Fleischbrüh daran/ streuet Pfeffer und Muscatblüh darein/ und last ihn wohl sieden. Wanns beliebt/ kan man auch ein wenig Mehl daran brennen; zuletzt aber lässet man jedesmal noch ein Stuck Butter mit aufsieden. *

168. Einen Mangolt zu kochen.

Erstlich klaube den Mangolt/ streiffe selbigen von den Stielen ab/ wasche und brühe ihn wie einen Kohl/ daß er wol weich werde; alsdann gieß dieses Wasser herab/ und ein anderes reines Wasser wieder darüber/ balle ihn dann wohl aus: Ferner zupffet/ oder aber hacket ihn klein; dann macht ein Schmaltz in einer Pfannen heiß/ leget den Mangolt darein/ und röstet ihn wohl: Wann er nun geröstet/ thut solchen in einen stollichten Hafen/ giesst eine Fleischbrüh daran/ und thut ein gut theil Milchram darein; würtzet ihn auch mit Saltz/ Pfeffer und Muscatnuß/ giesst ein wenig Essig dazu/ und last ihn in der Kohlen pratzeln; zuletzt thut auch eine Butter daran/ und richtet ihn in eine Schüssel. **

Cccc ij   169. Ein

* Der Blaue Kohl kan auch gantz auf diese Weise zugerichtet werden.

**. Wer will kan den Mangolt auch mit lauter Butter kochen/ hingegen aber den Milchram davon lassen; auf die letzt aber/ dessen ungeachtet/ ein wenig Essig daran giessen.

169. Ein grünes Kraut oder Spinat zu kochen.

Erstlich klaube den Spinat oder das grüne Kraut / wie den Mangolt / wasche und brühe es wohl weich / gieß das Wasser herab / und ein kaltes dagegen wieder darüber / und ball es hart aus / hacks klein / röste es im Schmaltz / gieß in einen stollichten Hafen Fleischbrühe daran / saltze / und laß es wohl sieden: hernach wanns fertig / so richts in eine Schüssel; wasche indessen Weinbeere oder Corinthen / und streue sie oben darauf; überbrenne es auch mit ein klein wenig heissen Schmaltz / so wird es schön und gläntzend. Wann es beliebt / kan man auch ein wenig Gewürtz und Butter daran thun.

170. Einen Spinat oder grünes Kraut zu kochen / auf andere Art.

Klaubet den Spinat oder das grüne Kraut also / daß die Blättlein beysammen bleiben / und die an sich selbst gantz kleine Dorschen und Hertzlein nicht völlig abgeschnitten werden; waschet und brühet sie ein wenig an / thut dann eine Butter in einen Topff oder Hafen / leget das grüne Kraut oder den Spinat darein / thut Weinbeerlein oder Corinthen dazu / würtzets mit Pfeffer / und lasset es also dampffen.

❋ ❋ ❋

Oder / welches fast besser:

Lasset eine Butter in einer Pfannen zergehen / thut dann den obbesagter massen geklaubt- / gewaschenen und angebrühten Spinat oder grünes Kraut darein / und last ihn darinnen wohl schweissen / giesset dann diese Brüh wieder herab; schüttet das Kraut oder den Spinat hierauf in einen stollichten Hafen / thut nochmal frische Butter daran / streuet Saltz und Pfeffer darein / und last es ferner dampffen. Es muß aber der Spinat auf diese Art / nicht lang vorher im Vorrath / sondern gleich und kurtz zuvor gemachet werden / wann man ihn zu Tisch tragen soll; dann er darff nicht lang

lang sieden; auch kan man ihn/ wann er das erste mal geschweisset wird/ gleich alsobalden saltzen.

171. Einen Spinat oder grünes Kraut/ noch anderst mit Krebsen zu kochen.

Zupffet das Kraut von denen Stielen deß Spinats oder grünen Krautes ab/ waschet/ brühet/ und hacket es klein; lasset dann ein wenig Butter oder Schmaltz in einem stollichten Hafen heiß werden/ thut das grüne Kraut oder den Spinat darein/ und röstet es darinnen: Zuvor aber siedet auf die bekannte allgemeine Art Krebse ab/ schählet sie aus und hackets klein; so sie aber Eyer haben/ thut dieselbige besonders/ und hacket sie nicht mit/ die Schalen aber zerstosset mit einem Stücklein Butter/ und zwingets mit süssen Ram durch; mischet das gehackte von denen Krebsen zusamt den Eyern unter das geröstete Kraut/ und giesset den mit den Schalen durchgezwungenen Ram daran/ würtzets mit Cardamomen und Muscaten-Blüh/ lasset es sieden/ und werffet zuletzt ein Stücklein Butter darein.

172. Einen Spinat oder grünes Kraut mit Zwiebeln zu kochen.

Klaubet/ waschet und brühet das grüne Kraut oder den Spinat/ wie schon gedacht; wann er nun gebrühet/ giesset ein kaltes Wasser darüber/ drucket dann und ballet ihn wohl aus/ hacket selbigen zusamt ein wenig Zwiebeln klein/ machet hernach ein Schmaltz in einer Pfannen heiß/ und röstet das Kraut darinnen/ rühret es aber wohl um/ damit es nicht anbrenne; giesset hierauf eine Fleischbrüh daran/ und lassets sieden/ streuet Saltz/ Pfeffer und Muscaten-Blüh darein: Wann ihr es nun anrichtet/ brennet ein wenig Schmaltz darauf/ und bestreuet es nach belieben/ mit Weinbeeren oder Corinthen.

173. Ein

173. Ein gefülltes weisses Kraut.

Nehmet gantze weisse Kraut-Häupter / schneidet die äusserste Blätter / und unten an der Dorschen das harte auch ein wenig davon; dann brühet das Kraut in einem siedenden Wasser ab / aber nicht zu sehr / damit es nicht gar zu weich werde; lassets dann im Wasser ohngefehr so lang als harte Eyer sieden / nehmet es wieder heraus auf einen erdenen Teller oder Schüssel / und lassets verseihen.   Indessen machet diese Füll an: Hacket ein frisches Kraut-Häuptlein auf das kleinste / schneidet aber den Dorschen zuvor heraus / hacket auch einen Speck / und ohngefehr zu einem Häuptlein Kraut einen halben Vierding oder Achtels-Pfund; ingleichen auch / so es beliebt / ein wenig Zwiebel / und eine Handvoll geriebenes weisses Brod darunter: dann machet ein Schmaltz in einer Pfannen heiß / und röstet dieses gehackte samt dem geriebenen Brod wohl darinnen / biß alles schön licht-gelblicht wird; nehmet es dann heraus in ein Näpfflein oder kleine Schüssel / schlaget Eyer daran / würtzets mit Pfeffer und Ingber / giesst einen guten süssen Ram oder Kern dazu / und rühret alles wohl unter einander; es muß aber diese Füll nicht zu dick und nicht zu dünn / sondern also beschaffen seyn / daß sie nicht vom Löffel herab rinne: Alsdann leget das abgebrühte Kraut-Haupt auf einen Teller / und thut die Blätlein alle von einander / biß einwendig auf den Kern / doch also daß das Häuptlein gantz bey einander bleibt; füllet dann etwas von dieser Füll überal / zwischen ein jedwedes Blat / und schliesset es alsobald fein artlich wieder zusamm; giesst in einen stollichten Hafen ein wenig Fleischbrüh daran / (dann die Brüh darff nicht über das Kraut gehen) setzet es über eine Kohlen oder Glut / und lassets also mit einander sieden; thut dann auch eine Kohlen auf eine eiserne Stürtzen / und bräunet das Kraut oben ein wenig ab / damit es schön gelblicht werde. *

174. Ein

* Etliche brennen ein wenig Schmaltz darüber / gleich so bald man es in den Hafen zusammen macht / welches in eines jeden belieben stehet.   Auch ist noch zu erinnern / daß man / an statt deß weiß-geriebenen Brods / unter die Füll einen Weck oder Semmel in einem süssen Ram oder Kern weichen / dieselbige wohl ausdrucken / und wann das Kraut und der Speck geröstet sind / darunter rühren / und dann die Füll ferner zusammen machen könne / wie oben gedacht; Alsdann aber darff man keinen süssen Ram mehr daran giessen.

derer so genannten Neben-Essen.

174. Ein gefülltes weisses Kraut/ auf andere Art.

Nehmet ein Kraut-Haupt so nicht groß ist / brühet oder siedet es ein wenig im Wasser ab/ wie das obige; schneidet unten die Dorschen oder das harte herab/ und holet das Haupt einwendig aus; nehmet das ausgehölete vom Kraut / ingleichen auch abgezogene Mandeln/ hackets klein/ röstets im Schmaltz/ würtzet und saltzet es / rühret's unter einander; schlagt zwey Eyer daran/ füllt es in das Haupt / thuts in einen stollichten Hafen/ giesst eine Fleischbrüh daran/ deckets zu/ und setzets über Kohlen.

175. Ein gefülltes weisses Kraut/ noch auf eine andere Weise.

Nehmet kleine weisse Kraut-Häuptlein/ die hart seyn/ schneidet oben bey den Dorschen ein Plätzlein herab/ holet es aus; nehmet nachmals ein theil von demselbigen/ und überbrühet's/ hackt es darnach fein klein / röstet's ein wenig im Schmaltz / hacket auch ein wenig Speck und Marck unter einander ; alsdann thuts zusammen in ein Näpfflein/ und rühret ein wenig geriebenes Brod darunter ; schlaget Eyer daran/ und würtzets mit Pfeffer/ Ingber/ und ein wenig Muscatblüh / saltzets auch ein wenig / rühret es unter einander/ füllet's wieder in die Häuptlein/ thut das Plätzlein oben darauf/ setzets in einen stollichten Hafen/ giesst eine Fleischbrüh daran/ brennet ein wenig Schmaltz darüber/ decket's zu/ und lasst es also dämpffen. Wer will/ kan auch ein wenig Butter daran thun.

176. Gefülltes Kraut/ auf eine noch andere Art.

Nehmet weisse Kraut-Häuptlein/ brühet solche/ und schneidet den Dorschen oder das harte herab / holet es ein wenig aus, dann nehmet abgezogene Mandeln / schneidet sie länglicht/ füllets mit Weinbeern/ Corinthen und Rosinen / und machet das

Plätz-

Plätzlein oben wieder darüber: Indessen rupffet und waschet auch kleine Vögelein / saltzt und pfeffert sie / röstets ein wenig im Schmaltz / und stecket selbige überal oben zwischen die Blätlein in das Kraut-Haupt / daß die Köpfflein über sich kommen; setzet dann den Kraut-Kopff in einen stollichten Hafen / brennet ein Schmaltz darüber / giesst eine Fleischbrüh daran / und last es also mit einander sieden.

177. Ein gefülltes weisses Kraut / auf eine noch andere Weise.

Nehmet ein schönes grosses Kraut-Haupt / schneidet die äusserste wurmstichige Blätter / samt dem grossen und harten Dorschen / ein wenig ab / doch daß die andere Blätter daran / und an einander hangend bleiben; unterdessen machet ein reines Wasser in einem grossen stollichten Hafen siedend / leget das Kraut-Haupt darein / saltzet / und last es sieden biß weich wird: nehmets darnach heraus auf einen grossen zinnernen oder erdenen Deller / und bieget ein Blat nach dem andern herab / doch also / daß sie an dem Dorschen bleiben / biß auf das Hertz; schneidet selbiges heraus und hackets klein: nehmt darnach ein geröstetes Semmel-Mehl und gehackten Speck / wie auch einen süssen Ram und zwey oder drey Eyer / samt allerley guten Gewürtz / so viel als beliebt / mischet alles wohl unter einander: Man kan auch Castanien braten / schählen / hacken / und unter diese Füll rühren; wann es nun alles wohl unter einander gemischet worden / nehmet einen Löffel voll Füll / und füllets in die Blätter; es muß aber allezeit in ein Blat ein Löffel voll dieser Füll gefüllt werden / biß sie alle gefüllet sind: Leget dann allezeit ein jedwedes Blat über die Füll / daß sie wieder zu stehen kommen wie vorhin / und also einem natürlichen und ungefüllten Kraut-Kopff gleichen; dann muß man dieses also gefüllte Kraut-Haupt mit einem Faden Creutz-weiß binden / damit die Blätter nicht von einander fallen: unterdessen thut ein Schmaltz in einen stollichten Hafen / lasts heiß werden / leget das Kraut-Haupt darein / giesset eine gute Fleischbrüh daran /

daran / doch nicht zu viel / dann es muß mehr im Schmaltz pratzeln als sieden; man muß es aber offt umwenden / oder verdrehen / damit es nicht anbrenne: Wanns dann fertig / richtets in eine zinnerne Schüssel an / und traget zu Tisch.

178. Weisses Kraut im Kern.

Schneidet / waschet und brühet das Kraut / aber nicht zu hart / doch daß es etwas härtlicht bleibt; alsdann seihet das Wasser auf das genauste davon herab / hackets klein / und / so es beliebt / auch ein wenig Mandelkerne darunter: machet alsdann ein wenig Schmaltz heiß / und röstet das Kraut darinnen: wann es nun geröstet ist / giesset in einen stollichten Hafen einen guten Kern oder Ram daran / setzet es in eine Kohlen / und lassets sieden / aber nicht gar zu lang: Wann ihr es nun anrichten wolt / so streuet Saltz und Pfeffer darauf.

179. Weisses Kraut im Kern / auf andere Art.

Nehmet ein weisses Kraut / schneidets in vier Theile / brühets wohl mit siedenden Wasser / waschets nach dem brühen reinlich mit kalten Wasser aus / giesst darnach wieder ein frisches daran / lassets eine weile darinnen ligen / ballets wohl aus / daß kein Wasser mehr daran sey; hacket und röstets im Schmaltz / giesset in einem Hafen eine dicke Milch oder süssen Ram dazu / mischt gestossene Mandeln darunter / lassets mit einander sieden / rühret es aber nicht viel / drehet den Hafen bey dem Feuer bißweilen um / deckets nicht zu / und last es nur immer fort sieden: Wann mans anrichten will / saltzt es zuvor ein wenig / streicht es fein zierlich auf in der Schüssel / und giesset dann neben dem Kraut noch ein wenig siedenden Kern oder süssen Ram in der Schüssel daran.

180. Weisses Kraut/ auf gemeine Art/ zu kochen.

NEhmet das Kraut/ schneidets/ thut die grossen Dorschen davon/ wascht es sauber/ legts in einen Hafen/ giesst ein siedendes Wasser darüber/ streuet ein wenig Kümmel daran/ last es sieden; wann es weich gesotten/ seihet das Wasser davon herab/ legets wieder in einen Hafen/ giesset eine gute Fleischbrüh daran/ thut auch ein gutes Brat- oder Bach-Schmaltz dazu/ und würtzets mit Pfeffer/ setzets in eine starcke Glut/ last es stets sieden wie einen Kohl: Will man ein Fleisch darunter haben/ so kan man selbiges/ wann es in einem besondern Hafen schier weich gesotten ist/ aus der Brühe nehmen/ und unter das Kraut legen/ damit es zusamt demselben noch ein wenig siede.

181. Ein Kumpus-Kraut zu kochen.

ERstlich schneide die Kraut-Häuptlein halb von einander/ wasche sie aus einem Wasser heraus; gieß in einen Hafen ein siedendes Wasser daran/ und saltze es ein wenig/ laß also mit einander sieden/ biß es etwas weich will werden: dann seihe es wohl ab/ legs in einen stollichten Hafen/ und zwar also/ daß zu unterst in demselben ein wenig Bach-Schmaltz/ und dann ein Theil deß Krauts geleget werde; thue eine Hand voll gerieben Brod dazu/ streue Pfeffer und Kümmel darauf/ lege wieder/ wie zuvor/ ein wenig Bachschmaltz/ und dann eine Lag Kraut darauf/ und so fortan/ biß das Kraut alles in dem Hafen ist: Alsdann giesse eine gute Fleischbrüh und Essig daran/ und laß es wacker sieden/ damit es ein dicklichtes Brühlein werde. *

182. Ein

* An statt deß geriebenen Brods/ kan man ein eingebrenntes oder geröstetes Mehl daran thun; auch kan mans/ wann es fertig/ oben mit einer Stürtzen voll Kohlen ein wenig abbräunen/ wie den Dorschen- oder Hertzlein-Kohl/ davon bereits im vorhergehenden zur Genüge Meldung geschehen.

derer so genannten Neben-Essen.

182. Ein Saures Kraut zu kochen.

NEhmet das Saure Kraut / welches so es alt und sauer ist/ so waschet es ein wenig aus; dann giesset halb Wein halb Fleisch-brüh daran / und laßt es sieden; wann es nun halb abgesotten/ seihet ein wenig von der Brüh herab / wie man es bey dem andern Kraut zu machen pfleget: dann schmaltzet es mit lauter Butter / und würtzets mit Cardamomen / Muscatblüh und Pfeffer / laßt es ferner mit einander sieden / und tragets zu Tisch. Wann aber das Kraut zu süß wäre/ kan man ein wenig Essig daran giessen.

183. Saures Kraut / auf andere Art / zu kochen.

WAschet das Kraut ein wenig aus; wanns alt und sauer ist/ wie vor gemeldt/ so giesset in einen Hafen ein Wasser daran/ ist es aber nicht sauer / kan man gleich anfangs ein wenig Essig daran giessen/ aber nicht zu viel / damit es mit einander einsieden könne / und nichts abgegossen werde / so bleibt es desto wohl-geschmacker; alsdann ein wenig Bach- oder Brat-Schmaltz daran thun/ etwas pfeffern und saltzen/ und also sieden lassen. Wer will/ kan auch ein wenig Zwiebeln klein hacken oder schneiden / und in Schmaltz rösten / darunter etwas Mehl rühren / und also noch eine halbe Stund mit sieden lassen.

184. Ein Saures Kraut mit Oel.

LEget das Kraut in einen Hafen / giesst Fleischbrüh daran/ ingleichen auch ein gutes frisches Baum-Oel / pfeffert und saltzets / laßt es sieden / rührets bißweilen herum / und streuet hernach im Anrichten noch ein wenig Pfeffer darauf.

185. Sauer-Kraut und Schweinenfleisch.

WAnn das Schweinene Fleisch gewässert und gewaschen ist/ so setzets im Wasser zu / saltzets auch zugleich / und laßt es

Dddd ij   sieden/

sieden/ biß das Fleisch verfäumt hat; nehmets dann aus dieser Brüh heraus/ und setzets in einem andern Hafen mit samt den Kraut zu; man kan auch allezeit eine Lag Kraut und eine Lag Fleisch in den Hafen legen/ von dieser Brüh/ darinnen das Fleisch gesotten hat/ daran giessen/ und also mit einander sieden lassen: Wann nun das Fleisch weich gesotten/ legts in eine Schüssel/ und deckets zu/ daß warm bleibt; dann hacket oder schneidet ein wenig Zwiebeln/ röstets samt einem Stäublein Mehl im Schmaltz/ und rührets unter das Kraut. Wer will/ kan ein wenig Pfeffer daran thun; lassets also noch ein wenig mit einander sieden/ leget das Fleisch in eine Schüssel/ und richtet das Kraut darüber.

186. Rüblein-Kraut zu kochen.

Nehmet ein Rüblein-Kraut/ oder/ wanns beliebt/ auch ein gehacktes Saueres Kraut darunter/ setzet es in einem Hafen im Wasser/ oder aber einer Fleischbrüh/ oder auch in halb Brüh und halb Wasser/ zum Feuer; thut zugleich ein wenig Bach- oder Brat-Schmaltz daran/ und lassets also mit einander sieden: Eine halbe Stund vor dem Speisen/ kan man/ wann der Brüh zu viel daran wäre/ etwas davon abseihen/ und an das Kraut ein wenig Mehl brennen/ auch/ so es beliebt/ etwas Zwiebelein daran rösten/ und also noch ein wenig zusammen sieden lassen/ auch/ so man will/ mit Pfeffer würtzen.

187. Kohl-Ruben oder Ruben-Kohl zu kochen.

Nehmet Kohl-Ruben/ schneidet oben die grünen Blätter herab/ schählet sie/ gleich wie die weisse Ruben/ machet aber rechte dicke Schelffen; alsdann schneidets Plätzlein-weiß/ und legts in ein Wasser: man kan auch von dem Grünen/ so man oben hinweg schneidet/ nur die Hertzlein heraus nehmen/ und aus dem Wasser zusamt denen Plätzlein waschen; giesset alsdann in einen Hafen ein siedendes Wasser darüber/ und laßt sie eine weile sieden/ doch

doch also / daß sie nicht gar zu weich werden: alsdann gießet das Wasser davon herab/ leget die Kohl-Ruben und Hertzlein/ oder grüne Dorschen/ in einen stollichten Hafen/ schüttet Fleischbrüh daran/ brennet ein wenig Mehl darein; allein wann das Mehl in dem Pfännlein bereits schön geröstet ist/ kan man zuvor ein wenig Fleischbrüh dazu gießen/ das Mehl schön glatt anzwiren/ und also in dem Pfännlein einen Sud mit aufthun lassen/ so wird die Brüh etwas dicklicht/ dann gießets über die Kohl-Ruben/ würtzets mit Pfeffer/ Ingber/ Muscatnuß und Muscatblüh/ lassets also eine weile mit einander sieden; und wann mans schier anrichten will/ thut ein gut theil Butter daran/ und lassets noch einen Sud mit aufthun; indessen übergießets mit der Brüh einmal oder etliche/ daß es ein dickes Brühlein werde: Gantz zuletzt kan man/ so es gefällig/ ein wenig Milchram an die Brüh rühren/ und nur einen einigen Wall mit aufthun lassen/ alsdann in eine Schüssel anrichten/ und Muscatblüh oder Muscatnuß darauf streuen.

188. Bäyerische- oder Pfetter-Rüblein zu kochen.

Schabet die Rüblein/ legets in ein Wasser/ daß sie schön weiß bleiben; laßt in einer Pfannen ein frisches Schmaltz heiß werden/ thut die Rüblein dazu hinein/ und laßt sie wohl darinnen schwaissen: schüttets dann in einen Hafen/ gießt ein siedend Wasser/ oder/ wann mans gar gut will machen/ Fleischbrüh/ oder aber halb Wasser und halb Fleischbrüh daran/ mischet ein geriebenes rocken Brod darunter/ pfefferts wohl/ und lassets also mit einander sieden/ daß es ein dicklichtes Brühlein bekomme: Wann sie aber im Wasser zugesetzt werden/ muß mans ein wenig saltzen; auch kan man/ so es beliebig/ an statt deß Brods/ ein Mehl daran brennen/ aber von dem Brod werden sie doch besser: Wann sie nun fertig/ pflegt mans über ein Fleisch/ oder aber besonders in eine Schüssel anzurichten.

189. Bäyerische- oder Pfetter-Rüblein/ auf andere Art.

Wann die Bäyrischen- oder Pfetter-Rüblein geschabet und gewaschen/ leget sie in einen Hafen/ giesset halb Fleischbrüh und halb Wasser daran/ daß der Hafen voll wird; reibet hernach ein rocken Brod/ thut es/ nebenst einem Bach- oder Brat-Schmaltz/ darein/ pfeffert und setzets auf eine Kohlen/ laßt es starck sieden/ daß es ein dicklichtes Brühlein werde: Dann kan man etwan eine Stund vor dem Essen/ ein Fleisch/ so schon zuvor gesotten hat/ darunter legen/ und noch ein wenig mit sieden lassen. Absonderlich aber ist das Schweinene Fleisch hiezu am besten.

190. Gemeine weisse Ruben zu kochen.

Schählet die Ruben/ und schneidets/ wann sie klein und jung seyn/ zu Vierteln/ oder sonst Stücklein-weiß/ waschets/ machet ein Schmaltz in einer Pfannen heiß/ und thut die Ruben hinein/ schwaist sie wohl darinnen; giesst in einen Hafen ein siedend Wasser oder Fleischbrüh/ oder aber halb Wasser und Fleischbrüh daran/ lassets also wohl sieden; zuletzt brennt ein wenig Mehl darein/ und laßt es noch ein- und andern Sud thun.

191 Weisse Ruben zu kochen/ auf andere Art.

Die Ruhen werden geschählet und geschnitten/ wie oben gedacht; dann wäschet man sie sauber/ giesset in einen Hafen/ eine siedende Fleischbrüh daran/ und lässets wohl sieden: Eine halbe Stund vor dem Essen/ wird ein wenig Mehl daran gebrennt/ und ferner also mit einander gesotten; zuletzt thut man ein gut Stuck Butter dazu/ und richtet sie über ein Lamms-Fleisch/ oder auch besonders an.

Oder:

derer so genannten Neben-Essen. 583

❁ ❁ ❁
Oder:

Schneidet die Ruben zu Plätzlein/ und übersiedets im Wasser/ giesst darnach dasselbige herab / und eine Fleischbrüh daran/ zuckerts/ thut Butter dazu / und last sie ferner sieden.

192. Weisse Ruben/ noch anderst/ zu kochen.

Nehmet die Ruben / schählet und schneidet sie klein=und länglicht/ wie gebräuchlich / schwaisset sie in einer Pfannen mit Schmaltz; giesset hernach in einen Hafen / ein warmes Wasser und eine Fleischbrüh daran / last die Ruben sieden; sind sie neu und bitter/ so legt einen dinnen Ranfft Brod oben auf/ weil sie sieden/ so zeucht es die Bittern heraus; wann sie weich sind/ nehmet den Ranfft Brod wieder davon / und rühret die Ruben wohl und glatt ab / setzts hernach in eine gute Kohlen zum Feuer / daß sie sich abbräunen; seynd sie noch etwas bitter/ kan mans ein wenig / nach belieben / zuckern.

193. Möhren oder gelbe Ruben zu kochen.

Die gelbe Rüben oder Möhren können allerdings wie die weisse/ Num. 190. beschrieben / gekochet werden / nur daß kein Ranfft Brod dazu hinein geleget wird / weil sie nicht bitter sind; zudeme darff man sie auch nicht schwaissen/ so es nicht sonderlich beliebt / sondern sie werden/ wann sie geschnitten und abgeschabet worden / in halb Wasser halb Fleischbrüh zum Feuer gesetzt/ weich gesotten / wohl abgerühret / ein Stäublein Mehl darein gebrennt / auch etwas von dürren Majoran und Pfeffer dazu gethan/ und also über Lamms= oder Kalb=Fleisch / oder auch Lamms= oder Schaaf=Füsse angerichtet.

194. Möh=

194 Möhren oder gelbe Ruben mit Mandeln.

Schabet die Ruben und schneidets zu Stücklein / brühet oder siedets im Wasser ein wenig ab / dann seihet das Wasser wohl davon / und hacket die Ruben klein; indessen ziehet auch Mandeln ab / und hacket solche ebenfalls / jedoch besonders: thut dann die gehackten Ruben und Mandeln zusammen in einen stollichten Hafen / giesset einen guten süssen Ram oder Kern daran / und lasset es wohl mit einander sieden / dann sie müssen dicklicht werden / und nicht wässericht seyn; doch muß man auch in acht nehmen / daß man deß Rams nicht zu viel daran giesse / und wann mans gar gut machen will / kan man ein wenig Zucker und Zimmet darunter rühren / und zuletzt ein Stuck Butter mit auffsieden lassen; auch / wann sie angerichtet sind / ein geriebenes im Schmaltz geröstetes Brod / oder aber / wann man sie auf die bessere Art gemacht / Zucker und Zimmet darauf streuen.

195. Möhren oder gelbe Ruben mit Weixeln.

Sehet die Möhren oder gelbe Ruben / wie schon gedacht / aber nur im Wasser / dann von der Brüh werden sie nicht so gut; wann sie nun gesotten und abgebrühet / kan mans mit Weixeln also machen: Thut ein theil gelb-gekochter Ruben in einen stollichten Hafen; nehmet hernach abgezupffte Weixeln / waschet und röstets im Schmaltz / schüttets dann in den Hafen zu den Ruben / rührets unter einander / deckets zu / und last sie sieden.

196. Erd-Aepffel zu kochen.

Setzet die Erd-Aepffel im Wasser zu; wann sie eine kleine weile gesotten haben / so giesst das Wasser herab / und ein kaltes darüber / schneidets Plätzlein-weiß; sind sie aber nicht groß / kan man sie gantz lassen: darnach machets wie man die Kohl-
Ruben

derer so genannten Neben-Essen.

Ruben macht; oder man kan sie auch kalt im Essig und Oel/ als einen Salat/ geniessen.

197. Erd-Aepffel zu kochen/ auf andere Art.

Waschet die Erd-Aepffel/ setzets in einem Wasser zu/ und laßt sie sieden/ biß man vermeint/ daß sie fast weich sind/ und die Haut herab geht; thut sie alsdann in eine erdene Schüssel/ schählet und schneidet sie zu Plätzlein/ die nicht gar zu dinn sind/ legets in einen stollichten Hafen/ giesst eine gute Fleischbrüh daran/ würtzets mit Pfeffer und Muscaten-Blüh/ und laßt sie ein wenig in der Fleischbrüh sieden: Alsdann/ wann man sie schier anrichten will/ thut eine Butter dazu/ brennet ein wenig Mehl darüber/ setzets in eine Kohlen/ und lassets sieden/ daß ein dicklichtes Brühlein daraus werde; versuchets/ obs recht in Saltz sind/ und richtets dann an.

198. Welschen Petersilien zu kochen.

Nehmet Welschen Petersil/ schabet und schneidet ihn Viertelsweiß/ und so dann länglichte Stücklein daraus; waschet ihn aus einem Wasser reinlich heraus/ giesset in einen Hafen Wasser daran/ saltzet/ und laßt ihn sieden/ biß er weich wird; dann seihet das Wasser davon rein ab/ thut den Petersil in einen stollichten Hafen/ giesst gute Fleischbrüh dazu/ streuet Pfeffer/ Muscatnuß und Ingber darein/ thut ein gut theil Butter dazu/ setzet ihn auf eine Kohlen/ daß er starck siede/ und schwinget selbigen je zuweilen im Hafen herum/ damit er sich nicht anlege: Will man ihn aber nicht mit lauter Butter machen/ kan man ein wenig Mehl daran brennen/ und so dann ein Fleisch/ wann es gesotten/ und aus der Brüh heraus genommen ist/ etwan eine halbe Stund vor dem Essen/ unter den Petersil legen/ und also einen Wall mit aufthun lassen: Wann man nun anrichten will/ so seihet die Brüh in ein Häfelein/ richtet das Fleisch in eine Schüssel/ und den Petersil darüber; reibet auch/

Eee wanns

wanns beliebt/ ein wenig dörren Maseran in die Brühe/ und richtets über den Petersil an.

199. Morgeln oder Maurachen zu sieden.

Nimm Morgeln oder Maurachen die frisch sind / schneide die Stiel ab/ wasche sie aus einem Wasser; gieß alsdann ein siedendes Wasser darüber / laß es ein wenig stehen; alsdann wasche sie noch einmal / und drucks hernach wohl aus: mache eine Butter in einer Pfannen heiß/ schütte die Morgeln darein/ laß sie eine weile rösten/ thue sie nechst dem in einen stollichten Hafen/ giesse Fleischbrüh daran / würtze es mit Pfeffer / Muscaten-Blüh und Cardamomen/ laß sieden: Wann mans anrichten will/ thue noch ein Stuck Butter dazu/ und laß noch einen Sud aufthun. Wann aber die Morgeln dörr sind / kan mans in einem siedenden Wasser eine weile sieden lassen/ hernach aus etlichen Wassern waschen/ wieder abtrocknen / und wie die frische / besagter massen / ferner sieden und zurichten. *

200. Morgeln oder Maurachen zu füllen.

Nehmet grosse Morgeln / waschet und brühet sie einmal oder drey mit einem heissen Wasser an/ saltzt oder siedets im Saltz-Wasser ab; dann hacket ein theil davon gantz klein / thut Semmel-Mehl daran / oder auch ein wenig gehacktes und in Butter geröstetes Petersilien-Kraut/ würtzets mit Pfeffer / Cardamomen und Muscaten-Blüh / schlaget Eyer daran; ist es zu dick/ kan man ein wenig Fleischbrüh dazu giessen / und waans beliebt/ die gehackten Morgeln samt dem Semmel-Mehl zuvor ein wenig in Butter rösten/ so dann diese Füll in die grosse Morgeln oder Maurachen füllen/ an ein Spießlein stecken/ mit Butter treiffen/ auf einen Rost legen / und also abbraten; dann entweder trocken auftragen/

* Etliche rösten die Morgeln gar nicht/ sondern wann sie im Wasser gebrühet oder gesotten haben/ werden selbige wohl ausgedruckt/ und gleich in der Fleischbrüh zugesetzt/ und ferner mit Gewürtz und Butter/ wie oben gemeldt/ verfertiget. Wer will/ kan auch ein Stäublein Mehl daran brennen.

derer so genannten Neben-Essen.

gen / oder eine Butter-Brüh auf folgende Art darüber machen: Wann die Morgeln gefüllt und gebraten seyn / thut solche in einen stollichten Hafen / giest eine gute Fleischbrüh daran / würtzets mit Pfeffer / Cardamomen und Muscatblüh / werfft ein wenig Butter dazu / laßt es also eine weile mit einander auffsieden / und thut zuletzt noch ein gut theil Butter daran / damit die Brüh etwas dicklicht werde.

201. Morgeln oder Maurachen zu füllen / auf andere Art.

Waschet und brühet die Morgeln / wie vor gedacht / hacket dann ein Petersilien-Kraut klein / röstets mit ein wenig geriebenen Semmel-Mehl in Butter / schlagt Eyer daran / würtzets; füllet dann diese Füll / wann sie wohl unter einander gerühret worden / in grosse Morgeln oder Maurachen / und laßt sie in der gleich zuvor beschriebenen Butter-Brüh sieden.

❋ ❋ ❋

Auf eben diese Art kan man auch die so genannte Stock-Morgeln hacken / würtzen / mit Eyern und ein wenig gerösteten Semmel-Mehl anmachen / und die Spitz-Morgeln oder Maurachen / nach belieben / damit füllen.

202. Morgeln noch anderst zu füllen.

Wasche die Morgeln fein reinlich / es seyen gleich frische oder dürre / brühe sie mit einem siedenden Wasser an / laß eine weile daran stehen; gieß alsdann das Wasser davon herab / und hernach ein ander siedendes Wasser / wie zuvor / darüber / laß wieder eine weile daran stehen / und so mache es allezeit einmal drey oder vier; alsdann seihe die Morgeln wohl ab / und gieß eine gute Fleischbrüh daran: Wer aber will / der kans zuvor in Butter rösten / ehe man die Fleischbrüh daran schüttet / da sie dann viel besser werden; würtz es mit Ingber / Pfeffer / Cardamomen und Muscaten-Blüh / laß hernach sieden biß weich seyn; dann gieß die Brüh davon herab/ und wieder eine frische Fleischbrüh daran/ thue auch nochmal ein wenig Pfeffer/ Jngber und Muscatblüh dazu/ und laß zuletzt ein gut Stuck Butter mit auffieden: Also kan man die Morgeln/ wie Num. 199. gedacht/ entweder allein verspeisen/ oder aber mit Briesen oder Drüsen auf folgende Art ferner abkochen: Nehmet die Briese/ waschet und schüpffet sie nur ein wenig ab/ daß sie fein härtlicht bleiben/ schneidets Plätzlein-weiß/ legts in ein Häfelein/ und giesset frische Fleischbrüh daran/ streuet Pfeffer/ Muscaten-Blüh/ ein wenig Jngber und Cardamomen darein/ und lassets wohl unter einander sieden/ doch also/ daß sie nicht zu weich werden; giesset ein theil von der Brüh/ darinnen die Briese gesotten haben/ herab/ und mischet die Morgeln und Briese unter einander: dann schneidet noch ein gut theil Butter daran/ laßt alles wohl auffieden; ist es zu gesaltzen/ so helfft mit ein wenig Wasser/ lassets ferner sieden/ und richtets alsdann an. *

203. Stock-Morgeln zu kochen.

Erstlich brühe die Morgeln mit heissem Wasser einmal vier oder fünff ab/ biß das Wasser schön und rein davon herab fliesset; alsdann thue es in einen stollichten Hafen/ gieß eine gute Fleischbrüh daran/ pfeffers/ und laß wohl sieden; hernach gieß diese Brüh davon/ seihe es wohl ab/ und gieß wieder eine andere Fleischbrüh daran/ würtze es mit ein wenig Pfeffer/ Muscatnuß und Jngber/ laß auffieden; alsdann thue zimlich viel Butter daran/ laß ferner sieden/ übergieß sie offt: wann es nun fertig/ richte sie an.

Oder:

* Mercket/ daß wann die Morgeln in Butter geröstet werden/ man selbige nicht zweymal in der Fleischbrüh sieden müsse/ sondern man legt sie gleich nach dem rösten in ein Häfelein oder Töpfflein/ giesset Fleischbrüh daran/ würtzets/ und brennet gar ein wenig in Butter geröstetes Mehl darein: Wann dann die Briese abgeschipfft/ und Plätzlein-weiß geschnitten/ auch die Morgeln ein wenig eingesotten/ legt man die Briese dazu hinein/ thut ein Stuck Butter dazu/ und lässets also auffieden: Wems beliebt/ der kan auch ausgeschählte Krebse mit untermischen.

derer so genannten Neben-Essen.

❀ ❀ ❀
Oder:

Wann die Morgeln allerdings abgebrühet sind / wie vor gemeldt/ hacket solche gantz klein / und röstet sie in Butter / seihet dann das Schmaltz wohl davon / und thut die Morgeln in einen stollichten Hafen / giesset eine gute Fleischbrüh daran / würtzets mit Pfeffer / Ingber / Muscatnuß und Cardamomen; thut zuletzt ein gut theil Butter daran / und lassets mit auffsieden / so wird ein dickes Brühlein daraus werden: Auch kan man / nach belieben / ein wenig in Butter geröstetes Mehl darein brennen / und so dann über Kalb-Lamms- oder Ziegen-Fleisch anrichten. Man kan solche auch ungeröstet lassen / und wie die andern Morgeln gleich in einer Fleischbrüh sieden / Butter und Gewürtz daran thun.

204. Brätlinge zu zurichten.

Nutze die Brätlinge / legs in ein Wasser / und wasch es heraus; setz in einer guten Fleischbrüh zu / thue ein wenig Pfeffer und Muscatblüh daran / laß eine gute weile sieden: hernach wann sie gesotten / thue frische Butter / und ein klein wenig Petersilien-Kraut / fein klein geschnitten / daran / laß so lang sieden / biß es ein dicklichtes Brühlein wird; versuchs obs recht im Saltz ist: ist es zu gesaltzen / kan man ein wenig Wasser dazu giessen / siehe aber daß das Brühlein dicklicht bleibe / und nicht zu dinn werde; alsdann richte sie an.

205. Brätlinge zu zurichten / auf andere Art.

Zu erst putzet die Brätlinge / und schneidet die Stiel herab / schabet sie reinlich / und schneidet dieselbe von einander; seynd die Brätlinge groß / kan mans auch ein oder zweymal von einander schneiden / und aus ein- oder zweyen Wassern / wann sie zuvor eine weile darinnen gelegen / heraus waschen; leget sie dann in
eine

eine Schüssel / und würtzets wohl mit Pfeffer und Saltz: machet ein wenig Schmaltz in einer Pfannen heiß / es sey gleich ein frisches oder ein Bachschmaltz ; schüttet die Brätlinge dazu hinein / samt denen Stielen / und lassets darinnen rösten / biß sie wohl weich und lind werden. Die Brätlinge geben zwar an sich selbsten viel Brüh / man kan es aber nur bey einander lassen / biß sie bald fertig / weich und lind seyn; dann seihet das Schmaltz samt der Brüh herab / thut eine gute Butter daran / last es noch ein wenig in der Pfannen rösten oder schweissen / biß daß die Butter schön gistig daran wird: Alsdann richtet die Brätlinge zusamt der Buttere in eine Schüssel / und tragets wohl heiß zu Tisch.

❋ ❋ ❋

Oder:

Man kan die Brätlinge allerdings zubereiten / wie erst gedacht / und im Schmaltz rösten / aber nicht gar zu lang; dann giesset in einen stollichten Hafen eine gute Fleischbrüh daran / brennet ein Stäublein Mehl darein / würtzet es mit Pfeffer und Muscatnuß / lassets auf einer Kohlen / und kurtz zuvor / ehe man solche anrichten will / ein gut Stuck Butter mit auffsieden: Man kan sie auch / an statt der Butter oder Schmaltz / in Oel auf diese weise zurichten / daß man / wann sie in Oel geröstet sind / dasselbige herab / und eine gute Fleischbrüh daran giesse / so dann pfeffere und anrichte.

206. Brätlinge zu zurichten / noch anderst.

Wann die Brätlinge allerdings sauber abgeputzt seyn / sie müssen aber gantz bleiben / und nur die Stiel davon herab geschnitten werden / pfleget man sie in das Wasser zu legen / dann reinlich zu waschen / in einer Schüssel wohl einzusaltzen / und zu pfeffern / wie vor gemeldt. Schmieret dann einen Rost mit Butter/

derer so genannten Neben-Essen.

ter / und leget die Brätlinge darauf: Indessen lasset eine Butter in einem Häfelein zergehen / und bedupffet mit einem Penselein die Brätlinge immerzu / biß sie schön ausgebraten seynd / wendets auch fleissig um/ daß sie auf beyden Seiten schön abbraten; legts in eine Schüssel / und tragets zu Tisch. Wanns beliebt/ kan man ein wenig Butter schön giftig werden lassen / und über die gebratene Brätlinge in die Schüssel giessen / so bleiben sie desto safftiger: Auch mag man/ so es gefällig/ die Num. 200. bey den Morgeln beschriebene Butter-Brüh darüber machen.

207. Weisse Pfifferlinge zu kochen.

Nutze die Pfifferlinge reinlich/legs in ein frisches Wasser/wasche und saltze sie/ thue ein wenig Kümmel daran/ schwings in der Schüssel herum; legs in ein heisses Schmaltz oder Butter/ laß rösten / biß sie braun und rösch werden: seihe dann ein wenig Butter oder Schmaltz davon herab/ richte sie in eine Schüssel/ und streue ein wenig Pfeffer darauf.

208. Gelbe Pfifferlinge zu kochen.

Klaube und putze die Pfifferlinge auf das reinlichste/ und brühe sie dann einmal oder drey mit einem siedenden Wasser an: Wer will/ kan es auch/ an statt dessen/ einen Sud im Wasser thun lassen/ damit das Bittere recht davon komme: dann seihe das Wasser davon ab/ und drucke sie wohl aus / hacks klein / und röste sie im Schmaltz/ gieß in einen stollichten Hafen Fleischbrüh daran/ würtze es mit Ingber und Muscatblüh / und saltz sie nach belieben; laß es also mit einander/ und zuletzt ein gut Stuck Butter zugleich aufsieden. Will man sie aber sauer haben/ kan man ein wenig Essig daran giessen; oder verlanget man Zwiebeln daran / so röstet kleingeschnittene im Schmaltz/ und mischt sie darunter: Oder man kan auch die Zwiebeln / weniger nicht Petersilien-Kraut oder Schnittlauch/ welches hievon beliebig/ zugleich mit den Pfifferlingen hacken/ und

und mit einander im Schmaltz rösten. Wann aber die Pfifferlinge/ nur/ wie zu erst gedacht/ in der Fleischbrüh ohne Zwiebel gekocht werden/ kan auch ein süsser Milchram darunter gerühret werden/ nach eines jeden selbst=eigenen gefallen und belieben.

Eilffter

Eilffter Theil,
Erzehlend vielerley zu zurichtende Speisen von
Eyern.

1. Eingerührte Eyer im Schmaltz.
2. — — — — mit Bratwürsten.
3. — — — — — Sardelln.
4. — — — — — auf andere Art.
5. Eingesetzte Eyer im Schmaltz.
6. — — — — in einer Schüssel.
7. — — — — mit Oel.
8. Gebachene Eyer oder Ochsen-Augen.
9. Gestürtzte Eyer.
10. — — — auf andere Art.
11. Grüne Eyer oder Gras-Eyer.
12. — — — auf andere Art.
13. — — — noch anderst.
14. Halbierte ⎫
15. Harte   ⎬ Eyer.
16. Gefüllte ⎭
17. — — — auf andere Art.
18. — — — noch anderst.
19. — — — auf eine andere Weise.
20. Gefüllte Eyer am Spieß zu braten.
21. — — — — auf andere Art.
22. — — — — noch anderst.
23. Geröstete Eyer.
24. Ein Braten von Eyern.
25. — — — — auf andere Art.
26. Ein Euter von Eyern.
27. Verdeckte Eyer.
28. Verlohrne — —
29. Eyer in der Fasten.
30. — — — — auf andere Art.
31. Eyer-Wämmlein.
32. — — Kißlein.
33. — — Würstlein.
34. — — — auf andere Art.
35. — — Knötlein oder Glößlein.
36. Ein Gras-Göcker oder verlohrnes Hünlein.
37. Ein Eyerplatz oder Pfannen-Kuchen.
38. — — — — auf andere Art.
39. — — — — noch anderst.
40. — — — — auf eine noch andere Weise.
41. Ein Eyer-Käß.
42. — — — auf andere Art.
43. — — — gebachen.
44. Eyerkäß-Torten.
45. — — — auf andere Art.
46. — — — noch anderst.
47. Eyer-Sultzen.

Ffff   1. Ein-

1. Eingerührte Eyer im Schmaltz.

Man nehme so viel Eyer als man will/ schlage selbige in ein Häfelein/ saltze und zerklopffe sie wohl; dann thue man ein Kochlöffelein voll Mehl in ein Schüsselein/ gieße von den zerklopfften Eyern allgemach ein wenig an das Mehl/ und rühre es fein glatt damit ab/ schütte hernach das angezwirte Mehl wieder zu den Eyern in das Häfelein/ wiewol man es auch ohne Mehl von lauter Eyern machen kan: thut dann in ein Pfännlein/ ohngefehr so viel als eines Eyes groß/ frisches Schmaltz/ last es heiß werden/ und wieder erkalten; schüttet hernach die Eyer aus dem Häfelein in das Pfännlein mit dem Schmaltz/ haltet es über das Feuer/ klopffet sie wohl mit dem Kochlöffel herum/ hebets je zu weilen vom Feuer/ rührets ferner mit einem Kochlöffel/ daß sie nicht hart oder knockericht werden; haltets dann wieder über das Feuer/ und gebet gute Achtung daß die Eyer nicht erharten/ sondern fein lind und gut bleiben: Richtets hernach in eine Schüssel/ oder setzts in der Pfannen auf den Tisch/ nach dem es beliebt; streuet aber oben Ingber und Muscatblüh darauf. Und so es gefällig/ kan man unter die zerklopfften Eyer/ ehe sie ins Schmaltz gethan werden/ gehacktes Petersilien-Kraut oder Schnittlauch rühren und untermischen.

2. Eingerührte Eyer im Schmaltz/ mit Bratwürsten.

Zerklopffet acht oder zehen Eyer/ auch nach belieben mehr oder weniger/ giesset ein halb Gläslein Wasser darein/ und rühret es darunter/ wiewol es auch ohne Wasser gemachet werden kan; indessen lasset ein Schmaltz in einem Pfännlein heiß werden/ und wieder erkuhlen/ giesset dann die zerklopfften Eyer in das Schmaltz/ haltets über das Feuer/ und rührets fleissig/ nehmts auch offt vom Feuer herab/ und ruͤrets ferner/ daß es nicht gar zu stockicht

stockicht und hart werde: Indessen bratet die Bratwürste auf die gemeine Art ab/ schneidets zu dinnen Plätzlein/ mischet sie/ wann die Eyer im Schmaltz halb fertig/ darunter/ und lassets miteinander ferner abkochen. *

3. Eingerührte Eyer im Schmaltz/ mit Sardelln.

Zu zweyen Eyern wird nur ein einiges Sardelln genommen/ und zwar erstlich gewässert/ ausgegrätet und gewaschen/ dann zerschnitten und klein gehacket/ nachmals in eine zinnerne Schüssel/ samt einem guten Stuck Butter/ gelegt/ und auf eine Kohlen gesetzt/ damit die Sardelln samt der Butter gantz zergehen: Indessen schläget man die Eyer in ein Häfelein oder Töpfflein/ zerklopfft sie wohl/ thut ein wenig Muscatblüh daran/ und giessets/ wann die Sardelln besagter massen in der Butter zerschmoltzen/ dazu hinein in die Schüssel/ und rührt es wohl unter einander/ damit es schön glatt und nicht brockicht werde: Wann es nun recht unter einander gekocht/ so streuet noch ein wenig Muscatblüh darauf/ und tragets zu Tisch.

4. Eingerührte Eyer im Schmaltz/ mit Sardelln/ auf andere Art.

Macht die Eyer im Schmaltz auf vor beschriebene Art/ und schneidet aus einem Sardelln/ welche auch gewässert und ausgegrätet worden/ vier Stücklein/ und thut sie/ wann die Eyer im Schmaltz halb fertig sind/ dazu hinein/ last es ferner miteinan-

Ffff ij

* An statt der Bratwürste/ kan man auch gesottene Bratwürste nehmen/ dieselbige zu Plätzlein schneiden/ im frischen Schmaltz oder Butter rösten/ und dann unter die Eyer im Schmaltz kochen: Oder aber/ man kan die Würste/ sie seyen gleich gesotten oder gebraten/ wann sie zu Plätzen geschnitten/ zuvor ein wenig erkalten lassen/ alsdann die zerklopffte Eyer darüber giessen/ und ferner abkochen/ wie erst gedacht. An statt deß Wassers aber/ kan man sich auch einer Milch/ nach belieben/ bedienen.

einander kochen. An statt der Sardeiln/ kan es auch mit gewässerten Heringen oder süssen Picklingen auf diese weise gemachet werden: Man muß die Heringe oder Picklinge ausgräten/ zu kleinen Stücklein zerschneiden / und in der Butter ein wenig rösten/ alsdann die zerklopffte Eyer darunter rühren / und mit einander aufsieden lassen.

5. Eingesetzte Eyer im Schmaltz.

Schlaget so viel Eyer aus/ in eine mit Butter bestrichene flache Schüssel/ als ihr wollet/ man muß aber sehen/ daß die Dottern gantz bleiben; dann saltzets/ und streuet ein wenig Mehl darauf/ macht ein gut theil Schmaltz in einer niedrigen oder flachen Pfannen heiß/ giesst davon ein theil in ein kleines Pfännlein/ schüttet die Eyer in das heisse Schmaltz in der grössern Pfannen/ und brennet dann von dem andern kleinern Pfännlein/ das andere wohl heiß auf die Eyer/ daß es bald schön braun werde; seihet geschwind das Schmaltz herab/ last es wieder heiß werden/ und brennet es noch einmal/ wie zuvor/ darüber; man muß aber sehen daß die Eyer nicht zu hart werden/ und deßwegen die Pfannen nicht stetig ob dem Feuer halten: Wann es nun fertig/ so reibet den Pfannen-Boden reinlich ab / daß er nicht schmaltzig ist/ und traget zu Tisch. Wer will / kan es auch in eine warme Schüssel anrichten/ und darinnen auftragen.

6. Eingesetzte Eyer im Schmaltz/ in einer Schüssel.

Schmieret die Schüssel wohl mit Butter/ schlagt dann so viel Eyer darein / als man verlangt; saltzets ein wenig / setzt die Schüssel auf ein Kohlfeuer oder sied-heisses Wasser/ deckets mit einer Schüssel zu/ und last es so lang stehen/ biß sich das Weisse ein wenig überziehet / dann die Dottern dörffen nicht hart werden: Wird es auf der Kohlen gemacht/ so nehmet die stärckste Glut von der Kohl-Pfannen bald heraus / daß nur ein wenig darinnen bleibt; giesst etwas von einer zerlassenen Butter oben auf die Eyer in der Schüssel/

Schüssel/ thut eine Stürtzen mit Kohlen darüber/ und bräunt es hurtig und geschwind ab/ wiewol man sie auch unabgebräunet lassen kan/ nach eigenen belieben: Ehe man sie aber zu Tisch träget/ wird ein wenig Muscatenblüh darauf gestreuet.

7. Eingesetzte Eyer im Schmaltz/ mit Oel.

Giesset ein Oel in eine Schüssel/ schlaget Eyer darein/ so viel ihr wollet/ doch also/ daß die Dottern schön gantz bleiben/ setzt die Schüssel auf ein sied-heisses Wasser/ oder auf ein Kohlfeuer/ saltzt ein wenig auf die Eyer/ deckets mit einer Schüssel zu/ last aber die Eyer nicht gar hart werden; seihet dann das Oel noch einmal herab/ macht es wieder heiß wie zuvor/ und giessets oben darauf/ daß es schön braun werde: Dann tragets zu Tisch/ und streuet zuletzt Ingber und Muscatblüh/ oder/ wann es beliebt/ auch ein wenig Käß darauf.

8. Ochsen-Augen oder gebachene Eyer.

Schlag ein frisches Ey aus in ein Schüsselein/ daß der Dottern gantz bleibt/ saltze es ein wenig/ und streue Weitzen-Mehl darauf; mache indessen ein Schmaltz in einem tieffen Pfännlein heiß/ schütte das Ey hinein/ wende es mit einem breiten löcherichten Löffel um/ und bache es fein geschwind heraus/ daß der Dotter nicht hart werde: Legs in ein warmes Schüsselein/ und bache auf diese weise die andern alle/ so viel man verlanget.

9. Gestürtzte Eyer.

Man nehme ohngefehr drey Eyer/ siede dieselbige/ biß sich das Weisse nur ein wenig anleget; dann werden sie aufgeschlagen/ wie man sonst/ wann sie weich gesotten/ im Essen zu thun pfleget/ aber nicht im obern theil/ wo es spitzig ist: lasset die Dottern heraus lauffen in eine Schüssel/ schlagt noch ein frisches Ey daran/ streuet Saltz und Muscatblüh darein/ klopffets unter einander/

macht in einem Pfännlein ein Schmaltz heiß/ nehmet einen eisernen Löffel/ ziehet selbigen durch das heisse Schmaltz/ schüttet von den zerklopfften Eyern den dritten Theil darein/ und decket oder stürtzet eine von den ausgeschlagenen Schalen geschwind darüber/ daß das Löchlein derselben unter sich komme / haltet es zusamt dem Löffel in das Schmaltz; ziehet den Löffel geschwind heraus/ und last das Ey bachen/ biß es schön braun wird.

10. Gestürtzte Eyer/ auf eine andere Weise.

Lasset die Eyer ein klein wenig sieden/ schlaget sie auf/ als wolte man sie weich gesotten essen; schüttet das einwendige zusammen in ein Schüssel-oder Häfelein / würtzets mit ein wenig Saltz/ Jngber/ und Muscatblüh/ schlagt auch ein ungesottenes Ey daran / und klopfft es wohl unter einander: last dann ein frisches Schmaltz wohl heiß werden/ giesset von den zerklopfften Eyern die leere Schalen wieder voll / darinnen sie zuvor gewesen seyn. Dann nehmet in einen eisernen tieffen Löffel ein wenig heisses Schmaltz/ giesset aus der Eyer-Schalen die Eyer in den Löffel/ und stürtzt die Schalen geschwind darüber; legt es also fein gemach aus dem Löffel in das Pfännlein mit dem heissen Schmaltz/ und bacht es schön licht-gelb heraus.

11. Grüne Eyer oder Gras-Eyer.

Siedet etliche Eyer hart/ und rühret sie mit einem Löffel um/ daß sie gleich sieden; wanns gesotten sind/ schneidet sie von einander/ nehmet die Dottern heraus in eine Schüssel/ und zerreibt sie wohl mit einem Löffel: waschet und hacket ein Petersilien-Kraut klein/ röstets zusamt ein wenig Semmel-Mehl in Butter/ und rührt es unter die Eyerdottern; streuet Muscaten-Blüh/ Jngber / Pfeffer / und ein wenig Cardamomen darein/ schlagt noch ein oder mehr frische Eyer daran / nach dem der Dottern viel sind; doch muß die Füll nicht zu dinn werden: rührt es wohl unter einan-

einander / streicht es dann wieder in das von einander geschnittene hart-gesottene Weiße vom Ey / und zwar fein erhoben: Dann legts in eine Schüssel/ gießt eine siedende Fleischbrüh darüber/ thut ein gut theil Butter/ Muscatblüh/ und ein wenig Cardamomen darein/ und laßt es mit einander einen Sud auf der Kohlen aufthun. Oder man kan sie auch bachen / aber zuvor in einem Ey umkehren / und dann folgende grüne Brüh darüber machen: Stoße ein wenig Petersilien-Kraut in einem Mörsel / zwings mit einer Fleischbrüh durch/ thue Butter und Gewürtz darein/ laß sieden/ aber nicht lang/ damit sie nicht falb werde.

12. Grüne- oder Gras-Eyer/ auf andere Art.

Hacket ein Petersilien-Kraut/ und röstets im Schmaltz/ schüttets in eine Schüssel / und machet alsdann in etliche Eyer unten und oben Löchlein/ blaset das einwendige/ nemlich den Dottern zusamt dem Weißen / in das geröstete Petersilien-Kraut; mischt ein wenig Semmel-Mehl/ reinlich geklaubt und gewaschene Weinbeerlein oder Corinthen/ ingleichen auch Muscaten-Blüh/ Ingber/ und ein wenig Saffran darunter/ saltzets/ rühret es untereinander/ und füllet also diese Füll in die ausgeblasene Eyer-Schalen; machet die Löchlein mit ein wenig Teig wiederum zu/ steckt sie an ein Spießlein / und bratets auf einem Rost über einer Kohlen/ treiffet eine Butter zu denen Löchlein hinein: Wann sie dann fertig sind/ trocknet sie fleißig ab/ daß sie nicht unsauber seyn/ und tragets zu Tisch.

13. Grüne- oder Gras-Eyer/ noch anderst.

Nehmet fünff Eyer/ machet unten und oben an denen Spitzlein ein kleines Löchlein/ und blaset den Dottern und das klare heraus/ rühret ein wenig Mehl darein/ zerklopffts wohl/ und gießet einen Löffel voll Milch dazu; dann thut ohngefehr einer
Welschen

Welschen Nuß groß / Butter oder Schmaltz in eine Pfannen / laſ=
ſets zergehen / klopfft die Eyer / wie oben ſtehet / darein / rührets mit
einem Löffel wohl glatt ab / wie eingerührte Eyer im Schmaltz. Fer=
ner rühret ein wenig Corinthen oder Weinbeerlein und Saltz / in=
gleichen auch / anfänglich alſobald unter die Eyer / ein gehacktes Pe=
terſilien=Kraut / oder / nachdem die Eyer im Schmaltz fertig / ein
wenigklein=zerſtoſſenen Majoran: Miſchets alsdann in einer
Schüſſel wohl unter einander / und füllets in die ausgeblaſene Eyer=
Schalen / machet die Löchlein mit einem Teig zu / ſteckets an ein
hölzernes Spießlein / laſſets eine kleine weile braten / gieſſet ein hei=
ſes Schmaltz darüber / und ſo die Eyer ſchwitzen / haben ſie genug;
doch muß man die eingerührte Eyer im Schmaltz nicht dick werden /
ſondern etwas dinn verbleiben laſſen / und ehe man die Füll in die
Schalen füllet / noch ein friſches Ey darunter rühren.

14. Halbierte Eyer.

Schneidet die hart=geſottene Eyer halb von einander / zerreibet
die Dottern davon in einem Schüſſelein; miſchet ein wenig
Semmel=Mehl oder geriebenes Eyerbrod / ingleichen auch
Zucker / Weinbeere / Roſin / länglicht=geſchnittene Mandeln / und ge=
ſtoſſene Zimmet / auch Pfeffer und etwas Saffran darunter; ſchla=
get ein oder zwey Eyer daran / und rühret alles wohl durch einan=
der: füllet es dann in das hart=geſottene Weiſſe vom Ey / und häuf=
felt es ein wenig auf / bachets im Schmaltz; gieſſet einen Wein in
ein Pfännlein / ſtreuet Zucker und Triſanet / und ein wenig von einem
zerriebenen Lebkuchen darein / laſſets aufſieden / und richtets dann
über dieſe halbierte gefüllt=und gebachene Eyer. *

15. Harte Eyer im Senff oder Moſtart.

Siedet die Eyer hart / ſchählet die äuſſerſte harte Schale her=
ab / ſchneidets in der mitten von einander / legets in eine
Schüſſel / und thut ein gut theil Butter dazu; gieſſet einen
Senff oder Moſtart daran / ſetzet die Schüſſel auf eine Glut=Pfan=
ne

* Man kan auch den Lebkuchen davon laſſen.

ne / lassets aufsieden / und tragets zu Tisch. Wolte man sie aber kalt zum Salat aufsetzen / so darff man keine Butter daran thun / sondern den Senff oder Mostart mit Rosen-Essig anzwieren / und die Eyer darein legen.

16. Gefüllte Eyer.

Sjede so viel Eyer / als dir beliebt / hart / schneide sie dann in der mitten entzwey / nim die Dottern heraus / hacke selbige klein / streue Saltz / Ingber und Pfeffer darein / mische kleine Rosinlein / und einen Löffel voll Milchram / auch / so es beliebt / etwas von grünen Kräutern darunter; fülle dann von dem hart-gesottenen Weissen / beede theile damit voll an / binde sie mit einem Faden wieder zusamen: Mache hierauf ein Teiglein von Mehl und Eyern an / und begiesse die Eyer damit / oder aber wende sie ein- und andermal darinnen um / und bachs im Schmaltz; dann schneide den Faden davon ab / legs in eine Schüssel / mache eine gelbe Wein-Brüh darüber / und trags zu Tisch.

17. Gefüllte Eyer / auf andere Art.

Nimm etliche Eyer / mache an jeder Spitzen derselben ein Löchlein / und blase zugleich das Gelbe und Weisse dadurch heraus / rühre es wohl unter einander; hacke Salbey / Petersilien / oder andere beliebige grüne Kräuter / darunter / würtze es mit Ingber / geriebenen Muscaten / und ein wenig Pfeffer und Saltz: fülle es dann wiederum in die Schalen / vermache die Löchlein mit Teig; lege die Eyer in ein heisses Schmaltz / bachs langsam heraus / und rühre sie offt um / daß sie nicht anbrennen.

18. Gefüllte Eyer / noch anderst.

Schwemme die Eyer im Wasser / welche dann unten ligen / und zu boden fallen / die sind frisch / siede selbige hart / schähle und schneide sie von einander / nimm das gelbe davon heraus /

Gggg

aus / und hacke es klein; menge ein gut theil Zucker / Zimmet und Weinbeerlein oder Corinthen darunter / gieß ein wenig Rosen-Wasser / oder einen Löffel voll Wein daran / daß sie lind werden; fülle es dann wieder in das Weisse: Mache ein Teiglein von Eyern und Mehl / oder aber lauter Eyern an / lege die gefüllte Eyer darein / wends darinnen um / bache sie heraus / und mache dann eine braune Kirschen-Brüh darüber.

19. Gefüllte Eyer / auf eine andere Weise.

Siedet schöne grosse Eyer hart / legets / wann sie gesotten sind / in ein kaltes Wasser / damit die äussersten Schalen desto leichter sich herab nehmen lassen: Wann sie nun abgeschählet seyn / schneidet mit einem kleinen schmahlen Messerlein / oben an der Spitzen / ein Plätzlein eines Nagels groß herab / ziehet das Gelbe mit dem Messerlein heraus / daß das Weisse gantz darinnen bleibe; dann nehmt von zwey hart-gesottenen Eyern das Weisse / und zwey Dötterlein / so von den vorigen Eyern heraus gezogen worden / hackets klein / mischet abgezogene länglicht-geschnittene Mandeln / Rosinen und Weinbeerlein oder Corinthen darunter; nehmet aber zuvor von den Rosinen die Kerne heraus; giesst ein wenig Wein und Rosenwasser daran / thut auch klar-gestossenen Zucker / Zimmet / Cardamomen / Muscaten-Blüh / ein wenig Ingber / und etwan so viel Saltz / als man zwischen zweyen Fingern halten kan / dazu / rührt alles wohl durch einander / und füllts in die geschählte Eyer / thut das Deckelein wieder oben darauf / stecket ein kleines dinnes Spän- oder Hölzlein / oben durch die mitten deß Deckeleins / in das Ey hinein / damit es desto eher haffte: Dann macht einen Teig an / mit Wein und einem Weissen vom Ey / nehmet aber kein Mehl dazu / zuckerts / walchert die Eyer in dem angemachten Teig herum; legts in ein heisses Schmaltz / bachets schön heraus daß sie nicht zu braun werden / und legts in eine Schüssel: dann kan man sie entweder trocken aufsetzen / oder aber diese Brüh darüber machen. Reibet einen guten Lebkuchen / röstet ihn

zu zurichtende Speisen von Eyern.

ihn ein wenig im Schmaltz / gießt einen Wein und etwas wenigs Holder= oder Rosen=Essig daran / zuckerts / und lassets auffsieden / gießt es über die Eyer / streuet Trisanet darauf / und tragets zu Tisch.

20. Gefüllte Eyer am Spieß zu braten.

Nimm ohngefehr zehen oder zwölff Eyer / mehr oder weniger / darnach man viel haben und machen will; schlage sie an den Spitzen auf / mache kleine Löchlein darein / blase das Gelbe und Weisse heraus / und rühre es ein wenig in einem Pfännlein mit warmer Butter ab / aber nicht so starck / wie sonst: schlage dann wieder frische Eyer daran / daß sie / wie zuvor / dinn werden; mische nachmals kleine Rosin / Ingber / Pfeffer / Zimmet / Saffran / und ein wenig Saltz darunter / wie auch gehacktes Petersilien= oder ein anderes beliebiges grünes Kraut / machs / so es beliebt / mit Zucker süß / und fülle also diese Füll wieder in die Schalen; mache die Löchlein ein wenig mit einem Teig zu / stecke die Eyer an hölzerne Spießlein: lege selbige auf einen Rost / laß braten / und richte sie hernach an.

21. Gefüllte Eyer am Spieß zu braten / auf andere Art.

Schlaget die Eyer an denen Spitzen auf / blaset das Weisse und Gelbe in eine Schüssel / und klopffet es wohl; hacket junge Zwiebelein / und anderes grünes darein / röstet sie mit den Eyern im Schmaltz; hackets darnach wiederum klein / und thut ein gut Stuck Butter dazu / würtzets mit Ingber / Pfeffer / und ein klein wenig Saffran: füllets wieder in die Schalen / stecket ein Salbey= Blätlein für die Löchlein / und so dann die Eyer an kleine Spießlein / und bratet sie auf einem Rost / aber nicht gar lange.

22. Gefüllte Eyer am Spieß zu braten/ noch anderst.

Nimm etliche Eyer / mache an den beeden Spitzen Löchlein darein/ und blase das Weisse und Gelbe heraus/ wie offt gedacht; rühre es nur ein wenig in einem Schmaltz ab: reibe dann ein wenig abgezogene Mandeln klein/ hacke ein Stücklein Speck/ und menge es darunter/ saltze und würtze es mit Ingber/ Muscatnuß und Saffran/ und fülle es wieder in die Schalen; stecks an Spießlein/ legs auf einen Rost/ und brate sie ab.

23. Geröstete Eyer.

Sie Jede die Eyer hart/ und schähle sie ab; drucke die beyden Spitzen daß sie rund werden/ und schneide rings herum kleine Schnittlein darein: menge Saltz und Ingber unter einander/ und besprenge die Eyer wohl damit; darnach lege sie in ein heisses Schmaltz/ und röste selbige biß sie braun werden: Richte sie dann an/ und streue nochmal Ingber darauf.

24. Ein Braten von Eyern.

Nehmet ohngefehr zwölff oder funffzehen Eyer / mehr oder weniger/ darnach der Braten groß oder klein werden soll/ schlaget sie in ein Töpfflein aus/ zerklopffets wohl; hacket Petersilien= oder andere gute grüne Kräuter/ und mischet sie darunter/ würtzets mit Ingber/ Muscaten/ Pfeffer und Saltz: Will man ihn aber gerne süß haben/ kan man Zucker/ Zimmet und Weinbeerlein oder Corinthen dazu thun; zuvor aber machet ein leinen Säcklein/ anderthalb Viertel/ von einer Elen/ lang/ und ein halb Viertel breit/ bestreichet das Säcklein mit Butter oder Schmaltz/ daß die Eyer nicht dadurch rinnen; giesset dann die besagter massen zugerichtete Eyer darein/ und hänget das Säcklein alsobald in ein siedendes Wasser/ biß die Eyer dick werden: darnach trennet das Säcklein an einer Seiten auf/ nehmet das gesottene heraus/ daß es nicht zubreche:

zu zurichtende Speisen von Eyern.

che: Indessen schneidet von hart-gesottenen Eyern das Weisse länglicht wie einen Speck/ und spicket den Braten damit; lasset auch eine Butter in einem Pfännlein wohl heiß und etwas braun werden/ bestreuet diesen gemachten Braten auswendig mit Ingber und Saltz/ und leget ihn gantz gemach ins heisse Schmaltz/ giesset mit einem Löffel das Schmaltz wohl und offt darüber/ wendet selbigen um/ und laßt ihn braten/ biß er allenthalben fein braun wird; giesset dann das Schmaltz davon ab: Richtet den Braten in eine Schüssel/ und machet eine braune Lebkuchen- oder Pfeffer-Brüh darüber/ auf folgende Weise. Nehmet ein gut theil geriebenen Lebkuchen/ weichet ihn in einen Wein/ und treibt selbigen durch einen Seiher/ thut Zucker/ Ingber/ Pfeffer/ Muscatblüh und Zimmet daran/ laßt es einen Wall aufsieden/ giesset es über den Braten von Eyern/ und streuet Trisanet darauf. *

25. Ein Braten von Eyern/ auf andere Art.

Nimm acht Eyer/ einen Löffel voll Kern oder Ram/ und ein wenig gut weisses Mehl; mache ein Teiglein daraus/ das nicht zu dick seye/ würtze es mit Ingber/ Pfeffer/ geriebenen Muscaten/ Saffran und Saltz: schütte es dann in ein rein Leinwates-Säcklein/ hänge es in ein siedendes Wasser/ und laß sieden/ biß es dick wird; nimms hernach heraus/ schneide länglichte Stücklein daraus/ spicke sie mit dem Weissen von hart gesottenen Eyern/ legs in ein heisses Schmaltz/ bache sie schön braun heraus/ und mache dann/ nach belieben/ eine süsse Brüh darüber.

26. Ein Euter von Eyern.

Schlaget ohngefehr zehen oder zwölff Eyer in einen Topff oder Hafen/ rühret sie wohl; giesset dann so viel Ram oder gute dicke Milch/ als der Eyer seyn/ daran/ saltzets ein klein wenig/ würtzets mit Ingber und ein wenig Saffran/ mischet es alles wohl

unter

* An statt deß Lebkuchen/ kan auch ein Dotter-Brod genommen werden/ so wird es eine schöne helle Brüh.

unter einander: gieſſet es dann in ein wohl verwahrt und zugedecktes Geſchirr/ es ſey gleich ein Hafen oder Kannen/ und ſetzets in einen Keſſel oder Hafen mit ſiedenden Waſſer/ laſſet es ſieden/ biß wohl ſtarck und dick wird; legt es hernach auf ein weiſſes Tuch/ und ſeihet das Waſſer davon/ bindet das Tuch zuſammen/ beſchwehret es mit einem Deckel/ und darauf gelegten Gewicht oder Steinen/ und laſt es eine weile ligen/ biß es trocken wird: dann ſchneidet länglichte Schnittlein daraus/ wie man ein Küh-Euter zu ſchneiden pfleget/ beſtreuet es mit Jngber und Saltz/ betreiffets mit warmer Butter; legets auf einen Roſt/ oder in eine Bratpfannen/ welches faſt beſſer/ laſſets nur ein wenig braten/ und tragets zu Tiſch. Wer nun gerne ſüß eſſen mag/ kan/ an ſtatt deß Jngbers/ einen Zucker und Roſen-Waſſer an die Eyer und Milch rühren; auch/ nach belieben/ eine ſüſſe Brüh darüber machen.

27. Verdeckte Eyer.

Mache an den beyden Spitzen der Eyer/ Löchlein/ und blaſe das Gelbe und Weiſſe heraus in eine Schüſſel/ rühre es wohl; hacke ein oder etliche beliebige grüne Kräuter/ und menge ſie darunter/ ſaltze/ und würtze es mit ein wenig Pfeffer/ Jngber und Muſcatblüh: fülle es dann wiederum in die Eyer-Schalen/ mache die Löchlein an beyden Spitzen mit Teig veſt zu; legs in ein ſiedendes Waſſer/ laß ſieden/ biß ſie hart werden: Nimm darnach die harte Schalen davon/ ſchneide ſie halb von einander/ oder aber laſſe ſie gantz/ nach belieben/ ſtecks an kleine Spießlein/ und mach ein dinnes Teiglein von Eyern und Mehl zuſammen/ beſtreiche ſie am Spießlein allenthalben damit: Legs nachmal wohl zum Feuer/ und brate ſie biß ſie braun werden/ betreiffs mit heiſſer Butter; giebs alsdann alſo trocken/ oder mache eine Butter- oder aber ſüſſe Brüh/ nach gefallen/ darüber.

28. Verlohrne Eyer.

Schlaget ſo viel Eyer aus als ihr wollet/ gieſſet zwiſchen jedes ein wenig Waſſer/ damit ſie nicht zuſammen hängen; machet in-

zu zurichtende Speisen von Eyern.

chet indessen ein Wasser siedend/ saltzets ein wenig/ giesset die Eyer darein/ laßt sie einen einigen Sud thun/ hebt sie mit einem flachen Löffel nach einander heraus/ und legts in die Runde herum auf eine Käß= oder gebrennte Suppe/ und bestreuet sie mit Muscaten-Blüh. *

29. Eyer in der Fasten.

Zu einem Seidlein guten Ram oder oberer Milch/ ziehet ein Händlein voll Mandeln ab/ und stoßts mit Rosenwasser klein; nehmt darnach ein theil davon/ mischet ein wenig gestossene Zimmet und Saffran darein/ daß sie eine hochgelbe Farb bekommen/ zuckerts/ und formiret es wie die Eyer=Dottern: dann nehmet den andern theil Mandeln/ zwinget sie mit Kern oder süssen Ram auf das genauste durch/ setzets in einem Häfelein zum Feuer; thut ein Stücklein Hausen=Blasen darein/ lassets eine weile sieden: Wann ihr nun an dem Löffel sehet daß es dick werden will/ so hat es genug gesotten. Indessen nehmet etliche Eyer/ machet oben an der breiten Spitzen ein rundes Loch/ so groß als der Dottern ist/ thut das Weisse und Gelbe heraus/ setzet die Eyer=Schalen in einen Sand/ und giesset die gesottene Milch darein/ aber nicht voll; stecket hernach in die gelbe Dottern von Mandeln ein dinnes Höltzlein/ und setzets damit in das Ey in die mitt hinein; giesset dann mehr Milch dazu/ biß daß es voll ist: Wann es nun gestehen will/ ziehet das Höltzlein ein wenig übersich/ daß der Dottern in der mitten bleibt/ und also kan man dieser Eyer so viel machen als man will. Doch ist dabey annoch zu mercken/ daß/ wann die Milch gesotten/ selbige zuvor gezuckert werden müsse/ ehe sie in die Eyer gegossen wird; dann pfleget man sie in ein kühles Ort zu setzen/ und recht gestehen zu lassen; wann man sie aber verspeisen will/ die Schelffen oder Schalen davon

---

* Wann man ein Ey nach dem andern ausschläget/ ist es nicht nöthig daß man Wasser darauf giesse: Wann man aber nicht viel Zeit übrig hat/ und viel Eyer auf einmal verlieren will/ ist obbeschriebene weisse besser und bequemer.

von zu thun / das Ey in vier Theil zu zerschneiden / und zum Salat aufzutragen / so sehen sie wie harte Eyer: Man kan zwar die Eyer-Schalen besonders dazu aufheben; wann sie aber frisch genommen werden / so gehet das Ey viel eher und besser heraus.

30. Eyer in der Fasten / auf andere Art.

Giesset einen guten Kern oder süssen Ram in ein Häfelein / thut Zucker / und ein gut Stuck Hausen-Blasen daran / lassets sieden; machet dann in etliche Eyer unten und oben ein Löchlein / und blaset das Weisse und Gelbe heraus / giesst hernach die vorbesagte Milch darein / klebt ein Wachs für die Löcher / und setzets an ein kühles Ort / so wird die Milch in den Eyern gestehen: Indessen nehmet Rosenwasser und abgezogene Mandeln / zuckert und gilbets / schählet darnach die Schalen von denen Eyern fein subtil herab / schneidet selbige von einander / machet Gruben in der Mitten / so groß als sonst das Gelbe ist / und füllt die erstbesagter massen gegilbte Mandeln / wie die Dottern geformiret / darein.

31. Eyer-Wämmlein.

Nehmet vier oder sechs Eyer / nach dem man viel oder wenig machen will; schlaget und zerklopffets in einem Häfelein wohl / salzets / hackt ein wenig Petersilien-Kraut / und rührets darunter: wer aber nicht gern von grünen Kräutern essen mag / kans nur von blossen Eyern machen; dann lasset in einem flachen Pfännlein ein wenig Butter oder frisches Schmalz heiß werden / giesset es wieder heraus in ein Häfelein / und schüttet ein wenig von den gerührten Eyern in das Pfännlein / last es aber in dem hineingiessen geschwind herum lauffen / haltets ein wenig über das Feuer / so wirds ein dünnes Plätzlein: nehmets dann heraus / legets auf einen Teller / giesst das Schmalz wieder in das Pfännlein / lassets über dem Feuer / wie zuvor / warm werden / schwingets in dem Pfännlein herum / und giesst es wieder heraus / dagegen aber etwas von den zerrührten Eyern

Eyern darein / biß so lang und viel die Eyer sämtlich eingeschüttet worden: Wickelt oder rollt hernach die Plätzlein zusammen / und schneidet sie gantz schmal / giesset in einem stollichten Häfelein eine gute Fleischbrüh daran / streuet ein wenig Muscaten-Blüh und Pfeffer darein / thut ein gut Stuck Butter dazu / setzets auf eine Glut / und lassets auffsieden. *

32. Eyer-Kißlein zu machen.

MAn mache solche Eyer-Plätzlein / wie zu denen jetzt-beschriebenen Eyer-Wämmlein / und dann ein Bries-Gehäck an / wie zu denen Num. 51. im zehenden Theil beschriebenen Bries-Würstlein; füllt es in die Eyerplätzlein / überschlagets / formirets wie Kißlein / legets in eine Schüssel: macht mit Fleischbrüh und Butter eine Butter-Brüh an / streuet Muscatblüh und Cardamomen darein / lassets auf einer Kohlen auffsieden / und tragets zu Tisch. **

33. Eyer-Würstlein zu machen.

BEreitet von Eyern solche Plätzlein / die kurtz zuvor bey den Eyer-Wämmlein beschrieben worden. Machet aber zuvor diese Füll zusammen: Nehmt einen Niern von einem Niernbraten / welcher etwan besonders ausgeschnitten / und dazu kan aufgehebt werden; hacket selbigen klein / röstet ein wenig geriebenes Semmel-Mehl in Butter / und rührets unter den gehackten Niern / würtzets mit Pfeffer / Muscatnuß / und ein wenig Cardamomen / schlagt auch ein paar Eyer daran / saltzet und rühret alles wohl unter einander; solte die Füll zu dick seyn / giesst ein wenig kalte Fleischbrüh / oder gute

---

* Wann man diese Eyer-Wämmlein nicht klein schneiden will / kan man nur zusamm-gewickelte Würstlein daraus formiren / selbige in eine Schüssel legen / von Fleischbrüh / Butter und Gewürtz / eine Butter-Brüh darüber machen / und auf der Kohlen auffsieden lassen.

** Wanns beliebt / kan man sie zuvor in einer Buter braten / und dann trocken aufsetzen / oder auch eine Butter-Brüh / beschriebener massen / darüber machen.

gute Milch daran: dann nehmt die Plätzlein die von den Eyern gemacht sind/ und bestreicht sie auf einer Seiten gantz mit dieser Füll; wickelts dann also zusammen/ daß die Füll einwendig hinein komme/ und wie ein Würstlein werde; fahret damit fort/ so lang die Eyerplätzlein und der Nieren langen: Dann machet eine Butter in einer Bratpfannen warm/ leget die Würstlein darein/ und lassets also schön licht-gelb über der Kohlen/ oder aber in einem Bach-Oefelein abbraten/ und entweder also an und vor sich selbst/ oder aber in einer von Fleischbrüh/ Butter und Gewürtz zusamm-gemachten Brüh/ auf einer Kohlpfannen aufsieden/ und zu Tisch tragen. *

34. Eyer-Würstlein zu machen/ auf andere Art.

Zu sechs Würstlein nehmet drey Eyer/ verklopfft sie wohl/ saltzets ein wenig; lasset in einem Pfännlein eine Butter zergehen/ und schüttet die Eyer darein/ haltets über das Feuer/ machets wie ein eingerührtes/ rührets wohl herum/ doch also/ daß es nicht zu dick und stockicht werde/ sondern lind bleibe: Richtets dann in eine Schüssel oder Näpfflein/ rührt ein wenig Rosenwasser und Zucker/ auch/ wann man will/ Corinthen oder Weinbeerlein/ darunter; streuet alsdann ein schönes Mehl auf einen Deller/ schüttet ein wenig von den Eyern darauf/ schneidet Stücklein/ so groß als man die Würstlein haben will/ daraus/ waltzet es ein wenig in dem Mehl herum/ und bachets fein kühl in einer Pfannen aus dem Schmaltz; legets in eine Schüssel/ und machet folgende Brüh darüber: Giesset einen Reinfal oder sonst guten Wein in die Schüssel/ zu den gebachenen Würstlein/ streuet ein wenig Zucker und gestossene Zimmet darein/ und last es mit einander einen Wall aufsieden: nimmt man aber keinen süssen Wein/ so muß deß Zuckers mehr/ und ein wenig Saffran darunter genommen/ auch wann man sie zu Tisch träget/ ein wenig Trisanet darauf gestreuet werden.

35. Gu-

* An statt deß Nierns/ kan man sich auch der Briese oder Hüner-Leberlein/ so zuvor ein wenig abgeschippfet worden/ nach gefallen bedienen.

35. Gute Eyer-Knötlein oder Klößlein zu machen.

Man mache eingerührte Eyer im Schmaltz / so wohl lind sind; schütte sie in eine Schüssel / rühre einen Löffel voll schönes Mehl daran / streue Jngber / Pfeffer / ein wenig Saffran und Muscatblüh darein / lasse eine Fleischbrüh siedend werden / und mache aus dem Teig Knötlein oder Knöpflein / so groß als kleine Butter-Knötlein: Wann nun die Brüh siedet / lege man selbige hinein / lasse sie so lang sieden / als harte Eyer / und trags dann zu Tisch. *

36. Ein Gras-Göcker oder verlohrnes Hünlein.

Nimm drey oder 4. Eyer / schlags in ein Häfelein / klopffs wohl / thue klein-gehacktes Petersilien-Kraut / wie auch Muscaten-Blüh / Saltz / und vier Löffel voll Semmel-Mehl / oder sonst so viel geriebenes Eyerbrod daran / rühre alles wohl unter einander / würff auch ein gut theil Butter hinein; fülle ein stollichtes halbes Maas-Häfelein halb mit Fleischbrüh an / laß sieden / schütte hernach die Eyer darein / und lasse sie gantz gemach aufsieden; thue zu solchem Ende unter den Hafen keine Kohlen / aber wohl neben heraus / so werden die Eyer zusammen gehen / verwende je zuweilen den Hafen / und kehre die Eyer mit einem Löffel allgemach um; habe aber gute Achtung / daß der so genannte Gras-Göcker / oder das verlohrne Hünlein nicht zerfalle; sonst laß ihn nicht lang sieden: alsdann gieß ein wenig Brüh herab / thue dagegen einen Butter daran /

und

---

* Wanns beliebt / kan man diese Knötlein zuvor backen / oder auch / von dem vorbeschriebenen Eyer-Würstleins-Teig / Knötlein machen / selbige bachen / und eine süsse Brüh darüber machen / wie solche bey erst-besagten Würstlein / gleich vor diesem / beschrieben worden.

und richte ihn/ wann er aufgesotten/ mit Vortheil an/ daß er nicht zerbreche. Will man ihn aber gebachen haben/ so mache ein Schmaltz in einer Pfannen heiß/ gieß den angemachten Teig darein/ und laß ihn allgemach bachen/ wie einen Eyerplatz: lege ihn dann in einen stollichten Hafen/ gieß ein wenig Fleischbrüh daran/ und laß ihn mit einer Butter einen Wall aufsieden.

37. Ein Eyer-Platz oder Pfannen-Kuchen.

Schneide einen Weck oder Semmel in eine tieffe Schüssel oder Näpfflein/ als wie zur Suppen; schlage dann zu einer Semmel sechs oder sieben Eyer in ein Häfelein/ würff ein wenig Saltz darein/ rühre und zerklopffe es wohl mit einem Kochlöffel: mische auch das aufgeschnittene Brod wohl darunter/ dann je länger mans rührt/ je schöner wird der Kuchen oder Eyerplatz; es muß aber das Brod fast gantz darinnen zerrühret werden: Mache indessen in einem etwas weiten Pfännlein/ nach dem Augenschein deß Brods und der Eyer/ ein Schmaltz heiß/ gieß das Brod und die Eyer mit einander in die Pfannen/ und laß allgemach über dem Feuer also bachen; wende den Kuchen oder Eyerplatz zuweilen fein langsam mit einem löcherichten Löffel um/ daß er nicht zerbreche/ oder stürtze das Pfännlein auf einen zinnernen Deller/ und wende den Platz oder Kuchen um/ thu ihn dann geschwind wieder samt dem Schmaltz hinein/ und laß ihn auf der andern Seiten auch gemach ausbachen: Wann man nun vermeinet/ daß er ausgebachen hat/ und schön gelblicht ist/ leget ihn heraus auf einen zinnernen Deller/ oder in eine Schüssel/ und tragt ihn zu Tisch. *

38. Ein

* Diesen Eyer-Platz kan man auch mit Aepffeln machen/ und zwar dieselbige klein schneiden/ wie zu einem Aepffel-Mus: Wann nun das Brod wohl unter die Eyer gerühret worden/ pfleget man zuletzt die Aepffel/ oder aber/ an statt derselbigen/ Weixel darunter zu mischen.

38. Ein Eyer-Platz oder Pfannen-Kuchen/ auf andere Art.

Man schlage Eyer aus/ saltze es ein wenig und zerklopffe sie wohl; will man aber den Pfannen-Kuchen oder Eyer-Platz gerne grün haben/ so waschet/ hacket und rühret man ein Mäyen- oder Petersilien-Kraut/ oder aber frischen Schnittlauch/ oder grüne Zwiebelein/ welches man hievon am liebsten verlangt/ zusamt ein wenig aufgeschnitten- oder geriebenem weissen Brod darunter/ und zwar unter einen dergleichen Eyer-Platz/ von ungefehr neun oder zehen Eyern eine gantze Semmel/ so um zwey Pfennige hier zu Land verkauffet wird: Dann wird ein Schmaltz in einer Pfannen heiß gemacht/ und die verklopffte Eyer und Brod hinein gegossen/ allgemach gebachen/ und der Kuchen oder Eyer-Platz mit einem breiten eisernen Löffel gantz langsam umgewendet/ damit er nicht zerbreche; ferner läst man ihn auf der andern Seiten auch schön und hell gemach abbachen: hernach wird das Schmaltz davon abgeseihet/ der Eyer-Platz oder Pfannen-Kuchen in eine Schüssel geleget/ und gantz warm zu Tisch getragen.

39. Ein Eyer-Platz oder Pfannen-Kuchen/ noch anderst.

Mache Plätzlein wie zu den Eyerwammen; darnach klopffe noch mehr Eyer/ saltze sie ein wenig; wickle die obgemeldte Plätzlein über einander/ stecke durch jedes derselben ein Hölzlein/ kehrs wohl um in den zerklopfften Eyern/ bachs darnach im heissen Schmaltz/ betreiffe es offt/ bachs schnell ab/ legs in eine Schüssel/ ziehe die Hölzlein heraus/ und trags also trocken zu Tisch.

Hhhh iij   40. Ein

40. Ein Eyer-Platz oder Pfannen-Kuchen/ noch auf eine andere Weise.

Schneidet von einem Weck oder Semmel dinne Schnitten/ so groß als dieselbige seyn / wie man sonst zu dem gebähten Schnitten zu schneiden pfleget; legts dann in eine Schüssel/ schlaget Eyer aus in ein Hafen/ salzets ein wenig und zerklopfft sie wohl/ giessets dann über die Brod-Schnitten in der Schüssel/ und lassets eine weile/ biß die Schnitten die Eyer ein wenig angezogen haben/ und weich werden/ stehen; es müssen aber der Eyer viel seyn/ daß die Schnitten gantz darinnen ligen können: Dann machet ein gut theil Schmaltz in einer Pfannen heiß / leget die Schnitten in der Schüssel ordentlich auf einander herum / und duncket es allgemach / wie sie auf einander geleget seyn / samt den Eyern in das heisse Schmaltz hinein; helfft ihm geschwind mit einem eisernen Löffel/ oder aber last euch geschwind ein anders helffen/ damit der Eyer-Platz oder Kuchen schön in die Runden komme/ und bachet ihn dann gantz gemach heraus ; ist er auf der einen Seiten schön und fertig / so wendet ihn gantz gemach um/ daß er auf der andern Seiten auch schön ausgebachen werde: dann seihet das Schmaltz davon/ und traget ihn also warm auf.

41. Einen Eyer-Käß zu machen.

Nehmet zu zwey Maas guten fetten Kern oder süssen Ram/ zwantzig Eyer / schlaget sie in einen reinen Hafen aus / zerklopffets wohl/ und last sie hernach durch einen Seiher lauffen; schüttet dann die Eyer in den Kern oder Ram / und zerklopfft sie wohl unter einander/ rührt geriebenen Zucker darunter/ und giesset nach Gutgeduncken/ Rosenwasser daran: schüttets dann in eine zinnerne Kandel / so nicht bauchicht ist/ setzet selbige in einen Hafen siedendes Wasser/ und lassts also zusammen gehen ; siedets nicht lang/ sonst werden sie hart; man siehets aber bald : Wann sie ein wenig anheben

anheben krauß zu werden/ so fassets geschwind mit einem überzinnten löcherichten Löffel in erdene Mödel/ welche unten Löchlein haben/ oder aber in besonders hiezu gemachte abländlichte Körblein/ daß der Schotten oder die Milch davon heraus lauffen könne/ und legt die Körblein oder Mödelein/ auch zu solchem Ende/ in ein weit und tieffes Gefäß; sonst kan man auch das Rosen-Wasser mit ein wenig Zimmet-Wasser vermischen. Will man aber diesen Eyer-Käß mit Mandeln machen/ so nehmt ein gut theil Mandeln/ ziehet sie ab/ und stossets mit Zucker und ein wenig Rosenwasser gantz klein: Wann nun der Eyer-Käß in der Kandel schier fertig ist/ rühret sie darunter/ last ihn aber nicht lang mehr darüber sieden/ sondern füllt selbigen ein/ wie schon gemeldet: Will man ihn dann auffsetzen/ oder zu Tisch tragen/ so schlaget ihn von dem Körblein aus auf eine Schalen; bey denen erdenen Mödelein aber/ blaset zu denen Löchlein hinein/ so fällt er von sich selbst heraus: dann kan man/ nach belieben/ durch einen Seiher/ Zucker und Zimmet darauf streuen/ oder auch nur also bloß an sich selbsten auftragen. *

42. Einen weissen Eyer-Käß zu machen.

Dieser Eyer-Käß muß allerdings auf diese weise gemacht werden/ wie der vorbeschriebene/ ausser daß man nur das lautere Eyerklar/ oder das Weisse von denen Eyern gebrauchet; und zwar nehme man zu einer Maas Ram oder Kern/ von zehen oder zwölff Eyern das Weisse/ und zerklopffe es sehr wohl: Dann mache man ihn allerdings/ wie den vorbeschriebenen.   Etliche nehmen auch wohl zu einer Maas Ram oder Kern/ von achtzehen oder zwantzig Eyern das Weisse.

43. Ein

---

* Aus Ermanglung der Kandel/ kan man den Eyer-Käß nur in einer messingen Pfannen machen/ aber fleissig rühren/ und gute Acht haben daß er sich nicht anlege; auch darff kein gar zu grosses Feuer darunter geschürt werden/ dann er wird sonst leichtlich stinckend. Oder man kan auch den Eyer-Käß in einem solchen dazu gehörigen Doppel-Hafen sieden/ darinnen er auch gar schön wird.

43. Ein gebachener Eyer-Käß.

Wann man etwan einen über-gebliebenen Eyer-Käß hat/ so schneidet länglichte Stücklein daraus/ kehret sie ein wenig im Mehl um/ laßt ein Schmaltz in einer Pfannen heiß werden/ und bachets schön gäh und geschwind heraus: Dann legts in eine Schüssel/ und streuet Zucker und Zimmet darauf. Wanns beliebt/ kan man auch eine süsse Brüh/ mit Wein und Trisanet/ darüber machen.

44. Ein Eyer-Käß-Dorten.

Siede den Eyer-Käß ab/ wie vor gedacht/ und laß ihn durch ein Tuch verseihen; lege ihn hernach in eine Schüssel/ und schlage ein/ zwey/ oder mehr Eyer daran/ nachdem deß Eyer-Käses viel ist: hernach stosse drey Achtel Pfund Mandeln/ doch nicht zu klar/ und dann drey Achtel Pfund Zucker ab/ laß nicht gar einen halben Vierding Butter in einer Schüssel zergehen/ und mische es auch darunter. Mache einen Teig mit Mehl/ Eyerdottern und ein wenig Zucker an/ walchere ihn dünn aus; streue in einen Dorten-Scharf ein wenig Zucker und Zimmet an den Boden/ gieß den angemachten Teig hinein/ laß ihn bachen wie man einen Mandel-Dorten bächt/ und bestreue ihn dann mit Zucker und Zimmet.

45. Ein Eyer-Käß-Dorten/ auf andere Art.

Nehmet zu vier Eyern ein Seidlein Kern oder Ram/ auch etwas Rosenwasser und Zucker/ zerklopfft es wohl unter einander; macht einen Eyer-Käß/ auf vor-beschriebene Art daraus/ laßt ihn durch ein Tuch wohl verseihen; wann er nun erkaltet/ richtet ihn in eine Schüssel/ schlagt ein Ey daran/ thut auch ein wenig klares Semmel-Mehl und Trisanet/ wie auch ein Achtel Pfund gestosse-

zu zurichtende Speisen von Eyern.

gestossene Mandeln dazu / rühret alles wohl unter einander; ist es zu dick / giesst noch ein wenig Rosenwasser daran: machet hernach einen Eyerdotter-Teig zusammen / wie oben gemeldet / und verfertiget ferner den Dorten / wie den kurz vorher beschriebenen.

46. Ein Eyer-Käß-Dorten / noch anderst.

SChlage acht Eyer aus / laß eine Maas Kern oder Ram siedend werden / giesse sie mit stetem rühren an die Eyer; röst einen guten Löffel voll Semmel-Mehl im Schmalz / giesse die Eyer samt den Kern oder Ram darein: mache in einer andern Pfannen ein Schmalz heiß / laß selbiges darinnen rings herum lauffen / schütte dann das Schmalz wieder heraus / und bestreue die Pfannen mit Griß oder Gries: Wann nun die Eyer und der Kern oder Ram in der ersten Pfannen aufsiedet / so gieß selbigen in die andere Pfannen / welche mit Gries bestreuet ist / herüber / setze selbige auf einen Dreyfuß / schüre Kohlen darunter / decke eine Stürze darüber / und lege ebenmässig Kohlen darauf / so wirds überal braun / und löset sich schön ab / daß mans heraus stürzen kan: Alsdann aber muß es wohl gezuckert werden.

47. Eine Eyer-Sultzen.

NEhmet zehen oder zwölff Eyer / thut das Weisse besonders / rühret selbiges wohl unter einander / menget Zucker darein; setzet hernach einen dicken Ram oder Kern / zum Feuer / und wann er anfänget zu sieden / so hebt ihn ab / und schüttet das Eyer-Klar oder Weisse darein / lassets ein wenig sieden; zuvor aber menget unter das Gelbe ebenfalls einen Zucker / last eine schlechte Milch heiß werden / schüttet die Eyerdottern / und bald ein wenig Wasser darein / so lauffen sie zusammen; dann seihet es durch ein Tüchlein / beschwehrets ein wenig / damit das Wasser davon lauffe / und das übrige härtlicht werde: darnach schneidet läng-

lichte

618 Eilffter Theil/Erzehlend vielerley zu zurichtende ꝛc.

lichte/oder/nach belieben/breite Schnittlein davon/und leget sie in eine Schüssel; ist es gefällig/ so kan man Corinthen oder Weinbeerlein darauf streuen/ und das abgesottene Eyer-klar darauf giessen: Man mag auch wohl gefüllte Eyer / wie selbige bereits beschrieben/ oder aber nur schlecht-abgesottene Eyer / dazu nehmen / halb von einander schneiden / neben das Gelbe von Eyern anrichten/ und dann in einem Keller oder kühlen Ort gestehen lassen.

Zwölffter

Zwölffter Theil/
Beschreibend unterschiedliche gefüllt- und gedünstete

Früchte.

1. Marillen oder Abricosen zu füllen.
2. — — — auf andere Art.
3. — — — zu dämpffen.
4. Pfirsiche zu dämpffen.
5. — — — auf andere Weise.
6. Quitten zu füllen.
7. — — — auf andere Art.
8. — — — noch anderst.
9. — — zu dünsten.
10. — — — auf andere Art.
11. — — — noch anderst.
12. — — — auf andere Weise.
13. — — — auf noch andere Art.
14. — — wie gelbe Ruben zu kochen.
15. Datteln zu dünsten.
16. — — — auf andere Art.
17. — — — noch anderst.
18. Prinelln zu dämpffen.
19. — — — auf andere Art.
20. Hieffen oder Hagenbutten zu dünsten.
21. Weixeln zu dünsten.
22. — mit gerösteten Brod zu dünsten.
23. — — — — auf andere Art.
24. — aufzusetzen wie einen Dorten.
25. Aepffel zu füllen.
26. — — — auf andere Art.
27. — — — noch anderst.
28. — — zu rösten.
29. — — — auf andere Art.
30. — — — noch auf eine andere Weise.
31. — in einer roth-gesaltzten Brüh zu dünsten.
32. — zu dünsten/ auf andere Art.
33. — — — noch anderst.
34. — dürr zu dünsten.
35. — — — auf andere Weise.
36. — — — noch anderst.
37. — frisch zu kochen.
38. — — — auf andere Art.
39. Birn zu füllen.
40. — — — auf andere Art.
41. — im Aschen zu braten.
42. — wie gelbe Ruben zu kochen
43. — zu dämpffen.
44. — — — auf andere Art.
45. — — — noch anderst.
46. — dürr zu kochen.
47. — — — auf andere Art.
48. Zwetschgen zu füllen.
49. — — frisch zu dünsten.
50. — — dürr zu kochen.
51. — — — auf andere Art.

Jiii ij

1. Marilln oder Abricosen zu füllen.

Jehe die Haut von den Marilln oder Abricosen herab/ schneide sie von einander/ nimm den Kern heraus/ stosse Mandeln in einem Mörsel/ schneide Rosin oder Weinbeere klein darunter; nimm dann einen Löffel voll Semmel-Mehl/ röst's in Butter oder Zucker/ gieß ein wenig Rosenwasser oder süssen Wein daran/ feucht's mit an/ streue Zimmet und Zucker darein/ fülle dann diese Füll in die Marilln/ setze sie in eine Schüssel / gieß Malvasier oder andern guten Wein dazu / laß also mit einander so lang als weiche Eyer sieden/ und trag's zu Tisch.

2. Gefüllte Marilln oder Abricosen/ auf andere Art.

Schähle die Marilln und schneide sie halb von einander / ingleichen auch Pinien- oder Pistacien-Nüßlein / und eingemachte Citronen-Schelffen / klein; mische Corinthen oder Weinbeerlein darunter/ feucht's mit süssen Wein an/ füll's in die in der mitte von einander geschnittene Marilln oder Abricosen / und stürtze sie allemal wieder auf einander: setz in eine Schüssel/ gieß guten Wein daran / streue ein Trisanet darauf / laß auf der Kohlen aufsieden/ so werden sie bald weich; und trag's dann zu Tisch.

3. Marilln oder Abricosen zu dünsten.

Die Marilln oder Abricosen werden geschählet / und halb voneinander geschnitten; dann nimmt man die Kerne heraus/ giesst einen Wein daran/ läst sie in einer Schüssel dünsten/ streuet Zucker und Trisanet darein/ und schneidet Pinien-Nüßlein oder Mandeln darunter: Zuletzt werden sie auch mit selbigen/ oder aber kleinen Stengelein Bisam-Zucker/ bestecket/ und aufgetragen.

4. Pfir-

gefüllt- und gedünstete Früchte.

4. Pfirsiche zu dünsten.

Giesset an die Pfirsiche/ in einem stollichten Hafen/ einen Malvasier/ streuet Zucker darein/ und last sie sieden/ aber nicht zu lang/ daß sie ein dickes Brühlein bekommen: Wann sie nun angerichtet werden/ kan mans mit Zimmet und Zucker/ oder mit einem Trisanet bestreuen: Oder/ man kan sie auch halb von einander schneiden/ schählen/ und nur in einer Schüssel dünsten/ wie die obgedachten Marilln; Oder auch auf vorbesagte Weise füllen. Es sind aber die rothen Pfirsiche absonderlich schön zum dünsten/ dieweil sie an sich selbst eine schöne rothe Brüh geben.

5. Pfirsiche zu dünsten/ auf andere Art.

Nehmt schöne rothe Pfirsicke/ schählet/ und dünstet sie in Wein und Zucker/ so wird der Wein oder die Brüh schön roth werden; indessen machet eine gute Füll zusammen/ von gehackten Mandeln/ mit Zucker und guter Gewürtz/ als Zimmet/ Cardamomen und Muscatblüh/ mit einem Trisanet vermischt; thut klein-geschnittenen Citronat/ Citronen- und Pomeraitzen-Schelffen darein/ feuchtets mit dieser Brüh oder Wein/ darinn die Pfirsiche gedünstet worden/ an: Alsdann legt das Mandel-Gehäck in eine Schüssel/ und die Pfirsiche darauf/ giesst noch mehr von der Brüh darüber/ bestecket sie schön wie einen Dorten mit Bögen von Citronat/ Citronen- und Pomerantzen-Schelffen/ und bestreuets/ nach belieben/ mit Bisam-Zucker.

6. Gefüllte Quitten.

Schählet die Quitten/ holet sie fein dünn aus/ hacket einen theil derselben/ röstets im Schmaltz/ thut Corinthen oder Weinbeere/ Zucker/ und gestossene Zimmet darein; füllets wieder in die Quitten/ setzets in einen stollichten Hafen/ giesst einen guten Wein und Zucker darein/ siedets/ daß sie ein dicklichtes

Brühlein bekommen / und die Quitten schön roth werden: Wann ihr sie nun anrichten wollet / so streuet Zimmet und Zucker / oder aber ein Trisanet darauf.

7. Gefüllte Quitten / auf andere Art.

Nehmet schöne grosse Quitten / schählet sie / schneidet oben einen Deckel herab / nehmet die Kerne davon / und holets ein wenig aus; indessen machet eine Füll an / mit gehackt- oder gestossenen Mandeln / Corinthen oder Weinbeeren / auch Zimmet und Zucker / und feuchtets mit gutem Wein an: Oder man kan auch die Füll mit gehackten Mandeln machen / aber ein wenig weiß-geriebenes Brod in Zucker schön gelblicht rösten / und mit eingemachten würfflicht-geschnittenen Citronat und Citronen-Schelffen darunter rühren / mit guten süssen Wein anfeuchten / ein Trisanet oder Zimmet / Zucker / und andere gute Gewürtz darunter mischen / und so dann dieser Füll eine / welche von beeden beliebt / in die obgedachte ausgeholte Quitten füllen / und das abgeschnittene Plätzlein wieder darüber machen: setzet hernach diese Quitten in einen stollichten Hafen / und giesset so viel Wein daran / daß sie darinnen sieden können: Wann sie nun die Helfft gesotten seyn / streuet Zucker und Zimmet darein / lassets gar einsieden / und richtets dann an; setzet aber die Deckel in die Höhe / und streuet Zucker und Zimmet darauf. *

8. Gefüllte Quitten / auf eine noch andere Weise.

Schählet und schraubet schöne grosse Quitten / holet sie aus / giesset Malvasier daran / zuckerts / und lassets dünsten; wann sie nun halb gedünstet seyn / hacket Mandeln / Citronat / Zibeben / Weinbeere oder Corinthen unter einander / füllet die Quitten damit /

* Man kan auch die Quitten schählen / von einander schneiden / und auf diese Weise füllen / wie bey den Marilln Num. 1. und 2. gedacht worden / und dann ferner im Wein absieden oder dünsten.

gefüllt- und gedünstete Früchte.

damit/ laßt sie ferner dünsten/ und streuet Trisanet darauf. Man kan auch die Quitten/ so es beliebt/ halb von einander schneiden/ nachmals besagter massen schrauben/ füllen und dünsten.

9. Quitten zu dünsten.

Schähle die Quitten/ gieß einen Wein und ein wenig Wasser daran/ zuckers wohl/ bind ein wenig Quitten-Kerne in ein rein Tüchlein/ laß dabey mit sieden/ biß sich die Brüh daran sultze/ und die Quitten weich werden: richts in eine Schüssel/ streue klein-geschnittene Citronen-Schelffen darauf/ oder bestecks mit klein-überzogenen Zucker/ Zimmet/ oder länglicht-geschnittenen Mandeln oder Pistacien-Nüßlein: Will man aber/ daß die Quitten sollen roth sehen/ so nehmet/ an statt deß Wassers/ Quitten-Safft/ und thut ihn daran/ lassts dann dünsten.

10. Quitten zu dünsten/ auf andere Art.

Schähle die Quitten/ nimm die Butzen und Kerne heraus/ schneide sie in vier Theil/ oder aber halb entzwey; legs in einen drey stollichten Hafen/ und gieß/ nach belieben/ rothen oder weissen Wein daran/ doch nicht zu viel/ zuckers wohl/ setz in eine gute Glut/ laß zugedeckt starck sieden/ biß sie lind seyn: leg dann oben auf die Stürtzen eine gute Glut/ daß sie fein braun und die Brüh dick werde/ wende sie um: Darnach/ wann sie angerichtet worden/ bestecks mit abgezogenen Mandeln/ und Pistacien-Nüßlein/ so man zuvor in Rosenwasser legen kan/ und streue ein wenig Trisanet/ oder/ an statt desselben/ Fenchel und Anis darauf.

11. Quitten zu dünsten/ noch anderst.

Nehmet schöne Quitten/ schählet/ und schneidet sie halb von einander: Oder/ wanns beliebt/ und man die Müh darauf wenden mag/ schraubet sie mit einem dazu gehörigen Eisen/ oder subtilen Messer/ daß die Schelffen gantz herab kommen/ wiewol mans

mans auch zuvor schählen / und hernach schrauben kan; legt sie ein wenig in ein frisches Röhren=Wasser / und setzets hernachin demselben zu / lassets darinnen sieden / biß sie etwas weich sind: Indessen machet einen Wein und Zucker besonders mit einander siedend; bindet ein wenig Quitten=Kerne in ein reines Tüchlein / und werffet sie im Sud darein / so bekommt es eine schöne dicklichte Brühe: Wann dann nun die Quitten in dem Wasser recht abgesotten / leget selbige in eine Schüssel / und giesst die Brüh mit Wein und Zucker darüber / so bleiben sie schön weiß und gut; ferner kan man sie / wie auch den Schüssel=Rand / mit Zucker bestreuen / und auf dem Rand unterschiedliches schönes Blumwerck reisen; die Quitten aber mit geschnittenen Mandeln oder krausen Bisam=Zucker bestecken.

12. Quitten zu dünsten / auf andere Weise.

Wann die Quitten geschählt / und halb von einander geschnitten sind / so leget sie in ein frisches Wasser; indessen lasset einen Wein und Zucker wohl mit einander sieden / leget die Quitten aus dem Wasser darein / und lassets sieden / biß sie weich sind: Wann man aber viel Quitten dünsten will / kan man allezeit / wann eine Lage weich ist / selbige heraus nehmen / in eine Schüssel legen / mehr Wein und Zucker an die Brüh giessen / und die andere Quitten ferner darinnen sieden und dünsten lassen; weil aber die Quitten nicht aufeinander in dem Hafen ligen dürffen / und man doch derselben viel haben muß / kan mans also auf zwey= oder dreymal absieden / damit sie in dem Hafen platz haben: Wann sie nun in die Schüssel angerichtet worden / kan mans mit Zucker / auf vor=beschriebene Art / bestecken und auszieren.

13. Quitten zu dünsten / auf noch andere Art.

Die Quitten schählet / wie bereits gedacht / legt sie hernach in ein siedendes Wasser / und lassets so lang darinnen sieden / biß sie biß sie fast weich werden wollen; nehmets dann geschwind heraus/ legets in ein reines Geschirr/ und bedeckets alsobald mit einem Tuch/ damit nicht viel Lufft dazu komme/ so bleiben sie schön weiß. Indessen läutert einen Zucker im Röhren-Wasser/ auf folgende Art: Zerschlaget den Zucker zu Stücken/ leget ihn in ein reines Geschirr/ giesst Röhren-Wasser daran/ und laßt ihn darinnen zerschleichen; setzet dann dieses Wasser in einem reinen stollichten Hafen zum Feuer/ und leget/ wann es allgemach gesotten und verfaumet/ die zuvor besagter massen im Wasser abgesottene Quitten darein/ laßt sie im Zucker noch ein wenig sieden; legets dann in eine Schüssel/ und deckets wie das erste mal/ geschwind zu/ in den Zucker aber/ darinnen die Quitten gesotten/ werffet ein gut theil Quitten-Kerne/ und lasset ihn dann noch ferner sieden/ biß er etwas dick und sultzicht wird; selbigen aber desto wohl-schmäckender zu machen/ kan man zugleich etliche Citronen-Schelffen darinnen mit auffsieden lassen/ die Brüh durch ein reines Tüchlein seihen/ ein wenig Wein-Lägelein- oder Saurach-Safft dazu giessen/ damit sie schön roth werden; alsdann in die Schüssel über die Quitten anrichten/ und selbige nach selbst eigenen gefallen bestecken und auszieren.

14. Quitten wie gelbe Ruben zu kochen.

SChählet und schneidet die Quitten wie gelbe Ruben/ röstet solche ein wenig im Schmaltz/ und lassets darinnen dünsten; zuvor aber schneidet abgezogene Mandeln länglicht/ körnet Rosinen aus/ und wann die Quitten ein wenig geröstet sind/ thut diese Mandeln und Rosinen/ wie auch Weinbeerlein oder Corinthen dazu hinein/ und lassts also noch ein wenig mit rösten: dann giesset in einen stollichten Hafen Wein daran/ streuet Zucker und ein wenig Zimmet darein/ und lassets noch eine weile mit einander sieden: Wer will/ kan auch ein wenig Saffran dazu thun. Wann nun alles angerichtet/ so streuet Zucker und Zimmet darauf.

❀ ❀ ❀

Auf solche Weise kan man auch die Birn wie gelbe Ruben kochen.

15. Datteln zu dünsten.

Schneidet die Datteln auf / nehmet die Kerne heraus / ziehet das einwendige weisse Häutlein davon; giesset einen Reinfal daran / streuet ein wenig Zucker und Zimmet darein / und lasset auf einer Kohlen dünsten.

16. Datteln zu dünsten / auf andere Art.

Nehmet aus denen aufgeschnittenen Datteln die Kerne heraus / röstets ein wenig im Schmaltz / legts in einen stollichten Hafen / giesst Reinfal oder Malvasier daran / würtzets mit gestossenen Zucker und Zimmet / lassets auf einer Kohlen dünsten / und streuet / wann man sie anrichtet / nochmal Zimmet und Zucker darauf.

17. Datteln zu dünsten / noch anderst.

Weichet die Datteln zwey Stunden lang im Wein / oder biß sie weich werden; laßt sie hernach mit besagtem Wein / zusamt ein wenig Trisanet und Zucker / in einem stollichten Hafen sieden: Wann sie dann genug gesotten / richtets an / und bestreuets / gleich denen vorigen / mit Zimmet und Zucker.

18. Prinelln zu dünsten.

Wasche die Prinelln / und setze sie im Wein zu / laß eine weile sieden; streue Zucker / und wann man sie anrichtet / und solches beliebt / klein-geschnittene Citronen-Schelffen darauf.

❈ ❈ ❈

Auf diese Weise kan man auch die Zibeben / wann sie zuvor ausgekörnet werden / dünsten.

19. Pri=

19. Prinelln oder Zibeben zu dünsten/ auf andere Art.

Die Prinelln oder Zibeben / nachdem sie reinlich gewaschen / und ausgekörnet sind / kan man erstlich im Zucker und Wein abdünsten / biß sie ein wenig weich werden wollen; alsdann auf einen erdenen Teller oder Schüssel heraus nehmen / daß sie zuvor wieder ein wenig verseihen. Indessen stosset oder hacket abgezogene Mandeln klein / thut solche in eine Schüssel oder Näpfflein / reibet ein wenig Eyer- oder ander weisses Brod / thut es samt einem geriebenen Zucker in ein Pfännlein / und röstets mit einander / biß das Brod schön licht-gelb wird / man muß aber wohl acht haben / daß sich solches nicht anlege: hernach rühret's unter die Mandeln / mischet Zimmet / Zucker und Cardamomen darein / wie auch würfflicht-geschnittenen Citronat / und eingemachte Citronen- oder Pomerantzen-Schelffen; rühret alles wohl durch einander / und feuchtets mit einem süssen / oder nur mit diesem Wein / darinnen die Prinelln oder Zibeben gedünstet worden / an: Dann leget diese Füll zu unterst in die Schüssel / und die Zibeben oder Prinelln fein ordentlich darauf / damit das Gehäck gantz bedecket werde; streuet wieder Zucker und Zimmet darauf / und bestecket's oben mit Citronat / Citronen- und Pomerantzen-Schelffen / schön Bögen-weiß geschnitten: dazwischen aber kan mans mit länglicht-geschnittenen Mandeln / oder aber mit Blümlein von weissen Pistacien-Nüßlein / bestecken.

20. Hieffen oder Hagenbutten zu dünsten.

Körne die Hieffen oder Hagenbutten schön aus / daß das Rauhe davon komme; gieß Wein und ein wenig Wasser daran / Zuckers / setz auf eine Kohlen / und laß es dünsten.

✻ ✻ ✻

Die dürren Hieffen können auch auf diese Manier gedünstet werden.

21. Weixeln zu dünsten.

NEhmet Weixeln / sie seyen gleich frisch oder dürr; doch muß man die dürren Weixeln zuvor waschen: setzet sie in Wein und Zucker zu / lassets sieden / daß sie eine dicke Brüh gewinnen; richtets an / und streuet Trisanet darauf.

22. Weixeln mit gerösteten Brod.

ZUpffet von frischen Weixeln die Stiele ab / giesst in einem stollichten Häfelein einen Wein daran / zuckerts wohl / lassets einen Sud aufthun; schneidet ein weisses Brod würfflicht / es sey gleich ein Weck oder Semmel; röstets im Schmaltz fein licht und rösch: Nehmet alsdann das Brod aus dem Schmaltz / legets in eine Schüssel / richtet die Weixeln darüber an / und bestreuet sie mit Zucker und Trisanet.

23. Weixeln mit gerösteten Brod / auf andere Art.

SChneide weisses Brod würfflicht / röste es zusamt einem Löffel voll Zucker im Schmaltz / es muß aber deß Schmaltzes nicht viel seyn / sondern daß nur das Brod damit angefeuchtet werde; legs hernach in eine Schüssel / zupffe schöne grosse Weixeln ab / und wasche sie aus einem frischen Wasser / röste selbige in der Pfannen im Zucker / giess Wein daran / laß ein wenig mit einander sieden: richts dann über das geröstete Brod / und streue Zucker und Zimmet / oder aber ein Trisanet darauf.

24. Aufgesetzte Weixeln in eine Schüssel zu machen / wie einen Dorten.

NEhmet Weixeln / zupffet sie von den Stielen herab; thut ein gut theil Zucker in ein Pfännlein / giesset ein klein wenig Wein daran / lasset den Zucker zergehen / und die abgezupfften
Weixeln

gefüllt- und gedünstete Früchte.

Weixeln darinnen dünsten / doch daß sie nicht zu weich werden; zuvor aber machet eine dergleichen kräfftige Mandel-Füll oder Gehäcke an/ wie/ bey denen kurtz vorher gedünsteten Prinelln und Zibeben/ Num. 19. beschrieben worden; drucket solches schön vest / mit einem Löffel/ in eine Schüssel / und setzet die obgedachte gedünstete Weixeln artich in der runden herum/ und giesst den Zucker oder die Brüh/ darinnen die Weixeln gedünstet worden / mit einem Löffel fein gemach an unterschiedlichen Orten hinein: Alsdann bestecket es mit länglicht-geschnittenen Mandeln / oder Pistacien-Nüßlein / oder dergleichen Blümlein/ wie auch mit zierlich-geschnittenen Bögen/ von eingemachten Citronen- und Pomerantzen-Schelffen / und streuet oben / so es beliebt / ein wenig Trisanet darauf. Ein noch besseres Ansehen zu geben/ kan man ein Bild/ von Tragant gemacht/ auf ein Plätzlein von einer Citronen/ und zwar in die mitte der Füll oder deß Gehäcks/ vest eindrucken / und die Weixeln wieder zierlich herum legen / den Schüssel-Rand mit Zucker bestreuen/ schöne Blumen / und was man verlangt/ darauf reisen; oder besonders dazu gehörige Model/ von Blumwerck ausgeschnitten / darauf legen/ darüber mit Zimmet bestreuen/ und dann den Model wieder auf das subtilste herab nehmen/ so werden die Blumen von Zimmet/ und der Boden von Zucker weiß seyn / und also gar schön und zierlich aussehen: Oder man kan/ an statt deß Zimmets/ rothe oder blaue Zucker-Küg- und Scheuffelein zerstossen/ und darauf streuen.

25. Gefüllte Aepffel.

Schählet so genannte Herrn-Parstörffer- oder andere gute Aepffel/ oder lasset sie auch nur ungeschählt; holet gemach die Butzen heraus/ doch also/ daß der Apffel nicht zerbreche: darnach schählet einen andern Apffel/ hacket ihn fein klein/ und röstet selbigen im Schmaltz; schneidet dann abgezogene Mandeln nach der Länge aufs dinnste/ oder aber hacket sie nur gröblicht/ (wer will/ kan auch grüne Pistacien-Nüßlein darunter nehmen/) mischet sie mit Corinthen oder Weinbeerlein/ Zimmet/ Zucker/ wie auch ein klein

wenig

wenig Saffran / und / nach belieben / etwas von Trisanet; feuchtet diese Füll mit gutem Wein an / und füllet sie in die ausgehöleten Aepffel; setzet dann selbige in einen stollichten Hafen / giesst ein wenig Wein und Zucker daran / lassets sieden / aber nicht gar zu lang / daß sie nicht zerfahren: Legets hernach mit einem Löffel gantz gemach in eine Schüssel / giesst die Brüh darüber / und lassets also in der Schüssel / auf einer Kohlen / noch ein wenig auffsieden; streuet alsdann Zucker und Zimmet darauf / bezieret den Schüssel-Rand ebenfalls mit Zucker und Zimmet / und tragets zu Tisch.

26. Aepffel zu füllen / auf andere Art.

Die Aepffel werden gantz geschählt und gefüllt / wie oben gedacht / alsdann in einer Pfannen mit Schmaltz schön schnell heraus gebachen; man darff sie aber weder melben / noch auch durch einen Teig ziehen / sondern nur geschwind so trocken / und zwar einem nach dem andern / heraus bachen / welches am besten geschiehet / wann man einen solchen gefüllten Apffel in einen Faum-Löffel setzt / selbigen zusamt dem Löffel in das heisse Schmaltz hält / und auf das schnellste heraus bächet / nachmals in eine Schüssel setzet / Wein und Zucker daran giesset / und auf einer Kohlen so lang auffsieden oder dünsten lässet / biß sie ein wenig weich werden / alsdann mit Zucker und Zimmet / oder mit Trisanet bestreuet / und / wann man will / mit klein-geschnittenen Mandeln / Pistacien-Nüßlein / oder kleinen kraußen Bisam-Zucker bestecket.

27. Aepffel zu füllen / noch anderst.

Nimm Aepffel / schähle und schneide oben ein Deckelein herab / nimm die Kerne zusamt denen Hülsen heraus; röste einen andern weichen Apffel / so zuvor klein zerschnitten worden / im Schmaltz / mische Zucker / Zimmet / Weinbeere / und ein wenig Saffran darunter / schlage ein Ey daran / fülls in die ausgehöleten Aepffel / thue die Deckelein wieder darüber / bestreichs mit Eyer-weiß
und

gefüllt- und gedünstete Früchte. 631

und bestecks mit geschnittener Zimmet / daß sie nicht herab fallen; mach ein Schmaltz heiß / und bache die Aepffel darinnen: Wann sie gebachen / legs in eine Schüssel / mache eine Brüh von Wein / Zucker und Zimmet darüber / laß eine weile sieden; bestreue sie mit Zucker und Zimmet/ und trags entweder also / oder aber nur trocken gebachen / und allein mit Zucker bestreuet / zu Tisch.

28. Aepffel zu rösten.

Schähle Parstörffer- oder Herrn-Aepffel / schneide sie halb von einander/ nimm die Butzen heraus/ schwings im Mehl/ bachs aus heissem Schmaltz/ daß sie weich und schön gelb werden; lege sie in eine Schüssel/ bestreus mit Zucker und Trisanet/ gieß Reinfal / oder aber Wein / und ein klein wenig Wasser daran; setze sie auf eine Kohlen / decks zu/ und laß noch einen Sud thun: Wanns beliebt/ kan man solche mit geschnittenen Mandeln/ Pistacien-Nüßlein/ oder auch kraußen Bisam-Zucker/ bestecken.

29. Aepffel zu rösten / auf andere Art.

Nimm Parstörffer-Aepffel / schähle und schneide sie halb von einander/ nimm die Butzen heraus; wann mans zierlich haben will / so kan mans schrauben wie die Quitten: röste sie hernach im Schmaltz/ legs in eine Schüssel/ gieß ein wenig Wein daran / zuckers wohl / setz auf eine Kohlen / laß sieden: Wann sie dann ein wenig weich werden / so streue gestossene Zimmet darauf/ und bestecks wie die Quitten/ und obgedachte Aepffel: Oder man kan sie auch ungeröstet / gantz frisch in einer Schüssel / mit Wein und Zucker aufdünsten lassen.

30. Aepffel zu rösten / noch auf eine andere Weise.

Schähle und schneide die Aepffel in zwey Theil/ nimm die Kerne und Butzen heraus / rösts im Schmaltz daß sie schön braun und

und weich werden: legs dann neben einander in eine Schüssel/ gieß guten Wein daran/ streue Zucker/ Corinthen oder Weinbeerlein und Rosinen darein/ bestecke die halbirte Aepffel mit länglicht-geschnittenen abgezogenen Mandeln; setze sie also in der Schüssel auf eine Kohlpfanne/ laß noch ein wenig kochen/ und bestreue sie mit Trisanet.

31. Aepffel in einer roth-gesultzten Brüh zu dünsten.

Giesset an wohl-zeitige Weinbeere ein gut theil süssen rothen Wein/ und lassts wohl darinnen sieden/ druckts durch ein reines Tüchlein; schählet die Aepffel fein sauber/ stechet den Butzen heraus/ und giesset den mit Weinbeeren abgesottenen Wein darüber: Wann sie ein wenig übersotten seyn/ nehmet sie heraus/ und füllets/ an statt deß Butzens/ mit eingemachten Citronen-Schelffen; lassets also ferner dünsten/ thut aber gar viel Zucker daran/ sonst gestehet die Brüh nicht.

❦ ❦ ❦

Die Quitten kan man auch auf diese Weise dünsten.

32. Gedünstete Aepffel/ auf andere Art.

Erstlich stich aus denen Aepffeln die Butzen heraus/ und wasche sie aus Wasser; nachmal gieß in einen stollichten Hafen ein halb Seidlein Wasser daran/ thue ein wenig Bach- oder frisches Schmaltz dazu/ verdecks mit einer Stürtzen/ und laß sie dünsten biß weich werden; setz in eine Glut oder Kohlen/ drehe den Hafen offt um/ schwinge ihn bißweilen/ damit sich die Aepffel nicht anlegen/ und streue/ wann man sie anrichtet/ einen Zucker darauf.

33. Aepf-

gefüllt- und gedünstete Früchte.   633

33. Aepffel zu dünsten/ noch anderst.

Stechet von Parstörffer- oder Herrn-Aepffeln die Butzen heraus/ und leget sie also ungeschählt in einen stollichten Hafen; giesset Wein und ein wenig Wasser daran/ zuckerts/ und lassets dünsten biß sie weich werden: Oder aber schählet sie/ holet den Butzen heraus; bachets im Schmaltz/ und macht alsdann eine süsse Brüh darüber.

34. Dürre Aepffel zu dünsten.

Nehmet schöne gedörrte Aepffel / waschet/ und setzet sie im Wein und ein wenig Wasser zu/ lassets sieden biß weich werden: Dann legets in eine Schüssel/ und bestreuets mit Zimmet und Zucker.

35. Dürre Aepffel zu dünsten/ auf andere Weise.

Schählet die Aepffel / und setzets nur im Wasser zu; wann sie fast halb abgesotten/ brennet ein wenig Mehl daran/ und lassets also mit einander sieden/ biß die Aepffel weich werden; schwinget sie bißweilen / damit die Brüh von dem Mehl nicht knockericht werde/ und die Aepffel sich nicht anlegen: Alsdann richtets in eine Schüssel/ und streuet/ nach belieben/ Zucker darauf.

36. Dürre Aepffel zu dünsten/ noch anderst.

Erstlich waschet die dürren Aepffel / darnach giesset in einen Hafen Wasser daran / lassets sieden / und wann sie starck eingesotten/ rühret wohl/ daß sie wie ein Brey werden: dann schneidet ein rocken Brod/ wie zu einer Suppen/ auf/ röstets im Schmaltz / daß das Brod fein rösch werde ; wann man nun die

Aepffel anrichten will / rühret das geröstete Brod darunter / und richtets an.

37. Aepffel frisch zu kochen.

NEhmet gute mürbe Aepffel / wozu die Parstörffer am besten sind / schählet solche / und schneidets zu dinnen Plätzlein; schüttets in einen Pasteten-Tiegel oder stollichten Hafen / giesst ein wenig Wein daran / zuckerts nach belieben / und lassets also mit einander dünsten / biß die Aepffel weich werden / und sich rühren lassen; alsdann rühret sie wohl ab / und lassets noch eine weile sieden: Wann man nun die Aepffel angerichtet / kan man Zucker / oder auch ein wenig Zimmet darauf streuen.

38. Aepffel frisch zu kochen / auf andere Art.

NEhmet gute mürbe Aepffel / schählet und schneidets zu Plätzlein / wie vor gedacht; thut in einen stollichten Hafen ein wenig Bach- oder frisches Schmaltz / leget die Aepffel darauf / giesst ein wenig Wasser daran / und last sie also sieden / biß sie weich werden; alsdann rühret ab wie zu einem Mus: Indessen reibet ein weisses Brod / und röstet solches schön gelb im Schmaltz: wann sie nun angerichtet sind / brennet das geröstete Brod darauf.

39. Gefüllte Birn.

NEhmet die Birn / schählet und holet sie aus / so viel möglich ist; hacket das ausgeholete / wozu man auch wohl andere Birne nehmen kan / klein; thut Mandeln / Corinthen oder Weinbeere / Zucker / Zimmet und Muscat-Nuß dazu / füllets in die Birn / macht die Plätzlein ober wieder darauf / und bestecket mit Zimmet / damit die Füll nicht heraus lauffe: Machet dann ein dinnes Teiglein von Eyern / Mehl und Wein an / ziehet die Birn dadurch / und bachets fein gemach / bestreuet sie mit Zimmet und Zucker /

gefüllt- und gedünstete Früchte. 635

cker / oder aber machet eine Wein-Brüh mit Zucker und Zimmet darüber.

40. Gefüllte Birn / auf andere Art.

Schählet gute Birn so viel ihr wolt / holet sie aus; hacket das heraus-geschnittene zimlich klein / streuet hernach Zimmet und Zucker daran / füllets wieder hinein / kehrets im Mehl um / und bachets schön rösch ab: so ihr aber das Birn-Gehäck nicht gern einfüllen wollet / so bedienet euch hiezu geriebener mit Zucker angemachter Mandeln / und machet eine Weinbrüh darüber.

41. Birne im Aschen zu braten.

Nehmet gute Birn die nicht zu groß sind / netzet sie ein / schlagets in ein nasses Werck / und legets in einen reinen Aschen / bratets wohl daß sie weich werden; alsdann ziehet das obere Häutlein herab / daß die Birne schön gantz / und die Stiele auch daran bleiben: setzets darnach zusammen in eine Schüssel / daß die Stiele über sich stehen; weichet gute Zimmet im Wein / zerschneidets aufs allerschönste / und zwar je schmäler je zierlicher: bestecket nachmal die Birn rings herum mit der im Wein eingeweichten Zimmet / wie auch länglicht-geschnittenen Mandeln oder Pistacien-Nüßlein / daß sie sehen wie Igel / und giesset einen guten Spanischen Wein daran / streuet Zucker darauf / deckets zu / setzets auf eine Kohlen / lassets auffsieden; und wann man sie zu Tisch tragen will / so bestreuet sie mit Zucker / überzogenen Anis / Fenchel / Cardamomen und Cubeben.

42. Birne wie gelbe Ruben zu kochen.

Schählet die Birne / schneidet sie wie Ruben / doch nicht zu klein; röstets fein gemach im Schmaltz / daß sie gelblicht werden; wanns geröstet sind / giesst einen Wein darüber / lassets über einem Kohlfeuer kochen / würtzets mit Zimmet / Zucker / ein wenig Muscatenblüh und Saffran; thut Weinbeere und ausgeholete

Rosin-

Rosin daran / lassets also mit einander sieden; und wann sie angerichtet worden/ bestreuets mit Zucker und Zimmet.

43. Birn zu dünsten.

DJe Birn werden fleissig geschählet/ die Stiele daran gelassen/ und im Schmaltz geröstet/ ein Wein daran gegossen/ Zucker darein gestreuet/ und gesotten: Dann richtet mans an/ und streuet Zimmet darauf.

✤ ✤ ✤

Auf solche Weise kan man ebenfalls Muscateller-Birn / oder auch Johannes-Beerlein/ und zwar jedes entweder besonder/ oder auch unter einander vermischet/ kochen und dünsten.

44. Gedünstete Birn/ auf andere Art.

SChählet die Birn / schneidets halb- oder Viertel-weiß/ oder aber laßt sie gantz/ röstets im Schmaltz/ lassets wohl braun werden; thuts in einen stollichten Hafen/ giesset Wein und ein wenig Birn-Safft daran/ zuckerts/ setzets auf eine Kohlen/ lassets fleissig kochen/ sehet offt dazu/ daß sie nicht anbrennen: Wann sie dann fertig sind/ so richtets an/ und streuet Zimmet darauf.

45. Gedünstete Birn/ noch anderst.

SChählet die Birn/ giesset in einen Hafen ein Wasser daran/ aber nicht gar viel / lassets sieden biß weich werden / schwingets indessen offt herum; die Brüh aber muß so dick als wie ein Safft daran einsieden: auch kan man die Birn/ zu Vierteln geschnitten / ungeschählet kochen / nachmals mehr Wasser dazu giessen/ und ein Mehl daran brennen / alsdann entweder also an sich selbst/ oder aber über Kalb- oder Lamms-Fleisch anrichten.

46. Dür-

46. Dürre Birn zu kochen.

Waschet die Birn; reibet hernach ein rocken Brod/ legt in einen Hafen ein wenig Bachschmaltz/ und dann die helffte der Birne/ samt einer Hand voll gerieben Brod; nach dem die andere helffte der Birne/ und so dann wieder Brod/ auch noch ein wenig Bachschmaltz oben darauf: giesset ein Wasser daran/ und lassets unter einander sieden/ schwingets offt im Hafen herum: Wann sie eingesotten/ giesset noch mehr Wasser dazu/ und lasset ferner wohl einsieden/ daß es ein dicklichts Brühlein werde.

47. Dürre Birn zu kochen/ auf andere Art.

Setzet die Birn im Wasser zu/ und last sie biß zur helffte absieden; brennet dann ein wenig Mehl daran/ erhaltet sie in dem Sud/ und schwinget bißweilen den Hafen herum/ daß sich die Birn nicht anlegen: So dann/ kan man selbige über Schweinenes- oder aber Lamms-Fleisch anrichten.

48. Zwetschgen zu füllen.

Ziehet denen frischen Zwetschgen die Haut auf das subtileste ab/ drucket die Kern also heraus/ daß sie kein grosses Loch bekommen; stecket abgezogene Mandeln/ oder Pinien- und Pistacien-Nüßlein/ an statt der Kerne/ darein; legts in einen stollichten Hafen/ giesset einen Wein daran/ zuckerts/ und lassets sieden/ daß sie eine dicke Brüh bekommen: Richtets an/ und streuet Trisanet darauf.

❋ ❋ ❋

Auf diese Weise kan man auch/ ohne Abziehung der Haut/ Zibeben/ Prinelln oder Rosinen zubereiten und abdünsten.

49. Grü-

49. Grüne oder frische Zwetschgen zu dünsten.

Waschet die Zwetschgen / laſt ſie wieder abſeihen; thut ein klein wenig Schmaltz in einen ſtollichten Hafen / laſſets herum lauffen / ſchüttet die Zwetſchgen darein / deckets zu / ſetzets in eine Kohlen / dünſtets / ſchwingets offt umher / ſie geben ſelbſt eine Brüh / und dünſten gar bald.

50. Dürre Zwetschgen zu kochen.

Setzet die Zwetſchgen / wann ſie gewaſchen / im Waſſer zu / laſſets wohl einſieden; röſtet ein weiß-aufgeſchnittenes Brod ſchön gelb im Schmaltz / leget dann von demſelben ein wenig in eine Schüſſel / und ſo dann eine Lage Zwetſchgen darauf / und wieder eine Lag Brod / und ſo fort: gieſſet dann von der Zwetſchgen-Brüh etwas darüber / und laſſets alſo auf einer Kohlen noch einen Wall aufſieden: Wer will / kan ein wenig Wein darauf ſprengen / und zuletzt Zucker oder Triſanet darauf ſtreuen.

51. Dürre Zwetschgen zu kochen / auf andere Art.

Waſche ſie wohl aus warmen Waſſer / ſo lang biß ſolches davon gantz hell und rein herab flieſſet; ſetze ſelbige in einem andern Waſſer zu / laß ſieden / biß ſie eine dicke Brüh bekommen / und brenne ein wenig Mehl daran.

Dreyzehen=

Dreyzehender Theil/
An den Tag legend allerley
Gebachenes.

1. Gebachene Zäner.
2. — — Schnitten von einem Rebhun.
3. Marck-Küchlein.
4. Gebachene Niern-Schnitten.
5. — — — — auf andere Art.
6. — — — — noch anderst.
7. — — Hirn-Küchlein.
8. — — — auf andere Art.
9. — — Bratwürste.
10. — — Kalbs-Füsse.
11. — — — — auf andere Art.
12. Gebachenes von Eyern.
13. — — — — auf andere Art.
14. — — — — noch anderst.
15. — — — — auf andere Manier.
16. — — — — noch auf eine andere Weise.
17. Milch-Küchlein/ auf Schwäbische Art.
18. — — — — noch anderst.
19. — — — — auf andere Weise.
20. Gebachenes von einem EyerKäß.
21. — — — — auf andere Art.
22. — — — — noch anderst.
23. Käß-Küchlein.
24. — — — auf andere Art.
25. — — — noch anderst.
26. — — — auf eine andere Weise.
27. — — Strizeln.
28. Käß-Schnitten.
29. — — Fladen.
30. — — — auf andere Art.
31. — — Krapffen.
32. Gebachenes vom Käß auf Oblaten.
33. — — — — noch anderst.
34. Schlepper-Käß-Küchlein.
35. — — — — auf andere Art.
36. Weisse Strauben.
37. — — — auf andere Art.
38. — — — noch anderst.
39. Welsche Strauben.
40. — — — auf andere Weise.
41. Gemeine Strauben.
42. Strauben-Kräntzlein.
43. Krumme Strauben.
44. Strauben mit und ohne Aepffel.
45. Güldene Schnitten.
46. — — — auf andere Art.
47. — — — noch anderst.
48. — — — auf eine andere Weise.
49. Semmel-Schnitten.
50. — — — auf andere Art.
51. — — — gefüllt.
52. — — Küchlein.
53. — — — auf andere Art.
54. — — — noch anderst.
55. Pfannen-Zelten.
56. Gebrennte Küchlein.
57. — — — — auf andere Art.
58. — — — — noch anderst.
59. Gebrenn=

Inhalt/Von allerley Gebachenen.

59. Gebrennte Küchlein/länglicht zu bachen.
60. Waſſer-Bläslein.
61. Aufgelauffene runde Küchlein.
62. Sprißen-Küchlein.
63. — — — — auf andere Art.
64. — — — — noch anderſt.
65. — — — — mit Mandeln.
66. Schart-Küchlein.
67. — — — — auf andere Art.
68. — — — — noch anderſt.
69. — — Kräntze.
70. — — — — auf andere Weiſe.
71. Sack-Küchlein.
72. Gewollene Küchlein.
73. — — — — auf andere Art.
74. — — — — noch anderſt.
75. — — — — auf eine noch andere Weiſe.
76. Kleine Küchlein in die Suppen.
77. — — — — — auf andere Art.
78. — — — — — noch anderſt.
79. Schneeballn.
80. — — — — auf andere Art.
81. Heffen-Küchlein.
82. — — — — anderſt.
83. — — — — auf andere Art.
84. — — — — noch anderſt.
85. — — — — auf andere Weiſe.
86. — — — — mehr auf andere Manier.
87. — — — — noch anderſt.
88. — — mit Weixel-Mus/ oder Latwergen.
89. Gezerrte Küchlein.
90. — — — — auf andere Art.
91. Bauern Küchlein.
92. Saures Kraut zu bachen.
93. — — — — auf andere Art.
94. — — — — noch anderſt.
95. Bad-Hütlein.
96. — — — — auf andere Art.
97. Model-Küchlein.
98. — — — — auf andere Art.
99. — — — — noch anderſt.
100. Hirſchgeweih.
101. Aufgelauffene Thierlein zu bachen.
102. Hütlein zu bachen.
103. — — — — auf andere Art.
104. Waffel-Küchlein.
105. — — — — auf andere Art.
106. Runde Mandel-Küchlein.
107. Aufgelauffene
108. Mandel-Gebachens.
109. Mandel-Würſtlein oder Strützeln.
110. — — — — auf andere Art.
111. — — — — noch anderſt.
112. — — Dorten-Küchlein.
113. — — — — auf Oblaten gebachen.
114. — — — — auf andere Art.
115. — — — — noch anderſt.
116. — — Raſioln.
117. — — — — auf andere Art.
118. — — — — noch anderſt.
119. — — — — auf eine noch andere Weiſe.
120. Eyer-Mandel-Küchlein.
121. — — — — auf andere Art.
122. Gebachen verlohrne Eyer von Mandeln.
123. Mandel-Kräpfflein.
124. — — — — mit Weixeln und Aepffeln.
125. Pfaffen-Schläplein.
126. — — — — auf andere Art.
127. Pfetter-Räblein von Mandeln.
128. Süſſe Mandel-Schnitten.
129. — — — — auf andere Art.
130. — — — — noch anderſt.
131. Mandeln zu bachen.
132. — — in Oel zu bachen.
133. — — daß ſie wie candirt ſehen.
134. — — auf Zimmet-Mandeln Art zu bachen.
135. — — vom Teig glänzend zu bachen.
136. — — — — mit Zucker und Gewürtz.
137. — — — — Kräntze.
138. Man

Inhalt / Von allerley Gebachenen.

138. Mandel=Bien=Körblein.
139. — — — auf andere Art.
140. Gebachene Welsche Nüsse von Mandeln.
141. Citronen zu bachen.
142. — — — gefüllt zu bachen.
143. — — — auf andere Art.
144. Citronen=Blüh zu bachen.
145. Prinelln und Datteln zu bachen.
146. Feigen=Würstlein.
147. — — — mit Aepffeln.
148. Amarelln und Weixeln zu bachen.
149. Weixeln zu bachen.
150. — — — auf andere Art.
151. — — — noch anderst.
152. — — — auf eine andere Weise.
153. — — — aufgelauffen zu bachen.
154. Aepffel zu bachen.
155. — — — auf andere Art.
156. — — Küchlein.
157. — — — auf andere Art.
158. — — Blatten so aufgelauffen.
159. — — Strauben.
160. — — — auf andere Art.
161. — — — noch anderst.
162. — — gefüllt zu bachen.
163. — — — auf andere Art.
164. — — — noch anderst.
165. Birn zu bachen.
166. — — gebachen in einer Brüh.
167. Birn wie gelbe Ruben zu bachen.
168. — gefüllt zu bachen.
169. — — — auf andere Art.
170. — — Schnitz gefüllt zu bachen.
171. Quitten zu bachen.
172. — — — auf andere Art.
173. — — — noch anderst.
174. Rosen zu bachen.
175. — — — auf andere Art.
176. Holder= oder Hollunder=Küchlein.
177. Salbey=Küchlein.
178. — — — auf andere Art.
179. — — — noch anderst.
180. — — — auf andere Weise.
181. Wegwarten zu bachen.
182. — — — auf andere Art.
183. Gebachener Reis.
184. — — — auf andere Art.
185. Spitzwecken zu bachen.
186. Speckkuchen — — —
187. Wespen=Nest zu bachen.
188. — — — auf andere Art.
189. — — — noch anderst.
190. Scheuterhauffen zu bachen.
191. Gogelhopffen zu bachen.
192. — — — auf andere Art.
193. — — — noch anderst.
194. — — — auf andere Weise.
195. — — — noch auf eine andere Manier.

1. Gebachene Hüner.

Rürget / brühet und wässert junge Hüner / zerschneidet solche zu vier Theilen / und setzets alsdann in einen stollichten Hafen mit siedendem Wasser zu; salzets ein wenig / werfft gantze gute Gewürtz dazu hinein / und lasets also mit einander sieden / biß sie etwas weich werden; nehmets dann heraus / legets in eine Schüssel / und lassets

Mmmm wohl

wohl verſehen: Indeſſen verklopffet etliche gantze Eyer/ rühret ſie zuſamt einem guten theil geriebenen Semmel-Mehl/ und guter Gewürtz/ als Cardamomen/ Muſcaten-Blüh und Pfeffer darunter/ biß es ein wenig dicklicht wird/ damit ſich der Teig an den Hünern recht anhänge; ziehet dann die Hüner durch dieſen Teig/ und bachets aus einem Schmaltz ſchön heraus: Beliebts/ ſo kan man auch eine gute ſüſſe Brüh darüber machen/ oder aber alſo trocken gebachen auftragen.

2. Gebachene Schnitten von einem Rebhun.

Löſet das fleiſchichte an denen vördern Vierteln eines gebratenen Rebhuns von dem Gemper oder Bruſt-Bein ab; miſchet ein wenig von einem gebratenen Kalbs-Niern/ zuſamt dem daran hangenden Fett/ oder auch ein wenig Rind- oder Ochſen-Marck darunter/ hacket ſolches alles zuſammen klein/ thut etwas von geriebenen Eyer-Brod oder Semmel-Mehl dazu/ ſchlagt einen gantzen/ oder auch nur einen halben Eyerdottern daran/ nachdeme man der Schnitten viel oder wenig machen will; machet alſo den Teig in einer rechten Dicken an/ ſaltzet und würtzet ihn mit Pfeffer/ ein klein wenig Saffran und Muſcaten-Blüh: So es beliebt/ kan man auch klein-zerſchnittene Zibeben und Weinbeere darunter rühren/ und ſo dann dieſe Füll auf etliche Schnitten von weiſſen Brod ſtreichen/ ſelbige nachmal aus Schmaltz/ welches nicht allzu heiß iſt/ fein gemach heraus bachen/ und dann entweder alſo trocken auftragen/ oder aber eine gelbe ſüſſe Brüh darüber machen.

3. Marck-Küchlein.

Nimm ein Rind oder Ochſen-Marck/ und das Sauere von kleiner Citronen/ rühre es mit dem Marck wohl ab/ daß es wie ein dicker Brey wird/ zuckers/ und ſaltze es nur ein klein wenig/ würtze es mit Cardamomen und Muſcaten-Blüh; mach einen
Teig

Teig von einem Eyerdottern / Butter und Wasser / wie zu Rasioln an / schlags in denselben / und laß geschwind im Schmaltz abbachen.

4. Gebachene Niern-Schnitten.

Hacke den gebratenen Niern von einem Kalbs-Braten / zusamt dem Fetten / oder auch / so der Niern klein ist / etwas von dem Braten mit darunter / wohl klein; schlage zwey oder drey Eyer daran / saltze es ein wenig / thue Semmel-Mehl dazu / und mische alles unter einander / würtze es mit Pfeffer / Jngber / Muscaten-Blüh / und nach belieben / etwas weniges Saffran: mache diesen Teig über einer gelinden Glut zusammen / damit das Fette nicht bestehe; schneide dann eine Semmel zu Plätzen oder Schnitten / streiche diesen Niern-Teig darauf / und zwar also / daß er in der mitten schön hoch erhoben seye: Lege sie in ein heisses Schmaltz / daß das Brod oder der Semmelschnitten zu unterst / und das aufgestrichene zu oberst komme / wende es nachmal um; und wann sie gelblicht und genug gebachen sind / so nimm sie heraus / und streue würfflicht-geschnittene Citronen-Schelffen darauf. *

5. Gebachene Niern-Schnitten / auf andere Art.

Nehmet das Fette gantz allein / von einem Kalbs-Niern / hackets klein; rühret in einem Näpfflein nur das Gelbe von Eyern / wie auch Zucker / Zimmet / und ein wenig gestossene Muscatnuß darunter / saltzets / streichets auf weisse Brod-Schnitten / wie man sonsten das Hirn aufzustreichen pfleget / und bestreuets dann auf einem Deller mit Zucker und Zimmet / (wer will / kan auch Weinbeerlein dazu nehmen) und bachet solche allgemach aus einem Schmaltz heraus.

6. Ge-

* Wanns beliebt / kan man auch diese Schnitten in zerklopfften Eyern herum kehren / und im Schmaltz heraus bachen.

6. Gebachene Niern-Schnitten/ noch anderst.

Hacket den Niern/ zusamt dem Fetten so daran ist/ klein/ röstet ihn in einer Pfannen/ streicht selbigen auf ein gebähtes weisses Brod/ wann beedes/ das Brod und der Teig/ noch warm sind; streuet dann Saltz/ Pfeffer/ und ein wenig würfflicht-geschnittene Citronen-Schelffen darauf: Tragets also stracks/ ehe sie erkalten/ zu Tisch.

7. Hirn-Küchlein.

Ziehet die stärckste Blut-Gefässe und Adern von dem Kalbs-Hirn heraus; saltzets/ würtzets mit Ingber/ Pfeffer und Muscaten-Blüh/ thut ein wenig weiß-geriebenes Brod dazu/ rühret alles wohl durch einander; streichets auf Semmel-Schnitten/ und leget derselben jedes mal zwey auf einander: zerklopffet dann zwey Eyer/ dunckets die Schnitten darein/ und bachets aus Schmaltz.

8. Hirn-Küchlein/ auf andere Art.

Nehmet das Hirn von einem Kalbs-Kopff/ der bereits gesotten worden/ hacket/ würtzet und gilbet es; thut Weinbeere oder Corinthen darunter/ schlagt Eyer daran/ streichets auf Weck-Schnitten: machet ein Schmaltz heiß/ und bachets heraus.

9. Bratwürste zu bachen.

Schneidet die Bratwürste/ wann sie zuvor gebraten/ nach der länge und überzwerg entzwey/ daß vier Stücklein daraus werden; dunckets sie in einen Strauben-Teig/ und bachets aus Schmaltz.

10. Gebachene Kälber-Füsse.

Nehmet schöne weisse Kalbs-Füsse / schneidet sie halb von einander / und putzet sie auf das reinlichste ab / lassets wohl weich sieden; macht einen Teig an / schüttet in eine Schüssel ein Mehl / schlaget fünff Eyer daran / zwierets mit gutem Ram oder Kern an / macht ihn aber ein wenig dicker als einen Strauben-Teig; duncket die Füsse in den Teig / und bachet sie fein langsam aus heissem Schmaltz; lassets wohl ausbachen / aber doch nicht zu braun werden.

11. Gebachene Kalbs-Füsse / auf andere Art.

Wann die Kalbs-Füsse gesotten seyn / zerschneidet sie / wie oben gedacht; schlaget Eyer in eine Schüssel / mischet ein klar-geriebenes Eyer-Brod darunter / rühret alles wohl durch einander / daß der Teig so dinn werde / daß man die Kalbs-Füsse darein duncken könne: Leget sie dann in ein heisses Schmaltz / und bachets / nehmets hernach heraus / und duncket sie wieder in den Teig / und bachets noch einmal.

12. Gebachenes von Eyern.

Zerklopffet so viel Eyer als ihr wollet; machet ein Teiglein mit Semmelmehl / und zwar ein wenig dinner an / als den Käß-Küchlein-Teig / so gehen sie desto besser: formirets dann wie die Käß-Küchlein / legets in ein heisses Schmaltz / und bachets schön gelb heraus.

13. Gebachenes von Eyern / auf andere Art.

Nehmet so viel Eyer als beliebt; machet mit ein wenig Mehl einen etwas lehnern Teig an / als einen gewollenen Küchlein-Teig / giesset ihn dann in ein reines Säcklein / und hänget selbiges

biges in ein siedendes Wasser/ gantz frey/ daß es nirgend anstoffe/ laſſets darinnen ſieden/ biß der Teig hart wird/ und ſich ſchneiden läſſet; ſchneidet dann Stücklein eines Fingers lang daraus/ und bachets ſchön gelb aus Schmaltz: Tragets dann alſo trocken mit Zucker überſtreuet/ oder aber in einer ſüſſen Brüh/ zu Tiſch.

14. Gebachenes von Eyern/ auf andere Weiſe.

Sjedet zwey Eyer hart/ nehmet die Dottern heraus/ und hacket ſie klein; gießt ohngefehr drey Löffel voll Milch daran/ rührt alles wohl unter einander/ und ſchlaget dann noch einen friſchen Eyerdottern darein; rühret es ferner ab/ daß keine Bützlein darinnen b'eiben; ſaltzets/ und miſchet/ nach belieben/ klein = gehackte Mandeln darunter: ſchüttet dann dieſen alſo zuſamm = gemachten Teig auf ein Bret/ und wircket ihn mit ein wenig Mehl ab/ wie den bekandten bald hernach Num. 72. biß 75. beſchriebenen Teig zu gewollenen Küchlein; je weniger aber dieſer Teig gearbeitet und abgewircket wird/ je beſſer und wohl = ſchmäckender pflegen dieſe Küchlein zu werden: Schneidet dann ſelbigen zu Stücken/ die etwan eines Fingers lang und dick ſind/ bachets aus heiſſem Schmaltz/ und gebet ihnen gegen die letze ein etwas ſtärckeres Feuer/ ſo werden ſie röſch und gut.

15. Gebachenes von Eyern/ noch anderſt.

Nehmet acht Eyerdottern/ zwey Löffel voll Zucker/ und einen voll Milch/ wie auch einer halben Nuß groß Butter/ und etwas klar = geriebenes Semmel = Mehl/ machet einen Teig daraus/ walchert denſelben zu runden Plätzlein/ und bachet ihn aus Schmaltz.

16. Gebachenes von Eyern/ auf eine noch andere Manier.

Mache auf die in dem Eilfften Theil/ Num. 1. beſchriebene Art eingerührte Eyer im Schmaltz/ rühre ein klein wenig Mehl und

Von allerley Gebachenen.

und Weinbeerlein oder Corinthen darein: streue dann etwas Weitzen-Mehl auf einen hölzernen Deller / lege den besagter massen zusamm-gemachten Teig darauf / walchere ihn rund oder länglicht / wie es beliebt ; bachs hernach aus Schmaltz / und mache / so es gefällig / eine süsse Brüh darüber.

17. Milch-Küchlein / auf Schwäbische Art.

NEhmet ein schönes Mehl / machet mit Milch in einer Schüssel einen Teig / in der Dicken / wie den bekandten Strauben-Teig an ; lasset indessen ein Schmaltz in einer Pfannen heiß werden / und röstet den Teig darinnen: leget ihn hierauf in einen stollichten Hafen / schlagt ein Ey nach dem andern daran / und rührets wohl ab / damit der Teig werde / in der Dicken / wie der jenige / so zu denen gebrennten Küchlein Num. 56. beschrieben / gebrauchet wird: duncket dann einen Schöpff-Löffel in ein heisses Schmaltz / nehmet damit von dem Teig / so viel es beliebt / legt ihn in vorbesagtes heisses Schmaltz / und lassets wohl kühl abbachen.

18. Milch-Küchlein / noch anderst.

MAn nehme eine gantze dicke unabgenommene Milch / lasse sie zusammen lauffen / und zertreibe sie wohl / daß sie glat wird ; dann schlage man Eyer daran / und rührs damit ab / daß sie dick bleibt ; streuet dann Mehl darein biß trocken wird / und machet Küchlein / so groß als ein Tauben-Ey / daraus ; bachets aus Schmaltz / und legets wohl kühl ein / so springen sie schön auf.

19. Milch-Küchlein / auf andere Weise.

LAß eine Milch auffsieden / giesse dann so viel davon an das Mehl / daß es naß wird / rühre den Teig aber nicht gar vest ab ; lege indessen etliche Eyer in warmes Wasser / schlags nachmal an den Teig / saltze / und rühre ihn ferner ab / doch / wie gedacht / nicht

nicht zu viel / dann es hat nichts zu bedeuten / wann er gleich knockericht oder butzicht ist; formire runde Kügelein daraus / lege sie in ein nicht allzu heisses Schmaltz / und bachs heraus.

20. Gebachene Eyer-Milch oder Eyer-Käß.

LEget eine Eyer-Milch oder Eyer-Käß auf ein Tuch / biß das Wasser davon abseihet/ schneidets dann zu Stücken/ die eines Fingers lang und dick sind; ziehet sie durch Eyerdottern/ so mit Zucker zerklopffet worden: bachets/ und tragets mit Zucker bestreuet/ oder auch in einer süssen Brüh zu Tisch.

21. Gebachene Eyer-Milch oder Eyer-Käß / auf andere Art.

BEschwehret den Eyer-Käß oder die Eyer-Milch zuvor wohl/ daß die Molcken recht davon abseihe; zu solchem Ende bindet in einen Seiher oder Durchschlag ein Serviet / schüttet den Eyer-Käß oder die Eyer-Milch darein/ schlaget das Serviet oben darüber / setzet was Schwehres darauf / und lassets eine weile also stehen; nimmets dann heraus/ schneidet Stücklein daraus/ nach belieben/ bestreuets allenthalben mit Weitzen-Mehl/ und bachets aus Schmaltz: Reibet dann einen Leipziger Lebkuchen oder Rimpffel-Käß / zwiret ihn mit Wein zimlich dinn an/ streuet Zucker darein/ gilbets ein wenig/ lasset dann Zibeben und Weinbeerlein oder Corinthen zugleich mit auffieden / richtet diese Brüh über die vorbesagter massen gebachene Küchlein an/ und streuet länglicht-geschnittene abgezogene Mandeln darein: Oder tragets trocken zu Tisch.

22. Gebachene Eyer-Milch oder Eyer-Käß / noch anderst.

ZErrühret einen wohl-versehenen Eyer-Käß mit einem Löffel; mischet mit Rosenwasser abgestoßene Mandeln und etwas Semmel-Mehl darunter / schlaget zwey Eyerdottern und das

das Weisse von einem einigen Ey daran / rührt es alles wohl durcheinander; zuckerts / streuet Zimmet und Corinthen oder Weinbeerlein darein / streichets auf einen Schnitten von einem Eyer- oder andern weissen Brod auf beeden Seiten / oder aber formiret Stritzel daraus / und bachet sie langsam aus Schmaltz.

23. Käß-Küchlein.

Nehmet halb Edamer- und halb Parmasan- oder aber / wann man die Küchlein recht gut haben will / lauter Parmasan-Käß (wiewol man auch einen etwas schlechten / jedoch nicht viel / mit untermischen kan) reibet ihn gar klein / und rädelt oder stäubet selbigen zuvor durch einen Seiher / daß das grobe davon komme / etliche reiben ihn den Tag vorher / damit er ein wenig dörr werde; dann nehmet den dritten theil so viel Oblaten- oder anderes schönes weisses Mehls / als deß Käses ist / und rührets unter einander: Indessen schlaget Eyer in einen Hafen aus / so viel man ungefehr vermeint / daß man von nöthen habe / zerklopffet solche / und lassets durch einen Seiher lauffen; alsdann machet den Teig damit etwas dicker an / als den gebrennten Küchleins-Teig; ist er zu leiß gesaltzen von Käß / kan man alleyzeit helffen: man muß aber den Teig nicht gar zu dick machen / damit er etwas lehn bleibe: Wann man nun die Käß-Küchlein wie Birn / oder auch rund formiren will / so feuchtet jedesmal die Hand mit kaltem Wasser an / so werden sie auswendig fein glatt; man pfleget auch je zuweiln mit schönem Weitzen Mehl die Hände zu reiben / so dann ein wenig schmaltzig zu machen / und die Küchlein darinnen zu formiren: Oder man nimt auch wohl ein wenig rothes Bier oder Wein / und schmieret die Hände damit / dann sie sollen davon eine schöne Rinden bekommen. Nach diesen machet man ein Schmaltz in einer Pfannen heiß / und bächt die Küchlein langsam heraus / zu erst aber muß man ihnen eine starcke Hitz geben / und immerzu die Pfannen vom Feuer hinweg thun / und in der Runden herum schwingen: Zuletzt haltet die Pfannen wieder ein wenig übers Feuer / und wann sie schön licht-gelb heraus gebachen / leget sie auf ein schönes

nes Papier/ und lasset's ein wenig hin und wieder lauffen/ so werden sie gar schön. Etliche giessen etwas Milch zu den Käß-Küchlein/ oder auch ein klein wenig Wein unter dem Teig/ vermeinend daß sie davon schön löcherecht werden sollen.

24. Käß-Küchlein/ auf andere Art.

Nimm zwey Drittel klein-geriebenen Käß/ und ein Drittel schönes Mehl/ nemlich zu acht Loth Käß vier Loth Mehl/ rühre alles wohl durch einander; thue einen Löffel voll Milchram/ aber ja nicht mehr/ daran/ sonst reissen sie gerne; und mache den Teig hernach mit lauter Eyern an/ daß er ungefehr in der Dicken ist/ wie der Teig zu den gebrannten Küchlein. Wann aber die Käß-Küchlein rund gemachet werden sollen/ so muß der Teig etwas dicker seyn/ als zu den Strützeln: Wann man aber Strützeln machen will/ lässet man einen zinnernen Deller mit warmen Schmaltz überlauffen/ leget den Teig darauf/ und schneidet die Strützeln mit einem Messer/ so in warmes Schmaltz geduncket worden/ herab/ streichets damit glatt zu/ und lässets fein langsam heraus bachen; die Runden aber werden nur in der Hand/ wann selbige zuvor ein wenig mit Schmaltz fett gemachet worden/ formiret und herum gedrehet.

25. Käß-Küchlein/ noch anderst.

Reibet lauter guten Käß/ und gar keinen schlechten darunter; nehmet dann den dritten theil so viel schönes weisses Mehl/ als deß Käses ist/ und rühret solches darunter; schlaget Eyer in einen Hafen/ giesset ein klein wenig guten Kern/ oder obere Milch daran/ und zerklopffets wohl unter einander; giesset hernach die zerklopffte Eyer/ durch einen Seiher/ allgemach an das Mehl und den Käß/ und rühret also den Teig fein glatt damit ab/ daß er eine rechte Dicken habe: bestreuet dann ein Bret ein klein wenig mit Mehl/ und drehet so viel Teig/ als zu einem Küchlein nöthig/ wann zuvor die Hände schmaltzig gemachet sind/ darinnen zimlich lang herum/

daß

Von allerley Gebachenen.

daß die Küchlein eine schöne Runde bekommen/ und bachets alsdann schön heraus/ wie die vorher beschriebene.

26. Käß-Küchlein/ auf eine andere Weise.

NEhmet einen Parmasan-Holländischen-und Böhmischen-Creutz-Käß/ jedes gleich viel/ ein wenig geriebenen Weck/ ingleichen auch Oblat-und Weitzen-Mehl/ schlaget Eyer daran; machet einen Teig/ so nicht zu dick oder dinn ist/ an/ und walchert ihn/ machet die Hände schmaltzig/ formiret sie rund/ bachets/ und legets nicht zu heiß oder zu kalt ein.

❀ ❀ ❀

Oder:

NEhmet einen guten Käß/ reibet ihn wohl klein/ mischet Semmel-Mehl darunter/ und machet den Teig mit lauter Eyer-dottern an; schmieret dann die Hände mit Butter/ und machet runde Küchlein daraus/ setzets auf ein reines Papier/ und bachets heraus wie die vorigen/ so lauffen sie schön auf.

27. Käß-Stritzeln.

RÜhret ein Pfund klein-geriebenen Käß/ und drey Löffel voll deß allerschönsten Mehls/ samt einem Löffel voll Milchram/ unter einander; machet also mit Eyern einen Teig an/ lasset einen zinnernen Oeller mit warmen Schmaltz überlauffen/ formiret vom obigen Teig Stritzeln darauf/ so groß oder klein/ wie es beliebt/ und bachet sie aus Schmaltz allgemach heraus. *

* Wanns beliebt/ kan man auch aus allen vorher beschriebenen Teigen zu Käß-Küchlein/ Stritzeln machen/ wofern nur der Teig etwas lehner/ als zu den Runden/ angemachet wird.

28. Gebachene Käß-Schnitten.

Reibe einen guten Käß/ schlage Eyer daran; mische ein wenig gerieben Semmel- oder Oblat-Mehl darunter/ mache einen Teig daraus/ als wie ein dickes Mus/ streiche dann selbigen schön erhoben auf Semmel-Schnitten/ und bachs aus Schmaltz: Wanns beliebt/ kan man diese Semmel-Schnitten zuvor durch einen Teig ziehen und bachen/ oder aber/ aus besagtem Teig/ Käß-Küchlein formiren.

29. Käß-Fladen.

Nimm Semmeln/ schneide sie wie guldene Schnitten; schlage Eyer an einen geriebenen Käß/ siehe aber/ daß er nicht zu dinn werde; streiche ihn auf die eine Seiten eines Fingers dick/ und mache dann noch einen andern Teig an/ wie den Strauben-Teig/ gieß solchen auf die andere Seiten/ und setze also diese Schnitten in das heisse Schmaltz/ daß der Käß in die Höhe/ oder oben auf zu legen komme/ und lasse sie bachen.

30. Käß-Fladen/ auf andere Art.

Reibet einen guten Käß in eine Schüssel/ mischet eine Hand voll schönes Oblat-Mehl darunter/ schlaget Eyer daran/ daß der Teig so dick wird/ daß man ihn aufstreichen könne; man kan auch wol ein wenig Wein oder dicke Milch darunter nehmen: streichets so dann auf einen Schnitten weisses Brods/ und bachets langsam heraus. Oder machet an statt der weissen Brod-Schnitten ein Teiglein an/ auf folgende Art: Setzet ein geschmaltzen-und ein wenig gesaltzenes Wasser zum Feuer/ und ziehet es/ wann es anfangen will zu sieden/ hinter sich; schüttet dann ein Mehl in ein Näpfflein/ schlaget ein Ey daran/ und machet den Teig folgends mit dem geschmaltzen-und gesaltzenen Wasser an/ wircket und wälchert ihn dinn aus; streichet dann den obbeschriebenen Käß-Teig darauf/ machet die Flädlein so groß als es beliebt/ und bachets im Schmaltz/ wie bereits gedacht.

31. Käß-

31. Käß-Krapffen.

Schlaget an einen guten geriebenen Käß / und halb so viel Mehl / so viel Eyer als nöthig; machet einen Teig an / daß er sich wälchern lasse / wälchert ihn dann auf einem Bret / daß er schön weiß werde; formiret ihn krum wie einen halben Mond / oder was man vor eine Form daraus zu machen verlanget / und bachets im Schmaltz.

32. Ein Gebachenes von Käß auf Oblaten.

Nimm einen guten frisch-geriebenen Parmasan-Käß / schlage Eyer daran / mische ein wenig gerieben Semmel-Mehl darunter / zuckere und gilbe ihn; mach also eine starcke Füll an / streichs auf eine Oblaten / bedecke sie mit einer andern Oblaten / schneide groß oder kleine Stücke daraus / duncke sie an den Seiten in ein zerklopfftes Ey / legs in ein Schmaltz / kehrs bald um / bachs schön heraus / und trags dann warm zu Tisch.

33. Ein Gebachenes von Käß auf Oblaten / noch anderst.

Reibe einen frischen Parmasan- oder / aus Mangel desselben / einen andern guten Käß / schlage Eyer daran / mische ein wenig Semmel-Mehl und Zucker darunter / gilb diesen Teig mit Saffran / und mache ihn also in einer mittelmässigen Dicken zusammen: schneide dann etliche Oblaten / doch jedesmal zwey in einer grösse / nach gefallen; bestreiche sie einwendig mit erstbesagtem Teig / legs dann auf einander / bachs geschwind aus Schmaltz / wends bald darinnen um / und überstreue sie im auftragen mit Zucker.

34. Schlepper-Käß-Küchlein.

Nimm einen guten fetten Schlepper-Käß / oder das zusam̃-geronnene von einer gestockten Milch / schütte selbigen auf einen

Deller und laß ihn über Nacht darauf stehen/ gieß das molckichte stets herab/ daß er fein trocken werde; stecke selbigen in ein Säcklein/ und drucke ihn wohl aus: lasse nach diesem ein Mehl in einer Schüssel warm werden/ schütte den Käß darauf/ und rühre ihn wohl unter das Mehl: zerklopffe dann acht Eyer in einem Topff oder Hafen/ saltze und giesse sie an vorbesagten Teig/ rühre alles wohl unter einander/ daß derselbe wohl glatt und etwas dicker werde als der Strauben-Teig. Darnach mache ein Schmaltz in einer Pfannen heiß/ laß wieder ein wenig erkuhlen; nimm dann einen Löffel voll Teigs/ thue solchen auf einen Deller/ so mit Mehl bestreuet ist/ und mache länglichte Küchlein daraus/ legs in das laue Schmaltz/ gieß selbiges mit einem eisernen Löffel immer auf/ bachs fein langsam/ so lauffen sie schön auf.

35. Schlepper-Käß-Küchlein/ auf andere Art.

Nimm Low/ oder die saure Gier aus einem Kalbs-Magen/ so viel als zwey Erbsen groß/ zerreibs mit einem Löffel/ in einer Schüssel mit Milch; gieß in einen Hafen/ darinnen ohngefehr drey Maas warme Milch sind/ rühre alles wohl durch einander/ laß sieden/ biß man im Hafen ein Kreißlein oder Reifflein siehet/ wie ein Wasser: dann lege ein reines Tüchlein in ein Wasser/ und breite es in ein Sieblein/ so groß du den Schlepper-Käß haben wilt; heb das gesottene mit einem eisernen Löffel ins Sieblein auf das Tuch/ und laß es wohl vertropffen: Legs hernach auf einen Deller/ schneide Stücklein daraus/ nach belieben; streue Weitzen-Mehl darauf/ schlage Eyer daran/ reibs fein glatt mit einander ab/ zu einem besondern Teig; wircke und bache ihn wie gewollene Küchlein: es muß aber deß gesottenen Schlepper-Käses weniger seyn/ als deß Mehls.

Oder:

Oder:

Man kans auch von einer gantzen Milch machen / selbige mit Essig niederschlagen / und dann durch einen Seiher oder Durchschlag wohl vertropffen lassen/ dann vest/und auf das trockneste zusammen ballen/ darnach zwey Theil solches Käses / und ein Theil schönes Mehl unter einander rühren/ auch einen Teig daraus anmachen / damit man selbigen länglicht / oder aber in runde Küchlein formiren / und besagter massen abbachen könne.

36. Weisse Strauben.

Machet mit dem schönsten Mehl / und mit lauter Eyer-klar von sechs oder mehr Eyern / nach dem man viel machen will / den Teig an/ doch müssen die Eyer zuvor wohl geklopffet werden/ und der Teig anfänglich etwas dick seyn; darnach giesset ein wenig Rosenwasser daran / daß besagter Teig etwas dinner werde / als der gemeine Strauben-Teig / und zuckert ihn nach belieben: nehmet alsdann ein tieffes Pfännlein mit wohl heissem Schmaltz / und ein enges Triechterlein/ hebet die Pfannen vom Feuer / giesst etwas von dem Teig in das Triechterlein / und lassets fein langsam heraus in das Schmaltz lauffen/ biß die Pfanne mit dem Strauben angefüllet ist; haltets hernach übers Feuer / wendet aber den Strauben nicht um / sondern leget ihn auf ein reines Tüchlein / und wickelt ihn geschwind über ein Walcherholtz / weil er noch heiß ist / dann sonsten wann er erkaltet/ läst er sich nicht mehr um das Walcher-Holtz biegen; drucket ihn aber wohl um das Holtz / daß er gantz vest daran lige/ und wendet das Ort / wo der Strauben am kraussesten / und weissesten ist / heraus: Schlichtet sie nachmal in eine Schüssel / und bestreuets mit Zucker.

37. Weisse Strauben/ auf andere Art.

Klopffet das Weisse von Eyern mit Rosenwasser wohl ab/ und machet einen Teig von dem schönsten Mehl damit an/ zuckert und

und reibet ihn ab; machet dann in ein Häfelein an den Boden acht oder zehen Löcher/ und lasset den Teig dadurch in ein heisses Schmaltz lauffen; ziehet lange Striche/ so lang die Pfannen ist/ doch nicht so dick auf einander/ wie die vorige: Nach diesem nehmet einen flachen Löffel/ oder ein Schäuffelein/ welches drey Finger breit und oben etwas zugebogen ist/ daß man das gebachene darüber legen könne/ und kehrets damit um: Wann man nun das gebachene aus der Pfannen mit obgedachtem Löffel oder Schäuffelein heraus nimmt/ so greifft mit der Hand auf das gebachene/ und bieget es über das Schäuffelein/ oder den Löffel/ daß es schier zusammen gehet; setzet es auf ein Bretlein/ und wann das Schmaltz heiß ist/ hebet die Pfannen vom Feuer/ damit die Strauben nicht zu braun werden; stellet dann jedesmal zwey neben einander in die Höh/ daß die Schüssel wohl übersetzt ist/ und die also aufgesetzte Strauben einem Thurn gleichen; zuletzt aber bestreuets mit Zucker.

38. Weisse Strauben/ noch anderst.

Nehmet Mehl und Eyer/ weisses Bier/ oder/ an dessen statt/ Reinen Kern oder Ram/ und ein wenig Wein/ rührets unter einander/ saltzets; machet den Teig fein dinn/ daß er durch ein Triechterlein laufft/ fasset selbiges voll/ und lasset also den Teig in das Schmaltz/ welches nicht zu heiß seyn muß/ lauffen/ und kehret ihn mit einem Gäbelein um: bieget ihn über ein Schäuffelein oder Walcker-Holtz/ und tragets mit Zucker bestreuet zu Tisch.

39. Welsche Strauben.

Rühre mit einem siedenden Wasser das Mehl an/ wie zu den gebrennten Küchlein/ und zertreib es sehr wohl; schlag Eyer eines nach dem andern darein/ biß der Teig glatt und so dinn wird/ als ein gemeiner Strauben-Teig: laß ihn hernach durch ein Triechterlein in ein heisses Schmaltz lauffen/ und backe die Strauben/ wie die zuvor beschriebene/ schön heraus.

40. Wel-

Von allerley Gebachenen.

40. Welsche Strauben / auf andere Art.

LEget gleich anfangs Eyer in ein warm Wasser/ haltet ein anderer Wasser über das Feuer / saltzt und lassets sieden / schüttets dann in ein Mehl / und brühet es wohl ab / schlaget die Eyer darein / und zertreibt den Teig schön glatt; giesset selbigen in ein Triechterlein / und lasset ihn gemach hindurch in ein heisses Schmaltz lauffen / so wird der Straub ein oder zwey Elen lang / ohne daß er zusammen bächt: Nehmet dann ein Schifflein oder flachen Löffel / zweyer Finger breit / kehrets damit um / und nehmets heraus.

41. Schlechte und gemeine Strauben.

NImm etwan zwey Händlein voll schönes Weitzen-Mehl / schlag Eyer daran / rührs darunter / biß es glatt ist; gieß ein wenig Wein und Milch daran / biß der Teig recht in der Dicken wird / wie ein Strauben-Teig / und gerne durch das Triechterlein laufft / saltze und klopffe ihn gar nicht / sondern rühre nur immerzu: laß hernach durch ein Triechterlein in ein enges Pfännlein voll heisses Schmaltz lauffen / und bachs fein dinn / so werden die Strauben schön und gut.

42. Strauben-Kräntzlein.

MAchet einen Teig an / wie zu den krummen Strauben / es sey gleich wie zu den Weissen / oder aber andern zuvor beschriebenen: lasset ein Schmaltz in einem Pfännlein heiß werden / stellet einen höltzernen Zapffen mitten in das Pfännlein; giesset den Teig in ein Triechterlein / fahret damit um den Zapffen in das heisse Schmaltz herum: Wann es ein wenig gebachen / und gelb werden will / so ziehet den Zapffen langsam heraus / und wendet das Strauben-Kräntzlein subtil um / damit es auf der andern Seiten auch schön gelb werde / bestreuets mit Zucker / und tragets zu Tisch.

Oooo 43. Krum-

43. Krumme Strauben mit Mandeln.

Nehmet vier Löffelein voll Mehl/ und zwey Loth gar klein und zart mit Rosenwasser abgeriebene Mandeln; zerklopffet das Weisse von dreyen Eyern/ und zugleich das Mehl und die Mandeln mit darunter/ wiewol es besser seyn soll/ wann man die Eyer zu erst an das Mehl/ und dann hernach die Mandeln darunter rühret: ist der Teig zu dick/ so schlaget noch von ein oder zwey Eyern das Weisse daran/ es muß aber selbiger etwas zähe werden; ist er noch zu dick/ so machet ihn folgends mit Rosen=Wasser an/ wie einen andern Strauben=Teig; zuletzt rühret auch/ nach belieben/ einen Zucker darunter/ zettelt selbigen mit einem Triechter ins Schmaltz/ bachet ihn geschwind heraus/ und bieget dann die Strauben über ein Walcher=Holtz.

44. Strauben mit und ohne Aepffel.

Rühre ein schönes Mehl mit einem halben Seidlein oder viertel Maas guten Ram oder Kern an/ schlag drey oder vier Eyer darein/ machs nicht zu dick/ sondern wie einen gemeinen Strauben=Teig/ saltz es/ würff ein Händlein voll/ entweder rund= oder würfflicht=geschnittener Aepffel darein: Mache dann in einem Pfännlein/ so groß als du die Strauben verlangest/ ein Schmaltz heiß/ und zettle vorbesagtem Teig/ zusamt denen darunter gemischten Aepffeln/ darein/ daß der Strauben schön kraus werde/ laß ihn schön lichtgelb bachen/ und streue dann/ wann sie alle fertig sind/ und in eine Schüssel geleget worden/ Zucker darauf. *

45. Güldene Schnitten.

Schneidet ein Eyerbrod/ entweder einen Gogelhopffen oder Eyerkuchen zu Plätzen; zerklopffet hernach drey oder vier Eyer

---

* Wem die Aepffel unter diesen Strauben nicht anständig/ der kan sie auch heraus lassen/ und die Strauben nichts destoweniger besagter massen verfertigen und abbachen.

Eyer in einem Häfelein/ saltzets ein wenig/ zuckerts/ giesset Rosen=
wasser/ nach belieben/ daran/ und rührets wohl unter einander; zie=
het die Schnitten zuvor durch einen Ram oder Kern: nehmet dann
einen erdenen Deller oder Schüssel/ giesset die gerührten Eyer darein/
und ziehet die Schnitten ebenfalls dadurch/ und zwar eins/ zwey
oder mehr/ so viel man nemlich auf einmal bachen kan/ und so fort:
Lasset indessen ein Schmaltz in einer Pfannen heiß werden/ und wie=
der ein klein wenig erkühlen/ leget die durchgezogene Schnitten dar=
ein/ und bachets schön gelb heraus. *

46. Güldene Schnitten/ auf andere Art.

NEhmet einen guten Kern oder andere gute Milch/ schlaget Eyer daran/ klopffets wohl unter einander/ thut Zucker und Rosenwasser dazu; schneidet breite Schnitten von einer Sem=
mel oder Eyerbrod/ weichet sie in diese Eyermilch: Alsdann hebets
mit einem Fisch=Schäuffelein in eine Pfannen/ bachets schön gelb
heraus/ und streuet ein Trisanet darauf.

47. Güldene Schnitten/ noch anderst.

SChneidet Schnitten von einer Semmel oder Weck/ ziehets ein wenig durch ein Wasser (oder man kan sie auch durch einen Wein ziehen/ und dann unter die Eyer etwas Zucker
rühren) legts darnach in zerklopffte Eyer/ und bachets schön gelb
aus Schmaltz; machet dann in einem Schüsselein eine süsse Brüh
von gutem Wein und Trisanet darüber: Oder man kan sie auch/
nach belieben/ nur also trocken geben und auftragen.

Gggg ij   48. Gül=

---

* Man kan diesen Teig zu den Schnitten/ auch ohne Kern/ nur allein
mit Rosenwasser anmachen/ doch sollen sie von dem Kern etwas mürber
werden; ingleichen auch/ kan man das Rosenwasser/ weil es nicht jederman
anständig/ davon lassen.

48. Güldene Schnitten / auf eine andere Weise.

NEhmet eine Semmel / schneidet solche überzwerch entzwey / und dann wieder an dem breiten Ort dinne Schnitten daraus; indessen zerklopffet etliche Eyer / rühret Zucker und Rosenwasser darunter / giesset auch einen guten süssen Ram oder Kern dazu / und macht es fast an wie zu einer Eyer-Milch oder Eyer-Käß; ziehet dann die Schnitten dadurch / bestreuets / wann sie durch die Eyer gezogen sind / auf beeden Seiten mit einem schönen Gries: Hernach machet ein Schmaltz heiß / bachet diese Schnitten schön hell heraus / und streuet / wann sie aus der Pfannen kommen / weil sie noch warm sind / alsobald Zimmet und Zucker darauf.

49. Semmel-Schnitten.

NEhmet Semmeln / schneidet Plätze daraus / giesst ein wenig Milch in ein Schüsselein / ziehet die Plätze dadurch / und legets in eine Schüssel / oder auf einen erdenen Teller; thut ein Mehl in eine Schüssel / mischt zwey oder drey Löffel voll sauren Ram oder Milchram darunter / schüttet ein wenig weisses Bier und Milch dazu / saltzets / und rühret den Teig starck ab / daß er fein glatt werde; alsdann giesset noch ein wenig Milch daran / und rühret es ferner unter einander / damit der Teig nicht zu dick / auch nicht zu dinn / sondern wie ein Strauben-Teig werde: tuncket nachmals die Semmel-Schnitten darein / und bachets wohl heiß.

50. Semmel-Schnitten / auf andere Art.

DIe Semmel schneidet zu dinnen Schnitten; machet darnach den Teig mit schönem Mehl / dinner Milch und Eyern an / die Milch aber muß nicht zu kalt / auch nicht zu heiß seyn / sonst werden sie schmaltzig / so wol als wann man eine dicke Milch dazu gebrauchet; es muß aber selbige so heiß seyn / daß man einen Finger darinnen leiden kan / schlaget hernach Eyer / doch nicht zuviel / daran /

daran/ und machet den Teig/ aber nicht zu dinn/ an/ sonst lauffen sie nicht auf/ saltzet ihn: Machet indessen ein Schmaltz heiß/ duncket die Schnitten in den Teig/ und legets in das heisse Schmaltz/ giesset selbiges offt auf/ bachet aber über zwey oder drey Schnitten auf einmal nicht ab; beliebts/ so kan man erst-besagte Schnitten/ ehe sie durch den Teig gezogen werden/ durch eine dinne Milch ziehen/ und unter den Teig etwas klein-zerriebenen Salbey rühren.

51. Gefüllte Semmel-Schnitten.

Schneide Semmeln zu dinnen Schnitten/ streiche eine Füll von Mandeln oder Latwergen darauf/ oder auch von eingerührten Eyern mit Weinbeern oder Corinthen/ welche von diesen beliebt; lege einen andern Schnitten darüber/ ziehe sie durch zerklopffte Eyer/ oder sonst ein anständiges Teiglein/ und bachs aus Schmaltz/ so sehen sie wie andere gemeine Schnitten/ und sind doch einwendig gefüllt.

❋ ❋ ❋

Oder:

NEhmet einen oder mehr Spitzwecken/ schneidet länglichte Schnittlein daraus/ feuchtets mit Wein an/ schwingets in Mehl und bachets; giesst einen Wein in ein Häffelein/ streuet Zucker/ ein wenig Saffran und Trisanet/ auch/ so es beliebt/ kleingeschnittene Mandeln/ Rosinen und Weinbeerlein oder Corinthen darein/ lassets mit einanden aufsieden: Leget dann die gebachene Spitzwecken in eine Schüssel/ richtet diese aufgesottene Brüh darüber an/ setzet die Schüssel auf eine Kohlen/ aber nicht zu lang/ damit sie nur ein wenig in der Brüh erweichen/ und streuet/ wann sie zu Tisch getragen werden/ Trisanet darauf.

❋ ❋ ❋

Auf diese Weise können auch die Gogelhopffen gebachen werden.

52. Semmel-Küchlein.

Nehmet schöne neugebachene weisse Semmeln/ Laiblein/ oder auch einen Weck/ schneidet die Rinden rings herum ab/ daß nur die Brosam daran bleibt; dann schneidet aus der Brosam länglicht- und runde Stücklein/ als wie die Stritzeln/ und zwar aus einer Semmel ungefehr sechs; wann man sie gantz rund kan machen/ sehen sie wol am schönsten/ es gehet aber sehr viel ab: Dann klopffet etliche Eyer/ giesset ein klein wenig Rosenwasser/ und gute Milch oder Kern daran/ zuckerts/ und rührets wohl unter einander; leget die geschnittene Semmeln alle auf einen zinnernen Teller oder Schüssel/ giesset die Eyer darüber/ kehret die Semmeln offt um/ daß sie wohl weich werden/ und die Eyer eindringen können: Wann sie nun weich worden/ so reibet die Rinden von einem Weck/ waltzet die eingeweichten Semmeln darinnen herum/ so werden sie krauß/ und bachets dann nach einander aus einem Schmaltz schön gelb heraus. *

53. Semmel-Küchlein/ auf andere Art.

Schneidet von einer altgebachenen Semmel die Rinden herab/ und aus der hinterbleibenden Brosam vier Theile; zerklopffet drey Eyer in so viel Löffeln süsser Milch oder Ram/ saltzets ein wenig/ weichet die Semmel darein/ giesset sie offt herab und wieder darüber/ kehrets um/ daß wohl weich wird: Lasset ein Schmaltz heiß werden/ und wieder ein wenig erkalten; legts dann ein/ und bachets langsam ab. **

54. Ge-

* Wanns beliebt/ kan man diese Schnitten/ an statt der Eyer/ in einen Wein weichen/ welcher aber zuvor wohl gezuckert worden; alsdann unter das geriebene Brod/ ein gutes Trisanet mischen/ die eingeweichten Schnitten/ wie vorgedacht/ darinnen umkehren und ferner heraus bachen/ wie schon vermeldet.

** Auf einen gantzen Tisch gebrauchet man zu diesen gebachenen Küchlein/ vier Semmeln und zwölff Eyer/ auch so viel Löffel voll Milch oder süssen Ram.

Von allerley Gebachenen.

54. Gebachene Semmeln / noch anderst.

Nehmet neugebachene Semmeln / die nicht sehr braun sind / holet sie aus; weichet das ausgeholete in Kern / schlaget zuvor zwey Eyer daran / würtzets mit Muscatblüh / Zimmet und Zucker / oder thut ein Trisanet darunter: füllet sie wieder in die ausgeholete Semmeln / und bachets im Schmaltz.

55. Pfann-Zelten.

Machet einen Teig von schönen Mehl und Milch an / die Milch aber zuvor heiß; werffet ein Stücklein Schmaltz darein / saltzet das Mehl / und rührets mit obgedachter Milch an; schlaget ein halbes Ey dazu (dann man darff zu einer grossen Schüssel voll dieser Küchlein / über zwey Eyer nicht nehmen) auch muß der Teig nicht geklopffet / sondern nur gerühret / dann auf einem Bret abgewircket / und in einer Gleichen und Dicken ausgewalchert werden (sie müssen aber ungefehr wie die runden Heffen-Küchlein / doch etwas dinner seyn:) Bachet dann diese Zelten ab / lassets / wann sie aus dem Schmaltz gehoben / wohl vertrocknen; legets zu solchem Ende auf ein Papier / daß das Fette davon wohl ablauffe. *

56. Gebrennte Küchlein.

Giess ein reines Wasser in eine Pfannen / saltze es / würff ein Stuck Butter hinein / und laß sieden; schütte es hernach an ein Mehl in eine Schüssel / und rühre selbiges wohl ab / daß es zu einem glatten Teig / und so dick werde / daß er das Wasser anschlucket: laß hernach ein klein wenig Schmaltz in einem Pfännlein wohl heiß werden / schütte den Teig darein / und brenne ihn so lang ab / biß er wohl ertrocknet; lege nach diesem den Teig in eine Schüssel / und etliche Eyer in ein laulichtes Wasser / schlage / wann sie warm sind / eines nach dem andern in den Teig / daß derselbige schön glatt

---

* Hiebey ist zu erinnern / daß man den Teig wohl trocken anmache / und nicht zu viel Eyer dazu nehme / auch die Milch heiß-siedend darunter rühre / so lauffen sie auf beeden Seiten schön auf.

glatt wird/ rühre ihn geschwind ab/ daß er nicht erkalte; legs hernach mit einem eisernen Löffel/ so zuvor ins Schmaltz gedunckt worden/ in ein Schmaltz/ das nicht zu warm noch zu kalt ist/ und bachs/ wann sie aufgegangen sind/ fein langsam ab.

57. Gebrennte Küchlein/ auf andere Art.

Zwieret das Mehl mit einem laulichten Wasser an/ wie zu einem Strauben-Teig/ saltzet es; lasset hernach ein Schmaltz/ etwan einer Welschen Nuß groß/ in einer Pfannen zergehen/ und wider kalt werden/ giesset den Teig darein/ brennet ihn wohl/ daß er nicht stinckend werde: leget selbigen nachmal in eine Schüssel/ klopffet und machet ihn mit warmen Eyern zu einer rechten Dicken an/ und bachet die Küchlein/ wie schon gedacht.

58. Gebrennte Küchlein/ noch anderst.

Nehmet zwey gute Hände voll schönes Mehl/ zwierets mit kaltem Wasser/ oder aber kalter Milch an/ so wirds nicht schmaltzig; schlaget dann drey oder vier Eyer darein (wiewol man sie auch davon lassen kan) saltzets/ und machet den Teig der Dicken wie einen Strauben-Teig: lasset in einer Pfannen/ zweyer Eyer groß/ Schmaltz heiß werden/ damit sich derselbige nicht anlege/ giesset den Teig dazu hinein/ und röstet oder brennet ihn etwan eine viertel Stund/ biß er sich an der Pfannen ablöset/ und nicht mehr nach Mehl riechet; man muß aber wohl acht haben/ daß er nicht anbrenne und stinckend werde: Leget ihn nach diesem in eine laulichte Schüssel/ und schlaget Eyer daran/ so zuvor in einem warmen Wasser eine weile gelegen/ und zwar eines nach dem andern/ biß der Teig wohl gerühret und glatt wird; solte er von drey oder vier Eyern zu dick seyn/ kan man noch eines daran schlagen/ darnach ein kleines eisernes Löffelein nehmen/ schmaltzig machen/ den Teig fein rund damit ins Schmaltz/ so nicht gar heiß ist/ legen/ und wann sie gegangen sind/ langsam ausbachen: Wann nun eine Lag heraus gebachen/ leget noch ein wenig frisches Schmaltz zu dem andern in die Pfannen/ selbiges damit abzukühlen/ und leget alsbald wieder eine neue Lag/ doch über fünff oder sechs nicht auf einmal/ darein/ dann sie lauffen sehr auf; haltet die Pfannen wieder ein wenig über das Feuer/ gleich wie im anfang/ daß sie gehen: Leget die Küchlein auf ein reines Tuch/ oder auf geschnittenes Brod/ daß sich das Schmaltz heraus ziehe; tragets hernach alsobald zu Tisch/ oder aber setzets auf einen warmen Ofen/ so bleiben sie rösch.

59. Länglichte gebrennte Küchlein.

ZU den länglicht-gebrennten Küchlein kan man den Teig allerdings anmachen/ wie die zuvor beschriebene: Nur ist dabey zu mercken/ daß/ wann man selbige einlegen und bachen will/ man zuvor einen zinnernen Deller mit warmen Schmaltz begieße; dann von dem Teig einen Löffel voll darauf lege/ selbigen mit einem Messer länglicht forme/ wie die Käß-Stritzeln/ und so dann/ besagter massen/ gleich denen obigen ausbache.

60. Wasser-Bläslein zu bachen.

SAltzet ein Wasser in einem Häfelein/ werfft eine frische Butter oder Schmaltz hinein/ lassets sieden; dann zwieret von dem schönsten Mehl/ etwas in einer Schüssel/ mit obigen siedenden Wasser an/ und rührets ferner hernach mit Eyern ab/ leget sie aber zuvor in ein warmes Wasser; rühret den Teig biß er schön glatt wird: Dann machet ein Schmaltz heiß/ last es aber wieder ein wenig erkühlen; leget den Teig mit einem eisernen Löffel/ wie die gebrennten Küchlein/ ein/ bachets fein kühl ab/ und gebet zuletzt eine bessere Hitze. *

Pppp   61. Auf-

---

* Von diesem jetzt-beschriebenen Wasser-Bläslein-Teig/ kan man eben dergleichen länglichte Küchlein oder Stritzeln machen; wie von dem Teig zu den gebrennten Küchlein.

61. Aufgelauffene runde Küchlein.

Röstet das schönste Mehl im Schmaltz / biß daß es fast will gelb werden / nehmet aber ja nicht zu viel Schmaltz / sondern nur so viel dazu / daß das Mehl damit befeuchtet werde / wie ein Mus: Indessen leget Eyer in ein warmes Wasser / und zwar zu einem Löffel voll Mehl / ungefehr ein einiges Ey; wann nun das Mehl geröstet / darff selbiges nicht zuvor abkuhlen / sondern die Eyer müssen gleich daran gerühret oder geklopfft / und der Teig stets warm behalten werden / auch in der Dicken seyn wie ein Strauben-Teig: Zu solchem Ende lässet man einen Napff oder eine Schüssel wohl warm werden / stellets nach diesem wieder in ein heisses Wasser / und machet den Teig darinnen an / daß er stets warm bleibt / oder man kan ihn auch gleich in der Pfannen / auf einer kleinen Glut / mit den Eyern schön glatt abrühren; doch ist es am sichersten in der Schüssel / damit er nicht so bald anbrenne; schlaget aber die Eyer auch nicht alsobald alle daran / sondern zerklopfft sie zuvor in einer Schüssel / und rühret s nach einander in den Teig / saltzet ihn: machet ein Schmaltz in einem tieffen Pfännlein heiß / tuncket einen eisernen Löffel / mittelmässiger grösse / auswendig in das Schmaltz / und giesset hernach ein wenig Teig mit einem kleinen höltzernen Löffel aussenher auf erst-besagtem eisernen Löffel / daß es fein rund sey / fahret damit augenblicklich ins heisse Schmaltz / und giesset über dem Feuer stetig auf: Wann dann diese Küchlein schön gelb-braun sind / legets heraus auf ein reines Tuch / oder auf geschnittenes Brod / daß sich das Schmaltz heraus ziehe / und hernach in eine Schüssel; setzets auf einen Ofen / und tragets zu gelegener Zeit zu Tisch.

62. Spritzen-Küchlein.

Nimm ein halb Seidlein oder viertel Maas Kern oder süssen Ram / würff ein Plätzlein Schmaltz / einer Nuß groß / dazu hinein / laß nur in einer Pfannen heiß werden / aber nicht gar sieden / sonst laufft der Teig nicht geschwind auf / saltze ihn; rühr darnach

Von allerley Gebachenen. 667

nach ein gut theil schön Mehl das nicht fliesst/ ungefehr fünff gute Händ voll/ darein/ biß es die Milch gar einschluckt/ daß es nicht kan gerühret werden/ sondern der Teig starck wird; laß ihn dann in der Pfannen wohl trocknen/ siehe aber/ daß er sich nicht anlegt/ oder schwartz wird: Wann er nun trocken ist/ und nicht mehr nach Mehl riechet/ schlage in einer Schüssel/ nach und nach/ so viel Eyer daran/ biß er recht in der Dicken zum Spritzen ist/ und zwar/ nimm zu obgemeldten Teig vier Eyer; wann das Mehl nicht fliesst/ kan man ihn dinner machen; so er aber zu dick ist/ und nicht gehen will/ muß man mit mehrern Eyern helffen/ lege aber selbige zuvor in ein warmes Wasser/ daß sie warm an den Teig kommen. Wann man nun den Teig anrührt oder zertreibt/ so thut mit einem Löffel wohl lange Strich/ so wird er bald glatt; ist er zu dinn/ setzet ihn auf einen Hafen mit warmen Wasser/ so wird er dicker/ er muß aber schön glatt abgerühret werden: dann netzet die Spritzen rings herum mit einem heissen Schmaltz/ und schmieret die Biren aussen um den Stern/ wie auch den Stämpffel mit Butter; lasset ein Schmaltz in einer Pfannen heiß werden/ und wieder ein wenig erkuhlen: Dann füllet von dem Teig in die Spritzen/ drucket ihn wohl hinab/ und haltet indessen das Löchlein an dem Stern/ unten in der Spritzen/ zu/ drehet und drucket oder spritzt zugleich den Teig in die Pfannen in die Runde herum/ wie einen Schnecken/ und bacht ihn also fein langsam ab. *

63. Spritzen-Küchlein/ auf andere Art.

Laß ein halb Seidlein blauer Milch sieden/ thue Mehl darein/ daß es dick wird/ klopffs so fort in einer Schüssel; setze die Eyer auf den Ofen/ daß sie warm werden/ klopffe sie in einem Hafen/

---

* Hiebey muß absonderlich beobachtet werden/ daß das Schmaltz nicht zu heiß/ auch nicht zu kalt sey; dann ist es zu kalt/ so sitzen die Küchlein nieder; ist es aber zu heiß/ so erharten sie/ und lauffen nicht auf: Ingleichen auch/ wann man den Teig in die Spritzen fässt/ muß man ihn wohl zusamm hinab drucken/ das Löchlein an dem Stern der Spritzen/ wie gedacht/ zuhalten/ und den Stämpffel in dem Drucken zugleich drehen/ sonst reissen sie ab.

Hafen/ saltze es/ nimm das Vögelein davon/ gieß die Eyer nach und nach in den Teig/ und rühre alles wohl ab/ daß keine Bützlein darinnen bleiben; doch muß er dicker gemacht werden/ als sonst zu gebrannten Küchlein: Fülle den Teig hierauf in die Spritzen/ drucke ihn in das Schmaltz/ und fahre damit zugleich in die Runde herum/ du must aber schnell zudrucken/ und eine weite Pfannen nehmen/ zumal so du sie groß haben wilt; kehrs um/ und bache sie also schön licht heraus.

64. Spritzen-Küchlein/ noch anderst.

Nehmet eine blaue Milch/ oder auch nur ein frisches Wasser/ thut einer welschen Nuß groß Schmaltz/ zu den Wasser aber ein wenig mehr/ daran/ saltzets auch/ und lassets sieden; streuet schönes Mehl darein/ und brennet oder röstet den Teig wohl/ wie bey den gebrennten Küchlein: klopffet hernach denselben in einer Schüssel mit Eyern/ so zuvor im warmen Wasser gelegen/ wohl ab/ dann das Klopffen ist ihm am allerbesten: es muß aber dieser Teig ein wenig dicker seyn/ als ein Strauben-Teig/ und zu einer Maas Milch ohngefehr acht Eyer genommen/ zu vörderst aber beobachtet werden/ daß man den Teig stets fein warm auf einem warmen Wasser behalte. Dann machet ein Schmaltz in einer Pfannen heiß/ und schmieret die Spritzen zusamt dem Holtz einwendig mit heissem Schmaltz; füllet von dem angemachten Teig in die Spritzen/ drucket oder spritzets in die Pfannen/ wie vor gedacht/ und bachets dann ferner/ nicht zu heiß/ auch nicht zu kalt/ auf die bereits beschriebene Weise.

65. Spritzen-Küchlein/ mit Mandeln.

Stosset ein viertel Pfund Mandeln mit Rosenwasser ab/ mischet zwey Händlein voll Semmel-Mehl/ und ein Händlein Weitzen-Mehl darunter/ schlaget zwey Eyerdötterlein daran/ rührets unter einander; wanns zu dick ist/ giesst noch ein wenig Rosenwasser dazu/ zuckerts: Füllet den Teig in eine hölzerne

Von allerley Gebachenen.

tzerne Spritzen / und spritzet selbigen in einen breiten eisernen Löffel / der schmaltzig ist / in die Runden herum; legts nachmal ins Schmaltz / und lasset sie bachen.

66. Schart-Küchlein.

Nehmet auf einen Tisch acht Eyer / zerklopfft sie wohl / schüttet so viel Eyerschalen voll Milch dazu / rühret oder zerklopffets wohl unter einander; machet dann von dem schönsten Mehl einen Teig in einer Schüssel an / in der Dicken wie den Strauben-Teig / saltzet ihn; machet in einer Pfannen die ein wenig weit ist / oder aber in einem Schart / ein Schmaltz heiß / schüttet den Teig darein / und lasset ihn allgemach auf einer Glut abtrocknen / daß er sich schneiden läst (man muß aber fleissig acht haben / daß er sich nicht anbrennt) dann nehmet ihn heraus auf einen Deller / schneidet lange Stücklein daraus / fast wie die gewollene Küchlein: Lasset ein Schmaltz in einer Pfannen heiß werden / bachets / und begiesset sie immerzu mit Schmaltz.

67. Schart-Küchlein / auf andere Art.

Zu acht Eyern / nehmet sechzehen Eyerschalen voll Milch / die nicht gesotten / und zwey Eyerschalen voll Brandwein / oder aber den vierdten Theil einer Maas Milch / acht Eyer und ein wenig Brandwein / zerklopffet alles unter einander / saltzets; machet mit einem schönen Mehl / in einer Schüssel / diesen Teig ein wenig dinner an / als einen Strauben-Teig: thut ein Stuck Butter oder Schmaltz in einen Schart oder Pfannen / last sie aber nicht zu heiß werden / leget den Teig darein / setzt ihn auf eine Kohlen / biß er dick wird; man muß aber acht haben / daß er nicht anbrennt: Dann nehmet ihn heraus / schneidet das braune herab / und das übrige zu länglichten Stücklein / legts ins Schmaltz / bachets fein kühl ab; zuletzt aber gebet eine etwas stärckere Hitze.

Pppp iij 68. Schart-

68. Schart-Küchlein / noch anderst.

NEhmet ein achtel Maas dicke Milch und drey Eyer / klopfets wohl unter einander; machet dann von einem schönen Mehl einen Teig an/ in der Dicken wie ein Strauben-Teig/ saltzet ihn/ und laßt ein wenig Schmaltz in einer Pfannen zergehen/ schüttet den Teig darein; setzet selbigen auf einen Dreyfuß über eine Glut/ decket eine Stürtzen oder Blech darüber / und leget ebenfalls ein wenig Glut oben darauf / lasset ihn also langsam bachen: Nehmet ihn heraus / schählet die Rinden auf das dinnste herab / und schneidet/ aus dem übrigen/ Stücke/ so groß als man sie haben will; legts in eine Pfannen mit Schmaltz / oder in einen Schart / (man kan aber über ein oder zwey nicht auf einmal in die Pfannen legen / dann sie werden zu groß / und lauffen allzu sehr auf) legts wohl kalt hinein / wie die gewollene Küchlein / giesset immerzu mit dem Löffel Schmaltz darauf / und lassets dann bachen. *

69. Schart-Kräntze.

ZU sieben Eyern/ nehmet so viel Eyerschalen voll Milch/ klopfet beedes wohl unter einander; machet dann mit einem schönen Mehl in einer Schüssel / und vorbesagten zerklopfften Eyern / mit der Milch / einen Teig an / in der Dicken wie einen Strauben-Teig; ehe man aber selbigen rühret oder anmachet / muß man zuvor ein wenig Brandwein / und schöne helle scharffe Laugen unter den Teig giessen / dann folgends mit den zerklopfften Eyern und der Milch gar abrühren / daß er seine rechte Dicken bekommt: Nach diesen schmiret eine dazu gehörige Biren mit Schmaltz / und giesset von diesem Teig darein; setzet die Biren in ein siedend Wasser/ und ein Gewicht oben darauf / lassets einsieden/ biß sich der Teig schneiden lässt / darnach schüttet ihn aus der Biren heraus/ und drucket mit einem Eisen in der mitten ein Loch durchaus darein / oder

schneidet

* Diesen Teig kan man auch in eine Biren vom Blech füllen/ und im Wasser absieden/ wie in folgenden mit mehrern zu ersehen.

Von allerley Gebachenen. 671

schneidet zuvor / eines Fingers dick / in der mitten ein rundes Stuck heraus / und machet überal mit einem Messer auf der Seiten kleine Ritzlein in den Teig. Wann man aber eine Bire vom Blech / wie erst gedacht / einwendig mit einem dicken Zapffen hat/ so gibt es von sich selbst in der mitten ein Loch; dann darff man die Kräntze nur eines Fingers dick abschneiden / und / wie erst gedacht / nur auf einer Seiten / mit einem scharffen Messer / Creutz-weiß hin und wieder ritzen: Hierauf machet in einer Pfannen / die zimlich weit und groß ist / ein gut theil Schmaltz heiß / laſt es wieder ein wenig erkuhlen; leget dann gedachte Kräntze nicht zu kalt / auch nicht zu heiß ein / sondern allgemach / lassets etwan beyläuffig eine Stund lang bachen / giesset aber immer mit einem Löffel auf / biß sie schön gemach ausbachen: nehmet sie dann heraus / leget allezeit wieder ein wenig frisches Schmaltz in die Pfannen / und so dann den andern Teig also zerschnitten / wie den ersten. Wann sie nun alle gebachen sind / schlichtets in eine Schüssel auf einander / so zierlich als es seyn kan / streuet Zucker darauf / und leget / so es beliebt / Käß-Küchlein neben herum.

70. Schart-Kräntze / auf andere Weise.

Man nehme vierzehen Eyer / ein Achtel deß schönsten Mehls / zwey halbe Eyerschalen voll Milch / und eine halbe voll scharffer Laugen und Saltz; darnach rühre man den Teig an / zerklopffe ihn wohl / und mach selbigen in der Dicken wie einen Strauben-Teig: Hierauf schmiere man eine Biren einwendig mit ein wenig Schmaltz / schütte den Teig darein / setze die Biren in eine Pfannen mit siedenden Wasser / oder in einen Hafen / daß das Wasser darüber gehe / oder man giesse das Wasser mit einem Löffel auf die Biren / doch also / daß selbiges nicht hinein dringe; setze ein schweres Gewicht auf den Deckel der Biren / laß den Teig eine gute Stund oder länger sieden / biß er dick wird / daß man ihn schneiden kan: darnach nehme man ihn heraus / und mache ein rundes Loch in die mitte / oder bediene sich / wie im vorhergehenden gedacht / einer Biren

mit

mit einem Zapffen / und schneide ein wenig Räutlein rings herum darein/ so zerspringen sie schön im bachen: So dann/ mache man in einer wohl grossen Pfannen ein gut theil Schmaltz heiß/ lege den Teig/ doch nicht zu warm / darein / giesse immerzu mit einem Löffel auf; man muß wohl eine gantze Stund daran bachen / biß er langsam/ wie es nöthig ist/ ausbächt: Nehmet es darnach heraus/ thut noch ein wenig frisches Schmaltz in die Pfannen zu dem andern/ und leget den andern Teig auch ein; bachet also nach einander so viel Kräntze/ als man verlanget/ heraus: legts in eine Schüssel/ und streuet Zucker darauf. *

71. Sack-Küchlein zu bachen.

Nehmet sechs Eyer und so viel guten Kern / auch ein wenig Brandwein; macht von einem schönen Mehl einen Teig an/ so dick als wie einen Strauben-Teig; saltzet/ und hänget ihn in einem Säcklein in ein siedend Wasser/ laßt selbigen ungefehr eine viertel Stund oder länger/ biß er dick wird/ darinnen sieden: schneidet ihn so dann/ wann er aus dem Säcklein heraus genommen worden/ viereckicht/ machet auch hin und wieder Schnittlein darein; leget diese Stücklein in das Schmaltz/ so nicht zu heiß ist / sondern lassets wie die Scharf-Küchlein langsam bachen/ und leget das geschnittene Theil unterwärts gegen den Boden in die Pfannen; behaltet aber den andern Teig immerzu in einem warmen Wasser/ biß er ebenfalls nach und nach abgebachen worden. **   72. Ge=

* Etliche nehmen zu diesen Teig/ und zwar zu sieben Eyern/ sieben gantze Eyerschalen voll Milch/ und saltzens nach belieben/ bedienen sich aber keiner Laugen; und sollen auf diese Weise die Scharf-Kräntze fast besser und mürber werden / als sonsten insgemein : doch muß man zuletzt im bachen ein wenig eine bessere Hitze geben/ so werden sie gar schön: Oder auch so viel man Eyer nimt / so viel halber Eyerschalen voll klar- und herber Laugen muß zusamt ein wenig Brandewein mit untergemischet werden; beedes stehet zu eines jeden belieben/ welches hievon anständig zu erwehlen.

** Diese Küchlein kan man von denen unterschiedlich-kurtz zuvor beschriebenen Strauben- oder auch Scharf-Küchleins-Teigen machen / und ist nur dieser Unterschied/ daß man solchen Teig zuvor in einem Säcklein siede: Wanns beliebt/ kan man auch ein wenig kleine Weinbeerlein oder Corinthen mit darunter rühren.

Von allerley Gebachenen.

72. Gewollene Küchlein.

Nimm ungefehr ein wenig mehr als ein Achtel von einem Dietz-häufflein/ oder ein viertel-Maas schönes Mehl/ saltz es/ schlag fünff Eyer daran/ rührs wohl unter einander/ gieß auch etwan um einen Pfenning Brandwein dazu/ rührs ferner wohl und glatt ab; wircke dann diesen Teig auf einem reinen Bretlein/ wie gebräuchlich/ unter einander/ doch also daß er etwas lehn bleibe/ und sich noch ein wenig an die Finger hänge: mache dann in einer weiten Pfannen ein Schmaltz heiß/ und laß es wieder ein wenig erkuhlen; dann schneide ein klein Stücklein von dem Teig herab/ decke indessen den übrigen eine weile zu/ daß er nicht dürr oder spröd werde; wälchere es länglicht/ und drehe oder winde es ein wenig; mach drey oder vier dergleichen Küchlein auf einmal zusammen/ und wann das Schmaltz etwas erkuhlt ist/ so lege selbige hinein; schwinge die Pfannen stets herum/ halte sie aber nicht allezeit über dem Feuer; so laufen sie endlich gar gemach auf/ und fangen an zu quellen: Alsdann bache sie schön licht heraus.

73. Gewollene Küchlein / auf andere Art.

Zu zwölff zerklopfften Eyern nimm etwan einen Löffel voll Brandwein/ mach den Teig mit Mehl wohl lehn an/ und klopffe ihn/ schneide Stücklein daraus/ wälchere selbige auf einem Bret/ wie bey denen vorhergehenden gedacht; blase aber das Mehl ehe du sie in das Schmaltz legest/ wohl herab/ und bachs also auf vorige Art schön gemach heraus: Oder man kan auch zu diesen Teig/ und zwar jedesmal zu zweyen Eyern/ drey Löffel voll sied-heisses Wasser nehmen/ selbiges saltzen/ den Teig davon lehn anmachen/ und ferner/ wie gedacht/ bachen.

74. Gewollene Küchlein / noch anderst.

Nimm so viel grosse Löffel voll Mehl/ als der Eyer seyn/ und jedesmal zu zweyen Eyern ein wenig Brandwein; saltze den

Teig / walchere und bache die daraus formirte Küchlein / auf die zuvor bereits beschriebene Art.

75. Gewollene Küchlein / auf eine noch andere Weise.

Machet einen Teig von schönem Mehl / und lauter Eyern zusammen / giesset ein wenig Rosenwasser darunter; würtzet ihn mit Cardamomen und Pfeffer / rühret etwas Zucker darein: dann wälchert dergleichen groß oder kleine Küchlein auf einem Bret daraus / wie schon gedacht / und bachet sie schön langsam heraus.

76. Kleine Küchlein in die Suppen.

Machet einen Teig an wie zu den gewollenen Küchlein/ nur daß er etwas dicker seye / auch kan man den Brandwein / so er nicht beliebt / davon lassen; walchert so dann kleine runde Kügelein / wie die Erbsen / daraus / und bachets aus Schmaltz: schüttets in eine Schüssel / und richtet eine Käß-Krebs-oder andere beliebige Suppen darüber; es muß aber solche Suppen alsobald zu Tisch getragen werden / daß die Küchlein nicht verweichen / sondern annoch rösch bleiben.

77. Kleine Küchlein in die Suppen / auf andere Art.

Feuchtet ein schönes Mehl mit einem kalten Wein an / rühret den Teig mit Eyern ab / daß er etwas dicker werde als ein Strauben-Teig; machet ein Schmaltz in einer Pfannen heiß / thut etwas von dem Teig in einen gelöcherten Löffel / und zettelt ihn also in das heisse Schmaltz / hebet aber den Löffel fein hoch auf / so werden sie schön rund: Richtet dann eine siedende Fleischbrüh / oder andere Suppen / nach verlangen / darüber.

Von allerley Gebachenen. 675

78. Kleine Küchlein in die Suppen/ noch anderst.

SChüttet ein schönes Mehl in ein Näpfflein; machet in einem Pfännlein ein Wasser siedend/ werfft ein Stücklein frisches Schmaltz dazu hinein/ rühret das Mehl mit diesem Wasser an/ als wie man einen Mehl-Brey an zu zwieren pfleget/ doch nicht so gar dinn; saltzet es ein wenig/ und lasset so dann selbiges auf einem Kohlfeuer/ es sey gleich in einer Pfannen oder Schüssel/ wohl abtrocknen; dann rühret Eyer daran/ die zuvor in einem warmen Wasser gelegen/ daß es/ wie sonst/ ein recht-dicklichter Teig werde/ wie der gebrennte Küchlein-Teig/ der zimlich trocken sey/ daß man mit der Hand gar kleine Kügelein/ wie die Erbsen/ daraus formiren kan: Wann nun die Kügelein verfertiget/ bachet sie schön gelb aus dem Schmaltz heraus/ und richtet dann entweder eine gute Fleisch-Suppen/ mit Butter und Gewürtz/ oder aber eine Eyerdotter-Erbsen-Käß-oder Krebs-Suppen darüber/ nach belieben.

79. Schneeballn.

NEhmet ungefehr ein wenig mehr als den achten theil eines Metzens schönes Mehl/ saltzets/ schlagt vier Eyer daran/ und rühret das Mehl damit ab/ daß es schön glatt wird; leget alsdann den Teig auf ein reines Bret/ und wircket ihn wacker durch einander/ daß er etwas zähe wird/ wälchert ihn nachmals in die Länge/ und schneidet Stücklein daraus/ wircket hernach selbige wohl/ und ballet sie wiederum rund; wann sie nun alle also zusamm gemachet worden/ so deckets mit einem Näpfflein zu/ daß sie nicht spröd werden: Alsdann walchert eines nach dem andern/ der breiten nach/ fein dinn und rund/ schneidet oder rädelt mit einem Rädlein etliche Strichlein darein/ welche aber nicht durchaus gehen; leget sie alle über einander auf einen erdenen Teller/ deckets nochmal/ wie zuvor/ zu/ daß sie nicht spröd werden. Machet dann in einer Pfannen/ mittelmässiger grösse/ ein Schmaltz heiß/ schneidet ein langes spitziges Höltzlein/ und leget nur ein einiges von den

Qqqq ij   geschnit-

geschnittenen Strichlein deß Teigs darauf; fasset wiederum ein anders an / und leget es ebenfalls auf das Hölzlein / und so fort / biß der Platz gantz ist; leget ihn in die Pfannen / schüttelt die also auf einander gelegte Strichlein mit dem Hölzlein in der mitten ein wenig übersich / daß sie schön kraus werden / wendet den Schneeballn um / und bachet ihn geschwind heraus / damit er licht bleibe. *

80. Schneeballn / auf andere Art.

Nesset an zwey gantze Eyer / vier Dötterlein / ein gar schönes Mehl / und ein wenig Rosenwasser / zuckerts nach belieben; machet also einen Teig an / wie den vorbeschriebenen / jedoch etwas wenigs lehner oder dinner / im übrigen wälchert / rädelt und bachet ihn / wie bereits bey dem vorhergehenden weitläufftige Anweisung geschehen.

81. Heffen-Küchlein.

Nimm zu einem Diethäufflein / oder den achten Theil eines Metzens / Mehl / neun Eyer / zerklopffe sie wohl / laß das Mehl und die zerklopffte Eyer / samt einem halben Seidlein oder vierdten Theil einer Maas Kern oder Ram warm werden; rühre die Eyer zu erst / darnach ein halb Seidlein / oder den vierdten Theil einer Maas Heffen / samt der Milch oder Kern / und zuletzt ein halb Seidlein warmes Schmaltz darunter / mische und klopffe solches wohl durch einander; doch wird der Teig besser / wann man ihn rühret / als wann man ihn klopfft: Wann du nun siehest / daß sich der Teig schön von dem Beck und Löffel ablediget / so lege ihn auf ein mit Mehl bestreutes Bret / und arbeite ihn noch ein wenig unter einander / daß er sich walckern läst; dann wälchere ihn / aber nicht zu dinn / und schneide oder rädle die Küchlein / so groß man sie verlanget / davon herab / leg selbige auf ein wenig zuvor warm-gemachte Bret-

* Von vier Eyern / auf vorbeschriebene Art zusammen gemacht / bekommt man vierzehen schöner Schneeballn; etliche giessen unter den Teig ein wenig Milch / sie sollen aber von lauter Eyern mürber und besser werden.

Von allerley Gebachenen. 677

Bretlein/ laß dann in der Wärme/ bey dem Ofen/ noch ein klein wenig stehen/ biß sie gegangen sind: Indessen mache ein Schmaltz in einer Pfannen heiß/ lege die Küchlein/ aber nicht gar zu heiß/ hinein/ und zwar also/ daß das obere harte Ort unter sich in dem Schmaltz zu ligen komme; wann nun das Küchlein anfängt zu schwimmen/ so fange an aufzugiessen/ und bachs dann fein langsam in einer rechten und gleichen Hitze.

82. Heffen-Küchlein/ anderst.

Lasset ein Diethäufflein/ oder den achten Theil eines Metzens/ Mehl/ ingleichen auch ein Seidlein/ oder halbe Maas Kern/ und ein halb Seidlein/ oder den vierdten Theil einer Maas/ weisser Bier-Heffen/ etwas warm werden; machet dann einen Teig davon/ rühret ihn wohl/ daß er sich abschählet/ schlagt sechs Eyer daran/ giesset ein viertel Pfund zerlassenes Schmaltz dazu/ rührets ferner durch einander/ streuet auch/ wanns zu dinn ist/ noch mehr Mehl darein/ schüttet den Teig auf ein Bret/ und wircket ihn so lehn ab/ als es immer möglich/ nur daß man selbigen wälchern könne; dann schneidet die Küchlein/ so groß man sie verlanget/ daraus: Machet ein Bret etwas warm/ bestreuets mit Mehl/ leget die Küchlein darauf/ deckets zu/ setzets auf den Ofen/ daß sie ein wenig gehen/ und bachet sie/ wie vor gedacht/ schön langsam heraus. *

Qqqq iij   83. Hef-

* Etliche machen den Teig/ ehe die Eyer und das Schmaltz daran gethan werden/ nur mit dem Kern und der Heffen an/ biß das Mehl ein wenig eingerühret ist; dann streuen sie etwas Mehl darauf/ decken das Becken mit einem reinen Tüchlein zu/ und lassens bey dem Ofen eine viertel Stund nechst der Wärme gehen; wann er gegangen/ saltzen sie ihn/ schlagen Eyer und Schmaltz daran/ und verfertigen sie/ wie schon gedacht: Wann aber der Teig zuvor gegangen/ darff man solche Küchlein bey dem Ofen/ehe sie gebachen werden/ nicht lang mehr stehen lassen/ sonst vergieret der Teig gar zu sehr.

83. Heffen-Küchlein / auf andere Art.

NEhmet ein Diethäufflein / oder den achten Theil eines Metzens / schönes Mehl / zwey Loth Saltz / ein halb Seidlein oder viertel Maas Heffen / halb von weissen- und halb von Weitzen-Bier / wo man sie anderst also haben kan; dann machet mit zwey Löffel voll Milchram / der Heffen und Milch / zu erst den Teig an / schlaget neun Eyer daran / giesset ein halb Pfund frisch-zerlassenes Schmaltz darein / rühret alles wohl unter einander / biß sich der Teig schön ablediget: Alsdann legts auf ein Bret / streuet aber zuvor ein wenig Mehl darauf / arbeitet ihn noch ein wenig / aber nicht lang / dann sonsten werden die Heffen-Küchlein nicht schön; walchert ihn dann aus / und schneidet die Küchlein so groß als man sie verlanget; legts nochmal auf ein Bret / setzets zum Ofen / biß sie ein wenig gehen / und bachets dann ferner heraus / wie bekandt.

84. Heffen-Küchlein / noch anderst.

MAn nehme ein Diethäufflein / oder den achten Theil eines Metzens / Mehl / thue die helffte davon in einen Napff; lasse ein Achtel Maas Milch warm werden / und giesse selbige an ein halb Seidlein oder viertel Maas Heffen / rühre so dann alles unter einander / schlage zehen Eyer daran / saltze sie / und giesse zu einem jeden Ey zwey Löffel / und also an diesen Teig zwantzig Löffel voll zerlassenes Schmaltzes; rühre hierauf alles ferner wohl ab / biß der Teig glatt / jedoch aber nicht allzu vest wird: dann walchere man ihn / und schneide die Küchlein in beliebiger grösse daraus / lege selbige auf ein Bret / lasse sie beym warmen Ofen ein wenig aufgehen / und letzlich im heissen Schmaltz allgemählich bachen.

85. Heffen-Küchlein / auf andere Weise.

NEhmet zu einem Diethäufflein schönes Mehls / eine halbe Maas oder Seidlein Milchram / oder auch / nach belieben / an dessen statt / einen süssen Ram oder Kern / doch etwas weniger/

Von allerley Gebachenen. 679

niger / dann der Milchram netzet nicht so wohl als der Kern; und ein halbes Seidlein / oder den vierdten Theil einer Maas Heffen / rühret es unter einander / saltzets / und thut ein oder zwey Löffel voll schön gestossenen Zucker daran; machet also den Teig an / doch nicht zu starck / rühret / aber klopffet ihn nicht / walchert ihn aus / und machet Küchlein daraus nach verlangen / legts auf ein Bret / setzets zum Ofen / lassets ein wenig gehen / und bachets / wie vor gedacht; man darff aber weder Eyer noch Schmaltz dazu thun.

86. Heffen-Küchlein / mehr auf andere Manier.

SEtzet das schönste und beste Mehl auf den Ofen / und laßt es verwarmen; schlaget hernach zu einem Diethäufflein / oder dem achten Theil eines Metzens / Mehl / sieben / acht / oder / wann sie klein sind / zehen Eyer daran / giesset ein halb Seidlein / oder viertel Maas Kern / oder gantze Milch / ingleichen auch ein halb Seidlein Heffen / und einen guten Löffel voll Milchram dazu / rühret ebenfalls einen Löffel voll Canarien-Zucker darunter; machet die Milch warm / und giesset so dann die Heffen darein / rührets untereinander / schüttet es beedes an das Mehl / machet auch die Eyer warm / schlagets aus / klopffets / und giesst sie durch einen Seiher oder Durchschlag an das Mehl / daß die Vögel heraus kommen; saltzet und rührets wohl unter einander / giesset ein viertel Pfund frisches Schmaltz / warm oder zerlassen / daran / und rührets ferner / biß sich der Teig von den Becken ablöset / man darff ihn aber nicht klopffen / welches wohl zu mercken / sondern nur rühren / und ja nicht lang damit umgehen: schüttet dann den Teig auf den Tisch / knötet ihn / doch nicht allzu viel / wälchert selbigen aus / so groß es beliebt; leget solches auf ein Bretlein / und oben ein Tüchlein darauf / deckets zu / setzets zum Ofen / lassets ein wenig gehen / bachets wie den andern; wendet aber das unterste / im einlegen / übersich.

87. Hef=

87. Heffen-Küchlein/ noch anderst.

Zu einem Diethäufflein Mehl nehmet eine viertel Maas Heffen/ drey achtel Maas Kern oder Ram/ fünff oder sechs Eyer/ und nicht gar ein achtel Pfund Schmaltz; lasset den Kern und die Heffen/ wie auch das Mehl/ jedoch in einem besondern Becken/ warm werden: machet aber in die mitten deß Beckens/ mit dem Kern und der Heffen einen Dampff an/ decket selbiges mit einem reinen Tüchlein zu/ lassets beym Ofen gehen; machet ferner den Teig mit der übrigen Heffen/ Kern/ denen Eyern und zergangenem Schmaltz/ auf die in vorhergehenden beschriebene Art zusammen/ und bachet die Küchlein heraus.

88. Heffen-Küchlein/ mit Weixel-Mus oder Latwergen.

Machet einen Teig an/ wie selbiger Num. 81. bey der allerersten Art der Heffen-Küchlein beschrieben worden; nehmet dann eine Weixel-Salsen/ oder Latwergen/ so am besten in Leipzig oder Preßlau zu haben/ oder auch dergleichen in diesem Buch bey der Salsen zu finden/ und machet selbige/ weil sie etwas dick/ in einer Schüssel oder Näpfflein mit Rosenwasser und Wein etwas dinner/ und rühret Zucker und Zimmet darunter: Wann nun der Teig allerdings angemacht/ walchert selbigen etwas dinner und breiter aus/ als zu den andern Heffen-Küchlein; leget dann von dieser Latwergen kleine Häufflein darauf/ und überschlagts mit dem Teig/ wie die Raffioln/ rädelts dann viereckicht/ oder Rauten-weiß/ wie es beliebt/ lassets bey dem Ofen etwas gehen/ und bachets/ wie bekandt.

89. Gezerrte Küchlein.

Von einem Diethäufflein/ oder den achten Theil eines Metzens/ Mehl/ einem halben Seidlein oder viertel-Maas Kern oder Milch/ acht Eyern/ einem halben Seidlein Heffen und ein wenig Milchram/ machet einen Teig an/ wie den Heffen-Küch-

Von allerley Gebachenen. 681

Küchlein-Teig/ aber viel dinner/ dann er muß in dem Becken bleiben; gieſſet ein viertel Pfund zerlaſſenes Schmaltz daran/ ſaltzets/ machet die Hände ſchmaltzig/ oder netzet ſie mit einem Waſſer; hebet dann mit den Fingern ein wenig Teig heraus auf die Hand/ ziehet und formirets rund/ jedoch alſo/ daß ſie abſonderlich in der mitten ſchön dinn werden: Wanns gefällig iſt/ kan man neben herum Spitzen darein ſchneiden/ auch unter den Teig Weinbeerlein oder Corinthen rühren/ alsdann vor dem Ofen ein wenig gehen laſſen/ und aus Schmaltz wohl hell heraus bachen.

90. Gezerrte Küchlein/ auf andere Art.

Nehmet zwölff oder dreyzehen Kochlöffel voll Mehl/ nach dem man der Küchlein viel haben will; machet den Teig mit laulichter Milch/ und drey oder dritthalb vorgedachten Kochlöffeln voll weiſſer Bier-Heffen/ angieſſet die Heffen und Milch zugleich mit einander darein/ ſchlaget zuletzt drey Eyer daran/ thut auch ein wenig zerlaſſenes Schmaltz dazu/ und rühret alles wohl unter einander/ klopffet aber dieſen Teig nicht/ dann die Küchlein werden ſonſt zäh; machet ſolchen in der Dicken/ wie den Teig zu denen Heffen-Küchlein/ ſetzet ihn zu der Hitze/ daß er wohl gehe: Machet nachmals die Hände ſchmaltzig/ oder benetzets mit Waſſer/ legt ein wenig Teig darein/ und dehnet ihn in die Runden/ biß er ſo dinn iſt/ daß man durchſehen kan/ ſtreuet Weinbeerlein oder Corinthen darunter/ und bachet ihn aus heiſſem Schmaltz.

91. Bauern-Küchlein.

Machet den Teig an/ wie zu denen gleich jetzo beſchriebenen Gezerrten Küchlein/ nur daß er etwas lehner ſeye; laſſet hernach ein wenig Schmaltz/ etwan eines queren Fingers tieff/ in einer Pfannen heiß/ und ſo dann wieder in etwas kalt werden; ſchüret Kohlen unter die Pfannen/ netzet die Hände mit Schmaltz/ laſſt den Teig allgemach länglicht hinab in die Pfannen ſchleichen/ biß er gar auf den Boden kommt/ jedoch aber neben an der Pfannen ſich nicht

Rrrr anhängt:

anhängt: leget ungefehr sechs dergleichen Stücke rings herum in die Pfannen hinein / lasset etwan eine halbe viertel Stund auf einer Seiten bachen / wendets hernach um auf die andere Seiten / biß sie ferner gantz gemach ausgebachen sind; dann diese Küchlein müssen gar dick und brosicht seyn.

92. Saures Kraut zu bachen.

Zu einem Ey nehmet ein Loth Zucker / stosst Mandeln gar klein / mischet in einer Schüssel ein schönes Mehl darunter / und rühret alles wohl durch einander; machet dann diesen Teig ferner mit Eyern und Rosenwasser an / und wircket ihn so lang / biß er sich walchern lässet: walchert dann dinne und schmale Plätze daraus / schneidets wie Sauerkraut / und bachets geschwind / doch nicht zu heiß / daß es nicht braun werde / sondern schön licht bleibe.

93. Saures Kraut zu bachen / auf andere Art.

Nehmet Weitzen-Mehl / machet mit zweyen Eyern / und ein wenig Rosen-Wasser einen Teig an / saltzet ihn gar was wenigs / streuet Zucker darein / und walchert selbigen zu länglichten Plätzen / wie zu denen Heffen-Küchlein; schneidet ihn dann überzwerch zu Stücklein eines Messer-rucken dick / und bachets aus Schmaltz in einer Pfannen.

94. Saures Kraut zu bachen / noch anderst.

Mach einen Teig mit Eyern und Butter an / zuckere ihn / und gieß ein wenig Rosenwasser dazu; walchere diesen Teig / schneide dinne Schnitten wie Sauer Kraut daraus / und bachs aus Schmaltz: gieß dann einen Malvasier in eine Schüssel darüber / laß auf einer Kohlen warm werden / und streue Zucker und Trisanet darauf.

95. Bad-

Von allerley Gebachenen. 683

95. Bad-Hütlein.

ES werden insgemein auf einen Tisch acht Eyerdottern/ und etwas mehr süssen Milchram/ als besagte Eyerdottern austragen mögen/ zusamt ein wenig Schmaltz/ genommen/ die Eyer wohl verklopfft/ gesaltzen/ auch so dann schönes Mehl darein gerühret/ und wie ein Hasen-Oehrlein-Teig angemachet (davon in dem bald folgendem Theil von allerley Zucker-Gebachens nach zu schlagen) nehmet dann nach und nach einige Stücke davon/ in der grösse wie die welschen Nüsse: walchert selbige dinn und rund aus/ legets in ein Geschirr; und wann mans bachen will/ einen dergleichen Platz nach dem andern/ über das dazu gehörige Hut-Mödelein/ und so dann das weiteste Ort unten in die Pfannen/ giesst oben mit einem Löffel auf/ und bachets schön hell. *

96. Bad-Hütlein/ auf andere Art.

DIeser Teig zu den Bad-Hütlein wird allerdings gemacht wie zu denen Num. 66. biß 68. beschriebenen Scharf-Küchlein; auch ebenfalls in eine dergleichen Bixe gegossen/ in siedendes Wasser gesetzet und gesotten/ biß er sich schneiden lässet/ dann heraus gestürtzet/ zu runden und eines Fingers dicken Plätzlein geschnitten: dann oben und unten mit einem scharffen Messer hin und her Creutzweiß wie ein Gitter geschnitten/ und abgebachen.

97. Model-Küchlein.

VErklopffet ohngefehr drey Eyer/ giesset ein wenig Rosenwasser und Wein daran/ zuckerts nach belieben; machet mit schönem Weitzen-Mehl/ und erst-besagten verklopfften Eyern einen Teig/ wie einen Strauben-Teig/ an: lasset in einem Pfännlein/

Rrrr ij   welches

* Hier ist wohl zu mercken/ daß/ je linder der Teig/ ehe er gebachen ist/ je schöner er nachmal wird: Auch werden zu diesem Gebach jedesmal zwey Personen erfordert/ deren die eine mit dem formiren der Hütlein/ die andere aber mit dem bachen beschäfftiget.

welches sich in der grösse zu dem Model schicket / ein Schmaltz heiß werden / tuncket den messingen Model ein wenig in das Schmaltz / daß er warm wird / und thut ihn gleich so bald auf ein reines Tuch / und so dann in den / besagter massen / angemachten Teig / ferner in das heisse Schmaltz; schüttelt ihn aber in dem Pfännlein einmal oder zwey auf und ab / so gehet der Teig schön auf / wendets mit was Spitziges um / lassets nicht lang bachen; legts dann heraus auf ein Papier / und tragets zu Tisch.

98. Model-Küchlein / auf andere Art.

Feuchtet erstlich das Mehl mit einer Milch an (es darff nicht nothwendig ein Kern oder süsser Ram seyn / sondern nur eine andere gute Milch) schlagt zwey Eyer daran / und giesst ein wenig Wein dazu / klopffet den Teig nicht / sondern rühret ihn nur was wenigs mit dem Löffel / so wird er nicht zäh; bachets im heissen Schmaltz wie die zuvor beschriebene; netzet den Model im Schmaltz / daß er nicht zu kalt und nicht zu heiß seye / sehet auch wohl zu / daß kein Teig an dem Model hangen bleibe / reiniget ihn offt; und wann man den Model in den Teig getunckt / so setzet selbigen gantz gemach ins Schmaltz / haltet ihn auch nicht stets auf einer Seiten / daß der Teig nicht herab lauffe / sondern schön gleich bleibe / gehet aber auch nicht zu langsam mit um / sondern bachets fein geschwind heraus / giesset mit einem Löffel das Schmaltz auf das Mödelein / so fällt es gern herab: Alsdann wendet das Küchlein / wann es von dem Model herab gefallen / im Schmaltz um / und bachets schön licht-gelb ab.

99. Model-Küchlein noch anderst.

Nimm ein schönes Mehl / ungefehr sieben oder acht Eyer / ein Nachtel Maas Wein / ein halb Seidlein Wasser / zerklopffs unter einander / mache den Teig an / daß er wird wie ein Strauben-Teig; tuncke den Model auf das allerdinnste darein / wann er heiß im Schmaltz worden / so wische ihn zuvor mit einem

nem reinen Tüchlein ein wenig ab / ehe man die andern eintuncket / und bachs dann schön licht-gelb heraus.

❀ ❀ ❀

Oder:

Machet einen Teig mit Mehl / Milch und Eyern zimlich dinn an; nehmet eine Form oder Model / nach belieben / es sey gleich eine Rosen / Muschel / oder Wappen / tuncket selbigen vorher in das heisse Schmaltz / und so dann in den Teig; hernach setzet ihn in das heisse Schmaltz / und bachet das Küchlein ferner schön gäh heraus.

100. Hirsch-Geweih.

Klopffet sechs Eyer / doch nicht zu viel / saltzets ein klein wenig; streuet drey oder vier Löffel voll Zucker / ingleichen auch Zimmet und etwas Muscatblüh darein / giesset Rosenwasser daran / und machet mit Mehl in einem Näpfflein einen Teig davon an / wircket selbigen auf einem Bret mit schönem Mehl glatt ab: schneidet nachmal ein Stücklein nach dem andern herab / wälcherts länglicht / formirets wie ein gedoppeltes Hirsch-Geweih / ritzets hier und dar mit einem Messer / druckets vest zusammen / stecket unten ein subtiles Höltzlein darein / sonderlich wann sie im Oefelein auf einem Blech gebachen werden; bächt man sie aber aus Schmaltz / so ist das Höltzlein nicht nöthig / sondern wann sie eingeleget werden / muß man fleissig acht haben / und immer mit einem Löffel oder Gähelein helffen / daß die Geweih von einander bleiben / und nicht zusammen stossen; bachets also ferner langsam heraus: Wann man sie aber auf einem Blech im Ofen bächt / muß man sie zuvor mit einem zerklopfften Weissen vom Ey / auf der obern Seiten / und wann sie gebachen worden / auch auf der untern Seiten / darauf sie gelegen sind / bestreichen / und noch ein klein wenig in dem Ofen trocknen lassen.

101. Aufgelauffene Thierlein.

Machet den Teig mit eitel schönen Stäub-Mehl / und lauter Weissen von Eyern an/ giesset zu einem jeden Ey einen guten Löffel voll Rosenwasser/ ein Löffelein voll weisser Bier-Heffen/ und schönen weissen Zucker/ daran; wälchert diesen Teig wie einen Plätzlein-Teig auf das allerdinnste aus / doch daß er nicht löcherricht werde: leget ihn hernach doppelt auf einander / und sehet daß der Teig nicht spröd werde; drucket das Mödelein / aber nicht zu hart/ darauf/ und schneidet den Teig neben herum auf das netteste herab / rühret ihn aber nicht viel mit den Händen oder Fingern an: Machet so dann das Schmaltz heiß/ und bachets heraus/ und giesst immerzu mit einem kleinen Löffelein auf; legets/ wann sie gebachen sind/ auf ein reines Tüchlein/ und wischet das Schmaltz davon ab.

102. Aufgelauffene Hütlein.

Nehmet von einem Ey nur allein das Weisse / zerklopffets/ jedoch nicht zu sehr; saltzets ein wenig/ und rühret s mit etwas schönem Mehl wohl glatt ab; wircket den Teig/ und klopffet ihn nicht/ walchert gantz dinne Plätze/ jedoch ohne Löcher / daraus: tuncket hernach das Hut-Mödelein ins Schmaltz / leget einen solchen ausgewälcherten Platz darein / und so dann in das heisse Schmaltz; giesst fleissig auf/ und bachets schön licht-gelb heraus.

103. Aufgelauffene Hütlein/ auf andere Art.

Mache einen Teig an/ wie den weissen Num. 36. oder die gleich darauf beschriebene Strauben-Teige; laß ein Schmaltz in einem Pfännlein heiß werden / und zettle den Teig durch ein Triechterlein darein / bachs schön heraus: stelle ein Wälcherholtz übersich auf/ in die Höhe/ und biege die Küchlein oben über das runde Theil deß Wälcherholtzes/ daß das Küchlein oder Gebachens einwendig/

wendig / wie ein Hut / hol wird / neben herum aber breit und gantz bleibet; legs dann in eine Schüssel / und bestreus mit Zucker.

104. Waffel-Küchlein zu bachen.

Rühet ein Pfund Reiß / setzet ihn im Kern oder einer obern Milch zu / lasset solchen fein dick sieden (man rechnet zwar insgemein zu einem Pfund wohl-gewogenen Reises / vier Maas Kern / hiezu ist es aber zu viel / und würde der Reiß zu dinn;) wann er nun dick gesotten ist / schüttet selbigen in eine Schüssel / streuet Zucker darein / rühret ihn wohl unter einander / lasset ihn an einem kühlen Ort stehen / damit er erkalte; schlaget darnach Eyer daran / thut ein geriebenes Brod / und zu einem Pfund Reiß ungefehr ein viertel Pfund Butter darunter / rühret auch so dann alles wohl unter einander: Leget das dazu gehörige Eisen auf einen Dreyfuß / schüret ein starckes Kohl- oder anderes Feuer darunter / lasset das Eisen auf beyden Seiten wohl heiß werden / bindet eine Butter in ein Tüchlein / und schmieret dessen einwendige beyde Theile damit; leget dann einen guten Löffel voll von dem Teig in das Eisen / leget es wieder auf den Dreyfuß / lassets allgemach zergehen / druckets aber nicht alsobald gar zu / es laufft sonst der Teig heraus; kehret das Eisen einmal oder zwey herum / und wann die Küchlein schön licht-braun sind / nehmets heraus; schmieret das Eisen wieder mit der in das Tüchlein eingewickelten Butter / leget / wie zuvor / einen Löffel voll Teig hinein / und so fort: so offt man aber einen Teig auf das Eisen leget / muß selbiges allezeit zuvor mit der Butter in dem Tüchlein / wie gedacht / überschmieret werden. Auch werden zu diesem Gebach zwey Personen nothwendig erfordert / deren die eine den Teig einlegt und heraus nimmt / die andere aber mit dem Bachen beschäfftiget ist: Wann sie nun alle fertig / muß man das Eisen mit einem Tuch auswischen / und also aufstellen / daß die zwey Blätter von einander gethan auf dem Boden stehen / dann man darff dieses Eisen nicht netzen / scheuren oder fegen.

105. Waf-

105. Waffel-Küchlein/ auf andere Art.

Nehmet ein Pfund Mehl/ und eine gantze Maas Milch oder Kern/ lassets warm werden/ rühret das Mehl damit an/ schlaget sechs oder acht Eyer daran/ lasset ein Pfund Butter oder frisches Schmaltz zergehen/ und giessets auch dazu; mischet ungefehr fünff oder sechs Hand voll klar-geriebenes Eyerbrod/ und drey oder vier Löffel voll Heffen darunter/ rühret alles wohl durch einander/ setzets zu der Wärm in einem gläsernen Hafen/ deckets mit einem zinnernen Oeller zu/ last den Teig gemählig gehen; wann er gangen ist/ giesst ein wenig Rosenwasser daran: schmieret dann das dazu gehörige Waffel-Eisen mit einem Tüchlein/ das in Butter eingetuncket worden/ leget es aufs Feuer auf einen Dreyfuß/ lassets auf beyden Seiten heiß werden; will man wissen wann es heiß genug sey/ so spritzt ein wenig Wasser darauf/ wanns zischt/ so ist es heiß genug: leget hernach einen guten Löffel voll Teig in die mitte deß Models/ und so dann das Eisen wieder ins Feuer/ kehret es um: wann die Küchlein gelblicht sind/ nehmets heraus/ und streuet/ wann sie zu Tisch getragen werden/ Zucker darauf.

106. Runde Mandel-Küchlein.

Rühret gestossene Mandeln/ und etwas von dem schönsten Mehl unter einander/ giesset ein wenig Rosenwasser daran/ streuet klar-gestossen- und durchgerädelten weissen Zucker darein; mischet das Weisse von zwey oder drey Eyern darunter/ klopfsets aber zuvor in einem Hafelein/ und rühret so dann den Teig schön glatt damit ab/ daß er wird wie ein gebrennter Num. 56. biß 59. beschriebener Teig: Leget ihn dann mit einem kleinen eisernen tieffen Löffelein ins Schmaltz/ und bachet die Küchlein heraus.

107. Aufgelauffene Mandel-Küchlein.

Ziehet Mandeln ab/ stossets in einem Mörsel klein/ giesset Rosenwasser daran/ damit sie nicht öhlicht werden; schüttets in ein

Von allerley Gebachenen. 689

ein Näpfflein / thut Zucker / und ein wenig gestossene Zimmet daran / rührets wohl unter einander: Machet ein Teiglein mit Wein / Mehl / und ein wenig Zucker an / wälchert es aus / und legt von dem Mandel-Gehäck Häufflein darauf / schlaget den Teig darüber / wie man die Raffioln macht; drucket selbigen neben rings herum vest zu / damit sie nicht aufspringen / und bachets dann aus einem Schmaltz schön hell heraus.

108. Gebachenes von Mandeln.

Nehmet abgestossene Mandeln / thut solche in ein Näpfflein / rühret zimlich viel Zucker darunter / schlagt Eyerdottern daran / macht den Teig nicht zu dick / und nicht zu dinn an; wanns beliebt / kan man auch Zimmet / Cardamomen und Muscatblüh darunter mischen: Machet dann ein Schmaltz in einer Pfannen heiß / und ein klein eisernes Löffelein ein wenig schmaltzig / fasset selbiges voll von diesem angemachten Mandel-Teig / leget also drey oder vier auf einmal in das Schmaltz / wendets offt um / und bachets fein geschwind heraus; so bald sie nun fertig / und aus der Pfannen kommen / bestreuets alsobald mit schönen weissen Zucker / und tragets also warm zu Tisch.

109. Mandel-Würstlein oder Stritzeln.

Rühet und ziehet Venedische Mandeln ab / laßt sie eine Stund im kalten Röhren-Wasser ligen; trocknets auf einem reinen Tuch / und stossets in einem Mörsel zimlich klein mit Rosenwasser ab; schüttets nachmal in ein Schüsselein / und schlaget ein oder zwey Eyer / nach dem der Mandeln viel oder wenig sind / daran / welche / wann sie etwas bleiche Dottern haben / am besten dazu sind; klopffets aber zuvor wohl / und giesst ein wenig Rosenwasser daran / verklopffet selbiges mit den Eyern / giessets allgemach an die abgestossene Mandeln / und machet also ein Teiglein an / rühret ein wenig Semmel- oder Oblat-Mehl / ingleichen auch Zucker / gestossene Zimmet und Muscatenblüh darunter / machet aber den Teig nicht zu dick und nicht zu dünn: Lasset ein frisches Schmaltz heiß/ und so dann wieder ein wenig kalt werden; netzet einen zinnernen Deller auswendig mit Schmaltz/ thut ein wenig Teig darauf/ und formirets zu Stritzeln/ in der grösse nach eigenen belieben/ doch dörffen sie eben nicht so groß sein/ als die Käß=Stritzeln; legets hernach in das Schmaltz/ welches nicht gar heiß seyn darff/ haltet die Pfannen alsobald über das Feuer/ und gebet ihnen zu erst eine gute Hitz/ biß die Küchlein ein wenig gehen oder auflauffen; darnach bachets fein langsam heraus/ und gebt zuletzt wieder eine gute Hitz/ daß sie nicht schmaltzig werden.

110. Mandel=Würstlein oder Stritzeln/ auf andere Art.

Ziehet ein viertel Pfund gute Mandeln ab/ stossets in einem Mörsel wohl glatt/ giesst ein wenig Rosenwasser daran/ damit sie nicht öhlicht werden; mischet in einer Schüssel einen Zucker/ etwas wenigs Oblat=Mehl/ Weinbeerlein oder Corinthen/ gute gestossene Zimmet/ und geriebenes Eyerbrod darunter/ schlaget zwey Eyerdötterlein daran/ rühret es mit ein wenig Rosenwasser unter einander; legts dann auf ein mit schönem Mehl bestreutes Bret/ schneidet die Würstlein nach einander/ wälcherts in dem Mehl/ bachets fein kühl aus einem Schmaltz/ wie die gewollene Küchlein: Legets hernach in eine Schüssel/ und tragets also trocken gebachen zu Tisch. Oder aber machet nachfolgende süsse Brüh darüber: Giesset ein halbes Glas guten Wein in ein Pfännlein/ streuet Zucker und ein wenig Saffran darein/ lassets sieden/ und richtets über die Würstlein/ setzets auf eine Kohlen/ und streuet Zimmet darauf.

111. Mandel=Würstlein/ oder Stritzeln/ noch anderst.

Stosse ein viertel Pfund abgezogene Mandgeln mit Rosenwasser ab/ reibe ein wenig Eyerbrod daran/ mische Zucker/ Zimmet und klein=geschnittenen Citronat darunter/ schlag ein Ey darein/

Von allerley Gebachenen.

darein: mache also einen Teig in der Dicken wie zu den gewollenen Küchlein; formire Strizeln daraus/ und bachs gleich denen vorigen schön hell aus Schmalz.

112. Mandel-Dorten-Küchlein.

Schneidet dinne Schnittlein von einem Mandel-Dorten/ zerklopffet so viel Eyer als man vermeint daß man dazu bedarff; ziehet den geschnittenen Dorten zuvor aus den Eyern heraus: machet ein Schmalz in einem Pfännlein heiß/ bachets also schön gelb heraus/ und traget es entweder also trocken gebachen/ oder aber in einer süssen Brüh zu Tisch.

113. Mandeln auf Oblaten gestrichen und gebachen.

Stosset eine Hand voll Mandeln/ zusamt einem guten theil Zucker/ wohl klein/ daß sie zimlich süß werden/ giesset Rosenwasser darein; schneidet hernach Oblaten/ so groß als es beliebt/ streichet dieses Mandel-Gehäck darauf/ und leget oben wieder eine Oblaten darüber: machet aber die Mandeln-Füll nicht zu dinn/ und so dann ferner ein anderes dinnes Teiglein mit ein wenig Mehl/ Eyern und Wasser/ oder auch/ an dessen statt/ mit Rosenwasser an/ gilbt es mit etwas Saffran/ und ziehet die obgemeldete Oblaten-Küchlein/ an den vier Orten/ durch den Teig/ legts in ein heisses Schmalz/ giesset mit einem eisernen Löffel auf/ so gehen sie in die Höhe/ und bachets also schön licht heraus.

❋ ❋ ❋

Oder:

Man kan auch die Mandeln-Füll allerdings auf Oblaten streichen/ wie gedacht/ aber keine mehr darüber legen/ sondern nur gedachte Füll oben mit dem gemeldten Teig überstreichen/ und heraus bachen.

114. Man-

114. Mandeln auf Oblaten gebachen/ auf andere Art.

NEhmet ein halb Pfund Mandeln / ziehet sie ab / und stossets in einem Mörsel gantz klein / oder reibet sie in einem Reib-Scherm auf das kleinste ab / daß sie werden wie ein Brey oder Teig ; giesset ein wenig Rosenwasser oder frisches Wasser daran / rühret in einem Näpfflein Zimmet und Zucker darunter ; giesst noch mehr Rosenwasser daran : schneidet von Oblaten Küchlein / so groß als ihr selber wollet / und streicht diese Füll / aber nicht gar zu dinn / darauf / leget eine andere Oblaten darüber / verstreichets neben mit einem Teichlein / bachets im Schmaltz / und streuet / wann man sie aufträgt / Zucker darauf. *

115. Mandeln auf Oblaten gebachen/ noch anderst.

RÖste Aepffel oder Birn in einem Schmaltz / oder siede sie / rührs darnach in einer Schüssel ab / legs in eine Pfannen ; mische Rosin / Zucker und Zimmet darunter / halts übers Feuer / so gewinnt es eine Farb ; streichs auf Oblaten / drucke eine andere Oblaten darüber / und bestreichs an beeden Oertern mit dem in vorher-gehenden beschriebenen Teig.

❀ ❀ ❀

Oder:

MAn kan auch eine Füll mit Feigen / Quitten / oder andern Latwergen anmachen ; ist die Latwerg zu dick / mag man ein wenig Wein damit aufsieden lassen / ingleichen auch Zucker und Gewürtz darunter mischen / und besagte Füll auf ein Oblat streichen : Oder man kan auch geriebenen Lebkuchen und Honig untereinander rühren / auf die obbemeldte Oblaten streichen / und so dann eine andere darüber legen / auf denen vier Seiten durch ein Teig ein ziehen /

* Diese Küchlein kan man zwey oder drey Tage lang gut aufbehalten.

ziehen/ und geschwind aus heissem Schmaltz bachen/ daß sie schön weiß bleiben.

116. Mandel-Raffioln.

Ziehet ein halb Pfund der besten Mandeln ab/ stossets in einem Mörsel/ wie zu den Dorten/ mit Rosenwasser klein/ daß sie nicht öhlicht werden; mischet hernach in einer Schüssel würfflicht-geschnittene Pistacien-Nüßlein/ eingemachten Citronat/ Citronen- und Pomerantzen-Schelffen darunter/ zuckerts/ und giesset Rosenwasser daran/ würtzets mit Pfeffer/ Muscaten-Blüh/ Cardamomen und gestossener Zimmet/ schlaget zwey oder drey Eyerdötterlein darein/ rühret alles wohl unter einander/ daß es eine Massa werde/ wie zu einem Mandel-Dorten: rühret dann unter das zerklopffte Weiße/ von zweyen Eyern/ zimlich viel Zucker/ und machet davon/ vermittelst eines schönen Mehls/ ein Teiglein an/ walcherts so dinn aus als es immer seyn kan; schlaget sie ein/ wie andere gemeine Raffioln/ doch nicht so groß: Machet ein Schmaltz in einer Pfannen nicht gar zu heiß/ legt diese Mandel-Raffioln darein/ und bachet sie wie Küchlein heraus; tragets in einer Schüssel also trocken/ oder aber in einer/ mit guten Spanischen Wein und Zucker/ angemachten Brüh zu Tisch/ setzets aber zuvor auf eine Kohlen- oder Glut-Pfanne/ und streuet Zimmet darauf.

117. Mandel-Raffioln/ auf andere Art.

Hacke die abgezogene Mandeln wohl klein/ zuckere sie nach deinem Geschmack/ und mische ein klein wenig Semmel-Mehl/ oder geriebenes Eyerbrod/ ingleichen auch ein Stücklein würfflicht-geschnittenen Citronat/ etwas Zimmet/ Muscatenblüh und Cardamomen darunter/ schlage ein Eyerdötterlein daran; mache also eine Füll an/ und so dann einen bekandten Eyerdötterleins-Teig zusammen/ zuckere und wälchere ihn fein dinn aus; fülle den Mandel-Teig darein/ formire ihn wie die andern Raffioln/ machs neben her zu / und bachs gemach aus einem frischen Schmaltz; legs in eine Schüssel / trags also trocken / oder aber in dieser Brüh zu Tisch: Giesse einen Wein in ein Pfännlein / thue Zucker und ein wenig Saffran darein / laß es aufsieden / und gieß dann über die Raffioln; setze sie auf eine Glut-Pfannen / und streue Trisanet darauf.

118. Mandel-Raffioln / noch anderst.

Stosset ein viertel Pfund Mandeln mit Rosen-Wasser ab / doch nicht zu klein; nehmet dann von einer halben Semmel die Brosam / weichets in Malvasier oder Peter-Simonis ein / zertreibt selbige mit einem Löffel / und rührets unter die Mandeln / es muß aber diese Brosam sehr naß seyn; zuckerts nach belieben / thut ein Quintlein klein-gestossener Zimmet / Muscatblüh / Cardamomen / und drey Loth geschnittenen Citronat daran: rühret alles wohl unter einander / schlagets in einen Raffioln-Teig; beliebts / so kan man ihn ein wenig zuckern / oder auch den obig-beschriebenen Eyerdötterleins-Teig anmachen / und diese Füll darein schlagen: dann können solche entweder aus Schmaltz / oder aber in ein Schärtlein gethan / und in einem Oefelein gebachen werden. *

119. Mandel-Raffioln / auf eine noch andere Weise.

Nimm einen halben Vierding / oder achtel Pfund Mandeln / stosse sie / jedoch nicht zu klein; rühre Citronat / Zucker / Rosenwasser / und ein wenig Zimmet durch einander; mache einen Teig / wie oben gedacht / wälchere ihn dinn / schlag den Mandel-Teig / wie Raffioln / darein / bachs im Schmaltz / und bestreichs / vermittelst eines Pinsels / mit einem zerklopfften Ey.

120. Eyer

* Will man diese Raffioln noch besser haben / kan mans oben mit einem verklopfften Eyerdötterlein überstreichen / Zimmet und Zucker darauf streuen / auch / so es beliebt / unten in die Schüssel ein wenig Malvasier giessen.

120. Eyer-Mandel-Küchlein.

Erstlich werden die Mandeln abgezogen / mit Rosenwasser gröblicht abgestossen / darnach ein wenig Semmel-Mehl / Trisanet/ Zimmet/ Zucker/ Citronen-Marck/ und dergleichen klein-geschnittene Schelffen darunter/ und mit ein wenig Wein angerühret: dann wird ein Gogelhöpfflein zu Plätzlein geschnitten/ und das zuvor angemachte Gehäck/ wie zu den Niern-Schnitten/ davon Num. 4. 5. und 6. Meldung geschehen/ aufgestrichen; indessen zerklopfft man ein Eyerdötterlein / und überstreicht oben die Füll damit/ macht auch ein Schmaltz in einer Pfannen heiß / und bächt also diese Schnitten schön geschwind heraus/ übereisets wann sie abgekühlet / und bestreuets mit kraußen oder andern Zucker.

121. Eyer-Mandel-Küchlein/ auf andere Art.

Die abgezogene Mandeln werden gröblicht zerhackt oder zerstossen/ nach belieben/ Zucker und Zimmet darunter gerühret/ und mit Wein angefeuchtet/ hernach diese Füll auf Semmelschnitten/ eines Fingers breit/ gestrichen/ und schön licht und gemach aus dem Schmaltz heraus gebachen: Dann leget mans in eine Schüssel/ giesst einen Wein und Zucker daran/ deckets zu/ und lässets also nur einen Wall aufthun/ doch also/ daß sie nicht zu weich werden; alsdann wird Zucker und Zimmet darauf gestreuet.

122. Gebachen verlohrne Eyer von Mandeln.

Ziehe gute Mandeln ab/ stosse und reibe sie klein/ theile selbige in drey Theil; den ersten würtze mit ein wenig Ingber/ Zimmet und Zucker/ menge Semmel-Mehl darunter/ mache es wie einen Teig / und waltze oder walchere ihn wohl aus: Den andern Theil mache mit Saffran gelb/ würtze selbigen mit Zucker und Zimmet; mache runde Kügelein davon/ wie die Eyerdottern/ wickle
sie

sie dann in die ausgewälcherte Blätlein / formire Eyer daraus / und laß sie bachen: Den dritten Theil mache zu einer Mandel=Milch / und treibe die Mandeln mit Ram oder dicker Milch durch; rühre Zucker / Zimmet und Weinbeerlein oder Corinthen darein: Wann nun die obbesagter massen formirte Eyer gebachen / gieß diese Mandel=Milch darüber / und trage sie zu Tisch.

123. Mandel=Kräpfflein.

Sehet ein achtel Pfund oder halben Vierding Mandeln ab / stosset sie / je kleiner / je besser / mit ein wenig Rosenwasser / damit sie nicht öhlicht werden; verklopffet ein gantzes Ey / und zwey Weisse von Eyern / schüttets an die Mandeln / zuckerts / giesset noch ein wenig Rosenwasser hinzu / doch nicht zu viel / damit diese Füll nicht zu dinn werde / und durch den Teig schlage. Nehmet dann ein schönes Mehl / einen Eyerdottern / zimlich viel Butter / und ein klein wenig Wasser; lasset die Butter zergehen / machet einen Teig an / walchert ihn auf das dünneste / schlaget obige Füll wie Raffioln darein / und bachets aus Schmaltz: rühret aber diese Mandel=Füll zimlich lang / so wird sie desto besser.

124. Mandel=Kräpfflein mit Weixeln und Aepffeln.

Man nehme schöne Weixeln / zupffe die Stiele gemach herab / daß kein Safft mit heraus gehet; dann mache man einen Teig von Eyerdottern / Mehl und Zucker an / und wälchere selbigen auf das dinnste aus / wie zu andern Raffioln oder Kräpfflein: hernach lege man von diesen frischen Weixeln etwan drey / vier / oder mehr auf ein Häufflein / und also dieser Häufflein etliche nach einander / wie man es sonst bey andern Raffioln zu machen pfleget: schlags dann mit dem Teig über / rädele es / vermittelst deß dazu gehörigen Rädleins / ab / und bache es aus Schmaltz schön gelb heraus.

Oder:

Oder:

Man kan / an statt der Weixeln / geschählte Aepffel gantz klein würfflicht schneiden/ und abgezogene Mandeln hacken; dann erst-besagten Teig nach der Länge auswälchern / von dieser Aepffel und Mandel-Füll/ Häufflein darauf legen/ selbige mit Zimmet und Zucker überstreuen/ den Teig darüber schlagen/ abrädeln/ und ferner wie die obigen heraus bachen. Man könte auch wohl einen Butter-Teig / wie selbiger im vierdten Theil Num. 3. biß 6. beschrieben zu finden / anmachen; diese Füll auf besagte weise darein schlagen / mit Eyern bestreichen / und auf einem Blech im Oefelein abbachen / hernach mit Zucker und Zimmet bestreuen.

125. Pfaffen-Schläpplein.

Nehmet ein oder zwey Pfenning-Eyerringlein/ reibet und röstet sie im Schmaltz; schählet auch fünff oder sechs Parstörffer-Aepffel / schneidet sie würfflicht / röstets im Schmaltz; waschet Weinbeere oder Corinthen / lassets im Wein einen Sud thun/ ziehet Mandeln ab/ stosset sie / mischet alles unter einander/ würtzets mit Zimmet/ Zucker und Cardamomen: wann es gar zu trocken wäre/ kan man ein wenig Wein oder Malvasier oder Peter-Simonis daran giessen / doch nicht zu viel/ daß die Füll nicht zu lehn werde. Nehmet dann ein wenig Mehl/ machet ein Wasser in einem kleinen Häfelein heiß / lasset eine Butter darinnen zergehen/ giesst sie darnach in das Mehl; machet einen Teig an / walchert ihn so dinn als es seyn kan/ schneidet recht vierecklichte Plätzlein daraus/ so viel man ihrer verlangt/ leget auf jedes derselben / und zwar an dero vier Ecken von dieser Füll/ einer welschen Nuß groß/ druckt es in der mitten ober den Teig zusammen: Machet ein Schmaltz heiß / bachets heraus / aber ja nicht lang / daß sie nicht schwartz werden.

126. Pfaffen-Schläpplein/auf andere Art.

Nehmet etliche gute Parstörffer-Aepffel / schählet und schneidet sie Plätzlein-weiß/ wie zu einem Aepffel-Mus/ oder man kans auch würfflicht/ wie die vorgedachte schneiden; thut sie dann in einen stollichten Hafen / giesset einen guten gemeinen oder auch süssen Wein daran; lasset also die Aepffel ein wenig darinnen dünsten/ biß sie etwas weich werden/ und man sie ein wenig abrühren kan; wiewol sie eben nicht so glatt seyn müssen/ wie zu einem Aepffel-Mus: Indessen hacket abgeschählte Mandeln klein/ mischet ein geriebenes Eyerbrod darunter; thut in einem Pfännlein geriebenen Zucker dazu/ und röstets mit einander/ biß das Brod schön gelblicht wird; hernach rühret das Geröstete/ samt den gedünsteten Aepffeln / in einem Napff zusammen / würtzet es mit Zimmet/ Cardamomen / und ein wenig Muscatnuß: mischet auch von eingemachten Sachen darunter / als Citronat/ und würfflicht-geschnittene Citronen- und Pomerantzen-Schelffen/ zuckerts/ so süß als mans verlangt: Ist diese Füll oder dieses Gehäck etwan noch zu dick/ so kan mans mit ein wenig süssen/ oder/ aus Mangel dessen/ einen gemeinen Wein verdinnern; beliebts/ mag man auch ein wenig gewaschene Weinbeere oder Corinthen darunter rühren/ und nur einen einigen Sud im Wein thun lassen. Dann machet ferner einen Teig an/ klopffet zwey oder drey Eyerdottern/ rühret ein wenig Zucker darunter; machet von dem schönsten Mehl in einem Näpfflein ein anders Teiglein an/ walchert es aus/ wie zu den Raffioln/ rädelt oder schneidet viereckichte Plätzlein daraus / so groß man sie verlangt; thut ein Häufflein von dieser süß-angemachten Füll darauf/ und druckt die vier Eck deß Teigs darüber zusammen / so werden viereckichte Bündelein daraus: Machet dann ein Schmaltz in einer Pfannen heiß/ und bachets geschwind ab. *

127. Pfet-

* Diese Pfaffen-Schläpplein kan man auch in einem Oefelein/ ausser dem Schmaltz/ bachen; zumal so sie jemand zu schmaltzig fürkommen solten; doch kan man sie auf beederley Art/ wann sie alle zusammen fertig/ mit einem zerklopfften Gelben vom Ey überstreichen; und wer gerne süß essen mag / letzlich einen Zucker/ oder auch ein wenig kleingestossene Zimmet/ durch einen Seiher oder Durchschlag darauf streuen.

127. Pfetter=Rüblein von Mandeln.

Ziehet einen Vierding Mandeln ab/ gieſſet ein Roſenwaſſer daran/ laſſets zwey Stunden lang ſtehen/ ſeihet das Waſſer herab; ſtoſſets mit einer Semmel=Broſam/ ſo zuvor mit denen Mandeln in das Roſenwaſſer eingeweicht worden/ ab/ zuckerts nach belieben/ ſchlaget drey oder vier Eyerdottern daran/ und machet davon einen Teig/ welcher/ ſo er zu lind oder dünn iſt/ kan gar leicht mit ein wenig geriebenen Semmel=Mehl geholffen werden: Die Prob iſt dieſe/ daß er nicht mehr an den Händen klebet; formiret ſo dann kleine Rüblein/ denen Pfetter=oder Bayeriſchen gleich/ daraus/ bachets etwas kühl aus Schmaltz/ daß ſie nicht gar braun werden: Wann ſie dann kalt ſind/ ſtecket einen friſch=oder dürren Roſmarin/ oder auch was ſonſt beliebiges grünes darein/ und legts auf eine Schüſſel.

128. Süſſe Mandel=Schnitten.

Stoſſet abgeſchählte Mandeln/ oder aber hacket ſie klein/ röſtet ein geriebenes Eyerbrod in Butter/ biß das Brod ſchön gelblicht wird/ thut ſelbiges zuſamt den gehackten Mandeln in ein Näpfflein/ und rühret es wohl unter einander; feuchtet es ein wenig mit ſüſſen Wein an/ thut Zimmet/ Zucker/ Cardamomen/ und ein wenig Muſcatnuß darunter/ drucket Citronen=Safft darein/ oder aber rühret das Marck von Citronen mit Zucker ab/ und ſo dann unter dieſes Mandel=Gehäck/ ſamt klein=und würfflicht geſchnittenen Citronen=Schelffen: Nehmet dann neugebachene Gogelhöpfflein/ ſchneidet runde Plätzlein daraus/ ſtreichet dieſe Füll darauf/ wie man insgemein den Niern/ Num. 4. biß 6. beſchrieben/ aufzuſtreichen pfleget; dann machet ein Schmaltz in einer Pfannen heiß/ überſtreichet aber dieſe Schnitten zuvor mit einem zerklopfften Ey/ und bachets alsdann fein ſchön gelb heraus: Wems beliebt/ der mag auch wohl die gantzen Schnitten durch die zerklopfften Eyer ziehen/ und alſo beſagter maſſen heraus bachen.

129. Süsse Mandel-Schnitten/ auf andere Art.

Die Mandeln müssen abgezogen/ und gröblicht zerstossen/ dann in einem Näpfflein ein wenig Semmel-Mehl/ wie auch Trisanet/ Zimmet/ Zucker/ Citronen-Marck/ und würfflicht-geschnittene Citronen-Schelffen darunter gemischet werden / welches man mit Spanischen Wein anfeuchten kan : Dann schneidet man runde Plätzlein von Gogelhöpfflein oder Eyer-Küchlein/ streichet so dann diese Füll/ und ferner einen zerklopfften Eyerdottern/ darauf/ bächt es geschwind aus Schmaltz; und wann diese Mandel-Schnitten abgekühlet/ leget ein mit Rosenwasser und Zucker angemachtes Eiß darüber/ und bestreuet es mit Zucker und Zimmet/ setzets auf ein Blech/ und lassets in dem Ofen schön vertrocknen; das Blech aber muß man zuvor ein wenig mit Butter überschmieren : Will mans nicht mit Zucker und Zimmet bestreuen/ kan es auch mit einem verklopfften Ey verrichtet werden.

130. Süsse Mandel-Schnitten/ noch anderst.

Stosset und hacket abgezogene Mandeln/ so viel man will/ streuet Zucker und Zimmet darein/ feuchtets mit gutem Wein an; streichet diese jetzt-gedachte Füll/ auf Plätz-weiß-geschnittene Semmeln oder Eyerbrod/ etwas hoch und in die Runden auf/ bachets gantz gemach aus Schmaltz: legets in eine Schüssel/ giesset Wein daran/ streuet Zucker und Trisanet darauf/ deckets mit einer andern Schüssel zu / und lassets auf einer Glut oder Kohlpfannen auffsieden.

131. Mandeln zu bachen.

Ziehet so viel Mandeln ab/ als man verlanget; rühret alsdann seinen klar-geriebenen Zucker mit Rosenwasser ab/ lasset aber den Zucker zuvor ein wenig darinnen zergehen/ dann das Rosen-

Von allerley Gebachenen.

Rosenwasser muß von dem Zucker etwas dicklicht werden; schüttet die abgezogene Mandeln darein; leidets die Zeit/ so lassets übernacht/ oder doch eine weile darinnen ligen: Machet hernach ein frisches Schmaltz/ oder auch/ nach belieben/ Baum=Oel/ (davon sie noch besser und glätzender werden sollen) in einer Pfannen heiß; nehmet dann die Mandeln mit einem eisernen Löffel/ so weite Löcher hat/ aus dem Zucker und Rosenwasser heraus/ lasst sie ein wenig verseihen/ und werffet sie also in das heisse Schmaltz oder Oel/ hebet sie aber immerzu mit dem Löffel in die Höhe/ biß ihr sehet/ daß sie gelb werden/ nehmets so dann alsobald heraus/ legets auf einen grossen Teller/ schüttelts immer hin und her/ daß sie nicht zusammen kleben/ und haltet damit an/ biß sie schön glätzend und kalt sind. *

132. Mandeln im Oel zu bachen.

LEget die Mandeln/ wann sie abgezogen/ eine weile in ein frisches Wasser/ und trocknets dann auf einem Tuch oder Oeller ab; lassets hernach im Oel wohl heiß werden/ und bachet diese Mandeln schön licht=gelb heraus: wann sie nun gebachen sind/ legets auf ein Papier/ und rüttelt selbige wohl durch einander/ daß sie glätzend werden.

133. Mandeln zu bachen/ daß sie wie candirt sehen.

ZIehe Mandeln ab/ weichs in Rosenwasser ein/ laß eine weile darinnen ligen/ seihe sie dann ab; stoß einen Zucker gröblicht/ laß ein Schmaltz in einer Pfannen wohl heiß werden/ schwinge die Mandeln in dem gröblicht=zerstossenen Zucker/ legs geschwind in das wohl=heisse Schmaltz/ bachs schön licht heraus:

legs

---

* Auf diese weise kan man auch die Castanien machen/ welche man aber zuvor im Wasser absieden muß/ biß sie weich werden; dann schählet man die Schelffen herab/ weicht die Castanien in Zucker und Rosenwasser/ und bächt sie dann wie erstgedachte Mandeln im Schmaltz oder Oel.

legs auf ein und anderes frisches Papier/ biß sie erkuhlt seyn/ und trags dann zu einer Collation auf.

134. Mandeln/ auf Zimmet-Mandeln Art.

Nehmet abgezogene Mandeln / lasset sie eine weile im Rosenwasser weichen/ thut aber auch ein wenig geriebenen Zucker/ doch nicht zu viel/ daran/ damit sie nicht zu kleberig werden; auch darff man sie/ um eben dieser Ursache willen/ nicht gar zu lang ligen lassen: indessen stosset einen Zucker gar klein/ räitelt selbigen/ wie auch klein-gestossene Zimmet unter einander/ und machet ein Schmaltz oder Oel in einer Pfannen heiß/ wiewol hiezu das Schmaltz besser dienen mag: Fasset dann mit einem eisernen Löffel/ welcher grosse Löcher hat/ von diesen Mandeln einen Theil heraus/ lasset sie aber zuvor wohl verseihen/ legts hernach wohl heiß ein/ damit selbige geschwind schön gelblicht/ und so fort auch die übrigen/ heraus gebachen werden: überstreuet dann einen Bogen Papier wohl dick von obgedachter massen vermischtem Zucker und Zimmet/ und wann die Mandeln schön gelb werden wollen/ nehmet sie geschwind heraus; sehet aber zu/ daß sie nicht an einander kleben/ sondern nur eintzig auf das Papier kommen; wältzet sie dann in den Zucker und Zimmet auf dem Papier geschwind herum / weil die Mandeln noch warm seyn/ sonst nehmen sie selbiges nicht an. *

135. Mandeln vom Teig gläntzend zu bachen.

Dieser Teig wird allerdings wie der nachfolgende/ jedoch aber ohne Gewürtz/ zusammen gemachet/ in einem von Zucker und Rosenwasser vermischten Teig herum gewältzet; alsdann nur ein klein wenig in heisses Schmaltz geleget/ und wann sie noch gantz weiß

* Es werden hiezu allezeit drey Personen erfordert/ so einander an die Hand zu gehen haben/ damit es geschwind von statten gehe.

weiß sind/ wieder heraus genommen; hernach also warm nochmal im obgedachten mit Rosenwasser angemachten Zucker-Teig herumgekehret/ in das Schmaltz geleget/ und ferner schön licht-gelb abgebachen.

136. Gebachene Mandeln von Teig mit Zucker und Gewürtz.

Schüttet ein schönes Mehl in eine Schüssel; nehmet von sechs oder acht Eyern die Dötterlein/ oder aber zwey gantze Eyer und drey Dötterlein; klopffet selbige zuvor wohl/ thut ein gut theil Zucker darunter/ giesset ein wenig Rosenwasser dazu/ rühret das Mehl damit an/ und machet den Teig zusammen; saltzet und würtzet ihn mit klein-gestossener Zimmet und Cardamomen/ mischet ein wenig gar klein abgestossene Mandeln darunter/ rühret alles wohl durch einander: Leget den Teig auf ein mit Mehl bestreuetes Bret/ und wircket ihn ferner aus/ biß er sich wälchern und mit dem Eisen drucken lässet/ er muß aber nicht gar zu vest/ und auch nicht zu lehn seyn/ sondern lind bleiben/ doch daß er nicht zu naß seye/ dann sonsten klebt der Teig an das Eisen: wann er nun ungefehr zwey Messer-rucken dick ausgewälchert worden/ so drucket das dazu gehörige Mandelkern-Eisen darein; wolten sie aber nicht gern aus demselben gehen/ so drucket das Eisen nur in das Mehl/ so wird es nicht mehr fehlen: Legets hernach auf ein Bretlein/ machet ein Schmaltz heiß/ bachets wohl kühl heraus/ daß sie schön gelblicht werden; man darff aber von diesen Mandeln gar wohl ein gut theil auf einmal einlegen. *

137. Mandel-Kräntze.

Weichet abgezogene Mandeln übernacht in Rosenwasser und Zucker ein/ oder lasset sie nur eine weile darinnen ligen/ wie die

* Von diesem Teig kan man auch kleine länglichte Küchlein/ ohngefehr eines kleinen Fingers lang/ aber nicht gar zu dick machen/ oder man kans auch noch kleiner walchern/ und abrädeln/ daß sie wie kleine Würmlein geformiret/ an zu sehen sind.

die Num. 131. beschriebene Mandeln; machet dann in einer Pfannen ein Schmaltz oder Oel heiß / leget mit einem eisernen Löffel so viel Mandeln ein / als ihr vermeint / daß ihr zu einem Krantz vonnöthen habt / auch nur einen oder zwey Löffel voll / nach dem nemlich der Krantz groß oder klein seyn soll: Wann nun die Mandeln schön licht-braun gebachen / hebet sie mit einem eisernen Löffel geschwind heraus / sehet aber zu / daß ihrs ein wenig schüttelt / damit das Schmaltz oder Oel davon herab seihe; legets auf einen zinnernen Teller in die Runde herum / drucket die Mandeln mit den Händen / weil sie noch warm seyn / zusammen / und formiret den Krantz so groß man ihn verlangt; setzet auch / so es beliebt / dieser Kräntze zwey / drey / oder mehr / jedoch immerzu etwas kleiner / auf einander / und wann sie also auf dem Teller erkaltet / gantz gemach in eine Schüssel / zierets dann nach belieben aus.

138. Mandel-Bien-Körblein.

Nehmet abgezogene Mandeln / schneidet sie nach der Länge / und so dann wieder überzwerch zweymal entzwey / daß also von einem Mandelkern ohngefehr sechs viereckichte Stücklein werden / sind selbige klein / kan man nur vier Stücklein daraus schneiden; leget sie in Rosenwasser und Zucker / wie die andere vorherbeschriebene gebachene Mandeln; lassets einen halben Tag / oder auch über Nacht / darinnen ligen: Machet ein Schmaltz oder Oel in einem Pfännlein heiß / und leget von diesen Mandeln ungefehr einen guten grossen Eßlöffel voll hinein / und hebets / wann sie schön lichtgelb gebachen / geschwind mit einem eisernen löcherichten Löffel heraus / schüttet alsobald ein wenig davon in einen kleinen Mörsel / stecket ein gar kleines Walcherholtz in die mitt hinein / und legt die andern Mandeln rings um das Walcherholtz / druckets mit den Fingern vest zusammen / damit sie in der mitte hol bleiben; den Mörsel aber muß man immerzu im kalten Wasser stehen lassen / und das Holtz allgemach heraus ziehen; dann ebenfalls entweder mit einem Finger das Bien-Körblein aus dem Mörsel heraus nehmen / oder aber

aber selbiges umstürtzen/ so gehen sie gar gern heraus; stellets dann auf ein lösch- oder Fließ-Papier/ so fließet das Schmaltz davon: Wann man nun etliche heraus gebachen/ kan man das Schmaltz oder Oel herab seihen/ das Trübe aus der Pfannen heraus nehmen/ das helle dagegen wieder in das Pfännlein hinein / und ein wenig frisches Schmaltz oder Oel dazu giessen.

139. Mandel-Bien-Körblein/ auf andere Art.

Machet einen Teig an/ wie selbiger Num. 136. beschrieben worden/ mit oder ohne Gewürtz/ nach dem es beliebt; walchert ihn mit den Händen zu kleinen Stritzeln/ schneidet Stücklein daraus/ so groß/ oder auch etwas grösser/ als Erbsen; schwingets in Rosenwasser und Zucker/ legts in ein heisses Schmaltz/ lassets wie die gläntzende Mandeln Num. 135. nur ein wenig bachen/ nehmets/ wann sie noch weiß sind/ heraus/ kehret sie im obigen mit Rosenwasser angefeuchteten Zucker nochmal wie zuvor herum / und bachets folgends schön licht-gelb heraus; schüttets geschwind in einen kleinen Mörsel/ druckets ein wenig auf einander/ füllet selbigen voll an/ wendet es nachmal um/ so gehen die Bien-Körblein schön heraus; machet aber den Zucker mit dem Rosenwasser hiezu etwas dick an/ damit die vorbesagte klein-zerschnitten- und abgebachene Stücklein wohl an einander klebend bleiben.

140. Gebachene welsche Nüsse.

Schählet die Nüsse/ daß die Kerne gantz bleiben/ feuchtets mit Rosenwasser und Zucker an/ als wie die gebachene Mandeln/ und bachets aus einem Schmaltz schön gelb heraus.

141. Citronen zu bachen.

Schneidet so viel Citronen/ als man verlanget/ in der mitten von einander / holet das Marck und das Weisse auf das dünneste dinneste und genaueste heraus / daß man fast durch die äussere gelbe Schelffen sehen kan; lassets zwey Stunden im Wasser ligen / legts hernach auf ein Tuch / daß sie ertrocknen: indessen drucket das heraus genommene Marck durch ein reines Tüchlein / daß der Safft wohl heraus komme; mischet so viel klein gehackte Mandeln / als deß Marcks ist / und ein gut theil klein-geschnittene Zimmet und Citronat / darunter / rühret alles durch einander / und zuletzt / wann mans bachen will / zuckert es; füllet dann diese Füll alsobald ein / bestreichet die Citronen von aussen mit einem verklopfften Weissen vom Ey / streuet ein wenig gar klares Semmel-Mehl darauf / bachets aus Schmaltz / setzets auf ein grobes Papier / daß das Schmaltz darauf abtrockne: Lasset alsdann einen Malvasier oder Peter-Simonis / mit Zucker / Zimmet / und ein wenig Saffran / aufsieden / gießet / wann mans zu Tisch tragen will / die siedende Brüh darüber / lassets noch eine weile auf einem Kohlfeuer stehen und aufsieden.

142. Gefüllt-Gebachene Citronen.

Nehmet die Citronen und schneidets von einander / holet das Marck zusamt dem Weissen / an der äussersten gelben Schelffen / auf das fleissigste heraus / daß man sie umkehren könte / doch muß das Gelbe herauswarts bleiben; zudem wird eine gute Aufsicht hiezu erfordert / daß die Schelffen gantz bleiben / und nicht zerreissen: Wann nun solches geschehen / lassets im Röhrenwasser absieden / biß sie wohl weich sind; giesset dann besagtes Wasser herab / und legts wieder in ein frisches Röhrenwasser / last sie über Nacht darinnen ligen: ziehet zu zweyen Citronen ein achtel Pfund Mandeln ab / hacket sie klein / rühret das halbe Marck von einer Citronen / ingleichen auch Zimmet / Cardamomen oder Trisanet / und ein wenig gar klein-geriebenes Semmel-Mehl von einem Weck darunter / zuckerts / vermischt es wohl; macht diese Füll nicht gar zu lind / lasset selbige ebenfalls über Nacht stehen / füllets den andern Tag / wann man sie auftragen will / schön voll ein / und streichets fein glatt zu / bestreichets mit einem zerklopfften Weissen vom Ey / und ein wenig

Von allerley Gebachenen.

wenig klar-geriebenes Semmel-Mehl: Machet unterdessen in einem Pfännlein ein Schmaltz heiß / das Pfännlein aber darff nicht gar groß seyn / sondern nur so / daß eine halbe Citronen recht darinnen ligen könne; man darff auch nicht gar zu viel Schmaltz nehmen / damit selbiges nicht über die Citronen schlage: wann nun das Schmaltz heiß ist / leget die Citronen mit einem breiten eisernen Löffelein hinein / und bachets geschwind heraus: Oder man kan auch ein etwas weiteres Pfännlein nehmen / die Citronen auf dem Löffel in das heisse Schmaltz setzen / und also immerzu in dem Löffel halten / biß sie völlig gebachen sind; doch muß man sie oben mit einem andern Löffel übergiessen / und ja fleissig in acht nehmen / daß sie geschwind heraus gebachen werden: Legets / wann sie fertig sind / in eine Schüssel / lasset einen guten süssen Wein / samt ein wenig Saffran und Zucker in einem Häfelein auffsieden / und richtet ihn dann darüber; Oder man kan sie auch trocken und ohne Brühe geben / alsdann aber neben herum schön vergulden / in eine Schüssel legen / in der mitten der Schüssel eine schöne gantze geschraubte Citronen auffstellen / und mit einem schönen Strauß bestecken. *

143. Gefüllt-Gebachene Citronen/ auf andere Art.

Wann im Fall der Noth die Zeit zu kurtz ist / mit den frischen Citronen umzugehen / so kan man sich nur eingemachter Citronen-Schelffen bedienen; zuvor aber ein Gehäck oder Füll folgender massen anmachen / und zwar erstlich ein wenig klar-geriebenes weisses Brod in Zucker rösten / unter gehackte Mandeln rühren / mit ein wenig süssen Wein anfeuchten / Zimmet und Cardamomen / oder ein gutes Trisanet / zusamt ein wenig frischen Citronen-Marck / auch / so es gefällig / würfflicht-geschnittenen

* Wanns beliebt / kan man noch ein wenig mehr Marck von den Citronen / ingleichen auch die Schelffen davon (oder aber von Pomerantzen) klein- und würfflicht geschnitten / mit unter die Füll rühren / und eine jede solchermassen gefüllte Citronen aus frischem Schmaltz heraus bachen.

Citronat- und Pomerantzen-Schelffen darunter mischen / in die besagter massen eingemachte Citronen-Schelffen einfüllen / mit einem Weissen vom Ey / und klar-geriebenen Semmeln bestreichen / geschwind heraus bachen / und dann trocken / oder auch / wie gedacht / mit einer Brüh zu Tisch tragen.

144. Citronen-Blüh zu bachen.

Lasset ein schönes Mehl warm werden / machet mit halb so viel Zucker als deß Mehles ist / wie auch mit drey Löffel voll Citronen-Safft und zweyen Eyerdottern / ein dinnes Teiglein an / in der Dicken wie das jenige so zu den Aepffel-Küchlein gebrauchet wird: Nehmet dann Sträußlein von eingemachter Citronen- oder Pomerantzen-Blüh / ziehet selbige durch erst-besagtem Teig / und bachet sie aus Schmaltz. *

145. Prinelln und Datteln zu bachen.

Weich die Prinelln- oder Datteln eine viertel Stund zuvor / ehe man sie bachen will / im Wein; mach hernach ein Teiglein mit andern frischen Wein / und ein wenig weissen- oder Böhmischen Bier an / brenne ein Löffelein Schmaltz darein / nimm aber kein Ey dazu. Mache ein Schmaltz heiß / ziehe die Prinelln oder Datteln durch den Teig / und bache sie wohl heiß und schön heraus / legs in eine Schüssel / und streue Zucker darauf.

146. Fei-

---

* Durch diesen Teig kan man auch eingezuckerte von Citronen geschnittene Scheiben oder Plätze ziehen; jedoch zuvor unter besagtem Teig würfflich-geschnittene Citronen-Schelffen rühren / auch etwas von dem süssen Safft oder Syrup dazu giessen / aus Schmaltz heraus bachen / und so dann so wol diese Plätze und Scheiben / als auch obbeschriebene gebachene Citronen-Blüh / zur Zierde deß Gebratens / wechsel-weiß um den Rand der Schüssel legen.

Von allerley Gebachenen.

146. Feigen-Würstlein.

Hacke Feigen/ Rosin und Weinbeerlein unter einander; nimm alsdann gerieben Haus-Brod und Mehl / vermische es zusammen/ schlag Eyer daran/ walchere es mit Mehl wohl ab/ und formire Würstlein daraus; ziehe es ferner durch einen Aepffel-Teig/ und lasse sie bachen.

147. Feigen-Würstlein mit Aepffeln.

Stecket geschählte Aepffel und Feigen/ jedesmal Wechsel-weiß an ein hölzernes Spießlein/ und derselben so viel man will; machet einen Teig an/ wie den gleich jetzo beschriebenen/ ziehet sie zusamt denen Spießlein dadurch/ lassets schön gelb bachen: Nehmet hernach die Spießlein heraus / und schneidet die Feigen und Aepffel nach der Länge entzwey.

148. Amarelln und Weixeln zu bachen.

Machet einen Teig von schönem Mehl mit frischem Wasser an/ schlaget und rühret ihn mit dem Weissen von den Eyern ab/ nehmet aber das Gelbe nicht dazu; auch muß das Mehl anfänglich nicht zu naß/ sondern nur ein wenig angefeuchtet werden: Machet den Teig/ doch auch nicht zu dick/ an/ und leget ihn fein heiß in das Schmalz; ziehet dann die Amarelln und Weixeln durch den Teig / bachets also eintzlich/ oder etliche zusammen auf ein Püschelein gebunden/ wie es beliebt. *

Uuuu iij   149. Wei-

* Die zu Scheiben oder Plätzen geschnittene Aepffel/ kan man auch aus diesem/ oder aber in dem Num. 145. beschriebenen Teig zu denen Prinelln und Feigen/ abbachen.

149. Weixeln zu bachen.

Röstet das Mehl wohl trocken im Schmaltz/ schüttet in einem Geschirr einen kalten Wein daran/ doch nicht zu viel/ sondern nur daß das Mehl damit eingenetzet werde; rühret ihn mit Eyer-weiß ab/ setzt ihn auf ein heisses Wasser/ daß er warm bleibt/ ziehet die Weixeln dadurch/ und bachets aus Schmaltz.

150. Weixeln zu bachen/ auf andere Art.

Nehmet zwey Löffel schönes Mehl/ und ein wenig frisches Wasser/ treibet das Mehl gar trocken damit/ eine halbe Stund lang/ ab; lasset dann einen Löffel voll Schmaltz heiß werden/ brennets in den angezwierten Teig/ und rühret selbigen ferner mit Eyer-weiß ab; machet aber den Teig nicht zu dick/ tuncket die Weixeln darein/ und bachets aus Schmaltz.

151. Weixeln zu bachen/ noch anderst.

Zerklopffet das Weisse von Eyern/ giesst warme Milch daran/ zuckerts wohl/ rühret schönes Mehl darein; brennet auch einen Löffel voll Mehl im Schmaltz/ rühret selbiges ebenfalls darunter/ tuncket die Weixeln/ wie gedacht/ darein/ und bachets wohl heiß heraus; der Teig aber muß immerzu wohl heiß bleiben.

152. Weixeln zu bachen/ auf eine andere Weise.

Machet den Teig vom schönen Mehl/ Wein und Zucker an/ giesset einen Löffel voll Brandwein dazu; ziehet die Weixeln dadurch/ bachets aus Schmaltz/ und giesset im bachen fleissig auf. *

---

* Aus eben diesem Teig kan man auch Küchlein von Aepffeln bachen.

153. Aufgelauffen-gebachene Weixeln.

Rennet ein wenig heisses Schmaltz ins Mehl/ doch nicht zu viel/ daß das Mehl trocken bleibt; giesset ein wenig Wein und Bier/ wann es zuvor warm gemachet worden daß man einen Finger darinnen leiden kan / daran / und machet es folgends mit Weissen von Eyern zu einem zimlich-dicken Teig an: Bachet jede Weixel besonders / giesst öffters auf / sehet aber ja zu/ daß das Schmaltz nicht zu heiß und nicht zu tieff seye.

154. Gebachene Aepffel.

Schählet Parstörffer-oder andere süsse Aepffel/ lasset sie gantz; bohret aber mit einem Messer/ oder besonders dazu gemachten Eisen/ den Butzen/ zusamt denen einwendigen Hülsen und Kern-Häuslein/ heraus: Machet einen Teig vom schönen Mehl/ Zucker/ und sied-heissen Wein an/ und zwar also/ daß der Wein zu erst gezuckert / und so dann das Mehl damit angezwieret werde/ doch nicht zu dinn/ lasset ihn auch nicht zu kalt werden; ziehet dann die Aepffel durch den Teig/ und bachets aus Schmaltz.

155. Gebachene Aepffel/ auf andere Art.

Wann die Aepffel geschählet / und die Butzen ausgestochen/ melbet sie entweder nur also schlechter dings / oder aber in einem Teiglein von Mehl/ Zucker und Wein/ oder aber von weissen Bier/ und einem Löffel voll Milchram angemachet/ ein; ziehet die Aepffel durch den Teig/ bachets aus Schmaltz/ und tragets entweder also trocken/ oder aber in einer süssen Brüh zu Tisch.

❀ ❀ ❀

Oder:

Man kan die Aepffel entweder gantz/ oder aber/ welches besser ist/ halb entzwey geschnitten/ und uneingemelbet ohne allen Teig/
wie

wie sie an sich selbsten sind/ schön bräunlicht im Schmaltz rösten/ in eine Schüssel legen/ Wein darüber giessen/ mit Zucker und Zimmet überstreuen / auf eine Glut= oder Kohlpfannen setzen/ aufsieden lassen / und so dann mit Zimmet und Zucker/ oder aber einem Trisanet/ nochmal überstreuen.

156. Aepffel=Küchlein.

Suchet Aepffel zur Hand / die ein wenig sauer oder zängerlicht seyn/ als etwan die so genannte Blau=Aepffel/ dann die süssen taugen nicht hierzu; schählet und schneidet sie auf das dinnste/ daß man fast dadurch sehen kan/ wann sie aber ein Loch haben/ so lauffen sie nicht auf: Machet hernach einen Teig von schönem Mehl an/ schüttet selbigen in eine Schüssel / giesst ein klar= und kaltes Wasser daran/ daß das Mehl mit angefeuchtet werde; rühret selbiges aufs beste mit dem Wasser/ eine gute viertel Stund lang/ ab/ daß sich der Teig von dem Löffel und der Schüssel abledige: Nehmet hernach frische Eyer/ und zwar vier gantze/ und das Weisse von dreyen andern/ zu einer Schüssel voll/ schlagt eins nach dem andern daran/ biß der Teig wird wie ein Strauben=Teig; giesset auch ein klein wenig Wein daran / saltzet ihn aber nicht/ sondern machet in einem Pfännlein ein Schmaltz heiß/ ziehet die Aepffel durch den Teig / und leget zwey oder drey derselben auf einmal in das heisse Schmaltz/ begiesst sie mit einem Löffel/ so lauffen sie schön auf/ backets also ferner heraus; legts in eine Schüssel auf ein geschnitten Brod/ bestreuets auch/ wann man sie zu Tisch tragen will/ mit Zucker.

157. Aepffel=Küchlein zu bachen/ auf andere Art.

Schähle und schneide die Aepffel zu Plätzlein/ stich die Butzen und Kern=Häuslein heraus: Mach einen Teig von Mehl/ und einem guten Löffel voll Milchram/ zwiere selbigen mit Wein/

Wein / doch nicht zu dinn / an / tuncke die Aepffel darein / bachs
schön heiß aus dem Schmaltz / und streue alsdann Zucker darauf.

158. Aufgelauffene Aepffel-Blatten.

Röstet ein schönes Mehl im Schmaltz / mischet so viel / als deß gerösteten ist / auch ungeröstetes darunter / netzets mit kaltem Wein an / rührets mit dem Weissen von Eyern ab / thut ein wenig Zucker daran ; schneidet aus grossen Aepffeln runde Blatten / Plätze oder Scheiben / kehrets im Teig um / legts in ein gar heisses Schmaltz / und bachets / so lauffen sie schön auf.

159. Aepffel-Strauben.

SChneidet die Aepffel würfflicht / mischet Weinbeer oder Corinthen und Rosin darunter ; machet hernach einen Teig mit Eyern / Wein und weissen Bier an / oder man kan auch die Eyer davon lassen / leget die Aepffel darein / rührets unter einander; last ein zuvor wohl heiß-gemachtes Schmaltz wieder ein wenig erkuhlen / giesset ein wenig davon aus der Pfannen auf einen zinnernen Oeller / legt etwas von besagtem Teig zusamt denen Aepffeln darauf / formiret einen Weintrauben oder Strauben daraus / hebt ihn mit einem flachen eisernen Löffel von dem Oeller in die Pfannen mit heissem Schmaltz / lassets allgemach / und zwar sehr langsam bachen / damit sie einwendig recht ausbachen können / auch darff man sie nicht allzu heiß einlegen; zuletzt aber muß man ihnen eine etwas bessere Hitze geben.

160. Aepffel-Strauben / auf
andere Art.

NEhmet ein schönes warmes Mehl / und Eyer / so zuvor in einem warmen Wasser gelegen sind / schlaget sie an das Mehl / giesset einen Löffel voll Wein daran / rührets wohl durch einander ; schneidet Aepffel zu viereckichten Stücklein / legets in den Teig / rühret sie darinnen herum / daß der Teig allenthalben klebend bleibet/

bleibet / doch muß derselbe nicht zu dinn / auch nicht zu dick seyn; formiret sie zuvor auf einem Teller / bachets / wie die gleich jetzo beschriebene / langsam heraus / und streuet / wann man sie zu Tisch trägt / Zucker darauf.

161. Aepffel-Strauben / noch anderst.

Schählet Aepffel oder Birne / und zerschneidet sie entweder länglicht oder auch würfflicht / nach belieben; mischet kleine Weinbeerlein oder Corinthen darunter / rühret alles wohl durch einander: Machet einen Teig mit vier Eyern / doch nicht zu dinn / an / rühret die Aepffel wohl darinnen herum / daß sich der Teig anhencke; schüttet ihn hernach auf einen Teller der schmaltzig ist / und schneidet lange Schnitten und Stritzeln daraus / oder formirets wie Weintrauben; legts in eine Pfannen mit heissem Schmaltz / und bachets heraus.

162. Aepffel gefüllt zu bachen.

Schneidet an dem obern Theil der Aepffel ein kleines Plätzlein herab / holet das einwendige Marck / so viel müglich / heraus / hacket selbiges klein; vermischt es mit abgezogenen und länglicht-geschnittenen Mandeln / ausgekörnten Rosinen / und gewaschenen Weinbeerlein oder Corinthen; röstet es alles im Schmaltz / zuckerts / streuet ein Trisanet und gar was weniges Saffran darein / füllet diese Füll in die zuvor ausgeholete Aepffel / und setzet das abgeschnittene Plätzlein wieder darauf: Macht einen Teig wie den Strauben-Teig an / zuckert selbigen / und begiesset die Aepffel damit; bachets aus Schmaltz / und tragets also trocken / oder aber in einer süssen gelben Brüh zu Tisch.

163. Aepffel gefüllt zu bachen / auf andere Art.

Die Aepffel werden allerdings zugerichtet / wie die vorher beschriebene; die Füll aber dazu also angemacht: Stosset Mandeln

Von allerley Gebachenen.

deln mit Rosenwasser ab/ zuckert/ und rühret sie wohl durch einander/ füllets dann in die Aepffel/ und bachets/ wie die gleich vorhergehende.

164. Aepffel zu bachen/ noch anderst.

Schählet die Aepffel/ lasset die Stiele daran/ schwinget sie erstlich im Wein/ und so dann im schönen Mehl; setzet jedesmal ein Paar neben einander in ein warmes Schmaltz/ so nicht gar zu heiß ist/ und lassets langsam bachen.

165. Birn zu bachen.

Schählet die Birn/ lasset die Stiel daran/ machets im Wasser siedend/ biß sie weich werden/ legets auf ein Bret/ und laßt sie erkalten: Machet indessen einen Teig von lauter Wein und Mehl an/ bachets schön rösch heraus/ und bestreuets mit Zucker.

Oder:

Schählet und schneidet die Birnen zu vier/ oder auch wohl zu sechs Theilen/ oder machet gantz dinn und länglichte Stücklein daraus/ nach dem sie groß sind; feuchtets ein wenig mit Wein an/ lassets eine weile darinnen ligen/ schwingets ein- und andermal wohl unter einander/ seihet den Wein wieder herab: leget ein Theil davon/ so ihr auf einmal bachen wollet/ auf ein Bretlein/ bestreuets mit Mehl/ und schwingets ein wenig darinnen herum; legets in das Schmaltz/ und bachets heraus.

166. Gebachene Birnen in einer Brüh.

Wann die Birnen geschählet/ und biß auf den Butzen oder die Kern-Häußlein abgeschnitten worden/ daß der Stiel und erst-gedachte Butzen an einander stehen bleiben/ so hacket das abgeschnittene gar klein/ auch/ so es beliebt/ Zibeben und Weinbeere oder Corinthen darunter; mischt es / zusamt ein wenig Semmel-Mehl / in einem Schüsselein unter einander / schlaget Eyer daran / streuet Zucker / Trisanet / und gar etwas weniges Saffran darein: leget diesen Teig um den abgeschählten Butzen herum / und formirets also / daß sie / wie vormals / rechten Birnen gleichen; bachets aus Schmaltz / und machet / so es beliebt / eine süsse Brüh darüber / oder traget sie auch nur trocken-gebacken zu Tisch. *

167. Birn wie gelbe Ruben zu bachen.

SChählet und schneidet die Birnen / wie man sonst die gelbe Ruben zu schneiden pfleget / bachet oder röstets im Schmaltz / biß sie ein wenig weich werden / seihet dann selbiges davon herab; giesset Wein daran / mischet ausgekörnete Rosinen / kleine Weinbeerlein oder Corinthen / und länglicht-geschnittene Mandeln / wie auch Zucker und Zimmet darunter / lassets mit einander auffsieden: Richtets in eine Schüssel / und streuet Zucker / Zimmet und Trisanet darauf.

168. Gefüllte Birnen zu bachen.

NEhmet schöne grosse Birnen / holet sie so genau aus / als es seyn kan; hacket das ausgeholte mit Weinbeerlein oder Corinthen und Mandeln durch einander / mischet Zimmet und Zucker darunter / füllets in die ausgeholte Birnen / stecket ein kleines Hölzlein vor / damit die Füll nicht heraus fallen könne: legts dann in ein heisses Schmaltz / und lassets darinnen bachen / oder vielmehr rösten / biß sie braun sind: Machet dann ein dinnes Teiglein vom Wein und Zucker an / ziehet die Birnen dadurch / bachets aus Schmaltz / legts in eine Schüssel / und tragets also trocken auf; oder aber macht eine süsse Brüh / nach belieben / darüber.

169. Ge=

---

* Zu diesen Birnen kan man den Teig auch von Zucker und Mehl / mit ein wenig Wein befeuchtet / anmachen.

169. Gefüllte Birn zu bachen / auf andere Art.

Röstet klein=geschnittene Aepffel wohl braun im Schmaltz / vermischet sie mit Weinbeern oder Corinthen / allerley Gewürtz und Zucker / giesst ein wenig Wein dazu; schneidet von schönen grossen Birnen zu oberst ein Plätzlein hinweg / holet sie aus; füllet diese erst=besagte Füll darein / leget das abgeschnittene Plätzlein wiederum oben darauf / und machet dann mit Eyerdottern / ein wenig Wein und Zucker / einen linden Teig an / ziehet die Birnen dadurch / bachets aus Schmaltz / und streuet Zucker darauf. *

170. Birnschnitz gefüllt zu bachen.

Schählet gute Birnen / so groß man sie haben kan / schneidet nach der Länge etwas breite / und eines Messer=rucken dicke Stücke daraus / giesset in einen stollichten Hafen ein wenig Wein daran / streuet Zucker und Zimmet darein / und last sie so lang als harte Eyer dünsten; legets dann auf einen zinnernen Deller / oder auch nur auf ein Bret: Hacket hernach Pinien und Pistacien=Nüßlein / wie auch Weinbeere oder Corinthen wohl klein / mischet gestossene Zimmet und Zucker darunter / feuchtet diese Füll mit süssen Wein an; rühret alles durch einander / streichets auf die Schnitten / und leget jedesmal zwey derselben auf einander / bestreuet sie aber zuvor beede nochmal mit klar=gestossener Zimmet: Verklopffet indessen ein Weisses vom Ey / auch gar was wenigs Saffran und Zucker darunter; machet ein Schmaltz heiß / tuncket die überstrichene und auf einander gelegte Birnschnitten / auf beden Seiten / in jetzt=besagten Teig / daß sie wie einen Rand bekommen / legets dann in das Schmaltz / und lasset sie schön licht=gelb bachen; hebets mit einem

* Wanns beliebt / kan man diese Füll auch von dem ausgeholten und gehackten der Birne / mit Mandeln / ein wenig geriebenem Eyerbrod / Zucker / Zimmet / Cardamomen und Muscaten=Blüh vermischt / anmachen / in die Birn einfüllen / und besagter massen heraus bachen.

nem flachen Löffel heraus / und legets / wann sie ein wenig ertrocknet / in eine Schüssel: Will man eine Brüh darüber haben / gießet das lautere Schmaltz aus der Pfannen / laßt aber das Trübe und dicklichte darinnen; gießet ein Gläslein Wein daran / streuet Zucker und Trisanet darein / lassets aufsieden; richtets über die gefüllt-gebachene Birnschnitten / und streuet Trisanet darauf: wann sie aber ohne Brüh also trocken aufgetragen werden / bestreuet man sie nur allein mit Zucker.

171. Gebachene Quitten.

Schneidet die Quitten zu dinnen Schnitten / das harte und steinigte aber alles hinweg; legts in ein warmes Schmaltz / so nicht zu heiß ist; setzets eine Stund lang in eine kleine Glut / so werden sie weich: Machet dann einen Teig mit Wein und Zucker an / gießet ein klein wenig Brandwein darunter; ziehet die Quittenschnitten durch diesen Teig / und bachets aus Schmaltz.

172. Gebachene Quitten / auf andere Art.

Wann die Quitten zu Stücken geschnitten worden / dünstets im Wein und Zucker / biß sie weich sind / nehmets heraus: Machet einen Teig mit Mehl / Wein und Zucker an / ziehet die Schnitten dadurch / und laßt sie im Schmaltz schön rösch abbachen.

173. Gebachene Quitten / noch anderst.

Die Quitten werden zu dinnen Schnitten / und das steinigte heraus geschnitten; streichet eine süsse Füll von Mandeln darauf / wie selbige Num. 170. bey denen Birnschnitten beschrieben worden; ziehet sie durch besagten Teig / und bachets langsam aus Schmaltz heraus / biß die Quitten weich werden / stosset sie hernach wieder in den Teig / und bachets noch einmal / wie gedacht.

174. Ro-

174. Rosen zu bachen.

Schneidet von nicht völlig aufgegangenen Rosen / das auswendige grüne samt dem einwendigen gelben Saamen heraus: Machet einen Teig mit Wein und Zucker / so dick als einen Strauben-Teig / an / gilbet ihn ein wenig / stosset die Rosen darein / haltets oben bey dem Stiel in ein heisses Schmaltz / schüttelt und rüttelt sie / so lauffen sie desto schöner und besser auf.

175. Rosen zu bachen / auf andere Art.

Machet einen Teig von schönem Mehl zusammen / rühret ihn von lauter Weissen von Eyern an / giesset ein wenig Rosenwasser dazu / zuckerts nach belieben: Ziehet die Rosen / wie im vorhergehenden gedacht / durch diesen Teig / und bachet sie schön hell heraus.

176. Holder- oder Hollunder-Küchlein.

Schüttet ein schönes Mehl in ein Näpfflein / schlaget drey oder vier Eyer darein; giesset hernach einen Kern oder süssen Ram nach und nach an das Mehl / rühret den Teig allgemäch mit ab / daß er schön glatt / und in der Dicken wie ein Strauben-Teig wird / saltzet ihn aber nicht zu viel: Leget indessen den Holder oder Hollunder in frisches Wasser / und wann er zuvor wohl ausgeschlagen worden / auf einen Deller / lasset ihn wieder verseihen; tuncket dann ein Stäudlein deß Holders nach dem andern in den Teig / legets so dann in das heisse Schmaltz hinein / haltet ihn aber oben bey dem Stiel / und drehet selbigen in der Pfannen herum / giesset mit einem eisernen Löffelein von dem Teig oben her ferner auf / und bachets schön licht heraus. *

177. Sal-

* Zu diesen Holder- oder Hollunder-Küchlein / kan man auch den Num. 41. beschriebenen Strauben- oder auch Num. 56. 57. &c. befindlichen gebrennten-Küchlein-Teig anmachen / selbige dadurch ziehen / und schön heraus bachen.

177. Salbey-Küchlein.

Ziehet Salbey-Blätter / so nicht löchericht sind / durch ein frisches Wasser/ schwingets hernach wohl aus; machet einen Teig ebenfalls mit frischem Wasser an/ und rühret selbigen/ klopffet ihn aber nicht/ daß er fein zäh wird/ und sich von dem Löffel aufziehen lässet; rühret ferner von zwey- oder dreyen Eyern das Weisse darunter / daß es dinn wird: ziehet die Salbey-Blätter dadurch/ bachets aus Schmaltz / so lauffen sie hoch auf.

178. Salbey-Küchlein / auf andere Art.

Machet einen Teig mit Mehl und etwas Röhren- oder Brunnen-Wasser an; klopffet den Teig auf das allerbeste/ daß er Blattern oder Blasen bekommet/ schlaget frische Eyer daran/ saltzet und rühret den Teig damit ab / giesset aber kein Wasser mehr daran/ als nur gleich anfänglich bey dem anzwieren; machet ihn nicht zu dick/ und nicht zu dinn/ das Schmaltz dagegen wohl heiß; und bachet die Salbey-Blätter schön rösch ab.

179. Salbey-Küchlein / noch anderst.

Schüttet vier Löffel voll Mehl in ein Näpfflein/ brennet einen guten Löffel voll heisses Schmaltz darein/ rührets wohl/ daß sich das Schmaltz darinnen verliere; giesst ein wenig kaltes Wasser dazu/ nur daß damit angefeuchtet wird/ schlaget Eyer darein/ und zwar zu erst das Weisse davon/ und dann die Dottern/ so viel derselben hiezu vonnöthen/ dann der Teig muß so dick seyn/ biß man siehet / daß er sich an das Blat hängt: tuncket hernach die Salbey-Blätter in den Teig / und gebet wohl achtung / daß die Adern übersich in die Höh kommen/ auch eben also in die Pfannen geleget werden / dann so lauffen sie auf diese weise viel schöner auf; und lassets dann schön heiß bachen.

180. Sal=

Von allerley Gebachenen.

180. Salbey-Küchlein/ auf andere Weise.

Röste ein schönes Mehl gantz trocken im Schmaltz/ schlag in keinem Näpfflein drey gantze Eyer/ so zuvor in warmen Wasser gelegen/ und im übrigen nur das Weisse von Eyern/ daran; rühre den Teig ab/ gieß ein wenig heissen Wein dazu/ so werden sie schön rösch: Ziehe dann diese Salbey-Blätter durch diesen angemachten Teig/ mache ein Schmaltz heiß/ und bache sie heraus. *

181. Gebachene Wegwarten.

Nimm schöne/ breite und weiche Wegwarten/ siede sie im Wasser/ doch nicht zu weich; legs hernach in ein kaltes Wasser/ daß es die Bittern heraus ziehe/ und dann auf ein Tuch/ laß trocken werden: Mach nachmals einen Teig mit Mehl/ Wein/ Zucker/ und ein wenig frischen Wasser an/ laß das Schmaltz fein heiß werden/ und bachs was langsam/ heraus.

182. Gebachene Wegwarten/ auf andere Art.

Siedet schöne Wegwarten im Röhren-Wasser/ aber nicht gar zu weich; legts eine Stund in frisches Wasser/ legts wie die vorige auf ein reines Tuch/ lassets vertrocknen; beitzet sie nachmals in Zucker und Rosenwasser/ und lassets über Nacht stehen: Machet von warmen Wein einen Teig an/ zuckert ihn ein wenig/ oder giesset von dieser Brüh/ darinnen sie über Nacht gestanden/ etwas dazu/ schlaget aber kein Ey daran/ tuncket die Wegwarten darein/ bachet sie schön licht aus dem Schmaltz/ legts in eine Schüssel/ und streuet Zucker darauf. **

Yyyy   183. Ge=

---

* Auf diese Art können auch Melissen- oder Deimenten-Blätter gebachen werden.

** Hiebey ist zu beobachten/ daß/ wann man die Wegwarten in die Pfannen thut/ sie in die Runden herum geleget werden müssen/ wie die Spritzen-Küchlein.

183. Gebachener Reiß.

Kochet einen Reiß im Kern/ wie man sonst ein Reiß=Mus zu kochen pfleget/ jedoch zimlich dick; wann er nun fast allerdings fertig/ rühret einen Zucker/ Rosenwasser/ auch/ so es beliebt/ ein wenig Zimmet darunter/ schüttet ihn auf einen zinnernen oder erdenen Teller/ streichet ihn schön glatt/ daß er ohngefehr zwey Finger hoch bleibt; wann er nun kalt ist/ schneidet Stücklein/ ohngefehr zwey Finger breit/ und eines Fingers lang/ daraus: Machet dann einen andern Teig von zweyen Eyern und ein wenig Mehl an/ tuncket den/ jetzt=besagter massen/ zugerichteten Reiß darein/ lasset ihn bachen/ biß er braun wird: Oder nehmet den geschnittenen Reiß/ wälchert ihn im Mehl/ und bachet selbigen aus Schmaltz etwas gähe ab; soll er trocken=gebachen aufgetragen werden/ wird er mit Zucker bestreuet/ anders theils aber eine süsse Brüh/ mit Wein und Trisanet/ darüber gemacht.

184. Gebachener Reiß/ auf andere Art.

Siedet den Reiß in guten Kern oder Ram ab/ wie gebräuchlich/ doch daß er zimlich dick seye/ und lasset ihn erkalten; richtet ihn in eine Schüssel/ und zerrühret selbigen wohl mit einem Kochlöffel/ rühret ein wenig Oblat=Mehl darunter/ schlaget Eyer daran/ aber nicht zu viel/ damit der Teig nicht zu dünn werde/ streuet/ nach belieben/ Zucker darein: setzet dann von diesem Teig/ vermittelst eines kleinen Löffeleins/ runde Küchlein in das heisse Schmaltz/ und bachets heraus: Oder aber formiret auf einem zinnernen Teller länglichte Strizeln/ und bachets/ wie erst gedacht; leget nachmal in eine Schüssel/ und bestreuets mit Zucker.

185. Spitzwecken zu bachen.

Schütte ein Diethäufflein/ oder den achten Theil eines Metzens/ Mehl in ein Becken/ gieß ein halb Seidlein/ oder ein viertel Maas Hessen/ und eben so viel laulichte Milch darein/ rührs ein

Von allerley Gebachenen.

ein wenig ins Mehl / laß etwas auf dem Ofen gehen / nimm es wieder herab / schlag acht oder neun Eyer daran / und ein halb Pfund Schmaltz / saltze / rühre / und arbeite es wohl ab: lege den Teig auf ein Bret / wircke ihn noch ein wenig / walchere den dritten Theil davon in die Länge / so lang dirs beliebt / und die andere zwey Drittel noch so lang; lege das kurtze Theil in die mitten / und flechte ihn zusammen; man muß selbigen aber auf das Blech legen / ehe er zusammen geflochten wird / alsdann / so man will / mit Eyern bestreichen / und in einem Bach-Oefelein abbachen.

186. Speckkuchen zu bachen.

Man nimmt ein halb Seidlein oder viertel Maas Milch / eben so viel Heffen / und ungefehr ein Diethäufflein schönes Mehl / (man darff es eben nicht gleich alles dazu nehmen) machet damit einen Teig an / der nicht gar zu vest ist; setzet ihn zu einen warmen Ofen / daß er gehe / rühret darnach fünff Eyer und ein viertel Pfund zerlassenes Schmaltz / aber nicht gar zu heiß / darein / saltzet ihn / und rühret noch mehr Mehl dazu / daß er wohl vest wird / leget selbigen auf ein Bret / und wircket ihn mit den Händen wohl aus; walchert ihn auch mit dem Walcherholtz zu einem dick- oder dinnen Speckkuchen / nach belieben / machet oben überzwerch Creutz-weise Schnitten darein / bestreicht ihn mit verklopfften Eyern / streuet / wie gebräuchlich / ein wenig Saltz / Kümmel und würfflicht-geschnittenen Speck darauf / und bachet ihn / wann er in der Wärme gegangen / schön gelb ab.

187. Wespen-Nester zu bachen.

Lasset ein Seidlein oder halbe Maas obere Milch ein wenig warm werden / und anderthalb Vierding Butter darinn zergehen / schlaget drey oder vier Eyerdottern / und zwey gantze Eyer / daran / giesset drey oder vier Löffel voll Bier-Heffen dazu; machet den Teig ein wenig vester als den Heffen-Küchlein-Teig / lasset ihn verdeckt auf einem warmen Ofen gehen; hernach wircket ihn / und schneidet sieben Stücklein daraus / walchert jedes insonderheit

heit länglicht / ungefehr ein paar Finger lang / nach dem mans groß haben will / und ein paar Messer-rucken dick; rädelts mit einem hiezu gebräuchlichen Rädlein schön gleich ab / schmierets mit zerlassener Butter / streuet ein wenig Weinbeerlein oder Corinthen darauf: Oder / an statt dessen / kan mans auch mit klein-abgeriebenen Mandeln bestreuen; alsdann werden diese Blätlein alle über einander gewickelt: Giesset hernach ein gut theil in einen erdenen Tiegel oder küpffernes Peck zerlassenes Schmaltz / setzet diese über einander gewickelte Stücklein rund herum / tunckt aber zuvor ein jedes derselben in das zerlassene Schmaltz / und setzt eines in die mitte; schiebets also in den Bach-Ofen / und lasset sie bachen. *

188. Wespen-Nester zu bachen / auf andere Art.

Nehmet ein Mehl / schlaget Eyer daran / giesset so viel Löffel voll Milch / als der Eyer gewesen / dazu; haltet eine Milch über das Feuer / werffet ein gut Stuck frisches Schmaltz darein / lassets so warm werden / daß das Schmaltz zergehet: darnach macht den Teig an / thut drey oder vier Löffel voll Heffen dazu / walchert ihn länglicht / schmieret das Becken mit Butter oder Schmaltz / thut den zuvor zusamm-gerollten Teig darein / setzet selbiges hinter dem Ofen / und lasset den Teig gehen; wann er gegangen ist / setzet ihn zusamt dem Becken in ein Oefelein / daß er bache.

189. Wespen-Nester noch anderst zu bachen.

Nimm ein Diethäufflein / oder den achten Theil eines Metzens Mehl / ein halb Seidlein / oder viertel-Maas / gute Milch / und eben so viel Heffen; mache einen Teig / setze selbigen auf den Ofen / laß ihn gehen / oder einen Dampff machen; dann schlage acht

* Man nimmt zu erst deß Mehls etwan drey Seidlein-Becher voll dazu; ist der Teig zu lehn / muß noch mehr Mehl darein gewircket werden: Oder man kans auch allerdings zuvor zusamm machen / und hernach erst gehen lassen / ehe mans in Ofen thut.

Von allerley Gebachenen.

acht Eyer daran / thue anderthalben Vierding Schmaltz hinzu / lasse solches im Becken zergehen / giesse es alsdann in den Teig / doch also / daß etwas weniges in dem Becken zuruck bleibe; mische ein halb Loth Saltz unter den Teig / und walchere ihn länglicht: dann lasse nicht gar ein halb Pfund Butter zergehen / nimm den Schmorgel oben davon / und schmiere den Teig damit / welcher wohl lang / und einer guten Hand breit ausgedrehet seyn muß; wann er dann also geschmieret ist / so schlage ihn / wie einen Schnecken / rund zusammen / mache dieser Schnecken sieben oder neune / setze sie in das Becken / worinnen etwas vom Schmaltz zu ruck gelassen worden / zusammen / lasse es auf dem Ofen gehen / und bachs eine gute Stund: So es gefällig / kan man auch Mandeln Zucker und Rosenwasser darunter nehmen / auch also besagter massen auswälchern und abbachen.

190. Einen Scheiter-Hauffen zu bachen.

Schneidet zwo Semmeln zu Schnitten / schmieret dann eine Schüssel mit Butter / leget eine Lag dieser Schnitten darein / und etliche Stücklein Butter darauf; alsdann wieder eine Lag dergleichen Schnitten / und so fort / biß keine Schnitten mehr vorhanden sind: Nehmet ein Seidlein oder auch etwas mehrers süssen Ram oder gantze Milch / rühret sechs oder acht gantze Eyer darinnen wohl ab / zuckerts / und giesset sie über die besagter massen gelegte Schnitten / lasset selbige ein wenig erweichen; setzets auf eine Glut / leget obenher eine mit einem Rand versehene eiserne Stürtzen / mit glüenden Kohlen darauf / und bräunets schön ab.

191. Einen Gogelhopffen zu bachen.

Nehmet ein viertel Pfund frisches Schmaltz / rühret dasselbe in einer Schüssel eine halbe Stund ab / schlaget sechs gantze Eyer und vier Dottern / eines nach dem andern / darein; giesset ein wenig Rosenwasser und Zucker / nach belieben / darunter / saltzets ein wenig / rühret drey Löffel voll gute weisse Bier-Heffen / und vier Löffel voll süssen Ram / ingleichen auch zehen guter Löffel voll deß schönsten und besten Mehls / darunter / daß es ein schönes Teiglein wird: Schmieret einen Torten-Model mit Butter / gießet den Teig darein / aber nicht voll / lasset selbigen ein wenig vor dem Ofen gehen / und dann in dem Oefelein / gantz gemach / eine halbe Stund lang bachen / doch daß er nicht zu braun werde / und streuet Zucker darauf.

192. Einen Gogelhopffen zu bachen / auf andere Art.

Man nimmt zehen Loth Schmaltz / rühret dasselbe in einer Schüssel wohl ab / biß es gantz weiß wird; schläget und rühret hernach drey gantze Eyer und zwey Dottern / eines nach dem andern darein / gießt ein halb Seidlein / oder viertel-Maas Heffen / und ein wenig mehr Milch dazu / saltzet / und rühret drey Seidlein / oder anderthalbe Maas / schönes Mehl darunter / schläget den Teig glatt ab / biß er so vest wird / daß der Löffel darinnen steht; schüttet ein zerlassenes Schmaltz in das Becken oder Geschirr / darinnen man ihn bachen will / und den Teig darein / setzet selbigen an ein warmes Ort / biß er zimlich aufgehet; thut ihn hernach in das Oefelein / und laßt ihn bachen / biß er fertig ist.

193. Einen Gogelhopffen zu bachen / noch anderst.

Zu einem Diethäufflein / oder den achten Theil eines Metzens / deß allerschönsten Mehls / rechnet man 8. oder 10. gantze Eyer / ein halb Pfund zerlassenes Schmaltz / etwas weniger als ein Seidlein oder halbe Maas Kern oder Ram / und vier oder fünff grosser Löffel voll Heffen; alsdann muß man erstlich den halben Theil Mehl mit der Heffen / zusamt dem warmen Kern / zu einem linden Teiglein anmachen / bey einem warmen Ofen hernach wohl gehen lassen: wann er nun gangen ist / muß man die zerklopffte Eyer und zerlassenes Schmaltz mit einander an das übrige Mehl und Teig giessen / saltzen / und starck abschlagen; so er zu dick werden will / kan man

Von allerley Gebachenen.

man noch ein wenig Kern daran giessen: Wann er nun fertig/ nehmet ihn aus dem Becken oder Tiegel/ darinnen man selbigen angemachet hat/ und arbeitet ihn wohl auf einem Bret ab/ giesst zimlich viel zerlassenes Schmaltz in das Becken oder Model/ darinnen man ihn bachen will/ leget den Teig darein/ daß das Becken ein paar Finger hoch leer bleibt/ setzets wieder zu der Wärme/ daß er ferner gehet/ biß das Becken gantz voll wird/ und so dann in den Ofen/ welcher so heiß seyn muß/ wie zum Brod: wann nun der Gogelhopffen oben her zu braun werden will/ decket man ein Papier darüber. Es hat aber ein Gogelhopffen/ von einem Diethäufflein Mehl/ ohngefehr eine gute Stund zu bachen; alsdann seihet man das Schmaltz herab. *

194. Einen Gogelhopffen zu bachen/ auf andere Weise.

Rühret ein halb Pfund frisches Schmaltz wohl ab/ daß es so weiß wird wie ein Milchram/ schlaget acht Eyer/ eines nach dem andern/ daran; giesset ein halb Seidlein/ oder viertel-Maas weisse Bier-Heffen/ auch eben so viel dicken Milchram/ dazu; rühret ein Diethäufflein Mehl/ und zwar ebenfalls immerzu eine Hand voll nach der andern darein/ biß der Teig dick wird/ saltzet ihn: Lasset indessen ein viertel Pfund Schmaltz in einem Becken/ oder besonders hiezu gemachten Model/ zergehen/ und an allen Seiten ein wenig umlauffen/ damit sich der Teig nirgends anhänge/ giesset selbigen darein; setzet ihn/ wann er zuvor an einem warmen Ort gegangen/ in ein Bach-Oefelein/ lasset ihn schön hell bachen/ und streuet so dann/ wann er in eine Schüssel geleget worden und erkaltet/ Zucker darauf.

195. Ei-

* Auf diese Weise kan man auch fast den Teig zu denen Spitzwecken anmachen; man nimmt aber zu einem Diethäufflein/ oder achten Theil eines Metzens/ Mehl/ drey oder vier Eyer/ und drey guter Löffel voll Bier-Heffen/ auch beyläufftig ein halb Pfund Schmaltz/ lässet den Teig zweymal gehen/ slicht und bächet ihn dann wie Num. 185. mit mehrern beschrieben worden.

195. Einen Gogelhopffen zu bachen/ noch auf eine andere Art.

Nehmet ein Diethäufflein/ oder den achten Theil eines Metzens/ Mehl/ ein halb Pfund Schmaltz/ sechs oder acht gantze Eyer und vier Dötterlein/ wie auch sechs Löffel voll/ oder eine viertel-Maas Heffen/ und eben so viel Ram/ Kern/ oder gantze Milch; machet die Milch und Heffen unter einander warm/ rühret das Mehl zuvörderst damit an/ und hernach das zergangene Schmaltz/ so dann die Eyer; saltzets/ und schlaget den Teig wohl ab/ biß er Blasen bekommt: Lasset dann in einem Becken oder besondern Model/ ein gut theil Schmaltz zerfliessen/ schüttet den Teig darein/ lasset selbigen an einem warmen Ort gehen/ und hernach in einem Bach-Oefelein anderthalb Stunden lang bachen. *

* Wanns beliebt/ kan man ein klein wenig gehackte Rosinen/ Weinbeerlein oder Corinthen/ wie auch etwas zerschnittene Mandeln mit Zucker/ unter diesen Teig mischen/ Rosenwasser daran giessen/ und auf jetztbesagte Art ferner bachen.

Vierzehender Theil/
Entdeckend die Zubereitung annehmlicher
Gallerten oder Sultzen.

1. Eine gemeine Sultze.
2. — — — — auf andere Art.
3. — — — — noch anderst.
4. Eine Capaunen- oder Häner-Sultze.
5. — — — — auf andere Art.
6. — — — — noch anderst.
7. — — — — auf andere Weise.
8. — — — — noch auf andere Art.
9. — Hirschhorn-Sultze.
10. — — — — auf andere Art.
11. — — — — noch anderst.
12. — Fisch- ⎫
13. — Forelln- ⎬ Sultze.
14. — Hecht- oder Rummel- ⎭
15. — — — — auf andere Art.
16. — Krebs-Sultze.
17. — — — — auf andere Art.
18. — — — — noch anderst.
19. — Citronen-Sultze.
20. — Gefüllte Citronen-Sultze.
21. Eine gefüllte Pomerantzen-Sultze.
22. — — Pferfich-Sultze.
23. — — — — auf andere Art.
24. Quitten-Sultzen.
25. — — — — auf andere Art.
26. — — — — noch anderst.
27. Aepffel-Sultzen.
28. Rothe Aepffel-Sultzen.
29. Ribes- oder Johannes-Beer-Sultzen.
30. Zimmet-Sultzen.
31. — — — — auf andere Art.
32. — — — — noch anderst.
33. — — — — auf eine noch andere Weise.
34. Leber- oder Lebkuchen-Sultze.
35. Bunte- oder vielfärbige Sultzen.
36. erhobene Sultzen.
37. Milch- — —
38. — — — — auf andere Art.
39. Weisse Sultzen.
40. Schnee zu machen.

1. Eine

1. Eine gemeine Gallert oder Sultze.

Nehmet die Ohren/ den Rüssel und die Füsse von einem Schwein/ zusamt einer Hexen/ oder den untersten Theil von einer Kalbs-Keule oder Schlegel/ putzt und reiniget es auf das schönste; legets hernach etliche Stunden lang in ein Wasser/ waschet und setzet sie in halb Wein und halb Wasser zum Feuer/ saumets/ wann sie sieden/ aufs beste mit einem Faum-Löffel ab; schneidet eine Ingber-Zehen/ zerstosst ein gut theil Cardamomen gröblicht/ zerbrocket gute Zimmet/ thut eine Muscaten-Blume/ fünff oder sechs Pfeffer-Körnlein/ drey Stengelein langen Pfeffer/ etwas wenigs Saffran/ und ein Stück Hausen-Blasen/ in der grösse eines halben Hüner-Eyes/ dazu/ bindet es alles zusammen in ein Tüchlein/ machet ein Bindelein/ hencket es in den Hafen/ und lassets darinnen sieden/ biß sich die Brüh sultzet : wann man nun das Fleisch abseihen will/ leget ein Tüchlein in ein häriges Sieblein/ und etwas Flachs darauf/ alsdann wieder ein Tüchlein darüber; schöpffet die Brüh mit einem Löffel zuvor auf das schönste ab/ daß ja kein Aeuglein von den Fetten darauf stehen bleibt/ und seihet die lautere Brüh/ durch das besagter massen zugerichtete Sieblein/ in einen reinen Hafen; oder wann man sich nicht so gar viel Müh machen will/ nur allein durch ein dickes reines Tüchlein/ lassets erkalten ; wann es nun erkaltet und bestanden/ nehmet oben das Fette auf das genaueste herab/ lasset die Sultzen in der Wärme wieder zerschleichen/ seihets in einen andern Hafen/ so wird sich unten was trübes finden/ so man davon lassen kan ; solte die Sultzen nicht gelb genug seyn/ mag ein wenig Saffran darein gethan werden; giesset auch/ so es beliebt/ ein wenig guten Spanischen Wein und Citronen-Safft/ oder nur ein wenig gemeinen Essig darein/ zuckerts/ und last also diese Sultzen noch einen Sud thun; nehmet sie zuruck/ und seihets noch einmal durch ein Tüchlein/ lassets aufs schönste gefallen : klaubet und waschet indessen kleine Weinbeerlein oder Corinthen/ nehmet von einem guten

annehmlicher Gallerten oder Sultzen. 731

guten theil Rosinen die Kern heraus/ waschet sie ebenfalls/ und trock=
nets mit einem Tuch ab; streuet dann auf den Boden einer zinner=
nen Schüssel/ Cardamomen/ und klein=geschnittene Zimmet; als=
dann vorbesagte Weinbeere und Rosinen: leget das Fleisch/ wann es
zuvor schön abgeputzet ist/in die mitten der Schüssel/ und giesset also
ein wenig von der Sultzen darüber/ lassets bestehen/ leget abgezoge=
ne Mandeln in die Runden herum/ oder/ wie es beliebig ist/ darauf;
giesset die andere übrige Sultzen folgends darüber/ biß die Schüssel
voll wird: wann sie dann in etwas bestanden/ bestecket es mit abgezoge=
nen länglicht=geschnittenen Mandeln/ setzets wohl zugedeckt in ei=
nen Keller oder kühlen Ort/ damit sie folgends bestehe. *

2. Eine gemeine Gallert oder Sultze/
auf andere Art.

Nehmet drey oder vier Füsse/ zusamt einem Ohr von einem
Schwein/ putzet und waschet sie; giesst in einen Hafen oder
Topff eine gute Maas Wein/ ein achtel=Maas Wein=Es=
sig/ und das übrige Wasser daran/ saltzets/ und lasset zwey oder drey
Muscaten=Blumen/ Pfeffer/ eine Ingber=Zehen/ ein gut Stück=
lein klein=gebröckelte Zimmet/ und etwas wenigs Saffran/ in ei=
nem Bindelein mit sieden; wann die Füsse und das Ohr schier weich
seyn/ thut Zucker daran/ lassets noch eine weile sieden/ biß die Füsse
recht wohl weich sind: setzet alsdann zwey oder drey Schüsseln zur
Hand/ nach dem man viel oder wenig Brühe hat/ streuet erstlich
klein=geschnittene Zimmet/ Negelein/ Cardamomen/ Muscaten=
Blüh/ auch Weinbeer oder Corinthen und Rosinen in die Schüssel/

Zzzz ij nehmet

* Hiebey ist zu mercken/ daß/ wann man unten über die Weinbeerlein
und Rosinen nicht zuvor ein wenig Sultzen giesset/ selbige zum theil in die
Höhe schwimmen; auf diese Weise aber wird die Sultzen oben schön hell
und das andere unten auf dem Boden ligend verbleiben: Auch muß man
die Sultzen niemal warm giessen/ sondern zuvor ein wenig erkalten lassen/
so bestehen sie desto eher/ und werden auch schöner und heller. Etliche setzen
eine Hand voll wohl=gewaschener Erbsen mit dem Fleisch/ wann es jung ist/
alsobald zu/ davon die Sultzen schön gelb werden soll; ist es aber alt/ lassen
sie das Fleisch zuvor versaumen.

nehmet aber die Kerne zuvor heraus / und waschet sie; seihet hernach die Füsse ab / legets in die Schüssel / überschöpffet die süsse Brüh oder Sultzen mit einem Löffel / daß das Fette alles davon komme / und nicht ein Aeuglein darauf stehen bleibe: alsdann seihets durch ein reines Tuch / giesst dann mit einem grossen Löffel die Brüh fein allgemach über die Füsse / lassets / wie gedacht / zuvor ein wenig bestehen / streuet wieder Rosin und Weinbeere oder Corinthen darauf / wie auch abgezogene Mandeln; giesset die übrige Sultzen gleichfalls darüber / bestecket sie mit länglicht-geschnittenen Mandeln / lassets an einem kalten Ort stehen / damit sie sich völlig sultze.

3. Eine gemeine Sultze / noch anderst.

Nehmet zwey Kalbs-Hexen / oder das unterste Theil von zweyen Kalbs-Keulen oder Schlegeln / und drey Kalbs-Füsse / waschet und brühet sie auf das säuberste; setzets hernach in einem drey- oder vier-mäsigen Hafen / entweder in halb Wein und Wasser / oder / welches noch besser / in zwey Drittel Wein / und das Drittel Wasser / zum Feuer; giesset auch ungefehr ein halb Seidlein / oder viertel-Maas / Essig daran / saltzets ein wenig / hänget ein Bindelein mit gantzer Gewürtz / als etwas von Pfeffer / Ingber / Cardamomen / Saffran / ein wenig Muscatenblüh / und Zimet / nach gutgedunckten / darein / verfaumt es sauber; alsdann lassts ein- oder zwey Stunden lang fein allgemach / und zugedeckt / sieden / drucket das Bindelein offt aus: leget hernach auf einen andern reinen Hafen ein gedoppelt Tuch / ingleichen auch in den Seiher wieder ein sauber wöllenes Tuch / und lassets dadurch lauffen; zuckerts dann nach dem Mund / giesset / nach belieben / ein gut Glas voll Spanischen Wein daran / und lasset ungefehr ein Loth Hausen-Blasen / nur also gantz darinnen aufsieden / probierets auf einem Schüsselein: wanns bald gestehet / so ist es fertig / lassets ein wenig erkuhlen; giessets hernach in die Schüssel über Zibeben / Rosin und Weinbeere oder Corinthen / wie bey den vorigen gedacht; oder man kan unten in die Schüssel Trisanet streuen / und den obern Theil der Sultzen mit geschnittenen- und abgezogenen Mandeln / wie auch mit verguldeten Pistacien-

Nüß-

annehmlicher Gallerten oder Sultzen.

Nüßlein bezieren/ und/ nach belieben/ ein Stuck Schweinen Fleisch oder ein Schweins-Köpfflein/ das mit Gewürtz in halb Wein und halb Essig/ oder auch halb Malvasier und halb Wein gesotten worden/ in die mitten darein legen.

4. Eine Capaunen- oder Hühner-Sultze.

Nehmet einen Capaun/ oder aber eine alte Hennen/ so nicht viel Fäset sind/ stecht und kröpffet sie/ legts in kein Wasser/ sondern rupffets wie eine Gans/ thut das Eingeweid heraus/ wischets mit einem Tüchlein aus/ schneidets zu vier Theilen/ und das Blutige neben am Hals hinweg/ löset alles Fleisch von den Beinen/ hacket selbiges mit einem Stücklein Kalbs-Fleisch/ so man Knötlein-Fleisch nennet/ ingleichen auch dem Leberlein/ Magen und Hertz/ wol klein; die Beine aber zerstosset: Oder aber hackt Bein und Fleisch auf einem Hackstock/ thut alles zusam in ein zinnerne Kannen oder Flaschen/ so etwan anderthalb Maas halten mag/ und zwar die Beine zu unterst darein/ darnach ein wenig Muscatblühe darzwischen und das Fleisch darauf; vermachet alsdann die Kanne mit einem klaren leinenen Tüchlein/ oder schraubet die Flaschen fest zu/ macht ein Wasser in einem Hafen siedend/ und setzt die Kanne oder Flaschen darein/ lassets also/ ungefehr 2. Stunden lang/ sieden/ trucket das einwendige in der Kannen mit einem Löffel wol/ so geht ein gute Sultzen heraus/ vermachet die Kannen oder Flaschen wieder wie zuvor/ und lassets zwey oder drey Stunden lang ferner sieden/ hebets hernach mit einem Löffel heraus in ein Tüchlein und drucket es auf das beste zwischen zweyen Tellern aus/ giessets in einen schönen Hafen oder Tiegel/ und deckets fleissig zu. *

Zzzz iij　　　　5. Eine

* Dergleichen Sultzen kan man auch zur Somer-Zeit im Keller acht Tage lang gut behalten/ und absonderlich denen Krancken je zu weilen einen Löffel voll also bloß/ oder auch in einer Suppen/ zur Krafft/ Nahrung und Anfeuchtung davon geben. Man kan auch das Kalbfleisch davon lassen/ und nur die blosse Henne also zurichten.

5. Eine Capaunen- oder Hühner-Sultze auf andere Art.

Bereitet einen Capaunen/ alte Hennen/ oder junges Hun/ wie im vorhergehenden gedacht; thut etwan sieben lebendige Krebse und eben so viel Schnecken dazu/ aber den Magen denen Krebsen bey der Nasen heraus/ die Schnecken siedet und nehmets aus dem Häuslein/ wie gebräuchlich; lasset aber die Schwäntze und alles aneinander: wann nun solches beysammen/ so zerhacket das Fleisch von den Hühnern/ oder Capaunen/ samt den Schnecken; die Beiner aber und Krebse zerstosset in einem Mörsel: giesset alles auf die in vorigen beschriebene Art in eine Flaschen/ legt ein wenig Muscaten-Blumen darzu hinein/ und lassets in derselben in einem Hafen mit siedenden Wasser vier oder fünff Stunden lang sieden/ nach dem die Capaunen oder Hühner jung oder alt sind; zwingets dann durch/ und setzets an einen kalten Ort/ damit sie sich sultze.

6. Eine Capaunen- oder Hühner-Sultze/ auf andere Weise.

So etwan vor einen Krancken nur ein wenig dergleichen Sultzen verlangt würde/ hacket ein halbes Huhn und einen Kalbes-Fuß beedes klein/ leget eine Muscatenblume darzu/ siedets gleich denen vorigen in einer Flaschen/ zwingets/ wann sie fertig sind/ durch/ und gebet dem Krancken davon nach belieben.

7. Eine Capaunen- oder Hühner-Sultze/ noch anderst.

Wann man nur ein wenig dergleichen Sultzen/ etwan vor ein Kranckes/ machen will/ so nehme man einen halben Capaun/ oder halbes Hun/ und eine kleine Hand voll kleiner Gersten/ so zuvor sauber abgerieben worden/ zerstosse das Huhn und zugleich auch eine Hand voll Pinien-Nüßlein/ und siede solches/ besagter massen/ samt

samt einer Muscaten-Blumen / in einer Flaschen; dann zwing es durch / wie oben beschrieben.

8. Eine Capaunen- oder Hühner-Sultze / auf eine noch andere Weise.

Siedet eine gantze Hennen / oder jungen Capaunen / samt einer Hexen von einer Kalbs-Keule / und einem Kalbs-Fuß / in lauter Wein / verfaumets und lassets fein gemach sieden; wanns weich sind / seyhet die Brühe in einen reinen Hafen / netzet ein wenig Flachs in ein kaltes Wasser / legt ihn in einen Seyher / und ein Tüchlein oben darauf / lasset die Brühe dadurch in einen verglasurten Topff oder Hafen lauffen / zuckert und würtzet es nach Gefallen / oder hänget das Gewürtz in einem Tüchlein darein / und laßt es bey der Sultze so lang sieden / biß selbige auf einem zinnernen Teller gestehet; streuet alsdann unten in die Schüssel / darein man die Sultzen giessen will / gewaschene Weinbeere / oder Corinthen / ausgekörnete Zibeben / und Zimmet / giesset die Sultzen darüber; ist sie von dem Gewürtz nicht schön lauter / so seyhet sie noch einmal / wann sie / wie oben gemeldt / ein wenig bestanden ist / ab / beleget die Sultzen mit abgezogenen Mandeln / und lassets in der Kälte stehen. *

9. Eine Hirschhorn-Sultze.

Siesset an 6. Loth rauh gefeiltes Hirschhorn in einem reinen Häfelein / oder Töpfflein / ein Seidlein / oder halbe Maas Wasser / lassets mit ein wenig Hausen-Blasen / ungefehr eines Daumens breit / einsieden / seihets / wanns gesotten ist / durch ein härines Tuch in ein messenes Pfännlein / schlaget ein gantzes Ey daran / auch kan man die Eyer-Schalen darzu hinein thun / davon die Sultze nur heller werden soll / und lasset es ferner sieden / biß das Ey zusammen laufft; druckket alsdann den Safft von einer Citronen daran / leget drey Blumen

* Wanns beliebt / kan man mit dieser Sultzen gleich Anfangs / wie bey denen vorhergehenden / auch ein wenig Haussen-Blasen mit auffsieden lassen / oder auf die letzt auch ein wenig Spanischen Wein daran giessen.

Blumen Muscatblühe / ein Stücklein Zimmet und schönen Zucker / nach belieben / darein; lassets noch einen Wall thun / und wieder durch ein Tuch lauffen / giessets in eine Schalen / streuet aber zuvor auf den Boden klein-geschnittene Citronen-Schelffen / und zierets mit eingemachten Wein-Lägelein oder Saurach aus / bestecketes auch mit Pistacien-Nüßlein und Citronat.

10. Eine Hirschhorn-Sultze / auf andere Art.

Nehmet von gefeilten Hirschhorn 6. Loth / Wasser und Wein / jedes ein Seidlein / oder halbe Maas / lasst es etliche Stunden lang wol zugedeckt sieden / thut vier Loth Zucker / zwey Loth Citronen-Safft / und zwey Loth Zimmet darein / giesset ein wenig Rosen-Wasser dazu / (solte das Rosen-Wasser nicht annehmlich seyn / kan mans davon lassen) seihets / wann es gesotten hat / durch ein häines Tuch; giesset dann vier Loth blauen Veil / oder Violen-Safft / in einer gläsernen Schalen daran / und verwahrets an einem kühlen Ort.

11. Eine Hirschhorn-Sultze / noch anderst.

Lasset sechs oder sieben Loth gefeiltes Hirschhorn in einer Maas Wasser so lang sieden / biß ein Seidlein / oder etwas mehr / eingesotten ist / alsdann seihet solches ab / und werffet die äusserste gelbe Schelffen von einer Citronen darein / giesset anderthalb Quintlein der besten Zimmet- und ein Loht Pomerantzenblüh-Wasser daran / lassets bey gelinder Wärme / ungefehr einer halben Stunden lang / stehen; seihets dann durch / und giesset / nach belieben / Hohlbeer- oder Granaten-Safft daran.

12. Eine Fisch-Sultze.

Machet einen Hecht / Forellen / oder Karpffen / welches beliebt / am Bauch auf / waschets auf das reinlichste aus / daß kein Blut darin

annehmlicher Gallerten oder Sultzen.

darinnen bleibe; lasset den Hecht und die Forellen gantz und zerschneidet sie nicht/ der Karpff aber mag/ nach Gefallen/ gantz bleiben/ oder in Stücke zerschnitten werden/ ist eben das; doch stehen und sehen die gantze Fische viel schöner und zierlicher: siedet sie in lautern Wein-Essig ab/ doch daß sie nicht weich werden/ oder aber in halb Wasser und Essig; auch kan man sie nur allein mit schönem blauen Essig übergiessen/ und alsdann/ ehe sie in die Pfannen geleget werden/ ein wenig anhauchen/ so werden sie überaus schön blau. Machet dann ein gute Brühe mit einem Spanischen Wein/ in einem besondern Hafen an/ zuckerts mit schönem weissen Zucker/ hängt in einem Bündelein gute Gewürtz und ein Stuck Hausen-Blasen darein/ wie bey andern vorher beschriebenen Sultzen; giesset guten Citronen-Essig darzu/ werffet auch ein wenig Citronen-Schelffen darein/ und lasset es alles untereinander/ so lang biß sich die Brühe sultzt/ sieden: wann nun der Fisch besagter massen abgesotten ist/ wie er seyn soll/ so seihet solchen aufs genauste ab/ giesset einen gemeinen Wein daran/ thut allerley Gewürtz dazu/ und lasst es unter einander ferner sieden/ seihet den Fisch nochmal wie zuvor ab/ streuet unten auf den Boden der Schüssel ein wenig gute Gewürtz/ oder ein Trisanet/ und leget den Fisch/ wann die sultzigte Brühe ein wenig gestanden und gefallen ist/ in die Mitten der Schüssel; dann seihet das Lautere von der sultzigten Brühe durch ein reines Tüchlein/ giesset ein wenig in die Schüssel und lassets bestehen/ damit die Gewürtz nicht in die Höhe schwimmen könne; giesset hernach die Schüssel mit der Sultzen ferner gar voll/ und belegt sie oben wann sie gleichfalls schon ein wenig bestanden/ mit Mandeln: will man einen Theil besagter Mandeln vergulden/ kan man jedesmal einen weissen und einen verguldten/ Wechsel-weis/ legen/ auch dem Fisch das Maul/ den Schwantz/ die Flossen und das Rückgrad schön vergulden.

❊ ❊ ❊

ES sehen aber diese Fisch-Sultzen noch schöner/ wann man kleine Sengelein/ oder Gründelein/ schön blau absiedet/ und dann die Sultzen damit überlegt/ oder aber selbige/ hier und dar/

zierlich und ordentlich setzet/ daß sie übersich stehen/ als wann sie schwimmeten; man muß sie aber gleich in die Sultzen setzen/ wann sie noch nicht gantz bestanden ist/ zuvor aber denen Fischlein die Mäuler und Schwäntzlein vergulden. Auch mag man eine solche Sultzen von lauter kleinen Fischlein machen / oder aber eine Forellen in die Mitten stellen/ und die kleinen Fischlein neben herum auf den übrigen Platz der Sultzen setzen. Damit es aber zierlicher komme/und das Ansehen haben möchte/als wann die Fischlein unter der Sultzen schwimmeten / müssen selbige eher nicht / als wann ein wenig Sultzen in die Schüssel/ wie oben gedacht/ gegossen worden/ und zuvor in etwas gestanden/darein gesetzet/ die übrige Sultzen ferner darauf gegossen/und rings herum der Rand der Schüssel mit verguldeten grünen Lorbeer-Blättern bezieret werden. *

13. Forellen-Sultze.

Diese Forellen-Sultzen kan gantz auf diese Weiß gemacht werden/ wie die Num. 20. befindliche gefüllte Citronen-Sultzen: Es werden nemlich die Forellen am Bauch aufgemacht/ ein dünnes Spißlein oben am Hals also hinein gestecket/ daß es unten beym Schweiff wieder heraus geht/ und alsdann damit ein wenig gebogen/ daß es schön krumm bleibt und nicht weichen kan: hierauf wird in einem kleinen Häfelein ein Essig wol warm/aber doch nicht siedend gemacht/ ein Händlein Saltz darein geworffen/und über die Fische gegossen/ damit sie schön blau bleiben/ haltet sodann Wasser/ Essig und ein Gläßlein Wein in einer Pfannen über das Feuer/ leget die Forellen im Sud darein/ lasset sieden/ doch also/ daß sie nicht zerfallen; nehmet aber diß zur Prob/daß/ wann die Augen heraus gehen/ oder sich lösen wollen/ so sind sie fertig: seihets dann auf das säuberste ab/ und

* Aus dieser Fisch-Sultzen/wañ man sie nicht mit Spanischen Wein machen will/ kan auch eine dergleichen helle Sultzen gemacht werden/ wie die Num. 1. 2. und 3. beschriebene/ oder auch auf diese Art/ wie selbige nachgehend Num. 35. bey der vielfärbigen oder bunten Sultzen von Kalbs-Füssen und dergleichen Hexen gemacht/ beschrieben zu finden.

und leget solche in die Schüssel/ zuvor aber verguldet Kopff/ Schwantz und Flossen/ aber Zungen/ Augen und Zähn versilbert; alsdann giesset die Sultzen mit Fleiß in die Schüssel/ wie bereits aus vorhergehenden bekant.

14. Eine Hecht- oder Rummel-Sultze.

Machet einen grossen Hecht am Bauch auf/ spaltet ihn aber nicht/ sondern schneidet grosse runde Stücke daraus/ siedet ihn blau/ aber nicht so/ daß sie völlig ausgesotten wären; sondern leget den Fisch also wol verwakret bey seit/ und machet folgende Rummel-Sultzen zusammen: Nehmet den besten Wein/ und zu vier Aechtering/ oder einer halben Maas desselben/ drey Loth frische reinlich gewaschen/ klein geschnittene und in Wein geweichte Haussen-Blasen/ lassets sieden; nehmet dann denselben Wein/ und giesset eben so viel frischen darzu/ so viel man der Sultzen zu machen ver anget; man rechnet aber allezeit auf ein Pfund Hecht einen Aechtering/ oder Aechtel-Maas Wein/ bey einem guten halben Seidlein/ oder Viertel-Maas/ schöne lautere Erbsenbrühe/ und eben so viel Essig/ damit sie schön rees wird/ auch werden zwey gantz-geschälte Aepffel-Spälten darein geworffen/ aber bey Zeiten wieder heraus genommen/ damit sie nicht zerfallen: man mag auch von etlichen frischen Citronen das Saure darein drucken/ und alles in einem schön verglassurten Hafen/ oder verzinnten Kessel sieden lassen/ hernach folgendes Gewürtz/ als Ingber/ Pfeffer/ Muscatblühe/ ein wenig Negelein/ und zwar jedes zimlich viel/ am meisten aber zerbochene Zimmet/ samt ein wenig gantzen Saffran-Blumen/ in einen Säcklein so lang sieden lassen/ biß es von dem Gewürtz den Geschmack/ und von dem Saffran die Farb an sich gezogen/ dann diese Sultzen muß wol gelb seyn; auch soll man ungestossenes Zuckers so viel darein legen/ biß sie wol süß ist: nehmet dann das Säcklein heraus/ leget/ wann sie fast dicklicht werden will/ den Fisch dagegen hinein/ und lasset ihn folgends aussieden; leget selbigen alsdann auf ein Bret/ daß er kalt werde/ und siedet die Sultzen ferner so lang/ biß sie gestehen und dicklicht werden will: wann man nun selbige

bige lang auf zu behalten gedencket / kan man wol abgetrocknete Mandeln und Lorbeer-Blätter in ein erdenes Geschirr / und so dann den bereits erkalteten Fisch darein legen / alsdann die Sultze oder Brüh durch ein wollenes Säcklein seihen / und gleich heiß ein wenig über den Fisch giessen / und wann sie eine Weile gerunnen / wieder Mandeln und Lorbeer-Blätter darzwischen legen / folgends die Sultze darüber schütten / und an einem kühlen Ort gestehen lassen: Wann man aber davon gebrauchen will / nimmt man ein Stuck vom Hecht zusamt der Sultze / denen Mandeln und Lorbeer-Blättern heraus / und leget sie zusammen; will mans aber alsbald verzehren / so ist es besser / wann man die Fisch in eine Schüssel setzet / und die Sultzen / auf die vohergehends beschriebene Art / darüber giesset.

15. Eine Hecht- oder Rummel-Sultze / auf andere Art.

Reisset den Hecht auf / und siedet ihn entweder gantz / oder aber zerstückt / schön blau ab / doch nicht völlig / wie er seyn soll; sondern nehmet zu einen jeden Pfund des Hechts einen Aechtering / oder Achtel-Maas / Wein / weichet sechs Loth Haussen-Blasen darein / giesset ein Seidlein / oder halbe Maas / Erbsen-Brüh und Essig daran / thut zwey gantz geschählte Zwiebel-Häuptlein / etliche ungeschählte Aepffel-Schnitten / auch sechs oder sieben Peterlein-Wurtzeln dazu / die Aepffel-Schnitten aber nehmet bald wieder heraus / ehe sie zufallen; drucket von etlichen Citronen den Safft darauf / und lasset alles in einen verglasurten Hafen / oder verzinnten Kessel / sieden; hänget dann folgendes Gewürtz / als Ingber / und grob-geschnittenen Pfeffer / Muscatblühe und ein wenig Negelein / am meisten aber klein-zerbrockter Zimmet darein / und verfahret im übrigen damit / wie mit dergleichen zuvor unter gleichem Titul beschriebenen Sultzen.

16. Eine Krebs-Sultze.

Lasset eine Semmel vor zwey Pfenning in einem halben Seidlein / oder Viertel-Maas / Kern / oder süssen Ram / weichen / siedet

det indessen zwey Pfund Krebse in Wasser ab/saltzts nur ein klein wenig/ schälet sie aus/ und thut die Schwäntze und Scheeren besonders/ stosset das beste von der Nasen zusamt den übrigen Schalen/ wie auch/ wo man einen Uberfluß hat/ etliche Schwäntzlein und Scherlein zugleich damit/ wol klein; dann so wird die Sultze etwas kräfftiger: zwinget die Krebse/ Schalen und Semmeln/ jedes besonders/ mit noch einem Seidlein Raum/ durch/ giesset es zusammen in ein Töpfflein/ oder Häfelein/ klopffet das Weisse von vier Eyern in der durchgezwungenen Milch starck ab/ giesset selbige/ zusamt der Milch/ in eine Schüssel/ leget die ausgeschälte Krebse schön zierlich darein/ streuet gute Gewürtz darauf/ setzet sie/ wol zugedeckt/ auf Kohlen/ lassets aufsieden/ so wird es gestehen/ tragets dann warm oder kalt zu Tisch/ nach belieben.

17. Eine Krebs-Sultze/ auf andere Art.

Sjedet ein Pfund/ oder nach belieben/ mehr Krebse/ in Wasser/ oder brühet sie nur allein mit siedendem Wasser an/ damit sie gleich sterben/ roth werden/ und leichter auszuschählen sind; schählet sie aus/ stosset das beste von den Schalen auf das kleineste/ giesset in einem Häfelein Hühner-Brühe/ darauf kein Fett ist/ daran/ thut ein Stücklein eingeweichter Haussen-Blasen darzu/ hänget in einen Bündelein gute Gewürtz/ als Cardamonen/ Zimmet und Muscatenblüh darein/ lassets eine Weile damit sieden/ zwingets dann durch/ seihets durch ein reines Tuch/ zerklopffet etliche Eyerdottern/ rühret sie mit dieser Krebs-Brüh an/ lassets ein wenig gefallen/ giesset das Lautere in eine Schüssel/ leget die ausgeschählte Krebse darein/ lassets auf einer Glut- oder Kohl-Pfannen noch ein- und andern Sud thun/ rührets aber im Anfang ein wenig/ so wird sie sich sultzen und bestehen. *

Aaaa iij   18. Eine

* Diese Krebs-Sultze kan man/ nach belieben/ auch mit halb Wein halb Wasser machen/ alsdann aber ein wenig Zucker darunter mischen.

18. Eine Krebs-Sultze/ noch anderst.

Nehmt schöne Krebse/ siedet sie/ wie bekandt/ ab/ oder brühet sie nur an / welches noch besser / schählet sie aus / schneidet die Füsse und das beste von den Schalen davon / stossets in einem Mörsel/ treibet das Zerstossene mit einem Wein durch ein Sieb/ oder aber lasset es nur einen Wall zuvor im Wein thun/ und zwingets alsdann durch; leget ein Stücklein Haussen-Blasen dazu/ würtzet die Brühe mit ein wenig Pfeffer/ Jngber/ Cardamomen/ Muscatenblüh/ Zimmet und Saffran/ zuckerts nach belieben/ giest etwas wenigs Essig daran / und lassets miteinander sieden; indessen legt die ausgeschählte Krebse in eine Schüssel/ und wann sich die Brüh ein wenig gesetzt und geläutert hat/ giessets darüber / und lasset sie völlig bestehen.

19. Eine Citronen-Sultze.

Siedet ein Loth gefeiltes Hirschhorn / ein Loth geschnittene Haussen-Blasen/ und drey Kalbs-Füsse in einen zwey-mässigen Hafen/ mit halb Wein und halb Wasser ab/ biß sie weich werden/ seihets hernach in einen kleinern Hafen durch ein reines Tüchlein / lassets erkalten/ daß man oben das Fette davon herab nehmen könne/ thut von 1. oder 2. Citronen das Marck/ wie auch gantze Gewürtz/ als Cardamomen/ Muscatblühe und Zimet/ wie auch Citronen- und Pomerantzen-Schelffen darein/ zuckerts nach dem Mund/ lasst alles noch ein mal miteinander so lang/ als harte Eyer/ sieden; seihets alsdann durch ein reines Tüchlein in einen reinen Hafen/ und lassets ein wenig erkühlen: schneidet indessen rein-gemachte Citronat-Citronen- und Pomerantzen-Schelffen klein-länglicht/ legets in die Schalen/ und giesset die Sultze/ wann sie ein wenig erkaltet/ darüber; wann nun solche bestanden / und zweymal übergossen worden/ kan man sie nochmal mit dergleichen eingemachten Schelffen bezieren/ nach belieben/ und mit Pistaien-Nüß ein bestecken.

20. Ge-

20. Gefüllte Citronen-Sultze.

Schneidet an der Citronen auf dem breiten Ort ein Blätlein herab/ holet mit einem kleinen Messerlein das Saure heraus/ werffet also die Citronen in ein frisches Wasser/ und laßt sie über Nacht darinnen ligen; deß andern Tags werffets in einen Hafen mit siedendem Wasser/ und siedets biß sie schön weich sind; schabet nachmal mit einem kleinen Löffel- oder Messerlein das Weisse heraus/ biß sie durchsichtig werden: Etliche nehmen auch nur frische Citronen dazu/ wie sie an sich selbst sind/ und sieden selbige nicht ab/ sondern schneiden nur also roh das Weisse von der Schalen/ so viel sie können/ heraus/ doch daß die Schelffen kein Loch bekommt; dann giessen sie in ein Häfelein ein oder anderthalb Seidlein/ oder drey viertel-Maas/ guten starcken Wein/ weichen auch Zimmet und Negelein/ aber der Zimmet dreymal mehr als der Negelein/ zusamt ein wenig Muscatblüh in ein Bindelein gebunden/ in einer achtel Maas Wein- oder Citronen-Essig ein: wann man nun vier oder fünff Citronen füllt/ muß man ungefehr drey Loth Hausenblasen im Röhrenwasser über Nacht einweichen/ hernach die Hausenblasen/ den Essig und Wein alles zusammen/ eine gute halbe Stund sieden lassen; leget aber ohngefehr ein halb Pfund/ oder auch mehr zu Stücklein geschlagenen Zucker nach und nach hinein/ kostets/ damit es nicht zu süß werde; wann dann selbige noch eine halbe Stund gesotten hat/ giesset etliche Tropffen in ein kleines zinnernes Schüsselein/ und sehet obs nicht gestehe; wanns gestehet/ so kan man sie entweder mit Flecklein/ oder aber Saurach- und Wein-Legelein-Safft/ roth färben/ oder auch eine andere Farbe geben/ welche beliebt. Die Füll aber zur Citronen machet also: Schüttet ein wenig von der Sultzen heraus in ein kleines Schüsselein/ daß sie in etwas abkühle; mischet dann abgezogene klein- und würfflicht-geschnittene Mandeln darunter/ füllets in die Citronen/ und setzt selbige auf ein kleines Schüsselein oder Häfelein/ daß sie nicht umfallen können/ und an ein kühles Ort daß sie bestehen; wann sie nun bestanden sind/ stellets wieder in eine Schüssel/ auf
das

das breite Ort/ daß sie stehen können: bezierets mit Lorbeer-Blättern/ daran die Spitzlein verguldet sind/ und leget eingezuckerte halbe Citronen-Plätzlein dazwischen: Wann man diese Citronen in einer Sultzen in eine Schüssel legen will/ muß man der Sultzen etwas mehr anmachen/ und ein wenig davon in eine Schüssel giessen.

Oder:

Man kan auch dergleichen Citronen von unterschiedlichen Farben füllen/ und aus obiger Sultzen drey- oder viererley Farben dazu anmachen: Oder auch in einander/ und zwar zu erst in den Boden der Citronen ein klein wenig Mandel-Sultzen giessen/ dann bestehen lassen/ und wieder ein wenig andere darauf/ und so fort an/ biß die Citronen voll ist. Die Pomerantzen kan man gleichfalls also zurichten/ und mit Sultzen füllen/ wie die Citronen/ dann es sieht sehr schön und zierlich/ wann dergleichen Citronen und Pomerantzen Wechsel-weiß in einer Schüssel mit Sultzen ligen. *

21. Eine Pomerantzen-Sultze.

Nehmet einen Vierding/ oder viertel-Pfund Zucker/ giesst Wein und Wasser/ nach gutgedüncken/ so viel darauf/ als zu einer Schüssel voll genug ist; legt gantze Zimmet und Negelein darein/ lassets so lang sieden/ biß es ihnen den Geschmack ausziehet; schneidet alsdann von etlichen Pomerantzen die Schelffen herab/ daß nichts Weisses daran bleibe/ die Pomerantzen aber müssen ausser der Schelffen gantz bleiben: alsdann legts in ein frisches Wasser/ und siedets auch im Wasser ein wenig ab; lassets auf einem Tuch ein wenig wieder vertrocknen; hernach leget selbige in den obigen Julep/ lasset sie sieden/ daß sie zimlich weich werden/ doch aber nicht versieden; nehmets wieder heraus/ und legts auf eine Schüssel: von denen Schelffen aber/ so ihr davon geschnitten/ schneidet das Weisse genau heraus/ daß sie wohl dinn werden/ und so dann länglicht/ zu-

vor

* Wer diese Sultzen nicht von lauter Wein zu machen beliebt/ der kan sie auch von Kalbs-Füssen/ wie die andern ungefärbten vorher beschriebenen/ zusammen richten.

vor aber laſſets ein wenig im friſchen Waſſer ligen / und wann ſie geſchnitten / in einem Waſſer überſieden / damit das bittere davon komme ; alsdann ſchüttet ſie zu den gantzen Pomerantzen in den Julep / laſt ſie ferner ſieden / und wieder auf einem Sieb abſeihen: leget hernach die Schelffen oben auf die Pomerantzen / den Julep aber ſiedet ſo lang mit Hauſſenblaſen / biß er geſtehet ; laſſet ihn dann ein wenig erkuhlen und gefallen/ ſeihet ſelbigen hernach einmal zwey oder drey durch ein wollenes Tuch / biß die Sultzen recht ſchön hell wird / gieſſets alsdann in die Schüſſel über die Pomerantzen/ und zierets noch ferner / nach belieben/ mit verguldeten Nüßlein oder Mandeln.

22. Eine Pferſich-Sultze.

NEhmet ein Pfund ſchöner friſcher rother Pferſiche/ ſchählet ſie auf das ſchönſte/ ſchneidets halb von einander/ thut ein Pfund Zucker dazu/ gieſſet anderthalb Seidlein von folgendem Aepffel-Safft daran / laſſets miteinander ſieden / faumet es ſchön ab / leget die Pferſich hinein / und laſſets gemach ſieden / daß ſie nicht zerfallen ; wann ſie dann ein wenig weich werden wollen / legts heraus auf ein reines Geſchirr / und deckets alſo gleich fleiſſig zu / ſo bleiben ſie ſchöner / als wann der Lufft darauf gehet ; in den Julep aber / oder in die Sultzen / thut ein wenig eingeweichte oder geſultzte Hauſſenblaſen / und laſſet beedes mit einander ſieden / biß es beſtehet ; auch kan man ein wenig Gewürtz / wie bey denen andern Sultzen/ mit ſieden laſſen/ und etliche wenige Citronen-Schelffen und dergleichen Safft dazu thun / damit ſie einen guten Geſchmack bekomme ; alsdann/ wie bey denen vorigen Sultzen bereits erinnert worden / etliche mal durch ein reines Tüchlein ſeihen / biß die Sultzen ſchön hell wird ; hernach die Pferſiche in eine Schüſſel legen / dieſe Sultzen darüber gieſſen ; und wann man die Pferſiche nicht gern gantz will haben / ſelbige gleich anfangs halb von einander ſchneiden.

Der Aepffel-Safft/ dessen wir gleich jetzo gedacht/ wird also dazu gemacht: Schneidet schöne Brünner oder Parstörffer-Aepffel ungeschählt zu Spältlein/ nehmet die Butzen mit samt den Kernen hinweg; legts in ein reines Wasser/ daß solches darüber gehe/ last sie darinnen/ doch nicht zu weich/ sieden: alsdann druckt den Safft durch ein Tuch/ und nehmet zu einem halben Pfund Safft/ ein Pfund Zucker/ auch wohl bißweilen so viel Safft so viel deß Zuckers ist/ und lasset denselbigen im Safft zergehen; hernach siedet man ihn zu einer rechten Safft-Dicken/ und kan ihn alsdann zu allerhand Frücht-Sultzen brauchen. Oder nehmet auf ein Pfund Zucker/ anderthalb Seidlein dieses Saffts/ lassets mit einander aufsieden/ leget/ wanns verfaumt/ die Pfersich hinein/ und verfertiget die Sultzen/ wie gedacht.

23. Eine Pfersich-Sultze/ auf andere Art.

Nehmet ein Pfund schöner rother Pfersiche/ wann man sie haben kan/ ziehet oder schählet ihnen die Haut ab/ und deß Zuckers auch ein Pfund/ wie auch anderthalb Seidlein/ oder drey viertel-Maas/ von dem gleich vorher-beschriebenen Aepffel-Safft/ oder auch einen guten ausgepressten Hardt-Aepffel-Safft; solte aber auch dieser nicht in Bereitschafft seyn/ kan man andere wohl-geschmacke Aepffel schählen/ reiben/ den Safft daraus pressen; nachmals/ wie vorgemeldt/ anderthalb Seidlein davon zuvor wohl verfaumen/ alsdann erst den Zucker darein thun/ ein wenig aufsieden/ und hernach die Pfersiche gantz gemach darinnen sieden lassen/ doch also/ daß sie nicht zerfallen; nehmets/ wann sie weich werden wollen/ heraus/ und lasset die Sultzen ferner sieden/ biß sie bestehet/ welches man mit ein wenig eingeweichter Haussenblasen befördern kan: Leget dann diese Pfersiche in die Latwergen-Gläser/ und giesset den Safft darüber; oder aber richtets in eine Schüssel:

nehmet

annehmlicher Gallerten oder Sultzen.   747

nehmet aber/ wann man sie zum speisen gebrauchen will/ deß Zuckers etwas wenigers.

24. Eine Quitten-Sultze.

Quitten und Aepffeln kan man auf eben dergleichen Art in einer
Sultzen zubereiten/ wie erst-gedachte Pfersiche; die Aepffel aber muß man zuvor schrauben/ und nur ein wenig in dieser Sultzen auffsieden lassen/ damit sie nicht zu weich werden/ und
alsdann die Sultzen ferner verfertigen/ wie oben gedacht.

25. Eine Quitten-Sultze/ auf andere Art.

Verschaumet drey viertel Pfund Zucker in einer halben Maas
Wasser; schählet hernach schöne Quitten/ schneidets zu Späl-
ten/ oder halb von einander/ legets in den geläuterten Zucker/
und lassets gemach sieden; wann sie nun weich werden wollen/ legets auf eine Schüssel/ und lasset den Safft so lang sieden/ biß er
bestehet: Man kan auch/ wann die Quitten heraus genommen wor-
den/ ein wenig Quitten-Kerne/ oder auch eine Haussenblasen/ in
der Brüh oder Safft mit auffsieden lassen/ so bestehet diese Sultzen
desto eher/ und wird schön glänzend davon; seihets dann durch/ giessets in die Schüssel/ und leget die Quitten darein; auch kan man/
so es beliebt/ ein wenig Saurach-oder Wein-Lägelein-Safft zugies-
sen/ damit sie schön roth werde/ dann wann die Quitten weiß
sind/ stehet es sehr schön/ wann sie in einer rothen Sultzen ligen. *

26. Eine Quitten-Sultze/ noch anderst.

Nehmet eine halbe Maas deß/ aus denen Quitten-Spälten/
ausgepressten Safftes/ und drey guter Hand voll wohl-zeitiger schwartz-oder brauner frischer Weinbeere; zerstampffet

Bbbbb ij   sie

* Diß muß auch bey dieser Quitten-Sultzen beobachtet werden/ daß man
die Schnitze/ so bald sie geschählt/ in ein frisches Wasser thue/ aber solche nicht
lang darinnen ligen lasse/ sondern gleich ein wenig im Wasser/ oder halb
Wein und Wasser/ absiede/ alsdann heraus nehme/ und alsobald zudecke/
hernach im Zucker/ wie oben gemeldt/ ferner siede.

sie / und lassets zusamt denen Bälgen oder Häuten sieden / biß die Brüh oder der Syrup eine schöne Weixelbraune Farb bekommet: seihets dann durch/ drucket die Bälge oder Häute wohl aus; mischet unter ein jedes Seidlein / oder halbe Maas / dieses Safftes / ein halb Pfund Zucker / und last es mit einander sieden / biß es bestehet: werffet klein-und würfflicht-geschnittene Citronen-Schelffen darein / lassets noch ein wenig sieden / und füllets in ein hohes Glas / welche man mit Wein abtreiben/ oder auch / wie sie an sich selbsten ist / in einer Schalen auftragen / und mit Confect bestreuen kan.

27. Eine Aepffel-Sultze.

Die Aepffel-Sultze wird gemacht / wie die Num. 22. und 23. beschriebene Pfersich-Sultze ; und zwar kan man den Safft dazu also anmachen: Nehmet ein gut theil Parstörffer-Aepffel/ schneidet sie zu Spältlein / entweder geschählt oder ungeschählt / ist gleich viel ; giesset in einen schön verglästen stollichten Hafen ein Röhren-Wasser/ oder / an statt desselben/ Wein / oder auch halb Wein und halb Wasser/ so viel daran / daß es über die Aepffel gehe/ lassets so lang sieden / biß sie weich werden wollen / zwingets durch; nehmet / wie bey den Pfersichen / zu anderthalb Seidlein / oder drey viertel-Maas/ dieses Saffts / ein Pfund Zucker / oder auch zu einem Pfund Safft / ein Pfund Zucker lasset ; beedes / den Safft und Zucker / mit einander zerschleichen und sieden / biß es verfaumet hat: Alsdann legt geschählte halb-geschnittene Parstörffer-Aepffel darein / und lassts ein klein wenig darinen sieden / doch also / daß sie nicht zu weich werden / legets nochmal in eine Schüssel / deckets geschwind zu / damit sie schön weiß bleiben; werffet in den Safft oder Julep ein wenig eingeweichte Haussenblasen oder Quitten-Kerne/ zusamt ein wenig Zimmet/ lassets so lang damit sieden/ biß die Brüh dicklicht wird / und sich sultzet; die Haussenblasen thut zwar fast besser / und sultzt sich eher: damit aber diese Sultzen noch kräfftiger und wohl-geschmacker werde / kan man / ehe sie gar dick wird / Citronen-Safft darein drucken / die Schelffen von Citronen damit aufsieden lassen/ und so dann die Sultzen / wann sie allerdings fertig/
einmal

einmal oder zwey durch ein reines Tuch seihen / über die Aepffel in die Schüssel giessen / und wann sie bestanden / nach belieben / entweder mit frischen Citronen-Schelffen / oder aber eingemachten Citronat / Citronen- und Pomerantzen-Schelffen / Bögen-weiß geschnitten / bestecken und auszieren.

❀ ❀ ❀

Oder:

Nehmet ein halb Pfund Zucker / und ein halbe Maas Wasser / wofern es aber beliebt / an statt der Parsdörffer-Aepffel / Quitten zu nehmen / so thut drey viertel-Pfund Zucker / und drey Seidlein / oder anderthalbe Maas / Wassers dazu: dann läutert solches in einen Geschirr / und legt die zuvor geschählte und halbirte Aepffel darein / lassts sieden biß wohl weich sind / zerdruckets dann und legts heraus; zwingt die Brüh oder Zucker zuvor durch / lassts noch mehr sieden / biß er sich sultzet / und giesst ihn also / wann ihr wolt / in ein erdenes Geschirr / über die abgesottene / und schon in der vorigen Sultzen beschriebene Aepffel; ist aber das Geschirr gläsern / müsset ihr den Zucker zuvor erkühlt lassen / doch daß er noch etwas warm bleibe / und dann darein giessen; sonst zerspringt das Geschirr. Wann an statt der Aepffeln Quitten genommen werden / muß man selbige gar gemach sieden lassen / und in Stücklein gebrochene Zimmet / dazu legen / daß sie den Geschmack davon bekommen / und zudecken / damit sie schön roth bleiben.

28. Aepffel in einer rothen Sultzen.

Man nehme wohl-zeitiger schwartzer Weinbeere zwey Hand voll / und ein halbe Maas guten rothen Wein / oder Aepffel-Safft / lasse die Weinbeere darinnen sieden / und drucke sie durch; schähle hernach säuerlichte Aepffel schön glatt / steche den Butzen samt denen Kernhäuslein heraus / giesse den gesottenen Safft darüber / und lasse sie fein gemach sieden / biß sie zimlich weich sind; nehmets so dann heraus / und füllets / an statt deß Butzens / und derer Kern-Häuslein / mit übersottenen / eingemachten und eingezuckerten Pomerantzen- und Citronen-Schelffen: Dann soll man noch mehr Zucker / und zwar dessen zimlich viel / in den Safft legen / dann er gestehet sonst nicht; wann er nun schier gestehen will / leget man die Aepffel wieder / wie zuvor / darein / lässets noch ein wenig darinnen sieden / und richtets in eine Schüssel. *

29. Eine Ribes- oder Johannes-Beer-Sultze.

Leget die Ribes- oder Johannes-Beerlein auf ein reines Tuch / daß sie ertrocknen / dann wann sie noch naß sind / so sultzen sie sich nicht; zupffet sie nachmal ab / und rührets in einem Tiegel / oder Napff / zu einem Safft / zwinget denselben durch ein reines Tüch'ein / und lasset so viel deß klaresten Zuckers / als man deß Safftes hat / so lang mit einander sieden / biß es auf einem Teller bestehet; alsdann füllet es heraus in kleine Gläser / oder dergleichen Schällein: Ist sehr dienstlich den Krancken in grossen Durst / und eine treffliche Labung. **

30. Eine Zimmet-Sultze.

Nehmet erstlich sechs Loth rein-gestossene Zimmet / ein Achtelein guten Wein / und eben so viel Malvasier / welcher aber / wann die Sultze weiß werden soll / gar licht und weiß seyn muß; giesst alsdann ein Seidlein guten Wein-Essig / und eben so viel gute warme Küh-Milch / mit dreyen Eß-Löffeln voll gröblicht zerstossenen Pfeffer dazu: hernach thut das Gewürtz / Malvasier / Wein-Essig und Milch / alles in einen neuen einwendig glasurten Hafen / der zuvor

---

* Die Aepffel muß man das erste mal nicht zu weich sieden / und wann man den Aepffel-Safft daran giesset / darff man nicht so viel Zucker dazu thun / dann es gestehet die Sultze auf diese Weise viel lieber.

** Diese Sultzen wird am schönsten / wann man sie um das Johannes-Fest machet; dann um diese Zeit sind diese Beerlein noch nicht zu weich und recht zeitig; man muß aber noch so viel Zucker / als deß Saffts ist / nehmen; wiewol auch zu einem halben Pfund Saffts / drey viertel Pfund Zuckers genug sind.

annehmlicher Gallerten oder Sultzen.

zuvor eine Stund lang im kalten Wasser gelegen: rühret es wol durcheinander/ werffet anderthalb Pfund Zucker/ welcher nur gröblicht zerstossen seyn muß/ hinein/ und rühret es noch einmal ab. Hierauf verbindet den Hafen mit einem Papier und dicken Tuch auf das fleissigste/ daß der Dampff nicht herausgehe/ setzet selbigen an einen kühlen Ort/ aber ja in keinen Keller; lasset solches 24. Stunden aneinander beitzen: alsdann nehmet ein härines Tuch/ oder einen Sack/ lasset es vier- oder fünffmal/ aber gar langsam/ durchlauffen; wann es nun schön lauter ist/ so siedet es. Man muß aber zuvor anderthalbe Loth schöne zerschnittene Haussen-Blasen in einem reinen Tiegelein/ entweder nur in Wasser/ oder halb Wasser und Wein/ sieden/ nachmals sauber durchseihen/ in die Sultze schütten/ und dann noch einen Wall thun lassen/ hernach in eine zinnerne Schüssel giessen/ wie man die Sultzen zu giessen pflegt/ und also in einen Keller setzen. Will man sie roth haben/ nimmt man rothe Schminck-Läpplein/ Bezetta genannt/ und färbet es damit. Wann die Sultze bestanden/ so nehmet Pistacien-Nüßlein/ legts zuvor eine halbe Stund in kaltes Wasser/ damit sie schön weiß werden/ trocknet sie wiederum ab/ bestecket die Sultze damit/ die Spitzlein aber verguldet; so ist sie schön und gut.

✱ ✱ ✱

Oder:

Nehmet zehen Eß-Löffel voll süsser Milch/ eben so viel guten Essig/ und eine Maas Wein/ schlaget diese drey Stuck in einen verglasten Hafen bey einer Stund stets ab/ bindet sodann ein gut Theil klar-gestossen- und durchgesiebte Zimmet/ zusamt ein wenig der besten Choccolata, so klein gerieben/ und ebenfalls durchgesiebet worden/ in ein Bündelein; dann es gibt dieser Sultze die Farb/ daß sie schön bräunlicht wird/ und einen guten Geschmack bekommt: hanget selbiges in diesen abgeschlagenen Wein/ und lasset s über Nacht stehen; deß andern Tags seihet solches durch ein wollenes Tuch / oder Loden / machets in einen reinen Hafen siedend; man kan auch alsdann wieder ein Bündelein klein-zerbrockter frischer

scher Zimmet / mit klar-gestossenen Negelein und Muscatenblühe zugleich mit dazu binden / und sieden lassen; zuvor aber eine Haussen-Blasen in einen besondern Wasser absieden / daß es zimlich dick wird / alsdann durchzwingen und gestehen lassen: von dieser gestandenen Haussen-Blasen wirfft man nachmal ein gutes Stuck zu den durchgezwungenen Wein hinein / und läßt es also noch ferner zusammen sieden / biß es sich sultzet: Oder man kan / gleich anfangs / ein gefeiltes Hirschhorn in der Sultzen mit sieden / hernach eine Haussen-Blasen dazu nehmen / und auch mit sieden lassen / biß es sich sultzt: Auch kan man ein Hirschhorn besonders sieden / alsdann durch-gezwungen / und noch ein wenig sieden lassen; und wann man siehet daß es sich sultzet / so hebets vom Feuer; lassets ein wenig erkalten / seihets alsdann wieder durch ein wollenes Tuch / und lassets noch ein wenig gestehen oder fallen. Solte der Geschmack von der Zimmet dieser Sultze noch nicht annehmlich oder starck genug seyn / kan man nur etliche Tropffen Zimmet-Essentz darein fallen lassen / so wird sie kräfftig und gut seyn; wann nun selbige ein wenig erkaltet / giessets / wie die andere vorher-gehende Sultzen / in eine Schüssel / und bezierets nach belieben.

31. Eine Zimmet-Sultze / auf andere Art.

Giesset an ein Pfund schönen Zucker eine Achtel-Maas Spanischen oder gar starcken Wein / einen halben Aechtering / oder sechzehenden Theil der Maas / süsse Milch / und ein Seidlein oder halbe Maas Essig / thut zwey kleine Löffel voll grob-gestossenen Pfeffer dazu / schlaget alles eine gute halbe Stund wohl unter einander ab: setzets nachmals in den Keller / und lassets etliche Stunden lang über Nacht stehen / seihets dann / ohngefehr dreymal hinter einander / durch ein wollenes Säcklein / biß es lauter und hell wird; weichet aber zuvor ein gut theil Haussenblasen / zwey Stunden lang / in kalten Wasser ein: setzets hernach an einen warmen

annehmlicher Gallerten oder Sultzen.

men Ort/biß sie zergehet; man kans auch wol ein wenig mit auf=
sieden lassen/nachmal alsbald wegnehmen/durchseihen/ und in einem
Keller sultzen und gestehen lassen: Zuvor aber lasset das obige zu erst
durchgeseihete beym Feuer wol warm werden/ schüttet die gesultzte
Haussen=Blasen auch dazu hinein/und lassets so lang beym Feuer ste=
hen/biß die Haussen=Blasen gantz zergangen ist; hebt es so dann hin=
weg/setzets/wie oben gedacht/ an einen kalten Ort/tropffet eine Zimet=
Essents nach belieben/oder nachdem die Sultze starck darnach schmecken
soll/hinein/ und giessets in eine Schüssel/ oder Schalen/ daß sie sich
sultze. Wolte man aber dieser Sultze einen Geruch von Ambra bey=
bringen/so reibet zwey Gran Ambra/ und vier Gran Bisem/ mit
Zucker=Kandel auf einem Reibstein klein ab/und hängets in den wol=
lenen Sack/ damit die abgesottene auch dünn= und lautere Sultze
geseihet und geläutert werde.

32. Eine Zimmet=Sultze/noch anderst.

Stosset zwey Loth der besten Mutter=Zimmet/so klar als Mehl/
schüttets in eine zinnerne Flaschen/ giesset ein halb Seidlein/
oder Viertel=Maas/ siedendes Wasser daran/ setzt die Flasche
in einen Hafen mit siedendem Wasser/ und lassets noch eine gute
weile sieden; leget dann so viel Pomerantzen=Marck/ als man ver=
langet/in eine Schüssel/ oder Schalen/ und giesset die Sultze dar=
über; oder man kans auch zuvor seihen/ und also gestehen lassen/
dann die Mutter=Zimmet sultzet an sich selbst: solte sie sich aber/
wider Verhoffen/ nicht genug sultzen wollen/ kan man mit ein we=
nig abgesottener Hirschhorn=Sultze/ oder Haussen=Blase/ helffen/
wie im vorhergehenden mit mehrern Anweisung beschehen.

33. Eine Zimmet=Sultze/ auf eine
noch andere Weise.

Diese Sultze kan allerdings gemacht werden wie die Num. 19.
beschriebene Citronen=Sultze/ nur ist noch dieses dabey zu be=
obachten/daß man/ an statt des Citronen=Marcks/ gar klein=
gestosse=

gestossene scharffe Zimmet in ein Bündelein binde/ und in der Sultze mitsieden lasse/ das Bündelein nachmal wol ausdrucke/ daß die Krafft heraus gehe/ und die Sultze von der Zimmet eine schöne Farb bekomme: wann nun diese Sultze fertig ist/ so seihet solche/ wie oben gedacht/ durch ein reines Tüchlein/ tropffet etliche Tropffen Zimmet-Essentz/ oder Zimmet-Oel darein/ und wann selbige erkalt/ giesst sie in die Schüssel. Will man unten auf den Boden von eingemachten Sachen/ oder aber eine kräfftige Füll/ von gehackten Mandeln/ an Statt des eingemachten legen/ stehet solches zu eines jeden belieben.

34. Eine Leber- oder Lebkuchen-Sultze.

Brocket einen so genannten Rimpffel-Käß/ oder Leipziger Lebkuchen/ in einen verglasurten Hafen/ giesset den besten Rheinischen Wein daran/ und lasset ihn verdeckt/ an einem warmen Ort/ einen Tag und Nacht/ stehen; rühret es aber öffters um/ damit der Lebkuchen weich werde; treibet selbigen hernach durch einen Seiher oder Durchschlag/ setzet das durchgetriebene zum Feuer/ damit es bey einer Glut langsam siede; rührets aber mit einem Koch-Löffel fein langsam in dem Sud/ doch also/ daß ihr das Braune an dem Boden nicht damit anrühret: wann es nun fast halb eingesotten hat/ zwiret Pfeffer/ Ingber/ und etwas Saffran/ mit Wein oder Malvasier/ in einem Schüsselein an/ und lassets also zimlich lang im Wein stehen/ schüttet hernach alles in die Sultze; wolte sie zu geschwind dick werden/ giesset nur etwas mehr Wein daran/ und wanns genug gewürtzt ist/ so zuckerts; streuet gestossene Muscatenblühe darein/ und lassets noch ferner sieden/ biß sie nimmer wässericht ist: hernach/ wann sie genug gesotten hat/ hebets hinweg/ thut gestossene Zimmet und Cardamomen darein/ rühret sie mit Malvasier ab/ biß sie ein wenig kalt wird/ giest noch ein wenig Malvasier dazu/ dann sonsten bekommt sie eine Haut; verbindet den Hafen/ und setzet ihn an ein kaltes Ort/ so kan man diese Sultze sechs Wochen gut behalten: Wann man nun davon essen will/ nehmet etwas davon

annehmlicher Gallerten oder Sultzen. 755

davon heraus in eine Schüssel / rühret sie glatt mit Malvasier ab; wäre sie zu dick/ wann man sie sieden will/ so gießet noch mehr Wein daran / daß sie in der Dicken wird wie ein dünnes Kinds-Mus / so ist sie recht. *

❀ ❀ ❀

Oder:

Rocket Leipziger Lebkuchen/ oder Rimpffel-Käß/ über Nacht in guten Rheinischen Wein/ treibets durch einen Durchschlag/ daß sie dick werden wie ein Weitzen-Brey; setzets auf Kohlen/ laßsets eine halbe Stund sieden/ rührets stetig um/ daß es nicht anbrenne/ zuckerts und würtzets mit ein wenig gestossenen Negelein / etwas mehr Zimmet/ Muscatenblühe/ Cardamomen/ Ingber/ und zimlich viel Saffran/ damit sie die Farb bekomme; lasset alles zusammen noch eine halbe Stund sieden; wanns zu dick werden will / gießset Wein daran / daß es so dick bleibt wie ein Weitzen-Brey/ setzets an einen kühlen Ort / biß man sie geniessen will / alsdann gießet Malvasier/ damit sie nicht zu dick seye/ daran/ und streuet/ nach belieben/ Zucker und Zimmet darauf.

35. Eine bunte- oder vielfärbige Sultze.

Setzet drey Kalbs-Füsse und zwey Kalbs-Hexen/ oder das unterste von denen Kalbs-Keulen oder Schlegeln/ in einem drey- oder viermässigen Hafen zum Feuer / giesset halb Wein und Wasser/ und eine Achtel-Maas Essig daran/ verfaumts/ und lassets zugedeckt weich sieden / hänget auch in einem Bündelein gute Gewürtz/ als Zimmet/ Cardamomen/ ein wenig Muscatenblühe/ etliche Körnlein Pfeffer / wie auch ein Stücklein Haussen-Blasen dazu hinein / lassets sieden/ und seibets durch ein reines Tuch/ in einen reinen Hafen/ lassets über Nacht im Keller stehen; nehmet deß andern Tages / mit einem Löffel/ das obenher darauf schwimmende Fette genau herab / hebet die Sultze gleichfalls mit einem Löffel in einen besondern Hafen heraus/ thut aber unten das Trübe/ wann es

Ccccc ij gefallen

* Will mans aber haben daß sie sich recht etwas steiff sultzen soll / so lasset gleich Anfangs ein gut Stuck Hausen-Blassen mit aufsieden.

gefallen ist/ davon; lasset das Lautere bey einem Feuer wieder zergehen/ giesset ein Glaß Spanischen- oder andern süssen Wein daran/ und zuckerts nach belieben; man kann auch noch ein wenig Essig dazu giessen/ oder an dessen Statt ein gut Theil Citronen-Safft darein drucken/ das Bündelein mit Gewürtz nochmal darein hängen/ und also eine gute Weile sieden lassen/ biß man die Prob auf einem zinnernen Deller genommen/ daß es sich sultzet; alsdann laßts ein wenig stehen/ so gefället sie. Von dieser Sultze kan man nun auch allerley gefärbte andere Sultzen machen: will man selbige/ zum Beweiß/ hell haben/ so wird sie/ wie sie an sich selbsten ist/ ohne Saffran/ und nur allein mit der andern Gewürtz gesotten: verlanget man eine weisse Sultze/ so nehmt ein gut Theil abgezogener Mandeln/ stoßets gar klein/ mit wenig Rosen- oder Zimmet-Wasser/ oder aber etwas von voriger Sultze/ zwinget die Mandeln durch ein klares Tüchlein/ mit einer dergleichen sultzichten Brühe durch/ so viel man dieser weissen Sultze bedarff.

Soll die Sultze roth seyn/ kan man unterschiedliches dazu gebrauchen/ nemlich/ Saurach/ oder Wein-Lägelein/ Hohlbeer- Erdbeer- und Ribes- oder Johannesbeerlein-Safft/ welcher hievon beliebt; zu dem/ muß diese Sultze gar starck gesotten werden/ dieweil die Sässt selbige verdinnern/ und solche sonst nicht gern bestehet; nehmet aber/ von erst-besagten Säfften/ diesen oder jenen/ welcher beliebt/ giesset davon in die Sultze/ und zwingets alsdann durch ein reines Tüchlein/ so werden sie schön hell. Es stehet aber in eines jeden Belieben/ dergleichen Säfft viel oder wenig daran zu giessen/ und also der Sultze die Farb hoch oder nieder zu geben; auch kan man mit denen bekandten rothen Scharlach-Flecklein/ welche man in den Apothecken verkauffet/ mit einem Quintlein mehr oder weniger färben/ nachdem man viel oder wenig dieser Sultze machen will. Es werden aber diese Flecklein im Wein oder Wasser geweichet/ oder aber gar ein wenig gleich darinn abgesotten/ durchgezwungen/ und unter die Sultze gemischet. Man kan zwar diese Sultze auch mit rothen Ruben machen/ wann man das Rothe davon klein schabt/ durchzwingt/
und

annehmlicher Gallerten oder Sultzen. 757

und den Safft unter die Sultze mischet: auf diese Weise lässet sich auch die Hundszungen-Wurtzel gebrauchen/ mit denen Säfften aber und Flecklein/ wie zu erst gedacht/ wird sie desto schöner.

Will man eine Sultze Purpurfarb haben/ mag man einen Schwartz- oder Heidelbeer-Safft unter die Sultze mischen/ und mit durchzwingen.

Beliebt man eine blaue Sultze zu machen/ kan man einen blauen Veil- oder Violen-Safft/ oder aber Attichbeere dazu gebrauchen/ welche man stossen und durchzwingen muß; auch mag man blaue Kornblumen/ klein zerhackt oder zerstossen/ mit Wein oder Wasser/ so zuvor warm gemachet worden / durchzwingen / und unter die Sultze mischen/ biß sie sich färbet. Oder man kan andere blaue Säffte dazu gebrauchen/ selbige ein wenig einweichen/ durchzwingen/ und die Sultze davon färben; Man hat auch blaue Flecklein/ womit man/ wie bey denen rothen/ auf vorbeschriebene Art/ verfahren kan; der blaue Indig ist hiezu auch dienlich/ und kan man dessen nur ein klein wenig nehmen/ mit der Sultze anzwirnen/ und das schönste blau zu wegen bringen.

Will man die Sultzen grün färben/ kan solches auch auf unterschiedliche Manier geschehen/ als etwan mit grünen Korn-Saamen/ Brunnkreß/ Mangolt/ oder Spinat/ Körfel-Körbl- oder Löffelkraut; welches nun hievon beliebet wird/ muß man klein hacken/ oder zerstossen/ dann durchzwingen/ und von diesem grünen ausgepreßten Safft unter die Sultze mischen: Man kans auch mit ein wenig Wein / oder mit etwas von obiger Sultzen durchzwingen; Es muß sich aber hierinnen selbst ein jedes zu helffen wissen/ daß diese Sultzen schön werden/ weil an dem Handgrieff sehr viel gelegen/ und selbiger durch die Feder nicht so deutlich auszudrucken ist. Etliche mischen ein wenig Meerzwiebel-Safft unter die Sultze / und zwingens damit durch/ wovon sie ebenfalls schön grün wird / welches auch mit Safft-grün von blauen Lilien geschehen kan.

Beliebt man eine gelbe Sultze zu machen/ kan solches mit Saffran/ oder Safflor/ hoch und nider an der Farb/ verrichtet werden/

man muß aber besagten Saffran länger einweichen/dazu auch etwas mehrers nehmen/ dann er dienet hiezu besser als der Safflor.

Diese unterschiedliche Farben der Sultzen kan man nun/ wann es verlangt wird/ in eine Schüssel giessen/ und zwar entweder auf einander/ oder wie einen Stern/ oder auch wie allerhand Blumen.

Will man die Sultzen auf einander giessen/ so giesset zu erst die Mandel-Sultzen/ und beleget/ so es beliebt/ zuvor unten den Boden mit ein wenig guter Mandel-Füll/ von gehackten oder abgestossenen Mandeln/ mit ein wenig Zucker und Zimmet/ oder einem Trisanet/ eingemachten klein-geschnittenen Citronat/ Citronen und Pomerantzen-Schelffen vermischet; auch mit ein wenig süssen Wein angefeucht/ druckets mit einem Löffel vest zusammen/ giesst die Mandel-Sultzen/wie oben gedacht/darauf/ doch nicht zu viel/damit auch vor die andern platz bleibe: Wann nun die Mandel-Sultze gestanden/giesset die rothe oder grüne/nach belieben/darauf; und wann dann diese ebenfalls bestanden/ wieder eine andere/ und folglich derselben nach und nach so viel/ als man verlanget; man muß aber keine neue (so absonderlich zu mercken) aufgiessen/es seye dann die andere/vorher gegossene/ bereits bestanden/ und sihet solche Sultzen auch am schönsten/ wann man zu oberst oder zu letzt eine schöne helle Sultze darauf giesst: Wann sich nun auch die letzere gesultzet/ kan mans mit verguldeten Mandeln/ oder Pistacien-Nüßlein/ oder aber mit dergleichen Blümlein von gedachten Nüßlein/weniger nicht mit eingemachten Citronat/Pomerantzen- und Citronen-Schelffen/belegen/ bestecken und auszieren.

Solte man aber diese vielfärbige Sultzen wie einen Stern/ oder andere Figur/ giessen/ so wird gleich zu erst die Schüssel/ mit einer hellen- oder aber mit einer Mandel-Sultzen (welche sich eben also färben lässet/ und nur etwas dicker anzusehen) gantz voll gegossen/ und wann sie bestanden/ mit einem zarten Stefft oder Messerlein die Figur abgetheilet/und ein Stücklein/ wie mans verlangt/ nett heraus geschnitten; solches lasset dann zerschleichen/gebt ihr auf die vorher-beschriebene Art eine beliebige Farb/und giessets wieder daselbst hinein/ wo es heraus geschnitten worden: wann dann dieses gestanden

standen / schneidet man wieder ein anders Stück heraus / und läst es ebenfalls zerschleichen / und gibt ihm wieder eine andere Farb / nach belieben: es muß aber fleissig beobachtet werden / daß man sie allezeit schön gleich giesse / damit keine Farb über die andere hervor gehe; wobey man diesen Vortheil beobachten / und ein reines Glas oder Blech / so sich oben ein wenig zusammen schliesset / auf beeden Seiten dazwischen halten / und wann die Sultzen bestanden / gantz gemach heraus ziehen kan: Wann dann nun diese Sultze also wie ein Stern / oder andere beliebige Figur gegossen werden / und völlig bestanden ist / kan mans zu oberst wieder ein wenig mit einer hellen Sultzen übergiessen / so wird man von der andern Sultze keinen Absatz sehen; dann mag mans bezieren / wie es gefällig ist.

Beliebt man sie aber mit Blumwerck zu haben / muß man selbige ebenfalls zu erst hell / oder mit einer Mandel-Sultzen begiessen; und wanns bestanden / mit einem subtilen Messerlein / oder zarten Griffel / so viel Blumen darauf zeichnen und reissen / als man will; dann eine nach der andern gemach und fürsichtig heraus schneiden / zerschleichen lassen / selbiger die Farb / so der Blumen von der Natur zugeeignet worden / so viel möglich / nach vorbeschriebenen Bericht geben / und also wieder in das ausgeschnittene Theil giessen: Wann sie nun allerdings / besagter massen / gegossen und bestanden / kan man sie gleich denen vorigen mit einer hellen Sultzen übergiessen; neben an dem Schüssel-Rand mit Pomerantzen / oder Lorbeer-Blättern / bestecken / und die Spitzlein vergulden; die Sultzen aber selbst hin und her mit verguldeten Pistacien-Nüßlein auszieren.

36. Eine erhobene Sultze.

Machet die schon beschriebene weisse Mandel-Sultze / zwingt nemlich der Mandeln / mit der hellen Sultzen / so viel durch / daß man eine gantze Schüssel damit begiessen könne; beliebt es / so beleget den Boden der Schüssel zuvor mit ein wenig guter Mandel-Füll / wie schon im obigen gedacht; giesset die Schüssel mit der Mandel-Sultzen voll an / und lassets bestehen: Nehmet dann gar kleine blechene oder Messinge Mödelein / wie Blümlein oder Laub-

werck

werck geformet / und setzet oder drucksets nur ein klein wenig auf die gestandene Sultze/ daß sie unten nicht hervor lauffen könne: Alsdann machet von der hellen eine schöne rothe / grüne oder blaue Sultzen/ und giessets in die Mödelin / doch nicht gar zu voll; wann sie gestanden / ziehet die Mödelein subtil und gemach heraus / so wird diese Sultze schön erhoben seyn; dann kan mans auch / wie die vorher=gegangene bunte Sultzen / mit Pistacien=Nüßlein bestecken / und den Schüssel=Rand mit Lorbeer=Blättern / oder frischen Blumen / der Gebühr nach / auszieren. *

37. Eine Milch=Sultze.

Nehmet zu einem Seidlein / oder halben Maas / Kern / acht Eyer=Dottern / Rosenwasser und Zucker / nach gutgedüncken; machet einen Eyer=Käß daraus / füllet solchen in doppelte Mödel die übersich stehen / und lasset ihn wohl ertrocknen: Indessen mischet ein Seidlein Kern / Zucker und Rosenwasser unter einander / lasset es sieden / und schüttet das Weisse von fünff Eyern geschwind darein; setzet den Eyer=Käß in eine Schüssel / und giesset erst=besagte mit dem Weissen von Eyern vermischte Milch darein / so bestehet sie und sultzet sich; bestecket dann mit Mandeln / und verguldets nach gefallen.

38. Eine Milch=Sultze / auf
andere Art.

Lasset eine Maas Kern oder Ram sieden / klopffet das Weisse von acht oder neun Eyern / vermischt sie mit Zucker / Rosen= und Zimmet=Wasser; lasset aber ein wenig Haussenblasen in der Milch zugleich mit sieden: schüttet das Weisse von Eyern in den Kern / machet daß sie über dem Feuer nicht sehr / oder / welches noch besser / gar nicht zusammen gehen / gebet wohl acht / dann sie brennen gleich

* Die Num. 9. 10 11. und 19. beschriebene Hirschhorn= oder Citronen-Sultzen / kan man ebenfalls also färben / und zu dieser erhobenen Sultzen nützlich gebrauchen und anwenden.

annehmlicher Gallerten oder Sultzen. 761

gleich an / daher darff das Feuer nicht unter der Pfannen / sondern nur neben herum seyn; giessets in eine Schüssel / setzts an einen kühlen Ort / und bestreuets / wann es gestanden / mit gesiebten Zucker: Leget einen ausgeschnittenen Model darauf / und überstreuets mit Zimmet und Weinbeerlein oder Corinthen.

39. Eine weisse Sultze.

Imm das Weisse von Eyern / gieß eine gute dicke Milch und Rosenwasser daran / zuckers / klopffs wohl durch einander / setz es in einer Pfannen übers Feuer / laß mit stetem Rühren aufsieden; giesse sie in eine Schüssel / und wann sie bestanden / bestecks mit Mandeln.

40. Einen Schnee zu machen.

Schneidet schöne breite Schnitten von neu-gebachenen Semmeln / bähet sie licht-gelb; leget selbige in eine Schüssel / und oben über und über abgezogene Mandeln / entweder gantz oder halb zerschnitten / mit ausgekörnten Rosinen und Weinbeeren untermischet / darauf / überstreuet sie starck mit Zucker (man kan auch ein Trisanet darunter nehmen) giesset gar was weniges von dem besten Kern oder süssen Ram / den ihr bekommen könnet / darüber / damit sie weichen; das übrige aber von besagten Kern oder Ram zerklopffet in einem verglasurten Topff oder Hafen / biß er über und über giftet oder schäumet; nehmet dann diesen Schaum oder Gest / mit einem besondern reinen Löffel / oben herab / leget ihn auf die Mandeln / Rosine und Schnitten: rühret und klopffet den Ram so dann ferner / hebet den Gest oder Schaum noch mehr ab / leget und häuffelt ihn immerzu auf / biß er einem Berglein gleichet. Es will aber dieser Schnee meist im Winter / oder aber zur Sommer-Zeit an einem wohl kalten Ort gemachet werden: Etliche verklopffen von zweyen Eyern das Weisse darunter / vermeinend / daß der Gest oder Schaum desto länger halten und dauren solle / allein wofern der Ram oder Kern gut / ist solches gantz unnöthig: Man pfleget auch Zucker darunter zu rühren / aber der Schnee wird davon schwer /

Dddddd und

und bleibet nicht gar gerne in der Höhe; dazu ist solches ein Uberfluß/ wann zumal/ wie oben gedacht/ die Semelschnitten gleich anfangs mit Zucker überstreuet/ oder aber/ wie einige pflegen/ mit süssen oder Spanischen Wein angefeuchtet werden.

Oder:

Ziehet die Semmel-Schnitten durch ein Ey/ bachet/ und überstreichet sie mit kräfftiger Mandel-Füll/ legets zu unterst in die Schüssel/ feuchtets mit süssen oder Spanischen Wein an; machet den Schnee auf die vorbesagte Art zusammen/ und häuffelt ihn schön übersich in die Höhe auf: Vermeint man diesen Schnee zierlicher zu haben / kan man in die mitten der Schalen/ ein/ von Eyer-Milch/ oder Eyer-Käß/ oder Butter/ oder auch von Mandel-Zeug/ oder aber einem Mäyen-Mus/ formiertes Lamm oder Hirschen setzen/ mit Zimmet überstreuen/ und den Schnee neben herum/ besagter massen aufhäuffeln.

Oder:

Man zerklopffe von zehen frischen Eyern das Weisse/ eine gute viertel Stund/ in einem verglasurten Hafen/ siede inzwischen eine Quitten ab / und treibe sie hernach durch ein Sieblein/ rühre das zerklopffte Weisse von denen Eyern allgemach / zusamt vier Loht Zucker/ darunter/ und halte dann mit stetem Rühren noch eine viertel Stund an; setz es in einer Schüssel auf eine Kohl- oder Glut-Pfannen / laß ebenfalls eine viertel Stund darauf stehen / und trags dann zu Tisch.

Funffzehender Theil,
Entdeckend die Conservirt- und eingemachte
Früchte und Wurtzeln.

1. Itronat und Citronen einzumachen.
2. — — — — auf andere Art.
3. Citronen mit samt dem Sauern einzumachen.
4. — — gefüllt in Syrup oder trocken einzumachen.
5. — — Kraut einzumachen.
6. Pomerantzen gantz — — —
7. — — und Citronen-Schelffen einzumachen.
8. Pfersiche ⎫
9. — und Marilln oder ⎬ einzumachen.
   Abricosen ⎭
10. Quitten
11. — — — — auf andere Art.
12. — — — — noch anderst.
13. Muscateller-Birn einzumachen.
14. Weinbeere einzumachen.
15. — — — — auf andere Art.
16. Ribes- oder Johannes-Beerlein einzumachen.
17. — — — — auf andere Art.
18. — — — — noch anderst.
19. Saurach oder Wein-Lägelein einzumachen.
20. — — — — auf andere Art.
21. Zwetschgen einzumachen.
22. Zwetschgen, so laxiren, einzumachen.
23. Weixeln einzumachen.
24. — — — — auf andere Art.
25. — — — — noch anderst.
26. — — — — auf andere Weise
27. — — — — noch auf eine andere Art.
28. Weixeln einzusetzen.
29. — — auf andere Art.
30. — — noch anderst.
31. — — in Honig einzusetzen.
32. Weixel-Kugeln zu einem Weixel-Wein.
33. Hieffen oder Hagenbutten einzumachen.
34. — — — — auf andere Art.
35. — — — — noch anderst.
36. — — Latwerg.
37. Mispeln oder Hespelein einzumachen.
38. — — — — auf andere Art.
39. Welsche Nüsse ⎫
40. Calmus ⎬ einzumachen.
41. Alant-Wurtzel ⎬
42. Wegwarten ⎭
43. — — trocken zu candiren.

1. Citronat und Citronen einzumachen.

Erstlich ist zu mercken / daß keine Citronen zum einmachen tauglich seyen / als die welche man spat im Herbst gegen das Fest Simonis und Judæ zu uns heraus bringet / dann an den andern ist alle Mühe und Unkosten verlohren / es sey dann daß mans zu Citronaten oder andern Sachen gebrauchet: Zweytens / soll man zum einmachen diese Citronen wehlen / welche schön glatt und grünlicht seyn; schneidets nach gefallen / zu langen Schnitten / oder aber runden Scheiben und Plätzen: wann sie nicht gar groß seyn / mag mans auch wohl halb lassen / das Sauere hingegen / und so weit sie weiß und häufig sind / muß man heraus schneiden / auch so dann die Citronen alsobald in ein frisches Wasser legen / nachmal das Wasser in einen verglasurten Hafen giessen / so lang saltzen / biß ein neugelegtes Ey darinnen oben auf schwimmt / und die Citronen gemach darinnen sieden lassen / dabey aber fleissig achtung geben / daß sie nicht zu weich werden / sondern etwas härtlicht bleiben; dann sie versieden sich gar bald: wann nun die Citronen ein wenig durchsichtig sind / haben sie genug: Oder man nimmt sonst wohl die Prob / und sticht mit einem Pfriemen darein / welcher / so er gleich herab fällt / ein Zeichen ist / daß sie fertig sind; weicher aber darff man sie nicht sieden lassen: Wann sie nun gesotten / waschets aus etlichen frischen Wassern / lassets hernach darinnen ligen / giesset etliche Tage lang öffters ein frisches daran / biß sie nimmer gesaltzen sind / trocknets dann auf einem Tuch wohl ab / überwäget sie auf einer Waag / und nehmet zu einem Pfund der Citronen ein und ein viertel Pfund Zucker / läutert diesen mit dem letzten Wasser / darinnen die Citronen gelegen haben / und giesset an das Pfund Zucker ein halbe Maas besagtes Wassers / lasst ihn so lang sieden / biß er zwischen den Fingern schlüpfferig oder honig-dick wird; legt hernach die Citronen in ein weites Geschirr / und giesset den Julep zimlich warm darüber; leget ein dickes Bretlein darauf /

Von eingemachten Früchten und Wurtzeln.

darauf/ daß sie nicht übersich schwimmen/ beschweret sie aber nicht gar sehr: Wann nun der Zucker wässerig worden ist/ soll man ihn abseihen/ einen andern frischen dazu legen/ und wieder zu voriger Dicke einsieden lassen; man muß aber von dem Zucker immerzu etwas zum Nachlegen zuruck behalten/ kühl darüber giessen/ und zwar jedesmal/ so offt der Zucker wässerig wird/ biß er in seiner rechten Dicken daran bleibt/ und so kan man sie etliche Jahre lang aufbehalten: Auf gleiche weise kan man sie auch in Hönig einmachen; man nimmt aber ein schönes mit Rosenwasser geläutertes Hönig dazu/ dann dadurch verlieret es den groben Hönig-Geschmack/ dann soll mans mit guten lautern Wein zu rechter Zeit dick sieden/ kühl darüber giessen/ und also ferner damit verfahren/ wie mit dem Zucker vermeldet worden. *

2. Citronat oder Citronen einzumachen,
auf andere Art.

Die Citronat-Aepffel oder auch die Citronen werden zu Stücken geschnitten/ und die Kern heraus genommen; sind es gelbe Citronat-Aepffel/ muß man sie überzwerch schneiden: alsdann leget man selbige etliche Tage in Saltz-Wasser/ biß sie etwas durschtig werden; siedets in Röhrenwasser ein wenig/ lässets auf einem Tuch wieder ertrocknen/ läutert den Zucker/ siedet selbigen zur rechten Dicken/ und giesset ihn/ wann er kalt ist/ über den Citronat oder die Citronen; so dann der Zucker nachgehends zu dinn wird/ wird er abgegossen/ noch einmal gesotten/ und wieder darüber geschüttet.

3. Citronen zusamt dem Sauern
einzumachen.

Diese Citronen werden/ gleich den vorigen/ zu dinnen runden/ eines Messer-rucken dicken Schnitten geschnitten/ wie man

* Auf diese Art kan man auch die Citronat-Aepffel einmachen.

man sie sonst auf den Tisch/ an Statt eines Salats/ zu zerschneiden pfleget/ und die Kern heraus genommen; alsdann ein Wasser gesaltzen/ aber nicht so viel wie bey den ersten/ sondern nur so/ daß das Saltz ein wenig vorschlägt/ nachmals sied=heiß darüber gegossen/ und etwan eine viertel oder halbe Stund wol zugedeckt stehen gelassen/ hernach heraus genommen/ durch etliche Wasser gezogen/ und in ein frisches geleget/ damit das meiste Saltz davon komme; alsdann wieder auf ein Tuch/ sodann in ein rein Geschirr geleget/ der Zucker etwas fester/ als bey den vorigen gesotten/ und warm darüber gegossen: wann der Zucker dünn wird/ wird er nochmal/ wie im vorigen gedacht/ übersotten.

4. Gefüllte Citronen in Syrup/ oder trocken einzumachen.

Schneidet von kleinen Citronen/ so man Paradiß=Aepffel nennt/ unten und oben ein Plätzlein hinweg/ holets hernach fleissig aus/ daß das Saure und weisse häutige heraus komme/ machet sie allerdings ein/ wie erst=besagte Citronen/ hacket dann eine andere eingemachte Citronen klein/ mischet das saure Marck von einer Citronen/ so mit Zucker zuvor abgesotten worden/ darunter/ daß sie schön dicklicht wird; oder man kan auch saure Citronen darzu gebrauchen/ und wann sie zu dünn sind/ gehackte Schelffen davon darunter mischen/ in die ausgehölete Citronen fest einfüllen/ die Plätzlein mit einem Faden darauf binden/ und in den vorigen Syrup legen; will man selbige auf einer Schalen auftragen/ muß man den Faden hinweg schneiden/ und die ledige Plätzlein mit einem Zimmet Spältlein anstecken und ausfüllen: Wolte man sie aber trocken conserviren/ muß man selbige/ ehe sie gefüllet werden/ in einer warmen Stuben trocknen/ und die Plätzlein/ oder Deckelein mit einem länglicht=geschnittenen Stücklein Zimmet anstecken und befestigen/ den Zucker etwas hart/ fast wie zu Zeltlein giessen/ doch nicht so gar starck/ und mit dem Reibholtz abreiben/ daß er weißlicht/ aber nicht dicker werde als ein Kinds=Koch; dann soll man

die

die Citronen darinnen umkehren / damit der Zucker fein dinn daran behangen bleibe / alsdann auf zwey Höltzlein über ein Sieb / oder Räiterlein legen / daß sie nicht aufligen / und geschwind in einer warmen Stuben trocknen: damit man aber nicht sehe wo sie auf den Hölzern aufgelegen / kan man sie nachmal ein wenig mit dünnem weissen Eiß überstreichen.

5. Citronen-Kraut einzumachen.

Man schneide die Citronen nach der Länge / zu gar dünnen Blätlein / und sodann überzwerch annoch ferner wie ein Kraut / je kleiner / je schöner; lege sie in ein frisches Wasser / und laß so lang darinnen liegen / biß sie durchsichtig werden / giesse aber immerzu ein andres frisches Wasser daran / schütte sie nachmal auf ein über eine Räiter / oder Sieb gebreitetes Tuch / damit sie verseihen / und legs dann in ein reines erdenes Geschirr: Indessen läutert den Zucker / wie im vorigen gedacht; giesset ihn / wann er erkaltet / darüber / verwahret das Geschirr wol / und setzets an einen kalten Ort: sehet zu / ob nicht nach etlichen Tagen die Brühe wässericht werden wolle / und seihet sie / wann deme so ist / alsobald ab; übersiedets vom neuen / wie im vorigen bereits offt gedacht / und dieses so offt / biß der Zucker in seiner rechten Dicken verbleibet: es muß aber die Brühe völlig über dieses Citronen-Kraut gehen / dann sonsten pflegt es sich nicht lang zu halten

6. Pomerantzen gantz einzumachen.

Nehmet schöne Pomerantzen-Aepffel / die weder Flecken noch Mangel / sondern dünne schöne Schelffen haben / und vollkommen an Safft seyn / schneidet sie aber nicht tieff hinein / sondern Stern-weiß / man kan solche auch zuvor schrauben / löset nur die Schalen auf das subtileste / damit der innere Apffel mit seinem Häutlein gantz bleibe / und nichts daran verletzet werde / die äussere Schale aber muß / wie gedacht / auf das allerdinnest und zarteste / mit grossem Fleiß von den Aepffeln gelöst werden / unten und oben aber daran bleiben / daß es anzusehen /
als

als stünde der Apffel nur gleichsam in der Schalen; absonderlich aber muß aussen her das weisse zarte Häutlein gantz bleiben/ daß der Apffel von dem sieden nicht möchte verletzet werden: wann man die Pomerantzen also beschnitten und zugerichtet/ leget sie in ein reines und verglästes Geschirr/ darinnen sie wol Raum haben/ giesset frisches Brunnen-Wasser daran/ deckets wol zu/ und lassets Tag und Nacht stehen/ seihet das Wasser davon/ und giesset wieder ein frisches daran/ lasst es ferner stehen/ wie zuvor/ und dieses Wassers auf- und zugiessen wiederholet jeden Tag zwey mal; leget auch ein subtiles Bretlein darauf/ damit sie im Wasser nicht übersich schwimmen; und wann sie/ wie gedacht/ ein paar Tage gewässert haben/ hebet diese Aepffel heraus in einen schönen verglasurten Hafen/ oder breite Kachel/ giesst wieder/ wie zuvor/ ein frisches Brunnen-Wasser daran (man kans auch/ welches noch besser/ in ein siedendes Wasser legen) daß es darüber zusammen gehe/ deckets geheb zu/ stellets auf eine Glut von fernen zum Feuer/ lassets allgemach sieden/ biß die Schalen lind zu werden beginnet; legts dann heraus auf ein schönes weisses Tuch/ bedeckets alsobald mit einem andern: Giesset hernach das Wasser in eine grosse messinge Pfannen/ darinnen die Aepffel zuvor gesotten haben/ thut Zucker daran/ und wann dieselbe von zimlicher grösse sind/ zu dreyen Aepffeln ein Pfund deß schönsten Zuckers/ und zu einem Pfund Zucker eine halbe Maas dieses Wassers/ darinnen die Aepffel gesotten haben (wiewol man auch/ welches fast noch besser/ ein frisches Röhrenwasser dazu nehmen kan) sind sie aber gar groß/ so nehmet zu dreyen Aepffeln fünff viertel-Pfund Zucker/ damit sie mit der Brüh/ wann sie gesotten/ wol mögen bedecket werden: stosset den Zucker/ schüttet ihn/ wie gedacht/ in das Wasser/ oder leget nur ein Stücklein nach dem andern darein/ lasset ihn alsdann wol sieden/ wie einen Syrup oder Julep/ doch also/ daß er nicht zu dick werde/ alsdann lasset ihn verkühlen: unterdessen leget die Aepffel in ein was weites Geschirr/ oder auch nur in dieses/ worinnen sie gewässert worden/ und giesset den gesottenen Zucker darüber/ lasst sie wol bedeckt zwey oder drey Tage/ nach dem die Aepffel den Zucker bald oder langsam annehmen/ stehen; seihet selbigen/

Von eingemachten Früchten und Wurtzeln. 769

bigen / wann er wässericht werden will / davon ab / und siedet damit die Aepffel wiederum / wie zuvor / ab / wiederholet dieses zum dritten mal / biß die Aepffel schön durchsichtig sind; man muß aber fleissig im sieden achtung haben / daß sich die Schelffe nicht abstosse / noch auch die Schalen gar zu weit von den innern Aepffeln sich abziehen: setzet sie so dann in einem Geschirr auf / oder aber neben einander; lasset diese Zucker-Brüh noch ferner etwas dicklicht sieden / biß sie Fäden spinnet; alsdann erkalten / wie zuvor / giessets wieder über die Aepffel / und behaltets zum Gebrauch auf; solte die Brüh zu wässericht werden / so übersiedet sie nochmal gleich den vorigen.

7. Pomerantzen- und Citronen-Schelffen einzumachen.

SChneidet von denen in vier Theile zerschnittenen Pomerantzen-oder Citronen-Schelffen / das Weisse nur ein wenig heraus / oder lassets wie sie an sich selbst sind / so werden sie noch schöner; giesset in einen verglasurten Hafen frisches Röhren-Wasser daran / lassets zwey Tage lang darinnen ligen / und gebet ihnen etliche mal ein frisches Wasser: Einige lassen sie zwar sechs oder acht Tage / auch wohl länger im Röhren-Wasser ligen / allein es ist nicht nöthig; lasset vielmehr so dann besagtes Wasser in einem verglasurten andern Geschirr / oder stollichten Hafen / sieden / leget die Schelffen darein / und siedets so lang darinnen / biß sie ein wenig weich werden: man nehme die Prob mit einer Gabel / steche hinein / und so sich die Schelffen gleich anspiessen lassen / so sind sie fertig: nehmet sie heraus / legets auf ein reines Tuch / oder breitet selbiges auf ein Sieb / und lassets wohl vertrocknen; alsdann kan man von dem Weissen / was annoch weich ist / und gerne herab gehet / auf das subtilste abschaben: Indessen läutert so viel Zucker / als man meinet daß man dazu vonnöthen habe / und zwar also: Zerschlaget den Zucker klein / schüttet ihn in ein Kesselein / zerklopffet ein Eyer-weiß mit Wasser zu einem Gest oder Schaum / giessets an den Zucker / und noch ein wenig Wasser / nemlich zu einem Pfund Zucker / ein Vier-

Eeeee tel-

tel-Maas Röhren-Waſſer dazu / laſſet den Zucker aufſieden / verfaumet und ſchrecket ihn einmal oder zwey mit einem Löffel voll friſchen Waſſer ab / ſo wird er auf das allerſchönſte und klareſte werden / und ſo kan man zu allen Sachen den Zucker läutern; wann er nun alſo geläutert / laſſet ihn noch ein-oder dreymal darüber aufwallen / zu erſt aber dieſe Brüh nicht gar zu dick geſotten werden / ſondern nehmet den Zucker vom Feuer hinweg / und laſſet ihn ein wenig erkalten: Indeſſen ſchlichtet die Pomerantzen / oder Citronen-Schelffen in ein Glas oder Tiegel / aber mit Vortheil / welcher darinnen beſtehet / daß man ſie nicht ordentlich auf einander ſchlichte / ſondern hier und dar unordentlich einlege / damit der Zucker allenthalben dazwiſchen eintringen könne; zu ſolchem Ende gieſſet den erkalteten Zucker darüber / laſſet ihn alſo ein paar Tage ſtehen / und ſeihet die Brüh wieder ab / überſiedets nochmal ein wenig / und laſſets wie zuvor erkalten / gieſſets wieder über die Schelffen; ſolte der Brüh daran alsdann zu wenig ſeyn / ſo muß man etwas friſchen Zucker von neuen läutern / und wann er erkaltet iſt / darüber gieſſen / dann die Brüh muß allezeit über die Schelffen gehen: ſolte man das andere mal ein wenig zuviel Zucker geſotten haben / kan man ſelbigen aufheben / nach zweyen Tagen die Brüh wieder überſieden / und deſſen Zucker nochmal dazu gebrauchen: dann es muß dieſe Brüh meiſtens dreymal überſotten werden / wo ſie nicht anlauffen / ſondern gehöriger maſſen dick verbleiben ſoll.

8. Pferſiche ein zu machen.

Die Pferſiche wann ſie noch grün / härtlich / und nicht recht zeitig / ſind die beſte zum einmachen; ſchählet oder ziehet ihnen die Haut fein genau herab / läutert dann einen Zucker / wie kurtz vorher bey den Citronen und Pomerantzen-Schelffen gelehret worden / und wann derſelbe verfaumt hat / leget die geſchählte Pferſiche darein / ſchneidet ſie aber zuvor halb von einander / und nehmet den Kern / ſamt dem faſichten auf das fleiſſigſte heraus. Wann nun die Pferſiche / wie oben gedacht / in den Zucker gelegt /

Von eingemachten Früchten und Wurtzeln. 771

gelegt worden / helfft solchen in der Pfannen / oder in einem Keſ=
ſelein / mit einem Löffel immerzu langſam herum / daß ſie zugleich in
den Sud kommen / und über ſich einen weiſſen Faum / welchen man
mit einen Löffel abzunehmen pfleget / aufwerffen; füllet immer zu/
biß daß ſie lind ſind: legets hernach in ein Geſchirr / von Zinn/
Erden / oder Glas / überſiedet die Brüh oder den Zucker biß zur
rechten Dicken / und gieſſet ſelbigen / wann er ſo wol als die Pferſi=
che erkaltet / darüber; bedeckets mit einer Glas=Scheiben / oder
Bretlein / leget einen Kieſſel=Stein darauf / daß die Brüh darüber
gehet / verdecket und verbindets wohl / nachdem das Geſchirr iſt / und
ſo die erſte Brüh nicht darüber gehet / muß man noch mehr Zucker/
in gehöriger Dicken / abſieden / und wann er erkaltet / darüber gieſſen/
und dann nach zwey oder drey Tagen wieder darzu ſehen; ſolte die
Brüh gantz dinn ſeyn / kan man ſie abſeihen / mit Zucker vermehren/
und wann ſie erkaltet wieder darüber gieſſen / welches zwey oder
dreymal geſchehen muß / biß ſie die rechte Dicke behält / doch darff
der Zucker dazu nicht der ſchönſte ſeyn. *

9. Pferſiche / Marilln / oder Abricoſen einzumachen.

SEtzet Pferſiche / oder auch ſchöne groſſe Marilln / oder
Abricoſen auf einen Räiterlein oder Sieb / über einen Hafen
mit Waſſer / wol verdecket / ſchieret um den Hafen einen Glut
herum / damit das Waſſer allgemach ſiedend werde und die Pferſi=
che dampffen / doch nicht zu weich; ziehet ihnen alsdann die Haut ab/
legets in ein Geſchirr; nehmet zu einen Pfund Pferſiche ein Pfund
Zucker / läutert ſolchen wie gebräuchlich / gieſſet aber ein wenig mehr
Waſſer daran / und laſſet ihn etwas dicklicht ſieden; ſchlichtet als=
dann die Pferſiche oder Marillen in einen Tiegel oder Glas / und
gieſſet dieſe Zucker=Brüh laulicht darüber / ſeihets nach zweyen Ta=
gen / wieder davon ab / und ſiedets in voriger Dicken / biß der Zucker
nicht mehr wäſſericht wird.

10. Quit=

* Auf dieſe Weiſe kan man auch die Marilln oder Abricoſen einmachen.

10. Quitten einzumachen.

Schälet schöne Quitten und schneidet sie von einander nehmet den Butzen und Kern-Häuslein fleissig heraus / legets in ein frisches Röhren-Wasser; zuvor aber setzet in einem Hafen auch ein besonderes Röhren-Wasser zum Feuer / lasset es sieden / leget die geschählten Quitten darein / dann je geschwinder sie von dem schählen in das warme Wasser kommen / je schöner und weisser sie werden; alsdann lasset selbige so lang sieden / biß sie ein wenig weich sind / nehmets heraus legets auf ein mit einem Tuch überbreitetes Sieb / und deckets mit einem andern zu / so werden sie gar schön weiß bleiben: indessen läutert den Zucker / und verfahret ferner auf die Weiß / wie bey den eingemachten Citronen- und Pomerantzen-Schelffen Num. 7. mit mehrern gelehret worden.

11. Quitten / nach dem sie wie oben zubereitet sind / auf andere Art einzumachen.

Nehmet zu fünff oder 6. Quitten ungefehr anderthalb Pfund geläuterten Zucker / lasset ihn sieden biß er eine Safft-Dicke bekommt; indessen schlichtet die Quitten in ein Glas / und wann der Zucker erkaltet / so giesset ihn darüber; alsdann bedecket sie mit einem Bretlein / und beschwerets / daß die Brüh völlig darüber gehet: bindet und vermachet das Glas oder Tiegel wohl / laßt es also stehen; nach zwey- oder dreyen Tagen / wann die Brüh wolte wässericht werden / seyhet sie ab / übersiedets wieder / zu einer rechten Safft-Dicken / lassets erkalten / giessets über die Quitten / und dieses muß drey oder viermahl geschehen / so lang und so viel biß die Brüh in ihrer rechten Safft-Dicken verbleibet.

❋ ❋ ❋

Oder:

Man kan auch die Quitten / wie oben gedacht / schählen / in frisches Wasser legen / alsdann einen schönen frischen ausgepressten

Von eingemachten Früchten und Wurtzeln.　773

preſſten lautern Quitten=Wein ſiedend machen / die Quitten/ ſo geſchwind es immer ſeyn kan / darein legen / und ſo lang ſieden laſſen / biß ſie ein wenig weich werden: alsdann nehmet ſie heraus/ und legts auf ein Tuch / in ein Sieb / deckets fleiſſig zu / laſſts über Nacht ſtehen / deß andern Tags ſchlichtets in einen Tiegel oder Glas / läutert und ſiedet den Zucker / wie bey den vorigen gemeldet worden; laſſet ſolchen zuvor gantz erkalten / ehe man ihn über die Quitten gieſſt: ſonſt kan man auch nach etlichen Tagen öffters den Zucker überſieden / biß er / wie oben gemeldt / ſeine rechte Safft= Dicken beſtändig behält.

12. Quitten noch anderſt einzumachen.

SChählet und ſchneidet die Quitten in vier Theile / gieſſet Quitten=Wein darein / laſſets / biß ſie halb weich werden / ſieden / ſtreuet dann ſo viel Zucker / als beliebt / darein / und ſiedet die Quitten ferner ab / biß ſie völlig weich ſind; nehmets dann heraus / laſt ſie erkalten / und den Safft davon dicker ſieden: ſchneidet dann Citronen=Schelffen gröblicht / laſſet ſelbige einen Wall in Waſſer thun / menget ſie unter den Quitten=Safft / und laſſets noch ferner aufwallen: ſchneidet hernach Citronat/ Zimmet / und geſottne Citronen=Schelffen / klein / oder wie es ſonſt beliebig / leget davon zwiſchen jede Lage der Quitten=Schnitze / und wann der Quitten=Safft völlig erkaltet / ſo gieſſet ihn darüber.

13. Muſcateller=Birn einzumachen.

NEhmet ſchöne Muſcateller=Birne / ſo nicht weich ſind / ſchählet und leget ſie in ein friſches Waſſer; läutert hernach den Zucker / wie ſchon gedacht: nehmet indeſſen die Birne aus dem Waſſer heraus / und laſſets verſeihen / leget / wann der Zucker verſaumt / die Birne hinein / und laſſets darinnen etliche mal aufwallen / biß ſie ein wenig weich werden wollen; leget ſelbige nochmal in einen Tiegel / ſiedet den Zucker noch ein wenig / und gieſſet ihn/

Eeee iij　　wann

wann er erkaltet / über die Birne: verbindet und verwahret das Geschirr / setzets in ein kühles Ort; seihet die Brüh ein paar Tag hernach / wann sie wiederlassen wolte / ab / übersiedets so offt / biß der Zucker nimmer wässericht ist / und in seiner rechten Safft-Dicken bleibet. Es muß aber bey allen eingemachten Früchten beobachtet werden / daß man den Zucker im Anfang nicht gar dick siede / hernach aber so offt übersieden lasse / biß er nimmer wässericht wird / sondern in seiner rechten Safft-Dicken bleibt. *

14. Weinbeere einzumachen.

Zum einmachen sind diejenige Weinbeere am besten / die nicht gar grosse Trauben haben / auch soll man ihnen vorher / weil sie noch am Stock hangen / die Stengel umbrechen / oder umdrehen / und also über Nacht hangen lassen / so welcken sie ein wenig ab; es soll auch dieses bey schönem hell- und trocknem Wetter geschehen / auch die unrein-unvollkommene Beerlein davon geklaubet werden / die Trauben kan man in ein Geschirr legen / nachmal einen zimlich-dick-gesottenen Zucker etwas warm darauf giessen / daß er ein wenig darüber gehe / und mit einem dicken Bretlein beschweren / damit sie nicht übersich schwimmen: Wann nun in einem oder zweyen Tagen der Zucker nachgelassen / und dinn worden ist / soll man ihn wieder zu voriger Dicken sieden / und so fort an / biß er nimmer nachlässet.

15. Eingemachte Weinbeere / auf andere Art.

Nehmet schöne frische Weintrauben / zupffet die Beere herab / leget s in eine zinnerne Büchsen / erdenen Tiegel oder Glas / streuet aber zuvor gröblicht-zerbrockte Zimmet und Muscaten-Blüh darein / und so dann ferner die Weinbeere: Wann nun die

* Etliche lassen die Muscateller-Birn zuvor ein wenig im Wasser / und hernach / dessen ungeachtet / noch einen Wall im Zucker auffsieden; allein es ist unvonnöthen / dann sie werden nur wässericht / und bleiben auf die oben beschriebene Art länger und besser.

Von eingemachten Früchten und Wurtzeln. 775

die Büchsen oder der Tiegel halb voll ist / bestreuet sie wieder mit gedachter Gewürtz / beleget es nochmal mit Weinbeeren / und mischet je zu weilen kleine Träublein darunter: läutert hernach einen Zucker / lasset ihn aber starck sieden / biß er nimmer fliesset / alsdann erkalten / und giesset ihn über die Weinbeere; wann sie fünff oder sechs Tage stehen / so ziehen die Beere den Zucker an / und wird die Brüh gar dinn; seihet sie alsdann wieder herab / thut noch mehr Zucker dazu / lasset sie ferner sieden / wie zu erst / biß der Zucker dick wird / und giesset ihn nochmal darüber / so bleiben sie gar schön. *

16. Ribes- oder Johannes-Beere einzumachen.

Pflicket oder klaubet schöne Ribes- oder Johannes-Beere / nehmet zu einem Pfund derselben zwey Pfund Zucker / und zu dem Pfund Zuckers drey Achtel-Maas Wasser; läutert den Zucker / lasset ihn einsieden biß er sich spinnt / schüttet die Ribes- oder Johannes-Beere darnach in einen Tiegel / haltet ihn in ein kaltes Wasser und giesset den Zucker wohl warm darüber / verbindet den Tiegel mit einem gedoppelten Papier / stechet Löchlein hinein / lassets also vier oder fünff Tage lang stehen / seihet die Brüh wieder herab / und siedet selbige nochmal biß sie dick wird / giessets sodann noch einmal darüber; wolte sie aber / mit der Zeit / anlauffen / kan sie vom neuen übersotten werden.

17. Ribes- oder Johannes-Beere / auf andere Art / einzumachen.

Streiffet schöne Johannes-Beerlein ab / die nicht gar groß sind / dann die kleine pflegen insgemein besser / die grossen aber etwas wässericht / dazu viel säurer zu seyn; presset oder windet

---

* Zum andern mal darff man den Zucker nicht mehr mit einem Eyerweiß läutern / wie das erste mal / sondern es wird nur die Brüh mit dem Zucker verstärcket / wie schon gedacht.

det den Safft davon durch ein Tuch/ und lasset ihn fast eine halbe Stund lang sieden/ ehe man den Zucker daran thut; nehmet aber zu einen halben Pfund Safft ein Pfund Zucker/ leget ein Stücklein nach dem andern in den Safft/ und last ihn also fortsieden/ versaumt selbigen/ daß er schön hell wird/ und auf einem Deller wie anderer Safft gestehet: leget dann die Ribes- oder Johannes-Beerlein zusamt den Sträußlein/ also gleich hinein in den Safft/ und lassets ein wenig damit sieden/ biß sie nur etwas einschrumpfsen wollen; legets dann warm in einen Tiegel/ lassets erkalten/ und setzets wohl zugebunden/ in verwahrung. *

18. Ribes- oder Johannes-Beerlein noch anderst einzumachen.

Man nehme schöner zeitiger Träublein ohngefehr ein Pfund/ schneide den Stiel zusamt dem/ was unsauber an den Stengeln ist/ herab/ und thue fünff viertels Pfund Zucker dazu; lasse selbigen mit einem Seidlein Wasser dick sieden/ alsdann ein wenig abkühlen/ lege die Träublein darein/ lasse selbige ferner gantz gemach sieden/ biß sie gestehen/ und schütte es dann in einen Tiegel oder Glas. **

19. Saurach oder Wein-Lägelein einzumachen.

Schneidet die Saurach oder Wein-Lägelein mit einem subtilen Messerlein auf/ nehmet die Kern heraus/ überstreuets mit Canarien-Zucker/ schlichtets in ein Glas oder Tiegelein/ (man kan auch wohl ein wenig geläuterten Zucker/ wann er zuvor erkaltet/ darüber giessen/ so bekommen sie mehr Brüh) lassets fünff

oder

---

* Diese Johannes-Beerlein werden nicht wässericht/ lauffen auch nicht an/ und kan man auf diesen Schlag auch die Weixeln einmachen.

** Auf diese Weise kan man auch die schwartzen Ribes- oder Wein-Beerlein/ ingleichen auch die weissen Agrest- und unzeitigen Weinbeere/ weniger nicht die Saurach oder Wein-Lägelein/ wie gleich jetzo mit mehrern gedacht werden wird/ conserviren und einmachen.

oder sechs Tage lang in einer Stuben/ oder auch in der Sonnen stehen/ damit der Zucker recht zergehet.

20. Saurach oder Wein-Lägelein einzumachen/ auf andere Art.

WAnn aus denen Wein-Lägelein die Kerne heraus genommen worden/ wie oben gedacht/ so wäget zu einem Pfund Beerlein/ so annoch an ihren Sträußlein hangen/ zwey Pfund Zucker ab/ läutert denselben wie gebräuchlich/ und lasset ein gut theil abgefallene Beerlein zugleich damit sieden/ daß der Zucker schön roth werde; wann er nun ein wenig dicklicht gesotten/ lasset ihn/ in etwas erkalten/ leget die frischen Saurach oder Wein-Lägelein in ein Glas oder Tiegel/ und giesset deß Zuckers alsdann so viel daran/ daß die Brüh darüber gehe/ beschweret mit einem kleinen Bretlein/ übersiedet/ nach etlichen Tagen/ den Zucker/ wie schon zum öfftern erinnert worden/ biß er seine rechte Dicken vollständig überkommen.

21. Zwetschgen einzumachen.

ERstechet schöne Zwetschgen/ die frisch vom Baum gebrochen sind/ hier und dar mit einem Hefftlein oder Steck-Nadeln/ schlichtets in einen Tiegel/ zinnerne Büchsen oder Glas/ leget ein wenig gröblicht-zerbrochene Zimmet und Muscaten-Blüh darein/ und giesset einen geläuterten und zuvor wieder erkalteten Zucker darüber.

22. Zwetschgen einzumachen/ so laxiren.

NEhmet schöne Zwetschgen/ so der Reiff getroffen/ und bey dem Stengel runtzlicht seyn/ ziehet ihnen das Häutlein ab/ legets in ein Geschirr; lasset den Zucker dick sieden/ giesset ihn wohl heiß darüber/ beschwehrets mit einem Bretlein/ aber nicht zu hart/ sondern nur also/ damit sie nicht übersich schwimmen; wann der Zucker wässericht wird/ siedet ihn noch öffters ab: Will man aber diesen

Zwetschgen eine purgierende Krafft beybringen / so weichet in das Wasser / so man auf den Zucker giesset / über Nacht / und zwar auf ein Pfund deß Zuckers / zwey Loth Senet-Blätter / und eine zerschnittene Ingber-Zehen / darein / giesset so viel heisses Wasser daran / daß nach dem abseihen / ein Seidlein davon übrig bleibe.

23. Weixeln einzumachen.

Denen Weixeln / so zum einmachen dienen sollen / muß man / ehe sie recht vollkommen zeitig seyn / die Stiele gemach ausdrehen / damit der Safft nicht heraus dringe / alsdann in ein klein wohl abgebundenes Fäßlein vom Eichen-Holtz legen / nachfolgende Gewürtze grob zerstossen / dazwischen streuen / als Negelein / Zimmet / Galgant / Muscaten-Blüh / jedes ein wenig / nach dem das Fäßlein groß ist; hernach einen Zucker absieden / daß er um ein gutes dicker sey / als ein geläutert Hönig / selbigen etwas wärmer als laulecht daran giessen / daß er wohl über die Weixel gehe / nachmal an ein kühles Ort wohl verwahrt und zugemachet legen / und nach etlichen Tagen dazu sehen / so haben sie einen lieblichen Safft bekommen; wann nun derselbe zu dünn wäre / und man sich besorgen müste / er möchte sauer werden / kan man gestossenen Zucker darein streuen. *

24. Weixeln einzumachen / auf andere Art.

Nehmet schöne Weixeln / drehet die Stiel herab / daß der Safft nicht heraus lauffe; legts in einen erdenen Tiegel / und machet allezeit eine Lag Weixeln / darnach eine andere Lag von gantzen Negelein / und zerschnittener Zimmet / biß der Tiegel voll wird:

* Diese Weixeln zusamt dem Safft dienen nicht nur den Krancken zur Labsal / sondern man kan auch geschwind einen Weixel-Wein daraus machen; wann man besagten Safft unter einen guten starcken Wein giesset: die Weixel bleiben schön vollkommen / und können auch besonders aufgetragen werden.

Von eingemachten Früchten und Wurtzeln. 779

wird: zerstosset nachmal Weixeln in einem Mörsel/ zwingets durch/ und nehmet zu einer Viertel-Maas ausgezwungenen Safftes/ ein halb Pfund Zucker/ lasset selbigen im steten Sud fort sieden/ doch nicht zu sehr; so er nun anfängt Fäden zu ziehen/ so ist er gnug gesotten: Wann er dann ein wenig erkaltet/ giesset ihn über die Weixeln in dem Tiegel/ und beschwehrets vierzehen Tage lang; siehet nach dem die Brüh wieder herab/ übersiedet sie noch einmal/ giessets/ wann sie erkaltet/ über die Weixeln/ und das kan man auch öffters thun/ nemlich/ so offt die Brüh dinn wird/ dann sonsten lauffen sie gerne an.

25. Weixeln/ noch anderst/ einzumachen.

Nehmet ein Pfund schönen Zucker/ läutert selbigen/ lasset ihn ein wenig dick sieden/ und hernach gantz erkalten; schüttet dann ein Pfund von gemeinen Weixeln/ die fein zeitig und trocken sind/ in ein eichenes/ aussen an dem Boden/ wohl-verpichtes Fäßlein/ giesset den geläuterten Zucker hinein/ machet das Spunt-Loch vest zu/ setzet das Fäßlein in den Keller/ und kehret selbiges alle Tage unter und übersich; es muß aber das Gespünt am Fäßlein zimlich weit seyn.

26. Weixeln einzumachen/ auf eine andere Weise.

Suchet ein eichenes Fäßlein zur Hand/ läutert aber den Zucker nicht/ sondern machet nur allezeit eine Lag Weixel in das Fäßlein/ und überstreuet sie zimlich starck mit Zucker/ auch gröblicht-zerbrochenen Negelein und Zimmet; machet wieder eine Lag Weixel und so fort an/ biß das Fäßlein voll ist: schlaget alsdann das Fäßlein zu/ setzets in Keller/ wendets alle Tage fleissig um/ doch dannoch aber kan man die Weixeln in Zucker eingemacht/ noch länger/ als diese/ erhalten.

Fffff ij   27. Wei-

27. Weixeln / noch auf eine andere Art / einzumachen.

Zwinget so viel abgezupffte zeitige Weixeln durch ein Tuch / damit ungefehr ein halb Seidlein Safft bleibe; giesset ihn in ein messinges Becken / thut ein Pfund oder etwas mehr schönen Zucker daran / setzets also auf eine Kohlen oder Glut / und lassets wohl dick sieden: drehet dann zwey Pfund zeitigen Weixeln die Stiele ab / leget sie in den gesottenen Safft; lassets mit einander sieden; probieret den Safft auf einem Deller / wann er gestehet / so haben sie genug gesotten; legets nachmal in einen erdenen Tiegel oder Glas / deckets zu / oder verbindets / und setzets an ein kühles Ort / so bleiben sie zwey oder drey Jahre gut.

28. Weixeln einzusetzen.

Schneidet von einem Pfund schöner frischer zeitiger aber doch nicht überzeitiger Weixeln die Stiele nur halb ab / nehmet dann einen Vierding oder Viertel=Pfund Zucker / läutert solchen / lasset ihn zimlich dick sieden / und so dann ein wenig abkuhlen; leget dann die Weixeln darein / und siedets gemach ab / biß sie bestehen / oder runtzlicht zu werden anfangen wollen; faumet dann die Weixeln heraus / stellet sie fein ordentlich in ein Gläslein oder Schachtel / und giesset den Safft langsam darüber / daß sie nicht umfallen. *

29. Weixeln einzusetzen auf andere Art.

Nehmet schöne grosse Weixeln / schneidet die Stiele halb ab / stosset so dann andre Weixeln / presset sie durch / nehmet zu einem Seidlein oder halben Maas solch ausgepressten Safftes ein Pfund Zucker / lasset denselben mit dem Safft wohl sieden / leget

* Auf diese Weise kan man auch die Kirschen und Amarelln einmachen. Man kan auch ein halb Pfund Zucker zu einem Pfund Weixeln nehmen.

get die Weixeln darein / lassets hernach wieder sieden / und faumet sie nachmals heraus: Setzet dann die Weixeln in eine Schachtel oder Gläslein / daß die Stiele alle übersich kommen / lasset die Brüh ferner sieden / biß sie recht dick wird / und Fäden ziehet / giesset dann selbige über die Weixeln in die Gläslein oder Schachteln / so werden sie sich sultzen / gut und schön bleiben.

30. Eingesetzte Weixeln / noch anderst.

Schneidet denen Weixeln / wie oben gedacht / die Stiele halb hinweg; nehmet zu einem Pfund Weixeln / anderthalb Pfund Zucker / schlaget selbigen klein / und läutert ihn / wie schon bekandt: wann er nun verfaumt / leget die Weixeln hinein / laßt sie eine gute weile sieden / zuvor aber dünstet ein gut theil abgezupffter Weixeln in ein wenig Wasser und Wein / lassets wohl weich dünsten / und zwingets durch ein Sieb: wann nun die Weixeln / wie oben gedacht / eine weile in dem Zucker gesotten / biß sie fast wollen runtzlicht werden / so faumet sie aus dem Zucker heraus / und setzets ordentlich in die Schachteln; die durch-getriebene Weixeln aber / lasset mit dem Zucker sieden / biß die Brüh bestehet / alsdann wieder ein wenig erkalten / und giesset sie über die Weixeln.

31. In Honig eingesetzte Weixeln.

Drehet an wohl zeitigen Weixeln die Stiele heraus / läutert ein schönes Honig; machet in einem Tiegel / eine Lag Weixel / und eine Lag gantze Muscaten-Blüh / Zimmet und Negelein Wechsel-weiß / und dieses etwan dreymahl; darnach giesset das Honig warm darüber / leget einen Schachtel-Deckel oder Bretlein darauf / beschwerets / und lassets vierzehen Tage stehen; alsdann seihet es ab / übersiedets ein wenig / und giessets nochmal warm darüber.

32. Weixel-Kugeln zum Weixel-Wein.

Man soll wohl-zeitige Weixeln und ungefehr den sechsten Theil schwartze Kirschen untereinander mischen/ im Offen ein wenig überschwelcken lassen/ daß sie nicht gar dürr werden/ hernach in einem Mörsel wohl stossen/ auch nachdem derselben viel sind/ viel oder wenig Negelein/ Zimmet/ und Muscaten-Blüh/ grob gestossen/ darein streuen/ und so dann aus dieser Massa mit den Händen Kugeln machen/ in der grösse wie ein Hüner-Ey; auf ein Bret legen und in einem abgekühlten Bach-Ofen abtrocknen/ aber nicht verbrennen/ und hernach in einer Schachtel/ an einem trocknen Ort aufbehalten. Wann man nun einen guten Weixel-Wein verlanget/ werden zur Zeit der Weinlese die Kugeln zerbrochen/ in ein Fäßlein gethan/ süsser starcker Most darauf gegossen/ und also zum vergiern in den Keller gelegt; wollte man aber ausser der Jahrs-Zeit einen Weixel-Wein anmachen/ so giesse man über eine solche Kugel zwey Maas Wein/ lasse selbige etliche Tage lang daran stehen/ und seihe sie dann durch ein reines Tuch/ so wird er gut und krässtig seyn. Von wohl-zeitigen Schlehen/ kan man auch dergleichen Kugeln zu einen Wein formiren und zusammen machen.

33. Hieffen- oder Hagen-Butten einzumachen.

Nehmet Hieffen- oder Hagen-Butten/ so schön sie zu haben/ schneidet die Butzen und Stiele hinweg/ wiewol man auch die Stiele daran lassen kan/ daß sie an denen Sträußlein hangen bleiben; schneidets nach der länge auf/ nehmet mit einem Messer die Steine zusamt dem rauhen genau heraus/ waschets mit frischem Wasser (dann wann von obi en etwas darinnen bleibt/ so ver-erbt es die Brühe) trocknets mit einem Tuch leich ab/ drucket den Schnitt wieder zu/ leget die Hieffen- oder Hagen-Butten

in ein

Von eingemachten Früchten und Wurtzeln. 785

in ein Glas/ nehmet aber den Butzen wohl in acht/ daß ihr ihn nicht zu viel aufreisset; giesset dann einen gar lind geläuterten Zucker darüber / dann wann er hart geläutert ist/ candirt er sich gern; giesset nach etlichen Tagen die Brüh davon ab/ siedet sie noch einmal und wiederholet dieses etliche mal. *

34. Hiefen- oder Hagen-Butten einzumachen/ auf andere Art.

Löset aus schönen grossen Hieffen- oder Hagen-Butten die Kerne und Butzen/ und schählet mit einem Messerlein das rauhe heraus; machet ein Wasser siedend/ leget die Hieffen darein/ lassets sieden biß sie weich werden/ nehmets heraus/ legets in einen Sieb auf ein Tuch/ biß sie trocken werden: alsdann läutert so viel Zuckers als ihr vermeint genug zu seyn/ in einem Kesselein/ und lasset ihn so dick sieden/ wie einen Safft; leget dann die Hagen-Butten oder Hieffen in ein Glas/ lasset den geläuterten Zucker kalt werden/ und giesset ihn daran: ist die Brüh zu dinn/ kan man sie öffters übersieden/ wie bey andern schon zum Uberfluß erinnert worden.

35. Hieffen- oder Hagen-Butten noch anderst einzumachen.

Man nehme grosse Hagen-Butten oder Hiefen so nicht weich sind/ schneide sie der Länge nach von einander und oben das schwartze Bützlein herab; putze die Stengel samt dem Rauhen auf das fleissigste heraus/ und lege allezeit die zwey Theile/ so sich auf einander schicken/ zusammen: dann lasse man etliche/ besagter massen

* Etliche lassen auch anfänglich/ wann der Zucker geläutert ist/ die Hieffen- oder Hagen-Butten ein wenig im Zucker absieden/ biß sie weich werden/ und legen sie/ wie schon gedacht in einen Tiegel/ der Zucker aber wird noch ein wenig dick gesotten/ und wann er erkaltet/ über die Hieffen gegossen: wolte die Brühe dinner werden/ kan man selbige so offt übersieden/ biß sie nimmer wässericht/ und in ihrer rechten Safft-Dicken verbleibet.

massen / ausgebutzte Hagen-Butten oder Hieffen / bey einem Offen weich werden / hacke sie gar klein / mische so viel klein gestossene Mandeln und eben so viel als dieses alles ist / Zucker in einem steinern Mörsel darunter / biß der Zucker darinnen zergangen ist: fülle solches in die Hieffen / und zwar ein jedes halbes Theil besonder / mach es wieder zusammen / stecke ein länglicht-geschnittenes Stücklein Zimmet dadurch / damit sie beysammen bleiben / und oben / an statt deß schwartzen etwas zugespitzten Bützleins / ein Gewürtz-Negelein darauf / lege die Hieffen in ein Glas / siede einen Zucker daß er zwischen den Fingern klebet / giesse ihn also warm / aber nicht heiß / darüber / und beschwehrs mit einem Bretlein / daß sie nicht über sich schwimmen.

36. Eine Hagen-Butten- oder Hieffen- Latwerg.

Putzet die Hieffen oder Hagen-Butten weil sie noch hart seyn auf das fleissigste aus / lassets hernach gantz weich werden; schlagets durch ein Sieb / nehmet zu einen Pfund Hieffen zwey Pfund Zucker / giesset in einem Beck ein wenig Wasser daran / und siedets zimlich dick; hebets vom Feuer / und rühret vom dem durch-geschlagenen nach und nach darein / biß es alles darinn ist; man darff sie aber so dann nimmer sieden: wer gerne will / mische auch klein-geschnittne Citronen-Schelffen darunter. Solte diese Latwergen zu süß seyn / kan man ein halb Pfund deß Zuckers weniger nehmen / alsdann mit ein wenig Wein abtreiben / und an statt einer Sulsen / zum Gebratens auftragen.

37. Mispeln oder Hespelein einzu- machen.

Nehmet Mispeln oder Hespelein die noch ein wenig hart und nicht gar zeitig seyn / wischet sie ab und stechet oben etliche Löchlein mit einem Pfriemen darein / doch daß sie nicht durchaus gehen; legets alsdann in einen Tiegel oder Glas / giesset einen geläu-

Von eingemachten Früchten und Wurtzeln. 785

geläuterten und übersottenen Zucker darüber/ beschwerets/ und lassets also stehen; wolte nach etlichen Tagen der Zucker wässericht werden/ kan man ihn noch zwey oder dreymahl übersieden / wie bereits vielfältig erinnert worden.

38. Mispeln oder Hespelein einzumachen / auf andere Art.

WAnn die Mispeln oder Hespelein / so annoch zimlich hart sind/ durchstochen worden / gießet ein siedend Wasser darüber/ laßt es nur ein wenig daran stehen / oder auch einen einigen wall darinnen aufthun / alsdann seyhet es davon ab; schlichtets / wann sie wohl ertrocknet / nachmal in einen Tiegel oder Glas / und gießet den geläuterten Zucker / wann er zuvor ein wenig erkaltet / darüber.

39. Welsche Nüsse einzumachen.

DIe Nüsse / so man conserviren und einmachen will / muß man um das Fest Johannis deß Tauffers vom Baum herab nehmen / wann sie noch einwendig weich sind / und keinen rechten Kern haben; alsdann an unterschiedenen Orten mit einem höltzern oder beinernen Pfriemen / welche besser dienen als die eisernen / durchbohren / in einem reinen Schäfflein / oder grossen verglasurten Hafen / ein Röhren = Wasser daran giessen / zehen oder zwölff Tage lang daran stehen lassen / aber alle Tage das Wasser davon abseihen / und wieder ein frisches daran giessen / damit das rothe scharffe und bitterlichte Wasser davon komme: Wann nun die Zeit herum / lassets auf einem Tuch wohl abtrocknen / siedets im Röhren = Wasser in einem Kesselein / oder grossen stollichten Hafen / aber nicht zu weich / dann sie müssen ein wenig härtlicht bleiben; legts so dann wieder heraus / auf ein über ein Sieb gebreitetes Tuch / und lassets / wie zuvor / gantz ertrocknen / alsdann bestecketets mit abgeschnittenen Negelein und Zimmet / absonderlich wo die Löchlein hinein gebohret worden / oder aber ein Theil der Nüsse mit kleinen länglicht = geschnittenen

tenen Citronen-Schelffen / oder auch also Wechsel-weiß untereinander. Wann sie nun alle besteckt / und recht ertrocknet seyn / schlichtet sie in einen Tiegel oder Glas / leget etliche Muscaten-Blumen dazwischen / läutert einen Zucker / lasset selbigen nach dem läutern noch einmal oder etliche übersieden / wie bey andern schon mehr beschriebenen/ und gieſſet ihn/wann er erkaltet/über die Nüſſe/ daß er darüber gehe; vermacht oder verbindet das Glas / setzets im Keller / oder sonst in ein kühles Ort: Nach etlichen Tagen sehet nach / dann die Brüh oder der Zucker wird wieder dünn und wäſſericht werden/ seihet selbigen ab / und übersiedet ihn/ biß er zur rechten Safft-Dicken gebracht und erkaltet / dann gieſſet ihn wieder darüber und wiederholet solches so offt biß der Zucker nimmer wäſſericht wird/ zumal weil diese Nüsse gern anlauffen.

40. Calmus einzumachen.

Schabet den Calmus auf das schönste/ laſſet ihn/ wann er zu langen Stücklein geschnitten worden / im Röhren-Wasser sieden / biß er weich wird / seihet das Wasser herab; läutert einen Zucker / und gieſſet ihn darüber: wann er nun fünff oder sechs Tage lang gestanden / und die Brüh dünn wird / so seyhet sie wieder davon / und verstärckets so offt mit Zucker / biß man vermeinet daß der Calmus den Zucker angezogen habe / und gut zu essen seye; man muß ihn aber nicht zu weich im Wasser sieden/ damit er etwas hartlicht bleibet.

41. Alant-Wurtzeln einzumachen.

Schabet und schneidet die Alant-Wurtz zu Plätzlein / laſſets über Nacht im Röhren-Wasser liegen; setzet in einem Keſſelein / ein Waſſer zum Feuer / wann es siedet / leget die Wurtzeln darein / laſſet sie so lang sieden / als man ein paar Eyer sieden mag/ dann gieſſet das Waſſer herab/ leget die Wurtzeln auf ein Sieb/ damit sie verseihen: Läutert nachmal einen Zucker/ leget die Wurtzeln darein/ laſſets also mit einander absieden / biß man meinet daß der

Zucker

Von eingemachten Früchten und Wurtzeln.

Zucker dick genug seye; gießet dann ein halb Achtelein Rosen-Wasser daran/ laßt sie noch einen Sud darüber thun/ alsdann ein wenig erkalten; legts in einen Tiegel verbindets wohl/ und setzets in ein kühles Orth: wann die Brüh dinn werden will/ kan mans wieder abseihen/ mit Zucker verstärcken/ und ferner/ biß zur rechten Dicken/ absieden lassen.

42. Wegwarten oder Cichorien einzumachen.

Lasset die Wegwarten oder Cichorien rein und schön abschaben/ werffets hernach in ein frisches Wasser/ so bleiben sie schön weiß; nehmet selbige aus dem Wasser/ schneidet die einwendigen Kern heraus/ werffet sie wieder in ein frisches Röhren-Wasser/ lassets über Nacht darinnen stehen; deß andern Tages siedet ein ander Wasser ab/ leget die Wegwarten darein/ und siedets biß sie ein wenig weich werden; alsdann seihet das Wasser wieder herab/ lasset die Wegwarten auf einem Tüchlein/ so über ein Sieb geleget worden/ verseihen und ertrocknen: hernach nehmet zu einem Pfund Wegwarten/ fünff Viertel-Pfund Zucker/ läutert selbigen wie bekandt/ mit einem Weissen vom Ey/ und wann er schön geläutert und verfaumt ist/ siedet die Wegwarten ebenfalls darinnen; leget selbige in einen Tiegel/ lasset den Zucker noch ein wenig ferner sieden/ und gießet ihn/ wann er erkaltet/ über die Wegwarten; verbindet den Tiegel/ setzet ihn an ein kühles Ort/ und übersiedet den Zucker/ wann er dinner werden wolte/ so offt/ biß er in seiner rechten Dicken verbleibet.

43. Wegwarten trocken zu candiren.

Wann man die Wegwarten/ trocken conserviren und einmachen will/ als wann sie mit Zucker überzogen wären/ so lasset den Zucker fast gantz daran einsieden; streuet dann einen gestossenen Canarien-Zucker/ weil mans noch über der Kohlen hat/ darauf/ wendets aber mit einen Messer oder Gäbelein/ fein geschwind

schwind um / daß sie nicht lang darüber stehen; die Kohle aber darff nicht starck seyn: hebet sie dann herab / und rührets wohl / biß sie erkalten / streuet auch noch ein wenig Zucker darauf / sonderlich an den jenigen Orten / wo man sie zuvor nicht wol getroffen hat; legets auf ein Sieb und lasset über Nacht auf dem Ofen ertrocknen. *

* So wol auf diese als die vorhergehende Weise kan man auch Scorzonera= und Pinelln= oder Pimpinelln=Wurtzeln einmachen.

Sechzehender Theil,
Vorbildend mancherley
Dorten.

1. Marck-Dorten.
2. Butter-Dorten.
3. — — — — auf andre Art.
4. — — — — noch anderst.
5. — — — — auf andere Weise.
6. Ein Butter-Dorten vom süssen Teig.
7. — — — — auf andere Art.
8. — — — — noch anderst.
9. — — — — auf andere Weise.
10. — — — — noch auf andere Art.
11. Butter-Dörtlein von noch einem andern süssen Teig.
12. Abgerührter gelber Butter-Dorten.
13. Eyer-Dorten.
14. — — — auf andere Art.
15. Weisser Eyer-Dorten.
16. Eyer-Käß —
17. — — — auf andere Art.
18. Mandel-Dorten.
19. — — — auf andere Art.
20. — — — noch anderst.
21. — — — auf andere Weise.
22. — — — noch auf eine andere Art.
23. — — — auf andere Manier.
24. — — — noch anderst.
25. — — — noch auf eine andere Weise.
26. Weisser Mandel-Dorten.
27. — — — auf andere Art.
28. Weiß- oder gelber Mandel-Dorten.
29. Schwartzer Mandel-Dorten.
30. Mandel-Dorten in einer Schüssel.
31. — — — auf andere Art.
32. Zimmet- ⎫
33. Citronen- ⎬ Dorten.
34. Dattel- ⎪
35. Quitten- ⎭
36. — — — auf andere Art.
37. — — — noch anderst.
38. Feigen- ⎫
39. Prineln- ⎪
40. Zibeben- ⎪
41. Rosin- und Weinbeer- ⎬ Dorten.
    oder Corinthen- ⎪
42. Pfersich- und Marilln- ⎪
    oder Abricosen- ⎭
43. Apffel-Dorten.
44. — — — auf andere Art.
45. — — — noch anderst.
46. Aufgesetzter Apffel-Dorten.
47. Birn-Dorten.
48. Muscateller-Birn- ⎫
49. Weixel- ⎪
50. Zwetschgen- ⎪
51. Pfeben- oder Melonen- ⎬ Dorten.
52. Castanien- ⎪
53. Ribes- oder Johannes- ⎪
    Beer- ⎭
54. Ru-

Ggggg iij

54. Ruben-Dorten.
55. Kräuter- oder Mäyen-Kraut-Dorten.
56. — — — — auf andere Art.
57. Reiß-Dorten.
58. Ollapotrid-Dorten.
59. Ollapotrid-Dorten / auf andere Art.
60. — — — — noch anderst.
61. Krafft-Dorten.
62. Gehäck- —
63. Frantzösischer Dorten.

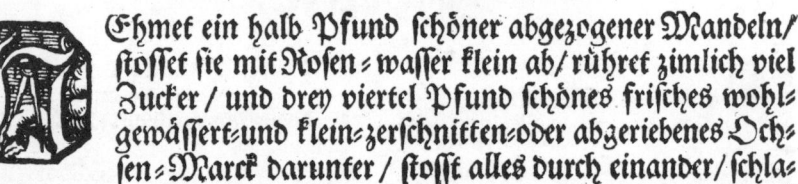

1. Ein Marck-Dorten.

Nehmet ein halb Pfund schöner abgezogener Mandeln/ stosset sie mit Rosen-wasser klein ab/ rühret zimlich viel Zucker/ und drey viertel Pfund schönes frisches wohlgewässert-und klein-zerschnitten-oder abgeriebenes Ochsen-Marck darunter/ stosst alles durch einander/ schlaget sechs Eyer daran/ und rühret es ferner mit ein paar Hand voll Semmel-Mehl wohl ab; leget dann in den Dorten-Model ein Blätlein von guten mürben Teig/ dann sonsten kan man den Dorten nicht wohl gantz heraus bringen: schüttet den Teig darein/ setzet den Model in ein Bach-Oefelein/ und lasset ihn bachen: Oder aber schlaget besagte Füll in einen Butter-Teig/ formirets wie Rafioln/ oder Kräpfflein/ und bachets ab.

2. Ein Butter-Dorten.

Waschet anderthalb Vierding/ oder drey Achtel-Pfund/ fein harter Butter (dann die weiche Butter ist zu allen diesen Teigen nicht dienstlich) aus frischem Wasser; machet selbige im Wasser rund zusammen/ walchert sie/ vermittelst eines angefeuchteten Walcher-Holtzes/ jedoch nicht allzu dinn/ aus; schlagets hierauf in ein Tuch/ und legts in die Lufft/ oder aber an einen kühlen Ort: Machet dann mit einem Seidlein/ oder halben Maas/ Mehl/ einem Ey/ und so viel Wasser als nöthig/ einen Teig an/ wircket ihn ab/ daß er wohl zähe wird (wiewol man auch/ nach belieben / das Ey davon lassen kan) lasset hierauf besagten Teig eine weile ruhen/ walchert nachmal ein länglicht Blat daraus/ leget den Butter

Butter in die mitten darauf/ daß ohngefehr/ auf beeden Seiten ein drittes Theil von dem Teig leer bleibet/ schlaget selbiges über den Butter hinauf/ und so dann wieder noch einmal/ daß der Butter nicht auf einander komme/ sondern jedes mal der Teig dazwischen lige; dann muß man ihn auf der Seiten wohl vermachen/ daß der Butter im wälchern nicht heraus dringe; alsdann walchert selbigen/ wie zuvor/ länglicht aus/ und schlaget ihn wieder etliche mal hinauf; fasset hernach den Teig oben an/ und werffet ihn herüber/ daß das obere auf die Seiten kommet; walchert selbigen nachmal länglicht/ werffet ihn abermal/ wie gedacht/ und walchert ihn noch einmal aus: formiret dann davon/ was beliebt/ einen Dorten/ Schlangen/ oder auch eine Pasteten: In die Dorten oder Schlangen/ kan man eine süsse Füll von Mandel-Zeug/ oder aber allerley Früchte/ wie in denen folgenden beschrieben werden wird/ einfüllen. Von denen Pasteten ist im Vierdten Theil gehandelt worden/ und also hier zu wiederholen unnöthig. Man muß aber zur Sommer-Zeit diesen und andere Butter-Teige im Keller/ oder aber einem andern kühlen Ort an- und zusammen machen.

3. Ein Butter-Dorten auf andere Art.

Nehmet ein Mehl/ giesset ein wenig Wasser darein/ thut etwas Schmaltz dazu/ lassets warm werden/ schlaget ein Ey daran; machet davon einen glatt- und linden Teig an/ so sich ziehen lässet/ saltzet/ und lasset ihn eine weile ligen/ breitet dann ein weisses reines Tuch/ über einen grossen Tisch/ bestreuet es ein wenig mit Mehl/ und ziehet den Teig aus wie ein Papier; lasset dann ein Schmaltz oder auch eine Butter zergehen/ aber ja nicht heiß werden/ und streichet sie mit einem Pinsel über den Teig; streuet klein-gestossene Zimmet/ Zucker/ und so es beliebt/ klar-geriebene Mandeln darauf/ schneidet den Teig neben herum gleich ab/ wicklet selbigen zusammen wie eine Schlangen/ und lasset ihn also gar langsam bachen.

4. Ein

4. Ein Butter-Dorten/ noch anderst.

Streuet in ein schönes Mehl so viel Saltz/ als nöthig/ mischet ein wenig süssen Ram/ und vier Eyerdottern untereinander/ giesset einen Löffel voll frisches Wasser dazu; wircket alles zu einen Teig ab/ doch daß er nicht zu hart werde/ sondern knetet ihn so lang und viel immerzu/ biß er fertig ist: walchert dann etliche Blätlein von diesem Teig/ so dinn als er sich treiben und ziehen lässet/ bestreichet zwey derselben mit Butter/ Zimmet und Zucker/ oder auch einer Füll von Corinthen oder Weinbeeren/ Zibeben/ gehackten Mandeln/ und einem Löffel voll süssen Wein/ zusammen gemacht/ und so lang gesotten/ biß keine Brüh mehr daran ist: leget besagte Blätlein auf einander/ bestreichet wieder andere/ leget sie ebenfalls darauf/ und so fort/ sechs/ acht/ zehen/ auch mehrere/ oder wie es gefällig ist: so viel man aber dieser mit Füll überstrichener Blätlein auf einander leget/ so viel muß man auch andere nur allein mit Butter bestrichene oben darauf legen: Oder man kan auch zwey etwas dicker ausgewalchte Blätlein/ zum Boden gebrauchen/ mit der Butter und Füll bestreichen/ und so dann viele andere Blätlein/ jedoch ohne Füll/ darauf legen. Wann man sie nun bachen will/ machet man einen Creutz-Schnitt oben darauf/ bestreichets mit Butter/ setzets in das Bach-Oefelein und lässets also bachen biß sie fertig sind.

5. Ein Butter-Dorten auf andere weise.

Nehmet ein halb Pfund Mehl/ eben so viel harter und zuvor wohl ausgewaschener Butter/ schneidet selbige zu Stücklein; in das Mehl giesset vier Löffel voll Wein/ wircket es unter einander/ walchert zwey runde Plätze daraus/ und setzets in Keller/ daß der Teig erstarre; machet indessen eine kräfftige Füll mit gehackten Mandeln an/ mischet/ nach belieben/ Citronat/ Pomerantzen/ Citronen-Schelffen ein wenig Trisanet/ Zucker/ Zimmet/

Zimmet / Cardamomen und Muscaten-Blüh darunter / feuchtets mit ein wenig süssen Wein an / legets unten auf den einen Platz / und schlaget so dann den andern darüber / schneidet ihn aber zuvor schön zierlich aus / bestreichet selbigen mit einem zerklopfften Ey; setzet den Dorten in das Bach-Oefelein / und lasset ihn in einer gleichen Hitz abbachen. *

6. Ein Butter-Dorten von süssen Teig.

Machet von drey Viertel-Pfund deß schönsten Mehls / drey Achtel-Pfund Zucker / einem halben Pfund Butter / und drey Löffel voll Rosenwasser / einen Teig an / walchert selbigen zu zweyen Plätzen / deren jeder etwan eines Fingers dick seye: Leget die Füll von gehackten Mandeln / Zucker / Citronat / und Pomerantzen-Schelffen / zusammen gemachet / auf den einen dieser Plätze / decket sie mit dem andern zu / schneidet in die runde herum kleine Schnittlein / bestreichet den obern Platz / entweder mit einem Weissen von Ey / oder aber einem zuvor verklopfften gantzen Ey; setzet diesen Dorten in Ofen / bestreichet ihn / wann er fast halb gebachen / noch einmal / und lasset ihn sodann ferner bachen / biß er gantz fertig ist.

7. Ein Butter-Dorten von süssen Teig / auf andere Art.

Nehmet drey Vierding / oder drey vierte-Pfund schönes Mehl / drey Achtel-Pfund schönen Zucker / ein halb Pfund Butter / machet aber den Teig dazu / deß Abends zuvor / auf diese Weise an: Lasset die Butter über einer gantz gelinden Glut nur ein wenig zerschleichen / aber nicht heiß werden / dann rühret das Mehl / zusamt dem

---

* Wanns beliebt / kan man auch Prinelln / Weixeln / oder Zibeben in Wein und Zucker dünsten / und auf die gestossene oder hackte Mandeln / an statt der vorigen Füll / legen / mit Citronat / Citronen / und Pomerantzen-Schalen bezieren / den Teig / besagter massen / darüber schlagen / mit Eyern bestreichen / und in den Ofen setzen.

dem Zucker wohl untereinander / gießet die zerschlichene Butter / und drey Löffel voll Rosenwasser / oder Wein / darein / wircket den Teig schön zusammen / und lasset ihn aufgeballet / über Nacht im Keller stehen; deß andern Tages wircket / wie bey dem vorigen / zwey Plätze daraus / lasset sie nochmaln / etwan zwey Stunden lang im Keller stehen / biß sie recht erhartet ; leget dann eine beliebige Füll von Mandeln / oder Rosin und Weinbeere / darauf / und verfertigets / wie die zuvor beschriebene.

8. Ein Butter-Dorten von süssen Teig / noch anderst.

Waschet ein halb Pfund Butter / so lang / biß keine Milch mehr darinnen ist ; stosset ein Viertel-Pfund Zucker gar klar / und machet mit einem halben Pfund schönen Mehl / einen Teig an / walchert zwey runde Plätze / so groß als es beliebig ist / aus dem halben Theil desselben / leget eine Füll darauf von Citronat / eingemachten Pomerantzen- und Citronen-Schelffen / geschnittenen Mandeln / Weinbeeren oder Corinthen und Zibeben / zusammen gemacht / und mit süssen Wein nur was weniges angefeuchtet / damit es keine Brüh setze ; schlaget von dem andern Theil deß Teigs / wann er ebenfalls ausgewalchert worden / einen Deckel darüber / drucket den Teig um und um wohl zu / spitzelt ihn mit einem Messerlein aus / setzet diesen also verfertigten Dorten in ein wohlerhitztes Bach-Oefelein / und überstreichet ihn / wann er eine Stund lang gebachen / mit einem Eyer-Dotter.

9. Ein Butter-Dorten / oder Butter-Blätter / von süssen Teig / auf andere Weise.

Die Butter / und zwar ein viertel-Pfund derselben / wird mit Rosen-Wasser wohl ausgewaschen / ein Ey daran geschlagen / nach belieben gezuckert / und so viel schönes Mehl darein gerühret / biß sie sich walchern lässet ; dann walchert einen Platz eines halben Fingers dick / und schneidet oben auf / zierliche Blumen darein /

Von mancherley Dorten. 795

darein/ oder druckets mit dergleichen blechenen Mödeln aus; überstreichets mit einem Ey/ so mit Zucker und Rosenwasser vermischet worden/ bestreuet dann ein Blech mit Mehl/ setzet selbige Dorten darauf/ und lassets in einem Oefelein abbachen. *

10. Ein Butter=Dorten/ oder Butter=Blätter/ von süssen Teig/ noch auf andere Art.

ZU einem halben Pfund Mehl/ wird ebenfalls ein halb Pfund Butter genommen/ und nicht gar zwey gantze Eyerdötterlein unter das Mehl gerühret/ alsdann die Butter darein geschnitten/ etwas wenig süsser= oder auch nur ander gemeiner Wein dazu gegossen/ Zucker darunter gerühret/ und alles wohl durch einander abgewircket/ ausgewälchert/ und/ nach belieben/ Dorten/ Kräpfflein/ oder zierlich=geschnittene Blätter/ wie es beliebt/ daraus gemachet; eine Füll von gehackten Mandeln/ Zimmet/ Zucker/ und allerley guter Gewürtz darein gefüllet/ die Dorten/ Kräpfflein oder Blätter/ mit Eyern überstrichen/ klar=geriebene Zimmet darauf gestreuet/ und im Ofen abgebachen/ wie schon gedacht.

11. Butter=Dörtlein von noch einem andern süssen Teig.

NEhmet ein Pfund Mehl/ ein halb Pfund Zucker/ und zwantzig Loth Butter; machet mit Eyern einen Teig daraus/ formiret davon runde kleine Dörtlein: verfertiget eine Füll darein/ von Trisanet/ Mandeln/ Citronat/ Rosinen/ Weinbeern oder Corinthen/ und bachets in einer Dorten=Pfannen/ oder einem Bach=Oefelein/ wie es beliebt.

* Wanns beliebt/ kan man auch in diesen Teig ein wenig Gewürtz mit einwircken/ als klein=gestossene Zimmet/ Cardamomen und Muscaten-Nuß: Man mag auch diesen Dorten/ wann er bereits gebachen/ aus dem Ofen kommt/ noch einmal mit ein wenig Zucker=Wasser/ oder aber einem Ey überstreichen/ dann alsobald mit klar=gestossener Zimmet bestreuen/ und bey dem warmen Ofen ertrocknen lassen.

12. Abgerührter gelber Butter=Dorten.

Rühre zwey Pfund Butter in einem tieffen Napff so lang/ biß er gantz weiß wird/ wie ein Milchram/ schlage zwantzig Eyer=dottern einen nach dem andern daran/ stelle solches mit samt der Schüssel in ein kaltes Wasser / oder in den Brunnen=Aymer/ und laß denselben halb ins Wasser hencken; wann der Butter starr worden/ nimm ihn heraus: Ists im Sommer/ arbeite ihn im Keller/ nim aber eine achtel=Metzen Mehl auf ein Bret/ oder ein wenig mehr; wircke den Butter mit Eyern darein/ daß es ein lindes Teiglein wer=de/ mache zwey Blätter daraus: leg auf den Boden die Füll von ein=gemachten Sachen / oder was man will; thue den Deckel auf ein Blech oder Bret/ drucke oder schneide ihn schön aus/ schlage selbigen über die Füll/ bestreichs/ bachs im Ofen; und ziehe/ nach dem das Brod heraus gebachen worden/ ein weiß=oder rothes Eyß darüber.

13. Ein Eyer=Dorten.

Das gelbe von Eyern rühret mit einer Mandel=Milch wohl ab/ lassets ertrocknen und verseihen/ wie einen Eyer=Käß oder Eyer=Milch; es ist aber nichts daran gelegen/ wann gleich die Mandel=Milch über Nacht stehet/ dann sie wird davon nur de=sto krässtiger: rühret dann noch ein paar andere Eyerdottern/ zusamt einem Löffel voll guten süssen Kern/ oder Ram/ und etwas Butter unter die bereits/ zuvor mit der Mandel=Milch abgerührte und ver=seihete Eyerdottern: Zuckerts/ mischet/ nach belieben/ Weinbeere dar=unter; machet einen schönen aufgesetzten Hafen von Teig/ schlaget erst besagte Eyer=Füll darein / und lassets bachen.

14. Ein Eyer=Dorten/ auf andere Art.

Lasset ein Stück Butter/ so groß als zwey Hüner Eyer/ kühl zerschleichen/ zerklopffet sechs Eyer/ rühret sie unter die But=ter; setzets in einer Pfannen auf ein gelindes Kohl=Feuer/

lassets

laſſets ein wenig warm werden und rühret immer zu/ damit ſie nicht
butzigt werden: zuvor aber weichet die Broſam von einer Semmel
im Kern/ daß er wohl weiche; drucket beſagte Broſam ſo dann
aus/ ſchlaget zwey Eyer daran/ miſchet das vorbeſagte eingerührte
auch darunter/ und alles ſehr wohl durch einander/ daß es ſchön
glatt wird; zuckerts/ ſtreuet klar-geſtoſſene Zimmet darein/ gieſſet
ein wenig Roſenwaſſer dazu/ walchert den Teig aus/ formiret einen
Dorten davon/ gieſſet die Füll darein/ und laſſets gemach bachen.

15. Ein weiſſer Eyer-Dorten.

Nehmet das Weiſſe von funffzehen Eyern/ zerſchlagets wohl/
ſaltzets ein klein wenig/ thut ſo viel Milch als der zerklopfften Eyer/ und ein halb Pfund geſtoſſener Mandeln dazu/
treibets durch ein Sieb; miſchet es hernach alles zuſammen/ und
ein halb Pfund Zucker darunter: machet einen Boden wie zu den
andern Dorten/ ſchüttets darein/ und laſſets bachen.

16. Eyer-Käſ- oder Eyer-Milch-Dorten.

Erſtlich machet eine gute Eyer-Milch oder einen Eyer-Käß
wie ſolcher in dem Eilfften Theil Num. 41 und folgends beſchrieben worden; laſſet ihn zuvor wohl erkalten/ und in ein
Tuch geſchlagen/ wohl austrocknen: treibet ſelbigen hernach durch
einen Durchſchlag/ wie das in dem andern Theil Num. 58. befindliche Maden-Mus/ damit er ſchön und glatt werde; miſchet in einem Mörſel eine gute Butter/ ſo groß als ein Ey/ und einen oder
zwey Löffel voll/ ſüſſen Kern/ oder Ram darunter/ zuckerts/ ſtreuet
kleine Weinbeerlein oder Corinthen darein/ und rühret alles wohl unter einander: Füllets dann in einen Dorten-Teig/ wie bey denen vorhergehenden allbereit gemeldet worden; ſtreuet Zucker darauf/ laſſets
bachen/ ſo bekommt er ein braunes Häuflein/ und wird gut und
wohlgeſchmack ſeyn.

Hhhhh iij   17. Ein

17. Ein Eyer-Käß-Dorten/ auf andere Art.

Nehmet vier Eyer / ein Seidlein / oder halbe Maas Kern und Rosenwasser / machet einen Eyer-Käß / oder Eyer-Milch/ daraus; wann er erkaltet ist / schlaget in einer Schüssel ein Ey daran / mischet klares Semel-Mehl / ein Achtel-Pfund gestossene Mandeln / Zucker und Trisanet darunter / rührets wohl durch einander; solte es zu dick seyn / giesset noch ein wenig Rosenwasser dazu: macht einen Hafen von Eyern an / wie zu andern Dorten / füllets hinein / leget einen ausgeschnittenen Deckel darauf / und lasset es also bachen.

18. Ein Mandel-Dorten.

Ziehe ein Pfund Mandeln ab / stosse sie mit Rosenwasser wohl klein / nimm ferner ein halb Pfund durchgesiebten Zucker / schlage sechs gantze Eyer / und eben so viel Eyerdottern / in einen Topff oder Hafen / schütte den Zucker darein / und klopff es also drey viertel Stunden lang ; gieß dieses wohl gemach an die Mandeln / und rühre alles noch ferner eine viertel Stund : schmire den Model mit Butter / schütte den besagter massen zusamm-gemachten Mandel-Teig darein / und laß ihn bachen.

19. Ein Mandel-Dorten / auf andere Art.

Nehmet ein Pfund mit Rosenwasser klar abgeriebener Mandeln / fünff Achtel-Pfund Zucker / und zwölff gantze Eyer / oder acht gantze Eyer / und vier Dottern : machet diesen Teig an / wie den gleich vorher beschriebenen / rühret ihn aber eine gantze Stund lang / ohne still-halten / und zuletzt / wann er gleich in den Model eingefüllt werden soll / zwey Loth klar-gestossen- oder geriebenes Semmel-Mehl darunter.

20. Ein

20. Ein Mandel=Dorten / auf andere weise.

Weiche ein halb Pfund Mandeln / in ein Röhren=Wasser / ziehe ihnen die Schelffen ab / stoß sie in einen Mörsel / gieß aber ein Rosenwasser dazu / damit sie nicht ölicht werden; schütte selbige in eine Schüssel / und anderthalb Vierding oder drey Achtel=Pfund Zucker / auch etwas von geriebenem Semmel=Mehl dazu / schlage zehen oder eilff Eyer=Dottern daran / misch etwas von gestossener Zimmet darunter/rühre alles wohl durch einander/gieß noch ein wenig Rosenwasser nach / damit der Teig nicht zu dick werde: schmire dann ein Schärtlein von Blech / mit Butter/ schütte den Teig darein / setz es in ein Oefelein / und laß den Dorten gantz gemach bachen: nimm dann selbigen heraus / übereise oder bespiegle ihn / und lege/der Zierde nach / Mandeln und Citronat darauf.

21. Ein Mandel=Dorten / noch anderst.

Man nimmt ein Pfund / mit Rosen= und Zimmet=Wasser/ abgestossener Mandeln / vier gantze Eyer / und zwey / oder auch wol vier / zerklopffte / und den Mund nach / gezuckerte Dotterlein/rühret diesen Teig bey einer halben Stund/immerzu auf einer Seiten wohl ab/ bestreichet den Model mit Butter/ giesset den Teig darein / doch also / daß der Model über die helffte nicht voll seye / und lässet also den Dorten / gleich denen vorigen / gemach bachen: beliebts / so kan man einen Spiegel von Zucker / Rosen= und Zimmet=Wasser / darüber machen / und so dann selbigen mit gefärbten kleinen Bisam=Zucker überstreuen.

22. Ein Mandel=Dorten / noch auf eine andere Art.

Nimm ein halb Pfund kleinabgeriebene Mandeln / und vier wohl zerklopffte Eyer; rühre ein Viertel=Pfund klar=gestossenen

nen Zucker unter die Eyer / alsdann die Mandeln / ein wenig Semmel-Mehl und so viel Trisanet / als beliebt: Fülle dann diesen Mandel-Teig in ein mit Butter bestrichenes Schärtlein / und laß ihn bachen / wie bereits bey denen vorigen gedacht.

23. Ein Mandel-Dorten / auf anderer Manier.

Stosset ein Pfund Mandeln mit Rosenwasser ab / rühret sechs Loth klar-gestossen / und durch ein Beutel-Sieblein geräiteltes Stärck-Mehl / wie auch ein halb Pfund auf gleiche Art durchgesiebten Zucker / darunter; schlaget im währenden solchen rühren sechs oder sieben gantze Eyer / und zwar eines nach dem andern / daran; rühret es ferner eine starcke halbe Stund: netzet den Schart mit Butter / giesset den Teig darein / und lasset ihn bachen. *

24. Ein Mandel-Dorten / noch anderst.

Nehmet ein Pfund mit Rosenwasser / abgestossener Mandeln / verklopffet zu erst sechs oder acht gantze Eyer / nachdem sie nemlich klein oder groß sind / sehr wohl; rühret bey einer guten viertel Stund ein halb Pfund klar-durchgesiebten Zucker darein / biß es schön gistet / rühret dann ebenfalls die Mandeln / fast eine gantze halbe Stund lang / darunter; schmieret den Schart oder Model mit Butter / schüttet den Teig darein / und lasset also den Dorten gantz langsam bachen: verguldet ihn auf der Seiten / zerstosset einen rothen / blau-und weissen Zucker-Candi etwas gröblicht / räitelt das melbichte oder subtile / vermittelst eines Seihers / davon / reibet das gröblichte mit einem reinen Tuch ab / so wird es

---

* Dieser Dorten wird noch besser / wann die Eyer zu erst / dann der Zucker / samt den Mandeln / und zuletzt das Stärck-Mehl darein / und unter einander abgerühret werden.

es schön glänzend / und streuets auf den Dorten / wann der Spiegel annoch frisch und weich ist.

25. Ein Mandel-Dorten / noch auf eine andere Weise.

Ziehet von einen halben Pfund Mandeln / die braune Schelffen ab / waschets aus Röhren-Wasser / stossets in einem Mörsel mit Rosenwasser klein ab / weichet eine Semmel-Brosam in guten Ram oder Kern ein / drucket sie nachmal wieder genau aus / schlaget zwey oder drey Eyerdottern / und ein gantzes Ey daran / thut eines Eyers groß Butter dazu / zuckerts / daß wohl süß wird / streuet Zimmet darein / und stosset alles mit den Mandeln durch einander: machet dann einen guten Teig / von Eyer-Dottern / Mehl und Zucker an / treibet selbigen so groß und breit aus / als ihr ihn verlanget / und zwar etwan eines starcken Messer-Rucken dick / leget den ausgetriebenen Platz / auf ein mit Butter geschmiertes Blech / streichet die Mandeln artig darauf / lasset aber den Teig / zu beeden Seiten eines Daumens breit fürgehen / streichet selbigen neben hinauf / und setzet ihn in einen mit Butter bestrichenen Schart; machet nach belieben / einen Deckel darüber / wiewol es eben nicht nöthig ist: setzet dann diesen Dorten zusamt dem Blech in das Oefelein / lasset ihn bey einem gleichen Feuer bachen; machet einen schönen glatten Spiegel von Zucker und Rosenwasser darüber / und zieret ihn nach gefallen.

26. Ein weisser Mandel-Dorten.

Leget ein Pfund Mandeln etliche Stunden in ein kaltes Wasser / biß sich die Schelffen herab ziehen lassen; waschets dann wieder aus einem frischen Wasser heraus / trocknets ein wenig mit einem Tuch ab / alsdann stosset oder reibet sie mit Rosenwasser wohl klein; rühret ein halb Pfund klar-gestossen-und durch-gesiebten Zucker darein / schlaget das Weisse von zehen oder zwölff Eyern daran / man kan auch wol ein paar Eyerdotterlein mit hinein fahren lassen / und solches bey einer guten halben Stund rühren; alsdann mischet Gewürtz / als Muscatblüh / Cardamomen und Zimmet/ ingleichen auch klein-geschnittenen Citronat/ und etwas weniges von eingemachten Citronen- und Pomerantzen-Schelffen darunter; giesset den Teig in den Schart/ schmieret aber den Schart zuvor wohl mit Butter/ und lasset ihn genau bey anderthalb Stunden bachen: Machet aber den Ofen nicht gar zu heiß/ sonst werden sie zu bald braun: Wann nun der Dorten aus dem Schart genommen/ und abgekühlt ist/ mag man ihn gleich mit einem Weissen vom Ey/ oder Eiß-Spiegel/ überziehen/ mit Blumen belegen/ und vergulden/ auch/ so es beliebt/ Spitzen/ gleich den Marcepanen/ oder aber von Tragant-Zeug/ herum machen. Es ist aber bey allen Dorten dieser Vortheil zu beobachten/ daß man mit dem Schart recht umzugehen wisse/ damit die Dorten gern heraus gehen: Man leget nemlich eine Butter in den Schart/ läst solche in einem Oefelein stehen/ biß sie gantz zerschlichen ist/ und nachmal in dem Schart um und um lauffen/ daß er überal schmaltzicht werde: dann seihet die Butter wieder heraus/ setzet den Schart oder Model an ein kühl Ort/ biß die Butter/ so wol neben als unten/ überal besteht/ und schüttet alsdann den Dorten-Zeug hinein/ auf solche Weise gehen alle Dorten gern aus den Mödeln/ und zwar viel besser/ als wann sie mit Butter geschmieret werden: Oder man kan auch ein wenig klar-geriebenes weisses Brod/ welches durch einen Seiher zuvor muß gerätelt werden/ auch einwendig auf den mit Butter geschmierten Model/ so wohl auf den Boden/ und auch neben herum an die Seiten streuen/ so werden sie ebenfalls gar bald/ ohne einige Bemühung/ heraus gehen. *

27. Ein weisser Mandel-Dorten/ auf andere Art.

Man nehme schöner weisser/ mit Rosenwasser klar abgeriebener Mandeln ein Pfund/ gestossenes Zuckers fünff Achtel-Pfund/ das Weisse von sechzehen Eyern geklopfft dazu; rührets wohl unter

* Wann es beliebt/ kan man Tragant- oder Marzepan-Spitzen herum machen. Wie die Tragant- oder Marzepan-Spitzen zugerichtet werden/ wird ferner bey dem Zucker-gebachens beschrieben zu finden seyn.

Von mancherley Dorten.

unter die Mandeln und Zucker / mischet zwey Loth Klar=gestossenen Weck oder Semmel darein/ zuvor aber machet diesen Teig an: Nehmet zwey gantze Eyer/ ein wenig Zucker und Rosenwasser/ rühret und klopffets wohl unter einander/ alsdann auch so viel Mehl darunter/ biß er sich walchern lässet; walchert dann einen Boden daraus/ und einen langen Streiff neben herum / zu legen / so hoch man selber will: dann kan man dieses lange Theil / nach belieben/ in einen Spitzen Model drucken; es muß aber beydes wohl ertrocknen. Hierauf machet ein wenig Gummi mit Rosenwasser an / befeuchtet oder bestreichet den Boden damit rings herum/ mit einem Pinselein/ richtet die Spitzen oder den Teig daran auf / und lassets also wieder ertrocknen; dann giesset man die Füll darein / schmieret daß Blech mit Butter/ setzet den Dorten darauf/ und läst ihn eine Stund gemach bachen; wann er nun ein wenig erkaltet / übereiset man ihn nach belieben/ und beleget den Dorten mit Citronat und Blumen / und verguldet ihn hier und dar nach gefallen. *

28. Ein weisser oder auch gelber Mandel=Dorten.

Nimm ein Pfund abgezogen=und klein=gestossener Mandeln/ fünff Achtel=Pfund Zuckers/ drey Loth angebrühet=und wieder abgedorret=auch klein=gestossenes und im Rosenwasser eingeweichtes Reisses/ zehen oder zwölff wohl=zerklopffte Weisse von Eyern / schütte selbige an den Reiß / Zucker und Mandeln/ rühre alles wohl ab / so wird er schön liecht / dann je länger man diese Dorten rühret / je schöner sie werden; benetze dann den Model mit Butter/ wie schon gedacht/ giesse diesen Mandel=Zeug darein / und lasse ihn bachen.

Will man aber einen gelben Dorten machen/ so nehmet zehen Eyerdottern / und fünff gantze Eyer/ der Mandeln aber/ deß Zuckers und Reisses / eben so viel / wie zu den weissen Dorten; so die Eyer

* So es gefällig/ kan man auch eine schöne weisse Spitzen / von Tragant/ um den Dorten machen/ zuvor aber solchen mit Gummi und Rosenwasser überstreichen.

Eyer groß seyn/ kan man wohl ein paar Dottern/ oder auch ein gantzes Ey und einen Dotter weniger nehmen; es lässet sich aber dieses so gar eigentlich nicht beschreiben/ sondern man muß selber sehen/ wie der Teig in der Dicken ist: wann nun also diese Dorten gebachen sind/ kan man einen roth- oder weissen Spiegel oder Eiß darauf machen/ wie man will; soll der Spiegel roth seyn/ so weichet man die rothen Flecklein in den Apothecken/ Bezetta genannt/ in ein Rosenwasser/ und zwieret/ den schönsten durchgeräitelten Zucker damit an/ daß er wird in der Dicken wie ein Brey; wann nun die Dorten in etwas erkaltet/ wird besagtes Eiß oder Spiegel/ darüber aufgetragen/ und mit schön zierlich-ausgeschnittenen Citronat/ Pomerantzen und Citronen-Schelffen beleget/ oder aber diese eingemachte Sachen gar klein würfflicht geschnitten/ und auf das Eiß gestreuet. *

29. Ein schwartzer Mandel-Dorten.

Stosset ein Pfund abgezogener Mandeln/ mit Malvasier klein ab/ verklopffet so dann sechs Eyer/ und rühret bey einer viertel Stund/ drey viertel- oder aber nur ein halb-Pfund Zucker darein; mischet so dann die Mandeln/ und letzlich zwey Händlein voll geriebenes- und durchgesiebtes Rocken-Brod darunter/ rühret aber jedes eine gute viertel Stund lang; streuet zuletzt ein halb Loth Negelein/ und ein halb Quint Pfeffer/ beedes klein-gestossen/ darein/ füllets in den Scharf/ und bachets/ wie gedacht.

30. Ein Mandel-Dorten in einer Schüssel.

Ziehet ein halb Pfund Mandeln ab/ trocknets auf einem Tuch/ stossets hernach mit Rosenwasser wohl klein; schlaget in einer Schüssel/ vier Eyerdottern und drey gantze Eyer daran/

* Zu diesen gelben Mandel-Dorten/ kan man auch ein Pfund abgeriebene Mandeln/ fünff Achtel-Pfund Zucker/ zehen Eyer-Dottern/ und zwey gantze Eyer nehmen/ dann nach dem Mund würtzen/ und ferner zubereiten/ wie gleich jetzo gedacht worden.

an / rühret alles durch einander / streuet Zucker darein / damit der Teig wohl süß werde / wie auch Zimmet / Muscaten-Blüh und Cardamomen/ so viel man vermeinet nöthig zu seyn: wäre der Teig nicht dinn genug/ kan man noch ein paar Eyer daran schlagen/ und alles zusammen eine halbe Stund lang ferner abrühren: Schmieret alsdann die Schüssel mit Butter / leget an den Boden derselben Oblat-Blätlein / streuet Gewürtz darauf / giesset den jetzt-besagter massen zusammen-gemachten Mandel-Teig darein / setzet die Schüssel auf eine Glut / bedeckets mit einer Stürtzen / Deckel oder Blech; leget Kohlen darauf / damit er oben schön liecht-braun werde / lasset ihn dann bachen / biß er etwas hart wird; gebet aber gute Achtung / daß die Schüssel nicht zerschmeltze.

31. Ein Mandel-Dorten / in einer Schüssel / auf andere Art.

Nehmet ein Pfund Mandeln / stosset sie mit Zimmet oder Rosenwasser ab / schlaget in einer Schüssel sechs oder acht Eyerdottern daran; rührets eine halbe Stund wohl ab / und so dann drey oder vier gantze Eyer mit samt den Weissen / ingleichen auch ein halb Pfund klar-gestossen- und durchgeräitelten Zucker/ wie auch sechs oder acht Loth klein-geschnittenen Citronat / Zimmet / Muscaten-Blüh / und Cardamomen / nach beliben; doch muß man die Gewürtz gröblicht zerstossen / wohl darinnen sehen / und alles in einer Schüssel unter einander mischen / selbige aber zuvor mit Butter schmieren / und also bey einer guten Stund / entweder in einem Oefelein oder auch auf einer Kohl-Pfannen bachen lassen: man muß aber auf die Schüssel / einen Scharf und eine eiserne Stürtzen / oder Deckel setzen / und Kohlen darauf legen: Oder man kan diesen Teig in einer Dorten-Pfannen / auch / wann man will/ in Schärtlein gegossen / bachen.

Jiiii iij   32. Ein

32. Ein Zimmet-Torten.

Stoſſet ein Pfund abgezogener Mandeln mit Roſenwaſſer/ und einem guten Stuck Butter ab; ſchlaget ſechs gantze Eyer an ein halb Pfund klar-geſtoſſen- und durchgeſiebten Zucker/ rühret ſelbige wol darunter/ ſchüttet dann die Mandeln und ſo viel geſtoſſen- und durchgeräitelte Zimmet darein/ daß der Mandel-Teig ſchön braun davon werde; ſchneidet eingemachte Citronen-Schelffen darunter/ und rühret alles wohl durch einander: gieſſet dann dieſen Teig in einen Torten-Model/ und laſſet ihn ſchön langſam bachen/ überſtreichet hernach den gebachen- und aus dem Model genommenen Torten mit einem ſchönen dicken Eiß/ und bezieret s nach belieben.

33. Ein Citronen-Torten.

Nehmet zehen Citronen/ ſchählet die Schelffen davon herab/ ſchneidet ſelbige an einer Citronen/ in ſechs oder acht Theile/ und das weiſſe heraus; leget das gelbe in ein friſches Waſſer/ überrädelt ſolches mit einem hiezu dienlichen Rädlein: gieſſet dann in einen reinen Hafen ein ander friſches Waſſer daran/ werffet ein klein wenig Saltz darein/ laſſets ſieden/ doch alſo/ daß ſie nicht weich werden; ſeihet das Waſſer davon ab/ laſſet die Schalen auf einem Tuch ertrocknen/ zuckerts nachmal ein/ und gieſſet etwas guten ſüſſen Wein dazu: Indeſſen ſchählet das Marck ſchön vortheilhafftig aus/ daß die Stücklein oder Theile gantz bleiben/ zuckert ſelbige wohl; hacket ein halb Pfund Mandeln klein/ miſchet ein wenig Semmel-Mehl von einem Eyerring'ein/ oder andern kleinen Eyer-Brod/ wie auch ein gut Theil würfflicht-geſchnittene Citronen-Schalen/ Zucker/ Muſcaten-Blüh/ Cardamomen und Zimmet darunter; walchert von einen Martzepan-Zeug/ einen Boden aus/ ſchneidet ſelbigen nach einen Torten-Model in der Form einer Roſen/ Lilien/ oder Hertzens/ wie es beliebig iſt/ aus; ſetzet ihn nachmal auf/ drucket von beſagten Teig/ in einem beſonders dazu gehörigen Model eine Spitzen ab/ beſtreichet ſie mit einem Weiſſen vom Ey/ und legets um um den aufgesetzten Rand rings herum; wann man will/ so bachet also diesen Hasen deß Tags zuvor ab/ füllet dann des andern Tags vorbesagte Füll darein/ feuchtet selbige mit dem eingezuckerten Citronen-Safft an/ leget das Marck schön zierlich darauf/ und bestecket's mit denen eingezuckerten Citronen-Schelffen/ welche man ebenfalls mit eingemachten Pomerantzen-Schelffen/ wechsel-weiß/ untermischen kan/ bezierets/ rings herum/ mit Pinien-Nüßlein und grünen Citronat; und verguldet den Dorten/ samt dessen Spitzen/ nach gefallen.

34. Ein Dattel-Dorten.

Schneide die Datteln in der mitten entzwey/ nimm die Kerne und weisse Häutlein heraus; dünste ein Theil derselben im Wein/ das andere aber hacke/ mische klar-abgeriebene Mandeln darunter/ und mach also eine kräfftige Füll an/ lege selbige in einen von gemeinen Dorten-Teig/ oder von Marzepan-Zeug/ aufgesetzten Hafen/ und die andern gedünstete Datteln darauf; bezierе den Dorten mit eingemachten/ zierlich-geschnittenen Citronen- und Pomerantzen-Schelffen/ und verfertige ihn im übrigen/ wie die vorhergehende allbereit beschriebene.

35. Ein Quitten-Dorten.

Die Quitten schneidet halb entzwey/ nehmet die Butzen heraus/ dünstets in Wein und Zucker/ biß sie weich werden/ und lassets wieder erkühlen; machet dann von Mehl und Eyerdottern einen süssen Teig an/ walchert ihn wie zu den Plätzen/ schmirt das Dorten-Schärtlein mit Butter/ legt den Teig darein; röstet geribenes weisses Brod/ mischet Zucker/ Trisanet/ geschnittene Pomerantzen-Schelffen und Mandeln darunter/ streuets auf den Boden/ und leget die Quitten darauf: ist der Dorten groß/ so macht zwey Lagen/ bestecket die obere mit Mandeln; machet einen entweder ausgeschnittenen/ oder aber gantzen Deckel darauf/ lasset ihn bachen: wann er nun ein wenig erhascht ist/ schmirt den Deckel mit Butter/ giesset durch ein Trichterlein etwas Wein darein/ und lasset ihn folgends abbachen:

* Wann man will/ kan man auch Tragant-Spitzen um diesen Teig machen; wie bey den Mandel-Dorten gemeldet worden.

bachen: wolte man keinen Deckel in der Eyl darüber machen/ kan man von dem Teig lange Streiffe rädeln/ und auf den Dorten etlichmal Creutz-Weiß wie ein Gitter legen/ alsdann mit einem Ey überstreichen/ und mit Zucker bestreuen.

36. Ein Quitten-Dorten.

Schählet und schneidet die Quitten zu Plätzlein/ giesset in einen stollichten Hafen Reinfal/ oder Malvasier daran/ lasset sie sieden; machet einen oben beschriebenen Teig/ setzet davon einen Dorten auf/ oder richtet ihn in den Scharf/ wie es beliebig ist: bestreuet den Boden mit Zimmet und Trisanet/ leget die Quitten darauf/ überstreuet sie wieder/ wie zuvor/ mit Zucker und Trisanet/ machet dann eine neue Lag Quitten/ und so fort an/ biß der Dorten-Hafen oder der Scharf voll ist; zuletzt bestecket sie oben mit Pistacien-Nüßlein/ und bezieret es mit Citronen- und Pomeranzen-Schelffen/ wie die andere/ Bögen-weiß geschnitten: lasset den Dorten also offen/ oder aber machet einen Deckel von ausgeschnittenem Teig darüber; setzet ihn nachmal in ein Oefelein oder Dorten-Pfannen/ und lasset ihn bachen.

37. Ein Quitten-Dorten/ noch anderst.

Die Quitten werden auf das schönste geschählet/ geschraubet/ und ein wenig im Wein und Zucker gedünstet/ indessen aber ein schöner Teig von Eyern oder Eyerdötterlein angemachet/ wie vorgemeldet/ auch davon ein Platz/ wie zu andern Dorten/ ausgewalchert/ und in den Scharf gerichtet/ oder aufgesetzet; oder es wird dergleichen von Marzepan-Zeug ein Hafen/ zuvor aber eine gute kräfftige Füll von gröblicht-gehackten Mandeln/ anderen gedünsteten und mit unter die Mandeln gehackten Quitten/ auch eingemachten klein-geschnittenen Citronat/ Citronen und Pomeranzen-Schelffen/ Zucker/ Zimmet/ Cardamomen samt ein wenig Muscatenblüh oder Trisanet/ zusammen gemacht/ mit Malvasier angefeuchtet/ diese Füll auf den Boden gelegt/ die geschraubte und gedünstete Quitten darauf/ und obenher mit Citronat-

Bögen

Von mancherley Dorten.   809

Bögen bestecket/ oder auch/ nach belieben/ ein Deckel darauf gemachet/ und so dann in dem Dorten-Ofen gebachen.

38. Ein Feigen-Dorten.

Nehmet Feigen/ waschet sie/ thut in einem Häfelein Zibeben und Weinbeere dazu/ sprengets mit einem süssen Wein an/ setzets in ein geringe Glut/ daß sie aufgeschwellen; machet einen Teig/ wie zu andern Dorten/ von Eyern an/ bestreuet hernach den Boden mit Zucker/ und Zimmet: machet dann eine Lag Feigen/ eine Lag Zibeben/ und noch eine von Weinbeeren oder Corinthen/ dann wieder eine Lag Feigen/ und so immerzu Wechsel-weiß; streuet aber auf jede Lag/ Zimet und Zucker/ und feuchtet dann alles mit ein wenig süssen Wein an; zuckerts/ schlaget das Blat oder den Deckel darüber/ und bachets/ wie andere Dorten/ im Ofen. *

39. Ein Prinelln-Dorten.

Waschet die Prinelln/ setzets im Malvasier zu/ lassets sieden; machet einen Teig an/ wie den obigen/ walchert ihn aus/ schmiret das Schärtlein mit Butter/ leget den Teig darein/ röstet ein gerieben Eyer-Brod/ mischet Zucker/ Zimmet und Trisanet darunter/ streuet gröblicht-geschnittene Pinien- und Pistacien-Nüßlein/ wie auch Citronat darein; oder macht sonst eine gute kräfftige Mandel-Füll an/ leget sie in den Schart auf den Boden/ und alsdann die Prinelln darauf/ so dick als es beliebt/ besteckets mit weissen Nüßlein/ Citronat- und Citronen-Schelffen; will man keinen Deckel darüber haben/ so verguldet die Nüßlein/ und lasset also den Dorten bachen.

40. Ein Zibeben-Dorten.

Körnet die Zibeben aus/ waschet und quellets ein wenig im Malvasier ab/ und verfertiget davon einen Dorten/ wie den
Kkkkk   bereits

* Diesen Dorten kan man auch ohne Deckel machen/ und die Feigen mit Pinien-Nüßlein und Citronat bestecken.

bereits beschriebenen Prinelln=Dorten: Oder man kan auch einen Deckel mit vier Blätlein also darüber machen; walchert vier Plätze auf das dünneste aus/ bestreichet einen jeden Platz mit zerlassener Butter/ vermittelst eines Pinsels; leget alsdann die vier Blätlein auf einander/ und bedecket den Dorten damit/ wie man mit einem andern Deckel insgemein pfleget: Wann nun der Dorten gebachen ist/ so heben sich die Blätlein schön von einander; bestreichet ihn aber obenher/ ehe er gebachen wird/ mit einem Ey/ und streuet Zucker darauf/ oder aber überziehet ihn/ nach dem bachen/ mit einem Eiß oder Spiegel. *

41. Ein Rosin= und Weinbeer= oder Corinthen=Dorten.

Die Dorten von Rosinen/ Weinbeern oder Corinthen/ werden also verfertiget/ wie der gleich jetzo beschriebene/ von Zibeben/ woselbst die bericht=begierige Leserin/ nachzusehen/ hiemit angewiesen wird.

42. Ein Pfersich= und Marilln= oder Abricosen=Dorten.

Die Pfersiche= und Marilln= oder Abricosen=Dorten/ können gleichfalls also zubereitet werden/ wie die Num. 39. beschriebene Dorten von Prinelln: Oder/ so es beliebt/ kan man auch zu erst auf den Boden eine kräfftige Mandel=Füll/ die schon zum öfftern beschrieben worden/ und alsdann die Pfersiche oder Marilln darauf legen/ mit Zucker und Zimmet überstreuen/ oder auch mit zierlichen Bögen von Citronat=und Pomerantzen=Schelffen/ wie auch mit Pinien= oder Pistacien=Nüßlein bestecken: Es müssen aber diese Pfersiche und Marilln nicht gar zu zeitig seyn/ sondern auch zuvor in siedenden Wein gelegt/ und nur ein wenig darinnen aufgequellet werden.

43. Ein

* Mit dergleichen Deckel/ von etlichen Blätlein also über einander gelegt/ kan man auch andere Dorten überdecken und verfertigen.

43. Ein Apffel-Dorten.

Nehmet Parstörffer-Aepffel / schneidet sie entzwey / und die Butzen und Kern-Häuslein heraus / röstet die Aepffel im Schmaltz / biß sie braun werden; streuet dann auf den Boden / eines aufgesetzten Dorten-Teigs oder Hafens / ein geröstet Semmel-Mehl / geschnittene Mandeln / Citronen-Schelffen / Zucker und Trisanet / oder aber eine kräfftige Mandel-Füll: leget die Aepffel darauf / biß der Dorten voll wird / und lasset ihn hernach bachen; wann er nun ein wenig erhaschet ist / giesset einen guten Wein oder Malvasier daran / aber nicht viel / damit er nicht durchweiche / und lasset ihn folgends bachen: Wann solches geschehen / stecket Pinien-Nüßlein / oder geschnittene Mandeln / ingleichen auch länglicht / und eines Messer-rucken breit / geschnittene Citronen- und Pomerantzen-Schelffen / Bögen-weiß auf die Aepffel / und verguldet die Nüßlein oder Mandeln / nach belieben. *

44. Ein Apffel-Dorten / auf andere Art.

Machet den Teig zum Dorten-Hafen an / wie bekandt; schählet die Aepffel / schneidet sie zu Plätzen / und dünstets im Wein biß sie ein wenig weich werden; mischt alsdann Zucker / Zimmet / Trisanet / Weinbeere oder Corinthen / und geschnittene Mandeln darunter / streuet aber zuvor / auf den Boden ein wenig geröstetes Semmel-Mehl; leget diese zubereitete Aepffel-Füll darauf / bedecket den Dorten mit einem Deckel / wie die andern / oder aber nur mit einem geschnittenen Teig Creutz-Weiß wie ein Gitter / davon Num. 35. bey den Quitten-Dorten Meldung geschehen.

---

* Es ist nicht eben nöthig / daß die Aepffel im Schmaltz geröstet werden / sondern man kan sie auch / so es gefällig ist / an statt dessen / im Wein ein wenig dünsten.

45. Ein Apffel=Dorten/ noch anderst.

Die Aepffel und Quitten werden gantz weich gedünstet / wie ein Brey/ alsdann durch ein enges Sieb getrieben / Zucker/ Zimmet/und gar klein gestossene Mandeln darunter gerühret/ auch Eyer / so es beliebt / daran geschlagen / und alsdann auf das aller dinnste drey oder vier Plätze ausgewalchert/ zerlassene Butter dazwischen gestrichen / und aufeinander gelegt; den letzern Boden aber überstreichet man mit obgedachter massen zusammen=gemachter Füll / streuet wie zuvor/ Zucker und Zimmet darauf/ und bedeckt also diesen Dorten wieder mit dergleichen drey= oder vierfachen Plätz= lein: Wanns beliebt kan man auch besagten Deckel/zuvor nach ei= nen Papier=Model ausschneiden/ alsdann den Hafen rings herum artig bezwicken/ und obenher mit Eiß oder Spiegel überstreichen.

46. Ein aufgesetzter Apffel=Dorten.

SChneide in zwey hand voll Mehls eine Butter/saltze sie/schlag fünff oder sechs Eyer darein; mach ein vestes Teiglein an/ so sich aufsetzen lässet/ walchere ein Blat so groß aus / als man den Dorten verlanget; formire den Boden schön rund/ streiche und setze ihn neben herum/ in die höhe auf/ bezwicke selbigen ehe er noch dürr wird / und laß ihn ertrocknen: Indessen schneide Aepffel zu Spälten/ und so dann überzwerg; mache ein Schmaltz wohl heiß / würff zwey Hand voll Aepffel darein / siehe aber zu / daß sie nicht zu braun werden/ sondern nims also bald / wann sie gelblicht werden/ und nur ein wenig anlauffen / heraus / legs auf ein Reiter= oder Sieblein daß das Schmaltz davon lauffen könne / dann sie müssen schön weiß bleiben; und so dann auf eine Schüssel: mische Zucker/ Zimmet/ Rosin und Weinbeerlein oder Corinthen/ darun= ter / fülle sie in den aufgesetzten Dorten/ mache einen ausgeschnit= tenen Deckel darauf/ und laß also eine halbe Stund bachen: wanns beliebt/

Von mancherley Dorten. 813

beliebt / kan man um und um ein Eiß darauf machen / und nochmal in Ofen setzen / damit es schön abtrockne. *

47. Ein Birn-Dorten.

Schählet und schneidet die Birne entzwey / nehmet die Butzen oder Kern-Häußlein heraus / schneidet die Birn zu Schnitten wie man sonsten die Laiblein / in die Suppen zu schneiden pfleget / röstets alsdann in Schmaltz / biß sie braun werden; machet einen Teig an / wie bey den andern Dorten / leget einen ausgewalcherten Platz in den Scharf / streuet klar-geriebenes Semmel-Mehl auf den Boden / und alsdann auch abgezogene Mandeln / Rosin / Zucker / Zimmet / und Citronat / alles geschnitten; leget die Birn darauf / bestreuet sie wieder mit Semmel-Mehl; leget nochmal / wie zuvor / Birne darauf / biß der Dorten voll : machet einen Deckel mit Blätlein / und wann der Dorten erhascht / giesset ein wenig Malvasier darein / bestreichet den Deckel mit Butter / und lasset ihn bachen.

❋ ❋ ❋

Oder:

Man kan auch diese Dorten / wie die von Aepffeln / vorher beschriebene / machen; die Birne zu Plätzen / oder auch in vier Theile zerschneiden / im Schmaltz rösten / oder aber im Wein dünsten / und ferner / besagter massen / verfertigen / wie die Aepffel-Dorten : wann sie aber im Schmaltz geröstet worden / kan man selbige / so es gefällig / zuvor auch ein klein wenig mit Mehl bestreuen.

Kkkkk iij   48. Ein

---

* In diesen Dorten kan man Pfersiche und Marilln / so zuvor in Zucker gesotten worden / wie auch gebachene Birn / mit Citronat / Zucker / und Zimmet überstreuet / oder aber Erdbeere / nur kalt abgezuckert / einfüllen / und bachen lassen.

48. Ein Muscateller-Birn-Dorten.

Schählet die Muscateller-Birne / schabet die Stiele ab / und schneidets biß zur helfft hinweg/ röstets im Schmaltz; machet den Teig/ wie bey denen andern Dorten/ streuet ein geröstetes Brod / wie auch Zucker / Zimmet und geschnittene Mandeln auf den Boden/ setzet die Birnlein nach einander darauf/ daß die Stiele über sich kommen / giesset ein wenig Malvasier daran / und bachet den Dorten schön langsam ab.

49. Ein Weixel-Dorten.

Nehmet zwey Eyerdötterlein/ ein klein wenig Rosenwasser und Zucker / machet ein Teiglein davon an / walchert es aus/ schneidets nach einen Zinnernen Teller/ rund/ richtet ihn eines queren Fingers hoch auf; walchert dann ein anderes Stück Teig aus / drucket solches in ein Mödelein/ bestreichets mit ein wenig Eyer-weis/ und klebt es neben herum: streuet dann ein geröstetes Brod/ Zucker/ Trisanet und Zimmet/ auf den Boden; und leget die Weixeln / so zuvor im Wein gedünstet worden/ darauf/ biß der Dorten-Hafen voll wird; setzet ihn also in ein Bach-Oefelein/ und giesset/ wann der Dorten halb gebachen / etwas von dem Wein / darinnen die Weixeln gedünstet haben/ daran; lasset ihn ferner bachen/ bestecket selbigen mit Pinien Nüßlein/ so man an den Spitzen vergulden kan: schneidet auch von eingemachten Citronen und Pomerantzen-Schelffen länglichte Bögen / und bestecket den Dorten damit/ zwischen die Nüßlein; oder aber machet einen Deckel von einem ausgeschnittenen mürben Eyerdottern-Teig darüber/ und verguldet ihn hier und dar/ nach belieben. *

50. Ein

---

* Wanns beliebt/ kan man auch an statt deß Brods/ Zuckers und Trisanets/ eine gute Mandel-Füll auf den Boden legen.

50. Ein Zwetſchgen-Dorten.

Machet ein Geheiß von Teig/ wie zu den andern Dorten/ legt ein geröſtetes Semmel-Mehl auf den Boden/ ſtreuet Zucker und Triſanet darauf/ und miſchet klein-geſchnittene Mandeln/ Citronat/ und Pomerantzen-Schelffen darunter; indeſſen ſchneidet die Zwetſchgen auf/ nehmet die Kern heraus/ ſtecket abgezogne Mandeln darein/ legts auf das geröſtete Brod/ ſtreuet Weinbeere oder Corinthen dazwiſchen/ machet alſo eine doppelte oder dreyfache Lage/ und einen Deckel von ausgeſchnittenen Teig darüber/ gieſſet auch ein klein wenig Malvaſier/ oder andern ſüſſen Wein daran: wer will/ kan die Zwetſchgen ſchählen/ und tann ein wenig dünſten/ wie gedacht.

51. Ein Pfeben- oder Melonen-Dorten.

Nimm Pfeben/ oder Melonen/ ſchneide Schnittlein daraus/ ſtreue auf den Boden ein wenig Semmel-Mehl/ Zucker und Zimmet/ wie zu einem Aepffel-Dorten/ lege die Schnittlein darein/ zuckers/ gieß einen Malvaſier daran/ thus im Ofen/ laß bachen/ ſetz dann den Dorten in Keller/ und laß ihn kalt werden. *

52. Ein Caſtanien Dorten.

Nehmet zwey Pfund friſche Caſtanien/ ſetzet ſie in einem Röhren-Waſſer zum Feuer/ ſiedets/ biß ein wenig lind werden; alsdann ſchählet ſie/ ſeihet das Waſſer aufs allergenaueſte herab/ ſtoſſets mit einem Tröpfflein weiſſen Roſen-Waſſer/ in einem Mörſel klein ab/ daß ſie nicht ölicht werden; miſchet Zucker/ Zimmet/ und Muſcaten-Blüh darunter/ reibets wohl unter einander/ daß es glatt werde; nehmets aus dem Mörſel/ thut zerſchnittenen Citronat und Triſanet dazu/ machet alſo dieſe Füll mit Eyerdötter

---

* Wer will/ kan/ in dieſem Dorten/ auch den Boden mit einer guten Füll von Mandeln belegen.

dötterlein an/ und rührets wohl unter einander: Indessen machet einen Teig an / wie bey denen andern Dorten / treibet einen grossen Platz aus/ ziehet ihn mit den Händen dinn; schmiret das Blech wohl mit der zergangenen Butter / und leget den Platz darauf; schmiret dann das Teig-Blat wieder/ leget ein ander ausgetrieben Blat darauf / schmieret dieses noch einmal / und streicht die Castanien-Füll schön und gleich darauf/ daß der Teig/ eines Daumens breit/ rings herum raum habe: Machet alsdann oben herum ein schönes Rauten-Gitter/ und zwickt ihn artlich zu; last ihn bachen/ daß er sich hebt/ und überstreicht das Gitter mit zerklopfften Eyerdötterlein/ und ein wenig darunter gerührter Butter / so wird er schön gelb und glänzend/ bekommt auch eine rechte Form; dann kann man ihn noch ferner zieren/ wie es beliebt.

53. Ein Ribes- oder Johannes-Beerlein-Dorten.

Lasset schöne Ribes- oder Johannes-Beerlein/ entweder abgezupffet/ oder an denen Sträußlein/ wie es beliebt/ die nicht gar überzeitig seyn / nur einen einigen Wall im süssen Wein thun / oder aber leget sie nur ein wenig in süssen warmen Wein: indessen machet ein Geheiß von Teig / wie zu den andern Dorten; leget auf den Boden eine gute süsse Füll von Mandeln / wie dergleichen schon hier und dar beschrieben worden/ und so dann diese Ribes- oder Johannes-Beere darauf/ bestreuets mit Zimmet und Zucker.

❀ ❀ ❀

Oder:

Leget/ an statt der Mandel-Füll/ ein geröstetes Brod auf den Boden/ bestreuets mit Zimmet/ Zucker/ klein-geschnittenen Mandeln und Weinbeerlein/ leget dann die Ribes- oder Johannes-Beerlein darauf; und machet also zwey oder drey Lagen/ biß der Dorten voll ist.

54. Ein

54. Ein Ruben-Dorten.

Die Ruben muß man erstlich recht braten / darnach zu breitlichten dinnen Schnitten schneiden / und ein wenig zuckern / alsdann in einen niedern Dorten-Hafen von Butter Teig gemacht / einfüllen / und gar viel Butter so wohl an Boden / als in die mitte / und oben darauf legen: Will mans aber nicht gern süß haben / so lasse man den Zucker davon / und nehme an statt deß Butters / zimlich viel klein-geschnittenes Ochsen- oder Rinds-Marck / oder sonst ein gut gesottenes Rinds-Fett dazu.

55. Ein Kräuter- oder Mäyen-Dorten.

Laubet allerley gesunde frisch- und grüne Kräuter / oder / ein so genanntes Mäyen-Kraut / hackets klein / druckets aus / legets in ein Röhren-Wasser / druckets alsdann wieder aus; schlaget so viel Eyer daran / biß dinn wird / mischet geriebenes Semmel-Mehl / gehackte Mandeln / Zibeben / Weinbeere oder Corinthen / Zimmet / Muscatenblühe / und Pfeffer / daran / zuckert die Füll / biß sie wohl süß wird: darnach machet einen Teig von Eyer-Dottern / und Weitzen-Mehl an / walchert und richtet ihn in einen Scharf / und lasset ihn bachen.

56. Ein Kräuter- oder Mäyen-Dorten / auf andere Art.

Nehmet ein Mäyen-Kraut / als nemlich das Kraut oder die Blätter von Fenchel / Mangolt / oder Spinat / Peterlein / und Körfel- oder Körblein-Kraut; als welche Kräuter man zusammen vermischt / ein Mäyen-Kraut allhier zu nennen pfleget: hackets wohl klein / giesset hernach ohngefehr ein halb Seidlein Rosen-Wasser daran / last es etwan eine Stund stehen / giessets hernach wieder herab / schlaget sechs oder acht Eyer daran / nach dem deß Krautes viel oder wenig ist; mischet ein halb Pfund Zucker / ein halb Loth Ingber / eben so viel Pfeffer / zwey Hand voll gerieben Brod /

einen halben Vierding/ oder Achtel=Pfund/ frischen Butter/ sechs Loth abgezogene und nach der Länge geschnittene Mandeln/ einen halben Vierding oder Achtel=Pfund Rosin/ und eben so viel reinlich=gewaschene Weinbeere oder Corinthen darunter; rühret alles wohl durch einander: Machet einen Teig von Eyerdötterlein an/ richtet selbigen in ein vorher mit Butter geschmirtes Schärtlein/ schüttet den Teig darein/ und lasset ihn ausbachen: nehmet hernach den Dorten heraus/ und bestreuet ihn obenher mit gestossener Zimmet und Zucker.

57. Ein Reiß=Dorten.

Siedet schön geklaubten Reiß in einem guten Kern/ wie man ihn sonst zu kochen pfleget/ aber wohl dick; stosset ihn in einem Mörsel ab/ und hernach klein=gestossener Mandeln/ ohngefehr so viel als deß Reisses ist/ darunter/ wie auch ein gutes Stück Butter/ und in Milch eingeweichte Semmel=Schnitten; drucktets dann wieder aus/ und stosset es alles zusammen wohl darunter ab: Machet von Eyern einen Teig an/ wie sonst zu einem andern Mandel=Dorten; füllet diese Füll in den Teig/ und bachet ihn auf das schönste.

58. Ein Ollapotrid=Dorten.

Machet einen Dorten=Hafen von Marzepan/ oder braun=gebachenen Teig/ wie selbiger bey den Citronen=Dorten Num. 33. beschrieben zu finden; formiret ihn Stück=weiß/ oder aber machet einen grossen Dorten an einem Stuck daraus: Wann er nun in dem Ofen ein wenig abgetrocknet worden/ füllet desselbigen Boden mit kräfftiger Mandel=Füll; legt dann allerley in Zucker eingemachte Früchte und Wurtzeln darauf/ als Muscateller=Birne/ Pfersiche/ Marilln oder Abricosen/ kleine Pomerantzen/ Quitten/ eingemachten Lactuck/ Wegwarten=Wurtzeln/ Citronat/ Citronen=und Pomerantzen=Schelffen/ welches man also von einander schneiden kan/ daß alles einerley grösse bekomme: Wann nun der

der Dorten mit dergleichen eingemachten Sachen einwendig gantz überlegt worden/ kan man ihn oben ebenfalls mit eingemachten Saurach oder Wein-Lägelein/ Ribes-oder Johannes-Beerlein/ und eben dergleichen Pomerantzen-Blüh bestecken oder bezieren/ dazwischen aber mit weissen Pistacien-Nüßlein bestreuen/ und mit einander noch ein wenig in den Ofen stellen.

59. Ein Frucht-Dorten.

Machet das Gehäck an/ wie zu den vorigen/ mit Mandeln/ Zucker/ Semmel-Mehl/ Gewürtz und Citronat; befeuchtets mit der Brüh/ darinnen die Früchte gedünstet sind: man muß aber die Früchte also dünsten/ als Quitten und Aepffel im Wein und Zucker/ darnach mit weissen Pinien-Nüßlein bestecken/ ehe sie in den Dorten gefüllet werden.

Die Pfersiche und Marilln oder Abricosen werden geschählet/ eingezuckert/ und/ so man will/ ein wenig Spanischer oder anderer Wein daran gegossen/ und wann sie eine Stund gestanden/ der Wein abgeseihet/ siedend gemacht/ und die Pfersiche oder Marilln in den Sud dareingeworffen; lasset es ein klein wenig darinnen ligen/ daß sie nur in etwas weichen; lasset es aber nicht sieden/ sondern nehmets heraus/ und legts auf eine Mandel-Füll in den Dorten.

Prineln/ Zibeben und Hieffen oder Hagenbutten/ dünstet man im Wein und Zucker/ wie die Quitten/ und legts hernach auf die Füll in den Dorten.

Die Weyxeln werden in eine Pfannen geschüttet/ die nur ein wenig fett ist/ und geschweisset/ biß sie ein wenig Brüh von sich geben; ist der Brüh zu wenig/ so giesset etwas von Spanischen Wein oder Malvasier daran/ und zuckerts wohl: alsdann nehmet sie heraus/ machet eine beliebige Füll/ und feuchtets mit obiger Brüh/ so die Weixeln in dem schweissen von sich gegeben/ an; füllet selbige in den Dorten/ und leget die Weixeln auf die Füll; bestecket s mit eingemachten Schelffen und Nüßlein/ machet eine Marzepan- oder Tragant-Spitzen herum/ und verguldet sie.

Oder:

❋ ❋ ❋ Oder:

Wann man diesen Dorten-Hafen nicht von Marzepan-Zeug haben wolte / kan man ihn von Eyerdötterleins-Teig also machen: Man nehme ein schönes Mehl / giesse ein klein wenig zerlassene Butter darein / rühre etliche Eyer-Dottern und Zucker daran / nach belieben; wircke also den Teig auf das schönste zusammen / welchen man zu allen Dorten gebrauchen kan / so wol aufgesetzt- als flach- übergeschlagenen / so man in den Scharten zu machen pfleget.

60. Ein Frucht-Dorten-Teig / auf andere Art.

Nehmet ein klein wenig Wasser in ein Pfännlein / thut ein wenig frische Butter / und etwas Saltz darein / lassets sieden; dann schüttet ein schönes Mehl in eine Schüssel / giesset von diesem gesottnen Wasser daran / schlaget so viel Eyer darein als dazu vonnöthen / nachdem man nemlich viel oder wenig Teig anmachen will / und zwar entweder gantze Eyer oder nur Dottern / und muß man sich selbst hierinn zu helffen wissen / daß man anfänglich nicht gleich den Teig vergiesse; wer will der kan ihn auch ein wenig zuckern: alsdann wircket diesen Teig schön zusammen / walchert Plätze daraus / so viel man verlanget; und füllet von süssen Früchten und Fülln darein / was man will / oder verlanget.

Dabey zu erinnern / daß wann man dergleichen Dorten-Hafen von Eyerdottern / oder gantzen Eyern / machen will / solches auf dreyerley Art geschehen könne: Als erstlich in einem Schart; der Schart aber wird wohl mit Butter beschmiert / wie bekannt; dann schneidet man von starcken Papier etliche lange Streifflein / leget selbige dreymal Creutz-weiß in den Schart / daß sie etwas lang über denselben heraus

aus gehen: Hierauf formiret man den ausgewalcherten Platz-Teig in den Scharf / leget die Füll / oder was man nun verlanget / auf den Teig hinein / und die Früchte oben darüber; schmieret den Teig neben herum mit einem Ey / machet den Deckel darüber / zwicket ihn neben herum artig zusammen / und bezieret ihn nach verlangen. Solte ein ausgeschnittener Deckel darauf gemachet werden / muß man solchen neben herum auch artig zusammen zwicken / und beede Deckel / so wohl den gantzen als ausgeschnittenen / mit Eyern bestreichen / und mit Zucker überstreuen: oder aber wann der Dorten gantz fertig / übereisen / wie solches im nachfolgenden Theil von Quitten-und Zucker-Werck beschrieben zu finden. Wann nun dieser Dorten fertig und abgebachen ist / lasse man zwey Personen den Dorten bey den langen Papier Streifflein allgemach heraus heben / welches auf diese weise / am besten geschehen kan.

Will man einen aufgesetzten Dorten machen / so muß man einen grossen Platz auswalchern / wie man ihn verlanget / und nach belieben / wie Rosen / Hertze / oder Lilien / nach einem Papirenen Model schneiden und formiren; dann setzet man selbigen rings herum auf / wie man die Pastetlein aufzusetzen pfleget / aber nicht höher als ein paar Fingers hoch: walchert dann von dem Teig einen langen Streiff / drucket ihn in einen dazu gehörigen Spitzen-Model / bestreicht selbigen ein wenig mit einem Ey / und klebets um den aufgesetzten Dorten; hefftet alsdann ein wenig Papier herum / füllets auch einwendig mit Papier aus / biß der Teig erhartet / oder ertrocknet / dann sonsten fällt er ein / und bleibt nicht aufgericht: wann nun der Teig / besagter massen / erhartet / so nehmet die Papiere inn-und auswendig wieder davon / und füllet die Früchte / oder was man verlangt / darein.

Drittens kan man auch aus obbeschriebenem Teig / einen Dorten auf folgende weise machen / daß er noch weniger Mühe verursache; Es wird nemlich von besagtem Teig ein Platz gewalchert / alsdann die Früchte oder was man verlanget / darauf gelegt / und wie oben bey allen dergleichen Dorten von Teig gedacht worden / neben

LIIII iij herum

herum ein paar Finger breit/ ein leerer Rand gelassen: Dann kan man von diesem Teig/ entweder einen gantzen oder einem schön-zierlich ausgeschnittenen Deckel machen/ zuvor aber an dem Rand deß Bodens ein wenig mit einem Ey überstreichen/ nachmal den Deckel darüber legen/ allgemach etwas zusammen drucken/ und neben herum artig/ fast wie eine Pasteten/ verzwicken/ hernach/ wie vorgedacht/ mit einem Ey überstreichen/ und mit Zucker bestreuen/ oder nach dem Bachen übereisen; und so kan man sich darnach/ bey allen Dorten/ leichtlich richten. *

Oder:

Man kan auch den Teig zu diesen Dorten also anmachen: Nehmet ein wenig süssen Ram oder Kern/ und drey Eyerdottern/ leget ein Stücklein Butter darein/ und macht von schönem Mehl ein Teiglein an/ saltzets etwas/ macht es nicht gar zu vest/ und walchert es aus/ nach belieben.

61. Ein Krafft-Dorten.

Nehmet ein Pfund mit Rosenwasser klar-abgestossene Mandeln/ und ein halb Pfund gerieben- oder gestossenen Zucker/ thut beedes mit einander in ein Kesselein/ und trocknets auf einer Kohlen wohl ab/ wie die Massam zum braun gebachenen; hebets dann vom Feuer/ reibet ein wenig Citronen-Schelffen darein/ mischet ein Loth Zimmet/ eben so viel Cardamomen/ ein halb Loth Muscatenblüh/ ein quintlein Muscatnuß/ und eben so viel Negelein/ und zwar alles gröblicht zerstossen/ mit einem Vierding/ oder Achtel-Pfund/ klein-geschnittenen Citronat/ darunter/ und wircket alles wohl durch einander: Formiret dann diesen Teig rund/ oder länglicht/ oder wie ein Hertz/ nach gefallen/ leget ihn auf Oblat/

* Dieser Teig kan gleich dem vorigen nach einem Papier/ wie ein Hertz/ Rosen/ Lilien/ oder was man verlanget/ geschnitten und formiret werden.

Von mancherley Dorten.

Oblat/ schmieret aber solches zuvor ein wenig mit Rosenwasser/ machet eine gantze Martzepan-Spitzen neben herum / nachdem nemlich der Teig formiret worden / und lasset alles mit einander fein gemach bachen: alsdann eisets und belegets nach belieben: Es ist aber bey allen Dorten wohl zu mercken / daß / wann sie geeiset werden/ man selbige alsdann nur auf den Ofen ertrocknen lasse.

62. Ein Gehäck-Dorten.

Hacket ein Pfund Mandeln klein/ rühret ein halb Pfund klargerieben- oder gestossenen Zucker darunter/ ingleichen auch ein Viertel-Pfund klein- und würfflicht-geschnittenen Citronat / und geriebene Citronen-Schelffen; mischet auch Zimmet/ Cardamomen/ und Muscatenblühe/ jedes ein Quintlein/ darunter/ giesset zwey Loth Zimmet-Wasser daran/ und rühret alles wohl durcheinander; sollte es nicht süß genug seyn / kan man noch ein wenig Zucker dazu nehmen/ nachmals diese Füll in einen/ nach einer beliebigen Form / bereits zusamm-gemachten Dorten-Teig / einfüllen / aber nicht lang bachen lassen / sondern alsdann bespiegeln / und mit Eiß belegen / auch mit Citronat und eingemachten Citronen- und Pomerantzen-Schelffen / nach belieben / auszieren: Oder man kan diesen Dorten / wann er bereits geeiset worden/ in ein Oefelein setzen/ damit die Hitz ein wenig Blasen ziehe / und nachmals / weil er noch heiß ist / mit Zimmet überstreuen.

63. Ein Frantzösischer-Dorten / von gezogenen Teig.

Man nehme das schönste und beste Semmel-Mehl / und mache mit warmen Wasser / und einem guten Theil zerlassenes Schmaltzes einen Teig an / arbeite aber denselben über alle massen wohl/ daß er sich vom Tisch schählet und blättert; schneidet ihn hernach zu kleinen Stücklein/ und walchert Blätlein daraus;
diese

diese lassen sich voneinander ziehen / so dinn als man will / ja als ein Mahen-Blätlein: stürtzet dann eine höltzerne Schüssel über einen Hafen um / schmirets mit Schmaltz / ziehet den Teig darüber / so dinn als es seyn kan / und leget so viel Blätlein aufeinander / daß sie Fingers dick ligen / bestreuet aber ein jedes Blätlein zuvor mit zerlassenen schweinenen Schmaltz: Hierauf leget man die Schüssel auf den Tisch / und schneidet nach selbiger mit einem heissen Messer fein rund herum den Teig ab / man muß ihn aber zu erst ein wenig überwalchern / daß er schön gleich / und nicht an einem Ort dicker ist / als an den andern / und die Schüssel wieder darauf stürtzen / abschneiden / zimlich grosse Spitzen oder Schnaupen herum schneiden / auf ein mit Butter geschmirtes Papier legen / und im Pasteten-Ofen bachen / so heben sich die Blätlein hoch auf / und gehen von einander: Wann man gerne will / macht man eine Füll darein / dabey aber zu mercken / daß wann man den Teig ziehet / solches in einer gar warmen Stuben geschehen müsse: ehe er aber verarbeitet wird / muß er eine weile zuvor in der Kält ligen / auch an einem kalten Ort folgends ausgewalchert werden. Will man Pastetlein daraus machen / so muß man den Teig / wenn er von der Schüssel abgenommen wird / übereinander verwickeln / daß es ein langer Stritzel werde / etwan eines kleinen Arms dick / davon kan man dann Stücklein schneiden / so groß die Pastetlein seyn sollen / und an der Kälte lassen vest werden / und hernach aufsetzen; man muß aber alsdann nimmer den Teig in den Händen arbeiten / sondern stracks aufsetzen: Wolte man aber Frantzösische Krapffen daraus machen / pflegt man ein Stücklein eines Fingers dick herab zu schneiden / nach der Breiten zu einen Platz aus zu walchern / und darein zu füllen / was man will / alsdann übereinander zu schlagen / wie ein überschlagenes Pastetlein / auch schön zierlich Schuppen-weiß aus zu schneiden / zu bachen / und mit kühlen Schmaltz
zu bestreichen.

Siebenze-

Siebenzehender Theil,
Von
Zucker- und Quitten-Werck.

1. Marzepan-Zeug.
2. Tragant — —
3. Gläntzender Zucker-Spiegel.
4. Eiß-Spiegel.
5. Rother — —
6. — — — auf andere Art.
7. Zimmet-Spiegel.
8. Rauten-Marzepan.
9. Krafft — — —
10. — — — auf andere Art.
11. Gleissende Marzepan.
12. Marzepan von Muscaten-Zeug.
13. Niederländische Marzepan.
14. Mackaronen.
15. — — — auf andere Art.
16. — — — noch anderst.
17. Gefüllte Mackaronen.
18. Braun-gebachene Früchte.
19. — — — hole Birne oder Aepffel.
20. — — — Welsche Nüsse.
21. Braun-gebachenes holes Zucker-Werck.
22. — — — flaches Zucker-Werck.
23. Grengeln oder Bretzeln von Marzepan-Zeug.
24. — — — von Mandeln
25. Spanische Grengeln oder Bretzeln.
26. Eyerring von Zucker-Zeug.
27. — — — auf andere Art.
28. Spuhlen von Zucker-Zeug.
29. Spritzen-Küchlein.
30. Muscatzinen.
31. Maultaschen.
32. Hasen-Oehrlein.
33. Pasteten-Brod.
34. Schwedisch-Brod.
35. — — — auf andere Art.
36. — — — noch anderst.
37. — — — auf eine noch andere Weise.
38. Englisch-Brod.
39. — — — auf andere Art.
40. Spanisch-Brod.
41. — — — auf andere Weise.
42. Muscaten-Brod.
43. — — — auf andere Art.
44. — — — noch anderst.
45. — — — auf andere Weise.
46. Dotter-Brod.
47. — — — auf andere Art.
48. — — — noch anderst.
49. — — — auf andere Weise.
50. — — — noch auf eine andere Art.
51. Zimmet-Dotter-Brod.
52. Mandel-Brod.
53. — — — auf andere Art.
54. — — — noch anderst.
55. Ulmer-Brod.
56. — — — auf andere Art.
57. — — — auf andere Weise.
58. — — — noch anderst.
59. Klein-geschnittenes Brod.
60. — — — auf andere Art.
61. Citre

Inhalt deß Zucker- und Quitten-Wercks.

61. Citronen-Brod.
62. Langes Brod.
63. Weisses Zucker-Brod.
64. Tauben von Zucker-Brod.
65. — — — — auf andere Art.
66. Weisse Mandel-Lebküchlein.
67. — — — — auf andere Art.
68. — — — — auf andere Weise.
69. — — — — noch anderst.
70. Zucker-Biscoten.
71. Mandel- — —
72. Quitten- — —
73. — — — auf andere Art.
74. Spanische Biscoten.
75. Bisam-plätzlein.
76. — — — — auf andere Art.
77. Leichte Bisam-plätzlein.
78. Anis-plätzlein.
79. Fenchel- — —
80. Mandel- — —
81. Anis-Kügelein.
82. Weisse Fenchel-Kügelein.
83. — — — — auf andere Art.
84. — — — — noch anderst.
85. Anis-Zeug/oder Anis-Marzepan.
86. — — — — auf andere Art.
87. Pfeffer-Nüßlein.
88. — — — — auf andere Art.
89. Wifftig.
90. — — — auf andere Art.
91. — — — auf andere Weise.
92. — — — noch anderst.
93. Hippelein oder Hohl-Hippen.
94. Hobel-Späne.
95. — — — auf andere Art.
96. Nonnen-Kräpfflein.
97. — — — — auf andere Art.
98. Schlangen von Marzepan-Zeug.
99. — — — — auf andere Art.
100. Gefüllte Schlangen.
101. Zimmet Schlangen.
102. Gefüllte Mandel-Fische.
103. — — — — auf andere Art.
104. Mandel-Kränzlein.
105. — — — — auf andere Art.
106. — — — — noch anderst.

107. Mandel-Kränze.
108. — — — — auf andere Art.
109. Quitten-Zelten.
110. — — — so ein Jahr gut bleiben.
111. Gläserne Quitten-Zelten.
112. — — — — auf andere Art.
113. Rothe Quitten-Zelten.
114. Weisse — — —
115. — — — — auf andere Art.
116. Gewürtzte Quitten-Zelten.
117. Genueser- ⎫
118. Pfersich- ⎬ Zelten.
119. Hieffen oder Hagenbut-ten- ⎭
120. Citronen-Quitten-Latwerg.
121. — — — — auf andere Art.
122. — — — — auf andere Weise.
123. — — — — noch anderst.
124. — — — — auf eine noch andere Art.
125. Durchsichtige rothe ⎫
126. Brockichte ⎪
127. Gewürtzte ⎬ Latwerg.
128. Ungesottene ⎪
129. Gelbe Ruben- ⎪
130. Parstörffer-Aepffel- ⎪
131. Pfersich- ⎭
132. Quitten-Käß.
133. Citronen-Kraut.
134. Rüblein-
135. Krafft-Grieben/ oder Morselln.
136. — — — — auf andere Art.
137. — — — — noch anderst.
138. — — — — auf andere Weise.
139. Citronen-Morselln.
140. — — — auf andere Art.
141. — — — noch anderst.
142. Saurach- oder Wein-Lägelein-Morselln.
143. — — — — auf andere Art.
144. Quitten-Morselln.
145. Trisanet.
146. — — — auf andere Art.
147. — — — noch anderst.
148. Zim-

Siebenzehender Theil/ Von Zucker- und ꝛc.

148. Zimmet-Mandeln.
149. — — Röhrlein.
150. Negelein.
151. Aufgelauffener Bisam-Zucker.
152. Spieß-Kuchen oder Briegel-Krapffen.
153. — — — — auf andere Art.
154. — — — — auf andere Weise.
155. — — — — noch anderst.

1. Marzepan-Zeug.

Nehmet ein Pfund Mandeln / weichet sie in ein kaltes Wasser / biß sich die Schelffen abziehen lassen; wann man selbige abgezogen hat / so waschet sie aus einem frischen Brunnen-Wasser / und reibets im Reib-Scherben mit Rosen-Wasser klein ab: Darnach rühret unter ein Pfund Mandeln / ein halb Pfund rein-gestossenen Zucker / setzets in einem messingen Becken auf ein Kohl-Feuer / und rühret's imer zu ein / daß es sich nicht anlege; trocknet also diesen Teig so lang ab / biß er nicht mehr am Finger klebt: schüttet ihn nachmal heraus auf ein Bret / daß er ein wenig erkühle / und wircket ihn mit etwas Mehl und Zucker aus. Etliche gebrauchen an statt deß gemeinen Mehls / ein Krafft- oder Stärck-Mehl zum auswircken / es muß aber die weisse Stärck zuvor klein gestossen werden / und durch ein härenes Sieblein ausgebeutelt seyn; auch kan man diesen Teig im Keller über Nacht stehen lassen / so wird er schön zähe und lässet sich besser verarbeiten: Aus diesem Marzepan-Zeug kan man allerley Früchte und Marzepan / nach belieben machen / wie solches aus dem nachfolgenden deutlicher erhellen wird.

2. Tragant-Teig.

Stosset ein Loth Tragant klein / giesset vier Loth Wasser / halb frisches / und halb Rosenwasser daran / last es vier und zwantzig Stunden weichen; pressets dann durch ein klares Tüchlein / und reibet ihn auf einem klaren Marmorstein / oder auch in einem Marmor-steinernen Mörsel schön glatt ab: Mischet dann einen Vierding

Mmmmm ij

Vierding oder Viertel-Pfund durch-gesiebten Zucker / und zwölff Loth ebenfalls durch-gesiebtes Stärck-Mehl / und zwar deß Stärck-Mehls auf einmal einen Löffel voll / und ein klein Löffelein Zucker / eines um das andere / durcheinander / biß der Teig vest wird: Will man Tragant-spitzen haben / so mache man sie von jetzt besagtem lautern Tragant-Teig; beliebt man aber von dem vorgedachten Marzepan-Teig Spitzen zu machen / so nehme man nur den vierdten Theil darunter: deßgleichen auch / wann man ein braun-gebachenes machen will / kan man ein wenig von diesem angemachten Tragant-Teig unter den Marzepan-Teig mit einwircken / so wird er etwas glätter und reiner werden; doch mag man auch den Marzepan-Zeug ohne Tragant allein dazu gebrauchen / so in eines jeden belieben stehet.

3. Weisser gläntzender Zucker-Spiegel.

Nimm von einem oder zwey neugelegten Eyern / das Weisse oder Eyer-klar / und zerklopffs in einem Häfelein aufs allerbeste; thue sechs Löffel voll deß allerschönsten / und zu Mehl klar-gestossenen auch ausgebeutelten Zuckers / in ein Schällein / und rühre das Eyer-klar oder Eyer-weiß nach und nach in den Zucker / daß er schön gläntzend und glatt wird / auch anfängt dick zu werden / und nicht mehr laufft; je länger man aber rühret / je schöner und gläntzender er wird: wolte der Spiegel gar zu dick werden / so gieß ein wenig weisses Rosen-Wasser daran / und rühre ihn immerzu wohl durch einander / spiegele alsdann damit was du verlangest; setz das damit überzogene Zucker-Werck / vor den Ofen / und laß es ertrocknen.

4. Eiß-Spiegel.

Nesset / wie im vorigen gedacht / an ein schönen zu Mehl klar-gestossenen Zucker / ein wenig Rosen-Wasser / rührets wohl unter einander / daß es schön dick bleibt / auch ein wenig weiß und

und glatt wird / und nimmer fliessen kan; spiegelt dann damit was ihr wolt / und lassets bey der Wärme vertrocknen: Wollet ihr aber einen aufgezogenen Spiegel haben / so machet ihn mit dem Rosen=Wasser etwas dinner / rühret alles wohl unter einander / und überstreichet das Zucker=Gebachenes damit / so ihr verfertiget habt; setzets dann gleich alsobald in ein Oefelein oder Dorten=Pfannen / schüret oben auf den Deckel eine gute Glut / so hat man ein schönes aufgezogenes Eiß.

5. Rother=Spiegel.

Nehmet drey Eß=Löffel voll klar= und wie ein Mehl gestossenes Zuckers / röstet ihn wohl trocken auf einer kleinen Kohlen / doch daß er nicht anbrenne; giesset dann ein wenig frisch ausgepreßten Saurach= oder Wein=Lägelein=Safft / so nicht mit Zucker zum Syrup gesotten ist / daran / und rühret ihn schön glatt ab / daß er eine rechte Dicken bekommt / dann dieser Spiegel muß sehr wohl abgerühret werden; dann kan man auch damit eisen oder spiegeln was man will / und selbiges alsdann in der Stuben ertrocknen lassen.

6. Rother Spiegel / auf andere Art.

Nimm schön klar=gestossenen und durchgesiebten Zucker / gieß Wein=Lägelein oder Saurach=Safft daran / rühre beedes wohl unter einander / so ist er fertig / und zwar weit geschwinder als der vorige; welcher aber etwas schöner wird.

7. Zimmet=Spiegel.

Röstet einen Mehl=klaren Zucker / gantz trocken / über der Kohlen / rühret ebenfalls gantz klar zu Mehl=zerstossene schöne lichte Zimmet darunter; giesset Rosen=Wasser daran / doch nicht zu viel / damit er seine rechte Dicke bekomme; rühret alles annoch ferner wohl durcheinander / und bespiegelt das Zucker=Werck aufs allergeschwindeste damit / dann er wird gar bald hart; und lasts ertrocknen.

8. Marzepan oder Rauten.

Zu diesen Marzepanen nehmet ein und ein Viertel-Pfund Mandeln / stoßets mit Rosen-Wasser ab / biß sie schön klar werden / rühret dann drey Viertel-Pfund gestoßenen Zucker darunter / trocknets in einem meßingen Keßelein über der Kohlen ab / biß sich der Zeug ablediget; leget ihn dann heraus auf einen hölzernen Boden oder Bret / streuet aber zuvor einen Löffel voll Zucker darauf / und wircket ihn wohl glatt zusammen; alsdann machet daraus was beliebt / Rauten oder runde Marzepan: fürnemlich aber machet die beliebte Form auf Oblaten / und benetzet selbige zuvor ein wenig mit Rosen-Wasser / streuet auch Zimmet und Muscatenblüh darauf / und überstreichet es mit dem Mandel-Zeug; bestreuet daß Blech mit Mehl / setzet alsdann die darauf gelegten Marzepan im Ofen / lasset ein wenig bachen / und übereisets nachmal mit einem Eiß- oder andern weißen Spiegel; setzets wieder zum Ofen biß sie ertrocknen: bezierets dann mit Trisanet / auch Pomerantzen- und Citronen-Schelffen / und verguldets nach gefallen: oder leget in die mitten desselben / eine von Tragant gemachte Blume oder Bildlein. *

9. Krafft-Marzepan.

Nehmet einen abgetrockneten Marzepan-Zeug / wie er in diesem Theil Num. 1. beschrieben worden; schneidet ihn zu kleinen Stücklein / mischet Zimmet / Muscatenblühe / Cardamomen / und ein wenig Rosen-Zucker darunter / schneidet auch Citronat / Pomerantzen- und Citronen-Schelffen / ingleichen grüne und weise Pinien- und Pistacien-Nüßlein darein / und zwar alles wohl klein; wirckets unter einander / gießet noch ein wenig Rosen-Wasser da-

* Zu diesen Marzepanen kan man auch / so es beliebt / nur die allgemeine Mandel-Massa gebrauchen.

Von Zucker- und Quitten-Werck. 831

ser dazu / damit der Zeug bey einander bleibe: hernach walchert das Marzepan so groß / als man selbiges verlanget / legets auf ein Oblat / und sodann auf ein Blech; lassets im Ofen ein wenig bachen/ biß es bräunlicht wird / und nachmal erkalten / giesset einen Eiß-Spiegel darüber / und streichets schön gleich: schneidet wieder grün und weisse Pinien- und Pistacien-Nüßlein / auch Citronat-und Pomerantzen-Schelffen wohl klein / streuet solches auf die Marzepan/ setzets nochmal in Ofen / biß der Zucker ertrocknet / dann verguldets nach belieben.

10. Krafft-Marzepan/ auf andere Art.

Mischet unter einen abgetrockneten Marzepan-Teig / Zimmet/ Muscatenblüh/ ein wenig Negelein und Cardamomen/ Citronat / Pomerantzen-Schelffen / und grüne Pistacien-Nüßlein; knetet alles wohl unter einander / streichets auf Oblat/ und machet ein aufgesetztes Börtlein oder Rändlein herum / setzets in Ofen / lassets bachen / und überziehets mit einem Eiß.

11. Gleissende Marzepan zu machen.

Nehmet drey Viertel-Pfund abgezogene Venedische Mandeln/ reibet sie in einem Reibstein klein ab/ und tröpffelt allgemach ein weisses Rosen-Wasser darein / damit die Mandeln nicht öhlicht werden; schüttet drey Viertel-Pfund klar-zerstossenen Zucker in ein Schällein/ und rühret selbigen mit den Mandeln aufs allerbeste ab/ damit es ein schöner glatter Teig werde; streichet dann die abgerührte Mandeln auf Rauten-weiß geschnittene Oblaten / eines guten Messer-rucken dick: duncket hernach ein artig höltzern Schäuffelein ein wenig ins Rosen-Wasser/ und überfahret den aufgestrichenen Mandel-Zeug damit / überstreuet ihn mit Zucker / und so dann selbigen wieder mit dem Mandel-Zeug; fahret vorbesagter massen/ mit dem Schäuffelein/ wie zuvor/ darüber/ netzet aber die Mandeln nicht gar zu sehr / dann sie müssen dadurch nur schön glatt gemachet werden: streuet ferner Zucker darauf/ fahret wie-

ret wieder mit dem Schäuffelein darüber/ und dieses wiederholet
dreymal; legets dann auf ein rundes Blech/ setzets in eine Dorten-
Pfannen/ machet eine gute Glut auf dem küpffernen Deckel/ daß sie
geschwind aufgehen/ sehet aber offt zu/ daß sie nicht braun werden;
sie sind in einer Stund gebachen: Oder man kans auch wohl in einem Oefelein/ an statt der Dorten-Pfannen/ abbachen lassen.

12. Marzepan von Muscaten-Zeug.

Verklopffet sechs Eyer/ rühret/ eines Eyes groß/ Butter dar-
unter/ wie auch einen Löffel voll Rosen- oder Zimmet-Wasser; macht mit einem zarten schönen Mehl ein lindes Teiglein an/ und knetet selbiges mit Zucker wohl ab/ treibet ihn eines
kleinen Fingers dick aus: Leget ein von Karten-Papier ausgeschnittenes Hertz oder Rauten auf den Teig/ schneidets durch/ bachets/ auf
einem mit Butter-geschmirten und Mehl bestreueten Blech/ im
Ofen/ überstreicht es mit einem glatten Eiß/ und verguldets nach
gefallen.

13. Niederländische Marzepan.

Sehet Mandeln ab/ stosset oder reibet sie klein/ wie zu andern
Marzepan-Zeug/ mischet Zucker darunter/ nach dem man sie
süß verlanget; streichets in Rauten-Form auf Oblat/ bezwickets oben herum/ legets auf ein mit Mehl bestreutes Kupffer-Blech/
setzets in Ofen/ und lassets ein wenig bräunlicht bachen: nehmet es
dann heraus/ und giesset einen von Zucker und Rosenwasser angemachten Eiß-Spiegel darüber/ streuet gefärbten Zucker darein/ setzets wieder in den Ofen/ lassets ertrocknen/ und besteckets/ wo es be-
zwicket worden/ mit Pinien-Nüßlein/ so man/ nach belieben/ vergulden kan.

14. Mackaronen.

Stosset ein Pfund Mandeln ab/ wie zu einem Mandel-Dor-
ten/ klopffet hernach von vier Eyern das Weisse/ biß es gar
dick

dick wird; rühret fünff Achtel-Pfund Zucker unter das Weisse vom Ey / alsdann auch die Mandeln / legets auf ein Oblat / und lassets bachen: Wer will / kan auch Gewürtz / als Zimmet / Cardamomen und Muscatnuß / darunter rühren.

15. Mackaronen / auf andere Art.

Nehmet ein Pfund abgeriebener Mandeln / ein halb Pfund Zucker / zerklopffet von zwölff Eyern das weisse / zuckerts / mischets unter einander / setzets auf eine doppelte Oblat / formirets / nach belieben / zu Mackaronen; setzets ins Oefelein / und lassets bachen.

16. Mackaronen / noch anderst.

Rühret unter ein Viertel-Pfund geriebener Mandeln / einen halben Vierding oder Achtel-Pfund gestossenen Zucker / würtzets mit Zimmet / Cardamomen / und Muscaten-Nuß / legets auf Oblaten; machet mit einen Messer-Rucken länglichte Schnitten daraus / bachets in einer gähen Hitz / schön gelblicht / und verguldet die Schnitten.

17. Gefüllte Mackaronen.

Nehmet ausgewirckten Marzepan-Teig / wie zu dem bald folgenden braun-gebachenen / walcherts nicht gar zu dick; druckets in einen Mackaronen-Model / und schneidet den Teig in dem Model ab / daß sie fein hol bleiben: vermischet dann einen halb abgetrockneten Marzepan-Zeug / mit klein und würfflicht geschnittenen Citronat / Muscatenblüh / Cardamomen / und Zimmet / nach belieben / von diesem zusammengemachten Zeug nun / formiret ein Stücklein auf ein Oblat / stürtzet die gedruckte Mackaronen darüber / und klebet sie an / legets hernach auf ein Blech / lassets in einem heissen Oefelein / so braun man sie haben will / bachen / und verguldets nach belieben.

18. Braun-gebachene Früchte.

HErschneidet einen abgetrockneten Mandel-Zeug / mit einem Messer auf einem Bretlein / wircket ihn mit einem klaren Krafft- oder andern schönen Mehl aus; melbet den Model ein / und formiret den Teig also mit den Händen / daß er gleich genug ist / in das Mödelein; drucket dann den andern Theil deß Models darauf / und wohl vest zu / schneidet den übrigen Teig mit einem Messerlein wann / der Teig noch in dem halben Model ligt / herab; wäre er nicht wohl gefallen / so drucket selbigen noch einmal / daß er schön wird / und klopffet ihn aus dem Model: stecket unten ein Drätlein darein / und so dann an einen strohenen Krantz / damit er ertrockne / und also kan man allerley Früchte in den Mödeln abdrucken: Was aber Pfeben / Aepffel / Ruben / Amarelln / Weireln und Zwetschgen sind / die werden mit den Händen also frey formiret / wie sie seyn sollen; allein was spalten bedarff / kan man artig mit einem Messerlein machen: stecket aber alles an die Drätlein / lassets an dem Ofen wohl ertrocknen / und verguldet sie schön an ein- und andern Orten: Wann man sie aber braun-gebachen haben will / so leget ein Papier auf ein Blech / und die Früchte nach einander darauf / setzets in Ofen / lassets schön licht-gelb werden / und verguldets dann ebenfalls / wie schon gedacht.

19. Braun-gebachene hohle Birn und Aepffel.

WAnn man dergleichen braun-gebachene Früchte hohl machen will / als Birn / Aepffel / und dergleichen / muß man den obbemeldeten Marzepan-Zeug zubereiten / wie selbiger N. 1. beschrieben worden / nachmal nicht gar eines halben Fingers dick / auswalchern; alsdann die Mödel wohl bestüppen / und den Teig in beede Theil der Mödel wohl eindrucken / in die Hölen aber desselben die jenige Füll einfüllen / welche bey den ausgefüllten Mackaronen Num. 17. zu finden: Oder man kan auch sonst eine kräfftige

Von Zucker- und Quitten-Werck.

Mandel-Füll darein machen / von klein-gehackten oder geschnittenen Mandeln / Citronat / Citronen- und Pomerantzen-Schelffen / Zucker / Zimmet / Cardamomen und Muscatenblüh / oder auch ein wenig geriebenes in Zucker geröstetes Eyerbrod mit darunter rühren / und alsdann mit süssen Wein anfeuchten/ nochmal etwas von dieser Füll in die Hölen auf den Teig / in die Mödel legen / so viel man nemlich meinet / daß man die zwey Mödel darüber genau zusammen drucken könne: zuvor aber kan man den Teig neben herum auf das subtilste mit einem Eyer-weis bestreichen / und alsdann die Mödel auf das beste auf einander zusammen drucken/ nachmal den einen Model gemach herab nehmen / und mit einem dinnen Messer den Teig rings herum glatt abschneiden / alsdann die Früchte aus dem andern Model auch heraus heben / und also wann sie / wie die andern braun-gebachene Früchte/ wohl abgetrocknet worden/ in dem Ofen licht-gelb bachen oder abbräunen lassen / und nachmals zierlich vergulden.

20. Braun-gebachene Welsche Nüsse.

Welsche Nüsse kan man auf eben diese Weise gefüllt machen/ wie die obbemeldte gefüllte Aepffel und Birne/ auch ebenfalls zweyerley Füll hinein füllen; dann in den Ofen schön lichtgelb bachen / und abtrocknen lassen: Oder man kan selbige wann sie zuvor wohl ertrocknet / auch aus einem heissen Schmaltz heraus bachen.

21. Braun-gebachenes hohles Zucker-Werck.

Nehmet von den gleich im anfang dieses Theils ermeldeten Marzepan-Zeug/ und wircket ihn mit Krafft-oder andern schönen Mehl / durch einander / walchert ihn eines halben Fingers dick aus / bestäubet den Model mit einem in ein Tüchlein gebundenen Mehl/ und drucket den Teig allenthalben in den Model/ daß er schön rein und wohl falle: Wenn man nun meinet / daß er

wohl

wohl ausgedruckt seye/ so nehmet den Teig aus dem Model heraus/ leget ihn auf ein Oblat-Blat / bestreichet aber besagtes Blat zuvor mit ein wenig Eyer-weiß; setzt es auf den Ofen/ lassets wohl ertrocknen / und ein wenig bachen / so seyn sie recht: schneidet dann den Oblat rings herum davon / und verguldets.

❊ ❊ ❊

Oder:

Man kan solche hole Marzepan/ auch mit dergleichen kräfftigen Füll füllen/ und alsdann mit Oblat bedecken/ oder aber einen Deckel oder Boden / von dem Marzepan-Zeug/ darüber machen; und wann sie aus den Mödeln kommen/ in dem Ofen schön licht abtrocknen lassen/ und hernach/ wie gedacht/ vergulden.

22. Braun-gebachenes flaches Zucker-Werck.

Die flache braun-gebachene Marzepan macht man gleichfalls also/ wie den abgetrockneten Marzepan-Zeug; man walchert nemlich besagten Teig oder Zeug aus / stippet die Mödel mit Mehl ein/ drucket den Teig vest darein /,nimmt ihn dann heraus/ schneidet selbigen aus / und lässet ihn ein wenig ertrocknen; leget sodann ein Papier auf ein Blech/ und die Marzepan darauf/ bächt sie nachmal schön licht-gelb in den Ofen / und verguldets / wie es beliebt.

23. Grengeln oder Bretzeln von Marzepan-Zeug.

Formiret von einem abgetrockneten Marzepan-Teig/ Grengeln oder Bretzeln / und bachet sie gelblicht; eisets dann/
streuet

streuet einen gröblichten Zucker darauf / und laſſets im Oefelein ab=
trocknen. *

24. Grengeln oder Bretzeln von Mandeln.

Nehmet ein halb Pfund abgezogener Venediſcher Mandeln /
vier Loth weiſſes Roſenwaſſer / acht Loth Eyer=klar / und ver=
klopfft es wohl; zerreibt oder zerſtoſſet die Mandeln auf das
allerkleinſte / und tröpffelt hernach das Roſenwaſſer / mit dem Eyer=
weiß wohl zerklopfft / gemach in die Mandeln / damit ſie nicht öh=
licht werden; man hat aber eine Stund lang daran zu ſtoſſen: wann
ſie dann klein genug ſind / ſo ſtoſſet ſchönen Zucker / undetwan ein
Viertel=Pfund deſſelben / darunter / knetet den Teig oder Zeug wohl
ab / walchert ihn fein artig / und formiret Bretzeln daraus / ſetzets
auf ein angemeldtes rundes Dorten=Blech / und ſo dann in die
Dorten=Pfannen: Schüret unten ein klein Kohlfeuer / und wann
ſie ſich heben / auch oben auf den Deckel eine gute Glut / damit ſie
im bachen ſchön licht werden: Oder man kans auch auf einem
Blech verrichten / und die Bretzeln in einem Oefelein bachen; als=
dann ein wenig mit einem zerklopfften Eyerdötterlein überſtreichen/
ſo werden ſie denen Eyer=Bretzeln nicht ungleich ſehen: Wann ſie
nun ſchön licht=braun worden / nehmet ſie aus dem Ofen / und
laſſets auf einem Bret ſchön zugedeckt erkühlen.

25. Spanniſche Grengeln oder Bretzeln.

Schüttet ein wenig Mehl und Zucker / nachdem man viel oder
wenig Teig machen will / in eine Schüſſel gieſſet ein wenig
warme Milch / darinnen man den Finger leiden kan / dazu /

Nnnnn iij   und

* Auf dieſe Weiſe kan man auch Eyer=ringlein und Speck=küchlein ma=
chen / und zwar die Speck=küchlein mit vier=eckicht=geſchnittenen Mandeln/
oder Mandel=Teig / ſchön ordentlich belegen / und ein wenig bachen laſſen/
doch nicht zu braun; hernach mit einem Ey beſtreichen / gröblichten Zucker /
mit Anis vermiſcht / darauf ſtreuen / und folgends bachen laſſen.

und rühret den Teig an / doch nicht gar zu vest / damit er sich walchern lasse; walchert aber nur allezeit ein Strichlein / ein paar Finger breit aus: Leget hernach von der Füll / so man zu denen Num. 17. beschriebenen Mackaronen gebraucht / eines kleinen Fingers dick auf den also gewalcherten Teig; schlaget die Helfft auf beyden Seiten darüber / druckt sie zu / doch nicht gar an den eingefüllten Ort / sonst zuspringt er / und rädelt ihn dann ab: Wann er nun zugemacht wird / so stecket oben hin= und wieder ein wenig Marzepan=Zeug vor / machet Schnittlein darein / und stecket den Teig vor / bezwickets mit einem Zwickerlein hin und wieder; formiret nachmal allerley Buchstaben daraus / legets auf ein geschmiret / oder mit Mehl= bestreuetes Blech / setzets in einen heissen Ofen und lasset es bachen / biß oben der Teig braun wird: Es muß aber der Milch=Teig weiß bleiben; belegets dann hier und dar mit ausgerädelten Goldstrichlein.

26. Eyer=ring von Zucker=Zeug.

Machet einen linden Teig an / von Eyerdötterlein / schönen Mehl / Rosenwasser und ein wenig Zucker; man kan auch etwas zerlassene Butter darunter nehmen / oder aber dergleichen Teig anmachen / wie selbiger bey den vorgedachten Bretzeln beschrieben worden: Es müssen aber diese Teige auf das beste zusammen gewircket und ausgewalchert werden / wie fast bey den Bretzeln oder Grengeln / jedoch etwas breiter / nachdem man die Eyer=ring groß oder dick verlanget: Indessen machet eine kräfftige Füll an / von gehackten Mandeln / Zucker / Gewürtz / und eingemachten Sachen / wie solche bey den gefüllten hohlen Früchten Num. 19. und 20. beschrieben zu finden; von dieser Füll nun / leget etwas auf den ausgewalcherten Teig / jedoch in die mitte desselben am meisten und dickesten; überschlaget den Teig / gebet aber wohl acht daß das übergeschlagene unter sich komme; alsdann überdrehet beyde Ende / und formiret also einen Eyer=ring daraus. Man muß auch diß beobachten / daß der Teig auf beeden Seiten zu End etwas schmähler und
gleich=

gleichsam zugespitzt seye / weil die Eyerring zu End ebenfalls dinner sind / als in der mitten; dann kan man solche auf ein Papier und Blech legen / und also nur etwas in dem Ofen ertrocknen / oder aber nur ein wenig und gantz gemach bachen lassen: Wer will / kans auch mit einem Ey überstreichen / und mit klar-geriebenen Zucker bestreuen.

27. Eyer-ring von Zucker-Zeug / auf andere Art.

Mach einen Teig von einem halben Pfund Mehl / einem Viertel-Pfund Butter / einem Ey / und zwey Löffel voll Spanischen Wein an / zuckers nach belieben / doch also / daß er wohl süß seye; saltze selbigen ein wenig / und wircke ihn zusammen / mache dann folgende Füll dazu an: Schneide Aepffel würfflicht / und lasse sie mit wenig Butter in einer Pfannen schweissen / biß sie etwas lind und weich werden: mische dann in einer Schüssel ein gut theil gehackte Mandeln / Zucker / Zimmet / Cardamomen / und was weniges Muscatblüh / wie auch klein-geschnittenen Citronat / und eingemachte Citronen-Schelffen darunter; mische alles durch einander / drehe den obigen Teig nach der Länge aus / lege erst-besagte Füll darauf / und verfahre im übrigen damit / wie mit denen gleich vorhergehends beschriebenen: Oder man kan die andere / schon vielfältig-beschriebene Mandel-Füll / ohne Aepffel / auch dazu gebrauchen.

28. Spulen von Zucker-Zeug.

Nehmet ein halb Pfund Mandeln / reiniget sie von den Schelffen / reibets nachmal mit Rosenwasser ab / wie zu einem Mandel-Dorten; rühret hernach sechs Loth Zucker darunter / würtzets mit Muscatblüh / Cardamomen und Zimmet / nach belieben / schüttet auch das Weisse von einem Ey wohl zerklopfft daran / und vermischet es alles auf das beste: schneidet dann ein Oblat in der Form eines Spulens / so groß man es verlangt / streichet erst-besagte Füll oder Teig darauf / bachets auf einem Blech im Ofen bey gäher Hitz /

Hiß/ daß sie schön gelblicht werden/ eisets nachmal/ und verguldets nach belieben. *

29. Spritzen-Küchlein.

Walchert einen abgetrockneten Marzepan-Zeug/ eines Daumens dick aus/ so lang die Spritzen ist; bestreuet aber besagte Spritzen zuvörderst mit Mehl/ füllet den Teig darein/ und spritzet ihn auf ein mit Mehl bestreuetes Papier; putzet die Spritzen so offt wieder mit einem Messer aus/ und bestreuets mit Mehl/ so offt ihr einen neuen Teig einfüllen wollet; leget die Spritzen-Küchlein mit samt dem Papier auf ein Blech/ und bachets in gäher Hitze/ biß sie schön gelblicht werden/ guldets aber nicht/ sondern tragets/ wie sie an sich selbsten sind/ zur Collation auf.

30. Muscatzinen.

Klaubet ein halb Pfund Mandeln/ daß nichts unreines darinnen bleibet/ dann sie dürffen nicht abgeschählet oder abgezogen werden; reibets dann mit einem reinen Tuch wohl ab/ nehmet so viel Zucker/ als der Mandeln/ stossets mit einander gröblicht/ doch auf einmal mehr nicht/ dann eine Hand voll Mandeln/ und ein Stücklein Zucker/ dann sie stossen sich sonst sehr ungleich; wiewol sie andere nur zu hacken pflegen: Schneidet dann ein Loth Zimmet/ und eine Muscatnuß klein/ mischets darunter/ wie auch Ingber/ Negelein/ Muscatenblüh/ jedes ein Quint/ und ein halb Quint Pfeffer/ alles gestossen/ ingleichen auch die würfflicht- und klein-geschnittene Schelffen von einer halben/ oder auch gantzen Citronen; drucket etwas von dem Safft der Citronen darein/ schlaget ein oder zwey frische Eyer daran/ und rühret solches wohl durcheinander/ biß er feucht wird; walchert den Teig ein wenig auf einem Tisch oder Bret mit Mehl aus/ doch also/ daß deß Mehls nicht zu viel darunter

* Das Weisse vom Ey/ kan/ wann es nicht anständig ist/ auch in diesem Teig und Zucker-Zeug/ gar wohl ausgelassen werden/ und davon bleiben.

ter komme/ noch auch der Teig von dem Citronen-Safft und Eyern gar zu hart benetzet werde; schneidet Stücklein daraus/ so groß als mans etwan auf einmal nöthig hat/ drucket eines nach dem andern/ in den mit Mehl bestreuten Model/ kehret aber besagtes Mehl/ vermittelst eines Pinseleins/ zuvor wieder heraus; legets auf ein mit Mehl bestreuetes Kupffer-Blech/ setzets in Ofen/ und lassets bachen; wann sie dann aufgehen so sind sie fertig. *

31. Maultaschen.

Nehmet sechs Loth Mandeln/ vier Loth gestossenen Zucker/ ein Quint Zimmet; Pfeffer/ Negelein/ Muscatnuß und Ingber/ jedes ein halb Quint/ und zwar alles zerstossen/ wie auch zwey Gran Bisam: rühret erstlich die Mandeln und Zucker wohl ab/ schlaget dann drey Eyer daran/ mischet nachmal das Gewürtz darunter/ stäubet ein wenig Mehl darein/ damit man solches in eine Massam zusammen bringen könne: formiret dann diesen Teig nach belieben entweder frey/ oder drucket ihn in beliebige Model/ wie die gleich jetzo beschriebene Musatzinen; lassets bachen/ überziehet sie mit einem Eiß/ oder bestreichets nur mit Zucker-Wasser/ oder aber überstreuets nach belieben/ mit Zimmet.

32. Hasen-Oehrlein.

Zuckert abgezogene und mit Rosenwasser abgeriebene Mandeln nach dem Mund/ rühret Muscaten-Blüh/ Cardamomen und Zimet darunter/ streichets auf Oblaten/ so wie Hertz oder Rauten

---

* Etliche pflegen diese Muscatzinen/ wann sie aus dem Model kommen/ auf ein Oblat zu legen/ und alsdann zu bachen/ wiewol man sie auch über Nacht/ oder doch etliche Stunden/ kan stehen lassen/ und erst den andern Tag abbachen; da sie dann schöner aufgehen sollen: Wann sie aus dem Ofen kommen/ ziehen sie einen gemeinen von Zucker und Rosen-Wasser angemachten/ oder aber vorbeschriebenen/ Zimmer-Spiegel darüber.   Der Model zu diesen Muscatzinen ist gemeiniglich/ wie zwey mit dem breiten Theil aneinander stossende Jacobs-Muscheln/ so sich in der mitten mit einem Bund vereinigen/ geschnitten.

Rauten geschnitten sind/ lassets ertrocknen/ übereisets nachmal/ und verguldets nach belieben.

❀ ❀ ❀

Oder:

Rühret unter einen abgetrockneten Mandel-Zeug Zimmet/ Cardamomen/ Muscaten-Blüh/ und etwas von eingemachten Citronen- und Pomerantzen-Schelffen/ streichets auf Oblaten/ bachets in einem Oefelein/ übereiset es/ und stellets nachmal in den Ofen/ so ziehet sich das Eiß ein wenig auf.

❀ ❀ ❀

Oder:

Nimm ein Pfund mit Rosenwasser abgeriebener Mandeln/ fünff achtel Pfund gestossenen Zucker/ und die abgeriebene Schelffen von einer Citronen/ Zimmet und Cardamomen jedes ein Loth/ Muscaten-Blüh ein Quint/ auch Citronat/ Citronen- und Pomerantzen-Schelffen/ nach belieben; giesse ein wenig Zimmet-Wasser daran/ mische alles wohl! durch einander: schneide Oblaten Rauten-weiß/ streich den Teig darauf/ laß gleich den obigen bachen/ und überziehe es mit einem Eiß oder Spiegel.

33. Pasteten-Brod.

Rühre/ ungefehr ein Pfund/ schönes weisses Mehl/ und ein Pfund Zucker/ untereinander/ thue Coriander und Anis/ beedes gestossen/ darein/ mische es wohl; nimm das Weisse von Eyern/ und mache das Mehl damit an/ daß es zu einem dicken Teig wird/ streichs auf ein Oblat/ bachs im Ofen/ oder aber einer Dorten-Pfannen: wann sie dann gebachen sind/ zerschneids zu Stücklein/ und behalts in der Stuben/ so bleiben sie rösch.

34. Schwe-

34. Schwedisches Brod.

Stosset ein halb Pfund Venedischer Mandeln mit Rosenwasser ein wenig gröblicht ab / thut ein Viertel-Pfund Zucker in ein Kesselein / röstet die Mandeln darinnen über einer Glut oder Kohlen / und wann selbige geröstet / rühret noch ein ander Viertel-Pfund Zucker und ein halb Pfund schönes klares Lebzelten-Mehl / wie auch gröblicht zerstossenen Pfeffer / Ingber / Muscaten-Nüsse / Cardamomen / Negelein / Anis und Kümmel / und drey wohl-zerklopffte Eyer darunter / giesset ein wenig Zimmet-Wasser dazu / und wirckets mit Lebzelten-Mehl folgends ab / daß ein rechter Teig daraus werde / und man alsdann schöne runde Laiblein daraus formiren könne; machet sie aber etwas länglicht oder ablang / legets auf ein gemelbtes Blech / schiebets ins Oefelein / und lassets eine Stund lang bachen: Wann nun solches ein wenig erkalt / so übereisets / streuet oben / nach belieben / Kümmel oder Fenchel / und gröblicht-zerstossenen Zucker darauf / und lassets alsdann bey dem Ofen ertrocknen.

35. Schwedisches Brod / auf andere Art.

Nehmet ein wenig abgeriebene Mandeln / ein gantzes Ey / und drey Dötterlein / schlagets an die Mandeln; giesset drey Achtel-Pfund geläuterten Zucker darein / thut / nach belieben / Zimmet / Muscaten-Blüh / Cardamomen / Pfeffer und Negelein dazu / wircket ein wenig schönes Mehl darunter / daß es wird wie ein Küchlein-Teig / wircket ihn ein wenig aus / formiret ablange Stücklein davon / machet mit einem Messer Schnittlein darein / und bachets / biß es ein wenig gelblicht wird: Giesset dann ein wenig Rosenwasser in eine Holder- oder Hollunder-Latwerg / und bestreichets / daß es an zu sehen ist / wie ein Rocken-Brod: Wann es dann ertrocknet / überstreichets mit einem Spiegel / bestreuets mit gröblichten Zuten Zucker/ und lassets im Oefelein noch ein wenig ertrocknen; wolte man aber den Zucker nicht darauf streuen / kan es gar wohl verbleiben.

36. Schwedisches Brod / noch anderst.

REibet acht Loth Mandeln mit Rosenwasser ab / mischet zehen Loth Zucker / ein Loth Pfeffer / Zimmet / Muscatenblüh und Cardamomen/ und zwar alles klein-zerstossen/ wie auch/ nach belieben/ klein-geschnittenen Citronat und Citronen-Schelffen darunter; schlaget vier Eyerdottern und zwey gantze Eyer daran / wircket so viel Mehl darein / daß man länglichte Läiblein daraus machen könne: Legets auf ein mit Mehl bestreuetes Blech / lasset also bachen / biß sie schön braun werden / und so dann erkalten; bestreichets nachmal mit einen wohl-gesottenen / mit Gummi vermischten Zucker / streuet gröblicht zerstossenen Anis darauf / und lassets auf dem Ofen ertrocknen.

37. Schwedisches Brod / auf eine noch andere Weise.

NEhmet ein Pfund gewürtzter Krafft-Massen und ein halb Pfund Zucker / fünff gantze Eyer / Gewürtz und eingemachten Citronat / Citronen- und Pomerantzen-Schelffen / nach belieben / wircket Mehl darein / so viel dazu vonnöthen; verfertiget und bachets ferner wie bey denen obigen gedacht: bestreuets / wann sie erkaltet / mit Eiß / und streuet Fenchel darauf.

38. Englisch- oder Spanisch-Brod.

NEhmet zwölff Loth rein-gestossenen Zucker / schlaget drey gantze Eyer und vier Dötterlein daran / giesset eine halbe Eyerschalen voll Rosen-Wasser dazu / rühret es mit einem Kohl-Löffel bey einer Viertel-Stund wohl untereinander; thut einen halben Vierding oder Achtel-Pfund rein-gestossene Mandeln / und

und zwölff Loth gestossen= und durchgesiebten Zucker darein/ rühret alles ferner unter einander; würtzets mit Cardamomen/ Muscaten= blüh und Zimmet/ nach dem Mund/ doch muß die Zimmet merck= lich vorschlagen; zuletzt rühret das Mehl darein/ daß es an der Di= cken wird/ wie ein Dicker Strauben=Teig/ doch darff man über neun oder zehen Loth deß Mehls nicht dazu nehmen: schmiret hier= auf erdene Mödelein/ wie mans zu den Quitten=Zelten brauchet/ mit Butter/ und füllet den Teig hinein/ machets aber nicht voll/ stellets auf einem Blech/ in ein heisses Oefelein/ und lassets bey einer halben Stund bachen/ biß es schön gelblicht wird; nehmets so dann aus denen Mödeln heraus/ und verguldets/ so es beliebt.

39. Englisches Brod/ auf andere Art.

SChlaget vier gantze Eyer und acht Dötterlein in einen Ha= fen/ zerklopffets; rühret in einer Schüssel/ ein Pfund Zucker/ und eben so viel deß schönsten Mehls darunter/ klopffet den Teig fein glatt ab/ und giesset ein Achtel=Maas Rosenwasser daran; schmiret dann die Mödel wohl mit zergangener Butter/ giesset den Teig darein/ daß die Mödelein ein wenig mehr als halb voll seyn/ setzets auf einem Blech in Ofen/ und lassets bachen/ biß sie schön gelb werden; der Ofen aber muß zu erst wohl heiß seyn/ damit sie bald aufgehen/ hernach aber gantz gemach abgebachen werden.

40. Spanisches Brod.

ZErklopffet vier oder fünff Eyer/ rühret zwey Pfund gestosse= nen Zucker/ wie auch ein halb Pfund schönes Mehl/ und ein wenig Gewürtz/ als Cardamomen und Muscaten=Blüh/ darein/ giesset zwey Löffel voll Rosenwasser dazu/ und rühret alles ferner untereinander: Schmiret dann die Mödel mit Butter/ giesset sie etwan halb voll/ setzets auf ein Blech/ und lassets also bachen.

41. Spanisches Brod/ auf andere Art.

Nimm ein halb Pfund Mehl/ und gleich so viel Zucker/ schlag drey gantze Eyer und vier Dötterlein daran; gieß vier halbe Eyerschalen voll Rosenwasser darein/ arbeite alles wohl unter einander: Schmire die Mödel mit Butter/ fülle den Teig darein/ doch also daß besagte Mödel über die helfft nicht voll werden/ und bachs dann/ gleich denen vorigen heraus.

42. Muscaten-Brod.

Schlaget von achtzehen oder zwantzig Eyern das Weisse aus/ zerklopffets mit einem hölzernen Querl/ daß lauter gest wird; thut hernach anderthalb Pfund Zucker darein/ und klopffets ferner wohl ab/ daß es schön weiß wird; mischet dann fünff Viertel-Pfund schönes Mehl/ und ein wenig klein-geschnittene Muscatblüh darunter: schmiret das Schärtlein mit Butter/ giesset den Teig darein/ welcher so dick seyn muß/ wie ein dicker Strauben-Teig/ streichet selbigen mit einem frischen Wasser/ und setzet ihn in Ofen/ daß er anderthalb Stunden lang bache/ biß er schön gelblicht wird; nehmet ihn dann heraus/ daß er ein wenig erkuhle: tuncket ein reines Tuch in ein frisches Wasser/ und windet es so hart aus/ als es möglich ist/ schlaget das gebachene Laiblein darein/ und lassets ein oder zwey Tage weichen/ darnach schneidets zu Schnitten/ und trocknets ab.

43. Muscaten-Brod/ auf andere Art.

Nehmet ein halb Seidlein/ oder Viertel-Maas/ Weisses von Eyern/ klopffets in einem Hafen/ biß gar dick wird/ rühret ein Pfund Zucker/ aber gantz allein besonders/ unters Eyer-weiß/ hernach aber auch ein Pfund Mehl/ und ein wenig Fenchel; klopffet den Teig wohl ab: füllet den Schart mit Obla-

Oblaten/ und schmiret selbigen mit ein wenig Butter/ giesset nachmal den Teig darein/ und lasset ihn also im Ofen bachen.

44. Muscaten-Brod/ noch anderst.

Schlaget sechs Eyer in einen Kern oder Ram/ stosset ein wenig im Essig gesotten/ oder eingebeitzten/ und so dann wieder abgedorrten Coriander/ mit etwas Anis vermischt/ im Mörsel ab/ mischets unter die Eyer/ und zuckerts wohl; rühret ein schönes Mehl und zerstossene Zimmet darein/ daß es wird wie ein dicker Strauben-Teig: Leget die Oblaten in ein rund und glattes Dorten-Schärtlein/ rings herum/ welches etwas hoch seyn muß; giesset den Teig darein/ und lassets eine gute weile im Oefelein bachen/ biß sich der Teig schön hebt und bächt: nehmet es dann heraus/ lassets eine weile erkuhlen/ stürtzets aus dem Scharf/ schneidets in die Länge und bestreuets mit Zucker um und um; legets wieder auf ein Papier/ setzets ins Oefelein/ und lassets wohl ertrocknen.

45. Muscaten-Brod auf andere Art.

Nehmet deß weissesten Zuckers und schönsten Mehls/ jedes ein halb Pfund/ wie auch das Weisse von sechs Eyern/ rührets eine viertel Stund lang/ biß es dick wird; schneidet fünff Loth Mandeln nach der länge/ und ein Quintlein Zimmet/ und Muscatenblüh klein/ mischet ein Loth Anis und Fenchel/ mehr oder weniger/ wie mans gerne isset/ darunter; klopffet den Teig wohl/ füllet selbigen in ein Schärtlein und lasset ihn bachen.

46. Dotter-Brod.

Waget zu zwantzig Eyerdottern/ zwantzig Loth rein-gestossenen Zucker/ klopffet die Eyerdottern zuvor wohl bey einer halben viertel Stund; hernach schüttet den Zucker darein/ rührets wieder bey einer halben Stund/ und so dann ferner neunzehen
Loth

Loth gar schönes Mehl/ gantz gemach und ja nicht starck/ darunter/ sonst wird das Brod bläsicht: werffet einen halben Vierding oder Achtel-Pfund abgeschählte/ und nach der zwerch zerschnittene/ auch eine Stund vorher/ im Rosenwasser gelegene Mandeln/ mit klein-zerschnittener/ Zimmet/ Cardamomen/ und Muscatenblüh so viel beliebt/ darein/ und mischets unter den Teig; ist selbiger ein wenig zu dinn/ so darff man wohl/ über oben besagtes Gewicht/ noch etwas Mehl dazu nehmen/ dann ein Mehl fliesset/ das andere quillet/ es muß aber der Teig in der Dicken also beschaffen seyn/ daß er eben von dem Löffel abrinnet: Hernach schmiret ein Schärtlein mit Butter/ giesset den Teig darein/ bestreichets mit frischem Wasser oben her; lassets auf einem Blech/ ins Oefelein gesetzet/ anderthalb Stunden bachen/ biß es schön gelblicht sihet/ und haltet das Oefe-lein in einer steten Hitz: Wann nun dieses Brod gebachen und ab-getrocknet/ schneidets zu Schnitten/ überziehets/ nach belieben/ mit einem weissen Eiß/ schneidet aber die gedachte Schnitten/ wann man sie eisen will/ etwas dicker/ dann sonst; eisets/ aber erstlich nur auf der einen Seiten gantz dinn/ und stellets wieder in einen Ofen/ daß es trocken wird/ sonst klebt es unten an: hernach eiset es auch oben/ aber etwas dicker/ als unten/ und belegets mit eingemachten Schelffen und Nüßlein schön zierlich/ fassets an dem Rand mit Gold ein/ und leget guldene Wecklein oder Stern darauf; oder aber überziehets mit einen Zimmet-Eiß/ und verguldets nach der Zierde: Man darff es aber alsdann nicht mehr in den Ofen se-tzen/ sonst verliert es den Glantz/ und wird blasicht: Oder man kans auch ungeeiset lassen/ welches alles in eines jeden belieben stehet.

47. Dotter-Brod/ auf andere Art.

Nimm fünff Dötterlein/ und zwey gantze Eyer/ neun Loth Zucker/ und zehen Loth schönes Mehl/ thue einen halben Vierding/ oder Achtel-Pfund abgezogene länglicht-ge-schnittene Mandeln; Muscatblüh/ Cardamomen/ Zimmet/ ein klein wenig Ingber und Pfeffer/ nach belieben/ dann zwey oder drey

Loth

Von Zucker- und Quitten-Werck. 849

Loth Citronat / oder die Helfft von würfflicht-geschnittenen Citronen-Schelffen dazu / rührs unter einander / gieß in das Schärtlein / laß bachen / wie die andern; und wann es gebachen ist / erkalten: schneids dann zu Stücklein / und bräune sie auf dem Blech ferner ab.

48. Dotter-Brod / noch anderst.

Zu zwölff Loth Mehl / und zwölff Loth Zucker / nehmet drey gantze Eyer / und acht Eyerdottern / thut die Vögel davon / und zerklopffets wohl; stosset den Zucker klein / und raitelt ihn durch / rühret selbigen mit den Eyern lang und wohl ab / dann je länger man sie rühret / je schöner sie werden; rühret so dann das Mehl ebenfalls nach und nach darunter; schneidet einen Vierding / oder Viertel-Pfund / abgezogene Mandeln zu Plätzlein / rührets ebenmässig mit Zimmet / Cardamomen und Muscatnuß / nach belieben / darunter: schmiret das Schärtlein mit Butter / giesset den Teig darein / aber nicht gantz voll; bachet selbigen gantz gemach ab / schneidet ihn / wann er ein wenig erkaltet / zu Stücklein / und lassets auf einem Blech abbräunen.

49. Dotter-Brod / auf andere Weise.

Zerklopffet sechs gantze Eyer / rühret ein halb Pfund Zucker / drey Viertel-Pfund Mehl / Anis und Mandeln / wie auch Muscaten-Blüh / Cardamomen und Zimmet / nach belieben / darein; schmiret das Schärtlein mit Butter / füttert es mit Oblaten aus / giesset den Zeug darein / lasset ihn bachen: schneidets / wann es gebachen / zu Schnitten / und bräunets dann nachmal gleich denen vorher-beschriebenen ab.

50. Dotter-Brod / noch auf eine andere Art.

Nehmet ein halb Pfund Mehl / und eben so viel Zucker / stosset einen Vierding / oder Viertel-Pfund / Mandeln mit Rosen-

Ppppp wasser

waſſer ab / wie auch ein halb Loth Zimmet / aber wohl klein ; zerklopffet vier Eyerdötterlein und zwey gantze Eyer / rühret dann den Zucker / das Mehl / Zimmet / und die Mandeln darunter ; füllets in Schärtlein und bachets / wie bekandt.

❀ ❀ ❀

Oder:

MAn kans auch auf dieſe Weiſe machen : Nehmet ein halb Pfund Zucker / ein halb Pfund Mehl / ein viertel Pfund Mandeln / vier gantze Eyer / und drey Dötterlein / ein halb Loth Zimmet / ein Quint Cardamomen / ein halb Quint Muſcatenblüh / und die Schelffen von einer Citronen klein zerſchnitten / oder gar an einem Reibeiſen gerieben / drucket auch ein wenig Safft davon hinein / und machets im übrigen zuſammen / wie die vorher beſchriebene.

51. Zimmet-Dotter-Brod.

NEhmet drey Viertel-Pfund Mehl / ſechs gantze Eyer / und zehen oder zwölff Dottern / die Eyer verklopffet ; rühret drey Viertel-Pfund Zucker / und von vorbeſagten Mehl einen Löffel voll nach dem andern hinein / und gieſſet zwey oder drey Löffel voll Roſenwaſſer dazu : Indeſſen ziehet auch einen Vierding Mandeln ab / ſchneidets aber nicht gar zu klein / miſchet anderthalb Loth Zimmet / ein halb Loth Cardamomen / und ein Quint Muſcatblüh / aber nicht gar zu klein zerſtoſſen / darunter ; ſchmiret das Schärtlein mit Butter / gieſſet den Teig darein / doch alſo / daß das Schärtlein nicht gantz voll ſeye / laſſets dann in einem Oefelein / bey ſteter Hitz / allgemach abbachen : nehmet es heraus / ſchneidets zu Schnittlein / legets auf ein Blech / und bräunets auf beeden Seiten ab ; es muß aber der Zucker und das Mehl ſchön rein durch ein Sieblein hiezu geräitelt werden.

52. Man-

52. Mandel-Brod.

Nehmet Zucker und Mehl/ jedes ein halb Pfund/ drey Dottern/ und vier gantze Eyer / vier Loth Mandeln/ zwey Löffel voll Rosen- oder Zimmet-Wasser/ Cardamomen / Muscatblüh und Zimmet/ jedes ein halb Loth/ eine gute Hand voll Anis/ auch wann man will/ zwey Loth eingemachte Citronen/ und eben so viel Pomerantzen-Schelffen und Citronat: Die Eyer muß man zu erst wohl lang rühren / dann je länger sie gerühret werden / je schöner wird das Brod; dann kan man den Zucker nach und nach darein rühren / hernach das Mehl und die Gewürtze/ und dann die eingemachte Schelffen; letzlich schmiret man den dazu gehörigen Schart mit Butter/ beleget den Boden / und neben herum die Seiten mit Oblat/ schüttet den Teig darein/ und lässet ihn abbachen/ schneidet dann/ wann er erkühlet / Schnitten daraus / und bräunet ihn ab/ oder trägt ihn auch also unabgebräunet zur Collation auf.

53. Mandel-Brod/ auf andere Art.

Man nimmt zu acht wohl-zerklopfften gantzen Eyern / und sechs Dottern / länglicht-geschnittene Mandeln/ Zimmet/ Muscatenblüh/ Cardamomen und Citronat/ nach belieben; giesset fünff biß sechs Löffel voll Rosenwasser dazu/ und mischet drey Viertel-Pfund Zucker/ und so viel schönes Mehl/ darunter/ rühret alles wohl durch einander; bestreichet das Schärtlein mit Butter/ belegets mit Oblat/ giesset den Teig darein/ lässet ihn bachen/ und bestreichet dann das Brod/ wann es aus dem Schärtlein heraus genommen worden/ mit einem Eyerdottern/ wie bekandt.

54. Mandel-Brod/ noch anderst.

Nehmet ein halb Pfund Mehl / eben so viel Zucker / zehen Loth länglicht-geschnittene Mandeln / anderthalb Quint Carda-

Cardamomen / ein halb Loth Zimmet / ein halb Quint Muscatenblüh / und die Schelffen von einer Citronen / alles gröblicht-zerschnitten; fürnemlich aber und zu allererst / verklopffet die Eyer / rühret den Zucker langsam darunter / und folgends auch das Mehl / die Mandeln / Gewürtz und Citronen-Schelffen / zuletzt drucket den Safft darein; je länger man aber rühret / je schöner wird das Brod: Füllet dann diesen Teig in den Scharf / und bachet ihn gleich denen vorher beschriebenen.

55. Ulmer-Brod.

MAn nehme zwey Pfund schönes Mehl / drey Viertel-Pfund Zucker / ein Quint Muscatenblüh ein halb Loth Cardamomen / und ein wenig Pfeffer / Anis / Fenchel / und Coriander / nach belieben / der Coriander aber muß zuvor über Nacht im Essig beitzen / und wieder ertrocknen; giesset ein halb Seidlein oder den vierdten Theil einer Maas gantze Milch / und eben so viel Heffen von Weitzen-Bier daran / schlaget auch fünff oder sechs Eyerdottern darein: das Mehl und der Zucker werden geräifelt / die Eyer mit der Milch und Heffen / so etwas laulicht seyn müssen / abgekleppert / und also der Teig zuvörderst angemacht / gesaltzen und so lang geklopffet / biß er sich von dem Becken löset; nach diesem wird das Gewürtz / der Anis / Fenchel / und Coriander darein gerühret / länglichte Läiblein daraus formiret / auf ein mit Mehl bestreuetes Papier geleget / und vor den Ofen gesetzet / damit er ein wenig gehen könne: wann man dann meinet / daß sie genug gegangen seyn / schneidet der länge nach mit einem Messer darein / setzets ins Oefelein welches nicht allzu heiß seyn muß / sondern so / daß man eine Hand gar wohl darinnen halten könne; lassets also eine gute Stund lang bachen / machet aber das Oefelein vor der halben Stund nicht auf: Wann dann dieses Brod schön ausgebachen ist / so schneidets zu Schnitten / weils noch ein wenig warm ist / dann wann es erkaltet / läst es sich nicht mehr schneiden / legets nachmal auf ein Blech / und röschet es ab.

56. Ul-

56. Ulmer-Brod/ auf andere Art.

Zu einen Seidlein oder halben Maas Kern oder süssen Ram/ nehmet zwey guter Löffel voll Weitzen-Heffen/ setzet mit einem schönen Mehl einen Dampff an/ daß er ein wenig dicker werde/ als ein Strauben-Teig; stellet selbigen auf einen Ofen und lasset ihn gehen/ biß er wieder nieder sitzet; zerklopffet hernach vier Eyerdötterlein und zwey gantze Eyer/ rühret s nachmal mit einem halben Pfund Zucker in den Teig/ alsdann nach und nach das Mehl/ biß er sich nicht mehr rühren lässet/ und dann zuletzt ein halb Loth Cardamomen/ ein Quintlein Muscatenblüh/ einen halben Vierding oder Achtel-Pfund Anis/ und zwey Loth Fenchel/ wircket den Teig biß er nicht mehr anklebt; darnach machet länglichte Läiblein daraus/ lassets ein wenig ruhen/ machet in der mitten einen Schnitt darein/ legts auf ein mit Mehl bestreuetes Blech und bachets schön goldgelb ab. *

57. Ulmer-Brod/ auf andere Weise.

Nehmet zwey gantze Eyer und drey Dottern/ verklopffets wohl/ rühret ein Viertel-Pfund klar-gesiebten Zucker/ wie auch eben so viel schönes Mehl/ einen halben Vierding klein-geschnittene Mandeln/ wie auch Muscatenblüh/ und Cardamomen/ Anis/ und Fenchel/ nach belieben darein; giesset gleich zu erst einen Löffel voll Rosenwasser daran/ rühret alles wohl unter einander/ schmiret das Schärtlein mit Butter/ leget Oblat-Blätlein darein/ und lassets also bachen: nehmets dann heraus/ bestreichets mit Zucker und Rosenwasser/ beleget s mit halb-geschnittenen Mandeln/ und lassets noch ein wenig bachen/ hernach schneidet Schnitten daraus/ und setzets auf einem Blech nochmal in Ofen/ biß es ein wenig gelblicht wird.

58. Ul-

* Wanns beliebt/ kan man den Teig mit ein wenig geschnittenen Mandeln vermischen.

58. Ulmer=Brod/ noch anderst.

Machet mit einer Maas oder zwey Seidl=Bechern voll Mehl/ einer Achtel=Maas oder halben Seidlein guter Milch/ und eben so viel Heffen/ so zuvor laulicht gemacht worden/ in einem Becken einen Dampff an/ in der Dicken wie einen dicken Strauben=Teig/ und setzet ihn mit einem Tuch wohl zugedeckt/ zum warmen Ofen/ daß er über sich gehe; wann nun der Teig genug gegangen ist/ muß man ihn ferner anmachen/ ehe er wieder einsitzet/ und zu solchem Ende zwantzig Loth klar=gesiebten Zucker darein rühren/ drey gantze Eyer und vier Dötterlein daran schlagen/ einen halben Vierding oder Achtel=Pfund rein=geklaubten Anis/ zwey Loth Fenchel/ ein halb Loth Zimmet/ Muscatenblüh/ und Cardamomen/ jedes ein Quint/ und einen halben Vierding oder Achtel=Pfund zerschnittene Mandeln/ wie zum Dotter=Brod/ darunter mischen/ und zwar also/ daß/ wann man die Eyer in den Zucker und so dann in den Dampff gerühret/ man das Mehl erst hernach ebenfalls darunter rühre/ daß der Teig eine rechte Dicke bekomme/ und dann erst den Anis/ und die Gewürtz/ letzlich noch mehr Mehl/ und zwar allgemach/ daß der Teig an der Dicken wird/ wie der so zu den Heffen=Küchlein gebrauchet wird/ damit man ihn auswircken könne: formiret alsdann länglichte Läiblein daraus/ bestreichet ein Blech mit Butter/ oder überstreuets mit Mehl; leget die Läiblein darauf/ lassets noch ein wenig gehen/ thut in der mitten einen langen Schnitt darein/ so gehen sie schön von einander: stellets in ein heisses Oefelein/ und lassets eine halbe Stund bey einer steten Hitz bachen: Wann mans aus dem Ofen nimt/ bestreichets obenher mit Wasser/ und schneidets/ wann es abgekühlet/ mit einem grossen Messer/ zu Schnitten; legets wieder auf ein Blech/ und bräunets schön gelblicht in einem Oefelein ab.

59. Klein=geschnittenes Brod.

Nehmet ein halb Pfund klar durch=geräitelten Zucker/ und eben so viel deß schönsten Mehls/ zerklopffet zwey oder drey Eyer

Eyer / nach dem sie groß oder klein seyn; wann nun die Eyer wohl lang verklopffet worden / rühret zu erst den Zucker und dann ein gut Theil Anis / so viel man nemlich beliebt / hernach das Mehl / auch letzlich / wann man Gewürtz dazu verlanget / Zimmet / Cardamomen / Muscat-Nuß / Muscatenblüh und ein wenig Pfeffer / nach gefallen darunter: wolte mans gar gut machen / kan man würfflicht-geschnittene Citronen-Schelffen / klein-geschnittener Mandeln ohngefehr einen halben Vierding / oder Achtel-Pfund / und so dann alles wohl unter einander rühren / auch auf einem Bret schön zusammen wircken; schneidet dann etliche Stücklein daraus / walchert den Teig mit den Händen etwas lang und rund / fahret mit einem Walcherholtz darüber / daß er ein wenig breitlicht werde; lasset ihn ein paar Stunden stehen / legt selbigen nachmal auf ein mit Mehl bestreuetes Blech / und bacht ihn in einem Oefelein schön liecht-hell / bey einer schönen gleichen Hitz ab: Wann er dann aus dem Ofen heraus genommen wird / muß man mit einem guten Messer geschwind kleine Plätzlein daraus schneiden / und selbige so dann weiter nicht abbräunen.

60. Klein-geschnittenes Brod / auf andere Art.

Verklopffet ein gantz ausgeschlagenes Ey / rühret vier Loth Zucker / und ein halb Loth / oder auch was mehrers / Anis darein; wircket so viel Mehl darunter / daß man das Teiglein recht auswircken könne / formiret länglichte Stritzeln daraus / so lang als sie belieben / und zwar etwan eines Fingers dick; überschmiret das Blech mit Butter / wischets aber bald wieder ab: leget die Stritzeln darauf / überstreichet sie mit Eyern / setzets in Ofen / bachets ab / und schneidets / weil sie noch warm sind / zu kleinen Schnittlein.

61. Ci-

61. Citronen-Brod.

Nehmet das Weisse von einem Ey / zerklopffets wohl / biß es einen schönen Gest bekommet; rühret etwas weissen klar-gestossen- und durchgeräitelten Zucker / vorher aber das abgeriebene Gelbe von einer Citronen / darunter: lasset drey oder vier Tropffen Citronen-Safft darein fallen / und rühret ferner so viel Zucker darunter / biß man meinet / daß es ein artliches / und weder zu vest / noch zu lehnes / Teiglein / sondern also beschaffen seye / daß man allerley Mödelein davon drucken könne; walchert nachmal den Teig ein wenig aus / und drucket mit einem blechernen Mödelein allerley Formen von Blumen- oder Laubwerck darein / oder was man sonst verlanget; legts auf ein Ohlat / und so dann auf ein Blech / setzets ins Oefelein / und lassets bey einer schönen gleichen Hitz bachen: Wolte man aber dieses Brod auf keine Oblaten legen / muß man das Blech erstlich ein wenig warm machen / mit weissen Wax bestreichen / nachmal mit einem Tüchlein darüber fahren / alsdann erst das Citronen-Brod darauf legen / und bachen lassen / so wird es sehr gerne / ohne Mühe / und unzerbrochen / von dem Blech herab gehen.

62. Langes Brod.

Schlaget vier gantze Eyer / und zwey Dötterlein in eine Schüssel; machet von zarten Reissig ein kleines Besemlein / und klopffet die Eyer damit / bey einer halben Stund / daß sie zu lauter Gest werden; wäget dann ein halb Pfund Zucker und eben so viel Mehl / doch jedes besonders; rühret zu erst den Zucker und dann auch das Mehl unter die Eyer / aber nur einen Löffel voll nach dem andern: schmiret nachmal die dazu gehörige Schärtlein gantz dinn mit Butter / füllet besagte Schärtlein / biß zur helfft / mit dem Teig an / und bachets in einer gähen Hitz ab. *

63. Zu-

* Das Blech / worauf die Schärtlein gestellet werden / muß stets im Oefelein bleiben / und immerzu heiß seyn; auch kan man dieses Brod an statt der Schärtlein / in länglichten Tröglein / von Blech oder Papier gemacht / wohl gähe abbachen; auch so es beliebt / mit Gold-Strichlein / nach gefallen / belegen.

Von Zucker- und Quitten-Werck.

63. Zucker-Brod.

Jn ein halb Pfund schön klar-gestossenen Zucker/ schlaget acht frische Eyer/ giesset drey oder vier Löffel voll Rosenwasser dazu/ klopffet alles durch einander/ biß der Zucker gantz verschmoltzen ist: Nehmet dann ein halb Pfund Mehl/ oder wann selbiges gar gut ist/ auch was wenigers/ verklopffet alles wohl unter einander/ und so es beliebt/ zugleich ein wenig Anis/ biß der Teig Bläslein bekommt: formiret alsdann Häuslein von Papier/ so groß man sie verlangt/ giesset den Teig darein/ und bachet ihn in einer Dorten-Pfannen; man muß aber wohl achtung haben/ daß das Feuer unten her nicht zu starck seye: wann er dann braun genug ist/ nimmt man selbigen noch also warm aus dem Papier heraus/ und verwendet ihn auf die andere Seiten/ damit er auch daselbst bräunlicht werde/ und ausbache: Wer aber von weissen Blech besonders hiezu gemachte Mödel hat/ kan dieses Zucker-Brod/ ohne verwenden/ auf einmal abbachen.

64. Tauben von Zucker-Brod.

Zu einen paar Tauben nehmet Zucker/ und deß schönsten Mehls/ jedes ein halb Pfund/ verklopffet aber zuvor vier gantze Eyer/ und zwey Dötterlein; rühret sodann nach und nach erstlich den Zucker/ und dann das Mehl/ auch so es beliebt/ etwas von allerley guter Gewürtz darein; schmiret die Mödel mit Butter/ vermachet sie aussenher wohl mit Leimen oder Dohn/ giesset den Teig hinein: setzet die Mödel in den Ofen/ und lasset die Tauben bey gelinden Feuer abbachen; verguldets dann/ und bezierets/ nach belieben.

65. Tauben von Zucker-Brod/ auf andere Art.

Verklopffet sechs Eyerdottern/ und zwey gantze Eyer/ so lang/ biß sie einen Gest geben; rühret nach und nach ein viertel Pfund

Pfund durch=gesiebten Zucker/ auch eben so viel Mehl/ und zwar jedes besonders/ letzlich auch einen halben Vierding/ oder ein Achtel=Pfund/ mit Rosenwasser abgeriebene Mandeln/ und allerley Gewürtz/ nach belieben/ darunter/ klopffet alles wohl durch einander; schmiret die Mödel mit Butter/ vermacht sie aussenher mit Leimen oder Dohn/ füllet den Teig darein/ und last ihn vorbesagter massen bachen.

66. Weisse Mandel=Lebküchlein.

LEget ein Pfund Mandeln über Nacht/ oder auch nur etliche Stunden/ in ein kalt Wasser/ ziehet die Haut herab/ trocknet sie mit einem Tuch; schneidet aus einem Mandel überzwerch drey Theile/ leget selbige/ vermittelst eines Papiers/ auf ein Blech/ trocknets im Oefelein ab/ daß sie ein wenig bräunlicht werden: nehmet alsdann ein Pfund schön trocknen Zucker/ und eben so viel wohl=gedörrtes Mehl/ schlaget acht kleine Eyer daran/ und rühret den Teig wohl ab: wann dann die Mandeln erkuhlet sind/ schüttet sie in den Teig/ wie auch anderthalb Loth gute Zimmet/ Muscatnuß/ Muscatblüh und Cardamomen/ jedes ein halb Loth/ und zwar alles gröblicht zerschnitten: streichet diesen Teig auf Oblaten/ so groß als man sie haben will: traget ihn aber nicht gar zu dick auf; legets auf ein Papier/ setzets auf das Blech/ und lassets fein gemach bachen: Solte der Teig gleissend werden/ daß er fliessen wolte/ kan man ein wenig Stärck=Mehl darunter mischen.

67. Weisse Mandel=Lebküchlein/ auf andere Art.

NEhmet sechs Eyer und vier Dötterlein/ klopffets bey einer viertel Stund; rühret ein Pfund Zucker/ eben so viel Mehl/ und abgebräunte Mandeln darein/ wie auch Zimmet/ Muscaten=Blüh/ Cardamomen und Pfeffer/ nach belieben/ samt einem halben Vierding/ oder Achtel=Pfund/ Citronat/ und zweyen Lothen Pomerantzen=Schelffen; zerschneidet die Mandeln und Schelffen

Schelffen länglicht / mischet alles wohl durch einander / streichets auf Oblaten / und lassets gleich denen vorigen bachen.

68. Weisse Mandel-Lebküchlein / auf andere Weise.

Rühret zwey gantze Eyer / und von zwey anderen das Weisse / eine gute Stund; nehmet hernach ein halb Pfund genau gewogen- und klar- durch- geräidelten Zucker / acht Loth Stärck- und vier Loth schönes-Mehl / rühret solches allgemach unter die Eyer / zuvor aber schneidet und bräunet ein halb Pfund Mandeln ein wenig ab / und mischet sie ebenfalls mit allerley Gewürtz / als Zimmet / Muscatnuß und Cardamomen / jedes ein Quintlein / darunter; verfertigets im übrigen / wie im vorigen bereits gedacht.

69. Weisse Mandel-Lebküchlein / noch anderst.

Ziehet ein halb Pfund Mandeln ab / trocknets mit einem Tuch / schneidet sie Viertel- weiß / legets auf ein Papier / setzets in ein Oefelein / und bräunet sie ab: Nehmet ferner zwölff Loth schönes Mehl / vierzehen Loth Zucker / und von fünff Eyern das Weisse / samt zwey- und einem halben (oder drey) Dottern / rührets in einer Schüssel wohl unter einander / thut ein halb Loth Muscatnuß / eben so viel Zimmet / und ein klein wenig Anis und Rosenwasser dazu / rühret alles noch einmal wohl durch einander / thut letzlich die abgebräunte Mandeln dazu; streicht diesen Teig auf Oblat-Blätlein / bachets / wie die vorigen / und behaltets an einem warmen Ort auf / so bleiben sie rösch.

70. Zucker-Biscoten.

Nehmet drey viertel Pfund durch- geräiteltes Zuckers / schönes Mehls / und gar klein- gestossener Mandeln / jedes ein halb Pfund / Zimmet / Negelein / Muscatnuß / etwas gröblicht gestossen/ klein geschnittene Citronen- oder Limonien-Schelffen/ nach belieben / und etliche gantze Eyer / wie folget: Rühret erstlich die Mandeln ab / daß der Teig fein glatt wird / schlaget sechs / sieben oder acht Eyer daran / nach dem sie klein oder groß sind; schüttet hernach das Mehl / Gewürtz und Citronen-Schelffen auch darein/ daß es in der Dicken werde / wie ein gemeiner Biscoten-Teig / schlaget alles wohl ab / giessets in viereckichte Biscoten-Häuslein / oder kleine Schärtlein; lassets bachen / und schneidets zu dinnen Schnitten/ wie das zuvor Num. 42. beschriebene Muscaten-Brod / und trocknets in der Dorten-Pfannen / oder auf einem Blech / nochmal ab.

71. Mandel-Biscoten.

Will man die Biscoten von Mandeln machen/ so weichet selbige über Nacht in Rosen-Wasser / schählet sie deß andern Tags / und stossets mit Rosenwasser auf das allerschönste und kleineste/ als es immer möglich ist/ daß sie wie ein Mehl-Kooch werden; zerklopffet dann acht frische Eyer in einem Rosenwasser/ treibets durch ein Sieb / zerklopffet ferner ein halbes Pfund Zucker mit den Eyern / daß er wie ein Faum oder Schaum wird / rühret nachmal auch einen Vierding/ oder viertel Pfund/ gar schönes gutes Mehl/ fast zwey Stunden lang/ darein; schüttet dann der gestossenen Mandeln einen Vierding/ oder Achtel-Pfund / in einen andern Hafen/ und giesset von dem Zucker und Mehl-Teig/ nur alle mal gar ein wenig daran/ dann wann man zu viel auf einmal daran giesset / so werden sie butzicht / und lassen sich nicht gleich abrühren: wann sie nun/ besagter massen/ wohl durch einander abgerühret worden/ giessets zu einem Ring oder Krantz auf ein Oblat / oder machet Häuslein von Papier / giessets darein / und lassets wie andere Biscoten bachen: Wann sie nun gebachen und über Nacht gelegen haben/ schneidets erst deß andern Tags / und legets alsdann auf einen heissen Ofen/ so werden sie rösch und gut. *

72. Quit-

---

* Wanns beliebt/ kan man auch diesen Biscoten-Zeug in Dorten-Model giessen/ und wie die Dorten abbachen.

72. Quitten Biscoten.

Man stoße ein Pfund weich-gesottener Quitten in einem steinernen Mörsel/ daß sie schön glatt werden/ oder treibe sie durch ein Sieb; man muß aber nur das beste von den Quitten nehmen / hernach ein und ein viertel Pfund Zucker halb von einander theilen/ auf den halben Theil ein halb Seidlein/ oder Viertel-Maas Rosenwasser gießen/ und so dick sieden/ wie zum Quitten-Käß; alsdann die gestoßene oder durch-getriebene Quitten in ein Beck schütten/ den Zucker sied-heiß darüber gießen/ und alsobald starck und geschwind rühren; nachmals von drey gar frischen Eyern das Weiße mit zweyen Löffeln voll Rosenwasser/ vermittelst eines Pinsels/ wohl abschlagen/ daß sie ein lauterer Faum werden/ und so dann selbigen nach und nach unter die Quitten / eine gute Stund lang rühren/ und das wässerichte/ so am Boden bleibet/ hinweg gießen: wann solches geschehen/ siedet auch den andern halben Theil deß Zuckers/ wie den ersten/ mit Rosenwasser ab/ gießet ihn auch siedend heiß darüber/ rühret selbigen/ wie zuvor/ mit drey Weißen von Eyern/ eine gute Stund lang ab; werffet zuletzt klein-geschnittene Citronen-Schalen / oder auch etwas Bisam darein: Machet von Oblat ein Haus oder Capsel/ wie zu andern Biscoten/ in die Höhe/ oder in die Länge/ daß der Zeug darein komme/ wie man sie verlanget/ doch muß mans nicht zu nieder machen/ dann sie sencken sich ein wenig; lasset in einem laulichten Zimmer stehen/ biß sie so viel ertrocknen/ daß sie sich schneiden lassen / welches aber kaum in vierzehen Tagen / oder dreyen Wochen/ geschiehet: Wann mans nun schneiden will/ muß man ein scharffes Messer in ein sied-heisses Wasser stossen/ hernach die geschnittene Biscoten auf Papier legen / und in einer warmen Stuben ertrocknen lassen.

73. Quitten-Biscoten/ auf andere Art.

Weichet / ungefehr einer Welschen Nuß groß / Trogant in Rosen- oder Zimmet-Wasser/ drucket ihn durch ein weit-geschla-

geschlagenes Tüchlein ungefehr so dick aus / als ein Mehl-Kooch; nehmet dann ein Pfund weich-gesotten- und wohl-gestossen- oder durch-getriebene Quitten / wie oben gedacht; stossets mit dem Tragant wohl ab / fassets hernach in ein Becken / giesset einen Zucker / so zuvor mit einem Seidlein / oder halben Maas / Rosenwasser / so dick als der vorige gesotten / heiß darauf; rühret von fünff Eyern das Weisse zu einem Gest / zerklopffets eine gute Stund lang darunter / giesset nachmal diesen Teig in ein solches Haus / wie gedacht / oder aber streichets auf Oblat / und schneidets nach beliebigen Mödeln alsdann aus; lassets in einem Zimmer ertrocknen / aber anfänglich nur zwey Tage / nicht in einer warmen Stuben / hernach aber wohl wärmer stehen / dann sie werden ehender trocken / als die obige / seyn aber nicht so gut / sondern schmäcken etwas nach dem Tragant.

74. Spanische Biscoten.

Erschlaget das Weisse von acht oder zehen Eyern / nachdem selbige groß oder klein sind / mit Rosenwasser / daß sie wie ein Schaum werden; rühret drey Viertel-Pfund durchgeräitelten Zucker zimlich lang darunter / dann je länger man rühret / je besser werden die Biscoten; rühret dann ebenfalls ein halb Pfund schönes Mehl / und letzlich / wann es fast fertig ist / ein wenig Anis und Coriander darein: schlaget einen Löffel voll von diesem Teig auf ein Oblat / legets in eine Dorten-Pfannen / und lassets bachen / so werden schöne runde Plätzlein oder Zeltlein daraus; wiewol man ihn auch gleich an den Biscoten-Zeug / in die dazu gehörige Häuslein / Capseln- oder Dorten-Blätter giessen / abbachen / und auf einem warmen Ofen schön rösch und gut aufbehalten kan.

75. Bisam-Plätzlein.

Nehmet vier oder fünff gantze Eyer / oder wann sie klein sind / sechse; schlaget selbige aus / zerklopffets eine halbe Stund lang mit einem Besemlein / rühret ein halb Pfund schönen Canaries-Zucker / und ein viertel Pfund Stärck-Mehl / mit eben so viel gemei-

Von Zucker- und Quitten-Werck. 863

gemeinen Mehl darunter / und zwar noch eine gute halbe Stund/ biß der Teig schön glatt wird; solte er noch zu dinn seyn / rühret noch einen Löffel voll Zucker und Mehl darein / wie auch drey Gran Bisam / so zuvor in einem Löffelein Brandwein aufgelöset und zertrieben worden / aber ja nicht ehender / biß man die Plätzlein giessen will; giessets dann auf ein mit Butter-geschmirtes Papier / und bachets im Oefelein wohl heiß ab / doch also / daß das Papier nicht anbrenne; wann aber der Ofen zu kalt ist / lauffen sie nicht auf.

76. Bisam-Plätzlein / auf andere Art.

Schlaget mit einem Besemlein zehen oder eilff ausgeschlagene Eyer wohl ab / rühret anderthalb Pfund Zucker / drey viertel Pfund Stärck / und eben so viel anders schönes Mehl darein; wolte es zu dick werden / kan man mit einem Ey helffen: legts dann / vermittelst eines Löffels / auf ein Papier / und bachets gleich den obigen.

77. Leichte Bisam-Plätzlein.

Klopffet fünff Eyer / so wohl groß sind / wie zum langen Brod / einer halben Stund lang mit einem Besemlein / daß sie lauter Gest werden; rühret durch-geräitelten Zucker und Mehl / jedes ein halb Pfund darunter / und zwar nicht auf einmal / sondern einen Löffel voll nach dem andern: leget dann die Plätzlein mit einen Koch-Löffel zimlich weit von einander / auf ein gedoppelt Papier / damit sie nicht zusammen lauffen; setzets auf einem Blech in ein heisses Oefelein / lassets bachen / welches gar bald geschiehet / und lösets dann mit einem Messer ab; man muß aber das Blech immerzu im Oefelein stehen lassen / damit sie nicht erkalten.

78. Anis-Plätzlein.

Nehmet zwey grosse Eyer / klopffet sie wohl mit einen Besemlein / bey einer halben Stund; wäget hernach sechs Loth durch-geräitelten Zucker / und verklopffet ihn mit obigen Eyern

Eyern / wie auch acht Loth schönes Mehl; rühret alles folgends glatt ab / thut ein wenig zerschnittenen Anis / Zimmet / Muscatenblüh / und Cardamomen / nach belieben / darein: schmirret ein Blech mit Butter / leget diesen Teig mit einem Löffel Plätzlein-Weis darauf / und lasset ihn in einer gähen Hitz bachen: man muß aber zwey Blech haben / und eines um das andere gebrauchen / damit die Plätzlein nicht zu heiß darauf kommen; eiset sie dann / und verguldets nach belieben.

79. Fenchel-Plätzlein.

Erklopffet drey Eyer / rühret einen Vierding klar-durch-gesiebten Zucker nach und nach darein / wie auch folgends so viel Mehl / als man meynet nöthig zu seyn / damit der Teig nicht viel mehr fliesse; klopfft ihn auch glatt ab / streuet gröblicht-gestossenen Fenchel / Muscatenblüh / und ein wenig Cardamomen darein; streichet den Teig auf rund-geschnittenen Oblat / setzet selbigen auf einem Blech also in den Ofen / und lasset ihn bachen.

80. Mandel-Plätzlein.

Stosset Mandeln mit Citronen-Marck / rühret die gelbe äusserste Schelffen von Citronen / würfflicht-geschnitten / oder auf einem Reibeisen gerieben / welches noch besser / darunter / zuckerts nach belieben; solte der Teig zu dick seyn / so machet ihn mit Citronen-Safft etwas dinner / daß er sich streichen lässet: streichet ihn dann auf Oblat / setzets in Ofen / und bachets ab.

81. Anis-Kügelein.

Nehmet drey frische Eyerdottern / und zwey Löffel voll Rosenwasser / verklopffets wohl / rühret ein Viertel-Pfund schönen zarten Zucker daran / bey einer halben viertel Stund lang; machet hernach aus einem viertel Pfund Mandeln / ohngefehr sechs Theile / stosset jedes besonders / aber nicht gar klein; nehmet zu jedem Theil

Theil einen Löffel voll Zucker / damit die Mandeln nicht öhlicht werden; mischet dann Fenchel und Anis / jedes ein Quint / und auf ein jedes Ey / einen Löffel voll deß besten Mehls / wie auch die Mandeln / unter obbemeldete Eyer / daß sie recht zum aufstreichen seyn / streichets auf Oblaten / und lassets im Oefelein bachen. *

82. Weisse Fenchel-Kügelein.

Man nimmt zu einem halben Pfund Mandeln ein Pfund Zucker / drey Eyerdötterlein / ein halb Achtelein / oder den sechzehenden Theil einer Maas Rosenwasser / und den halben Theil Zucker / die Eyer und das Rosenwasser zerklopffet man zusammen in einer Schüssel ein Stund lang; dann stösset man ein halb Pfund Zucker gröblich / ziehet die Mandeln ab / und trocknets in einem Tuch / macht beedes / so wohl aus dem Mehl als Zucker / vier gleiche Theile / mischet hernach allezeit auf einmal einen Theil Zucker / und einen Theil Mandeln zusammen / und stössets in einem Mörsel / aber nicht gar klein / rühret alsdann alles zusammen glatt ab / nachmal Fenchel und Anis / jedes ein Loth / und einen Löffel voll schönes Mehl darein / streichets auf Oblaten so groß man selber will / legets auf ein mit Mehl bestreuetes Blech / und lässets im Oefelein / bey einer schönen gleichen Hitz bachen.

83. Weisse Fenchel-Kügelein / auf andere Art.

Erklopffet vier Eyer / giesset ein wenig Rosenwasser daran / rühret drey Vierding Zucker hinein / ingleichen auch ein halb Pfund Mehl / und zwar alles bey einer halben Stund lang; lasset hernach den Teig eine gute weil stehen / streichet selbigen mit einem breiten Messer auf die Oblaten / und lasset ihn bachen.

Rrrrr   84. Weisse

* Wanns beliebt / kan man auch Citronen-Schelffen und Zimmet / nach Gutgeduncken / unter diesen Teig zugleich mit einrühren.

84. Weiſſe Fenchel-Kügelein / noch anderſt.

Stoſſet abgezogene Mandeln mit Roſenwaſſer wohl ab / rühret Zucker darunter / nach belieben / nachdem mans ſüß verlangt / wie auch allerley Gewürtz / als geſtoſſene Zimmet / Muſcatenblüh und ein wenig Cardamomen; ſtreichets auf ein Oblat wohl dick / und ſchneidets alsdann ſo groß als mans verlangt: bachets hernach in einem Oefelein / doch alſo / daß ſie ſchön weiß bleiben. *

85. Anis-Zeug / oder Anis-Marzepan.

Nehmet ein halb Pfund ſchön klar-durch-geſiebten Zucker / und eben ſo viel ſchönes Mehl / zuvor aber ſchlaget zwey oder drey Eyer aus / nach dem ſie groß oder klein ſeyn / zerklopffet die Eyer zuvor eine gute weile / rühret dann nach und nach den Zucker darunter / und hernach folgends das Mehl; wircket den Teig auf einem Bret ſchön geſchwind ab / walchert ſelbigen faſt in der Dicken eines Meſſer-rucken / und drucket ihn dann in die Mödel; ſchneidet ſelbigen auf das ſchönſte aus / und laſſet ihn alſo eine Stund oder zwey / oder auch über Nacht / ſtehen / daß er ein wenig ertrockne: ſchmiret das Blech mit Butter / überſtreichets nachmal wieder ein wenig mit einem zarten reinen Tüchlein / oder aber beſtreuets mit Mehl; den Teig laſſet alſo bachen / daß er ſchön weiß bleibt / und nehmet ihn hernach mit einem Meſſer herab. **

86. Anis

* Etliche rühren ein wenig gar klein-geſchnittene Citronen-Schelffen darunter / drucken auch wohl etwas weniges Citronen-Safft darein; und wann man will daß ſie ſollen aufgehen / kan man nur ein Eyer-Weis auf einer Schahlen mit einen Meſſer zu Geſt verklopffen / und dann von dieſem Geſt einen guten Eß-Löffel / oder wann man deß Teiges viel macht / zwey derſelben dazu nehmen / und darunter rühren.

** Wann man ein Ey wohl verklopfft / alsdann ſechs Loth Zucker / und das übrige Mehl darunter rühret / biß man meynt / daß es ein rechtes Teiglein wird / ſo lauffen ſie ſchön auf: Wer will / kan auch einen Anis darunter rühren.

86. Anis-Zeug/ oder Anis-Marzepan/ auf andere Art.

Schlaget an ein halb Pfund klar-durch-gesiebten Zucker zwey gantze Eyer/ rühret beedes/ Eyer und Zucker/ eine halbe Stund lang allein/ und hernach ein halb Pfund Mehl nach und nach darein/ doch darff von dem Mehl noch wohl was übrig bleiben/ dann man muß im wircken sehen/ daß das Teiglein lind bleibe; schneidet alsdann selbiges zu Stücklein/ walcherts ein wenig aus: stippet die Model mit Mehl/ drucket den Teig darein/ schneidets aus/ lassets vier Stunden stehen/ und so dann bachen.

87. Pfeffer- oder Zimmet-Nüßlein.

Man nimmt ein frisches Ey/ verklopfft es wohl/ rühret einen Vierding/ oder viertel Pfund/ schönen rein-gestossen und durch-gesiebten Zucker/ wie auch eben so viel schönes Mehl/ eine gantze klein-zerstossene Muscatnuß/ und zwey Löffel voll Zimmet- oder Rosenwasser darein/ rühret alles wohl durch einander/ wirckets auf einem Bret/ mit gar wenig Mehl ab/ walcherts aus/ und druckt mit einem dazu gehörigen Eisen kleine Plätzlein daraus/ oder formirets von freyer Hand/ nach belieben: legts dann auf ein Blech/ welches zuvor mit ein wenig Butter bestrichen worden/ setzets in den Ofen/ und lassets bachen/ aber nicht gar zu hart. *

88. Pfeffer-Nüßlein/ auf andere Art.

Zu einem gantzen Ey nehmet einen Vierding Zucker/ und eben so viel Mehl/ ein halb Loth Zimmet/ wie auch Cardamomen und Muscatblüh/ jedes ein Quint; dann würfflicht-geschnittenen

* Wann man obbesagter massen das Zimmet-Wasser nicht dazu nehmen will/ kan man ein halb Loth Zimmet davor darunter rühren/ und also Zimmet-Nüßlein machen/ verlangt man aber Pfeffer-Nüßlein/ so bleibt das Zimmet/ und Zimmet-Wasser davon/ und wird allein ein Quint klein-gestossener Pfeffer davor darunter gerühret.

tenen Citronat- und Citronen-Schelffen/ nach gefallen/ und verfertigets im übrigen / wie die bereits oben-beschriebene: Man kan sie aber zuvor ein wenig stehen und ertrocknen lassen/ und so dann erst/ wie bekandt/ abbachen.

89. Wifftig.

Rühret ein halb Pfund schönes Mehl mit drey Achtel-Maas Rosenwasser/ und einer halben Maas Kern oder süssen Ram/ an/ (man muß aber deß Rosenwassers mehr nehmen als deß Kerns / damit sie schön rösch werden) rühret drey Achtel-Pfund rein-gesiebten Zucker/ und ein viertel Pfund mit Rosenwasser recht klein-abgestossene Mandeln darunter/ dann wann sie grob sind/ gibt es gerne Löcher: schlaget zwey Eyerdötterlein daran/ rühret Cardamomen/ Muscatblüh/ Negelein und Pfeffer darein/ nach belieben/ doch muß das Gewürtz vorschlagen/ und alles wohl unter einander gerühret werden/ daß es nicht butzicht seye: schmiret das Eisen zum ersten mal mit Butter/ thut dann allezeit einen guten Löffel voll dieses Teigs darein / und bachets im übrigen / wie die bald folgende Num. 93. beschriebene Hippelein oder Hohl-Hippen.

90. Wifftig/ auf andere Art.

Schlaget an ein viertel Pfund Mehl / halb so viel Zucker/ ein wenig Pfeffer/ Muscaten-Blüh/ Cardamomen und Zimmet/ drey Eyer; giesset vier Eyerschalen mit Kern/ und eine Schalen mit Rosenwasser daran ; rühret zwey Loth abgeriebene Mandeln / und so dann alles unter einander: bachets in dem dazu gehörigen / mit Butter oder weissen Wax/ oder auch einem Speck-Schwärtlein/ geschmirten Eisen/ überfahrets aber allezeit mit einem reinen Tüchlein; leget einen Löffel voll Teig darauf/ und lassets bachen.

91. Wifftig/ auf andere Weise.

Nehmet ein viertel Pfund Zucker/ drey viertel Pfund Weitzen-Mehl/ sechs Eyerdottern/ und ein wenig Rosenwasser/ gieſſet ein gemeines Waſſer daran/ biß der Teig recht an der Dicken wird; ſchmiret hernach das Eiſen mit Schmaltz/ laſt es wohl heiß werden/ leget einen Löffel voll Teig darein/ laſſet ihn backen/ kehret aber das Eiſen bald um/ nehmet das Wifftig heraus/ wickelts um das Walcherholtz.

92. Wifftig/ noch anderſt.

Man nehme ſchönes Mehl/ und das Weiſſe von zweyen Eyern/ und ein wenig klein-geſtoſſene Mandeln/ zwiere es mit Roſenwaſſer an/ rühre Muſcaten-Blüh/ Pfeffer/ Cardamomen und Zucker darunter/ und laſſe ſolches/ beſagter maſſen/ backen.

93. Hippelein oder Hohl-Hippen.

Zu zweyhundert Hippelein oder Hohl-Hippen/ nehmet ein Achtel Mehl/ ſchlaget zwey Eyer daran/ thut auch/ nach belieben/ geſtoſſenen Pfeffer und Muſcatblüh dazu; alsdann gieſſet ein Rosenwaſſer oder gemeines friſches Waſſer daran (wiewol man auch das friſche Waſſer mit ein klein wenig Roſenwaſſer vermiſchen kan) und zuckerts nach belieben; es muß aber dieſer Teig in der Dicken ſeyn/ wie der Wifftig-Teig; ſaltzt ihn ein wenig: ſchmiret das dazu gehörige Eiſen mit Butter/ haltets zuvor über das Feuer/ daß es wohl heiß wird; gieſſet ein Löffelein voll von dieſem Teig auf das Eiſen/ drucket ſelbiges geſchwind zu/ und haltets über das Feuer/ laſſets nur eine kleine weile ſtehen/ und wendets geſchwind um; nehmet den Teig ſo dann alſobald aus dem Eiſen/ und wickelt ihn um ein kleines Walcherholtz/ ſo ſind ſie fertig. Es ſind aber die Hippelein am ſchönſten/ wann ſie ſchön weiß bleiben/ und das Eiſen wohl heiß iſt/ ſo darff man ſelbiges nicht umwenden.

94. Hobel-Späne.

Laſſet ein viertel Pfund abgezogene Mandeln / aus einem ſchönen reinen Waſſer waſchen / damit ſie weis werden / ſtoſſets mit Roſenwaſſer auf das kleineſte ab; ſchüttet hernach ſechs Loth Zucker / zuſamt denen Mandeln / in eine meſſinge Pfannen / und röſtets auf einer Kohlen ſo lang / biß ſich der Teig oder die Mandeln ſtreichen laſſen; rühret dann ein wenig klein-geſtoſſene Zimmet und Muſcatenblüh darunter: ſtreichet ſolche Fingers dick auf ablange / und eines Fingers breit-geſchnittene Oblat; windet ſelbige alſobald um runde kleine Hölzlein / ſetzet oder ſtellets auf ein Blech / über ſich auf / ins Oefelein / und laſſets wohl ertrocknen; gebet aber wohl achtung / daß ſie ſchön weiß und röſch bleiben.

95. Hobel-Späne / auf andere Art.

Rühret unter klein-abgeriebene Mandeln / ſo viel Zucker / als beliebt / nachdem man nemlich dieſe ſogenannte Hobel-Späne ſüß verlanget; miſchet Anis / Pfeffer / Muſcaten-Blüh / Cardamomen und Zimmet / alles klein-zerſtoſſen / darunter / befeuchtets mit Roſenwaſſer / und durchrühret es alles noch ferner auf das beſte: leget inzwiſchen etliche Oblat-Blätter / ein paar Tage in den Keller / ſchneidets der länge nach zu ablangen eines Fingers breiten Stücken / ſtreichet erſt beſagten Teig oder Maſſam darauf / krümmet oder wicklet ſie über ein Hölzlein / daß ſie einem Hobel-Span gleichen / legts auf ein mit Butter-beſchmirtes Blech / laſſets wohl gäh / und licht-braun bachen / und überziehet oder beſtreichet ſie nachmal mit einem dinnen Eiß.

96. Nonnen-Kräpfflein.

Benetzet die bekannte und Num. 9. beſchriebene Maſſam / zu denen Krafft-Marzepanen mit Citronen-Safft / daß ſie ein wenig feucht werde; ſchlagets dann in einen Teig / beſtreichet ſelbigen

Von Zucker= und Quitten=Werck.   871

selbigen mit Butter/ legt ihn auf ein Blech/ und lasset ihn bey steter Hitz bachen.

97. Nonnen=Kräpfflein/ auf andere Art.

Reibet Lebkuchlein benetzets mit Wein/ drucket Citronen= Safft darein; mischet Pfeffer/ ein wenig gehackt= oder ge= schnittene Mandeln/ auch würfflicht=geschnittenen Citronat und Zucker/ nach belieben/ darunter: schlagets in einen Teig/ und bachets wie die gleich vorher beschriebene.

98. Schlangen von Marzepan=Zeug.

Nehmet einen abgetrockneten Mandel=Teig/ walchert zwey lange schmale Blätter daraus/ nach dem man die Schlangen groß oder klein haben will; füllet diesen Teig/ an statt der Füll/ darein/ und formiret sie/ wie im hernach folgenden gelehret werden soll: leget selbige auf ein Blech/ bachets bey einer guten Hitz/ bedupffets mit einem weissen Spiegel/ und zierets folgends aus/ wie hernach folget: Es müssen aber diese Schlangen zuvor geeiset wer= den/ ehe man sie bedupffet.

99. Schlangen von Marzepan=Zeug/ auf andere Art.

Erstlich machet einen Teig von Eyerdottern an/ oder nehmet auch etwas von einem gantzen Ey darunter/ sonst wird er zu mürb; thut ein wenig Butter/ schönes Mehl und etwas Zu= cker dazu/ giesst Rosenwasser daran/ und machet den Teig wohl vest/ doch daß man ihn gut walchern könne: Darnach man nun die Schlangen groß oder klein haben will/ kan man viel oder wenig Teig anmachen; theilet diesen Teig in zwey Stück/ walchert ein je= des desselben so groß als einen langen Tisch/ und zwey Hände breit/ aber dabey so dinn aus/ als man kan: Rühret so dann unter ein

halb

halb Pfund abgetrockneten Krafft- oder Marzepan-Zeug/ klein-geschnittenes Citronats/ und eingemachter Citronen-und Pomerantzen-Schelffen/ zusamen einen halben Vierding/ oder ein Achtel-Pfund/ wie auch Zimmet ein halb Loth; Cardamomen und Muscaten-Blüh/ jedes ein halb Quint/ und zwar alles klein zerschnitten: Wann nun solches wohl unter einander gerühret worden / formiret von diesem Marzepan-Zeug/ und zwar auf dem ausgewälcherten Teig eine Schlange/ oben her den Kopff; schneidets unten her etwas schmähler/ so lang das Blat ist; formiret zuletzt einen Schwantz daran/ schlaget nachmal das ander ausgewälcherte Blat darüber/ bestreicht es zuvor mit Gummi und Rosenwasser/ druckets auf beyden Seiten zu/ aber nicht zu hart an den Marzepan-Teig/ damit es einwendig locker bleibe/ sonst springet sie auf; rädelt sie auf beyden Seiten ab/ schneidet vornen am Kopff ein Maul darein/ und schlingets nach belieben ineinander/ in die Runden: Oder wann man selbige nicht schlingen kan/ lege man sie in die Runden herum/ und sodann auf ein Blech/ stells in heissen Ofen/ und backe sie schön gelblicht ab; hernach bestreiche mans mit einem dinnen Eiß/ und laß noch einmal im Ofen abtrocknen: machet ihr ein Zünglein von Tragant-Teig ins Maul/ und streichet dann beedes/ das Maul und die Zungen roth an; rädelt auch ein Strichlein von Tragant-Teig/ auf beyden Seiten/ zweyer Messer-Rucken breit/ und legets oben/ anstatt deß Ruckgrads/ der länge nach/ biß zum Schwantz hinaus; schneidet auch von erst-besagten ausgewalcherten Zeug/ zwey lange Strichlein/ streichet das eine roth an/ leget das Weisse hier und dar durchschnitten/ daß das rothe durchscheinet/ darauf/ und sodann der Schlangen um den Hals; setzt ihr von gedachtem Zeug eine ausgespitzelte Cron auf den Kopff/ verguldet sie innen und aussen/ wie auch das Ruckgrad und den Schwantz; machet ihr zwey schwartze Augen von Marzepan-Teig/ so mit Gewürtz-Negelein ausgewircket worden; überstreichet nachmal diese Schlangen mit Hartz- oder Gummi-Wasser/ und überstreuet sie über und über mit bunten oder vielfärbigen Confect und Bisam-Zucker/ biß auf den Kopff/ welcher gemeiniglich ungestreuet gelassen wird.

100. Ge-

Von Zucker- und Quitten-Werck. 873

100. Gefüllte Schlangen.

Nehmet ein Pfund abgezogener Mandeln/ ein halb Pfund Zucker/ Cardamomen und Zimmet jedes ein Loth/ Muscaten-Blüh ein halb Loth/ die abgeriebene Schelffen von einer Citronen/ und ein Achtel-Pfund klein-geschnittenen Citronat/ gießet ein Loth Zimmet-Wasser dazu/ drucket ein wenig Citronen-Safft darein/ und mischet alles unter einander; solte es nicht süß genug seyn/ kan man noch ein Achtel-Pfund Zucker darunter rühren: füllet dann diese Füll in einen beliebigen Teig/ und formiret auf vorbesagte Weise/ eine Schlangen daraus.

101. Zimmet-Schlangen.

Ziehet ein Pfund Mandeln ab/ hackets aber nicht gar klein/ stosset zwey Loth Zimmet gröblicht/ und ein halb Pfund Zucker; schlaget das Weiße von zweyen Eyern daran/ mischet ein Viertel-Pfund Citronat darunter/ und rühret alles wohl durch einander: Machet dann mit einem halben Vierding/ oder Achtel-Pfund Mehl/ zweyen Eyern/ und ein wenig Wasser/ einen zähen Teig an/ vertheilet selbigen in zwey Theile/ walchert ihn vier Finger breit/ und im übrigen wohl lang aus; schmiret den Teig mit Butter/ leget die Füll darauf/ und schlaget ihn rings herum hinauf; leget dann den andern Theil deß Teigs/ auf den abgeschnittenen Ort/ und windet ihn in die Runde wie eine Schlange/ schneidet oder bezwickets um und um/ bachets in einer gleichen Hitz: Machet inzwischen ein Eiß mit schönen Zucker und Rosenwasser/ wohl abgerühret/ an/ und überschmirets damit; setzets noch einmal in den Ofen/ und lassets bachen.

102. Gefüllte Mandel-Fische.

Machet einen Teig von schönem Mehl/ Eyerdottern/ ein wenig Zucker/ und etwas süß- und andern Wein/ an; wircket zu einem Teiglein/ und walcherts aus; stippet den dazu gehöri-

Sssss   gen

gen Model mit Mehl ein/ drucket den Teig darein; füllet ihn mit einer kräfftigen Mandel-Füll/ und verfertiget selbigen nach dem in nachfolgender Beschreibung deutlicher ertheilten Bericht: überstreichet dann die also gefüllte Mandel-Fische mit Eyern/ lassets bachen; überstreichets dann ferner/ wann sie aus dem Ofen kommen/ vermittelst eines Pinseleins/ mit Zucker-Wasser/ und überstreuets entweder mit einem gröblicht-zerstossenen Candel- oder andern ebenfalls also gestossenen gemeinen Zucker. *

103. Gefüllte Mandel-Fische/ auf andere Art.

Man mache erstlich einen dergleichen Teig und Füll an/ wie zu denen Num. 26. beschriebenen Eyer-ringen; walchere selbigen aus/ stippe den Model mit Mehl ein drucke den Teig darein/ fülle ihn mit besagter Füll an; lege den andern Model darauf/ und drucke ihn vest darüber zusammen; wiewol man ihn auch nur auf einer Seiten gantz flach mit dem Teig zumachen/ bezwicken/ und zuvor mit einem Ey überstreichen kan/ damit der Teig beysammen bleibe: nehmet dann diese also formirte/ gefüllt- und zusammen-gemachte Fische aus dem Model/ überstreichets mit einem Ey/ setzets auf einem Blech in einen Ofen/ lassets schön liecht-gelb bachen/ und überstreuets mit gröblicht-zerstossenem Zucker/ nach belieben.

104. Mandel- oder Krafft-Kräntzlein.

Hacket ein halb Pfund Mandeln klein/ stosset ein viertel Pfund Zucker/ Citronat/ Citronen- und Pomerantzen-Schelffen/ wie auch Zimmet/ Cardamomen und Muscaten-Blüh/ nach belieben/

* Wann diese gefüllte Mandel-Fische allerdings auf obige Art verfertiget/ kan man sie auch aus Schmaltz bachen/ und alsobald/ ohne daß man sie mit einem Ey überstreicht/ mit gröblicht-gestossenen Zucker überstreuen; wiewol es eben kein Fehler ist/ wo sie mit Zucker-Wasser erstlich nach dem Bachen überstrichen/ und so dann erst mit dem Zucker/ besagter massen/ überstreuet werden.

Von Zucker- und Quitten-Werck. 875

belieben / gieſſet ein wenig Zimmet-Waſſer daran / rühret und vermiſchet alles wohl durch einander; formiret auf einem Oblat Kräntzlein daraus / laſſets dann bachen / und überſtreichets / wann ſie erkaltet / mit einem Eiß.

105. Mandel-Kräntzlein / auf andere Art.

Ziehet ein halb Pfund Mandeln ab / hacket ſie klein ; ſchneidet Pinien- und Piſtacien-Nüßlein / jedes vier Loth / zu länglichſten Stücklein / rühret ein halb Pfund Zucker / etwas länglicht und gröblicht-zerſchnittenen Citronat / Citronen- und Pomerantzen-Schelffen / wie auch Zimmet / Cardamomen / Muſcaten-Blüh / und ein wenig Negelein darunter / miſchet alles wohl durch einander / feuchtets mit Zimmet und Roſenwaſſer / jedes gleich viel / an : formiret auf einem Oblat Kräntzlein daraus / bachets / übereiſets / und verguldet ſie dann nach belieben. *

106. Mandel-Kräntzlein / noch anderſt.

Nehmet einen Vierding / oder Viertel-Pfund / abgeſchählte Mandeln / hacket ſie klein / rühret drey Loth Zucker daran / ſchlaget das Weiſſe von einem Ey darunter / und rühret alles durch einander ; ſchneidet Oblaten zu runden Plätzlein / leget das Gehäck darauf / formirets wie ein Kräntzlein / laſſets aber in der mitten hohl : legets hernach auf ein Blech / bachets in einer gähen Hitze / biß ſie oben her ſchön gelblicht ſeyn ; brechet die Oblat in der mitten durch / beſtreichet die Kräntzlein mit einem Eiß / und überſtreuet ſie mit zerſchnittenen Blümlein / leibfarben Negelein / gelben Veil / blauen Ritterſporn / gefeinten Röslein / und gröblicht-zerſtoſſenem Candi-Zucker / daß ſie gläntzend ſehen : ſtellets hernach wieder

* Wanns beliebt / kan man dieſen / wie auch den vorhergehenden Zeug oder Teig / auf die Oblaten / wie Morſelln / ſtreichen / abbachen / und mit einem dünnen Eiß oder Spiegel überziehen.

wieder ins Oefelein / macht es aber nicht zu / sonst bekommen sie Blattern oder Blasen. *

107. Mandel-Kräntze.

Nehmet zwey Pfund Mandeln / und ein Pfund Zucker / ziehet die Mandeln ab/ und schneidet oder hacket sie gröblicht/ den Zucker aber raitelt durch ein zartes Sieblein/ und rühret ihn unter die Mandeln (wiewol man auch nur nach dem Mund den Zucker dazu thun/ und so dessen etwan zuviel zu seyn bedunckte/ noch etwas davon lassen kan) feuchtet dann beedes/ die Mandeln und den Zucker/ mit Rosenwasser an/ rühret von zweyen Eyern das Weisse/ wohl zerklopfft/ nach und nach darunter/ doch also/ daß es nicht zu feucht werde/ deßwegen man allezeit noch helffen / und von dem Weissen vom Ey noch wol etwas überlassen kan: rühret dann/ nach belieben/ klein-geschnittene Citronen-Schelffen darunter / leget alsdann den Teig auf die Oblaten nach der aufgesetzten Form/ wie mans verlangt/ groß oder klein; auch kan man mehr als einen Krantz davon aufrichten/ den ersten groß / und die andern immerzu kleiner. Will man aber die Kräntze gar groß/ und viel auf einander haben/ so muß man deß Teigs oder Zeugs auch mehr anmachen: Wann sie nun auf die Oblaten geleget worden/ werden sie auf einem Blech/ in dem Ofen/ schön gäh abgebachen / alsdann mit Rosenwasser und Zucker ein Eiß angemacht/ die Kräntze / wann sie aus dem Ofen kommen / damit überstrichen / und noch ein wenig an einen warmen Ort gestellet/ damit sie rösch bleiben. **

108. Man-

* Es ist aber dabey zu erinnern/ daß man den Zucker auch zuvor/ wann man will/ läutern/ alsdann die Mandeln und etwas Gewürtz darunter rühren/ auch auf diese weise grosse Kräntze von Mandeln machen könne.

** Von diesem Zeug kan man auch Lilien/ Hertze/ Kleeblätter/ halbe Monden/ oder was man selbst verlangt/ auf Oblaten formen/ in dem Ofen schön hell abbachen/ und/ nach belieben/ wie die Kräntze übereisen.

108. Mandel-Kräntze / auf andere Art.

Hacket anderthalb Vierding / oder drey Achtel-Pfund / abgezogene Mandeln klein / stosset alsdann ein Viertel-Pfund Zucker / raitelt selbigen durch ein Sieb / und rühret ihn unter die Mandeln / lasset aber etwas vom Zucker zum eisen übrig / dann sonst würde der Krantz zu süß; rühret auch ein halb Loth Zimmet / ein halb Quint Negelein / Muscaten-Blüh und Cardamomen jedes ein Quint / alles klein geschnitten / aber nicht zerstossen / darunter / wie auch eingemachten Citronat / Citronen- und Pomerantzen-Schelffen / alles zusammen sechs Loth; das innere aber schneidet zuvor heraus / und zwar den Citronat / und die Schelffen theils klein-und würfflicht / theils aber länglicht / den Krantz nachmal aussen her damit zu zieren; das klein würfflicht-geschnittene rühret unter die gehackte Mandeln / doch auch nicht alles / den Krantz nachmal zu überstreuen: feuchtet dann diesen Teig mit Rosenwasser / doch also an / daß er nicht zu naß werde; verklopffet indessen das Weisse von einem Ey / daß es wie ein Schaum wird / rührets unter die Mandeln; streichet dann diesen also zusam-gemachten Teig und Zeug auf Oblaten / welche geformt wie ein Rauten-Krantz / lasset sie aber neben an dem Teig ein wenig vorgehen / setzets ins Oefelein / und bachets gemach ab: Machet mit durch-geraitelten Zucker und Rosenwasser ein Eiß an / bestreichet den Krantz damit / beleget ihn / weil er noch naß ist / mit dem vormals länglicht geschnittenen Citronat / Pomerantzen-und Citronen-Schelffen / so zierlich als es immer möglich ist; streuet das übrige zuruck behaltene von denen würfflicht-geschnittenen Schelffen darüber / und setzet den Krantz nochmal ins Oefelein / damit das Eiß ertrockne; es darff aber das Oefelein alsdann nicht gar zu heiß seyn.

109. Quitten-Zelten.

Schählet schöne grüne Quitten / schneidet sie klein / wie die Aepffel zu einem Aepffel-Mus / werffets alsobald in ein frisches

sches Wasser; schüttets nachmal in ein reines Häfelein / giesset ein frisches Wasser daran / und lassets auf einem Kohlfeuer sieden: wann sie nun weich gesotten / daß man meynt / man könne sie mit einem Finger zerdrucken / so hebets vom Feuer hinweg / nehmet einen Löffel voll nach dem andern heraus / und presset den Safft durch ein reines Tüchlein; wischet hernach andere schöne Quitten ab / nehmet aber den Butzen oder die Kernhäuslein nicht heraus / sondern siedet sie also gantz in einem Hafen / doch über zwey nicht auf einmal / dazu gantz gemach / damit die Haut oder Schelffen nicht sehr aufspringe / dann so bleibt einwendig das Marck schön weiß / und zwar am allerschönsten / wann die Schelffen an den Quitten gar kein Rißlein bekommen / doch müssen sie weich gesotten seyn / daß mans abschaben kan; schählet sie dann / und schabet das Marck davon / aber eben nicht so genau an den Butzen / daß nichts hartes und steinigtes darunter kommet; treibet solches geschwind durch ein Sieb / weil die Quitten noch warm seyn / dann so lassen sie sich nicht allein gern und besser durchtreiben / sondern es bleibet auch das Marck schön weiß: Wann nun solches geschehen / nehmet von diesem durch-getriebenen Marck ein viertel Pfund / und von dem durch-gezwungenen Safft ein halb Pfund / thut es beedes zusammen in eine Schalen / und rühret es wohl unter einander ab; indessen aber zerschlaget anderthalb Pfund von dem schönsten Zucker zu kleinen Stücklein / und giesset ohngefehr drey Achtel-Maas Röhren-Wasser daran / laßt ihn also etliche Stunden lang an einander stehen / biß der Zucker erweichet und zergehet; setzet ihn hierauf in einem messingen Kesselein über ein Kohlfeuer / und läutert selbigen wie bekandt; lasset ihn dann allgemach sieden / biß er gantz dick wird: Nehmet die Prob in einem frischen Wasser / und werffet ein Tröpfflein von dem gesottenen Zucker darein; wann er nun im Wasser hart wird wie ein Küchlein oder Schäuffelein / so hat er genug gesotten; hebet ihn dann vom Feuer / rühret den Quitten-Zeug geschwind in den Zucker / und fasset solches ohne Verzug und Saumnuß in die dazu gehörige Model; das Kesselein aber muß indessen überzu auf einem kleinen Kohlfeuerlein /

oder

Von Zucker- und Quitten-Werck. 879

oder auch nur auf einem Hafen mit sied-heissen Wasser stehend/ und der Quitten-Zeug fein warm und heiß bleiben / biß er allerdings in die Model gefasset worden; die Model erhalte man auch schön warm / oder ziehe sie zuvor durch ein siedendes Wasser/ schwinge sie wieder wohl aus/ und fülle dann den Quitten-Zeug darein/ so werden die Zelten gar schön und bald heraus gehen: wann nun die Model eingefüllet sind / stellet sie auf ein Bret/ und lassets in der warmen Stuben stehen; wann sie dann eine weile gestanden/ so schneidet ein Papier zu Stücklein / so groß die Model seyn / leget selbige auf einen jeden Model / so bleibet das Papier an den Zelten klebend / mit welchen man sie nach Verfliessung zweyer Stunden/ oder auch wol ehender/ aus denen Modeln heraus heben an; zu dem mag man / so sie hier und dar an leben / mit einem subtilen Messerlein oder Stecknadel/ selbige zugleich ein wenig ablösen / und wann sie heraus gegangen und schön gefallen / auf dem Papier ertrocknen lassen / biß sie hart werden: dann benetzet man unten das daran klebende Papier mit einem Wasser / oder überfährt es nur / mit einem nassen Schwammen / so gehet das Papier gar schön herab.

110. Quitten-Zelten/ so ein gantzes Jahr gut und gläntzend bleiben.

Schählet schöne Quitten / schneidets zu Spälten / siedets im Wasser / biß sie weich sind; schabet das reine Marck mit einem Messer ab/ und schlagets durch ein reines Sieb: Giesset dann etwas weniger als ein halbes Seidlein Röhren-Wasser/ auf ein Pfund schönen Zucker/ lasset ihn zwey Stunden lang darinnen weichen / und wohl sieden / probiret selbigen in frischem Wasser/ lasset etliche Tropffen darein fallen / und wann er gantz heraus gehet/ rühret ein viertel Pfund durch-geschlagener Quitten darein / giesset zwey Löffel voll Citronen-Safft dazu / so wird es schön klar und durchsichtig, wiewol auch einige klein-geschnittene Citronen-Schelffen darunter rühren: füllet dann diesen Quitten-Zeug in die Model/ lassets über Nacht stehen; nehmet die Zelten heraus / lassets ertrocknen/

nen / wendets um / damit sie auf der andern Seiten ebenmäßig trocken werden / doch muß man sie mit keiner blosen Hand anrühren / so bleiben sie ein gantzes Jahr gut und gläntzend / und werden nicht / wie die andere insgemein / fleckicht.

111. Gläserne Quitten-Zelten.

Wischet oder reibet schöne grüne Quitten mit einem Tuch ab / schählet sie / schneidet aus einer grossen Quitten sieben / und aus einer kleinen / fünff Spälte; machet in einem neuen Hafen ein Röhren-Wasser siedend / leget die Quitten hinein / laßt sie einen Wall aufthun; legets geschwind zwischen ein Tuch daß sie ein wenig abtrocknen / presset den Safft durch / und nehmet zu einem halben Vierding / oder Achtel-Pfund Safft / einen Vierding Zucker; zerschlaget den Zucker so groß als eine Haselnuß / giesset sechs kleine Löffelein mit Röhren-Wasser daran / lasset ihn eine weile stehen / und über der Kohlen wohl sieden; nehmet aber die Prob in einem kalten Wasser / wie bey den vorigen gelehret worden: Wann nun der Zucker gesotten ist / wie er seyn soll / rühret den Safft darunter / und lasset ihn noch einen Wall thun / indessen aber die Mödel eine gute weil zuvor im Wasser ligen / setz sie vor dem Ofen / oder ziehets aus einem warmen Wasser / und schwingt sie wohl aus: füllet hernach / wie oben gedacht / den gesottenen Quitten-Zeug geschwind und warm hinein / setzets auf ein Bret / und lassets in der Wärme stehen; hebt hernach die Zelten mit einem Papier ebenfalls zuvor besagter massen heraus / setzets an einen warmen Ort / und befeuchtet / wann sie ertrocknet / das Papier mit Wasser / so gehet es schön und gern herab.

112. Gläserne Quitten-Zelten / auf andere Art.

Neget acht Loth schönen Zucker / so in kleine Stücklein zerschlagen worden / in ein Becken / giesset sechs oder acht Löffel frisches Brunnen-Wasser daran / und lasset ihn zergehen; wischet

Von Zucker-und Quitten-Werck.

wischet hernach schöne Quitten reinlich ab / setzets in einem neuen Hafen mit Wasser zum Feuer / siedet / schählet und schneidet eine jede Quitten zu vier Theilen / aber so geschwind als es möglich ist/ damit dieselbe fein bald in den Sud kommen : wann sie dann ein wenig gesotten/ leget selbige auf ein Tuch/ deckets fleissig zu/ daß sie nicht kalt werden/ dann wann sie erkaltet/ geben sie keinen Safft von sich: drucket die Quitten durch ein reines Tuch/ seihet den Safft noch einmal durch / so wird er fein licht; setzet hernach den Zucker auf ein Kohlfeuer / lasst ihn geschwind aufsieden / damit er klar werde; hernach so probiret ihn auf einem frischen Wasser ; wann er hart ist wie ein Bein / und grosse Perlein macht/ so ist er gesotten genug / doch muß man in acht nehmen / daß wann der Zucker sich in die Dicken will zusammen geben / man drey Loth deß ausgepressten Quitten-Saffts alsobald daran giesse / sonst siedet der Zucker zu einem Brocken zusammen: wann nun der Safft in den Zucker gegossen und eingerühret worden / setzet ihn wieder auf das Kohlfeuer/ damit er noch ein klein wenig siede : bestreichet hernach schöne Model mit süssem Mandel-Oel / lassets wohl warm werden/ giesset den gesottenen Quitten-Zeug darein / setzets zu einen warmen Ofen/ lassets etliche Stunden lang stehen; nehmets heraus / legets auf Papier / trocknets bey dem Ofen fein bald / dann wann sie langsam trocknen / werden sie gerne roth; wolte man sie aber roth sieden / so muß man die färbende Flecklein nicht in den Zucker legen/ sondern in ein warmes Wasser weichen/ und deß Wassers mehr an den Zucker giessen / als zu den weissen Zelten : es wird aber das von denen Flecklein gefärbte rothe Wasser auf den Zucker gegossen und derselbige gar gemach gesotten/ auch das Becken wohl zugedeckt/ daß der Dunst nicht davon gehe/ und die Farb sich verliere/ wie gleich jetzo mit mehrern folgen wird.

113. Rothe Quitten-Zelten.

Man nimmt acht Loth rein-gestossenen Zucker/ läutert ihn mit ein wenig Wasser wohl starck/ biß er grosse Blasen bekommt;

dann

dann werden rothe Flecklein / einer halben Hand groß / darinnen gesotten / biß der Zucker schön roth wird; hernach nimmt man die Flecklein wieder heraus / hebt den Zucker vom Feuer / und rühret vier Loth Quitten-Marck / so durch ein Sieb getrieben worden / darein / rühret es glatt ab / setzts wieder über das Feuer / lasst es allgemach noch ein wenig sieden / und immer auf der Kohlen stehen; dann füllet mans in die Mödel / bestreichet aber selbige zuvor mit frischem Mandel-Oel oder Wein / damit die Zelten gerne heraus gehen.

114. Schöne weisse Quitten-Zelten.

Erstlich waschet die Quitten / schählet sie aber nicht / schneidets in ein frisches Wasser zu Spältlein / druckets immerzu in das Wasser / daß sie nicht in die Höhe gehen / dann sie werden sonst roth; lassets nachmal im Wasser geschwind sieden; wann sie nun wohl gesotten seyn / pressets durch ein starckes Tuch / seihet den Safft durch / daß er hell wird: Nehmet dann eine Maas dieses frisch ausgepressten Quitten-Safftes / und fünff Viertel-Pfund schön geläutertes Zuckers; wann nun der Quitten-Safft samt dem Zucker über und über siedet / probiret ihn auf einem zinnernen Oeller / wann die Tropffen fein hoch fallen / und zähe sind / so ist er recht / dann wann er ein wenig zu viel siedet / wird er auch roth; alsdann rühret den Schaum fein gemach mit einem Löffel an ein Ort zusammen / nehmet ihn / wann ihr das Kesselein oder die Pfannen vom Feuer hebet / schön gemach herab / und rühret ihn ja nicht / sonst wird er trüb: hernach füllet die zinnerne Mödel / so ihr zuvor mit einem frischen Wasser ausgewaschen / und wohl ausgeschwungen / damit an / und giesset den Safft darein daß er gestehet.

115. Weisse Quitten-Zelten / auf andere Art.

Nehmet die schönsten Quitten / so ein weisses Marck haben / und noch vor Michaelis abgebrochen seyn / dann die / nach solcher Zeit / abgebrochene Quitten werden nicht mehr weiß im sieden: setzet einen zwey- oder drey-mäsigen Hafen mit Röhrenwasser zum Feuer / thut nur zwey Quitten auf einmal darein / und lasset sie weich sieden / wie bey den vorigen gedacht worden; dann schählet die Haut herab / und schabet das klärste / so nicht steinigt ist / herab auf ein reines Sieb / reibet es durch / und nehmet acht Loth Teig / zu sechzehen Loth Zucker; zerschlaget den Zucker / und weichet ihn über Nacht in eine Achtel-Maas Röhren-Wasser / läutert denselben in einem messingen Becken / und lasset ihn sieden / biß er sich wohl spinnet / und die Prob auf einem zinnernen Teller / oder / wie vorgedacht / mit einem Tropffen in einem kalten Wasser hält: wann nun der Zucker in der Dicken recht ist / wie er seyn soll / so rühret das Quitten-Marck geschwind und glatt darein / und füllts so schnell als möglich in die Mödel / dann je heisser und geschwinder sie eingefüllt werden / je glänzender die Zelten werden; setzet sie auf ein Bret in die Stuben / und nehmets nach vier oder fünff Stunden mit einem Papier herab / löset sie aber zuvor / sonderlich so sie sich anhängen wollen / mit einer Stecknadel ab. *

116. Gewürtzte Quitten-Zelten.

Lasset schöne Quitten im Röhren-Wasser dünsten / wie die vorigen / schählet und schabet sie; treibet das Marck durch ein Sieblein / thut dann solches durch-getriebenen Quitten-Zeugs zwey Pfund / und ein Pfund Zucker / zusammen in ein messinges Kesselein / setzets über das Feuer / und rührets so lang / biß er wohl abgetrocknet ist; mischet hernach von vier Citronen die würfflicht-geschnittene gelbe Schelffen / anderthalb Loth Zimmet / Muscaten-Blüh und dergleichen Nüsse jedes ein halb Loth / Cardamo-

---

* Dergleichen Zelten kan man auch auf diese weise von Parstörffer-Aepffeln machen / es müssen aber selbige etwas hart seyn; auch kan man mit gedachtem Aepffel-Marck / das Quitten-Marck untermischen / und sollen die Zelten auf solche Art gemacht / absonderlich schön und weiß werden: Oder man kan die helffte Aepffel-Marck / und die helffte von Quitten-Spälten ausgepressten Safft nehmen / so werden sie noch schöner.

damomen ein halb Quint/ und eben so viel Negelein/ alles gröblicht zerschnitten darunter/ und lassets also einen Sud mit dem bereits abgetrockneten Teig thun/ leget dann den Teig auf. ein Bret/ daß er zuvor gantz erkuhle: wircket hernach ein Pfund klar-gesiebten Zucker in den Teig/ walchert selbigen aus/ drucket ihn in hölzerne Mödel/ wie den Anis-Zeug/ und lassets etliche Tage in der warmen Stuben stehen/ damit sie ertrocknen.

117. Genueser-Zelten.

Dünstet oder siedet schöne Quitten/ im Röhren-Wasser ab/ und schählet sie hernach/ reibets auf einem Reibeisen/ oder schneidet sie Plätzlein-Weiß; schüttet dann zu einem Pfund Teig oder Marck ebenfalls ein Pfund klar-geriebenen Zucker/ thut solches zusammen in ein Kesselein/ siedets biß es auf einem zinnernen Teller besteht; man muß es aber immerzu rühren/ alsdann Zimmet/ Negelein/ Cardamomen/ wie auch Muscatenblüh/ Muscatnuß/ Citronen und Pomerantzen-Schelffen/ auch Citronat/ nach belieben/ alles klein-zerschnitten/ darunter rühren/ und noch einen Sud thun lassen/ alsdann in blechene Mödel giessen/ welche hohl sind und keine Böden haben/ und zwar auf folgende Weise: Nehmet zuvor ein hölzernes Bret/ feuchtet es mit Rosen-Wasser an/ ziehet die blechene Mödel durch ein warmes reines Wasser/ schwingets wohl aus/ und setzets auf das Bret: füllet alsdann den Teig oder das Marck darein/ lassets so lang stehen/ biß die Zelten heraus gehen/ oder die Mödel sich herab heben lassen/ stellets/ einen oder drey Tage lang/ in die Stuben/ und wendets öffters um/ daß sie allenthalben recht ertrocknen.

❀ ❀ ❀

Nehmet schöne Quitten/ dünstet sie im Röhren-Wasser/ und bereitets allerdings/ wie bey denen vorhergehenden gedacht/ rühret alsdann unter ein Pfund Quitten-Marck/ auch ein Pfund Zucker/ und setzets in einem messingen Kesselein/ über ein Kohlfeur/ und lassets sieden/ biß man vermeinet daß es genug sey; rühret alsdann von zwey oder drey Citronen das Marck/ nachdem

dem deß Teiges viel ist / darein / und siedet es ferner ab: schneidet nachmal schönen grünen Citronat/zu dinnen viereckichten Plätzlein/ und mischet sie / wann der Teig vom Feuer kommt / darunter / und füllet diesen Quitten-Zeug in die Mödel / wie bey den vorigen überflüssig offt/ erinnert worden.

118. Pfersich-Zelten.

Schählet und schneidet die Pfersische halb von einander / rühret in einem messingen Kesselein sechzehen Loth Pfersische/ und acht Loth Zucker / wohl unter einander / lasset über der Kohlen sieden/ biß sie sich in dem Kesselein abschählen: füllet hernach den Teig in die Mödel / ziehet aber selbige zuvor durch ein warmes Wasser/ wie bey den Quitten-Zelten bereits erinnert worden.

119. Hieffen- oder Hagenbutten-Zelten.

Nehmet aus schönen grossen Hieffen / oder Hagenbutten/ die Kerne heraus / lassets im Wasser sieden / biß sie weich werden; treibets dann durch ein Sieb/ machet sie allerdings mit/ oder ohne Gewürtz / wie die Quitten-Zelten / Num. 116. und druckets in die Mödel.

120. Citronen-Quitten-Latwerg.

Dünstet vier Quitten gemach/ schählet und treibet sie durch ein Härines Sieblein; reibet von vier oder fünff Citronen das Marck in einem steinernen Mörsel glatt ab/ schneidet von denen Schelffen das Weisse aufs genauste heraus / und das äusserste Gelbe theils länglicht/ theils würfflicht; siedet dann noch so schwer Zucker / als der Quitten und Citronen sind / so lang biß er sich spinnet: rühret hernach das Citronen-Marck / und die durch-geriebenen Quitten darein/ siedets biß es räuscht / und sich von der Pfannen ablöset; lasset letzlich die Citronen-Schelffen nur einen Sud darinnen

darinnen aufthun / und füllet dann diese Latwerg in die Schachteln.

121. Citronen-Quitten-Latwerg/ auf andere Art.

Man lasse sechs schöne grosse Quitten im Röhren-Wasser sieden / biß sie ein wenig weich werden; dann schähle und schneide man selbige zu Plätzlein / wie auch von vier Citronen die gelbe Schelffen ein wenig länglicht / und schähle von fünff Citronen das saure Marck aus: überwäge so dann die Quitten samt dem Citronen-Marck / und läutere zu einem jeden Pfund / fünff Vierding Zucker in einem Kesselein; schütte die Quitten / wann er verfaumet hat / darein / und lasse beedes zugleich ferner sieden: Wanns nun anfängt zu rauschen / thut das Citronen-Marck und die geschnittene Schelffen (welche etliche zuvor im wasser absieden) ebenfalls darein / lasset alles mit einander noch einen Wall aufsieden / und giessets dann in Schächtelein oder Gläslein. Der Zucker kan auf diese Weise dazu geläutert werden: Giesset an ein Pfund Zucker / ein halb Seidlein Wasser / und wann der Zucker ein wenig zergangen / so verklopffet das Weisse von einem Ey / biß es recht giftig wird / giesst es zu den Zucker hinein / und lassets mit-sieden / so henckt sich das unreine vom Zucker alles daran / welches man auf das fleissigste hinweg faumet; doch kan man / an statt deß Wassers / auch einen Quitten-Wein zum Zucker-läutern / nach belieben gebrauchen.

122. Citronen-Quitten-Latwerg/ auf andere Weise.

Wischet die Quitten auf das reinlichste ab / und dünstets mit samt der Schelffen im Röhren-Wasser / sie müssen aber nicht gar weich werden; dann schählet und schneidet selbige würfflicht: nehmet hernach zu zwey Pfund Quitten / ein Pfund Zucker / läutert den Zucker zu erst / und lasset ihn dick sieden / wie fast zu den Quitten-Zelten; dann schüttet hernach die würfflicht-geschnittene Quitten

Quitten / wie auch von zweyen Citronen das Marck und die Schelf=
fen / ebenfalls klein geschnitten / darein / laſſets alſo mit einander
noch ein und andern Wall thun / und füllts hernach in die Schach=
teln.

123. Citronen-Quitten-Latwerg / noch anderſt.

NEhmet ſechs Quitten / wiſchet ſie ab / ſtechet die Butzen her=
aus / laſſets im Röhren-Waſſer einen Sud thun / doch alſo
daß ſie nicht weich werden; hebet ſie dann aus dem Waſſer /
legets in eine Schüſſel / ſchählet und ſchneidets / wann ſie erkaltet / zu
dinnen Plätzlein / biß an die Butzen / oder Kernhäuslein: ſchneidet
auch von fünff oder ſechs friſchen Citronen das Gelbe ab / behaltet
das ſaure Marck beſonders auf; ſchneidet das Weiſſe an der äuſſern
Schelffen aufs genauſte heraus / und das Gelbe zu langen ſchmah=
len Stücklein; gieſſet ein ſiedendes Waſſer daran / laſt es eine weile
alſo ſtehen / daß die bittern heraus gezogen wird / gieſſets wieder ab:
läutert fünff Vierding / oder auch anderthalb Pfund Zucker in ei=
nem Keſſelein oder Pfannen / werffet von den abgeſchnittenen Quit=
ten-Butzen zwey darein / laſſet ſie zugleich mit ſieden / und ſeihet den
Zucker / wann er wohl geläutert / durch einen Seiher; gieſſet ihn
wieder in das Keſſelein / und laſſet ihn ferner ſieden; thut dann die
obbeſagter maſſen geſchnittene Quitten auch hinein / und ſiedets ſo
lang / biß der Zucker ein wenig dick wird / werffet zu letzt ein Theil
der Citronen-Schelffen dazu; und wann der Zucker an dem Koch-
Löffel glänzend wird / ſo iſt ſie gnug geſotten: gieſſets hernach in die
Schalen / leget die übrig-geſchnittene Citronen-Schelffen / und et=
was Citronat oben darauf / und laſſets an einem kühlen Ort ge=
ſtehen.

124. Citronen-Quitten-Latwerg / auf eine noch andere Art.

SIedet vier oder fünff Quitten / biß ſie weich werden / ſchnei=
dets hernach wie die gelben Ruben; nehmet zu einem Pfund
geſchnit=

geschnittener Quitten / anderthalb Pfund Zucker / giesset drey Achtel-Maas Wasser daran/ läutert/ und lasset ihn sieden/ biß er spinnet/ aber doch nicht hart wird; leget alsdann die Quitten darein / und lasset sie mit sieden: Schählet indessen fünff Citronen/ siedet die Schelffen davon im Röhrenwasser/ schneidet das Weisse heraus/ und das Gelbe ablang/ das saure Marck aber hacket: wann nun die Quitten ein wenig gesotten haben / leget die Citronen-Schelffen/ zusamt dem Marck auch hinein/ und siedet alles zusammen / biß es rauschet; lassets dann ein wenig kalt werden/ und fassets in gläserne Schalen.

125. Durchsichtige rothe Quitten-Latwerge.

Man siede die Quitten in einem Hafen / aber nicht gar zu weich / sondern nur daß sie sich greiffen lassen; schähle und schneide sie zu langen Spältlein: nehme dann zu einem jeden Pfund Quitten fünff viertel Pfund Zucker / giesse ein Seidlein Wasser daran/ lege/ wann er verfaumet hat/ die Quitten-Spältlein darein/ und lasse sie verdeckt / gar gemach sieden/ wende aber selbige jezuweilen mit einem Löffel um / damit sie fein gleich sieden/ dann man kan mit dem Sud gar leichtlich helffen / daß sie schön blut-roth / oder aber nur bleich-roth werden / wie mans verlanget; und werffet letzlich länglicht-geschnittene- und übersottene Citronen-Schalen darein. *

126. Brockichte Latwerge.

Zu einen Pfund Quitten/ nehmet ein viertel-Pfund ausgepressten Quitten-Safft/ schneidet die Quitten zu Schnittlein; giesset ein Theil deß Saffts daran/ lasset beedes mit einander

* Man kan diese Latwerge auch mit Wein-Kägelein- oder Saurach-Safft roth färben / aber alsdann muß man die Quitten weicher sieden/ und nur anderthalb Seidlein/ oder drey Viertel-Maas Wasser daran giessen.

Von Zucker- und Quitten-Werck

ander sieden/biß die Quitten wohl weich werden/zerrühret sie wohl/ gießet den übrigen Safft folgends daran/ zuckerts/ biß es wohl süß ist; wanns nun ein wenig dick wird/ schüttet sechs Loth würfflicht-geschnittenen Citronat/ und sechs Loth Pomerantzen-Schelffen darein/ rührets unter einander und gießets/ wanns gestehet/ in die Schachteln. *

127. Gewürtzte Latwerg.

Machet diese Latwerg wie die gleich vorhergehends beschriebene brockichte Latwerg; werffet aber letzlich zugleich mit dem Citronat/ zu einem viertel Safft/ sechs Loth Citronen/ eben so viel Pomerantzen-Schelffen/ ein halb Loth Zimmet/ Galgant und Muscaten-Blüh/ jedes ein Quint/ Ingber ein halb Quint/ und zwar alles klein zerschnitten/ in dem Sud darein/ und gießet/ wann sie eine gute weile also gesotten hat/ ein wenig Malvasier oder Peter-Simonis dazu/ so wird sie noch krässtiger.

❋ ❋ ❋

Oder:

Dünstet sechs oder acht Quitten/ nach dem sie groß sind/ auf einem Sieblein/ doch nicht zu weich/ schählet und schneidet sie nicht gar klein: läutert dann zu einem Pfund Quitten-Marck/ eine Maas Honig/ mit Körfel- oder Körblein-Kraut-Cardobenedicten- und Rosen-Wasser/ und zwar von jedem derselben einem halben Achtelein/oder dem sechzehenden Theil einer Maas/laßsets einsieden/ biß es verfaumet; rühret dann mit vorbesagtem Pfund Quit-

---

* Diese Latwerge kan man auch ohne Citronat- und Pomerantzen-Schelffen machen/ auch ist es gar genug wann man zu einem Pfund Quitten-Schnitten/ drey Viertel-Pfund Zucker rechnet/ jedoch ohne den ausspressten Safft/ als welcher/ ohngefehr so viel man vermeinet nöthig zu seyn/daran gegossen wird; wann dann die Latwerge zuletzt im rühren nicht mehr spritzet/ ist sie gut/und fertig.

Quitten-Marck/ drey Loth eingemachten und zerschnittenen Calmus in das Honig/ lasset eine gute weile sieden/ siedet auch von drey oder vier Citronen die Schelffen besonders in einem Wasser: Lasset hernach ein halb Pfund Zucker/ und ein Aehtel-Maas Malvasier oder Zimmet-Wasser/ drey Loth Zimmet/ Muscaten-Blüh/ Negelein/ Muscaten-Nuß und Galgant jedes ein halb Loth/ Cardamomen ein Quint/ und Pomerantzen-Schelffen acht Loht/ einen einigen Wall mit auf thun; und ligt nichts daran/ ob alsdann die Latwerg noch etwas dünn wäre/ dann wann sie gestehet/ pflegt sie ihre rechte Dicke schon nichts destoweniger zu überkommen.

128. Ungesottene Quitten-Latwerg.

Nehmet von den schönsten Quitten/ so um Michaelis/ oder kurtz hernach/ gebrochen worden/ siedet sie/ wie zu den Quitten-Zelten/ im Wasser ab/ biß sie etwas weich werden; schählet und schabet sie/ treibets durch ein Sieb; wäget dann zu einem halben Pfund Quitten-Teig/ drey viertel Pfund durch-gesiebten Zucker/ rühret beedes wohl unter einander: schneidet von Citronen-Schelffen das Weisse heraus/ und siedet so dann das Gelbe im Wasser/ seihets hernach durch ein Tuch/ und drucket es zwischen zweyen Tüchern starck aus; schneidets nachmal klein-und würfflicht/ oder aber länglicht/ nach gefallen; rührets unter den Quitten-Teig/ füllet selbigen in gläserne Schälein; lasset etliche Tage lang in einer Stuben ertrocknen/ und belegets/ wann sie noch feucht ist/ schön zierlich mit geschnittenen Citronat/ Citronen- und Pomerantzen-Schelffen/ und überstreuets mit Bisam-Zucker.

129. Gelbe Ruben Latwerg.

Nehmet sechs oder acht Quitten/ von mittelmässiger Grösse/ wischet sie ab/ siedets im Wasser/ aber nicht gar zu weich/ schählet und schneidet sie klein- und länglicht/ wie man die gelbe

gelbe Ruben zu schneiden pfleget; schlaget hernach zu einem Pfund Teig / ein Pfund Zucker zu kleinen Stücklein / giesset in einem messingen Becken ein halb Seidlein Wasser daran / lasset es sieden / aber nicht gar zu dick / wie zu den Zelten / doch also / daß er spinnet: Schneidet von zweyen Citronen die Schelffen herab / auch einwendig das Weisse heraus / und nachmal / wann sie im frischen Wasser gelegen / den halben Theil derselben länglicht / den andern halben Theil aber würfflicht; marcket das Marck davon auch aus / thut es zusamen in ein Schüsselein / und ein wenig Zucker daran / lasset eine weile also stehen / und schüttet / wann der Zucker gesotten ist / die Quitten zusamt den Citronen darein; lasset es ferner mit einander sieden / biß es sich vom Becken ablöset; man muß aber die Quitten nicht sehr verrühren / sondern gantz gemach unten am Boden aufrühren / damit sie sich nicht anlegen: giesset sie nachmal in ein gläsernes Schälein / oder in blechene Mödelein so keine Böden haben / oder Schächtelein; ziehet aber die Mödel zuvor durch ein Wasser / stellets hernach auf ein zinnernes oder marmelsteinernes Blat / und ziehets dann / wann sie eine weile gestanden sind / wieder heraus.

130. Parstörffer-Aepffel-Latwerg.

An nehme sechs Aepffel / schähle und siede sie im Röhren-Wasser / doch nicht gar zu weich; schneide dann dinne Stücklein / wie zu einem Aepffel-Mus / daraus / wäge so viel Zucker / so schwer als die Aepffel sind / dazu / lasse beedes mit einander sieden / und wann sie eine gute weile gesotten haben / rühre man von einer Citronen das Marck / und die klein-geschnittene Schelffen / darunter: Oder man kan / an statt deß Röhren-Wassers / den Safft von Parstörffer-Aepffeln nehmen / auch die Aepffel / an statt deß schneidens / schaben / so wird die Latwerge kräfftiger und weisser; vor allen aber lasse man sie ja nicht lang sieden: Oder man siede auch erstlich den Zucker wohl dick / wie bey der Citronen-Latwerg / und rühre dann das Marck samt den

Citronen darein/ wie bey den vorhergehenden bereits erinnert worden.

131. Pferſich-Latwerg.

NEhmet aus ſchönen Pferſichen die Kerne heraus / ſetzet das Marck auf ein häreneſ Sieb / und ſodann über ein ſiedend Waſſer/ decketſ zu/ laſſetſ dünſten/ biß es weich wird; treibetſ dann durch das Sieb/ wie eine Quitten-Latwerg: wäget hernach deß durch-getriebenen Teigs ein Pfund/ und drey viertel Pfund geſtoſſenes Zuckers/ rühretſ unter einander/ und laſſetſ wohl ſtarck abſieden: gieſſetſ nachmal in die Schalen/ und ſetz ſelbige in ein kaltes Waſſer/ dann ſie zerſpringet ſonſt/ wann man die Latwergen darein gieſſet. *

132. Quitten-Käß.

ESiedet acht ſchöne Quitten/ die ein weiſſes Marck haben/ mit ſamt der Schelffen/ im Röhren-Waſſer/ biß ſie weich werden; ſchählet ſie hernach/ und ſchabet das Marck mit einem Meſſer herab/ reibetſ durch ein häriges Sieblein: Nehmet dann zu einem Pfund Teig anderthalb Pfund ſchönen Zucker/ oder auch ſo viel Quitten/ ſo viel Zucker/ ſo in eines jedweden belieben ſtehet; ſchlaget den Zucker zu Stücklein/ gieſſet ohngefehr ein Seidlein/ oder auch drey Achtel-Maas/ Waſſer daran/ und läutert den Zucker damit/ laſſet ihn ſieden/ tropffet davon auf einen zinnernen Teller/ wann er geſtehet und hart wird/ ſo iſt er recht: Oder man kan auch die Prob mit Waſſer nehmen/ die bey den Quitten-Zelten beſchrieben: hebet ihn alsdann vom Feuer/ rühret den Quitten-Teig darein/ biß er glatt wird/ wie auch nachmal klein-zerſchnittene Citronen-Schelffen; drucket den Safft von einer Citronen daran/

---

* Auf eben dergleichen Art/ kan man auch eine Latwergen von Mariln oder Abricoſen machen.

an/ lasset es noch einen Sud thun: Ziehet hernach den Model durch ein frisches = oder auch/ wie etliche wollen/ warmes = Wasser/ schwinget und klopffet die Model wieder wohl aus/ schüttet den Quitten-Teig darein/ lasset ihn über Nacht also stehen/ löset ihn dann rings herum mit einem subtilen Messer ab/ klopffet den Model auf ein reines Papier/ so gehet er gerne heraus; überstreichet die Rinden mit rothen Santel/ oder klein abgeriebenen Lack/ weil er noch naß ist/ und lasset ihn allgemach trocken werden/ so ist er recht. *

133. Citronen = Kraut.

Schählet um das Fest Aller = Heiligen etliche Quitten/ dann um diese Zeit sind sie etwas zäher/ schneidets dinn und länglicht/ so lang es die Quitten zulassen/ wie auch ebenfalls schöne gelbe Citronen = Schelffen; lassets im neuen Wein/ so man ihn haben kan/ oder aber im Quitten = Wein sieden/ biß sie weich werden/ werffet dann nach und nach den Zucker Stück = weiß darein/ und zwar eben so viel Quitten/ als Zucker/ etwan jedes ein halb Pfund; lasset den Zucker mit den Quitten = und Citronen = Schelfen nur ein wenig aufsieden/ saumet dann das Kraut heraus/ siedet die Brüh hernach zimlich dick ein/ und giesset sie über das Kraut in die Schüssel; wolte mans aber statt einer Latwerg gebrauchen/ so nehmet zu einem Pfund Quitten = Krauts/ drey viertel Pfund Zucker/ lasset selbigen zusamt dem Kraut dick einsieden/ und giessets dann zusammen in Schachteln.

134. Rüblein = Kraut von Mandeln.

Hacket ein Pfund Mandeln/ lassets etlichmal durch ein Sieb/ oder grossen Seiher und Durchschlag lauffen/ daß sie schön gleich werden; mischet von zweyen Citronen die abgeriebene

gelbe

---

* Etliche färben die Rinden mit gefeinten Röslein/ welches fast besser thut/ als der rothe Santel.

gelbe Schelffen / mit ein wenig Safft / wie auch vier Loth Zimmet-Wasser/ darunter / und mischet alles wohl durch einander.

135. Krafft-Grieben oder Morselln.

Nehmet ein Pfund Zucker / anderthalb Loth Zimmet / anderthalb Loth Pfeffer / ein Quint Galgant / ein halb Loth Muscatnüsse / Cardamomen / Negelein und Zibeben / ein halb Quint Muscaten-Blüh / zwey Loth dürre Rosen-Blätter / Citronen- und Pomerantzen-Schelffen jedes ein halb Loth / wie auch ein Loth Pinien-Nüsse; zerschneidet diese Stücke alle klein: läutert alsdann den Zucker mit Rosenwasser / und lasset den Zucker dick sieden / wie zu den Quitten-Zelten; rühret alsdann obiges Gewürtz samt denen Schelffen und Nüßlein darein / giesset in die dazu gehörige Form / oder schneidet Stritzeln daraus / und lassets ein wenig ertrocknen: Solte die dazu gehörige Form ermangeln / kan mans auf einem Marmorstein mit Rosenwasser ein wenig naß machen / alsdann mit einem Löffel die Stritzeln darauf giessen / und also formen / wie man selber will.

136. Krafft-Grieben oder Morselln / auf andere Art.

Zu einem halben Pfund Zucker / nehmet ein halb Loth Lavendel-Blumen / Ingber / Cardamomen / Zimmet und Calmus / jedes ein Quint / Galgant und Muscaten-Blüh / jedes ein halb Quint / und zwar alles gröblicht zerstossen; läutert den Zucker mit Rosen- oder Lavendel-Wasser / wann er nun dick gesotten ist / rühret vor-erweldete Species und Stücke darein / daß er noch dicker wird: benetzet einen Marmorstein mit Rosenwasser / und schneidet dann die Grieben oder Morselln mit einem Messer daraus / weil sie noch warm sind.

137. Krafft-

137. Krafft-Grieben oder Morselln/ noch anderst.

Läutert ein Pfund Zucker mit Rosenwasser/ rühret ein halb Loth Zimmet/ Muscatnuß/ Muscaten-Blüh/ Cardamomen jedes ein Quint/ Galgant ein halb Quint/ Mandeln/ Pistacien- und Pinien-Nüßlein/ wie auch Citronat jedes zwey Loth/ Datteln drey Loth/ ein wenig rothe Röslein/ und etwas gedörrten blau- und gelben Veil/ doch alles klein zerschnitten in den Zucker; giesset auf einen zinnernen Deller/ und formirets zu Morselln.

138. Krafft-Grieben oder Morselln/ auf andere Weise.

Giesset an ein halb Pfund Zucker/ eine Achtel-Maas Kirschen- und eben so viel gemeines Wasser/ lasset ihn sieden/ biß er Fäden spinnet; rühret dann geschwind/ Zimmet/ Cardamomen/ Cubeben und Muscaten-Blüh jedes ein halb Quint / abgezogener Mandeln/ Pinien- und Pistacien-Nüßlein jedes ein Loth/ darein/ aber alles/ theils klein zerschnitten / theils gröblicht zerstossen / wie auch (jedoch nach eines jeden belieben) Perlen und Corallen jedes ein Quint / weisses Agtsteins ein halb Quint / weisses Rosen-Zuckers / Citronen- und Pomerantzen-Schelffen jedes zwey Loth; giesset und schneidets dann/ auf die bereits beschriebene Art/ zu Morselln oder Grieben.

139. Citronen-Grieben oder Morselln.

Nehmet schönen Canarien-Zucker/ so viel beliebt/ drucket auf einem erdenen Dellerlein Citronen daran/ doch daß der Zucker wohl dick bleibe ; schneidet ein wenig von Citronen-Schelffen und Pistacien-Nüßlein würfflicht / und rühret sie darunter/

unter; lasset stehen/ biß es ein wenig dick wird/ und schneidet oder formet dann Stritzelein/ Grieben oder Morselln daraus.

140. Citronen-Grieben oder Morselln/ auf andere Art.

Röstet einen geriebenen Canarien-Zucker in einem messingen Kesselein/ über einem kleinen Kohlfeuer; drucket alsdann Citronen-Safft daran/ so viel/ biß man vermeynet/ daß der Zucker damit angefeuchtet seye; rühret wohl unter einander/ und lassets auf der Kohlen mit stetigem rühren stehen/ biß alles wohl unter einander feucht wird / und fast der Zucker anheben will dinn zu werden/ und zu sieden: hebets dann vom Feuer hinweg/ rühret klein-geschnittene Citronen-Schelffen darunter; und giesset nachmal auf einen Marmorstein/ zinnernen Teller oder Blat/ wie die andern Grieben oder Morselln. *

141. Citronen-Grieben oder Morselln/ noch anderst.

Presset das Marck von einer Citronen durch ein Tüchlein; rühret dann in einem Schälein so viel Zucker darunter/ biß sie nimmer fliessen/ wie auch ein wenig klein- und würfflicht-zerschnittene Schelffen/ von gedachter Citronen: bestreichet einen Marmorstein mit Mandel-Oel/ und giesset die Grieben oder Morselln darauf/ so gehen sie gerne herab.

142. Satt-

* Auf diese Art kan man auch von Alchermes/ Wein-Lägelein/ oder einem andern beliebigen Safft/ Grieben oder Morselln giessen.

142. Saurach- oder Wein-Lägelein-Morselln.

Giesset unter einen schönen geläuterten Zucker einen Saurach- oder Wein-Lägelein-Safft / rühret's wohl unter einander/ biß der Zucker feucht und dick wird/ schneidet/ nach belieben/ Pistacien-Nüßlein darein; giesset's dann auf einen Marmorstein/ oder zinnerns Blech / und schneidet oder formiret's / nach gefallen/ zu Strißeln oder Morselln. *

143. Saurach- oder Wein-Lägelein-Morselln/ auf andere Art.

Lasset einen schönen lautern Wein-Lägelein- oder Saurach-Safft/ in einem messingen Pfännlein / mit Zucker so lang sieden/ biß man siehet/ daß der Zucker eine schöne Farb bekommet/ und dick wird; giesset dann Grieben daraus / setzets in einen Ofen/ und lasset's ertrocknen.

144. Quitten-Morselln.

Reibet ein halb Pfund Quitten-Marck durch/ wie man zu denen Quitten-Zelten insgemein zu thun pfleget; thut selbiges neben einem halben Pfund gestossenen Zucker in ein Kesselein/ laßt es sieden/ rühret/ nach belieben/ Citronen- und Pomeranzen-Schelffen / wie auch gröblicht-gestossene gute Gewürtz / als Zimmet / und Muscatnuß darunter; lasset's aber alsdann nicht mehr sieden/ sondern giesset die Grieben auf ein Blech/ und schneidet's nach belieben. **

Xxxx   145. Cri-

* Diese Morselln können auch gemachet werden / wie die Num. 140. beschriebene Citronen-Morselln.

** Man kan auch/ wann es beliebt/ den Zucker zu erst läutern/ alsdann das Quitten-Marck darein rühren / und so dann dick sieden lassen; zulezt aber das Gewürtz darein rühren.

145. Trisanet.

Nehmet ein Pfund schönen Canarien=Zucker/ weisses Jngbers ein halb Loth/ Zimmet drey Loth; Muscaten=Blüh/ Muscatnüsse/ Cardamomen/ jedes zwey Quint; Paradiß=Körner/ Galgant und Cubeben/ jedes ein Quint; stosset alles klein/ und mischet es unter den Zucker.

146. Trisanet/ auf andere Art.

Zerstosset ein viertel Pfund Zucker/ siebet oder räitelt ihn durch; zerstosset und zerschneidet auch ein halb Loht Zimmet/ Muscatnüsse und Muscatblüh jedes ein Quint/ Cardamomen/ gefeinter Röslein und gelber Violen jedes ein halb Quint/ eine einige Jngber=Zehen und Galgant=Wurtzel/ wie auch acht oder neun Pfeffer=Körner/ und zwar alles gröblicht/ und mischet es mit dem Zucker wohl durch einander.

147. Trisanet/ noch anderst.

Mischet ein Pfund Zucker/ zwey Loth Zimmet/ Muscaten=Blüh und Cardamomen jedes ein Quint/ und ein halb Loth Negelein/ alles klein zerstossen durch einander/ und gebrauchet es vor ein gemeines Hauß=Trisanet.

148. Zimmet=Mandeln.

Zerklopffet ein Weisses vom Ey/ mit ein wenig Rosenwasser/ werffet die abgezogene Mandeln darein; lassets durch einen Seiher oder Durchschlag wieder verseihen: schüttet einen klargestossenen Zucker in eine Schachtel/ thut die Mandeln nach und nach dazu hinein/ schüttelt und rüttelt sie hin und her/ damit sich der Zucker an die Mandeln hänge; werffet dann selbige in eine andere

dere mit Zimmet-Stipp angefüllte Schachtel; schüttelt sie wie zuvor / damit das Zimmet an dem Zucker klebend bleibe: legts dann auf einen breiten zinnernen Teller / und verwahrets an einem trockenen Ort.

149. Zimmet-Röhrlein.

Weichet schönen Tragant im Rosenwasser ein / zwinget selbigen nachmal durch ein reines Tüchlein / und rühret klar durch-gesiebten Zucker / Zimmet / und etwas wenigs von Bolo Armena darein / als welcher ihnen die Farb giebet; lasset ein paar Tropffen Zimmet-Oel darein fallen / wircket so viel klar-gesiebten Zucker darunter / biß es wie ein rechtes Teiglein wird: alsdann walcherts zu langen Stritzeln / überfahrets hernach mit einem Walcherhöltzlein / daß es in der Dicken wird / wie ein Zimmet-Röhrlein: Nehmet alsdann kleine Weiden-Hölzlein eines Fingers lang / oder so lang man selbsten will / schlaget den Teig darum zusammen / legets auf ein Papier / lassets ertrocknen / und ziehet / wann sie erhartet / die Hölzlein heraus.

150. Negelein.

Rühret unter einen im Rosenwasser eingeweichten Tragant / keinen klar-durchgeräitelten Zucker; lasset indessen ein Stücklein rocken Brod im Oefelein dürr / wohl braun / und fast gantz schwartz werden / stossets alsdann zu Pulver / siebets durch / daß es gantz klar wird / rührt davon so viel unter den Zucker / biß er die rechte Farb bekommt / wie gestossene Negelein; man kan auch ein paar Tropffen Negelein-Oel darein fallen lassen / und alsdann den klar-durchgesiebten Zucker darein wircken / biß er zu einem rechten Teiglein wird : alsdann formiret kleine dinne Stritzeln daraus / schneidets so dinn und lang als die Negelein / und oben in ein jedes derselben mit einem Messer ein Creutzlein; legts dann auf ein Papier / und lassets ertrocknen.

Epppp ij   151. Auf-

151. Aufgelauffener Bisam-Zucker.

Biesset an ein Loth schönen Tragant/ drey Loth Wasser/ und zwar halb Röhren-halb Rosen-Wasser/ lassets vier und zwantzig Stunden stehen/ und weichen; zerdruckt ihn hernach auf einem hölzernen Oeller/ thut das unreine davon/ das reine aber in einen Marmorsteinernen Reibstein; zwieret einen gerechten Bisam/ mit ein wenig Wasser an/ mischet ihn unter den Tragant/ und rühret ihn ab/ biß er schön glatt wird: rättelt dann den schönsten Zucker durch ein reines Sieblein/ und rühret ihn ebenfalls mit ein wenig gebeutelten Krafft-Mehl so lang unter den Tragant/ biß er sich von dem Stein ablöset / und wircket ihn fein glatt ab; solte er noch zu lehn seyn/ kan man ein wenig Zucker darunter wircken/ alsdann daraus formiren/ und in die Mödel drucken was man will: Habt ihr nun etliche Stücke gemacht/ so streuet ein wenig Krafft-Mehl auf ein Papier/ leget selbiges auf ein Blech/ und dann die Stücke darauf; setzets im Ofen / und lassets aufgehen/ sie müssen aber bey einer gähen Hitz gebacken werden; sehet fleissig zu / daß sie im bachen schön weiß bleiben / und wann ihr selbige aus dem Ofen genommen / so lasset sie zuvor in einer Stuben erkalten / und verguldets alsdann nach belieben: Will mans aber gefärbt haben/ so nehmet zum Exempel oder Beweiß/ zu den blauen/ eine blaue Farb/ welche man Zucker-blau nennet/ und schön rein ist/ wirckets unter vorbesagten Zucker-Bisam-Teig/ biß ihr meynt daß er schön an der Farb sey; drucket ihn in die Mödel/ und lasset selbigen im Ofen wohl gehen/ wie den Weissen zu den Gelben: nehmet einen schönen Zimmet-Saffran/ zwieret ihn ebenfalls mit ein wenig Rosenwasser an / und wirckets unter den Bisam-Zeug: Das Leibfarbe färbet mit rothen Flecken/ welche man Bezetta rubra nennet / giesset Rosenwasser daran/ lassets Tag und Nacht stehen / biß sich die Farb heraus ziehet/ druckets aber offt aus ; weichet darnach in selbiges Wasser den Tragant-Teig / doch muß dasselbe wohl starck an der Farb seyn/

dann

dann er wird sonst nicht schön roth; verfahret im übrigen allerdings damit/ wie mit dem Weissen.

152. Spieß=Kuchen oder Briegel=Krapffen.

NEhmet zu einem Diethäufflein/ oder den achten Theil eines Metzens/ Mehl/ eine Maas Kern/ acht Eyer/ ein halb Pfund frisches Schmaltz/ oder anderthalb Vierding Butter/ ein halb Pfund Zucker/ und ein halb Loth Muscaten=Blüh; schlaget den Kern oder Ram mit dem Mehl und Eyern wohl ab/ und rühret hernach den Zucker/ Butter und Gewürtz darunter/ daß der Teig seine rechte Dicken habe/ und nicht zu dick/ auch nicht zu dünn seye; lasset dann den Spieß oder Briegel vorher eine weile beym Feuer warm/ doch nicht zu heiß werden/ schmiret ihn immerzu mit Butter/ und wischt selbige mit einem reinen Tüchlein wiederum ab: wann solches geschehen/ giesset einen eisernen Schöpff=Löffel voll Teig auf besagten Briegel/ setzet aber eine erdene Schüssel darunter/ daß das/ was herunter laufft/ darinnen aufgesammlet werde; giesset so lang und viel darauf/ biß der Teig hangen bleibt/ je höher man aber giesst/ je schöner er wird; bratet ihn um biß er sich bräunet/ giesset hernach wieder einen Löffel voll auf; wann solches viermal geschehen/ bestecket mit geschnittenen Mandeln und Zimmet; alsdann übergiesset ihn noch etliche mal/ biß der Teig gar drauf gegossen ist/ und bratet ihn dann schön licht=braun ab; sehet aber zu/ daß er nicht zubricht/ und lasset ihn/ wann er von dem Briegel herab genommen wird/ zuvor ein wenig erkalten.

153. Spieß=Kuchen oder Briegel=Krapffen/ auf andere Art.

SChüttet erstlich anderthalb Diethäufflein/ oder drey sechzehen=Theil eines Metzens/ deß schönsten Mehls in einen Hafen; schlaget zwölff Eyer in einen andern Topff aus/ rührets

rührets gar wohl ab / und thut ein gut theil Anis / Zimmet / Muscatnuß und Muscatblüh daran / zuckerts so süß als mans verlanget; giesset anderthalb Maas der besten Milch darein / rührets ab / saltzets / giessets nach und nach an das Mehl / und rührets ferner wohl durch einander: lasset alsdann in einer Pfannen ein halb Pfund Butter zergehen / giessets in den Teig / thut aber den so genannten Schmorgel davon / und rührets besagter massen ferner ab; bratet dann einen dazu gehörigen Spieß beym Feuer / biß er wohl erhitzet wird: wischet ihn mit einer in ein Tüchlein gebundenen Butter wohl ab / biß er saumet; giesset hernach den Teig mit einem Schöpff-Löffel so lang darauf / biß man von dem Spieß gar nichts mehr siehet / und der Teig daran klebet / bratet ihn dann schön kühl ab / biß er gar schön braun ist; giesset noch mehr von dem Teig darauf / und lasset ihn bräunlich braten / wie den ersten / und also fort fünff mal auf einander: wann er nun fast gantz braten ist / machet ein viertel Pfund Butter in einer Pfannen heiß / und begiesset den Spieß-Kuchen oder Briegel-Krapffen zweymal damit / so säumt er gar schön; wann er nun verfäumet hat / überstreichet selbigen mit Zucker so ist er fertig: stechet dann mit einem Messer in den Spieß hinein / lediget ihn hinten und fornen ab / haltet ihn in die Höhe / und drehet zugleich mit den Händen den Spieß um / so gehet der Kuchen oder Krapffen schön gantz herab; dann kan man ihn auch mit Zucker und Rosenwasser / gleich als mit einem Eiß bestreichen / wie auch mit bunt- oder gefärbten Bisam-Zucker überstreuen: es muß aber die erste Lag zum aufgiessen ein wenig dicker seyn / dann die andre folgende.

154. Ein Spieß-Kuchen oder Briegel-Krapffen / auf andere Weise.

Machet von einer Maas Kern / acht Eyern / einen viertel Pfund gestossen oder gehackten Mandeln / einen guten Theil Zimmet / samt allerley anderer Gewürtz / einem halben Pfund Zucker / auch ohngefehr einem halben Pfund Mehl / und einem viertel Pfund

zerschli-

Von Zucker- und Quitten-Werck.   903

zerschlichenen Butter / worunter man auch / nach belieben / ein wenig Zimmet- oder Rosen-Wasser giessen / und würßlicht-geschnittenen Citronat / Pomerantzen- und Citronen-Schelffen rühren kan / einen Teig an / so etwas dicker ist / als der bekandte Strauben-Teig; bestreichet aber den Spieß zuvor wohl mit Butter / drehet ihn am Feuer herum / biß er wohl gistet / lasset ihn hernach wieder erkalten / und so etliche mal biß er wohl fett bleibt; giesset alsdann den Teig darauf / biß der Spieß bedeckt ist; wann er nun braun wird / übergiesset ihn wieder wie zuvor / und solches so offt biß der Teig zu ende gehet: was aber in die untergesetzte Brat-Pfannen laufft / muß man zuletzt in einer Schüssel auf der Kohlen abtrocknen / ein wenig Mehl dazu thun / und Zapffen daraus formiren / die so groß sind / als ohngefehr ein Fingerhut; setzet selbige Linien- oder Zeil-weiß fein ordentlich an den Spieß-Kuchen herum / oder bestreichets nur ein wenig mit einem Eyer-weiß / so bleiben sie desto lieber klebend; wiewol auch etliche diese Spieß-Kuchen / an statt dieser Zapffen / mit Mandeln bestecken / so in eines jeden belieben stehet: wann nun selbige erst-gedachter massen angesetzet / oder eingestecket sind / muß man den Kuchen wieder etliche mal mit einem wohl dinnen Teig übergiessen / und etwas bräunlicht abbraten / dann unten und oben ein wenig abschneiden / mit einem langen Messer einwendig rings herum ablösen / und den Spieß ein wenig aufgestossen / so gehet er gerne herab.

155. Spieß-Kuchen oder Briegel-Krapffen / noch anderst.

Schüttet ohngefehr den achten Theil eines Metzens Mehl in eine Schüssel / giesset einen oder zwey Löffel voll Heffen darunter; schlaget acht Eyer in einen Hafen / verklopffets wohl / giesset ein Seidlein oder halbe Maas süssen Ram oder Kern daran / giessets nach und nach an das Mehl / und machet also den Teig an / daß er so dick wird / daß der Löffel in der mitten stehen bleibt: schmiret dann den Spieß wohl mit frischem Schmaltz / lasset ihn bey dem Feuer

Feuer eintrocknen/ und giesset/ wann er wohl heiß ist/ einen Löffel voll Teig nach dem andern darauf/ biß der Spieß voll wird; begiesset ihn letzlich mit Butter/ daß er schön gistet; er muß aber anfänglich ein helles Feuer haben/ und wann er sich zu bräunen anfänget/ ein gemaches / damit er ausbraten kan : Wann man ihn aber gar gut machen will/ mischet man Zucker/ Muscatnuß/ Muscatblüh und geschnittene Zimmet darunter / nimmt ihn dann / wann er gebachen ist/ gemach vom Spieß herab/ daß er nicht zerbricht/ machet von Zucker und Rosenwasser einen Spiegel an / bestreicht den Kuchen damit/ und überstreuet ihn mit gefärbten Bisam-Zucker.

Anhang

Anhang/

Bestehend theils in unterschiedlichen noch nicht gedachten oder doch veränderten

Richten und Speisen;

Theils in nützlichen Anmerckungen und Erinnerungen/

So die Gunst-geneigte Leserin gehöriger Orten einzurucken bittlich ersuchet wird.

Zu dem Ersten Theil/
und zwar zu Num. 2.

Zu der Frantzösischen Suppen geherig.

Bey der Frantzösischen Suppen können auch gebachene Grundeln um den Rand der Schüssel geleget werden.

Bey der Zwiebel-Suppen
Num. 97.

Ist zu erinnern/ daß die Zwiebeln eher nicht darauf gebrennet werden müssen/ biß die Suppen gleich jetzo zu Tisch getragen wird.

Yyyyy   Zu

Zu dem Andern Theil/
und zwar
Bey dem Weinbeer-Mus
Num. 57.
Ist letzlich anzuhängen / daß es auch mit einem Trisanet/ wann es bereits angerichtet worden / überstreuet werden müsse.

Bey der Graupen
Num. 82.
Ist mit anzuhängen/daß man/ nach belieben / auch ein wenig geriebenen dürren Majoran oder Maseran mit darunter rühren könne.

Das Panaden-oder Brod-Mus
Num. 101.
Muß mit Cardamomen und Muscaten-Blüh gewürtzet werden.

Bey dem Kraussen Schüssel-Kooch
ist anzumercken/
Num. 15.
Daß wann man die Eyer-Plätzlein machet / jedesmal das Schmaltz wieder aus der Pfannen heraus gegossen werden solle / ehe man von denen zerklopfften Eyern wiederum etwas von neuem hinein giesset.

❂ ❂ ❂

Hiebey ist zum Beschluß und zwar auf ein-vor allemal zu erinnern/ daß man jedesmal sich/ an statt der Butter / auch/ nach belieben / deß Oels bedienen und gebrauchen könne.

Zu

Zu dem Dritten Theil,
und zwar zu dem
Gesottenen Aal
Num. 1. 2. biß 7. gehörig.

Der Aal/ wann er gesotten wird/ muß anfänglich nur ein wenig/ und wann er dann über die helfft gesotten hat/ erst recht/ so viel als nöthig/ gesaltzen werden/ auch soll man ihn in keine starcke Glut setzen/ sondern gantz gemach sieden.

Zu dem Gebratenen Aal.
Num. 8.

Der gebratene Aal ist am besten/ wann er gar nicht getreifft wird.

Hecht in einer Sardelln-Brüh/
auf andere Art.
Zu Num. 23. 24. und 25.

Man nehme zu einem Pfund Hecht/ oder anderer Fische/ vier Sardelln/ wasche selbige aus einem Wasser/ ziehe sie durch Wein/ und hack's dann klein; gieß in einen stollichten Hafen/ Wein und Essig daran/ lasse sie sieden/ und schütte sie gleich über die abgeseiheten Hechte in die Pfannen/ schneide dann auf ein Pfund Fisch/ jedes mal ein viertel Pfund Butter gerechnet/ dazu hinein/ würtz es mit Cardamomen/ Muscatblüh/ und ein wenig Pfeffer/ und laß sie ferner sieden; seihe hierauf die Brüh wieder ab/ übergiesse die Fische nochmal damit/ und richte sie dann an.

Gesaltzener Hecht in Meer-Rettig oder Krän.
Nach Num. 88. einzurucken.

Wässert und waschet den gesaltzenen Hecht ein- oder zweymal aus einem Wasser/ schneidet selbigen zu Stücken/ und siedet ihn

ihn im lautern Wasser ab / versuchet selbigen; wann er vielleicht zu starck gewässert / und etwas zu leiß im Saltz wäre / kan man noch ein wenig darein saltzen: so nun der Hecht sich von den Gräten löset / seihet das Wasser davon / und schuppet die Haut auf das reinlichste ab; reibet indessen einen Krän oder Meer-Rettig / giesset eine etwas fette Fleischbrüh darüber / und mischet / nach belieben (wiewol es nicht nothwendig ist) ein wenig mit Wasser abgestossene Mandeln / wie auch Ingber und Muscaten-Blüh darunter / werffet ein Stuck Butter dazu / und lasset solches mit einander auffsieden; leget den Fisch in eine Schüssel / und giesset diese Brüh zu samt dem Krän und Mandeln darüber: Wann es gefällig wäre / könnte wan vor die jenige so gerne sauer essen / auch gar was wenigs von Essig dazu giessen.

Gebachene Pärschen oder Pirsinge in Krän oder Meer-Rettig.
Folgend auf Num. 128.

Man kan auch über die gebachene Pärschen oder Pirsinge eine Krän- oder Meer-Rettig-Brüh machen / den Meer-Rettig klein reiben / ein wenig Mandeln darunter stossen / mit siedendem Wein anmachen / auch zu einem Pfund Fische / ein viertel Pfund Butter daran schneiden / Cardamomen / Muscaten-Blüh / Zucker und ein wenig Saffran darunter mischen / alles zusammen auffsieden lassen / und über die Fische anrichten.

Aal-Ruppen oder Tritsch zu braten wie einen Aal.
Zwischen Num. 44. und 45. einzurucken.

Machet schöne grosse Ruppen am Bauch auf / nehmet das Eingeweid heraus / schneidet den Kopff und Schwantz hinweg / und das übrige zu länglichten Stücken / wie einen gebratenen Aal; waschet / saltzet und würtzet sie mit Pfeffer / Cardamomen und Muscaten-Blüh; bindet selbige mit Rosmarin und Salbey / oder aber
wie

Anhang zu dem Dritten Theil.

wie einen Aal mit Lorbeer-Blättern ein / steckets an einen Spieß / betreiffts mit Oel oder Butter / nach belieben / und lassets braten: wann sie dann zu Tisch getragen werden sollen/ so setzet entweder zugleich Citronen auf / oder drücket den Safft davon darein.

Aal-Ruppen oder Tritsch gefüllt zu braten.

Reisset die Ruppen am Bauch auf / und erwehlet/ wo möglich/ solche / welche einwendig einen Rogen haben / diesen Rogen zusamt der Leber/ waschet und hacket/ röstets mit ein wenig geriebenen Semmel-Mehl in Butter oder Oel / würtzets/ schlaget ein Ey daran / rühret alles wohl durch einander / waschet die Fische auf das reinlichste / und füllet diese Füll darein / nähet den Bauch zu / saltzet und würtzet die Fische auch aussenher / stecket sie an geschmeidige Spießlein / jedoch mit Vortheil / damit sie gantz bleiben; betreifft selbige nachmal mit Oel oder Butter / und lasset sie abbraten: Oder man kan diese gefüllte Ruppen auch in einer Bratpfannen braten/ und zu solchem Ende das Oel oder Butter in selbiger heiß machen/ Rosmarin-Sträußlein und Lorbeer-Blätter darein / und so dann die Fische darauf legen und braten.

Gesottene Grundeln in einer Butter-Brüh.

Zwischen Num. 149. und 150. einzuschieben.

Die Grundeln werden erstlich gewaschen / alsdann in einen Hafen geschüttet/ und halb Essig / halb Wein/ siedend heiß darüber gegossen/ nachmal/ in einer Pfannen zusamt dem Wein und Essig abgesotten / und wann sie zu sieden anfangen / ein wenig gesaltzen; indessen aber eine Brüh von Wein und Essig/ in einem Häfelein zusammen gemacht/ mit Muscaten-Blüh / Cardamomen und ein wenig Ingber gewürtzet / auch würfflicht-geschnittene Limonien oder Citronen darein geworffen: so nun die Grundeln so lang gesotten/

daß sich der Faum zusammen setzet / so hebet ihn ab / seihet die erste Brüh davon / und giesset diese letzt-beschriebene darüber; schneidet ein gut theil Butter darein / lassets einen Wall thun / biß die Butter zergangen / und richtets dann zusammen in eine Schüssel an.

Solte man die Grundeln in grosser Menge sieden / kan solches in einer Pfannen gar füglich geschehen / die Brüh aber in einem Häfelein besonders gesotten / und so dann über die Fische / wann sie bereits in der Schüssel ligen / gegossen und angerichtet werden.

Auch kan man zu einem Seidlein oder halben Maas Grundeln ein Ey zerklopffen / ein wenig gehackt Petersilien-Kraut darunter mischen / saltzen / und an die Grundeln giessen / so schlucken sie selbige an / wie die Num. 50. beschriebene gefüllte Grundeln; und so dann obbesagter massen ferner absieden.

Gebachene Grundeln.
Nach Num. 152. gehörig.

Seihet von den Grundeln das Wasser ab / schüttets in einen Topff oder Hafen / thut zu einem jeden Seidlein Grundeln ein einiges Ey daran / wie letzlich bey den gesottenen Grundeln gedacht worden; saltzets / seihet die Eyer wieder davon / melbet die Grundeln ein / und bachets aus Schmaltz.

Frische Salmen zu sieden.
Nach Num. 163. einzurucken.

Putzet und schabet Peterlein- oder Petersilien Wurtzeln / daß die Hertz- oder Sprößlein daran bleiben / nehmet derselben / wann deß Salmes viel ist / ein paar Bischel / oder aber nur einen so genannten Mettel-Peterlein / so keine sonders starck- und grosse Wurtzeln hat; leget die Wurtzeln zusamt dem in länglichte Stücke zerschnittenen / und reinlich gewaschenen Salmen / in eine Pfannen mit Wasser / saltzet / und lasset es also eine viertel Stund lang zusammen sieden / seihet dann das Wasser ab; schuppet den Salmen / leget ihn in eine

eine Schüſſel/ und rings herum Peterſilien-Kraut: ſetzet aber in die Mitte ein Schälein mit Roſen-Eſſig/ oder übergieſſet ihn damit kurtz zuvor/ ehe er zu Tiſch getragen werden ſoll.

Bey denen Halbfiſchen in friſchen- oder Kief-Erbſen/
Num. 183.

Iſt in der mit einem * bezeichneten Anmerckung deß Milchrams gedacht worden/ welches aber nicht ſo zu verſtehen/ als ob der Milchram mit unter die Kief-Erbſen-Brüh gehöre/ ſondern viel mehr alſo/ daß die Halbfiſche auch in einer Milchram-Brüh/ wie der Hecht Num. 87. zugerichtet werden können.

Zu den geſottenen Krebſen.
Num. 203.

Bey den geſottenen Krebſen iſt zu erinnern/ daß wann ſie halb geſotten ſind/ man ein Stuck Butter dazu hinein werffe/ und alſo folgends ausſieden laſſe.

Zu dem Vierdten Theil/ und denen Krebs-Paſtetlein/
Num. 49. gehörig.

Zu denen Krebs-Paſtetlein können die Krebſe/ weil mit denen lebendigen gar übel um zu gehen/ zuvor mit ſiedendem Waſſer angebrühet/ und/ wann ſie zerſtoſſen/ in Butter geröſtet/ nachmal Fleiſchbrüh daran gegoſſen/ und mit einander geſotten werden/ ſo wird die Brüh ſchön roth/ ſonderlich ſo man die angebrühte Schalen mit abſtöſſet; dann kan man die ausgeſchählte Krebſe klein hacken/ unter das Mehl miſchen/ und den Teig damit anmachen.

Zu

Zu dem Fünfften Theil.
Ist bey den Hasel- und Rebhünern
Num. 25. zu erinnern/

Daß man selbige auch frisch und ungebeitzt braten könne/ wann sie nur zuvor mit Wein ausgewaschen werden/ oder aber über Nacht darinnen gelegen.

Bey den Wald-Schnepffen/
Num. 33. mit anzuhängen.
Oder:

Man kan auch den Schnepffen-Schweiß also verfertigen: Nehmet von sechs oder acht Schnepffen das Eingeweid aus dem Magen/ hacket dasselbe auf das kleinste; lasset ein viertel Pfund Butter in einem Pfännlein zerschleichen/ schüttet das gehackte darein/ und röstets mit einander; hebets nachmal vom Feuer/ lässets eine weile stehen/ so wird das Schmaltz in der Höhe schwimmen/ seihet selbiges auf das genaueste herab/ saltzets ein wenig/ rühret Gewürtz/ als Negelein/ Cardamomen und Muscaten-Blüh/ wie auch würfflicht-geschnittene Citronen-Schelffen darunter/ zuckerts/ drucket Citronen-Safft darein/ siedets nicht/ sondern erhaltets nur etwas warm: streichets nachmal auf gebachene Gogelhopffen/ oder gebähete Semmel-Schnitten/ und überstreuets zu letzt mit klein würfflicht-geschnittenen Schelffen von Citronen.

Ein Schlegel/ Kastran oder Keule/ von einem Schöpsen mit Sardelln zu braten.
Zwischen Num. 48. und 49. einzurucken.

Wässert und stecket den Schlegel/ Kastran oder Keule/ an/ wie im vorhergehenden bereits gedacht/ betreiffet selbigen mit siedendem

dendem Wasser/ und bratet ihn allerdings auf die gemeine und bekandte Art ab: wann er nun fast halb gebraten ist/ hebet ihn zusamt dem Spieß vom Feuer; stechet mit einem spitzigen Messer Löchlein darein/ und stecket so dann halb von einander zertheilte gewaschene/ in einem schlechten Wein gelegene/ und zu länglichten Stücken zerschnittene Sardelln hinein: Wann nun der Schlegel/ Kastran oder die Keule allenthalben wohl dick also gespicket worden/ stecket selbigen wieder an den Bräter/ daß er folgends abbrate; betreiffet ihn aber immerzu mit dem Schmaltz aus der Brat-Pfannen/ oder aber bedupffet ihn/ sonderlich zuletzt/ mit Butter/ damit er schön gifftig auf den Tisch gebracht werde/ und machet dann eine Brüh von Sardelln darüber/ wie selbige in dem Sechsten Theil Num. 1. bereits zur Genüge beschrieben worden.

Junge Lamms-Schlegelein kan man auf eben diese Art braten/ selbige aber/ wie auch die von denen Schöpsen/ zuvor in Essig einbeitzen/ jedoch alles nach belieben.

Einen Schlegel/ Kastran oder Keule/ von einem Kalb oder Schöpsen/ mit Sardelln zu braten/ auf andere Art.

Die Sardelln werden gewässert/ und zugerichtet/ wie schon hier und dar/ zum öfftern gedacht worden; nachmal aus einem Sardelln vier Stücke/ und ein Speck wohl klein geschnitten/ alsdann wann der Schlegel/ Kastran oder die Keule gewässert/ gewaschen oder eingebeitzet worden/ jedes mal ein Stücklein Speck/ und ein Stücklein von den Sardelln zugleich in die Spick-Nadel genommen/ und der Braten damit über und über gespicket/ nachmal gesaltzen/ gewürtzet/ angesteckt und gebraten/ wie bekandt; wolte man ihn etwas säuerlicht haben/ kan er mit einem warmen Essig betreiffet werden/ er seye gleich gebeitzet oder nicht; soll er aber nicht sauer seyn/ so begiesset man ihn/ so bald er zu braten anfänget/ mit ein wenig Fleischbrüh; letzlich aber wird er mit Butter bedupf-

bedupffet/ und nach diesen/ mit oder ohne Brüh/ nach gefallen/ zu Tisch getragen.

Einen Schuncken oder Schwein-Schlegelein frisch zu braten.
Folgend auf Num. 49.

Spicket den Schlegel oder Schuncken/ (wiewol er auch sonderlich wann er zimlich fett ist/ ungespickt verbleiben kan) lasset selbigen acht biß zehen Tage lang im Essig beitzen/ mischet dann Saltz und Pfeffer in einem Schüsselein durcheinander/ und würtzet ihn damit ein; stechet hier und dar mit einem Messer Löchlein darein/ stecket zusammen gewickelte Blätlein von Salbey hinein/ lasset ihn also braten/ und machet/ nach belieben/ eine von denen in dem Sechsten Theil Num. 5. 6. 7. und 8. beschriebene Citronen-Brühen darüber.

Man kan auch diese Schlegelein oder Schuncken erst nachgehends/ wann sie schon gebeitzt worden/ spicken/ welches fast besser ist/ dann so bleibet der Speck viel weisser/ auch mag man sie wie die Kastran- oder Kalb-Schlegel/ so es gefällig ist/ mit Sardelln spicken/ und besagter massen abbraten.

Einen Schuncken oder Schwein-Schlegelein frisch zu braten/ auf andere Art.

Man lege einen Schuncken oder Schwein-Schlegelein/ daran das Schwärtlein gelassen worden/ etliche Stunden lang in ein Wasser; wasche/ saltze und würtze selbiges nachmal mit Pfeffer und Negelein/ und lasse es so dann beym Feuer abbraten; man gebe aber gute Achtung/ daß das Schwärtlein wohl rösch bleibe: betreiffets/ wann es fast angerichtet werden soll/ mit Butter/ bestreuets alsobald darauf/ mit ein wenig gerieben- und mit gröblicht-zerstossener Zimmet vermischtem Brod/ und tragets dann zu Tisch.

Eine

Eine gefüllte Kalbs-Brust.
Nach Num. 52. gehörig.

Wässert und waschet eine Kalbs-Brust / damit sie schön weiß bleibe / löset oben herum die Haut mit einem Finger ab / und machet an dem Ort / wo man sie aufzuhangen pfleget / damit den Anfang / richtet aber zuvor diese folgende Füll zusammen: Röstet ein wenig Peterlein- oder Petersilien-Kraut ein wenig im Schmaltz oder Butter / giessets über ein geriebenes Eyer- oder anderes weisses Brod / schlaget drey Eyer daran / würtzets mit Pfeffer / Cardamomen / Muscaten-Blüh / und ein klein wenig Saffran / saltzet und füllets in die Brust; streichets oben schön gleich aus einander / nehets mit einem Faden zu / saltzet / und steckets an / gebet aber wohl acht / daß ihr unten bey dem dinnern Theil zu erst den Spieß ansetzet / und in der Mitten bey den Rippen heraus treibet / dann wiederum auswendig die Schulter zwischen den Fleisch recht anfasset / daß der Spieß oben unter der Brust / recht bey dem Bein heraus komme: bratets dann safftig ab / betreiffets anfänglich mit heissem Schmaltz / und bedupffets nachmal immerzu fleissig mit Butter.

Verlanget man aber eine süsse Füll / so mische man unter obige so von gerösteten Petersilien-Kraut zusammen gemacht worden / rein-gewaschene und geklaubte Weinbeere oder Corinthen / ausgekörnte und klein-geschnittene Rosinen und abgezogene länglicht-geschnittene Mandeln / rühre alles wohl durch einander; giesse / damit sie nicht zu vest oder dick werde / ein wenig Milch oder Fleischbrüh daran / und fülle sie besagter massen in die Brust: wolte man aber selbige nur ungefüllt braten / kan man sie über und über / sonderlich aber an der Schulter / zuvor / so es beliebig ist / spicken.

Bey den Span=Ferckelein
Num. 69. ist zu erinnern/

Daß sie im Braten desto schöner und röscher werden/ wann man selbige nicht betreifft/ sondern nur mit kalten frischen Schmaltz immerzu überschmiret.

Kalbs=Briese zu braten/ auf andere Art.
Nach Num. 73. zu setzen.

Schipffet die Briese gar nicht ab/ sondern waschet selbige nur dreinlich aus; saltzet und würtzet sie mit Pfeffer/ Cardamomen und Muscaten=Blüh/ drucket Citronen=Safft darein/ und bestreuets allenthalben mit würfflicht=geschnittenen Citronen=Schelfen: bindets dann in ein Netz/ schneidet aber zuvor etwas Butter darein/ und lasset schön safftig an einem Spieß oder in einem Brat=Pfännlein braten.

Zu End deß Fünfften Theils/
Ist nachfolgender Bericht/ wie lang ein jegliches darinn enthaltenes Stuck zu braten habe/ mit anzuhängen.

	Stunden.		Stunden.
Ein Hirschen=Schlegel oder Keule muß allgemach braten	4. biß $4\frac{1}{2}$	Ein Indianische Henne/ so etwas starck ist.	3. oder $2\frac{1}{2}$
Ein Reh=Schlegel oder Keule/ nach dem sie groß oder klein.	3	— Junges Indianisches Hun.	1
		— Auerhan.	3
		Eine Wilde Gans.	3
— Vorlaufferlein	1. oder $1\frac{1}{2}$	— Einheimische junge Gans.	$1\frac{1}{4}$
— Hirsch=Zehmer	3. oder $2\frac{1}{2}$	— — — — starcke Gans.	3
— Reh=Zehmer.	2	Ein Capaun/ so jung.	$1\frac{1}{2}$
— Haas	2. oder $2\frac{1}{2}$	— — — alt.	2
— Indianischer Han/ sonderlich wann er alt ist	4	Eine Einheimische junge Enten.	1
		— — — — starcke Enten.	2
		Ein	

Anhang zu dem Sechsten Theil.

	Stunden.		Stunden.
Ein junges Hun muß braten/	½	Eine Kalbs-Brust.	2½
— starckes — — —	1	Ein Niernbraten.	2½
— Hasel- oder Reb-Hun.	1 oder ¾	— Prisüln wanns groß ist.	1½
Eine Wilde Taube.	¾	— Kalbs-Ruck.	2
— Einheimische Taube.	½ oder ¾	Gewickelte Brätlein. ein-oder andert-halb Viertel	
— Wassertaucherlein.	½ oder ¾		
— Wald-Schnepff.	1 oder ¾	Ein Lamms-Viertel.	1½
— Wasser-Schnepff.	½ oder ¾	— Geiß- oder Ziegen-Viertel.	¾
— Hehr.	1 oder ¾		
— Kramets-Vogel oder Troschel.	½ oder gute ¼	— Lendbraten.	2½
		— Riemen.	3
Alle kleine Vögel.	¼ oder 1½ viertel	— Spanferckl.	3
Ein Kalb-Schlegel.	3½	— Schweins-Braten.	2
— Kastran oder Schöps-Keule oder Schlegel.	3½	— Nierlein. ein- oder andert-halb Viertel	

Zu dem Sechsten Theil.

Eine Brüh von Citronat über ein Wildpret/ auf andere Art.

Zwischen Num. 4. und 5. einzurucken.

Bähet ein Stuck Rocken-Brod/ so eine dicke Rinden hat/ wohl braun/ setzets im Wein zu/ lassets zimlich weich sieden/ und zwingets dann durch; ist die Brüh zu dick/ giesset noch ein wenig Wein daran/ würtzets mit Cardamomen/ Zimmet und Muscaten-Blüh/ zuckerts nach belieben; mischet ein gut theil würfflicht-geschnittenen Citronat darunter/ giesset ein wenig Hohlbeer-Essig dazu/ lasset dann alles zusammen einen Sud thun/ und richtets über das Gebratens an.

Eine andere Citronat=Brüh über Rebhüner.

Lasset einen süssen Wein in einem stollichten Häfelein aufsieden/ streuet Cardamomen/ Zimmet/ Muscaten=Blüh/ und zimlich viel würfflicht=geschnittenen Citronat darein/ zuckerts nach belieben/ drucket Citronen=Safft daran/ giesset ein wenig Hohlbeer=Essig/ und so man sie schön roth verlangt/ etwas von Saurach=oder Wein=Lägelein=Safft darein/ und lassets nur einen einigen Sud thun/ damit der Safft die schöne rothe Farb nicht verliere.

Eine Cappern=Brüh über gebachene Fische.
Folgend auf Num. 16.

Bachet fürnemlich die Fische/ legets in die jenige Schüssel/ darinnen ihr sie auftragen wollet; lasset dann Cappern/ ein wenig geschnittene Rosinen/ und würfflicht=geschnittene Citronen=Schelften/ im Wein/ mit Zucker und Cardamomen sieden; giesset hernach ein wenig Wein=Lägelein oder Rosen=Essig dazu/ richtets dann über die Fische; lassets auf einer Kohlen aufsieden/ und schüttet/ ehe ihrs auftragen wollet/ gutes Baum=Oel daran: solte die Brüh etwas dicklicht verlanget werden/ kan man ein wenig geriebene Semmeln oder aber geröstetes Mehl/ oder auch einen geriebenen Lebkuchen darunter rühren; an statt deß Oels kan man auch Butter gebrauchen/ und wer nicht lauter Wein nehmen wolte/ Fleischbrüh und Wasser mit untermischen.

Eine Cappern=Brüh über Schlegel oder
Prisilln/ auf andere Art.
Nach Num. 17. zu setzen.

Röstet ein Mehl in einem Pfännlein ohne Schmaltz/ gantz trocken und schön gelblicht; schüttet alsdann Wein/ und ein wenig Fleischbrüh daran/ würtzets mit Cardamomen und Muscaten=Blüh/ lassets zusammen sieden/ und gegen die Letze ein gut theil

Cappern

Cappern und etwas Zucker / noch einen Sund damit thun; gieſſet auch / jedoch nach belieben / ein wenig gemeinen / oder aber einen Holbeer-Eſſig dazu / und richtets dann über den Schlegel oder die Priſilln an.

Eine Mandel-Brüh.
Zwiſchen Num. 29. und 30. einzurucken.

Hacket die Mandeln / oder reibet ſelbige in einem Mörſel ab / gieſſet einen ſüdheiſſen Malvaſier / und etwas wenigs von einer Hüner-Brüh / ſo aber nicht fett iſt / darüber; miſchet ein geriebenes Eyerbrod / mit Zucker / Triſanet / Cardamomen und Muſcaten-Blüh darunter / gieſſet ein wenig Roſen- oder Negelein-Eſſig dazu / laſſet ſie ſieden / und richtets dann über Hüner oder Capaunen.

Wolte man ſie aber über einen Haſen oder Lendbraten gebrauchen / ſo muß ſie mit etwas Saffran gegilbt werden; auch kan man / nach belieben / an ſtatt deß Eyerbrods / einen geriebenen Rimpfel-Käß oder Pfeffer-Kuchen / mit Weinbeern oder Corinthen und Roſinen darunter miſchen / oder auch das auf einem Reibeiſen abgeriebene Gelbe von einer Citronen / mit würfflicht-geſchnittenen Citronat / Citronen- und Pomerantzen-Schelffen.

Eine Weixel-Brüh über allerley Wildpret
und ſchwartzes Geflügel / auf andere Art.
Folgend auf Num. 31.

Röſtet ein wenig geriebenes Rocken-Brod in Zucker / gieſſet in einem Häfelein oder Töpfflein einen Weixel-Eſſig / wie ſelbiger in dem Siebenden Theil Num. 14. und 15. beſchrieben zu finden / daran / zuckert ihn nach belieben / ſtreuet Triſanet und andere ſcharffe Gewürtz darein / laſſets alſo zuſammen ſieden: wiewol es faſt beſſer iſt / wann man das Gewürtz nicht gleich anfangs / ſondern erſt gegen die letzt / wann das Brod faſt zerſotten iſt / zuſamt etlichen in Eſſig gelegenen Weixeln / dazu thut / alsdann auffſieden läſſet / und über das Gebratens anrichtet: Oder man kan auch /

an

an statt deß Rocken=Brods / Dotter= oder Zucker=Brod / in dem Weixel=Essig weich sieden lassen/ durchzwingen/ zuckern und würtzen / wie gedacht.

Wolte man aber diese Brüh klar und lauter haben / so würtze man nur einen gantz lautern Weixel=Essig/ streue Trisanet darein/ zuckere ihn nach belieben / und lasse dann selbigen mit einem guten Theil im Essig gelegenen Weixeln auffsieden.

❁ ❁ ❁

Man kan auch die Weixel=Brüh gantz auf diese Art machen/ wie die Num. 32. beschriebene Brüh von Amarelln.

Eine Brüh über ein Vorbratens.
Nach Num. 63. zu setzen.

Bähet einen Schnitten Rocken=Brod wohl braun / lassets im Wein und Rosen=Essig sieden / treibets durch / würtzets mit Ingber/ Pfeffer/ Negelein/ Zimmet/ Muscaten=Blüh / und Cardamomen wohl starck / lasset es sieden; thut hernach zwey oder drey Löffel voll schönes Mehl daran / giesset ein wenig Citronen=Essig dazu / lassets noch ein und andern Sud thun; giesset dann diese Brüh in einen reinen Tiegel / und setzets in einen Keller / oder an ein anderes kühl= und wohl=verwahrtes Ort: Wann ihr nun davon gebrauchen wollet / rühret's mit einem reinen Löffel erstlich unter einander / giesset dann so viel davon heraus / als ihr vermeynet auf einmal nöthig zu haben; schneidet hernach eine Limonien oder Citronen darein/ setzets zum Feuer/ lassets einmal hersieden/ giesset noch ein wenig Citronen=Essig daran / und richtets dann / nach belieben / über einen Lendbraten / Schlegel / oder ander dergleichen Gebratens: Es bleibet aber diese Brüh / wo man recht damit umgehet/ ein gantzes Jahr lang gut / und nützlich zu gebrauchen.

Zu dem Siebenden Theil.
Sardelln-Salat.
Gleich zu Anfang der Saläte zu setzen.

Wässert die Sardelln/ gräset sie aus/ und bereitets allerdings/ wie in dem Dritten Theil Num. 23. am 112. Blat gedacht worden; theilets oben also von einander/ daß sie an den Schwäntzen beysammen bleiben; lasset sie zuvor eine Stund im Wein ligen: Leget dann einen Oeller in die mitten einer Schüssel/ stellet eine zierlich-ausgeschnittene oder auch geschraubte Citronen darauf/ und bestecket selbige mit einem Strauß von lebendigen oder gemachten Blumen/ wie es die Zeit leidet und beliebt; umschlinget die Citronen mit etlichen Sardelln/ und leget die andere in der Schüssel rings herum/ daß die Schwäntzlein herauswarts auf dem Rand ligen/ beleget den Schüssel-Rand mit Citronen- oder Pomerantzen-Schelffen; mischet nachmal Oel/ Essig und Pfeffer unter einander/ giessets in die Schüssel über die Sardelln/ und drucket den Safft von Citronen darein: Flechtet und schlinget hernach etliche Sardelln Hertz-weiß/ oder wie krumme Hechtlein/ ingleichen auch etliche dinn-geschnittene gelbe Citronen-Schelffen/ wie so genannte Zweifels-Knoten/ oder Züge/ und leget sie abwechsels-weise mit etlichen zu Vier-theilen geschnittenen Citronen/ auf vorbesagte Pomerantzen- und Citronen-Blätter an den Rand der Schüssel/ und überstreuet die Sardelln mit Blumwerck/ klein und würfflicht zerschnittenen Citronat/ Cappern/ Oliven/ Granat-Aepffel-Kernen/ und eingemachter Blüh von Pomerantzen.

Zu dem Cappern-Salat.
Num. 8. gehörig.

Bey dem Cappern Salat ist zu erinnern/ daß man klein- und grosse Cappern gar wol unter einander vermischt/ dazu gebrauchen

chen könne/ doch muß man die Grössere oder Saltz-Cappern nicht im Wasser absieden/ sondern nur etwas wässern/ und so dann eben auch/ wie die kleinere wohl abtrocknen/ nachmal Spanischen Wein daran giessen/ damit so wol von den grossen das Saltz/ als auch denen kleinen die Säuern desto besser ausgezogen werde.

Bey dem Kardus-Salat/
Num. 14.

Ist annoch anzumercken/ daß selbiger/ ehe er gesotten wird/ zuvor in ein frisches Wasser geleget werden müsse.

Zu dem Kräuter-Salat/
Num. 16. gehörig.

Die frische und gesunde zu diesem Kräuter-Salat gehörige Kräuter/ sind nach Beschaffenheit der Zeit diese folgende:

Ageley/ so wol die Blätter als Blumen.
Knoblauch-Kraut.
Körfel- oder Körblein-Kraut.
Löffel-Kraut.
Pinelln.
Gartenkreß.
Sauerampffer/ mancherley Arten.
Brunnkreß.
Garten-Salat.
Fenchel-Kraut.
Melissen-Gipffel.
Wegwarten-Keimlein.
Röhrl-Kraut-Blätter.
Erdrauchs/ mancherley Gattungen.
Borragen/ mancherley Gattungen.
Margarethen-Blumen oder Tausendschön.
Pfeffer-Kraut.
Safuran.
Marum.
Kraenfuß.
Hertz-Klee.
Senff.
Raucken.
Römmischer Wermuth/ und zwar dessen zarte Gipffel.
Ispen.
Rittersporn/ mancherley Arten.
Rapuntzeln oder Milch-Ruben.
Schlüssel-Blumen.

Schnitt=

Anhang zu dem Siebenden Theil.   923

Schnittlauch.
Aſcalon-Blätter.
Seleri zarte Blätter.
Bertram- oder Käiſer-Salat.
Portulac.
Korn-Blumen / allerley Arten.
Ochſen-Zungen / - - - - - -
Erd-Kaſtanien oder Peperlein.
Schafmäuler oder Feldrapunzeln.
Deumenten der Edlen.
Ringel-Blumen.
Wolgemuth.
Baſilien / ſo wol die kleine als krauſe.
Krautköpffe.
Spaniſche Ruben.
Kürbis abgeſotten und eingeſchnitten.
Kimmerling oder Gurcken.
Thymian.

Kundel.
Peterlein oder Peterſilien.
Spargel.
Mäusdorn-Keimlein.
Grötzelmöhren oder Zucker-Rüblein.
Salbey / mancherley Arten.
Blaue Violn.
Gelbe Kühnſchroten-Blüh.
Roſmarin.
Wegwarten- und weiſſe Ruben-Keimlein.
Maſeran.
Scorzonera und deſſen zarte Blätter.
Weinrauten / zur Peſt-Zeit.
Geißrauten / - - - - - -
Käß- oder Blumen-Kohl.
Allerley Bohnen-und Kieſ-erbſen-Schoten.

 Es müſſen aber ferner / wie ſie die Italiäner erfordern / vier Perſonen zu einem Kräuter-Salat behülfflich ſeyn / als:

 1. Ein Phantaſt / der allerley im Garten zuſammen leſe; dann aus je mehrern Arten der Kräuter-Salat beſtehet / je ſtattlicher wird er gelobet.

 2. Ein Verſtändiger / der die Proportion eines jeden beobachte / Saltz und Zucker hervor gebe / damit keines zu viel / und keines zu wenig darunter ſeye.

 3. Ein Geitziger / ſo den Eſſig ſparſam daran gieſſe.

 4. Ein Freygebiger / ſo das Oel reichlich aufgieſſe / damit es den Eſſig übertreffe.

    Aaaaaa ij   Ein

Ein Gehaupter-Salat.
Zwischen Num. 24. und 25. einzurucken.

Wann der Garten-Salat groß wird / und sich als ein Kraut-haupt schliesset/ so klaubet das Schönste und Krause heraus/ schneidet die Hertzlein entweder halb entzwey/ oder auch in vier Theile / nach dem sie groß oder klein sind; leget das Krause samt denen Hertzlein in ein frisches Wasser/ und waschets heraus/ schüttets in eine Schüssel/ saltzt und pfeffert es/ giesset Oel und Essig daran: richtets in eine Schüssel schön hoch auf/ und belegets über und über mit denen zertheilten Hertzlein; zerspaltet auch inzwischen schöne grüne Zwiebelein / der Länge nach / in vier Theile / oder auch nur halb von einander/ doch also/ daß sie hinten an einander hangend bleiben; zerritzet selbige von oben an biß unten aus mit einem subtilen Messer/ werffets in ein frisches Wasser/ so werden sie krauß/ und legts dann zwischen obige Hertzlein Wechsel-weiß: siedet auch Eyer hart/ lasset selbige theils in vier Theile zerschneiden/ und leget sie unten um den Salat herum / theils aber klein hacken/ und bestreuet damit den Rand der Schüssel.

Zu dem Achten Theil.
Einen Kalbs-Kopff mit seiner Haut
zu zurichten.
Folgend auf Num. 6.

Brühet einen Kalbs-Kopff wie man insgemein ein Hun zu brühen pfleget/ daß die Haare alle herab gehen/ und die Haut schön weiß siehet/ womit die Metzger oder Fleischhauer am besten umzugehen wissen; wässert und waschet ihn auf das reinlichste / setzet selbigen in einem siedenden Wasser zu / werfft so viel Saltz darein als nöthig / und lasset ihn dann ferner sieden / wie einen andern Kalbs-Kopff ohne Haut; wann er dann fertig/ trocknet ihn entweder auf dem

dem Roſt ab / oder machet alſo unabgebräunet / eine Milchram- oder Speck-oder aber eine gelb-und ſaure Brüh darüber / nach gefallen.

Gefüllte Kalbs-Mägen.
Nach Num. 36. einzurucken.

Waſchet und putzet die Kalbs-Mägen auf das reinlichſte; ſchabet und hacket hernach ein ſo genanntes Knötlein-Fleiſch mit etwas Rinds-Marck/ reibet und röſtet ein weiſſes Brod im Schmaltz/ rühret ſelbiges unter das gehackte Fleiſch und Marck / ſaltzt und würtzets / ſchlaget Eyer daran / und rühret alles wohl durch einander; ſolte dieſe Füll zu dick ſeyn/ kan ſie mit Zugieſſung etwas Fleiſchbrüh oder Milch gar leicht verdinnert werden: füllets dann in die Mägenlein / und laſſets gleich denen vorher-beſchriebenen ſieden.

Eine gantze Kalbs-Leber zu braten.
Zwiſchen Num. 57. und 58. zu ſetzen.

Waſchet / häutet und ſpicket die Leber / ſaltzet und würtzets mit Nägelein und Pfeffer/ und bratets hernach in einem Oeſelein/ oder aber in einem ſtollichten Hafen/ oder auch an dem Spieß / wie es beliebt; wird ſie nun in einer Bratpfannen im Oeſelein/ oder in einem ſtollichten Hafen gebraten/ ſo muß man zuvor ein wenig Bach-oder anderes Schmaltz darinnen zergehen laſſen / alsdann die Leber darein legen/ braten / und fleiſſig umwenden/ damit ſie ſchön ſafftig bleibe und nicht zu hart werde: wann ſie nun bald fertig iſt/ gieſſet man ein wenig Eſſig in die Pfannen oder Hafen / und läſſet ſie ferner braten/ dann wann man den Eſſig gleich anfangs zugieſſet/ pfleget die Leber gar gerne hart zu werden. Will man ſie aber an dem Spieß braten/ ſo ſtecket man ſie der Länge nach an (es wird ein zimlich-breiter Spieß dazu erwehlet / damit ſie hafften könne) betreifft ſie mit heiſſem Schmaltz/ und je zuweilen dazwiſchen mit Butter/ ſo wird ſie ſchön ſafftig/ und läſſets dann/ biß ſie fertig iſt/ braten: dann leget mans in eine Schüſſel / und gieſſet ein wenig Schmaltz aus der Bratpfannen darüber.

Wer will/ kan auch ein wenig Eſſig dazu gieſſen/ oder aber eine Negelein-Brüh von eingebrennten Mehl/ Fleiſchbrüh und Eſſig mit Negelein und anderer Gewürtz zuſammen machen / und darüber anrichten.

Einen Kalbs-Niern beſonders zu zurichten.
Nach Num. 66. gehörig.

Hacket einen übergebliebenen Niern von einem Kalbs-Braten/ zuſamt dem Fetten / wohl klein ; miſchet ein gut theil geriebenes Semmel-Mehl und Saltz darunter/ würtzets mit Pfeffer/ Cardamomen nnd Muſcaten-Blüh/ ſchlaget zwey oder drey Eyer daran/ gieſſet ein wenig Fleiſchbrüh oder Milch dazu / und rühret alles durch einander : leget dann dieſe Füll in ein reines Tüchlein / und bindets oben veſt zuſammen ; laſſet indeſſen eine Fleiſchbrüh ſiedend werden/ gieſſet/ damit ſie nicht zu geſaltzen ſeye/ etwas Waſſer dazu/ hänget das Tüchlein mit der Füll darein/ und laſſets alſo eine gute weile ſieden / biß ſie ein wenig veſt beyſammen bleibt : nehmet dann beſagtes Tuch heraus/ ſo wird die darein gebundene Füll wie ein veſter Balln anzuſehen ſeyn ; ſchneidet dann Plätze daraus / legets in eine zinnerne Schüſſel/ beſtreuets mit ſcharffer Gewürtz/ ſchneidet zimlich viel Butter darauf/ gieſſet eine ſiedende Fleiſchbrüh darüber/ laſſets dann auf der Kohlen noch einen Wall aufſieden/ und tragets nachmal zu Tiſch.

Gebachene Bocks-Nierlein.
Nach Num. 67. gehörig.

Schipffet die Bocks-Nierlein ab/ ſchneidets zu Plätzlein/ ſchwingets im Mehl / und bachets aus Schmaltz ; alsdann drucket Citronen-Safft darauf/ und überſtreuets mit würfflicht-geſchnittenen Schelffen von Citronen.

Lam-

Hammen oder Schuncken abzusteden.
Zu Num. 97.

Wäschet und putzet den Hammen oder Schuncken auf das reinlichste/ oder wann er gar schwartz ist/ reibet denselben mit zusamm-geflochtenen Stroh ab/ und lasset ihn im Wasser sieden/ biß er weich werden will; nehmet ihn dann heraus/ und löset die Haut schön gantz ab/ jedoch also/ daß sie unten an der Hexen oder Bein daran hangen bleibet; bestreuet den Hammen oder Schuncken über und über starck mit Pfeffer/ leget Salbey-Blätter und Rosmarin-Sträußlein darauf/ und ziehet so dann die Haut oder Schwarten wieder darüber/ leget ein Bret darauf/ beschwehret ihn mit einem Stein oder Gewicht/ und lasset ihn also über Nacht/ oder auch ein paar Tage lang/ im Keller stehen; dann kann er entweder gantz/ oder auch zu Plätzen geschnitten/ zu Tisch getragen und verspeiset werden: bleibt er gantz/ so rollet und wickelt man die Haut biß an das Bein oder die Hexen zusammen/ steckets mit einem Hölzlein an/ und bezieret den Schuncken/ zusamt den Schüssel-Rand/ über und über mit schönen bunten Blumwerck; oder man kan auch etliche abgeschnittene Plätze von einem Schuncken um den Rand/ der mit Salat angefüllten Schüssel/ legen.

Ein Gehäck zu Bratwürsten.
Folgend auf Num. 98.

Man nehme einen hintern und vordern Schuncken oder Hammen/ ziehe die Schwarten also davon ab/ daß der Speck am Fleisch bleibet/ löse so dann das Fleisch von den Beinen und hacke es gröblich; hernach mische man unter acht oder neun Pfund dieses Fleisches/ zwey gute Hände voll Saltz/ eine Hand voll halb-gestossenen Pfeffer und Majoran/ auch/ nach belieben/ einen Laß-Kopff voll Coriander/ und hacke es alles ferner klein: streue hiernechst ein Loth Gewürtz-Negelein/ und eine Hand voll würfflicht-geschnittener Citronen-Schelffen darein/ mische es alles nochmal
unter-

unter einander / und fülle es in deß Schweins gebändelte / ausgeschleimt= und wohl= gesäuberte Bratwurst= Gedärm.

Zu End deß Achten Theils /
Ist nachfolgender Bericht / wie lang die vornehmste Vorrichten zu sieden haben / mit anzuhängen.

	Stunden.		Stunden.
Ein Wilder Schweins= Kopff muß sieden.	6	Schaf= Wänstlein müssen sieden.	5
Ein Kalbs= Kopff.	3. oder 2½	— — Mägenlein.	5
— Lamms= Kopff.	3	Kälber= Wänstlein.	3
— Schafs= Kopff.	4	Ein Kalbs= Kröß.	2. oder 2½
Eine geräucherte Zungen.	6	— Lamms= Kröß.	2. oder 2½
Ein Ochsen= Magen muß sieden.	5. oder 6	Eine Kalbs= Lungen.	1½
Eine Ochsen= Wamme.	6	— Schaf= Lungen.	3
		Kalbs= Füsse.	2. oder 2½
Magenfalten.	6. oder 7	Schafs= Füsse.	4. oder 5

Zu dem Neundten Theil.
Hüner und Capaunen schön weiß zu sieden.
Zwischen Num. 1. und 2. einzurucken.

Daß die Hüner und Capaunen schön weiß werden / ist an dem Brühen am meisten gelegen / und muß man sie aus drey wohl heissen Wasser säubern / und zwar aus dem ersten / wie bekannt / brühen / aus dem andern die gelbe Haut herab reiben / und aus dem dritten / wann sie aufgeschnitten sind / ausnehmen und auswaschen / nachmal in einem frischen Wasser noch einmal waschen / und alsdann in ein ander frisches Wasser legen / welches billich deß Abends zuvor geschehen soll; doch muß man sie deß Nachts heraus nehmen / und mit einem reinen Tuch zudecken / deß andern Tags zu Früh aber wieder in ein frisches Wasser legen / nachmal aus selbigem waschen / einwendig eine gantze Muscaten= Blumen
darein

darein stecken/ und ein Händlein voll Saltz/ in die Hüner oder Capaunen reiben/ nachmal in ein siedendes Wasser legen/ und so lang sieden lassen/ biß sie weich sind; man muß aber auch das Wasser saltzen/ und wann man sie anrichten will/ eine gute krässtige Fleisch-Brüh in Sud bereit halten/ alsdann über die Hüner oder Capaunen in die Schüssel anrichten/ und die übersottene gantze Muscaten-Blumen darauf legen.

Bey den Gedämpfften Hünern/
Num. 29.

Ist mit wenigen anzumercken/ daß/ an statt deß Semmel-Mehls/ auch ein andres schönes Mehl/ aber gantz trocken und ohne Schmaltz/ schön licht-gelb geröstet werden könne.

Einen Riemen besonders zuzurichten.
Nach Num. 91. zu setzen.

Siedet einen Riemen ab/ wie man insgemein ein Rindfleisch abzusieden pfleget/ leget selbigen/ wann er weich ist/ auf den Rost/ schmiret ihn immerzu mit Butter/ und bräuet ihn ab; indessen aber machet folgende Brüh zusammen: Nehmet ein wenig Fleischbrüh und Rosen- oder Hohl-Beer-Essig/ würtzet ihn mit Cardamomen/ Muscaten-Blüh/ und etwas von einer Muscaten-Nuß/ lasset es sieden; werffet zuletzt ein wenig Butter darein/ giesset diese Brüh in eine Schüssel/ leget den abgebräunten Riemen darein; röstet ein wenig geriebenes Rocken-Brod schön gelb im Schmaltz/ und streuet solches auf den Riemen.

Ein Kalb- oder Lamms-Fleisch/ in einer Butter-Brüh.
Folgend auf Num. 96.

Wann das Fleisch biß auf die helfft abgesotten ist/ legets in einen stollichten Hafen/ giesset Fleischbrüh daran/ thut Sem-

Bbbbbb   mel-

mel-Mehl dazu/ würtzets mit Ingber/ Pfeffer/ Cardamomen und Muscaten-Blüh/ laßt es mit einander sieden/ biß das Fleisch gar weich ist; alsdann schneidet einen guten Theil Butter darein/ richtets in eine Schüssel/ und streuet Muscaten-Blüh darauf.

Zu dem Zehenden Theil.
Schnecken gebraten in einer Sardelln-Brüh.
Folgend auf Num. 21.

Setze eine Brat-Pfannen auf einen Rost/ über eine gute Glut oder Kohlfeuer/ giesse ein wenig frisches Baum-Oel darein; lege dann die gespickte Schnecken hinein/ und laß so lang pratzeln/ biß die Specklein braun werden/ mache alsdann nachfolgende Brüh von Sardelln darüber: Wasche zwey oder drey Sardelln im frischen Wasser dreymal ab/ wässere sie ein wenig/ gräte selbige aus/ und laß in einer Fleischbrüh sieden/ biß sie weich werden; zwings dann durch einen Seiher in ein Häfelein/ gieß noch mehr Fleisch-Brüh und ein wenig Wein daran/ doch also/ daß es nicht zu dinn werde/ streue Muscaten-Blüh/ Pfeffer/ und ein wenig Cardamomen darein/ gieß etwas Oel dazu; laß dann diese Brüh noch einmal aufsieden/ richte sie über die gebratene Schnecken in eine Schüssel/ streue klein-und würfflicht-geschnittene Schelffen von Citronen darauf/ und drucke etwas von derselben sauren Safft darein.

Schnecken gesotten in einer Sardelln-Brüh.

Putzet und siedet die Schnecken/ wie Num. 19. auf das deutlichste berichtet worden/ und machet dann diese gleich jetzo/ bey den gebratenen Schnecken beschriebene Sardelln-Brüh darüber; wiewol man auch die Sardelln/ an statt der Fleischbrüh/ mit ein wenig von dieser Brüh/ darinnen die Schnecken gesotten haben/ durchzwingen/

zwingen / und nach belieben / etwas Wein mit zugiessen kan / doch muß man achtung haben / daß die Brüh etwas dicklicht werde.

Briese im Oel gebachen.
Zwischen Num. 40. und 41. einzurucken.

Waschet Kalbs-Briese / schipffet und siedet sie nur ein klein wenig; ziehet hernach die auswendige Haut ab / schneidets zu Plätzlein / bestreuets mit Saltz und Gewürtz / schwinget und kehrets im Mehl um / und bachets nachmal schön licht-gelb aus Oel.

Eyer-Würstlein.
Nach Num. 57. zu setzen.

Zerklopffet fünff oder sechs Eyer / nach dem sie groß sind / saltzets ein wenig; machet ein Schmaltz in einer Pfannen heiß / und lasset selbiges wieder erkalten / rühret dann die zerklopffte Eyer darein / machet daß sie etwas schocklicht werden / wie zu Eyern im Schmaltz; mischet in einem Schüsselein ein viertel-Pfund abgezogener Mandeln / aber wohl gewogen / wie auch Rosin / Weinbeere oder Corinthen / gestossene Zimmet und Cardamomen / mit eingemachten klein-zerschnittenen Citronat / Citronen- und Pomerantzen-Schelffen / und kleingeriebenem Eyerbrod darunter / zuckerts nach belieben / daß es zu einem dicklichten Teig werde / leget selbigen auf ein mit schönem Mehl bestreuetes Bret / wircket ihn zusammen / machet Würstlein daraus / so groß als es beliebt / legets in ein heisses Schmaltz / sehet aber zu daß ihr sie nicht krum einleget / und lassets also schön licht-gelb bachen: Lasset dann einen Wein mit Zucker und Trisanet in einem Häfelein aufsieden / giesset ihn über die Würstlein in eine Schüssel; setzet selbige auf eine Kohlpfanne / lassets noch einen Wall thun / und streuet Zimmet und Trisanet darauf.

Klößlein= oder Knötlein von Rindfleisch/
auf andere Art.
Zu einer Ollapotrid nach Num. 79. gehörig.

Nehmet ohngefehr ein Pfund Rindfleisch/ wozu ein Schalen= Stuck das beste ist/ hacket selbiges erstlich etwas gröblicht/ schlaget ein paar Eyer daran; streuet ein wenig frischen Maseran und reinlich=geklaubtes Petersilien=Kraut darein/ mischet ein oder zwey zuvor im Wasser geweichte und wieder ausgedruckte Semel darunter/ hacket so dann ferner dieses alles zusammen/ wohl klein/ und rühret in einem Näpfflein Saltz und Gewürtz darein; leget diese Massam auf ein mit schönem Mehl bestreutes Bret/ nehmet aber deß Mehls nicht zuviel/ und formiret kleine Klößlein oder Knötlein daraus/ bachet selbige schön licht=gelb aus Schmaltz/ oder lassets auch in einer Fleischbrüh besonders auffieden/ und legets dann unter die Ollapotrid.

Wanns beliebt/ kan man aus dieser Massa/ an statt der Klößlein= oder Knötlein/ auch Würstlein formiren.

Bey den Eyer=Knötlein/
Num. 83. mit einzuschieben.

Daß wann der Löffel mit schönem Mehl darein gerühret wird/ man zugleich auch Wein=Beerlein oder Corinthen darunter mischen könne.

Heffen=Klößlein= oder Heffen=Knötlein.
Folgend auf Num. 88.

Schüttet ein Diethäufflein/ oder den Achten Theil eines Metzens/ Mehl/ in eine Schüssel/ rühret fünff Löffel voll guter Heffen/ und den vierdten Theil einer Maas Kern unter einander/ giessets durch einen Seiher oder Durchschlag in das Mehl/ schlaget acht oder zehen Eyer darein/ saltzets/ und rühret alles wohl durcheinander/

einander/ daß der Teig schön glatt wird; lasset dann ein halb Pfund
Schmaltz in einer Pfannen heiß werden / und wieder erkühlen/
schüttets über den Teig / rühret ihn ferner ab : machet in einer
grössern Pfannen ein Schmaltz heiß/ lasset selbiges wie zuvor abküh-
len/ duncket hernach ein gantzes rund- und eisernes Löffelein darein/
füllet selbiges voll Teig/ schüttet ihn in das Schmaltz; und dieser
Löffel voll drey oder vier/ bachet auf einmal/ und so dann ebenfalls
das übrige nach und nach heraus.

Bey den Semmel-Knötlein
Num. 96. ist zu erinnern/

Daß das Semmel- oder Weck-Mehl/ ehe man selbiges mit
den Eyern anmachet/ zuvor im Schmaltz geröstet/ oder doch
wenigstens das Schmaltz darüber gebrannt werden müsse.

Bey dem Käß- oder Blumen-Kohl
Num. 156. ist mit anzufügen/

Daß man auch über den besagter massen zugerichteten Käß- oder
Blumen-Kohl eine Krebs-Brüh machen/ und zu solchem Ende sich einer Krebs-Butter bedienen könne/ welche von gestossenen
Krebs-Schalen/ so in Butter geröstet/ selbige aber nachmal durch-
gezwungen/ bereitet wird : Diese Butter kan man stets in Bereitschafft halten/ und wann sie gebrauchet werden soll/ nur in einer
siedenden Brüh zerschleichen lassen : auf welche Art man sich derselben zu mancherley Speisen bedienen mag.

Zu den weissen Ruben.
Num. 192. gehörig.

Es müssen die weisse Ruben nicht nothwendig geschweisset
werden/ sondern man kan sie nur im siedenden Wasser zusetzen/
oder auch etwas Fleischbrüh daran giessen / und im steten Sud

erhalten; auch nachmal / wann sie weich sind / abrühren / saltzen / schmaltzen / und noch ein wenig fort sieden lassen.

Zu dem Dreyzehenden Theil.
Ein Spanischer Niern.
Nach Num. 6. gehörig.

Stosset abgezogene Mandeln mit ein wenig Rosen-Wasser klein; mischet in einem Schüsselein klar-geriebenes Brod / wie auch Zucker / Zimmet / Cardamomen / und von drey Eyern das Weisse darunter / streichets auf rund-geschnittene Plätzlein / von einem Gogelhöpfflein oder andern Eyer-Brod / überstreichets mit einem Eyerdötterlein / bachets heraus; legts in eine Schüssel / giesset gezuckerten Wein darüber / und bestreuets mit Trisanet: Man nimmt aber gemeiniglich zu zwölff dergleichen Schnitten ein halb Pfund Mandeln / vor zwey Pfennig Eyerringlein / oder anderes geriebenes Eyer-Brod / und von fünff Eyern das Weisse; man muß aber diese Schnitten nicht über eine viertel Stund im Wein weichen lassen / und zu solchem Ende nicht lang vorher / ehe sie aufgetragen werden / zusammen machen / damit sie nicht zerfallen.

Zibeben zu bachen.
Zwischen Num. 39. und 40. einzurucken.

Körnet die Zibeben aus / weichet selbige über Nacht im Spanischen Wein; schneidet abgezogene Mandeln / und zwar jeden derselben / in vier Theile / stecket selbige in die Zibeben: Machet einen Teig von Spanischen Wein und schönen Mehl an / streuet zimlich viel Zucker darein / machet den Teig nicht zu dick / auch nicht zu dünn / ziehet die Zibeben dadurch / und bachets aus Schmaltz / welches aber zimlich heiß seyn / und öffters aufgegossen werden muß / so lauffen sie schön auf.

Anhang zu dem Dreyzehenden Theil.

Bey den Gebrannten Küchlein/ und zwar Num. 58.

Ist zuletzt mit anzuhängen/ daß diese Küchlein weit schöner werden/ wann die warmen Eyer eher nicht in den Teig geschlagen und angerühret werden/ biß derselbe zuvor abgeröstet worden.

Wasser-Bläslein/ auf andere Art.
Nach Num. 60. mit anzuhängen.

Lasset ohngefehr ein halb Seidlein/ oder eine Viertel-Maas Wasser/ samt einer Welschen Nuß groß/frisches Schmaltzes/ in einem Pfännlein wohl heiß werden/ aber doch nicht sieden; rühret über dem Feuer nicht gar einen Seidel-Becher voll schönes Mehls/ nach und nach/ darein/ und trocknet ihn also ab; man muß sich aber selbst zu helffen wissen/ daß der Teig nicht zu dick und nicht zu dinn wird: rühret ihn nachmal mit Eyern/ so zuvor in warmen Wasser gelegen/ ab/ lasset den Teig immerzu auf einem warmen Wasser stehen/ und bachet ihn/ wie gedacht.

Mandel-Würstlein mit Rosinen.
Nach Num. 111. zu setzen.

Nehmet von schönen grossen Zibeben oder Rosinen die Kern heraus/ waschet und lasset sie mit Wein nur einen einigen Wall aufsieden; legts dann auf ein reines Tuch/ damit sie ertrocknen: Ziehet indessen Mandeln ab/ und lasset selbige ebenfalls trocken werden; schneidet nachmal einen Drat/ oder auch nur einen Faden/ zu Stücken/ so etwan den vierdten Theil einer Nürnberger Eln lang sind/ und fasset die Rosinen und Mandeln Wechsel-weiß/ eines um das andere/ daran/ lasset aber an beeden Enden ein wenig von dem Drat oder Faden vorgehen: Machet ein Teiglein mit Mehl/ Zucker und Wein/ an/ oder aber den bereits bey den Prinelln und Datteln Num. 145. beschriebenen Teig; ziehet die besagter massen ange-
faßte

faßte Mandeln und Zibeben dadurch/bachets schön gelb; ziehet nachmal den Drat oder Faden heraus/ lasset so dann die Würstlein gantz/ oder schneidet sie halb entzwey/ wie es beliebt; legts in eine Schüssel/ und überstreuets mit Zucker.

Wespen-Nest zu bachen.
Zwischen Num. 189. und 190. einzuschieben.

Nesset ein halb Seidlein oder den vierdten Theil einer Maas Milch/ so aber laulicht seyn muß/ an ein Diethäufflein/ oder den achten Theil eines Metzens/ Mehl/ wie auch eine Achtel-Maas Heffen von Weitzen-Bier/ rühret selbiges unter die eine Helfft deß Mehls/ die andere aber drucket neben in den Becken ein wenig besonders/ lasset also diesen Teig wohl zugedeckt/ etwan eine viertel Stund/ auf einem Ofen gehen: schlaget alsdann/ wann er gegangen/ sechs oder acht gantze Eyer oder Dötterlein daran/ saltzet ihn/ thut einen halben Vierding oder Achtel-Pfund zerschlichenes Schmaltz oder Butter daran/ klopffet den Teig also unter einander wohl ab/ leget selbigen auf ein mit Mehl bestreuetes Bret/ und wircket ihn folgends mit Mehl aus/ daß er schön lind wird/ und nicht mehr an den Händen klebend bleibet: schneidet dann sechs oder sieben Theile daraus/ jedoch nur einen einigen Theil etwas grösser; formiret runde Laiblein daraus/ lassets in der Stuben auf einem Bret gehen; wirckets mit den Händen etwas ablang/ überfahrets mit dem Walcherholtz/ daß der Teig etwan eines Fingers dick bleibet; überstreichets dann/ vermittelst eines Pinsels/ mit zerschlichener Butter/ und wickelt sie schön glatt zusammen/ lassets also bey dem Ofen auf einem Bret noch ein klein wenig gehen; giesset indessen noch anderthalb Vierding oder drey Achtel-Pfund Schmaltz in ein Becken/ setzet die gröste Rolle/ oder das gröste zusamm-gewundene Stuck in die Mitten/ und die andere neben herum/ bestreichet sie oben mit einem zerklopfften Eyerdotters setzets in ein wohl erhitztes Oefelein/ und lasset bey stetem Feuer anderthalb Stunden lang bachen.

Kleine

Anhang zu dem Vierzehenden Theil.

Kleine Gogelhöpfflein zu bachen.
Zu End deß Dreyzehenden Theils / nach Num. 195. mit anzuhängen.

Schneidet kleine Gogelhöpfflein zu Plätzlein / reibet aber zuvor Mandeln ab / giesset ein wenig Malvasier oder Peter-Simonis daran / zuckerts nach belieben; streuet auch / wann es gefällig ist / gutes Gewürtz darein; streichet diese Füll auf die geschnittene Plätzlein von Gogelhöpfflein / bachets aus Schmaltz / streuet Zucker darauf / und bestecket mit Pinien-Nüßlein.

Kleine Gogelhöpfflein zu bachen / auf andere Art.

Die kleine Gogelhöpfflein werden in vier Theile zerschnitten / nachmal Wein / Zucker und Trisanet wohl unter einander gerühret / alsdann die Gogelhöpfflein darein geweichet / so dann schön gelb aus dem Schmaltz gebachen / und entweder also trocken / oder in nachfolgender Brüh aufgetragen: Lasset einen Wein mit Zucker / Trisanet / Cardamomen und Muscaten-Blüh auffsieden / drucket ein wenig Citronen-Safft darein / thut auch / nach belieben / Rosinen / Weinbeere oder Corinthen und abgezogene Mandeln dazu / und richtets über die gebachene Gogelhöpfflein.

Zu dem Vierzehenden Theil.
Eine Rebhüner-Sultze.
Nach Num. 8. gehörig.

Zerschneidet ein Rebhun das fleissig gerupffet und ausgenommen worden / in etliche Theile / oder zerquetschet und zerstosset es mit Fleisch und Beinen / lassets in einer Hüner-Brüh wohl sieden; kochets dann ferner in einem halben Seidlein oder Viertel-Maas Wein/ giesset ein Achtel-Maas Essig dazu/ werffet ein Stücklein Hausen-Blasen darein/ würtzets mit Ingber/ Zimmet und ein wenig Saffran/ giesset die Brüh/ wann es genug gesotten hat/ davon herab/ seihets durch ein Tuch; leget das Fleisch in eine Schüssel/ oder so es zerstossen worden/ zwingets durch: giessets dann über Zibeben/ Weinbeere oder Corinthen/ abgezogene und halbirte Mandeln/ Pinien- und Pistacien-Nüßlein/ Citronat/ und eingemachte Citronen-Schelffen; lassets zu einer Gallert oder Sultzen gestehen/ und überstreuet sie mit Zimmet und Zucker.

Bey der Hirschhorn-Sultze/
Num. 9. ist mit anzuhängen/

Daß unter das Wasser/ wann das Hirschhorn abgesotten wird/ zugleich ein wenig Wein könne zugegossen werden.

Eine Milch-Sultze/ auf andere Art.
Folgend auf Num. 38.

Nehmet eine Maas guten Kern/ oder süssen Ram/ zwiret in einer Pfannen zwey oder auch nur einen Löffel schönes Mehl damit an/ haltets über das Feuer/ rührets stetig um/ biß es zu sieden anfähet; verklopffet aber zuvor zehen oder zwölff Eyer-weis/ giesset ein Rosen-Wasser daran/ zuckert und verklopffet sie ferner/ und giesset dann alles zusammen/ wann die Milch zu sieden beginnet/ hinein/ lassets einen Wall auffsieden; giessets in eine Schüssel/ setzets in Keller/ daß es gestehe: bestreuets dann mit Zucker/ und bestecket/ so es beliebt/ mit Pinien-Nüßlein und Mandeln.

Anhang zu dem Funffzehenden Theil/

Zu dem Funffzehenden Theil.
Ribes- oder Johannes-Beerlein/trocken zu candiren.
Folgend auf Num. 18.

Nehmet schön frisch- und grosse Ribes oder Johannes-Beerlein/ so noch an den Sträußlein hangen / durch ein frisches Wasser/ lassets dann auf einem Tuch wohl abtrocknen; werffet einen zu kleinen Stücklein zerschlagenen Zucker in ein Pfännlein/ läutert/ und lasset ihn noch ein wenig länger sieden/ daß er etwas dicklicht wird; räitelt aber auch ein gut Theil schönen Zucker durch ein Sieb oder Räiterlein/ auf ein reines Schreib-Papier/ ziehet die Sträußlein zuerst durch den geläuterten Zucker/ und kehrets dann in dem andern durchgesiebten Zucker wohl herum/ daß derselbe daran klebend bleibe/ und die Beerlein schön weiß anzusehen seyn/ das Rothe aber nur ein wenig dadurch heraus scheine; leget sie dann auf ein Papier in ein Sieb und lassets ertrocknen/ so werden sie etwas härtlicht.

Zu dem Sechzehenden Theil/
und zwar
Bey dem süssen Butter-Torten.
Num. 7. ist noch hinzu zu setzen.

Daß derselbige/ wann er gantz fertig ist / neben herum zierlich ausgeschnitten/ mit einem dazu gehörigen Eisen oben gespitzelt/ und mit einem Eyerdottern überstrichen werden müsse/ ehe er in den Ofen gesetzt und abgebachen wird.

Süsse Butter-Blätter oder Butter-Küchlein/ auf andere Art.
Folgend auf Num. 10.

Waschet ein Viertel-Pfund Butter mit Rosenwasser aus/ schlaget ein Ey in ein viertel Pfund Mehl/ wircket auch die Butter darunter/ zuckerts nach belieben; walcheret es dann zu Plätzen/ so etwan eines halben kleinen Fingers dick sind/ schneidet selbige mit Mödeln aus; bestreichet dann diese ausgeschnittene Blätter mit einem Ey/ so mit Zucker und Rosenwasser vermischet worden/ legets/ auf ein mit Mehl bestreuetes Blech/ und lasset sie bachen: Wanns beliebt/ kan man auch unter diesen Teig allerley Gewürtz als Zimmet/ Cardamomen und Muscatan-Nüsse/ mit einwircken/ auch nachmal diese Butter-Küchlein/ wann sie aus dem Ofen kommen/ noch ein wenig mit Eyern überstreichen/ mit klar durchgesiebten Zimmet bestreuen/ und bey dem Ofen ertrocknen lassen.

Süsse Butter-Blätter oder Butter-Küchlein/ auf eine noch andere Art.

Schlaget in ein halb Pfund Mehl/ zwey Eyerdötterlein/ schneidet ein halb Pfund Butter darein/ und wircket es alles durch einander wohl ab; giesset zwey oder drey Löffel voll süssen/ oder aus Ermanglung desselben/ einen andern guten Wein dazu/ zuckerts nach belieben/ und wircket es ferner ab/ walchert den Teig so dick als etwan zwey Messer-Rucken seyn mögen; schneidet mit denen dazugehörigen Mödeln allerley Laub- oder Blum-Werck daraus/ legets auf ein Blech und bachets wie die gleich zuvor beschriebene.

Etliche nehmen zwölff Loth Mehl/ vier Loth Zucker/ und acht Loth Butter/ zu diesem Teig/ und verfertigen ihn auf die gleich jetzo besagte Art.

❀ ❀ ❀

Aus diesem Teig kan man auch allerley Dorten und mit Mandeln gefüllte Kräpfflein machen.

Anhang zu dem Sechzehenden Theil.

Bey denen Eyerdorten/
Num. 13. 14. und 15. ist zu erinnern/

Daß der Teig zu den Boden derselben von Mehl und gantzen Eyern/ oder auch von Mehl und lauter Eyerdottern mit Rosenwasser und Zucker angemacht werden müsse: wie solches am 820igsten Blat und denen folgenden mit mehrern berichtet worden/ und nachzulesen.

Zu den Schwartzen Mandel-Dorten/
Num. 29.

Müssen ausser denen Negelein und Pfeffer/ auch ein wenig Zimmet/ Cardamomen/ Muscaten-Blüh und dergleichen Nüsse/ mit unter gemischet werden.

Zuletzt bey denen Mandel-Dorten/
nach Num. 31. ist mit anzuhängen/

Daß bey allen Mandel-Dorten/ wozu einiges Brod genommen wird/ selbiges eher nicht unter die Füll gerühret werden müsse/ als gantz zuletzt/ wann der Dorten gleich jetzo eingefüllet/ und in den Ofen geschoben werden soll.

Am End deß Citronen-Dortens/
Num. 33. kan mit beygefüget werden/

Daß man auf eben dergleichen Art auch einen Pomerantzen-Dorten verfertigen könne/ doch müssen die Schelffen dazu/ um die Bittern desto besser auszuziehen/ etwas länger im Wasser ligend bleiben.

Bey denen Kräuter-Dorten/
Num. 55. ist hinzu zu setzen/

Daß unter die Füll auch ein wenig Butter mit eingerühret werden könne.

Zu dem Siebenzehenden Theil,
Krafft Marzepan / auf andere Art.
Folgend auf Num. 10.

Nehmet zwantzig Loth abgezogen- und klein-gehackter Mandeln / stosset einen Zucker / doch nicht so klar als Mehl / räitelt selbigen durch ein Sieb oder Räiterlein; wäget dann deß gröblichten zehen Loth / und rühret selbiges unter die gehackte Mandeln; drucket von anderthalb Citronen den Safft darein / und mischet die Schelffen von zweyen Citronen gar klein-zerhackt / unter die vorbesagte Mandeln / wie auch das Weisse von einem Ey / zu einem Schaum verklopffet : schneidet nachmal Oblaten wie Rauten / Hertze / Klee-Blätter / oder wie es sonst beliebt; streichet diesen Mandel-Zeug wohl dick darauf / und lasset ihn also im Oefelein auf einem Blech schön gähe abbachen; sehet aber zu / daß er nicht zu braun werde / und machet nachmal ein Eiß darauf / wie selbiges Num. 4. mit mehrern beschrieben zu finden.

Gestürtzte Eyer.
Nach Num. 22. einzurucken.

Formiret aus klein-gehackten / mit Zucker und Eyer-klar angemachten Mandeln / auf Oblat ein ablanges Kräntzlein / so einwendig so groß und hohl ist / daß man ein Ey darein legen könne / und bachet selbiges länglicht; formiret dann ein halbes Ey von Marzepan-Zeug / so einwendig ebenfalls hohl ist / bestreichet dessen hohlen Theil mit einem Eiß-Spiegel / streuet allerley Gewürtz / als Zimmet / Cardamomen und Muscaten-Blüh / wie auch klein-geschnittenen Citronat / darunter / lassets in einem Oefelein trocknen / machet aber selbiges nicht zu; bestreichet den innern Theil deß allbereit gebachenen Mandel-Krantzes mit einem Eyer-weiß / setzet dieses

ses halbe Ey darauf / überziehet es auch aussenher mit einem weissen Spiegel / und lasset es also ertrocknen.

Ulmer-Brod.
Dabey ist Num. 58. mit anzumercken /

Daß man auch ein Trunck-Gläßlein süssen Wein / oder an dessen statt / etwan drey Eß-Löffel voll Brandwein und einen halben Vierding / oder ein Achtel-Pfund zerlassene Butter darunter mischen könne.

Zelten von Quitten und Parstörffer-Aepffeln.
Folgend auf Num. 115.

Zerbrocket oder zerschlaget anderthalb Pfund deß schönsten Zuckers / giesset in einem Kesselein drey Achtel-Pfund Röhren-Wasser daran / lasset ihn langsam zerschleichen; schählet aber und schneidet zuvor Quitten wie die Aepffel zu einen Mus / in ein Töpfflein oder Häfelein mit Röhren-Wasser / lasset sie zimlich weich sieden / und zwingets dann durch ein reines Tuch / daß es ein dicker und schleimichter Safft wird: Eben auf solche Art siedet auch Parstörffer-Aepffel zimlich weich / jedoch zusamt der Schelffen; langet selbe nachmal aus dem Wasser / schählet und schabet sie / reibets durch ein Sieb: Nehmet dann dieses Marcks von Aepffeln ein Viertel-Pfund / und deß vorgedachten dicken Quitten-Safftes ein halb Pfund / rühret beedes zusammen in einer Schalen wohl ab; setzet dann den im Röhren-Wasser zerschlichenen Zucker auf ein Kohl-Feuer / versaumet selbigen / und lasset ihn wohl dick sieden / daß er von einem Zinnernen Teller geschoben werden kan / wie die Rotulæ oder Scheuffelein; rühret dann den Zucker geschwind darein / lasset aber das Kesselein über dem Feuer stehen / füllets ohne Verzug / so schnell als möglich / in die Mödel; und ist nichts daran gelegen / ob schon der Quitten-Zeug mit dem Zucker noch einen Wall thut /

dann

dann es gehen die Zelten auf solche Art nur desto lieber aus den Mo‍deln.

※ ※ ※

Oder:

Man kan auch deß Aepffel-Marcks und Quitten-Safftes gleich viel/ deß Zuckers aber noch einst so viel nehmen/ und die Zelten besagter massen davon verfertigen; wollte man sie roth haben/ ist auch hiezu Num. 113. bereits die Anweisung geschehen/ und daselbst ohnschwer nachzuschlagen.

Ollapotrid von Austern Schnecken und Tartuffoln.

Thut die Tartuffoln in eine Schüssel; wann das Oel daran gestanden/ last solches auf einer Kohlen zerschleichen/ dann seihet das Oel davon herab/ daß nur ein wenig daran bleibe: dann werden wohl weich abgesottene und reinlich gepuzte Schnecken/ samt einigen Austern/ so in Fäßlein verführet werden/ zu denen Tartuffoln in die Schüssel geleget/ von der Austern-Brüh/ samt ein wenig Wein/ daran gegossen/ Citronen-Safft darein gedrucket/ in der Schüssel alles zusammen bey einer Viertel-Stund lang aufgesotten/ und lezlich/ wann mans gleich jezo zu Tisch tragen will/ mit würfflicht-geschnittenen Citronen-Schelffen überstreuet/ und der Rand der Schüssel mit ausgehackten Citronen-Pläzen beleget und ausgezieret.

Es ist aber fast besser/ wann man die Tartuffoln zu erst sieden lässet/ und dann die Austern erst an-und hinein leget/ damit sie nicht zu hart werden.

Solte man aber die Tartuffoln nicht haben können/ kan man sich der Schwammen/ so man Brätlinge nennet/ bedienen/ selbige reinlich puzen/ zu kleinen dinnen Pläzen schneiden/ in ein wenig Oel rösten/ und samt dem Oel in einem Tiegel aufbehalten/ welche wol ein viertel Jahr gut bleiben/ und so dann/ an staff der Tartuffoln/ gebrauchen.

Höchst-

Höchst-nützliche Zugab/
Bestehend

I. In einem gründlichen Unterricht/ wann und zu welcher Zeit deß Jahrs allerley Arten der Fische/ deß Wildes/ Geflügels/ Früchte/ Kräuterwercks/ und Zugemüses am besten zu bekommen / und die in diesem Koch-Buch befindliche Speisen zu verspeisen sind; nach denen zwölff Monaten in richtige Ordnung gebracht und eingetheilet; samt beygefügter Verzeichnus deß jenigen / was von obigen das gantze Jahr durch zu haben ist.

II. In etlichen Kuchen-Zetteln und Anweisungen zu Gastereyen und Mahlzeiten.

III. In einer gantz deutlichen in Kupffer gestochenen Vorstellung/ wie beedes ein Rind oder Ochs/ und dann auch ein Kalb/ allhier zu Nürnberg/ aufgehauen und zertheilet werden; samt einer mit beygefügten Erklärung

und darauf folgenden

Drey-fachen Register oder Blat-weiser.

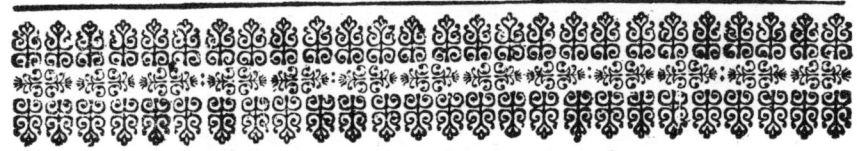

Gründlicher Unterricht,

Wann und zu welcher Zeit deß Jahrs allerley Arten der Fische / deß Wildes / Geflügels / Früchte / Kräuterwerckes / und Zugemüses am besten zu bekommen / und die in diesem Kochbuch befindliche Richten und Speisen zu verspeisen sind; nach den zwölff Monaten in richtige Ordnung gebracht und eingetheilet; samt beygefügter Verzeichnus deß jenigen / was von obigen das gantze Jahr durch zu haben ist.

Im Jener.

Von Fischen.
Karpffen.
Gangfische.
Grundeln.
Sengelein.
Heringe.
Süsse und gemeine Picklinge.
Neunaugen oder Pricken.
Schnecken.
Austern.

Von Wildpret.

Von Geflügel.
Fasanen.
Pfauen.
  Und wann ein starcker Schnee fällt.
Rebhüner.
Krammets-Vögel.

Sind von den Früchten frisch zu haben.
Oliven.
Aepffel.
Birn.
Hiefen oder Hagenbutten.
Gesaltzene Cappern; frische / kommen zu End diß Monats.

Von Kräuterwerck.
Käß- oder Blumen-Kohl.
Welscher Kohl.
Brauner- oder Feder=Kohl.
Keimlein oder Sprößlein von Wegwarten.
Seller.
Schafmäuler.
Brunnkreß.
Wegwarten.
Scorzonera.
Welscher Petersil oder Peterlein.
Gehaubtes Kraut.
Weisse Halm-Ruben.
Möhren oder Gelbe-Ruben.
Rothe Ruben.
Bäyrische- oder Pfetter-Ruben.
Kohl-Ruben / oder Rub-Kohl.
Erd-Aepffel.
Schwartzer Rettig.
Krän oder Meer=Rettig.

Von denen in dem Kochbuch befindlichen Speisen.
Suppe von Schnecken.
Aepffeln.
Hiefen oder Hagenbutten.
Seller.
Weissen Ruben.
Brunnkreß.

Suppe

Suppe von Scorzonera.
  Wegwarten und Keimlein.
Mus von Aepffeln.
  Birnen.
  Hiefen.
Kooch von Aepffeln.
Brühen von Aepffeln.
  Krän und Meer-Rettig mit
    und ohne Mandeln.
Brühen von Hiefen oder Hagenbutten.
  Seller.
Hecht mit Heringen.
  Bäyerischen- oder Pfetter-
    Ruben.
  in Ungarischer Brüh.
  Polnischer Brüh.
Gesaltzner Hecht mit Bäyerischen- oder
  Pfetter-Ruben.
Karpffen auf unterschiedliche Art zuge-
  richtet.
Pirsinge in Polnischer Brüh.
Gangfische.
Grundeln und Sengelein unterschiedlich
  zugerichtet.
Neunaugen auf mancherley Arten zuge-
  richtet.
Süsse und gemeine Picklinge.
Heringe unterschiedlich zugerichtet.
Austern.
Pasteten von Fasanen und Pfauen.
  Rebhünern.
  Karpffen.
    Spanische Pasteten.
Gebratene Pfauen
  Rebhüner.
    Krammets-Vögel.
Salat von Seller
  Käß- oder Blumen-Kohl.

Salat von Wegwarten.
  Bunten Wegwarten.
  Keimlein oder Sprößlingen.
  Schafmäulern.
Salat von Brunnkreß.
  Gehaubtem Kraut.
  Rothen Ruben.
Salsen von Nüssen.
Gesottene und gedämpffte Rebhüner.

Neben-Essen.

Schnecken auf unterschiedliche Arten zu
    braten.
  zu sieden.
  im Oel.
  gespickt zu braten.
  gebachen.
  mit Eyern zugerichtet.
Ravioln von Karpffen.
  Schnecken.
Knötlein von Aepffeln.
  Birnen.
Gefüllt- und gedünstete Früchte.
  Hiefen oder Hagenbutten.
  Aepffel.
  Birn.
Gebachene Schnitten von einem Rebhun.
  Strauben mit Aepffeln.
  Aepffel unterschiedlicher Art.
  Birn auf mancherley Weise.
  Wegwarten.
Sultzen von Aepffeln.
Dorten von Aepffeln.
  Birnen.
    Weissen Ruben.
Sultze von Rebhünern.
Latwergen von Aepffeln.
Zelten von Hiefen oder Hagenbutten.

Von allerley Speisen.

Im Hornung.

Von Fischen.

Ruppen.
Schleihen.
Karpffen.
Grundeln.
Gangfische.
Sengelein.
Süsse und gemeine Picklinge.
Neunaugen oder Pricken.
Heringe.
Schnecken.
Austern.

Von Wildpret.

Von Geflügel.

Fasanen.
Pfauen.
Auerhannen und dergleichen Hennen.
Birckhüner.
Haselhüner.
Rebhüner.
Wilde Tauben.

Von Früchten.

Oliven.
Aepffel.
Birn.

Von Kräuterwerck.

Schwaden.
Welscher Kohl.
Brauner, oder Feder-Kohl.
Schnitt-Kohl.
Keimlein oder Sprößlein von Wegwarten.
Seller.
Schafmäuler.

Brunnkreß.
Scorzonera.
Welscher Petersil oder Peterlein.
Gehaubtes Kraut.
Weisse Ruben.
Möhren oder gelbe Ruben.
Bäyerische, oder Pfetter-Ruben.
Kohl-Ruben.
Erd-Aepffel.
Schwartzer Rettig
Krän oder Meer-Rettig.

Von denen in dem Kochbuch befindlichen Speisen.

Suppe von Schnecken.
Aepffeln.
Seller.
Weissen Ruben.
Brunnkreß.
Scorzonera.
Bretzeln.
Mus von Aepffeln.
Birnen.
Kooch von Aepffeln.
Brühen von Aepffeln.
Krän und Meerrettig mit und ohne Mandeln.
Seller.
Hecht mit Heringen.
Bäyerischen, und Pfetter-Ruben.
in Ungarischer Brüh.
Polnischer Brüh.
Gesaltzner Hecht mit Bäyerischen, oder Pfetter-Ruben.
Karpffen auf unterschiedliche Arten zugerichtet.
Pirsinge in Polnischer Brüh.
Ruppen auf mancherley Art zugerichtet.
Gangfische.
Grundeln und Sengelein unterschiedlich zugerichtet.

Neunaugen auf mancherley Art zu zu-
richten.
Süsse und gemeine Picklinge.
Heringe unterschiedlich zugerichtet.
Pasteten von Auerhannen.
   Fasanen und Pfauen.
   Hasel-Birck- und Rebhü-
   nern.
   Wilden Tauben.
   Karpffen.
   Spanische Pasteten.
Gebratene Pfauen.
   Auerhannen.
   Hasel- und Reb-hüner.
   Wilde Tauben.
   Lamms-Keule.
   Brust.
Salat von Seller.
   Wegwarten-Keimlein oder
   Sprößlingen.
   Wegwarten.
   Bunten Wegwarten.
   Brunnkreß.
   Schafmäulern.
   Gehaubten Kraut.
Gesottene und gedämpffte Rebhüner.
   Gedämpfftes Lammsfleisch auf unter-
   schiedliche Art.
  auf Niederländisch im Speck.
  auf besondere Art.

Neben-Essen.

Strudel von Lamms-Lungen.
   Nieren.
Schnecken auf unterschiedliche Art zu
   braten.
  zu sieden.
  im Oel.
  gespickt zu braten.
  gebachen.
  mit Eyern zu gerichtet.
Ravioln von Karpffen.
   Schnecken.
Knötlein von Aepffeln.
   Birnen.
Gefüllt- und gedünstete Früchte.
— — — — — — Aepffel.
— — — — — — Birn.
Gebachene Schnitten von einem Rebhun.
Gebachene Strauben mit Aepffeln.
   Aepffel.
   Birn.
Sultzen von Aepffeln.
   Rebhünern.
Dorten von Aepffeln.
   Birnen.
   Weissen Ruben.
Latwergen von Aepffeln.

Im Mertzen.

Von Fischen.
Hausen.
Salmen.
Aesch.
Ruppen.
Karpffen.
Sengelein.
Grundeln.
Gangfische.
Süsse und gemeine Picklinge.
Neunaugen oder Pricken.
Heringe.
Krebse haben die Eyer äusserlich.
Schnecken.

Von Wildpret.
Hasen.

Von Geflügel.
Fasanen/ doch nur biß zur helfft dieses Monats.
Auerhannen und Auerhennen.
Birckhüner.
Haselhüner.
Wilde Tauben.
Wald- und Wasser-Schnepffen zu End dieses Monats.
Junge Hüner.

Von Früchten.
Aepffel.
Zibeben.

Von Kräuterwerck.
Blaue Violn.
Hopffen.
Schafmäuler.
Spinat oder grünes Kraut.
Schnitt-Kohl.
Gehaubtes Kraut.
Erd-Aepffel.
Weisser junger Rettig.
Spitz-Morgeln oder Maurachen.

Von denen in dem Kochbuch befindlichen Speisen.

Suppe von Schnecken.
    Aepffeln.
    Bretzeln.
Mus von Aepffeln.
    Birnen.
Kooch von Aepffeln.
Brühen von Aepffeln.
Hecht mit Heringen.
   in Ungarischer Brüh.
     Polnischer Brüh.
Karpffen auf unterschiedliche Arten zugerichtet.
Hausen auf zweyerley Arten zugerichtet.
Pirsinge in Polnischer Brüh.
Ruppen auf mancherley Art zugerichtet.
Grundeln und Sengelein unterschiedlich zugerichtet.
Neunaugen auf mancherley Art zugerichtet.
Salmen auf ein und andere Arten zubereitet.
Gangfische.
Süsse und gemeine Picklinge.
Heringe unterschiedlich zugerichtet.
Pasteten von Auerhannen.
    Fasanen.
    Hasel- und Birckhünern.
    Wald- und Wasser-Schnepffen.
    Wilden Tauben.
    Hasen.
    Karpffen.
    Spanische Pasteten.

Gebratene

Gebratene Hasen.
    Auerhannen.
    Haselhüner.
    Wilde Tauben.
    Wald- und Wasser-Schnepf-
    fen.
— — — — — — gefüllt.
Gebratene Lamms-Keule.
    Brust.
    Ziegen- oder Geiß-Viertel.
Essig von blauen Violen.
Salat von Hopffen.
    Gehaubten Kraut.
Fricassé.
Gesottene und gedämpffte Schnepffen.
    Hasen auf unterschiedliche
    Arten.
    Lammsfleisch auf unterschied-
    liche Art.
    auf Niederländisch.
    in Speck.
    auf besondere Art.

Gesotten und g.dämpfftes Ziegen- oder
    Geiß-Fleisch.

Neben-Essen,

Von Spinat oder grünen Kraut.
Schnecken auf unterschiedliche Art,
    gebraten.
    gesotten.
    in Oel.
    gespickt gebraten.
    gebachen.
    mit Eyern zugerichtet.
Ravioln von Karpffen.
    Schnecken.
Knötlein von Aepffeln.
Gefüllt und gedünstete Früchte.
    Aepffel.
Gebachene Strauben von Aepffeln.
    Aepffel.
Sultzen von Aepffeln.
Dorten von Aepffeln.
    Birnen.
Latwergen von Aepffeln.

Im April.

Von Fischen.

Salmen.
Hausen.
Ruppen.
Karpffen.
Grundeln.
Sengelein.
Gangfische.
Neunaugen oder Pricken.
Heringe.
Krebse haben die Eyer äusserlich.

Von Wildpret.

Hasen.
Rehe.

Von Geflügel.

Auerhannen und dergleichen Hennen.
Birckhüner.
Haselhüner.
Wilde Tauben.
Wald= und Wasser=Schnepffen.
Junge Gänse.
  Hüner.
  zahme Enten.

Von Früchten.

Aepffel.
Zibeben.

Von Kräuterwerck.

Spargel.
Garten=Salat.
Schafmäuler.
Kühnschroten oder Genister.
Pertram.
Ampfer.
Spinat oder grünes Kraut.
Schnitt=Kohl.
Garten=Kohl.
Weisser Rettig.
Maurachen oder Spitz=Morgeln.
Stock=Morgeln.

Von denen in dem Kochbuch befindlichen Speisen.

Suppe von Aepffeln.
  Morgeln.
  Ampfer.
  Spargel.
Mus von Aepffeln.
  Birnen.
Kooch von Aepffeln.
  Pertram.
Brühen von Aepffeln.
Hecht in Heringen.
  Ungarischer Brüh.
  Polnischer Brüh.
Karpffen auf unterschiedliche Arten zugerichtet.
Hausen auf zweyerley Art zugerichtet.
Pirsinge in Polnischer Brüh.
Ruppen auf mancherley Art zugerichtet.
Gangfische.
Grundeln und Sengelein unterschiedlich zugerichtet.
Neunaugen auf mancherley Art zugerichtet.
Salmen unterschiedlich zugerichtet.
Heringe auf mancherley Art zubereitet.
Pasteten von Auerhannen.
  Birck= und Haselhünern.
  Wald=und Wasser=Schnepffen.
  Wilden Tauben.
  Hasen.
  einem Reh.

Pasteten von Karpffen.
    Spanische Pasteten.
Gebratene Rehe-Keule.
    Vorläufferlein.
    Zehmer.
    Hasen.
    Auerhannen.
    Junge Gänse.
    Zahme Enten.
    Haselhüner.
    Wald- und Wasser-Schnepffen.
    — — — — gefüllt.
    Lamms-Keule.
    Brust.
    Ziegen- oder Geiß-Viertel.
Salat von Spargel.
    Garten-Salat.
    Schafmäulern.
    Weissen jungen Rettig.
    Kühnschroten oder Genister.
    Pertram.
    Ampffer.
Fricassé.

Gesottene und gedämpffte Schnepffen.
    Hasen auf unterschiedliche Arten.
    Rehe-Schlegel.
Gesotten und gedämpfftes Lamms-Fleisch
    auf unterschiedliche Art.
    auf Niederländisch.
    in Speck.
    auf besondere Art.
    Ziegenfleisch.

Neben-Essen.

Strudeln von Spinat oder grünen Kraut.
    Pertram.
Ravioln von Gäns-Leberlein.
    Karpffen.
Knötlein von Aepffeln.
Gefüllt- und gedünstete Früchte.
    — — — — Aepffel.
    — — — — Birn.
Gebachene Strauben von Aepffeln.
    Aepffel.
Sultzen von Aepffeln.
Dorten von Aepffeln.
    Birnen
Latwergen von Aepffeln.

Im Meyen.

Von Fischen.

Salmen.
Hausen.
Barben.
Ruppen.
Kressen.
Erlitzen.
Krebse/ haben die Eyer einwendig.

Von Wildpret.

Hasen.
Rehe.
Gemsen.

Von Geflügel.

Wilde Tauben/ so aber in diesem Monat bereits zähe sind.
Wasser-Schnepfflein.
Wachteln.
Junge Welsche Hüner.
Einheimische Hüner.
Gänse.
Zahme Enten.

Von Früchten.

Stachelbeere/ so unzeitig.

Von Kräuterwerck.

Rosen.
Spargel.
Gehaupter Salat.
Boretsch oder Borragen.
Blaue Kornblumen.
Pertram.
Ampffer.
Grünes Kraut oder Spinat.
Peterlein- oder Petersilien-Kraut und Wurtzel.
Weisser Rettig.
Spitz-Morgeln.

Von denen in dem Kochbuch befindlichen Speisen.

Suppe von Morgeln.
    Ampfer.
    Spargel.
Kooch von Pertram.
Brühen von Petersilien-Wurtzeln.
    Stachelbeern.
Hecht in Oesterreichischer Brüh.
Hausen auf zweyerley Art zugerichtet.
Ruppen auf mancherley Art zugerichtet, mit Petersilien-Wurtzeln gedämpfft.
Kressen gesotten.
Erlitzen gesotten.
Salmen unterschiedlich zuzurichten.
Halbfische mit Petersilien-Wurtzeln.
Pasteten von jungen Welschen Hünern.
    Wasserschnepffen.
    Hasen.
    Reh- und
    Gemsen.
Gebratene Gemsen-Schlegel oder Keule.
    Rehe-Schlegelein.
    Vorlaufferlein.
    Zehmer.
Hasen.
Junge Welsche Hüner.
Zahme Gänse.
 — — Enten.
Wasser-Schnepfflein.
Lamms-Keule.
    Brust.

Gebratene

Gebratene Geiß- oder Ziegen-Viertel.
Eſſig von blauen Kornblumen.
Salat von Boretſch oder Borragen.
   Spargel.
   Weiſſen Rettig.
   Gehaubter Salat.
Stachelbeere einzumachen.
Salſen von Pertram.
   Ampfer.
Fricaſsé.
Geſottene und gedämpffte Waſſer-Schnepffen.
   Haſen auf unterſchiedliche Arten.
   Rehe-Schlegel.

Geſotten und gedämpftes Lammsfleiſch
   auf unterſchiedliche Art.
   auf Niederländiſch.
   in Speck.
   auf beſondere Art.
   Ziegenfleiſch.

Neben-Eſſen.

Strudel von Spinat oder grünen Kraut.
   Pertram.
Ravioln von Gäns-Leberlein.
Gebachene Roſen.

Im

Von allerley Speisen

Im Junio.

Von Fischen.
Salmen.
Hausen.
Pärschen oder Pirsinge am besten.
Ruppen am besten.
Sengelein.
Kressen.
Erlitzen.
Frösche.

Von Wildpret.
Hasen/ doch nur biß zur helfft dieses Monats.
Gemsen.
Hirschen/ jedoch erst in der mitte dieses Monats.

Von Geflügel.
Junge Wilde Tauben ⎫
Troscheln.   ⎬ so aus den Nestern genommen worden.
Amscheln.   ⎭
Fincken.
Kernbeisser/ aber sehr wenig.
Junge Welsche Hüner.
Einheimische Hüner.
Gänse.
Zahme Enten.

Von Früchten.
Spanische Feigen.
Amarelln.
Erdbeere.
Ribes- oder Johannes-Beerlein.
Stachelbeere/ so zeitig.
Kimmerlinge oder Gurcken.
Artischocken.
Welsche Nüsse zum einmachen.

Von Kräuterwerck.
Rosmarin.   ⎫
Pomerantzen. ⎬ Blüh.
Citronen.   ⎪
Holder- oder Hollunder- ⎭

Blaue Kornblumen.
Ulmer und   ⎫
Gefeinte   ⎬ Rosen.
Negelein oder Grasblumen.
Boretsch oder Borragen.
Zucker-Kief-Erbsen.
Gemeine frische Erbsen.
Bohnen.
Spargel.
Petersilien-Kraut und Wurtzel.
Gehäupter Salat.
Lactuck oder Lattich.
Pertram.
Ampffer.
Welscher Kohl.
Gehauptes Kraut.
Weisse früh-Ruben.
Gelbe Ruben oder Möhren.
Weisser Rettig.
Brätlinge.
Weisse und
Gelbe Pfifferlinge oder Schwammen.

Von denen in dem Kochbuch befindlichen Speisen.
Frantzösische Suppen.
Suppe von Erdbeern.
    Johannesbeern.
    Cucummern.
    Borragen.
    Ampffer.
    Weissen Ruben.
    Spargel.
    Frischen Erbsen.
Mus von Erdbeern.
    Cucumnern.
    Blauen Kornblumen.
Kooch von Pertram.
Brühen von Petersilien-Wurtzeln.
    Amarelln.
    Erdbeern.
    Cucummern oder Kimmerlingen.

Hecht in Oesterreichischer Brüh.
Hansen auf zweyerley Art zugerichtet.
Ruppen auf mancherley Art zugerichtet.
        gedämpfft mit Petersilien-Wurtzeln.
    in Kief-Erbsen.
Sengelein unterschiedlich zugerichtet.
Kressen gesotten.
Erlizen gesotten.
Salmen unterschiedlich zuzurichten.
Frösche.
Halbfische mit frischen Erbsen.
          Petersilien-Wurtzeln.
Stockfisch mit frischen Erbsen.
Pasteten von Welschen Hünern.
    Hasen.
    Hirschen.
    Gemsen.
Gebratene Gemsen-Keule oder Schlegel.
    Hirsch-Keule.
        Zehmer.
    Hasen.
    Junge Welsche Hüner.
    Zahme Gänse.
    — — Enten.
    Troscheln.
    Fincken.
    Kernbeisser.
    Schöps-Keule.
Essig von Pomerantzen-Blüh.
    Rosmarin-Blüh.
    Blauen Kornblumen.
    Rosen.
    Negelein oder Grasblumen.
    Holder oder Hollunder.
    Erdbeern.
Salat mit Fächern.
    von Artischocken.

Salat von Boretsch oder Borragen.
    Welschen Kohl.
    Spargel.
    Lactuck oder Lattich.
    Gehaupter Salat.
    Gehaupten Kraut.
    Gurcken oder Kimmerlingen.
    Weissen Rettig.
Gurcken oder Kimmerlinge in Essig und Saltz einzumachen.
    Stachelbeerlein einzumachē.
    Artischocken einzumachen.
Salsen von Ampffer.
    Pertram.
    Holder oder Hollunder.
Gesottene und gedämpfte Hacn / auf unterschiedliche Arten.
    Schöps-Keule.
    Zwiebel-Braten.

Neben-Essen/

Von Pertram.
Ravioln von Gäns-Leberlein.
Gebachene Citronen-Blüh.
    Amarelln.
    Rosen.
    Holder oder Hollunder.
Sultzen von Ribes- oder Johannes-Beerlein.
Eingemachte Früchte und Wurtzeln.
    Ribes- oder Johannes-Beerlein.
    Muscateller-Birn.
    Nüsse.
Dorten von Ribes- oder Johannes-Beerlein.
    Weissen früh-Ruben.

Im Julio.

Von Fischen.
Hausen.
Ruppen.
Karpffen am besten.
Sengelein.
Frösche.

Von Wildpret.
Hirschen.
Gemsen.

Von Geflügel.
Wilde Enten.
— — Tauben.
Krammets-Vögel.
Maisen.
Kraut-Vögel.
Rothschwäntzlein.
Welsche Hüner.
Junge Capaunen.
— — Hüner.
Zahme Gänse.
— — Enten.

Von Früchten.
Erdbeere.
Ribes- oder Johannes-Beerlein.
Hohlbeere.
Saurach oder Wein-Lägelein.
Agrest oder unzeitige Weintrauben.
Aepffel.
Birn.
Muscateller-Birn.
Weixeln.
Kirschen.
Marilln oder Abricosen.
Cucummern oder Kimmerlinge.
Artischocken.

Von Kräuterwerck.
Cardus.
Capuciner-Salat.
Gehaupter Salat.
Lactuck oder Lattich.

Boretsch oder Borragen.
Pertram.
Ampffer.
Fenchel.
Negelein oder Gras-Blumen.
Blaue Korn-Blumen.
Zucker Kief-Erbsen.
Gemeine frische Erbsen.
Bohnen.
Welscher Kohl.
Weisses- oder Gehauptes-Kraut.
Peterlein- oder Petersilien-Kraut und Wurtzeln.
Weisse früh-Ruben.
Möhren oder gelbe Ruben.
Weisser Rettig.
Brätlinge.
Weisse und
Gelbe Pfifferlinge oder Schwammen.

Von Zugemüß.
Frische Erbsen.
— — Linsen.
Neues saures Kraut.

Von denen in dem Kochbuch befindlichen Speisen.
Frantzösische Suppen.
Suppe von Aepffeln.
  Weixeln.
  Erdbeern.
  Johannesbeern.
  Cucummern.
  Kürbis.
  Agrest.
  Borragen.
  Ampffer.
  Frischen Erbsen.
Mus von Erdbeern.
  Weixeln.
  Cucummern.

Mus

Mus von Kürbisen.
　　Blauen Kornblumen.
Kooch von Pertram.
Brühen von Aepffeln.
　　Petersilien-Wurtzeln.
　　Agrest.
　　Frischen Fenchel.
　　Saurach oder Wein-Läge-
　　　lein.
　　Weixeln.
　　Erdbeern.
　　Hohlbeern.
　　Cucummern oder Kimmer-
　　　lingen.
Hechte in neuem Sauren Kraut.
　　Ungarischer Brüh.
　　Polnischer Brüh.
　　Oesterreichischer Brüh.
Neue Karpffen auf unterschiedliche Art
　　zugerichtet.
Hausen auf zweyerley Art zugerichtet.
Pirsinge in Polnischer Brüh.
Ruppen auf mancherley Arten zugerich-
　　tet.
　　gedämpfft mit Petersilien-Wur-
　　　tzeln.
　　mit Kies-Erbsen.
Sengelein unterschiedlich zugerichtet.
Frösche.
Saltzfische mit frischen Erbsen.
　　Petersilien-Wurtzeln.
Stockfisch mit süssen Erbsen.
Pasteten von Welschen Hünern und Ca-
　　paunen.
　　Wilden Enten.
　　— — Tauben.
　　Hirschen und
　　Gemsen.
　　Neuen Karpffen.
　　Spanische Pasteten.
Gebratene Gemsen-Keule.
　　Hirsch-Keule.
　　— — Zehmer.
　　Welsche Hüner.

Gebratene Zahme Gänse.
　　Wild- und
　　Zahme Enten.
　　Junge Capaunen.
　　Wilde Tauben.
　　Krammets-Vögel.
　　Maisen.
　　Kraut-Vögel.
　　Schöps-Keule.
Essig von blauen Kornblumen.
　　Negelein oder Grasblumen.
　　Erdbeern.
　　Hohlbeern.
　　Weixeln.
Salat von Marilln oder Abricosen.
　　Fächern.
　　Artischocken.
　　Cardus.
　　Boretsch oder Borragen.
　　Welschen Kohl.
　　Spargel.
　　Lactuck oder Lattich.
　　Gehaupten Salat.
　　Gehaupten Kraut.
　　Gurcken oder Kimmerlingen.
　　Weissen Rettig.
　　Kürbisen.
　　Bohnen.
Gurcken oder Kimmerlinge in Essig und
　　Saltz einzumachen.
Artischocken einzumachen.
Salsen von Marilln oder Abricosen.
　　Weixeln.
　　Saurauch oder Wein-Läge-
　　　lein.
　　Pertram.
　　Ampffer.
Gedämpfft- und gesottene Capaunen und
　　Hüner/ auf mancherley
　　Art.
　　Wilde Enten.
　　Schöps-Keule.
　　Zwiebel-Braten.

Neben-

Neben-Essen.

Von Pertram.
Ravioln von Gäns-Leberlein.
Klößlein von Karpffen.
   Capaunen.
Knödlein von Aepffeln.
   Birnen.

Gefüllte Semmeln mit Weixeln.

Gefüllte und gedünstete Früchte.
   Marilln oder Abricosen.
   Weixeln.
   Aepffel.
   Birn.

Gebachene Strauben von Aepffeln.
   Weixeln.
   Aufgelauffene Weixeln.
   Aepffel.
   Birn.

Sultzen von Capaunen.
   Aepffeln.
   Ribes- oder Johannes-Beerlein.

Eingemachte Früchte und Wurtzeln.
   Marilln oder Abricosen.
   Ribes- oder Johannes-Beerlein.
   Saurach oder Wein-Lägelein.
   Weixel-Kugeln zum Weixel-Wein.

Dorten von Marilln oder Abricosen.
   Aepffeln.
   Birnen.
   Muscateller-Birnen.
   Weixeln.
   Ribes- oder Johannes-Beerlein.
   Weissen früh-Ruben.

Latwerge von Aepffeln.

Im Augusto.

Von Fischen.
Hausen.
Ruppen am besten.
Karpffen.
Sengelein.
Kressen.
Erlitzen.
Frösche.
Neue Heringe.

Von Wildpret.
Hirschen.
Gemsen.

Von Geflügel.
Birckhüner.
Rebhüner.
Wilde Gänse.
— — Enten.
— — Tauben.
Wachteln.
Weisse Troschel.
Mistler.
Hähr.
Fincken.
Emmerlinge.
Welsche Hüner.
Junge Capaunen.
— — Hüner.
Zahme Gänse.
— — Enten.

Von Früchten.
Pfeben oder Melonen.
Erdbeere.
Ribes- oder Johannes-Beerlein.
Hohlbeere.
Saurach oder Wein-Lägelein.
Agrest oder unzeitige Weinbeere.
Aepffel.
Birn.
Weixeln.
Kirschen.
Marilln oder Abricosen.
Pfersiche.
Quitten.
Zwetschgen.
Cucummern oder Kimmerlinge.
Artischocken.
Kürbise.

Von Kräuterwerck.
Käß- oder Blumen-Kohl.
Endivien.
Lactuck oder Lattich.
Seller.
Scorzonera.
Wegwarten.
Cardus.
Borersch oder Borragen.
Pertram.
Ampffer.
Fenchel.
Gehäupter Salat.
Welscher Kohl.
Gehauptes Kraut.
Gemeine frische Erbsen.
Bohnen.
Peterlein- oder Petersilien-Kraut und
    Wurtzeln.
Welscher Petersil.
Calmus.
Alantwurtz.
Möhren oder Gelbe Ruben.
Weisser Rettig.

Von Zugemüs.
Frische Gersten.
Haber.
Heydel oder Buchweitzen.
Hirs.
Gritz oder Gries.
Neue Käse.

Von denen in dem Kochbuch befindlichen Speisen.
Suppe von Aepffeln.
    Weixeln.
Ribes- oder Johannes-Beern.
    Suppe

Von allerley Speisen.

Suppe von Cucummern.
    Kürbisen.
    Seller.
    Agrest.
    Borragen.
    Ampffer.
    Wegwarten.
    Kief-Erbsen.
Mus von Quitten.
    Aepffeln.
    Birnen.
    Zwetschgen.
    Weixeln.
    Cucummern.
    Kürbsen.
    Pfeben oder Melonen.
Kooch von Quitten.
    Aepffeln.
    Pertram.
Brühen von Aepffeln.
    Petersilien-Wurtzeln.
    Frischen Fenchel.
    Saurach oder Wein-Lägelein.
    Weixeln.
    Erdbeern.
    Hohlbeern.
    Agrest.
    Cucummern oder Kimmerlingen.
    Seller.
Hecht mit neuen Heringen.
    in Ungarischer Brüh.
    Polnischer Brüh.
    Oesterreichischer Brüh.
Neue Karpffen auf unterschiedliche Arten zugerichtet.
Hausen auf zweyerley Art zugerichtet.
Pirsinge in Polnischer Brüh.
Ruppen auf mancherley Artt zugerichtet.
    gedämpfft mit Petersilien-Wurtzeln.
    mit Kief-Erbsen.
Sengelein unterschiedlich zugerichtet.
Kressen gesotten.
Erlitzen gesotten.
Neue Heringe unterschiedlich zugerichtet.
Frösche.

Halbfische mit frischen Erbsen.
    Petersilien-Wurtzeln.
Stockfisch mit frischen Erbsen.
Pasteten von Welschen Hünern und Capaunen.
    Birck- und Rebhünern.
    Wilden Gänsen und Enten.
    Wilden Tauben.
    Kleinen Vögeln.
    Hirschen und
    Gemsen.
    Karpffen.
    Spanische Pasteten.
Gebratene Gemsen-Keule.
    Hirsch-Keule.
    — — Zehmer.
    Welsche Hüner.
    Wilde Gänse.
    Zahme Gänse.
    Wilde Tauben.
    Krammets-Vögel.
    Weisse Troschel.
    Misiler.
    Hähr.
    Fincken.
    Emmerlinge.
    Schöps-Keule.
Essig von Weixeln.
Salat von Pfersichen.
    Marilln oder Abricosen.
    Fächern.
    Artischocken.
    Cardus.
    Seller.
    Boretsch oder Borragen.
    Käß- oder Blumen-Kohl.
    Welschen Kohl.
    Lactuck oder Lattich.
    Endivien.
    Wegwarten.
    Bunten Wegwarten
    Gehaupter Salat.
    Gehaupten Kraut.
    Gurcken oder Kimmerlingen.
    Weissen Rettig.
    Kürbisen.
    Bohnen.

Gurcken oder Kimmerlinge einzumachen.
Artischocken einzumachen.
Mostart auf welsche Art von Quitten.
Salsen von Marilln oder Abricosen.
    Weixeln.
    Saurach oder Weinlägelein.
    Pertram.
    Ampfer.
Gedämpfft und gesottene Hüner und Capaunen/auf mancherley Art
    Wilde Enten.
    Kleine Vögelein.
    Schöps-Keule.
    Zwiebel-Braten.

Neben-Essen.

Ollapotrid von Pertram.
Ravioln von Gäns-Leberlein.
Klößlein von Karpffen.
    Capaunen.
    Aepffeln.
    Birnen.
Gefüllte Semmeln mit kleinen Vögeln.
— — — — — Weixeln.

Gefüllt- und gedünstete Früchte.
    Marilln oder Abricosen.
    Pfersiche.
    Weixeln.
    Aepffel.
    Birn.
    Zwetschgen.
Gebachene Schnitten von einem Rebhun.
    Strauben von Aepffeln.
    Weixeln.
    Aufgelauffene Weixeln.
    Aepffel.
    Birn.
    Quitten.
    Wegwarten.
Sultzen von Capaunen.
    Rebhünern.
    Pfersichen.
    Quitten.
    Aepffeln.
    Ribes- oder Johannes-Beerlein.

Eingemachte Früchte und Wurtzeln/ als: Marilln oder Abricosen.
    Pfersiche.
    Quitten.
    Ribes- oder Johannes-Beerlein.
    Saurach oder Wein-Lägelein.
    Zwetschgen.
    Weixeln.
    Weixel-Kugeln zum Weixel-Wein.
    Calmus
    Alantwurtz.
    Wegwarten.
Dorten von Quitt n
    Marilln oder Abricosen.
    Pfersichen.
    Aepffeln.
    Birnen.
    Weixeln.
    Zwetschgen.
    Pfeben oder Melonen.
    Ribes- oder Johannes-Beern.
    Weissen Halm-Ruben.
    Sonderlicher Fruchtdorten.

Zuckerwerck.

Quitten-Biscoten.
    Zelten/ unterschiedlicher Art.
    gewürtzt.
    daß sie das gantze Jahr gut bleiben.
    Latwergen.
      mit Citronen.
      durchsichtig.
      brockicht.
      gewürtzt.
      ungesotten.
    Morselln.
    Käß.
    Citronen-Kraut mit Quitten.
Latwerg von Aepffeln
    Pfersichen.
Zelten von Pfersichen.

Von allerley Speisen.

Im September.

Von Fischen.

Hausen.
Lachs.
Forelln.
Gemeine Forelln.
Hechte.
Karpffen.
Weißfische am besten.
Orfen am besten.
Kressen.
Grundeln am besten.
Sengelein — — —
Frösche.
Heringe.

Von Wildpret.

Hasen.
Wilde Schweine.

Von Geflügel.

Auerhannen.
Haselhüner.
Wilde Gänse.
— — Enten.
— — Tauben.
Wasser-Taucherlein.
— — — Hünlein.
Wald- und Wasser-Schnepffen.
Wachteln.
Amscheln.
Troscheln.
Sand- und Korn-Lerchen.
Fremde oder Heidel-Lerchen.
Gegler.
Fincken.
Emmerlinge.
Welsche Hüner.
Capaunen.
Hüner.
Zahme Gänse.
— — Enten.

Von Früchten.

Frische Essig-Cappern.
Mandeln.
Pfeben oder Melonen.
Muscateller, und andere Weintrauben.
Pfersische.
Quitten.
Aepffel.
Birn.
Zwetschgen.
Nüsse.
Cucummern.
Artischocken.
Kürbise.

Von Kräuterwerck.

Schafmäuler.
Weisse Halm-Ruben.
Rothe Ruben.
Gelbe Ruben oder Möhren.
Bäyerische, oder Pfetter-Ruben.
Kohl-Ruben.
Krän oder Meer-Rettig.
Weisser Rettig.
Gemeine frische Erbsen.
Käß- oder Blumen-Kohl.
Welscher Kohl.
Gehaupter Salat.
Lactuck, oder Lattich.
Endivien.
Seller.
Cardus.
Scorzonera.
Wegwarten.
Spinat oder Grünes Kraut.
Boretsch-Borragen-Kraut.
Pertram.
Ampffer.
Gehauptes Kraut.
Petersilien-Kraut und Wurtzeln.
Welscher Petersil.
Calmus.
Alant-Wurtz.

Von Zugemüß.

Reiß.
Neue Käse.

Fffff iij Von

Von denen in dem Kochbuch befindlichen Speisen.

Suppe von Aepffeln.
  Nüssen.
  Seller.
  Borragen.
  Ampffer.
  Ruben.
  Scorzonera.
  Wegwarten.
Mus von Quitten-Aepffeln.
  Biruen.
  Nüssen.
  Zwetschgen.
  Pfeben oder Melonen.
Kooch von Quitten.
  Aepffeln.
Brühen von Aepffeln.
  Petersilien-Wurtzeln.
  Krän und Meer-Rettig mit und ohne Mandeln.
  Muscateller- und andern Trauben.
  Seller.
Hecht mit neuen Heringen.
  in Bäyerischen oder Pfetter-Ruben
  Ungarischer Brüh.
  Polnischer Brüh.
  Oesterreichischer Brüh.
Gesaltzner Hecht mit Bäyerischen oder Pfetter-Ruben.
Karpffen auf unterschiedliche Arten zugerichtet.
Hausen auf zweyerley Art zugerichtet.
Pirsinge in Polnischer Brüh,
  gedämpfft mit Petersilien-Wurtzeln.
Grundeln und Sengelein unterschiedlich zugerichtet.
Kressen gesotten.
Heringe unterschiedlich zugerichtet.
Frösche.
Halbfische mit Petersilien-Wurtzeln.

Pasteten von welschen Hünern und Capaunen.
  Auerhannen.
  Haselhünern.
  Wald- und Wasser-Schnepffen.
  Wilden Enten und Gänsen.
  Wilden Tauben.
  Kleinen Vögeln.
  Hasen.
  Wilden Schwein.
  Karpffen.
  Spanische Pasteten.
Gebratene Hasen.
  Welsche Hüner.
  Auerhannen.
  Wilde Gänse.
  Zahme Gänse.
  Capaunen.
  Haselhüner.
  Wilde Tauben.
  Wasser-Taucherlein.
  — — Hünlein.
  Wald- und Wasser-Schnepffen.
  — — — gefüllt.
  Troscheln.
  Sand- und Heidel-Lerchen.
  Gegler.
  Fincken.
  Emmerlinge.
  Schöps-Keule.
Salat von Pfersichen.
  Fächern.
  Artischocken.
  Cardus.
  Seller.
  Boretsch oder Borragen.
  Käß- oder Blumen-Kohl.
  Welschen Kohl.
  Gehaupter Salat.
  Lactuck oder Lattich.
  Endivien.
  Wegwarten.

Salat

Von allerley Speisen.

Salat von bunten Wegwarten.
 Gehaupten Kraut.
 Rothen Ruben.
 Gurcken oder Kimmerlingen.
 Weissen Rettig.
 Kürbisen.
Artischocken einzumachen.
Mostart auf welsche Art von Quitten.
Salsen von Nüssen.
 Pertram.
 Ampfer.
Gedämpfft- und gesottene Hüner und Capaunen auf mancherley Art.
 Schnepffen.
 Wilde Enten.
 Kleine Vögelein in Weintrauben.
 Hasen auf unterschiedliche Arten.
Schweinen Wildpret/ wie es lang und gut aufzubehalten.
Schöps-Keule.
Zwiebel-Braten.

Neben-Essen.

Ollapotrid von Pertram.
Ravioln von Gäns-Leberlein.
Klößlein von Karpffen.
 Capaunen.
 Aepffeln.
 Birnen.
Semmeln mit kleinen Vögelein gefüllt.

Gefüllt- und gedünstete Früchte.
 Pfersiche.
 Quitten.
 Aepffel.
 Birn.
 Zwetschgen.
Gebachene Strauben von Aepffeln.
 Welsche Nüsse.
 Aepffel.
 Birn.

Gebachene Quitten.
 Wegwarten.
Sultzen von Capaunen.
 Pfersichen.
 Quitten.
 Aepffeln.

Eingemachte Früchte und Wurtzeln/ als: Pfersiche.
 Quitten.
 Muscateller und andere Trauben.
 Zwetschgen.
 Calmus.
 Alantwurtz.
 Wegwarten.

Dorten von Quitten.
 Pfersichen.
 Aepffeln.
 Birnen.
 Zwetschgen.
 Pfeben oder Melonen.
 Wüssen Halm-Ruben.

Zuckerwerck.

Quitten-Bisam.
 Zelten/ auf unterschiedliche Art. gewürtzt/ daß sie ein gantzes Jahr gut bleiben.
 Latwergen.
 mit Citronen.
 durchsichtig.
 brockicht.
 gewürtzt.
 ungesotten.
 Käß.
 Morselln.
 Citronen-Kraut mit Quitten.

Latwerg von Aepffeln.
 Pfersichen.
Zelten von Hiefen oder Hagenbutten.
 Pfersichen.

Jm

Im October.

Von Fischen.
Lachs.
— Forelln.
Gemeine Forelln.
Hecht.
Orfen am besten.
Karpffen.
Grundeln.
Sengelein.
Brexen.
Frösche.
Neunaugen oder Pricken.
Heringe
Neue Stockfische.
— — Halbfische.

Von Wildpret.
Hasen.
Wilde Schweine.

Von Geflügel.
Aurhannen.
Haselhüner.
Rebhüner.
Wilde Gänse.
— — Enten.
Wasser-Taucherlein.
— — Hünlein.
Wald-Schnepffen.
Krammets-Vögel.
Amscheln.
Rothe Troscheln.
Mistler.
Fincken.
Hähr.
Gegler.
Hänflinge.
Kernbeisser.
Welsche Hüner.
Capaunen.
Hüner.
Zahme Gänse.
— — Enten.

Von Früchten.
Oliven.
Mispeln oder Hespelein.
Hieffen- oder Hagen-Butten.
Muscateller, und andere Weintrauben.
Pfersiche.
Quitten.
Aepffel.
Birn.
Zwetschgen.
Nüsse so man nunmehr in Sand legen,
  und biß in December frisch aufbe-
  halten kan.
Kürbise.

Von Kräuterwerck.
Wegwarten.
— — — dergleichen Keimlein oder
  Spröslein.
Scorzonera.
Seller.
Endivien.
Cardus.
Ampffer.
Boretsch- oder Borragen.
Spinat, oder Grünes Kraut.
Schafmäuler.
Gehaupter Salat/ doch nur biß zur helfft
  dieses Monats.
Käß- oder Blumen-Kohl.
Welscher Kohl.
Brauner- oder Feder-Kohl.
Gehauptes Kraut.
Peterlein- oder Petersilien-Kraut und
  Wurtzeln.
Welscher Petersil.
Calmus.
Alantwurtz.
Weisse Halm-Ruben.
Rothe Ruben.
Möhren- oder gelbe Ruben.
Bäyerische- oder Pferter-Ruben.
Kohl-Ruben oder Rub-Kohl.
Weisser Rettig/ jedoch nur zur helfft die-
  ses Monats.
Meer-Rettig oder Krän.

Von Zugemüs.
Reiß.
Neue Käse.

Von allerley Speisen.

Von denen in dem Kochbuch befindlichen Speisen.

Suppe von Schnecken.
    Aepffeln.
    Nüssen.
    Seller.
    Borragen.
    Ampfer.
    Ruben.
    Scorzonera.
    Wegwarten und Keimlein.
Mus von Quitten-Aepffeln.
    Birnen.
    Nüssen.
    Zwetschgen.
Kooch von Quitten.
    Aepffeln.
Brühen von Aepffeln.
    Petersilien-Wurtzeln.
    Krän- oder Meer-Rettig mit und ohne Mandeln.
    Muscateller- und andern Weintrauben.
    Hiefen oder Hagenbutten.
    Seller.
Hecht mit Heringen.
    in Bäyrischen, oder Pfetter-Ruben.
    Ungarischer Brüh.
    Polnischer Brüh.
    Oesterreichischer Brüh.
Gesaltzner Hecht mit Bäyerischen, oder Pfetter-Ruben.
Karpffen auf mancherley Arten zugerichtet.
Pirsinge in Polnischer Brüh.
    gedämpfft mit Petersilien-Wurtzeln.
Grundeln und Sengelein unterschiedlich zugerichtet.
Neunaugen auf mancherley Art zugerichtet.
Brexen auf zweyerley Art zugerichtet.
Heringe unterschiedlich zugerichtet.
Frösche.
Saltzfische mit Petersilien-Wurtzeln.
Ollapotrid von Austern, Schnecken und Tartuffoln.

Pasteten von Welschen Hünern und Capaunen.
    Auerhanen.
    Hasel- und Rebhünern.
    Wald-Schnepffen.
    Wilden Gänsen und
    — — Enten.
    — — Tauben.
    Kleinen Vögeln.
    Hasen.
    Wildem Schwein.
    Karpffen.
    Spanische Pasteten.
Gebratene Hasen.
    Auerhanen.
    Wilde Gänse.
    Zahme Gänse.
    Capaunen.
    Hasel- und Rebhüner.
    Wilde Tauben.
    Wasser-Taucherlein.
    — — Hünlein.
    Wald-und Wasser-Schnepffen.
    — — — — gefüllt.
    Krammets-Vögel.
    Troschel.
    Mistler.
    Hähr.
    Gegler.
    Hänflinge.
    Kernbeisser.
    Schöps-Keule.
    Spanferckelein.
Salat von Pfersichen.
    Cardus.
    Seller.
    Boretsch oder Borragen.
    Käß- oder Blumen-Kohl.
    Welschen Kohl.
    Gehaupter Salat.
    Endwien.
    Wegwarten.
    Bunten Wegwarten.
    Wegwarten Keimlein oder Sprößlingen.

Salat von Schafmäulern.
Gehaupten Kraut.
Rothen Ruben.
weissen Rettig.
Kürbissen.
Mostart auf Welsche Art von Quitten.
Salsen von Nüssen.
Hiefen oder Hagenbutten.
Ampfer.
Gesottene und gedämpffte Hüner und Capaunen auf mancherley Art.
Rebhüner.
Schnepffen.
Wilde Enten.
Kleine Vögelein.
in Weintrauben.
Hasen auf unterschiedliche Arten.
Schweinen-Wildpret / wie es lang und gut aufzubehalten.
Schöps-Keule.
Zwiebel-Braten.

Neben-Essen.

Ollapotrid.
Schnecken gebraten.
gesotten.
in Oel.
gespickt gebraten.
gebachen.
mit Eyern zugerichtet.
Ravioln von Gäns-Leberlein.
Klößlein von Karpffen.
Capaunen.
Schnecken.
Aepffeln.
Birnen.
Semmeln mit kleinen Vögelein gefüllt.
Gefüllt- und gedünstete Früchte.
Pfersiche.
Quitten.
Aepffel.
Birnen.
Zwetschgen.
Gebachene Schnitten von einem Rebhun.
Strauben von Aepffeln.

Gebachene Welsche Nüsse.
Aepffel.
Birn.
Quitten.
Wegwarten.
Sulzen von Capaunen.
Rebhünern.
Pfersichen.
Quitten.
Aepffeln.
Eingemachte Früchte und Wurtzeln / als: Pfersiche.
Quitten.
Muscateller- und andere Trauben.
Zwetschgen.
Hiefen oder Hagenbutten.
Latwergen.
Mispeln oder Hespelein.
Calmus.
Alantwurtz.
Wegwarten.
Dorten von Quitten.
Pfersichen.
Aepffeln.
Birnen.
Zwetschgen.
Weissen Halm-Ruben.

Zuckerwerck.

Quitten-Biscoten.
Zelten / auf unterschiedliche Art.
gewürtzt / daß sie ein gantzes Jahr gut bleiben.
Latwergen.
mit Citronen.
durchsichtig.
brockicht.
gewürtzt.
ungesotten.
Morselln.
Käß.
Citronen-Kraut mit Quitten.
Latwerg von Aepffeln.
Zelten von Pfersichen.
Hiefen oder Hagenbutten.

Im

Von allerley Speisen. 971

Im November.

Von Fischen.

Lachs.
Forelln.
Gemeine Forelln.
Ruppen.
Orfen am besten.
Karpffen.
Grundeln.
Sengelein.
Breren.
Austern.
Neunaugen oder Pricken.
Heringe.
Frischer Lax.
Süsse Picklinge.   ⎫
Gesaltzene Picklinge. ⎬ am besten.
Sardelln.   ⎭
Laberdan oder Chabliau.
Schnecken.

Von Wildpret.

Hasen.
Wilde Schweine.

Von Geflügel.

Fasanen.
Pfauen.
Auerhannen.
Rebhüner.
Wilde Gänse.
— — Enten.
Krammets-Vögel.
Rothe Troscheln.
Schnepffen/ aber gar wenig/ dann so bald es schneyet/ verlieren sie sich.
Mistler.
Kernbeisser.
Welsche Hüner.
Capaunen.
Hüner.
Zahme Gänse.
— — Enten.

Von Früchten.

Castanien.
Oliven.
Mispeln, oder Hespelein.
Hieffen, oder Hagen-Butten.
Quitten.
Aepffel.
Birn.
Zwetschgen/ biß zur helfft dieses Monats.

Nachfolgende Früchte ob sie schon das gantze Jahr durch zu haben/ sind doch in diesem Monat am besten und frischsten zu bekommen.

Citronen.
Pomerantzen.
Limonien.
Citronat.
Granat-Aepffel.
Rosine.
Weinbeere, oder Corinthen.
Eingemachte Feigen.
Prinelln.
Pinien, und Pistacien-Nüßlein.

Von Kräutern.

Erdäpffel.
Brunnkreß.
Scorzonera.
Wegwarten und derselben Keimlein.
Cardus.
Endivien.
Seller.
Schafmäuler.
Spinat- oder Grünes Kraut.
Käß- oder Blumen-Kohl.
Brauner oder Feder-Kohl.
Welscher Kohl.
Gehauptes Kraut.
Petersilien-Kraut und Wurtzel.
Welscher Petersil.
Meer-Rettig, oder Krän.
Weisse Halm-Ruben.

Gggggg ij   Möhren-

Möhren oder Gelbe Ruben.
Rothe Ruben.
Bäyerische, oder Pfetter-Ruben.
Kohl-Ruben.

Von Zugemüs,
Frischer Senff oder Mostart.

Von denen in dem Kochbuch befindlichen Speisen.

Suppe von Schnecken.
   Aepffeln.
   Hiefen.
   Seller.
   Ruben.
   Brunnkreß.
   Scorzonera.
   Wegwarten und Keimlein.
Mus von Quitten.
   Aepffeln.
   Birnen.
   Nüssen.
   Zwetschgen.
   Hiefen.
Kooch von Quitten.
   Aepffeln.
Brühen von Austern.
   Aepffeln.
   Petersilien-Wurtzeln.
   Krän- oder Meer-Rettig mit und ohne Mandeln.
   Hiefen oder Hagenbutten.
   Seller.
Hecht mit Heringen.
   in Bäyerischen oder Pfetter-Rub.
   Ungarischer Brüh.
   Polnischer Brüh.
   Oesterreichischer Brüh.
   frischen Mostart.
Gesaltzner Hecht mit Bäyerischen, oder Pfetter-Ruben.
Karpffen auf mancherley Arten zugerichtet.
Pirsinge in Polnischer Brüh.

Ruppen auf mancherley Art zugerichtet.
   gedämpfft mit Petersilien-Wurtzeln.
Grundeln und Sengelein unterschiedlich zugerichtet.
Neunaugen auf mancherley Art zugerichtet.
Brexen.
Salm oder frischer Lax.
Säffe und gemeine Picklinge.
Heringe unterschiedlich zugerichtet.
Laberdan oder Chabliau.
Austern.
Ollapotrid von Austern, Schnecken und Tartuffoln.
Pasteten von welschen Hünern und Capaunen.
   Auerhannen.
   Fasanen und Pfauen.
   Rebhühnern.
   Wilden Gänsen und Enten.
   Hasen.
   Wildem Schwein.
   Karpffen.
   Spanische Pasteten.
Gebratene Hasen.
   Pfauen.
   Welsche Hüner.
   Auerhannen.
   Wilde Gänse.
   Zahme Gänse.
   Capaunen.
   Rebhüner.
   Wald-Schnepffen gefüllt.
   Krammets-Vögel.
   Troschel.
   Mistler.
   Kernbeisser.
   Schöps-Keule.
   Spanferckelein.
Salat von frischen Granat-Aepffeln.
   Cardus.
   Seller.
   Käß- oder Blumen-Kohl.
   Gehaupten Kohl.
          Salat

Von allerley Speisen.

Salat Gehaupter.
  von Endivien.
    Wegwarten.
    Bunten Wegwarten.
    Wegwarten-Sprößlingen.
    Brunnkreß.
    Schafmäulern.
    Kraut-Salat.
    Rothen Ruben.
Mostart auf Welsche Art von Quitten.
Salsen von Nüssen.
    Hiefen oder Hagenbutten.
Gedämpfft- und gesottene Hüner und Capaunen/ auf mancherley Art.
    Rebhüner.
    Schnepffen.
    Wilde Enten.
    Hasen auf unterschiedliche Arten.
Schweinen Wildpret / wie es lang und gut aufzubehalten.
Schöps-Keule.
Zwiebel-Braten.

Neben-Essen.

Schnecken gebraten.
    gesotten.
    in Oel.
    gespickt gebraten.
    gebachen.
    mit Eyern zugerichtet.
Ravioln von Gäns-Leberlein.
Klößlein von Karpffen.
    Capaunen.
    Schnecken.
    Aepffeln.
    Birnen.
Gefüllt- und gedünstete Früchte.
    Quitten.
    Hiefen oder Hagenbutten.
    Aepffel.
    Birn.
    Zwetschgen.

Gebachene Schnitten von einem Rebhun.
    Strauben von Aepffeln.
    Aepffel.
    Birn.
    Quitten.
    Wegwarten.
Sultzen von Capaunen.
    Rebhünern.
    Quitten.
    Aepffeln.
Eingemachte Früchte und Wurtzeln/ als: Quitten.
    Muscateller- und andere Trauben.
    Zwetschgen.
    Hiefen- oder Hagenbutten-Latwergen.
    Mispeln oder Hespelein.
Dorten von Quitten.
    Aepffeln.
    Birnen.
    Castanien.
    Zwetschgen.
    Weissen Halm-Ruben.

Zuckerwerck.

Quitten-Biscoten.
    Zelten / unterschiedlicher Art.
    gewürtzt.
    daß sie das gantze Jahr gut bleiben.
    Latwergen.
    mit Citronen.
    durchsichtig.
    brockicht.
    gewürtzt.
    ungesotten.
    Morselln.
    Käß.
    Citronen-Kraut mit Quitten.
Latwerg von Hiefen oder Hagenbutten.
    Aepffeln.

Im December.

Von Fischen.

Lachs.
Forelln.
Gemeine Forelln.
Ruppen.
Orfen am besten.
Karpffen.
Grundeln.
Sengeleix.
Brexen.
Austern.
Neunaugen oder Pricken.
Heringe. ⎫
Frischer Lax. ⎬ am besten.
Süsse Picklinge. ⎪
Sardelln. ⎭
Laberdan oder Chabliau.
Schnecken.

Von Wildpret.

Wilde Schweine.

Von Geflügel.

Fasanen.
Pfauen.
Auerhannen.
Rebhüner / sonderlich so ein starcker Schnee fället.
Wilde Gänse.
— — Enten.
Welsche Hüner.
Capaunen.
Hüner.
Kernbeisser.

Von Früchten.

Hiessen / oder Hagen-Butten.
Aepffel.
Birn.
Quitten.
Castanien.

Von Kräutern.

Käß- oder Blumen-Kohl.
Cardus.
Seller.
Scorzonera.
Brunnkreß.
Schafmäuler.
Endivien.
Wegwarten und derselben Keimlein.
Welscher Kohl.
Brauner- oder Feder-Kohl.
Gehauptes Kraut.
Erdäpffel.
Welscher Petersil.
Weisse Ruben.
Möhren- oder Gelbe Ruben.
Rothe Ruben.
Bäyerische- oder Pfetter-Ruben.
Kohl-Ruben- oder Rub-Kohl.
Kräu- oder Meer-Rettig.

Von Zugemüs.

Frischer Senff oder Mostart.

Von denen in dem Kochbuch befindlichen Speisen.

Suppe von Schnecken.
    Aepffeln.
    Hiefen.
    Seller.
    Ruben.
    Brunnkreß.
    Scorzonera.
    Wegwarten und dero Keimlein.
Mus von Quitten.
    Aepffeln.
    Birnen.

Von allerley Speisen.

Mus von Nüssen.
    Hiefen.
Kooch von Quitten.
    Aepffeln.
Brühen von Austern.
    Aepffeln.
    Krän oder Meer-Rettig mit und ohne Mandeln.
    Hiefen oder Hagenbutten.
    Seller.
Hecht mit Heringen.
    in Bäyerischen oder Pfetter-Ruben.
    Ungarischer Brüh.
    Polnischer Brüh.
    Oesterreichischer Brüh.
    frischen Senff oder Mostart.
Gesaltzner Hecht mit Bäyerischen- oder Pfetter-Ruben.
Karpffen auf mancherley Arten zugerichtet.
Pirsinge in Polnischer Brüh.
Ruppen auf mancherley Arts zugerichtet.
    gedämpfft mit Petersilien-Wurtzeln.
Grundeln und Sengelein auf mancherley Art zugerichtet.
Neunaugen auf mancherley Art zugerichtet.
Brexen auf zweyerley Weise zugerichtet.
Salmen oder frischer Lax.
Süsse und gemeine Picklinge.
Heringe unterschiedlich zugerichtet.
Laberdan oder Chabliau.
Austern.
Pasteten von Welschen Hünern und Capaunen.
    Auerhannen.
    Fasanen und Pfauen.
    Rebhühnern.
    Wilden Gänsen und Enten.
    Wildem Schwein.
    Karpffen.
    Spanische Pasteten.

Gebratene Hasen.
    Pfauen.
    Auerhannen.
    Welsche Hüner.
    Wilde Gänse.
    Capaunen.
    Rebhüner.
    Krammets-Vögel.
    Troscheln.
    Mistler.
    Kernbeisser.
    Spanfercklein.
Salat von Cardus.
    Seller.
    Käß- oder Blumen-Kohl.
    Welschen Kohl.
    Gehaupter Salat.
    Endivien.
    Wegwarten.
    Bunten Wegwarten.
    Wegwarten-Keimlein oder Sprößlingen.
    Brunnkreß.
    Schafmäulern.
    Gehaupten Kraut.
    Rothen Ruben.
Mostart auf welsche Art von Quitten.
Salsen von Hiefen oder Hagenbutten.
    Nüssen.
Ein Wilder Schweins-Kopff/ auf unterschiedliche Arten zuzurichten.
Gesottene und gedämpffte Hüner und Capaunen auf mancherley Art.
    Rebhüner.
    Wilde Enten.
Ollapotrid von Austern/ Schnecken und Tartuffoln.

Neben-Essen.

Schnecken gebraten.
    gesotten.
    in Oel.

Schnecken

Schnecken gespickt gebraten.
        gebachen.
        mit Eyern zugerichtet.
Klößlein von Karpffen.
        Capaunen.
        Schnecken.
        Aepffeln.
        Birnen.
Cardus.

Gefüllt- und gedünstete Früchte.
        Quitten.
        Hiefen oder Hagenbutten.
        Aepffel.
        Birn.
Gebachene Schnitten von einem Rebhun.
        Strauben von Aepffeln.
        Aepffel.
        Birn.
        Quitten.
        Wegwarten.
Sultzen von Capaunen.
        Rebhünern.
        Quitten.
        Aepffeln.

Eingemachte Früchte und Wurtzeln/
als: Quitten
        Hiefen oder Hagenbutten-Latwergen.
Dorten von Quitten.
        Aepffeln.
        Birnen.
        Castanien.
        Weissen Halm-Ruben.

Zuckerwerck.

Quitten-Biscoten.
        Zelten/ auf unterschiedliche Art.
        gewürtzt/ daß sie ein gantzes Jahr gut bleiben.
        Latwergen.
        mit Citronen.
        durchsichtig.
        brockicht.
        gewürtzt.
        ungesotten.
        Morseln.
        Käß.
        Citronen-Kraut mit Quitten.
Zelten von Hiefen oder Hagenbutten.
Latwerg von Aepffeln.

Von allerley Speisen.

Durchs gantze Jahr sind folgende Wahren und Speisen/ (welche zwar in denen Monaten/ worinnen sie frisch oder am besten sind/ auch eingezeichnet stehen) zu haben und zu verspeisen.

Von Fischen folgende:

Wobey jedoch zu mercken/ daß sie zu der Zeit/ wann sie laichen/ nicht gar gut seyn.

Ale / laichen zwischen Ostern und Pfingsten.
Forellen/ laichen im Frühling/ wann es anfängt warm zu werden.
Hechte/ haben keine gewisse Zeit zu laichen.
Parschen oder Pirsinge/ ⎫
Weißfische/ ⎬ laichen im Frühling.
Orfen/ ⎭
Karpffen/ ⎫ laichen zwischen Ostern und
Schleihen/ ⎬ Pfingsten.
Grundeln/ laichen im Frühling.
Krebse.
Stockfische.
Plateiß oder Halbfische.
Sardellen.

Von Wildpret.

Hasen.
Hirschen.
Rehe.

Von Geflügel.

Zahme Tauben.
— — Hüner.

Von Früchten.

Citronen.
Pomerantzen.
Limonien.
Citronat.
Granat-Aepffel.
Rosine.
Weinbeere oder Corinthen.
Datteln.
Eingemachte Feigen.
Prinelln.
Pinien- und
Pistacien-Nüßlein.
Oliven.
Saltz- und
Essig-Cappern.
Lorbeere.

Von Kräuterwerck.

Löffel-Kraut.
Gunreben.
Mangolt.
Salbey.
Majoran.
Rosmarin.
Basilien.
Schalotten.
Peterlein- oder Petersilien-Kraut.
Grüne Zwiebeln.
Knoblauch.
Kümmel.
Körfel- oder Körblein-Kraut.
Hanf-Körner.
Sauer Kraut.

Hhhhhh   Von

Von Zugemüs.

Schwaden.
Reiß.
Gersten.
Erbsen.
Linsen.
Haber.
Heydel oder Buchweitzen.
Hirs.
Griz oder Grieß.
Lorbeere.
Sauer Kraut.
Senff oder Mostart.
Käse.

Von denen in dem Kochbuch befindlichen Speisen.

Ollapotrid-Suppe.
Suppe von Hünerbeinen.
    Hüner-Leberlein.
    Briesen.
      so gefüllt.
    Bratwürsten.
    Speck.
    Niern.
    Krebsen.
    Fischrogen.
    Sardelln.
    Eyern.
    Choccolaten.
    Milch und Ram oder Kern.
    Buttermilch.
    Käß.
    Reinfal.
    Malvasier.
    Meet.

Suppe von Wein.
    Bier.
    Citronen.
    Limonien.
    Datteln.
    Zibeben oder Rosinen.
    Cappern.
    Mandeln.
    Pinien- und Pistacien-Nüßlein.
    Weixeln / dürr.
    Hagenbutten oder Hiefen.
    Rosinen und Weinbeern.
    Majoran.
    Körfel- oder Körblein-Kraut.
    Petersilien.
    Hanff.
    Kümmel.
    Zwiebel.
    Knoblauch.
    Sauern Kraut.
    Erbsen.
    Haber.
    Linsen.
    Reiß.
    Gersten.
    Mehl.

Mus von Malvasier.
    Reinfal.
    Wein.
    Bier.
    Rosenwasser.
    Gestoßnen.
    Krebsen.
    Hirn.
    Lungen.

Von allerley Speisen.

Ein Mäyen-Mus.
Herbst-Mus.
Schüssel-Mus.

Mus von Eyer-Käß.
   Eyern unterschiedlicher Art.
   Zucker.
   Pinien-und
   Pistacien.
   Mandeln.
   Citronat.
   Muscaten.
   Citronen.
   Datteln.
   Feigen.
   Zibeben oder Rosinen.
   Weinbeern.
   Petersilien-Kraut.
   Reiß.
   Hirs.
   Schwaden.
   Gritz.
   Haber.
   Gersten.
   Heydel oder Buchweitzen.
   Erbsen.
   Linsen.
   Semmeln.

Kooch von Krebsen.
   Hüner-Leberlein.
   Niern.
   Nudeln.
   Milch.
   Schmaltz.
   Mandeln.
   Zibeben oder Rosinen.

Kooch von Feigen.
   Petersilien.
   Reiß.
   Grieß oder Gritz.

Aale auf unterschiedliche Arten zugerichtet.
Forelln / — — — — — —
Hecht / — — — — — —
Pärschen oder Pirsinge / auf mancherley Arten zugerichtet.
   wie Oraden einzumachen.
Weißfische / wie Oraden zu machen.
Schleihen.
Krebse.
Austern von Krebsen oder Fisch-Milch.
Plateiß oder Halbfische.
Stockfische.
Sardelln.
Dürrer Lax.
Krebse / und davon unterschiedliche Richten / so in dem Haupt-Register nachzuschlagen.
Ollapotrid von Austern/ Schnecken und Tartuffoln.

Brühen von Citronen auf mancherley Arten.
   Butter.
   Lebkuchen auf verschiedene Arten.
   Knoblauch.
   Limonien unterschiedlicher Arten.
   Oliven.
   Sardelln.
   Krebsen.

Brühen

Brühen von Speck.
  Cappern.
  Salbey.
  Rosmarin.
  Zwiebeln unterschiedlicher
    Art.
  Knoblauch.
  Erbsen.
  Pomerantzen.
  Petersilien-Kraut/ grün
    von Farb.
  Lorbeern.
  Mostart.
  Milchram.
  Weixel-Latwergen.
  Gewürtz-Negelein.
  Citronat.
  Kümmel.
  Granat-Aepffeln.
  Zibeben und Rosinen.
  Wachholdern.
  Schalotten.
  Rosen-Essig.
  Holbeer-Essig.
  Weixel-Essig.
  Reinfal.
  Schnittlauch.
  so süß/ über allerley Wild-
    pret.
  Rosinen.
  Majoran.
  Coriander.

Pasteten von Hünern.
  Zahmen Tauben.
  einem Kalb-Schlegel oder
    Kastran.
  Prisilln.

Pasteten von Rindfleisch.
  Aalen.
  Hechten.
  Forelln.
  Gesaltzenen Hechten.
  Stockfischen.
  Schuncken oder Hammen.
  Ollapotrid-Pasteten.
  Kleine Pastetlein / unter-
    schiedlicher Art.
  Wännlein-Pastetlein.
  Krebs-Pastetlein unter-
    schiedlicher Art.
  mit Krafft-Zeug.
  Butter-Schlangen.

Gebratene Hüner/ auf unterschiedliche
    Art zu braten.
  auf Rebhüner Art.
  Zahme Tauben.
  Kalb-Schlegel/ auf unter-
    schiedliche Art gebraten.
  Prisilln.
  Niernbraten.
  gefüllte Kalbs-Brust.
  Kalbs-Rücken.
  gewickelte Brätlein.
  Nieblein.
  Rinds-Rieb.
  Lend-Braten.
  Eingebeitzte Riemen.
  Polnischer Braten.
  Schwäbischer Braten.
  Schweins-Braten.
  Schwein-Schlegelein.
  Nierlein.
  Kalbs-Briese.

Essig

Von allerley Speisen.

Eſſig von Citronen.
    Weinbeern oder Corinthen.

Salat von Granat-Aepffeln.
    Citronat.
    Citronen.
    Pomerantzen.
    Cappern.
    Kräutern.
    Zwiebeln.
    Schwartzen Rettig.
    Sardelln.
    Cappern.

Moſtart auf Niederländiſche Art.
Salſen von Citronen.
    Mandeln.
    Weinbeern oder Corinthen.
    Löffel-Kraut.
    Peterſilien-Kraut.

Die Vorrichten / wie ſie Pag. 369. ſpecificirt zu finden / und hier zu wiederholen unnöthig.

Briſade.
Schweins-Käß.

Geſottene und gedämpffte Hüner / auf mancherley Art.
    gefüllt.
    daß man ſie kalt eſſen könne.
    Garten-Hünlein.

Fricaſsé.

Geſottene und gedämpffte Tauben / auf unterſchiedliche Art.
    auf Welſche Art.

Allerley Wildpret in unterſchiedlichen Brühen zu dämpffen.
    in Pfeffer.

Geſottenes Rindfleiſch in unterſchiedlichen Brühen.
    Abgetrocknetes Rindfleiſch.
    Geſaltzenes Rindfleiſch.
    Rindfleiſch beſonders zu kochen.

Geſottene und gedämpffte Niemen oder Lendbraten.
    Priſilln.
    Kalbs-Kopff mit ſeiner Haut.
    Kalb-Schlegel.
    Fleiſch auf verſchiedene Arten zu kochen.
      auf Niederländiſch.
      im Speck.
      beſonders zuzurichten.
    Kalbs-Rucken.
    Niern beſonder zuzurichten.
    Rind-
    Kalb-
    Schaf-Fleiſch ſo übergeblieben.
    Kalte Braten.
    Bocks-Niern.

Neben-Eſſen.

Ein Ollapotrid.
    Krebs-Strudel.
    Euter.
    Dorten.
    Gefüllt.
    Gebachen.
    Geſotten.

Strudel von Kalbs-Lungen.
    Kalbs-Niern.
    Peterſilien-Kraut.

Morgeln oder Maurachen aus einer Lungen zugerichtet.

Leber und Mägenlein auf unterſchiedliche Art zugerichtet.

Brieſe

Briese auf mancherley Art gekocht.
  gefüllt.
  gebachen.

Ravioln von Briesen.
  Hünerfleisch.
  Hüner-Leberlein.
  Kalbs-Niern.
  Küh-Euter.
  Bratwurst-Gehäck.
  Hechten.
  Krebsen.

Würstlein von Briesen auf mancherley Art.
  Hüner-Leberlein.
  Kalbfleisch.
  Kalten Gebratens.
  auf Welsche Art.

Klößlein oder Knötlein
  von Hechten.
  Krebsen.
  Hünern.
  Briesen.
  Hirn.
  Lebern.
  Niern-Braten.
  Kalbfleisch.
  Rindfleisch.
  Bratwürsten.
  Marck.
  Kalbfett.
  Eyern.
  Butter.
  Schmalz.
  Käß.

Klößlein von Weinbeerlein oder Corinthen.
  Mandeln.
  Petersilien- oder Mäyen-Kraut.
  Körfel- oder Körblein-Kraut.
  Semmeln auf mancherley Art.
  Grieß oder Gritz.
  Mehl.
  Bauern-Knötlein unterschiedlicher Art.
  gebachen.
  Heffen-Knötlein.

Krausse Semmeln.
Semmeln besonders zu zurichten.
  und Würste.
  gefüllt auf mancherley Art.

Gefüllte Semmeln mit Krebsen.
  Brosam-Kopff.

Eyer / und die davon zugerichtete Num. 593. beschriebene Speisen / sind das gantze Jahr zu haben / und können nach belieben gemacht werden / daher allhie zu wiederholen unnöthig.

Gefüllt- und gedünstete Früchte.
  Datteln.
  Prinelln.
  Zibeben oder Rosinen.
  dürre Hieffen oder Hagenbutten.
  — — Weixeln.
  — — Aepffel.
  — — Birn.
  — — Zwetschgen.
                    Gebachene

Von allerley Speisen. 983

Gebachene Hüner.
    Küchlein von Marck.
        Hirn.
        Bratwürsten.
        Kälberfüssen.

Die übrige Küchlein/ wie sie Num. 639. beschrieben zu finden/ können täglich nach belieben/ gemachet werden/ und sind daselbst nachzusuchen; die jenige aber/ so aus Früchten und Kräutern bestehen/ in ihren Monaten angewiesen zu finden.

Gebachene Citronen.
    gefüllte Citronen.
    Prinelln.
    Datteln.
    Feigen.
    Birnschnitz.
    Salbey.
    Reiß.
    Spitzwecken.
    Speckkuchen.
    Wespen-Nester.
    Scheiterhauffen.
    Gogelhopffen/
      auf unterschiedliche Arten.

Sultzen auf gemeine Art.
    von Hünern.
        Hirschhorn.
        Fischen.
        Forelln.
        Hechten.
        Krebsen.
        Citronen.

Sultzen von gefüllten Citronen.
    Pomerantzen.
    Zimmet.
    Lebkuchen.
    vielen Farben.
    so erhoben.
    Milch.
    weiß von Farb.
Schnee.

Eingemachte Früchte und Wurtzeln.
  als: Citronat.
    Citronen/ zusamt den Sauern.
    — — — gefüllt.
    — — — Kraut.
    Pomerantzen- und Citronen-Schelffen.

Torten von Butter/ auf unterschiedliche Art.
    Marck.
    Eyern/ auf mancherley Weise.
    Eyerkäß.
    Mandeln vielfältig verändert.
    in einer Schüssel.
    Zimmet.
    Citronen.
    Datteln.
    Feigen.
    Prinelln.
    Zibeben.
    Rosinen.
    Weinbeern oder Corinthen.
        Mäyen-

984 **Gründlicher Unterricht/ von allerley Speisen.**

Mäyen=Dorten von so genannten Mäyen=Kräutern.
von Reiß.

Ollapotrid=Dorten von eingemachten Früchten und Wurzeln.

Krafft=Dorten.

Gebäck=Dorten.

Dorten auf Französische Art / von gezogenen Teig.

Das Zuckerwerck betreffend / beliebe die Geneigte Leserin selbiges / ohne das was gehöriger Orten unter seine Monat eingeruckt worden / am 825. Blat nachzusuchen.

Eine

Erklärung/

Der auf das deutlichste in Kupffer gestochenen Vorstellung/ wie beedes ein Rind oder Ochs/ und dann auch ein Kalb allhier zu Nürnberg aufgehauen und zertheilet werden.

Aufhauung und Zertheilung deß

Ochsens.

Wann die Eingeweide herausgenommen/ und die Haut ausgeschunden ist/ so hänget man ihn auf/ und lässet ihn ohngefähr 24. Stunden also hangen: alsdann wird er in vier Viertel/ nemlich in zwey vördere und zwey hintere zerhauen/ gestalten in dem Kupffer zu sehen.

    A. Das vordere Viertel inwendig.
    B. —— detto —— auswendig.
    C. Das hintere Viertel inwendig.
    D. —— detto —— auswendig.

Von dem vördern Viertel auswendig B. wird
  a. der Bug oder die Schulter abgelöset/
    dann vom Bug inwendig E.
  2. Die Maus abgestochen/ und von einer jeden Seite ein
    Stücklein Fleisch abgelöset.
  3. Das Knie-Stuck abgeschlagen/

                              4. Das

4. Das weiß Stuck herausgeschnitten.
5. Die Bug-Röhre herausgelöset.
6. Das Schauffel-Bein/ unter dem weissen Stuck steckend/ herausgehauen.
a. Der Bug oder die Schulter äusserlich wird
7. in etliche Stücke/ und das übrige vom vördern Viertel/ so um besserer Erläuterung willen absonderlich an der Figur F. zu sehen/ in
b. zwey Theile zerhauen/ da von diesem der eine Theil genennet wird
c. das Stuck unter dem Bug/ und der andere
d. der Schild.

  Von dem untern Bug c. wird
8. das Namen-Stuck heruntergeschnitten/
9. das Druden-Stuck herausgehauen/
10. das Hals-Stück in etliche Theile zerhauen/ und davon
11. das Stichfleisch abgeschnitten.
12. Die Vorbrust in etliche Theile zerschnitten.
13. Der Brustkern nach der Quer voneinander geschnitten.

  Vom Schild d. wird
e. das vördere Rieb-Stuck abgehauen/ von welchem man
14. die vördere Riebe in 4. oder wenigere Theile/ und
15. die hohen Riebe gleichfalls in so viel Theile zu zerhauen pfleget.
f. Das Zwerg-Stück kommt aus dem Schild/ welches wieder in zwey Stücke getheilet wird/ nemlich in das
16. Hohe Zwerg-Stück/ und in das
17. Niedere Zwerg-Stück/ welche in etliche Theile/ nach belieben/ zerhauen werden.
g. Von der Nachbrust wird gehauet
18. die Spitze/ dann hauet man
19. die breiten Nachbrüste und
20. die quellende Nachbrüste in etliche Stücke.

          Von

Von dem hintern Viertel inwendig C. wird
21. die Maus abgestochen/ und von jeder Seite ein Stücklein Fleisch abgeschnitten/
h. die Schale herab und
22. in Stücklein gehauen/
23. der Schalen-Nabel abgeschnitten/ und hernach/ wie an der besondern Figur C * zu sehen/
24. der Lendbraten herausgeschnitten/
25. die runde Wurtzel herunter gehauen.

Das übrige vom hintern Viertel wird in zwey Stück zerhauen/ wovon das eine
k. das Hüfft-Stück/ und das andere
l. das Arsch-Stück genennet wird.

Dann wird aus dem Arsch-Stück l. deß hintern Viertels auswendig D.
29. der Schwantz heruntergeschnitten und zerhauen.
30. Der Wurtzel-Riemen ⎫
31. Der ausgekörnte Riemen ⎬ abgeschnitten und abgehauen.
32. Die beinigten Riemen ⎪
33. Die vördern Riemen ⎭

Endlich aus dem Hüfft-Stück k. deß hintern Viertels äusserlich D. herausgehauen.
34. die Hüfft.
35. die Spanwüsten.
36. die Zwergwüsten.
37. der Schlemme Nabel.

Zerthei-

Zertheilung
deß
Kalbs.

Nachdem ein Kalb in vier Viertel zertheilet worden / wie in dem Kupffer-Abdruck zu sehen / als nemlich

- A. das vordere Viertel inwendig.
- C. das vordere Viertel auswendig.
- D. das hintere Viertel inwendig.
- F. das hintere Viertel auswendig.

So wird vom vördern Viertel auswendig C. abgehauen

1. der Rucken (woraus man auch Rieblein hauen kan / wie die Figur B. zeiget)
2. die Hexe.
3. das Krätlein.
   Das übrige bleibt.
4. die Brust.

Vom hintern Viertel inwendig D. wird abgehauen

5. die Hexe.
6. das Knötlein-Fleisch/ so auch in zwey oder drey Theile / nach belieben / zu Prisiln der Länge nach / wie an der Figur E. zu sehen / kan zerschnitten werden.
7. das Schlößlein.
8. der Nierbraten.
9. der Nabel.

Doch kan man auch das hintere Viertel nur in zwey Theile / nach Ausweiß der Figur F. zertheilen / nemlich

10. in einen Schlegel und
8. Nierbraten.

Erster Blatweiser oder Register/ über die in diesem Koch-Buch enthaltene Krancken-Speisen/

So denen Günstigen Leserinnen/ nach Beschaffenheit der Kranckheit und deß Krancken/ auszulesen frey gelassen werden.

A.

Aal-Ruppen gedämpfft.	166
gesotten.	165. 166
in Kief- oder frischen Erbsen.	167
Abricosen-Dorten.	810
Agrest-Brüh.	302. 303. 304
Amarelln-Brüh.	308
Apffel-Brüh.	302. 303. 304
Dorten.	811. 812
Knötlein.	532
Kooch.	93
Mus.	69. 70. 71
Sultze.	748. 749
Suppe.	28
Artischocken in einer Butter-Brüh.	563
gebachen.	559
gefüllt.	561. 562

B.

Bier-Mus.	52. 53
Suppe.	23. 24
Birn-Mus.	71. 72
Knötlein.	532
Blauer Kohl.	564. 933
gefüllt.	565
Boretsch- oder Borragen-Suppe.	34
Brey Suche Mus.	
Briese in einer Agrest-Brüh.	510
Butter-Brüh.	509
gebachen.	510
gebraten.	290. 916
gefüllt.	511
gesotten.	509
Knötlein.	524
Ravioln.	511
Suppen.	5. 6
Würstlein.	516. 517
Brod-Mus.	84
Brühen von Agrest.	310. 426. 468. 510
Amarelln.	308
Aepfeln.	302. 303. 304
auf Böhmische Art.	433

Brühen

Register

Brühen von Butter. 509. 929
   Cappern. 624
   Citronen. 296. 424. 425. 466. 299
   Citronat. 295. 918
   Erdbeeren. 309
   Fenchel. 158
   Granatäpffeln. 300
   Hagenbutten. 309
   Hohlbeern. 309
   Krebsen. 8. 9. 236. 911
   Limonien. 300. 425. 466. 467
   Majoran. 471
   Mandeln. 423. 919
   Nudeln. 429
   Pomerantzen. 299. 424. 425
   Prinellnbrüh. 309
   Rosinen. 307
   Rosmarinbrüh. 311. 470. 471
   Sardelln. 930
   Wachholdern. 312
   Weintrauben. 305. 306
   Zibeben. 306. 307
Brunnkreß-Suppe. 36
Buchweitzen-Mus. 81
Butter-Blätter. 940
   Brüh. 519. 929
   Dorten. 790. 791—796. 939
   Knötlein. 530

C.

Capaunen in einer Brüh von Agrest. 426
   auf Böhmische Art. 433
   Cappern. 426
   Citronen. 424. 425
   gedämpfft. 434. 435
Capaunen in einem Gehäck. 432
   gesotten. 419. 928
   Knötlein. 523. 524
   in einer Limonienbrüh. 425
   Mandelbrüh. 423
   mit Nudeln. 429
   Pomerantzenbrüh. 424. 425
   in Reinfall. 423
   süß eingebickt. 433
   Sultzen. 733. 734. 735
Cappern-Brüh. 426. 467. 918
Cardus Suche Kardus.
Choccolaten-Suppe. 16
Cibeben Suche Zibeben.
Cichorien Suche Wegwarten.
Citronat-Brüh. 157. 295. 918
   Mus. 66. 67
Citronen-Brüh. 296. 299. 424. 466
   Dorten. 806. 941
   Sultzen. 742. 743
   Suppe. 25
Corinthen-Knötlein. 522
   Mus. 69
   Suppe. 30

D.

Datteln-Dorten. 807
   Mus. 68
   Suppe. 26
Dorten von Aepffeln. 811. 812
   Butter. 790. 791—796. 939
   Citronen. 806. 941
   Datteln. 807
   Eyern. 597. 941
   Feigen. 809
   Frantzösischer Art. 823
   Früchten. 819. 820
           Dorten

über die Krancken Speisen.

Dorten von gehackten Mandeln. 823
    Johannes-Beerlein. 816
    Krafft-Dorten. 822
    Kräutern. 817. 941
    Krebsen. 495. 496
    Mandeln. 798—805. 941
    Marck. 790
    Marilln. 810
    Muscateller-Birnen. 814
    Ollapotrid-Dorten. 818
    Pfersichen. 810
    Prineln. 809
    Quitten. 807. 808
    Ribes. 816
    Rosinen. 810
    Weixeln. 814
    Zibeben. 809
    Zimmet. 806
Dotter-Mus. 59

E.

Emmerlinge gebraten. 273
Endivien. 555
Erbsen-Suppe. 40. 41
    von frischen. 39
    mit Aal-Ruppen. 167
Erdbeer-Brüh. 309
    Mus. 72
    Suppe. 30
Erlitzen gesotten. 172
Euter von Eyern. 605
    Krebsen. 493. 494
Eyer-Dorten. 797. 941
    Dottern-Mus. 59
    Suppe. 11
    Euter. 605
    gebachen. 597
    Gersten. 60. 61
    Eyer so gehackt. 60. 61
    gestürtzte. 597. 598
    Gras-Eyer. 598
    Knötlein. 529. 611. 932
    Küßlein. 609
    Plätze. 613. 614
    in Schmaltz so eingerührt. 594
    eingesetzt. 596
    Suppe/oder Hader-Suppe. 12
    von gebachenen Eyern. 13
    gestürtzten Eyern. 14
    Suppe oder Töpflein-Suppe. 13
    von verlohrnen Eyern. 14
    Wämmlein. 608
    Würstlein. 609. 931

F.

Feigen-Dorten. 809
    Kooch. 92
    Mus. 68. 69
Fenchel-Brüh. 158
Fincken gebraten. 273
Forelln-Sultzen. 738
Frantzösischer Dorten. 823
Früchte gedünstet und gefüllet/wie selbige sämtlich zu finden find am 639. und folgenden Blättern.
in Zucker eingemacht und conservirt/wie sie beschrieben am 763. Blat und denen folgenden.

G.

Allert Suche Sultzen.
Garten-Hünlein. 437

Garten-Kohl.	571	Gefüllte Suppe.	6
Gebachene Briese.	510	Gegler gebraten.	273
Eyer.	597	Gehäck-Dorten.	823
in einer Suppe.	13	Gehackte Eyer-Gerste.	60.61
Krebse.	498	Suppe.	15
Pirsinge.	161	Gehacktes Kooch.	87
in einer Brüh.	161	Geißmilch-Suppe.	18
Gebrannte Suppe mit Mandeln und Rosinen.	44	Geiß-Viertel eingebickt.	481
		gebraten.	282
Gebratene Briese.	290.916	gedämpfft.	481
Emmerlinge.	273	Genister.	551
Fincken.	273	Geriebene Suppe.	16
Gegler.	273	Gersten zu kochen.	79.80
Geiß-Viertl.	282	Suppe.	43
Haselhüner.	263.265	Gestossenes Hüner-Mus.	53
Hüner.	262	Gestürtzte Eyer.	597.598
gefüllt.	263	Suppe.	14
wie Rebhüner.	262	Glöslein Suche Knötlein.	
Krammetsvögel.	270	Granatapffel-Brüh.	300
Lerchen.	271	Gras-Eyer.	598
in einer Brüh.	272	Göcker.	611
Mistler.	270	Grundeln blau gesotten.	170
Rebhüner.	263.265	in einer Butter-Brüh.	909
Troscheln.	270	gebachen.	171
gespickt.	271	gefüllt.	170
Gedünstete oder gedämpffte Capaunen.	434.435	gesotten.	169
		Grünes Kooch.	95
Hechtlein.	31	Grünes Kraut Suche Spinat.	
Hüner.	434.435.929		
Prisiln.	463	**H.**	
Rebhüner.	441.442		
Ruppen.	166	Haber-Suppe.	41.42
Vögelein.	443.444	Hader-Mus.	59
mit Weintrauben.	273.444	Suppe.	12
Gefüllte Briese.	511	Hagenbutten-Brüh.	309
Capaunen.	435.436	Mus.	730
Hüner.	435.436	Suppe.	29
Krebse.	496.497.498	Hanf-Suppe.	36

Hasel

Haselhüner gebraten.	264.265		Hüner/ein Koch davon.	86
Hecht=Knötlein.	521.522		eine Suppe davon.	5
Ravioln.	514		Würstlein davon.	518
Sultzen.	739.740		Sultzen.	733.734.735

J.

Johannesbeerlein=Dorten. 816
    Suppe. 30

Hechtlein in Rosmarin.	31
Heidel=Brey.	81
Hertzlein=Kohl.	569
Hieffen=Brüh.	309
Mus.	73
Suppe.	29
Hirschhorn=Sultze.	735.736. 938
Hohlbeer=Brüh.	309
Hopffen=Suppe.	38
Hüner in einer Agrest=Brüh.	426
Böhmischen=Brüh.	433
Cappern=Brüh.	426
Citronen=Brüh.	424.425
in Eyer=Dottern.	431
gebraten.	262
wie Rebhüner.	262
gedämpffet.	434.435.929
gefüllt.	263.435.436
in einem Gehäck.	432
gesotten.	419.928
davon man die Brüh trincken kan.	422
Hüner in einer Limonien=Brüh.	425
Mandel=Brüh.	423
Mus.	53
in Nudeln.	429
Reinfall.	422
süß eingebickt.	433.434
Beine/ eine Suppe davon.	4.5
Knötlein.	523.524
Leberlein.	513

K.

Kalbfleisch in einer Brüh.	464
von Agrest.	468
Butter.	929
Cappern.	467
Citronen.	466
eingebickt.	476
in einer Brüh von Kümmel.	478
Limonien.	466 467
Maseran.	471
Rosinen.	470.471
in süsser Brüh.	476
Knötlein.	526.527
Würstlein.	518
Kalbs=Füsse.	409.410
Gehäck.	464
Kardus.	550
Käß=Kohl Suche Blumen=Kohl.	
Keimlein.	553
Suppe.	37
Kief=Erbsen.	552.553
mit Ruppen.	767
Suppe.	39
Kindbetterin=Suppen.	16

a iij   Knob=

Knoblauch-Suppe.	39	Krebs-Dorten.	495
Knötlein von Aepffeln.	532	Euter.	493. 494
Birnen.	532	so gebachen.	498
Briesen.	524	gefüllt.	496. 497. 498
Butter.	530	gesotten.	193. 499. 911
Capaunen.	523. 524	Knötlein.	522
Eyern.	529. 611. 932	Kooch.	85
Hechten.	521. 522	Mus.	54
Hünern.	523. 524	Krebs-Pastetlein.	240. 241. 242. 911
Kalbfleisch.	526. 527		
Körbl-Kraut.	534	Ravioln.	515. 516
Krebsen.	522	in Semmeln gefüllt.	549
Mandeln.	533	Strudel.	490. 491. 492
Marck.	528	Sultze.	740. 741. 742
Semmeln.	534. 535	Suppe.	8. 9.
Schnecken.	523	Kuhnschroten.	551
Weinbeeren.	522	Kümmel-Suppe.	38
Kooch von Aepffeln.	93	Küßlein von Eyern.	609
Feigen.	92		
so gehackt.	87	**L.**	
grün.	95		
Hüner-Leberlein.	86	Lamms-Gehäck.	454
so krauß.	90	Fleisch.	464
von Krebsen.	85	in einer Agrest-Brüh.	468
Mandeln.	89	Butter-Brüh.	929
Nudeln.	87	Cappern-Brüh.	467
Quitten.	93	Citronen-Brüh.	466
Zibeben.	92	eingebickt.	476
Körbleinkraut-Knötlein.	534	in einer Brüh von Limonien.	466. 467
Krafft-Dorten.	822		
Nüßlein suche Pinien und Pistacien.		Majoran.	471
		Rosmarin.	470. 471
Krammers-Vögel gebraten.	270	süssen Brüh.	476
gespickt gebraten.	271	Lactuck.	555
Krausser Schüssel-Kooch.	50. 906	Leberlein von Hünern/ ein Kooch davon.	86
Kräuter-Dorten.	817. 941	eine Suppe davon.	5
Krebs-Brüh.	236. 911	Lerchen gebraten.	271

Lerchen

über die Krancken-Speisen.

Lerchen in einer Brüh. 271
Limonien-Brüh. 300. 425.
                  466. 467
   Suppe. 26
Linsen-Suppe. 41

M.

Majoran-Brüh. 471
   Suppe. 31
Malvasier-Mus. 49. 50
   Suppe. 64. 65. 66
Mandel-Brüh. 471. 919
   Dorten unterschiedlicher Arten. 798 — 805. 941
   Knötlein. 533
   Suppe. 26. 27
   so gebrennt mit Rosinen. 44
Mangolt. 571
Marck-Dorten. 790
   Knötlein. 528
Marilln-Dorten. 810
Maseran-Suppe. 22
   Suche Majoran.
Maurachen. 587
   gefüllt. 587
Meet-Suppe. 22
Mistler zu braten. 270
   gespickt zu braten. 271
Morgeln. 586
   gefüllt. 587
Mus von Aepffeln. 69. 70. 71
   Bier. 52. 43
   Birnen. 71. 72
   Citronat. 66. 67
   Citronen. 66
   Datteln. 68
   Erdbeern. 72
   Eyerdottern. 59

Mus von Feigen. 68. 69
   Hiefen oder Hagenbutten. 73
   Hünern/ so gestossen. 53
   Krebsen. 54
   Malvasier. 49. 50
   Mandeln. 64. 65. 66
   Muscatenbrod. 66
   Nudeln. 59
   Pflaumen. 72
   Pistacien. 63. 64
   Prinelln. 72
   Quitten. 68
   Reinfalk. 51
   Reiß in der Fleischbrüh. 76
   mit Mandeln. 76. 77
   in der Milch. 75. 76
   Rosinen. 69
   Sultzen. 61
   Wein. 51. 52
   Weixeln. 73
   Zibeben. 69
   Zucker. 62
   Zwetschgen. 72
Muscatellerbirn-Dorten. 814
Muscaten-Mus. 66

N.

Nudel über Capaunen oder Hüner. 429
   Kooch. 88
   Mus. 59

O.

Ochsenaug. 597
Ollapotrid. 488. 490
   Dorten. 818

P.

Panaden. 84. 906
Pastetlein. 236. 237. 238
                     Pastet=

Pastetlein von Krafftzeug.	243	Rebhüner gedämpfft.	441. 442
Krebsen.	240. 241. 242. 911	Sultzen.	937
kleinen Vögelein.	219	Reinfall-Mus.	51
Wännlein-Pastetlein.	239	Suppe.	20. 21
Pfersich-Dorten.	810	Reiß in der Fleischbruh mit Mandeln.	76. 77
Sultzen.	745. 746	Kooch.	95
Pflaumen-Mus.	72	Mus in der Milch.	75. 76
Pistacien-Mus.	63. 64	Suppe.	42
Suppe.	28	Ribes-Dorten.	816
Pirsinge in einer Brüh von Citronat.	157	Sultze.	750
Fenchel.	158	Suppe.	30
gebachen.	161	Rosmarin-Brüh.	311. 470. 471
in einer Brüh.	162	Rosin-Brüh.	307
gesotten.	156. 157	Dorten.	810
Pomerantzen-Brüh.	299. 424. 425	Mus.	69
Sultzen.	744	Suppe.	30. 44
Prinelln-Brüh.	309	Ruppen.	165
Dorten.	809	gedämpfft.	166
Mus.	73	in Kief- oder frischen Erbsen.	167
prisilln gedämpfft.	463		

Q.

Quitten-Dorten.	807. 808		
Kooch.	93		
so aufgegangen.	93		
Mus.	68		
Sultzen.	747		

S.

Sardelln-Brüh.	930
Sauerampfer-Suppe.	34. 35
Sautrach.	304
Schnecken in einer Butterbrüh.	502. 503
mit Eyern zuzurichten.	507
gebraten.	501
Knötlein.	523
in einer Sardelln-Brüh.	930
Schüssel-Kooch so krauß.	90. 906
mit Mandeln.	89
Scorzonera.	554
Suppe.	36
Seller-Suppe.	33
Semmel gefüllt mit Krebsen.	549

R.

Ravioln von Briesen.	511
einem Hecht.	514
Hüner-Fleisch.	513
Leberlein.	513
Krebsen.	515. 516
Rebhüner gebraten.	264. 265. 912

über die Krancken-Speisen.

Semmel gefüllt mit Vögelein.	546
Weireln.	548. 549
Knötlein.	534. 435
Sengelein.	169
Spargel.	555. 556. 558
gebachen.	559
auf dem Rost gebraten.	558
Spinat.	572
mit Krebsen.	573
Strauben-Suppe.	46
Strudel von Krebsen.	490. 491. 492
Sultzen von Aepffeln.	748. 749
Capaunen.	733. 734. 735
Citronen.	742
Forelln.	739
auf gemeine Art.	732
Hechten.	738
Hirsch-Horn.	735. 736. 938
Johannesbeerlein.	750
Krebsen.	740. 741. 742
Mus.	61
Pfersichen.	745. 746
Pomerantzen.	744
Quitten.	747
Rebhünern.	937
Suppe.	37
Zimmet.	750. 752. 753
Suppe von Aepffeln.	28
Bier.	23. 24
Boragen oder Boretsch.	34
Briesen.	5. 6
Brunnkreß.	36
Cappern.	26
Choccolaten.	16
Cichorien.	37
Citronen.	25
Corinthen.	30
Suppe von Datteln.	26
Erbsen.	40. 41
so frisch sind.	39
Erdbeern.	30
Eyern, so gebachen.	13
gefüllt.	6
gestürtzt.	14
verlohren.	9
Eyerdottern.	11
so gehackt.	15
gerieben.	16
Gersten.	43
Haber.	41. 42
Hader-Suppe.	13
Hagenbutten.	29
Hanf.	36
Hiefen.	29
Hopfen.	38
Hüner-Beinen.	4. 5
Leberlein.	5
Johannesbeern.	30
Kief-Erbsen.	39
vor Kindbetterinnen.	16
von Knoblauch.	39
Krebsen.	8. 9
Kümmel.	38
Limonien.	26
Linsen.	41
Majoran.	31
Malvasier.	20
Mandeln.	26. 27
und Rosinen.	44
Maseran.	31
Meet.	21
Pistacien.	28
Reinfall.	20. 21
Reiß.	42
Ribes.	30
Rosinen.	30. 44

b Suppe

Register über die Krancken-Speisen.

Suppe von Sauerampfer.	34. 35
Scorzonera.	36
Schnecken.	20
Seller.	33
Spargel.	37
Strauben.	46
Töpflein-Suppe.	13
verlohrnen Eyern.	9. 14
Wegwarten.	37
Keimlein.	37
Wein.	22. 23
Weinbeeren.	30
Weixeln.	29
Zibeben.	26
Zwiebeln.	38

T.

Töpflein-Suppe.	13
Tritsch Suche Aalruppen.	
Troscheln zu braten.	270
gespickt zu braten.	271

V.

Verlohrne Eyer-Suppe.	9. 14
Verlohrnes Hünlein.	610
Vögelein gedämpfft.	443. 444
Pastetlein.	219
in Semmeln gefüllt.	549
mit Weintrauben.	273. 444

W.

Wachholder-Brüh.	312
Wämmlein von Eyern.	608
Wegwarten.	553
Keimlein.	554
Suppe	37
Wein-Mus.	51. 52
Suppe.	22. 23
Weinbeerlein-Dorten.	810
Knötlein.	822
Mus.	69. 906
Suppe.	30
Weinlägelein-Brüh.	304
Weinträublein-Brüh.	305. 306
Weixeln-Brüh.	144. 307. 308
Dorten	814
Mus.	73
in Semmeln gefüllt.	548
Suppe.	29
Würstlein von Briesen.	516. 517
Eyern.	609. 931
Hüner-Leberlein.	518
Kalbfleisch.	518
Wurtzeln in Zucker eingemacht / alle und jede / wie sie am 363. Blat und denen folgenden zu finden.	

Z.

Zibeben-Brüh.	306. 307
Dorten.	809
Koch.	92
Mus.	69
Suppe.	26
Ziegenmilch-Suppe.	18
Viertl.	282
eingebickt.	481
gedämpfft.	481
Zimmet-Dorten.	806
Sultze.	750. 752. 753
Zucker-Mus.	62
Zwetschgen-Mus.	72
Zwiebel-Suppe.	38

Zweyter Blatweiser
oder
Register / über die in diesem Koch-Buch befindliche
Fasten-Speisen.

Dabey zu erinnern / daß / wann ein * bey der Zahl gefunden wird / selbige Speise entweder zwar keine eigentliche Fasten-Speise seye / jedoch aber durch Auslassung der Fleischbrüh / wie in dem Context bemercket / gar leichtlich zu einer Fasten-Speis gemacht werden könne / oder aber es ist auch der * ein Zeichen / daß auf dem angedeuteten Blat etliche Speisen / so einerley Auf- und Überschrifft haben / zu finden / deren eine in der Fasten diene / die andere aber nicht; dienet daher die Geneigte Leserinnen vor verdrießlichen Irrungen desto besser zu verwahren.

A.

Al blau gesotten.	100. 907
in einer Butter-Brüh.	102
Citronen-Brüh.	100
gebachen.	104
in gelber Brüh.	103
gebraten.	103. 907
Pasteten.	227
Aalruppen Suche Ruppen.	
Agrest-Brüh.	137. 310
Amarelln-Brüh.	308
Apffel-Brüh.	106. 302. 303. 304
Knötlein.	533
Kooch.	93
Mus.	69. 70. 71
Apffel in Semmeln gefüllt.	549
Sultzen.	748. 749
Suppen.	28
Artischocken in Oel gebachen.	559
gebraten.	561
Aufgegangenes Quitten-Kooch.	93
Austern-Brüh.	105
von Fischmilch.	196
Krebsen.	196
Tartuffoln- und Schnecken-Ollapotrid.	944
zuzurichten.	194
so in Fäßlein verführet werden.	195. 196

b ij   B. Bar-

B.

Barben zu sieden.	111
Bauren-Knötlein.	538. 539
Braten von Eyern.	604. 605
Bier-Mus.	52. 53
Suppen.	23. 24
Birn-Mus.	71. 72
Blaugesottener Aal.	100
Forellen.	104
Grundeln.	170
Karpffen.	142
Mus.	75
Brätlinge gebraten.	589
Braunes Mus.	75
Breren gebraten.	173
gesotten.	173
Brey Suche Mus.	
Briese in Oel gebachen.	931
Brühen von Agrest.	137. 310
Amarelln.	308
Aepffeln.	302. 303. 304*
Austern.	105
Butter.	115
Cappern.	120. 158. 918*
Citronat.	157. 295. 918
Citronen.	105. 143
Erdbeern.	309
Erbsen.	124. 166. 183
Essig.	317
Fenchel.	158
Französische.	126
Gelbe.	103. 150
Granatäpffeln.	300
Hagenbutten.	309
Hohlbeern.	309
Lebkuchen.	317. 318. 319
Limonien.	119* 144
Lorbeern.	137
Brühen von Negelein.	148
Niederländische.	129
Oliven.	108
Oesterreichische.	129
Petersilien.	121. 191
Polnische.	126. 127. 128* 162
Pomerantzen.	136. 299
Prinelln.	309
Rosinen.	307
Rosmarin.	121
Schalotten.	313
Senff.	139
Speck.	115
Stachelbeeren.	313. 315*
so süß.	148. 449
so schwartz.	148. 149
Ungarische.	125. 147
Weinlegelein.	304
Weixeln.	144. 307. 308
Essig.	317
Zibeben.	306. 307
Zwiebeln.	121. 146. 147. 314
Butter-Brüh.	115
Milch-Suppe.	19
Schlangen.	244

C.

Cappern-Brüh.	120. 158. 918*
Suppe.	26*
Chabliau Suche Laberdan.	
Choccolaten-Suppe.	16
Cibeben Suche Zibeben.	
Citronat-Brüh.	157. 295. 918
Mus.	66
Citronen-Brüh.	105. 143
Mus.	66. 67

Citro-

über die Fasten-Speisen.

Citronen-Sultzen.	743*
Suppe.	25
Corinthen-Mus.	69
Suppe.	30
Suche Weinbeerlein.	

D.

Dattel-Mus.	68
Suppe.	26
Dorten von Eyer-Käs.	616.617
wie sie alle und jede am	789.
Blat/und denen folgenden zu finden.	
Dürrer Lax gebraten.	177

E.

Erbsen-Brüh.	124.166.183
Erdbeer-Brüh.	309
Mus.	72
Erlitzen zu sieden.	172
Essige unterschiedlicher Arten.	324
Brüh.	317
Euter von Eyern.	605
Eyer braten.	604.605
Euter.	605
in der Fasten.	607.608
gebachen.	597
gefüllt.	601.602
am Spieß gebraten.	603.604
geröstet.	604
gestürtzt.	597.598
Gras-Eyer.	599
halbierte.	600
hart gesotten in Senff oder Mostart.	600

Eyer-Käs.	614.615
Dorten.	616.617
gebachen.	616
Mus.	58
Knötlein.	529*932
Mus.	58
Platz.	612.613.614
im Schmaltz/so eingerührt.	594*
mit Sardelln.	595
eingesetzt.	595.596
Sultzen.	617
verdeckt.	606
verlohren.	606
Würstlein.	610*931

F.

Feigen-Kooch.	92
Mus.	68.69
Fenchel-Brüh.	158
Fischrogen-Sultzen.	736
Suppe.	10
Forelln in einer Brüh von Aepffeln.	106
Austern.	105
blau gesotten.	104
in einer Brüh von Citronen.	105
Eyerdottern.	105
Knoblauch.	107
Oel.	108
in Oel zu bachen.	109
braten.	109
in einer Oliven-Brüh.	108
wie Orade zugerichtet.	110
Pasteten.	229
darinnen man die Fische zusamt den Kräten essen kan.	231

Forelln wie Stockfische zu blät-
    tern. 107
  Sulzen. 738
Französische Brüh über einen
    Hecht. 126
Frösche zu bachen. 182
Früchte/ so gedämpfft und gefüllt/
    wie sie in dem zehenden Theil
    beschrieben sind. 639
  so in Zucker eingemacht alle
    und jede / wie sie zu finden.
        763

G.

GAng-Fischlein zum Salat.
        179
  in Oel und Essig. 179
Gebachener Aal. 104
  Artischocken. 559
  Briese in Oel. 931
  Eyer-Käs. 616
  Forellen. 109
  Frösche. 182
  Grundeln. 171
  Hechte. 136
    in Agrest. 137
    Knoblauch. 138
    Lorbeern. 137
  Heringe. 181
  Knötlein. 540. 541
  Karpffen in Oel. 155
      Schmaltz. 155
  Krebse gebachen in einer
      Brüh. 194
  Neunaugen. 172
  Pirsinge. 161
  Ruppen. 168

Gebachene Schleyen. 169
  Spargel. 558
  Küchlein/ wie selbige alle und
      jede zu finden. 645
Gebrannte Mandel- und Rosin-
      Suppe. 44
  Mehl-Suppe. 44
  Wasser-Suppe. 43
Gebratene Aal. 103. 906
  Artischocken. 559
  Brexen. 173
  Eyer am Spieß. 603. 604
  Forellen. 109
  Hecht. 131
    mit Cappern. 133
    gefüllt. 135
    kalt zu essen. 135
    in Oel. 132
    in einer Pomerantzenbrüh.
        136
  Heringe. 180
  Karpffen. 135
  Lax so frisch. 176
      dürr. 177
  Neunaugen. 173
  Picklinge. 178
  Pirsinge. 160
  Ruppen. 908. 909
  Schleyen. 169
  Spargel. 558
  Stockfisch. 193
Gedämpffte Karpffen. 150
Gefüllte Eyer. 601. 602
  am Spieß zu braten. 603.
        604
  Grundeln. 170
  Hechte. 130

Gefüllte

über die Fasten-Speisen.

Gefüllte Semmeln.	544.545
Stockfische.	193
Gehackter Hecht.	129
Gehacktes Kooch.	87.*
Geißmilch-Suppe.	18
Gelbe Brüh über Fische.	103.150
Ruben mit Mandeln.	584
Weixeln.	584
Geröstete Eyer.	604
Gesalzener Hecht / in Mostart oder Senff.	139
Oel gebraten.	141
Geschabter Hecht.	152
Gespickte Heringe.	181
Karpffen.	153
Gestürzte Eyer.	597.598
Gesulzter Hecht.	130.131
Granat-Aepffel-Brüh.	300
Graßeyer.	599
Grieß-oder Gritz-Knötlein.	535
in der Milch.	78
Grundeln blau-gesotten.	170
gebachen.	171
gefüllt.	170
gesotten.	169
Grünes Kooch.	95
Kraut.	572
Mus.	74

H.

Haber-Suppe.	41
Hader-Mus.	59
Hagenbutten-Brüh.	309
Mus.	73
Suppe.	29
Halbfische in einer Erbsen-Brüh.	183
zu wässern.	182

Hausen in Meer-Rettig-oder Krän.	156
Hechte in einer Brüh von Austern.	105
Butter.	115
Cappern.	120
Citronen.	117 *
Erbsen.	124
auf Frantzösische Art.	126
gebachen.	136
in einer Brüh von Agrest.	136
Knoblauch.	138
Lorbeern.	137
Hechte gebraten.	131
in Butter.	134
mit Cappern.	133
gefüllt.	135
kalt in einer Brüh zu essen.	135
in Oel.	132.133
einer Pomerantzen-Brüh.	136
gehackt.	129
so gesalzen Suche Gesalzener Hecht.	
gesulzt.	130
in einer Brüh von Knoblauch.	123
Krebsen.	114
Limonien.	119 *
auf Niederländisch.	129
in Oel gesotten.	115
auf Oesterreichisch.	129
Pasteten.	228
in einer Brüh mit Petersilien.	121
auf Polnisch.	126.127. 128 *

Hechte

Hechte in einer Brüh von Rosmarin. 121
  Sardelln. 112. 907
  in saurem Kraut. 123
  von Speck. 115
  wie ein Stockfisch zu blättern. 114
  in einer Sultzen. 739. 340
  so übergeblieben zuzurichten.
  141
    Ungarischer Brüh. 125
    Zwiebeln. 122 *
Heffen-Knötlein. 541. 542.
  932
Herbst-Mus. 57
Heringe gebachen. 181
  gebraten. 180
  gespickt. 181
  in Oel und Essig. 181
Hieffen-Brüh. 309
  Mus. 73
  Suppe. 29
Hirn-Mus. 77. 78
Hohlbeer-Mus. 309

J.

Johannes-Beerlein Sultzen.
  750

K.

Kachel-Mus. 58
Karpffen blau-gesotten. 142
  in einer Brüh von Citronen.
  143
  gebachen aus Oel. 155
    Schmaltz. 155
  gebraten 153 *
  gedämpfft. 150

Karpffen geschabt. 152
  gespickt. 153
  in einer Brüh von Limonien.
  144
    Negelein. 148
  Pasteten. 228. 230
    darinnen man den Fisch samt
    den Gräten essen kan. 231
  in einer süssen Brüh. 148
    schwartzen Brüh. 146. 147
    Ungarischen Brüh. 147
    Weixel-Brüh. 144
    Zwiebel-Brüh. 146. 147
Kern-Suppe. 17
  mit Mandeln. 17
Knoblauch-Brüh. 107. 123.
  138
Knötlein von Aepffeln. 532
  Bauern-Knötlein. 538. 539 *
  von Eyern. 529. * 932
  so gebachen. 540. * 541
  von Grieß oder Gritz. 535
  Heffen. 541. 542. 932
  Mandeln. 533
  Schmaltz. 531
  Weinbeern- oder Corin-
    then. 532
Kooch von Aepffeln. 93
  Feigen. 92
  eingehacktes. 87 *
  so grün. 95
  krauß. 90
  Krebsen. 85 *
  Mandeln. 90
  in einer Schüssel mit Man-
    deln. 89
  Milch. 88
  Nudeln. 87 *

Kooch

Kooch von Quitten.	93	Lebkuchen-Brüh.	317.318.
so aufgegangen.	93		319
Schmaltz.	88	Linsen-Suppe.	41
Zibeben.	92	Lorbeer-Brüh.	137
Krän- oder Meer-Rettig über Pirsinge.	908	**M.**	
Krafft-Nüßlein Suche Pistacien.	63	Alvasier-Mus.	49.50
Zeug Pastetlein.	243	Suppe.	21
Krausse Semmeln.	543	Mandel-Knötlein.	533
Krausses Schüssel-Kooch.	90. 906	Kooch.	90
		mit Meer-Rettig über einen Hausen.	156
Kraut von Rüblein.	580 *	Mus.	64.65.66
so sauer.	579	Suppe.	26.27
im Kern.	577	gebrennte mit Rosinen.	44
Krebs so gebachen.	194	Mayen-Mus.	55.56
in einer Brüh.	194	Meer-Rettig- oder Krän über Pirsinge.	908
gesotten.	193.911	Meet-Suppe.	22
Kooch.	85	Mehl-Brey.	62
Pastetlein.	242 *	Knötlein.	536
Krebs-Sultzen.	740.741.742	Suppe so gebrennt.	44
Suppen mit gefüllten Krebs-Nasen.	9	Milch-Kooch mit und ohne Mandeln.	88
Milch und Mandeln.	9	mit Reis.	75.76
von Wein.	8	Sultzen.	760.938
Kressen zu sieden.	171	Möhren Suche gelbe Ruben.	
Küchlein / wie selbige von den gebachenen Eyern angerechnet / und denen folgenden Blättern zu finden sind.	645	Mostart-Brüh.	139.189
		über einen gesaltzenen Hecht.	139
L.		Mus von Aepffeln.	69.70.71
Aberdan.	186	Bier.	52.53
Lax dürr-gebraten.	177	Birnen.	71.72
Lax frisch-gebraten.	176	blau von Farb.	75
gesotten.	176	braun. —	75
kalt zu essen.	177	Citronat.	66
		Citronen.	66.67
		Datteln.	68

über die Fasten-Speisen.

Mus

Mus von Erdbeern.	72	Neunaugen zu braten.	173
Eyern.	58	sieden.	172
Eyer-Käß.	58	Niederländische Brüh über Hechte.	129
Feigen.	68.69		
Gritz- oder Grieß in der Milch.	78	Nudel-Kooch.	87 *
so grün von Farb.	74	Mus.	59
Hader-Mus.	59	Nuß-Suppen.	28
Herbst-Mus.	57		
Hieffen- oder Hagenbutten.	73	**O.**	
Hirs.	77.78	Ochsenaugen.	597
Kachel-Mus.	58	Oel-Brüh.	108.115
Malvasier.	49.50	Ollapotrid-Pasteten von Austern/ Schnecken und Tartuffoln.	944
Mandeln.	64.65.66		
Mayen-Mus.	55.56		
Mehl.	62	Krebs-Teig.	235
Muscaten-Brod.	66	Oliven-Brüh.	579
Nudeln.	59	Orade von Forelln.	110
Pflaumen.	72	Persichen.	163
Pistacien.	63	Weißfischen.	164
Prinelln.	72	Osterreichische Brüh über einen Hecht.	129
Quitten.	68		
Reinfall.	51		
Rosen-Wasser.	53	**P.**	
Rosinen.	69		
Schüssel-Mus.	57	Pasteten vom Aal.	227
Sultzen-Mus.	61	darinn man die Fische zusamt den Gräten essen kan.	231
Wein.	51.52		
Weinbeern.	69.906		
Weixeln.	73	Forelln.	229
Zibeben.	69	Hechten.	228
Zucker.	62	Karpffen.	228
Zwetschgen.	72	Krafft-Zeug.	243
Muscaten-Brod-Mus.	66	Krebsen.	242
		Krebs-Teig.	235
N.		auf Spanische Art.	244
Negelein-Brüh.	148	Petersilien-Brüh.	121.191
Neunaugen zu bachen.	172	Pfeffer-	

über die Fasten-Speisen.

Pfeffer-Kuchen-Brüh. 317. 318
Pflaumen-Mus. 72
Pferſich-Sultzen. 745. 746
Picklinge zu braten. 178
Pirſinge in einer Cappern-Brüh. 158
    Citronat-Brüh. 157
    Fenchel-Brüh. 158 *
    gebachen. 161
    gebraten in Oel. 168
    geſotten. 156
    in Krän- oder Meer-Rettig. 908
    wie Orade zugerichtet. 163
    in Polniſcher Brüh. 162
Piſtacien-Mus. 63. 64
    Suppe. 28
Plateiß Suche Halbfiſche.
Polniſche-Brüh über Hechte. 126 * 127. 128 *
    Pirſinge. 162
Pomerantzen-Brüh. 136. 299
    Sultzen. 244
Pricken Suche Neunaugen.
Prinelln-Brüh. 309
    Mus. 72

Q.

Quitten-Kooch. 93
    ſo aufgegangen. 93
    Mus. 68
    Sultzen. 747

R.

Ram-Suppe. 17
    mit Mandeln. 17

Reinfall-Mus. 51
    Suppe. 20. 21
Reis-Kooch. 95
    mit Mandeln. 76. 77
    in der Milch. 75. 76
Ribes Suche Johannes-Beerlein.
Roſen-Waſſer-Mus. 53
Roſin-Brüh. 307
    Eſſig-Brüh. 316. 317
    Mus. 69
    Suppe. 30. 44
Rosmarin-Brüh. 121
Rüblein-Kraut. 580 *
Ruppen in einer Erbſen-Brüh. 166
    gebachene in einer Brüh. 168
Ruppen gebraten. 908
    gefüllt gebraten. 909
    in ſaurem Kraut. 167
    auf einer Schüſſel zu kochen. 166

S.

Salate unterſchiedlicher Arten wie ſelbige zu finden. 330. 921. — 924
Salmen friſch zu ſieden. 174. 175. 910
    ſo lang aufzubehalten. 175
Salſen unterſchiedlicher Art/ davon jedoch die mit Num. 7. bezeichnete auszuſchlieſſen. 361
Sardelln mit Hechten gekocht. 112. 907
    Suppe. 10

Sardelln

Sardelln zuzurichten. 180
Saurach Suche Weinlegelein.
Saures-Kraut über einen Hecht. 123
    Ruppen. 167
    mit Oel. 579
Schalotten-Brüh. 313
Schlangen von Butter-Teig. 244
Schleyen so gebachen. 169
    gebraten. 169
    gesotten. 168. 169
Schmaltz-Knötlein. 531
    Kooch. 88
    mit Grieß- oder Gritz. 89
Schnee. 761
Schüssel-Kooch so krauß. 90. 906
    von Mandeln. 89
    Mus. 57
Semmel besonders zuzurichten. 544
    gefüllt. 544. 545
    so krauß. 543
    mit Krebsen. 549
    Weixeln. 548
    und Aepffeln. 549
Senff-Brüh. 139
Sengelein gesotten. 169
Spanische Pasteten. 244
Spargel gebachen. 550
    in Oel gebraten. 557
    auf den Rost gebraten. 557. 558
Speck-Brüh. 115
Spinat. 572
    mit Krebsen. 573

Stachel-Beerlein-Brüh. 310. 316 *
Stockfisch gebraten. 193
    gefüllt. 193
    in Kran. 190
    Mostart. 189
    Petersilien. 191
    zu wässern und zu kochen. 186. 187. 188
Strauben-Mus. 84
Sultzen von Aepffeln. 748. 749
    Citronen. 743 *
    Eyern. 617
    Fischen. 736
    Forelln. 738
    Hechten. 739. 740
    Johannes-Beerlein. 750
Sultzen von Krebsen. 740. 741. 742
    Milch. 760. 938
    Mus. 61
    von Pfersichen. 745. 746
    Pomerantzen. 744
    Quitten. 747
    so weiß. 761
    von Zimmet. 750. 752. 753
Suppe von Aepffeln. 28
    Bier. 23. 24
    Butter-Milch. 19
    Cappern. 26 *
    Choccolaten. 16
    Cibeben. 26
    Citronen. 25
    Corinthen. 30
    Fischrogen. 10
    Gefüllten Krebs-Nasen. 9

Suppe

Suppe von Geißmilch. 18
   Haber. 42
   Hagenbutten. 29
   Hieffen. 29
   Kern. 17
      mit Mandeln. 17
   Krebsen mit Wein. 8
   Linsen. 41
   Malvasier. 21
   Mandeln. 26.27
   Meet. 22
      von Mehl gebrennt. 44
   Milch und Mandeln. 9
   Nüssen. 28
   Pistacien. 28
   Reinfall. 20.21
   Rosinen. 30.44
   Sardelln. 10
   Wasser/gebrennt. 43
   Wein. 22.23
   Weinbeern. 30
   Weixeln. 29
   Ziegen-Milch. 18
Süsse schwartze Brüh. 148.149

T.

Tartuffoln-Austern- und Schnecken-Ollapotrid. 944
Tritsch Suche Ruppen.

U.

Ubergebliebene Hechte zuzurichten. 141
Verdeckte Eyer. 606

Verlohrne Eyer. 606
Ungarische Brüh über einen Hecht. 125
   Karpffen. 147

W.

Wasser-Suppe gebrennt. 43
Wein-Mus. 51.52
   Suppe. 22.23
Weinbeerlein-Knötlein. 532
   Mus. 69.906
   Suppe. 30
Weinlegelein-Brüh. 304
Weintrauben-Brüh. 305.306
Weißfische wie Orade zuzurichten. 164
   zu sieden. 165
Weisses-Kraut im Kern. 577
Weisse Sultzen. 761
Weixel-Brüh. 144.307.308
   Essig-Brüh. 317
   Mus. 73
   in Semmeln gefüllt. 548.549
   Suppe. 29
Würstlein von Eyern. 610.931
Wurtzeln in Zucker eingeweicht wie sie alle und jede beschrieben sind. 763

Register über die Fasten-Speisen.

Z.

Zbeben-Brüh. 306. 307
Kochs. 92
Mus. 69
Suppe. 26

Ziegen-Milch-Suppe. 18

Zimmet-Sultzen. 750. 752. 753

Zucker-Mus. 62
Werck allerley Arten/ wie selbiges von dem 825. Blat an biß zu denen folgenden beschrieben zu finden.

Zwetschgen-Mus. 72
Zwiebel-Brüh. 121. 146. 147. 314
so schwartz. 146

Dritter

Dritter Blatweiser
oder
Haupt-Register/ über das gantze Koch-Buch
und alle und jede darinnen enthaltene
Speisen.

A.

Aal/ so blau gesotten / in einer
    Brüh von Citronen. 97.
        907
  in einer Butter-Brüh. 102.
        907
  so gebachen. 104
  gebraten. 103. 907
  gefüllt zu braten. 908
  in gelber Brüh. 103
  Pasteten. 227
Aal-Ruppen in frischen oder Kies-
    Erbsen. 167
  gebraten wie ein Aal. 908
  gesotten. 165
  in saurem Kraut. 167
Abgerührter gelber Butter-Dor-
    ten. 769
Abgesottenes Rindfleisch. 452
Abgetrocknetes Fleisch in einer
    Brüh. 457
Abricosen-Dorten. 810
  eingemacht. 771
  gedünstet. 620
  gefüllt. 620

Abricosen-Salat. 339
  Salsen. 362
Agrest-Brüh über allerley Gebra-
    tens. 310
  Briese. 510
  gebachene Hecht/ Hüner und
    Capaunen. 426
  Kalb- oder Lammsfleisch. 468
  Kastran oder Schöps-Keul.
    478
  Suppe. 33
Alantwurzel einzumachen. 786
Alte Hüner zu sieden / davon man
    die Brüh trincken kan. 422
Amarelln zu bachen. 709
  Brüh über allerley weisses Ge-
    flügel. 308
Ampffer-Salsen. 366
Anis-Küchlein. 864
  Plätzlein. 863
  Zeug oder Marzepan. 866
Apffel-Blatten/ die aufgelauffen.
    713
Apffel braun gebachen und hol. 834
  Brüh über allerley weiß Ge-
    bratens. 303

Apffel

Haupt-Register

Apffel frisch zu kochen. 634
   Brüh über Forelln. 106
      gebeitzte Schlegel. 303
      junge Gans. 406
      Rebhüner und anders Gebratens. 302
      Vorbratens/Gemsen-Schlegel und Wildpret. 302
      über ein Wamme. 385
Apffel-Dorten. 811
   aufgesetzter. 812
   gebachen. 711
   gedünstet in einer rot-gesulzten Brüh. 622
   gefüllt zu bachen. 714. 629
   geröstet. 631
   Knötlein. 532
   Kooch. 93
   Küchlein. 712
   Mus. 69. 70. 71
      rothe Sultze. 749
   Strauben. 958. 713
   Sultze. 748
   Suppe. 28
Artischocken einzumachen/ daß sie über Winter bleiben. 360
   in Butter-Brüh. 563
   gefüllt. 561
   in Kern zu bachen. 559
   Kern in Oel oder Butter zu bachen. 559
   in Oel zu braten. 559
   Salat. 340
Auer-Hannen in einer Citronen-Brüh. 294
   gebraten. 256
   Henne gebraten. 257

Auer-Hannen in einer Muscatellerweinbeer-Brüh. 305
   Pasteten. 212
Aufgegangenes Quitten-Kooch. 93
Aufgelauffene Apffel-Blatten. 713
   gebachene Weixel. 711
   Hütlein. 686
   Mandel-Küchlein. 688
   runde Küchlein. 666
   Thierlein. 686
Aufgesetzte Apffel-Dorten. 812
   Weixel-Dorten. 628
Austern-Brüh über Forelln oder Hechte. 105
   die in Fäßlein verführet werden. 195
   von Fischmilch. 196
      Krebsen. 196
   Suppe. 10
   zuzurichten. 194

B.

Badhütlein. 683
Barben zu sieden. 111
Bauern-Knötlein. 537
   Küchlein. 681
Bayrische Rüblein. 581
Birn-Körblein von Mandeln. 704
Bier-Mus. 52. 53
   Suppen. 23. 24
Birn/ die braun und hohl gebachen. 834
   Dorten. 813
   so dürr/ zu kochen. 637

Birn

Birn gebachen. 718
    gebraten in der Aschen. 633
    gedünstet. 636
    gefüllt. 634
    wie gelbe Ruben zu kochen. 635
    Knötlein. 532
    Mus. 7. 72
    Schnitze/ so gefüllt/ zu bachen. 717
Bisam-Plätzlein. 862
Biscoten von Mandeln. 860
    Quitten. 861
    Spanische. 862
    Zucker. 859
Blateise in einer Erbsen-Brüh. 183
    frischen oder Kief-Erbsen. 183
    Kümmel. 183
    Petersilien-Kraut. 184
    Wurzeln. 184
    zu wässern. 182
Blauer Kornblumen-Essig. 327
    Mus. 75
    Violen-Essig. 326
Blaugesottener Aal in einer Citronen-Brüh. 97
    Forelln. 104
    Grundel. 170
    Karpffen. 142
Blinde Erbsen-Suppen. 41
Blumen- oder Käß-Kohl. 564. 933
Bocks-Nierlein in einer Brüh. 401
    gebachen. 926

Böhmische Brüh über einen Hasen. 446
    Hüner oder Capaunen. 433
    Hecht. 125
Bohnen/ die gekocht. 551
    Salat. 355
Borragen- oder Boretsch-Salat. 343
    Suppe. 34
Braten in Essig gedämpfft. 462
    von Eyern. 604
    von Zwiebeln. 479
    auf Polnische Art. 480
Braune Citronenbrüh über Wildpret: Schöps- und Kalb-Schlegel/ wie auch über Prisillen. 207
Braunes Mus. 75
Braungebachenes flaches Zuckerwerck. 836
Braungebachene Früchte. 834
    hohle Aepffel und Birne. 834
    hohles Zuckerwerck. 835
    Welsche Nüsse. 835
Bratwurst-Knötlein. 528
    Gehäckl. 927
    Suppe. 7
    in Zwiebeln. 510
Brätlinge. 589
Brey Suche Mus.
Brexen/ so gebraten. 173
    gesotten. 173
    in einer Agrest-Brüh. 510
Bretzeln von Mandeln. 837

Haupt-Register

Bretzeln von Marzepan-Zeug. 836
    Spanische. 837
    Suppe. 45
Brisate. 412
Briese in Butter-Brüh. 509
    gebachen. 510.931
    gefüllt. 510
    gesottene. 509
    Kälberne / so gebraten. 290
    Knödlein. 524
  in Sardelln-Brüh. 509
    Suppe. 5.6
    Würstlein. 516
Brockichte Latwerge. 888
Brod-Mus. 84.906
Brosen-Kopff. 550
Brunnkreß-Salat. 350
    Suppe. 36
Buttermilch-Suppe. 19
Buchweitzen-Mus. 81
Brüh von Agrest über Briese. 510
    Capaunen oder Hüner. 426
    Gebratens allerley Arten. 310
    Kalb- oder Lamms-Fleisch. 465
    Kastran oder Schöps-Keule. 478
  von Amarelln über allerley weisses Geflügel. 308
  von Aepffeln über Forelln. 106
    gebeitzte un ungebeitzte Schlegel. 303
    über eine junge Gans. 406
    Rebhüner. 302

Brüh über Vorbratens / Gemsen-Schlegel/und Wildpret. 302
    eine Wamme. 385
  von Austern über Forelln oder Hecht. 105
  auf Böhmische Art über einen Hasen. 445
    Hecht. 152
    Heringe. 180
    Kalb- oder Lammsfleisch. 509
    eine Kalbs-Lunge. 385.391
    Schnecken. 502
Brüh zu schwartz- und weissen Pasteten. 201
  Wild/Fleisch- und Fisch-Pasteten. 200
  von Cappern über gebachene Fische. 918
    einen Hecht. 119
    Hüner oder Capaunen. 426
Brüh von Cappern über Kalb- oder Lammsfleisch. 467
    Pirsinge. 158
    Schlegel und Prisilln. 301.918
    Zungen/so geröstet. 376
  von Citronat über Pirsinge. 43.157
    Schwartzes Gebratens. 293.318
    Wildpret / Auerhanen und Pfauen. 294.917
  von Citronen und Pomerantzen über Aal. 103.102
    Capaunen und Hüner. 424

Brüh

Brüh über Forelln. 121
　Hecht. 117
　Kalb= oder Lamms = Fleisch. 466
　Karpffen. 143
　Rebhüner und anders Vor=
　　gebratens. 299
　Vorbratens. 299
　Weiß Gebratens: als Wel=
　　sche Hanen / Capaunen /
　　und Hüner / wie auch
　　Kalb=Schlegel und Pri=
　　silln. 296
　Wildpret und schwarzes Ge=
　　flügel und vielerley dersel=
　　ben Arten/ wie auch einen
　　Kalb=Schlegel. 295
　Wildpret und allerley dersel=
　　ben Arten / wie auch über
　　schwarzes Gebratens. 298. 448
　von Coriander über Rindfleisch. 457
　von Erbsen über Hecht. 124
　von Fenchel über Prisilln. 158
　so gelb / über einen Aal. 102. 103
　　Karpffen. 150
　von Granatäpffeln über Hüner
　　oder Capaunen. 300
　Gurcken oder Kümerlingen. 454
　Hagenbutten oder Hiefen ü=
　　ber Wildpret / schwartz
　　und weisses Geflügel. 309
　Hohlbeern über schwartz und
　　weisses Geflügel. 309

Brüh von Knoblauch über Rind
　fleisch. 504
　einen Schlegel. 316
　Schnecken. 504
Kümel über Kalb= oder Schöps=
　Fleisch. 478
Lebkuchen über Gebratens. 318
　Schlegel und Prisilln. 319
Limonien über Capaunen und
　Hüner. 425
　Gebratens. 300
　junge Gänse. 404
　Hechte. 115. 119
　Kalb= oder Lammsfleisch. 466
　Karpffen. 144
　Rindfleisch. 453
　Vorhäß. 404
　Wammen. 385
　Wildpret. 448
Lorbeern über gebachene Hechte. 137
Majoran oder Maseran über
　Kalb= oder Lamms=Fleisch. 471
　Kalbsfüsse. 410
　Rindfleisch. 436
Mandeln. 919
　über Capaunen und Hüner. 423
Meer = Rettig über Hausen. 156
　Lend=Braten. 313
Milchraum über Kalbsfüsse. 409
Muscateller = Weinbeern über
　Auerhanen / Reh=Schlegel/
　Rebhüner/und Capaunē 305

c ij　　　　　　　　　Brüh

Haupt-Register

Brüh von Negelein über Kalb- oder Lammsfleisch. 472
    Karpffen. 148
    Vorhäß. 403
Oel über Forelln. 108
Oliven über Forelln. 108
    Gemsen- oder Reh-Schlegel. 301
    Wildpret. 449
Peterlein oder Petersilien. 454
über Hüner und Capaunen. 428
Peterlein-Kraut über Kalb- oder Lammsfleisch. 469. 470
    Karpffen. 145
eine Polnische über geröstete Zungen. 377
von Pomerantzen über gebratene Hecht. 136
    Rebhüner und schwartzes Gebratens. 299
Prinelln über Hüner und weisses Gebratens. 309
Rosen-Essig über allerley Gebratens. 316
Rosin über gebratene Hüner. 307
    Rindfleisch. 452
Rosmarin über Gebratens. 311
    Hechte. 105
    Kalb- oder Lamsfleisch. 470
    Karpffen. 145
Roth-gefulzte über gedünstete Aepffel. 632
Salbey über einen Hecht. 120
    Rindfleisch. 456

Brüh von Sardelln über Briese. 509
    gebratene Schnecken. 930
    gesottene Schnecken. 930
    saure über Kalbsfleisch. 410
Saurach über Vorbratens. 920
Schalotten über einen Schlegel. 313
schwartze über Wildpret. 450
Spanische über geröstete Zungen. 376
    Hüner. 317
Speck über Hecht. 115
Stachelbeerlein über gebratene Hüner. 310
    Kalb- oder Lammsfleisch. 468
süsse über allerley Wildpret. 447
    eingebicktes Kalb- oder Lamsfleisch. 476
    Kalbsfüsse. 410
    Karpffen. 148
Wachholdern über Rindfleisch. 456
Wildpret und Hüner. 312
Weixeln über einen Karpffen. 440
Rebhüner und Capaunen. 317
schwartzes Gebratens. 307. 919
Zibeben über allerley weiß Gebratens. 306
Zwiebeln über allerley Gebratens. 314
    Hecht. 123
    junge Gänse. 406

Brüh

Brüh von Zwiebeln über Kalbs-Le-
bern. 394
    Karpffen. 146
    Rindfleisch. 454
    Wildpret. 450
Brüh über allerley Wildpret. 319
    Hasen. 320
    Hüner. 320
    Lend-Braten. 321
    Prifillh oder gebeitzte
      Schlegel. 321
    Riemen oder Lend-Bra-
      ten. 318
Brunnkreß-Salat. 353
    Suppe. 36
Buchweitzen-Mus. 81
Bunte Sultze. 755
Bunter Wegwarten-Salat. 353
Butter-Brüh über Artischocken.
    563
    Briese. 509
    gesottene Grundeln. 909
    Hechte. 102
    Heringe. 180
    Kalb- oder Lammsfleisch.
    929
    Lungen. 391
    Schnecken. 502
    Dorten. 790
      so abgerührt und gelb.
      796
    von süssem Teig. 793.
    939
    Knötlein/so gehackt. 530
    Küchlein oder Blätter. 940
    Milch-Suppe. 19
    Schlangen. 244

C.

Calmus einzumachen. 786
Candirte Johannesbeerlein/so
    trocken. 939
    Wegwarten. 78
Capaunen in einer Agrest- oder
    Weintraubenbeer-Brüh.
    426
    Böhmischen Brüh. 433
    Cappern-Brüh. 426
    Citronen-Brüh. 296.224
    eingebickt. 433
    gebraten. 260
    gedämpfft. 434.929
    gefüllt. 434
    Gehäck. 432
    Holbeer- und Weixel-Essig-
      Brüh. 317
    Knötlein. 523
    in einer Limonien-Brüh. 425
    Mandel-Brüh. 423. 424
    Muscateller-Weinbeerbrüh.
    305
    Nudeln. 429
    Pasteten. 212
    Petersilien-Brüh. 428
    Reinfall. 422
    Reiß. 429
    Schnittlauch oder Schnit-
      lingen. 428
    Speck. 432
    Sultze. 733
    weiß zu sieden. 420.928
    zuzurichten / daß sie weiß und
      mild werden. 419
    zuzurichten / daß man sie kalt es-
      sen kan. 436

Cappern-Brüh über Capaunen
  und Hüner. 337
  gebachene Fische. 918
  Hechte. 119
  Kalb- oder Lamsfleisch. 467
  Pirsinge. 158
  Schlegel und Prisiln. 301. 908
  Zungen/ so geröstet. 376
  Salat. 337. 921
  Suppe. 26

Castanien-Dorten. 815
Cibeben Suche **Zibeben.**
Chabliau Suche **Laberdan.**
Cichorien einzumachen. 787
  zu kochen. 553
  Suche **Wegwarten.**

Citronat-Brüh über Auerhanen/
  Pfauen und anders Wild-
  pret. 294
  Pärschen oder Pirsinge. 157
  Salat. 331
  schwarzes Gebratens und aller-
  ley derselben Arten. 293
  Mus. 66

Citronen-Brüh über einen Aal. 97
  Capaunen und Hüner. 424
  Forelln. 105
  Hecht. 117
  Kalb- oder Lamms-Fleisch. 466
  Karpffen. 143
  Rebhüner. 143. 299
  Wildpret. 443
  Wildpret/ Schöps-Schlegel
  und Prisiln. 297

Citronen-Brüh über Wildpret
  und schwartzes Gebratens.
  298. 295. 918
Citronen-Blüh zu bachen. 702
  Brod. 856
  Dorten. 806. 941
  einzumachen. 764. 765
  Essig. 329
  gebachen. 705
  geschraubt. 335. 337
  Grieben oder Morsellen. 895
  Kraut. 893
  einzumachen. 676
  Latwerg. 885
  Mus. 66. 67
  Salat. 332
  Salsen. 362
  Schelffen einzumachen. 769
  Sultze. 742. 743
  Suppe. 25
  in Syrup oder trocken einzuma-
  chen. 766
Coriander-Brüh über Rindfleisch.
  457
Corinthen-Dorten. 810
  Knötlein. 532
  Mus. 69
  Suppe. 30
Cucummern-Mus. 74
  Suppe. 30

D.

Dattel-Dorten. 807
  gebachene. 708
  gedünstete. 626
  Mus. 68
  Suppe. 26

Dorsch-

Dorsch- oder Hertzlein-Kohl. 569. 570
Dorten von Abricosen / Pferſich und Marilln. 810
    Aepffeln. 811. 812
    Birnen. 813
    Butter. 790. 793. 939. 796
    Caſtanien. 715
    Citronen. 806—941
    Datteln. 807
    Eyern. 796. 941
    Eyer-Käß- oder Eyer-Milch. 616. 797
    Feigen. 809
    Frantzöſiſche. 823
    Früchte. 819
    Gehäck. 823
    Johannes-Beerlein. 816
    Kräutern. 817. 941
    Krebſen. 495
    Mandeln. 798. 804. 803. 941
    Marck. 790
    Melonen. 815
    Muſcateller-Birnen. 814
    Ollapotrid. 818
    Pfeben. 815
    Prinelln. 809
    Quitten. 807
    Reis. 818
    Ribes oder Johannes-Beerlein. 816
    Roſin und Weinbeern oder Corinthen. 810
    Ruben. 817
    Vielerley Arten der Dorten. 789

Dorten-Weixeln. 814
    Zibeben. 809
    Zimmet. 806
    Zwetſchgen. 815
Dorten-Küchlein von Mandeln. 691
Dotter-Brod. 847
    Mus. 59
    Suppen von Eyern. 11
Dürre-Aepffel zu dünſten. 633
    Birn zu kochen. 637
    Lax zu braten. 177
    Zwetſchgen zu kochen. 638
Durchſichtige rothe Quitten-Latwerg. 888

E.

Eingemachte Abricoſen / Marilln und Pferſiche. 771
    Alant-Wurtzel. 786
    Calmus. 786
    Citronat- oder Citronen. 764
    Citronen zuſamt den Sauern. 765
    Citronen die gefüllt in Syrup. 66
    Citronen-Kraut. 767
    Citronen- und Pomerantzen-Schelffen. 769
    Forelln in Eſſig. 110
    Früchte. 763
    Gang-Fiſchlein in Oel und Eſſig. 179
    Hieffen- oder Hagen-Butten. 72
    Johannes- oder Ribes-Beer. 775

Einge-

Haupt-Register

Eingemachte Kalb- oder Schöpsen-Rücken. 477
   Mispeln- oder Hespelein. 785
   Muscateller-Birn. 773
   Pferstche. 770
   Pirsinge wie Orade. 162
   Pomerantzen. 767
   Quitten. 772
   Saurach. 776
   Wegwarten- oder Cichorien. 787
   Weinlägelein. 776
   Weinbeer. 774
   Weisfisch. 164
   Weixeln. 778
   Welsche Nüß. 785
   Wurtzeln. 763
   Zwetschgen. 777
   Zwetschgen so laxiren. 777
Eingebeitzte Zungen zu braten. 377
Eingebicktes Kalb- oder Lamms-Fleisch in einer süssen Brüh. 476
   Hüner und Capaunen. 433
Eingebrenntes Grieß-Kooch. 96
Eingerührte Eyer im Schmaltz. 594
   mit Sardelln. 595
Eingesaltzenes Fleisch. 415
Eingesetzte Eyer im Schmaltz. 596. 597
   Weixeln. 780. 781
Einheimische-Enten zu braten. 260
Einheimische Gänß zu braten. 258
   Tauben zu braten. 265

Emmerlinge zu braten. 273
Endivien Salat. 349
   warm zu machen. 555
Englisch-Brod. 844
Englische Brühe über einen Hecht. 126
Enten-Pasteten. 217. 218
   so wild sind/ zu dämpffen. 443
Erbsen-Brüh über einen Hecht. 126
   Suppen von frischen Erbsen. 39. 40. 41. 81. 82
Erdäpffel zu kochen. 584
Erdbeer-Brüh über schwartz und weisses Geflügel. 309
   Essig. 329
   Mus. 72
   Suppe. 30
Erhobene Sultze. 759
Essig-Braten zu dämpffen. 462
   desselben vielerley Arten. 323
   Haus-Essig. 324
   Korn-Blumen. 327
   Rosen. 328
Euter von Eyern. 605
   Krebsen. 493
   Kühen. 402
Eyer-Braten. 604
Eyerdottern. 796. 941. 797
   Dottern über Hüner. 431
Eyer in der Fasten. 607
   gebachene. 12
Eyer-Gersten. 60. 61
   gehackte. 60. 61
   gestürtzte. 14. 597. 942
Eyer-Käß. 614. 684
   gebachener. 616

Eyer

Eyer- Käß- oder Eyer- Milch-
    Dorten.   797.616
    Kißlein.   609
    Knötlein- oder Glößlein. 579.
    611.932
Eyer- Mandel- Küchlein. 695
Eyer- Mus.   58.59
    Platz.   612
    Ring von Zuckerwerck. 838
    im Schmalz.   594
Eyer- Sulsen.   617
    Suppe mit Dottern.   11
    mit verlohrnen Eyern.   4
    mit verlohrnen Eyern und
    Krebs- Nasen.   9
Eyer vielerley derselben Arten. 593
    Wämmlein.   608
    Würstlein.   609.931

F.

Fasan- Pasteten.   213.214
Fasten Eyer.   607
Feigen- Dorten.   809
    Kooch.   92
    Mus.   68.69
    Würstlein.   709
Feld- Salat.   350
Fenchel- Brüh über Pirsinge. 158
    Küchlein so weiß.   865
    Plätzlein.   864
Fincken zu braten.   273
Fisch die gebachen in einer Cap-
    pern- Brüh.   918
Fisch- Pasteten von unterschiedli-
    cher Art.   226
    Sulzen.   736
        Vielerley derselben Arten.
        97

Fläden vom Käß.   652
Flaches Zuckerwerck so braun. 836
Fleisch in einer Brüh so abgetrock-
    net.   457
    gedämpfft und gesotten / und
    vielerley derselben Arten.
    417
    gedörrt.   416
    gesalzen zu kochen.   458
Fleisch gut einzusalzen.   415
Fleisch- Knötlein von Kalbfleisch.
    526.527
    Rindfleisch.   528
Forelln in einer Aepffel- Brüh.
    106
    Austern- Brüh.   105
    Blau- gesotten.   105
    Citronen- Brüh.   105
    in Essig.   110
    Knoblauch- Brüh.   107
    Oel- Brüh.   108
    Oel gebachen.   109
    Oel gebraten.   109
    Oliven- Brüh.   108
    wie Stockfisch zu blättern.
    107
Forelln- Pasteten.   229
    Pasteten darinnen man die Fische
    zusamt denen Gräten essen
    kan.   231
    Sulze.   738
Französische Brüh über einen
    Hecht.   126
    Dorten.   823
    Suppe.   3.905
Fricasé zuzurichten.   437

Frische

Frische Aepffel zu kochen. 634
Erbsen zu kochen. 552
Salmen zu sieden. 910
Zwetschgen zu sieden. 638
Frösch zu bachen. 182
Früchte die braun-gebachen. 835
Dorten: 819
eingemachte und vielerley derselben Arten. 763
Früchte vielerley derselben Arten zuzurichten. 619
Füll zu einer Kalb- oder Lamms-Brust. 277

G.

Gallerten- oder Sultzen und vielerley derselben Arten. 729
Ganß einheimische zu braten. 258
so wild/ zu braten. 258
Gaßbauch so gefüllt / zu braten. 259
Leberlein zu bachen. 399
zu braten. 399
zu sieden. 398
Gang-Fischlein zu kochen. 178
Garten-Hünlein. 437
Kohl. 571
Pasteten. 317. 318
Salat. 347. 924
Gastereyen unterschiedliche Arten. 985
Gekochener Aal. 104
Amarelln und Weixeln. 709
Aepffel. 711
Aepffel und Birn so braun und hohl. 834

Gebachene Artischocken. 559
Birn. 715
Bocks-Nieren. 926
Bratwürste. 644
Braune Früchte. 834
Briese. 570
Briese in Oel. 931
Citronen. 705
Citronen-Blüh. 708
Eyer-Milch- oder Eyer-Käß. 648. 616
Eyer. 597
Eyer-Suppe. 13
Fische in einer Cappern-Brüh. 918
Forelln in Oel. 109
Frösch. 182
Ganß-Leberlein. 399
Grundeln. 171
Hechte. 136. 137. 138
Heringe. 181
Hüner. 641
Kalbs-Füsse. 645
Knödlein. 540
Käß-Schnitten. 652. 653
Karpffen in Oel. 155
Krebse. 194. 498
Küh-Euter. 506
Leber. 396
Lungen. 392
Mandeln. 700
Mandeln in Oel. 701
Mandeln auf Oblaten. 691
Neunaugen. 172
Niern-Schnitten. 643
Ochsen-Hirn. 381
Pirsinge in einer Polnischen Brüh. 161. 162

Geba=

Gebachene Prineln und Datteln. 708. 908

Quitten. 718
Reis. 722
Rosen. 719
Ruppen in Oel. 168
Semmeln. 662
Sauer-Kraut. 682
Scheiter-Hauffen. 725
Schnecken. 558
Schnitten von einem Käß. 652
Schnitten von einem Rebhun. 642
Spargel. 558
Verlohrne Eyer von Mandeln. 695
Vielerley Gebachenes. 639
Wegwarten. 721
Welsche Nüß. 705
Zibeben. 934

Gebachenes von Eyern. 645
Käß auf Oblaten. 653
Mandeln. 689

Gebeiztten Kalb-Schlegel zu braten. 73

Gebeitzter Riemen. 285
Schlegel in einer Brüh. 321
Schlegel in einer Aepffel-Brüh. 303

Gebratener Aal. 103
Aal-Ruppen oder Tritsch. 908
Artischocken. 560
Auerhannen. 256
Auerhennen. 257
Brexen. 173
Capaunen. 260

Einheimische Enten. 260
Einheimische Gänse. 258

Gebratene Einheimische Tauben. 265

Emmerlinge/Gegler und Meisen. 273
Fincken. 273
Forelln in Oel. 109
Ganß-Leberlein. 399
Gänß-Bauch so gefüllt. 259
Geiß-Lamms-oder Ziegen-Köpfflein. 375
Geiß-oder Ziegen-Viertel. 282
Gemsen Schlegel-oder Keule. 248
Häher. 270
Haasen. 252
  so gehackt. 254
Häslein so noch jung. 253
Hasel-oder Rebhüner. 264
Hecht. 131. 133. 134. 135. 136
Hechtlein zum Salat. 135
Heringe. 180
Hirsch-Keule-oder Schlegel. 250
Hirsch-Zehmer. 251
Hüner so weiß. 262. 263
Hüner in Rosin-Brüh. 307. 310
Junges Hun wie ein Rebhun zugericht. 262
Kalbs-Briese. 290
Kalbs-Leber. 397
Kalbs-Rucken. 280
Kalb-oder Lamms-Schlegel. 273. 276

Gebratene Kälberne Rieblein.		Gebratene Wasserhünlein.	267
	283	Wasser-Schnepfflein.	269
Karpffen.	153	Wasser-Taucherlein.	267
Krammets-Vögel Mistler		Welscher Han.	255
und Troscheln.	270	Wilde Enten.	260
Küh-Euter.	402	Wilde Gantz.	258
Lax.	176	Wilde Tauben.	265
Lamms-Viertel.	281	Zunge so eingebeitzt.	377
Leber in einem Netz.	398	Gebratens in einer Agrestbrüh.	310
Lendbraten.	284	Aepffel-Brüh.	302
Lunge in einem Netz.	392	Rosen-Essig-Brüh.	316
Niern-Braten.	280	Rosmarin-Brüh.	311
Pfauen.	254	Vielerley Gebratens in einer	
Picklinge.	178	zerhackten Limonien-Brüh.	
Persinge in Oel.	160		300
Polnischer Braten.	285	Zwiebel-Brüh.	316
Prisilln.	278	Gebrennte Küchlein/ so länglicht.	
Reh-Schlegel.	250	665. 663. 935	
Reh-Zehmer.	252	Mandeln- und Rosin-Suppe.	
Rieb von einem Rind oder			44
Ochsen.	283	Mehl-Suppe.	44
Riemen in einer Brüh.	321	Wasser-Suppe.	43
Sardelln-Brüh.	930	Gedämpffter Essig-Braten.	462
Schaf-Nierlein.	289	gedörrtes Fleisch.	416
Schleyen.	169	Geflügel/ Wildpret und Fleisch.	
Schnecken so gespickt.	500		417
Schöpsen-Braten.	274		
Schwäbische Braten.	286	Von dem Gedämpfften und	
Schweins-Braten.	286	Gedünstetem wird zu End	
Schweins-Miltzlein.	400	deß Registers zu lesen seyn.	
Schweins-Nierlein.	289		
Spansercfelein.	287	Geflügel in einer Pasteten recht zu-	
Gebratener Spargel in Oel.	556	zubereiten.	268
Spargel auf dem Rost.	557	Geflüg so gesotten und gedämpfft/	
Stockfisch.	192	und vielerley derselben Ar-	
Taube so gefüllt.	267	ten.	417
Vorlaufferlein von einem Reh.		Gefüllte Aalruppen.	909
	251	Aepffel.	630
Waldschnepffen.	268	zu bachen.	714

Gefüllte

Gefüllte Artischocken. 561
Birn. 634.716
Birnschnitz. 717
Briese. 510
Citronen-Sultze. 743
　im Syrup. 766
Eyer. 601.603
Gäns-Kragen. 407
gebachene Citronen. 706
gebratener Hecht. 135
Grundel. 170
Halbfische. 185
Häslein. 253
Hechte. 130
Hüner. 263
　oder Capaunen. 435
Kalbs- oder Lamms-Brüste.
　277.915
Kalbs-Mägen. 925
Kalbs-Milz. 400
Krebse. 496
Krebsnasen-Suppe. 9
Lebern. 395
Lerchen. 272
Mackaronen. 833
Mandel-Fische. 873
Marilln oder Abricosen. 620
Maurachen. 586
Ochsen-Hirn. 381
Ochsen-Mägen. 382
Quitten. 621
Semmeln. 544.546
Semmel-Schnitten. 661
Schlangen. 873
Schnecken. 269
Stockfische. 193
Tauben. 267
weisses Kraut. 514
Welscher Kohl. 565

Gefüllte Zwerschgen. 637
Gegler zu braten. 273
Gehackter Haas. 254
　Hecht in einer Brüh. 129
　Kalb- oder Lamms-Schlegel. 276
　Kooch. 87
　Suppe. 6. 15
　von Eyer-Gersten. 60. 61
Gehäck zu Bratwürsten. 927
　Dorten. 823
　über Hüner oder Capaunen. 432
Geiß-Milch-Suppe. 18
　Köpflein. 375
　Viertel. 276.282.296
Gekochte Bratwürste in Zwiebeln.
　415
　gesaltzenes Fleisch. 458
　Kalbs-Milzlein. 400
　Leber und Mägelein. 508
　Magenfalten. 386
　Ochsen-Magen. 381
　Ruppen auf einer Schüssel. 166
Gelber Mandeldorten. 803
Gelbe Brüh über einen Aal. 103
　Karpffen. 150
　Pfifferlinge. 591
　Ruben. 583. 584
Gemandelte Pfetterrüblein. 669
　Spritzenküchlein. 668
Gemeine Strauben. 657
Gemödelte Küchlein. 683
Gemsen-Schlegel. 248
　in einer Aepffel-Brüh. 302
　Oliven-Brüh. 301
Genister einzumachen. 358. 551
Genueser-Zelten. 884
Geräucherte Zunge. 379
Gerendelte Erbsen. 82

Haupt-Register

Geriebene Suppe. 16
    zu kochen. 79. 80
Gersten-Suppen-Schleim. 30
Geröstete Aepffel. 631
    Eyer. 604
    Kalb- oder Lamsfleisch in einer Brüh. 474
    Lunge. 393
    Vögel in Weintrauben. 243
    Zunge. 375. 377
Gesaltzene Hecht-Pasteten mit saurem Kraut. 231
    Hecht in Senff oder Mostart. 139
    Hecht in Krän oder Meerrettig. 907
    Hecht in Milchram. 140
    Hecht in Pfetter- oder Bayrischen Rüblein. 140
    Hecht in Oel gebraten. 141
Geschabter Karpff. 152
Geschnittenes Brod. 854
Geschraubte Citronen und Pomerantzen in Zucker einzumachen/ und an statt deß Salats zu gebrauchen. 335
Geschwelckte oder gedörrte Artischocken-Kern. 564
Gesottene alte Hüner. 422
    Barben. 111
    Briese. 509
    Brexen. 173
    Capaunen und Hüner. 420. 928
    frische Salmen. 910
    Gans-Leberlein. 398
    Geflüg/ Wildpret und Fleisch. 421

Gesottene Grundeln. 160. 907
    Hecht. 97. 115
    Heringe. 181
    Krebse. 194. 499. 911
    Lar. 116
    Maurachen. 586
    Pärschen oder Pirsinge. 156
    Salmen. 174
    Schleyen. 168
    Schnecken in einer Sardelln-Brüh. 930
    Tritsch oder Aalruppen. 165
    Zunge im Krän. 378
Gespickter Karpff. 153
    Schnecken. 500
    Troscheln und Krammetsvögel. 271
    Mus. 53
Gestürtzte Eyer. 597. 942
    Eyer-Suppe. 14
    Hecht. 130
Gesultzte Brüh über gedünstete Aepffel. 632
    Ochsenfüsse. 412
Gewässerte Blateise. 182
    Stockfisch. 186
Gewickelte Brätlein von Kalbfleisch. 280
Gewollene Küchlein. 673
Gewürtzte Latwerg. 889
Gezerrte Küchlein. 680
Glantzende Mandeln. 702
Gläserne Quitten-Zelten. 881
Gleisende Martzepan. 831
Glößlein von Aepffeln. 532
    Bauern-Glößlein. 537
    Bratwürsten. 528

Glöß-

Glößlein von Briesen.	524	Grengeln von Marzepan-Zeug.	836
Butter.	530	auf Spanisch.	837
Capaunen oder Hünern.	523	Grieß- oder Gritz-Knötlein.	535
Eyern.	529. 932	Kooch.	95
so gebachen.	540	so eingebrennt.	96
Grieß oder Gritz.	535	Mus in der Milch.	78
Heffen.	541. 932	in der Fleischbrüh.	79
Hirn.	526	Grüne Brüh über einen gebratenen Hecht.	136
Kalbfett.	529	Grüne Eyer.	598
Kalbfleisch.	526	Kooch.	95
Karpffen oder Hecht.	571	Kraut.	572
Käs.	531	Kraut mit Krebsen.	573
Körfel- oder Körbleinkraut.	534	Kraut mit Zwiebeln.	573
Krebsen.	522	Mus.	74
Leber.	525	Zwetschgen.	638
Mandeln.	533	Grüner Kraut-Strudel.	493
Marck.	528	Grüne Waar und vielerley derselben Arten.	550
Mehl.	536	Grundeln zu bachen.	171. 910
Niern-Braten.	526	blau zu sieden.	170
Petersilien- oder Mayen-Kraut.	533	zu füllen.	170
Rindfleisch.	528. 932	zu sieden.	169. 909
Semmeln.	534. 933	Güldene Schnitten.	658
Schnecken.	523	Gurcken- oder Kümmerlingsbrüh über Rindfleisch.	454
Weinbeerlein.	532	Mus.	74
Gogelhopffen zu bachen.	725. 726	Salat.	354
Gogelhöpflein zu bachen.	937	Gurcken in Fenchel einzumachen.	355
Brüh über Hüner.	300	in Saltzwasser einzumachen.	358
Granatapffel-Salat.	330		
Gras-Eyer.	598	**H.**	
Göcker.	611	Aber-Mus.	79
Graupe.	82. 906	Suppe.	41. 42
Grengeln von Mandeln.	837	Hader-	

Haupt-Regiſter

Hader-Mus. 59
    Suppe. 12
Hagenbutten-oder Hieffen-Lat-
    werg. 784
    Mus. 73
    Suppe. 29
    Zelten. 858
Häher zu braten. 270
Halbirte Eyer. 600
Halbfiſch-oder Blateiſe ſo gefüllt. 185
    in einer Erbſen-Brüh. 183
        Kieſ-oder friſchen Erbſen. 183. 911
    Peterſilien Kraut. 184
    Peterſilien Wurtzeln. 184
    Polniſchen Brüh. 185
    zu kochen in Kümmel. 183
    zu wäſſern. 182
Hammen zuzurichten. 414. 927
    Weſtphäliſche. 414
Hanen Welſche zuzurichten. 255
    Suche Welſche Hanen.
Hanf-Suppe. 36
Harte Eyer im Senff. 600
Haſel-Hüner-Paſteten. 214
Haas in einer Brüh einzumachen. 320
    Böhmiſchen Brüh. 445
    gebraten. 252
    gedämpfft. 444
    gehackt. 254. 912
Haſel-Hüner ſo gebraten. 264
Haaſen-Oehrlein. 841
Haaſen Paſteten. 220. 221
Hauſen in einer Meer-Rettig-Brüh. 156
    Polniſchen Brüh. 156

Haus-Eſſig. 324
Heffen-Küchlein. 541. 676. 932
Hecht in einer Auſtern-Brüh. 105
    Böhmiſchen Brüh. 125
    Citronen-Brüh. 117
    Engliſchen Brüh. 126
    Erbſen-Brüh. 124
    Frantzöſiſchen Brüh. 126
    gebachen. 136. 137. 138
    gebraten. 131. 132. 134. 135. 136. 141
    gedämpfft in Roſmarin. 131
    gefüllt. 130
    gehackt in einer Brüh. 129
    gelber Limonien-Brüh. 110
    geſaltzen in Senff oder Moſtart. 139. 140
    in einer Paſteten. 231
    geſultzt. 130
    Heringen. 114
    Knoblauch-Brüh. 123. 138
    Krebſen. 114
    Limonien-Brüh ſo weiß. 119
    Meer-Rettig. 907
    Niederländiſchen Brüh. 129
    Oeſterreichiſchen Brüh. 129
    Peterlein-oder Peterſilien-Wurtzeln. 121
    Pfetter-oder Bäyeriſchen Rüblein. 124. 140
Hecht in einer Polniſchen Brüh. 126
    Roſmarin-Brüh. 121
    Salbey-Brüh. 120
    Sardelln-Brüh. 907
    ſauern Kraut. 123
    Speck-Brüh. 115

Hecht

über das gantze Koch-Buch.

Hecht wie Stockfisch zuzurichten. 114
 Ubergebliebene/ kalt zuzurichten. 141
 in Ungarischer Brüh. 125
 weisser Limonien-Brüh. 119
 Zwiebeln. 122
 Zwiebel-Brüh. 122
Hecht-Knötlein. 521
 Pasteten. 228
 Sultze. 739
Heringe in einer Butter-Brüh. 180
 gebachen. 181
 gebraten. 180
 gespickt. 181
 über einen Hecht. 114
 in Oel und Essig. 181
Herbst-Mus. 57
Hertzlein-Kohl. 569. 570
Hespelein einzumachen. 784
Heydel-Brey. 33
 Mus. 73
Hiefen oder Hagenbutten einzumachen. 782
 zu dünsten. 627
 Salsen. 365
 Suppe. 29
Hinteres Geiß- oder Ziegen-Viertel zu braten. 282
Hippelein oder Holhippen. 869
Hirn-Knötlein. 525
 Küchlein. 644
 Mus. 54
Hirn von einem Ochsen zuzurichten. 379
 gebachen. 381
 gefüllt. 381

Hirß-Mus. 77. 78
Hirsch-Geweih. 685
 Horn-Sultze. 735
 Schlegel oder Keule zu braten. 250
 Zehmer zu braten. 251
Hobel-Späne. 870
Holbeer-Brüh über schwartz und weisses Geflügel. 309
 Essig. 329
 Essig-Brüh über Rebhüner und Capaunen. 317
Hohles Zuckerwerck braun zu bachen. 835
Holler-Essig. 328
Holler oder Hollunderblüh-Küchlein. 719
 Salsen. 367
Hopffen-Salat. 347
 Suppe. 38
 warm zu kochen. 559
Hüner in Agrest- oder Weintraubenbeer-Brüh. 426
 Böhmischer Brüh. 433
 in einer Brüh. 320
 Cappern-Brüh. 426
 Citronen-Brüh. 296
 eingebickt. 433
 Eyerdottern. 431
 gebachen. 641
 gebraten auf gemeine Weis. 263
 gebraten in einer Rosinbrüh. 307
 Stachelbeerlein-Brüh. 310
 gedämpfft. 434. 929
 gefüllt zu braten. 263

f   Hüner

Haupt-Register.

Hüner gefüllt. 435
   in einem Gehäck. 432
   gesotten. 422
   Glößlein oder Knötlein. 430
   in einer Granatapffel-Brüh. 300
   junge. 262
   Leber-Brüh. 431
   Limonien-Brüh. 425
   Mandeln und Krän. 424
   Mandel-Brüh. 425
   Nudeln. 429
   Petersilien-Brüh. 428
   Pomerantzen-Brüh. 424
   Prinelln-Brüh. 309
   in Reinfall. 422
   Schnittlach oder Schnittlingen. 428
   Spanischen Brüh. 317
   Speck. 432
   Wachholder-Brüh. 312
   weiß gebraten. 262
   weiß gesottene. 420. 928
   zuzurichten/ daß man sie kalt essen kan. 436
   zuzurichten / daß sie weiß und mild werden. 419

Hünerbein eine Suppe daran. 45
   Knötlein. 523
   Kooch. 85
   Leberlein-Suppe. 5
   Leberwürstlein. 518
   Mus. 53
   Pasteten. 210
   Sultze. 733

J.

Johannesbeerlein/ so candirt. 939
   Dorten. 816
   eingemachte. 775
   Sultze. 750
   Suppe. 30
Junge Gans in einer Limonien-Brüh. 404
   Pfeffer. 407
   Polnischen Brüh. 407
gefüllte Häslein zu braten. 253
Hun wie ein Rebhun zu braten. 262

K.

Kachel-Mus. 58
Kalbs-Briese zu braten. 290. 916
   Fleisch in einer Agrest oder Stachelbeerlein-Brüh. 468
   besonders zuzurichten. 476. 465
   Butter-Brüh. 429
   Cappern-Brüh. 467
   Citronen-Brüh. 466
   eingebickt. 474
   Gehäck. 464
   gelben Limonien-Brüh. 466
   geröstet. 479
   gewickelt zu braten. 280
   Kümmel-Brüh. 478
   Majoran oder Maseran-Brüh. 471
   Negelein-Brüh.
   auf Niederländisch. 473
   Peterleinkraut-Brüh. 469

Kalbs-

Kalbs-Fleisch in Peterleinwurtzel-
Brüh. 470
Rosmarin-Brüh. 470
in Speck. 474
Kalbfett-Knötlein. 529
Kalbfleisch-Knötlein. 526
Würstlein. 518
Kälberfüß zu bachen. 645
in einer Majoran- oder Petersilien-Brüh. 410
Milchram-Brüh. 409
sauren Brüh. 410
süssen Brüh. 410

Kalbs-Keule oder Schlegel zuzurichten. 464
Pasteten. 222
Kopff zu braten und zu bachen. 244.924
Kröß in Zwiebeln. 391
Leber zu bachen. 396
zu braten. 397.925
in einer Zwiebel-Brüh. 394
gedämpfft. 393
Plätz-weis. 394
wie von einem Hirschen zuzurichten. 394
Lungen-Strudel. 492
Mägen zu füllen. 915
Mitzlein. 400
Nieren. 926
Rieblein zu braten. 283
Rucken. 280.477
Schlegel in einer braunen Citronen-Brüh. 296
Schlegel / so gehackt / zu braten. 276

Kalbs-Schlegel / so gebeitzt. 273
Pasteten. 222
Zünglein zuzurichten. 379
Kalter Hecht. 141
Kalte Hüner oder Capaunen. 436
Kardus zu kochen. 550
Salat. 341.922
Karpffen blau zu sieden. 142
in einer Citronen-Brüh. 143
gebachen in Oel. 155
gebachen im Schmaltz. 155
gebraten. 153
gedämpfft. 150
in einer gelben Brüh. 150
geschabt. 152
gespickt. 153
in einer Limonien-Brüh. 144
Negelein-Brüh. 148
Petersilien- oder Peterlein-Brüh. 145
Rosmarin-Brüh. 145
schwartzen süssen Brüh. 148
Ungarischer Zwiebel-Brüh. 147
Weixel-Brüh. 144
Zwiebel-Brüh. 146
Karpffen-Knötlein. 521
Pasteten. 251
Käs-Fladen. 652
gebachen auf Oblaten. 653
Krapffen. 653
Knötlein. 531
Küchlein. 649
Kohl zu kochen. 564.933
Kohl-Salat. 343
Suppe. 19.20
Schweins-Käs zu machen. 413

Kaſtran in Agreſt.	478	Knötlein von Heffen.	541
Schalotten-Brüh.	313	Hirn.	525
von einem Schöpſen zu braten.	274	Kalbfleiſch.	526
		Kalbfett.	529
Keimlein-Salat.	349	Karpffen oder Hecht.	521
Suppe.	37	Käs.	531
Kern-Suppe.	17	Körfel- oder Körbleinkraut.	534
mit Mandeln.	17		
Keule von einem Kalb beſonders zuzurichten.	464	Krebſen.	522
		Lebern.	525
von einem Reh zu dämpffen.	446	Mandeln.	533
		Marck.	528
Kief-Erbſen zu kochen.	552	Mehl.	526
Suppe.	39	Nieren-Braten.	526
Kimmerling-Salat.	354	Peterſilien- oder Peterlein-kraut.	533
in Fenchel einzumachen.	355		
in Saltzwaſſer.	358	Rindfleiſch.	528.923
Suppe.	30	Semmeln.	534.933
Kindbetterin-Suppe.	16	Schnecken.	523
Kißlein von Eyern.	609	Weinbeerlein.	532
Kleingeſchnittenes Brod.	854	Knoblauch-Brüh über Forellen.	107
Kleine Krebs-Paſtetlein.	240		
Küchlein in die Suppen.	674	Hecht.	123.138
Paſtetlein.	236.237.238	Rindfleiſch.	455
Spargel-Salat.	346	Schlegel.	316
Vögel-Paſtetlein.	219	Schnecken.	504
Knoblauch-Suppe.	39	Kooch unterſchiedlicher Arten.	85
Knötlein von Aepffeln.	532	Kohl zu kochen.	568
Bauern-Knörlein.	537	Ruben.	580
Bratwürſten.	528	Körfel- oder Körbleinkraut-Knötlein.	534
Brieſen.	524		
Butter.	530	Suppe.	32
Capaunen oder Hünern.	523	Körblein-Salat.	340
		Kornblumen-Eſſig/ ſo blau.	327
Eyern.	529.932.611	Krafft-Dorten.	822
gebachen.	540	Grieben oder Morſelln.	894
Grieß oder Gritz.	535		

Krafft

Krafft-Kräntzlein.	874	Krumme Strauben mit Mandeln	658
Marzepan.	830. 942	Küchlein von Aepffeln.	712
Nüßlein Suche Pistacien.	63	gebrennt.	663
Zeug-Pastetlein.	243	gewollen.	673
Krammetsvögel zu braten.	270	gezerret.	680
Kräntzlein von Strauben.	657	Heffen.	676
Krapffen vom Käs.	653	Hirn.	644
Kräpflein von Mandeln mit Weixeln.	696	Holder oder Hollunder.	719
		Käs.	649
Krausses Kooch.	85	Marck.	642
Krausse Semmeln.	543	von Milch auf Schwäbische Art.	647
Krausses Schüssel-Kooch.	90. 906	rund und aufgelauffen.	666
Kraut-Torten.	817 941	Salbey.	720
Salat.	351	Schlepper-Käs.	653. 935
Krän über Capaunen und Hüner.	424	Semmeln.	662
		in die Suppen.	674
Kräuter-Torten.	817	Küh-Euter gebraten.	402
Salat.	342. 922	gesotten.	402
		zuzurichten.	401
Krebs-Torten.	495	Kumbus-Kraut.	578
Euter.	493	Kümmel-Brüh über Kalb, oder Schöpsfleisch.	473
gebachen.	498. 194		
gefüllt.	496	Suppe.	38
gesotten.	499. 193	Kuhnschroten zu kochen.	551
mit Hechten.	114	einzumachen.	645
Knötlein.	522	Kürbis-Mus.	74
Mus.	54	Salat.	355
Nasen-Suppe.	8. 9	Suppe.	31
Pastetlein.	240. 241. 242. 911	Kuttelfleck zu kochen.	386
Strudel.	490		
Sultze.	740	**L.**	
Suppe.	8. 9	Laberdan oder Chabliau zuzurichten.	185
Kressen zu sieden.	171	Lactuck- oder Lattich-Salat.	348
Krös von einem Kalbe in Zwiebeln.	478	warm zu kochen.	555

Lamms-

Lamms-Fleisch in einer Agrest-Brüh. 468
Brüh von Butter. 429
Cappern. 467
Citronen. 466
eingebickt. 476
in einem Gehäck. 464
geröstet in einer Brüh. 475
in einer Brüh von Limonien. 466
Majoran. 471
Nägelein. 472
auf Niederländisch. 473
Petersilien-Kraut. 469
Wurtzeln. 470
Rosmarin. 470
Stachelbeern. 468
im Speck. 474

Lamms-Köpfflein zu bachen und zu braten. 375
Lebern zu bachen. 396
Lungen-Strudel. 492
Schlegelein so gehackt/zu braten. 276
Viertl zu braten. 281
Zünglein. 379

Langes Brod. 856

Länglichte gebrennte Küchlein. 665

Latwerg so brockicht von Quitten. 888
mit Citronen Quitten. 885
so durchsichtig und roth. 888
von gelben Ruben. 890
so gewürtzt von Quitten. 889

Latwerg von Hieffen- oder Hagenbutten. 784
Parstörffer-Aepffeln. 891
Pfersichen. 892
Quitten Suche Quitten.
so roth und durchsichtig. 888
so ungesotten von Quitten. 890

Lar zu braten. 176
so dürr zu braten. 177
kalt zu essen. 177
zu sieden. 176

Laxirende Zwetschgen. 777

Leber-Brüh über Hüner. 431
von einer Gans zu bachen. 399
zu braten. 399
zu sieden. 398
zu bachen. 396
gebraten in einem Netz. 398
gefüllt. 395
von einem Kalb zu braten. 397
dämpffen. 393
wie von einem Hirschen zuzurichten. 396
plätz-weis zuzurichten. 394
Knötlein. 525
und Mägenlein zuzurichten. 508
Würstlein von Hünern. 518

Leberlein von Hünern und ein davon gemachtes Kooch. 86
Suppe. 5

Leber- oder Lebkuchen-Sultze. 754

Lebku-

über das gantze Koch-Buch.

Lebkuchen-Brüh über Schlegel
 oder Prisilln. 319
 allerley schwartzes Gebratens. 318
Lebküchlein weisse von Mandeln. 858
Leichte Bisam-Plätzlein. 863
Lend-Braten zu braten. 284
 in einer Brüh. 284.321
 zu dämpffen. 461
 in einer Meer-Rettig-Brüh. 313
 Zwiebel-Brüh. 314
Lerchen zu braten. 270
 gefüllt zu braten. 272
 gebraten in einer Brüh. 272
 mit Speck zu braten. 272
Limonien-Brüh über Capaunen
 oder Hüner. 425
 so gelb über einen Hecht. 119
 über Kalb- oder Lamms-Fleisch. 466
 über eine junge Gans. 404
 allerley Gebratens. 300
 Kalb oder Lamms-Fleisch. 467
 über einen Karpffen. 144
 Rindfleisch. 453
 Vorhäß. 404
 Wammen. 385
 Wildpret. 391.448
Limonien-Suppe. 26
Linsen zu kochen. 83
 Suppe. 41
Löffel-Kraut-Salsen. 366
Lorbeer-Brüh über einen gebachenen Hecht. 137
Lungen zu bachen. 392
 braten in einem Netz. 392
 in einer Butter Brüh. 391
 Limonien-Brüh. 391
 wie daraus Morgeln- oder Maurachen zu machen. 507
 Mus. 54
 zu rösten. 393

M.

Mackaronen. 832
 so gefüllt. 833
Maden-Mus. 58
Magen von einem Ochsen oder Rind zu kochen. 381
 so gefüllt. 382
Magenfalten. 386
Majoran-Brüh über Kalb- oder Lammsfleisch. 471
 Rindfleisch. 456
 Suppe. 31
Malvasier-Mus. 49.50
 Suppe. 21
Mandeln zu bachen. 689.700
 Bien-Körblein. 704
 Biscoten. 860
 Brod. 851
 Brüh. 919
 über Capaunen oder Hüner. 423
Mandel-Dorten. 798.799. 800.941
 gelbe. 803

Man-

Mandel-Dorten in einer Schüssel.	804. 805	**Marilln-Dorten.**	810
schwartze	804	zu dünsten.	620
weise.	801. 802	einzumachen.	771
Dorten-Küchlein.	691	zu füllen.	620
Fische so gefüllt.	873	Salsen.	362
von gelben Ruben.	584	**Marzepan.**	830
Grengeln- oder Bretzeln.	827	von Aniß-Zeug.	866
Knötlein.	533	so gleissen.	831
Kooch.	90	Krafft Marzepan.	330. 831
Kräntze.	703. 876. 877		942
Kräntzlein.	874	von Muscaten-Zeug.	832
Kräpfflein mit Weixeln und Aepffeln.	696	auf Niederländische Art.	832
Krebs-Suppen.	9	Zeug.	827
Küchlein so aufgelauffen.	688	**Maseran Suppe.**	31
von Eyern.	695	**Maultaschen.**	841
auf Oblaten gestrichen.	691	**Maurachen** gefüllt.	586
so rund.	688	gesotten.	586
Lebkuchlein so weiß.	858	aus einer Lungen.	507
Milch Suppe.	17	Suppe.	31
Mus.	64. 65. 66	**Mayen-Dorten.**	817
Plätzlein.	864	Kraut-Knötlein was es seye?	817. 533
Ravioln.	693	Mus.	55. 56
Spritzen-Küchlein.	668	**Meer-Suppe.**	22
Suppe.	26. 27	**Meer-Rettig-Brüh über Hausen.**	156
so gebrennt mit Rosinen.	44	Lendbraten.	313
mit verlohrnen gebachenen Eyern.	695	über Capaunen und Hüner.	428
Würstlein.	689. 935	**Mehl-Brey.**	62
Mangolt.	571	Suppe.	43
Marck-Dorten.	790	so gebrennt.	44
Knötlein.	520	**Meisen zu braten.**	273
Küchlein.	642	**Melonen-Mus.**	74
		Milch-Kooch mit und ohne Mandeln.	88

Milch-

Milch-Küchlein auf Schwäbische
   Art. 647
   mit Reiß. 75. 76
   Sultze. 760
   Suppe. 17. 18. 19
Milchram-Brüh über Kalbsfüsse.
   409
   Suppe. 19
Miltzlein von einem Kalb zu ko-
   chen. 400
   von einem Schwein zu braten.
   400
Mispeln einzumachen. 784
Mistler zu braten. 270
Model-Küchlein. 683
Möhren zu kochen. 583
Morgeln zu füllen. 586
   zu sieden. 586
   aus einer Lungen. 507
   Suppe. 31
Morselln- oder Krafft-Grieben.
   894
Mostart. 362
   Suche Senff.
Mus allerley Arten derselben. 47
Muscateller-Birn-Dorten. 814
   einzumachen. 773
   Weinbeer-Brüh. 305
Muscaten-Brod. 846
   Mus. 66
Muscatzinen. 840

N.

NEben-Essen vielerley derselben
   Arten. 485
Negelein-Brüh über ein Kalb-
   oder Lamms-Fleisch. 472
Negelein-Brüh über einen Karpf-
   fen. 148
   über Vorhäs. 403
   Essig. 328
Neunaugen zu bachen. 172
   zu braten. 173
   zu sieden. 172
Niederländische Brüh über ei-
   nen Hecht. 926
   Marzepan. 832
Niederländischen Senff- oder
   Mostart zu machen. 361
Niern von einem Bock zu bachen.
   926
   in einer Brüh. 401
   zu braten. 280
   Braten-Knötlein. 526
   von einem Kalb zuzurichten.
   129
   Kooch. 877
   von einem Rind- oder Ochsen
   zuzurichten. 401
   auf Spanisch. 934
   Strudel. 492
   Suppe. 7
Nierlein von Schaafen zu braten.
   289
   von Schweinen zu braten. 289
Nonnen-Kräpfflein. 870
Nudeln über Hüner oder Capau-
   nen. 429
   Mus. 72
Nuß-Mus. 72
   Salsen. 364
   Suppe. 28
   Suche Welsche Nuß.

O. Ochsen-

O.

Ochsen-Augen. 597
　Füsse so gesultzt. 412
　　kalt zu essen. 411
　　in Senff- oder Mostart. 411
　Hirn gebachen. 381
　　gefüllt. 381
　　auf gemeine Art zuzurichten. 379
　Magen so gefüllt. 382
　　auf gemeine Art zu kochen. 381
　Maul zuzurichten. 412
　Niern. 401
　Wamme in Petersilien-Kraut. 384
　　Zwiebeln. 383
　wie sie zu Nürnberg aufgehauen werden. 1001
Oel-Brüh über Forelln. 108
Ofen-Küchlein. 541
Ollapotrid. 488
　mit Austern Schnecken und Tartuffoln. 944
　Dorten. 818
　Pasteten. 234
　　von Krebsteig. 235
　Suppe. 3
Oliven-Brüh über Forelln. 108
　einen Reh- oder Gemsen-Schlegel. 301
　Wildpret. 449
Oster-Suppe. 18
Oesterreichische Brüh über einen Hecht. 129

P.

Panaden- oder Brod-Mus. 84. 906
Pärschen oder Pirsinge in einer
　Cappern-Brüh. 158
　Citronat-Brüh. 157
　Fenchel-Brüh. 158
　gebachen. 161. 162
　in einer Brüh. 162
　gebraten in Oel. 160
　gesotten. 156
　in Meer-Rettig. 908
　wie Orade einzumachen. 162
Parstörffer-Aepffel-Latwerg. 891
　Zelten. 943
Pasteten mancherley Arten. 197
Pasteten-Brod. 842
Pertram-Knötlein. 533
　Salsen. 366
Petersilien-Brüh über Capaunen oder Hüner. 428
　Kalb- oder Lamms-Fleisch. 469
　Kraut-Brüh über einen Karpffen. 469
　Rindfleisch. 454
　Salsen. 367
　Strudel. 493
　Suppe. 35
　Wurtzeln-Brüh über Kalb- oder Lamms-Fleisch. 470
　Welschen zu kochen. 585
Pfaffen-Schläpplein. 697
Pfann-Kuchen. 612
　Zelten. 663
Pfauen und Fasanen zu braten. 254

Pfauen

Pfauen in einer Citronat-Brüh. 294
    Pasteten. 213
Pfeben-Dorten. 815
    Mus. 74
Pfeffer-Nüßlein. 867
    über Rindfleisch. 427
    Wildpret. 451
Pfersich-Dorten. 810
    zu dünsten. 621
    einzumachen. 770
    Latwerg. 892
    Sultze. 745
    Zelten. 885
Pfetter- oder Bäyerische Rüblein. 581
    über einen Hecht. 124
    gesalznen Hecht. 140
    Rüblein von Mandeln. 699
Pfifferlinge so gelb zu kochen. 591
    weiß zu kochen. 591
Pflaumen-Mus. 72
Picklinge zu braten. 178
Pirckhüner-Pasteten. 214
Pistacien-Mus. 63. 64
    Suppe. 28
Polnischer Braten. 285
Polnische Brüh über eine junge
    Gans. 407
    Halbfische. 185
    Hausen. 156
    Hechte. 126
    Pirsinge so gebachen. 162
    Zungen so geröstet. 377
    Zwiebel-Braten. 480

Pomerantzenblüh-Essig. 325
    Brüh über Capaunen oder
    Hüner. 424
    einen Hecht so gebraten. 136
    gantz einzumachen. 767
    so geschraubt in Zucker ein-
    zumachen und an statt
    deß Salats zu gebrau-
    chen. 335. 337
    Salat. 332
    Schelffen einzumachen. 769
    Sultze. 744
Prinelln zu bachen. 708
    Brüh über Hüner und
    weisses gebratens. 309
    Dorten. 809
    zu dünsten. 626
    Mus. 72
Prisate zu machen. 412
Prisilln zu braten. 277
    in einer Brüh. 321
    Cappern-Brüh. 301. 918
    Citronen-Brüh. 297
    zu dämpffen. 463
    in einer Lebkuchen-Brüh. 319

Q.

Quitten zu bachen. 718
    Biscoten. 861
    Dorten. 807
    zu dünsten. 623
    einzumachen. 772
    zu füllen. 621
    wie gelbe Ruben zu ko-
    chen. 625

g ij   Quitten

Quitten-Käs.	892
Kooch.	93
ein aufgegangenes.	93
Quitten-Latwerg.	885
so roth und durchsichtig.	888
Mus.	68
Sultze.	747
Werck vielerley derselben Arten.	825
Zelten.	877. 943
so ein gantzes Jahr gut und glänzend bleiben.	879
so gewürtzt.	883
gläsern.	880
gewürtzt.	883
so roth.	881
schön weis.	882

R.

Ram-Suppe.	17
mit Mandeln.	17
Ravioln von Bratwurst-Gehäck.	514
Briesen- oder Driesen.	511
Gans- und Hüner-Leberlein, wie auch Kalbs-Niern.	513
einem Hecht.	514
Hüner-Fleisch.	513
Krebsen.	515
Küh-Euter.	514
Mandeln.	693
Rauten.	830
Rebhüner zu braten.	264. 912
in einer Brüh von Aepffeln.	302
Citronen.	299. 918
Rebhüner in Holbeer- oder Weixel-Essig.	317
Muscateller-Weinbeern.	305
Pomerantzen.	299
Rosen-Essig.	317
zu dämpffen.	441
Pasteten.	214
Sultze.	937
Reh-Schlegel oder Keule zu braten.	250
in einer Brüh von Muscateller-Trauben.	305
Oliven.	301
zu dämpffen.	446
Zehmer zu braten.	252
Reinfall über Capaunen oder Hüner.	422
Mus.	51
Suppe.	20. 21
Reiß über Capaunen oder Hüner.	429
Dorten.	818
in der Fleischbrüh.	76
gebachen.	722
Kooch.	95
mit Mandeln.	76. 77
in der Milch.	75. 76
Suppe.	42
Rettig-Salat.	355
Rieb von einem Kalb zu braten.	283
Rind zu braten.	283
in einer Zwiebel-Brüh.	315
Riebesbeer-Dorten.	816
einzumachen.	775
trocken zu candiren.	939

Riebes-

Riebesbeer-Sultze.	750
Suppe.	30
Riemen besonders zuzurichten.	929
zu dämpffen.	461
so eingebeitzt.	285
Rindfleisch besonders zuzurichten.	459
in einer Brüh von Coriander.	457
eingesaltznen Gurcken oder Kimmerlingen.	454
Knoblauch.	455
mit Knötlein.	528. 932
Rindfleisch in lauterer Brüh.	452
in einer Brüh von Limonien.	453
Maseran.	456
Petersilien.	454
Pfeffer.	457
Rosinen.	453
Salbey.	456
Seller.	456
Wachholdern.	456
Zwiebeln.	454
Rindfleisch-Pasteten.	224. 225
Rinds-Nieren zuzurichten.	401
Rosen zu bachen.	719
Rosen-Essig.	318
Brüh über allerley Gebratens.	316
Wasser-Mus.	53
Rosin-Brüh über gebratene Hüner.	307
Rindfleisch.	453
Dorten.	810
Mus.	69
Suppe.	30. 44

Rosmarinblüh-Essig.	325
Brüh über Gebratens.	311
über einen Hecht.	121. 137
Kalb- oder Lamms-Fleisch.	470
Karpffen.	145
Rothe Apffel-Sultzen.	749
Quitten-Latwerg / so durchsichtig.	888
Zelten.	881
Rother Ruben-Salat.	354
Rother Spiegel.	829
Ruben Bayrische zu kochen.	581. 582
Suche Bayrische Ruben.	
Gelbe.	883. 884
Rothe/ ein Salat davon.	354
Weisse zu kochen.	582. 583
ein Dorten davon.	817
Suppe davon.	35
Rub-Kohl.	580
Rüblein-Kraut.	580
von Mandeln.	893
Rummel-Sultze.	739
Runde Küchlein / so aufgelauffen.	666
von Mandeln.	688
Ruppen gebachen/ in einer Brüh.	168
in Oel.	168
gedämpffte.	166
auf einer Schüssel zu kochen.	166

S.

Sack-Küchlein.	672
Salat-Häupter warm zu kochen.	555

Saläte

Haupt-Register

Saläte vielerley derselben Arten. 323. 921. 922. 923. 924
Salbey-Brüh über einen Hecht. 120
    Rindfleisch. 456
    Küchlein. 720
Salmen zu sieden. 174
    frische zu sieden. 910
Salsen mancherley derselben Arten. 223
Sardelln zuzurichten. 180
    Brüh über Briese. 509
    Hechte. 112
    einen Schlegel. 293. 912
    über gebratene Schnecken. 930
    gesottene Schnecken. 930
    Salat. 921
    Suppe. 10
Sauerampffer-Suppe. 34. 35
Sauer eingebickte Hüner oder Capaunen. 434
Saurach-Brüh über Wildpret/ und allerley Geflügel. 304
    einzumachen. 776
    Salsen. 365
Saure Brüh über Kalbsfüsse. 410
Saures Kraut zu bachen. 682
    zu kochen. 579
    mit Oel. 579
    und Schweinfleisch. 579
Saure Kraut-Suppe. 39
Schafmäuler-Salat. 350
Schaf-Mägenlein. 389
    Nierlein zu braten. 289
    Wänslein zu füllen. 387. 388. 389

Schalotten-Brüh über einen Schlegel oder Kastran. 313
Schart-Kräntze. 670
    Küchlein. 669
Scheiterhaufen zu bachen. 725
Schlangen von Butter-Zeug. 244
    so gefüllt. 873
    von Marzepan-Zeug. 871
    Zimmet. 873
Schlechte Strauben. 657
Schlegel in einer Brüh von Capern. 801
    Knoblauch. 316
    Lebkuchen. 319
    Sardelln. 293
    Schalotten. 313
Schlegel von einem Kalb besonders zuzurichten. 464
    von einē Reh zu dämpffen. 446
Schleyen gebraten. 169
    gesotten. 168. 169
Schmaltz-Kooch. 88
    mit Grieß oder Gritz. 89
Schnee zu machen. 661
Schneeballen. 675
Schneckē in einer Butterbrüh 502
    mit Eyern. 507
    gebachen. 506
    gespickt gebraten. 500
    gebraten in einer Sardelln-Brüh. 930
    gedämpfft. 442
    gesotten in einer Sardellnbrüh. 930
    in einer Knoblauch-Brüh. 504
    Knötlein. 523
    in Oel gekocht. 504
    Suppe. 10

Schnepffen

Schnepffen zu braten. 268. 269
           zu füllen. 269
           Pasteten. 215. 216
Schnitten so gefüllt. 661
    Guldene. 658
    von Käs. 652
        Mandeln. 699
        Nieren. 643
        Rebhünern. 641
        Semmeln. 660
Schnittlauch über Hüner oder Capaunen. 428
Schöpsfleisch in einer Kümmel-Brüh. 478
    Keule in Agrest. 478
    Rucken einzumachen. 477
    Schlegel in einer braunen Citronen-Brüh. 297
    Zwiebel-Brüh. 316
Schuncken-Pasteten. 233. 927
    zu sieden. 414
    frisch zu sieden. 914
Schüssel-Kooch so krauß. 90. 906
    von Mandeln. 89
    Mus. 89
Schwäbischer Braten. 286
Schwäbische Milch-Küchlein. 647
Schwarze Brüh über einen Karpfen. 148
    Wildpret. 450
Schwarzes Gebratens in einer Citronat-Brüh. 293
    Gebratens in einer Brüh von Lebkuchen. 318
    Pomerantzen. 299
    Weixeln. 307

Schwarzes Geflügel in einer Brüh von Citronen. 295
    Erdbeern. 309
    Hieffen- oder Hagenbutten. 309
    Hohlbeern. 309
    Saurach- oder Weinlegelein. 304
    Weixeln. 919
Schwarzer Mandel-Dorten. 804. 941
Schwedisches Brod. 843
Schweins-Braten. 286
    Käß. 413
    Köpfflein zuzurichten. 374
    Kopff von einem wilden Schwein. 371
    Miltzlein zu braten. 400
    Wildpret lang und gut aufzubehalten. 447
    Zünglein. 379
Scorzonera zu kochen. 554
    Suppen. 36
Seller-Brüh über Rindfleisch. 456
    Salat. 342
    Suppe. 33
Semmel besonders zuzurichten. 544
    gefüllt. 544
    mit Krebsen. 549. 933
    mit Vögeln. 544
    Weixeln. 548
    Knödlein. 534
    Krause. 543
    Küchlein. 662
    Mus. 83

Semmel-Schnitten. 660
　so gefüllt. 661
　Suppe. 45
　und Würste. 544
Senff oder Mostart zu machen. 362
　　Suche Mostart.
Sengelein zu sieden. 169
Spanferckelein zu braten. 287
 916
Spanisches Brod. 844. 845
Spanische Brüh von Lebkuchen
　über Hüner. 317
　Grengeln oder Bretzeln. 837
　Pasteten. 244
　geröstete Zungen. 376.
Spanischer Niern. 934
Spargel einzumachen. 360
　in Oel gebraten. 557
　auf dem Rost gebraten. 557
　Salat. 344. 345
　Suppe. 37
　warm zu machen. 555
Speck über Capaunen oder Hüner. 432
　Kalbfleisch. 474
　Küchlein. 723
　Suppe. 7
Speck-Brüh über einen Hecht. 115
Spinat. 572
　mit Krebsen. 573
　Strudel. 493
　mit Zwiebeln. 573
Spitzwecklein zu bachen. 722
Spritzen-Küchlein. 666
　mit Mandeln. 668
　von Zucker-Werck. 840

Sprößling Salat. 349
Spulen von Zuckerwerck. 839
Stachel-Beerlein einzumachen. 359
　Brüh über gebratene Hüner. 310
　Kalb- oder Lamms-Fleisch. 468
Stockfisch zu braten. 192
　in einer Butter-Brüh Mostart. 189
　gefüllt. 193
　in frischen Erbsen. 190
　in Kern- oder süssen Ram. 190
　Pasteten. 232
　in Peterlein- oder Petersilien. 191
　zu wässern. 186
Stock-Morgeln. 588
Strauben mit und ohne Aepffel. 658
　auf gemeine Art. 657
　Käs. 651
　Kräntzlein. 657
　krum zu machen mit Mandeln. 658
　Mus. 84
　Suppe. 46
　Weisse. 655
　Welsche. 656
Stritzeln von Käs. 657
　Mandeln. 689
Strudel von grünen Kraut oder Petersilien. 493
　Kalb- oder Lammsfleisch. 492
　Krebsen. 490

Sultze

Sultze von Aepffeln	748
so roth.	749
bunte und vielfärbige.	755
von Capaunen- oder Hünern.	733
Citronen.	742
so gefüllt.	743
so erhoben.	759
von Eyern.	617
von Fischen.	736
Forelln.	738
Sultzen auf gemeine Art.	730
von Hechten.	739
Hirschhorn.	735. 938
Krebsen.	740
Lebkuchen.	754
Milch.	760. 938
Mus.	61
von Pfersichen.	745
Pomerantzen.	744
Quitten.	747
Rebhünern.	937
Ribes oder Johannes-Beerlein.	750
Kümmel-Sultze.	739
vielerley derselben Arten.	729
so weiß.	761
von Zimmet.	750
Suppen unterschiedliche Arten.	1
Süsse Brüh über eingebickte Capaunen oder Hüner.	434
Kalb- oder Lamms-Fleisch.	476
Kalbsfüsse.	410
Wildpret.	447
Süsse Butter-Blätter.	940
Dorten.	793. 939
Mandel-Schnitten.	699

T.

Tauben/ die Einheimische zu braten.	265
gedämpfft.	439. 441
gefüllt zu braten.	267
wilde zu braten.	265
von Zuckerwerck.	857
Tauben-Pasteten.	219
Teig zu Butter-Pasteten.	206
Schart-Pasteten.	207
schwartz und weissen gemeinen Pasteten.	201
Tragant.	827
Wild-Fleisch- und Fisch-Pasteten.	198
Thierlein so aufgelauffen.	686
Töpfflein-Suppe.	13
Tragant-Teig.	827
Tritsch- oder Aal-Ruppen zu sieden.	165
Suche Aal-Ruppen.	
Troscheln zu braten.	270

U.

Ubergebliebenen Hecht zuzurichten.	141
Verdeckte Eyer.	606
Verlohrne Eyer.	606
Eyer von Mandeln.	695
Eyer-Suppe.	14
mit gefüllten Krebs-Nasen.	9
Hünlein.	611
Vielfärbige Sultze.	755
Wegwarten-Salat.	353
Violen-Essig so blau.	326
Ulmer-Brod.	852. 943

Ungar

Ungarische Brüh über einen Hecht. 125
Zwiebel-Brüh über einen Karpffen. 147
Ungesottene Quitten-Latwerge. 890
Vögel so gebraten. 272. 273
so gedämpfft. 443
geröstet. 273
Pasteten. 219
in Weintrauben. 444
Vorbratens in einer Brüh. 920
Aepffel-Brüh. 302
Citronen-Brüh. 299
Vörder Geiß- oder Ziegen-Viertel zu braten. 282
Theil von Haasen- oder Vorgehäs. 402
Vorhäs in einer Limonien-Brüh. 404
Negelein-Brüh. 403
in Pfeffer. 403
Zwiebel-Brüh. 404
Vorlaufferlein von einem Reh. 251
Vorrichten und vielerley derselben Arten. 369

W.

Wachholder-Brüh über Rindfleisch. 456
Wildpret und Hüner. 312
Waffel-Küchlein. 687
Wald-Schnepffen zu braten. 268. 911
Wamme in einer Aepffel-Brüh. 385
Wamme in einer Limonien-Brüh. 385
von einem Ochsen in Petersilien- oder Peterlein-Kraut. 384
Zwiebeln. 383
Warmer Lactuck. 555
Spargel. 555
Wasser-Bläßlein zu bachen. 665. 935
Hünlein zu braten. 267
Schnepfflein. 269
Suppen gebrennt. 43
Taucherlein. 267
Wännlein-Pastetlein. 239
Wegwarten so candirt. 787
eingemachte. 787
gebachen. 721
Salat. 349. 352
Sprößlinge. 554
Suppe. 37
Keimlein Suppe. 37
zuzurichten. 553
Westphalische Hammen oder Schuncken. 414
Wespen-Nester zu bachen. 723. 936
Wein-Mus. 51. 52
Suppe. 22. 23
Weinbeer einzumachen. 774
Dorten. 810
Essig. 329
Knötlein. 552
-Mus. 69. 906
Salsen. 363
Suppe. 30

Wein-

Weinlägeleins - Brüh über Wildpret auch schwartz- und weisses Geflügel. 304
Salsen. 365
Weintraubbeer - Brüh über Capaunen. 426
Weintrauben über Vögel. 444
Weisser Eyer - Dorten. 797
    Mandel - Dorten. 801
    Fenchel - Küchlein. 865
    glänzender Zucker - Spiegel. 828
    Mandel - Lebkuchen. 858
    Pfifferlinge. 591
    Quitten - Zelten. 882
    Ruben. 582
    Strauben. 655
    Sultzen. 761
Weisses Geflügel in einer Amarelln - Brüh. 308
    Hagenbutten oder Hieffen-Brüh. 309
    Hohl- oder Erdbeer - Brüh. 309
    Kraut. 574. 577. 578
    Weinlägeleins - Brüh. 304
Weißfisch wie Orade einzumachen. 164
    zu sieden. 165
Weiß - gebratens in einer Aepffel-Brüh. 303
    Citronen - Brüh. 296
    Zibeben - Brüh. 306
Weirel - Brüh über einen Karpffen. 144
    Schwartzes - Gebratens. 307. 919

Weirel - Dorten. 814
    eingemachte. 778
    eingesetzte. 780. 781
Essig. 329
Essig - Brüh über Rebhüner und Capaunen. 317
    gebachen. 709
    gedünstete. 628
    mit gerösteten Brod. 628
    Kugeln zum Weixelwein. 782
    in einer Schüssel wie ein Dorten aufgesetzt. 628
Mus. 73
Salsen. 363
Suppe. 29
Welsche Hanen und Capaunen Pasteten. 212
    Mostart zu machen. 361
    Nuß braun-gebachen. 835
    eingemacht. 785
    gebachen. 705
Welscher Hannen in einer Citronen - Brüh. 296
    gebraten. 255
Welscher Kohl so gefüllt. 565
    mit Käs. 567
    Knoblauch. 567
    Kohl - Salat. 344
    Strauben. 656
Wifftig. 868
Wilde Enten zu braten. 260
    dämpffen. 443
    Gans zu braten. 258
    Gans- und Enten - Pasteten. 217. 218

Wilde und Einheimische Tauben-Pasteten. 219
Schweins-Kopff zuzurichten. 371
Tauben zu braten. 309
Wildpret in einer Aepffel-Brüh. 302
Citronat-Brüh. 294. 917
Citronen-Brüh. 295. 448
gedämpfft und gesotten. 417
Hagenbutten- oder Hieffen-Brüh. 309
Lebkuchen-Brüh. 318
Limonien-Brüh. 448
Oliven-Brüh. 449
Pfeffer. 451
Rosmarin-Brüh. 470
Saurach-Brüh. 304. 311
Schwartzen Brüh. 480
Wachholder-Brüh. 312
Zwiebel-Brüh. 450
Wildpret-Pasteten. 220
Wildpret von Schweinen lang und gut aufzubehalten. 447
vielerley desselben Arten in einer süssen Brüh. 447
Würstlein von Briesen. 516
Eyern. 609. 931
Feigen. 709
Hüner-Leberlein. 518
Kalb- und andern Fleisch. 518
Kalten Gebratens. 519
Mandeln. 689
Rosinen. 935
auf Welsche Art. 519
Wurtzeln so eingemacht/ und vielerley derselben Arten. 763

Z.

Zelten Genuesische. 884
von Hieffen oder Hagenbutten. 885
von Parstörffer-Aepffeln. 943
in der Pfann zu machen. 663
von Pferschen. 885
Quitten Suche Quitten-Zelten.

Zerschnittene und gebratene Hechte. 131

Zibeben-Brüh über allerley weisses gebratens. 306

Zibeben zu bachen. 934
Dorten. 809
zu dünsten. 627

Ziegen-Fleisch eingebickt. 481
gedämpfft. 481
Köpfflein zu braten und zu bachen. 375
Viertl zu braten. 282
in einer Citronen-Brüh. 296

Zimmet-Dotter-Brod. 850
Dorten. 806
Mandeln. 898
Nüßlein. 867
Schlangen. 873
Spiegel. 829
Sultze. 750

Zitronen Suche Citronen.

Zucker-Biscoten. 859
Brod. 857

Zucker-

Zuckerwerck so flach und braun
  gebachen. 836
  hohl und braun gebachen. 835
  vielerley desselben Arten. 825
Zunge eingebeitzt zu braten. 377
  so geräuchert zuzurichten. 379
Zunge geröstet. 375
  gesotten in Krän oder Meer-
    Rettig. 378
Zwetschgen-Dorten. 815
  dürr zu kochen. 638
  einzumachen. 777
  so laxiren. 777
  zu füllen. 637

Zwetschgen so grün oder frisch/ zu
  dünsten. 638
Zwiebel-Braten. 479
  auf Polnisch. 480
  Brüh so braun über einen
    Hecht. 122
  über eine junge Gans. 406
  allerley Gebratens. 314
  grünes Kraut. 513
  eine Kalbs-Leber. 394
  Karpffen. 145
  Lungen. 391
  Rindfleisch. 454
  Vorhäß. 404
  Salat. 352

Gedämpffter Haas. 444
  Hechtlein. 131
  Hüner oder Capaunen. 434. 929
  Kalbs-Leber. 393
  Karpffen. 150
  Prisilln. 463
  Rebhüner. 441
  Rehschlegel oder Keule. 446
  Riemen oder Lendbraten. 461
  Ruppen. 166. 461
  Schnepffen. 442
  Tauben. 439
  Vögel. 443
  Wilde Enten. 443

Gedünstete Aepffel so dürr. 633
  Aepffel in einer roth-gesulzten
    Brüh. 632
  Birn. 636
  Datteln. 616
  Hagenbutten- oder Hieffen.
    627
  Marilln- oder Abricosen. 620
  Pfirsiche. 621
  Prinelln. 626
  Quitten. 623
  Weixel. 628
  Zibeben. 627
  Zwetschgen. 638

Die Eingeschlichene Fehler

belieben die Günstige Leserinnen folgender massen zu verbessern.

Am 6. Blat N. 7. in der Anmerckung vor hernach beschrieben worden Liese zuvor N. 4. beschrieben worden.

Am 8 Blat N. 11. in der 6. und 7. Zeil auf zuvor beschriebene Art Liese auf die N. 26. beschriebene Art.

Am 23. Blat N. 51. Lesche diese Wort aus/ thue Saltz dazu/ dann die Wein-Suppen werden nicht gesaltzen.

Am 25. Blat N. 58. schneide eine halbe Citronen zu Plätzen/ Liese: schneide eine gantze Citronen zu halben Plätzen.

Am 52. Blat N. 8. in der 8. Zeil Lesche das Wort Pfeffer aus/ dann es gehöret kein Pfeffer unter dieses Mus.

Am 83. Blat N. 99. kan man/ wann das Mehl halb eingebrennt/ ein wenig Zwiebeln dazu werffen/ und im Schmaltz rösten: Liese: kan man die Zwiebeln im Schmaltz rösten/ und dann das Mehl darein brennen.

Am 87. Blat N. 6. in der Anmerckung: vermischten Nieren Liese von vermischten Nieren/ un N. 5. gedachte Hüner-Leberlein.

Am 128 Blat N. 59. in der 7. Zeil sei-he die Fleisch-Brüh herab/ Liese seihe sel-bigen herab.

Am 138. Blat N. 83. gantze Lavendel und Lorbeer-Blätter/ Liese gantzen Fen-chel und Lorbeer-Blätter.

Am 157. Blat N. 121. lege sie auf den Rost/ daß sie wol abtrocknen/ Liese lege sie auf den Rost/ und bedupffs mit Butter/ daß sie wol abtrocknen.

Am 164. Blat N. 134. Essig und ein we-nig Wein/ Liese zwey Drittel Essig/ und ein Drittel Wein.

Am 240. Blat N. 48. der kan auch ein wenig frisches Marck unter die Krebse ha-cken: Liese der kan auch ein wenig frisches Marck/ wie auch abgeschipffte Morgeln und Briese mit unter die Krebse hacken.

Am 307. Blat N. 30. giesset ein wenig Wein und Fleisch-Brüh daran/ Liese gies-set lauter Wein daran.

Am 310. Blat N. 36. Lesche die Wort aus: Zwey Citronen oder: dann die Ci-tronen gehören im Anfang nicht dazu/ weil der Safft davon noch einmal darein ge-druckt wird.

Am 335. Blat N. 5. in der 17. Zeil ein wenig Eyer-Brod in Butter rösten/ Liese ein wenig Eyer-Brod in Zucker rösten.

Am 470. Blat N. 106. streuet Ingber/ Pfeffer/ auch einen guten Theil junges Pe-tersilien-Kraut darein/ und lasst es sieden: Liese streuet Ingber und Pfeffer darein/ und lasst ein gut Theil Petersilien-Kraut samt den jungen Wurtzeln darinnen sieden.

Am 468. Blat N. 52. Würstlein von Briesen mit Cappern/ Liese Würstlein von Briesen auf andere Art.

Am 518. Blat N. 55. in der 16. Zeil Lesche das Wort Negelein aus/ dann es gehören keine Negelein zu diesen Würst-lein von Hüner-Leberlein.

Am 574. Blat N. 173. in der 17. Zeil würtzets mit Pfeffer und Ingber/ giesset Liese würtzets mit Pfeffer nnd Ingber/ saltzt es/ giesset.

Am 579. Blat N. 182. giesset halb Wein halb Fleisch-Brüh daran/ und lasst es sie-den/ Liese giesset halb Wein halb Fleisch-Brüh/ oder auch lauter Fleisch-Brüh ohne Wein daran/ und lasst es sieden.

Am 647. Blat N. 17. und 18. muß der Teig zu denen Milch-Küchlein gesaltzen werden.

Am

Am 668. Blat N. 64. zu einer Maas Milch Liese zu einer halben Maas Milch.

Am 675. Blat N. 79. Nehmet ungefehr ein wenig mehr als den achten Theil eines Metzens schönes Mehl / saltzets / schlaget vier Eyer darein/ und rühret das Mehl damit ab / Liese schlaget vier Eyer aus / saltzets/ und rühret so viel Mehl darunter/ als die Eyer annehmen.

Am 692. Blat N. 115. mische Rosin/ Zucker und Zimmet darunter / Liese: mische abgezogene Mandeln / Rosin / Zucker und Zimmet darunter.

Am 696. Blat N. 124. hernach lege man von diesen frischen Weixeln etwan drey/ vier oder mehr auf ein Häufflein/ und also Liese: hernach lege ein Theil gestossener Mandeln auf ein Häufflein / und von diesen frischen Weixeln etwan drey/ vier/ oder mehr darauf/ bestreue sie mit Zucker und Zimmet/ und mache also.

Am 812. Blat N. 45. und alsdann auf das allerdünnste drey oder vier Plätze ausgewälchert/ Liese und alsdann auf das allerdünnste von dem am 820igsten Blat beschriebenen Teig drey oder vier Plätze ausgewälchert.

Am 824. Blat N. 63. bestreuet aber ein jedes Blätlein zuvor mit zerlassenē Schweinen Schmaltz/ Liese bestreichet aber ein jedes Blätlein zuvor mit zerlassenē Schwein-Schmaltz oder Butter.

Am 845. Blat N. 40 rühret zwey Pfund gestossenen Zucker/ Liese rühret ein Pfund gestossenen Zucker.

Am 845. Blat N. 38. in der ersten Zeil Lesche diese Wort aus und zwölff Loth gestossen und durchgesiebten Zucker.

Am 847. Blat N. 44. schlaget sechs Eyer in einen Kern oder Ram/ Liese schlaget sechs Eyer in etwas mehr als den achten Theil einer Maas/ Kern oder Ram.

Am 948. Blat Ravioln von Karpffen.
Schnecken.
Knödlein von Aepffeln.
Birnen.
Liese
Ravioln von Karpffen.
Knödlein von Aepffeln.
Birnen.
Schnecken.

ENDE.

Nachwort

Wem es Freude bereitet, in alten Kochbüchern auf Entdeckungen auszugehen, dem hat das vorliegende „Vollständige Nürnbergische Koch-Buch" zweifellos Interessantes und zugleich kulturgeschichtlich Aufschlußreiches zu bieten. Hatten sich Berufsköche wie Marx Rumpolt[1] und Conrad Hagger[2] mit ihren Werken vorwiegend an Fachkollegen und an den Nachwuchs ihres Standes gewandt, so kam das gut hundert Jahre jüngere „Nürnbergische Koch-Buch" unter ganz anderen Voraussetzungen zustande. 1691 im renommierten Verlag des Wolfgang Moritz Endter herausgegeben und laut kaiserlichem und kurfürstlich-sächsischem Privileg vom 15. Dezember 1690 auf sechs Jahre vor unerlaubtem Nachdruck geschützt, erlebte der respektable Band zwei weitere Auflagen im Jahre 1702 und 1712. Dann scheint er mehr oder weniger in Vergessenheit geraten bzw. durch andere, neuere Kochbücher verdrängt worden zu sein, vor allem wohl deshalb, weil Anregungen aus der französischen Kochkunst auf die anspruchsvollere Küche in Deutschland immer stärkeren Einfluß gewannen.[3] Auch die dritte Auflage unseres „Nürnbergischen Koch-Buches" versucht dem Rechnung zu tragen, indem hier ein Anhang mit Rezepten aus „Le cuisinier royal et bourgeois" angekündigt wird, dessen dritte Auflage in Paris 1698 erschienen war. Mit Erstaunen stellt man bei Autopsie freilich fest, daß der Ankündigung in Titel und Vorwort kein Glauben zu schenken ist: Wo nämlich besagter Anhang beginnen müßte, findet

[1] MARX RUMPOLT, *Ein new Kochbuch*, Frankfurt am Main 1581, Neudruck Leipzig 1976.
[2] CONRAD HAGGER, *Neues Saltzburgisches Koch-Buch*, Augsburg 1719, Neudruck Leipzig 1977.
[3] So erschien Anna Weckers Kochbuch von 1598 in den Nachauflagen Basel 1667 und 1679 bereits mit einem Anhang „Der Parisische Küchenmeister", und in dem zweibändigen *Neuen Saltzburgischen Koch-Buch* des CONRAD HAGGER ist der französische Einfluß stark bemerkbar. (Vgl. Manfred Lemmers Nachwort zum Neudruck 1977, S. 12f.)

sich statt dessen eine unscheinbare, klein gedruckte und überschriftslose Erklärung des Verlegers, der seine vergeblichen Bemühungen schildert, eine brauchbare deutsche Übersetzung der französischen Rezepte zu erlangen. Die Übersetzung war leider so schlecht geraten, daß nach dem Urteil befragter Frauenspersonen „eine abgeschmackte, ja öfters lächerliche Kocherei... herauskommen würde, wenn man nach dieser absurden Vorschrift die Speisen zurichten würde"[4]. Daß man der einheimischen Küche den Vorzug gab und den Trend zum Französisieren mehr oder weniger ablehnte, geht aus dieser Erklärung zumindest wörtlich nicht hervor; man kann allenfalls zwischen den Zeilen entnehmen, daß der Schade durch den Ausfall des französischen Anhangs als nicht allzu schwer angesehen wird.

Was Grundabsicht und Zweck des „Vollständigen Nürnbergischen Koch-Buchs" mit seinen über anderthalbtausend Rezepten betrifft, so ist das Werk ein Novum innerhalb der Kochbuchliteratur vor allem deshalb, weil es ausdrücklich an die Hausfrauen bzw. Köchinnen des stadtbürgerlichen Haushalts gerichtet ist. Es wendet sich also nicht an Berufsköche, sondern an Leserinnen. In der „Vor-Ansprach" werden dabei die bereits in der Kochkunst wohlgeübten „Künstlerinnen" um Hinweise und Veränderungsvorschläge gebeten; den noch Unerfahrenen aber wird das Buch „zur Lehr und Unterricht" empfohlen.

Das Werk stellt sich zudem mit einem Titel vor, der den literarischen Gepflogenheiten des ausgehenden 17. Jahrhunderts entspricht. Eine imaginäre „Köchin" — sowohl vortrefflich als aus dem Parnaß entlaufen, wo sie bei Ceres, Diana und Pomona gedient ha-

---

[4] *Vollständig-Neuvermehrtes Nürnberger Koch-Buch*, Nürnberg, In Verlegung Wolfgang Moritz Endters Druckts Joh. Ernst Adelbulner 1712, S. 1127. Benutzt wurde das Exemplar der Sächsischen Landesbibliothek Dresden, Signatur: Technol. B. 106. Ein Exemplar der Zweitauflage von 1702 ist in der Allgemeinwissenschaftlichen Bibliothek Schwerin vorhanden, Signatur Uq 702 R / Ui VI, 7².

ben muß — wird zwar im Vorwort als bloße Fiktion, nämlich als eine Art „poetischer Weise zu reden" gekennzeichnet; aber ohne Bemühung der antiken Götterwelt sollte es in diesem Verlag eben auch bei einem Kochbuch nicht abgehen.

Das Endtersche Unternehmen hatte sich in Nürnberg seit Jahrzehnten zu einem angesehenen Literaturverlag entwickelt.[5] Harsdörffer und andere Dichter des 17. Jahrhunderts hatten hier publiziert, und der Nürnberger Verleger Wolfgang Felßecker, der unter anderem Grimmelshausens Werke druckte, war, ehe er sich selbständig machte, mehrere Jahre im Endterschen Verlagshaus als Korrektor tätig gewesen. Auch ein Kochbuch erhielt in einem solchen Verlag ein poetisches Gewand, wurde mit einem entsprechenden Kupferstich versehen — er stammt von Cornelius Nicolaus Schurtz — und mit einem Auftakt-Poem eingeleitet: „Die beste Speise ist das Brod / so wir aus Ceres Schoos empfangen..." In „Poetischer Weise zu reden" werden damalige Grundnahrungsmittel — Getreide, Wild, Früchte und Fische — als Gaben der antiken Gottheiten gefeiert, sodann Wasser und Feuer als unerläßliche Voraussetzungen zur Speiseaufbereitung angesprochen. „Allein diß alles ist umsonst / wann man sich nicht dahin befleisst / Zu thun / was hier in diesem Buch / die Kunsterfahrne Köchin weisst." Diese Art und Weise poetisierender „Verpackung" von Sach- und Fachbüchern hat eine alte Tradition, und zumal in Nürnberg war sie weitergepflegt worden, so etwa in einem Fachbuch des der Kochbuchliteratur benachbarten Bereichs der Servier- und Tranchierkunst, das Georg

---

[5] Der Gründer war Wolfgang Endter, der den Verlag von 1612 bis 1630 leitete. Sein Sohn Christoph führte die Geschäfte von 1660 bis 1674; bis 1680 übernahm dann dessen Tochter Anna Maria die Leitung, während die Brüder Wolfgang Moritz und Georg Andreas Endter den Verlag bis 1682 gemeinsam führten und sich dann trennten. Wolfgang Moritz Endter lebte 1658–1723. Er heiratete 1674 Anna Juliana Betz von Lichtenhof, die 1694 starb, und vermählte sich 1695 mit Susanna Maria Auer geb. Sandrart.

Philipp Harsdörffer als „Vollständig vermehrtes Trincir-Buch" poetisch-gelehrt kommentierend herausgab.[6] Während hier aber an fürstliche Tafelrunden gedacht ist, Schaugerichte (und in Anhängen auch Schauspiele und sonstige Umrahmungen bei Bankettzurüstungen) beschrieben werden, hat das „Vollständige Nürnbergische Koch-Buch" trotz des poetisch-antikisierenden Auftakts ein klar umrissenes, zweckgebundenes Ziel: „zerstreut und in grosser Geheim gehalten gewesene Gemerck-Zettul", also gesammelte Einzelrezepte, in geordneter Reihenfolge darzubieten, nach denen die Speisen „Wohlgeschmack und Leckerhafft / nach eines jeden Beutel / zu zubereiten und zu kochen" sind.

Das Buch ist systematisch nach Speisearten geordnet. Auf die einleitenden 117 Suppenrezepte folgen 135 für Mus- und Breiarten, 209 Fischgerichte und 54 Pasteten sowie 53 Rezepte für gebratenes Fleisch einschließlich Wild und Geflügel. Gesondert folgen 65 Tunken, 15 Essigsorten, 49 Salate und 20 „Salsen" (eingedickte Obstsäfte). Die systematische Anordnung wird fortgesetzt mit 101 Vorgerichten, 140 Fleischrezepten (diesmal Gesottenes betreffend, wiederum einschließlich Wild und Geflügel) und 208 sogenannten Nebenessen, also Beilagen. Neben den Fischrezepten bilden diese die zahlenmäßig größte Gruppe. Dann folgen 47 Eierspeisen und 51 Rezepte für gefüllte und gedünstete Früchte sowie 145 Backrezepte, zu denen gesondert 63 Torten hinzukommen. Mit 40 Rezepten für Aspik- bzw. Sülzarten, 43 für die Konservierung von Früchten und Wurzelwerk sowie 155 für Zucker- und

---

[6] Nürnberg / in Verlegung Paulus Fürsten / Kunsthändlers. Gedruckt durch Heinrich Pillenhofer / im Jahr 1652 (Neudruck Leipzig 1976). Es handelt sich um die Bearbeitung eines italienischen Werkes: „Ob nun wol solches von Giacomo Procacchi von Ancona und Matthia Geigern / von Mosburg in Beyerland bürtig / vor vielen Jahren in Italienischer Sprach beschrieben worden...", so sei doch alles „sehr dunckel" und nur von deren Schülern zu verstehen, schreibt Harsdörffer in der Vorrede. Er habe es deswegen nicht nur übersetzt, sondern auch bearbeitet.

Quittenwerk (wie man sieht, geht es in diesem letzten Abschnitt um das Haltbarmachen) endet der Hauptteil des Buches. Man erkennt zweifellos ein Streben nach Vielfalt und Vollständigkeit, das sich auch darin bekundet, daß in einem relativ umfangreichen Nachtrag weitere Rezepte, den jeweiligen Gruppen zugeordnet, angereiht werden, die vermutlich während der Drucklegung noch erlangt wurden.

Verantwortlich für das alles zeichnet das Verlagshaus. Aus dem kaiserlich-kurfürstlichen Privileg, mit dem das Buch vor unerlaubtem Nachdruck im süddeutschen wie im ostmitteldeutschen Bereich geschützt war, geht hervor, daß Wolfgang Moritz Endter viel Geld aufgewendet habe, um an die Einzelrezepte heranzukommen und daß vor allem seine Gattin dabei keine Mühe scheute. Da auch im Vorwort mehrfach von zwei (bzw. mehreren) Beteiligten bei der Herausgabe die Rede ist, muß man schlußfolgern, daß Anna Juliana, Endters erste Frau, Hauptbeteiligte der Sammelarbeit war, während die systematische Anordnung, Anhänge und dergleichen entweder ihr Gatte oder ein Korrektor erledigten. Jedenfalls wird das Ganze nicht als Resultat der Bemühungen einer einzelnen Person dargestellt, wie Kudriaffsky annimmt, die die fingierte Titel-Köchin als Verfasserin versteht („Die historische Küche", 1880, S. 286 ff.).

Mehrere Anhänge vervollständigen das für die Hausfrau als Arbeitsmittel und Nachschlagewerk gedachte Kochbuch. Aufschlußreich und vor allem nützlich für die Vorausplanung von Speisezetteln im Haushalt war ein Verzeichnis des Marktangebots an Fischen, Wild, Geflügel, Früchten und Kräutern während der einzelnen Monate des Jahres, abgehoben von den das ganze Jahr hindurch verfügbaren Naturalien. Ein weiterer, kulturgeschichtlich interessanter Anhang vermittelt Vorschläge für die Zusammenstellung von Festmählern, insbesondere zu Hochzeiten. Wie im ganzen, so zeigt sich auch hierbei, daß an die Küche mittelständischer (Bürger-) Familien gedacht ist, nicht etwa an fürstliche Gastmähler wie bei den Berufsköchen Rumpolt und Hagger oder wie auch im Harsdörfferschen „Trincir-Buch". Die Festmähler werden in der Zusammensetzung ihrer Hauptgerichte und Beilagen nach dem Angebot in den vier Jahreszeiten unterschieden; sie sind vielseitig ausgestattet und — wie ausdrücklich betont wird — zusammensetzbar aus den Rezepten des vorliegenden Werkes. Diese „Küchen-Zettel" (Menükarten) für die Familienfesttafel sind bei den Hochzeitsessen für verschiedene Personenzahlen berechnet, in der Mehrzahl für 24, aber auch für 20, 30 und 36 Personen, und zudem zusammengestellt für ein „vornehmes zweytägiges Hochzeit-Mahl" sowie für die „Gemeine Eintägige Hochzeit".

In einem letzten Anhang wird die in Nürnberg übliche Zerlegung von Rind und Kalb mit den entsprechenden Stückbezeichnungen anhand eines Kupfers erläutert. Erst dann folgt der Registerteil, beschlossen von einem „General-Register", dem zwei Auswahlregister vorangehen: Eines, das die Krankenkost, auf die in den Rezepten wiederholt hingewiesen wird,[7] und eines, das die Fastenspeisen[8] aus dem Gesamtbestand des Kochbuches heraushebt.

[7] Vgl. S. 17, 18, 40, 68 u. ö. Einer engen Verbindung zwischen Kochkunst und Heilkunst entsprechend wird in den älteren Kochbüchern stets auf diesen Aspekt diätetischer Behandlung bei Erkrankungen Bezug genommen. Auch im *Nürnbergischen Koch-Buch* ist dies der Fall. Es werden dabei Grundkenntnisse vorausgesetzt, denn das „Register der Krancken-Speisen" wird zum Beispiel ohne Zuordnung zu bestimmten Erkrankungen abgefaßt, wobei die Auswahl „denen Günstigen Leserinnen / nach Beschaffenheit der Kranckheit und deß Krancken / ... frey gelassen" wird.

[8] Die Berücksichtigung von Fastenspeisen zieht sich durch das ganze Buch, so auch bei der Zusammenstellung von Festmählern (S. 998–1 000). Alle Rezepte ohne Fleischverwendung wurden als Fastenspeisen angesehen. Auf zusätzliche Möglichkeiten wird durch das Weglassen von Fleischbrühe bei mit Sternchen bezeichneten Gerichten hingewiesen. Für das protestantische Nürnberg wirkt diese Berücksichtigung der Fastenspeisen zunächst verwunderlich; aber es gab hier einen katholischen Bevölkerungsanteil, und vor allem sollte wohl dem Buch der Absatz im bayerischen Raum erleichtert werden.

Der Anspruch, größtmögliche Vollständigkeit eines regional notwendig begrenzten, überregionalen wie internationalen Einflüssen gegenüber aber sehr aufgeschlossenen Einzugsgebiets durch das Sammeln von Rezepten zu erreichen, darf den Herausgebern des „Nürnbergischen Koch-Buches" als erfüllt bestätigt werden. Hier lag gerade im Vergleich etwa zu den beiden renommierten Werken weitgereister Berufsköche Marx Rumpolt und Conrad Hagger ein Kompendium von Rezepten vor, das nicht die Berufserfahrung eines profilierten Einzelnen, sondern gleichsam im Querschnitt die alltäglichen sowie festtäglichen Eß- und Kochgewohnheiten in einer für damalige Begriffe großen Stadt bzw. des dazugehörigen fränkischen Landstrichs spiegelt. Daß dabei das Aufgebot in der Tat ebenso seltenere, kostbarere („rare") wie auch gemeinübliche, einfache („gemeine") Speisen umfaßt, „nach eines jeden Beutel", wie das Titelblatt verspricht, weist schon eine flüchtige Durchmusterung der Rezepte aus. Ob uns heute die Rezepte und Zubereitungsarten noch „lecker" anmuten oder ob der Geschmackswandel, die Veränderung der Ernährungsweise sowie auch Veränderungen innerhalb des gesamten Nahrungsmittelangebots so manches von der Speisekarte verwiesen haben, kann nur ein genauerer Einblick ergeben.

Kochbücher zog man wohl, wie es im wesentlichen auch heute noch geschieht, vorwiegend als Nachschlagewerke zu Rate; man wählte aus oder suchte nach Anregungen. Heute wie früher wird eine Hausfrau ihre Familie kaum abwechselnd mit 117 verschiedenen Suppen bewirten;[9] vor allem aber haben sich — neben vielem, was sich fast unverändert forterhielt — die Zubereitungsformen und

[9] Anders war das in der fürsterzbischöflichen Küche, der der Berufskoch Conrad Hagger vorstand. In seinem Kochbuch sind unter den Suppen sogar 417 Rezepte vertreten, und der Fürstliche Mundkoch gibt selbst die Erklärung dafür: Auf Befehl seines Brotherrn hatte er „auf ein gantzes Jahr täglich die Suppen" zu

Zutaten gewandelt. Betrachten wir daraufhin das Rezeptangebot, so zeigt schon der Suppenteil, daß die Praxis des heutigen Haushalts sehr viel weniger Suppen aufweist, ganz abgesehen davon, daß bei Berufstätigkeit der Hausfrau vielfach überhaupt nur am Wochenende gekocht wird bzw. für abendliche warme Speisen möglichst vorgefertigte Erzeugnisse, wie etwa die „Suppe aus der Tüte", Verwendung finden. Neben den verbreitetsten verschiedenen Gemüsesuppen (Blumenkohl-, Spargelsuppe) sind heute außer der Kartoffel-, schon seltener aber der früher so häufigen Brotsuppe vor allem klare Brühen bzw. Fleischbrühen mit Reis- und Nudeleinlagen gebräuchlich. Während nun Reis in unserem alten Kochbuch weniger vorkommt, sind Nudeln, die heute nur noch in selteneren Fällen aus geschnittenem Teig selbst gefertigt werden, eine sehr häufig benutzte Einlage. Was aber vor allem auffällt, ist die Tatsache, daß Suppen generell einen anspruchsvolleren Platz auf dem Speisezettel eingenommen haben als heute, wo sie im wesentlichen als Vorsuppen üblich sind.

Es gibt Suppenrezepte im „Nürnbergischen Koch-Buch", deren Zutaten für eine Hausfrau unserer Zeit nicht nur schwer erlangbar sein dürften, sondern deren Herstellung auch so viel Zeit beanspruchen würde, wie sie heute im durchschnittlichen Haushalt kaum für die Zubereitung eines ganzen Menüs zur Verfügung steht.

Wie wäre es zum Beispiel mit diesem „Olla-Potrida"-Rezept, das den Suppenteil unseres Kochbuches eröffnet: Man nehme abgesottene Krebse[10], desgleichen gekochte Kalbsbriesen (Kalbsbrustdrüsen, Thymusdrüsen; sie kommen in den Nürnberger Rezepten

verändern, und er habe das ganze sechs Jahre lang auch wirklich fortgesetzt. Es handelte sich dabei nicht um Vorsuppen, sondern um „recht substantielle Schüsselgerichte aus gebratenem oder gesottenem Fleisch". (CONRAD HAGGER, *Neues Saltzburgisches Koch-Buch*, Augsburg 1719; vgl. Manfred Lemmers Nachwort zum Neudruck 1977, S. 23).

und auch sonst zu jener Zeit sehr häufig vor), getrocknete oder frische „Morgeln" (Morcheln), die man weich siedet, und frische Erbsen. Die Krebs- und Kalbsbrusteinlage wird gewürfelt und alles zusammen in einer Fleischbrühe aufgekocht. Angerichtet wird die Suppe mit gerösteten Semmelschnitten.

Die Olla podrida, ein spanisches Mischgericht („fauler Topf"), war ursprünglich die Nationalsuppe des spanischen Mittelstandes; im 16. Jahrhundert wurde sie in verschiedenen europäischen Ländern verbreitet und variiert. Während sie in ihrem Ursprungsland vorwiegend aus mehreren Fleisch- und Gemüsearten bereitet wurde, verzeichnet zum Beispiel der kurmainzische Mundkoch Marx Rumpolt ein Luxusrezept aus neunzig verschiedenen Zutaten.[11] Damit verglichen bieten die Nürnberger „Gemerck-Zettel" freilich ein „machbareres" Rezept für den Durchschnittshaushalt ihrer Tage an.

Es zeigt sich damit aber auch gleich von Anbeginn eine Öffnung gegenüber ausländischen Einflüssen, die durch die ganze Rezeptsammlung hindurch zu beobachten ist und in einer weltoffenen Handelsstadt wie Nürnberg, das sich nach dem Dreißigjährigen Krieg wieder wirtschaftlich zu erholen begann, ohne allerdings die frühere Blüte nochmals zu erreichen, nicht sonderlich erstaunt. Der französisierende Trend, der — wie auf allen Gebieten der Kultur — sich auch in der Kochkunst auszuwirken beginnt, wird sogleich durch „Eine frantzösische Suppe" betont: Junge, gefüllte Hühner oder Tauben sind zu sieden, Kohl und Morcheln, Endivien, Spargel sowie Fleisch- oder Leberknödel hineinzugeben. Ausgeschälte Krebse und Artischockenkerne kommen hinzu. So es gefällig sei, könne man auch kleine Bratwürste und Nierlein mit untermischen. Die Kalbs-

[10] Die zur Delikatesse gewordenen Krebse waren so verbreitet, daß sie früher geradezu als Volksnahrungsmittel bezeichnet werden konnten. (Vgl. HANS WISWE, *Kulturgeschichte der Kochkunst,* München 1970, S. 127.)

[11] MARX RUMPOLT, *Ein new Kochbuch,* Frankfurt am Main 1581, Bl. CXXXVIIv-CXXXIXv.

briese fehlt wiederum nicht in diesem Rezept, ebenso wenig verzichtet man auf das Anrichten mit „gebähten" (aufgebackenen) Semmelschnitten. Als Gewürz wird Muskatblüte empfohlen, eine überaus häufig benutzte Würze.

Natürlich gibt es auch eine Reihe sehr viel einfacherer Rezepte,[12] und man geht wohl kaum fehl in der Annahme, daß die anspruchsvolleren für festliche Gelegenheiten gedacht waren. Bei den „gemeinen" Suppen wechseln vor allem Ei-, Mehl- und Broteinlagen. Unter den süßen Suppen fällt eine „Choccolaten-Suppe" auf, die noch zu den Neuheiten gezählt haben dürfte *(S. 16)*. Es ist dabei nicht etwa von Kakaopulver die Rede, vielmehr werden zwei oder drei Löffel zerriebener Schokolade in einer Milchsuppe mit zwei Eigelb verrührt.

Wein- und Biersuppen finden sich in mehreren Varianten. Sehr beliebt müssen Mandelsuppen gewesen sein, die auch für Kranke empfohlen werden *(S. 27)*, ebenso Körbleinkraut- *(S. 32)* und Agrestsuppe *(S. 33)*[13]. Unter mehreren Sauerampfersuppen wird eine „auf Niederländische Art" *(S. 35)* vorgeführt, die dick wie ein Brei gekocht wird. — Erbsen-, Reis- und Mehlsuppen, wie sie uns noch vertraut sind, unterscheiden sich doch sämtlich durch stärkeres Würzen von den heutigen Gepflogenheiten: Muskatnuß und -blüte, Kardamom, Ingwer, Trisanet[14] und andere Gewürze werden — wie schon im Mittelalter — sehr häufig verwendet. Ge-

---

[12] Zu ihnen gehören viele Knödelrezepte, so die „Bauern-Knötlein" (S. 537), für die als Grundlage altbackenes Weißbrot verwendet wird, untermischt mit Grieß, Eiern, Mehl und Kräutern. Hier wie auch sonst fällt die genaue Kochanweisung auf: „man muß aber den Hafen bey dem Feuer je zu weilen herumrukken / damit sich die Knötlein nicht anlegen; wann sie nun / wie gedacht / in die höhe steigen / so sind sie fertig."

[13] Agrest war eine Art saurer Brühe, meist aus unreifen Weintrauben hergestellt.

[14] Zur Anfertigung dieser Würzmischung vgl. S. 898.

warnt wird immer wieder vor dem Versalzen, ebenso auch vor Ansetzen oder gar Anbrennen durch unterlassenes Rühren.

Weit mehr als bei den Suppen haben sich heutige Ernährungs- und Kochweisen im Hinblick auf die Gruppe „Muse und Breie" gewandelt. Von den 104 Musrezepten unserer Sammlung sind am gebräuchlichsten noch der Milchreis *(S. 75 f.)* und der Grießbrei *(S. 78)* geblieben, während Hirse- und Gerstenbrei sowie Buchweizenbrei weitgehend zurückgetreten sind. Der Hauptgrund für den generellen Rückgang von Breigerichten dürfte wohl darin zu suchen sein, daß vielfach an ihre Stelle als Füllmenge die Kartoffel getreten ist. Sie avancierte erst von der zweiten Hälfte des 18. Jahrhunders an zum Grundnahrungsmittel, zumindest in Mitteleuropa, und ganz besonders in Deutschland setzte sie sich zu dieser Zeit durch. Sie war schon 1568 durch Clusius hierhergekommen, aber nicht in nennenswertem Umfang, sondern wie sonstiges Gartengemüse angepflanzt worden. Dem entspricht, daß uns im „Nürnbergischen Koch-Buch" drei Zubereitungsarten für die wie Zugemüse behandelten „Erdäpfel" empfohlen werden, von denen zwei durchaus noch vertraut sind *(S. 584 f.).* Zum einen werden die Kartoffeln gekocht (offenbar als Pellkartoffeln), in Scheiben geschnitten und als Beilage wie Rüben serviert, dabei aber auch kalt, mit Essig und Öl empfohlen. In dieser letzteren Variante begegnen wir also einer Form des Kartoffelsalats. Das andere Gericht ist ein Kartoffelbrei, bei dem geschälte Kartoffeln gekocht und mit Fleischbrühe verrührt sowie mit Salz, Pfeffer und Muskatblüte abgeschmeckt werden, also unser Kartoffelpüree, das heute allerdings meist mit Milch, nicht mit Fleischbrühe sahnig gerührt wird.

Trotz dieses vereinzelten Auftretens von „Erdäpfeln" waren die Breie aus Getreidearten die verbreitetste Sättigungsgrundlage, während natürlich Kartoffelstärkeerzeugnisse unbekannt sein mußten. Bei den Hülsenfrüchten blieb bis in die Gegenwart vor allem der Erbsenbrei erhalten, während Linsen und Bohnen heute als Eintopfgerichte in suppiger Form überwiegen. Von Roggenbrot *(S. 84)* würde man heute kaum noch einen Brei als Mittagsmahlzeit servieren.

Unter den Mus- und Breirezepten reiht das „Nürnbergische Koch-Buch" auch sogenannte „Kooche" ein. Wie die Rezepte zeigen, handelt es sich dabei nicht durchweg um gekochte Breiarten, sondern teilweise um überbackene, also etwas, das wir heute als Auflauf bezeichnen würden. Durchgehend ist diese Unterscheidung jedoch nicht festzustellen; denn Gerichte wie „Aepffel-Kooch" *(S. 93 f.)* sind nichts anderes als Apfelmus, wie es jetzt noch zubereitet wird. Warum hier also der ältere Begriff „Kooch" anstelle von Brei bzw. wahlweise daneben verwendet wird, war nicht feststellbar. Es bleibt zu vermuten, daß unter den gesammelten Rezepten manche die ältere Wortform bewahrten und dies bei der Übernahme nicht verändert wurde.

Der umfangreichste Teil des Rezeptangebotes betrifft die Zubereitung von Fischen samt Krebsen, Austern und dergleichen. Hier liegt eine Fülle vor, die heute noch jedem Fischkoch zur Ehre gereichen würde. Begonnen wird mit Aal-, Stockfisch-, Forellen- und Hechtrezepten. Für Hecht werden besonders viele Zubereitungsarten empfohlen, so zum Beispiel „Hecht in Ungarischer Brüh", in böhmischer, englischer, französischer, polnischer und niederländischer Brühe (Tunke, wie wir heute wohl eher sagen würden; vgl. *S. 125 ff.*). Ähnlich variationsreich ist der Karpfen vertreten, mit weniger Rezepten Hausen und Schlei, Grundeln und Neunaugen, Brexen, Salm und Lachs sowie Heringe. Ein einziges Rezept empfiehlt auch „Frösch zu bachen" *(S. 182)*, eine in Nürnberg offenbar weniger übliche Spezialität, während Krebse und Austern wieder in vielerlei Varianten begegnen.

Wie fast überall in der älteren Kochbuchliteratur sind auch zu den Nürnberger „Gemerck-Zettuln" Pastetenrezepte in relativ großer Vielfalt gehörig. Da sie sämtlich in Teig zu backen sind (im Gegenteil etwa zur heute gebräuchlichen Gänseleberpastete), werden sechs verschiedene Pastetenteigarten vorangestellt. Die Fleischfüllungen *(S. 208 ff.)* bestehen aus Geflügel (neben Hähnchen und Tauben durchaus gängig: Hasel- und Rebhühner, Auerhahn, Pfau und Fasan, Schnepfen, Wildgänse und Krammetsvögel), Wild oder auch Kalb- und Rindfleisch. Ebenso werden, bei wieder variierter Teigzubereitung *(S. 226)*, Fischfüllungen empfohlen (Aal und Hecht, Forellen und Karpfen sowie Stockfisch). „Eine Ollapotrid-Pasteten" *(S. 234)* zeigt, wie vielfältig auch hier die Zutaten gemischt sein können — und wie aufwendig die Zubereitung ist: Zwei Hühner sowie zwei oder drei Tauben sauber rupfen, brühen, wässern und sieden. Dazu zwei Pfund Krebse sieden und ausschälen, gewürfelte Kalbsdrüse („Briese"), zehn „kleine Vögelein" (gerupft, ausgenommen und gewaschen) zusammen mit Leber und Magen von den Hühnern und Tauben gesondert absieden lassen und in ein wenig Wein „schwingen". Mit Gemüse untermischt — je nach Jahreszeit Blumenkohl, Spargel, Artischocken — können die Zutaten vermehrt werden durch kleine Bratwürste und Eigelb (hartgekocht, „sechs oder mehr"). Wenn nun „solches alles beysammen", bestreut man den ausgerollten Teigboden mit Salz und Pfeffer und schichtet die Füllung darauf in folgender Reihenfolge: „die Hüner und Tauben zu unterst; dann die Krebse / Briese und Morgeln / auf solche die Vögel / Mägen und Leberlein / und dann die grüne Waar [das Gemüse] / Knötlein / Würst und Eyerdottern darauf zu legen". *(S. 234 f.)* Das Ganze wird wiederum gut gewürzt, nämlich mit Salz, Pfeffer, Kardamom und Muskat bestreut. Ziemlich dick mit Butterflocken besetzt („anderthalb viertel Pfund"), wird die Pastete zwei- bis dreieinhalb Stunden gebacken und ist während des Backvorgangs nach und nach mit einem halben Krug Fleischbrühe zu begießen.

Bleibt die Frage, ob die Mischung so gut schmeckt, wie der Arbeitsaufwand es wünschenswert erscheinen läßt. Ganz Neugierige sollten es ausprobieren — wenn auch vielleicht variiert und nicht ganz original nach Vorschrift; denn selbst wer Kalbsdrüsen und Krebse auftriebe; wo nähme er zehn „kleine Vögel" her? Es gibt natürlich auch einfachere Rezepte. So ist die „Spanische Pastete" *(S. 244)* dem Apfelstrudel sehr ähnlich.

Wie man mancherlei Gebratenes zubereitet, bekundet der nächste Teil. Voran stehen hier Wild (Gemsen- und Hirschkeule, Rehkeule und Hasenbraten) und Geflügel in reicher Auswahl: Pfau und Welscher Hahn (Truthahn), Auerhahn und Wildgans, Gänse, Enten und Hühner. Tauben eröffnen die Rezeptauswahl von Kleingeflügel, es folgen Wasserhühner, Schnepfen, Häher und Krammetsvögel, Drosseln, Lerchen, Finken und Meisen. Da wir die Singvögel insgesamt nicht mehr zu verspeisen pflegen, ist man geneigt, mit interesseloser Nachsicht an „Gespickten Troscheln" *(S. 271)* oder „Lerchen mit Speck zu braten"[15] *(S. 272)* vorüberzublättern. Die Nürnberger „Gemerck-Zettul" aber machten kleine Delikatessen aus allem, was Federn trug. Geläufig geblieben dagegen sind die Bratengerichte von Fleischarten der Schlachttiere Schaf, Kalb, Rind und Schwein. Ein „Polnischer Braten" aus einem Schweinekamm- oder Kotelettstück, das über Nacht in Weinessig gelegt und danach sechs bis sieben Stunden am Spieß gebraten wird („...immer wieder fleissig begiessen, damit es wohl mürb werde", *S. 285)* würde wohl jedem munden, und unsere Freude hätten wir heute noch — oder wieder — an dem Spanferkel am Spieß *(S. 287)*.

Zu all dem gehörten, und dies zählt zur Tradition der Kochkunst seit dem Mittelalter, viele Arten von Tunken, die als „Brühen über das Gebratens" bezeichnet werden.[16] Da gibt es neben Sardellen- und Zitronentunken zu Wildbraten verschiedene Varianten von

---

[15] Lerchen galten bis ins 19. Jahrhundert hinein als Leckerbissen und waren in einigen Gebieten sogar Gegenstand regelrechten Versandhandels, zum Beispiel in Halle.

„Apfel-Brüh", Muskateller-, Rosinen- und Weichsel-(Sauerkirschen-)Tunke; auch Stachelbeeren und Rosmarin werden als Geschmacksvarianten zu Tunken über Wildbret verarbeitet, desgleichen Wacholder, Meerrettich, Schalotten, Zwiebeln und Knoblauch. Eine „Spanische Brüh über Hüner / von Lebkuchen" *(S. 317)* ist hierbei das einzige ausländische Rezept.

Den Tunken reihen sich die „Essige, Saläte und Salsen" an. Vierzehn Arten von Hausessig zeigen, daß man ihn sicherlich generell selbst herstellte. Die Grundform, der Weinessig („Haus-Essig", *S. 324),* wird aus getrocknetem Sauerteig hergestellt, der mit säuerndem Bier oder Wein so lange übergossen wird („in der Sonnen"), bis er die rechte Säure bekommt. Sooft man davon nimmt, muß man das Gefäß „allezeit wieder auffüllen". Die Geschmacksvarianten werden dann erzielt durch Pomeranzenblüte, Rosmarin, Veilchen („blauer Violen-Essig", *S. 326),* Kornblumen, Rosen (Rosenessig wird als Arznei empfohlen, Nr. 7), Holunder, Weichsel, Zitrone.

Die anschließenden Salatgerichte zeigen, daß man das, was wir heute als Obst- und Gemüsesalate bereiten, schon in vielerlei Varianten kannte. Äpfel, Zitronen, Pomeranzen, Pfirsiche, Aprikosen, Mandarinen und Stachelbeeren werden zur Verarbeitung in Obstsalaten vorgeschlagen; Artischocken, Sellerie und Spargel, Blumenkohl, Endivien, Kürbis, Bohnen als Gemüsesalate empfohlen. Hier kann man gewiß noch heute Anregungen entnehmen, etwa über das Einlegen von Gurken *(S. 357).*

Unter den „Salsen" begegnen sowohl saure wie salzige Brühen (einschließlich der Senfbereitung, zum Beispiel auf *S. 361*: „Niederländischer Senff oder Mostart") und auch eingedickte Fruchtsäfte.

---

[16] Die Bezeichnung ist sachlich zutreffend. Man bereitete Kontrastbrühen zum Braten. Die Kunst der Soße, die man aus dem gebratenen oder gedünsteten Fleisch entwickelt, war noch nicht erfunden.

Der folgende umfangreiche Teil widmet sich den sogenannten Vorgerichten, die uns heute jedoch teilweise wie respektable Hauptgerichte anmuten. Der Zubereitung von Schweins-, Kalbs-, Ziegen- und Lammkopf folgen in zahlreichen Varianten Gerichte, in denen Zunge, Hirn, Magen, Gekröse, Lunge, Leber und Nieren, also sämtliche Innereien, wie in der alten Küche üblich, Verwendung finden. Gänsehals und Kalbsfüße vervollständigen die Rezeptfolge. Wie appetitanregend solche Vorgerichte wirken sollten und konnten, kann man aus ihrer Herrichtung entnehmen, so, wenn es darum geht, „einen wilden Schweins-Kopff zuzurichten": Wenn er nach sechs- bis siebenstündigem Sieden weich ist und auf einen großen Teller gestürzt wird (wobei gemahnt wird: „ja nicht bey dem Rüssel in die Höhe heben / weil solcher Gestalt die beede Kiefer ausreissen") und über Nacht erkaltet ist, „gebet ihm eine Citronen oder Pomerantzen ins Maul / streuet Blumwerck und Citronen-Plätze darauf / hängt an die beeden Ohren Kräntzlein / und setzet ihm einen etwas grösseren Krantz oben auf." *(S. 371)*. In der Tat muß das eine hübsche Tafeldekoration abgegeben haben und war vermutlich besonders als Vorgericht für festliche Tage bestimmt.

In diesem Zusammenhang ist generell darauf hinzuweisen, daß die Kunst des Kochens und Anrichtens von altersher darin bestand, auch hinsichtlich des Aussehens appetitanreizend zu wirken. Seit dem Mittelalter bediente man sich zu diesem Zweck unter anderem des Einfärbens der Speisen. Dazu wird auch im Nürnbergischen Kochbuch vielfach aufgefordert. So färbt man schwarz mit Holunder *(S. 148 f.)*, gelb mit Safran *(S. 39, 52, 55, 607, 919 u. ö.)*, grün mit Petersilie *(S. 598)*, blau mit Veilchen *(S. 757)*, und man vergoldet sogar noch, wie im Mittelalter hochbeliebt *(S. 65, 751, 760 u. ö.)*. Weiterhin gehörte zu den dekorativen Mitteln das Bestecken mit Blumen (zum Beispiel *S. 55–58)* sowie das Formen der Speisen (Mus wie ein Igel, *S. 56* und *66*; Hirschgeweih aus Teig, *S. 685*; Fische aus Mandelmasse, *S. 873 ff.* und vieles andere mehr).

Als Pendant zum Gebratenen würden wir das „gesotten und gedämpffte Geflüg, Wildpret und Fleisch" ansehen, das sich in unserem Kochbuch aber erst an die Vorgerichte anreiht. Hier finden wir allein schon drei Dutzend Rezepte für die Zubereitung von Hühnern und Kapaunen. Die Variation liegt vor allem in den Tunken, aber auch in der Zubereitung selbst. *S. 437f.* bringen „Fricaßé"-Rezepte. In ähnlichen Varianten folgen Tauben, Rebhühner, Schnepfen, Wildenten, dann Hasen und anderes Wild, schließlich Kalb-, Lamm- und Ziegenfleisch. Auf die haushälterische Verwendung von Resten verweisen die Rezepte auf *S. 482f.*

Die nun folgende Gruppe der Beilagen, damals „Neben-Essen" genannt, beginnt mit einer anspruchsvollen „Ollapotrid", wie sie in anderer Zusammensetzung bereits unter den Suppen und bei den Pasteten erschien. Diesmal ist es ein ragoutartiges Gemisch von Fleisch- und Fischsorten, die mit Krebsen garniert werden. Gleich darauf folgt „Eine Ollapotrid, auf andere und kürtzere Art", in den Zutaten „geringer": Muscheln werden mit Pfeffer, Ingwer und Muskatblüte gesotten. Gesondert werden Morcheln abgekocht, ebenso Krebse, Kalbsdrüse und Artischocken. In einen Topf geschichtet und mit Fleisch- oder Krebsbrühe übergossen, wird das Gericht so lange gegart, bis die Brühe durchgezogen ist. Den spanischen Rezepten folgen Krebs- und Schneckengerichte. Von *S. 521* bis *S. 542* reichen dann die „Klößlein- oder Knötlein". Hier herrscht kein Mangel an Anregungen für Knödelliebhaber, ein deutliches Zeichen dafür, daß wir uns im süddeutschen Raum befinden. Daneben zeigt eine Vielzahl von Semmelgerichten, daß auch sie als Beilagen sehr beliebt waren. In der Unterabteilung „Von allerley grüner Waar" kommen die Gemüsebeilagen in reicher Auswahl zur Geltung: Bohnen und Erbsen, Spargel, Artischocken, die bekannten Kohlsorten sowie Mangold, Spinat und Sauerkraut, Kohlrüben und Möhren. Daß dabei, bescheiden bei den Rübengerichten eingereiht, die später für den Speisezettel so wichtigen Kartoffeln auftauchen, ist schon früher hervorgehoben worden. Eine weitere, noch heute gebräuchliche Beilage sind die Pilze; außer den mehrfach benannten „Morgeln" oder „Maurachen" finden „Brätlinge" und weiße wie gelbe Pfifferlinge Verwendung.

Die im nächsten Teil folgenden Eiergerichte sind heute noch vielfach bekannt: Rührei mit verschiedenen Einlagen; Setzei; Eier in Senfsoße und verlorene Eier. Aber auch unbekanntere Zubereitungsarten tauchen auf wie „Gefüllte Eyer am Spieß" *(S. 603 f.)* und „Verdeckte Eyer" *(S. 606)*, „Eyer-Würstlein" *(S. 609 f.)* oder „Eyer-Sultzen" *(S. 617)*. Ihnen schließen sich als gesonderte Gruppe gefüllte und gedünstete Früchte an, unter denen Pfirsiche, Quitten, Hagebutten und Äpfel überwiegen.

Unter „allerley Gebachenes" finden wir zunächst nicht, was man heute darunter verstehen würde, nämlich Gebäck und Kuchen. „Backen" wurde wörtlich als Zubereitungsart verstanden, so daß hier auch gebackene Hühner, Nieren, Bratwürste, Gebackenes aus Eiern, gebackene Käsegerichte und dergleichen mehr beschrieben werden. Mit Strauben, Spritzkuchen, Waffeln, Mandelgebäcken verschiedener Art kommen wir dann aber doch zum Backwerk im heutigen Sinne. Kaum wüßten wir heute noch, wie „Salbey-Küchlein" *(S. 720)*, „Wespen-Nester" *(S. 723 f.)*, „Scheiter-Hauffen" *(S. 725)* ausgesehen haben, während der beliebte Napfkuchen, der in fünf Zubereitungsarten als „Gogelhopffen" *(S. 725 ff.)* erscheint, im wesentlichen die Zeiten überdauert hat.

Das gilt im allgemeinen auch von den „Gallerten und Sultzen", besonders was Sülzen aus Spitzbein und Kalbshaxe, Hühnerfleisch oder auch Fische in Aspik betrifft. Unbekannter geworden dürften Hirschhornsülzen sein *(S. 735 f.)*. Süße Gelees beginnen mit gefüllten „Citronen-Sultzen" *(S. 742 f.)*, denen Pomeranzen-, Pfirsich-, Quitten-, Apfel- und Johannisbeergelees folgen. Bei letzterem *(S. 750)* wird betont: „Ist sehr dienstlich den Krancken in grossen Durst / und eine treffliche Labung."

Unter der Überschrift „Einen Schnee zu machen" treffen wir auf das einzige Rezept zur Herstellung von Schlagsahne aus Milchrahm *(S. 761)*. Sehr üblich scheint Schlagsahne zu jener Zeit noch nicht gewesen zu sein. Sicherlich gab es auch noch kein spezielles Gerät dafür, denn es heißt in unserem Rezept: „...besagten Kern oder Ram zerklopffet / in einem verglasurten Topff oder Hafen / biß er über und über gistet oder schäumet... rühret und klopffet den Ram so dann ferner... und häufelt ihn immerzu auf / biß er einem Berglein gleichet."

Die Torten zu solchem „Berglein" lassen dagegen auf sich warten. Die Ordnung der Nürnberger „Gemerck-Zettul" sieht zunächst Ratschläge zum Konservieren von Früchten und Wurzelwerk vor. Das Einwecken von Obst und Gemüse kannte man zu dieser Zeit noch nicht. Das Haltbarmachen erfolgte einerseits durch Einlegen in Zucker und Honig, andererseits durch Trocknen.

Die aus heutiger Sicht im Anschluß ans Gebackene erwarteten Torten, die dem abschließenden „Zucker- und Quitten-Werck" vorausgehen, waren keine Konditoreiwaren, vielmehr wiesen sie oft Fleischfüllungen und dergleichen auf.[17] Unter den Varianten von „Butter-Dorten" *(S. 790 ff.)* begegnet nicht etwa die heute bekannte Buttercremetorte. Es handelt sich um ein Backwerk mit verschiedenen Füllungen, das nicht einmal in einer runden Tortenform gebacken sein muß, sondern auch „wie eine Schlangen" zusammengewickelt, also zur Rolle geformt werden kann *(S. 791 u. ö.)*. Ebenso verhält es sich mit Eiertorte, Eier-Käsetorte, Mandeltorte sowie auch mit der Zimt-, Zitronen- und Datteltorte *(S. 798 ff.)*.

[17] Es hatte sich daran also seit Rumpolts „New Kochbuch" noch nicht viel verändert: „Die erwähnten ‚Turten', die bei Rumpolt mit rund einem halben Hundert vertreten sind, haben mit unseren heutigen Torten als Feingebäck wenig gemeinsam. Sie stehen vielmehr den Pasteten nahe..." (Vgl. Manfred Lemmers Nachwort in: MARX RUMPOLT, *Ein new Kochbuch,* Frankfurt am Main 1581, Neudruck Leipzig 1976, S. 15.)

Vielfach werden Früchte als Belag verwendet, so daß eine Reihe von Rezepten unseren heutigen Obsttorten durchaus gleicht. Empfohlen werden Pfirsiche, Äpfel, Birnen, Kirschen, Pflaumen und Johannisbeeren. „Ein Ollapotrid-Dorten" *(S. 818)* und „Ein Frantzösischer-Dorten / von gezogenen Teig" *(S. 823)* bringen ausländisches Kolorit hinein.

Beim Zucker- und Quittenwerk schließlich gibt es dann neben Marzipanrezepten Makronen, Brezeln und Honigkuchen (die hier überwiegend „Brod", daneben auch „Lebkuchen" benannt werden) in reicher Auswahl *(S. 842 ff.)*, darunter Ausländisches wie schwedisches, englisches und spanisches Zuckerbiskuit, Plätzchen und Pfeffernüsse, Latwergen, „Spießkuchen" (Baumkuchen, *S. 901 ff.).*

Es läßt sich kaum feststellen, wie lange Zeit all diese Rezepte oder zumindest eine beträchtliche Anzahl von ihnen schon von Generation zu Generation weitergereicht worden sind. Ersichtlich steht vieles in langer Tradition. Ermitteln läßt sich bei der Lektüre leichter, was heute fremd geworden und was bekannt geblieben ist. Bemerkenswert ist wohl vor allem die teilweise erstaunliche Vielfalt, und dies um so mehr, als sie nicht das Wissen und die Erfahrung von Berufsköchen spiegelt, sondern einen Einblick in jene Kochkunst gewährt, wie sie von Generation zu Generation, von Müttern auf Töchter vererbt wurde.

Daß wir uns gerade in dieser Hinsicht im 20. Jahrhundert einer völlig veränderten Situation gegenübersehen, betont mit Recht der Ernährungswissenschaftler A. Scheunert im Geleitwort zu einem modernen Kochbuch der fünfziger Jahre. Seit etwa hundert Jahren habe die Entwicklung in den Industriestaaten zu einer Konzentration von Menschen in Großstädten und Industriegebieten geführt, und im gleichen Zusammenhang sei eine Verminderung der landwirtschaftlichen Nutzfläche erfolgt, die nur durch Steigerung der landwirtschaftlichen Produktion auf Grund wissenschaftlicher

Forschung und durch Einschaltung des Außenhandels ausgeglichen werden könne. Dadurch wurde aber bewirkt, daß die auf jahrhundertealter Tradition beruhenden, landwirtschaftlich gebundenen Ernährungssitten verlorengegangen sind, und gleichzeitig sei noch eine andere Entwicklung abgelaufen: „Die früher in den Familien hochgeschätzte und sorgfältig von den Müttern auf die Töchter vererbte Kochkunst ist der Allgemeinheit immer mehr verlorengegangen und nur noch das Reservat Einzelner und der Berufsköche und -köchinnen geworden. Die zunehmende Berufstätigkeit der Frau führt weiter zwangsläufig dazu, daß die Kenntnisse von der Zusammenstellung und Zubereitung der Kost immer geringer und seltener werden."[18] Scheunert schlußfolgert, daß gute Kochbücher angesichts dieser Sachlage nicht nur Lehrbücher und Ratgeber in der Küche, sondern auch ein Hilfsmittel darstellen, das die Kluft schließen helfe, die sich zwischen mangelnder Kenntnis über die richtige Zusammensetzung und Zubereitung der Kost und den Ansprüchen des Körpers an die Ernährung aufgetan habe. In diesem Sinne aber läßt sich zum Vergleich, wohl weniger als Anregung zum Ausprobieren als in erster Linie zum kulturgeschichtlichen Rückblick auch das „Vollständige Nürnbergische Koch-Buch" nutzen, gerade wegen seiner landschaftlich gebundenen Geschlossenheit und weil es zur familiären und nicht professionellen Tradition der Kochkunst gehört.

Das Buch ist auch in sprachlich-stilistischer Hinsicht von Interesse, da es der mündlichen Diktion nähersteht als die meisten literarisch-rhetorisch geformten Texte des gleichen Zeitraumes. Man darf annehmen, daß manche Rezepte nach mündlicher Ansage aufgenommen wurden. Bei der Zusammenstellung wurden sie allerdings dann gleichmäßig aufbereitet, wobei auffordernd-anweisende Formeln zweckentsprechend in Variationen immer wiederkehren:

[18] PAULA-ELISABETH FUCHS, *Unser Kochbuch*, Leipzig 1956, S. 3.

„Man nehme...", oder einfach: „Nehmet...", „Zerklopffet...", „Bereitet...", „Giesset...", „Man mache...", „Setzet...", „Schuppet den Fisch...". Von sprachgeschichtlichem und dialektgeschichtlichem Interesse ist zweifellos, in welcher Weise hier insgesamt Zutaten wie Zubereitung beschrieben und benannt sind. Die Diktion ist durchweg knapp und zweckgerichtet. Reflexionen, wie sie zum Beispiel im erwähnten Harsdörfferschen „Trincirbuch" häufig sind, entfallen. Als fachsprachliches Zeugnis könnten die Nürnberger „Gemerck-Zettul" im Vergleich mit weiteren Werken zur Untersuchung der sprachgeschichtlichen Situation um 1700 besonders dienlich sein, da sie auf Grund ihrer sprachgeographischen Mittelstellung zwischen dem bairisch-alemannischen und dem thüringisch-sächsischem Raum gleichsam eine Mittlerfunktion ausüben. In diesem Zusammenhang fällt vor allem die fast durchgehende Verwendung synonymer Bezeichnungen auf. So werden Krän/Meer-Rettig, Marillen/Abricosen, Hieffen/Hagenbutten, Hafen/Topf, Schart/Pfanne, Ribesbeeren/Johannesbeeren, Aal-Ruppen/Tritsch nebeneinander gebraucht.

Daß diese Rezeptsammlung mit am Beginn einer ganzen Reihe von Nürnberger Kochbüchern steht, läßt sich aus den folgenden Titeln entnehmen. Bereits 1703 erschien im gleichen Verlag, bei Wolfgang Moritz Endter, ein „Nürnberger Kochbuch", das im Untertitel „Als des Nürnbergischen Koch-Buchs Zweyter Theil" bezeichnet ist. Es dürfte sich dabei weniger um eine direkte Fortsetzung unserer „Gemerck-Zettul" handeln, als vielmehr um deren fortführende Ergänzung; denn diesmal stellt sich als allegorische Urheberin nicht jene erfahrene Köchin vor, die bei Ceres, Diana und Pomona gedient haben will, sondern eine „von Arachne und Penelope getreulich unterwiesene Hauß-Halterin".

Im Jahre 1715 kam im Verlag Endter in Nürnberg zum wiederholten Male die Schrift des Wolfgang Helmhard von Hohberg „Georgica curiosa aucta" heraus, deren Erstauflage in zwei Teilen im gleichen Hause 1687 erschienen war. Als Schlußstück des nunmehr „Neuerfundenen" dritten Teiles[19] wurde ein Kochbuch angefügt. Es handelt sich in der Tat um einen Anhang mit neu beginnender Seitenzählung unter dem Titel: „Bewährtes wohleingerichtetes Koch-Buch, welches von einer sorgfältigen Liebhaberin dieser schönen Wissenschaft, meistens selbst practicirt, mit ohnermüdetem Fleiß zusammen getragen, und in 16 Capitel eingetheilet worden." Diese 16 Kapitel erweisen sich als eine Kurzfassung des „Vollständigen Nürnbergischen Koch-Buches", dessen dritte Auflage bereits drei Jahre zurücklag. Der Verleger Endter wußte die kunstreiche Köchin zu beschäftigen; sie sollte dem Parnassus offensichtlich nicht vergeblich entlaufen sein: Nochmals wußte sie Suppen — wenn auch nur 25 gegenüber den 117 in der Großfassung — und Musrezepte, Fische (87 gegenüber zuvor 209) und Pastetenteige, Gesottenes und Gebratenes, Tunken, Salate, Innereien und zwanzig Knödelarten knapp und maßgerecht anzubieten und zwar, wie der Vergleich ergibt, mit denselben Rezepten, bis in die Wortgebung hinein. Wie in der variantenreicheren Großfassung des Werkes folgen auch in der verkürzten Kleinform nach Gemüsebeilagen und Eierspeisen gedünstete Früchte und Sülzen, Gebackenes und „Unterschiedliche Dortten". Die Einschränkung der Rezeptanzahl entbehrt nicht des Reizes. Weniger erdrückt von überreicher Variantenfülle, leidet keineswegs die noch immer beträchtliche Vielfalt.

[19] *Herrn von Hohbergs Georgica curiosa aucta oder: Adelichen Land- und Feldlebens Auf alle in Deutschland übliche Land- und Haus-Wirtschafften / in Zwölff Büchern wohleingerichtet — Neuerfundener Dritter Theil... Deme zum Beschluß ein bewährtes... sehr nutzliches Koch-Buch beygefügt ist.* Nürnberg: Martin Endter 1715. Benutzt wurde das Exemplar der Deutschen Staatsbibliothek Berlin, Signatur: Ov 1910[a]. — In der Sächsischen Landesbibliothek, Dresden, befindet sich eine weitere Ausgabe: *Georgica curiosa, d. i. Bericht vom adligen Landleben,* Teil 1 u. 2, Nürnberg 1695 (Signatur: Oeconom. A 19); ebenso eine gesonderte Ausgabe des dritten Teils, Nürnberg 1749, (Signatur: Oeconom. 31 4° 585).

Es ist nicht völlig sicher, daß dies der letzte Sproß des „Vollständigen Nürnbergischen Koch-Buches" ist. Zu prüfen wäre jedenfalls auch „Das kleine Nürnberger Koch-Buch oder die Curiöse Köchin, welche lehrt, wie man nicht allein vornehme Tafeln nach bester Manier, ... sondern auch geringer Leute Tisch mit gut zugerichteten und wohlschmeckenden Speisen galant bestellen ... könne. Nebst einer Zugabe ... die Schönheit des Leibes zu unterhalten ... ausgefertigt von einer Nürnbergischen Köchin." (Nürnberg 1726). Eine mögliche Abhängigkeit dieses Werkes vom „Vollständigen Nürnbergischen Koch-Buch" konnte leider nicht überprüft werden, da ein Exemplar des Titels nicht erlangbar war.

Es zeigt sich, daß die Tradition der Kochbücher in der alten Reichs- und Handelsstadt Nürnberg nicht abriß, sondern sich veränderlichen Trends anpaßte. Hatte der Titel unseres Bandes von 1691 vor allem versichert, daß Kunst und Wissenschaft im Spiele sei und der Käufer hier anderthalbtausend Rezepte finde, so wollte die „Curiöse Köchin" von 1726 in der Hauptsache den Tisch „galant bestellen". Immer aber haben Kochbücher eine Unterweisungsfunktion, bieten sie ein Reservoir von Erfahrungen über die Zubereitung und Zusammensetzung von Speisen. Wodurch diese verlockend gemacht werden können oder sollen, das änderte sich in der Geschichte der Kochbuchliteratur vielfältig. Seine Gültigkeit bewahrt hat dagegen der Anspruch, Kenntnisse über eine bekömmliche Zusammenstellung der Kost zu vermitteln, den bereits die alten Kochbücher erheben. Sie wollen auf die enge Verbindung zwischen Kochkunst und Heilkunst verweisen und „waar machen das alte Sprichwort", wie Harsdörffer im „Trincirbuch" hervorhebt, „Deß Menschen Mund ist sein Hencker und sein Artzt"[20].

---

[20] GEORG PHILIPP HARSDÖRFFER, *Vollständig vermehrtes Trincir-Buch*, Nürnberg 1652, S. 129.